Gholamasad · Iran — Die Entstehung der »Islamischen Revolution«

Dawud Gholamasad

Iran
Die Entstehung der
»Islamischen Revolution«

JUNIUS

Junius Verlag GmbH, Hamburg
Von-Hutten-Straße 18, 2000 Hamburg 50
Copyright 1985 by Junius Verlag, Hamburg
Alle Rechte vorbehalten
Einbandgestaltung: Sabine Müller-Rehlich, Hamburg
Satz: Junius Verlag GmbH, Hamburg
Druck: SOAK GmbH, Hannover
Printed in Germany 1985
ISBN 3-88506-144-9 (brosch.)
ISBN 3-88506-145-7 (geb.)
Erste Auflage September 1985

CIP-Kurztitelaufnahme der Deutschen Bibliothek

Gholamasad, Dawud:
Iran — die Entstehung der »Islamischen
Revolution« / Dawud Gholamasad. — 1. Aufl.,
1. - 2. Tsd. — Hamburg : Junius, 1985.
ISBN 3-88506-144-9 brosch.
ISBN 3-88506-145-7 geb.

INHALTSVERZEICHNIS

	Einleitung	11
1.	Zum Entstehungszusammenhang des Widerstandspotentials als Funktion der Entstehung und Wirkung des "modernen" Staates im Iran	17
1.1.	Zur Charakterisierung der vorkolonialen iranischen Staatsform	30
1.1.1.	Zur Konstitution der Formbestimmtheit des Staates im Iran als "orientalische Despotie"	33
1.1.2.	Zum Konstitutionsmoment der Theokratie im Iran	41
1.2.	Zur Islamisierung Irans	45
1.2.1.	Zur Entstehungsgeschichte der Zwölfer-Shi'ah als iranische Staatsreligion	56
1.2.1.1.	Die Schriftgelehrten als staatstragende Gruppe und die Unterdrückung der chiliastischen Motive	72
1.2.1.2.	Zur Verselbständigung der Geistlichkeit und ihrer Struktur	78
1.2.2.	Zu den sozialen Folgen der Islamisierung Irans	83
1.3.	Der Übergang von der "orientalischen Despotie" zum "modernen" iranischen Staat als Funktion des Imperialismus	97
1.4.	Der Entstehungszusammenhang der "konstitutionellen Revolution" (1905-1911) und die postrevolutionäre Machtergreifung Reza Khan's	118
1.5.	Zum veränderten sozialen Charakter des "modernen" Staates als Funktion des Imperialismus	164
1.5.1.	Das Regime von Mohammad Reza Shah als Funktion einer neuen Entwicklungsphase des Imperialismus	185
1.5.2.	Zum sozioökonomischen Hintergrund der Niederlage der "Nationalfront" und des erfolgreichen CIA-Putsches	202
1.5.3.	Zur Etablierung des scheinbar persönlichen Regiments des Shah	214
1.5.3.1.	Zur krisenhaften Entwicklung zwischen 1953 und 1960	216
1.5.3.2.	Die Rolle der Opposition bei der politischen Durchsetzung der herrschaftsstabilisierenden Maßnahmen des Shah-Regimes	237

1.5.3.2.1.	Zur Rolle der "Nationalfront" beim Sturz Aminis	246
1.5.3.2.2.	Zur Entstehung und Unterdrückung der ersten chiliastischen Revolte unter Khomeinis Führung	259
2.	Zum Entstehungszusammenhang der revolutionären Krise des Shah-Regimes	271
2.1	Zur ökonomischen Krise des Shah-Regimes als struktureller Krise der ökonomischen Entwicklung	273
2.1.1.	Die Wachstumskrise als Funktion sektoraler und regionaler Disparität der ökonomischen Entwicklung	281
2.1.1.1.	Die allgemeine Preissteigerung als Manifestation sektoraler Disparität der ökonomischen Entwicklung	281
2.1.1.2.	Sektoral ungleiche "Wertschöpfung" und ungleiche Beiträge zur Entstehung des Bruttosozialprodukts	290
2.1.1.3.	Sektoral ungleiche Entwicklung der Arbeitsproduktivität	294
2.1.1.4.	Die Verschärfung der ungleichen Einkommensverteilung und der sozialen Konflikte	296
2.1.2.	Zur Disparität der ökonomischen Entwicklung als Funktion sektoraler Disparität der gesellschaftlichen Arbeitsteilung	303
2.1.2.1.	Zur Agrarstrukturkrise	304
2.1.2.2.	Zur Industriestrukturkrise	311
2.1.2.3.	Zur Hypertrophie des tertiären Sektors	320
2.2	Die strukturelle Krise der ökonomischen Entwicklung als Krise der Organisationsform gesellschaftlicher Produktion	330
2.2.1.	Die Agrarstrukturkrise als Funktion der Landreform	331
2.2.2.	Die strukturelle Krise der ökonomischen Entwicklung als Funktion der "importsubstituierenden Industrialisierung"	342
2.2.3.	Die Hypertrophie des tertiären Sektors als Folge der Integrationsform des Iran in den Weltmarkt	356
2.3.	Zum Entstehungszusammenhang der materiellen Bedingungen des chiliastischen Aktivismus als Artikulationsform der Legitimationskrise des Shah-Regimes	367
2.3.1.	Zum Entstehungszusammenhang des bäuerlichen Chiliasmus als Funktion der Landreform und der ihr folgenden weltmarktorientierten agrarkapitalistischen Wachstumsstrategie	373
2.3.1.1.	Soziale Differenzierung der Bauernschaft und formelle Subsumtion unter das Kapital	378

2.3.1.1.1.	Grundzüge ländlicher Sozialstruktur vor der Landreform	380
2.3.1.1.2.	Einige Aspekte sozialer Differenzierung als Funktion der Landreform	389
2.3.1.1.3.	Veränderung der bäuerlichen Eigentums- und Sozialstruktur	396
2.3.1.2.	Die Enteignung traditioneller bäuerlicher Produktions- und Lebenszusammenhänge als Funktion einer weltmarktorientierten agrarkapitalistischen Wachstumsstrategie	410
2.3.1.2.1.	Agribusiness als bevorzugte Form weltmarktorientierter Wachstumsstrategie und Integration des Agrarsektors in den Weltmarkt	416
2.3.1.2.2.	Landwirtschaftliche Aktiengesellschaften als einer agrarkapitalistischen Entwicklungsstrategie angepaßte "Kollektivbetriebe"	427
2.3.1.2.3.	Zu den letzten Projekten agrarkapitalistischer Transformation vor dem Aufstand	435
2.3.2.	Die Zersetzung "mittelständischer" Produktions- und Lebenszusammenhänge und die formelle Subsumtion der Mehrheit der städtischen Arbeitskräfte unter das Kapital als Grundlage des kleinbürgerlichen Chiliasmus	441
2.3.2.1.	Die Verschärfung der regionalen Disparität ökonomischer Entwicklung als Funktion „importsubstituierender Industrialisierung"	442
2.3.2.2.	Zersetzung und Konservierung der traditionellen Produktionsweise als Funktion "importsubstituierender Industrialisierung"	446
2.3.2.2.1.	Die Zusammensetzung der traditionellen Kleinbourgeoisie	449
2.3.2.2.2.	Strukturelle Arbeitslosigkeit und Pauperismus	455
2.3.2.3.	Khomeinismus als ideologische Form des chiliastischen Aktivismus der Marginalisierten	461
2.3.2.4.	Der bäuerliche Charakter und die formelle Subsumtion des größten Teils der Arbeiter unter das Kapital als materielle Grundlage ihrer khomeinistischen Orientierung	477
2.4.	Zur bürgerlichen Opposition als Funktion des immanenten Widerspruchs des "modernen" Staates	501
2.4.1.	Zusammensetzung der iranischen "Bourgeoisie"	507
2.4.2.	Zur politischen Marginalisierung der modernen Mittelschicht als Funktion der Konservierung der politischen Kultur	515
2.4.3.	Zur Entstehung der Militanz der nonkonformistischen Fraktion der neuen Mittelschicht als Funktion ihrer politischen Marginalisierung	523
2.4.3.1.	Die Modjahedin-e khalgh	532
2.4.3.2.	Die Fedaijan-e khalgh	544

2.5.	Zum Entstehungszusammenhang der zentralen "ideologischen" Motive des Aufstands als Funktion der Ungleichzeitigkeit	559
2.5.1.	Zu einigen Aspekten der Ungleichzeitigkeit als Funktion der Modernisierung	568
2.5.2.	Zur "Einheit des Wortes" als Funktion der ideologisch-motivationalen Gemeinsamkeiten des Khomeinismus und anderer oppositioneller Strömungen	583
	Anmerkungen	625
	Tabellen und Abbildungen	792
	Bibliographie	885

Der autonomen Arbeiterbewegung im Iran
und ihren am 27.01.1983 hingerichteten
Vorkämpfern Hadi Kianzad, Mahmud Maschajekhi
und Morteza Mussavi gewidmet

EINLEITUNG

Der siegreiche Aufstand und die gescheiterte soziale Revolution im Iran teilt in der bisherigen wissenschaftlichen und politischen Diskussion anscheinend das anfängliche Schicksal aller bisherigen Revolutionen. Sie wird in ihrem wesentlichen Entstehungszusammenhang und Charakter genauso mißverstanden wie in ihren formbestimmenden Triebkräften.
Vielleicht muß auch in diesem Fall viel Zeit vergehen, ehe - frei von allen positiven und negativen Bindungen - eine Einsicht in die dem Aufstand zugrunde liegenden Bedürfnisse möglich wird. Bis dahin wird die Öffentlichkeit ebenso dem Schein einer *"islamischen Revolution"* ausgesetzt sein, wie die sie tragenden Kräfte - mit ihrem "gesellschaftlich notwendig falschen Bewußtsein". Scheitern müssen also die zahlreichen Versuche, die iranische Revolution aus dem Faktor Religion erklären und verstehen zu wollen; sei es, daß man die Ergebnisse aus den genuinen Wurzeln der besonderen Form des Islam, dem Shi'ismus, erklären will, sei es, daß man auf das immanente Widerstandspotential der iranischen religiösen Tradition rekurriert. Derartige Versuche sind entweder zur unkritischen Legitimation der immer grausamer werdenden "Kehrseite" der "Islamischen Republik" geworden oder - nachdem die erste Euphorie längst verflogen ist - in eine bloß moralisierende Ablehnung gesunken, die nun gegenüber den ehemals gemeinsamen Zielsetzungen den Vorwurf des Verrats erhebt.

Die vorliegende Arbeit geht davon aus, daß Revolutionen nicht danach zu beurteilen sind, wie sie sich selbst dünken; wesentlich ist vielmehr die Untersuchung des *Entstehungszusammenhangs des Selbstbewußtseins einer Revolution*. Diese Frage zu beantworten, erfordert jedoch eine vielseitige, umfassende Untersuchung, die den Rahmen der vorliegenden Arbeit überschreiten würde. Auf jeden Fall sind aber die materiellen Grundlagen des Aufstands zu untersuchen, bevor man sich der "subjektiven Seite" zuwendet. Daher soll es hier zunächst darum gehen, die Sozialstruktur der Aufständischen, ihre Genese in einem in den Weltmarkt integrierten "Entwicklungsland" mit seinen besonderen vorkapitalistischen Traditionen aufzuzeigen. Nur auf dieser *Grundlage* wäre es sinnvoll, die konkrete Verlaufsform des Aufstands, die Ideologie und das tatsächliche Bewußtsein der handelnden Subjekte zu untersuchen.

In dieser Arbeit werden also nur die langfristigen Strukturtendenzen der iranischen Gesellschaft analysiert, um die sozial-ökonomischen Aspekte des Entstehungszusammenhangs des Aufstands als *materielle Bedingungen der revolutionären Situation* zu erklären. Die auslösenden Momente des Aufstands werden zunächst als Erscheinungsform der Krise des ancien régime dargestellt und auf ihre wesentlichen sozial-ökonomischen Zusammenhänge zurückgeführt, die eine "Ungleichzeitigkeit" hervorrufen.

Die Analyse beginnt daher mit dem Entstehungs- und Wirkungszusammenhang des "modernen" Staates, um die Krise des Shah-Regimes als Legitimationskrise des Staates nachzuweisen, die sich bei näherer Betrachtung als Krise der in einer bestimmten Form im Iran durchgesetzten Kapitalherrschaft erweist. Die Analyse der Genesis dieser Herrschaft führt zur Konstitutionsbedingung des "modernen" iranischen Staates als Funktion des Imperialismus, d.h. als Funktion einer historisch bestimmten Integrationsform Irans in den Weltmarkt. Jedoch ist diese Formbestimmung weitgehend bedingt durch die vorkolonialen Strukturen der iranischen Gesellschaft, die in ihren wesentlichen Charaktermerkmalen analysiert werden. Die vorkoloniale "orientalische Despotie" stellt die der "asiatischen Produktionsweise" adäquate Staatsform bzw. Aneignungsform mit der ihr entsprechenden gesellschaftlichen Arbeitsteilung und ihrem traditionellen Gemeinwesen dar. Die "asiatische Produktionsweise" bringt also die "orientalische Despotie" hervor, indem sie einen spezifischen *Selbstbegriff* der Menschen reproduziert, wie sie auch ihr Weltbild prägt. Dabei kann aus dem stationären Charakter dieser Produktionsweise nur eine Geschichte der zirkulären Reproduktion der Despotie erwachsen, die jeweils von sozialen Bewegungen mit *chiliastischem* Charakter getragen wird.

Dieser historische Rekurs erscheint deswegen notwendig, weil die "ideologischen" Triebkräfte der sich als *islamischer Revivalismus* durchsetzenden *chiliastischen Motive* des Aufstands auf tiefe Wurzeln in der überlieferten iranischen Geisteshaltung sowie auf ihren *bäuerlichen Charakter* zurückzuführen sind. Jedoch sind diese chiliastischen Elemente der bäuerlichen Geisteshaltung Irans nicht nur in das Weltbild "des Islam" integriert und prägend für den shi'itischen Chiliasmus, durch den der shi'itische Islam zur iranischen *Staatsreligion* erhoben wurde; auch das quasi rationalistische Weltbild der gegenwärtigen revolutionären Intelligenz - sowohl der islamisch als auch der marxistisch-leninistisch ausgerichteten, die politisch die iranische Arbeiterklasse zu vertreten beansprucht - ist weitgehend durch die traditionell bäuerliche Geisteshaltung Irans geprägt.

Gerade ihre gleichermaßen chiliastischen Motive konstituieren, trotz unterschiedlicher Ausprägung, die gemeinsame Orientierung der modernen revolutionären Kräfte mit dem Khomeinismus. Nicht einem "Betrugsmanöver" verdankt also Khomeini seine absolute Führungsposition innerhalb der Revolution und bei der Konsolidierung seiner Hierokratie, sondern eben diesen Gemeinsamkeiten. Anders ist der Erfolg seines "Betruges" nicht zu begreifen: welche Momente, wenn nicht die gemeinsamen chiliastischen Motive, können die anfänglich bedingungslose Unterstützung Khomeinis durch die modernen revolutionären Kräfte und damit auch seinen Erfolg erklären?! Denn es ist die eigentümliche Tendenz des Chiliasmus, sich in den unterschiedlichsten konkreten Formen zu artikulieren, da seine treibende Kraft gerade nicht in seiner konkreten Äußerungsform liegt. Sie täuscht daher nicht nur die revolutionär handelnden Subjekte; sie muß auch den wissenschaftlichen Beobachter irreleiten, wollte er nur in einer besonderen Formbestimmtheit der Manifestation des Chiliasmus sowie durch eine rein quellenmäßig historische Absonderung derselben die wesentlichen Bestimmungen dieser kollektiven Einstellung untersuchen. Jedoch müßte die Durchsetzung gerade dieser Formen erklärt werden.

Der iranische Chiliasmus kann sowohl eine "religiöse" als auch eine modern-revolutionäre Form annehmen, ohne daß diese Formen sich in ihren wesentlichen Motiven grundlegend unterscheiden. Vielmehr modifizieren die jeweiligen historisch aktuellen sozialen Verhältnisse die besondere Formbestimmtheit der chiliastischen Motive des traditionellen iranischen Weltbilds, in dem ideologische Überlieferungen mit unterschiedlichen modernen "synthetisch" verschmelzen. Materielle Grundlage der verschiedenen neueren "Synthesen" ist die Integration des Iran in den Weltmarkt.

Damit entsteht eine krisenhafte *Organisationsform gesellschaftlicher Arbeitsteilung*, welche Herstellung und Betrieb bestimmter allgemeiner Produktionsbedingungen zur Folge hat. Als "Modernisierung" erscheinen letztere das Werk eines "aufgeklärten Despoten" zu sein, der die politische Macht durch imperialistische Intervention "usurpierte". Dies produziert den *"nativistischen"* Charakter einer *anti*imperialistisch erscheinenden chiliastischen Bewegung, die aus der Bevormundung heraus- und mit einem eigenen übersteigerten Beitrag hervorzutreten strebt. Die Analyse des Zersetzungsprozesses des traditionellen Produktions- und Lebenszusammenhangs als Funktion des Imperialismus soll die materielle Grundlage dieser Bewegung aufzeigen.

Die Untersuchung des Entstehungs- und Wirkungszusammenhangs des "modernen" iranischen Staates - der nicht mit der Pahlavi-Dynastie verwechselt werden darf - soll dessen veränderten sozialen Charakter - trotz der scheinbar konstanten despotischen Form - nachweisen. Als politischer Staat einer kapitalistisch unterentwickelten Gesellschaft ergreift das "Pahlavi-Regime" jedoch jene herrschaftsstabilisierenden Maßnahmen, die - strukturell bedingt - zum Entzug der materiellen Grundlage der konservierten politischen Kultur führen und als Legitimationskrise des Shah-Regimes erscheinen. Daher ist die ausführliche Darstellung der Landreform und der Maßnahmen zur kapitalistischen Umstrukturierung des Agrarsektors sowie die Form der Industrialisierung, die zur Hypertrophie des tertiären Sektors führt, ein notwendiger Schritt der Analyse. Somit sind die sozial-ökonomischen Aspekte des Entstehungszusammenhanges der revolutionären Situation als Folge langfristiger Strukturtendenzen der in den Weltmarkt integrierten iranischen Gesellschaft aufzuzeigen. Diese Analyse soll also mit der *"Ungleichzeitigkeit"* jene Brüche in der Kontinuität des Lebenslaufs der Mehrheit der Bevölkerung darstellen, die das Empfinden ihres eigenen Verhaltens als sinnvoll zusammenhängendes Ganzes erschweren bzw. verhindern . Als Konflikt der "modernen" Anforderungen und verinnerlichten traditionellen Normen produziert die "Ungleichzeitigkeit" die Bedingungen der *allgemeinen Identitätskrise* der Individuen in unterschiedlicher gesellschaftlicher Stellung, die als Herrschaftskrise erscheint. Die *Marginalisierung* der Mehrheit der Bevölkerung in einer kapitalistischen Kultur - als Kulturimperialismus -, die das Einbringen ihrer Erfahrungen und ihrer Person in die neue Lebenssituation unterdrückt, ruft eine chiliastische Bewegung hervor, die nativistischen Charakter annimmt. Die auslösenden Momente dieser Bewegung, die zum Aufstand führt, sind jedoch in einer manichäisch geprägten Situation beliebig. Dabei verleihen die subjektiv als revolutionärer Handlungstrieb erlebten Kräfte, die dem Aufständischen sogar bis zu seiner individuellen *Selbstaufgabe* als *sinn*voll erscheinen, der "Philosophie" des Märtyrertodes (shahadat) - als Garant einer *paradiesischen Selbstverwirklichung* - seinen materiellen Gehalt und gewinnen bei der Ritualisierung der Straßenkämpfe die zentrale Bedeutung.

Dieser Umstand, die *Selbstverwirklichung* der revolutionär handelnden Subjekte - die von ihrem *Selbstgefühl* zur (Wieder-)Herstellung der Kontinuität ihrer individuellen sozialen und nationalen Identität getrieben werden, scheint das dem Aufstand zugrunde liegende Bedürfnis zu sein. Dieses Bedürfnis wird aber zunächst als ein Gefühlszustand, d.h. als ein schwer bestimmbarer Handlungsdruck von den revolutionären Subjekten erfahren. Die Anteilnahme des Bewußtseins am Wirken des Handlungstriebs ist jedoch abhängig vom Ich-bestimmten Zustand der Handelnden. Daher entscheidet die Dominanz bestimmter sozialer Kräfte in der Zusammensetzung der Aufständischen über die Entwicklung spezifischer Gefühlszustände und die Möglichkeit ihrer Transformation in bewußtes Handeln.

Eine Analyse der Sozialstruktur des Aufstands soll also erklären, unter der Dominanz der Ich-Bestimmung welcher sozialen Kräfte der Handlungstrieb jene Gestalt annahm, die die Führung der Geistlichkeit ermöglichte. Damit kommt man auch einer Erklärung des Entstehungszusammenhangs des *Selbstbewußtseins* des siegreichen Aufstands und der gescheiterten sozialen Revolution einen Schritt näher.

Erst wenn es gelingt, aus der Analyse der Verlaufsform und
der Massenpsychologie des siegreichen Aufstands das Scheitern
der sozialen Revolution zu erklären, wäre das Thema erschöpfend
behandelt. Dies muß jedoch einer anderen Arbeit vorbehalten
bleiben, die Anfang 1986 mit dem Titel:"Iran - Der siegreiche
Aufstand und die gescheiterte soziale Revolution" erscheinen
wird. In der vorliegenden Arbeit soll ebenfalls die Nationa-
litäten- und Frauenfrage, trotz ihrer entscheidenden Beiträge
zum Aufstand, ausgespart bleiben. Sie sollten aber als Gegenstand spezifischer Untersuchungen aufgegriffen werden, die Probleme interner Kolonisierung der Nationalitäten oder veränderte
Familienstrukturen und damit einhergehende Rollenverschiebungen
im Prozeß der Kapitalisierung gesamtgesellschaftlicher Verhältnisse thematisieren, die sich gewaltsam als "Modernisierung"
durchsetzen. Hier werden jedoch *nur* jene sozial-ökonomischen
Aspekte gesellschaftlicher Entwicklung analysiert, die die *allgemeinen Rahmenbedingungen der Identitätskrise* der Individuen in
unterschiedlicher gesellschaftlicher Stellung bestimmen und als
allgemeine Bedingungen der *Legitimationskrise des Shah-Regimes*
erscheinen.

Für die Entstehung dieser Arbeit verdanke ich viel Oskar Negt,
Klaus Meschkat und Monika Schuchar, mit denen ich in einem jahre-
langen Informationsaustausch und Diskussionszusammenhang stehe.
Für die Korrektur und Maschinenschrift bin ich Carola Guist
zu Dank verpflichtet.

Hannover, Oktober 1984

1. ZUM ENTSTEHUNGSZUSAMMENHANG DES WIDERSTANDSPOTENTIALS ALS FUNKTION DER ENTSTEHUNG UND WIRKUNG DES 'MODERNEN' STAATES IM IRAN

Begriffe man den Staat als eine "Institution"[1], wäre man nur einem äußeren Schein aufgesessen, obwohl es ein *realer Schein* ist. Er bringt jenen politischen Aberglauben hervor, der behauptet, daß das bürgerliche Leben vom Staat zusammengehalten werden müsse[2], während dagegen der Staat als Organisationsform gesellschaftlicher Produktion Ausdruck bzw. *Form* des *realen Gemeinwesens* ist. Er ist die *Kooperationsform* einer arbeitsteilig produzierenden Gesellschaft, die sich scheinbar gegenüber der Gesellschaft verselbständigt[3]. Als Ausdruck historisch unterschiedlicher gesellschaftlicher Arbeitsteilung konstituieren die Kooperationsformen unterschiedliche Staatsformen[4], d.h. unterschiedliche Aneignungsweisen und damit verschiedene Sozialstrukturen mit entsprechend sozialisierten Menschen. Mit der Verselbständigung der herrschenden Form gesellschaftlicher Produktion als Sonderinteresse der herrschenden Klasse, das sich zum Allgemeininteresse erhebt, verselbständigt sich der Staat zum *politischen Staat - als Surrogat des Gemeinwesens*. Daher erscheint die Krise der herrschenden Form der gesellschaftlichen Produktion als *Staatskrise*. Als ökonomische und politische Krise, die mit der ideologischen Krise einhergeht, bringt sie die Legitimationskrise der Herrschaft und damit eine kollektive Aufbruchsbereitschaft hervor. Diese ist aber das Ergebnis der Veränderung der herrschenden Form gesellschaftlicher Reproduktion, die nicht nur einhergeht mit veränderten Naturverhältnissen und einer veränderten gesellschaftlichen Gliederung[5], sondern auch mit dem Bruch in der Kontinuität des Lebenslaufes der Menschen, durch den das eigene Verhalten nicht mehr als sinnvoll zusammenhängend empfunden werden kann. Die dadurch entstehende *Identitätskrise*[6] der Menschen erscheint somit als *Legitimationskrise des politischen Staates*, der als Surrogat des Gemeinwesens scheinbar das *gesellschaftliche Gesamtsubjekt* repräsentiert und als eine entfremdete

Macht den realen Schein - die Staatsideologie[7] - als "gesellschaftlich notwendig falsches Bewußtsein" konstituiert. Daraus entsteht das Bedürfnis nach einem neuen Staat, der das gesellschaftliche Gesamtsubjekt adäquater repräsentieren soll.

Der Staat ist also die höchste soziale Wirklichkeit der Menschen[8]. In seiner Wirklichkeit ist aber der Mensch Ensemble seiner gesellschaftlichen Verhältnisse[9]. Daher ist die soziale Geschichte des Menschen und mithin auch die des Staates die Geschichte der individuellen Entwicklung, ob der Einzelne sich dessen bewußt ist oder nicht. Die materiellen Verhältnisse der Menschen sind nur die *notwendigen Formen*, in denen sich ihre Geschichte - ihre materielle und individuelle Tätigkeit - realisiert[10]. Die Geschichte des Staates ist demnach die Geschichte der Form der Entwicklung gesellschaftlicher Produktivkräfte, die bestimmte Produktionsweisen bedingen und diesen entsprechende Produktionsverhältnisse, also bestimmte Herrschaftsverhältnisse, konstituieren.

Die *Formbestimmung* der Entwicklung gesellschaftlicher Produktivkräfte, d.h. der "moderne" iranische Staat, war eine Funktion des Imperialismus. Ohne sich dies zu vergegenwärtigen, wäre "die Rolle des Staates und der Klasseninteressen, die sich in ihm verkörpern"[11], kaum zu begreifen. Ebenso wenig wäre "eine genauere Bestimmung dieser äußeren Einflüsse im Iran und ihrer sich wandelnden Struktur"[12] durch die Analyse der "Institution, durch die sie wirksam"[13] wurden, möglich. Doch nur indem die Natur dieser "äußeren Einflüsse" als die der sich wandelnden internationalen Arbeitsteilung verstanden wird, ist der "moderne" iranische Staat begrifflich und historisch faßbar. Dies ist so, obwohl der Staat keineswegs eine der Gesellschaft von außen aufgezwungene Macht ist[14]. Dieser Hinweis scheint angesichts des herrschenden äußerlichen Imperialismus- und Politikbegriffes der überwiegenden Mehrheit der sozialrevolutionären Kräfte Irans notwendig.

Diese Aussage scheint einen Widerspruch zu beinhalten: Der "moderne" iranische Staat sei zwar eine Funktion des Imperialismus, ohne aber eine der Gesellschaft von außen aufgezwungene Macht zu sein. Dieser scheinbare Widerspruch löst sich jedoch auf, wenn der "moderne" Staat in seiner Entstehungs- und Wirkungsgeschichte begriffen wird. Sie ist zugleich der Schlüssel zum Verständnis des Entstehungszusammenhangs der Staatskrise und jener kollektiven Aufbruchsbereitschaft, die eine substantiell *chiliastische* und essentiell *nativistische*[15] Bewegung entfesselte, welche auf ihrem Höhepunkt die "Islamische Republik" konstituierte.

Will man den Entstehungs- und Wirkungszusammenhang des "modernen" iranischen Staates *grob skizzieren*, so ist die *"asiatische Produktionsweise"* die *notwendige Form* der Reproduktion der *"orientalischen Despotie"* und der *"Geschichtslosigkeit"*[16] der iranischen Völker bis zur Entstehung des Kolonialismus. Mit der Entstehung des Kapitalismus in Europa entwickelt sich die Geschichte als *"Universalgeschichte"*[17], deren Subjekt das Kapital ist. Der sich international durchsetzende Kapitalismus ist jedoch Imperialismus, indem er alle Nationen zwingt, "Bourgeois" zu werden[18], während er die Konstituierung der iranischen Bourgeoisie unterdrückt. Der "moderne" iranische Staat ist Funktion dieses Prozesses. Damit ist er Funktion des sich durch nationale und internationale Klassenkämpfe konstituierenden Weltmarktes in der Reihe seiner Entwicklungsphasen - als Entwicklungsphasen des Kapitals. Aus diesem Grunde erscheint die Entwicklung Irans, vor allem seit Ende des 19. Jahrhunderts, bestimmt von einem kontinuierlichen Prozeß des Untergangs traditioneller vorkapitalistischer Verhältnisse und der Entstehung einer Form des Kapitalismus als integralem Bestandteil des kapitalistischen Weltmarktes[19].

Der Kontinuität dieser Entwicklung steht jedoch die Diskontinuität der politischen Entwicklung gegenüber, die als Geschichte nativistischer Bestrebungen der iranischen "Nation" zu begreifen ist. Sie reicht von Babibewegung (1850-1864), Tabakaufstand (1890-1892), konstitutioneller Revolution (1905-1911) und Nationalisierungsbewegung der Erdölindustrie unter der Führung der "iranischen Nationalfront" Mossadeghs (1950-1953) bis hin zum letzten Aufstand, der zur Errichtung der "Islamischen Republik" führte.

Doch nicht nur der "moderne" iranische Staat ist eine bloße Funktion dieses Prozesses, sondern ebenso die anti-imperialistisch erscheinenden nativistischen Bewegungen. Obwohl sie als Ausdruck der Bestrebungen nach Selbständigkeit und Unabhängigkeit bei ihren Trägern die psychische Tiefenstruktur für den Nationalismus konstituieren , ist dieser Prozeß als ein abhängiger zu begreifen. Die verschiedenen sozialen Zusammensetzungen dieser ihrem Wesen nach chiliastischen Bewegungen aktualisieren jeweils unterschiedliche historische Potentiale, durch die Verlaufsform und Resultat der Aufstände weitgehend bestimmt werden.

Das Ergebnis aller politischen Ereignisse im Iran ist durchgängig gekennzeichnet durch das Scheitern des Konstitutionsprozesses der "Nationalbourgeoisie" als einer eigenständigen sozialen Kraft. Vielmehr ist ein ständig fortschreitender Prozeß der Zersetzung der iranischen Bourgeoisie und der Anpassung einiger ihrer Fraktionen an die Weltmarktbedürfnisse zu erkennen - bis hin zur teilweise totalen Integration. Auch die "fünf großen Krisen, die das iranische politische System im 20. Jahrhundert durchgemacht hat"[20] und die zur Bestimmung des Herrschaftssystems beitrugen, waren Ausdruck der Klassenkämpfe, innerhalb derer sich die Universalität des Kapitals durchsetzte, bis sie mit der Mobilisierung neuer Widerstandspotentiale den letzten Aufstand hervorrief.

War die Entstehungsgeschichte des modernen Nationalstaates in Europa verbunden mit der Entstehung einer Bourgeoisie, zu der er in wachsende Abhängigkeit geriet und die ihn auch schließlich deren Interessen - als bürgerlicher Staat - unterwarf, entsteht der iranische "moderne Nationalstaat" als ein "abhängiger Staat": zwar hat er die Aufgabe, die allgemeinen Reproduktionsbedingungen des Kapitals herzustellen und zu erhalten; als Funktion des Imperialismus sind jedoch seine Aufgaben vor allem bestimmt durch die wechselnden Bedürfnisse des Weltmarktes, zu dessen Bestandteil auch bestimmte ökonomische Sektoren des Landes werden. Mit der Veränderung der Weltmarktstruktur verändern sich auch die Anforderungen an die Staatstätigkeit und die materiellen Grundlagen des Staates. Während die Art und Weise der Wahrnehmung dieser Funktionen, die *Staatsform*, vom jeweiligen Stand der Produktivkräfte und der sich daraus ergebenden Sozialstruktur abhängt, wodurch auch die "Außenbeziehungen" mitgeprägt werden, verändern sich die jeweils bestehenden Verhältnisse der Klassen und ihrer Funktionen mit den veränderten Funktionen des "abhängigen Staates". Denn sie korrespondieren jeweils mit den Interessen bestimmter Klassen(-fraktionen), die letztlich vom Staat wahrgenommen und garantiert werden. Da die "öffentlichen Funktionen" dieses Staates die rationale Vertretung der allgemeinen Funktionen des Weltmarktes bedeuten, konstituieren sie für ihren Träger einen neuen Eigentumstitel, für dessen Erlangung mit politischer Loyalität bezahlt wird. Aus diesem Grunde fungiert der Staat nicht als durch eine "nationale" Klasse *selbständig* monopolisierte Macht der Gesellschaft im *unmittelbaren* Dienst der herrschenden Klasse und ist unmittelbar kein Organ der *direkten* Herrschaft der *gesamten* herrschenden Klasse. Als Funktion des Imperialismus ist die Spitze des Staatsapparates dessen personeller Vermittler. Dieser Spitze, die sich selbst dem Imperialismus gegenüber loyal verhalten muß, gilt entsprechend die Loyalität der unteren Ränge.

Soll ein solcher Staat funktionieren, muß die angeeignete politische Macht der Spitze als neuer Eigentumstitel weiter nach unten delegiert werden. Das erklärt, warum jede reformistische Bewegung der Opposition im Rahmen dieses Systems scheitern muß. Ebenso wird klar, warum niemand, der in diesem Apparat tätig ist, "sauber" bleiben kann: läßt er sich nicht entsprechend integrieren, wird er als Fremdkörper ausgestoßen, denn seine Haltung führt zu einer Unterbrechung in der Übertragung des Eigentumstitels auf dem Weg nach unten.

Die Spitze dieses Klientelverhältnisses bildete die Pahlavi-Familie. Ihr wurde durch die imperialistische Inthronisierung dieser Eigentumstitel übertragen. Er funktionierte als totale Verfügungsgewalt über Land und Leute, solange sich keine demokratisch institutionalisierte Kontrolle der einheimischen Klassen durchsetzen konnte. Als praktische Negation von demokratischer Öffentlichkeit und Kontrollinstanzen erscheint daher der gesamte Staatsapparat dem Volk nur als ein despotischer Herrschafts- und Unterdrückungsapparat - als *Usurpation* der politischen Macht und damit als Negation der Souveränität des Volkes.

Dieser Staat produziert als Funktion des Imperialismus eine *besondere bürokratische Klasse* mit eigenständigem materiellem Interesse, deren Charakter sich mit veränderten gesellschaftlichen Aufgaben des Staates ebenfalls verändert. Sie steht in Personalunion mit der jeweiligen herrschenden Klasse und ist ausgestattet mit besonderen Privilegien. Die herrschenden Klassen wiederum verändern sich als Funktion des Imperialismus, als Funktion des Strukturwandels des Weltmarktes.

Die erste Phase der internationalen Arbeitsteilung führte mit der "ursprünglichen Akkumulation"[21] zur Verwandlung Irans in eine "Halbkolonie". Die Herstellung des Handelsweltmarktes verdrängte die heimische Manufaktur Irans und verhinderte durch die Konkurrenz wohlfeiler Waren aus Rußland und England die Verwandlung des iranischen Handelskapitals in Industriekapital und damit seine Akkumulation. Gleichzeitig vergaben die schwachen Ghadjaren-Herrscher entsprechende Konzessionen, welche die Plünderung der nationalen Ressourcen - vor allem des Erdöls - sicherten. In dieser Phase investierte die iranische Handels- und Manufakturbourgeoisie ihr Kapital vor allem im Handel mit ausländischen Waren. Damit entstand jene Fraktion der "Kompradorenbourgeoisie", deren Interesse unmittelbar mit dem der imperialistischen Bourgeoisie korrespondierte. Teile der iranischen Bourgeoisie begannen, sich durch den Export traditioneller Waren zu bereichern und investierten ihr Kapital in den Erwerb von Grundeigentum, was von den geldbedürftigen Ghadjaren-Herrschern forciert wurde, um im Rahmen der traditionellen Produktionsweise Agrarprodukte für den Export herzustellen. Damit wurde das *Grundeigentum formell unter das heimische Kapital subsumiert* und führte erstmalig in der iranischen Geschichte zur Entstehung einer Klasse von Großgrundeigentümern, deren Eigentumstitel nun durch das erste Parlament Irans juristisch sanktioniert wurde.

So bildeten die Großgrundeigentümer und die "Kompradorenbourgeoisie" die neuen herrschenden Klassen des abhängigen Staates - obwohl Reza Shah weite Teile des fruchtbaren Bodens des Landes für seine eigene Bereicherung usurpierte und zum Teil seinen Gefolgsleuten schenkte. Dabei schaffte die neue Weltmarktstruktur und die "klassische Arbeitsteilung" neben der "Kompradorenbourgeoisie", die mit ausländischen Waren den inneren Markt beherrschte, eine neue Schicht der Bourgeoisie, die vor allem im Bausektor gemeinsam mit dem Staat in der "infrastrukturellen Erschließung" des Landes tätig wurde. In dieser Phase der Erschließung des Weltmarktes wurde die Rohstoffproduktion, vor allem die Erdölförderung unter direkter Kontrolle des ausländischen Kapitals verstärkt, was eine Deformation der Wirtschaftsstruktur zur Folge hatte. Außerdem kam es zu einer Steigerung des europäischen Warenexportes, der den inneren Markt Irans beherrschte, sowie zu Kapitalexport in Form von Krediten, durch den der staatskapitalistische Sektor in entscheidendem Maße verstärkt wurde.

Durch die Ausweitung der staatlichen ökonomischen Tätigkeit entwickelte sich die Bürokratie, und der Stellenwert des Binnenhandels wuchs, was wiederum eine Weiterentwicklung der traditionellen Handelsbourgeoisie zur Folge hatte. Gleichzeitig führte die Säkularisierung des öffentlichen Lebens zur Verdrängung des traditionellen iranischen Intellektuellen, der Geistlichkeit, deren Funktion als Richter, Erzieher und Ideologe nun von den "modernistischen" Intellektuellen übernommen werden sollte. Zusätzlich trug die seit dem zweiten Weltkrieg im Zusammenhang mit der entwicklungspolitischen Konzeption Truman's entstandene Planorganisation zur Stärkung des staatskapitalistischen Sektors, der die Herstellung und den Betrieb der allgemeinen Reproduktionsbedingungen des internationalisierten Kapitals sicherte, bei und führte so neben der weiteren Entwicklung der "Staatsbourgeoisie" vor allem zur Entstehung der modernen "Kleinbourgeoisie", der neuen "Mittelschicht" der Intellektuellen, Technokraten usw.

Nachdem 1953 mit der Niederlage der "**Iranischen Nationalfront**" und der ihr folgenden "Politik der offenen Türen" des
"Wirtschaftsliberalismus" die totale Beherrschung des inneren
Marktes durch den Imperialismus besiegelt war, setzte in dieser
Phase, die mit einem verstärkten imperialistischen Kapitalexport
einherging, eine Expansion des Bank- und Finanzkapitals ein.
Diese Entwicklung seit Beginn der sechziger Jahre führte erneut
zu einer "importsubstituierenden Industrialisierung". Die Politik der Installierung von Montage-Konsumgüterindustrien in den
kapitalistisch unterentwickelten Ländern, die dieser Phase des
internationalen Konkurrenzkampfes der nationalen Kapitale in
den entwickelten kapitalistischen Ländern entsprach, führte
zur *formellen Subsumtion der Arbeitskraft* unter das Kapital.
Dies geschah auf dem Land durch die Landreform, die Grundeigentum kapitalisierte, ohne die traditionelle Produktionsweise von
Millionen Bauernfamilien ändern zu können.

Weiterhin zeigte sie sich in der grenzenlosen Selbstausbeu-
tung kleiner traditioneller Gewerbetreibender und in der über-
mäßigen Ausbeutung der Lohnarbeiter, deren Widerstand man
durch die Zerschlagung aller autonomen gewerkschaftlichen und
politischen Organisationsansätze gewaltsam gebrochen hatte.
Die Diktatur des Shah-Regimes war zuletzt als Ausdruck dieser
Form der Kapitalherrschaft zu begreifen. Ihr kam jetzt nicht
nur die Aufgabe zu, die reibungslose Plünderung der natürlichen Ressourcen zu sichern, was im Bereich der Landwirtschaft
mittels der Landreform, in der extraktiven Industrie durch
die Unterwerfung unter das Kapital geschah; sie sollte auch
durch die Unterdrückung der unmittelbaren Produzenten die
größtmögliche Ausbeutung der menschlichen Ressourcen der iranischen Gesellschaft garantieren. Darüberhinaus hatte sie die
Aufgabe, Kapitalinvestitionen in jenen Bereichen zu tätigen,
die zwar für den Reproduktionsprozeß des imperialistischen Kapitals notwendig, aber wegen ihres "fixen" Charakters und ihres Größenumfangs durch Privatinvestitionen nicht realisierbar
waren. Diese staatlichen Aktivitäten schufen die ökonomische
Grundlage des sich ausweitenden staatskapitalistischen Sektors -
als *formelle Subsumtion der Arbeitskraft unter das Kapital,*

trotz dessen höchster organischer Zusammensetzung - und damit der Reproduktion der Herrschaft des scheinbar sich verselbständigenden Staatsapparates und der "Staatsbourgeoisie".

Die Herrschaft des Kapitals trat also als despotische Herrschaftsform des Shah-Regimes in Erscheinung, weil sie die Konstitution eines "inneren" Marktes reflektierte, die durch ihre besondere Integrationsweise in den Weltmarkt bedingt war. Die sektorale, teilweise sogar branchenspezifische Integration konstituierte einen Marktpreis der produzierten Waren, ohne auf einer gesellschaftlich notwendigen Arbeitszeit im doppelten Sinne im "Innern" zu basieren. Der Marktpreis der einzelnen Waren konstituierte sich also sektoral, und die gesellschaftlich notwendige Arbeitszeit setzte sich nur vermittels des Weltmarktes durch.

Die modifizierte Durchsetzung des Wertgesetzes als Ordnungsprinzip gesellschaftlicher Arbeitsteilung unter der Kapitalherrschaft manifestierte sich somit, vermittelt durch den Weltmarkt, äußerlich in einem Staat, *der scheinbar die Funktion des Marktwertes ersetzte.* Als Funktion des Imperialismus kam ihm scheinbar die Vermittlungsaufgabe zu, die proportionale gesellschaftliche Arbeitsteilung durch seine Planungsbehörde zu bewerkstelligen. *Diese Funktion wurde aber selbst zu einer neuen Quelle des Privateigentums neben und über den bestehenden Eigentumsverhältnissen.* Vetternwirtschaft und Korruption waren die wahrnehmbare Kehrseite. Die durch diese besondere Funktion sich konstituierenden Eigentumstitel begründeten eine Aneignungsweise der Staatsbeamten - an ihrer Spitze die herrschende Pahlavi-Familie -, die unabhängig war von den vom Staatsapparat als ganzem eingetriebenen Steuern und sonstigen Einnahmen aus staatlichen Monopolen, die für die "öffentlichen Ausgaben" bestimmt waren. Das Fehlen bürgerlich-demokratisch-institutionalisierter Kontrollorgane - als politischer Ausdruck des sich immanent konstituierenden "inneren Marktes" und der modifizierten Durchsetzung des Marktwertes als Verteilungsprinzip des produzierten Mehrwerts innerhalb der herrschenden Klasse - schuf jenes Klima, in dem für ein Unternehmen keine Realisierungschance ohne Beteiligung eines staatlichen Funktionsträgers bestand. In diesem Zusammenhang reproduzierte sich eine bürokratische Bourgeoisie bzw. eine "Staatsbourgeoisie", die durch ihre politische Stellung die profitabelsten ökonomischen Bereiche monopolisieren konnte. An der Spitze dieser Bourgeoisie stand die Pahlavi-Familie und der Hofstaat. Diese "Staatsbourgeoisie" kontrollierte gemeinsam mit der Finanz- und Monopolbourgeoisie die gesamte Wirtschaft des Landes, wobei die letztere die politische Macht des Staates in ihrem Sinne einsetzen konnte.

Mit der seit Anfang der sechziger Jahre und dem Beginn der Landreform verstärkten Industrialisierung der Konsumwarenproduktion verwandelten sich Teile der ehemaligen Großgrundeigentümer und der "Kompradorenbourgeoisie" in die Monopolbourgeoisie des Landes. Die "importsubstituierende Industrialisierung" ermöglichte es nämlich zum Teil, die früher aus dem Ausland eingeführten Waren in Montagewerken im Iran zusammenzusetzen. Mit Hilfe von Schutzzollpolitik, Steuerentlastung, bevorzugter infrastruktureller Versorgung, billigen Arbeitskräften und Rohstoffen beutete dieser Teil der Bourgeoisie nunmehr gemeinsam mit dem ausländischen Kapital das Land aus. Die "Staatsbourgeoisie" beteiligte sich vorwiegend durch ihren unmittelbaren politischen Einfluß und "Beziehungen" an dem Geschäft mit dem monopolistischen Finanz-, Industrie- und Handelskapital. Dies charakterisiert auch die Entstehungsbedingungen des Monopolkapitals im Iran. *Die monopolistische Position des Finanz-, Industrie- und Handelskapitals entstand also nicht durch die Mechanismen der freien Konkurrenz, sondern durch ihre weitgehende Aufhebung a priori.* Sie war die Manifestation des im "Inneren" zum Teil aufgehobenen Wertgesetzes bzw. seiner modifizierten Durchsetzungsform im Weltmarktzusammenhang, die sich der *außerökonomischen Gewalt* des Staates bediente. Diese Marktmechanismen schafften die neue Klasse der "abhängigen Bourgeoisie", die ihre Existenz nur einem abhängigen Staat und der Kooperation mit dem ausländischen Kapital verdankte und keine längerfristige Investitions- und Ausbeutungs-, sondern nur eine schnelle Raub- und Plünderungsperspektive besaß.

Natürlich führte diese Strategie der Plünderung mit Hilfe der "Staatsbourgeoisie" zu einer Fülle unsachgemäßer Entscheidungen, die die Probleme im Bereich der gesamtgesellschaftlichen Reproduktion - als Funktion des Weltmarktes - verstärkten. Diese spezifische Struktur und Funktion des Staates reproduzierte mithin nicht nur Vetternwirtschaft und Korruption, sondern sie war zugleich eine entscheidende Quelle für die Entstehung sozialer, ökonomischer und politischer Krisen. Dieser Krisenquelle mußte eine umso größere Bedeutung zukommen, je stärker die Aufgaben des Staates, die allgemeinen und äußeren Reproduktionsbedingungen des Kapitals herzustellen, zunahmen. Sie verschärfte als Funktion des Imperialismus jene "Engpässe", die die Krise des Kapitals potenzierten.

So verwandelte sich ein Staat, der die Voraussetzungen der reibungslosen Reproduktion des imperialistischen Kapitals garantieren sollte, letztlich zu einer immer gefährlicheren Krisenquelle für eben dieses Kapital. Er potenzierte die durch die Integration in den Weltmarkt entstandene sektorale und regionale Disparität gesellschaftlicher Arbeitsteilung, die zu einer revolutionären Krise und schließlich zum Aufstand führte. Jedoch hätten diese den Massen als "Bereicherungssucht" und "Dekadenz" erscheinende Krise des Shah-Regimes sowie die durch die Disparität ökonomischer Entwicklung aufgetretenen Engpässe allein noch nicht ausgereicht, um einen Aufstand von solcher Wucht hervorzurufen. Sie waren zwar notwendige, aber keineswegs ausreichende Voraussetzungen einer revolutionären Krise und eines Aufstandes. Dazu bedurfte es der *Legitimationskrise der Kapitalherrschaft*.

Als Funktion des Imperialismus war der "moderne" iranische Staat in seiner letzten Phase nichts anderes als die sich durchsetzende Form der Internationalisierung der kapitalistischen Produktionsweise - als eine Kulturform[22]. Die bürgerliche Kultur - als eine *"repressive Kultur"*[23] - sollte die Jahrtausende alte *Kultur der Repression* ersetzen, ohne daß sie jedoch auf *manifeste Repression* hätte verzichten können. Als *Kulturimperialismus* verbinden sich die beiden Gewaltformen und verstärken das latent vorhandene *Widerstandspotential*. So leitet der Kulturimperialismus mit der *"Kolonisierung der äußeren Natur"* auch eine *"Kolonisierung der inneren Natur"* der Menschen ein, ohne sie dabei des Bewußtseins ihrer kollektiven Geschichte berauben zu können[24]. Der nativistische Charakter der durch dieses Widerstandspotential entfesselten sozialen Bewegung, die auf ihrem Höhepunkt zur Konstituierung der "Islamischen Republik" führte, ist damit Funktion des durch den Kulturimperialismus entstandenen "Kulturschocks"[25].

Die letzten Maßnahmen für die Herstellung und den Betrieb allgemeiner Produktionsbedingungen des Kapitals, die der veränderten Weltmarktstruktur entsprachen, wurden in der Kennedy-Ära, zusammengefaßt im Konzept der "Allianz für Fortschritt", eingeleitet. Landreform und "importsubstituierende Industrialisierung" waren die wichtigsten Bedingungen. Gerade diese zwei ursprünglich zum Zwecke der Herrschaftsstabilisierung durchgeführten Maßnahmen schlugen um in ihr Gegenteil und führten zur Freisetzung jener Widerstandspotentiale, die den Sturz des Shah-Regimes als "abhängiger Staat" bewirkten.

Im Folgenden soll in der Diskussion des Entstehungszusammenhangs des "modernen" iranischen Staates als Funktion des Imperialismus zugleich der Entstehungszusammenhang dieses Widerstandspotentials untersucht werden. Dabei impliziert die Darstellung des Entwicklungsverlaufs des abhängigen Staates gleichzeitig die Untersuchung des Entwicklungsverlaufs des ihn stürzenden Widerstandspotentials.

1.1. ZUR CHARAKTERISIERUNG DER VORKOLONIALEN IRANISCHEN STAATSFORM

Wenn Marx und Engels in ihren Überlegungen zu den spezifischen Zügen außereuropäischer, besonders asiatischer Gesellschaften auch Persien erwähnen, dann sind damit vor allem die unter Shah 'Abbas I. sich entwickelnden gesellschaftlichen Verhältnisse angesprochen. Seine Informationen über diese Epoche bezog Marx insbesondere aus den Reiseberichten des Franzosen Bernier, der sich im 17. Jahrhundert als Leibarzt der Herrscher von Indien und Persien auch eingehend mit den gesellschaftlichen und ökonomischen Problemen dieser Länder befaßt hatte und durch seine Berichte entscheidend zur Formung eines bestimmten Bildes der "orientalischen Despotie" beitrug.

So schreibt Marx an Engels am 2.6.1853:"Über die orientalische Städtebildung kann man nichts Brillianteres, Anschaulicheres und Schlagenderes lesen als den alten François Bernier ... Bernier findet mit Recht die Grundform für sämtliche Erscheinungen des Orients - er spricht von Türkei, Persien, Hindostan - darin, daß *kein Privateigentum* existiert. Dies ist der wirkliche clef selbst zum orientalischen Himmel"[1], darin liegt also der Schlüssel zur politischen und religiösen Geschichte Irans[2].

Allerdings ist diese Abwesenheit des Privateigentums als *scheinbare* Abwesenheit gesellschaftlicher Arbeitsteilung eine sich *allgemein* durchsetzende Tendenz und Reproduktionsgrundlage der "orientalischen Despotie", die als *Form* von Gemeineigentum auftrat, während sich gleichzeitig immer wieder Ansätze zur Herausbildung von Privateigentum zeigten. Zwar war die bestimmende Rolle des Herrschers als alleinigem und rechtmäßigem Eigentümer allen Grund und Bodens unter den Safawiden stärker ausgeprägt als früher; doch in Wirklichkeit existierte nach wie vor ein gewisses Ausmaß an Privateigentum, was sich unter anderem daran zeigte, daß dies Privateigentum häufig in *waghf*-Land[3] (fromme Stiftungen) transformiert wurde, um es vor willkürlichen Konfiskationen zu schützen. Eben darin zeigt sich aber auch die mangelnde Sicherheit dieses Privateigentums.

Diese Dominanz des Gemeineigentums in Zeiten einer starken
Zentralregierung läßt sich bereits in frühester Zeit beobachten. Schon im 3. Jahrtausend v.Chr. ließen sich auf dem Gebiet des heutigen Iran Stämme nieder und begannen den Boden
systematisch zu bebauen. Zu den ältesten bekannten Stämmen
gehörten die Elamiten, die auch das erste Großreich auf persischem Boden, etwa ab 2500 v.Chr., gründeten[4] und auf dem
Höhepunkt ihrer Macht, etwa um 1200 v.Chr., fast den ganzen
Iran sowie Babylonien beherrschten. Bereits für diese Zeit
läßt sich eine typisch ausgeprägte asiatische Produktionsweise mit einem hohen Anteil an agrarischem Gemeineigentum
feststellen[5]. Das Elamiten-Reich wurde im 7. Jahrhundert
v.Chr. durch die Eroberung der Assyrer zerstört.

Etwa ab 550 v.Chr. errichtete der Stamm der Perser eine starke
Zentralgewalt, das sogenannte Großreich der Achämeniden, das
500 v.Chr. im Osten an den Indus, im Westen an Griechenland
und im Süden an Ägypten grenzte. Bei dieser Größe waren die
dezentralen Kräfte entsprechend stark, so daß es Alexander aus
Mazedonien ein Leichtes war, die achämenidische Dynastie bereits 330 v.Chr. wieder zu stürzen.

Bis zum 3. Jahrhundert n.Chr. folgte nun eine Periode der relativen Dezentralisation der Herrschaft und damit des Gemeineigentums, dann gelang es dem Stamm der Sassaniden, erneut ein
Großreich zu errichten. Mit der Zerstörung des Sassanidenreiches durch die Araber (um 650 n.Chr.) setzte die längste Periode der Dezentralisation ein, die bis 1502 dauerte, als die Safawiden eine starke Zentralgewalt etablieren konnten. In den
dazwischen liegenden acht Jahrhunderten gehörte der Iran anfänglich (bis zum 9. Jahrhundert) zum arabischen Kalifat, danach herrschten regionale Machthaber. Im 13. Jahrhundert wurde
er von schweren Verwüstungen durch nomadisierende Mongolenstämme heimgesucht, die Viehzucht betrieben und daher weite Ackerbaugebiete zerstörten, um daraus Weideland zu machen.

Wie ihren mongolischen und türkischen Vorgängern war auch den
Safawiden die Machtergreifung nur durch die Unterstützung starker nomadischer Elemente möglich gewesen, die vom turkmenischen
Stamm der Quizilbash (Rotköpfe) gestellt wurden. Diese Abhängig-

keit von Stammestruppen, die einerseits die Aufrechterhaltung der Herrschaft im Inneren, andererseits die Expansion nach außen ermöglichte, förderte aber gleichzeitig eine Schwächung der zentralen Staatsmacht und die Stärkung zentrifugaler Kräfte. Daher war die Errichtung eines bürokratischen Staatsapparates von despotischem Zuschnitt auch erst möglich, als die Stammestruppen durch ein stehendes Heer, an dessen Spitze gewöhnlich georgische und armenische Sklaven-Offiziere standen, ersetzt worden waren. Solche persönlich abhängigen "Fremdgruppen", die über keine soziale und politische Machtbasis im Lande selbst verfügten, wurden von 'Abbas I. als Offiziere wie auch als zivile Bürokraten bevorzugt, da sie im Bedarfsfalle leicht ausgeschaltet werden konnten, ohne daß von ihnen, wie etwa bei den Stammesführern, kollektiver Widerstand zu erwarten war.

Trotzdem zerfiel gegen Ende des 17. Jahrhunderts das Reich der Safawiden in einzelne Provinzen und Stammesgebiete. Einem Stamm, den Afsharen, gelang es kurzfristig, weite Teile des Landes unter seine Herrschaft zu bringen und beutereiche Feldzüge gegen die Nachbarstämme und -länder durchzuführen. Mit der Ermordung ihres Führers Nader Shah war jedoch auch ihre Herrschaft beendet, was einen erneuten Zerfall des Landes während der Erbfolgeauseinandersetzungen mit sich brachte. Aus den Kämpfen der einzelnen Stämme gingen die Ghadjaren (1795) als Sieger hervor, die unter ihrem Führer Agha Mohammad wiederum eine starke Zentralgewalt etablierten. Dieser Stamm stellte nun über hundert Jahre die orientalischen Despoten, die über die iranischen Völker herrschten. Wie bei jeder neuen Zentralgewalt wechselte auch unter den Ghadjaren das Land seine Eigentümer, denn seit dem Sturz der Safawiden hatte sich die Tendenz zur Privatisierung des Gemeineigentums, wie jedesmal in einer Dezentralisierungsphase, erneut verstärkt. Diese Entwicklung wurde nun wieder rückgängig gemacht, indem Agha Mohammad große Teile des Landes konfiszieren und zu *khakesse*-Ländereien (d.h. Staatsland bzw. Gemeinland) erklären ließ. Über den Umfang der Konfiszierung bzw. über die genauen Eigentumsverhältnisse liegen allerdings keine klaren Angaben vor. Etameh el Saltaneh, ein Minister unter Nasser ed din Shah (1848-1896) erwähnt in seinem Tagebuch, daß mindestens ein Drittel des bebaubaren Landes zu *"Khalesse"* erklärt worden sein soll[6], der Rest hätte dann bestanden aus Privateigentum, dem sogenannten *"arbabi"*, *"waghf"* und *"tijul"* , das war Land, das der Staat an"verdienstvolle" Leute statt Gehaltszahlungen verteilte und das als lehensverhältnisähnliches *Besitzrecht* die Basis des Grundherrschaftsverhältnisses dieser Zeit bildete. Unter Nasser ed din Shah gab es später noch einmal eine Konfiskationswelle, so daß diese Angaben nicht unbedingt als verläßlich zu betrachten sind. Möglicherweise ist auch das Land, das sofort nach der Etablierung der neuen Dynastie als *tijul* an "Verdienstvolle" vergeben wurde[7] und somit dem Staat keine Einnahmen brachte, in der oben genannten Zahl nicht enthalten, obwohl es sich im Grunde um Gemeinland handelte.

Iran war zu diesem Zeitpunkt im Vergleich zu Europa, wo das Industriekapital sich allmählich durchgesetzt hatte und seine politische Macht sich zu stabilisieren begann, ein rückständiges asiatisches Agrarland, gekennzeichnet durch eine "traditionelle" Sozialstruktur, die sich im Zersetzungs- und Auflösungsprozeß befand. Diese Sozialordnung beruhte auf einer Mischung aus grundherrschaftlicher und patriarchalischer Herrschaft von Stammesführern, wobei sich die Grundherrschaft als Herrschaft der Stammesführerschaft legitimierte.

Mit der Etablierung der Ghadjaren-Dynastie als neue Zentralgewalt setzte wiederum eine Entwicklung zur Zentralisation im Rahmen der asiatischen Produktionsweise ein[8]. Dennoch bestand ein ganz wesentlicher Unterschied zu früheren Zentralisationsphasen, und zwar im Hinblick auf das "historische Milieu", in dem der Aufstieg der neuen Dynastie stattfand. Besonders die Existenz der kapitalistischen bzw. der sich kapitalisierenden Staaten, die nun an Persiens Grenzen auftraten, hatte großen Einfluß auf die Entwicklung Irans, insbesondere Großbritannien, das am Iran als Sprungbrett für seine Expansion nach Indien interessiert war, sowie Rußland, das massive, gegen England gerichtete Handels- und strategische Interessen verfolgte[9]. Die Konkurrenzsituation dieser beiden Mächte verhinderte zwar, daß

Persien in eine Kolonie verwandelt wurde; jedoch vergrößerte
sich im Laufe des 19. Jahrhunderts die politische und ökonomische Abhängigkeit Irans von diesen Mächten derartig, daß die
Auswirkungen denen des Kolonialismus durchaus vergleichbar
waren[10].

Somit fällt der Beginn des Entstehungsprozesses des abhängigen Staates im Iran in die Ära des Freihandels, die durch die
Unterwerfung der Grundrente unter die Botmäßigkeit des Industriekapitals gekennzeichnet ist. Die *formelle Subsumtion des
Grundeigentums* der Kolonien und Halbkolonien unter das Kapital[11] ist das wesentliche Merkmal dieser Epoche.

1.1.1. ZUR KONSTITUTION DER FORMBESTIMMTHEIT DES STAATES IM IRAN ALS 'ORIENTALISCHE DESPOTIE'

Ist die Arbeitsteilung und damit das Privateigentum die Konstitutionsbedingung des Staates in einer bestimmten Form, so
ist zu fragen, warum bzw. wie der iranische Staat als eine
"orientalische Despotie" entsteht - trotz fehlenden Privateigentums als herrschender Form der Aneignung.

In Persien hatte sich, wie in allen orientalischen Gesellschaften, die Stammesordnung sehr lange erhalten, zum Teil bis zum
heutigen Tage; gleichzeitig war es ein Durchgangsland für viele
Stämme, von denen sich einige aufgrund geographischer Gegebenheiten dort niederließen. So entstand eine *gesellschaftliche
Arbeitsteilung zwischen seßhalten Ackerbauern und nomadisierenden Viehzüchtern* als Arbeitsteilung zwischen verschiedenen "Gemeinwesen". Der asiatische Staat in seiner despotischen Form
war der Ausdruck der Koexistenz dieser verschiedenen Gemeinwesen und ihres Verhältnisses[1] zueinander, des Verhältnisses zwischen unterworfenen seßhaften Ackerbauern, die nun als *"raijat"*
erschienen - was zugleich Bauer und Untertan bedeutet - und den
herrschenden Nomadenstämmen. Die Aneignung des bäuerlichen Mehrprodukts in *Form* von *Tribut* bildete die materielle Grundlage dieser Herrschaft, deren entsprechende *Form* die "orientalische Despotie" war. Das Oberhaupt des jeweils siegreichen Nomadenstammes

wurde zum "orientalischen Despoten", der willkürlich über Land und Leute verfügte. Dabei war die Aneignung eines bäuerlichen Mehrprodukts jedoch nur dann möglich, wenn die "allgemeinen Produktionsbedingungen" gewährleistet waren. Die künstliche Bewässerung war dafür die *erste Bedingung*[2].

Da die Stämme die Möglichkeit für den systematischen Ackerbau nur an weit über das Land verstreuten, ohnehin halbwegs fruchtbaren Orten fanden, bildeten sich voneinander isolierte Dorfgemeinwesen als Basis der landwirtschaftlichen Produktion. Diese *Zersplitterung der ackerbauenden Stämme* machte sie nicht nur wehrlos gegenüber äußeren Angriffen und der Unterwerfung durch Nomadenstämme; sie machte sie auch unfähig zur Organisation und zum Betrieb der künstlichen Bewässerung und damit unfähig zu einer staatlichen Organisation als allgemeines Gemeinwesen. Der Bau von Bewässerungsanlagen, Schutzvorrichtungen vor räuberischen Feinden und dergleichen erforderte eine Zusammenfassung einer Reihe solcher dörflichen Gemeinwesen, die den Staat konstituierten. Dieser Staat verkörperte sozusagen die *Einheit der einzelnen Dorfgemeinwesen auf höherer Stufe als 'höhere Einheit'*. Mithin war die künstliche Bewässerung entweder Sache der Kommunen, der Provinzen oder der Zentralregierung[3], also des als "orientalischer Despot" herrschenden Stammesoberhauptes. Die *Herstellung* und der *Betrieb* der allgemeinen Produktionsbedingungen wurde aber zur allgemeinen Grundlage der Herrschaftslegitimation, die zunächst aus der Unterwerfung hervorging[4].

Herstellung und *Betrieb* der allgemeinen Produktionsbedingungen erforderten eine gesellschaftliche Organisation, die die Staatsbürokratie und die gesellschaftlichen Funktionsträger als herrschende "Klasse" hervorbrachte. Um *"Sicherheit"* bei der Aneignung des bäuerlichen Mehrproduktes herzustellen, mußte jene *"Ordnung"* garantiert werden, die die reibungslose bäuerliche Reproduktionsweise gewährleistete. Die Herstellung dieser "Sicherheit" und "Ordnung" durch die Abwehr äußerer Eingriffe zur Herstellung *"äußerer Produktionsbedingungen"*, die nichts anderes war als *Herrschaftssicherung*, bedingte das Entstehen des militärischen Teils der Staatsbürokratie und ihrer Funktionsträger als weiteren Teil der herrschenden "Klasse". Aus diesem Grunde hatte "die Regierung im Orient(...) immer auch nur drei Departments: Finanzen (Plünderung des Inlands), Krieg (Plünderung des Inlands und des Auslands) und travaux publics, Sorge für die Reproduktion"[5]).

Die Entlohnung sowohl der zivilen als auch der militärischen Bürokraten erfolgte durch eine Art von "Belehung"; derartige lehensähnliche Einrichtungen, die sich mit dem Wechsel der herrschenden Stämme modifizierten, konstituierten zwar ein *Aneignungsrecht* eines Teils des bäuerlichen Mehrprodukts, aber niemals ein *Eigentumsrecht*, wobei auch das Aneignungsrecht nur auf Widerruf bestand. Seine Inhaber waren zwar Angehörige der herrschenden "Klasse", standen aber in einem einseitigen Abhängigkeitsverhältnis zur Zentralgewalt - dem Shah. Wie alle anderen Untertanen unterstanden sie seiner absoluten Herrschaft, die aus seiner alleinigen Verfügungsgewalt über Land und Leute und seiner Funktion, die Produktionsbedingungen zu sichern, resultierte. Aus diesem Grunde fehlte in Persien jegliche Konzeption eines staatlichen demokratischen Gemeinwesens sowie auch der Anspruch darauf, der nicht einmal innerhalb der herrschenden "Klasse" geltend gemacht wurde. Die Geschichte erscheint daher als Geschichte der Könige bzw. als königliche Geschichte: jedesmal, wenn einer der örtlichen Herrscher oder einer der Stammesführer der verschiedenen Nomaden- bzw. Volksstämme sich der Zentralgewalt widersetzte oder ihr gegenüber auf eigenen Rechten bestand, was darauf hinauslief, sein Aneignungsrecht in privates Eigentumsrecht zu verwandeln, wurde er unterdrückt, oder sein Sieg über die Zentralgewalt führte zum Untergang der herrschenden Dynastie und zur Bildung einer neuen durch den siegreichen Stamm. So reproduzierte sich die Geschichte Irans als die Geschichte der Despotie.

In den Dörfern war normalerweise die Stellung der "Untertanen" bestimmt durch den Grundsatz des *allgemeinen Nutzungsrechts* des Gemeineigentums an Grund und Boden, was kollektiv bewirtschaftet wurde. Die Naturverhältnisse ließen eine Auflösung der ursprünglichen Gemeinwesen und damit eine Individualisierung ihrer Mitglieder nicht zu; die gesamte Existenz, sowohl Produktions- als auch Reproduktionsmöglichkeiten des Einzelnen, blieben an die Zugehörigkeit zum Gemeinwesen gebunden. Diesem kam damit eine unmittelbar ökonomische Funktion zu, indem der Einzelne nur durch seine Zugehörigkeit zu ihm an gemeinschaftlichem Eigentum beteiligt war und an einem besonderen Teil desselben als *Besitz*[6]. Das Verhältnis des Einzelnen zu Grund und Boden, d.h. zu den Produktionsmitteln, war also doppelt vermittelt, einmal durch seine Zugehörigkeit zu seiner Dorfgemeinde, zum anderen durch die Zugehörigkeit seines Dorfgemeinwesens zur höheren Einheit, zum Staat. *Dieses doppelt vermittelte Verhältnis* macht den wesentlichen Unterschied zur feudalen Produktionsweise aus, in der ein unmittelbares persönliches Abhängigkeitsverhältnis vorliegt. "Da die Einheit der wirkliche Eigentümer ist und die wirkliche Voraussetzung des gemeinschaftlichen Eigentums - so kann diese selbst als ein Besondres über den vielen wirklichen besondren Gemeinwesen erscheinen, wo der Einzelne dann in fact eigentumslos ist oder das Eigentum - i.e. das Verhalten des Einzelnen zu den natürlichen Bedingungen der Arbeit und Reproduktion als ihm gehörigen, als den objektiven, als unorganische Natur vorgefundener Leib seiner Subjektivität - für ihn vermittelt erscheint durch das Ablassen der Gesamtheit - die im Despoten realisiert ist als dem Vater der vielen Gemeinwesen - an den Einzelnen durch die Vermittlung der besondren Gemeinde. Das Surplusprodukt - das übrigens legal bestimmt wird infolge der wirklichen Aneignung durch Arbeit - gehört damit von selbst dieser höchsten Einheit."[7]

Um überleben zu können, erhob diese höhere Einheit, der Staat, von den Dorfgemeinden einen *Tribut*, der das Mehrprodukt, das die Bauern über den unmittelbaren Selbstbedarf herstellten, umfaßte, während sich die Bauern als Grundbesitzer zum orientalischen Despoten als dem allgemeinen Grundeigentümer als *tributpflichtige* Untertanen verhielten. So kam in diesem Verhältnis ein für diese Staatsform spezifisches *Gerechtigkeitsprinzip* zur Geltung und konstituierte den "Staat als Surrogat des Gemeinwesens", obwohl die Abpressung des Mehrprodukts durch außerökonomischen Zwang erfolgte. Daher brauchte "das Abhängigkeitsverhältnis politisch wie ökonomisch keine härteren Formen zu besitzen als die ist, welche aller Untertanenschaft gegenüber diesem Staat gemeinsam ist."[8] Die Herrschaftsform der "orientalischen Despotie" konstituierte sich also auf der Basis undifferenzierter *bäuerlicher Massen* und ihrem *dörflichen Gemeinwesen*[9] als einer Einheit von Agrikultur und Manufaktur mit einer naturwüchsigen Arbeitsteilung.

Während in Europa die antike Produktionsweise unterging und die germanisch feudale sich entwickelte, reproduzierte sich die asiatische Produktionsweise Jahrhunderte hindurch auf fast gleichem Niveau. Abgesehen von einigen größeren Städten, die "eigentlich *nur* etwas besser und bequemer als ein im freien Feld eingerichtetes *Heerlager*" waren[10], entstanden in Asien keine autonomen Städte, die vor allem der Herausbildung eines eigenständigen Handelskapitals hätten förderlich sein können. Der Grund dafür war das Ausbleiben einer Entwicklung hin zur gesellschaftlichen Arbeitsteilung zwischen Ackerbau und Handwerk; im Gegenteil bildeten beide Bereiche weiterhin eine Einheit, die nur zur Entstehung von selbstgenügsamen "Agrostädten" führte[11]. Das Dorfsystem als Einheit von Ackerbau und Handwerk bildete also das *"gesellschaftliche" System*, dem gegenüber sich der orientalische Staat scheinbar verselbständigte. Diese Struktur blieb bis ins erste Jahrzehnt des 19. Jahrhunderts im Iran unverändert; sie hat sich sogar, trotz eines starken Zersetzungsprozesses, *zum Teil* bis heute erhalten. Zwar entwickelten sich, vor allem in der Safawiden-Periode, in den wenigen großen Städten Handwerk und Handel, doch ihre zunftähnlichen Verbände (*"asnafs"*) waren staatliche Organisationen, die bei der Steuereintreibung und beim Frondienst den Gewerbetreibenden geschlossen entgegentraten und keine vom Staat unabhängige Existenz führen konnten[12], da sie politisch und ökonomisch einen Bestandteil der traditionellen Herrschaftsverhältnisse bildeten.

Die wenigen großen iranischen Städte waren bewohnt von der Herrschenden Klasse samt ihrem Militärwesen, der höheren Priesterschaft und den Kaufleuten; weiterhin von einer Schicht von Handwerkern, die die Stadtbevölkerung mit ihren Produkten versorgte sowie Kriegswaffen, Baumaterialien für öffentliche Bauten und Waren für den Fernhandel herstellte. Häufig arbeiteten diese Handwerker in Staatsmanufakturen und unterstanden so direkt der monopolistischen Kontrolle des orientalischen Despoten. Die Entwicklung dieser zum Teil recht großen Manufakturen hing dabei nicht von den Gesetzen der Konkurrenz bzw. des inneren Marktes ab, sondern war der Willkür des jeweiligen Herrschers ausgesetzt; deshalb verschwanden sie auch jeweils mit dem Sturz einer Dynastie. Kaum besser war die Position der selbständigen Handwerker: sie waren ebenfalls völlig den despotischen Willkürmaßnahmen ausgeliefert, ebenso wie die Bauern tributpflichtig und gezwungen, ihr Mehrprodukt an den König abzuliefern. Unter solchen Bedingungen konnte sich in den Städten kein selbständiges Bürgertum herausbilden, das die Basis einer industriellen Bourgeoisie hätte abgeben können.

Im Gegensatz zum städtischen Handwerkertum konnte sich der Handel positiver entwickeln, und es kam häufig zu einer beträchtlichen Akkumulation von Handelskapital. "Je entwickelter die asiatische Produktionsweise, d.h. je höher die Zentralisationsstufe des Grundeigentums und je ausgedehnter der Staatsapparat, umso entwickelter das Tauschwesen und vielfältiger die Tauschtechniken."[13] Das hochentwickelte Handelswesen bewirkte jedoch keine Auflösung der asiatischen Produktionsweise, keine Sprengung der Einheit von Agrikultur und Manufaktur in den Dorfgemeinwesen und keinen Austausch zwischen Stadt und Land. Denn in der asiatischen Produktionsweise hatte das Handelskapital eine andere Funktion als im europäischen Feudalismus und vermittelte nicht zwischen zwei Produktionssphären, sondern regelte lediglich die Verteilung des abgepreßten agrarischen Mehrprodukts in der Stadt. Dabei blieb der Austausch auf den Bereich innerhalb der Stadt bzw. zwischen den Städten beschränkt. Da nämlich die Produktion der Dorfgemeinwesen gebunden war an die Existenz eines zentralistischen Staates, dieser jedoch zur Erfüllung seiner Aufgaben und Bedürfnisse - also der der herrschenden Klasse - mit der abgepreßten Rente in ihrer Naturalform direkt nur bedingt etwas anfangen konnte, bedurfte es eines Händlertums, das die Verteilung bzw. den Verkauf der Naturalrente übernahm. Die Produktion war also in der asiatischen Produktionsweise ohne Zirkulation undenkbar, während die Zirkulation von vornherein ein bloßes Moment der Produktion war[14]. So blieb auch die Tätigkeit des Händlertums befangen in der bestehenden geschlossenen Gesellschaft.

Da Akkumulation und Reproduktion in der Regel eng verknüpft mit der bestehenden Distribution und damit auch mit den Ausbeutungsverhältnissen ist, läßt sich hieraus auch die enge Verbindung und Interessenidentität zwischen herrschender Klasse und Händlertum erklären. War es dem Kaufmannskapital gelungen, zu akkumulieren, so war eine Investition in den Industriebereich der Stadt jedoch aufgrund der politischen Machtverhältnisse, vor allem wegen der fehlenden Rechtssicherheit, wenig verlockend. Es blieb die Möglichkeit, sich in die Beamtenhierarchie einzukaufen oder ein Stück Land bzw. das Recht auf Rente eines oder mehrerer Dörfer zu erwerben. Häufig verfielen persische Könige auch auf den Gedanken, die Abpressung statt von Beamten gleich von den Händlern durchführen zu lassen, um so die Eintreibung des Tributs zu vereinfachen. Praktisch manifestierte sich dies derart, daß die Händler für einen gewissen Zeitraum den Tribut von bestimmten Dörfern gegen einen festgelegten Betrag pachteten[15]. Eine andere Ursache der Interessenidentität von herrschender Klasse und Händlern lag in der permanenten Bedrohung durch die Nomaden. Diese wirkten nicht nur als ständiges Element der Zerstörung und Instabilität auf das seßhafte Bauerntum, da ihre Angriffe und blutigen Kämpfe untereinander die sehr empfindlichen Bewässerungsanlagen häufig zerstörten und es so zur Verwüstung der ländlichen Siedlungsgebiete kam; sie stellten auch einen dauernden Unsicherheitsfaktor für die "Industrie" und den Handel dar. Aus diesem Grunde war eine starke Zentralgewalt eine wesentliche Voraussetzung für die Entwicklung agrarischer und industrieller Produktion sowie des Handels; zugleich war aber gerade die Willkürherrschaft eines derart mächtigen Staates ein Unsicherheitsfaktor für die Akkumulation. Jedoch überwog die Interessenidentität der beiden Kräfte, was das Handelswesen zu einem integralen Bestandteil der Herrschaft machte.

Die Dominanz der orientalischen Despotie lastete so stark auf den Handel- und Gewerbetreibenden, daß trotz enormer Akkumulation des Handelskapitals und großer Manufakturen die Konstituierung einer "autonomen Bourgeoisie" nicht möglich war. Gleichzeitig wurde aber die dominierende Rolle der Stämme bzw. ihrer Oberhäupter kaum gemindert, da diese bei der Aufstellung der Militärkontingente und im Rahmen der Grundaristokratie ihren Einfluß auf das Schicksal des Landes behaupteten. Die *"Il-Khane"*[16] waren gemeinsam mit den *"Il-Begen"* [17] in ihren Gebieten zugleich Generalgouverneure (*Wali*) oder Statthalter (*Hakem*)[18] des Shah. Bis zur Entstehung der regulären Armee in Persien zur Zeit des Shah 'Abbas und wieder seit der Herrschaft Reza Shahs stellten die Stämme das Militär. So waren sie trotz ihrer Unterwerfung unter die Zentralgewalt gleichzeitig das wichtigste Zersetzungselement eben dieser Zentralgewalt. Die gesamte Geschichte Irans ist daher gekennzeichnet durch permanente Machtkämpf mit den Nomaden. War einer der Stämme erfolgreich, so verwandelte sich die zentrifugale Kraft zu einer neuen despotischen zentralen Gewalt im Land. Der letzte dieser Kämpfe, der 64 Jahre dauerte (1730-1794), führte zur Etablierung der Zentralgewalt der Ghadjaren, deren Herrschaft bis zum Anfang des 20. Jahrhunderts andauerte. Aus den Auseinandersetzungen um das safawidische Erbe mit den damals wichtigsten und einflußreichsten Stämmen (Afshar, Zand und Bakhtiari) in der iranischen Armee gingen die Ghadjaren schließlich als Sieger hervor. Zwar schuf der Gründer dieser Dynastie durch die blutige und brutale Niederwerfung all seiner Konkurrenten zum erstenmal nach 300 Jahren wieder eine stabile und zentralisierte Regierungsgewalt, doch sie entstand in einer neuen welthistorischen Situation: in einer Zeit, in der die große industrielle Revolution in England, die französische Revolution, die Machtergreifung Bonapartes und der Konkurrenzkampf der kapitalistischen Länder sich bereits auf Ägypten, Indien und Iran auswirkte. Der Konkurrenzkampf war es, der letztlich zur Zersetzung traditioneller Produktions- und Lebensweisen im Orient führte und die Grundlage einer historisch beispiellosen sozialen Veränderung schuf - und zwar durch den unwiderstehlichen Druck der westlichen Zivilisation, d.h. des Industriekapitals. Diese Entwicklung wurde damit der Ausgangspunkt des sich später etablierenden "modernen Staates" und die Vorbedingung für den *Untergang der "Nationalbourgeoisie"*.

1.1.2. ZUM KONSTITUTIONSMOMENT DER THEOKRATIE IM IRAN

Die Person des iranischen Herrschers war die Inkarnation der "Königsideologie", die sich jedoch nicht auf seiner politischen Stellung oder auf seiner despotischen Gewalt gründete; vielmehr entsprang sie der Entfremdung einer Denk- und Fühlweise, die der asiatischen Produktions- und Lebensform entsprach. Mit dem asiatischen Typ des Menschen konstituierte sie jene Form des Gemeinwesens, dessen Surrogat der Despot ist: nicht nur als Träger einer bestimmten Ideologie, sondern als seine Inkarnation. *"Yima"*[1], in dessen Person man die wichtigsten Momente der "Königsideologie" wiederfinden kann, war das Vorbild des iranischen Herrschers, den man aufgrund seiner göttlichen Abstammung für heilig hielt. Unmittelbar vor der Islamisierung Irans, in der sassanidischen Zeit (226-651 n.Chr.), wurde er als Bruder der Sonne und des Mondes verehrt, der seinen Wohnsitz unter den Sternen hat[2]. Seine göttliche Natur zeigte sich darin, daß sein Element das Feuer war, aus dem auch die Himmelskörper bestehen. Eine Lichtglorie umgab daher sein Haupt als sichtbares Symbol des königlichen Glücksglanzes, *"Xvarnah"*, *der aber auch in anderen Erscheinungen auftreten konnte*, wie es die sassanidische Königslegende schildert[3]. Dem Mythos nach war der neugeborene Herrscher als eine *Inkarnation des Gottes Mithra*[4] in Feuergestalt mit einer Lichtsäule zur Erde niedergestiegen, während ein leuchtender Stern seine Geburt in einer Felsenhöhle angekündigt hatte: er war der *Erlöser*[5].

Diese Königsideologie, die den Herrscher zur göttlichen Person erhob und ihm politisch eine fast unantastbare Stellung verlieh, war Funktion einer Produktionsweise, in der die Menschen einen spezifischen *Selbstbegriff* und ein *Weltbild* reproduzierten, welche die orientalische *Geisteshaltung* und damit jene *theokratische Form der Despotie* konstituierten. Diese Geisteshaltung [6] war geprägt von einem im *Manichäismus* gipfelnden *kosmischen Dualismus*, der als *Animismus* im Rahmen der asiatischen Form des Gemeinwesens einen autoritätsfixierten Persönlichkeitstypus schuf. In einer Gesellschaft, in der faktische Eigentumslosigkeit herrschte, konnte das Individuum nicht im Mittelpunkt seiner Welterkenntnis stehen und das Selbst- und Weltbild nicht auf Autonomie beruhen, so daß "das Weltprinzip aus dem *absoluten Selbst* begründet werden"[7] mußte. Erscheint also das Eigentum als *doppelt vermittelt,* und zwar durch die Übertragung *erblichen Besitzes* von der Gesamtheit, die sich im Despoten als dem *Vater der vielen Gemeinwesen* realisiert, auf den Einzelnen, *vermittelt* durch die besondere Gemeinde, dann beruht das Selbst- und Weltbild auf *Theonomie* als Überhöhung der Autonomie. *Heteronomie* konnte dort nicht bestimmend sein, wo infolge der realen Aneignung durch Arbeit das Mehrprodukt automatisch der höheren Einheit gehörte, wo also keine Differenz zwischen Tribut und Steuer bestand.

Diese Geisteshaltung erwuchs aus dem stationären Charakter der asiatischen Produktionsweise, die kaum veränderbare Erkenntnisobjekte bot. Hier mußte Erkenntniskritik eine untergeordnete Rolle spielen. Die iranische "Geschichte" als Geschichte der Reproduktion der Despotie, welche nur durch immer wiederkehrende kurze Perioden der Dezentralisierung unterbrochen war, ermöglichte nur eine ohnmächtige Kritik - in Gestalt *chiliastischer Bewegungen*. Der mythisch-spekulative, auf Dualismus und Determinismus gegründete Welt- und Geschichtsbegriff ließ jene apokalyptische und eschatologische Einstellung entstehen, die im Chiliasmus als einer "kollektiven Aufbruchsbereitschaft zur Erlangung oder Verwirklichung eines heiß ersehnten 'paradiesischen' Glückszustands auf Erden"[8] zum Ausdruck kam. Zwar tritt der Chiliasmus in unterschiedlichen Formen als Adventismus, Escapismus oder Aktionismus auf, doch schlagen die beiden erstgenannten, latenten Ausprägungen in ihre manifeste Form, nämlich in gewaltsame, von einer "charismatischen Persönlichkeit" geführte Massenbewegungen um, wenn eine Krisensituation vorliegt. Sie ist es, die auf der Grundlage von Opferbereitschaft bei den Massen den Heilbringer schafft, der den eschatologischen Krieg führen soll. Derartigen Bewegungen geht jeweils eine Zersetzung des Gemeineigentums voraus, so daß es zu einer Trennung von Tribut und Steuer kommt, die den Menschen als eine doppelte Enteignung erscheint und damit die Legitimationskrise des Despoten auslöst. Als *"Usurpator"*, "falscher" bzw. "ungerechter König" wird er von der chiliastischen Bewegung vertrieben. Der Kampf für den "gerechten König" hat jedoch im Iran immer die Wiederherstellung der statischen Welt zum Ziel, die Schaffung einer zusammenfassenden Einheit, die über allen kleinen Gemeinwesen steht und als der höhere Eigentümer die Gerechtigkeit und damit die Gottheit verkörpert. Identität von Tribut und Steuer sowie der Betrieb der allgemeinen Produktionsbedingungen bilden also die materielle Grundlage einer Aneignungsweise, die als gerecht und damit als legitim erscheint. Mit der Wiederherstellung des Gemeineigentums als faktisches Eigentum des Despoten erhalten die Gemeinden wieder den Status erblicher Besitzer. Das unbewußte Ziel der chiliastischen Bewegungen ist mithin "die Re-Integration des abstrakt gewordenen Gedanklichen in sein volles Erlebtwerden"[9]. So erheben derartige Bewegungen ihre eigene politische Haltung zu einem Prinzip von universaler Gültigkeit, weil für sie höchstes ideologisches Ordnungsprinzip der gesellschaftlichen Reproduktion das allumfassende Obereigentum ist. Sie streben daher immer "nach dem Ideal der Ganzheitlichkeit aller Lebensphasen, d.h. nach einer integralen Einheit von Weltanschauung, Ethik, Gesellschaftsordnung und Alltagsleben"[10], also nach theokratischen Idealen. Die apokalyptischen Erwartungen des Weltuntergangs bringen das Bedürfnis nach Wiederherstellung von *Einheit* und *Kontinuität* hervor, während die eschatologischen Spannungen eines im Manichäismus gipfelnden Dualismus ihre Erlösungsideologie bestimmen, die "die Harmonie des Erdenlebens mit seinem kosmischen Urbild"[11] verbindet. Ein solcher apokalyptischer Chiliasmus entspricht daher im Bereich der Erkenntnis dem Triumph des ontologischen Prinzips und der Wiederherstellung der Ganzheitlichkeit einer universalen Synthese[12]. In einer "Gesellschaft", die arbeitsteilig aus nomadisierenden Hirtengemeinschaften und bäuerlichen Gemeinwesen besteht, verkörpert der "orientalische Despot" die Ganzheitlichkeit der universalen Synthese und ist Schatten Gottes (*"zell-ol-lah"*). Damit ist die *Theokratie* die adäquate Form der Herrschaft.

Als Ausdrucksformen einer *vorislamischen synkretistisch theokratischen Geisteshaltung* bereiteten Zoroastrismus[13], Mandäismus[14], Manichäismus[15] und Mazdakismus[16] die Expansion[17] des Islam im Iran vor. Zur Volks- bzw. Staatsreligion wurde der Islam erst dann, als die chiliastischen Motive der iranischen Geisteshaltung durch nativistische Bewegungen während der arabischen Herrschaft in ihn integriert und der *shi'itische Chiliasmus* geprägt wurde. Daher trägt der iranische Schi'ismus als ein Synkretismus von alt-iranischen und arabisch-islamischen Ideen einen nativistischen Charakter. Als archetypisch-mythische Umdeutung arabisch-islamischer Figuren, Symbole und Motive zu eigenen konnte er zur iranischen Staatsreligion erhoben werden. Zur Volksreligion wurde er in Persien durch die Anpassung arabisch-islamischer Anregungen an die mythischen kategorialen Strukturen, die aus der eigenen kulturellen Überlieferung stammten. So trägt der iranische Shi'ismus im Unterschied zum arabischen Sunismus - einen dualistischen Zug, der sich durch alle iranischen Volksreligionen hindurch erhalten hat. Er ist der Ausdruck der in dieser Gesellschaft latent vorhandenen *eschatologischen Spannungen*, die die bisherige iranische "Geschichte" bestimmten.

Mit der Einführung der "Zwölfer-Shi'ah" im Iran als Staatsreligion seit der Safawiden-Herrschaft (1501) und dem damit einhergehenden Dualismus der politischen und religiösen Macht *wurden die eschatologischen Spannungen institutionalisiert* und die besondere Rolle der Geistlichkeit in der politisch-sozialen Geschichte des Iran bis auf den heutigen Tag bestimmt.

1.2. ZUR ISLAMISIERUNG IRANS

In einer segmentär organisierten Gesellschaft wie der iranischen, in der Sicherheit und Status des Einzelnen allein bestimmt war durch seine Zugehörigkeit zu einer Gruppe, verkörperte der Herrscher in seiner Person die Neigung zu einer hierarchischen Gruppenorganisation. Dabei blieben die in sich kollektiv organisierten Gruppen, also die Stammes-, Dorf- und städtischen Gemeinschaften, jedoch immer voneinander getrennt, so daß es zur Konstitution eines *Gesamtsubjekts* nicht kommen konnte. Die Islamisierung Irans veränderte nicht nur nichts an dieser segmentären Gesellschaftsstruktur, sondern stabilisierte sie sogar noch. Der Glaube an *Allah* als "einzigen, unteilbaren und allmächtigen Gott" machte alle Gläubigen zu einer Gemeinschaft und konstatierte so das fehlende *Gesamtsubjekt*. Um *die Menschen in ihrer Unvollkommenheit* nicht führerlos durch die Welt irren zu lassen, war nach islamischer Lehre das wiederholte Auftreten von Propheten notwendig, deren Reihe über Abraham, Moses und Jesus zu Mohammad führte und deren Aufgabe es war, das geoffenbarte Wort Allahs immer wieder zu verkünden und vor Verfälschungen zu bewahren, um so die Verwirklichung des göttlichen Weltplans zu gewährleisten. Mohammad war der letzte dieser Propheten, bevor *"Mahdi"*[1], der "Rechtgeleitete", erscheinen würde, um mit dem endgültigen Sieg über die Ungläubigen das Reich Gottes zu errichten. Alle Menschen müßten vor das Jüngste Gericht treten, um dort Rechenschaft über ihr irdisches Tun abzulegen. Ins Paradies gelangten neben den *Shahid*, den Märtyrern, die im Kampf für die Verbreitung von Gottes Wort gefallen waren[2], dann diejenigen, die ihre Taten, notfalls durch Vermittlung eines Fürsprechers, rechtfertigen könnten; dem Rest drohte ewige Verdammnis.

Das heilige Buch des Islam, der *Koran*, enthielt die dem Mohammad von Allah geoffenbarten Worte, machte dabei aber nicht allein Aussagen über das *Wesen Gottes*, sondern gab auch Anleitungen zum Verständnis sowie für ein gottgefälliges Verhalten bei den Menschen. Das zweite verpflichtende Buch der Moslems war die *Suna*, die die überlieferten Worte Mohammads enthielt und aufgrund ihres prophetischen Ursprungs ebenfalls als Willensäußerung Allahs in Ergänzung zum Koran zu lesen war. Die *Umma*, die Gemeinschaft aller Moslems, verkörperte sich in der Person Mohammads als von *Gott gewollte Einheit*, deren Erhaltung oberste Pflicht aller Gläubigen war. Diese streng theokratisch geführte Gemeinschaft leitete ihre weltliche Macht aus der religiösen Autorität des Propheten ab, war dabei jedoch nicht egalitär strukturiert, da zwar alle Menschen vor Gott, nicht aber untereinander als gleich galten. Dennoch verfügte, laut islamischer Lehre, kein Sterblicher über Unfehlbarkeit oder außermenschliche Autorität; selbst große Frömmigkeit, strenge Einhaltung der islamischen Gesetze und besondere Fähigkeiten in der Auslegung der Worte Allahs konnten nur der weltlichen Autorität des Einzelnen zugute kommen und ihn zu einer von den Mitmenschen besonders geachteten Person machen.

Die Voraussetzungen für die Aufnahme in die islamische Glaubensgemeinschaft, die "fünf Grundpfeiler des Islam", waren: 1. *shahada*, das vorbehaltlose Bekenntnis zu Allah als dem einzigen Gott sowie zu Mohammed, seinem Propheten; 2. *salat*, das tägliche fünfmalige Pflichtgebet; 3. *zakat*, das Spenden von Almosen; 4. *saum*, das Fasten während des Monats Ramadhan; 5. *hadj*, die Pilgerfahrt nach Mekka. Eine weitere wichtige Pflicht der Gläubigen war die Teilnahme am *djihad*, dem Heiligen Krieg, der anfänglich vor allem der Schaffung solcher politischer Verhältnisse dienen sollte, unter denen die Lehre Allahs ungehindert verkündet und praktiziert werden konnte; erst später erhielt er die Funktion, die "Ungläubigen" zwangsweise zum Islam zu bekehren, da zwischen dem *"dar al-harb"*, dem Reich der Ungläubigen, und dem *"dar al-islam"*, dem islamischen weltlich-politischen Bereich, grundsätzlich kein dauerhafter Frieden, sondern bestenfalls ein zeitweiliger Waffenstillstand herrschen konnte. Somit bedeutete die Verbreitung des Islam nicht allein die Einführung einer neuen Religion, sondern gleichzeitig die Durchsetzung einer alle Lebensbereiche betreffenden Sozialordnung im Rahmen eines theokratisch geführten politischen Systems.

Die Ableitung und Legitimation der politisch-weltlichen Ordnung von der Grundlage des "göttlichen Gesetzes" führte nach dem Tode

Mohammads zum zentralen Konflikt innerhalb der islamischen Gemeinde, da bei wörtlichem Verständnis der ursprünglichen islamischen Lehre bis zum Auftreten des Mahdi kein Sterblicher mehr berechtigt gewesen wäre, die Leitung der Umma zu übernehmen. Um jedoch die politisch-weltlichen Voraussetzungen für die Anwendung der "göttlichen Gesetze" zu garantieren, bedurfte es dringend einer solchen Führung. Deshalb übernahm es die Umma selbst, auf der Basis eines Konsensus *(idjma)* die Auswahl des "besten Moslems" und damit des Nachfolgers des Propheten zu treffen. Dieser sogenannte *Kalif* vereinigte in sich als Stellvertreter Mohammads alle weltliche und geistliche Autorität.

Der erste Kalif Abu Bekr war der Vater Aishas, der Lieblingsgattin Mohammads. Während seiner Regierungszeit (632-634 n.Chr.) begann die Expansion des Islam, die die Niederwerfung der arabischen Heiden mit militärischen Mitteln voraussetzte. Anfänglich war das Ziel vor allem ein politisches Bündnis, das sich in Tributzahlungen ausdrückte, dabei aber die religiös-sozialen Verhältnisse der Stämme unangetastet ließ. Erst im Jahre 634 schlossen sich alle Beduinenstämme den Siegern an und ermöglichten damit die Verbreitung des Islam im außerarabischen Raum. Omar, der zweite Kalif (634-644n.Chr.), der von Abu Bekr zum Nachfolger bestimmt worden war, führte für sein Amt den Titel "Befehlshaber der Gläubigen" ein, der bis zum Ende des Kalifats erhalten blieb. Da er von einem christlichen Sklaven ermordet wurde, ohne vorher seinen Nachfolger bestimmt zu haben, wurde Otman, der dritte Kalif (644-656 n.Chr.) von einem "Rat der sieben Weisen" eingesetzt. Er gehörte zum Stamm der Omaijaden aus Mekka, die lange gegen Mohammad gekämpft und sicher nicht nur aus religiösen Gründen den Islam angenommen hatten; durch Otman kamen sie zu Macht und Reichtum. Während seiner Herrschaftszeit wurde der Korantext endgültig festgelegt und von der Regierung zwangsweise eingeführt. Das Reich expandierte weiter, was jedoch Verwaltungs- und Finanzprobleme im Inneren mit sich brachte; die Streitigkeiten mit der Familie des Propheten, die ebenfalls Anspruch auf das Amt des Kalifen erhob, führten im Jahre 656 zur Ermordung Otmans und zur Übernahme des Kalifats durch 'Ali.

Das Amt des Kalifen war also Mittelpunkt der machtpolitischen
Ziele unterschiedlicher Interessengruppen, was zu bürgerkriegs-
ähnlichen Zuständen und schließlich zum Zerfall des Konsensus
bei den maßgeblichen Kräften der islamischen Gemeinde führte
und damit die Grundlage für die Entstehung der beiden späteren
Hauptrichtungen des Islam, der *Suna* und der *Shi'ah* schuf. Gleichzeitig bedeutete diese Spaltung eine stärkere Segmentierung,
durch die das Entstehen von chiliastischen (Sekten-)Bewegungen
und Gemeinden begünstigt wurde. Ziel dieser Gruppen war die
Wiederherstellung des "Paradieses auf Erden" als islamischen
Urzustand, der zeitlich der Regierung Mohammads in Medina zugeordnet wurde[3]. Oberhaupt eines solchen Idealstaates mußte ein
möglichst direkter Nachkomme des Propheten sein. Die Probleme
um die Nachfolge Mohammads resultierten somit nicht allein aus
politischen Erwägungen; auch für diese brachte jedoch, wie
sich noch zeigen sollte, die Einrichtung des Kalifats nur eine
pragmatische und vorübergehende Lösung.

Unmittelbar nach dem Tode Mohammads bildete sich eine aus hete-
rogenen Teilen bestehende politische Oppositionsbewegung, die
unter dem Namen *Proto-Shi'ah* zusammengefaßt wurde und die den
Anspruch 'Alis, aufgrund seines Verwandtschaftsverhältnisses
der einzig rechtmäßige und kompetente Nachfolger des Propheten
zu sein, unterstützte, wodurch ihm die oberste religiöse und
weltliche Autorität zugesprochen wurde. Diese Überzeugung entwickelte sich im Laufe der Jahrhunderte für unterschiedliche
politisch-soziale Gruppen zum wichtigsten Legitimationsmuster,
mit Hilfe dessen sie ihre Machtansprüche zu verwirklichen suchten. Da jedoch keine genauen Vorstellungen über die Erbfolge
innerhalb der Prophetenfamilie bestanden, konnte im weiteren
Verlauf praktisch jeder Nachkomme beanspruchen, der "Auserwähl-
te" zu sein, wie auch im Gegenzug jede politisch-soziale Oppositionsbewegung einen ihr genehmen Nachfahren zu Legitimations-
zwecken vereinnahmen konnte[4]. Die Proto-Shi'ah hing jedoch, im
Gegensatz zur späteren imamitischen Shi'ah, vor allem zur Zwölfer-Shi'ah, die erst zwischen 874 und 920 an Bedeutung gewann,
nicht der Vorstellung an, daß die Nachfolge 'Alis sich allein
aus der Erbfolge rechtfertigen ließe, sondern war stark geprägt

von einem Gefühl für das *Charisma* bestimmter Mitglieder der
Prophetenfamilie. Vor allem unter arabischen Nomaden gewann
der Charisma-Gedanke, der ihrer eigenen Vorstellung über
stammesmäßige Vererbung von menschlichen Qualitäten sehr nahekam, an Bedeutung[5]. Der Wechsel vom nomadisierenden zum
seßhaften Leben und die daraus resultierende existentielle
Unsicherheit trugen sicherlich viel dazu bei, daß sich die
Hoffnung auf einen charismatischen Führer bei ihnen durchsetzen konnte.

Da die proto-shi'itischen Bewegungen bereits die ersten drei
Kalifen und später die Omaijaden-Herrscher (661-750) aufgrund
ihrer eigenen Ansprüche auf das Kalifat als *"Usurpatoren"* bekämpften und zahlreiche Aufstände initiierten, war ihr Schicksal gekennzeichnet durch ständige Unterdrückung, Verfolgung
und Niederlagen. Daraus erwuchs der Glaube an einen *Gha'em*[6],
einen von Gott auserwählten Führer, der ihnen im Kampf gegen
den ungerechten Herrscher den Weg weisen würde. Die Sehnsucht
nach einem von Unterdrückung freien Leben innerhalb einer gerechten Sozialordnung sowie der unerschütterliche Glaube an
den Gha'em waren mithin die Momente, die den chiliastischen
Charakter der proto-shi'itischen Bewegung prägten.

Unter dem vierten Kalifen 'Ali kam es zur Spaltung der proto-shi'itischen Bewegung, als dieser im Jahre 657 in der Schlacht
bei Saffian die Entscheidung über Sieg oder Niederlage gegen
Muawija, Gouverneur von Syrien und Oberhaupt der Omaijaden, den
Schiedsrichtern übergab, obwohl er die Schlacht hätte gewinnen
können. Dieses Verhalten führte zu einem enormen Vertrauensverlust bezüglich der Führungsqualitäten 'Alis und zur Abspaltung
der *Kharedjiten*, die eine eigene chiliastische Bewegung bildeten. Sie waren gewissermaßen die "Puritaner" des Islam mit einem
allein vom Glauben inspirierten Leben; der Kalif mußte von den
Führern der Umma als "bester Moslem" erachtet werden, damit sie
ihn als höchste weltliche und geistliche Autorität anerkannten,
ein Anspruch, den 'Ali nun nicht mehr erfüllte. Während die
Aliden, die Anhänger der Familie des Propheten, nur Mitglieder
ihrer eigenen Familie für von Gott auserwählt hielten, konnte
nach Auffassung der Kharedjiten der Stellvertreter Mohammads

aus jeder arabischen Familie stammen. Diese Anschauung ließ sie in der Folgezeit die bestehende Machtverteilung immer wieder in Frage stellen und teilweise eine Art "Heiligen Krieg" gegen die von ihnen als illegitim erachteten Kalifen führen. Als seine ehemaligen Gefolgsleute verfolgte 'Ali die Kharedjiten mit besonderer Härte, bevor er sich erneut seinem Gegner Muawija stellte. Als Rache für die grausame Unterdrückung wurde 'Ali von einem Anhänger der Kharedjiten 661 n.Chr. ermordet, so daß nun Muawija die Omaijaden-Dynastie im gesamten arabisch-islamischen Reich etablieren konnte.

Von nun an war die Entwicklung der *Shi'ah 'Ali* eng verbunden mit dem Schicksal seiner Nachfolger, die, von wechselnden politischen Verhältnissen unterdrückt, die religiöse Philosophie des Shi'ismus entwickelten. Seither definieren sich die verschiedenen shi'itischen Strömungen nach den *Imamen* (höchste Vorsteher der shi'itischen Gemeinde), auf die sie sich beziehen[7]. Vor allem durch den Tod Hoseyns, des dritten Imam, wurden chiliastische Momente zu einem entscheidenden Merkmal des Shi'ismus. War Hoseyns Ermordung bei Kerbela im Jahre 680 unter militärischen Gesichtspunkten ein völlig unbedeutendes Ereignis, so galt er doch als Abkömmling Mohammads, der im Kampf gegen den "Usurpator" fiel und daher als Märtyrer verehrt wurde. Dem Märtyrertod sowie dem Motiv des Leidens und des Kampfes kam seitdem im Shi'ismus besondere Bedeutung zu.

Die Gebiete, die von den Arabern in den 30 Herrschaftsjahren der ersten vier Kalifen erobert worden waren, blieben von den Auswirkungen der Spaltung des Islam und den damit zusammenhängenden politischen Machtkämpfen um das Kalifat nicht verschont. Die Erfolge der Araber sind dabei zum Teil auf den Dauerkrieg zwischen Iran und Byzanz (604-628) zurückzuführen, der zu einer gegenseitigen Schwächung beider Mächte führte; zum anderen befand sich das Sassanidenreich in einer Phase höchster Dezentralisation und damit äußerster Schwäche der Zentralgewalt. Trotzdem bedurfte es eines 28-jährigen ununterbrochenen Krieges (633-651)[8], bis die arabische Eroberung des Irans als abgeschlossen betrachtet werden konnte. Die Islamisierung dieser Gebiete erforderte noch eine weitaus längere Zeit, da die militärische Eroberung des Landes zumindest anfänglich nicht mit einer zwangsweisen Bekehrung zum Islam verknüpft war. Große Teile der Bevölkerung der eroberten Gebiete waren sogenannte "Schriftbesitzer", d.h. Angehörige von Religionsgemeinschaften, die sich auf eine Offenbarungsschrift beriefen, meistenteils Christen oder Juden. Später, als die arabisch-islamische Expansion das iranische Hochland erreichte, erhielten auch die Zoroastrier, die ebenfalls den Anspruch auf religiöse Duldung erhoben, den Status von "Schriftbesitzern". Diese starken, nicht-moslemischen Gemeinden, die bis etwa zum 1o./11. Jahrhundert bestanden, akzeptierten zwar die politische Oberhoheit der moslemischen Araber und erklärten sich zur Zahlung der *djizja*, der Untertanensteuer, bereit, hielten jedoch an ihrem ursprünglichen Glauben fest, was ihnen den Status von minderwertigen Untertanen einbrachte. Zwischen den nicht-moslemischen Gemeinden und der islamischen Umma bestand ohnehin eine strikte Trennung. Innerhalb der Umma selbst sollte es zwar nur Funktions-, nicht aber Rangunterschiede geben; in der Realität jedoch kam es nicht nur aufgrund alter arabischer Stammesloyalitäten zu Spaltungen und damit zu religiös legitimierten Fehden, sondern zusätzlich durch die Dichotomie zwischen Arabern und *Adjam*, also Nicht-Arabern, die die moslemische Gemeinde nochmals unterteilte.

Mit dem Übertritt zum Islam war zur Zeit der arabischen Expansion für Nicht-Araber eine Eingliederung in einen arabischen Stamm oder in die Klientel *(wala)* eines arabischen Edlen verbunden, in der die Konvertiten den Status von *mawali* (Klienten) erhielten. Anfänglich entschlossen sich vor allem Mitglieder der sozial führenden Schicht des alten Sassanidenreiches zur Konversion, um dem Druck der Steuer und der allgemeinen sozialen und kulturellen Benachteiligung zu entgehen, ohne jedoch eine ethnische Diskriminisierung vermeiden zu können. Insbesondere die Perser erreichten bald dominante Stellungen im Bereich der Theologie, des Rechts und in anderen damals bekannten Wissenschaften, vor allem jedoch in der Verwaltung. Hier waren die Araber auf die Mitarbeit der Einheimischen angewiesen, da sie selbst über keinerlei Erfahrungen auf diesem Gebiet verfügten. So blieb einerseits das Persische als Amtssprache erhalten[9], andererseits bekleideten zahlreiche Perser höhere Ämter in der Regierung ihrer Eroberer. Es entwickelte sich eine Kultur, in die neben arabisch-islamischen Elementen auch zahlreiche präislamische Inhalte eingingen. Gleichzeitig wurde die Verbindung von mohammedanischer Lehre und traditionellem iranischem Gedankengut mehr und mehr zur bestimmenden religiös-ideologischen Matrix, über die sich politisch-soziale Bewegungen definierten. Gerade auf dem Hintergrund einer ethnischen Separation, die die segmentär-kooperative Organisation der iranischen Gesellschaft noch verfestigte, war dies für die spätere Entwicklung des Nativismus von weitreichender Bedeutung.

Die mawali, die das Klientelverhältnis bald mehr als Fessel denn als Schutz empfanden, waren die ersten Träger derartiger politisch-sozialer Bewegungen; denn die Verwirklichung ihrer persönlichen Ambitionen war primär abhängig von Macht und Einfluß sowie den jeweiligen politischen Zielen der Schutzherren bzw. des Stammes, dem sie unterstanden. Ihre Emanzipationsbestrebungen zeigten sich anfänglich in dem Versuch, selbst als Araber zu gelten, indem sie ihre Namen arabisierten und sich gefälschte arabische Stammbäume zulegten. Auch die von ihnen entwickelte Lehre, die das egalitäre Moment im Islam und damit die Gleichheit der Gläubigen hervorhob - sofern sie arabisch sprachen und über ein gewisses Vermögen verfügten -, diente diesem Zweck. Schließlich nahm ihr Streben nach Gleichstellung nativistische Gestalt mit chiliastischem Gehalt an und förderte damit die endgültige Islamisierung des Iran. Denn die Mehrheit der Perser schloß sich dem Islam nicht allein aus sozialen oder finanziellen Gründen an oder gar wegen der "inneren Durchgeistigung des Islam und der Erweckung eines missionarischen Ideals"[10]. Die Massenwirksamkeit im Iran und die damit einhergehende Wandlung des mohammedanischen Islams zu einer eigenständigen Volksreligion war vielmehr das Werk nativistischer Bewegungen während der arabischen Herrschaft. Im Zusammenhang damit stand eine politische Emanzipationsentwicklung weiter Teile des großiranischen Raumes vom 'abbasidischen Kalifat. In Form "kollektiver Aktionsabläufe" [11], die von dem Drang getragen waren, ein durch die herrschende arabische Kultur erschüttertes *Gruppen-Selbstgefühl* durch massive Demonstrationen eigener Beiträge wieder herzustellen, trugen die nativistischen Bewegungen zur weitgehenden Internalisierung arabisch-islamischer Kulturelemente bei. Das "Eigene" lag in dem Bestreben, sich gegen die Kultur der Eroberer abzusetzen, in der Manifestierung des eignen Selbstwertgefühls, ohne daß daraus notwendig ein Festhalten an traditionellem iranischem Kulturgut resultieren mußte; im Gegenteil wurden antizipierte arabische Kulturelemente zu eigenen erklärt. Die umso schärfere Ablehnung bestimmter Teile des arabischen Kulturguts richtete sich mithin auch nicht gegen diese Teile als solche, sondern lehnte sie ab als Symbole fremder Bevormundung.

Die wichtigsten dieser nativistischen Emanzipationsbewegungen, die die endgültige Islamisierung Irans herbeiführten, sind die *Shu'ubija-Bewegung, der Shi'ismus und der Sufismus*. Drückte die Shu'ubija den Protest gebildeter Perser, vor allem der Schreiber *(kutab)* [12] gegen die Vorherrschaft der Araber im 8. Jahrhundert aus, so wurde der Shi'ismus vor allem von den Massen der unteren Schichten getragen, da er die chiliastischen und egalitären Momente des Islam in den Vordergrund stellte. Die Shu'ubija wandte sich weder gegen die Dominanz der arabischen Sprache noch gegen die Einheit des islamischen Reiches, doch ihre religiösen Vorstellungen waren von vorislamischen, vor allem manichäischen Elementen beeinflußt, was einen Vorwand lieferte für die Verfolgung und Unterdrückung dieser Gruppe.

Die shi'itische Bewegung verdankte einen Großteil ihres Einflusses der von den Arabern betriebenen ethnischen Diskriminierung, die die unteren Schichten der Bevölkerung besonders hart traf [13]. Zunächst lösten djizja und *kharadj* (Grundsteuer), die auf den nicht-moslemischen Untertanen lastete, eine starke Landfluchtbewegung aus, die von einer Konversionswelle begleitet wurde und damit die Landwirtschaft ebenso wie die staatlichen Steuereinnahmen gefährdete. Grund der Landflucht war in erster Linie die Tatsache, daß sich der Einzelne nicht durch Konversion der Zahlung der kharadj entziehen konnte, da diese

Steuer von der ganzen Gemeinde bezahlt werden mußte. Daraufhin kam es zu Zwangsmaßnahmen, die eine weitere Landflucht verhindern sollten, sowie zum Konversionsverbot. Vor allem letzteres erregte den Widerspruch der Gläubigen, so daß eine Regelung erlassen wurde, nach der zwar der Mann, nicht aber sein Land konvertieren konnte, so daß auch der bekehrte Moslem weiterhin zur Zahlung von kharadj verpflichtet war. Zwar war er von der djizja befreit, mußte jedoch dafür zakat bezahlen[14]. Unter diesen Umständen war es nicht verwunderlich, daß die shi'itischen Bewegungen als politisch-soziale Opposition gerade bei den Iranern große Unterstützung fanden. Durch das Bündnis der arabischen Aliden, die selbst Ansprüche auf das Kalifat anmeldeten, mit den aufgrund ihrer Diskriminierung unzufriedenen Persern kam es daher mit der Zeit zu einer Verbindung von arabisch-islamischem mit vorislamisch-iranischem Gedankengut in der Doktrin der "Shi'ah 'Ali".

Da die Aufstände der shi'itischen Bewegung unter der sunitischen Omaijaden-Dynastie immer wieder niedergeworfen wurden, fanden die 'Abbasiden hier ein Potential an Unterstützern für ihren Kampf gegen die bestehende Herrschaft. Auch die 'abbasidische Bewegung erhob Anspruch auf das Kalifat und begründete diesen mit der Behauptung, das Imamat sei von Mohammad auf seinen Onkel al-'Abbas übertragen worden, welcher es wiederum seinen Nachkommen vererbte. Vor allem dem zentralen shi'itischen Motiv, den "Kampf gegen die Herrschaft der Usurpatoren" zu führen und damit im Sinne des Propheten zu handeln, verdankten die 'Abbasiden die breite Unterstützung der unterschiedlichen oppositionellen Gruppen. Außerdem gelang es dem 'abbasidischen Militärführer, dem iranischen mullah Abu Muslim, die Bevölkerung der Provinz Khorasan für den Kampf gegen die Omaijaden zu gewinnen. Schließlich unterstützten zahlreiche Mawali die 'abbasidische Bewegung, indem sie in das Heer eintraten. So waren es vor allem die Shi'iten, insbesondere die chiliastische Bewegung Abu Muslims, die den Sturz der Omaijaden bei gleichzeitiger Niederhaltung der Aliden, die ebenfalls ihre Ansprüche auf das Kalifat zu verwirklichen trachteten, ermöglichte.

Nach dem Dynastienwechsel im Jahre 750 verbesserte sich die
Lage der mawali. Die Gesellschaftsordnung wurde durchlässiger,
was zumindest der Elite, die meist durch Übertritt zum Islam
zu mawali geworden war, eine Befreiung aus dem Klientelverhältnis ermöglichte, während zahlreiche freigelassene Sklaven und
arme Städter in diesem Abhängigkeitsverhältnis verblieben[15].
Insgesamt war ein Rückgang der Privilegierung der Araber zu
verzeichnen, vor allem im Heereswesen und in der Verwaltung;
besonders letztere ging nun fast völlig in die Hände der Perser über. Die Armee, in der kurzfristig ebenfalls Perser wichtige Funktionen innehatten, rekrutierte sich später meist aus
türkischen und kurdischen Sklaven.

Trotz der Integration der einheimischen Bevölkerung hatten auch
die 'Abbasiden mit Aufständen in den unterschiedlichen Teilen
ihres Reiches zu kämpfen. Diese Rebellionen waren zum Teil
scheinbar konfessionell bedingte, chiliastische Bewegungen,
teils Erscheinungen regionaler Partikularismen sowie Raubzüge
unterschiedlicher Nomadenstämme. So erhoben sich beispielsweise nach der Ermordung Abu Muslims in Khorasan und Zentralasien
unterschiedliche synkretistische Bewegungen, die sich auf ihn
beriefen; unter Mansur (754-775) kam es zu schweren Unruhen in
Azerbeidjan, wo zahlreiche Mazdakiten lebten, sowie in den südkaspischen Provinzen, die tributpflichtig, dem Reich aber nicht
angegliedert und vom Islam noch kaum berührt waren; es folgten
weitere Aufstände unter dem der zoroastrischen Glaubensgemeinschaft angehörenden Sinbad, dem Türken Asshagh und anderen bis
hin zu dem der mazdakitischen Sekte der Khurramija angehörenden
Babak, genannt der Khurrami[16].

Gerade diese zahlreichen Aufstände verdeutlichen den Einfluß
der vorislamischen, religiös geprägten Kultur, die trotz ständiger Niederlagen nicht verschwand, sondern mit der arabischen
Kultur eine Symbiose einging. Dieses Ringen der Iraner um einen
adäquaten Selbstausdruck zeigte sich in einer starken "Identifikation mit dem Angreifer", mit dem Islam, bei gleichzeitiger
Übernahme von vorislamischen eigenen Elementen. Dabei prägte
die zutiefst gelebte segmentär-dualistische Organisation der
gesellschaftlichen Verhältnisse den manichäistischen Zug des

neuen Glaubens. So erwies sich die Prädisposition der Iraner
durch die vorislamische Kultur als Voraussetzung ihrer geistigen und seelischen Unterwürfigkeit und ihrer Geringschätzung
der menschlichen Existenz "angesichts Gottes" - dessen Schatten
auf Erden der weltliche Herrscher wurde (zell-ol-lah).

1.2.1. ZUR ENTSTEHUNGSGESCHICHTE DER ZWÖLFER-SHI'AH ALS IRANISCHE STAATSRELIGION

Die Bewegung der 'Abbasiden wurde während des Kampfes gegen
die Omaijaden-Dynastie, die die "Usurpatoren" verkörperte, vom
shi'itischen Chiliasmus und Nativismus der mawali getragen. Nach
der Machtübernahme der 'Abbasiden im Jahre 749 n.Chr. lebte dieser chiliastische Kern der Bewegung in shi'itischen Sekten weiter. Aus diesen Gruppen ging in den folgenden Jahrhunderten die
Zwölfer-Shi'ah als stärkste hervor und wurde mit der Machtübernahme der Safawiden (1501) zur iranischen Staatsreligion.

Während der Herrschaftszeit der Omaijaden wurde die "'abbasidische Revolution", wie jede chiliastische Bewegung von einer
eschatologischen Spannung getragen, die mit den aus ihr entstandenen eschatologischen Hoffnungen nicht nur ein Bedürfnis
nach Erlösung, sondern auch eines nach einem "charismatischen
Führer" hervorbrachte, der als Katalysator diese Hoffnungen entfesseln konnte. Entstanden aus dem Konflikt zwischen "realistischem" und "schwärmerischem" Prinzip[1] hob die Bewegung diese beiden ihr immanenten Momente in sich auf. Beide Prinzipien verselbständigten sich im Verlauf der Bewegung soweit, daß sie sich
schließlich, einerseits in Gestalt der Herrschaft der 'Abbasiden,
andererseits als Überschuß der Bewegung in shi'itischen Sekten,
institutionalisierten. Dieser Überschuß wurde im Namen der Ideale der Bewegung in den "Untergrund" gedrängt - wo er als "kollektive Aufbruchsbereitschaft" weiter brodelte -, damit sich die
Herrschaft der 'Abbasiden als "Realitätsprinzip" Geltung verschaffen und reproduzieren konnte. In diesem Spannungsverhältnis
entwickelte sich "der Islam" weiterhin von der Offenbarungsreligion zur Gesetzesreligion, die als die beiden verselbständigten Momente der Bewegung von unterschiedlichen sozialen Gruppen
getragen wurden. Damit setzte eine neue Phase in der Geschichte
der Shi'ah ein.

Ebenso wie ihre Vorgänger beanspruchten auch die 'Abbasiden, die einzig rechtmäßigen Nachfolger des Propheten Mohammad und damit die Träger des Islam zu sein. Das Amt des Kalifen beinhaltete für sie höchste weltliche und geistliche Autorität und damit die Verpflichtung, auf Einhaltung und Weiterentwicklung des islamischen Rechts zu achten. Basierte die Rechtsprechung der Omaijaden noch weitgehend auf altarabischen Traditionen und den Bräuchen der besiegten Völker, so kam es während der 'abbasidischen Zeit zur Beschränkung auf den Koran und die Suna als maßgebliche Grundlagen der Rechtsprechung, während sich gleichzeitig die Notwendigkeit zur Kodifizierung des "göttlichen Rechts" ergab, da durch die zunehmende Distanz zur Zeit des Propheten, durch die territoriale Expansion und den daraus sich ergebenden Kontakt zu vorislamischem und nicht-arabischem Kulturgut eine Verwässerung der maßgeblichen Texte zu befürchten war. Zwar war die Weiterentwicklung des islamischen Rechts, im Zuge der Veränderung des Islam von einer Offenbarungs- zu einer Gesetzesreligion, Aufgabe der ganzen Gemeinde, praktisch war es jedoch vor allem die im Entstehen befindliche Schicht der *Ulama*, der islamischen Rechtsgelehrten, die dies unternahm und sich dadurch eine Monopolstellung sowohl im religiösen als auch im rechtlichen Bereich schuf. Sie galt somit als einzig kompetenter Hüter des Gesetzes und Träger der *"'elm"*, der Wissenschaft vom islamischen Gesetz. Allmählich differenzierte sich die 'elm in zwei unterschiedliche Bereiche, die *"figh"* (Rechtswissenschaft), und die *"kalam"* (Theologie). In der kalam wurden vor allem die Grundlagen der islamischen Religion, beispielsweise die Probleme des Monotheismus, die Attribute Gottes und ähnliches diskutiert; hier kam es auch erstmalig zur Trennung zwischen einer orthodox sunitischen und einer heterodox shi'itischen Richtung. Die figh dagegen hatte die Interpretation des geoffenbarten "göttlichen Gesetzes" zur Aufgabe und zeichnete sich anfänglich durch ein hohes Maß an Flexibilität bezüglich der Auslegung der Gesetzesquellen aus. Die aus dem Koran und der Suna abgeleiteten Gesetzesvorschriften, die alle Verpflichtungen und Beziehungen der Menschen untereinander und zu Gott regelten, waren in der *"shari'ah"* zusammengefaßt. War für eine Fragestellung weder dem Koran noch der

Suna entsprechende Vorschriften zu entnehmen, so bedienten sich die Rechtsgelehrten des Analogieschlusses *(ghijas)* oder erarbeiteten eine vernünftige Antwort *(ray)*, die sich mit den Quellen in Einklang bringen ließ. Diese Quellenauslegung *(idjtihad)* mußte dann von der Gesamtheit der ulama durch Konsens *(idjma)* bestätigt werden, bevor sie in die shari'ah aufgenommen wurde[2]. Da idjtihad und ray häufig von den traditionellen, regionalen Rechtsvorschriften beeinflußt war, entwickelten sich unterschiedliche Rechtsschulen mit voneinander abweichenden Lehrmeinungen. Seit dem 9. Jahrhundert verstärkte sich jedoch die Tendenz zur ausschließlichen Anwendung des Konsensus, was etwa im 11./12. Jahrhundert bei den sunitischen ulama die endgültige Ablehnung von idjtihad und ray zur Folge hatte. Die shari'ah galt somit als einzige umfassende und unveränderliche Grundlage der Rechtsprechung.

Die Monopolstellung der ulama in religiösen und rechtlichen Fragen machte eine enge Zusammenarbeit zwischen Staat und Geistlichkeit notwendig, da zumindest theoretisch der weltliche Herrscher ebenfalls dem "göttlichen Gesetz" unterstand und auf dessen Einhaltung zu achten verpflichtet war. Praktisch bestand jedoch über weite Zeiträume im islamischen Reich eine starke Unabhängigkeit des Kalifen in rechtlichen Fragen, die sich zum Teil darin zeigte, daß die Staatsoberhäupter in eigenen weltlichen Gerichten unabhängig von der shari'ah Recht sprachen. Da jedoch eine gegenseitige Abhängigkeit zwischen Staat und ulama bestand, wurde im sunitischen Islam die Lehre entwickelt, daß die staatliche Macht bis zur Ankunft des Mahdi dazu berechtigt wäre und die Gläubigen ihr vollen Gehorsam schuldeten. Nur wenn der Staat die Praxis des islamischen Rechts völlig ausschlösse und damit auch eine islamische Lebensführung unmöglich machte, hätten die Gläubigen das Recht, diese Staatsmacht zu stürzen, ein Fall, der aber innerhalb des sunitischen Islam nie eintrat[3].

Die Tendenz zur Schaffung eines einheitlichen islamischen Rechtes während der 'Abbasiden-Dynastie hatte das Ziel, die Herrschaft innerhalb des großarabisch-islamischen Rechtes zu sichern. Die Integration der unterworfenen Völker in den Staatsapparat war dazu eine notwendige Voraussetzung. Sie gelang, "weil sie (vor allem die Perser, D.G.) sich erstaunlich entschieden mit dem Islam identifizierten - und gleichzeitig Elemente aus ihrem vorislamischen kulturellen und religiösen Erbe übernehmen"[4]. So erhielten auch die Nicht-Araber allmählich einen gleichberechtigten Status, die Khorasanier bekleideten sogar aufgrund ihrer Verdienste im Kampf der 'Abbasiden gegen die Omaijaden privilegierte Positionen.

Oppositionelle Strömungen blieben in dieser Zeit regional beschränkt und ohne größeren Einfluß, da das "Bewußtsein der Moslems, gemeinsam der 'dar-ol-eslam' anzugehören, eine entscheidende Konfrontation zwischen den islamischen Gruppierungen"[5] unterband. Zum anderen herrschte auch eine gewisse Toleranz in religiösen Fragen, solange abweichende Meinungen die bestehenden Herrschaftsverhältnisse nicht infrage stellten. Nur von den Aliden, die das Kalifat für sich beanspruchten, ging eine ernstzunehmende Bedrohung aus. Auch sie bildeten jedoch keine einheitliche Gruppe, da im Laufe der Generationenfolge die Schwierigkeiten, sich auf eine Linie der Familie bzw. auf einen Träger der Auserwählung zu einigen, bei ihnen selbst sowie bei ihren shi'itischen Anhängern immer größer wurden. Diese Tendenz zur Spaltung, die auf die weitere Entwicklung der shi'itischen Lehre Einfluß hatte, wurde noch verstärkt durch die zunehmende Verfolgung von Seiten der 'Abbasiden. Daher erschien es zweckmäßig, die Überzeugung vom Auserwähltsein der Aliden nicht öffentlich zu bekunden, was zur Praxis des *"taghia"*, des Verbergens der eigenen politisch-religiösen Überzeugung, führte. Gleichzeitig lösten sich die Shi'iten nach und nach von dem Anspruch, daß der Imam auch die politische Herrschaft innehaben müsse.

Im Zuge der religiös-politischen Machtkämpfe kam es um die Mitte des 8. Jahrhunderts zu einer Spaltung in der shi'itischen Bewegung. Von der militanten Mehrheit, die immer noch eine gewaltsame Errichtung der "Herrschaft des Gerechten" anstrebte, spaltete sich eine gemäßigte Gruppe ab, die als Vorläufer der späteren Zwölfer-Shi'ah zu betrachten ist. Jafar as-Sadegh, der 6. Imam und Angehöriger des hoseynischen Zweiges der Aliden, formulierte als erster die Lehre des Imamats, in der er sich sowohl von dem von den 'Abbasiden vertretenen sunitischen Dogma als auch vom extremistischen Konzept der hasanidischen Aliden

distanzierte und im Gegensatz dazu die Auffassung vertrat, daß
der Imam, der aus der Linie 'Alis und Fatemahs stammen mußte,
seine Autorität nur auf *"nass"*, die Designation durch den vorherigen Imam, und *"'elm"*, die besondere Kenntnis der Religion,
die ihm durch seine Designation vererbt würde, begründen könnte; eine politische Fundierung seiner Ansprüche wäre in Zukunft
unzulässig. Die Autorität, die dem Imam damit als "ausschließliche, autoritative Quelle des Wissens in religiösen Angelegenheiten"[6] zukam, konnte nur durch eine ebenso große Autorität -
seinen Vorgänger -, nicht aber durch Wahl oder Akklamation der
Gemeinde verliehen werden. Durch diese Lehre des Imamats wurde
die Position des Imam entpolitisiert und der "Heilige Krieg"
auf unbestimmte Zeit verschoben, was eine Koexistenz während
der Herrschaft der sunitischen 'Abbasiden, die Imamat und Kalifat als untrennbar betrachteten, ermöglichte, da gleichzeitig
der Kalif als autokratische, von Gott geleitete Autorität anerkannt wurde[7]. Diese gemäßigte[8] Richtung der Shi'ah verlor dadurch zwar an politischem Einfluß, konnte aber im Bereich der
islamischen Lehre ihre Position durch den Aufbau eigener Theologie- und Rechtsschulen festigen.

Der im 9.Jahrhundert einsetzende Zerfall des Kalifenreiches in
mehr oder minder autonome Herrschaftsgebiete wirkte sich auch
auf die weitere Entwicklung der Shi'ah aus. Im Jahre 813 kam es
zur Spaltung des arabisch-islamischen Großreiches in einen arabischen Westteil und einen iranischen Ostteil. Durch die Unterstützung der khorasanischen Truppen gelang es al-Ma'mun, dem
Sohn des 'abbasidischen Kalifen Harun ar-Rashid, sich gegen die
Herrschaftsansprüche seines Bruders durchzusetzen und seine
Macht im Ostteil des Großreichs zu etablieren. Auch die Situation der unterschiedlichen Glaubensgemeinschaften war gekennzeichnet durch zunehmende Auseinandersetzungen sowie durch Verfolgung als *zindigh*[9] als Ketzer, von Seiten des Staates. Ursprünglich waren als zindigh die vom offiziellen Zarathustrismus verfolgten und großenteils nach Zentralasien geflohenen Manichäer und Mazdakiten bezeichnet worden; diese Gruppen konnten
nach der Eroberung durch die Araber, die anfänglich den verschiedenen regionalen Glaubensvorstellungen keine Beachtung schenkten,
neue Anhänger gewinnen. Da die regionalen Emanzipationsbewegun-

gen sich jedoch fast immer in religiösen Formen äußerten, vollzogen die arabischen Herrscher eine strikte Wendung zur islamischen Orthodoxie, die mithin neben vorislamischen auch sunitische und shi'itische Oppositionsbewegungen als Ketzer verfolgte[10].

Um die Herrschaft innerhalb seines Reiches abzusichern, versuchte al-Ma'mun, die beiden wesentlichen, seit 785 sich entwickelnden religiös-politischen Fraktionen miteinander zu vereinigen. Bei diesen Gruppierungen handelte es sich einerseits um den "autokratischen", "absolutistischen" Block, dem vor allem gemäßigte Shi'iten sowie die Sekretäre des Kalifen, meist arabisierte Iraner, angehörten; ihm standen die "Konstitutionalisten" gegenüber, deren Anhänger sich großenteils aus den nordarabischen Stämmen und insbesondere den islamischen Rechtsgelehrten rekrutierten, die die "maßgebenden Exegeten des göttlichen Rechts" zu sein beanspruchten[11]. Anfänglich versuchte al-Ma'mun durch die Ernennung 'Ali ar-Rezas (gest. 818), des späteren 8. Imam der Zwölfer-Shi'iten, die Aliden für sich zu gewinnen, deren Lehre seine Position als "autokratischen" Kalifen untermauert hätte; das brachte ihm jedoch den Unwillen der 'Abbasiden ein. So versuchte er durch die Adaption der Lehre der Mu'taziliten, der ersten systematischen islamischen Theologen und Vorläufer der Orthodoxie[12], eine neue Anhängerschaft zu gewinnen. Die mu'tazilitische Dogmatik war dadurch gekennzeichnet, daß ihrem Verständnis von Gott und der Offenbarung das Kriterium der Vernunft zugrunde lag, eine Anschauung, die in Verbindung mit der 'abbasidischen Herrschaft eine absolute Treuepflicht gegenüber der Dynastie zur Folge hatte[13]. Es kam zur Durchführung von öffentlichen Inquisitionsverfahren, in denen die ulama den Koran als das erschaffene Wort Gottes anerkennen sollten. War nämlich die Offenbarung das unerschaffene Wort Gottes, so war sie Ausdruck seines Wesens und damit unveränderlich; war der Koran hingegen das erschaffene Wort, so mußte er mit Hilfe der Vernunft von einem "von Gott erleuchteten" Menschen, einem Imam, interpretiert werden, so daß seine Aussagen nicht die ewige Wahrheit darstellten, sondern unterschiedliche Auslegungen möglich waren. Aus dieser Lehre der Mu'taziliten resultierte

ihre Opposition gegen die ulama als Vertreter des idjma, des
Konsenses. Gleichzeitig gingen mit diesem Versuch, die Macht
der lama zu reduzieren, Bemühungen einher, die Geistlichkeit
in den 'abbasidischen Herrschaftsapparat zu integrieren, indem
zahlreichen religiösen Führern auch hohe weltliche Ämter übertragen wurden.[14]

Al-Ma'muns Versuch, im Jahre 827 die Lehre vom Geschaffensein
des Korans zum allgemeinverbindlichen Dogma zu erheben und damit das Imamat zur doktrinären Führung der Gemeinschaft zu erklären, wurde von seinem Nachfolger al-Mutawakil (847-861) zunichte gemacht. Die Suna erhielt unter den "Konstitutionalisten" den Status der offiziellen Religion des Kalifats, das damit im religiösen Bereich nur noch die Aufgabe hatte, auf Verbreitung und Einhaltung der islamischen Lehre zu achten.

Auf Seiten der Proto-Shi'iten wurde daraufhin die Lehre von
der *"Kleinen Verborgenheit"* proklamiert, die einerseits als Reaktion auf die Dominanz der Suna verstanden werden muß, zum anderen aber auch die Aufgabe hatte, einer Zersplitterung der eigenen Gruppe durch rivalisierende Bewerber um das Imamat vorzubeugen. Der Tod des 11. Imam, Al-Hasan al-Askari im Jahre 874
und das mysteriöse Verschwinden seines Sohnes Mohammad lieferten den äußeren Anlaß für diese Lehre, die das Verschwinden
Mohammads als einen freiwilligen Rückzug in die Verborgenheit
interpretierte, aus der er als Mahdi zurückkehren würde, um
dann die Aufgaben aller vorhergegangenen Imame zu vollenden
und das "Paradies auf Erden" zu errichten. Während seiner Abwesenheit sollten sogenannte *Wakile*, Stellvertreter, die Verbindung zum letzten Imam aufrechterhalten.[15] Doch auch das Amt
des Wakil, deren vierter und letzter im Jahre 940 starb, war
starken Rivalitäten ausgesetzt, so daß die Lehre von der "Kleinen Verborgenheit" ihre einigende Funktion für die Gruppe der
Shi'iten nicht ausreichend erfüllen konnte, zumal sich die imamitische Shi'ah ständig sowohl gegenüber der sunitischen Staatsreligion als auch von den shi'itisch-extremistischen Gruppen
abgrenzen mußte. Um die Rivalitäten um die Führungspositionen
endgültig abzustellen und damit eine relative Einheit zu gewährleisten, wurde daher die Lehre von der *"Großen Verborgenheit"*

verkündet, welche besagte, daß der Imam für einen unbekannten Zeitraum entrückt wäre und auch niemand mehr mit ihm in Verbindung treten könnte. "Seine Funktion als al-Qa'em, der sich in der nahen Zukunft erheben würde, um die 'wahren Gläubigen' vom Übel zu befreien, wurde so in die des al-Mahdi verwandelt, jener eschatologischen Figur des weltgeschichtlichen Erlösers, der am Ende der Zeit hervortreten werde."[16] Zwar bestand nun keine Hoffnung mehr auf eine baldige Befreiung vom Druck des als illegitim erachteten Kalifats, jedoch waren die Gläubigen verpflichtet, auch in dieser Zeit der Prüfungen eine der Lehre entsprechende Lebensführung zu praktizieren[17]. Die Leitung der Gemeinde übernahmen, da es für die Shi'iten "mit ihrer Fixierung an die übermenschliche Autorität der Imame keine autoritätslose Zeit"[18] geben konnte, die shi'itischen ulama.

Die Lehre der imamitischen Shi'ah nach der Entwicklung des Dogmas von der "Großen Verborgenheit" ist also gekennzeichnet durch die Tendenz zu weiterer Entpolitisierung, durch eine quietistische Haltung, die bereits als Element in der messianischen Shi'ah des ersten islamischen Jahrhunderts vorhanden war sowie durch das Wiederaufleben der Praxis der taghia. Damit waren auch den Möglichkeiten zum Widerstand gegen ein als illegitim betrachtetes Kalifat enge Grenzen gesetzt.[19]

Die Rechtfertigungstendenzen für eine friedliche Koexistenz von Shi'iten und Suniten innerhalb der zwölfer-shi'itischen Lehre lassen sich einerseits darauf zurückführen, daß die Shi'iten aufgrund ihrer zahlenmäßigen Unterlegenheit Auseinandersetzungen mit den Kalifen unbedingt aus dem Wege gehen mußten, wollten sie nicht wiederum Opfer der Verfolgung werden. Zum anderen war diese Entwicklung begründet in der neuen machtpolitischen Situation , die sich nach der Übernahme der Herrschaft durch die Budjiden ergab.

Bis etwa 940 n.Chr. wurde das arabisch-islamische Reich von ständigen Auseinandersetzungen um die Zentralmacht heimgesucht, die für den Kalifen einen starken Autoritätsverlust auf allen Ebenen mit sich brachten. Der Einfluß türkischer Militärbefehlshaber und verschiedener Provinzgouverneure in der Hauptstadt Baghdad

verstärkte sich, während gleichzeitig die Araber zugunsten
von Khorasaniern, Dailamiten und Türken aus der Armee gedrängt
wurden, so daß auch das Heer sich gegenüber der Zentralregierung verselbständigte[20]. So kam es zum Zerfall des islamischarabischen Reiches, an dessen Spitze zwar noch bis 1258 ein
Kalif aus der Familie der 'Abbasiden stand, dessen Funktion
sich jedoch nur noch auf den geistlichen sowie den zeremoniellen Bereich beschränkte. Die reale Macht lag in den Händen
von Militärführern, die gleichzeitig die Funktion von Gouverneuren in den mittlerweile relativ unabhängigen Provinzen ausübten und vom Kalif, wenn auch nur nominell, eingesetzt wurden.
Das Amt des *"amir-al-umara"*, des obersten Kommandeurs von Armee, Polizei und Zivilverwaltung, das über Jahre hinweg starken machtpolitischen Kämpfen ausgesetzt war, wurde schließlich
im Jahre 945 von den Budjiden übernommen. Von nun an stellte
die Armee einen von der Regierung unabhängigen, eigenständig
agierenden Machtfaktor dar.

Auch in anderen Bereichen als dem politisch-militärischen war
die Entwicklung zugunsten der einheimischen Bevölkerung unübersehbar. Gerade jetzt, wo das Amt des Kalifen kaum noch mit realer Macht ausgestattet war, kam der Administration eine besondere Bedeutung zu, was ihrer Entwicklung in höchstem Maße dienlich war. Vor allem die Kutab, Sekretäre des Kalifen und meist
arabisierte Iraner, konnten ihren Aufgaben- und damit ihren
Machtbereich vergrößern. Innerhalb ihrer sozialen Schicht konstituierten sich nach und nach unterschiedliche Interessengruppen, die eine Klientel bildeten und häufig mit einer entsprechenden Interessengruppe innerhalb des Militärs verbunden waren,
um so der Verwirklichung ihrer Ansprüche gegenüber der 'abbasidischen Zentralregierung größeren Nachdruck verleihen zu können.

Der Einfluß der Iraner im Herrschaftsbereich der Budjiden war
mithin zu einem wesentlichen Machtfaktor geworden, eine Tatsache,
die wiederum der Entwicklung der zwölfer-shi'itischen Richtung
sehr zugute kam. Da die Budjiden zur Absicherung ihrer Herrschaft
auf die Unterstützung der Iraner angewiesen waren, beriefen sie
sich auf die Doktrin der Zwölfer-Shi'ah, was ihnen einerseits
das Wohlwollen der arabisierten Iraner in Baghdad sowie der

Shi'iten in den westlichen Landesteilen garantierte, gleichzeitig aber auch als Legitimation ihrer Ansprüche gegenüber den sunitischen 'Abbasiden dienen konnte. Zwar wurde der Kalif von ihnen als illegitim erachtet, jedoch seines Amtes nicht enthoben, da er realpolitisch ohnehin keine Bedrohung darstellte, sondern im Gegenteil zur Stützung der budjidischen Autorität gegenüber der sunitischen Mehrheit der Bevölkerung sowie den anderen sunitisch orientierten Teilreichen nur von Nutzen sein konnte. Obwohl die Shi'iten in dieser Zeit ihre Lehren in höchstem Maße unangefochten ausarbeiten und systematisieren konnten, was mit Hilfe der taghia möglich war[21], wurde dennoch die Shi'ah nicht zur Staatsreligion ernannt, da dies unweigerlich zu erheblichen Konflikten mit den Suniten und damit zu einer Gefährdung der Macht der Budjiden geführt hätte. Zwar lehnte der Kalif es ab, die shi'itischen Budjiden zu Verteidigern des "wahren" Glaubens zu erklären; aufgrund ihrer realen Machtfülle ernannten sie sich jedoch daraufhin selbst, in Anknüpfung an sassanidische Tradition, zum *"Shah-an shah"*, zum König der Könige. Somit konstituierten sich während der Zeit der Budjiden-Dynastie diejenigen Voraussetzungen, die später die religiöse Sonderentwicklung des Iran ermöglichten.[22]

Die politische Emanzipation der iranischen Gebiete ging einher mit einer verstärkten Zuwendung der bislang anderen Religionsgemeinschaften angehörenden Bevölkerungsteile zum Islam. Dies führte zu einer wechselseitigen Durchdringung von mohammedanischer Lehre und iranischem Kulturerbe und somit zur Konstituierung einer arabisch-persisch-islamischen Kultur, die auch die folgenden Eroberungen durch Türken und Mongolen überlebte. Der Entwicklung der zwölfer-shi'itischen Richtung kam dabei vor allem zugute, daß sie es war, auf die sich alle im iranischen Gebiet entstehenden politisch- sozialen Oppositionsbewegungen in Abgrenzung zur sunitischen Zentralmacht stützten. Die shi'itisch-iranischen Gruppen wurden somit zur ständig wachsenden Bedrohung für die 'abbasidischen Kalifen.

Nach der Eroberung der iranischen Provinzen durch die türkischen Seldjuken um die Mitte des 11. Jahrhunderts setzte eine entschiedene Wendung zur sunitischen Orthodoxie ein, die einerseits die orthodoxen Moslems auf die Seite der neuen Herrscher bringen und damit auch das Kalifat festigen sollte, andererseits die Niederwerfung der shi'itischen Gegner und damit die neuerliche Vereinheitlichung des Islam zum Ziel hatte[23]. Dennoch war eine weitere Iranisierung der östlichen Provinzen nicht zu verhindern, da die meisten arabisierten Iraner ihre Ämter als Wezire und Berater behielten, während sich gleichzeitig das Persische zu einer dem Arabischen gleichgestellten Sprache entwickeln konnte. Auch verstärkten sich im 12. Jahrhundert die Aktivitäten shi'itischer Extremisten, der Assasinen, die als entschiedene Verfechter eines "persischen Nationalgefühls" auftraten und sich sowohl gegen die türkischen als auch gegen die traditionalistischen Suniten wandten. Verschiedene Versuche, durch eine ausgleichende Religionspolitik innere Konflikte zu verhindern und die Einheit des Islam aufrecht zu erhalten, Versuche, wie sie unter anderem der iranische Wezir der Seldjuken-Sultane, Nezam ol-Molk oder Kalif an-Naser unternahmen, scheiterten meist am Widerstand der extremen shi'itischen oder der orthodoxen sunitischen Kräfte[24].

Als Mitte des 13. Jahrhunderts das Kalifat der 'Abbasiden durch die Machtübernahme der Mongolen endgültig beseitigt wurde, setzte in den östlichen Gebieten des Reiches eine religiöse Sonderentwicklung in Form einer allmählichen Shi'itisierung ein. Die Bedeutung dieser Entwicklung wird unter anderem daran deutlich, daß der Begriff "Iran" erstmals seit der Islamisierung Persiens als politische und geographische Bezeichnung verwendet wurde, und zwar für das mongolische Reich der *Il-Khane*. Die Mongolen, die größtenteils Buddhisten, nestorianische Christen oder "Heiden" waren und sich anfänglich allen Religionen der eroberten Gebiete gegenüber höchst desinteressiert verhielten, gerieten nach und nach unter den dominanten Einfluß der arabisch-persischen Kultur[25]. Die Zwölfer-Shi'iten, die sich von den neuen Herrschern eine Verbesserung ihrer Position versprachen, zeigten sich zu einer Zusammenarbeit mit den Mongolen bereit und feierten diese als den "Eroberer der islamischen Welt, dessen Erscheinen von Mohammad prophezeit worden sei"[26]; die Suniten dagegen büßten ihre unter der Seldjuken-Herrschaft errichtete

Vormachtposition ein, da sie die von den nicht-islamischen Mongolen erlassenen Gesetze als illegitim, weil nicht der shari'ah entsprechend, ablehnten.

Wenn auch die einflußreiche Position shi'itischer Moslems unter den verschiedenen Dynastien keinen unerheblichen Einfluß auf die Weiterentwicklung der Lehre hatte, so waren es doch nicht die Religionsgelehrten, auf die die starke Verbreitung des Islam innerhalb der Bevölkerung zurückzuführen war. Vielmehr erregten mystische Strömungen, die den unmittelbaren Weg zu Gott in einem ekstatischen Glaubenserlebnis finden wollten, die Faszination bei der breiten Masse[27]. Vor allem das *Sufitum*, das sich während der Mongolenherrschaft zu einer Massenbewegung entwickelte, nahm hier eine herausragende Rolle ein.

Seit dem 9. Jahrhundert war eine wachsende Verbreitung des Sufitums als chiliastischem Escapismus - im Unterschied zum chiliastischen Aktivismus - im gesamten arabisch-islamischen Raum zu verzeichnen. Da diese Strömung einen hohen Anteil an vorislamischen Elementen in ihre Lehre integrieren konnte, gewann sie vor allem zahlreiche Anhänger unter den Iranern. Obwohl es sich hierbei nicht um eine homogene Bewegung handelte, war doch eine von den islamischen Rechtsschulen verhältnismäßig autonome Entwicklung für alle mystischen Strömungen charakteristisch. Dadurch war es möglich, daß sufistisches Gedankengut sowohl in den sunitischen als auch in den shi'itischen Islam einfloß, während das Sufitum selbst sich unabhängig von der religiösen Orientierung der jeweiligen Herrscher konstituieren konnte. Diese relativ autonome Entwicklung wurde noch dadurch unterstützt, daß die Sufis aufgrund ihrer apokalyptischen Weltabgeschiedenheit jegliches gesellschaftliche Engagement sowie die Anhäufung von weltlicher Macht und Reichtum ablehnten[28]. Indem sie das Bedürfnis der breiten Masse der Gläubigen nach Verinnerlichung des Glaubens aufgriffen, gelang es ihnen, unter der Mehrheit der Moslems eine große Popularität zu gewinnen[29]. Hierdurch kam es häufig zu Konflikten zwischen Sufitum und Zwölfer-Shi'iten, vor allem, da bei den Sufis der Heiligenkult in Form von Verehrung noch lebender Personen üblich war, insbesondere der *Sheykhs*, die häufig als Reinkarnation der Imame oder 'Alis betrachtet wurden, was den Gläubigen die Möglichkeit eröffnete, bereits im Diesseits durch Wunder der Sheykhs zum Heil zu gelangen. Die Zwölfer-Shi'iten verfügten jedoch nur über geringe Möglichkeiten, gegen diese Bewegung vorzugehen, da sie weder die Mehrheit der Bevölkerung noch die Staatsmacht hinter sich hatten. So entwickelte sich während der Mongolenherrschaft eine gleichermaßen vom Shi'ismus und Sufitum geprägte volkstümliche Frömmigkeit, deren zentrale Inhalte "Überreste aus vorislamischen Glaubens- und Kultvorstellungen, Sehnsucht nach einem charismatischen Führer, Heiligenverehrung, Berufung auf die Verwandtschaft oder geistige Beziehung zu 'Ali, dem Vetter und Schwiegersohn des Propheten und Ahnherrn aller shi'itischen Imame, Geheimriten, Wunderglauben, Ekstase, Aufbegehren gegen die ungerechte Staatsgewalt"[30] waren, ein Konglomerat also aus den unterschiedlichsten aktuellen, traditionellen und regionalen Elementen.

Die große Beliebtheit der Sufis bei der Bevölkerung war es auch, die ihren in persischer Sprache abgefaßten religiösen Schriften ein besonderes Gewicht verlieh. Sie unterstützten damit die Entwicklung von Gruppen, in welchen sich ein spezifisch iranisches Selbstbewußtsein konstituierte, und schufen damit die Grundlage für die spätere religiöse Sonderentwicklung, und zwar zu einem Zeitpunkt, zu dem der Iran noch keine politisch selbständige Größe darstellte.

Gegen Ende des 13.Jahrhunderts entwickelte sich aus einem Sufi-Orden die mystische Bewegung der Safawija, die ursprünglich weder enge Beziehungen zum persischen Kulturgut noch zur orthodoxen Zwölfer-Shi'ah hatte. Ihre intensive Missionsarbeit ließ sie binnen kurzem eine große Anhängerschaft vor allem unter Iranern, Kurden und türkischen Nomaden bzw. Halbnomaden in Ostanatolien, Syrien und dem Nordwestiran finden. Auch zahlreiche Mongolen- und Turkmenen-Führer hingen der Lehre dieses Ordens an, glaubten an die wunderwirkenden Fähigkeiten seiner Sheykhs und schenkten ihnen häufig Ländereien in Form von Stiftungen, um ihnen ihre Verehrung zu beweisen. Der ständig anwachsende Grundbesitz der Safawija sowie die steigende Anhängerzahl ermöglichte es dem Orden, zunehmend auch politische Forderungen zu stellen.

Seit Ende des 14. Jahrhunderts näherten sich die Safawija zunehmend shi'itischen Positionen an und folgten damit einer Tendenz innerhalb ihrer turkmenischen Anhängerschaft, die sich, als Abwehrreaktion auf die Expansion der sunitischen Osmanen-Türken, einer mystisch heterodoxen Version der Zwölfer-Shi'ah zuwandte. War schon die Annäherung zwischen Sufitum und Shi'ismus weniger eine Frage der religiösen Problematik als vielmehr der Machtpolitik, so lagen auch der Hinwendung der Bevölkerung zur Safawija ähnliche Ursachen zugrunde. Dabei stand für den einzelnen Gläubigen stärker das Vertrauen in die wunderwirkenden Kräfte der Sheykhs im Vordergrund, von denen er sich eine konkrete Verbesserung seiner Situation versprach, während die Stammesgemeinschaften der Turkmenen, die dem Orden anhingen, sich in erster Linie eine Unterstützung ihrer Herrschaftsansprüche gegenüber der osmanischen Zentralgewalt erhofften.

Die endgültige Wandlung der Safawija in einen shi'itischen Sufi-Orden erfolgte im Laufe des 15. Jahrhunderts. Auch hier waren machtpolitische Gründe ausschlaggebend. Der Führer der Safawija, Djunaid, der sich als Nachfahre des 7. Imam und Inkarnation 'Alis ausgab, um sich die Gefolgschaft der syrischen und anatolischen Turkmenen zu sichern, geriet aufgrund seiner militärischen Aktivitäten in Konflikt mit dem osmanischen Sultan und anderen sunitisch ausgerichteten Herrschern. Daraufhin verbündete er sich mit dem sunitischen, in Ostanatolien dominierenden Turkmenenbund der Agh-Koyunlu, um mit ihrer Hilfe die dem Shi'ismus zuneigenden Kara-Koyunlu, mit denen er sich im Kriegszustand befand, niederzuwerfen. Diese Politik wechselnder Koalitionen zeigt eindeutig, daß die politischen Zielsetzungen immer dominant waren gegenüber der religiösen Orientierung, die vor allem der Herrschaftslegitimation diente.

Aufgrund der wachsenden Macht der Safawija hielt es der bedeutendste Führer der Agh-Koyunlu, Uzum Hasan, für geraten, das Bündnis zwischen seinem Stamm und dem Orden durch Heirat zu festigen. Diese Koalition mit dem sunitischen Herrscherhaus gab den Safawiden endlich die Möglichkeit, ihren Machtbereich auszudehnen und die eigenen territorialen Herrschaftsansprüche zu realisieren. Diese Bemühungen waren im Jahre 1501 mit Erfolg gekrönt, als der Safawide Ismail die Macht übernahm, sich den persischen Titel "Shah-an shah" zulegte und sich damit, ungeachtet seiner turkmenischen Abstammung, als Nachfolger der persischen Sassaniden verstand. Er vereinigte in sich alle Bestandteile der volkstümlichen Religiosität: als geistiges Oberhaupt des Sufi-Ordens wurde ihm gleichzeitig von Seiten seiner turkmenischen Anhänger die Verehrung als Vorbote des Mahdi, des entschwundenen Zwölften Imam, zuteil[31].

Die Verbindung des Sufitums mit dem *shi'itischen Chiliasmus* ermöglichte den Safawiden als Führern eines zunächst friedlichen, dann militanten Sufi-Ordens den Aufstieg zu einer mächtigen Dynastie. Obwohl die Diskrepanz zwischen der von Ismail und seinen turkmenischen Anhängern vertretenen Shi'ah, die sowohl mit synkretistischen als auch mit türkischen, persischen und syrischen religiös-kulturellen Elementen durchsetzt und eng mit dem Sufitum verknüpft war, und der orthodoxen zwölfer-shi'itischen Theologie und Rechtslehre sehr groß war, erhob Shah Ismail die Zwölfer-Shi'ah zur iranischen Staatsreligion. Die damit einhergehende Etablierung der Macht Ismails leitete jedoch nicht eine Hinwendung der Safawiden zur Orthodoxie ein, weil die Aufgaben, den Glauben zu propagieren und eine religiöse Infrastruktur zu schaffen, den orthodoxen ulama übertragen waren. Letzteres stellt nur die wahrnehmbare Erscheinungsform der Unterdrückung der chiliastischen Momente dar, die die Safawiden zwar für ihre Machtübernahme dringend benötigten, die für die Stabilisierung ihrer Herrschaft jedoch nunmehr disfunktional waren. Daher bewahrten sich die neuen Herrscher von ihrem häretischen Glauben des 15. Jahrhunderts lediglich jene Elemente, die ihrer eigenen Position zugute kamen - nämlich die Lehre von ihrer göttlichen Berufung und ihrer Unfehlbarkeit. So erscheint Ismails Verhalten als Zusammenführung zweier wesentlicher religiöser Strömungen. Das Sufitum, auf dem seine Macht basierte, konnte er nicht ablehnen; gleichzeitig aber mußte er die zwölfer-shi'itische Geistlichkeit als Verkörperung des islamischen Rechtswesens für seine Interessen gewinnen. Denn allein aus der antinomistischen Sufi-

Religiosität ließ sich kein islamisches Rechtswesen - als institutionalisierte Form der Herrschaft - aufbauen, was aber für den neuen Staat äußerst nötig war.[32]

Hinsichtlich der weiteren Sonderentwicklung des Iran innerhalb der islamischen Welt liegt die Bedeutung der Safawiden-Dynastie vor allem in der - wenn auch zwangsweisen - Bekehrung der überwiegenden Mehrheit der Bevölkerung zur Zwölfer-Shi'ah. Diese Schaffung einer religiösen Einheit war notwendige Voraussetzung, um eine erfolgreiche Verteidigung nach außen zu gewährleisten. Als Reaktion auf die Expansion des Osmanenreiches hatte somit die Hinwendung zur Zwölfer-Shi'ah auch eine außenpolitische Bedeutung. Von nun an mußten die Safawiden während ihrer gesamten Herrschaftszeit bis zu Beginn der russischen Expansion gleichzeitig zwei sunitischen Gegnern standhalten. Immerhin erleichterte es den Prozeß der Konversion, daß bereits seit dem 13. Jahrhundert im iranischen Sunitentum zwölfer-shi'itische sowie Elemente des 'Ali-Kults hatten Fuß fassen können; auch die weite Verbreitung des Sufismus wirkte sich positiv aus. Schließlich war es auch von Bedeutung, daß die heiligen Städte der Shi'ah, beispielsweise Kerbela, Samara, Ghom und Mashad im Gebiet des Safawidenreiches lagen. So wurden unter anderem Pilgerfahrten zu den Gräbern der Imame und der shi'itischen Heiligen sowie die Anbetung 'Alis und seines den Märtyrertod gestorbenen Sohnes Hoseyn zu den wesentlichen integrierenden Elementen des safawidischen Iran. Die Zwölfer-Shi'ah stellte also das zentrale Moment zur Schaffung einer kulturellen Identität dar, mit Hilfe dessen vor allem eine Abgrenzung gegenüber den Suniten vollzogen wurde; denn bis zur Mitte des 19. Jahrhunderts basierte das Selbstverständnis der iranischen Bevölkerung keineswegs auf dem Gedanken einer "iranisch-persischen Nationalität". Somit verband sich die Erhaltung des zwölfer-shi'itischen Glaubens untrennbar mit der Erhaltung der politischen Unabhängigkeit von den im Osten und Westen angrenzenden sunitischen Herrschaftsbereichen[33].

1.2.1.1. DIE SCHRIFTGELEHRTEN ALS STAATSTRAGENDE GRUPPE UND DIE UNTERDRÜCKUNG DER CHILIASTISCHEN MOTIVE

Die Erklärung der Zwölfer-Shi'ah zur Staatsreligion unmittelbar nach Ismails Ernennung zum Shah kann nicht als *logische Fortsetzung* der Wendung vom sunitischen zum heterodoxen shi'itischen Sufi-Orden interpretiert werden[1]; ebenso geht die Annahme, Ismail hätte eine messianische Form des Shi'ismus im Iran durchzusetzen versucht[2], am entscheidenden Punkt vorbei. Vielmehr ist die Konstitution des Safawidenreiches als der Höhepunkt einer chiliastischen Bewegung mit nativistischem Charakter zu betrachten[3]. Da jedoch die messianische Legitimation der neuen Herrschaft auf der sozialen Basis von Volksstämmen kaum den Aufgaben entsprach, die sie als Regierung zu erfüllen hatte[4], mußte die Safawiden-Dynastie nach der Konsolidierung ihrer Herrschaft eben jene chiliastischen Momente unterdrücken, die sie zur Macht erhoben hatten. Die Ernennung der zwölfer-shi'itischen Geistlichkeit zu Rechtssprechern und der Aufbau eines stehenden Heeres waren dabei nicht allein Symbole dieser Unterdrückung, sondern wurden innerhalb der persischen Verwaltung zu den tragenden Säulen der Theokratie, einer Staatsform, die alle widersprüchlichen Elemente der iranischen Gesellschaft in sich institutionalisierte und damit aufhob - ihre immer heftiger werdenden Ausbrüche jedoch nicht verhindern konnte.

Das Bündnis zwischen zwölfer-shi'itischer Geistlichkeit und safawidischen Herrschern, das sich schon vor der Machtübernahme durch Ismail angebahnt hatte, beinhaltete einen Widerspruch, da der shi'itischen Lehre zufolge bis zum Erscheinen des Mahdi kein weltlicher Herrscher legitim und erst recht nicht befugt wäre, sich selbst besondere göttliche Eigenschaften zuzuschreiben. Shah Ismail aber war gerade durch eine aktivistische, messianische Bewegung zur Herrschaft gelangt und beanspruchte göttliche Autorität[5]. Die shi'itischen ulama hätten also Ismails Herrschaft nicht nur als illegitim, sondern sogar als häretisch betrachten müssen, da die Einführung der Zwölfer-Shi'ah als iranische Staatsreligion gleichbedeutend mit der politischen Funktion des erwarteten Imam war, welche im Kampf für die Sache der "richtigen" Religion bestand. Somit bedeutete die "Heiligsprechung" des Safawiden-Shahs gleichzeitig seine Anerkennung als oberste religiöse und politische Autorität.

Die Motive für die Allianz zwischen Safawiden und Geistlichkeit beruhten dabei auf beiderseitigen Interessen. War Isamil auf die Unterstützung durch die shi'itischen ulama angewiesen, um einen zentralistischen Staat aufbauen zu können, so eröffnete sich für die Geistlichen erstmals unter dieser Dynastie die Möglichkeit, sich als religiöse Führung zu etablieren. Eine Jahrhunderte andauernde Existenz als nur geduldete oder gar verfolgte religiöse Minderheit mit ständigem Zwang zur Verleugnung der eigenen Vorstellungen ging damit zu Ende. So erklärt es sich, daß die shi'itische Geistlichkeit aufgrund ihrer geschichtlichen Erfahrungen zu einer der entschiedensten Verfechterinnen der politischen Unabhängigkeit des Landes werden mußte, die aber nur durch einen stabilen und starken zentralisierten Staat garantiert war. Ihren Aufstieg von der Position einer ständig gefährdeten Minderheit zu einer privilegierten und nahezu unangreifbaren Mehrheit im neupersischen Reich hatten die orthodoxen zwölfershi'itischen ulama mit dem Ziel angetreten, nun für immer zu bleiben[6]. Allerdings war der Zeitpunkt noch nicht gekommen, an dem sie mit ihrem Anspruch, selbst die einzig kompetenten Exegeten der religiösen Gelehrsamkeit und damit die legitimen "Stellvertreter" des verborgenen 12. Imam zu sein, die Monarchie hätten aus dem geistlichen Bereich ausschließen können. Vorläufig erfüllten sie ihre Funktion der Herrschaftsstabilisation und insbesondere der Befriedung und Kontrolle derjenigen extremistischen Shi'iten, die der Dynastie zum Aufstieg verholfen hatten und "sich nun der Schaffung eines bürokratisch gelenkten, zentralistischen Staates widersetzten"[7]. Bei diesen shi'itischen Fanatikern handelte es sich vor allem auch um Mitglieder turkmenischer Nomadenstämme, die ihre eigene autonome Form der Sozialstruktur bewahren wollten. Anfänglich hatten ihre Führer zwar noch gewisse privilegierte Positionen inne, doch schon bald übernahmen wiederum Perser die Schlüsselpositionen in Verwaltung und Militär, da sie einerseits über große Erfahrungen verfügten, andererseits der neuen Regierung stärkere Loyalität entgegenbrachten. Nach und nach nahmen innerhalb des ganzen Safawidenreiches die Perser auch auf kulturellem Gebiet eine dominante Position ein, was u.a. deutlich wird an der späteren Verlegung der Hauptstadt von Tabriz nach Isfahan, also vom Gebiet der Azeri-Türken in das Zentrum des persischen Raumes. Auch die aus dem arabischen Raum stammenden shi'itischen Gelehrten wurden privilegiert behandelt, erhielten zum Teil Ländereien und wurden damit, abhängig vom Wohlwollen der Herrscher, zunächst verläßliche Verbündete und Helfer des Safawiden-Regimes.[8]

Um die Konversion voranzutreiben, die zur Schaffung einer religiösen, einheitlich shi'itischen Infrastruktur notwendig waren, wurde unter Ismail das Amt des *"sadr"* eingerichtet, welcher wiederum als Verbindungsglied zu den ulama aus ihren Reihen einen *"sheykh al-Islam"* ernannte. Diese hierarchische Struktur sollte die Kontrolle des weltlichen Herrschers über die shi'itische Geistlichkeit gewährleisten. Neben der Durchführung der Konversionsmaßnahmen kam den ulama als wichtigste Aufgabe die Schaffung eines islamischen Gerichtswesens zu. Oberste Instanz innerhalb der *"shar"*-Gerichtshöfe war der sheykh al-Islam, ausschließliche Grundlage der Rechtssprechung die zwölfer-shi'itische Version der shari'ah . Als nach dem Tode Ismails die Konversion weitgehend abgeschlossen war, verlor auch das Amt des sadr an Bedeutung und umfaßte nur noch die Verwaltung religiöser staatlicher Stiftungen sowie die Kontrolle der shar-Gerichte, die zu jener Zeit jedoch den weltlichen urf-Gerichten noch eindeutig untergeordnet waren. Die Führungsaufgaben im religiösen Bereich übernahmen die ulama, aus deren Reihen sich die Schicht der *mudjtahid*, der obersten Theologen, konstituierte. So ging der Prozeß der Institutionalisierung der Shi'ah einher mit der Herausbildung einer religiösen Hierarchie, der für die weitere politische Entwicklung der Geistlichkeit eine zentrale Rolle zukam.

Auch im finanziellen Bereich konnten sich die shi'itischen Geistlichen eine Machtposition schaffen. Von Seiten des Staates erhielten sie großzügige Gehälter und Ländereien, mithilfe derer sie für die Instandhaltung der religiösen Heiligtümer sowie für den Betrieb der Schulen und Moscheen zu sorgen hatten. Darüberhinaus bildete die Erstellung von Rechtsgutachten und der Erhalt von Spenden eine weitere Einkommensquelle. Unter Shah 'Abbas (1587-1629) konnten die ulama sowie die *sajid* und die *mirza*, die als Nachkommen des Propheten über die Linie von 'Ali und Fatemah galten, eine weitere Verbesserung ihrer Positionen verzeichnen, da der Shah und andere Grundbesitzer große Teile ihres Landes in religiöse Stiftungen verwandelten, die der Verwaltung der Geistlichkeit unterstellt wurden und damit zu einem starken Anwachsen ihres Vermögens beitrugen. Zusätzlich erhielten sie Land zur steuerfreien Nutzung sowie den Erlös der von 'Abbas eingeführten religiösen Abgaben. Durch die Schaffung derartiger vom Staat unabhängiger Einkommensquellen wurden die ulama gleichzeitig zu Vertretern potentiell eigenständiger Machtzentren, deren Einfluß sich auch auf den Bereich des Erziehungswesens und der Verwaltung erstreckte[9]. Ihre institutionell abgesicherte und finanzkräftige Position erweiterte mithin ihren ursprünglichen, auf die Religion zentrierten Aufgabenbereich und machte sie damit "zur zentralen sozio-religiösen Institution des Landes"[10].

Während die Doktrin der Zwölfer-Shi'ah in Abgrenzung zur sunitischen Lehre eine weitere Ausarbeitung erfuhr, wurde der Kreis derjenigen ulama, die zur Ausübung von idjtihad, also zur eigenständigen Interpretation der Quellen "göttlichen Rechts" als befähigt galten, auf einige führende Geistliche, die mudjtahid, beschränkt. Diese neue geistliche Führungsschicht forcierte die Wendung zur Orthodoxie, die sich insbesondere darin zeigte, daß seit der Herrschaft von Shah 'Abbas weniger die Suniten als vielmehr die unterschiedlichen Sufi-Gruppen zum Hauptfeind der zwölfer-shi'itischen Lehre erklärt wurden. Diese Versuche zur Unterdrückung des Sufitums müssen dabei als ein vor allem politisches Phänomen verstanden werden, da die Anhänger der heterodox-shi'itischen Orden, die sich nicht allein aus den turkmenischen Stämmen, sondern auch aus der Gruppe der städtischen Handwerker rekrutierten, eine ständige Opposition gegen die safawidische Zentralregierung bildeten. Gleichzeitig stellten diese Orden den Anspruch der orthodoxen Geistlichkeit, einzig legitime Inhaber der geistig-religiösen Führung zu sein, in Frage. So entstand, obwohl die ulama wie auch die safawidischen Herrscher ihre Machtposition ursprünglich der Unterstützung der breiten Massen verdankten, allmählich eine Diskrepanz zwischen der shi'itischen Volksfrömmigkeit und der zwölfer-shi'itischen Glaubenslehre, so daß zahlreiche Elemente des Volksglaubens für ungesetzlich erklärt wurden. Der Wende zur religiösen Orthodoxie entsprach somit auf politischer Ebene die Unterdrückung, die die Safawiden auf ihre ursprüngliche Anhängerschaft ausübten, um die eigene Herrschaft zu stabilisieren[11].

Aus der Wendung zur Orthodoxie folgte die Notwendigkeit, die Führungsrolle der Mudjtahid innerhalb der Geistlichkeit und der religiösen Gemeinde durch entsprechende Auslegung der Lehre zu legitimieren. Damit wurden sie auf die Stufe von auserwählten Führern und Vertretern des 12. Imam während der Zeit seiner Verborgenheit erhoben, wodurch wiederum das Recht des safawidischen Shahs auf oberste religiöse Autorität angegriffen wurde, was ein Auseinanderbrechen der Einheit von geistlicher und weltlicher Führung, wie sie während der Anfangszeit der Dynastie gegeben war, zur Folge hatte. So entwickelte sich allmählich eine von der Regierung getrennte religiöse Institution, die den ulama im Bereich der Religion und des Privatrechts die oberste Autorität sicherte.

Durch die neue autonome Machtposition der Geistlichkeit veränderte sich auch das Konzept von der Führung der islamischen Gemeinde durch die mudjtahid. Entstanden in der Anfangsphase der "Verborgenheit" des 12. Imam ging diese Lehre davon aus, daß die Menschen infolge ihrer Unvollkommenheit bei der der islamischen Lehre entsprechenden Gestaltung ihres Lebens einer Führung bedurften. Die Aussagen des Imam sollten während dieser Zeit von der Gruppe der *rowat*, den Übermittlern, verkündet werden, welche jedoch nur die ulama und nicht alle Gläubigen umfaßte. Allein die ulama, die aufgrund ihrer Kenntnis der Gesetzesquellen und der Prinzipien der islamischen Rechtswissenschaft für eine solche Führung legitimiert waren, trugen damit dem Imam gegenüber die Verantwortung und waren ihm Rechenschaft schuldig. Unter dem sunitischen Kalifat war das Verhältnis zwischen Führern und Gemeinde noch nicht näher festgelegt. Nach Etablierung der Zwölfer-Shi'ah als Staatsreligion mußte sich jedoch jeder Gläubige, *mughallid*, einen Führer, mudjtahid, wählen und sich ihm anschließen, dessen persönliche Meinungen als bindende Direktiven anerkennen und jede Veränderung dieser Meinungen widerspruchslos akzeptieren[12]. Einerseits sollte durch dieses Führer-Gefolgschafts-Verhältnis die Entstehung von der orthodoxen Zwölfer-Shi'ah abweichender religiöser Sekten verhindert werden, andererseits entstand so eine enge Bindung der einfachen Gläubigen an die führenden ulama.

Theoretisch konnte jeder *"alim"*, d.h. jeder Angehörige der ulama mit entsprechenden Kenntnissen ein mudjtahid werden. Hatte er über Jahre hinweg aufgrund seiner Schriften und durch eine besonders fromme Lebensführung seine Qualifikation unter Beweis gestellt, so konnte er von schon amtierenden mudjtahid in diesen Status erhoben werden, ein Verfahren, das die Autorität der führenden ulama untermauerte sowie Abweichungen von der Orthodoxie verhinderte. Wesentlich für die Ernennung eines mudjtahid war jedoch letztlich die Größe seiner Gefolgschaft: je mehr Gläubige einen Geistlichen als *"mardja-e taghlid"*, als ihr Vorbild zur Nachahmung anerkannten, desto eher kam ihm der Rang eines mudjtahid zu. Seine Aufgaben bestanden in der Interpretation der Gesetzesquellen und der Rechtsprechung auf der Grundlage der zwölfer-shi'itischen Lehre. Die Praxis des idjtihad, die die Autorität und den Einfluß der mudjtahid noch verstärkte, galt für die Gläubigen als bindend. Widerspruch gerade in den Reihen der Geistlichen selbst regte sich jedoch gegen die individuelle Willkür, auf der die Urteile beruhten, die die "richtige" Meinung des Imam darzustellen vorgaben.

Im Zuge der Etablierung der Zwölfer-Shi'ah als Staatsreligion und dem damiteinhergehenden Machtzuwachs der mudjtahid beanspruchten die führenden Geistlichen mehr und mehr, einzig legitime Hüter des Gesetzes und Verteidiger der "rechtmäßigen" Religion zu sein. Als höchste religiöse und juristische Autoritäten forderten sie schließlich die Kontrolle über die Einhaltung der islamischen Gesetze durch die weltlichen Machthaber. Damit wurde die weltliche Herrschaft zur Exekutive der Autorität des religiösen Gesetzes, welche von den mudjtahid verkörpert wurde[13]. So entwickelte sich die orthodoxe zwölfer-shi'itische Geistlichkeit, die ihre Position wie auch ihre ökonomische Macht den frühen safawidischen Herrschern verdankte, in der Spätzeit dieser Dynastie zur einzigen Klasse, die genügend Autonomie und Einfluß besaß, um die Monarchie offen bekämpfen zu können.

1.2.1.2. ZUR VERSELBSTÄNDIGUNG DER GEISTLICHKEIT UND IHRER STRUKTUR

Zwar war es der shi'itischen Geistlichkeit durch den Ausbau ihrer ökonomischen und sozialen Position gelungen, die safawidischen Herrscher im Bereich der Religion zu Vollzugsorganen der ulama zu degradieren, innerhalb der ulama wurde jedoch das Konzept der sozio-religiösen Macht, auf dem der Führungsanspruch der mudjtahid beruhte, zum Gegenstand heftigster Auseinandersetzungen.

Die zu Anfang des 17. Jahrhunderts entstandene *Akhbari-Schule* lehnte die Praxis des idjtihad ab, da nach ihrer Lehre allein Koran und Suna sowie die Überlieferung der Imame die Grundlagen der Rechtsfindung darstellen konnten, so daß der Tradition gegenüber der Vernunft eine höhere Wichtigkeit eingeräumt wurde[1]. Da jeder Gläubige, der mit den Überlieferungen der Imame vertraut war, auch ohne weitere Ausbildung oder ständige Anleitung seinen religiösen Pflichten nachkommen konnte, wurde mithin die Führung durch einen mudjtahid ebenfalls überflüssig. Diese shi'itische Strömung konnte zunächst keine größere Anhängerschaft gewinnen, da die führende orthodoxe Geistlichkeit im sozio-religiösen und ökonomischen Bereich zu mächtig war und die autoritätsfixierte Charakterstruktur der Gemeindemitglieder diese Machtstellung noch unterstützte.

Ebenfalls angefochten wurde die von den mudjtahid beanspruchte Vormachtstellung im religiösen und damit auch im gesamtgesellschaftlichen Bereich von den unterschiedlichen Sufi-Strömungen, die trotz aller Verfolgung von Seiten der orthodoxen Zwölfer-Shi'ah und des Staates auch weiter im religiösen Glauben des einfachen Volkes, der durch starke mystische und devotionalistische Züge geprägt war, eine zentrale Rolle spielten[2]. Trotz der Verketzerung zahlreicher Elemente dieser volkstümlichen Frömmigkeit von Seiten der orthodoxen Shi'iten konnten sich doch die ulama nicht völlig vom Sufitum distanzieren, wenn sie nicht gleichzeitig die Gefolgschaft der Gläubigen und damit auch

Einkünfte und Machtposition riskieren wollten. Diese Diskrepanz zwischen führender Geistlichkeit und Bevölkerung wurde schließlich durch die *mulla*, die einfachen Geistlichen, überwunden, die somit zu einem "Glied in der Autoritätskette, die den einzigen Gott mit dem letzten Gläubigen verband"[3] wurden. Ihre vorrangige Aufgabe war also die Herstellung einer Verbindung zwischen der Gesetzes- und der Volksreligion. In ihrem meist ländlichen Wirkungskreis übten sie eine Art allgemeine Autorität aus, vor allem im Bereich der alltäglichen religiösen Verrichtungen, beim Bestätigen von Dokumenten, Einsammeln von Almosen etc. Auch sie gehörten aufgrund des taghlid-Gebotes zur Gefolgschaft eines mudjtahid, wurden jedoch nicht mit den einfachen Gläubigen gleichgestellt, sondern fungierten häufig als Stellvertreter der führenden Geistlichen, da sie infolge ihrer religiösen Bildung die Grundzüge der orthodoxen Lehre nachvollziehen und der Masse der Gläubigen vermitteln konnten. Gleichzeitig waren sie eng mit den Erscheinungsformen des volkstümlichen Islam verbunden, was es ihnen auch ermöglichte, den mudjtahid die jeweils im Volke herrschende Stimmung zu vermitteln[4]. Lag das Tätigkeitsfeld der mullas hauptsächlich im religiösen Gebiet, so bezog sich die Führungsfunktion der mudjtahid überwiegend auf den sozio-politischen Bereich. Dabei war ihre Führerschaft keineswegs "nackte Despotie", da die Anbindung ihres Status an die Größe ihrer Gemeinde die mudjtahid dazu zwang, in ihren Entscheidungen auf die Interessen ihrer Anhänger wenigstens soweit einzugehen, daß sie weiterhin für die geeigneten Führer gehalten wurden. Wenn auch in weitaus geringerem Maße galt diese Verpflichtung auch für die mulla, die meist aus den Unterschichten kamen und deren hauptsächliches Einkommen aus den Spenden der Gläubigen stammte.

Die weitere politische Entwicklung der shi'itischen ulama war entscheidend vom wachsenden Engagement der mudjtahid und der mullah im Handels- und Kaufmannswesen geprägt[5]. Unter der Safawiden-Dynastie entwickelte sich eine bis heute bestehende Verbindung zwischen der Geistlichkeit und den *bazari*, deren Spenden allmählich zu einer wichtigen Einkommensquelle der ulama wurden. Das Zusammenwirken dieser beiden Gruppen basierte auf einer Gemeinsamkeit der Interessen, da die Geistlichkeit vom

Wohlstand der städtischen Kaufmanns- und Handwerkerschicht zu profitieren hoffte, während die bazari aufgrund der Unterstützung der einflußreichen Geistlichkeit ihren Forderungen gegenüber den staatlichen Machtvertretern Nachdruck verleihen konnten.

Der zentralisierten klerikalen Macht stand in der Spätzeit der Safawiden-Dynastie eine äußerst geschwächte politische Herrschaft gegenüber, die nicht mehr in der Lage war, die Führungsansprüche der mudjtahid zu kontrollieren. Zwar versuchte nur eine Minderheit der Geistlichen, den Staat zu dominieren, doch bestand das grundlegende Problem der shi'itischen ulama gerade in der engen Bindung ihrer Position an ein autonomes persisches Reich. War dieser Staat stark genug, um seine Unabhängigkeit gegenüber den sunitischen Feinden zu bewahren, so beschnitt er gleichzeitig Vorrechte und Einfluß des Klerus; war er dagegen schwach, so konnten zwar die ulama eine Politik zu ihrem Nutzen betreiben, gleichzeitig war jedoch die grundsätzliche Existenzbedingung der shi'itischen Geistlichkeit, die politische Unabhängigkeit des Landes, nicht ausreichend gesichert. So brachte der Niedergang der Safawiden-Dynastie auch für die zwölfershi'itischen ulama einen erheblichen Machtverlust mit sich.

Während ihrer Regierungszeit war es den Safawiden nicht gelungen, die verschiedenen turkmenischen Stämme in den Staatsapparat zu integrieren, was eine zunehmende Schwächung ihrer Zentralgewalt nach sich zog. Als die Regierung den Versuch unternahm, die Autonomie der Stämme zu brechen, während sie sich gleichzeitig der permanenten Angriffe von Seiten der ulama erwehren mußte, kam es zum Aufstand der sunitischen Afghanen im Innern des Reiches, der den Zerfall der geschwächten Dynastie in erheblichem Maße beschleunigte und im Jahre 1722 zum Sturz der Safawiden führte[6].

Nach der kurzlebigen Afghanen-Herrschaft war das Reich bis zum Aufstieg der Ghadjaren im Jahre 1796 in Kämpfen einzelner Stämme und militärischer Einheiten um die Zentralgewalt zerrissen, und es gab "nur eine Vielzahl mehr oder weniger kurzlebiger Herrscher über kleinere Teilreiche mit variierenden Grenzen"[7]. Lediglich Nadir Shah konnte im Jahre 1736 große Teile der iranischen Armee zum Kampf gegen die Afghanen vereinen. Um eine möglichst starke Anhängerschaft zu gewinnen, unternahm er den Versuch einer Vereinigung von Suniten und Shi'iten, indem er die Zwölfer-Shi'ah zur fünften orthodoxen Rechtsschule des sunitischen Islam erklärte. Diesem Einigungsversuch widersetzten sich sowohl die shi'itischen ulama als auch der sunitische Osmanen-Sultan, so daß Nadir Shah daraufhin große Teile der Ländereien von einflußreichen shi'itischen Geistlichen, "die meist Parteigänger einer safawidischen Restauration"[8] waren, konfiszierte, um die Macht der ulama zu beschneiden. Diese Maßnahmen hatten die Flucht vieler shi'itischer Geistlicher in die *atabat*, die heiligen shi'itischen Zentren im Irak, zur Folge, in denen sie ein hohes Maß an Autonomie und Sicherheit gegenüber sunitischen Angriffen genossen. In diesen Zentren hatten sich die unter der orthodoxen Shi'ah verfolgten Akhbari im Laufe der Jahre eine starke Position aufgebaut und nach dem Zerfall des safawidischen Reiches, das ja die Grundlage der shi'itischen ulama bildete, sogar eine dominante Stellung sichern können. Mit dem Zustrom der orthodoxen Zwölfer-Shi'iten, der *usuli*, aus dem Iran brachen nun auch die alten Konflikte um die Lehre wieder auf, die erst gegen Ende des 18. Jahrhunderts zugunsten der usuli beigelegt wurden. Dieser Erfolg der Zwölfer-Shi'iten stand in engem Zusammenhang mit der Machtübernahme Agha Mohammads, des ersten Ghadjaren-Herrschers, der sich 1796 den traditionellen persischen Titel shah-an shah verleihen ließ. Ebenso wie die Safawiden waren die Ghadjaren turkmenischer Abstammung und erhoben nicht den Anspruch, über eine besondere religiöse Autorität zu verfügen, brauchten aber, um ihre Herrschaft festigen zu können, die Unterstützung der shi'itischen Geistlichkeit. Daher kam es unter ihrer Dynastie zu einer Neuformulierung der orthodoxen zwölfer-shi'itischen Doktrin sowie zu einer Festschreibung der Funktionen der mudjtahid. Diese Entwicklung brachte den ulama dem Staat gegenüber erneut eine weitgehend autonome Position und garantierte ihnen damit auch ihre religiös begründete Kontrollfunktion, während gleichzeitig die Unterdrückung der Akhbari und der verschiedenen Sufi-Orden, die auch jetzt den Führungsanspruch der mudjtahid ablehnten, wieder zunahm.

Eine neue, mit sufistischem Gedankengut durchsetzte Strömung
innerhalb der Zwölfer-Shi'ah, die ebenfalls die Rolle der mudjtahid in Frage stellte, entwickelte sich gegen Ende des 18.
Jahrhunderts. Diese theologische Schule der *Sheykhis*, benannt
nach ihrem Gründer Sheykh Ahmad Ahsa'i, verfocht eine esoteri-
sche Koraninterpretation und lehnte damit die orthodoxe Vorstellung ab, daß alles religiöse Wissen schon vorgegeben wäre und
bis zur Rückkehr des 12. Imam auch nicht mehr ergänzt werden
müßte. Die Sheykhis hingegen unterschieden zwischen einem auf
äußerlichem Verständnis der heiligen Schriften beruhenden Wissen und einem solchen, das "Alleinbesitz einiger Auserwählter"[9]
wäre und die esoterischen Geheimnisse der Lehre beinhaltete.
In dieser Form der Theosophie verband sich ein rational-philo-
sophisches mit einem mystisch-inspiratorischen Moment. Zwar akzeptierten die Sheykhis die Offenbarung und die Tradition der
Imame, hielten aber gleichzeitig die ständige Vermittlung durch
einen "auserwählten", göttlich inspirierten Menschen für notwendig. Diese Vorstellungen sowie die Behauptung, die Religion
und ihre Gesetze stünden in einem Zusammenhang mit den gegebenen sozialen Verhältnissen und müßten sich ihnen entsprechend
verändern, führten zum Konflikt mit der offiziellen Doktrin von
der Verborgenheit des Imam.

Zwar gelang es den Sheykhis ebenso wenig wie den Akhbari, die
neue Machtposition der Zwölfer-Shi'ah zu untergraben; jedoch
flossen wesentliche Teile des Gedankenguts dieser Gruppe in
die Bab-Bewegung (1848-1896) ein, die die politische Macht der
Ghadjaren und die religiöse Autorität der Zwölfer-Shi'iten bekämpfte[10].

Somit hatte sich gegen Ende des 18. Jahrhunderts die Doktrin
der mudjtahid endgültig durchgesetzt, zumal zu diesem Zeitpunkt
im Iran keine Maßnahmen politischer Zentralisierung die Macht
der ulama einschränkten. Die relative Stärke der Ghadjaren-Dynastie während der ersten Jahre ihrer Herrschaft ermöglichte
den Geistlichen eine erneute Stabilisierung ihrer Position innerhalb der Bevölkerung[11]. Schließlich trugen auch die enge
Verbindung des Klerus mit den Bazar-"Klassen" und die direkt
an die Geistlichkeit gezahlten religiösen Steuern zur Ausdehnung

ihrer ökonomischen und politischen Macht bei. Daher gewannen die mudjtahid während des 19. Jahrhunderts zunehmend an politischem Einfluß und stellten sich an die Spitze von oppositionellen Bewegungen, die gegen die weltliche Herrschaft gerichtet waren. Die Entstehung dieser Bewegungen war jedoch das Ergebnis der Integration Irans in den Weltmarkt und der damit einhergehenden Säkularisierungstendenzen im Bereich der gesellschaftlichen Verhältnisse.

1.2.2. ZU DEN SOZIALEN FOLGEN DER ISLAMISIERUNG IRANS

Die Verbreitung des Islam im Gebiet des iranischen Reiches hatte die auf allen gesellschaftlichen Ebenen vorhandenen starken Tendenzen zur Gruppenorganisation keineswegs aufgehoben, sondern im Gegenteil eher verstärkt und die Vielfalt der Gruppen noch vergrößert. Neben den Stammes-, Dorf und städtischen Gemeinschaften, die schon die vorislamische iranische Gesellschaftsstruktur bestimmt hatten, entstanden nun religiöse Gemeinschaften, deren unterschiedliche Dogmen einander ausschlossen. Diese segmentär-kooperative Form gesellschaftlicher Organisation verhinderte bis ins 20. Jahrhundert hinein die Bildung eines inneren Marktes und einer iranischen Nation im europäischen Sinne des Wortes.

Die *Stammesgruppen*, die bis zur "konstitutionellen Revolution" (1905-1911) eine sehr starke Position innehatten, bildeten seit ihrer Islamisierung meistens autarke Gemeinschaften, die keinerlei Loyalität gegenüber der "iranischen Nation", sondern nur gegenüber ihren gewählten oder erblichen Stammesführern kannten. Zwar wurde von diesen die Oberhoheit der in der Hauptstadt residierenden Zentralgewalt anerkannt, doch bedeutete die "Ernennung" der erblichen Il-Khane durch den Shah nichts weiter als das stillschweigende Einverständnis mit deren schrankenloser Machtausübung in den von ihnen beherrschten Gebieten des Iran.

Dabei stellten die Stämme, die zum Teil Nachkommen der türkischen und mongolischen Invasoren, zum Teil schon seit alter Zeit in diesen Gebieten ansässig waren, keine homogene Gruppe dar, sondern waren scharf unterschieden nach ethnischer Herkunft, Sprache und Stammestraditionen. Die islamische Eroberung Persiens brachte eine weitere ethnische Separation, die die tief gelebte segmentär-dualistische Organisation der gesellschaftlichen Verhältnisse prägte, so daß bis in die Gegenwart die Fusion der verschiedenen ethnischen und religiösen Gruppen äußerst begrenzt blieb. Unter den Seldjuken entwickelte sich beispielsweise die alte Dichotomie zwischen Türken und *Tadjiken* (Nicht-Türken) in neuer Gestalt; unter der Mongolenherrschaft war gar eine starke Segregation zwischen den Eroberern und den Eroberten feststellbar; die Kurden, Balutschi und Turkomanen blieben unterschiedene Gemeinschaften, getrennt von ihren Nachbarn.

Auch die Organisation der Stammesverbände zeigte beträchtliche Differenzen; so fanden sich sowohl relativ "egalitär" strukturierte, unter der Gemeinschaftsführung der Ältesten stehende Stämme als auch autokratisch-"feudalistisch" organisierte Stammesverbände. Diese Nomaden beherrschten fast autonome oder halbautonome Territorien. Das südwestliche Persien war von den Luren bevölkert; die Bakhtiaren, deren Einfluß bis nach Isfahan reichte, kontrollierten eine Gebietsstrecke, die auch von seßhaften Bauern bewohnt war; an der irakischen Grenze befand sich das Stammesgebiet der Kleinluren, südlich davon das der Ghashghai. Im Nordwesten des Iran waren die sunitischen Kurden beheimatet, durch deren Gebiet, ebenso wie durch das der Kleinluren, die wichtigsten Handelsstraßen nach Westen führten. An der Ostgrenze des Iran übten die Turkomanen offenbar eine wahre Terrorherrschaft über die seßhafte Bevölkerung aus und schreckten vor regelrechten Sklavenjagden, denen auch nach Mashad aufgebrochene Handelsherren zum Opfer fielen, nicht zurück. Ähnlichen Schrecken verbreiteten die im Südosten des Iran lebenden Balutschen, die sich ebenfalls an der Sklavenjagd bereicherten und auch selbst Ackerbausklaven hielten. In den beiden letztgenannten Gebieten hatte die Zentralmacht die geringsten Interventionschancen.

Diese starken unabhängigen Stammesverbände verhinderten zwar die Errichtung einer zentralistischen Despotie, erschwerten aber auch die Ausbildung eines nationalen inneren Marktes, der der kapitalistischen Entwicklung wichtige Impulse hätte geben können. Um sich gegen die tribalen Herrschaftsansprüche zu schützen, versuchten deshalb die Shahs gewöhnlich, die Stämme gegeneinander auszuspielen und damit die Organisation einer gegen sie geeinten Front zu verhindern[1].

Trotz der Unterschiede in Bezug auf Ausmaß und saisonal oder ganzjährig betriebene Wanderungen war die den Stämmen gemeinsame primäre ökonomische Funktion die Viehzucht. Durch die Produktion und den Verkauf von Wolle, Fellen, Butter, Käse u.a. standen sie seit dem 18. Jahrhundert in Kontakt mit dem Markt, teilweise sogar mit dem Weltmarkt. Die im Winter in festen Häusern lebenden Nomaden betrieben neben der Viehzucht auch Ackerbau, während die Nomadenfrauen sich zudem auf die Anfertigung von Filz- und Pferdedecken, Teppichen und bunten Stoffen spezialisierten. Neben diesen produktiven Tätigkeiten bestand aber auch ein großer Teil der nomadischen "Aktivität" in der Organisation von Überfällen und Raubzügen, denen sowohl die seßhaften Bauern als auch Handelskarawanen zum Opfer fielen, die aber nicht gleichermaßen allen Stammesgruppen angelastet werden können.

Den *Dorfgemeinschaften*, die in der Sassanidenzeit durch die einsetzenden Dezentralisierungstendenzen in ihrer Entwicklung gehemmt wurden, kam die Islamisierung eher zugute. Die Zerstörung der politischen Struktur des sassanidischen Reichs veranlaßte die Araber dazu, regionale Verwaltung und administrative Organisation den Führern der lokalen Gruppen zu überlassen. Daher genossen die Dörfer seit der frühislamischen Zeit generell einen beträchtlichen Grad an Autonomie und stellten autarke, selbstverwaltete Gemeinschaften dar, vor allem wenn die Bewohner ihre frühere Religion beibehielten. In solchen Fällen umfaßte ihre Autonomie sowohl den zivilen als auch den strafrechtlichen Bereich.

Auch moslemische Dorfgemeinschaften besaßen in vormongolischer Zeit eine Unabhängigkeit beträchtlichen Ausmaßes und wurden bezüglich der Besteuerung als kooperative Einheiten behandelt[2]. Der *kadkhuda* (Dorfvorsteher) war der Repräsentant des Dorfes in den Beziehungen zu staatlichen Agenten oder, wo ein Gebiet nicht der direkten Kontrolle der Zentralmacht unterstand, zum *mughta* (Lehensträger).

Da das gesamte eroberte Land der umma und damit dem Staat gehören sollte, gab es außerhalb der arabischen Halbinsel nur wenig privates Grundeigentum *(mulk)*. Das staatliche Land umfaßte sowohl Gutshöfe als auch Verkehrswege, Straßen, Flüsse, Kanäle u.ä. sowie *khima*, d.h. kultische Stätten, Moscheen und Koranschulen, die nicht in Privatbesitz sein durften. Zum Teil blieben Grund und Boden jedoch in den Händen der ursprünglichen Bewohner, die dafür den kharadj entrichteten, der anfänglich nicht nur eine Steuer, sondern auch die tributäre Anerkennung des Eigentumsrechtes der umma darstellte. Eine weitere Form des Grundbesitzes bildeten *ghati'a* und *ighta*, die Privatpersonen gegen Entrichtung einer Miete oder gegen Dienste als kutab oder Offizier überlassen wurden. Im allgemeinen erfolgte die Vergabe von ghati'a auf unbegrenzte Zeit, konnte höchstens wegen schlechter Bewirtschaftung wieder rückgängig gemacht werden und gab dem Besitzer praktisch alle Rechte und Pflichten eines Privateigentümers, einschließlich des Rechts auf Vererbung. Dafür zahlte er, ebenso wie für mulk, keine kharadj, sondern *'ushr*, ein Zehntel des Ertrages von Boden oder Herde, weshalb die Grundbesitzer in den eroberten Gebieten sich häufig bemühten, ihren Besitz aus Gründen der Steuerersparnis als ghati'a auszugeben. Wurde die ghati'a, wie meistens üblich, durch Pächter bewirtschaftet, so waren diese zur Zahlung von kharadj an den Grundbesitzer verpflichtet, der wiederum davon den Zehnten an die Steuerbehörde abführte. Ähnlich war die Besteuerung bei der ighta, einer Form des Grundbesitzes, die zwischen dem 9. und 10. Jahrhundert als neue Einnahmequelle von den Mamluken-Herrschern geschaffen wurde, wobei jedoch hier die Besitzrechte weniger weit reichten und auch in Einzug von kharadj aus fremdem

Land bestehen konnten. Vor allem wurde die ighta an Offiziere vergeben, deren Existenzgrundlage sie bildete, da Soldzahlungen nicht üblich waren. Wechselte der Inhaber seinen Aufenthaltsort oder schied aus dem Dienst aus, so wurde die ighta weitergegeben oder eingezogen. Häufig verlangten Offiziere den Umtausch ihres Landes, da die Erträge zurückgingen, was zu übermäßiger Ausbeutung des Bodens und zur Vernachlässigung von werterhaltenden Maßnahmen führte. Die größte Ausdehnung erreichte das ighta-System unter der Herrschaft der Seldjuken [3].

Ghati'a und ighta werden in der gängigen Literatur häufig mit Lehen gleichgesetzt, was jedoch aufgrund der unterschiedlichen Eigentums- und Abhängigkeitsverhältnisse im Feudalismus und im persischen Reich als fehlerhaft zu betrachten ist. Im Iran gab es weder abhängige Bauern, die fest an den von ihnen bebauten Boden gebunden waren und damit zu Untertanen oder Leibeigenen des Landbesitzers wurden, noch bestand eine Patrimonialgerichtsbarkeit. Der persische Bauer war direkter Untertan des Islamischen Reiches und konnte sich daher bei Streitfällen mit dem Grundbesitzer auch an die Justiz des Reiches wenden. Eine Veränderung in Richtung auf formelle Bindungen der Bauern an den Boden entstand erst in der Zeit der Mongolenherrschaft.

Das Verhältnis zwischen Landeigentümer und Bauern, die das Land für ihn bearbeiteten, war im islamischen Recht durch drei Hauptformen bestimmt, nämlich durch *muzara'a, musaghat* und *mudjarasa*, deren erste die bei weitem verbreitetste war, so daß man im allgemeinen alle Pächter *muzari'* nannte. Muzara'a stellte einen Pachtvertrag einfachster Art dar: Land und Saatgut, Vieh und die nötigen Geräte wurden vom Eigentümer zur Verfügung gestellt, während der muzari' seine Arbeitskraft und manchmal einen Teil des Hausrats einbrachte. Die Teilung des Ertrags richtete sich nach der Fruchtbarkeit des Bodens und dem jeweiligen Beitrag der Vertragspartner, wobei der Pächter, der nur die Arbeitsleistung beisteuerte, lediglich ein Fünftel der Ernte erhielt. Die musaghat war ein Bewässerungsvertrag, nach welchem der Besitzer die Bewässerungsanlagen, manchmal auch die Arbeitstiere stellte, während dem Pächter die Bearbeitung des Landes oblag. Aufgrund des höheren Arbeitseinsatzes und der gesteigerten Verantwortung des Pächters wurde der Ertrag im Verhältnis 1:1 verteilt. Die mudjarasa schließlich wurde bei der Anlage einer neuen Kultur angewendet: der Grundbesitzer stellte einem Partner Boden zur Verfügung, den dieser bebauen mußte; warf die Pflanzung den durchschnittlich erwarteten Ertrag ab, wurde der Boden, nicht die Ernte, im vorgesehenen Verhältnis aufgeteilt [4].

Einen Sonderfall stellte die fromme Stiftung *(waghf)* dar. Sie betraf vor allem Immobilien, z.B. Gund und Boden, Gärten u.ä. Zweck der Stiftung war es, eine gottgefällige Handlung zu verrichten, die sich auf zwei Arten realisierte: einerseits diente der waghf und sein Ertrag dem Bau und Unterhalt von religiösen, sozialen und kulturellen Institutionen wie etwa Moscheen und Medresen, Koranschulen, Krankenhäusern und ähnlichem; andererseits stellte er eine Art von Familienstiftung dar. Die Stiftung wurde hauptsächlich vom Staat, teilweise aber auch von privater Hand der islamischen Gemeinde übertragen. Der Vertrag über die Modalitäten der Übereignung wurde nur mündlich abgeschlossen, basierte mithin auf einem gesamtgesellschaftlich akzeptierten Vertrauen und galt als ewig. Der Vertragsgegenstand durfte weder anderen Personen oder Gruppen gestiftet noch anders genutzt werden als vereinbart, wobei die Detailbestimmungen im allgemeinen der islamischen Gemeinde oblagen. Das von der umma erteilte Nutzungsrecht wurde vererbt, jedoch war eine Änderung der Nutzung mit Zustimmung der islamischen Gemeinde möglich. Am häufigsten wurden Geschäftslokale waghfiert, meist kleine Läden, die oft zu Dutzenden einer Stiftung gehörten, aber auch Lagerhäuser und Pferdeställe, weiterhin Miethäuser und kleinere Wohnungen; daneben auch gewerbliche Betriebe wie Mühlen, Backöfen, Öl- und Zuckerpressen, Seifensiedereien, Webereien und Papierfabriken; schließlich landwirtschaftliche Betriebe, vor allem Gärten, aber auch Landgüter und ganze Dörfer. Die Verwendung der Pachterträge aus den zur Stiftung gehörenden Funktionsbereichen war zur Besoldung des Personals und der Instandhaltung des waghf bestimmt; seine Verwaltung wurde von der islamischen Gemeinde getragen, die de jure der Eigentümer war [5].

Die Einkünfte des Staates aus den Stiftungen kamen nicht dem allgemeinen Staatsetat zugute, sondern mußten, wie zakat, zu wohltätigen Zwecken verwendet werden. Gegen Ende der 'Abbasiden-Dynastie sowie während der Herrschaft der Seldjuken, als die Konfiskationen des Privatvermögens von Seiten des Staates bzw. der Einzelstaaten zunahmen, stieg auch die Zahl der Stiftungen, so daß schließlich, um das Ausmaß ihres Mißbrauchs als Einkommensquelle der Verwalter möglichst zu beschränken, die waghf unter die Aufsicht der kadi oder anderer staatlicher Behörden gestellt wurden[6].

Während des 9. Jahrhunderts verschlechterte sich die Lage der Dorfgemeinschaften, da die Zentralmacht nicht mehr fähig war, ihre öffentlichen Verpflichtungen zu erfüllen und diese deshalb mächtigen Einzelpersonen oder militärischen Gruppen übertrug. Die Dörfer sahen sich entsprechend gezwungen, diese Personen um Schutz zu bitten und gerieten so, zunehmend mit Dienstleistungen belastet, bald in eine ökonomische und politische Abhängigkeit. Eine weitere Schwächung der lokalen Selbstverwaltung durch Interventionen ziviler und militärischer Agenten setzte mit dem Aufstieg der mongolischen Il-Khane im 13. Jahrhundert ein. Die Tendenz zum Integralismus, die die ganze Gesellschaft kennzeichnete, stieg unter den Safawiden und Ghadjaren durch den Druck, den der *tujuldar*[7] ausübte, noch an und wirkte sich in einer weiteren Schwächung der lokalen Selbstverwaltung in den Dörfern aus.

Da die iranischen *Städte*, abgesehen von wenigen Großstädten, als Agrostädte existierten, schaffte erst die Islamisierung Irans die Voraussetzungen für eine duale soziale und räumliche Organisation, ohne aber die einseitigen Aneignungsverhältnisse zugunsten der Städte zu verändern.

Die vorislamische iranische Stadt war wesentlich dadurch gekennzeichnet, daß sie keine "Bürgerstadt", sondern eher eine "Herrschaftsstadt" war, an deren sozialer Spitze ein geistlich-weltliches Oberhaupt als Gott-König mit einer hierarchisch geordneten Gefolgschaft von Militär, Handwerk und Handel residierte, die in eine umfassende Administration integriert war. Die Verflechtung von Sakralem und Profanem ermöglichte ein Alltagsleben der Bewohner bei gleichzeitiger ritueller Nutzung der Stadt und führte zu einer theokratischen Konzeption der räumlichen und morphologischen Struktur der Stadt. Die geometrische Flächenordnung war rechteckig bzw. kreisförmig und ging aus von der Grundlage des kosmischen Planes, in dessen Mittelpunkt religiöse Momente standen, die als Signifikant der Verbindung des Irdischen mit dem Himmlischen galten und damit die Achse des Universums symbolisierten. Auch die Himmelrichtungen und die Straßenordnung spielten bei der Planung der Stadt eine Rolle, wodurch eine räumliche Separation der Bewohner impliziert war, die auch den Prozessionsriten entsprach.

Die arabisch-islamischen Eroberer, die sich *zunächst* dem Agrarbereich gegenüber relativ indifferent verhielten, ließen sich in wesentlichen in den wenigen bereits bestehenden urbanen Machtzentren nieder. Die neuen *islamischen Gemeinden* erhielten in Form einer Stiftung ein Teilgebiet des städtischen Areals, das mit einem beträchtlichen Maß an Selbstverwaltung ausgestattet war[8]. Die lokale Trennung der Stadtbewohner wurde nach der Islamisierung beibehalten, ja sogar als räumlich-soziale Segregation noch ausgebaut, was zu einem Anwachsen des Lokalpatriotismus in den einzelnen Stadtteilen führte. Damit unterschied sich die islamische Stadt von der geschlossenen theokratischen und höfisch orientierten vorislamischen Stadt mit ihrer eindeutigen sozialen Hierarchie durch die Trennung zwischen der islamischen Gemeinde mit ihrer eigenen Sozialstruktur (Klerus, Handel, Handwerk) und der vorislamischen Staatsordnung (Herrscher, Hof, Bürokratie)[9]. Diese Gleichzeitigkeit zweier verschiedener Sozialstrukturen bedingte neben der bestehenden vorislamischen städtischen Ordnung eine eigenständige Stadtplanung der islamischen Gemeinde. Diese war gekennzeichnet durch eine konzentrische, hierarchisch gestufte Anlage der einzelnen Quartiere. Aus der überragenden Bedeutung der religiösen Funktion der Stadt ergab sich die zentrale Lage der großen Moschee, in deren unmittelbarer Nähe der Bazar sowie soziale Einrichtungen wie Schulen, Bäder, Armenküchen u.ä. lagen. Um dieses Stadtzentrum waren die Wohnbezirke gruppiert[10]. In den großen Städten waren die einzelnen Quartiere, die häufig durch Mauern voneinander getrennt waren, ebenso strukturiert wie die Stadt als ganze, d.h. sie verfügten über eine eigene Moschee im Mittelpunkt, ein eigenes Bad, kleine Bazare und andere Versorgungseinrichtungen.

Die segmentäre Gruppenorganisation der iranischen Städte verdeutlichte sich in hohem Maße an den *'Ashura-Prozessionen*, die im Gedenken an den Märtyrertod Hoseyns bei Kerbela alljährlich im Trauermonat Moharram veranstaltet wurden. Die einzelnen Prozessionszüge setzten sich aus den Bewohnern der unterschiedlichen Stadtteile zusammen, sie wurden geradezu mit ihrem Quartier identifiziert. Die Züge waren untergliedert nach Handwerkskorporationen, Klientelgruppen oder den Gefolgsleuten eines mudjtahid, d.h nicht nach dem Prinzip gemeinsamer Klassenlage, sondern vertikal nach segmentären Koalitionen geordnet. Damit war auch die Gruppenzugehörigkeit des einzelnen Individuums nicht frei wählbar, sondern funktionierte nach vorgegebenen Loyalitäten. Regelmäßig kam es zwischen den Zügen der einzelnen Quartiere während der Feierlichkeiten zu blutigen Auseinandersetzungen, die den Kampf Hoseyns gegen den Omaijaden Jazid symbolisierten und häufig den Tod einiger Männer zur Folge hatten. Die fanatische Bereitschaft zu derartigen Straßenkämpfen, die zweifellos häufig von den iranischen Herrschern für ihre eigenen Interessen ausgenutzt wurden, beruhte auf dem Glauben, daß einem Moslem, der im Angedenken an Hoseyn zu Tode käme, der direkte Weg ins Paradies sicher wäre; denn das Sterben als bewußt gewählte Handlung im Sinne eines Märtyrertums galt als ethisch vorbildlich. Dabei bedurfte es nicht eines konkreten politischen oder sonstigen Sieges, um diese Vorbildlichkeit zu garantieren, da bereits der Tod als solcher einen apokalyptischen Sieg über den Gegner darstellte. Dieses Verständnis vom Vorbildcharakter des Sterbens erklärte sich aus der Struktur der segmentären Gruppen, die beherrscht waren vom Gegenseitigkeitsprinzip zwischen Führer und Geführten bzw. zwischen Erlöser und Erlösten. Es erwuchs aus der objektiven Notwendigkeit der Hilfeleistung zwischen dem Einzelnen und der Gruppe, die gezwungen war, durch Krieg oder Verschuldung in Knechtschaft geratene Mitglieder loszukaufen, um ihren eigenen Erhalt zu sichern. Bestimmt durch die vorgegebenen Loyalitätsverhältnisse basierte es jedoch nicht allein auf einer spezifischen sozialen Abhängigkeit, sondern wurde zur schicksalhaften Bestimmung überhöht. Die Mystifizierung sozialer Zwänge im Rituellen reproduzierte also die gesellschaftlichen Ordnungsprinzipien in der Analogie zwischen dem Konflikt Hoseyns in Kerbela und den von der konkreten historischen Situation abhängigen Alltagserfahrungen der Prozessionsteilnehmer [11].

Die Verwaltung der islamischen Städte lag in den Händen von Gouverneuren, die vom Provinzgouverneur ernannt wurden und für die einzelnen Bezirke eigene Vorstände *(kadkhudas)* einsetzten, welche zwischen der Regierung und dem Volk vermittelten. Weitere administrative Einrichtungen waren die Steuer- und Zollbehörde sowie die mit juristischen Fragen befaßten *kadi* und *muhtasib*.

Im Justizwesen, das im Islamischen Reich keine autonome Gewalt darstellte und daher der Verwaltung untergeordnet war, unterschied man zwei Ämter, das des kadi und das des muhtasib. Die eigentliche Rechtsprechung war Aufgabe des kadi, der in der Auslegung des Rechts relativ ungebunden war, allen anderen kadi gleichgestellt und nur unterstützt wurde von verschiedenen Ratgebern und Beisitzern, die vor allem auf einen korrekten Prozeßablauf zu achten hatten. Eingesetzt wurden die kadi durch den Kalifen oder den Provinzgouverneur, der gleichzeitig als einzige Berufungsinstanz fungierte. Da die kadi sehr schlecht bezahlt wurden, waren sie entsprechend bestechlich. Der muhtasib, dessen Funktion vermutlich aus dem Altertum über das Byzantinische Reich tradiert wurde, hatte die Aufgabe, den Markt zu überwachen und Betrug zwischen den Kaufleuten zu unterbinden. Seit Einsetzen der Islamisierung blieb das Amt Moslems vorbehalten, die allmählich auch die Aufgabe erhielten, die regelmäßige Teilnahme an allen religiösen Verrichtungen zu überwachen. Dabei war der muhtasib dem kadi unterstellt oder beigeordnet.[12]

Auch die *shurta* (Polizei), die meist aus Einheimischen bestand, war ein Teil des Verwaltungsapparates und diente der Aufrechterhaltung der staatlichen Ordnung, stand aber teilweise auch, im Bewußtsein der Solidarität mit einer regierungsfeindlichen Bevölkerung, an der Spitze lokaler chiliastischer (Sekten-)Bewegungen, beispielsweise der Aijar-Bewegung, des Futuwa- und des Darwish-Ordens, die eine Funktion der kooperativen Organisation der Städte verkörperten.

Die islamische Gemeinde stellte also ein soziales Organisationssystem dar, das die Existenz des Einzelnen nur im Kontext seiner Unterordnung in die Gemeinde akzeptierte und einerseits die Integration des Individuums in die Gemeinde, andererseits seine Möglichkeiten zu einer emanzipatorischen Entfaltung bestimmte. Das Primat lag mithin bei der Gemeinde, die jegliches soziales Verhalten des Einzelnen gegenüber der Gesamtheit regulierte und eine Integration Außenstehender kaum erlaubte. So stellte die Kommunikationsstruktur der Gemeinde, basierend auf der islamischen Lehre und Weltanschauung eine Ganzheit des ökonomischen, sozialen, kulturellen, politischen und religiösen Zusammenhangs dar. Ihre Träger waren neben den Geistlichen vor allem Händler und Handwerker verschiedener Branchen, deren Arbeitsplatz sich im Bazar als Zentrum der täglichen Aktivitäten der Gemeinde befand und die durch ihre *Gliederung nach Kooperationen* die räumliche Struktur des Bazars bestimmten, gleichzeitig aber auch sein ökonomisches Rückgrat bildeten.

Eine wesentliche Rolle kam in diesem Zusammenhang den Kaufmannsgemeinschaften zu. Es handelte sich dabei um äußerst wohlhabende Organisationen, die häufig von der Regierung um Anleihen angegangen wurden und insofern, trotz zeitweiliger hoher Besteuerung, der Regierung gegenüber eine gewisse Machtposition innehatten. Ihre Blütezeit erlebten die Kaufmannsgilden, die unbedingt von den Handwerkergilden zu unterscheiden sind, aber erst gegen Ende des 18. Jahrhunderts.

Die am ausgeprägtesten organisierte und definierte Assoziationsform in den Städten wurde von den Handwerksgilden gebildet. Entstanden vermutlich als Folge der Konstitution der islamischen Gemeinschaften entwickelten sie sich aus dem *aghila-System*: Handwerker desselben Berufes gründeten geschlossene Gemeinschaften, in denen die Mitglieder Schutz und Verteidigung vor strafrechtlicher Verfolgung und vor wirtschaftlicher Unsicherheit fanden. Die meisten der Handwerkergilden hatten ihren eigenen Bazar, was einerseits zwar die Kooperation, andererseits aber auch ihre Rivalitäten verstärkte. Die Unzulänglichkeiten des islamischen Rechts nötigten die Gilden zur Übernahme auch juristischer Funktionen, da häufig geschäftliche Streitigkeiten nicht anders zu lösen waren, so daß es zur Bildung von gildeeigenen Gerichtshöfen kam, deren Mitglieder die Gildenältesten, die *rish-sefid* waren und denen der Gerichtsvorsitzende oder kadkhuda präsidierte. Hier wurden kleinere Verstöße und Brüche der Gildengesetze geahndet sowie Streitigkeiten der Mitglieder untereinander geschlichtet. Etwa ab dem 19. Jahrhundert wurden Auseinandersetzungen, die die Gildenältesten nicht lösen konnten, dem *kalantar* der Stadt übermittelt, welcher sie im Bedarfsfall an den Gouverneur weitergab. Der kalantar, dessen Amt in der Safawidenzeit entstand, hatte die Oberaufsicht über die Angelegenheiten der Handwerker, unterstand selbst aber den kadkhudas der Bezirke [13].

Eine Hauptfunktion der Handwerkergilden bestand darin, jedem Mitglied einen gerechten Anteil an der vorhandenen Arbeit zu verschaffen. So gab es Regelungen, die eine übergroße Materialverteilung an die reicheren Handwerker untersagten, alle Mitglieder zwangen, ihre Geschäfte zum Selbstkostenpreis zu betreiben oder gar von ihnen verlangten, jegliches Material über die Gildenältesten zu beziehen, damit Reiche und Arme gleiche Chancen hatten [14].

Neben ökonomischen und berufsspezifischen Fragen hatten die Handwerkergilden auch eine Funktion als Träger geistlich-religiöser Zeremonien, beispielsweise in den 'Ashura-Prozessionen. Ihre engen Beziehungen zu den ulama entstanden als historisches Produkt im Rahmen von Städten, an deren Spitze die Rechtsgelehrten standen und deren räumlicher Mittelpunkt der Bazar war. Eine enge Zusammenarbeit von Handwerkern und Geistlichen, vor allem dem Sufi- und dem *Futuwa-Orden*, läßt sich im politischen Bereich schon früh feststellen. Die geistige Basis des Futuwaordens bildeten Moralvorstellungen, die den alten arabischen Geist der Ritterlichkeit und sein soziales Ideal tradierten. Eng verbunden mit dem Futuwa-Orden und den Handwerkern, aber ebenso mit dem *Darwish-Orden* war die *Aijar-Bewegung*. Sie gehörte zu den kooperativen Organisationen der Städte, hatte chiliastisches Gedankengut und sah ihre Aufgabe in der Bewahrung des guten Namens der Einwohner und im *Schutz der Schwachen*. Vor allem im Ostiran, aber auch in den großen Städten waren die Assoziationen der Aijar zwischen dem 9. und dem 12. Jahrhundert verbreitet. Unter den Seldjuken und Mongolen entwickelten sie Aktivitäten, die in gewissem Ausmaß Züge von Volksbewegungen trugen und deren teilweise sehr mächtige Führer sich zu "Robin-Hood-Gestalten" entwickelten.

In dieser Tradition standen auch die sich im 19. Jahrhundert entwickelnden Gruppen der *Lutis* oder *Dasha*. Sie waren lokale Assoziationen, deren Ziel die Aufrechterhaltung der öffentlichen Moralität in ihrem Heimatdistrikt war; deshalb hatten zu ihren in Form von Gilden aufgebauten Organisationen auch nur Personen mit "gutem Charakter" Zugang. Durch nächtliche Patouillen schützten sie ihren Stadtteil vor Dieben, nahmen sich jedoch auch der Erziehung der Waisen und armen Kinder des Distrikts an. Teilweise durch offenen Druck zogen sie von den Reichen des Bezirks Gelder ein, um sie unter die Armen zu verteilen. Eine andere, häufig von den Lutis unterstützte Gruppe stellten die *Zurkhanes*, eine Art Sportvereinigung, dar. Auch sie waren in Form von Gilden strukturiert und hatten ihre eigenen Initiationsriten[15]. Wie alle chiliastischen Bewegungen degenerierten häufig sowohl die Aijar als auch die Lutis zu Banden, die von den Bewohnern ihrer Stadtteile Abgaben erpreßten.

Die kooperative Form der Organisation gesellschaftlicher Verhältnisse sowohl in der traditionellen als auch in der islamisierten iranischen Gesellschaft scheint der soziale Ort zu sein, an dem und durch den die Menschen ihre Identität erhielten und gleichzeitig in gewissem Ausmaß ihren Sinn für soziale Probleme ausbildeten. Die Zersetzung dieser Gesellschaftsstruktur durch die Integration in den Weltmarkt und die damit einhergehende "Modernisierung" ließ nativistische Bewegungen entstehen, die von einem chiliastischen Kern getragen wurden. Nativismus und Chiliasmus sind also als Reaktionsformen zu verstehen, die auf die Auflösung der kooperativen Struktur der Gesellschaft zurückzuführen sind. Die in der Erinnerung weiterlebenden Reste dieser Sozialstrukturen aber sind Vehikel einer sukzessiv entstehenden kollektiven Aufbruchsbereitschaft.

1.3. DER ÜBERGANG VON DER 'ORIENTALISCHEN DESPOTIE' ZUM 'MODERNEN' IRANISCHEN STAAT ALS FUNKTION DES IMPERIALISMUS

Sowohl im Bereich der *handwerklichen und manufakturellen Produktion* als auch in der Handelspolitik lassen sich zwischen dem Iran zur Zeit der Safawidenherrschaft (1501-1722) und dem Europa des Merkantilismus Ähnlichkeiten konstatieren[1]. Handel und Gewerbe wurden teilweise in staatlichen Monopolen zusammengeschlossen, aber auch die privaten Handelskapitalisten und Handwerker genossen eine gewisse Unterstützung von Seiten der Regierung. Im infrastrukturellen Bereich förderte der Staat den Bau von Straßen und Karawansereien sowie die Einrichtung von Post- und Zollstationen, die zu seinen Gunsten besteuert wurden. Der Export der heimischen gewerblichen Produktion wurde durch Verträge mit europäischen Staaten verstärkt. Auch regte Shah 'Abbas eine neuerliche Öffnung der alten Handelsstraße an, die dem persischen Transithandel zwischen dem Fernen Osten und den europäischen Gebieten zu einer dominierenden Rolle verholfen hatte; doch die Entdeckung des Seewegs nach Indien machte die damit verbundenen Hoffnungen wieder zunichte.

Wie im merkantilistischen System erfolgte auch im Iran die Förderung des Außenhandels primär aus fiskalischen Gründen. Während aber in Europa die staatlichen Aktivitäten dem Handel und den Manufakturen noch mehr oder weniger großen Raum zur Entfaltung privater Initiativen ließen, sah sich die persische Handelsbourgeoisie ebenso wie das Manufakturkapital von der Staatsmacht weniger unterstützt als vielmehr in Abhängigkeit gebracht oder gar verdrängt. Denn die staatliche Monopolisierung der wesentlichen Produktionsbereiche, z.B. der für den Export besonders wichtigen Seidenherstellung und -verarbeitung, ließ eine private Kapitalakkumulation kaum mehr zu. Da die staatlichen Manufakturen vor allem Luxusgüter für den Export, in erster Linie aber für den Konsum des Hofes herstellten, hatten sie mit wachsender Erschöpfung der Staatsfinanzen, d.h. bei Verringerung des königlichen Privatvermögens, einen Produktionsrückgang zu verzeichnen, der auch nicht durch einen Anstieg im privaten gewerblichen Bereich kompensiert werden konnte.

Die 32 staatlichen Manufakturen beschäftigten in ihrer "Blütezeit" jeweils ca. 500 Arbeiter. Die mit der Leitung betrauten Meister hatten den privaten Handwerkermeistern gegenüber eine außerordentlich privilegierte Position inne, die keineswegs mehr mit ihrem sklavenähnlichen Dasein in der frühen Mongolenperiode verglichen werden konnte. Hauptprodukte dieser Manufakturen waren Woll- und Baumwollartikel, Uhren, Lederwaren, Waffen, Produkte des Kunsthandwerks sowie Seidenwaren und Teppiche, die man vor allem für den Export nach Europa herstellte.

Zwar erhöhte sich durch diese staatlichen Maßnahmen zur Belebung der Produktion und des Handels die Zahl der städtischen Handwerker und Händler, zum politischen Machtfaktor, der den Staat zur Beachtung ihrer Interessen hätte zwingen können, wurden sie jedoch nicht. Denn die Anerkennung des von der Handwerkerzunft gewählten Vorsitzenden war weiterhin von der Zustimmung des der staatlichen Direktiven unterliegenden "Bürgermeisters" abhängig, ohne dessen Einverständnis niemand eine geschäftliche Tätigkeit im Bazar aufnehmen durfte. Der Zunftvorsitzende hatte zwar auch die Interessen seiner Korporation gegenüber der staatlichen Administration zu vertreten, fungierte aber primär als "Steuereintreiber", der im Einverständnis mit der Bürokratie jährlich eine gewisse Steuersumme festsetzte, die auf die einzelnen Zunftmitglieder umgelegt und in Geld oder in Form handwerklicher Produkte entrichtet wurde und die zum Teil so hoch war, daß sie gut florierende Unternehmen häufig in den Ruin trieb.

So war die Stellung der Schichten, die über Privatbesitz an Produktionsmitteln oder über Geldkapital verfügten, während der Safawidenperiode immer gefährdeter als die des Handelskapitals sowie der Manufakturisten und Handwerker in Europa. Auch wurde im Gegensatz zu Europa, wo sich zahlreiche Handwerker außerhalb der Städte niederließen und damit den Reglementierungen der Zünfte entgingen, von dieser Möglichkeit im Iran kaum Gebrauch gemacht, da in den dünn besiedelten ländlichen Gebieten die Gefährdung durch die räuberischen Nomadenstämme zu hoch war; allerdings unterlagen die iranischen Handwerkerzünfte auch nicht derartig strikten Einschränkungen und Regeln wie die spätmittelalterlichen europäischen Zünfte. Schließlich ließ sich insgesamt, trotz des hohen Standes der handwerklichen Produktion, ein Mangel an technischem Fortschritt und innovatorischen Neigungen bei den Produzenten feststellen. Die Versuche von Shah 'Abbas, diesen Mangel mit Hilfe von ausländischen Handwerksmeistern zu beheben, waren denn auch nur partiell erfolgreich: so vermochten chinesische Töpfer und italienische Glasfabrikanten zwar, ihr Wissen an iranische Handwerker weiterzugeben; die Herstellung von Uhren sowie die Errichtung einer Druckerei unterblieben hingegen.

Das Handelskapital behielt unter den Safawiden seine ökonomisch bedeutende Rolle bei, wenn es auch, besonders im Außenhandel, zum Agenten des Staates wurde. Kaufleute fungierten als Botschafter vor allem in europäischen Ländern, mit denen Shah 'Abbas Handelsbeziehungen anzuknüpfen suchte. Aber auch innerhalb des Landes trat der "verstaatlichte" Charakter des Handelskapitals besonders im Bereich des Seidenverkaufs hervor, der als Staatsmonopol den Armeniern anvertraut wurde, da diese über die ausgedehntesten Beziehungen verfügten. Die Behandlung dieser christlichen Minorität ist typisch für die "Wirtschaftspolitik" von Shah 'Abbas. Ursprünglich in den Nordgebieten des persischen Staates, in Julfa, ansässig, wurde sie in die Nähe der neuen Hauptstadt Isfahan umgesiedelt, da dort die Etabierung eines neuen Zentrums des Seidenhandels geplant war. Das knappe Drittel der Armenier, die Isfahan lebend erreichten, befand sich in Neu-Julfa in einer durchaus privilegierten Position. Sie genossen eine gewisse Selbstverwaltung sowie Steuerbefreiungen und konnten sich auch im Bazar des benachbarten Isfahan als staatliche Bankiers und Vertreter des Wucherkapitals etablieren. Zudem gelang es ihnen, nicht nur einen Großteil des Außenhandels unter ihrer Kontrolle zu halten, sondern auch den Binnenhandel zu dominieren.

Auch der nicht von Armeniern kontrollierte Teil des Außenhandels befand sich in dieser Zeit weitgehend in nicht-persischen Händen: Holländer, Engländer und Franzosen vermittelten den Warenverkauf nach Westeuropa und Rußland, die Inder behielten sich den in ihre Heimat sowie weiter in den Fernen Osten fließenden persischen Handel vor. Europäische Reisende berichteten von über 12.000 asiatischen und europäischen Kaufleuten, die sich in Isfahan betätigten. Ein scharfer Konkurrenzkampf tobte insbesondere zwischen den am weitesten entwickelten europäischen Staaten England und Holland. Die Holländer profitierten beim Handel mit Persien von ihrer Kontrolle über die indonesischen Gewürzinseln und versorgten Iran mit Gewürzen, Pfeffer und Nüssen; dafür importierten sie persische Seide nach Europa. Die Engländer exportierten außer der englischen gewerblichen Produktion mit Hilfe der East-India-Company vor allem Zinn, Stahl und feine indische Stoffe nach Iran; auch sie erhielten dafür persische Seidenwaren.

Die Gründe der auf kapitalistisch-industriellem Gebiet am höchsten entwickelten europäischen Länder, den Handel mit dem Iran derart zu intensivieren, liegen in den veränderten ökonomischen Verhältnissen dieser Staaten[2]. So hatte beispielsweise in England die Entwicklung der Textilindustrie und das dadurch gewachsene Bedürfnis nach Rohstoffimporten zur Erweiterung des Handels mit jenen Ländern geführt, die entweder über reichhaltige Rohstoffreserven verfügten oder als Abnehmer englischer Waren in Frage kamen[3]. Der Iran war eines der ersten asiatischen Länder, in dem England eine Handelsniederlassung besaß, denn die nördlichen Städte waren schon seit Anfang des 16. Jahrhunderts Zentren der Seidenproduktion und der Herstellung von pflanzlichen Farbstoffen.

Auch der permanente Kriegszustand mit dem Osmanischen Reich, der die europäischen Länder zwang, neue Handelswege mit Asien entweder über Rußland oder Afrika aufzubauen, machte den Iran für die europäischen Kaufleute attraktiv. Ihren Höhepunkt erreichte die Handelstätigkeit zwischen Iran und England Ende des 16. Jahrhunderts. So wurde Persien in den sich entwickelnden, von Europa dominierten Weltmarkt integriert. Durch die Auswahl der von ihnen aufgekauften Waren induzierten die ausländischen Handelskapitalisten bereits zu dieser Zeit eine Umstellung der landwirtschaftlichen Produktion auf Exportprodukte, beispielsweise den verstärkten Anbau von Baumwolle, Tabak, Opium und Ölfrüchten, eine Entwicklung, die zu Lasten der ländlichen Massen ging[4].

Die Wirtschaftspolitik der Safawiden erreichte zwar zeitweilig das Ziel merkantilistischer Handelspolitik, nämlich eine aktive Handelsbilanz, doch wurde das Geld in der Schatzkammer des Monarchen gehortet und wirkte daher nicht belebend auf die Produktion. Auch die Handels- und Wucherkapitalisten gingen, anstatt zu investieren, immer mehr zur Hortung über oder versuchten, Grundbesitz zu erwerben. Diese Verhaltensweise läßt sich darauf zurückführen, daß private Profitmöglichkeiten in anderen Bereichen durch die Dominanz der Staatsmacht und deren Monopole erstickt wurden; verstärkt wurde diese Entwicklung jedoch durch die wachsenden Interessen der europäischen Staaten. Die Stadt Kirman in Südostiran erlangte beispielsweise beträchtliche Bedeutung als Zentrum der Produktion von Schalen, Stickereiwaren und Teppichen sowie als Knotenpunkt der indoiranischen Handelsstraße. Die Handelskompanien der Holländer und Engländer errichteten dort ihre Niederlassungen, um die berühmten Schals aus Kaschmirwolle, aber auch Wolle im Rohzustand nach Europa zu exportieren. So fungierte Kirman, bis die politischen Auseinandersetzungen im 18. Jahrhundert dieser Rolle ein Ende setzten, als Umschlagplatz für europäische Waren und damit als wichtigstes Glied einer Handelskette, die Iran mit Indien verband.

Die Seidenexporte nach Europa änderten ihre Route entsprechend dem Stand der persisch-osmanischen Beziehungen. In Friedenszeiten bevorzugte man den Landweg zum Mittelmeer, der von Tabriz über Bursa und Smyrna nach Aleppo führte; im Kriegsfall gewann die Schiffahrt durch den Persischen Golf an Bedeutung. Ohnehin bevorzugten bestimmte Handelsgesellschaften unterschiedliche Routen, so die holländischen Levantgesellschaften vor allem den Weg zum Mittelmeer, die Ostindien-Kompanien dagegen den Seeweg durch den Persischen Golf. Auch der nördliche Nachbar Rußland, der seit seiner Eroberung des Königreichs Astrachan im 16. Jahrhundert mit dem Iran Handel trieb, war damals ein Importeur persischer Seide. So kam es durch die geopolitische Verkehrslage des Persischen Golfs, dessen Okkupation die Voraussetzung zur Sicherung der Verbindungswege nach Indien war, sowie durch wirtschaftspolitische Ambitionen immer wieder zu Kontakten der europäischen Handelsherren mit Persien, die sich jedoch auf den Iran nicht eben positiv auswirkten.

Seit der Entdeckung des neuen Seewegs nach Asien verstärkten auch die Portugiesen ihre kolonialen Aktivitäten und gründeten vor allem im westlichen Indien und an der Küste des Persischen Golfes bei Hormuz und Bandar 'Abbas Handelsniederlassungen. Diese Stützpunkte gaben ihnen zugleich die Möglichkeit zur militärischen Kontrolle der Gebiete, da zu dieser Zeit eine enge Verknüpfung zwischen Handel und Piraterie bestand. Daher war der Einbruch der Portugiesen in die Golfregion für die persische Schiffahrt ein verhängnisvoller Schlag. Hatten die persischen Seefahrer bislang den indischen Ozean von Malabar und Ceylon nach Malakka und Sumatra durchquert und bedeutende Handelskolonien in Bengalen etabliert, so verhinderten nun die Portugiesen durch martialische Drohungen die weiteren Aktivitäten der persischen Kaufleute in diesem Bereich. Erst mit Hilfe der Engländer gelang es Shah 'Abbas, die Portugiesen sowie die seit Mitte des 16. Jahrhunderts ebenfalls dort ansässigen Holländer im Jahre 1622 aus ihren Niederlassungen am Persischen Golf zu vertreiben. Für diese Hilfeleistung erhielten die Engländer, die bereits 1616 auf der Insel Djask eine Faktorei gegründet hatten, Handelsvergünstigungen, so daß sie 1763 ihren Stützpunkt im besser gelegenen Buschir errichteten.

Iran erlebte im 18.Jahrhunder nach der kurzen Blütezeit der Safawiden-Dynastie[5] einen Rückgang der Produktivkräfte sowohl im Agrarsektor als auch im gewerblichen Bereich. Auch der Außenhandel verminderte sich beträchtlich und kam teilweise sogar zum Erliegen. Hauptgrund für diese Entwicklung war die von der Politik der iranischen Herrscher relativ unabhängige Veränderung der Handelsverhältnisse im Indischen Ozean. Der Handel mit diesen Ländern ging in die Hände der holländischen und indischen Kaufleute über, was die Abnahme des Handelsverkehrs über die transiranischen Karawanenstraßen nach sich zog. Um dieser Entwicklung entgegenzuwirken, das Außenhandelseinkommen zu erhöhen und gleichzeitig dem holländischen Handelsmonopol einen Schlag zu versetzen, schloß Shah Hoseyn 1708 und 1715 Handelsverträge mit Frankreich ab. Sie sicherten dem französischen Handelskapital außer den üblichen Exemptionen und Steuerfreiheiten eine Art juristische Exterritorialität zu, die als erstes Beispiel einer Kapitulation des Iran vor den europäischen Mächten angesehen werden kann.

Die Invasion des Iran durch die Afghanen, die den Sturz der Safawiden-Dynastie nach sich zog, aber auch Russen und Türken in den Iran einfallen ließ, hatte zu ungeheuren Massakern unter der Bevölkerung geführt, die wichtigsten Handels- und Gewerbezentren des Landes lahmgelegt, Bewässerungsanlagen zerstört und damit auch die landwirtschaftliche Produktion reduziert. Auch die "Wiedervereinigung"des Landes durch Nadir Shah, die die Vertreibung der Invasoren ermöglichte, sowie seine bis nach Indien führenden Eroberungszüge bewirkten keine Rekonstruktion der zerstörten Produktivkräfte, sondern verwüsteten nur zusätzlich auch noch die Nachbarregionen. Das auf den Raubzügen erbeutete Gut, z.B. der Pfauenthron, war nicht dazu geeignet, der heimischen Produktion oder dem Handel neuen Auftrieb zu geben. Auch Nadir Shahs Ansätze zum Aufbau einer Flotte, die er mit Hilfe englischer Spezialisten am Persischen Golf und am Kaspischen Meer etablieren wollte, fanden keine Nachahmung. So war seine Zentralisierungspolitik von weitaus geringerer ökonomischer Effizienz als die der Safawiden.

Der Niedergang der Produktivkräfte und der Außenhandelsmöglichkeiten des Landes wurde besonders deutlich am starken Rückgang der Seidenproduktion. Dieser war ebenso auf die durch die kriegerischen Zerstörungen eingetretene Bevölkerungsverminderung und den daraus folgenden Rückgang der landwirtschaftlichen und handwerklichen Produktivkräfte zurückzuführen, wie auch auf den Rückgang der Nachfrage nach Seidenstoffen durch die europäischen Staaten, seit dort eigene Seidenmanufakturen eingerichtet wurden, die vor allem den Import von Rohseide interessant erscheinen ließen, so daß sie zum Hauptimportartikel wurde. Die Reduktion der Außenhandelsmöglichkeiten des Iran läßt

sich am deutlichsten am schlagartigen Rückgang der Export-Import-Tätigkeit der britischen und holländischen Handelskompanien in Südpersien ablesen. Die Gründe dafür lagen in einem Zusammenwirken verschiedener Faktoren: einerseits stellte die billige, in Bengalen produzierte Seide eine Konkurrenz dar; zum anderen verbreitete sich die Piraterie im Persischen Golf immer mehr, so daß der gesamte südpersische Raum für Händler ein äußerst unsicheres Gebiet wurde; schließlich war im Iran die Kaufkraft zurückgegangen und damit auch die Mögichkeit, für die Importe in gleichwertigen Exportprodukten zu zahlen. Auch politische und militärische Fakten wirkten sich negativ auf die iranischen Produktivkräfte und Außenhandelsbeziehungen aus.[6]
So gab es keine stabile Bürokratie, die, wie in vergleichbarer Lage in China oder Byzanz, den Staatsapparat auch in Zeiten periodischer Anarchie funktionsfähig halten konnte und damit ein Mindestmaß an Kontinuität gewährte. Das teure Bewässerungssystem war weitgehend zusammengebrochen, so daß weite Gebiete nicht mehr produktiv waren. Die ausgepreßten Bauernmassen flüchteten in andere Provinzen; zusätzlich reduzierten die permanenten Truppenaushebungen die Landbevölkerung und damit auch die von ihnen möglicherweise doch noch erarbeiteten Erträge. Schließlich verhinderte der pastorale Nomadismus, der die Machtbasis der herrschenden Dynastien bildete, eine Bebauung weiter, für die landwirtschaftliche Produktion durchaus geeigneter Landstriche. Dies führte nicht nur zu einer geringen Bevölkerungsdichte in diesen Gebieten, sondern auch zu einer permanenten Bedrohung der in der Nähe der Stammesgebiete lebenden seßhaften ländlichen Produzenten durch Überfälle und willkürliche Steuererhebungen auch noch von dieser Seite.

Der aus den Kämpfen um die Nachfolge Nadir Shahs siegreich hervorgegangene Karim Khan Zand, Anführer eines Stammes im Südiran, scheint sich zwar von seinen Vorgängern und Nachfolgern durch einen für damalige iranische Verhältnisse ungewöhnlichen Mangel an Grausamkeit, militärischer Gesinnung und despotischen Neigungen ausgezeichnet zu haben; so nannte er sich niemals 'Shah', sondern nur 'Vizekönig'. Allerdings konnte man von einem einzelnen "Gutwilligen" kaum eine radikale Transformation der dem Elend der Massen zugrundeliegenden Verhältnisse erwarten. Daher waren auch die Reformen, die unter seiner Ägide durchgeführt wurden, qualitativ nicht von dem zu unterscheiden, was unter dem "menschlich" viel grausameren Shah 'Abbas I. mit mehr, aber auch nicht mit dauerndem Erfolg unternommen wurde. Karim Khan Zand unterstützte die ländlichen und städtischen Produzenten beim Wiederaufbau der Produktivkräfte, gewährte dem armenischen Handelskapital neuerlich Privilegien, reduzierte die Besteuerung der Volksmassen und betrieb die Gründung staatlicher Manufakturen. Man kann in ihm einen Herrscher sehen, der sich, obwohl selbst Stammesführer, weitgehend von seiner sozialen Basis gelöst und stärker auf das Handelskapital und die seßhaften Grundherren gestützt hat[7]. In Fars und im südlichen Iran - weiter reichte die Machtbasis der Zand kaum - wurde das Bewässerungsnetz mit staatlicher Hilfe neu aufgebaut bzw. repariert; auch suchte er die Verkehrswege, die für die Förderung der Aktivitäten des Handelskapitals von ausschlaggebender Bedeutung waren, zu verbessern. Im Bereich des Persischen Golfs erforderte dies vor allem die Bekämpfung der arabischen Piraten.

Zur Steigerung der Aktivität von Handel und gewerblicher Produktion erschien ihm auch der Abschluß von Handelsverträgen mit europäischen Staaten, besonders mit England, als notwendig. So wurde 1763 der East-India-Company das Handelsmonopol im Persischen Golf sowie das Recht, in Bushir eine mit Kanonen bestückte Faktorei zu errichten, übertragen. Kein anderes europäisches Land sollte Wollwaren einführen dürfen, für England hingegen war der gesamte Warenumschlag frei. Als Gegenleistung für diese Privilegien verlangte die persische Regierung, daß die englischen Kapitalisten mit bestimmten, von Karim Khan ausgewählten Kaufleuten Handel treiben sollten und für die persischen Waren einen angemessenen Preis zahlten. Um das Abströmen von Geld ins Ausland zu verhindern, forderte schließlich der Iran, daß die Engländer nicht gegen bar kauften, sondern ihre Importe gegen persische Exporte austauschten. Das erregte allerdings den Widerstand der East-India-Company und bewirkte eine weitere Reduktion ihres Handels im Gebiet des Persischen Golfs während des zweiten Drittels des 18. Jahrhunderts. Die holländischen Händler spielten seit ihrer Vertreibung durch den mächtigen arabischen Piraten Mir Mohanna im Jahre 1765 in der Golfregion ohnehin keine Rolle mehr[8].

So stellte sich für die britische East-India-Company die Handelsposition mit Persien um 1780 äußerst ungünstig dar. Die starke Entvölkerung des Landes durch Kriege, Seuchen, Hungersnöte und Emigration hatte die Anzahl der potentiellen Kunden, zu denen ohnehin nur die herrschende Klasse gehörte, noch weiter reduziert. Die passive Handelsbilanz des Iran mit entsprechendem Gold- und Silberabfluß besonders im Verhältnis zu Indien trug zur Ankurbelung der iranischen Produktion billiger Baumwollwaren für die armen Massen bei. Daher bestand kein Bedarf nach den unter diesen Verhältnissen zu teuren englischen Wollstoffen. Außerdem zwangen die unsicheren Verhältnisse die East-India-Company, sich den "Schutz" durch die jeweiligen Regionalherrscher teuer zu erkaufen, was sich bei dem geringen Handelsvolumen nicht auszahlte. Schließlich litt die britische Handelsgesellschaft auch unter der günstigeren Position der westeuropäischen Konkurrenten, besonders Frankreichs. Im Gegensatz zu England, das hohe Zölle für Rohseide zahlen mußte und damit seine Importmöglichkeiten stark beeinträchtigt sah, hatte Frankreich sich eine Sonderstellung bei der Einfuhr persischer Rohseide erworben, die in den Lyoner Seidenfabriken weiterverarbeitet wurde. Persien importierte dafür, ebenso wie das Osmanische Reich, die französischen Woll- und sonstigen Manufakturwaren. Der Handel in Marseille basierte weitgehend auf diesem Seidenimport aus Nah- und Mittelost. Auch dem russischen Handelskapital war der Einbruch in den persischen Markt gelungen, und in Moskau befand sich ein zentraler Verkaufsplatz für persische Seide

Die Wehrlosigkeit der gewerblichen Produzenten gegenüber dem massiven Einbruch der europäischen Manufaktur- und Fabrikprodukte auf dem iranischen Markt sowie der damit einhergehende Niedergang der einheimischen handwerklichen Traditionen lag großenteils in der Organisationsstruktur der iranischen Städte und Handwerkerzünfte begründet. Nach wie vor waren die Städte von staatlich eingesetzten Grundherren verwaltete, der Willkür der Herrscher und ihrer Beauftragten ausgesetzte "Bevölkerungsagglomerationen"[9]. Die herrschende Klasse, deren Macht auf Grundbesitz und entsprechender Grundrente oder der Herrschaft über einen Stamm basierte, unternahm nichts, um die produktive Kapazität der Städte zu fördern. Die kleinen Warenproduzenten standen den staatlichen Werkstätten, die auf bestimmten Gebieten meist über ein Monopol verfügten, als einer übermächtigen Konkurrenz gegenüber. Die Höfe schließlich, die durch die Manufakturen weitgehend von der Produktion des Bazarhandwerks unabhängig waren, hatten keinen Grund, sich um dessen Wohlergehen zu kümmern. Dabei verfügten die Städter über keinerlei politische Machtposition, die sie gegenüber den Ansprüchen der Shahs, Grundherren und der Bürokratie geltend machen konnten. Auch waren sie nicht in der Lage, die lokale Isolation zu durchbrechen und gemeinsam mit Bewohnern anderer Städte gegen den "Klassenfeind" vorzugehen. Daher blieb nur der passive Widerstand in Form des *"bast"*, d.h. der Suche nach Schutz in einer geweihten Stätte oder einem Asyl, der meist mit Unterstützung der Geistlichkeit durchgeführt wurde. Nur äußerst selten kam es zu bewaffneten Aufständen gegen besonders brutale und ausbeuterische Gouverneure, an denen sich auch das "Lumpenproletariat" beteiligte; häufiger dagegen gelang es den religiösen Führern, die Verzweiflung der Massen und ihre Aggression von den "wahren Schuldigen" ab- und auf religiöse Minderheiten, z.B. auf Armenier, Juden oder Zoroastrier, umzulenken.

Insgesamt gab es im Iran des späten 18. und frühen 19. Jahrhunderts nur 20 großstädtische Handels- und Gewerbezentren, dazu noch 40 - 50 Kleinstädte mit 2000 bis 5000 Einwohnern, die sich aber kaum von großen Dörfern unterschieden. Die Mehrheit der in "Großstädten" lebenden Einwohner widmete sich jedoch nicht der Warenproduktion oder dem Handel, sondern war im Gartenbau tätig, da sie aus dem Erlös der handwerklichen Produktion ihren Lebensunterhalt nicht bestreiten konnte. Die großen Handelsunternehmen, die Karawansereien, befanden sich gewöhnlich im Besitz der Grundherren, manchmal auch der Geistlichkeit; die Überwachung der dort gemieteten Läden oblag dem

"Bürgermeister", die innere Organisation bestimmte die Kaufmannskorporation. Der Hauptanteil der gewerblichen Produktion und Distribution fiel dem kleinen Warenproduzenten im Bazar zu, der dort seine Produkte auch verkaufte und seine Steuern an die halbstaatlichen Zünfte entrichtete. Dabei wurden allen Städtern zusätzlich noch vielerlei indirekte Steuern abverlangt, die die relativ geringen direkten bei weitem überstiegen. Obwohl die Handwerker juristisch frei waren, konnten sie dennoch zu Fronarbeit, besonders zur Arbeit an staatlichen Bauten, herangezogen werden. Betroffen waren hiervon in erster Linie die Bauhandwerker, die auf diese Weise zu einer Art staatlicher Lohnarbeiterschaft wurden.

Für den Iran des frühen 19. Jahrhunderts lassen sich drei Handwerkerkategorien unterscheiden: freie Bazarhandwerker, die auf Bestellung arbeiteten; am Hofe der Shahs oder bei Grundherren tätige Handwerker, die zur Arbeit in Arsenalen zwangsverpflichtet waren; schließlich die in einer Art "handwerklicher Leibeigenschaft" bei einzelnen Grundherren gehaltenen Handwerker.

Die Handwerkerzünfte wurden von den Zunftältesten geleitet, deren Aufgabe die Kontrolle der Lehrlingsausbildung war, die jedoch auch als Aufkäufer fungierten und die Differenz zwischen den Produktionskosten und dem Marktpreis einstrichen. Damit kam ihnen eine Vermittlerfunktion zwischen Handwerk und Handelskapital zu. Da die Zunftideologie stark religiös geprägt war, konnten nur Moslems Mitglieder werden. Die Angehörigen von Minderheitsreligionen durften zwar in ihren eigenen Vierteln ebenfalls Handwerksbetriebe eröffnen; von berufsständischen Organisationsformen ist allerdings bei ihnen nichts bekannt.

Im Unterschied zum europäischen Handwerk durfte im Iran keine Zunft eine handwerkliche Tätigkeit monopolisieren, d.h. Handwerksmeister durften auch Waren produzieren, die nicht direkt ihrer Haupttätigkeit, für die sie ausgebildet waren, entsprachen, eine Regelung, von der jedoch relativ selten Gebrauch gemacht wurde. Die Meister konnten sich beliebig viele Lehrlinge halten, mußten sich jedoch meist aus finanziellen Gründen auf einen oder zwei, häufig Söhne oder andere nahe Verwandte, beschränken. Auch an den staatlichen Manufakturen wurden die Söhne der Meister als Lehrlinge bevorzugt behandelt. Die Position des Gesellen, der im europäischen Zunfthandwerk eine politisch brisante Rolle spielte, existierte im iranischen Handwerk nicht. Jeder konnte Meister werden, auch die Anzahl der Meister in einer Zunft war nicht vorgeschrieben; überdies war die Mitgliedschaft in einer Zunft keine Bedingung für die Ausübung des erlernten Handwerks. Häufig beschäftigten die Meister zusätzlich zu den Lehrlingen noch Lohnarbeiter, deren Anzahl von der spezifischen Produktion sowie von der Kapitalkonzentration im Betrieb abhing. Solche Arbeiter wurden vor allem in Bäckereien, Töpfereien, im Zimmerhandwerk und in der Tischlerei beschäftigt. Kusnetzova[10] sieht hier Anzeichen für die Transformation von Handwerksbetrieben in kapitalistisch betriebene Unternehmen, für die das Zunftprinzip nicht mehr viel Bedeutung hatte.

Zwar vergrößerte die traditionelle Struktur von Handwerk und Handel die Entwicklung kapitalistischer Produktionsverhältnisse[11]; wichtiger aber als die Organisation des Zunfthandwerks war für diese Verzögerung die Dominanz der Zentralgewalt und der Stammesführer in der politischen Struktur der Gesellschaft, die weder den städtischen Produzenten noch dem Handelskapital Bündnismöglichkeiten mit der einen oder anderen Seite bot, die ihrer weiteren Entwicklung nützlich gewesen wären. Als das das traditionelle Produktions- und Verteilungssystem transzendierende Moment sieht Kusnetzova die Transformation der Zunftältesten in Vermittler zwischen Handelskapital und Handwerk[12]. Ob sich aber ohne die Zerstörung eines großen Teils der handwerklichen Produktion im Laufe des 19. Jahrhunderts besonders im Textilbereich kapitalistische Produktionsverhältnisse endogen durchgesetzt hätten, mag bezweifelt werden; denn eine solche Entwicklung wäre nicht losgelöst von gesamtgesellschaftlichen Transformationsprozessen möglich gewesen, die alle Sektoren der "nationalen" Wirtschaft hätten erfassen müssen, besonders auch den Agrarsektor.

Eine ökonomisch und damit auch politisch bedeutendere Rolle
als die kleinen Warenproduzenten spielten die Handelskapitalisten, vor allem diejenigen, die im Im- und Exportgeschäft
tätig waren. Sie importierten nicht nur einen Teil der Luxusartikel für die herrschende Klasse, sondern fungierten gleichzeitig als deren Kreditgeber. Als Umschlagplätze dienten diesen Großkaufleuten die Karawansereien. Somit konstituierte
das Handelskapital neben der politisch herrschenden Klasse
in dieser Periode der iranischen Geschichte die reichste und
stabilste Klasse, da die politischen Umwälzungen ihre Existenzbedingungen kaum veränderten. Konfiskationen waren selten, auch
Steuern wurden kaum bezahlt, dafür aber Zölle für die importierten Waren in Höhe von 10 % des Warenwertes. Verteuernd
wirkten sich dagegen die willkürlich erhobenen Straßen- und
Brückengebühren aus.

Während der Iran seinen Außenhandel um die Wende vom 18. zum
19. Jahrhundert noch vor allem mit seinen Nachbarländern Afghanistan, dem Osmanischen Reich und den zentralasiatischen Fürstentümern abwickelte[13], wurde England, das durch die industrielle Revolution und seine Herrschaft auf den Weltmeeren
ökonomisch und politisch gleichermaßen mächtig war, in der ersten Hälfte des 19. Jahrhunderts zu Irans wichtigstem Kunden
wie auch Lieferanten[14]. In den 50er und 60er Jahren vollzog
sich die Hälfte des gesamten iranischen Außenhandels mit England, wobei die Importe von dort anteilmäßig noch höher als
bei 50 % lagen[15]. Schon in den 40er Jahren des 19. Jahrhunderts waren die negativen Auswirkungen der unbeschränkten Importe englischer Baumwollwaren für das iranische Handelskapital und die Handwerkerzünfte offensichtlich, da sie die iranische Textilindustrie in ihrer Existenz bedrohten. Die Proteste des iranischen Handelskapitals, das sich auch zu Interessenvertretern des Handwerks machte , blieben jedoch erfolglos, da es nicht die Unterstützung der für die Wirtschaftspolitik zuständigen herrschenden Kreise fand [16]. Ihre "rationale" Begründung fand diese indifferente Politik der Herrschenden gegenüber den "Lebensinteressen" der "nationalen"
gewerblichen Wirtschaft in den Zollvereinbarungen mit den

europäischen Ländern, die nur einen ad-valorem Zoll von 5%
und daher keine effektive Schutzpolitik ermöglichten[17].

Nach einer Handels- und Kreditkrise war es dem europäischen
Handelskapital gelungen, seinen Mittelpunkt in dieser Region
von Konstantinopel nach Tabriz zu verlagern und damit die
iranischen Großkaufleute, die in Konstantinopel eine bedeutende Kolonie unterhielten, langsam ins Abseits zu drängen.
Somit verloren diese schon vor der Jahrhundertmitte den Handel mit europäischen Importen an die westeuropäischen und
griechischen Handelskapitalisten, so daß gegen Ende des 19.
Jahrhunderts der Hauptteil des iranischen Außenhandels vom
Ausland kontrolliert wurde[18]. Nach 1870 ging jedoch die
englische Vorherrschaft auf dem iranischen Markt wieder zurück
und mußte schließlich der russischen weichen. Die primär von
Großbritannien mit Importen versorgten südpersischen Provinzen waren von der Agrarproduktion und damit von der Kaufkraft
der Massen her gesehen bedeutend schlechter ausgestattet als
die nördlichen, auf die der russische Export sich vor allem
einstellte. Auch sorgten im Süden die zahlreich vertretenen
Nomadenstämme für zusätzliche geschäftliche Risiken[19]. Dieser anfänglich rapide Anstieg und spätere relative Abfall des
britischen Handels im Iran hatte seine Parallele in der globalen Entwicklung dieser Epoche. 1850 befanden sich 40 % der
industriellen Produktion und des Welthandels in englischen
Händen, 1870 waren es nur noch 32 % der industriellen Produktion und 40 % des Welthandels, ein Ergebnis der forcierten Industrialisierungspolitik anderer europäischer Staaten
und der USA[20].

Im Iran allerdings waren es nicht so sehr die weiter auf dem
kapitalistischen Entwicklungsweg vorangeschrittenen west- und
mitteleuropäischen Staaten wie Deutschland und Frankreich,
sondern das industriell ebenfalls noch wenig entwickelte Rußland, das sich zunehmend die Dominanz auf dem Markt besonders
in Nord- und Zentraliran eroberte. Nach 1895 war es für England nicht mehr möglich, gegen die russische Konkurrenz zu
bestehen. Rußland verfügte nach zwei siegreichen Kriegen gegen Iran seit Beginn des 19. Jahrhunderts über eine günstige-

re vertragliche Handelsposition als die anderen europäischen Staaten. So besaß es seit den Abkommen von Gulistan (1813) und Turkomankhai (1828) die Berechtigung, konsularische und Handelsagenten nach Iran zu senden, sowie die Möglichkeit zum Freihandel bei einem geringen ad-valorem Zoll von 5 % für alle Exporte und Importe, Privilegien, die England sich erst 1841 zu verschaffen vermochte[21]. Allerdings wurden diese Vorteile gegenüber anderen europäischen Staaten von russischer Seite lange Zeit nicht ausgenutzt[22]. Das russische Handelskapital litt unter der im Vergleich zu Westeuropa mangelhaften Industrialisierung des Landes. Zudem befanden sich die wenigen Industriezentren verkehrstechnisch gesehen weiter entfernt vom iranischen Markt als Manchester oder Birmingham, die durch die Schwarzmeerroute und die Strecke Batum - Tabriz einen Transportvorteil hatten. Auch wirkte sich die Erlaubnis zum freien Transit für europäische Handelskapitalisten durch den Kaukasus negativ auf das Volumen des russischen Handels mit Iran aus, der auch nur europäische Waren umfaßte. Schließlich wurden die im Iran bereits etablierten englischen und unter englischen Schutz stehenden Handelsfirmen bevorzugt behandelt. Der russische Handel mit dem Iran dagegen wurde noch bis zum letzten Drittel des 19. Jahrhunderts nicht durch das russische Handelskapital, sondern durch Vermittlung armenischer, kaukasischer und persischer Klein- und Großkaufleute abgewickelt[23], so daß er nur wenig von den günstigen juristischen Bedingungen profitierte, die zum Teil nicht einmal zur Anwendung gelangten[24].

Auch das Zollsystem hatte nicht die erwartete positive Wirkung auf die russische Handelstätigkeit, denn europäische Güter, die getarnt unter persischem Namen gehandelt wurden, unterlagen beim Export nach Rußland nur den niedrigen persischen Zöllen und machten daher der heimischen Produktion Konkurrenz. Als dann später der 5 %-Zoll auf die anderen europäischen Waren ausgedehnt wurde, hatte Rußland endgültig jede potentielle Vorzugsposition verloren. Nur vermittels zweier Waren erlangte es seine dominante Position auf dem iranischen Markt, nämlich durch Baumwollfabrikate und Zucker, die aufgrund der staatlichen Subventionspolitik billiger als von anderen Staaten verkauft werden konnten[25].

Doch das russische Kapital entdeckte mit wachsender Industialisierung und entsprechend ansteigenden Importbedürfnissen auch die Notwendigkeit verstärkter iranischer Exporte nach Rußland. Besonderes Interesse bestand an Rohbaumwolle sowie an Leder, Reis, Früchten und Kaviar. Teilweise griffen russische Handelsagenten direkt in die Produktion ein, um die Qualität zu verbessern oder die Herstellung überhaupt erst zu initiieren, vor allem im Bereich der landwirtschaftlichen Rohstoffe[26].

Zwischen 1860 und 1913/14 wuchs der Außenhandel mit Rußland um das 12-fache. 1914 gingen 70 % der iranischen Exporte nach Rußland, über 50 % der Importe kamen von dort. So umfaßte der iranisch-russische Handel 2/3 des gesamten iranischen Außenhandels. Diese Entwicklung war begleitet von einer immer massiveren politischen Einflußnahme auf die iranische Politik, zuerst in Konkurrenz mit England, dann aber nach dem Vertrag von 1907, der faktischen Teilung des Landes in zwei Interessensphären, die auch den Handelsinteressen entsprachen, in Abstimmung mit Großbritannien[27]. Der Anteil des britischen Empire am iranischen Außenhandelsvolumen war auf 20 % gefallen (25 % der Importe, 12 % der Exporte).

Zwischen 1800 und 1914 stieg das iranische Außenhandelsvolumen um das 12-fache, was im Vergleich zu den anderen Mittel- und Nahoststaaten allerdings ein relativ geringes Wachstum darstellte. Während in der ersten Hälfte des 19. Jahrhunderts die Exporte weitgehend die Importe ausgleichen konnten, zeigte die Handelsbilanz seit 1860 ein beträchtliches Defizit, was auf einen starken Geldabfluß in den 50 Jahren vor dem ersten Weltkrieg schließen läßt[28]. Von besonderer Bedeutung und typisch für die Art von Handel, die damals die Voraussetzungen schuf, daß sich bis heute dieselbe internationale Arbeitsteilung zwischen hochentwickelten kapitalistischen und "unterentwickelten" Staaten abspielt, ist die Entwicklung der iranischen Ex- und Importe[29]. Diese Handelspolitik im 19. Jahrhundert, die unter dem Einfluß des europäischen "Freihandelsimperialismus"[30] stand, erfüllte somit genau die Funktion, die die Imperialisten ihr zugewiesen hatten: die iranische Produktion verlagerte sich mehr und mehr in den Bereich landwirtschaftlicher Rohstoffe, während die Bedürfnisse nach Produkten der verarbeitenden Industrie vom ausländischen Kapital befriedigt wurden, das dadurch seine eigene industrielle Entwicklung auf Kosten des iranischen immer weiter vorantreiben konnte, während die "Entwicklung der Unterentwicklung" in Persien rapide "Fortschritte" machte[31].

Der historische Prozeß, der England zur "Werkstätte" der ganzen Welt machte, war begleitet von der formellen *Subsumtion des Grundeigentums unter das Kapital*, also der Verwandlung der Welt in die Rohstoffbasis der englischen Industrie, die nun den *Beginn der klassischen internationalen Arbeitsteilung* ankündigte. Der Kolonialismus war dabei vor allem als gewaltsames politisches Mittel zu verstehen, um diesem Bedürfnis nach einem industriellen Weltmonopol zum Durchbruch zu verhelfen[32]. Die Unterwerfung der Völker und die "friedliche" bzw. gewaltsame Usurpation ihrer Länder als Quelle der Grundrente sowie die Beherrschung der einheimischen Märkte durch die englischen Exportwaren, welche die Zerstörung des heimischen Handwerks zur Folge hatten, sind als die wesentlichen Kennzeichen dieser Epoche der kapitalistischen Expansion anzusehen. Dieser Prozeß wurde durch die politische Unterwerfung der Völker eingeleitet. Er vollzog sich entweder auf direktem Wege durch die Etablierung kolonialer Staats- und Verwaltungsapparate, wie es in den Kolonien geschah, oder auf indirekte Weise durch die Indienstnahme des einheimischen Staats- und Verwaltungsapparates wie im Falle der Halbkolonien.

Diese beiden unterschiedlichen Formen kolonialer Herrschaft sind die Konsequenz spezifischer nationaler und internationaler Kräftekonstellationen sowie der geopolitischen Lage eines Landes und sind daher nicht zuletzt auch abhängig von der Widerstandskraft der Gesellschafts- und Machtstrukturen in den unterworfenen Ländern selbst. Daß der Iran der direkten Form der Kolonisierung entging, verdankte er im wesentlichen nur seiner geopolitischen Lage, denn die Konkurrenz des russischen Zarismus im Norden verhinderte die englische Annexion des Iran und umgekehrt. Allerdings war die Einflußnahme beider Kolonialmächte auf Persien, die die Form von Halbkolonialismus annahm, so überhaupt nur möglich gewesen, weil sich die iranische Gesellschaft im 19. Jahrhundert in einem Zustand der Zersetzung und der Schwäche der Zentralmacht befand. Dieser Prozeß wurde beschleunigt durch verschiedene Faktoren, so den für Persien verlustreichen Ausgang der iranisch-russischen Kriege von 1818 und 1828, die die Annexion der iranischen Nordprovinzen durch das zaristische Rußland zur Folge hatten, durch die erfolglose Militärexpedition nach Herat von 1855, und schließlich durch den anglo-iranischen Krieg von 1856 sowie durch die englische Unterstützung der zentrifugalen Kräfte im Süden des Landes.

Entscheidend für die Schwäche der Zentralmacht war die zunehmende Einschränkung ihrer Tributabpressungskapazität, die für ihre Reproduktionsfähigkeit von zentraler Bedeutung war. Die Quelle der Tribute stellte im Inneren vor allem die Bauernschaft dar, im äußeren Bereich waren es die durch Kriegszüge unterworfenen tributpflichtigen Nachbarvölker; die Stärke Rußlands und des Osmanischen Reichs beschränkten aber die Möglichkeiten, ausländischen Tribut einzuziehen, auf die östlichen Nachbarn. Die letzte dieser auswärtigen Tributquellen versiegte, als der englische Kolonialismus sich Indien unterwarf und Afghanistan im Kampf gegen die persische Zentralmacht unterstützte.

Aller auswärtigen Einkommensquellen beraubt, konzentrierten sich nun die iranischen Staatsoberhäupter ganz auf die Ausplünderung des Inlands. Ökonomisch drückte sich dies in der Verdoppelung der Abgaben durch die Trennung von Steuer und Tribut aus, was einer völligen Ausplünderung der unmittelbaren Agrarproduzenten gleichkam. Möglich wurde dies durch die Verwandlung des Gemeineigentums in Privateigentum der lokalen Machthaber. Waren sie bisher die Beauftragten der Zentralmacht, in deren Namen sie den Tribut eintrieben, so preßten sie nun den Bauern den Tribut im Namen ihres Privateigentums und die Steuer im Namen der Zentralgewalt ab. Dieser Prozeß wurde unter der Ghadjaren-Dynastie (1796-1925) mit der Überlassung der Kontrolle der Provinzen an die lokalen Machthaber als tijul eingeleitet, und durch die Geldnot der Zentralmacht, die zum Verkauf des Gemeineigentums an die handeltreibende Bourgeoisie führte, weiter ausgebaut. Die neuen Großgrundeigentümer, weit davon entfernt, den Boden selbst zu bewirtschaften, "verpachteten" ihn an die unmittelbaren Produzenten und schufen so die Figur des "Anteilbauern", dessen Ernteanteil sich nach der Größe seines Beitrages zu den 5 "Produktionsfaktoren" Boden, Wasser, Saatgut, Zugvieh und Arbeitskraft bemaß. Häufig brachte ein solcher Anteilbauer nur seine Arbeitskraft in das Teilpachtverhältnis ein. Gleichwohl kann man ihn nicht als Lohnarbeiter bezeichnen, ebensowenig aber als kapitalistischen Pächter, der eine feste Grundrente zu zahlen hätte und wie in England von der Preisentwicklung der Agrarprodukte profitieren und damit Kapital akkumulieren könnte. So entwickelte sich in dieser Zeit auf dem iranischen Agrarsektor zwar ansatzweise eine Warenproduktion, jedoch keine mit kapitalistischem Charakter. Selbst der massive Export dieser auf der Basis von Teilpachtverhältnissen erzeugten Agrarprodukte führte nicht zur entwickelten kapitalistischen Warenproduktion - die Grundrente wurde nur formell dem Kapital subsumiert.

Aufgrund der steigenden Geldnot sahen sich die Ghadjaren-Herrscher gezwungen, unterschiedliche Konzessionen an das ausländische Kapital zu vergeben[33]. Die bedeutendsten waren die aus dem Friedensvertrag mit Rußland stammende Konzession zur Beschränkung der Zollabgaben auf höchstens 5 % für Importe aus europäischen Ländern; die Befreiung der ausländischen Waren von Zoll- und internationalen Transitgebühren, die zu einer Belastung der iranischen Waren mit eben diesen Gebühren führte; außerdem wurde dem britischen Staatsangehörigen Baron de Reuter das umfassende Monopol für Eisenbahnbau, Bergbau und Bankwesen übertragen, und Großbritannien erhielt eine Konzession zur Errichtung der "Bank von Persien" mit dem Monopol der Geldausgabe an England. Rußland bekam das Recht zur

Errichtung der "Banque d'Escompte", einer Agentur des russichen Finanzministeriums, die als fiskalpolitische Institution benutzt wurde, sowie eine Konzession für den Bau einer Eisenbahnlinie von Julfa nach Tabriz und das Fischereimonopol am Kaspischen Meer. Das Monopol für die Erdölproduktion - die berühmte d'Arcy-Konzession - und das Tabakmonopol gingen an England. Auch erhielt der Iran von beiden Kolonialmächten mehrere Darlehen zu äußerst ungünstigen Bedingungen. Schließlich wurde auch das "Kapitulationsrecht" an diese Staaten übertragen. Das Gesetz von 1889, das die konsularische Kontrolle über britische Staatsangehörige in Persien einführte, war der Ausdruck der dominanten Stellung des ausländischen Kapitals und seiner personellen Träger im Iran.

Obwohl die Möglichkeiten der Zentralgewalt gegenüber den Agenten der Kolonialmächte und den einflußreichen Stammesführern ständig abnahmen, blieb die uneingeschränkte persönliche Macht des Shah gegenüber der einheimischen handel- und gewerbetreibenden Bourgeoisie ungebrochen. Der "orientalische Despot" betrachtete sich immer noch als absoluten Eigentümer von Land und Leuten. Im Kampf um die Zurücknahme der Tabakkonzession erkannten jedoch die handeltreibenden Grundeigentümer die steigende Notwendigkeit, die Macht des absoluten Herrschers einzuschränken, um ihre Klasseninteressen zureichend absichern zu können. Diese Bewegung, in der die ulama eine ganz zentrale Rolle spielten, zwang den Shah letztlich zum Rückkauf der Konzession und löste damit einen Prozeß aus, in dessen Verlauf zahlreiche Forderungen gestellt wurden, die schließlich zur "konstitutionellen Revolution" (1905-1911) führten.

1.4. DER ENTSTEHUNGSZUSAMMENHANG DER 'KONSTITUTIONELLEN REVOLUTION'(1905-1911) UND DIE POSTREVOLUTIONÄRE MACHTERGREIFUNG REZA KHAN'S

Mit den wachsenden ökonomischen Interessen Rußlands und Großbritanniens veränderten sich auch die ökonomischen Aktivitäten des Iran und führten zur weitgehenden Anpassung seiner Wirtschaftsstruktur an die koloniale Expansion des 19. Jahrhunderts. Die durch Kolonialpolitik und technologische Überlegenheit erzielte imperialistische Penetration Irans zerstörte die seit der Safawiden-Herrschaft blühende Manufakturproduktion, die iranischen Produkte wurden durch europäische Waren verdrängt, und der alleinige Export von Rohstoffen zog eine negative Handelsbilanz nach sich. Das war der Anfang vom Ende der industriellen Entwicklung Irans.

Auch die verschiedenen Versuche der iranischen Bourgeoisie, sich zu etablieren, schlugen fehl. Hindernisse der traditionellen sozial-ökonomischen und politischen Struktur des Landes machten es der "Nationalbourgeoisie" ebenso unmöglich, sich zu konstituieren, wie die koloniale Intervention im ökonomischen und außerökonomischen Bereich zu verhindern. Die Entwicklung des Handels, der Niedergang des Manufakturwesens und das Scheitern der einheimischen Bourgeoisie, sich zu einer wirtschaftlich unabhängigen Klasse zu entwickeln, führte somit zur Entstehung einer abhängigen Bourgeoisie, die als Vermittler ausländischer Waren auf dem iranischen Markt fungierte und sich gleichzeitig vermittels des Grundeigentums auch im Bereich der exportorientierten Agrarproduktion betätigte. Die Möglichkeit dazu gab ihnen der Verkauf der Staats- und Kronländereien. Damit konstituierte sich die Kategorie des handeltreibenden Großgrundeigentümers, der sich auf der einen Seite als Grundeigentümer die Grundrente, auf der anderen Seite als Handelskapitalist einen Handelsprofit aneignete. Dieser Doppelcharakter der neuen großgrundbesitzenden Bourgeoisie bestimmte auch ihr politisches Verhalten im Rahmen der "konstitutionellen Revolution". Ihre Rolle als bedrängte Bourgeoisie ließ sie die radikale Forderung nach konstitutioneller

Einschränkung der "asiatischen Despotie" erheben, ihre Funktion als Großgrundeigentümerin trieb sie zu einer eher versöhnlichen Kompromißpolitik. Die spätere Spaltung der Bewegung findet sich somit schon vorprogrammiert im gespaltenen Charakter der grundbesitzenden Bourgeoisie.

Durch die Veränderung der agrarischen Produktionsverhältnisse kam es während des 19. Jahrhunderts zu einer allgemeinen Verschlechterung der Rechte und des Lebensstandards der Bauernmassen[1]. Ähnliches Elend herrschte in früheren Jahrhunderten, vielleicht mit Ausnahme der den mongolischen Zerstörungen unmittelbar folgenden Epoche, nur in Kriegszeiten. Dabei stieg in den letzten 30 Jahren vor dem ersten Weltkrieg die Grundrente sehr rasch an[2]. Hauptgrund für diese Entwicklung war die langsame Zerstörung des traditionellen Agrarbesitzsystems durch das Eindringen formell-kapitalistischer Verhältnisse, die auf die zunehmende Integration des Iran in den Weltmarkt zurückzuführen sind[3]. Die Handelsbeziehungen mit den europäischen, industriell entwickelten bzw. im Entwicklungsprozeß befindlichen Staaten wie England und Rußland ließen den Iran zunehmend auf den Status eines Rohstoffproduzenten für die industrielle Weiterverarbeitung in Europa regredieren. Die zunehmende Attraktivität von Landbesitz für die kapitalkräftigen Schichten und der damit verbundene exportorientierte Anbau führte zu einem allmählichen Ersatz der Naturalsteuer durch eine Geldsteuer, eine Entwicklung, die gleichzeitig die Macht der Dorfwucherer und der städtischen Nahrungsmittelhändler über die verelendeten ländlichen Massen erweiterte. Viele Bauern verloren ihr Land an diese Schichten, da sie zur Bezahlung ihrer Schulden außerstande waren. Auch die Etablierung europäischer Eigentumsvorstellungen bezüglich des Grundbesitzes wirkte sich negativ aus; denn der Ersatz des "Nutzungsrechtes" durch das absolute Privateigentum beraubte Bauern und Nomaden ihrer Rechte auf kollektives Dorf- und Stammeseigentum, ließ dabei aber die zu erbringenden vorkapitalistischen Arbeitsleistungen wie z.B. die Arbeitsrente bestehen[4].

Der iranische Bauer war in seiner Geschichte weniger an den Boden gefesselt gewesen als der europäische Leibeigene; übermäßige Unterdrückung durch den Grundherrn wurde oft mit kollektiver Flucht oder individuellem Verlassen des Dorfes beantwortet[5]. Doch nun machten sich Tendenzen bemerkbar, ihm dieses Recht streitig zu machen, wenn nicht gar zu nehmen[6]. Diese Entwicklung zeigt deutlich, daß sich eine verstärkte Produktion für den Weltmarkt unter Beibehaltung des alten Herrschafts- und Ausbeutungssystems sehr gut mit "archaischeren" Formen der Ausbeutung und einer Beschneidung der politischen Rechte der Bauernmassen verträgt[7]. Diese durch die Verflechtung des Iran in den Weltmarkt hervorgerufene Verschärfung der bäuerlichen Abhängigkeit läßt sich auch, zumindest was die Erschwerung des Verlassens des Landes betrifft, auf eine "endogene" Entwicklung zurückführen und damit als Reaktion auf den vor allem durch die Hungerkatastrophen zu Beginn der 70er Jahre sich entwickelnden Arbeitskräftemangel verstehen[8]. Die Übernahme der gerichtlichen Gewalt über die Bauern, die ursprünglich in den Händen der Geistlichkeit lag, von Seiten der Grundherren verschärfte das Elend und die Abhängigkeit der Landbevölkerung, die sich damit zu einem Zeitpunkt, als in Europa die Leibeigenschaft im Verschwinden begriffen war, eben diesem Status immer mehr annäherte[9].

Das Bewässerungssystem, das für die Produktionssteigerung der Landwirtschaft im Mittleren Osten eine zentrale Rolle spielte, wurde nur noch soweit aufrechterhalten bzw. ausgedehnt, wie es für die ausschweifende Lebenshaltung der herrschenden Klasse zweckmäßig erschien; weder die privaten Grundherren noch der Staat unternahmen weiterreichende Versuche, die der landwirtschaftlichen Produktion hätten förderlich sein können. Dabei ist die mangelnde Bereitschaft zu Investitionen auf diesem Sektor auch auf die ständig drohenden Überfälle der Nomaden zurückzuführen, die während ihrer periodischen Wanderungen viele Dörfer heimsuchten[10].

Gerade in dieser Zeit erstarkten die Nomadenstämme unter der Führung ihrer Il-Khane in einem so hohen Maße, daß ihre Gebiete kaum noch von der Zentralregierung kontrolliert werden konnten und sie immer weniger Steuern ablieferten.Vor allem diejenigen Stammesführer, die auch über seßhafte Bauern herrschten, erwiesen sich als besonders grausame Ausbeuter. Dieser die iranische Geschichte durchziehende Antagonismus zwischen seßhaften Bauern und Nomaden hatte im 19. Jahrhundert nichts von seiner Brisanz verloren und verhinderte jede gemeinsame Aktion zwischen unterdrückten Bauern und den Stammesangehörigen, die von ihren Il-Khanen oft nicht weniger ausgebeutet wurden als die Bauern von den Grundherren. Dabei hatten jedoch die Stammesmitglieder noch die Möglichkeit, sich gegenüber den Bauern als "Herrenklasse" darzustellen, indem sie sich bei gemeinsamen Raubzügen mit dem Führer des Stammes identifizierten[11].

Die Produktion von Rohstoffen für den Weltmarkt, die Eintreibung von Geldsteuern, teilweise auch von Geldrente, zwang die Bauernmassen, verstärkt in kommerzielle Beziehungen mit dem Handelskapital und seinen Agenten auf dem Land zu treten, von denen ihre elende Lage zur eigenen Bereicherung ausgenutzt wurde. Die Bauern versanken in permanenter Verschuldung, die sich in einem iranischen Sprichwort so widerspiegelt:*"Der Bauer kommt mit Schulden auf die Welt und geht mit Schulden aus der Welt."*[12]

Unter diesen Bedingungen war die herrschende"Klasse" ebenso wie die reichen städtischen Schichten an einer Ausweitung ihres Landbesitzes interessiert, die auf unterschiedliche Weise realisiert wurde. Die Zentralmacht, d.h. der Shah, suchte durch Reduktion der tijul-Vergabe sowie durch Kauf und Konfiskation das Kronland zu vermehren; auch Land, das nach Hungersnöten entvölkert oder mit Steuerschulden belastet war, wurde vom Staat übernommen. Doch stand dieses Bedürfnis, das Kronland zu erweitern, in Konflikt mit der permanenten staatlichen Geldnot, die einen Verkauf von staatlichem Landeigentum an interessierte Großgrundeigentümer und Vertreter des Handelskapitals sinnvoll erscheinen ließ[13]. Auch die Grundherren suchten ihren Bestand an ausbeutbarem Land durch Usurpation, d.h. Verwandlung von tijul in Privateigentum und Enteignung der Kleinbauern, zu vermehren; die verschärfte Ausbeutung der Pächter diente ebenfalls als Mittel zur Erhöhung der Grundrente. Die Handelskapitalisten erwarben Land, um dort teilweise neue, für den Export geeignete Nahrungsmittel und Rohstoffe anbauen zu lassen. Sonst aber änderten auch sie nichts an den Ausbeutungspraktiken und trugen mithin ebenso wenig zur Steigerung der landwirtschaftlichen Produktion bei[14]. In dieser Zeit begannen zahlreiche verelendete Bauern, sich als Lohnarbeiter in der Landwirtschaft, vor allem auf den Tee, Reis und Seide produzierenden Plantagen der Nordprovinzen, zu verdingen[15]. Diese agrarischen Großbetriebe befanden sich häufig in ausländischen, vor allem in russischen Händen; jedoch auch andere europäische Staaten waren an ihnen sowie an der Kreditvergabe an die Bauernmassen, dem Vorstrecken von Saatgut u.ä. beteiligt[16].

Von dem Eindringen kapitalistischer Elemente in die iranische Landwirtschaft profitierten also vor allem die Grundherren, die das ihnen zur Nutzung überlassene Land in absolutes Privateigentum verwandelten; weiterhin die Klein- und Mittelbauern, die Exportprodukte anbauten und aufgrund günstiger Marktbedingungen auch einen Teil des Erlöses für sich verwenden und an ärmere Bauern landwirtschaftliche Geräte ausleihen konnten; schließlich alle als "Vermittler" tätigen Schichten: Wucherkapital, Handelskapital und Beamte. Hingegen waren die Verbesserungen bezüglich Besitz und Lebenshaltung vor allem bei den Bauern im Vergleich zu dem ungeheuren ökonomischen und politischen Machtzuwachs der Grundherren, denen diese Entwicklung in erster Linie zugute kam, äußerst gering. Dabei nahm die Klasse der Grundbesitzer in dieser Zeit neue Elemente in sich auf, vor allem Vertreter des Handelskapitals; manchmal gelang auch einem Dorfvorsteher, Wucherer oder "Kulaken" der Aufstieg in die Klasse der Grundherren.

Die wachsende Weltmarktnachfrage nach agrarischen Rohstoffen für die verarbeitenden Industrien der entwickelten imperialistischen Staaten steigerte die Rentabilität von Investitionen im Agrarsektor bedeutend und ermunterte damit auch das Handelskapital zum Kauf[17]. Damit reagierten die iranischen Handelskapitalisten ganz im Sinne der imperialistischen Interessen -

die diese Länder nur als Rohstofflieferanten, nicht aber als
Konkurrenten benötigten - wenn sie ihr Kapital nicht in industrielle Werkstätten, sondern in die Landwirtschaft investierten. Zwar konnte von einem privaten Kapitalisten ein Verzicht
auf die hohen Profite im Agrarsektor, z.B. bei der Produktion
und dem Export von Seide, Reis und Opium, kaum erwartet werden; doch war es auch hier das ausländische Kapital, das diese Entwicklung dominierte und die iranischen Kapitalisten
nicht über eine Hilfsrolle hinausgelangen ließ[18].

Verheerende Auswirkungen auf den Lebensstandard der städtischen Massen - der kleinen Warenproduzenten im Bazar, der
Manufaktur- und sonstigen Lohnarbeiter - hatte besonders die
rücksichtslose Spekulation mit Nahrungsmitteln, z.B. mit Weizen und Gerste. In wahren "Aushungerungsgenossenschaften"
vereinigten sich hier Handelskapital und Großgrundbesitzt mit
Vertretern der Bürokratie und der Geistlichkeit (waghf-Usurpatoren), um die städtischen Konsumenten zu prellen[19]. Durch
Hortung des Getreides in Vorratshäusern erreichte man eine
Steigerung des Preises; so stieg der Getreidepreis von 1895 -
1905 um das 6-fache an[20]. Daher machte sich zu Beginn des
20. Jahrhunderts die Empörung der ausgepreßten Massen in
zahlreichen Hungeraufständen Luft, ohne jedoch an den Zuständen etwas ändern zu können[21].

Diese Spekulationstätigkeit, die das Elend der städtischen
Massen ständig vergrößerte, war, vom Standpunkt der Kapitalakkumulation gesehen, der Konzentration des Kapitals in den
Händen weniger Vertreter der Klasse der Grundherren und Kaufleute äußerst dienlich. Hier herrschte kein Antagonismus zwischen Grundbesitz und Handelskapital, der ja auch in Europa
nie sehr stark ausgeprägt und bald beseitigt war, und auch
in anderen Bereichen konnte von einem "Klassenkampf" zwischen
beiden Ausbeuterklassen nicht die Rede sein. Das Handelskapital forderte auch niemals eine Reorganisation des Großgrundbesitzes im Sinne der Bauern, sondern lediglich eine Beteiligung an ihrer Ausbeutung. Nur die konfiskatorischen und
repressiven Praktiken einzelner Vertreter der Bürokratie wurden als verwerflich attackiert, nie aber das System. Daher

wurde während der "konstitutionellen Revolution" eine wirklich radikale Veränderung der gesellschaftlichen Verhältnisse nie in Erwägung gezogen, auch nicht im anti-"feudalen" Sinn. Die Verquickung von Handelskapital und Grundbesitz war dazu viel zu ausgeprägt.

Die wachsende Integration Irans in den kapitalistischen Weltmarkt, die Hand in Hand ging mit einer Abhängigkeit der Versorgung mit Nahrungsmitteln und Textilien vom Import, hatte einen starken Zuwachs der im Import-Export-Bereich tätigen Fraktion der Bourgeoisie zur Folge, wenn auch ein Großteil des Außenhandels in nicht-iranischen Händen blieb. Dieses Anwachsen des Handelskapitals war jedoch nicht Ergebnis einer Entwicklung der Produktivkräfte im Iran selbst, sondern führte nur zur Ausbildung einer *Kompradorenbourgeoisie*, deren Reichtum von der jeweiligen Außenhandelskonstellation und damit von der Veränderung der Weltmarktnachfrage abhing. Das iranische Handelskapital war in weiten Bereichen nichts anderes als die Agentur europäischer, vor allem russischer und englischer Handelsfirmen. Häufig versuchten iranische Handelskapitalisten sogar, die Staatsbürgerschaft des jeweiligen Landes zu erhalten, um sich so besser vor den Übergriffen der persischen Bürokratie schützen zu können. Wirksam verstärkt wurde die Abhängigkeit vom ausländischen Handelskapital auch durch die Vorherrschaft der zwei Kolonialbanken auf dem iranischen Geld- und Kreditmarkt sowie durch die mangelnde Unterstützung von Seiten der Zentralgewalt und die permanenten Interventionen der englischen und russischen Repräsentanten zum Schutz der Interessen ihrer Bürger gegen iranische Konkurrenten[22]. Trotzdem gelang es einzelnen persischen Handelskapitalisten, ihre Geschäfte so weit auszudehnen, daß sie Niederlassungen im benachbarten Ausland sowie in West- und Osteuropa errichten konnten[23].

Die Integration der regionalen Märkte zu einem nationalen Markt war infolge der mangelhaften Verkehrsverbindungen zwischen den weit voneinander entfernt liegenden Zentren des Iran ein gewaltiges Problem. Daher machte die Ausbildung eines inneren Marktes nur langsame Fortschritte. Auch waren die Bauern, als Ergebnis der Abpressung der Grundrente, unfähig, als Konsumenten der Importe oder der iranischen handwerklichen Produktion aufzutreten, was eine weitere Behinderung für die Errichtung eines Marktes für das Handelskapital darstellte und ebenso wenig die gewerbliche Produktion anregte. Schließlich machte die Trennung von Handwerk und Agrikultur auf dem Lande, die derartige Einkäufe notwendig gemacht hätte, nur geringe Fortschritte. Immerhin begannen sich langsam auch in den Kleinstädten Banken und Handelsgesellschaften anzusiedeln, und das iranische Kapital steigerte seine Aktivitäten beim Aufkauf der Produktion städtischer und ländlicher Hersteller sowie bei der Distribution an die Konsumenten. Eine raschere Entwicklung war nicht denkbar ohne eine Beschränkung der imperialistischen Expansion und ohne die Existenz einer starken, aber nicht despotischen Zentralmacht, die besonders die Nomadenstämme unter Kontrolle bringen und das Transport- und Kommunikationsproblem hätte lösen müssen. Der gesetzliche Schutz gegenüber willkürlichen Expropriationsmaßnahmen von Seiten der Bürokratie mußte gewährleistet sein, was eine Kampfansage an die traditionell "asiatischen Züge" der iranischen Realität bedeutet hätte.

Wurden die iranischen Handelskapitalisten und Industriellen durch die exploitativen und konfiskatorischen Praktiken der Gouverneure zumindest manchmal an ihrem erfolgreichen Profiterwerb gehindert, so war die Lage für das ausländische Kapital viel unproblematischer, besonders nach der Verkündung des "Life and Property-Acts" von 1888, den die englische Regierung dem Shah zum Schutz ihrer im Iran tätigen Bürger aufgezwungen hatte[24]. Nach dieser Regelung befand sich das Leben und Vermögen der ausländischen Kapitalisten unter dem unmittelbaren Schutz ihrer heimischen Regierungen, da sie der iranischen Gerichtsbarkeit nicht unterworfen waren. Die iranischen Handelskapitalisten litten zudem noch unter den innerhalb des Landes häufig willkürlich erhobenen Brücken- und Straßenabgaben, während ihre ausländischen Konkurrenten nur zur Zahlung des üblichen 5 % ad-valorem Zolls an der Landesgrenze verpflichtet waren[25].

Bevor der englische und russische Imperialismus durch die Gründung eigener Banken den Finanzsektor der iranischen Wirtschaft teilweise seiner Kontrolle unterwarf, waren die *Bazar-Geldverleiher die primäre Kreditquelle*. Sie nahmen Gelder von reichen Iranern an, um sie vor Konfiskationen zu schützen und gaben denen Kredit, die sich ein einträgliches Amt zu erwerben suchten[26]. Der ständige Geldmangel der Regierung machte diese ebenfalls häufig zum Schuldner des *Wucherkapitals*, das sein Geld aus staatlichen Einnahmequellen, z.B. Minen, wiedererhielt[27]. Die Gründung der englischen und russischen Bank und die Möglichkeit für die Shahs, im Ausland Anleihen aufzunehmen, reduzierten jedoch die Bedeutung des Wucherkapitals sowohl als Kreditgeber der Herrscher wie auch der Handelskapitalisten. Vor allem die Zinssätze, die bei den Wucherern häufig 100 % betrugen, ließen die Iraner bei den europäischen Banken Zuflucht suchen. 1890 soll daraufhin der Zinsfuß auf 12 % gesenkt worden sein[28], damit das Kreditgeschäft nicht völlig an die ausländischen Banken fiel. Die einflußreichsten Vertreter des iranischen Handelskapitals wandten sich an den Shah mit der Bitte, eine Staatsbank zu gründen, an der sich auch privates iranisches Kapital beteiligen konnte. Doch auch dieser Versuch zur Gründung einer vom Auslandskapital unabhängigen Bank scheiterte, ebenso wie alle anderen, an der Gleichgültigkeit der politischen Herrscher und dem Widerstand der imperialistischen Mächte[29]. So erklärt sich das Interesse des Wucherkapitals, das oft in Personalunion mit dem Handelskapital stand, an einer Beseitigung des imperialistischen Einflusses im Iran und damit seine aktive Beteiligung an der Revolution.

In der frühen Ghadjaren-Periode bis zur Mitte des 19. Jahrhunderts konnte das heimische Handels- und Wucherkapital die Kreditwünsche der Shahs noch ausreichend befriedigen; mit zunehmender Zersetzung der Naturalwirtschaft durch die Geldwirtschaft, gestiegenen Luxusbedürfnissen, Militärausgaben und den zahlreichen kostspieligen Auslandsreisen des Shah waren diese jedoch so gestiegen, daß unter den gegebenen Verhältnissen nur die imperialistischen Mächte als Kreditgeber infrage kamen. Das erklärt den zunehmenden "Ausverkauf" der iranischen Ressourcen durch die Vergabe der berüchtigten Konzessionen. Während früher auch iranisches Kapital zur Bezahlung von Krediten das Recht auf Ausbeutung von Minen und dergleichen erhielt, wurde dies nun eine Domäne der Europäer[30].

Für die iranische nationale Unabhängigkeit wirkte sich das immer bedrohlichere Formen annehmende System der *Konzessionsvergabe* an europäische Interessenten ebenso verhängnisvoll aus wie für die Klasseninteressen der iranischen Bourgeoisie. Diese Entwicklung begann in den 60er Jahren mit dem Bau von Telegraphenlinien durch eine britische Gesellschaft. Die autonomen, von iranischen Interventionen weitgehend freien Niederlassungen dieser Telegraphenlinien wurden gleichzeitig zum Zufluchtsort für Vertreter der iranischen Opposition, die, solange die Engländer ihre Politik unterstützten, ihre Forderungen an die Zentralmacht richten konnten[31].

Insgesamt aber trug gerade der Kampf gegen die Konzessionen zur politischen Aktivierung weiter Kreise der iranischen städtischen Massen bei, vor allem der um die Rücknahme der Tabakkonzession[32]. Dieser von der Geistlichkeit und einem Teil des Hofes sowie der russischen imperialistischen Konkurrenz unterstützte Boykott führte schließlich zum Erfolg. Es ist allerdings fraglich, inwieweit dieser primär auf der Mobilisierung der Volksmassen beruhte. Derartige Versuche von Seiten der Regierung, die Ausbeutung der iranischen Produktivkräfte dem Ausland zu überlassen, wie es vor allem die berüchtigte, wenn auch in dieser Form nicht verliehene Reuterkonzession vorsah, machten immerhin breiten Teilen der Bevölkerung bewußt, wie weit die imperialistische Durchdringung des Iran schon fortgeschritten war. Dabei entsprach jedoch den "in religiösem Wahn" befangenen Massen häufig weniger eine antiimperialistische als vielmehr eine "antichristliche" oder schlicht "fremdenfeindliche" Propaganda, die schließlich den einheimischen Minoritäten mehr schadete als den Imperialisten[33].

Die dem Widerruf der Reuterkonzession folgende "Ersatzkonzession", die die Errichtung der "Imperial Bank of Persia"

ermöglichte, ließ das englische Kapital kaum weniger stark
in die ökonomische Struktur des Iran eingreifen als die ursprünglich
geplante[34]. Die Bank erhielt das alleinige Recht
zum Notendruck; auch Kredite an den Shah und die anderen Mitglieder
der herrschenden Klasse gehörten zu ihren Obliegenheiten.
Aufgrund ihrer starken Position, die allein von der
russischen Bank angreifbar war, beeinflußte sie auf dem iranischen
Geldmarkt auch die Investitionstätigkeit des einheimischen
Handelskapitals. Eine ihrer besonders wichtigen Aufgaben
bestand in der Vertretung der Interessen anderer englischer
Konzessionäre. Dabei erleichterten die engen Beziehungen
der Bank zu den "Beratern" des Shah die Durchsetzung
ihrer Absichten und verhinderten jede Einflußnahme der iranischen
Bourgeoisie auf das Staatsoberhaupt[35].

Die Konkurrenz zwischen England und Rußland um die Erlangung
einer Konzession hatte in vielen Fällen einzig das Ziel zu
verhindern, daß die andere Seite sie erhielt. Eine solche
Praxis hatte vor allem im Bereich des Eisenbahnbaus negative
Folgen, da dieser, im Gegensatz zum benachbarten Osmanischen
Reich, im Iran nicht etwa forciert vorangetrieben wurde, um
die Importmöglichkeiten zu verbessern, sondern durch die Konkurrenz
der beiden europäischen Staaten stark behindert wurde[36].
Allerdings sorgte die russische Seite durch intensiven
Straßenbau für die Erleichterung ihrer Warentransporte im
Nordiran, ebenso England im Südiran. Dort hatte vor allem die
Öffnung des Karun-Flusses für die Schiffahrt dem britischen
Handel neue Impulse gegeben[37]. Die zunehmende Verschuldung
des Shah durch ausländische Anleihen ließ ihn die Zolleinnahmen
an beide Staaten verpachten; später waren auch die
Belgier als Zollpächter tätig. Dadurch gelang es zwar, die
staatlichen Einnahmen zu erhöhen, da diese aber nur dem Luxuskonsum
des Shah dienten, waren sie volkswirtschaftlich
ohne Belang und entzogen eine weitere staatliche Institution
der Kontrolle der Regierung[38]. Vor dem 1. Weltkrieg schien
es, als hätte das russische Kapital die wichtigsten ökonomischen
Konzessionen in seiner Hand konzentriert[39]; erst
später zeigte sich die überragende Bedeutung der englischen

Ölkonzessionen. Indem besonders die russischen und englischen Kapitalisten das Monopol zur Ausbeutung der natürlichen Reichtümer des Landes erwarben, um so die anderen imperialistischen Länder als Konkurrenten aus Persien auszuschließen, ohne daß sie selbst auch nur annähernd in der Lage gewesen wären, die Ressourcen auszuschöpfen, unterbanden sie zur gleichen Zeit die Schaffung einer iranischen Industrie und wurden damit zum Haupthindernis für die Bereicherung des iranischen Handels- und Industriekapitals sowie für die weitere Entwicklung der Produktivkräfte des Landes[40]. So waren die imperialistischen Ausbeutungspraktiken Englands und Rußlands zwar der Auflösung der asiatischen Despotie der Ghadjaren förderlich, eine kapitalistische Entwicklung des Iran aber konnten und wollten sie nicht in Gang setzen.

In einem so reich mit Mineralien aller Art gesegneten Land wie dem Iran spielte der *Bergbau* schon immer eine wichtige Rolle. Allerdings hatten sich die Ausbeutungsmethoden über lange Zeit hinweg kaum verändert und waren daher auch nicht geeignet, die Etablierung kapitalistischer Verhältnisse zu fördern[41]. Während sich in der Frühphase des europäischen Kapitalismus Grundbesitzer, auf deren Boden sich Mineralien befanden, oft als Unternehmer betätigten, waren dagegen im Iran alle Bodenschätze Eigentum des Staates. Ihr Abbau erforderte daher eine Konzession des Shah, die nur durch gute Beziehungen und entsprechende Bestechungsgelder zu erlangen war; dann jedoch wurde die eigentliche Problematik des Unterfangens erst sichtbar, denn der Mangel an modernen Maschinen, die schlechten Verkehrsverhältnisse, die "Ignoranz" der iranischen Handelskapitalisten, die hauptsächlich als Pächter auftraten und die Erpressungs- und Konfiskationsmaßnahmen der Gouverneure ließen ein solches Unternehmen häufiger zu einem Verlustgeschäft als zu einer Quelle des Profits werden. Stellte sich, entgegen allen Erwartungen, doch ein Erfolg ein, so traten die Beamten auf den Plan und forderten eine Beteiligung an den Erträgen. Daher neigten die iranischen Handelskapitalisten kaum zu Investitionen in diesem Bereich; auch der jederzeit mögliche Entzug des Pachtvertrages ließ ein

Interesse an längerfristigen Geldanlagen, deren es hier bedurft hätte, gar nicht erst aufkommen. Man zielte daher auf möglichst schnelle Ausbeutung und war eher bereit, eine Grube "ersaufen" zu lassen, als Investitionen vorzunehmen, die zu einer Erhaltung geführt hätten[42]. Trotzdem lassen sich gewisse Ansätze zur Arbeitsteilung im Bergbau feststellen; so soll es in den Kupferminen insgesamt sechs unterschiedliche Arbeitsgänge im Prozeß des Abbaus und der Verarbeitung gegeben haben[43].

Insgesamt erlebte allerdings der Bergbau während des 19. Jahrhunderts einen Rückgang, so daß, als sich unter Reza Shah wieder neues Interesse an effektiveren Förderungsmethoden entwickelte, kaum noch etwas vom iranischen Bergbau vorhanden war[44]. Diese Vernachlässigung der Entwicklung der nationalen Produktivkräfte führte zu einer Vergrößerung der Importe; vor allem Kupferrohstoffe, für die im Iran ein großer Markt im Bereich der Weiterverarbeitung bestand, mußten nun aus Rußland eingeführt werden. Transportschwierigkeiten machten auch Eisen, trotz reicher Minen, zum Importartikel, der aber, wegen seines hohen Preises, nur in geringem Maße eingeführt wurde.

Der Handel mit Metallen befand sich in der Mitte des 19. Jahrhunderts in den Händen einer russisch-persischen Kompanie[45]; doch war das Handelsvolumen eher gering, denn noch zu Beginn des 1. Weltkriegs stellte der Iran keinen Absatzmarkt für die internationale Metallindustrie dar. Im Bergbau waren zwar Lohnarbeiter beschäftigt, jedoch arbeiteten sie oft nur während der günstigen Jahreszeiten, so daß diese Tätigkeit häufig zum Nebenerwerb der Bauern aus der Umgebung wurde. Dabei gab es ein System der mehrstufigen Unterverpachtung, in dem die Bergarbeiter durch den hohen Pachtzins in starker Abhängigkeit vom "Oberpächter" standen. Gewöhnlich mußten über 2/3 der Erlöse an Pächter und Unterpächter abgegeben werden. Zudem waren die Arbeitsbedingungen im Bergbau sehr hart, und Arbeitsunfälle mit Todesfolgen stellten keine Seltenheit dar[46].

Zahlreiche Untersuchungen, die Entwicklung und Niedergang des iranischen *Handwerks* diskutieren, halten das technologische

und künstlerische Niveau noch während der Safawidenepoche
für konstitutiv und dem der europäischen Staaten vergleichbar[47]. Zwar wird teilweise die schwach ausgeprägte Innovationsfreudigkeit der Handwerker sowie der geringe Arbeitseifer bemängelt, was zu der Behauptung führt, daß selbst unter günstigeren politischen und ökonomischen Bedingungen dieser Sektor der iranischen Volkswirtschaft nicht die für die "industrielle Revolution" benötigten Potenzen hätte entfalten können[48]; diese Überlegungen abstrahieren jedoch vom Gesamtzusammenhang. Denn die starke Entwicklung der Produktivkräfte vor allem in England, die zur industriellen Revolution führte, läßt sich keineswegs auf die Transformation des Handwerks reduzieren, sondern setzt ebenso eine Transformation des Agrarsektors voraus. Ohnehin ist es müßig, sich Spekulationen über nicht eingetretene Möglichkeiten hinzugeben. Dem Handwerk der Safawidenepoche war keine evolutionäre Entwicklung vergönnt, denn die Invasionen und Bürgerkriege des 18. Jahrhunderts, die viele iranische Städte eines Großteils ihrer kleinen Warenproduzenten beraubten, ließen kaum mehr als die notdürftige Restauration der althergebrachten Produktionstechniken zur Versorgung der Überlebenden mit handwerklichen Produkten als sinnvoll erscheinen. Nach der Etablierung der Ghadjaren-Herrschaft war zwar aufgrund der napoleonischen Kriege eine Reduktion der Importe aus Europa zu verzeichnen, die dem iranischen Handwerk gewisse Chancen zur Erholung bot, doch bald danach trieb die ungehinderte Einfuhr vor allem von Textilien aus "befreundeten" europäischen Ländern die kleinen Warenproduzenten auf "friedlichem" Wege in den Ruin[49]. Immer wieder kam es zu Petitionen des iranischen Handelskapitals bei der Zentralmacht, doch bestanden auf dieser Seite weder entsprechende Interessen noch juristische Möglichkeiten in Form von Handelsverträgen zur ausreichenden Protektion[50]. Die Verbesserung der Verkehrswege, so zuträglich sie sonst auch der Ausbildung eines inneren Marktes sein mochte, förderte unter den gegebenen Verhältnissen nur den verstärkten Konsum ausländischer Waren, die billiger, wenn auch nicht immer qualitativ besser waren als die heimische handwerkliche Produktion. Wenn das iranische Handwerk dennoch bis

ins 20. Jahrhundert einen Teil der Konsumbedürfnisse der Massen erfüllen konnte, so verdankte es dies vor allem den weiten Entfernungen im Land und den für die Importe über größere Strecken hinweg inadäquaten Transportmöglichkeiten[51]. Die Zweige der iranischen gewerblichen Produktion allerdings, die Waren herstellten, für die auf dem Weltmarkt eine steigende Nachfrage vorhanden war, erlebten, gewöhnlich unter Führung ausländischer Kapitalisten, einen Aufschwung. Das betraf vor allem die *Teppichweberei*[52], einen Bereich, der vom traditionellen Handwerk eher vernachlässigt und daher eine "Nebenbeschäftigung" der Bauern- und Nomadenfrauen und -kinder geworden war. Die Möglichkeit, diesen Arbeitskräften noch geringeren Lohn zu zahlen als den Männern, nutzten die ausländischen sowie auch einige iranische Handelskapitalisten aus, um ein Verlagssystem zu etablieren und Manufakturen zu errichten.

Um die Jahrhundertmitte hatte sich die Lage des iranischen Handwerks derartig verschlechtert, daß in diesem Bereich junge Männer keinerlei Zukunftsperspektive mehr sahen, was unter den gegebenen ökonomischen Verhältnissen eine Aufblähung der "unproduktiven" parasitären "Vermittler"-Schicht bedeutete[53]. Die "Möglichkeit", als Manufakturarbeiter ausgebeutet zu werden, war nicht nur durch die geringe Anzahl solcher Unternehmen beschränkt, sondern wirkte auch durch die repressiven Arbeitsbedingungen äußerst abschreckend[54], ein Aspekt, den die iranische Manufaktur mit der europäischen teilte, für welche anfänglich vor allem Strafgefangene zwangsverpflichtet wurden. Als Manufakturisten, in deren Betrieben zu jener Zeit hauptsächlich Teppiche, Schals und Seidenartikel hergestellt wurden, traten nicht nur Vertreter des Handelskapitals auf, sondern auch hohe Beamte, z.B. Provinzgouverneure, eine Tendenz, die sich ebenfalls in den europäischen Ländern nachweisen läßt. Staatliche Manufakturen existierten vor allem in Form von Arsenalen, in denen die Handwerker zur Arbeit gezwungen und am Verlassen des Arbeitsplatzes gehindert werden konnten[55]. Daneben gab es verschiedene Übergangsformen zwi-

schen einfacher Warenproduktion und Verlagssystem, vermittels
derer sich der Übergang der einst unabhängigen Handwerker in
eine vom Kapital immer abhängigere Position vollzog.

Die Mehrheit der Handwerker arbeitete auf eigene Rechnung
und Bestellung, wobei jedoch Anzahlung oder Materiallieferung erwünscht waren. Diese Praxis führte in den größeren
Städten zur Belieferung der Handwerker mit den nötigen Rohstoffen durch einen Kapitalgeber; verbunden mit fester Entlohnung entstand so das *Verlagssystem*[56], das sich schließlich unter dem Gesichtspunkt der ökonomischen Abhängigkeit
kaum noch von der Manufaktur unterschieden haben dürfte. Allerdings handelte es sich bei den Manufakturarbeitern nur
selten um ehemalige Handwerker, eher um landflüchtige Bauern, die gezwungen waren, jede sich ihnen bietende Arbeit anzunehmen. Die Dauer der Arbeitszeit in der Manufaktur überschritt meistens 10 Stunden, die Gesundheit wurde durch die
unmenschlichen Arbeitsbedingungen ruiniert, die besonders in
den *Teppichmanufakturen* herrschten. Der Lohn wurde selten
pünktlich und dann von Tag zu Tag gezahlt, war jedoch so
niedrig, daß er nur sehr mangelhafte Ernährung und Kleidung
ermöglichte. Daher litten die Manufakturarbeiter auch besonders schwer unter der Geldentwertung, die die iranische Geschichte des 19. Jahrhunderts begleitete und besonders gegen
Ende der Herrschaft Nasser ed din Shahs im Jahre 1890 erschreckende Formen annahm[57]. Im Vergleich zu den Manufakturarbeitern waren die wenigen, noch selbständig arbeitenden
Handwerker zu einem bescheidenen, halbwegs erträglichen Leben in der Lage. Eine Kapitalakkumulation war ihnen allerdings kaum möglich, was nicht zuletzt auf den Kaufkraftschwund
der Währung zurückzuführen war. Ort sowohl der Produktion als
auch der Distribution der Waren war gewöhnlich der Bazar;
daneben existierten auch mobile Händler sowie saisonal tätige Handwerker. Eine zwar nicht sehr geachtete, gleichwohl
äußerst wichtige Rolle spielten die *Makler*, zu denen auch die
wandernden Trödler zählten[58]. Zwar bestand zwischen den
Korporationen der Kaufleute und den Handwerkerzünften keine
organisatorische Bindung; trotzdem entwickelten sich aber

häufig Abhängigkeitsverhältnisse zwischen einzelnen Zünften und dem Handelskapital, das als Materiallieferant oder Großabnehmer fungierte[59]. Diese ökonomische Abhängigkeit kulminierte manchmal in der Gründung einer Manufaktur, die die ehemals selbständigen Handwerker zu Lohnarbeitern degradierte[60]. Einem Handwerksmeister dagegen konnte es kaum gelingen, genug Kapital für die Errichtung einer Manufaktur und die damit verbundene Einstellung von Lohnarbeitern zu akkumulieren; vielmehr war er selbst ständig bedroht, in ein Verlagssystem eingespannt zu werden.

Inwieweit die Unfähigkeit zur Kapitalakkumulation als Ergebnis des unbeschränkten Zutritts zum Handwerk zu werten ist, ist schwer zu entscheiden. Immerhin war ja die Exklusivität der europäischen Zünfte im Spätmittelalter der Akkumulation von Kapital in den Händen reicher Handwerksmeister nur förderlich. Allerdings zeigten sich auch in den iranischen Zünften des 19. Jahrhunderts Tendenzen zur Begrenzung der Zahl der in einem Beruf tätigen Handwerker. Erfolgreich scheinen diese Bemühungen jedoch nicht gewesen zu sein, denn es war sogar möglich, außerhalb des Bazars Handwerksläden einzurichten. So sollen 1877 in Tabriz 23 % aller handwerklichen Produktionsbetriebe außerhalb des Bazars angesiedelt gewesen sein[61].

Eine 1892 von J.Daszynska [62] veröffentlichte Studie über die iranische *Hausindustrie* interpretiert die Entwicklung der iranischen gewerblichen Produktion als eine der europäischen, zu kapitalistischen Produktionsverhältnissen tendierende vergleichbare. Sie sah in den *karkhane* (Arbeitshäusern) eine Übergangsorganisation zwischen handwerklicher Produktion und Manufaktur. Was sich dort unter einem Dach abspielte, war allerdings keine arbeitsteilig organisierte Manufakturproduktion, sondern lediglich eine Zusammenfassung von 5 - 6 Arbeitern, die das gleiche Produkt herstellten. Solche Werkstätten fanden sich besonders im Bereich der Färberei und Stoffdruckerei[63]. Auch die zunehmende Unterwerfung der iranischen gewerblichen Produktion unter das ausländische Kapital, besonders der für den Weltmarkt tätigen Teppichfabrikation, nahm nur selten die Form einer reinen Manufakturproduktion an, sondern führte eher zur Ausbildung einer Koexistenz zwischen ländlicher Heimindustrie und städtischer Manufaktur, wobei die ländlichen Produzenten als eine Art externer Sektion der städtischen Manufaktur zu betrachten sind. Eine Ausnahme bildete eine Tabrizer Manufaktur, in der um 1900 ein Vertreter des russischen Handelskapitals 1500 Arbeiter beschäftigte, die gleichzeitig mehrere hundert Teppiche in Arbeit hatten. Es handelte sich hierbei allerdings primär um die Produktion von teuren Woll- und Seidenteppichen, also von Luxusartikeln[64].

Die gesellschaftlichen Verhältnisse, die Dominanz der Grundbesitzerklasse, die mangelhaften Schutz- und Förderungsmaßnahmen von Seiten der Staatsmacht sowie der Ruin des Handwerks, der nicht etwa zugunsten der Manufakturproduktion ausschlug, all diese Faktoren hemmten die stärkere Entfaltung des Manufakturwesens. Es blieb daher auf exportorientierte Sektoren beschränkt, die mithin, kontrolliert vom ausländischen Kapital, expandierten und eine höchst effektive Ausbeutungsform darstellten. Handel und Wucher hatten zwar eine gewisse Konzentration von Geldkapital in den Händen ihrer wichtigsten Vertreter ermöglicht, doch waren die Geldkapitalisten nicht willens, stärker in die maschinelle *Industrie* zu investieren, so daß die Manufaktur langsam durch Industriebetriebe ersetzt worden wäre.

Im Zuge der Entwicklung und Erweiterung der Geldwirtschaft im Iran und des Niedergangs des Handwerks um die Jahrhundertwende machte die Entwicklung des inneren Marktes zwar Fortschritte, da Rohstoffe und Arbeitskräfte ausreichend vorhanden waren; die Möglichkeit, diese für eine kapitalistische Produktionsweise zu nutzen, mußte jedoch an den exogenen und endogenen Widerständen scheitern. So wanderten zahlreiche Iraner als Arbeitsemigranten nach Südrußland und in andere Nachbarstaaten ab, während die Rohstoffe von den Industrien der imperialistischen Staaten produktiv konsumiert wurden[65]. Als Haupthinderungsgründe für die Entwicklung einer maschinellen Industrie lassen sich neben der "asiatischen Produktionsweise", die sich zwar im Zersetzungsprozeß befand, dennoch aber als Hemmnis auf die einheimische Bourgeoisie wirkte, und dem Import billiger europäischer Industriewaren, verbunden mit dem Eindringen ausländischer Kapitalinteressen, vor allem der Mangel an ausgebildeten Fachkräften sowie die völlig unzureichende Infrastruktur festhalten[66]. Zwar lassen sich bereits im ersten Drittel des 19. Jahrhunderts Versuche zum Aufbau von maschinell ausgerüsteten Fabriken feststellen; da sie jedoch allein im Bereich der Rüstung unternommen wurden, zeitigten sie keine Rückwirkungen auf die gewerbliche Produktion des Landes. Auch die zweite Initiative in dieser Richtung ging von staatlicher Seite aus, d.h. ohne Beteiligung des Handelskapitals oder des Handwerks. Mitte des 19. Jahrhunderts suchte der Großwezir des jungen Nasser ed din Shah, Amir Kabir, einer der "großen Reformer" des Iran, mit Hilfe von Importsubstitution die Versorgung des Landes von der englischen industriellen Produktion unabhängig zu machen. Er ließ Zucker-, Spinn-, Kattun-, Stearin- und Glasfabriken sowie Papiermühlen errichten und unterstützte das Handwerk. Die Konkurrenzfähigkeit sollte durch Ausbildung iranischer Handwerker in Rußland und anderen europäischen Staaten gesteigert werden. Außerdem erhielten iranische Kapitalbesitzer, die im Bereich der Montanindustrie Investitionen vornehmen wollten, Konzessionen mit fünfjähriger Steuerbefreiung[67].

Dieses zaghafte Industrialisierungsprogramm wurde von Seiten der europäischen "Freunde" des Iran sofort kritisiert; der Iran erkannte diese Einwände jedoch als das, was sie vor allem waren: als Ergebnis der Handelsinteressen des europäischen Kapitals[68]. Das Ziel dieser "wohlmeinenden Ratschläge" war offensichtlich, genau die Entwicklung zu begünstigen, die im Iran in der zweiten Hälfte des 19. Jahrhunderts dann auch tatsächlich eintrat, nämlich die Reduktion auf einen Rohstoffexporteur und Industriewarenimporteur, und sie zusätzlich noch mit einem verklärenden Glorienschein zu umgeben. So sollten die Iraner die internationale Arbeitsteilung als das ihren Interessen am meisten entsprechende System anerkennen. Nach dem Sturz Amir Kabirs traten daher alle Pläne zur Industrialisierung auch wieder in den Hintergrund.

Erst nach 1880 wurden wieder größere Fabriken von ausländischem und iranischem Kapital gegründet, wenn auch ohne längerfristigen Erfolg. Vor allem belgische Unternehmer taten sich bei der Gründung industrieller Unternehmungen hervor. Sie errichteten Betriebe im Bereich der Herstellung von Zukker sowie der Produktion von Glas und Gasbeleuchtungskörpern[69]. Alle diese Vorhaben scheiterten früher oder später an den Kosten der importierten Maschinen, den hohen Löhnen für die ausländischen Arbeiter und Angestellten und vor allem an den ungeheuren Rohstoffkosten, die durch Transportschwierigkeiten und Spekulationen verursacht wurden. In der Vorkriegsperiode waren auch die Vertreter der iranischen Handelsbourgeoisie aktiv im Bereich der industriellen Investitionen tätig; doch waren ihnen bleibende Erfolge ebenfalls versagt. Dabei spielte sowohl der Mangel an organisatorischen und technischen Kenntnissen bei den Kapitalisten und Arbeitern eine Rolle als auch die Konkurrenz der weit überlegenen europäischen Importe[70]. Entscheidend war jedoch die Vorherrschaft der europäischen Interessen in allen wichtigen Bereichen, die jede Schutzzollpolitik verhinderte.

Doch nicht allein die angestaute Empörung der Klein- und Großbourgeoisie über das despotische und den ausländischen Mächten sowie deren im Iran investierenden und Handel treibenden Vertretern gegenüber willfährige Verhalten der verschiedenen Fraktionen der herrschenden Klasse, besonders auch des Shah selbst, war für die "konstitutionelle Revolution" von ausschlaggebender Bedeutung. Eine führende Rolle bei der Mobilisierung des Widerstandes spielte auch die *shi'itische Geistlichkeit*, die im Laufe des 19. Jahrhunderts ihre starke Position gegenüber dem Herrscher immer mehr ausgebaut hatte. Dabei stützte sie ihre ökonomische Macht auf die finanzielle Unterstützung und die Kontrolle des waghf-Landes, die sie besonders unter Fath-'Ali Shah (1797-1834) erhalten hatte. Da sich ferner seit dem Niedergang des Safawidenreiches ihre Zentren in irakischen Gebieten befanden und sie außerdem über vom Staat unabhängige Einkommensquellen verfügten, konnten die Geistlichen ihre Autonomie gegenüber den Ghadjaren-Herrschern weitgehend

behaupten. Zudem beherrschten sie das Bildungswesen und die
Justiz, waren eng mit der Handelsbourgeoisie liiert und besaßen das Vertrauen der Handwerker des Bazars. Sie fungierten
damit als natürliche Vermittler zwischen den "bürgerlichen"
Klassen und der Staatsmacht, aber auch als Anführer nativistischer Bewegungen. Allerdings konnte die shi'itische Geistlichkeit sozial-revolutionäre Bewegungen nur in sehr begrenztem Maße unterstützen, weil sie selbst Machteinbußen auf öko-
nomischem wie politischem Gebiet zu fürchten hatte[71]. Das
zentrale Motiv ihres politischen Handelns bestand in der Wahrung und Erweiterung ihrer Machtposition, die mit der zunehmenden Beherrschung des Iran durch den Westen im 19. Jahrhundert und der damit einhergehenden Abhängigkeit des Landes
immer schwächer wurde. Da jedoch die politische Unabhängigkeit Irans die Voraussetzung für die Existenz und den Einfluß der ulama war, mußten diese gegen die "Ungläubigen" mit
Hilfe einer Mobilisierung des Nativismus innerhalb der Bevölkerung verteidigt werden. Dabei bestand neben der religiös begründeten Ablehnung der weltlichen Herrschaft das aktuelle Motiv ihres Kampfes gegen die durch die Person des Shah
verköperte Zentralmacht im Widerstand gegen zaghafte Säkula-
risierungsbestrebungen im Bereich des Bildungswesens und der
Justiz, die für sie bis dahin auch finanziell einträgliche
Monopole gewesen waren. Ebenso mußten Versuche der Herrscher,
sich einen Teil des waghf-Landes anzueignen, das steuerfrei
war und daher die Einnahmen der Regierung beträchtlich reduzierte, sofern es ausgedehnte Landflächen umfaßte, ihren Widerstand herausfordern.

Allerdings trat ein beträchtlicher Teil der Geistlichkeit
von Anfang an allen Versuchen, die bestehenden Herrschafts-
und Ausbeutungsverhältnisse zugunsten der "bürgerlichen"
Kräfte zu verändern, mit Entschiedenheit entgegen. Möglicherweise war diesen ulama früher als ihren "fortschrittlicheren"
Amtsbrüdern einsichtig, daß eine Bewegung, die auf der Unterstützung der Massen basierte und den Kampf gegen die Staatsmacht aufnehmen wollte, quasi naturwüchsig bei einem Teil
eben dieser Massen Bewußtseinsbildungs- und Politisierungs-

prozesse in Gang setzen mußte, die dann möglicherweise auch
vor der Hinterfragung der Machtposition der Geistlichkeit
nicht Halt machen würden.

Zwar spielten modernistische *Intellektuelle* insgesamt nur
eine untergeordnete Rolle; sie gehörten jedoch lange Zeit
zu den leidenschaftlichen Verteidigern der Revolution gegen
innere und äußere Feinde. Aufgrund ihrer im europäischen
Ausland genossenen Ausbildung waren sie aber dem Bewußtseinsstand der breiten Bevölkerung zu sehr entfremdet, als daß
sie umfassende politische Wirkungsmöglichkeiten hätten erlangen können. Von den europäischen Aufklärern unterschieden
sie sich durch ihren sozial-philosophisch unbegründeten *Glauben* an das "Gesetz" als Allheilmittel. Sie sahen in der konstitutionellen Kontrolle der Macht des Despoten die Garantie
für einen Fortschritt, wie sie ihn in Europa erlebt hatten.
Da systemimmanente Reformversuche gescheitert waren, wandten
sich die Modernisten wie z.B. Malkam Khan und Mirza Agha Khan
Kermani gegen Ende des 19. Jahrhunderts mit ihrer politischen
Agitation zunehmend an die iranische Bevölkerung, deren religiöses Gefühl sie anzusprechen versuchten. Die von Malkam
Khan 1890 postulierte Vereinbarkeit moderner Gesetze mit dem
Islam war Ausdruck dieser neuen "Taktik". Seiner Meinung nach
bestand die einzige Möglichkeit, "europäische Reformen den
Persern schmackhaft zu machen" darin, "sie in einem islamischen Gewand vorzubringen"[72]. Da also diese Reformen nicht
als die Verinnerlichung von Verkehrsformen, sondern als Institution angestrebt wurden, waren die Modernisten in ihrem
Kampf um die Errichtung der konstitutionellen Monarchie gezwungen, eine Allianz mit der Geistlichkeit einzugehen, die
aus ganz anderen Motiven die absolute Machtstellung der Ghadjaren-Herrscher bekämpfte.

Der Ursprung dieser Allianz war die Tabak-Protestbewegung von
1891/1892[73]. Sie wurde allerdings - wie fälschlicherweise
unterstellt wird - weder von der Geistlichkeit noch von den
Intellektuellen initiiert. Die akkumulierte Empörung der Bevölkerung nahm, angesichts der massiven europäischen Inter-

vention und dem daraus resultierenden verletzten Selbstgefühl
der Massen eine *nativistische* und somit eine traditionelle
und fremdenfeindliche Form an, was den Geistlichen erst die
Möglichkeit zur Übernahme der Führungsrolle bot. Den laizistischen Oppositionellen erschien die Geistlichkeit als ein wichtiger Bündnispartner, denn sie war scheinbar eher in der Lage,
die Bevölkerung durch Petitionen und Demonstrationen zu mobilisieren. Auch die sich mit dem zunehmenden Einfluß der
europäischen Staaten auf die islamischen Länder verbreitenden panislamischen Ideen trugen zum Zustandekommen des Bündnisses zwischen religiösen und laizistischen Oppositionellen
in den 80er und 90er Jahren bei. Said Djamal ed din "al-Afghani", ca. 1839 in der Nähe von Hamadan geboren, war der
führende Ideologe dieses Panislamismus, der eine solche Allianz propagierte und sich der religiösen Tendenzen sowie der
Geistlichkeit bedienen wollte, um die islamischen Länder von
weiteren europäischen Einflüssen abzugrenzen.

Said Djamal ed din al-Afghani (oder Assadabadi) dürfte der
erste Moslem gewesen sein, der eine islamische Antwort auf
den Imperialismus zu geben versuchte[74]. Sie deckte sich weitgehend mit den Wünschen und Vorstellungen der aufgeklärten
islamischen Kreise, die zwar die europäische Hegemonialpolitik
ablehnten, sich aber durch Übernahme von modernen technischen
Errungenschaften eine bessere Zukunft versprachen. Wie Afghani
verurteilten sie ihre eigenen Herrscher als unfähige, reformfeindliche Despoten, die vor den europäischen Mächten kapituliert hatten. Afghani erlebte das Eindringen des europäischen
Kulturimperialismus und erkannte die Bereitschaft der islamischen Länder, ihre kulturelle Identität aufzugeben. Seine
synthetische Antwort, die auf Erfahrungen aus mehrjährigen
Aufenthalten in verschiedenen europäischen und islamischen
Ländern basierte, war die Annahme dieser imperialistischen
Herausforderung - statt, wie die traditionelle Geistlichkeit,
auf den alten Positionen zu beharren. Sie beinhaltete einerseits die Zurückweisung des westlichen Einflusses, andererseits forderte sie eine Reform und Modernisierung der islamischen Gesellschaftsstruktur. Seiner Meinung nach konnten

islamische Staaten diese Aufgaben allein mit Hilfe der Religion verwirklichen. Jeden Emanzipationsversuch vom Joch des Rückstands betrachtete er als sinnlos, wenn der Fortschritt und die Zivilisation nicht auf Islam und Koran aufgebaut waren[75]. Die Schwäche der islamischen Länder führte er auf die Trennung von Religion und Politik zurück, da die islamischen Regierungen das integrative Prinzip des ursprünglichen Islam außer acht gelassen und sich allein auf weltliche Angelegenheiten konzentriert hätten, ohne die Religion zu beherrschen[76]. Religion bedeutete hier allerdings die Gesamtheit des menschlichen Wissens, die Summe aller Wissenschaften bzw. Geisteswissenschaften. Wie frühere islamische Reformer versprach er sich das Heil vom integrativen Prinzip des Islam, in der Einheit von Politik, Recht und allen anderen Lebensbereichen mit der Religion. Von diesem Prinzip ausgehend warf er der Mehrheit der Geistlichkeit ihre Weltabgeschiedenheit vor. Anstatt den Massen "die wahre Religion" nahezubringen, hätten sie kein Interesse daran, die Bereitschaft der Moslems zum politischen Engagement zu mobilisieren[77]. Dem läge bei den islamischen Gelehrten ein falsches Religionsverständnis zugrunde, das die Notwendigkeit zur Orientierung der Religion an den diesseitigen Erfordernissen und Bedürfnissen nicht beinhalte. Dies führe zu Unwissenheit und geistiger Stagnation und versperre den Weg, um die Anforderungen des modernen Zeitalters zu begreifen. Die Moslems sollten an dem Entwicklungsprozeß des Weltgeschehens teilnehmen, zum Fortschritt und schöpferischen Geist inspiriert werden[78]. Eine solche Entwicklung sei nur mit Hilfe einer Reform der Religion und ihrer Reinigung von "falschen" Auslegungen erreichbar, durch einen Panislamismus, der die Befreiung der islamischen Länder vom europäischen Einfluß aufgrund einer Zusammenarbeit aller Moslems ermögliche sowie durch die Abschaffung der weltlichen Regierung und die Einsetzung eines einheitlichen islamischen Herrschaftssystems[79].

Die auf dem Nativismus basierende politische Botschaft Afghanis war eine Kampfansage an die Einmischung der Fremdmächte in die Angelegenheiten der islamischen Länder. Die fremden Mächte waren dabei die Europäer, besonders die Engländer, die mit der Vorstellung in den Orient kamen, alles dort Befindliche auszumerzen. Sie hielten die Orientalen für faul, unwissend und fanatisch, versuchten, sich in den islamischen Ländern eine Vormachtposition zu errichten und jeden freiheitlichen und nationalen Denkansatz auszuschalten, indem sie die Zersplitterung des Volkes in Sekten und Gruppierungen unterstützten[80].

Nachdem alle seine Versuche, die Herrscher zur Gründung einer Föderation der islamischen Länder und damit eines Kalifats zu bewegen, scheiterten, schätzte Afghani den Wert der einheimischen Herrscher im antikolonialen Kampf sehr gering ein und begann, sie fortan zu bekämpfen. Die Unfähigkeit der weltlichen Regierungen der islamischen Länder zur Aufhebung der Versklavung und Unterdrückung durch den Kolonialismus erklärte er mit ihrem Egoismus und Absolutismus, mit ihrer mangelhaften Fähigkeit zur Führung der Regierungsgeschäfte sowie ihrem Prestigebedürfnis. Sie behandelten ihre Untertanen wie Sklaven, ließen sie Tag und Nacht für sich arbeiten und knechteten sie unter den schlimmsten Bedingungen[81]. Neben den weltlichen Herrschern und der quietistischen Geistlichkeit griff Afghani die im Ausland ausgebildete Elite an, die seines Erachtens bewußt oder unbewußt, direkt oder indirekt, die Interessen der Kolonialmächte vertrat. Sie würde nach ihrer Rückkehr ihre Heimat unterschätzen und diffamieren, das Ausland dagegen kritiklos hochachten und den Fortschritt durch blinde Nachahmung in ihre Heimatländer bringen wollen, ein Verhalten, das genauso schädlich sei wie die Verleugnung der eigenen Werte.

Afghani, der in der Zusammenarbeit der islamischen Länder eine Grundbedingung für die Abschaffung der fremden Einflüsse sowie für ihre Befreiung und eine daraus entstehende Ebenbürtigkeit mit den Europäern sah, trug durch seine synthetische Antwort auf die koloniale Herausforderung erheblich zur Entwicklung reformistischer Ideen in religiösen Kreisen des Iran bei. Durch Flugschriften und seinen berühmt gewordenen Brief an die obersten Shi'iten-Führer im Irak kam ihm ein erheblicher Anteil bei der Mobilisierung der Geistlichkeit und der Ausbildung ihrer politischen Stellungnahme zu.

Bis zum Tabakaufstand wurde die Monarchie als Institution von der Geistlichkeit keineswegs in Frage gestellt, obwohl alle Entwicklungstendenzen ihren Widerstand hervorriefen. Auch innerhalb der laizistischen Opposition blieben Forderungen nach Konstitutionalisierung und Demokratisierung des Regimes zunächst noch unausgesprochen. Aufgrund der steigenden Verknappung und Verteuerung der Lebensmittel sowie wegen der kostspieligen Auslandsreisen des Shah, seiner Konzessions- und Anleihepolitik und schließlich auch wegen der zunehmenden Beherrschung des Zollwesens durch ausländische Mächte begannen die national-liberalen Oppositionellen aber in den folgenden Jahren verstärkt, eine verfassungsmäßige Ordnung zu fordern. Zwar standen ihre politischen und sozialen Vorstellungen, die sich an europäischen Vorbildern entwickelt hatten, in krassem Gegensatz zu den Zielen der geistlichen Führer; jedoch hatte der Erfolg der Tabak-Bewegung verdeutlicht, daß die relativ unangreifbaren Geistlichen in der Lage waren, die religiösen Gefühle der Bevölkerung in einem weitaus höheren Maße zu mobilisieren, als es die Reformer mit ihrer politischen Agitation vermocht hätten. Da der Klerus mithin über eine "Massenbasis" verfügte, die für einen Kampf gegen die Monarchie unabdingbar war, vertraten die Intellektuellen die Auffassung, daß die Verfassung mit den islamischen Gesetzen ohne weiteres vereinbar wäre, gewissermaßen ihre zeitgemäße Auslegung darstelle, was ihnen die Möglichkeit zum Bündnis mit der Geistlichkeit gab[82]. Während also die laizistischen Oppositionellen hofften, die Macht der orthodoxen Geistlichkeit für ihre eigenen politischen Ziele einsetzen zu können, unterstützte diese ihrerseits die Bewegung, da sie eine Verstärkung ihrer eigenen Machtposition, nicht etwa aber die Einführung demokratischer oder moderner verfassungsmäßiger Grundsätze anstrebte. Die Forderungen der Geistlichkeit waren zunächst auf ein "Haus der Gerechtigkeit" (edalat-khane) beschränkt; später aber verlangte auch sie ein regelrechtes parlamentarisches System. Der Grund dafür war jedoch nicht, wie bei den laizistischen Denkern, das Vorbild des Westens, sondern die auch für ein islamisches Land bestehende Notwendigkeit, politisch stärker zu werden, wenn nötig mit westlichen Mitteln, um sich dem europäischen Vordringen besser widersetzen zu können. Dabei blieb das wahre Ziel die Rückkehr zum "islamischen Gesetz" und zur "Gerechtigkeit"[83].

Die wichtigsten geistlichen Mitstreiter für eine verfassungsmäßige Ordnung waren u.a. Mohammad Kazem Khorasani, Hadji Mirza Hoseyn Khalili Tehrani, Mirza Mohammad Hoseyn Na'ini sowie Sheykh Esma'il Mahallati. Sie alle lebten in den shi'itischen Zentren des Irak und griffen von dort aus in das Geschehen ein. Ihrer Meinung nach sollte mit Hilfe eines Parlaments die shari'ah zum einzig bindenden, offiziellen Gesetz des Landes erhoben werden; zwar war ihre Anwendung vor der Rückkehr des letzten Imam nur begrenzt möglich, es schien aber dennoch wünschenswert, das religiöse Recht als Vorbild zu nutzen, um die usurpatorische Tyrannei während der Zeit der Verborgenheit zu beschränken und damit Elend und Unterdrückung der Gläubigen zu mindern. So sah Sheykh Mahallati in einer konstitutionellen Regierungsform die "vernünftigste Lösung des Dilemmas zwischen nicht möglicher Regierung des unfehlbaren Imam und Ablehnung der Tyrannei der absoluten Monarchie"[84]. Daher forderte er die Geistlichkeit auf, aktiv an der Verfassungsbewegung teilzunehmen und so eine Politik des Iran, die sich an christlich-europäischen Werten orientierte, zu verhindern.

Im Dezember des Jahres 1905 erreichte die oppositionelle Bewegung ihren Höhepunkt, als die Gründung einer Nationalversammlung, welche als gesetzgebendes Organ die Grundlage einer konstitutionellen Monarchie bilden sollte, öffentlich gefordert wurde. Der russisch-japanische Krieg von 1904/05 und die russische Revolution von 1905 wirkten sich dabei noch intensivierend auf diese Entwicklung aus. Hatten bislang die Gegner der Ghadjaren-Dynastie bei einem Versuch, die herrschende Monarchie zu stürzen, mit russischen Interventionen rechnen müssen, so sahen sie nun, als die russische Regierung selbst mit innen- und außenpolitischen Schwierigkeiten zu

kämpfen hatte, einen günstigen Zeitpunkt zum Handeln. Der
Sieg Japans über Rußland als einzige nicht-konstitutionelle
Großmacht Europas schuf zudem die Vision eines Asien, das
den scheinbar allmächtigen Westen zu unterwerfen vermochte,
und führte im Iran wie auch in anderen asiatischen Staaten
zu einem wachsenden Interesse an einer Verfassung sowie konstitutionellen Herrschaftsformen, denen man das "Geheimnis
der Stärke" zuschrieb[85].

Um ihren Forderungen nach einer beratenden Nationalversammlung
Nachdruck zu verleihen, legten Kaufleute und Handwerker in
Teheran ihre Arbeit nieder und erhielten gemeinsam mit zahlreichen mullas zunächst in der "königlichen Moschee", später
in der britischen Botschaft Asyl. In dieser frühen Phase der
"konstitutionellen Revolution" unterstützten die national-liberalen Oppositionellen eine Führung durch die Geistlichkeit,
da diese die einzige Kraft zu sein schien, die die iranische
Bevölkerung zu mobilisieren in der Lage war. Durch den Druck
dieser Massenaktion mußte der Shah schließlich den Forderungen
nach Entlassung des 'Ain-ud-Daula, des iranischen Premierministers, und nach Zulassung eines gewählten Parlaments mit beratender Funktion nachkommen, so daß im August 1906 durch
Muzaffar ed din Shah (1896-1907) die Gründung einer Nationalversammlung verkündet wurde, die sich aus Adligen, Grundbesitzern, Geistlichen, Kaufleuten und Handwerkern zusammensetzte, den künftig wahlberechtigten Bevölkerungsgruppen. Damit wurde offiziell die Konstitutionalisierung der Regierung,
gestützt auf ein später zu berufendes Ständeparlament, eingeleitet. Da die Mitglieder des Parlaments jedoch auf der
Basis eines Klassenwahlrechts berufen wurden, blieb die Mehrheit der Iraner auch nach der Reformierung des Regierungssystems von allen politischen Aktivitäten ausgeschlossen.

Noch als das erste Parlament, der *madjlis*, mit einem weitgehend am Vorbild Belgiens orientierten Verfassungsentwurf beschäftigt war, begannen sich die gegensätzlichen politischen
Interessen innerhalb des Bündnisses zwischen orthodoxer zwölfer-shi'itischer Geistlichkeit und national-liberalen Oppositionellen abzuzeichnen. Die National-Liberalen äußerten sich

immer deutlicher zu einem möglichen weiteren Verlauf der
Revolution, der ihren Zielen eher entsprechen konnte als es
die Errichtung einer Theokratie vermochte. Obwohl sie durch
Koran-Zitate in ihren Reden und Theorien die Geistlichkeit
weiterhin auf ihrer Seite zu halten suchten, erkannten viele
ulama die dahinterstehenden westlichen Gedanken und griffen
deshalb die Laizisten als "Babi, Ungläubige und Atheisten"[86)]
an.

Sowohl vor als auch während der Revolution war die Haltung
der shi'itischen Geistlichkeit zu einem Verfassungssystem
nach europäischem Modell keineswegs einheitlich gewesen.
Einige führende Theologen übernahmen zwar, wenn auch ohne
Kenntnis der Implikationen, die von den westlich orientierten Intellektuellen vertretene These von der Vereinbarkeit
des konstitutionellen Systems und der islamischen Glaubens-
und Rechtslehre und wurden zu überzeugten Unterstützern der
Volksbewegung; die Mehrheit der Geistlichkeit schloß sich jedoch der Verfassungsrevolution an, weil sie auf diese Art
die Durchsetzung des islamischen Rechts und damit eine Verstärkung ihrer eigenen Machtposition zu erreichen trachtete.
Nun sah sie sich dagegen mit derart "un-islamischen" Ideen
wie beispielsweise der Gleichheit aller Religionsgemeinschaften vor dem Gesetz konfrontiert, so daß manche, die sich anfänglich für die Verfassung eingesetzt hatten, nun, nach dem
scheinbaren Sieg der Revolution, jede weitere politische Auseinandersetzung ablehnten oder sich gar gegen die neue konstitutionelle Ordnung stellten. Nach und nach hatten sie erkannt, daß diese Verfassung keineswegs so selbstverständlich
mit dem islamischen Recht übereinstimmte, wie ihre bürgerlich-laizistischen Verbündeten behaupteten, so daß gerade die Bewegung, mit der sie ihre religiösen und machtpolitischen Interessen sichern wollten, sich gegen sie selbst ebenso wie
gegen die zentralistische Monarchie wandte[87)]. Denn die neue
Verfassung enthielt nicht nur die Forderung nach Gleichheit
von nicht-islamischen und islamischen Bürgern, sondern auch
nach Presse- und Versammlungsfreiheit, Gewaltenteilung und
gesetzlicher Kontrolle der religiösen Gerichte. All dies wa-

ren Tendenzen, die der Autorität der orthodoxen Geistlichkeit in höchstem Maße zuwider liefen, so daß, je klarer die Bestrebungen der konstitutionellen Bewegung in Bezug auf eine gesamtgesellschaftliche Erneuerung wurden und sie auch nicht an den von Geistlichkeit und Religion gezogenen Grenzen Halt zu machen bereit waren, die religiösen Führer desto mehr die Verfassung abzulehnen entschlossen waren[88]. Zu den überzeugtesten Gegnern der neuen konstitutionellen Ordnung zählte u.a. Sheykh Fazlollah Nuri, der höchste mudjtahid von Teheran. Er betrachtete die Verfassung als "anti-islamische" Reform und legitimierte seine Ablehnung durch den Bezug auf eine religiöse Doktrin, der zufolge "das gesunde Individuum und der Kranke, Mann und Frau, Gelehrter und Unwissender, Moslem und Nicht-Moslem" von Natur aus "nicht die gleichen Rechte haben können und dürfen"[89].

Um ein Anwachsen der Opposition gegen die Verfassung von Seiten der Geistlichkeit zu verhindern, wurde im Jahre 1907 als Kompromiß ein Erlaß verabschiedet, der u.a. festlegte, daß sich alle Gesetzesvorlagen des Parlaments an den Prinzipien des zwölfer-shi'itischen Islam zu orientieren hätten. Sie sollten künftig zuerst einem Gremium von fünf mudjtahid, denen das partielle oder totale Vetorecht zukam, zur Prüfung vorgelegt werden. Dieser Artikel ernannte außerdem den zwölfer-shi'itischen Islam zum bindenden Bekenntnis eines jeden weltlichen Herrschers sowie zur Staatsreligion und legte schließlich fest, daß dieses Gesetz bis zur Rückkehr des zwölften Imam nicht geändert werden dürfe[90]. Zwar stellte ein solches Vetorecht der shi'itischen Rechtsgelehrten eine Einschränkung der Entscheidungsbefugnisse des Parlaments dar; tatsächlich jedoch kam es niemals zur Anwendung, da dem madjlis daran gelegen war, offene Konflikte mit dem Shah zu vermeiden.

Mit der Inthronisierung des autokratischen Mohammad 'Ali Shah und dem britisch-russischen Abkommen von 1907, durch das der Iran in zwei Einflußsphären aufgeteilt wurde, kam es zu einer Erneuerung des Bündnisses zwischen den orthodoxen ulama und den westlich orientierten Intellektuellen, obwohl sie weiterhin sich zum Teil widersprechende Interessen vertraten; doch nun galt es, einen gemeinsamen Feind zu bekämpfen. Die Geistlichkeit verlor jedoch während dieser Periode ihre Funktion als führende Kraft der Bewegung, da die National-Liberalen, die bis dahin die ulama als Wortführer der Bewegung und Vermittler der eigenen Ideen und Taktiken benutzt hatten, jetzt selbst mehr und mehr in den Vordergrund traten. Nachdem der Shah im Jahre 1908 mit Unterstützung der russischen Kosakenbrigaden einen Staatsstreich verübte und das Parlament auflösen konnte, standen zwar einige Geistliche weiterhin auf der Seite der Konstitutionalisten, da die Ghadjaren-Dynastie ihrer Meinung nach die Interessen der Kolonialmächte repräsentierte und damit die Integrität der islamischen Gemeinschaft gefährdete. Während der anschließenden Kämpfe für die Wiedereinsetzung der Verfassung liefen jedoch zahlreiche shi'itische Geistliche zur Opposition gegen die National-Liberalen über. Es zeigte sich, daß die ulama im Konfliktfall eher zu einem Bündnis mit der traditionellen Herrschaft als mit der reformistischen Bewegung, die eine Säkularisierung und Modernisierung der iranischen Gesellschaft anstrebte, neigten. Denn eine Autokratie erschien zur Wahrung der politischen Unabhängigkeit und damit zur Sicherung ihrer eigenen Interessen geeigneter als eine konstitutionelle Monarchie oder gar eine Republik, die zwangsläufig säkularistisch und anti-klerikal hätte orientiert sein müssen. Die zunehmende Abwendung der orthodoxen Geistlichkeit von der Verfassungsbewegung, welche immer deutlicher ihr "un-islamisches" Potential zeigte, war eine der Ursachen für das Scheitern der Revolution, wenngleich als die entscheidenden Faktoren das Wiedererstarken Rußlands und die britisch-russische Intervention im Jahre 1911 anzusehen sind.

Wie in jeder *scheinbar* religiös motivierten nativistischen Bewegung, die immer von einem chiliastischen Kern getragen wird, erfolgte auch während der "konstitutionellen Revolution" eine Fraktionierung, nachdem anfänglich ein Sieg errungen worden war. Die Ursache dafür lag jedoch nicht - wie Greussing argumentiert[91ced] - in der Shi'ah als solcher, sondern im *shi'itischen Chiliasmus*, der zwar Sinnbilder und -potentiale bereitzustellen vermochte, die einen Kampf gegen despotische Unterdrückung aktivieren konnten, ohne jedoch Vorstellungen vom Aufbau einer "gerechten" Gesellschaftsordnung vorauszusetzen. Diese Vorstellungen waren genauso vielfältig und widersprüchlich wie die sozialen Interessen, die sich im (shi'itischen) Chiliasmus artikulierten. Daher wurde der Widerstand gegen die Versuche zur neuerlichen Errichtung einer despotischen Herrschaft von Mohammad 'Ali Shah (1907-1909), der sich auf eine Teil der Großgrundbesitzer, der Stammesführer und der Geistlichkeit stützte, seit 1908 von den "revolutionär-demokratischen" Kräften angeführt. Doch allein schon wegen der Schwäche der sie tragenden sozialen Gruppen konnten sie gegen die Übermacht der Reaktion und den seit 1907 vereint handelnden englischen und russischen Imperialismus nicht siegreich bestehen.

In dieser Phase blieb zwar die Führung der konstitutionellen Bewegung bei den "bürgerlich-liberalen" Gruppen und einigen "fortschrittlichen" Geistlichen sowie einigen Großgrundbesitzern, die ihre Interessen mit Recht durch einen Sieg der Revolution nicht bedroht sahen. Doch machten sich dabei auch andere, radikalere Tendenzen bemerkbar, besonders in Tabriz, der Hauptstadt von Azerbeidjan[92]. Hier, an der Grenze zu Rußland, war der Einfluß revolutionärer Ideen und Parteien sowohl bei den iranischen Arbeitern in den Ölfeldern von Baku als auch bei den in Rußland studierenden Söhnen des Bürgertums deutlich zu spüren. Es entstand sogar eine "sozialdemokratische Partei" des Iran, die zwar von "kleinbürgerlich-demokratischen Elementen" geführt wurde, aber dennoch als Zeichen für den gewaltigen Bewußtwerdungsprozeß zu verstehen war, der Teile der Kleinbourgeoisie und des Proletariats erfaßt hatte[93]. Insgesamt konnte aber diese Gruppe keine entscheidende Rolle spielen[94], da der Stand der Industrialisierung zu niedrig war, ein industrielles Proletariat im eigentlichen Sinne und damit auch ein entsprechendes Klassenbewußtsein fehlte. Immerhin waren es die Sozialdemokraten, die den einzigen ernsthaften Vorschlag für eine Bodenreform als Maßnahme zur Verteilung des Großgrundbesitzes unter die bäuerlichen Massen machten. Im Gegensatz dazu versuchte die bourgeois-grundherrliche Fraktion der "Revolutionäre" nur eine Abschaffung des tijul zu erreichen, die die Etablierung von bürgerlichem Privateigentum an Grund und Boden ermöglichen sollte. Für die Massen der armen Bauern allerdings brachte diese Veränderung keinen "Fortschritt", da sie weiterhin rechtlose Ausgebeutete blieben.

Auch die *Stammesführer* spielten eine für die Entwicklung der konstitutionellen Revolution verhängnisvolle Rolle. Zwar standen nicht alle auf der Seite der monarchischen Reaktion, wie etwa die Turkomanen und die Shasewan;andererseits entsprang die "Rettung" der konstitutionellen Regierung durch den Marsch der Bakhtiari nach Teheran im Jahre 1908 weniger der Sympathie dieses Stammes und seiner Führer für die Verfassung, als vielmehr der von ihnen erwogenen Möglichkeit, die Nachfolge der Ghadjaren anzutreten. Ökonomisch und politisch hatten die Stammesführer kaum ein genuines Interesse an einer Stärkung der "bürgerlichen" Kräfte, während ihnen eine durch Revolution und imperialistische Interventionen geschwächte Zentralgewalt durchaus willkommen war. Die von den Revolutionären angestrebte demokratische Regierung war jedoch genötigt, diese vorübergehende Vormachtstellung der Stämme zu unterbinden; vor allem die Eintreibung der Steuern aus den Stammesgebieten, die aufgrund der Schwäche der letzten Ghadjaren-Herrscher fast völlig unterblieb, hätte für eine bürgerliche Regierung eine der vordringlichsten Aufgaben sein müssen, ebenso der Ausbau des Transport- und Kommunikationswesens zur Errichtung eines inneren Marktes und damit zur Verbesserung der Waren- und Geldzirkulation. Diese Ziele konnten mit den Interessen der Nomadenführer nicht in Einklang stehen.

Bis zu der unter den herrschenden innen- und außenpolitischen Bedingungen wohl unvermeidlichen Niederlage vermochte die revolutionäre Bewegung kaum grundlegende Transformationsprozesse innerhalb der iranischen Gesellschaft in Gang zu setzen. Dies war jedoch auch nicht das Ziel ihrer führenden Vertreter und der sie unterstützenden Kräfte gewesen. Es kam auch nicht

zu einem Klassenkonflikt zwischen Handelsbourgeoisie und
Großgrundbesitz; die Grundbesitzer lebten weiterhin in den
Städten und pflegten kommerzielle Beziehungen mit der Handelsbourgeoisie, die sich teilweise als Grundbesitzer etabliert hatte. Daher waren beide Gruppen gleichermaßen an der
Aufrechterhaltung der Ausbeutung der Bauern interessiert. So
konnte sich der Plan zu einer Landreform, der fundamentalsten
gesellschaftlichen Veränderung in einem Agrarland, nicht
durchsetzen. Dazu trug vor allem auch die *passive Haltung der
Bauernschaft* gegenüber den Auseinandersetzungen der städtischen Klassen und Schichten bei. Im Gegensatz zur Klein- und
Handelsbourgeoisie stellte der Imperialismus und der Kampf
gegen ihn für sie kaum ein Problem dar; denn ihre Ausbeuter
waren Iraner, teilweise gerade diejenigen, die als Führer der
revolutionären Bewegung auftraten. Dies traf auf die Geistlichkeit als Verwalterin des waghf-Landes ebenso wie auf das
Handelskapital zu, mit dem die Bauernmassen durch das Eindringen der Geldwirtschaft in die Agrarproduktion immer stärker in Kontakt treten mußten. Die Art der dabei gemachten Erfahrungen war sicher nicht dazu angetan, in diesen Gruppen
Klassenverbündete zu entdecken. Gleichzeitig litten die Bauern unter dem wachsenden Terror der Nomadenstämme, da sich
die "Zentralregierung" unter dem Druck der Russen, die den
Norden des Landes okkupiert hatten, und der Engländer, die
ihre Machtposition im Süden weiter ausbauten, als unfähig erwies, der zentrifugalen Kräfte Herr zu werden. So geriet die
Regierung in Teheran anfänglich unter die Kontrolle der Bakhtiaren, später unter die des englischen und russischen Imperialismus.

Dieser Prozeß einer schleichenden Restauration war begleitet
von einem Rückgang der politischen Macht von Klein- und Großbourgeoisie, die sich in der klassenmäßigen Zusammensetzung
des Parlaments ausdrückte[95]. Das Parlament wurde kontrolliert
von Großgrundbesitzern und Geistlichkeit, obwohl die Hauptträger der Revolution Großhändler, Händler und Handwerker
waren. Hatte die Bourgeoisie ein Interesse an einem weiteren
Ausbau des Handels, so waren die Handwerker gerade durch die

verstärkte Konkurrenz ausländischer Waren immer mehr in Bedrängnis geraten und fühlten sich von den Ghadjaren-Herrschern nicht mehr ausreichend geschützt. Somit waren die Interessen der Handwerker, mit Ausnahme der Teppichproduzenten, denen der Handelsbourgeoisie diametral entgegengesetzt, was die deutlichen "antiimperialistischen" Töne der ersten Gruppe erklärt. Ihr Nativismus manifestierte sich dabei in einem islamischen Revivalismus, der der Führung durch die Geistlichkeit Vorschub leistete und, auf der Basis des shi'itischen Chiliasmus, die Ghadjaren-Herrscher als "Usurpatoren" bekämpfte. Die Großgrundbesitzer dagegen versprachen sich von der Abschaffung der alten Zentralmacht, die für die asiatische Produktionsweise stand, die Legalisierung des Privateigentums an Grund und Boden. In der Tat stellte die Aufhebung des tijul sowie die formelle Sanktionierung des faktisch bereits vorhandenen privaten Grundeigentums eine der vorrangigen Maßnahmen der ersten Legislaturperiode dar. Bevor die Konflikte der Handelsbourgeoisie und des Großgrundeigentums mit der traditionellen Kleinbourgeoisie hätten wirkungsvoll ausgetragen werden können, intervenierten Rußland und England, teilten den Iran in ihre Einflußsphären auf und verliehen damit dem Land einen semikolonialen Status.

Die Errichtung einer "konstitutionellen Monarchie" der Ghadjaren implizierte auch die Übertragung eines Teils der Macht der Despoten auf die herrschenden Klassen bzw. deren politische Vertreter, die gleichzeitig die mit diesen Positionen verbundenen Eigentumstitel erwarben. Die neuen Herren agierten nun zwar unter einem gewissen politischen Legitimationszwang gegenüber der "Öffentlichkeit", wodurch sich aber keineswegs die Bedeutung von "Beziehungen" und Intrigen verringerte; Korruption und Vetternwirtschaft blieben weiterhin genuine Bestandteile dieses "modernen", hierarchisch strukturierten Staatsapparates. Mit seiner Jahrhunderte alten Tradition konstituierte er *politische Macht als einen Eigentumstitel*, deren Einsatz nun durch parlamentarische Öffentlichkeit legitimiert werden sollte. Sie reproduzierte sich jetzt lediglich unter veränderten herrschenden Interessenkonstella-

tionen. Zwar war der Einfluß der Kolonialmächte, den sie
durch den Erwerb der Konzessionen unmittelbar vom Despoten
erlangt hatten, mit der "konstitutionellen Revolution" eingeschränkt, dafür suchten sie jetzt aber neben der Beamtenschaft
auch die Parlamentarier an sich zu binden und so ihre bisherigen politischen und ökonomischen Interessen durchzusetzen.

Die wichtigste von den Ghadjaren vergebene Konzession übertrug einem Engländer die Ausbeutung der iranischen Erdölquellen. Die eminente politische und ökonomische Bedeutung
der Entdeckung von Öl im englischen Konzessionsgebiet wurde
während der revolutionären Kämpfe zumindest von iranischer
Seite noch nicht erkannt[96]; bei den Engländern verstärkte sich
dadurch aber das Interesse an der Aufrechterhaltung ihres
Einflusses, so daß ihre Agenten enge finanzielle und politische Kontakte mit den Stammesführern, vor allem der Bakhtiaren, suchten, in deren Weidegebieten sich die Ölfelder befanden. Während die Führer des Stammes zu Aktionären der APOC
avancierten, wurden die einfachen Stammesangehörigen als
Hilfsarbeiter in den Ölfeldern ausgebeutet. Ihre enge Bindung
an den Stamm und die brutale Herrschaft der Il-Khane sorgte
für eine willfährige, leicht zu kontrollierende Arbeiterschaft, obwohl bereits während des 1. Weltkrieges gewerkschaftliche Bestrebungen unter den Ölarbeitern erwachten[97].

Diese Konzession implizierte nicht nur einen Monopolprofit
des investierten Kapitals, sondern auch die Möglichkeit zur
Aneignung der Grundrente nach Zahlung eines geringen Tributs
an die Ghadjaren-Herrscher, d.h. zur *formellen Subsumtion der
Grundrente unter das ausländische Kapital*. Die Übergabe der
Erdölquellen an die englischen Kapitalisten leitete einen
Kampf der einheimischen Bourgeoisie um die Wiedererlangung
dieses Gemeineigentums ein, der sich über ein halbes Jahrhundert hinziehen sollte[98]. Der Kampf richtete sich gegen
die Aneignung der Grundrente, deren Abzug ins Ausland den
Verlust einer der wichtigsten Akkumulationsfonds implizierte,
mit dessen Hilfe sich die iranische Bourgeoisie hätte in
eine unabhängige Kapitalistenklasse transformieren können[99].
Das erklärt den Doppelcharakter ihres Kampfes, der sich als

antiimperialistischer Kampf nicht nur gegen die britische Herrschaft, sondern auch gegen die Zentralmacht richtete, da diese als politische Vermittlerin bei der Durchsetzung der kolonialen Interessen agierte. Folglich mußte die Bourgeoisie selbst zur Eroberung der politischen Macht schreiten, wollte sie ihre eigenen Interessen gegenüber dem Imperialismus wirkungsvoll durchsetzen; doch waren alle entsprechenden Versuche zum Scheitern verurteilt. Ihre Niederlage begann bereits nach der scheinbar siegreichen"konstitutionellen Revolution" mit der Paralysierung der konstitutionellen Kontrolle.

Vor allem das Verhalten der "städtischen Armut" ist wesentlich für die Beurteilung des Klassencharakters und der dadurch hervorgerufenen Widersprüche in den Reihen der Volksmassen[100]. Zwar war es den bürgerlichen Kräften, vor allem den bazari, gelungen, die aufgrund der hohen Nahrungsmittelpreise erregten Massen zu Beginn der Revolution auf ihre Seite zu bringen. Doch bald zeigte sich, daß auch die neuen Herren nichts zur Senkung dieser Preise zu unternehmen gedachten, da schließlich ein nicht geringer Teil von ihnen zu den Spekulanten gehörte. Aufgrund dessen gelang es der Reaktion, die Massen unter dem Banner der Verteidigung des Islam gegen die Ungläubigen, einer weitgehend ungerechtfertigten Behauptung, sowie mit der Versprechung einer Regulierung des Brotpreises zu Anhängern der royalistischen Sache zu machen.

Hatte noch die Konkurrenzsituation zwischen Großbritannien und dem zaristischen Rußland die direkte Kolonisierung des Iran verhindert und das Land stattdessen in zwei Einflußzonen gespalten, so suchte der englische Imperialismus nach der Oktoberrevolution und dem sowjetischen Verzicht auf die durch ungleiche Verträge erlangten Konzessionen des russischen Staates im Iran, das gesamte Land politisch und ökonomisch unter seine Kontrolle zu bringen. Die Sowjetregierung hatte sich durch den Verzicht auf die Rückzahlung der Staatsschulden sowie auf alle Konzessionen und Privilegien, die die Ghadjaren-Herrscher russischen Untertanen verliehen hatten, ihrer ökonomischen und politischen Druckmittel auf die iranische

Regierung weitgehend begeben[101]. Allerdings war sie nicht
bereit, ganz auf die Einkünfte aus der kaspischen Fischerei
zu verzichten, so daß im Laufe der 20er Jahre mehrere Abkommen über die Verteilung der Profite geschlossen wurden[102].
Dieses durch die russische Revolution entstandene und aus
ihrer Politik folgende "Machtvakuum" versuchte der englische Imperialismus sofort auszufüllen. Dies war auch das Ziel
des englisch-iranischen Vertrages vom 9.8.1919, der von dem
äußerst hoch bestochenen Premierminister Wusugh-ud-Daula
und zwei weiteren iranischen Ministern unterzeichnet worden
war und der den Iran in ein englisches Protektorat verwandelt
hätte. Durch ihn wurde Großbritannien das alleinige Recht
verliehen, ausländische Berater, Offiziere, Waffen, Kommunikations- und Verkehrsmittel an den Iran zu liefern sowie
ihm Anleihen zu gewähren; außerdem war eine Erneuerung der
Zollvereinbarungen zugunsten Englands vorgesehen. Radikale,
gemäßigte sowie ausländische Kräfte sagten dem pro-britischen
Kabinett und dem anglo-persischen Vertrag von 1919 vereint
den Kampf an, so daß Wusugh-ud-Daula im Juni 1920 zum Rücktritt gezwungen war. Unter Mushir-ud-Daula wurde eine gemäßigte nationalistische Regierung gebildet, die den anglo-iranischen Vertrag bis zu dem Zeitpunkt aussetzte, zu dem
die fremden Truppen das Land verlassen und der madjlis Gelegenheit zu ungehinderten Diskussionen gehabt hätte. Obwohl
der folgende Premier Sipahdar englandfreundlich eingestellt
war, britische Offiziere zu Befehlshabern der Kosakenbrigade
ernannte und sogar Vorbereitungen traf, um den Vertrag von
1919 einem neugewählten madjlis vorzulegen, wagte er nicht,
eine Abstimmung darüber herbeizuführen, so daß die in ihm
vorgesehenen Regelungen erloschen[103].

Nachdem die englischen Interessen im Iran aufgrund der Gegenmobilisierung der bürgerlichen und antiimperialistischen
Kräfte auf direktem Wege nicht gesichert werden konnten, wendete England subtilere Mittel an. Anfang 1921 gab die britische Regierung ihre Bemühungen um die Erfüllung des Vertrages
von 1919 auf und versuchte stattdessen, eine starke Regierung
im Iran zu installieren, die in der Lage wäre, dem in sich

zerrissenen Land "Ruhe und Ordnung" nach konservativem Muster zu geben[104]. Als besonders geeignet für eine derartige Lösung bei gleichzeitigem Schutz der englischen Interessen, vor allem in der Erdölindustrie, wurde schließlich der Kosakenoffizier Reza Khan erachtet. Er hatte durch die Niederschlagung der revolutionären Bewegungen in Gilan und Azerbeidjan bewiesen, daß der englische Imperialismus mit seiner Hilfe alle fortschrittlichen Bewegungen, die seine Macht bedrohten, unter Kontrolle halten könnte. War die Politik Großbritanniens bis dahin durch die Unterstützung der zentrifugalen Kräfte, also der Nomadenstämme, sowie durch die Unterminierung der Macht der Zentralgewalt gekennzeichnet, so ging es nun darum, durch die Errichtung eines starken, abhängigen, zentralisierten Staates die englischen Interessen zu garantieren.

Da bereits vor der Revolution eine starke Zentralgewalt fehlte, eine Tatsache, die sich im weiteren Verlauf der Kämpfe um die Konstitution verstärkt bemerkbar machte, nahmen die zentrifugalen Kräfte im Lande erheblich zu. Die Sicherheit auf den Handelswegen schwand völlig; der 1. Weltkrieg, in den Persien wider Willen hineingezogen wurde, hatte die aus der iranischen Geschichte hinreichend bekannten verheerenden Auswirkungen auf die Lebensverhältnisse der städtischen und ländlichen Massen; die Kämpfe zwischen feindlichen Stämmen, beispielsweise Überfälle türkischer Truppen mit Unterstützung iranischer Stämme auf die christlichen Bauern am Urmiya-See, entvölkerten ganze Landstriche, zerstörten einmal mehr die Bewässerungsanlagen und reduzierten die Agrarproduktion. Noch stärker als in der "revolutionären Periode" ergriffen einzelne Stammesführer während des 1. Weltkriegs mit oder ohne Unterstützung der kriegführenden Mächte die Gelegenheit, sich weitgehend autonome Herrschaftsbereiche zu schaffen[105].

Offenbar deckten sich in dieser Phase die Interessen Großbritanniens mit den allgemeinen Bedürfnissen der Bevölkerung nach "Sicherheit und Ordnung", so daß Reza Khan an der Spitze eines Kosakenregiments die Hauptstadt Teheran widerstandslos einnehmen konnte. Durch diesen Staatsstreich, der von einem englandfreundlichen und inoffiziell von England unterstützten Journalisten, Said Ziya ed din Tabataba'i organisiert worden war, wurde im Februar 1921 die Sipahdar-Regierung zum Rücktritt gezwungen. Said Ziya übernahm das Amt des Premierministers, der oberste iranische Offizier der Kosakenbrigade, Reza Khan, wurde Kriegsminister, der nun die einzige moderne Streitmacht im Lande befehligte[106]. Nach wenigen Jahren hielt er die gesamte Macht im Staat in seinen Händen und ließ sich nach der Absetzung Ahmad Shahs 1925 zum neuen Herrscher krönen. Diese Entwicklung sicherte dem englischen Imperialismus die totale Kontrolle über die südiranischen Erdölregionen. Mit dem Dynastienwechsel war eine Zentralisierung des Staatsapparates und die *Monopolisierung der Staatsmacht* in den Händen Reza Shahs verbunden, *für den sie sich zu einer neuen Quelle des Privateigentums entwickelte.*

Ein solcher Eigentumstitel entsteht aus der Monopolisierung politischer Macht und ist nicht mit dem Privateigentum als Monopolisierung der Produktions- und Konsumtionsmittel einer Gesellschaft identisch. In der bürgerlichen Demokratie bedient sich die Bourgeoisie als Klasse der konzentrierten Macht der Gesellschaft als ihrer eigenen. Ein Prozeß der "Trennung" von Staat und Gesellschaft geht dem voraus bzw. damit einher. Diese Trennung ist nichts anderes als die *Entfremdung* der Macht des Volkes von der ihm feindlich gegenüberstehenden, es beherrschenden Macht. Im Iran lief zwar ein solcher Trennungs- und Entfremdungsprozeß ab, er traf aber auch die Bourgeoisie, da die fremde, beherrschende Macht die des Imperialismus war.

Der neugeschaffene Eigentumstitel bildete die Grundlage der neuen politischen "Elite" des Landes und der Entstehung der "Staatsbourgeoisie" bzw. "bürokratischen Bourgeoisie". Mit der Errichtung eines derartigen "modernen" Staates war dem Konstitutionsprozeß einer unabhängigen "Nationalbourgeoisie" ein Ende gesetzt, obwohl dieser Staat fälschlicherweise von der "Dritten Internationale", trotz des Widerstandes einiger iranischer Kommunisten[107], als bürgerlicher Staat qualifiziert und entsprechend unterstützt wurde. Die proimperialisti-

sche und weitgehend reaktionäre Rolle, die Reza Shah später
spielen sollte, war allerdings in der Frühphase seines "Wirkens" noch nicht so offensichtlich. Die von ihm geäußerten
Absichten, nicht nur die Ghadjaren-Herrschaft, sondern die
Monarchie insgesamt zu beseitigen und nach türkischem Vorbild im Iran eine Republik auszurufen, mußten fortschrittliche Gruppen in ihrem Urteil schwankend machen. Zudem bildete
die Wirtschafts-, Bildungs- und Säkularisierungspolitik Reza
Shahs eine seltsame Mischung von widersprüchlichen Elementen,
die auch wesentliche Momente der nationalistisch-modernistischen Forderungen implizierten.

Der entscheidende Faktor für die Machtergreifung Reza Khans
und die Gründung der Pahlavi-Dynastie lag jedoch in der nachrevolutionären gesellschaftlichen Kräftekonstellation, die
eine unmittelbare Durchsetzung der politischen Macht einer
der verschiedenen sozialen Gruppen nicht zuließ. Daher konnte
ein Kosakenoffizier, gestützt auf eine, nach dem Putsch am
21. 2.1921 massiv erweiterte, 4000 Mann starke Armee, als
Garant für "Ruhe und Ordnung" von der "öffentlichen Meinung"
akzeptiert werden. Zwischen 1921 und 1925 gelang es Reza Khan
als Befehlshaber der Armee, den seit der "konstitutionellen
Revolution" einsetzenden Dezentralisierungstendenzen ein Ende
zu bereiten. In Tabriz, der Hochburg radikaler Revolutionäre,
unterwarf er die Truppen von Major Lahutie und die Überreste
der Khiabani-Anhänger; die folgende, von Kolonel Mohammad
Taghi-Khan-e Pesijan geführte Erhebung in Mashad konnte er
ebenfalls niederschlagen; schließlich stabilisierte er seine
militärische Machtposition durch den Sieg über die Djangal-Bewegung, den er einerseits durch friedliche Übereinkunft
mit der Sowjetunion, die zum Abzug der Roten Armee aus der
Provinz Gilan führte, andererseits durch Einsatz militärischer Gewalt erreichte. Dabei knüpfte er sogar Beziehungen
zum säkular-radikalen Flügel dieser Bewegung[108]. Er unterwarf
alle Stämme und kontrollierte ihre Gebiete ebenso wie die
Zentralregierung in Teheran. Jedoch erfolgte sein Machtaufstieg nicht nur durch militärische Siege, Gewalt und Terror.
Er konnte sich auch auf eine Parlamentsmehrheit stützen, weil

er von den Konservativen und der Geistlichkeit als Bollwerk
gegen die kommunistische Expansion, von der "Kommunistischen
Internationale" als antifeudaler, die Interessen der Handelsbourgeoisie vertretender Gegner der Ghadjaren-Reaktion, und
vom Bürgertum als Modernisator unterstützt wurde. Diese breit-
gestreute Anhängerschaft ermöglichte es ihm, die sozialen
Interessengruppen gegeneinander auszuspielen und so nicht nur
die revolutionären sozialen Bewegungen und die Arbeiterbewegung zu zerschlagen, sondern auch die Marginalisierung und
zeitweilige Entmachtung der Geistlichkeit einzuleiten sowie
die bürgerliche Form der Interessenvertretung der "Nationalbourgeoisie" zu unterdrücken.

Bei der Erhaltung von "Ruhe und Ordnung" im Lande wurde er
aktiv unterstützt von der konservativen Partei der "Reformer"
(Eslah-Talaban-Partei), der "modernistischen" Partei (Tadjadod-
Partei), den Sozialisten und den Kommunisten. Die konservative Partei der "Reformer" setzte sich sowohl aus Geistlichen
wie beispielsweise Modarres, reichen Kaufleuten und Großgrundbesitzern zusammen. In der "Modernisten"-Partei befanden
sich die eigentlichen Anhänger von Reza Khan, die im Westen
ausgebildeten jungen Technokraten und Bürokraten. Die Führer
dieser Partei, Dawar, Teimurtasch und Tadaijon, waren maßgeb-
lich am Aufbau der modernen Bürokratie beteiligt. Obwohl alle
drei, wie auch viele andere, von Reza Shah liquidiert wurden,
übernahm er das Programm der "Tadjadod"-Partei, der früheren
demokratischen Partei, die für die Trennung von Politik und
Religion, den Aufbau einer modernen Armee und Bürokratie,
die Beseitigung der wirtschaftlichen Schwäche, Industrialisierung, Seßhaftmachung der Nomaden, Einführung einer progressiven Einkommenssteuer, Aufbau von Ausbildungsmöglichkeiten
für alle, einschließlich Frauen, und die Schaffung einer einheitlichen Amtssprache eintrat[109].

Die sozialistische Partei, geführt von Soleyman Iskandari, die
sich um die Gunst der Mittel- und Unterschicht bemühte, hatte
gute Beziehungen zum Klerus. Allein in Teheran umfaßte sie
2500 Mitglieder, die zumeist Akademiker oder andere gutausgebil-

dete Personen waren[110]. Ihre programmatische Zielsetzung
war mit der der kommunistischen Partei identisch, mit der sie
auch sehr eng zusammenarbeitete; viele Personen waren sogar
gleichzeitig Mitglieder beider Parteien. Nach der Niederlage der Sowjetrepublik Gilan konzentrierte die sozialistische
Partei ihre Arbeit auf die Großstädte, speziell auf Teheran.
Sie verurteilte jede Form der bewaffneten Auseinandersetzung,
unterstützte die Regierung beim Aufbau einer zentralen Administration und übernahm das Minimalprogramm von Haidar Khan,
"die Bourgeoisie zu demokratisieren und das Land gegen den
britischen Imperialismus zu einigen"[111]. Es gelang ihr, ihre
Organisation zu konsolidieren und zahlreiche Gewerkschaften
aufzubauen, während die kommunistische Partei erhebliche Anstrengungen unternahm, um sich eine Arbeiterbasis zu schaffen;
trotzdem blieb der Einfluß der Kommunisten auf die Intellektuellen sowie auf die nicht-persischen Bevölkerungsteile beschränkt[112].

In der vierten Legislaturperiode ging Reza Khan eine Allianz
mit den Konservativen ein, an deren Spitze die Geistlichkeit
stand, die durch die Gründung der kommunistisch beeinflußten
Republik Gilan in den Jahren 1920/21 durch die Djangal-Bewegung verschreckt worden war. Diese Allianz brach jedoch wieder
zusammen, als Reza Khan eine zweijährige allgemeine Wehrpflicht
für männliche Erwachsene einzuführen versuchte. Für die Großgrundbesitzer, die ihre soziale Basis in den Dörfern gefährdet sahen, und für die Geistlichkeit, an deren Spitze sich
Modarres zum wichtigsten Widersacher Reza Khans entwickelte,
bedeuteten "zwei Jahre Militärdienst zwei Jahre Indoktrination durch eine profane Institution, d.h. Verfall der Moral
und Religion"[113]. Eine Reihe von mudjtahid erklärten gar,
daß ein allgemeiner Militärdienst die Grundsätze des Shi'ismus und das Fundament des Islam gefährde[114].

In der fünften Legislaturperiode, deren Mehrheitsverhältnisse
im Parlament teilweise durch Wahlfälschung entstanden waren,
stützte sich Reza Khan auf die "Modernisten"-Partei und die
Sozialistische Partei, die all seinen Reformvorhaben bedingungslos zustimmten. Er selbst wurde Premierminister; Forou-

ghi von der "Modernisten"-Partei und Iskandari von der Sozialistischen Partei wurden Außen- bzw. Erziehungsminister. Die Konservativen nahmen die meisten Reformvorschläge zähneknirschend hin. Zum endgültigen Bruch kam es, als Reza Khan eine Gesetzesvorlage zur Eliminierung der Monarchie ins Parlament einbrachte[115], die die Konservativen, insbesondere die Geistlichkeit, in höchstem Maße entrüstete. Kurz zuvor hatte Ata-Türk das Kalifat in der Türkei abgeschafft und die Republik ausgerufen, was für die religiösen Führer, für die Modarres im Parlament agierte, einen Angriff nicht allein auf die Monarchie, sondern ebenso auf die heiligen Gesetze des Islam bedeutete und damit eine Kriegserklärung gegen den Klerus war[116]. Streiks und Massendemonstrationen unterstützten die Position der Geistlichkeit, während Gegendemonstrationen der "Modernisten", Sozialisten und der Gewerkschaften keine mehrheitliche Unterstützung beim Volk fanden. Diese Kräftekonstellation veranlaßte Reza Khan erneut, sich mit der Partei der Geistlichkeit, der reichen Kaufleute und der Grundbesitzer zu arrangieren, mit deren Hilfe er schließlich 1925 zum neuen Monarchen gekrönt wurde. Dabei führte die Angst vor dem Kommunismus und dem Kemalismus die Geistlichkeit dazu, ihre Forderung nach einem konstitutionellen System aufzugeben und nicht nur die Machtergreifung einer "starken Persönlichkeit", Reza Khans, sondern auch die Etablierung der Pahlavi-Dynastie zu unterstützen. Die Oktoberrevolution in Rußland, die Djangal-Bewegung und der Kemalismus sowie die von beiden Bewegungen gegründeten Republiken ließen die Geistlichkeit befürchten, eine Republik Iran werde zwangsläufig sozialrevolutionär, säkularistisch und anti-klerikal orientiert sein. Andererseits waren die führenden Theologen der Zwölfer-Shi'ah zu diesem Zeitpunkt noch nicht in der Lage, auf dem Boden ihres eigenen Staatsverständnisses den Schritt von der konstitutionellen Monarchie zur islamischen Republik zu vollziehen.

Nach Etablierung seiner Macht gelang es Reza Shah durch die Unterstützung der modernisierten und erfolgreichen Armee, sich über die Forderungen der Geistlichkeit und vor allem über parlamentarische Formen der Interessenvertretung hinwegzusetzen. Zwar trat das Parlament auch weiterhin noch zusammen, seine einzige Aufgabe bestand jedoch darin, den demokratischen Schein zu wahren, indem es die Politik Reza Shahs bestätigte[117]. Die unter dem neuen Regime einsetzende Säkularisierung des Unterrichtswesens, der Justiz und der Verwaltung führte schließlich zu einem entscheidenden Machtverlust der shi'itischen Geistlichkeit; außerdem wurde die Entwicklung des Regimes, die einherging mit einer verstärkten Integration des Iran in den Weltmarkt, zum Auslöser für den Untergang der "Nationalbourgeoisie". Reza Shah repräsentierte somit zwar einen modernen, bürgerlichen Staat, jedoch einen, der nur über eine abhängige Bourgeoisie verfügte, da er in einem Abhängigkeitsverhältnis vom Weltmarktzusammenhang entstand.

Trotz eines derartigen Abhängigkeitsverhältnisses besteht aber weiterhin eine *relative* Selbständigkeit, als *relative Verselbständigung* des abhängigen Staates sowohl gegenüber einem bestimmten imperialistischen Land als auch gegenüber der ihn tragenden sozialen Basis. Er kann sich jedoch von den Mechanismen des Weltmarktes, deren Funktion er ist, nicht befreien. Will er sich aus seiner Abhängigkeit lösen, muß er sich in eine andere begeben, da er keine direkte Massenbasis besitzt, denn seine Aufgabe besteht ja gerade in der Unterdrückung jeder antiimperialistischen Massenbewegung. Das erklärt Reza Shahs Ambitionen, sich stärker dem faschistischen Deutschland zuzuwenden, um sich so der direkten Bevormundung durch den englischen Imperialismus besser entziehen zu können.

Die Eliminierung jeder politischen Opposition im Iran durch Reza Shah ging einher mit der Niederlage der europäischen Arbeiterbewegung und dem Aufstieg des Faschismus in Europa. Die faschistische Herausforderung des deutschen Imperialismus, die dem internationalen Anspruch des deutschen Kapitals und dem seiner ökonomischen Macht entsprechenden Expansionsdrang entsprach, manifestierte sich in der internationalen Politik Hitlers. Sie gefährdete die englische Weltmachtposition und bestimmte in den 30er Jahren wesentlich die englische

Außenpolitik. Der Kampf gegen den deutschen Faschismus führte 1941 im Iran auch zur Absetzung Reza Shahs. Der deutsche Angriff auf die UdSSR und die dadurch erzwungene Alliierung der Sowjetunion und Großbritanniens machten den Iran zu einem wichtigen Durchgangsgebiet für die Versorgung der UdSSR und führten, um möglichen profaschistischen Intentionen Reza Shahs zuvorzukommen, zum Einmarsch russischer und englischer Truppen, zu denen sich auch noch amerikanische gesellten.
Die iranische Armee, die auf Kosten der armen Bevölkerung aufgebaut worden war, erwies sich als vollkommen unzureichend; ihre eigentliche Funktion war aber auch weniger die Abwehr fremder Militärs, als vielmehr die Unterdrückung der innenpolitischen Gegner des Regimes gewesen, seien es Autonomiebestrebungen unter der Leitung der Stammesführer oder fortschrittliche Bewegungen in den nördlichen Provinzen. Dafür war sie geschaffen worden, und diese Aufgabe, die sich, abgesehen vom "iranischen" Expansionismus Mohammad Reza Shahs, auch bis zum Aufstand nicht änderte, hatte sie erfüllt.

1.5. ZUM VERÄNDERTEN SOZIALEN CHARAKTER DES 'MODERNEN' STAATES ALS FUNKTION DES IMPERIALISMUS

Unmittelbar nach seiner Machtergreifung wandte sich Reza Shah der Beseitigung der Hindernisse für die kapitalistische Transformation der iranischen Gesellschaft zu, nämlich der Niederwerfung der "aufständischen Nomaden" sowie dem Bau der für die Ausbildung des inneren Marktes notwendigen Transportmittel, besonders der transiranischen Eisenbahn. Jedoch wäre es problematisch, für die Einschätzung des sozialen Charakters des "modernen" Staats(apparates) allein die Fortschritte auf dem Weg der kapitalistischen Transformation des Landes, unabhängig von ihrer Formbestimmung, im Bereich der materiellen Produktion zu betrachten. Die "Überbaufaktoren" dürfen keineswegs unterschätzt werden. So müssen die Auswirkungen der politischen Unterdrückung genauso berücksichtigt werden wie die praktische Beseitigung des Parlaments als bürgerliche Organisationsform der Interessenvertretung. Auch der Einfluß der Säkularisierungspolitik Reza Shahs im Bildungs- und Justizsektor ist sowohl für die Beurteilung seiner eigenen Herrschaftsperiode wie für die der folgenden politischen Bewegungen von zentraler Bedeutung. Schließlich darf auch nicht allein die despotische Herrschaftsform Reza Shahs für eine Beurteilung des sozialen Charakters des "modernen" Staates maßgebend sein.

Ahmad Ashraf versucht, das Herrschaftssystem Reza Shahs im Rahmen eines wiederbelebten Modells von "zentralisiertem orientalischem Patrimonialismus" zu interpretieren, der dann in der zweiten Herrschaftsphase (1931-41) im Staatskapitalismus kulminierte[1]. Die Berechtigung, Reza Shahs Unternehmungen beispielsweise mit denen von Shah 'Abbas zu vergleichen, sieht er in der Existenz eines staatlichen Außenhandelsmonopols, dem in der Tradition des asiatischen Despotismus stehenden Bau von Straßen und Eisenbahnen sowie in den starken staatlichen Aktivitäten bei der Gründung von Fabriken der Konsumgüterindustrie. Auch der "Erwerb" großer Landbesitzungen in Mazanderan, einer der fruchtbarsten Provinzen des Iran, wird für diesen Vergleich herangezogen, ebenso wie der Kampf gegen die Autonomiebestrebungen der Stämme gegen die Expropriation einzelner Grundherren zugunsten des Shah.

Gegen diese Interpretation spricht jedoch, daß die endgültige Durchsetzung des bürgerlichen Privateigentums an Grund und Boden, welches die Großgrundbesitzer in ihrem Eigentum bestätigte, wohl kaum primäres Ziel eines asiatischen Despoten gewesen wäre. Die scheinbar verselbständigte Herrschaft Reza Shahs ist stattdessen als *eine Form* imperialistischer Herrschaft zu begreifen, die der bestehenden Entwicklung der Produktivkräfte Irans, der Teilung der Arbeit und des inneren Verkehrs entsprach[2]. Sie ist die Erscheinungsform der formellen Subsumtion der Grundrente unter das Kapital. Trotz Aneignung und rechtlicher Sanktionierung des Grundbesitzes als Privateigentum blieb aber die agrarische Produktionsweise unangetastet. *Der Anteilbauer wurde jetzt zur schweigenden Massenbasis* dieser *scheinbar* verselbständigten Diktatur des Privateigentums, die sich durch die Unterdrückung aller dieses Verhältnis tangierenden Kräfte legitimierte. Die Niederwerfung der Nomadenstämme und ihre gewaltsame Seßhaftmachung stellte nicht nur die das Privateigentum sichernde *Ordnung* her, sondern sie schuf auch die *Sicherheit* für die Handels- und Verkehrswege - als *Herstellung der äußeren Produktionsbedingungen* des Kapitals.

Während der ganzen Zwischenkriegsperiode[3] bekam der Bauer nur die Nachteile der vielgerühmten "Modernisierungspolitik" zu spüren. Er mußte wie zuvor den Großteil der direkten und indirekten Steuern aufbringen, die den Aufbau der mächtigen Militärmaschinerie ermöglichten; zusätzlich wurden noch, nach Einführung der allgemeinen Wehrpflicht, die in der Landwirtschaft tätigen Söhne eingezogen. Diese kehrten, nach Ableistung ihrer Dienstpflicht, selten ins Dorf zurück, sondern verdingten sich stattdessen, sofern sie die Möglichkeit dazu fanden, als Hilfsarbeiter in den Städten. Eingezogen wurden allerdings nur diejenigen, deren Familien nicht die nötigen Bestechungsgelder aufbringen konnten.

1939/40 betrug der Anteil der für landwirtschaftliche Zwecke
im Budget veranschlagten Investitionen nur 1,63 %[4]. Davon
wurde ein großer Teil für die Verbesserung der für den Export
gedachten landwirtschaftlichen Produkte ausgegeben, die meist
auf den Ländereien Reza Shahs angebaut wurden, so daß durch
die mit Steuergeldern durchgeführten Verbesserungen vor allem
dessen Privatvermögen zunahm. Ähnlich stand es mit der Verteilung der importierten Landmaschinen, die hauptsächlich auf
Reza Shahs Privatbesitzungen zum Einsatz kamen[5]. Doch selbst
wenn einige Großgrundbesitzer die zum zollfreien Vorzugspreis
importierten Landmaschinen erwerben konnten, waren es wiederum die bäuerlichen Massen, die unter dieser "fortschrittlichen Tat" zu leiden hatten. Denn unter den Bedingungen der
Teilpacht bedeutete der Einsatz von Landmaschinen den Verlust
eines Drittels des ohnehin schon geringen Ernteanteils, wenn
nicht gar des"Arbeitsplatzes" infolge der "Rationalisierung".
Eine verstärkte Mechanisierung der Landwirtschaft unter Bedingungen, die vom Großgrundbesitz charakterisiert waren,
konnte zu nichts anderem als zu steigender ökonomischer Ausbeutung oder Vertreibung des "Pächters" oder Landarbeiters
führen. Auch die neuerrichtete Agrarkreditbank gab fast nur
Kredite an die Grundherren, die Bauern selbst waren weiter
auf Anleihen bei ihren Herren oder den Wucherern angewiesen.

So setzte sich die seit der imperialistischen Durchdringung
Irans steigende Verelendung der bäuerlichen Massen ungehindert weiter fort: der verstärkte Ausbau der Geldwirtschaft
führte zu noch höherer Verschuldung; ein zunehmendes Eindringen des Handels- und Wucherkapitals in die Landwirtschaft bei
gleichzeitiger Beibehaltung der vorkapitalistischen Ausbeutungsmethoden war festzustellen, da die Profite in Form von
Grundrente sicherer und größer als in der Industrie waren;
das Bewässerungssystem wurde vernachlässigt. Verschiedene Erlasse, die die "Ersitzung" von Land nach einer 30-Jahres-
Frist anerkannten und die Katastrierung des Grundbesitzes
vorschrieben, trugen zur Durchsetzung der oft recht zweifelhaften Ansprüche bei, die einige mächtige Grundbesitzer auf
Ländereien erhoben, so daß sich der Prozeß der Enteignung der

Kleinbauern, der schon im 19. Jahrhundert mit Hilfe von Rechtskniffen und Überschuldung eingesetzt hatte, unter Reza Shah beschleunigte. Der Lebensstandard der Kleinbauern sank aufgrund der rechtlichen Diskriminierung , der staatlichen Durchsetzung von Forderungen der Großgrundbesitzer und hoher indirekter Besteuerung von Gütern des Massenkonsums weiter ab. Diese Tendenzen wurden durch das bürgerliche Gesetzbuch von 1928 verstärkt, das den tatsächlichen Besitz als Eigentum betrachtete und dessen Artikel über die Pacht eindeutig die Landeigentümer begünstigten[6].

In vergleichbares Elend stürzten die Nomadenstämme durch die Maßnahmen zur "Seßhaftmachung" und "Pazifizierung". Der größte Teil von ihnen wurde jeweils einzeln unter dem Druck des Militärs nicht nur gezwungen, die Waffen niederzulegen, sondern sich auch in einem bestimmten Gebiet anzusiedeln; so sollten sie für die Regierung besser kontrollierbar werden. Da diese Maßnahmen aber weniger unter sozio-ökonomischen als unter machtpolitischen Aspekten konzipiert und durchgeführt wurden, bedeuteten sie für die Stämme, die ihre Viehherden zwischen Sommer- und Winterweide wandern lassen mußten, um sie zu erhalten, eine soziale Katastrophe. Ein beträchtlicher Teil des Viehbestandes starb, wodurch sich die Möglichkeiten der Verarbeitung tierischer Produkte und daraus gewonnener Exportgüter reduzierte. Die teilweise als Ausrottungsaktionen durchgeführten "Pazifizierungen" der Stämme stärkten die Zentralmacht[7], erhöhten ihr Steueraufkommen und gaben auch den bäuerlichen Massen einen größeren Schutz vor Nomadenüberfällen, die die landwirtschaftliche Produktion häufig beeinträchtigt hatten. So wurde zwar die politische Macht der Stammesführer teils durch Liquidierung, teils durch Zwangsansiedlung in Teheran, wo sie unter der Kontrolle des Geheimdienstes standen, gebrochen; nach der Abdankung Reza Shahs im Jahre 1941 kehrten aber zahlreiche verbitterte Nomaden zu ihrer alten Lebensweise zurück[8].

Die Herrschaftspraxis Reza Shahs war gekennzeichnet durch *Usurpation* sowohl der politischen Macht als auch des Privateigentums. Politischer Terror stellte die Erscheinungsform seines absoluten Machtanspruches dar. Die formelle Sanktionierung des privaten Grundeigentums und Einführung des Katasters sollte aber nicht nur die von ihm selbst konfiszierten Ländereien rechtlich absichern[9]; denn obwohl er die Machtbefugnisse der Stammesführer durch die Errichtung einer regulären Armee, wie auch die der grundbesitzenden Aristokratie durch Konfiszierung und Ermordung Widerständiger zerstörte und ihre aristokratische Denkweise verachtete, verstärkte er doch die Institution des privaten Grundeigentums. Neben den früheren Grundeigentümern stellten nun die höheren Militärangehörigen, die teilweise von Reza Shah für ihre Dienste beschenkt wurden, sowie die Bürokratie und erfolgreiche Geschäftsleute die neue Klasse der Grundeigentümer.

Diese neue Herrschaft nahm scheinbar die bekannte Form der "asiatischen Despotie" an, weil sie sich, trotz veränderter Klasseninteressen, auf die *Undifferenziertheit der Bauernmassen* stützen konnte. Die ländlichen Massen, die gebunden an die Nabelschnur ihres traditionellen Gemeinwesens und unfähig zur Bildung einer staatlichen Organisation als gesellschaftlichem Ganzen waren, eigneten sich vorzüglich als Fundament für die im Staat organisierte Klassenherrschaft einer *anderen* Gesellschaftsklasse. Dabei war die herrschende Klasse nicht einmal darauf angewiesen, ihre Klassenherrschaft selbst auszuüben, sondern bediente sich zu diesem Zweck der Repressionsgewalt des Staatsapparates, dem die Bauernmasse keinen Widerstand entgegensetzte[10]. Die Herstellung von "Sicherheit und Ordnung" durch einen starken zentralisierten Staatsapparat entsprach zu diesem Zeitpunkt auch den Bedürfnissen des englischen Imperialismus nach Aufrechterhaltung der äußeren Reproduktionsbedingungen: Sicherung der Erdölquellen des Landes, die als Grundrente *formell* unter das englische Kapital subsumiert wurden und Festigung seiner politischen und ökonomischen Einflußsphäre zur Herstellung einer imperialistischen Ordnung. Somit diente die Stärkung der zentralisierten Staatsmacht Reza Shahs wesentlich der Aufrechterhaltung der imperialistischen Interessen Großbritanniens und der Zerschlagung der im geistigen Umfeld der Oktoberrevolution entstandenen sozialen Bewegungen in den nordiranischen Provinzen Azerbeidjan, Gilan und Khorassan sowie jeglicher Opposition im gesamten Land - auch wenn sie die Entwicklung eines neuen Typs des Beamten und Bürokraten mit sich brachte, dem die Ämter im Staatsapparat vornehmlich als neue Eigentumsquelle erschienen. So war die Entstehung neuer sozialer Schichten der herrschenden Klasse im privaten und staatlichen Sektor begründet. Zuweilen bildete sich eine Personalunion zwischen den großgrundbesitzenden Bürokraten und den bürokratischen Großgrundbesitzern, daneben entstand eine neue Schicht der einheimischen Bourgeoisie, die als "Auftragnehmer" des Staates oder in dessen Dienstleistungs- und Zuliefersektor tätig waren.

Damit waren nicht nur neue Verhältnisse innerhalb der herrschenden Klasse konstituiert, sondern auch Vetternwirtschaft und Korruption festgeschrieben. Außerdem wird einsichtig, daß sich mit den neuen Aufgaben des abhängigen Staates als Funktion des Imperialismus eine neue soziale Basis reproduzierte, deren politische Verhaltensweise durch eine mehr oder minder identische Interessenkonstellation vermittelt war. Die Einkreisungspolitik gegenüber der UdSSR und die Zerschlagung radikaler sozialer Erhebungen mittels der absoluten Herrschaft Reza Shahs war kennzeichnend für diesen Klassencharakter.

Im Rahmen der englischen Strategie kam dabei dem Kampf gegen die neuentstandene Sowjetmacht und den Versuchen zu ihrer Isolierung mit Hilfe der von Großbritannien abhängigen Staaten eine besondere Bedeutung zu. Diese Interessen zielten auch auf die Entlastung des englischen Verteidigungsbudgets ab, wenn sie die Errichtung "nationaler" Armeen und Polizeikräfte in Ländern wie dem Iran förderten. Solche "infrastrukturellen Maßnahmen" wie Straßenbau, Bau von Eisenbahnlinien und Häfen hatte eine wesentliche strategische Bedeutung für den englischen Imperialismus, auch wenn sie die entsprechenden Industriezweige durch Aufträge förderten und damit im Iran zur Entwicklung der neuen abhängigen Bourgeoisie führten. So war die transiranische Eisenbahn zwar primär unter strategischen Gesichtspunkten angelegt worden[11], vor allem Teheranzentriert unter Vernachlässigung der wichtigen Provinzstädte wie Tabriz, erleichterte aber gleichwohl die Ausbildung eines inneren Marktes und war damit der Bourgeoisie bei der Ausweitung ihrer kommerziellen Transaktionen dienlich. Insgesamt war sowohl die erleichterte Zirkulation des Handels als auch die bessere Möglichkeit zur Niederschlagung von Aufständen der kapitalistischen Entwicklung eher förderlich.

Während der Eisenbahnbau für die iranische Bourgeoisie eine Erfüllung ihrer Klasseninteressen bedeutete, brachte er für die Masse der Bauern und armen Städter vor allem weiteres Elend. Zur Finanzierung der ungeheuren Kosten errichtete die Regierung ein Tee- und Zuckermonopol und sorgte durch entsprechende Preise im Rahmen der indirekten Besteuerung dafür, daß die Masse der armen Konsumenten davon am meisten belastet wurde[12]. Diese Maßnahme ist typisch für die unter Reza Shah betriebene Wirtschaftspolitik, denn sie wälzte die Last der kapitalistischen Entwicklung allein auf die Bauern sowie die proletarischen und halbproletarischen Schichten ab. Damit kam sie allerdings dem klassischen europäischen "Entwicklungsmodell" sehr nahe. Von den Aufträgen, die mit dem Bau der transiranischen Eisenbahn verbunden waren, profitierten vor allem westeuropäische Firmen; nur wenige persische Kontrakteure hatten die Möglichkeit, sich an den ungeheuren, den Massen abgepreßten Geldern zu bereichern[13]. Immerhin entwickelte sich aus den mit diesem Staatsauftrag betrauten Unternehmern eine wichtige Fraktion der iranischen Bourgeoisie, die, um solche profitablen Aufträge zu erhalten, allerdings engen Kontakt zu Mitgliedern des "Hofstaates" pflegen mußte[14].

Nachdem der Iran während der 20er Jahre die "Segnungen" des Freihandels genießen durfte und erst 1927 seine im Jahre 1828 verlorene Tarifautonomie wiedererwarb, sah sich die Staatsmacht 1931 gezwungen, das Außenhandelsmonopol, Devisenkontrolle und sonstige "dirigistische" Maßnahmen einzuführen[15]. Es darf allerdings bezweifelt werden, ob diese, dem kemalistischen Modell ähnelnde "neomerkantilistische" Handelspolitik wirklich effektiv war; auch ist zu bedenken, daß diese staatlichen Eingriffe nur eine Regulierung durch mengenmäßige Kontrollen und Export-Import-Lizenzen implizierten[16].

Das Gesetz vom 28.2.1931 erklärte grundsätzlich den gesamten Außenhandel des Iran zum Staatsmonopol, setzte aber gleichzeitig die Bedingungen, unter denen private Händler Aus- und Einfuhrgeschäfte tätigen konnten, fest. Der gesamte Warenimport sollte kontingentiert werden, indem für jede Ware Einzelkontingente festgesetzt wurden, die im allgemeinen auf Realwerte und nicht auf Mengen lauteten. Im Rahmen dieser Kontingente erhielten alle Privaten Importlizenzen, wenn sie Exportzertifikate, d.h. Bescheinigungen für den Export iranischer Produkte vorlegten; dabei wurden die Lizenzen nur für 95 % des Nominalbetrages der Exportzertifikate gewährt. Der Preis des Exportzertifikats stellte also eine Exportprämie dar, die von den Verbrauchern der Importwaren in Form eines Preisaufschlags erbracht werden mußte[17]. Oberdies waren diese Maßnahmen nicht Teil einer rationalen, geplanten Entwicklungspolitik, sondern kurzfristige Reaktionen auf die internationale Depression, Irans wachsende negative Handelsbilanz, den alarmierenden Abfall des Tauschwerts des Rial und die Notwendigkeit, sich an die neue sowjetische Handelspolitik anzupassen. Auch die zunehmende Expansion des Außenhandels mit dem faschistischen Deutschland war geeignet, diesen Maßnahmen zur Durchsetzung zu verhelfen[18]. Die staatlichen Kontrollen und Verbote konnten jedoch durch das weitverbreitete System der Korruption, das durch Reza Shahs eigenes Verhalten keineswegs gemindert wurde, leicht umgangen werden. Schwarzmarkt und Schmuggel taten ein übriges, um den "Staatskapitalismus", wie Ashraf es nennt, zum leeren Wort werden zu lassen.

In den Gesetzen zum Außenhandelsmonopol vom 25. Februar 1931 heißt es zur Begründung: "Der Zweck des Gesetzes ist der Schutz der nationalen Produktion, die Verbesserung und Intensivierung der nationalen Produktion des Landes, die Förderung der Ausfuhr und die Beschränkung der Einfuhr derjenigen Produkte, die nicht unbedingt für den Bedarf des Landes notwendig sind oder in Persien selbst in ausreichenden Mengen beschafft werden können.[19]" Der "Schutz der nationalen Produktion" bestand vor allem darin, daß die importierten Waren mit 13,5 % Zoll zusätz-

lich belastet wurden; selbstverständlich hatte der Staat die
Möglichkeit, durch Zölle, Kontingentlisten und Einfuhrverbote
noch wesentlich stärker regulierend einzugreifen. Die "Förderung der Ausfuhr" bestand in den 9 % mehr, die der Exporteur
durch sein Devisenzertifikat erhielt, was sich als Exportprämie auswirkte. Die "Intensivierung der nationalen Produktion
des Landes" wurde durch weitere staatliche Maßnahmen wie die
Gründung einer Agrarbank, die Ausweitung der Anbauflächen, die
Verbesserung des Saatguts etc. gewährleistet. Am wichtigsten
war jedoch die Erwägung des Staates, alle Produkte, die "in
Persien selbst in ausreichender Menge beschafft werden können",
nicht mehr einzuführen. Dafür war aber der Aufbau einer Industrie notwendig, die diese Produkte im Land selbst erzeugte.
Bei der Schaffung einer solchen Industrie handelte es sich mithin um eine "importsubstituierende Industrialisierung".

Häufig wird in der Literatur von "Importsubstitutionspolitik"
gesprochen. Diese setzt einen national unabhängigen Staat in
den rückständigen Ländern voraus, der, statt zu importieren,
zur Unterstützung der einheimischen Bourgeoisie die entsprechenden Waren im eigenen Land produziert. Im Gegensatz dazu
hat die hier dargestellt Politik eher den Charakter von Exportsubstitution, weil ihr Subjekt das Kapital der konkurrierenden
imperialistischen Länder ist. Die als "importsubstituierende
Industrialisierung" erscheinende Exportsubstitution ist das
typische Industrialisierungsmodell der "Dritten Welt"[20]. Sie
stellt einen Industrialisierungstyp dar, der einen Markt schon
voraussetzt und ihn nicht erst durch Zersetzung des vorkapitalistischen Produktionszusammenhangs zu schaffen braucht; dies
geschieht erst in einer späteren Phase. Der "importsubstituierenden Industrialisierung" als einer Form der im technischen
Sinne "großen Industrie" geht die ursprüngliche Akkumulation
nicht voraus, sondern erst ihre Weiterentwicklung macht diese
erforderlich. Die "importsubstituierende Industrialisierung"
ist demnach eine aufgepfropfte Industrialisierung, sie wird
dem Handelskapital durch die ökonomische Konjunktur aufgezwungen[21].

Die "importsubstituierende Industrialisierung" entstammte also einer der schärfsten Überakkumulationskrisen in der Geschichte des Kapitalismus auf Seiten der entwickelten Industrieländer, die einen Absatzmarkt suchten. Nach dem 1. Weltkrieg hatte sich außerdem der Schwerpunkt der Branchenstruktur von der Textil- auf die Chemie- und Elektroindustrie sowie auf den Fahrzeug- und Maschinenbau verschoben[22]. Die Weltwirtschaftskrise der 30er Jahre, die in den USA zum New Deal und in Europa zum Faschismus führte, begünstigte samt der sich in ihrem Kontext vollziehenden "importsubstituierenden Industrialisierung" nicht nur die Entstehung bzw. Verstärkung neuer sozialer Gruppen, die ein weitergehendes Interesse an einer Industrialisierung hatten als die Handelsbourgeoisie, sondern auch die Entstehung von Ansätzen eines "staatskapitalistischen Sektors." Dem Außenhandelsmonopol kam damit eine wesentlich weiterreichende Bedeutung zu, als einer bloßen Änderung der Handelsregelung. Es markierte einen grundsätzlichen Wandel in der iranischen Wirtschaftspolitik. Ähnlich wie in Lateinamerika bedeutete die Weltwirtschaftskrise auch für den Iran das Ende der klassischen Weltarbeitsteilung. Die Änderung der Handelspolitik leitete einen grundsätzlichen Wandel in der iranischen Wirtschaftsstruktur und den Beginn der Industrialisierung des Landes ein.

Bis zur Weltwirtschaftskrise gab es im Iran keine Industrie im eigentlichen Sinne, abgesehen vom Erdölsektor, der aber in der persischen Ökonomie einen Fremdkörper darstellte; vor dem Bau der Eisenbahnlinien hatte Persien sogar, obwohl selbst einer der größten Ölproduzenten der Welt, Rohöl aus Rußland bzw. der UdSSR einführen müssen[23]. In den 20er Jahren waren weder Reza Shah noch seine amerikanischen Berater ernsthaft mit Industrialisierungsplänen beschäftigt; an staatliche Fabrikgründungen war nie gedacht worden. Zwar wurden seit 1925 durch Zollbefreiung Importe von Produktionsmitteln angeregt[24], doch war die Industrialisierungsbereitschaft der Bourgeoisie zu gering, um diese Möglichkeit massenhaft zu nutzen, zumal Investitionen im Bereich des Außenhandels sowie der Kauf von Land mit entsprechender Eintreibung der Grundrente viel profitabler und sicherer waren. Es ist anzunehmen, daß die nun einsetzende Expansion privater industrieller Unternehmungen weniger den verworrenen und verwirrenden staatlichen "Förderungsmaßnahmen" wie beispielsweise der Zoll- und Steuerbefreiung zuzuschreiben ist, als vielmehr dem Mangel an ausreichenden profitablen Investitionsmöglichkeiten im bisherigen Hauptinteressengebiet der iranischen Bourgeoisie, dem Import-Export-Handel[25]. Überhaupt kann von einer wirklich durchdachten und konsequenten Schutzzollpolitik nicht gesprochen werden[26]. Dennoch - oder gerade deshalb - betrugen die gesamten privaten industriellen Investitionen am Ende der 30er Jahre noch nicht einmal so viel wie die staatlichen in einem Jahr[27].

In der Zwischenkriegszeit, besonders in den 30er Jahren, investierte nun ein Teil der über ausreichendes Geldkapital verfügenden Klassen - Grundbesitzer, Handelsbourgeoisie etc. - in Projekte der Leichtindustrie, besonders in die Textilindustrie von Isfahan. Es handelte sich aber gewöhnlich um kleinere Betriebe[28]. Dabei stieg die Zahl der privaten gewerblichen Unternehmungen zwischen 1931/32 und 1939/40 von 38 mit einem Kapital von 47,8 Mill. Rial auf 460 mit einem Kapital von 527 Mill. Rial[29]. Gegen eine aktivere Beteiligung der Bourgeoisie und der Großgrundbesitzer am Industrialisierungsprozeß des Landes sprachen jedoch verschiedene Fakten. Neben der Praxis der Landbesitzer, die weiterhin ihr Kapital vorrangig für den Luxuskonsum verwendeten, fehlte auch das nötige Vertrauen in die "politische Stabilität", und die staatlichen Schutzmaßnahmen wurden skeptisch beurteilt[30].

Durch den Übergang zu stärkeren staatlichen Investitionen im Außenhandelsbereich sowie durch die Monopolisierung verschiedener profitabler Produktionsbereiche wie Zucker, Tee, Baumwolle und Jute durch den Staat entwickelte sich nolens volens auch ein stärkeres staatliches Engagement bezüglich der industriellen Produktion. Fabrikgründungen im Bereich der Konsumgüterindustrie sollten dabei der "Importsubstitution" Auftrieb geben. Vor allem im Lande vorhandene Rohstoffe wurden in den staatlichen Unternehmen verarbeitet und auf dem iranischen Markt verkauft. Bevorzugte Bereiche waren Herstellung und Verarbeitung von Zucker, Zündhölzern und Zement, der den

Bedarf im Bausektor von Staat und Privatwirtschaft decken sollte.

1941 gehörten die in ihrem Bereich jeweils größten 30 der 200 existierenden industriellen Unternehmungen dem Staat. Sie beschäftigten 50 - 60 000 Arbeiter; in 120 Fabriken waren 30 - 100 Arbeiter tätig, in 10 100 bis 500 und in 15, vor allem Textilfabriken in Isfahan und Tabriz, 500 - 1000[31]. Am bedeutendsten war die Textilproduktion, in der die Hälfte des iranischen industriellen Proletariats beschäftigt war und die sich zur Domäne der privaten Kapitalisten entwickelte. So waren 1940 35 % aller bei Privatkapitalisten tätigen Arbeiter Textilarbeiter[32].

In einigen Bereichen des inländischen Konsums, vor allem von Nahrungsmitteln, Tabak u.ä. erreichte man eine weitgehende Unabhängigkeit von ausländischen Importen und hatte damit teilweise den Zustand wiedererlangt, der im Laufe des 19. Jahrhunderts durch die Integration Irans in den kapitalistischen Weltmarkt verlorengegangen war[33]. Allerdings standen die Chancen für eine weiterführende, kumulative Industrialisierung nicht gut: die durch die mangelnde Kaufkraft der Massen besonders im Agrarsektor bewirkte Enge des inneren Marktes machte eine auf den Binnenmarkt ausgerichtete Industrialisierungspolitik problematisch. Ein Export der iranischen leichtindustriellen Waren war aber wegen der schlechten Qualität, der hohen Kosten und der Weltmarktkonkurrenz sowie der Schutzzollpolitik der europäischen Staaten kaum erfolgversprechender. Diskussionen über Vor- und Nachteile von auf Leicht- oder Schwerindustrie aufbauenden Industrialisierungsprozessen wurden nicht geführt. Daher kann der Versuch, mit deutscher Hilfe ein Stahlwerk bauen zu lassen, auch nicht als Zeichen für einen grundlegenden Einstellungswandel, für die Einsicht in die Notwendigkeit zur Schaffung einer unabhängigen industriellen Basis interpretiert werden. Infolge der veränderten Weltmarktstruktur entwickelte sich aber durch die Exportsubstitution des imperialistischen Kapitals eine *scheinbare* Autonomie des abhängigen Staates vom Imperialismus und bot damit für die Sowjetunion die Grundlage der ideologischen Legitimation einer Zusammenarbeit mit diesen

Staaten. Mit ihrem starken "staatskapitalistischen Sektor" stellten sie die idealen ökonomischen Partner für die auf Planung aufgebaute Wirtschaft der Sowjetunion dar, die den starken Schwankungen des Weltmarktes nicht in dem Maße direkt und massiv ausgesetzt war.

Infolge der Weltwirtschaftskrise und der damit verbundenen Etablierung eines staatlichen Außenhandelsmonopols kontrollierte der Staat nicht allein den größten Teil dieses Wirtschaftsbereiches und war Eigentümer der größten Handelsgesellschaften des Landes, sondern gewann auch zunehmend die zentrale Kontrolle über die Finanzgeschäfte. Das Volumen der staatlichen Finanzaktivitäten wuchs seitdem rasch an. So stieg das geschätzte Staatseinkommen von 273 Mill. Rial im Jahre 1924 auf über 3613 Mill. Rial im Jahre 1941[34]. Im April 1927 verabschiedete das Parlament ein Gesetz für die Errichtung der "Bank-e Melli-e Iran", entzog der "Imperial Bank" das Recht zur Notenausgabe und übertrug es der neuen Bank, die sowohl als Zentralbank wie auch als staatliches Instrument der Wirtschaftspolitik fungierte. Damit erwirtschaftete der "abhängige Staat" weitgehend selbständig die Kosten seiner Reproduktion, ohne auf die Zustimmung der ökonomisch herrschenden Klasse angewiesen zu sein.

Wird also die Staatsmacht monopolisiert, so muß auch die materielle Basis ihrer Reproduktion geschaffen werden. Somit *wird der "staatskapitalistische Sektor" zur materiellen Grundlage eines abhängigen Staates als Funktion des Imperialismus, ohne daß eine unmittelbare breite soziale Basis und eine starke Herrschaftslegitimation vorhanden ist.* Diese staatskapitalistische Tätigkeit in den Entwicklungsländern muß unbedingt von der ökonomischen Tätigkeit der Metropolen bürgerlicher Staaten unterschieden werden. Dort betätigt sich der Staat nur in jenen Bereichen, in denen kein profitabler Anreiz für die private Kapitalakkumulation vorhanden ist, die aber für die gesamtgesellschaftliche Reproduktion des Kapitals unerläßlich sind. In den unterentwickelten Ländern dagegen sind alle unternehmerischen Aktivitäten scheinbar dem staatskapitalistischen Sektor untergeordnet. Die im Zusammenhang mit dem "IV-Punkte-Programm" Trumans seit dem 2. Weltkrieg eingeführte "Planorganisation" im

Iran war die praktische Manifestation dieser Priorität
der tragenden ökonomischen Tätigkeit des Staates als Funktion
des Imperialismus. Die Planungsbehörde gab die vorgesehenen
Rahmenrichtlinien für die private Kapitalinvestition im Hinblick auf die Möglichkeiten des "staatskapitalistischen Sektors" vor. Eben diese ökonomische Tätigkeit bildete die materielle Basis der scheinbaren Verselbständigung und relativen
Autonomie des Staates gegenüber dem "Volk" und war zugleich
die Grundlage der Herrschaft der "Staatsbourgeoisie", welche
nun ohne direkte Massenbasis im Gesamtzusammenhang der Weltmarktmechanismen als abhängiger Staat funktionieren konnte.
In diesem Zusammenhang ist auch die als "Importsubstitution"
erscheinende Politik als eine Funktion der Weltmarktzusammenhänge aufzufassen und als solche nur eine *Exportsubstitution
des imperialistischen Kapitals*. Der gescheiterte Versuch des
faschistischen Deutschland, das erste Eisenhüttenwerk im Iran
zu installieren, ist ein deutlicher Beweis dafür, daß diese
Politik lediglich eine Funktion der besonderen Entwicklungsphase der Konkurrenz auf dem Weltmarkt darstellt. Erst seit
den 60er Jahren hat die internationale Arbeitsteilung erste
Ansätze in dieser Richtung ermöglicht.

Für die iranische Bourgeoisie, an der die Industriebourgeoisie
einen zunehmend größeren Anteil hatte, brachte die Zwischenkriegszeit unterschiedliche Entwicklungsmöglichkeiten. Da private Investitionen im Bereich von Transport, Bergbau und Bauindustrie gegen die staatliche Dominanz kaum eine Chance hatten,
wuchsen die Aktivitäten der privaten Kapitalisten in bestimmten
Sektoren des Handels und der Leichtindustrie, vor allem in der
Textil- und Nahrungsmittelproduktion und ermöglichten dort Prozesse der Kapitalakkumulation. Auch brachen die bis dahin
stark solidarisch ausgerichteten Korporationen des Handelskapitals auseinander, als der Prozeß der kapitalistischen Entwicklung Fortschritte machte und es einer Fraktion des Handelskapitals möglich wurde, die Enge des Bazars zu verlassen und
sich, teilweise durch Übernahme europäischer Geschäftsmethoden,
als moderne Version der Kompradorenbourgeoisie zu etablieren.
Diese Gruppe bildete die politische Stütze Reza Shahs im Handelskapital, während die im Bazar Zurückgebliebenen eher auf

der Seite seiner Gegner, vor allem der um einen Teil ihrer
Macht gebrachten Geistlichkeit, standen. Auch beschleunigte
sich der Prozeß der Zersetzung des Handwerks und ließ die
Schar der unproduktiven Händler weiter anschwellen. Gegen einen
derartigen, im kapitalistischen Entwicklungsprozeß fest verankerten Trend konnten auch Versuche, die für den Export wichtige Teppichmanufaktur durch Fachschulen zu verstärken, nicht
viel ausrichten[35]. Daher vergrößerte sich in dieser Periode
die Diskrepanz einerseits zwischen der traditionellen Bourgeoisie und der Kleinbourgeoisie, die im Bazar tätig war, und andererseits der neu entstandenen Bourgeoisie und Kleinbourgeoisie,
die den Bazar sowohl real als auch geistig verlassen hatte. Die
neue Schicht der Bourgeoisie konnte, als Funktion des Imperialismus und Anhängsel des "staatskapitalistischen Sektors", problemlos mit dem Staat und dem ausländischen Kapital zusammenarbeiten. Diese "abhängige" Bourgeoisie unterstützte das Regime
Reza Shahs und verdankte ihre eigene Existenz der Reproduktion
der abhängigen kapitalistischen Entwicklung des Landes.

Die ökonomischen Aktivitäten des Staates mit all ihren sozialen
Folgen dienten aber auch der Reproduktion ökonomischer Möglichkeiten zur Wahrnehmung seiner politischen Funktionen, nämlich der Funktionen eines vom Imperialismus abhängigen Staates.
Reza Shah kam nicht nur der ihm vom englischen Imperialismus
aufgetragenen Verpflichtung nach, den Zugangsweg nach Indien
durch die Errichtung einer starken regulären Armee und einer
zentralistischen Bürokratie sowie durch die Zerschlagung der
sich im geistigen Umfeld der Oktoberrevolution entwickelnden
sozialen Bewegungen in den nordiranischen Provinzen zu sichern;
mit seiner radikalen, nach europäischem Muster vorgenommenen
Säkularisierung im Bildungs- und Justizwesen entzog er auch
der Geistlichkeit die Kontrolle ihrer traditionellen Domänen.

Das traditionelle Bildungssystem war das der Koranschulen und
"theologischen Seminare" (*madrasa*), in denen die ulama ohne
staatliche Kontrolle unterrichten konnten. Grundlage des Unterrichts war die Lektüre des Koran und einiger klassischer
Texte, sowie, für fortgeschrittene Schüler, das Studium des
islamischen Rechts. Das Unterreichtswesen westlichen Typs wur-

de seit Beginn des 20. Jahrhunderts im wesentlichen durch
Missionare eingeführt. Die 1851 gegründete "Dar al-Fonun" war
die erste "laizistische" Schule gewesen, in der Staatsbeamte
ausgebildet wurden. Unter Reza Shah wurde im ganzen Land ein
Netz von säkularen Volksschulen eingerichtet, deren Lehrplan
einheitlich war, akademische Fächer betonte und sich insgesamt
am französischen Modell orientierte. Ausländische Schulen sowie
Schulen religiöser und ethnischer Minderheiten wurden geschlossen bzw. nach und nach verstaatlicht; gleichzeitig begann die
Regierung in zunehmendem Maße, das Auslandsstudium iranischer
Studenten zu fördern.

Damit verlor die Geistlichkeit, die zu einer Anpassung an die
Integrationsbestrebungen Irans in den Weltmarkt unfähig war,
nicht nur den Einfluß auf die neuen Intellektuellen der iranischen Gesellschaft; vielmehr wurde auch die Bildungspolitik,
die dem islamischen Einfluß entzogen wurde, einer importierten
Kultur ausgesetzt, die kaum assimiliert werden konnte. Dies
leitete, verstärkt durch das Auslandsstudium der künftigen
Staatsbeamten, jene kulturelle Identitätskrise ein [36], die
mit dem islamischen Revivalismus den Khomeinismus produzierte.

Innerhalb des Justizsystems war eine ähnliche Entwicklung zu
verzeichnen. Man unterschied zwischen den traditionellen shar'i-Gerichten, die sich auf das religiöse Recht, die shari'ah, beriefen, und den orfi-Gerichten, die auf Gewohnheitsrecht basierten und dem Einfluß der ulama entzogen waren. Im Falle besonders schwerwiegender religiöser Konflikte wandte man sich
an einen mudjtahid, für Zivilprozesse waren bürgerliche Justizbeamte zuständig. Da Gewaltenteilung nicht existierte, garantierte kein geschriebenes Gesetz die Rechtmäßigkeit des Urteils vor der Öffentlichkeit. Mit der Reform von 1927 wurde
das gesamte Personal des Justizministeriums durch Beamte ersetzt, die nach europäischen Methoden ausgebildet worden waren. Diese Verordnung Reza Shahs ist im Zusammenhang mit dem
Mangel an kompetenten und erfahrenen Juristen zu sehen, der in
der Praxis häufig zu einer Zurückverweisung an die shar'i-Tribunale führte. Um den Einfluß der religiösen Gerichtsbarkeit
weitgehend einzuschränken, wurden aber nicht nur laizistische

Beamte mit den Aufgaben der Rechtssprechung betraut; auch
die Unabhängigkeit der shar'i-Gerichtshöfe sollte endgültig
abgeschafft und durch staatliche Institutionen ersetzt werden. Dies scheiterte allerdings am Widerstand der ulama. Die
shar'i-Gerichte blieben weiterhin religiöse Tribunale, wurden aber in den staatlichen Justizapparat integriert und vom
Staat finanziert. Ihre Kompetenz beschränkte sich jedoch von
nun an auf das Ehe- und Scheidungsrecht sowie auf Fälle, die
nur durch religiösen Eid gelöst werden konnten und die Ernennung von Verwaltern für religiöse Stiftungen. Im Jahre 1936
wurde ein weiteres Gesetz erlassen, das den ulama das Recht
absprach, künftig Dokumente, Verkäufe und verschiedene Transaktionen zu registrieren, was bislang eine ihrer traditionellen Einnahmequellen war.

Entscheidend war jedoch, daß die Einschränkung der shar'i-Justiz , die mit der "Modernisierung" der Institution verbunden
war, auch das Ansehen der Geistlichkeit als traditioneller Instanz der Rechtsprechung schwächte und die Distanz zwischen
dem Einzelnen und der Institution vergrößerte[37]. Aufgrund
ihrer Positionen in der Rechtsprechung und im Unterrichtswesen hatten die iranischen ulama bis ins 20.Jahrhundert hinein
in direktem Kontakt mit den Gläubigen gestanden, der es ihnen
ermöglichte, das soziale und politische Leben entscheidend
mitzubestimmen[38]. Im Verlauf der Modernisierungsversuche unter Reza Shah verlor die shi'itische Geistlichkeit nicht nur
in diesen Bereichen ihre beherrschende Rolle, sondern es erfolgten zudem verstärkte Maßnahmen, um ihre finanzielle Unabhängigkeit vom Staat, die aus ihren umfangreichen Ländereien
und den Einnahmen aus religiösen Stiftungen resultierte, einzuschränken und somit den Widerstand der ulama gegen die absolutistische Monarchie zu brechen[39].

Der Versuch, die religiösen Stiftungen der ulama durch staatliche Institutionen zu kontrollieren, wurde nicht erst unter
der Herrschaft Reza Shahs unternommen. Während die Safawiden
in der Geistlichkeit keine Konkurrenz, sondern eine wesentliche Stütze ihrer Herrschaft gesehen hatten und deshalb eine
Politik verfolgten, die die ökonomische Macht der ulama sichern

sollte, war Nadir Shah der erste Monarch, der die finanzielle Unabhängigkeit der ulama zu bekämpfen suchte, indem er ihre Stiftungen weitgehend konfiszierte. Aufgrund des massiven Widerstandes der shi'itischen Geistlichkeit war er jedoch gezwungen, die Ländereien ihren Verwaltern zurückzugeben. Die staatliche Kontrolle der religiösen Stiftungen war zunächst stets zurückhaltend gewesen und beschränkte sich häufig darauf, daß die Regierung Geistliche zu Verwaltern der Ländereien ernannte. Mit der Machtübernahme Reza Shahs jedoch wurden die ulama aus der Verwaltung gedrängt und verloren damit auch die Einkünfte aus den Stiftungen; einige Ländereien wurden beschlagnahmt oder verkauft. Dieses von der Regierung enteignete Land fiel aber nicht etwa den Bebauern zu, sondern wurde an Günstlinge des Hofes, insbesondere Militärs, vergeben oder vom Shah selbst requiriert, der auf diese Weise bald zum größten Grundbesitzer des Iran wurde. Gleichzeitig wurde auf der ideologischen Ebene vom Regime ein iranischer Nationalismus propagiert, der die große präislamische Vergangenheit Irans betonte. Damit machte man implizit die Jahrhunderte der arabischen Herrschaft für den Niedergang des Iran verantwortlich und drängte gleichzeitig die Bedeutung des Islam und damit der shi'itischen ulama zurück.

Die Säkularisierung und Zentralisierung des Herrschaftsapparates seit dem Machtantritt Reza Shahs hatte die zunehmende Einbuße der traditionellen politischen Funktionen der shi'itischen ulama zur Folge. Während einige Geistliche, wie z.B. Modarres, weiterhin gegen das bestehende Regime opponierten, vermied die Mehrheit der shi'itischen Theologen wenigstens vorübergehend ein direktes Engagement in politischen Angelegenheiten. Andere wiederum, wie z.B. Said Hasan Taghizada, tendierten dazu, mit der absolutistischen Monarchie zu kooperieren. Diese Haltung der ulama gegenüber der bestehenden Herrschaft erklärte sich zum einen daraus, daß es Reza Shah mit Hilfe einer starken Armee gelang, oppositionelle politische Organisationen zu zerschlagen und auch den Widerstand der Geistlichkeit zu brechen; zum anderen hatten die ulama ihren Einfluß innerhalb der städtischen Mittelschichten weitgehend verloren. Unter dem Einfluß der Modernisierung des Landes und der Bildung von Institutionen, die an europäischen Vorbildern orientiert waren, entwickelte sich im Iran allmählich eine bürgerliche Mittelschicht, die sich vor allem aus Staatsbeamten und qualifizierten Technikern zusammensetzte und bei denen der westliche Einfluß gegenüber der Verbundenheit mit traditionellen Werten deutlich überwog. Um seine Macht auszudehnen und zu festigen, versuchte das verwestlichte Bürgertum selbst, oft unter Einsatz von Gewalt, das Wiederaufleben religiöser Gewohnheiten und den Einfluß der ulama zu unterdrücken. Auch strebten häufig gerade die Söhne der ulama eine säkulare Ausbildung an, da die Vergabe von Positionen innerhalb der Verwaltung, der Justiz und des Bildungswesens an eine moderne, laizistische Qualifikation gebunden war. Die aufgezwungene Verwestlichung trug einen Großteil dazu bei, den Islam, zumindest innerhalb der städtischen Bevölkerung, auf den"Rang einer Familienerinnerung"[40] zu verweisen. Unter der Landbevölkerung und bei den städtischen Bazar-Händlern dagegen konnten die shi'itischen Theologen ihren Einfluß weiterhin geltend machen, da diese Klassen die Modernisierung nach europäischem Muster sowie die von der Regierung propagierten vorislamischen Traditionen ablehnten[41].

Erst nach der unter sowjetisch-britischem Druck erfolgten Abdankung Reza Shahs im Jahre 1941 und infolge der Rückkehr der politischen Parteien, die von nun an bis zum Jahre 1953 relativ frei auftreten konnten, erfuhr die Beteiligung der ulama und der Religion am politischen Leben eine Erneuerung. Hatte Reza Shah sogar seine eigene "Tadjadod"-Partei unterdrückt, ermöglichte seine erzwungene Abdankung und die Thronbesteigung seines Sohnes eine Befreiung der politischen Gefangenen und die Neugründung bzw. das Wiederaufleben von Parteien. Diese waren jedoch, soweit sie Fraktionen der herrschenden Klassen repräsentierten, kaum mehr als mit englischer Unterstützung ins Leben gerufene Gruppen von "Notablen", die, wie etwa die von dem aus der Emigration zurückgekehrten Said Zia ed din Tabataba'i gegründete "Partei des Nationalen Willens", gegen die von der Sowjetunion unterstützte Tudeh-Partei die gemeinsamen Interessen des englischen Imperialismus und der iranischen Grundherren vertreten sollten[42].

Die Tudeh-Partei wurde im Rahmen der "anti-faschistischen Einheitsfront" Stalins im Oktober 1941 von den Resten der durch Reza Shah verbotenen sozialistischen und kommunistischen Parteien gegründet, die aus der Emigration zurückkehrten oder aus den Gefängnissen entlassen wurden. Ihnen schloß sich zunächst eine große Anzahl von Studenten und Intellektuellen der jüngeren Generation an, denen die Partei durch die Identifikation mit der Sowjetunion eine mehr oder weniger neue ideologische Orientierung bot. Ihr Programm, das wenige Monate nach der Gründung veröffentlicht wurde, strebte die Beseitigung der "Spuren der Diktatur Reza Shahs", die Beachtung der konstitutionellen Verfassung, die Verteidigung der bürgerlichen Freiheiten und Menschenrechte und die Beteiligung am weltweiten Kampf gegen den Faschismus an[43]. Dieses provisorische Programm sollte, wie später verlautete[44], die Massen sowohl *gegen* den von der Gefolgschaft Reza Shahs ausgehenden einheimischen als auch *gegen* den von Hitler und Mussolini ausgehenden "internationalen" Faschismus mobilisieren. Um jedoch die Geistlichkeit nicht zu provozieren, verzichtete die Partei auf marxistisch-leninistische Forderungen, obwohl ihre Gründer sich als linientreue Marxisten-Leninisten verstanden und die Sowjetunion idealisierten. Im Oktober 1942 verabschiedete die Tudeh-Partei ein neues Programm, das weitergehende Forderungen jenseits des Kampfes gegen den Faschismus stellte. Damit wandte sie sich vor allem an die Arbeiter und Bauern, an Frauen, Intellektuelle, kleine Landbesitzer, Handwerker und niedere Staatsbeamte. Den regen Zulauf, der sie bald zur stärksten und bestorganisierten Partei Irans machte, verdankte sie jedoch weniger ihren programmatischen Erklärungen als der ideologischen Orientierung, die sie in dieser Umbruchsphase bot. Sie sprach die permanent unterdrückten chiliastischen Motive bei den Massen an und mobilisierte ihren Nativismus. Damit erfüllte sie zeitweilig eine Funktion, die ansonsten der Geistlichkeit vorbehalten war. Zudem machte die Tudeh-Partei auch jenen Teilen der Bevölkerung Identifikationsangebote, die weniger religiös waren und sich im Shi'ismus kaum wiederfinden konnten. Somit schuf die Identifikation mit der Sowjetunion für sie ein neues Vorbild, das nachzu-

ahmen und zu verteidigen zur "heiligen Pflicht" wurde. Den
Sieg der Oktoberrevolution interpretierten die Intellektuellen
als Sieg Asiens über Europa, eine Einstellung, die durch die
Niederlage Nazi-Deutschlands unter anderem gegen die UdSSR noch
verstärkt wurde. Die Sehnsucht der Intellektuellen nach technischen Entwicklungsmöglichkeiten innerhalb eines modernen, industrialisierten Staates erhob so die Sowjetunion - aufgrund
ihrer eigenen rapiden Entwicklung seit 1917 - zum Mekka der
fortschrittlichen Hoffnungen und Ideale, die sie als Vertreter
des unterdrückten Ostens im Kampf gegen den unterdrückenden
Westen voll unterstützen mußte. Die totale Unterordnung der
Tudeh-Partei unter die außenpolitischen Interessen der Sowjetunion war die praktische Konsequenz dieser Einstellung.

Während die anglophile Einstellung großer Teile der herrschenden Klasse aus ihrem historischen Unvermögen, die nationale
Souveränität Irans zu realisieren, entstand, was sie zur Abstimmung ihrer Interessen mit der sie beherrschenden Großmacht
zwang, entstand die bedingungslose Hingabe der Mitglieder und
Sympatisanten der Tudeh-Partei für die Sowjetunion aus der
Hoffnung auf den baldigen Sieg der proletarischen Weltrevolution als Erfüllung ihrer eschatologischen Hoffnungen.

Zwischen der Tudeh-Partei und der "Partei des Nationalen Willens" mit der entsprechenden Fixierung auf die jeweilige Besatzungsmacht und deren eigensüchtige Ziele im Iran suchte der
Abgeordnete Mohammad Mossadegh seit 1944 eine Politik des "negativen Gleichgewichts" zu propagieren, die ab Ende 1949 zur
Prämisse der "Nationalen Front Irans" wurde[45].

Die USA, die aus dem 2. Weltkrieg als die stärkste imperialistische Macht hervorgegangen waren, hatten schon seit der "konstitutionellen Revolution" Funktionen als Berater der iranischen
Regierung inne und favorisierten weniger die Gründung von ihnen
verbundenen Parteien, sondern unterstützten den Ausbau der militärischen Institutionen und der Polizei, um so ihre Position
im Iran fest zu verankern. Auf diese Weise sicherten sie sich
gerade in den strategisch wichtigen Repressionsinstitutionen
einen entscheidenden Einfluß, der sich beim Sturz Mossadeghs
im Jahre 1953 als äußerst dienlich erwies. Auch in den wichtigen

Ministerien, vor allem in denen, die wirtschaftspolitische
Entscheidungen fällten, hatten sich amerikanische Experten
ihren festen Platz gesichert[46].

Mit der Inthronisierung des 18-jährigen Mohammad Reza als
Nachfolger seines abgesetzten Vaters durch die Alliierten
wurde der deutsche Einfluß im Iran vorerst eliminiert, so
daß die angelsächsisch-US-amerikanische Hegemonie sich unangefochten etablieren konnte; jedoch bedeutete die Inthronisierung Mohammad Rezas auch die Übertragung des mit der Monopolisierung der Staatsmacht einhergehenden Eigentumstitels über
Land und Leute. Die absolute Ausübung der Macht wurde aber
vorerst durch den Widerstand einer sich allmählich formierenden breiten Oppositionsbewegung verhindert. Während das Bürgertum unter Mossadeghs Führung durch eine parlamentarische
Opposition die Macht des jungen Monarchen einzuschränken
suchte, organisierten sich die unterdrückten nationalen Minderheiten in Autonomiebewegungen. Auch der Einfluß der Arbeiter, die von der Tudeh-Partei in wachsendem Ausmaß gewerkschaftlich und politisch organisiert wurden, sollte in der folgenden Zeit an Gewicht zunehmen.

1.5.1. DAS REGIME VON MOHAMMAD REZA SHAH ALS FUNKTION EINER NEUEN ENTWICKLUNGSPHASE DES IMPERIALISMUS

Da das iranische Volk bis zur Entstehung des Imperialismus keinen bürgerlichen Staat hervorbringen konnte, der seine Interessen im international sich verändernden Kräfteverhältnis *souverän* vertrat, wurde es als ein "geschichtsloses
Volk" zum Spielball imperialistischer Auseinandersetzungen.
In diesem Sinne ist das Regime von Mohammad Reza Shah als
Funktion der neuen Entwicklungsphase des Imperialismus zu begreifen. Es ist die *Form* der Durchsetzung der Interessen
der herrschenden Klasse im Iran und stellt die politischen
Rahmenbedingungen der sozialen Auseinandersetzungen, die vom
internationalen Kräfteverhältnis dominiert werden. Weil keine der sozialen Gruppen ihre Herrschaft ohne Unterstützung

einer äußeren Macht durchsetzen kann, werden sie zur Wahrnehmung ihrer Interessen zum Vehikel der imperialistischen Auseinandersetzungen instrumentalisiert - trotz ihrer entgegengesetzten Intentionen. In diesem Kontext ist die imperialistische Penetration Irans durch die USA zu verstehen, die die weitere Entwicklungsgeschichte des Landes bis zum Aufstand mitprägte. Die Geschichte dieser Penetration ist aber gleichzeitig die Geschichte der sukzessiven Verdrängung des englischen Imperialismus aus seiner absoluten Hegemonialposition und die der sozial-ökonomischen Veränderungen, die durch die "Klassenkämpfe" der Iraner eintraten.

Die sukzessive Beherrschung Irans durch den US-Imperialismus begann mit dem Vertrag über "Freundschaft und Handel"[1]; gemäß diesem Vertrag durften amerikanische Waren ohne jeglichen Zollzuschlag im Iran verkauft werden. Obwohl die Verluste für das Land infolge dieses Vertrages damals unbedeutend waren, sollte die freundliche Haltung gegenüber den USA für Teile der iranischen herrschenden Klasse weitreichende Konsequenzen haben. Sie führte im Jahre 1911 zur Einladung der Schuster-Mission, die die Staatsfinanzen unter Kontrolle bringen und das gesamte System reformieren sollte[2]. Der Grund für die Anstellung eines amerikanischen Experten und mehrerer weiterer Mitarbeiter beim iranischen Finanzministerium war die von liberal-konstitutionalistischen Kreisen angenommene Möglichkeit der Instrumentalisierung der USA als Gegengewicht zum anglo-russischen Einfluß im Iran. Naiverweise vertrat man die Auffassung, daß die USA aufgrund ihrer geographischen Lage sehr wenig Interesse am Iran hätten. Die Schuster-Mission überdauerte jedoch nicht einmal ein Jahr, dann legte Rußland dagegen Protest ein, da seiner Meinung nach das anglo-russische Abkommen vom 31. August 1907[3] vorsah, daß alle derartigen Beamten im Nordiran unter russischer Kontrolle stehen sollten. Da England dazu gebracht wurde, diesen Standpunkt zu teilen, stellten die Russen im November 1911 dem Iran ein Ultimatum, in dem sie die Entlassung Schusters und die Zustimmung Irans zu einer Regelung forderten, nach der ausländische Berater nur noch mit russischer und britischer Zustimmung eingestellt werden durften. Der madjlis setzte sich zwar über das Ultimatum hinweg, doch der kompromißbereite Nasser-ul-Mulk, der seit 1909 regierte, und das Bakhtiaren-Kabinett erzwangen die Auflösung des Parlaments, akzeptierten das Ultimatum und entließen Schuster im Dezember 1911. Damit war auch die "konstitutionelle Revolution" beendet und die Chance zur Erlangung der Souveränität für das iranische Volk verspielt; selbst ein neues Parlament wurde bis 1914 nicht mehr gewählt[4].

Die "Neutralität" der Schuster-Mission, auf die sich viele als "Beweis" für die "uneigennützige Aufmerksamkeit" der USA bezüglich der iranischen Angelegenheiten beriefen, wird an den Plänen Morgan Schusters deutlich. Er wollte nicht nur "moderne" Regierungsfinanzen im Iran einführen - so machte er den Vorschlag, eine Art Gendarmerie zur Steuereintreibung einzusetzen und sie einem britischen Offizier aus Indien, Major Stokes, zu unterstellen -, es war auch sein Ziel, bei der Beseitigung der iranischen Abhängigkeit von anglo-russischen Anleihen mitzuwirken. Dafür arbeitete er ein Projekt zur Ausbeutung und zum Verkauf iranischer Bodenschätze aus, das natürlich amerikanische Firmen als Vertragspartner vorsah. Tatsächlich waren auch die ersten offenen Versuche des amerikanischen Kapitals, ökonomische Konzessionen im Iran zu erhalten, eng mit der Person Schusters verknüpft, der nach seiner Rückkehr in die USA zwei Entwürfe zur Erlangung von Ölkonzessionen für amerikanische Firmen erstellte.

Nach dem Verzicht der Sowjetunion Ende 1917 auf die dem zaristischen Rußland gewährten Konzessionen begann Schuster, Verträge zu entwerfen und Verhandlungen um eine Konzession für die Standard Oil Co. of New Jersey in fünf nordiranischen Provinzen zu führen. Die Regierung Ghavam Saltana, die aus dem Konflikt zwischen dem Organisator und dem Anführer des Staatsstreichs vom Februar 1921 entstanden war[5] und in der Reza Khan weiterhin Kriegsminister blieb, versuchte am 22. November 1921, eine 50-Jahres-Konzession an die Standard Oil Co. of New Jersey gegen 15% der Nominalprofite zu vergeben. Dafür wurde ein entsprechendes Gesetz in der vierten Parlamentsperiode verabschiedet, das eine umfangreiche finanzielle Unterstützung von Seiten Amerikas vorsah. Dies veranlaßte die Sowjetunion zu heftigem Protest, da sie durch diese Konzession den § 3 des sowjetisch-iranischen Vertrages von 1921 verletzt sah[6]. Auch Großbritannien hatte Einwände, hoffte es doch immer noch, nach dem Wegfall seines langjährigen Konkurrenten, des zaristischen Rußlands, seine Herrschaft bzw. sein Protektorat auf den größten Teil des vorderen Orients ausdehnen zu können. Besonderes Interesse zeigte es dabei am Ölreichtum Irans und Iraks[7]. Die Konzession mußte schließlich annulliert werden, da es angesichts britischer Opposition unmöglich war, das Öl aus dem Norden des Landes zum Persischen Golf zu transportieren, und zwar über ein Territorium, das ausschließlich unter britischer Herrschaft stand. Eine Lösung in Form einer anglo-amerikanischen Fusion der Ölfirmen war für die iranische Regierung unannehmbar, da dies ihren ursprünglichen Zielen, ein amerikanisches Gegengewicht zu schaffen, zuwidergelaufen wäre[8]. 1922 versuchte Premierminister Ghavam die gleiche Konzession an die Sinclair Oil Corp. zu vergeben, was an ähnlichen Widerständen scheiterte. Diese vergeblichen Bemühungen Irans, das Tor für amerikanisches Kapital sowie für Finanz-"Hilfe"[9] zu öffnen, ließen vorerst die Monopolposition der englischen Ölfirmen und des englischen Imperialismus bestehen. Aber obwohl es dem amerikanischen Kapital mißlang, in den Iran einzudringen, setzte sich die imperialistische Penetration fort, allerdings auf subtilere Art und Weise. Abgesehen von amerikanischen Missionaren und verschiedenen anderen "humanitären" Gruppen, die in den Iran kamen, um die "Saat der Erlösung" zu verbreiten, war die wichtigste amerikanische Initiative die Millspaugh-Mission, die praktisch Schusters Arbeit fortsetzen sollte. Millspaugh, ein Spezialist für Erdölfragen des US-Außenministeriums, kam 1922 mit einer Gruppe von Assistenten in den Iran, um das öffentliche Finanzwesen zu reformieren; er war zum "Generalfinanzverwalter" Irans berufen worden und führte bis 1927 mit Billigung der iranischen Regierung und mit Unterstützung durch die Armee Reza Khans eine Tabaksteuer, eine Zündholzsteuer und ein staatliches Zucker- und Teemonopol ein, Maßnahmen, die vor allem die sozial schwächsten Klassen belasteten[10]. Diese Mission endete erst, als Reza Shah zu mächtig wurde, um noch ein anderes Machtzentrum neben sich zu dulden. Nach Millspaughs Abreise und mit dem Einsetzen der Weltwirtschaftskrise beschränkten sich die amerikanischen Aktivitäten im Iran auf die "kulturelle" Ebene sowie auf "normale Handelsbeziehungen".

Erst während des 2. Weltkriegs, als der Iran von sowjetischen und britischen Truppen besetzt wurde, kamen auch amerikanisches Armeepersonal und Berater, um der Sowjetunion im Kampf gegen das faschistische Deutschland beizustehen. In dieser Zeit ließen die amerikanischen Diplomaten keine Gelegenheit vergehen, die "guten Erinnerungen" wieder wachzurufen, die gewisse bürgerliche Kreise an die Schuster- und Millspaugh-Mission hatten, um neue Möglichkeiten für ein verstärktes Eindringen in das ökonomische und politische Leben des Landes zu schaffen. Die amerikanischen Bemühungen wurden unterstützt durch das "Sowjet-Debakel" in Azerbeidjan sowie durch die sowjetische Forderung nach einer Ölkonzession in den Nordprovinzen Irans, was, nach Ansicht vieler Nationalisten, einer Aufhebung von Lenins Annullierung der zaristischen Konzessionen gleichkam. Die Tudeh-Partei unterstützte die sowjetischen Forderungen, da sie von Anfang an unter dem Einfluß dieser Großmacht stand. Aufgrund einer solchen Kräftekonstellation lehnten sich Teile der liberalen Bourgeoisie an den US-Imperialismus an, um ein Gegengewicht zum britischen und sowjetischen Druck zu finden . Damit wurde eine Phase aktiver US - amerikanischer Interventionen im Iran eingeleitet.

Vor allem im Norden des Landes machte sich der sowjetische Einfluß bemerkbar, besonders in Form von Unterstützung für die azerbeidjanische Autonomiebewegung, die die UdSSR solange gewährte, wie es ihr sinnvoll erschien. Sympathien hegte die Großmacht auch für die aus dem Gefängnis entlassenen Gründer der Tudeh-Partei sowie für die eine ähnliche Linie verfolgenden

Gewerkschaften; beide Gruppierungen hatten zwar ein marxistisches Selbstverständnis, überschritten gleichwohl in ihren programmatischen Erklärungen nie einen sozialen Reformkurs linksliberalen Zuschnitts. Die Tudeh-Partei bekam, obwohl sie im englischen Okkupationsgebiet nicht öffentlich agieren konnte, nach der Absetzung Reza Shahs großen Auftrieb, da sich einerseits die Organisationsmöglichkeiten verbessert hatten, andererseits als Folge von Krieg und Okkupation erneut eine Verschlechterung in den ökonomischen und sozialen Lebensverhältnissen der Massen eingetreten war. Die ohnehin unzulänglich und höchst irrational betriebene Industrialisierung wurde unterbrochen, da es häufig unmöglich war, Ersatzteile aus Deutschland für die von dort importierten Maschinen zu erhalten; die weiterhin in Betrieb befindlichen Unternehmen waren veraltet, die Produktivität entsprechend niedrig. Dem Rückgang der industriellen Produktion folgte eine verstärkte Arbeitslosigkeit; die Löhne wurden reduziert und die Lage der Massen verschärfte sich spürbar durch die ungeheure inflationäre Entwicklung, die das Land heimsuchte. Sie war Folge des zwangsweise veränderten Wechselkurses des Rial, der die Kosten für die Unterhaltung der Besatzungsmächte den Iranern aufbürdete. Wie immer in Zeiten der Not ging die Nahrungsmittelknappheit einher mit einer Spekulationswelle, die auch durch die Unterbrechung des Warenaustausches zwischen dem russisch und dem englisch besetzten Gebiet hervorgerufen wurde.

Allein einem Teil der Bourgeoisie und der Grundherren gelang es durch Ausnutzung der Not der Massen und durch Belieferung der alliierten Truppen[11], einen beträchtlichen Profit zu machen. Investitionen im Bereich der industriellen Produktion hatten, im Verhältnis zur Herrschaftszeit Reza Shahs, an Profitabilität verloren, so daß die Grundherren und die Handelsbourgeoisie vermehrt in Landwirtschaft, Immobiliengeschäft und Kreditverkehr einstiegen[12]. Diese nur zu bekannten Praktiken der herrschenden Klasse führten jedoch diesmal nicht zum Fall der Massen in "dumpfe Resignation", sondern zum Aufkommen einer chiliastisch-aktivistischen Stimmung bei weiten Teilen des Proletariats in den industriellen Zentren des Landes, zumindest in jenen Teilen, in denen die ökonomischen und politischen Voraussetzungen dafür vorhanden waren. Diese Stimmung setzte sich um in gewerkschaftliche Organisation der Arbeiter, eine Entwicklung, die von der Tudeh-Partei inspiriert wurde. Waren die Gewerkschaften, die Mitte des Jahres 1946 ihre Mitgliederzahl mit 355 000 angaben[13], auch nicht immer ökonomisch mächtig, so stellten sie doch politisch wirksame Instrumente für die Durchsetzung der Forderungen der Tudeh-Partei dar. Überall dort, wo eine gewisse Konzentration von Arbeitern existierte, konnten sie rasche Erfolge bei der Organisierung verzeichnen; aber auch Angestellte, z.B. Lehrer und sonstige "Staatsbeamte", machten von den halb-legalen gewerkschaftlichen Organisationsmöglichkeiten Gebrauch, um ihren Forderungen Nachdruck zu verleihen; denn ihnen ging es ökonomisch kaum besser als den Industriefacharbeitern. Zentren der gewerkschaftlichen Aktivitäten waren die Städte Teheran, Isfahan, Shiraz und Yazd, letztere vor allem mit ihren Textilfabriken, die Ölfelder von Khuzistan, die Kohlengruben von Mazanderan und Gilan sowie Tabriz und Mashad, die als Zentren der Leichtindustrie über wichtige gewerkschaftliche Gruppen verfügten. Allerdings wurde die Organisation erschwert durch die sprachlich-ethnischen Differenzen zwischen den Arbeitern, die dem Fabrikbesitzer oft eine Manipulation oder "Spaltung der proletarischen Front" ermöglichten und zum Teil in blutigen Auseinandersetzungen kulminierten. Besonders verhängnisvoll war die Spaltung, die von den Engländern und den mit ihnen verbündeten arabischen Sheykhs bewußt betrieben wurde und ein Zusammengehen der arabischen Ölarbeiter mit den Mitgliedern der Stämme der Bakhtiaren, Ghashghai und Luren nahezu unmöglich machte. Die arabischen Ölarbeiter wurden zur Abspaltung von den Tudeh-Gewerkschaften und zur Gründung einer eigenen veranlaßt, die sich vor allem durch Willfährigkeit gegenüber den englischen Ölinteressen und durch Sabotage der Streikaktionen auszeichnete. Auch die bewußt geförderte Erinnerung an religiöse Differenzen zwischen Suniten und Shi'iten sowie zwischen Nomaden und Seßhaften sollte eine gemeinsame Artikulation der Interessen der Arbeiter verhindern[14].

Doch nahm damals der Einfluß chiliastischer Motive selbst bei den Lohnarbeitern im Bazar stetig zu. Das alte Zunftsystem und die patriarchalische Organisationsstruktur des Handwerks konnte nicht mehr verhindern, daß die Lohnarbeiter auch hier immer stärker ihre Bedürfnisse artikulierten, die von denen der Eigentümer abwichen[15]. Die Betonung dezidiert proletarischer Klasseninteressen war allerdings niemals Programmpunkt der Tudeh-Partei; vielmehr war ihr Ziel eine gemeinsame Front aller "fortschrittlichen anti-imperialistischen Kräfte". Mit dieser Strategie hatte die Partei zumindest bei vielen Intellektuellen einen beträchtlichen Erfolg, wenn sich auch im Laufe der Zeit ein gewisser Teil, enttäuscht von der die jeweilige sowjetische Politik gegenüber dem Iran unterstützenden Parteilinie, wieder von ihr abwandte und in den Schoß der Bourgeoisie zurückkehrte oder eine neue linke Partei zu gründen suchte. Erfolg hatten diese Versuche allerdings nicht.

Die ersten Auseinandersetzungen um die Zweckmäßigkeit sowjetischer Ziele für die iranischen Massen fanden im Zusammenhang mit dem sowjetischen Wunsch nach Erlangung von Konzessionen für die Ausbeutung der Erdölvorkommen im Nordiran statt. Diese Forderungen brachten der Sowjetunion von Seiten der Nationalisten empörte Ablehnung ein und ermöglichten es den herrschenden Klassen, die Tudeh-Partei, die diese Forderungen unterstützte, als russische Interessenvertretung hinzustellen, was zu einer Distanzierung bei vielen Sympathisanten und Anhängern führte. Hinzu kamen die Auseinandersetzungen inner- und außerhalb der Tudeh-Partei um die Rolle der Sowjetunion bei der Konsolidierung der "Demokratischen Partei Azerbeidjan" unter der Führung von Pishewari und die durch sie am 12. Dezember 1945 ausgerufene "Republik Azerbeidjan", die als "Separatismus" bekämpft wurde[16].

Die fortdauernde Okkupation der nördlichen Provinzen Irans durch die Sowjetarmee über den vereinbarten Zeitpunkt hinaus und die Gründung der "Demokratischen Republik Azerbeidjan" gaben den USA und Großbritannien die Möglichkeit, sich als Beschützer der iranischen Unabhängigkeit darzustellen. Im Januar 1946 wurde die Azerbeidjan-Frage ergebnislos von der UNO behandelt. Nachdem dieser Versuch der von den westlichen Alliierten unterstützten Regierung Hakimi gescheitert war, übernahm Ghavam erneut die Regierungsvertretung und reiste im Februar 1946 an der Spitze einer Delegation nach Moskau, um über eine Erölkonzession als Gegenleistung für den sowjetischen Truppenabzug zu verhandeln[17]; gleichzeitig führte er Verhandlungen mit der "Demokratischen Partei Azerbeidjan"[18]. Schließlich bildete er am 1.August 1946 sein Kabinett um und besetzte das Kultur-, Gesundheits-, Handels- sowie das Gewerbe- und-Kunst-Ministerium mit Mitgliedern der Tudeh-Partei[19]. Das vorgetäuschte Eingehen auf den sowjetischen Wunsch nach einer Ölkonzession mag die Sowjetunion bewogen haben, in den Rückzug ihrer Truppen einzuwilligen und damit die bislang von ihr unterstützten Kräfte blutigen Repressionen auszusetzen[20]. So endeten die ersten Nachkriegsjahre insgesamt mit einem Sieg der herrschenden Klassen[21] Irans und deren westlicher Verbündeter, vor allem der USA, die ihren Einfluß bedeutend ausbauen konnten.

Mit der Ankunft des neuen US-Botschafters George V. Allan im April 1946 in Teheran verwandelte sich die stille Einflußnahme der USA in aktive Unterstützung der Regierung Ghavam, die daraufhin ihre Unterdrückungskampagnen gegen Oppositionelle intensivierte. Zunächst wurde der Aufenthalt des amerikanischen Armeepersonals durch ein Abkommen bis zum 21. März 1949 verlängert, um schließlich auf unbegrenzte Zeit ausgedehnt zu werden. Im Juni 1947 gewährten die USA der iranischen Regierung, ohne daß das Parlament damit befaßt worden wäre, ein Darlehen in Höhe von 25 Mill. US-Dollar für den Kauf von amerikanischen Waffen, in Verbindung mit einem iranisch-amerikanischen Militärabkommen. Es beinhaltete eine Klausel, wonach iranische

Armeeangelegenheiten nicht ohne Zustimmung der amerikanischen Regierung von Militärexperten einer anderen Macht betreut werden durften[22]. Neben dieser Bestimmung, die dem Iran praktisch den Status eines amerikanischen Protektorats gab, wurde das iranische Gendarmeriekorps einem amerikanischen Militärexperten, General Schwarzkopf, unterstellt, der 1953 eine Schlüsselrolle im CIA-Putsch spielen sollte. Er war "unermüdlich bei der Inspektion jener Orte, wo sich etwas zusammenbraute. Er half in nicht geringem Maße, daß in Azerbeidjan und den nördlichen Provinzen eine feste Regierungskontrolle gesichert wurde"[23]. Gleichzeitig vergaßen weder die USA noch die pro-amerikanische iranische Bourgeoisie die Notwendigkeit administrativer und finanzieller Reformen, die die Verwertungsmöglichkeit des amerikanischen Kapitals verbessern konnten. Für die Reorganisation der iranischen Finanzen wurde wiederum Millspaugh eingeladen; er stieß aber auf heftige Opposition von Seiten Mossadeghs, dem es diesmal gelang, mit Unterstützung großer Teile der Bevölkerung und der Tudeh-Partei den vorzeitigen Abbruch der Mission zu erzwingen. Mit dem gleichen Nachdruck wurden US-amerikanische Bemühungen um eine Ölkonzession im Iran während der zweiten Millspaugh-Mission abgelehnt.

Der Sieg der chinesischen Kommunisten und die Niederlage der USA in Südostasien sowie die wachsende Gefahr einer Revolution im Iran zwangen die USA dazu, ernstere Schritte für die Sicherung der westlichen Interessen im Mittleren Osten zu unternehmen. So wurde der Shah Ende 1949 in die USA eingeladen, wo ihm die Ausführung der Truman-Doktrin nahegelegt wurde [24]. Präsident Truman hatte bereits am 20. Januar 1949 eine "Entwicklungshilfe"-Konzeption der USA als "Point IV" bekanntgegeben, die dem Shah US-Hilfe zusagte, wenn er gewisse Reformen durchführen würde[25]; vor allem wurde ihm ein IBRD-Darlehen über 250 Mill. US-Dollar versprochen. Der US-Administration war es mit ihren Bemühungen um Reformmaßnahmen im Iran sehr ernst; nach ihren Erwägungen konnte das Land nur dann vor einer Revolution "gerettet" werden, wenn die Korruption verschwände, eine starke repressive Regierung gebildet und eine lebensfähige Mittelschicht geschaffen würde[26]. Zur Durchsetzung dieser Politik wurde im Oktober 1950 ein entsprechendes Abkommen zur verstärkten Durchführung des "Point IV"- Programms abgeschlossen, wonach die USA sich verpflichteten, in allen Bereichen "Entwicklungshilfe" zu leisten, vor allem im Agrar-, Gesundheits- und kulturellen Sektor. Damit entstanden die "Sieben"- bzw. später die "Fünf-Jahres-Entwicklungspläne"Irans, die von amerikanischen "Entwicklungsexperten" entworfen und deren Durchführung von der iranischen "Planorganisation" überwacht wurde. Seither verlief die Entwicklung im gesamten ökonomischen und "infrastrukturellen" Bereich, die als "national unabhängige" Politik des Shah erschien, unter US-amerikanischer Regie.

Vor allem seit dem 2. Weltkrieg war diese verstärkte Intervention der USA im Iran von Versuchen begleitet, das britische Erdölmonopol zu brechen. Die im Jahre 1905 gegründete Anglo-Iranian-Oil-Company (AIOC), die aufgrund ihrer finanziellen Macht bereits seit dem 1. Weltkrieg den gesamten iranischen Staatsapparat kontrollierte, konnte ihren Einfluß auch während des 2. Weltkriegs ausbauen. Um ihre Machtposition aufrecht zu erhalten, versuchten die Briten, sowohl die ausländische Konkurrenz auszuschalten als auch das von iranischen Nationalisten geforderte Mitspracherecht zu verweigern. Als die USA und die Sowjetunion nach dem 2. Weltkrieg immer stärker auf die Vergabe von Erdölkonzessionen drangen, verabschiedete jedoch das Parlament ein vom Abgeordneten Mohammad Mossadegh eingebrachtes Gesetz, das Verhandlungen über Ölkonzessionen für strafbar erklärte, solange sich fremde Truppen im Iran aufhielten. Damit setzte sich zunächst die Politik des "negativen Gleichgewichts" durch, die Mossadegh seit 1944 propagierte, die bisherige Prämisse der pro-britischen "Irada-je-Melli-Partei"(Partei des Nationalen Willens) und der pro-sowjetischen Tudeh-Partei ablöste und zum "Programm" der anti-imperialistischen Bewegung bis zum CIA-Putsch wurde.

Unter dieser neuen Prämisse formierte sich seit Ende 1949 unter
Mossadeghs Führung die "Nationale Front" (Djephe-je melli-e
Iran) als Vereinigung von mehreren Parteien, politischen
Gruppen und Einzelpersönlichkeiten, die die Maxime der iranischen Selbsterhaltung nicht mehr, wie bisher, in einer Ausba-
lancierung der Interessen Englands und der UdSSR im Iran durch
Gewährung gleicher Konzessionen und Vorteile sah, sondern mit
Mossadegh eine auf Verweigerung jeglicher Konzessionen und Be-
günstigungen basierende Balance forderte. Zu den Parteien gehörte die 1944 gegründete "Iran-Partei"(Hezb-e Iran) unter Allahjar Saleh, die 1951 von Muzafar Baghai und Khalil Maleki, beide Ex-Tudeh-Mitglieder, gegründete "Werktätigen-Partei"(Hezb-e
zahmat-keshan-e millat-e Iran), extrem-nationalistische Gruppen wie die "Pan-Iranist-Partei"(Hezb-e Pan Iranist) unter
Dariush Foruhar, die "Iranische Freiheitsbewegung" unter Mehdi
Bazargan und die faschistische "Sumha-Partei"(Hezb-e Sosialist-e
melli-e kargaran-e Iran). Die herausragenden Einzelpersönlichkeiten waren, neben Mossadegh, Hoseyn Maki, Hoseyn Fatemie und
Said Abul-Ghasim Kashani. Letzterer war einer der damals führenden Geistlichen und ermöglichte eine Annäherung der ihm eng
verbundenen "Islamischen Glaubenskämpfer"(Fedaijan-e Islam) an
die "Nationalfront"[27]. Ihnen allen war ein ausgeprägtes Natio-
nalbewußtsein eigen, das sich insbesondere gegen die englische
Position im Iran wandte und in Mossadeghs Politik vom "negativen Gleichgewicht" zum Ausdruck kam[28]. Für Mossadegh war "ein
Fremder immer ein Fremder"; es bestand kein Unterschied zwischen
Ost und West, und er betonte immer, daß er ein Iraner und ein
Moslem sei und gegen alles kämpfen werde, was Iran und Islam
bedrohe, solange er lebe[29]. Mit dieser den Nativismus der
städtischen Bevölkerung ansprechenden Politik mobilisierte er
die Massen *gegen* die Erdölkonzessionen.

Die permanente Verletzung der nationalen Souveränität Irans
seit Beginn der kolonialen Einflußnahme Großbritanniens und
des zaristischen Rußland sowie ihre Fortsetzung durch die Sowjetunion und die USA, die einherging mit der Konkurrenz der
"Großmächte" um eine größere Einflußnahme bzw. Monopolisierung
im Iran bestimmten den Charakter dieser Bewegung. Ihr lag ein
Geltungsbedürfnis gegenüber der imperialistischen Bevormundung

zugrunde, dessen kompensatorische und reaktive Züge die Bewegung prägten und sie deswegen *anti*-imperialistisch erscheinen ließen

Seinen Höhepunkt erreichte der Kampf gegen die Ölkonzessionen 1951, als die "Nationalfront" die Verstaatlichung der Erdölindustrie forderte. Bald nachdem Mossadegh im Mai des Jahres Ministerpräsident geworden war, wurde die Erdölindustrie nationalisiert, was seine Regierung innerhalb kürzester Zeit in direkten Konflikt mit dem Shah und über ihn mit Großbritannien brachte. Die USA hielten sich zunächst aus der iranisch-britischen Auseinandersetzung heraus. Nach der unter öffentlichem Druck erfolgreichen Verabschiedung des Nationalisierungsgesetzes versuchte Mossadegh, die Konkurrenz zwischen Großbritannien und den USA ausnutzend, letztere gegen die Briten auszuspielen, indem er sie um Finanzhilfe bat, um so die ökonomische Blockade Irans und den internationalen Boykott des iranischen Öls abzuwehren. Dieser Annäherungsversuch Mossadeghs wurde durch die unversöhnliche Position der Sowjetunion gegenüber seiner Regierung herausgefordert, da Mossadegh vor Jahren gegen eine Erdölkonzession an die Sowjetunion scharf opponiert hatte. Diese harte Anti-Mossadegh-Haltung der Sowjetunion ging soweit, daß sie die Rückgabe iranischen Goldes im Werte von 20 Mill. US-Dollar, welches während des Krieges in der Sowjetunion deponiert worden war, an seine Regierung verweigerte. Dieses Gold hätte den Druck, der durch den britischen Boykott und das Einfrieren der iranischen Reserven in London entstand, wesentlich verringern können. Gleichzeitig wurde die feindselige Position der UdSSR innenpolitisch durch die Tudeh-Partei vertreten, die Mossadegh als einen "amerikanischen Strohmann" attackierte und mit ihrer Spaltungspolitik in gewisser Weise zur Niederlage der "Nationalfront" beitrug - wie die Parteiführung mehrere Jahre später selbstkritisch zugab[30]. Die USA lehnten es ab, weitere Anleihen sowie wirtschaftliche und politische Unterstützung zu gewähren, solange die Konflikte um die Erdölgesellschaft nicht beigelegt waren. Sie, die gerne einen "Kuhhandel" getrieben hätten, um ihren Einfluß im Iran zu erweitern, wollten die "Enteignung britischen

Eigentums" durch Mossadeghs Regierung nicht honorieren, da ein solches Ergebnis anderen Völkern der "Dritten Welt" als ein historisches Beispiel hätte dienen können - wie es tatsächlich auch der Fall war[31].

Als sich die Auseinandersetzungen zwischen Mossadegh und Großbritannien hinzogen und die britische Regierung eine Gerichtsverhandlung nach der anderen, im Sicherheitsrat der UNO, vor dem Den Haager Gerichtshof, dem italienischen Gericht in Venedig und in Japan verlor, begannen die USA, massiven Druck auf Mossadegh auszuüben, damit dieser eine "neue Formel" akzeptieren würde. Inhaltlich hätte die Annahme dieses Vorschlags die totale Kontrolle der iranischen Ölindustrie durch die Weltbank bedeutet. Als die USA sich von der unnachgiebigen Haltung Mossadeghs überzeugt hatten, gingen sie schließlich auf die britische Forderung ein, ihre "Neutralität" aufzugeben, steuerten einen offen pro-britischen Kurs und kamen mit Großbritannien überein[32], die iranischen Ölreichtümer unter sich zu teilen, was nach dem CIA-Putsch durch das Konsortium-Abkommen offenbar wurde[33].

Nachdem Mossadegh auch die letzten Vorschläge zurückgewiesen hatte, begannen der CIA und der britische Intelligence Service ihre Arbeit und schürten, während noch nach einer "Alternative" zu Mossadegh gesucht wurde, mit Hilfe seiner innenpolitischen Gegner die Unruhen. General Zahedi, der General Schwarzkopf bei der Organisation der iranischen Gendarmerie geholfen hatte, sollte den Putsch ausführen. Während Schwarzkopf in den Iran zurückkehrte, traf die Zwillingsschwester des Shah, Ashraf, im schweizerischen Zermatt den CIA-Chef Allan Dalles, um den Sturz Mossadeghs zu organisieren[34].

Am 19. August 1953, drei Tage, nachdem der erste Putschversuch gescheitert war, marschierte General Zahedi an der Spitze der Armee nach Teheran und entmachtete Mossadegh. Der Shah, der nach Rom geflohen war, kehrte in den Iran zurück, und die amerikanische Regierung, die nur wenige Monate vorher der Regierung Mossadegh finanzielle Hilfe verweigert hatte, gewährte nun den Putschisten unverzüglich ein Darlehen über 67,5 Mill. Dollar, da sie von einer "Regelung" des Ölproblems überzeugt war. Mitte

Oktober kam Herbert Hoover jr. vom US-Außenministerium nach
Teheran, um die Verhandlungen über die Ölfrage zu arrangieren. Damit war der endgültige Wendepunkt in der Konsolidierung des amerikanischen Einflusses im Iran erreicht.

Die Konsolidierung der amerikanischen Position ging einher mit
der Wiederherstellung einer Herrschaftsform, die auf der Institution und der Ideologie des gottgewollten Herrschertums in der
Person der Shah und ihren jahrtausendealten Traditionen basierte, eine Herrschaftsform, innerhalb derer der Regent den Bürgern
keinerlei Verantwortung für seine, von außen gelenkten Entscheidungen schuldete. Zur Wiederherstellung dieser Herrschaftsform wurde eine polizeiliche Unterdrückungskampagne gegen alle
oppositionellen Gruppen und Organisationen gestartet, die vor
allem die Tudeh-Partei erfaßte[35]; unmittelbar nach dem Putsch
wurde das "Sozialistengesetz" von 1931 gegen alle angewandt,
die der Mitgliedschaft oder des Sympathisantentums verdächtig
waren. Während bedeutende Mitglieder anderer Parteien und Organisationen nur zurechtgewiesen oder für einige Monate ins Gefängnis gebracht wurden, verloren einfache Mitglieder der Tudeh-Partei ihre Berufe oder fanden sich zu langjährigem Gefängnisaufenthalt verurteilt. Die meisten Führer der "Nationalfront",
mit Ausnahme von Fatemie, dem Außenminister Mossadeghs, wurden
zu fünf Jahren Haft verurteilt, erhielten jedoch die Zusage auf
eine Amnestie nach drei Jahren; dagegen wurden 40 Tudeh-Mitglieder erschossen, 14 zu Tode gefoltert und weitere 200 zu
lebenslänglichem Gefängnis verurteilt. Schließlich begann mit
der Gründung der SAWAK die gnadenlose Verfolgung und Zerstörung
der Tudeh-Partei im Untergrund, selbst als diese Partei gar
nicht mehr die Hauptgefahr für das Regime darstellte. Die meisten Führer der "Nationalfront", die im August 1953 verhaftet
worden waren, kamen bereits nach einem Jahr wieder in Freiheit.
Viele von ihnen emigrierten, einige unterhielten weiterhin
Kontakt mit Mossadegh, der nach drei Jahren Gefängnis im Jahre
1956 auf seinen Landsitz Ahmadabad als Zwangsaufenthalt entlassen wurde und dort am 5.3.1967 starb.

Die Wiederherstellung der absoluten Autorität des Shah-Regimes, die nur mit Hilfe der Unterdrückung jeglicher parteipolitischer Aktivitäten durchgesetzt wurde, stellte zweifellos die Voraussetzung für ein als "Grundvertrag" bekanntes Abkommen im August 1954 zwischen der "National Iranian Oil Company" (NIOC)[36] und einem Konsortium aus den größten internationalen Ölkonzernen dar, das sich auf die Gebiete der früheren AIOC erstreckte. Gerade die Internationalisierung der iranischen Erdölproduktion bildete den entscheidenden Unterschied zur Situation vor 1951, so daß die neuen Verhältnisse einer *Amerikanisierung* der vorher unter britischer Herrschaft stehenden Erdölproduktion Irans gleichkam[37]. Gemäß diesem "Grundvertrag" blieb zwar das Eigentum an Produktions- und Verarbeitungsanlagen formell in den Händen der NIOC, faktisch erhielt sie jedoch keinerlei Einfluß auf die Investitions-, Produktions- und Preispolitik, da das Nutzungs- und Verfügungsrecht über die Produktionsanlagen bei dem Konsortium lag. Damit blieb der Iran weiterhin an seine inferiore Grundeigentümerposition gefesselt und aus der Produktion ausgeschlossen. Einschließlich der Royalties von 12,5 % am Verkaufspreis bzw. an der Produktion war der iranische Anteil an den Gesamtprofiten auf maximal 50 % beschränkt[38].

Diese neue Interventionsphase der USA, die sich zunächst auf die Jahre zwischen dem Staatsstreich von 1953 und der Zeit der Präsidentschaft Aminis 1961 erstreckte, war gekennzeichnet durch die Reorganisation der iranischen Armee, die Stärkung der Polizei, den Aufbau der politischen Polizei SAWAK, den Beitritt Irans zum gegen die Sowjetunion gerichteten Baghdad-, dem späteren CENTO-Pakt (1955) und zum "Verteidigungspakt mit dem USA" (1959), der unter der Direktion der *"US Military Mission with the Imperial Iranian Army" (ARMISH)*[39] stand, deren Aufgabe die "Beratung" des Kriegsministers, des Chefs des Stabes der Oberkommandierenden und der Oberbefehlshaber von Heer, Marine und Luftwaffe in Fragen der Planung, Organisation, Verwaltung und Ausbildung war; schließlich durch den Beitritt zur *"US Military Assistance Advisory Group of Iran" (MAAG)*[40], deren Aufgabe in der effektiven Durchführung des gegenseitigen Verteidigungshilfsprogramms bestand. In dieser Zeit war die unmittelbare Dominanz der USA in der innen- und wirtschaftspolitischen Entwicklung des Iran unverkennbar; dem iranischen Staat kam nun die Aufgabe zu, die äußeren und allgemeinen Reproduktionsbedingungen des imperialistischen Kapitals herzustellen und zu betreiben, das seit dem 2. Weltkrieg durch die USA dominiert wurde. George E. Baldwin, ein Mitglied der Harvard-Berater-Gruppe bei der iranischen Planorganisation, stellte vier ausländische Einflüsse fest, die eine Hauptrolle bei der endgültigen Erstellung des allgemeinen Wirtschaftsplanes für den Iran spielten: die Weltbank, die US-Botschaft in Teheran, zwei amerikanische Beraterfirmen und Max Weston Thornburg, ein US-Bürger[41]. Der Iran mußte sich beim Abschluß der Kreditverträge mit der Weltbank in einer entsprechenden Klausel verpflichten, das internationale Geldinstitut bei jedem Auslandskredit zu konsultieren; diese Interventionsmöglichkeit übertrug letztendlich der Weltbank die Entscheidung über sämtliche Projekte, deren Konzeption und Durchführung sie ausländischen Beratern und Vertragsfirmen überließ. Auf diesem Wege konnten die Firmen in die Schaltstellen der Planorganisation eindringen, deren Arbeit sie bestimmten. Diese Entmündigung durch aufgezwungene Berater und Vertragsfirmen, die durch die "Point-IV"-Entwicklungshilfeorganisation eingeleitet wurde, war begleitet von Wirtschaftsplänen und Projekten, deren Durchführung gegen Ende der 50er und Anfang der 60er Jahre eine *allgemeine Krise* hervorrufen mußte. Aus der vorläufigen Oberwindung dieser Krise, die keineswegs nur eine Wirtschaftskrise war, ging das scheinbar *persönliche* Regiment des Shah hervor.

1.5.2. ZUM SOZIOÖKONOMISCHEN HINTERGRUND DER NIEDERLAGE DER 'NATIONALFRONT' UND DES ERFOLGREICHEN CIA-PUTSCHES

Das Shah-Regime wurde zwar durch den CIA-Putsch und den gewaltsamen Sturz der legalen Regierung Mossadegh wieder etabliert; der CIA als eine äußere Macht kann aber erst dann eingreifen, wenn eine Regierung nicht auf einer soliden Massenbasis gegründet ist, also keine durch die breite Masse der Bevölkerung getragene Macht darstellt. Die Regierung der "Nationalfront" konnte dies nicht werden, weil sie versäumte, durch ein massenwirksames Landreformprogramm und damit durch eine Veränderung der ländlichen Sozialverhältnisse den größten Teil der Bevölkerung für sich zu gewinnen[1]. Die Bauern standen während der ganzen Zeit außerhalb der politischen Auseinandersetzungen, die nur zwischen den städtischen sozialen Gruppen ausgetragen wurden. Mossadegh, der *zunächst* alle Fraktionen des Bürgertums in seiner "Nationalfront" zusammenschließen konnte, zog somit gewissermaßen mit einer "Armee ohne Fußvolk" - ohne die Bauernmassen nämlich - in den Kampf, einer Armee, die auseinanderfiel, je länger der Erdölkonflikt andauerte und je mehr sich demzufolge die ökonomische Lage verschlechterte. Auch die Arbeiterklasse, schwach und unter der Führung der Tudeh-Partei, beteiligte sich an diesem Kampf, jedoch nicht immer auf der Seite Mossadeghs. Dessen Regierungszeit war gekennzeichnet durch Neutralisierungsversuche auch dieser sozialen Kraft, die für die Konsolidierung der bürgerlichen Macht hätte herangezogen werden müssen. An dem Verlust der einzig möglichen städtischen Massenbasis für die "Nationalfront" war jedoch nicht allein die falsche Taktik der Tudeh-Partei Schuld; auch die antikommunistischen Ängste der Mittelschicht, vor allem ihrer traditionellen Teile, spielten hier eine Rolle.

Während der Regierungszeit Mossadeghs konnte die Tudeh-Partei, die 1944 unter dem Vorwand, ein - mißglücktes - Attentat auf den Shah verübt zu haben, verboten wurde, öffentlich auftreten, da sie von dem Premierminister vor allem als Unterstützung gegen die Royalisten betrachtet wurde. Dabei wuchs die Abhängigkeit der Regierung von der Unterstützung der Tudeh-Partei umso stärker, je mehr die traditionelle "Mittelschicht" sich distanzierte; umgekehrt wandte sich letztere desto stärker ab, je mehr die Kommunisten ihren Einfluß festigen konnten. Die konservativen und religiösen Vertreter verließen die "Nationalfront", während die Geistlichkeit, vor allem Ajatollah Kashani und Ajatollah Behbahani, ihren Sturz aktiv unterstützten.

Seit Beginn ihres gemeinsamen anti-imperialistischen Kampfes litt die "Nationalfront" unter den konservativen Forderungen Kashanis. Er verlangte die Einhaltung "islamischer Grundsätze", ohne die eine anti-imperialistische Bewegung "fruchtlos" wäre. Die politischen Aktivitäten Kashanis, dessen Einfluß sich sowohl auf die religiöse Fraktion im Parlament als auch auf den Bazar erstreckte, waren genauso widersprüchlich wie die soziale Gruppe, die er vertrat; aufgrund seiner anti-britischen Einstellung verbündete er sich ebenso mit Mossadegh wie zeitweilig mit Reza Shah und später mit dem Putschisten-General Zahedi. Kashani, der mehrere Jahre im Irak gegen die Briten gekämpft hatte, war unter den etablierten Geistlichen ziemlich isoliert, da ihre Mehrheit unter der Pahlavi-Dynastie eine eher quietistische Richtung vertrat. Ihre Kritik richtete sich vor allem gegen Abweichungen von islamischen Normen und gegen die koloniale Fremdbestimmung[2]. Indem Kashani jedoch eine Rückkehr zu islamischen Traditionen und zum islamischen Gesetz propagierte und gleichzeitig die Forderung der Nationalisten nach ökonomischer und politischer Unabhängigkeit des Landes aufgriff, trug er wesentlich dazu bei, religiöse und säkulare Gegner des Shah-Regimes in der von Mossadegh geführten Bewegung zu vereinen. Er erreichte auch eine Annäherung der ihm eng verbundenen "Islamischen Glaubenskämpfer" (Fedaijan-e Islam) an die "Nationalfront", die im Unterschied zum mehr politisch-pragmatischen Kashani alles bekämpften, was sich seit den 20er Jahren im Iran auf dem Wege der "Modernisierung" und "Verwestlichung" entwickelt hatte. Als Organisation eines islamischen Revivalismus strebten sie seit 1945 die Ersetzung des Shah-Regimes durch ein islamisches unter der Führung eines Imam an[3]. Auf der Basis des shi'itischen Chiliasmus huldigten sie einem terroristischen Aktivismus, dem zwischen 1945 und 1953 zwei Premierminister

und ein Erziehungsminister zum Opfer fielen. Auch Kashani, der
Mossadegh in Bedrängnis bringen wollte, verlangte bestimmte
kulturpolitische Maßnahmen, u.a. die Gründung einer gemeinsamen "Islamischen Konferenz" mit dem Ziel, zusammen mit anderen
islamischen Staaten zum Schutz der Jugend[4] den Drogenhandel,
die Korruption und die Prostitution zu bekämpfen.

Mit der Fortdauer des Erdölkonflikts belasteten nicht nur grundsätzliche Forderungen, sondern auch die machtpolitischen Ansprüche der konservativen Fraktion die "Nationalfront", die
trotz unterschiedlicher weltanschaulicher, sozial- und kulturpolitischer Orientierungen solange zusammenhielt, wie die Frage
der Nationalisierung der Erdölindustrie im Vordergrund stand
und ein mächtiger Gegner existierte. Mit dem internen Machtkampf um die Durchsetzung der Gruppeninteressen der einzelnen
Fraktionen, die Mossadegh zu ständigen Kompromissen zwang, begann jedoch der Zerfall der "Nationalfront"[5].

Dem religiösen Flügel kam Mossadegh entgegen, indem er Bager
Kazemi, einen gläubigen und von der Geistlichkeit anerkannten
Politiker, zum Außenminister und Mehdi Bazargan, den Gründer der
"Islamischen Gesellschaft", zum Vizeminister für Erziehung ernannte. Der Ausschank von alkoholischen Getränken wurde verboten, die antiklerikale Propaganda der Anhänger Kasrawis beschränkt, und es kam zu einer erneuten Versöhnung mit den "Fedaijan-e Islam"; 28 ihrer inhaftierten Mitglieder wurden freigelassen, darunter auch der Attentäter Razmaras. All diese Zugeständnisse reichten aber der religiösen Fraktion nicht aus,
die auf fundamentale gesellschaftliche Veränderungen nach ihrer
Vorstellung und auf einen stärkeren Einfluß im Kabinett drängte.

Als der Transportminister die Verstaatlichung der Teheraner
Verkehrsbetriebe plante, wandte sich Maki , ein enger Vertrauter Mossadeghs, von diesem ab; diese Verstaatlichung machte
seiner Meinung nach den Weg frei für weitere Eingriffe des Staates, die schließlich zu sowjetischen Verhältnissen führen würden[6]; ähnliche Ablehnung erfuhr die Verstaatlichung der Telefonbetriebe. Kashani sprach sich dagegen aus, weil der Islam

das Privateigentum respektierte[7]; als die Regierung das Frauenwahlrecht einführen wollte, opponierte Kashani dagegen mit der Begründung, die Frauen sollten lieber zu Hause bei ihren Kindern bleiben[8]. Die Geistlichkeit organisierte mehrere Protestdemonstrationen dagegen, Kashani verließ mit den meisten Mitgliedern der klerikalen Gruppe die "Nationalfront" und gründete eine islamische Fraktion im Parlament. Auch Baghai, ein ehemaliger Verbündeter Mossadeghs, der ihn nunmehr mit Hitler verglich und die Armee als ein "Bollwerk gegen den Kommunismus" pries, opponierte gegen ihn[9].

Der Frontenwechsel Baghais führte zur Spaltung der "Partei der Werktätigen", aus der die Organisation "Dritte Kraft" unter Khalil Maleki hervorging. Maleki, der die Tudeh-Partei wegen ihrer totalen Orientierung an den tagespolitischen Entscheidungen der Sowjetunion verlassen hatte, strebte nun nach der Spaltung die Verwirklichung des Sozialismus nach Titos Vorbild an. Er unterstützte weiterhin Mossadegh und gewann zahlreiche Anhänger in der Jugend- und Frauensektion der "Partei der Werktätigen". Baghai bezichtigte er der Kollaboration mit "antipatriotischen Elementen", während er der Geistlichkeit vorwarf, Politik und Religion nicht zu trennen und die Tudeh-Partei, die nunmehr Mossadegh unterstützte, warnte, dem Kreml nicht blind zu folgen. Seine Partei der "Dritten Kraft" betrachtete den Marxismus als eine analytische Methode, riet ihren Anhängern, zwischen "Soziologie" und "Theologie" zu unterscheiden und den Marxismus nicht mit einer "Moralphilosophie" zu verwechseln. Sie rief zu einer "sozialdemokratischen Revolution" auf, die weitgehende Reformen - einschließlich Landverteilung und Frauenemanzipation - ermöglichen sollten[10].

Eine andere Gruppe, die weiterhin Mossadegh unterstützte, war die "Iran-Partei" unter Allahjar Saleh, der bis 1944 ebenfalls mit der Tudeh-Partei zusammengearbeitet hatte. Die "Iran-Partei", die für "Neutralität", "Nationalismus" und "Sozialismus" eintrat, kritisierte Kashani als einen "politischen Mula" und Maki als "selbstsüchtig"; sie lehnte religiöse Interventionen in der politischen Auseinandersetzung mit dem Argument ab, daß der Islam zu heilig sei, um sich mit den politischen Alltagsproblemen zu beschäftigen[11].

Im August 1953 hatte sich die Konfrontation der religiösen und säkularen Fraktionen der "Nationalfront", die die traditionelle und moderne "Mittelschicht" Irans ideologisch und politisch vertraten, so weit zugespitzt, daß Mossadegh sich nunmehr nur auf die moderne Mittelschicht stützen konnte, wollte er die säkulare Tradition der "konstitutionellen Revolution" fortsetzen. Wie schon nach der "konstitutionellen Revolution" unterstützte auch jetzt die Mehrheit der Geistlichen die etablierte Macht, die durch einen gut organisierten und von Mossadegh unangetasteten Staats- bzw. Armeeapparat repräsentiert war; denn der Geistlichkeit erschien die Rückkehr zur Monarchie sicherer als eine von der kommunistischen Tudeh-Partei unterstützte säkulare Bewegung.

Während Mossadegh die Anhängerschaft der traditionellen "Mittelschicht" und ihrer politischen Interessenvertretung verlor, sammelte sich eine Gruppe von Offizieren in einem Komitee, um das "Vaterland zu retten". Dieses Komitee betrachtete es als seine patriotische Pflicht, sich für Monarchie und Streitkräfte und gegen extremistische Tendenzen einzusetzen, die das Land nur in Unordnung bringen würden. Der Chef des Komitees war General Zahedi, der "freundschaftliche" Kontakte mit Baghai, Maki und Kashani pflegte[12].

So konstituierte sich die putschistische Fraktion, die mit Hilfe des CIA erstmalig am 16. August 1953 die Regierung stürzen wollte, deren Plan jedoch von der Untergrundorganisation der Offiziere der Tudeh-Partei aufgedeckt und von Mossadegh vereitelt wurde. Der Shah floh ins Ausland, und die Straßen wurden von den aufgebrachten Anhängern Mossadeghs erobert, die überall die Standbilder des Shahs stürzten. Der zweite Putschversuch am 19. August, der mit einer Mobilisierung des Lumpenproletariats einherging, war erfolgreich. Die Putschisten umstellten mit 35 Panzern das Haus des Premierministers, das nach neun Stunden erobert wurde, während aus CIA-Quellen bezahlte Schlägertrupps unter Shaban bi-Mokh (gehirnloser Schaban) für Ruhe und Ordnung auf den Straßen sorgten. So wurde zum letztenmal dem Versuch der "Nationalbourgeoisie", sich als eine eigenständige soziale und politische Kraft gegen den Imperialismus und seine Vertreter im Iran, zu konstituieren, ein Ende gesetzt.

Um die Haltung der einzelnen Klassen und Schichten zur Nationalisierungsbewegung begreifen zu können, ist es unabdingbar, sich zuerst einen Überblick über die ökonomische Entwicklung der Nachkriegszeit zu verschaffen. Nach Bharier [13] gehörten 1946 noch 64 % der *Industriebetriebe* dem Staat. 50 % aller in größeren Betrieben tätigen Arbeiter waren "staatliche Arbeiter". Allerdings soll die überwältigende Mehrheit der Betriebe nicht nach dem kapitalistischen Profitabilitätsprinzip organisiert gewesen sein, nicht unter dem Gesichtspunkt der Ausbeutung der Arbeitskraft, sondern weil ein Teil des Kapitals unterschlagen worden war und die Manager sich als unfähig erwiesen, die Probleme zu lösen. Von 55 Fabriken mit mehr als 200 Arbeitern waren 34 Textilfabriken, 6 in der Nahrungsmittelverarbeitung und 7 Zuckerraffinerien. Die Industrie hatte ihren Standort vor allem in Teheran (25 % aller Großbetriebe), in Azerbeidjan und Gilan sowie in Isfahan. Der Beitrag des industriellen Sektors zum Bruttosozialprodukt betrug 1947 nur 5%; in ihm waren 100 000 Arbeitskräfte beschäftigt, die Ölindustrie ausgenommen. Die Anzahl der kleinen Handwerksbetriebe war während des Krieges auf 15 000 zurückgegangen, weil der Schutz durch den Frachtzoll auf Importe fortfiel. Ronall und Grunwald [14] kommen bei der Betrachtung des Industriezensus von 1950 zu dem Ergebnis, daß seit 1946 die Privatindustrie gegenüber den in staatlichem Besitz befindlichen Fabriken beträchtlich an Terrain gewonnen hatte. Die staatlichen Betriebe verfügten nur noch über einen Anteil von 15 % an der Gesamtzahl; sie beschäftigten 32,5 % aller Arbeiter, besaßen 30 % aller Energie und 50 % allen investierten Kapitals. Der private Sektor umschloß vor allem die Bereiche Textilien, Bergbau, Chemikalien, Immobilien und den Bausektor. Nach diesen Angaben betrug die Zahl der Industriearbeiter 1947 165 000 und stieg bis 1950 auf 272 000 (mit Ölarbeitern). Allerdings ist diese Zahl irreführend, denn die 130 000 in der Teppichherstellung beschäftigten Heim- oder Manufakturarbeiter, meist Frauen und Kinder, können kaum in dem Sinne als industrielles Proletariat wie die in Großunternehmen beschäftigten Arbeiter bezeichnet werden.

Insgesamt ist zu erkennen, daß die Einflußnahme besonders der amerikanischen Berater auf die Wirtschaftspolitik des Landes erste "marktwirtschaftliche, die freie Unternehmerinitiative" beflügelnde Früchte getragen hatte. So war ein Teil der staatlichen Unternehmen an Privatkapitalisten mit der Begründung verkauft worden, sie seien nicht profitabel. Dieselben Untersuchungen aber, die diese Tendenz zur Privatisierung der Wirtschaft behaupten und beweisen, müssen zugeben, daß es auch um die in Privatbesitz befindliche Industrie, was die Organisationsstruktur, die Arbeitsbedingungen und die Qualität der Produkte betraf, nicht gut bestellt war[15]. Issawi[16] erklärt das immer noch relativ geringe Ausmaß der privaten Investitionen im industriellen Sektor durch die Tatsache, daß die während des Krieges expandierten und vor Importen geschützten Bereiche der industriellen Produktion zwar an Ersatzteilmangel gelitten hätten, den sie nur durch erneute Importe beheben konnten, doch durch die neue Freihandelspolitik der Regierung noch stärker bedroht waren. Zwar wurden moderne Ausrüstungen installiert, z.B. die Baumwoll-, Zucker- und Chemikalienindustrie sowie der Bergbau konnten einen Auftrieb verzeichnen, im Bereich der Zement- und Teppichproduktion blieb man dagegen hinter dem Vorkriegsstand zurück, was die Zahlungsbilanz entsprechend belastete.

Der aufgrund der starken Urbanisierung besonders Teherans während der Zwischenkriegs- und Okkupationszeit stark gestiegene Bodenpreis hatte Grundstücksspekulation und Wohnungsbau für kaufkräftige Schichten sehr profitabel gemacht, so daß die Masse der privaten Investitionen hier getätigt wurde. Besonders zwischen 1946 und 1951 war der Grundstücksboom sehr stark, zu einer Zeit also, als die vollzogene "Westintegration" allen Kapitalbesitzern sichere Ausbeutungsmöglichkeiten verhieß. Entsprechend reagierte die iranische besitzende Klasse auch nach 1953[17]. Entscheidend an dieser Grundstücksspekulation beteiligt waren während der Okkupationszeit akkumulierte Kapitalien[18].

Die *Landwirtschaft* wurde völlig vernachlässigt, wenn man von minimalen Verbesserungen wie dem Bau kleiner Bewässerungsanlagen, der Erweiterung der landwirtschaftlichen Kreditmöglichkeiten, dem vermehrten Import landwirtschaftlicher Maschinerie, Kunstdünger und Saatgut absieht. Zudem hatten diese "Innovationen" unter den bestehenden Produktionsverhältnissen in der Landwirtschaft ähnlich negative Auswirkungen auf die Pächter und Landarbeiter wie unter Reza Shah[19]. Dabei expandierte die landwirtschaftliche Produktion langsamer als die Bevölkerung, was einen verstärkten Nahrungsmittelimport notwendig machte.

Von der Freihandelspolitik der Nachkriegszeit, die einer verstärkten Industrialisierung auf privatkapitalistischer Basis nicht eben förderlich war, profitierte lediglich die Handelsbourgeoisie, besonders ihre im Importgeschäft tätige, ökonomisch mächtigste Fraktion, deren Aktivitäten sich vor allem durch die verstärkten Öleinnahmen ausgedehnt hatten. Der so entstandene Reichtum veranlaßte die Mitglieder der herrschenden Klasse, ihren Lebensstil entsprechend dem europäisch-amerikanischen Vorbild zu gestalten; die dafür erforderlichen Güter mußten sämtlichst importiert werden. Die Hoffnung auf eine Steigerung der Kaufkraft dieser Schichten nach der Nationalisierung der Erdölproduktion und damit auch auf eine verstärkte Kapitalakkumulation war eines der Motive dieser Fraktion der Bourgeoisie, die Ölnationalisierungsbewegung zu unterstützen[20]. So hatte der starke Urbanisierungsprozeß nicht nur die ohnehin schon reichen Klassen durch Bodenspekulation noch mehr bereichert, sondern auch die Zahl der kleinen Bazarhändler anschwellen lassen[21]. Für die breiten Massen dagegen, besonders für die städtischen Arbeiter und Arbeitslosen sowie für die Bauern hatte die Nachkriegszeit bis 1951 zu keiner Verbesserung ihrer elenden Lage geführt.

Der Abzug der Alliierten, die während des Krieges vorübergehend vielen Iranern Arbeitsmöglichkeiten gegeben hatten, ließ das Heer der Arbeitslosen weiter anschwellen. Doch auch diejenigen, die in handwerklichen oder industriellen Betrieben beschäftigt waren, konnten mit dem niedrigen Arbeitslohn kaum ihre Arbeitskraft reproduzieren. Die geringe Produktivität der Arbeit, die für iranische Betriebe typisch war, entsprang nicht allein der unterentwickelten Technologie, sondern zum Teil auch der schlechten Ernährung der Arbeiter. 80 % der Bevölkerung litt damals an chronischer Unterernährung; ihr durchschnittlicher Kalorienverbrauch lag an letzter Stelle im Nah- und Mittelost-Bereich, und jeder zweite Säugling starb. Auch von der Arbeitszeit her läßt sich von einer Produktion des absoluten, nicht des relativen Mehrwerts sprechen. Rechte für die arbeitenden Massen bestanden nur auf dem Papier. Zwar war 1946 ein Arbeitsgesetz erlassen worden, das dem iranischen Industrieproletariat ähnliche Rechte gewährte wie dem europäischen, doch sollte damit mehr die immer stärker um sich greifende Organisation der Arbeiter in den Tudeh-Gewerkschaften abgeblockt als tatsächlich die Arbeitsverhältnisse verbessert werden. Gleichzeitig schwächte die herrschende Klasse durch Scheinzugeständnisse und Drohungen die Gewerkschaftsbewegung und zerstörte damit die politische Basis für Forderungen nach Erfüllung der im Arbeitsgesetz versprochenen Rechte. Während aber diese Scheinreformen, die nicht einmal in den wenigen staatlichen Betrieben völlig durchgeführt wurden, immerhin anzeigten, daß man in der Arbeiterklasse ein die eigene Klassenherrschaft bedrohendes Element sah, das man durch Repressionen und Scheinzugeständnisse zu domestizieren suchte, waren ähnliche Maßnahmen bei den Bauernmassen offensichtlich nicht nötig. Zwar hatte die partielle Sympathie, die die "Demokratische Partei Azerbeidjan" bei den Bauern finden konnte, der herrschenden Klasse gezeigt, daß sie im Falle einer Bedrohung kaum auf die Verteidigung ihrer Macht durch die Bauern würde rechnen können; doch war sie in Azerbeidjan mit imperialistischer Hilfe und geschickter Taktik dieser Gefahr Herr geworden. Auch wurden dort die Bauern nicht von sich aus aktiv; vor allem hatte die Bauernbewegung nicht auf andere Gebiete übergegriffen. Daher spielten die *Bauernmassen*, ähnlich wie in der "konstitutionellen Revolution", kaum eine Rolle. Sie hatten weder Informationen über die Vorgänge in den Städten, noch sahen sie den anti-imperialistischen Kampf als ihre Sache an. Immerhin soll es der Tudeh-Partei gelungen sein, auch Anhänger unter den Bauernmassen zu gewinnen, besonders in der Nähe Teherans und in den kaspischen Provinzen; letzteres ist auf den russischen Einfluß, die durch die azerbeidjanischen Landreformmaßnahmen geweckten Hoffnungen und die Frustration im Zuge der Restauration der Grundherrschaft zurückzuführen[22].

Insgesamt waren die Reaktionen der Landbevölkerung auf ihr
Elend eher durch Apathie und Hoffnungslosigkeit gekennzeichnet,
als durch Auflehnung[23] - die Lebenserwartungen eines Bauern betrugen nur 27 Jahre[24].

Auf der Basis einer derartigen sozialen Zusammensetzung mußte
die "Nationalfront" unweigerlich zerfallen, da die ökonomische
Entwicklung der Jahre 1950 - 1953 nicht den erhofften Effekt
der Nationalisierung der Erdölindustrie brachte. Die Großbourgeoisie rückte von der "nationalen Sache" ab, als durch die
Boykottpolitik der imperialistischen Staaten die erhofften gesteigerten Erdöleinnahmen ausblieben oder gar in ihr Gegenteil
umschlugen. Zusammen mit dem Hofstaat, der Mehrheit der Geistlichkeit und den Grundbesitzern entwickelten sie sich zu Mossadeghs erbitterten, schließlich durch ausländische, vor allem
amerikanische Unterstützung siegreichen, Gegnern[25].

Die *Bazarbourgeoisie*, weitgehend durch die Kashani-Fraktion
repräsentiert, blieb der "Nationalfront" länger treu; doch auch
sie geriet in wirtschaftliche Schwierigkeiten und litt unter
Geld- und Devisenmangel, was ihren "anti-imperialistischen"
Eifer nicht verstärkte.

Abrahamian[26] macht mit Recht darauf aufmerksam, daß eine vergleichbare Klassenkonstellation wie in der Regierungszeit Mossadeghs in ähnlicher Weise bereits in der "konstitutionellen
Revolution" bestand; allerdings spielten damals die *"verwestlichten" Intellektuellen* eine geringere Rolle, weil für sie
weder eine entsprechende Funktion noch ein Angebot existierte.
Erst durch die industrielle Entwicklung, die Verstärkung der
Bürokratie und die Reorganisation des Bildungs- und Justizsystems unter Reza Shah entwickelte sich diese bürgerliche Schicht
zu einer politisch bedeutenden Kraft, deren Zahl rasch zunahm.
Ihre politischen Partizipationsmöglichkeiten waren aber durch
die Dominanz der Großgrundbesitzer in allen Institutionen beschränkt, so daß eine Veränderung der Verhältnisse durchaus
ihren Interessen entsprach. Die Kashani-Fraktion trug das Erbe
der "konstitutionellen Revolution", die ja primär eine politische Bewegung des Bazars war, direkt weiter. So bildeten die

traditionelle Bazarbourgeoisie und die *bürgerliche Intelligenz*, der die Tudeh-Partei zu prosowjetisch und/oder zu sozialrevolutionär erschien, *die hauptsächliche soziale Basis* der "Nationalfront".

Was weder der "konstitutionellen Revolution" noch der anti-imperialistischen Bewegung von 1951-53 gelang, war eine Mobilisierung des Subproletariats, das hauptsächlich aus landflüchtigen Bauern bestand und in den südlichen Slums trostlos dahinvegetierte. Dieser Schicht eröffneten sich auch durch die potentiell verstärkten Öleinnahmen keine besseren Lebenschancen. Sie litten am stärksten unter den steigenden Preisen und der wachsenden Arbeitslosigkeit, die Ergebnis des Boykotts und dessen Rückwirkungen auf die iranische Wirtschaft waren. Diese Indifferenz des Teheraner Subproletariats gegenüber dem anti-imperialistischen Kampf erleichterte den Royalisten deren Verwendung bei der Pro-Shah-Demonstration, die dem Putsch voranging[27]. Zu einer ähnlichen "unheiligen Allianz" zwischen Reaktion und *städtischer Armut* war es ansatzweise ebenfalls schon während der "konstitutionellen Revolution" gekommen. Die Ursache lag in der Einführung der "freien Marktwirtschaft" auf dem Nahrungsmittelsektor von Seiten der Bazarbourgeoisie, was den Brotpreis hochtrieb und damit den armen Massen die Rückkehr zu den "guten alten Zeiten", als der Shah derartige Notlagen zum Teil selbst dämpfte[28], erstrebenswert erscheinen ließ.

Das *organisierte industrielle Proletariat*, soweit es sich der Tudeh-Partei zugehörig fühlte, entwickelte sich besonders in der Spätphase zu einer Mossadegh unterstützenden Kraft. Doch war weder seine numerische noch seine politische Stärke ausreichend, um die verlorengegangene Unterstützung weiter Teile der Bourgeoisie zu kompensieren. Ob man der Tudeh-Partei wirklich vorwerfen kann, sie habe die "Nationalfront" nicht von Anfang an bedingungslos unterstützt, erscheint fraglich; denn die damalige klassenmäßige Zusammensetzung der "Nationalfront" war nicht unbedingt dazu angetan, daß Proletariat und revolutionäre demokratische Bewegung ihre Interessen dort vertreten sahen. Auch wurde unter Mossadegh die Tudeh-Partei nicht wieder legalisiert, die Gewerkschaftsbewegung weiter unterdrückt und die

Rechte der Arbeiter nicht verstärkt durchgesetzt. Schließlich ließen die Versuche Mossadeghs und seiner Berater, die Hilfe der USA zu gewinnen, in der Konfrontationssituation des "Kalten Krieges" die anti-imperialistischen Erklärungen der "Nationalfront" nicht als ihre wahren Absichten erscheinen. Je mehr allerdings die verschiedenen bürgerlichen Fraktionen und die Geistlichkeit ihre Unterstützung aufkündigten und sich die Anhängerschaft Mossadeghs unter der Bourgeoisie reduzierte, desto stärker waren die von der Tudeh-Partei beeinflußten Demonstrationen dazu geeignet, die Bourgeoisie noch weiter in die Arme des Imperialismus und der Royalisten zu treiben. So kamen die neuen "Konvertiten" zwar zu spät, um den Sieg zu sichern, aber noch rechtzeitig genug, um die Märtyrerkrone zu erwerben[29].

Zwar ist die Behauptung, Mossadegh und seine Mitarbeiter hätten unter dem gänzlichen Mangel an wirtschaftspolitischen Plänen gelitten, nicht gerechtfertigt, doch fehlte wohl eine reale Zielvorstellung, die die ökonomische Entwicklung des Landes im Interesse der breiten Massen hätte forcieren können. Die Reaktion auf die Boykottpolitik des Imperialismus, die zu Devisenverknappung und anderen Mangelerscheinungen geführt hatte, war dabei nicht ohne Sinn und ökonomisch rational, wenn auch vielleicht mehr aufgezwungen als ein eigenständiger Plan eines umfassenden Importsubstitutions- und Exportpromotionsprogramms[30]. Doch konnte diese vorübergehende Verbesserung der ökonomischen Lage aufgrund der gesellschaftlichen Macht- und Besitzverhältnisse, die einen wirklich qualitativen Fortschritt verhinderten, nicht viel ausrichten, um die Not der Massen zu lindern. Andererseits reichte sie auch nicht aus, um den Abfall verschiedener Fraktionen der Bourgeoisie und der Geistlichkeit von der anti-imperialistischen Bewegung zu verhindern. Dieses konterrevolutionäre Verhalten ist die typische Reaktion der Bourgeoisie auf eine politische Lage, in der die Alternative zur reaktionären Diktatur nur noch im radikalen sozialen Wandel liegt, auf eine Entwicklung also, die von dieser Klasse mehr gefürchtet wird als die Beschneidung ihrer politischen Organisationsmöglichkeiten. Diese Klasseninteressen sind der Grund für die seit 1921 andauernde Unwilligkeit und Unfähigkeit der iranischen Bourgeoisie, ihre vorgeblich "fortschrittlichen Ziele" im aktiven Kampf gegen die vorkapitalistischen Ausbeutungsverhältnisse durchzusetzen[31] und sich damit als eine autonome politische Kraft zu konstituieren.

1.5.3. ZUR ETABLIERUNG DES SCHEINBAR PERSÖNLICHEN REGIMENTS DES SHAH

Mit dem CIA-Putsch wurde die Autorität des Shah und der ihn tragenden Kräfte endgültig durchgesetzt; die Macht war jedoch zunächst in den Händen einer Gruppe von US-freundlichen Militärs und Politikern konzentriert, die mit Unterstützung der Vereinigten Staaten die Regierungsgeschäfte übernahmen. An der Spitze dieser Gruppe stand General Zahedi, der als Ministerpräsident, gestützt auf den Teheraner Militärgouverneur Oberst Bakhtiar, jegliche weiteren parteipolitischen Aktivitäten von Seiten der Opposition unterband.

Als erster Schritt zur Stabilisierung des Shah-Regimes dienten die Parlamentswahlen von 1954 und 1956, die von der Regierung und den sie tragenden "konservativen" Kräften abgewickelt wurden; die Parteien waren dabei nicht einmal zu eigenständiger Aufstellung von Kandidaten berechtigt. Selbst Politiker wie Baghai, der sich von Mossadegh abgewendet und zu dessen Sturz beigetragen hatte, wurde nicht zur Wahl zugelassen. Er, der unmittelbar nach dem Sturz des alten Ministerpräsidenten nicht einmal verurteilt worden war, wurde nun inhaftiert und schließlich, als er sich offiziell als Kandidat für Kerman in den Wahlen von 1954 aufstellen ließ, zu einem Zwangsaufenthalt in Zahidan verpflichtet[1].

Das neue Parlament war mehr denn je eine Domäne der Großgrundbesitzer, der reichen Kaufmannschaft und der alten Offiziere, die unter Reza Shah zu Besitz und Ansehen gekommen waren. Ihre gemeinsamen Interessen, den Status quo nicht nur gegen revolutionäre Kräfte, sondern auch gegen eine vorsichtige Reformpolitik zu verteidigen, brachten sie zunehmend in einen Gegensatz zum Shah, der *unter dem massiven Druck der USA* den wachsenden politischen und sozialen Spannungen entgegenwirken

sollte. Vor allem, um seine eigene Position zu sichern, war
er auf eine Distanzierung zu dieser extremen rechten Gruppe
bedacht, deren Exponent Zahedi darstellte. Dieser mußte, nach
einem weiteren Zusammenstoß mit dem Monarchen anläßlich der
Wiederholung der Parlamentswahlen, im April 1955 seinen Rücktritt einreichen[2].

Damit wurde die Entwicklung eingeleitet, die sich als persönliches Regiment des Shah darstellte. Die folgenden Ministerpräsidenten Hoseyn Ala (1955-57) und Manutschehr Ighbal (1957-1960) vertraten die vom Monarchen verfolgte politische Linie; auch die guten Beziehungen der meisten religiösen Würdenträger zum Staatsoberhaupt in der Zeit zwischen 1953 und 1961 trugen erheblich zur Stabilisierung der "persönlichen" Herrschaft des Shah bei. Dieses Einvernehmen zwischen Shah und Geistlichkeit läßt sich vor allem auf den von Ajatollah Borudjerdi, den letzten alleinigen mardja-e taghlid [3], vertretenen Quietismus zurückführen. Nach seiner eigenen Darstellung pflegte der Shah intensiven Kontakt zum Ajatollah und ließ sich, vor allem während der Regierungszeit Mossadeghs, von ihm beraten, "als die Monarchie selbst von einer Veränderung bedroht war. Borudjerdi, der Erzpriester national-religiöser Tradition, unterstützte ihn" [4]. Zwar hatte der Ajatollah auch durchaus Einwände gegen verschiedene Entscheidungen, die auf Seiten der politischen Führung des Landes gefällt wurden; andererseits ließ ihn seine quietistische Überzeugung auf eine Einhaltung von Ruhe und Ordnung bedacht sein [5]. Selbst dem Aktivismus zuneigende religiöse Führer wie Kashani unterstützten durch ihr Abrücken von Mossadeghs Politik implizit den Shah. So lassen sich insgesamt in dieser Zeit nur verhältnismäßig geringe Differenzen zwischen den beiden traditionellen Kontrahenten ausmachen, wenn man von den Demonstrationen des Jahres 1955, die sich gegen die Bahai-Gemeinde in Teheran richteten und von der Geistlichkeit angeführt wurden [6], sowie von dem erfolglosen Attentatsversuch der aktivistisch-chiliastischen Sekte "Fedaijan-e Islam" auf den amtierenden Ministerpräsidenten Hoseyn Ala [7] im selben Jahr absieht. Zwar wandten sich einige ulama gegen den zunehmenden Totalitarismus und Despotismus des Regimes [8]; doch das erwartete "Aufbruchssignal" aus Ghom blieb aus zugunsten einer "geschickt vertretenen Neutralität"[9].

Die innenpolitische "Ruhe" sowie die Unterstützung durch die USA gaben dem Shah die Möglichkeit, seit 1955 die Zügel der Macht mehr und mehr in die eigenen Hände zu nehmen; als jedoch infolge der sich zuspitzenden krisenhaften Entwicklung die bestehenden Herrschaftsverhältnisse zusammenzubrechen drohten und massive herrschaftsstabilisierende Maßnahmen ergriffen werden mußten, die die Interessen von Teilen des herrschenden Machtblocks tangierten und die bisher hatten erfolgreich abgewehrt werden können, zerfiel der brüchige Konsens dieses Blockes, der den Schein eines persönlichen Regiments des Shah produziert hatte. Die Überwindung des internen Konflikts, der zwischen 1960 und 1963 seinen Höhepunkt erreichte, trug wiederum zur Stabilisierung des persönlichen Regiments des Shah bei, das gleichzeitig seinen sozialen Charakter veränderte. Dabei machte die "Politik der sozialen Konflikte" einer "Politik der sozialen Lenkung" Platz [10].

1.5.3.1. ZUR KRISENHAFTEN ENTWICKLUNG ZWISCHEN 1953 UND 1960

Die krisenhafte Entwicklung im Iran seit dem Sturz Mossadeghs wurde vor allem durch die umfangreiche finanzielle Unterstützung, die der Shah auf seinem ersten offiziellen Besuch in den USA als Gegenleistung für die von ihm erwarteten Reformmaßnahmen, insbesondere im Agrarsektor, erhielt, in Gang gesetzt [1], weiterhin durch die hohen Auslandskredite sowie den enormen Anstieg der Erdöleinnahmen.

Betrug die US-Hilfe bis zum Sturz Mossadeghs ca. 20 bis 40 Mill. US-Dollar im Jahr, so stieg allein die Wirtschaftshilfe der Vereinigten Staaten bis 1958 auf einen Jahresbetrag von 129,7 Mill. Dollar. Nach dem Staatsstreich im Irak 1958

und dem Ausscheiden dieses Landes aus dem CENTO-Pakt wurde
der Iran zum wichtigsten Partner der USA im Nahen und Mittleren Osten. Seitdem überschwemmte amerikanische Wirtschafts- und Militärhilfe das Land; insgesamt sollen zwischen 1953 und Juli 1961 dem Iran ca. 1,135 Mrd. Dollar zugekommen sein, davon 631 Mill. Wirtschafts- und 504 Mill. Militärhilfe. Außerdem vergab die Weltbank drei Kredite über insgesamt 190 Mill. US-Dollar an den Iran [2]; die gesamten Auslandskredite sollen sich auf 517,6 Mill. US-Dollar belaufen haben [3]. Die Erdöleinnahmen stiegen bis 1956/57 auf jährlich 150 Mill. Dollar und bis 1960/61 gar auf 285 Mill. Dollar, nachdem sie vor dem Sturz Mossadeghs nur 23 Mill. Dollar betragen hatten[4].

Der neue Reichtum führte zu einer explosionsartigen Entwicklung der Wirtschaft, insbesondere in Teheran; die Einfuhr von Luxusgütern nahm zu, der Bausektor erlebte einen ungeahnten Aufschwung, der eine Welle von Bodenspekulation und Korruption auslöste. Rund 250 Mill. Dollar sollen auf diesem Wege zwischen 1953 und 1961 in private Taschen geflossen sein. In kürzester Zeit veränderte die Hauptstadt ihr Straßenbild, Hochhäuser und luxuriöse Villen machten es dem der europäischen Großstädte immer ähnlicher[5]. Diese Entwicklung löste eine massenhafte Abwanderung vor allem der ärmeren Bevölkerung aus den Provinzen aus, die auf ein besseres Leben in der Hauptstadt hofften. Innerhalb von 15 Jahren stieg so die Einwohnerzahl Teherans um fast 2 Millionen. Fanden die Landflüchtigen in den Slums von Süd-Teheran meist nur mangelhafte Unterkunft und selten einen Arbeitsplatz, so erging es den in den Provinzen Verbliebenen während dieser Periode der "Prosperität" noch schlechter; vor allem sie hatten unter den Folgen der einsetzenden Inflation zu leiden. Jedoch auch die neue Mittelschicht war von den Folgen der Geldentwertung getroffen, sah sich zunehmend von sozialen Spannungen bedroht und bildete daher, gemeinsam mit Studenten und jungen Intellektuellen, das Potential für die 1960/61 wiedererwachende oppositionelle Bewegung. Die Demonstration der Teheraner Lehrer am 2.5.1961, die sich gegen das unter dem Existenzminimum liegende Gehalt von 3000 Rial in Teheran und 1500 Rial auf dem Lande richtete, stellte den vorläufigen Höhepunkt einer Entwicklung dar, die zur Einsetzung des Reformkabinetts Amini führte[6].

Zu Beginn des Jahres 1961 ließ sich nicht mehr übersehen, daß der rasante Wirtschaftsboom in Wirklichkeit nur ein Scheinaufschwung gewesen war, der, abgesehen von wenigen "infrastrukturellen" Verbesserungen, denen vor allem militärstrategische Bedeutung zukam, nicht nur keine allgemeine gesunde Wirtschaftsentwicklung mit sich brachte, sondern im Gegenteil eine Bankrottwelle auslöste. Vor allem im Bausektor kam es zu Betriebsstillegungen verbunden mit Massenentlassungen, da die im Süden Teherans entstandenen Ziegelbrennereien plötzlich keine Aufträge mehr erhielten[7]. Schon 1960 waren bei einer Gesamtbevölkerung von 21 Mill., davon 14 Mill. Erwerbsfähigen, insgesamt 52%, d.h. 7,7 Mill. nicht erwerbstätig. Von der erwerbsfähigen Bevölkerung waren nur 15%, ca. 2,1 Mill. beschäftigt, 1,5 Mill. besaßen keine dauerhafte Beschäftigung[8]. Demnach dürften 1960 mindestens 1,7 Mill. der arbeitswilligen Bevölkerung arbeitslos gewesen sein. Nur 1,5 Mill. aller Beschäftigten waren Lohnabhängige, 20% aller Lohn- und Gehaltsempfänger in der Industrie tätig; ihr durchschnittliches monatliches Einkommen lag bei 2500 Rial[9]. Zwar ließ sich im Bereich der *industriellen Produktion* eine Zunahme der Betriebe und eine Expansion des Produktionsvolumens verzeichnen; doch konzentrierten sich die privaten Kapitalinvestitionen vor allem auf die Textil- und Nahrungsmittelindustrie. Diese "traditionellen" iranischen Industriebereiche beschäftigten noch 1956 70% aller als Industriearbeiter geführten Arbeitskräfte. 1959 machten die Waren aus diesem Sektor 60% der Gesamtproduktion der verarbeitenden Industrie aus. Im gleichen Jahr betrug der Anteil der verarbeitenden Industrie am BSP nur 8,5%. Auch die räumliche Konzentration spitzte sich weiter zu, so daß 1960 ein Drittel aller neuen Fabriken in Teheran errichtet wurde. Die privaten Investitionen beschränkten sich meist auf kleine und mittlere Betriebe; insgesamt entstanden bis 1960 nur

9231 Industriebetriebe mit einem privaten Gesamtkapital von
ca. 40 Mrd. Rial. 7000 dieser Betriebe beschäftigten nur 1
bis 10 Arbeitskräfte, 55% aller Industriebetriebe höchstens
25 Arbeitskräfte. Bis März 1961 beschäftigten die 2500 vorhandenen Kleinbetriebe *insgesamt* 14 000 Arbeiter, 85 Ingenieure
und 500 Angestellte. Die gesamten Kapitalinvestitionen im
metallverarbeitenden Bereich betrugen 2,4 Mrd. Rial. Immer
noch dominierte das ausländische Kapital. Zwar entstanden bis
März 1960 316 neue private Projekte in Industrie und Bergbau
mit einem Gesamtkapital von 5,8 Mrd. Rial; 78 dieser Betriebe
mit einer Kapitalinvestition von 1,8 Mrd. Rial gehörten zur
Textilbranche, 11 mit 1,4 Mrd. Rial zur Zuckergewinnung, 21 mit
153 Mill. Rial zum Bergbau und 206 mit 2,4 Mrd. Rial zur Nahrungsmittelindustrie. Dieser Summe der privaten iranischen Kapitalinvestitionen im gesamten Industriebereich standen aber
selbst in diesem Zeitraum 14,78 Mrd. Rial ausländischer Kapitalinvestitionen allein im Erdölsektor gegenüber[10].

In Anbetracht der vorhandenen Rohstoffe und der sich daraus
ergebenden Möglichkeiten wird der tatsächliche Entwicklungsstand der iranischen Industrie dieser Zeit auch von Ronall/
Grunwald[11] als "noch in den Kinderschuhen steckend" beschrieben. Die Ursachen sehen sie in der verstreut lebenden Bevölkerung, den inadäquaten Transport- und Kommunikationsmitteln,
der niedrigen Rate der Kapitalakkumulation und den hohen Zinsen. Die Bedeutung der fehlenden Schutzzollpolitik wird jedoch
von ihnen nicht erkannt, ebensowenig die Vernachlässigung des
Aufbaus einer industriellen Grundlage in Form von Schwerindustrie. Übersehen wird schließlich, daß die für den Ausbau
der Industrie zur Verfügung gestellten Kredite die Verbrauchsgüterindustrie unverhältnismäßig stark forcierten, anstatt
für die Schaffung einer Basis zur allgemeinen industriellen
Ausweitung eingesetzt zu werden, die allein eine langfristige
Sanierung der iranischen Wirtschaft hätte garantieren können.

Dabei war selbst dieser Industrialisierungsprozeß durch einen
immer stärkeren Rückzug des Staates aus bestimmten Produktionsbereichen gekennzeichnet. Diese Entwicklung ging größtenteils

auf den Einfluß von US-Beratern und-Experten zurück, die alle
wichtigen Planungsstellen wenn nicht selbst einnahmen, so doch
mit von "ihren Ideen" von freier Marktwirtschaft und Unternehmerinitiative erfüllten iranischen Ökonomen besetzt hatten. So
finden sich denn auch in allen Berichten ehemaliger, vor allem
amerikanischer Berater Sympathieerklärungen für ihre iranischen
Kollegen. Sie verpflichteten die iranische Wirtschaftspolitik
auf die bekannten liberalen Muster und die Priorität des Handelskapitals, die zu Beginn der 60er Jahre zu einer sich allmählich abzeichnenden Erschöpfung der Devisenreserven führte.
Um dem entgegenzuwirken, hätte es eines verstärkten Exportes
bedurft, was jedoch die Möglichkeiten der iranischen Industrie,
die nicht einmal den inländischen Bedarf zu decken vermochte,
bei weitem überstieg. Die einzigen, dem industriellen Sektor
zuzuordnenden Exporte bestanden, neben Erdöl, in Teppichen.

Bruton kritisiert, daß sich in den 50er Jahren die industrielle
Entwicklung des Iran auf eine Expansion in den bereits bestehenden Bereichen und die Etablierung dieser Betriebe beschränke. Somit seien keine "neuen" Fabriken entstanden, die auch
von "neuen" Männern hätten geleitet werden können; der kapitalistisch-unternehmerische Geist à la Max Weber oder Schumpeter
habe sich also im Iran noch nicht entwickeln bzw. durchsetzen
können. Der dynamisch-innovatorische Typ, der "neue und die
alte Tradition brechende industrielle Aktivitäten"[12] anregen
könne, existiere dort nicht. Eine solche Kritik ist typisch
für eine"liberale" Betrachtungsweise von Fragen der"Unterentwicklung". Statt nach den sozial-ökonomischen Verhältnissen
zu fragen, die bestimmte unternehmerische Verhaltensweisen bedingen, da andere nicht profitabel wären, werden nur die Unternehmer kritisiert, als hätten sie eine gesamtgesellschaftliche Funktion und würden nicht vor allem den Maximalprofit
suchen. Dabei kommt diesen Kritikern ein so simples Hindernis
für industrielle Aktivitäten in "neuen" Bereichen wie die Freihandels- und Importpolitik der iranischen Regierung, die die
einheimischen Unternehmer lähmte, gar nicht in den Sinn.

Sobald das wirtschaftliche Klima für Investitionen günstiger wurde, begann die iranische Industriebourgeoisie im Gegenteil, sogar in übertriebener Weise zu investieren. Die industriellen Kapitalinvestitionen, die nach dem CIA-Putsch zunächst durch Bereitstellung von 3,6 Mrd. Rial für öffentliche Kredite angekurbelt wurden, stagnierten jedoch Ende 1960, als ihr spekulativer Charakter deutlich wurde und die Unternehmer nicht einmal mehr das zirkulierende Kapital aufbringen konnten; das fixe Kapital hatten sie größtenteils durch ihre ausländischen Lieferanten auf Raten finanzieren lassen. Allein in den letzten 30 Monaten bis März 1960 waren Investitionen von 17,7 Mrd. Rial von ihnen getätigt worden; 5,6 Mrd. Rial an öffentlichen Krediten hatten sie in Anspruch genommen, ein Betrag, der aus der Differenz der neu eingeschätzten Deckungssumme der Landeswährung von der Zentralbank bereitgestellt worden war[13]. Hinzu kamen weitere Kredite von Zentralbank und Privatbanken, die sie nicht mehr rechtzeitig tilgen konnten. Ihre einzige Hoffnung zur Abwendung einer Bankrottwelle bestand in einem weiteren öffentlichen Kredit, der jedoch ausblieb.

In einer Untersuchung über industrielle Finanzierung im Iran analysiert der amerikanische Ökonom Benedick [14] unter Mitarbeit verschiedener amerikanischer Organisationen, die im Iran entsprechende Kapitalinteressen vertraten, die Problematik der industriellen Kreditvergabe. Ihm geht es offensichtlich um eine Verbesserung der "Zusammenarbeit" zwischen amerikanischem und iranischem Kapital und somit um die Mobilisierung von für andere Zwecke verbrauchten iranischen Mitteln für die gemeinsam mit ausländischem Kapital errichteten Industrieprojekte. Daher fällt seine Beurteilung der parasitären und unproduktiven Tätigkeiten der iranischen Bourgeoisie auch hart aus, besonders beim *Wucherer*. Benedick zeigt, daß die sogenannten iranischen *Geschäftsbanken*, von denen nach 1953 viele zusammen mit ausländischem Kapital gegründet wurden, bei ihrer Aufgabe, die industrielle Investitionstätigkeit durch billige Kredite anzuregen, völlig versagt haben. In seinen Überlegungen, die 1964, also nach der großen Rezession niedergeschrieben wurden, übersieht er jedoch, daß eine solche Aufgabe, die er, ausgehend vom Idealtyp der "Bank im Kapitalismus", unterstellt, aus der realen Sicht der Bankgründer nie bestand. Aufgrund der Devisen, die seit 1953 durch die US-Hilfe und die Erdöleinnahmen in den Iran flossen, entstand einerseits die Gefahr einer inflationären Entwicklung, von der die breite Bevölkerung betroffen wurde; andererseits initiierten die neu entstandenen Devisenquellen aber auch Vorstellungen und Projekte zu ihrer Ausschöpfung. Kreditinstitute schossen wie Pilze aus dem Boden; innerhalb kurzer Zeit erweiterte sich das Geld- und Kreditvolumen; Immobilien und Bauland wurden zum persönlichen Kreditpfand, und ihre Preise stiegen von Tag zu Tag. Da die gesetzlichen Zinssätze bei 12-14% lagen, wurde das billige ausländische Kapital, dessen Rücktransfer samt Gewinnen garantiert war, ohne Berücksichtigung der ökonomischen Aufnahmefähigkeit des Landes vom Bank- und Kreditgeschäft angezogen. Infolgedessen schritt auch das inländische Kapital zu Bankgründungen und Spekulationsgeschäften. Während zwischen Mai 1952 und März 1953 nur 4 private einheimische Banken und im Februar 1953, also zur Regierungszeit Mossadeghs, eine gemischte Bank gegründet wurde, entstanden allein zwischen März 1958 und Januar 1959 fünf einmische und acht gemischte Banken[15]. Diese gemischten Banken müssen, obwohl die Auslandsbeteiligung nur 49% betrug, scharf von den rein einheimischen Banken unterschieden werden. Insgesamt entstanden bis Ende 1959 28 Banken mit einem nominellen Gesamtkapital von ca. 9,9 Mrd.Rial (reell 7,5 Mrd. Rial); nach ihrem Kapitalanteil klassifiziert waren 8 von ihnen staatlich, 7 gemischt und eine ausländisch[16]. Diese Entwicklung gab dem Bazarwucherkapital neue Profitmöglichkeiten im Spekulationsgeschäft, da die Konkurrenz der Banken eine fast unbegrenzte Kreditvergabe ohne Berücksichtigung von Beruf und Verwendungszweck beim Kunden verursachte. Der Bazarwucherer konnte nun die auf dem freien Geldmarkt aufgenommenen Kredite mit einem Zinssatz von 18-20% weitervergeben[17]. Die Expansion des Kreditvolumens ließ außerdem das Immobiliengeschäft aufblühen und förderte die Entstehung der Gruppe der Bodenspekulanten. Dabei entwickelte nicht nur das Wucher- und Immobiliengeschäft einen spekulativen Charakter, sondern auch die industriellen Kapitalinvestitionen; im Mai 1957 wurde die Deckung der iranischen Banknoten um 7,1 Mrd. Rial erhöht, ein Betrag, der innerhalb eines Jahres in Form von Krediten an Industrie- und Agrarunternehmer verteilt wurde[18]. Da jedoch die Finanzbedürfnisse dieser Gruppe die vorhandenen Mittel überstiegen, mußten sie weitere Bankkredite aufnehmen. Ihre Summe stieg von 22 Mrd. Rial (1957) auf 49 Mrd. Rial (1960)[19] und konnte 1961 nicht mehr getilgt werden. Nicht allein der Druck der hohen Zinsen des Wucherkapitals, sondern auch die enorme Kreditaufnahme leisteten einer krisenhaften industriellen Entwicklung in den 50er Jahren Vorschub.

Benedick sieht keinen prinzipiellen Unterschied zwischen dem Bank- und dem Bazarwucherkapital. Besonders das letztere wird von ihm scharf verurteilt, weil es eine zinstreibende Wirkung hatte und damit die Investitionstätigkeit im industriellen Sektor zugunsten "unproduktiver" Bereiche wie Handel und Grundstücksspekulation diskreditierte, aber auch weil der Bazargeldverleih sich ohne staatliche Eingriffsmöglichkeiten vollzog und daher krisenfördernd wirkte. Er übersieht dabei, daß gerade die den ausländischen Banken folgenden staatlichen Interventionsmöglichkeiten krisenfördernd wirkten. Unter dem Eindruck der erhöhten Deviseneinnahmen drängten die Berater die Regierungen in den 50er Jahren geradezu zu entsprechenden Maßnahmen für eine sofortige Ausgabe; sie bestanden darauf, daß der Import angekurbelt werden müßte, um eine Stabilisierung der Lebenshaltungskosten zu garantieren und eine inflationäre Entwicklung zu verhindern. Sie waren es also, die die Investitionstätigkeit im industriellen Sektor zugunsten "unproduktiver" Bereiche diskreditierten, nicht der Wucherer, der selbst nur Produkt dieser staatlichen Eingriffsmöglichkeiten war. Dadurch erhielt der Importhandel die wesentliche, für die iranische industrielle Entwicklung in dieser Zeit jedoch wenig förderliche Rolle und wurde zur Haupttätigkeit des iranischen

Handelskapitals. In diesem Bereich entstand die "Kompradorenbourgeoisie" par excellence, die entscheidend zur Festigung der Abhängigkeit der iranischen Wirtschaft vom kapitalistischen Ausland beitrug, das diese günstige Lage durch großzügige Kredite an die Importeure weidlich zu nutzen verstand und damit die Krise der Zahlungsbilanz und das Anwachsen der Inflationsrate zu Beginn der 60er Jahre forcierte.

Mit der grenzenlosen Importfreiheit sowie dem planlosen Devisenstrom ins Ausland stieg nicht nur das Verhältnis von Exporten zu Importen von 1:2 im Jahre 1943 auf 1:8 im Jahre 1959[20]; abgesehen von der Einfuhr zahlreicher Luxusgüter[21] vergrößerten sich allgemein die Einnahmen der ca. 12 000 Importeure, deren bedeutendste in Teheran ihr Geschäft betrieben; 3906 Teheraner Importeure tätigten mehr als 80% der gesamten Importe[22], jeder jährlich im Durchschnitt zwischen 10 bis 50 Mill. Rial. Als Agenten dieser "unproduktiven" Tätigkeit waren sie eng mit dem Wucherkapital verbunden; häufig war der Kaufmann gleichzeitig Geldverleiher. Daher konnte das Bazarwucherkapital sich ein diskriminierendes Verhalten gegenüber den kreditsuchenden Handwerkern und Kleinindustriellen leisten, denn es lebte und profitierte mehr von den Importen als von der einheimischen gewerblichen Produktion. Ihre Einkäufe finanzierten die Importeure durch Kredite, die sie von den ausländischen Verkäufern zu günstigen Zinssätzen von 7-8% erhielten, außerdem gewährte ihnen der Zoll mehrmonatigen Aufschub, zum Teil bis nach dem Verkauf der Waren. So konnten sie Wechsel in Höhe ihrer Zollabgaben ausstellen, die von den Banken zu einer 3-4%igen "Bearbeitungsgebühr" gedeckt wurden. Teilweise verkaufte der Importeur seine Waren um 5% unter dem *eigenen* Kostpreis, um den Erlös dann auf dem freien Markt zu einem Zinssatz von 24% bis 50% zu verleihen, während die offiziellen Zinsen nur 11-12% betrugen. Auf diese Weise steigerte er seine Einkünfte weit über die übliche Handelsgewinnspanne hinaus. Die Bazarkredite wurden hauptsächlich für vier Verwendungszwecke vergeben: Handelstransaktionen, Grundspekulationen, Konsumfinanzierung und schließlich "industrielle" Projekte. Dies bedeutete eine weitere Schwächung der Position des Industriekapitals, das zu überhöhten Zinsen beim Wucherkapital um Kredit nachsuchen mußte, da es, angesichts der sich abzeichnenden Rezession, bei den Geschäftsbanken keine Finanzierungshilfe mehr erwarten konnte.

Zu den wichtigsten Aktivitäten des iranischen *Handelskapitals*, denen sich auch ein großer Teil der Grundbesitzer anschloß, gehörte der Bau teurer Apartmenthäuser sowie die Bodenspekulation, die eine weitere Verschärfung der inflationären Entwicklung nach sich zog. Diese war aber selbst unter anderem die Folge einer plötzlichen allgemeinen Kaufkraftsteigerung über die bestehende Produktionskapazität des Landes hinaus, welche wiederum auf die US-Hilfe und die nach 1953 gestiegenen Erdöleinnahmen zurückzuführen ist. Vor allem war die Bodenspekulation jedoch Funktion des Verhältnisses zwischen politischer Entwicklung und staatlicher Wirtschaftspolitik; denn wenn die Zustimmung der Volksmassen schon für die Nationalisierung der Erdölindustrie notwendig war, dann bedurfte es ganz anderer politischer Bedingungen, um der Spekulationstätigkeit bezüglich einer städtischen Entwicklung, auf welche die neu fließenden Öleinnahmen hoffen ließen, Auftrieb zu geben[23]. Die Bodenspekulation war im Iran immer dann verbreitet, und die Grundstückspreise stiegen besonders stark, wenn die besitzenden Klassen ihre Herrschaft längerfristig für gesichert hielten; das war, ebenso wie nach 1946, auch in den Jahren nach 1953 der Fall. Zusätzlich trug auch der Rückgang der Exporte, die nun nicht mehr staatlich gefördert wurden, zur vermehrten Bodenspekulation bei; denn wenn sich das Exportgeschäft als profitabler erwies, reagierte das iranische Kapital gewöhnlich mit einem leichten Rückzug aus dem Grundstücksgeschäft.

Die sozialen Träger der Bodenspekulation waren in erster Linie die Bazarhandelskapitalisten, die den An- und Verkauf von Grundstücken als ein Geschäft wie jedes andere betrachteten und nur dann in diesen Bereich investierten, wenn die Profite höher la-

gen als anderswo; zum zweiten die Teheraner Grundherren, die
schon unter Reza Shahs Herrschaft begonnen hatten, ihr außerhalb der Stadt liegendes Land an Kaufleute zu veräußern. Ländereien, die sie vor rund 20 Jahren zu einem Quadratmeterpreis
von 10 bis 20 Rial erworben hatten, brachten nun bis zu 25 000
Rial pro Quadratmeter. Ein Teil dieser Grundherren, die "Traditionalisten", sahen im Grundbesitz eher eine Kapitalreserve
und ein Grundrentenobjekt, die "Modernisten" dagegen konnten
es bald an Geschäftstüchtigkeit mit dem Handelskapital aufnehmen. Die Mittel, mit denen diese als "Bodenfresser" (zaminkhor)
bezeichneten Spekulanten ihre Interessen durchsetzten, lagen
nicht selten etwas außerhalb der Legalität und paßten damit
gut in eine Zeit, in der politische Unterdrückung und Folter
sich zur gängigen Methode entwickelt hatten, um mit der Opposition fertig zu werden. Zu den aktivsten Grundstücksspekulanten zählten auch hohe Militärs und Bürokraten, die sich aufgrund ihrer "Beziehungen" und Informationen in einer besonders
günstigen Position befanden. Ihre Spekulationstätigkeit war
allerdings eine kurzfristige; sie kauften nur, um wieder zu
verkaufen und suchten die Käufe möglichst risikoarm zu gestalten. Die mittleren Handelskapitalisten, die Kredite zu hohen
Zinssätzen mit der Hoffnung auf Millionengewinne aufnahmen,
um in das Immobiliengeschäft zu investieren[24], suchten sich
ebenfalls am Grundstücksboom zu bereichern. Sie befanden sich
allerdings, ebenso wie die Grundbesitzer aus der Provinz, aufgrund mangelhafter Einsicht in den Funktionszusammenhang in
einer schwierigen Lage. Primär agierten sie deshalb als "Vermittler" zwischen Käufern und Verkäufern. Auch die untere
"Mittelschicht" schließlich, Bazarkleinbourgeoisie, Angestellte
und technische Kader, suchte sich durch die Beteiligung an der
Bodenspekulation ein zusätzliches Einkommen zu sichern.

Die Arbeiter und unteren Angestellten waren von derartigen
"Aufstiegsmöglichkeiten" ausgeschlossen. Sie durften allein
die Kehrseite dieses Riesengeschäfts erleben: ständig steigende Mieten. Diejenigen unter ihnen, die mit ihren 5-6köpfigen
Familien in der Altstadt ein Zimmer in einem, von seinem ehemaligen "vornehmen" Besitzer verlassenen, Haus fanden, welches

ursprünglich nur einer Familie als Wohnung gedient hatte und
für mehrere folglich gänzlich ungeeignet war, konnten sich
glücklich schätzen. Viele aber lebten in den Wellblechhütten
der Slums, den Wohngebieten, die durch die landflüchtigen Bauern immer mehr anschwollen.

Die Industrie war aufgrund ihrer Rückständigkeit unfähig, diese
freigesetzten Arbeitskräfte in ausreichendem Maße zu absorbieren. Nur wenn hohe Profite in Aussicht standen, wurde der Aufbau industrieller Produktionsstätten überhaupt in Erwägung gezogen. Daher waren die meisten Industriebetriebe auch nicht
viel mehr als Handwerksbetriebe oder im Verlagssystem organisierte Hausindustrien, vor allem in der Teppichfabrikation.
Nur 20 Industriebetriebe, d.h. 1%, zählten 1960 zu den Großunternehmen, die mehr als 1000 Arbeitskräfte beschäftigten;
in ihnen war 1/5 der iranischen Arbeiter tätig. Zur selben
Zeit beschäftigten 103 492 Teppichknüpfereien 236 089 Arbeiter, während weitere 53 937 Arbeiter in dieser Branche "selbständig" tätig waren. Insgesamt beschäftigte die Produktion
und der Verkauf von Teppichen eine halbe Million Arbeitskräfte[25].

Die profitabelsten "Grundindustrien" lagen im Bereich der
Zement-, Zucker- und Backsteinproduktion, weil es dort einer
entwickelten Technologie nicht bedurfte, die Nachfrage aber
stark und die Produktionskosten, nicht zuletzt auch die Löhne,
gering waren; reinvestiert wurde selten. Benedick sieht darin die Schuld einer Wirtschaftspolitik, die sich nicht aktiver
für Aktiengesellschaften und Steuererleichterungen eingesetzt
hat; außerdem wären die "Industriellen" weniger an Kapitalakkumulation und "asketischer" Lebensweise als am Konsum der Gewinne interessiert gewesen.

Die interne Organisationsstruktur der Betriebe war zwar "despotisch" in Bezug auf die Arbeitsorganisation, aber nicht effektiv; denn die Bazarkapitalisten, aus deren Gruppe die meisten Besitzer stammten, waren fachlich ebenso ahnungslos wie
die Arbeiter. Technische Kader waren äußerst rar. Bevorzugt
wurden ehemalige Bauern angestellt, die, ohne richtigen Ar-

beitsvertrag, durch"persönliche Beziehungen" angeworben wurden
und unter Bedingungen extremer Ausbeutung und Rechtlosigkeit
lebten. Mit diesen bäuerlich geprägten "Industriearbeitern"
etablierten sich "neofeudale" Beziehungen innerhalb der Industriebetriebe, mit einem Industriekapitalisten in der Rolle
des Grundherrn, dem Vorarbeiter als "Vermittler" und dem Arbeiter als *raijat* (Untertan). Zudem waren alle industriellen
Unternehmen Familienbetriebe, eine Trennung von Eigentum und
Leitung existierte nicht.

Viele Untersuchungen konstatieren ein allgemeines Desinteresse
an Innovationen. Nur in der Rezessionsphase zu Beginn der 60er
Jahre scheinen einige Unternehmer auf Kosten der Arbeiter "rationalisiert" zu haben, worauf letztere mit mehr oder minder
passivem Widerstand reagierten. Insgesamt erachteten die Industriellen die ihnen gewährte staatliche Unterstützung als zu
gering, was ihnen von den Untersuchern bestätigt wird. Dabei
kritisieren diese aber, daß sich bei den Industriellen noch
keine ihrer Rolle adäquate Bewußtseinsveränderung vom Handels-
zum Industriekapitalisten vollzogen habe und auch die Jüngeren
noch kein der industriell-kapitalistischen Produktionsweise
entsprechendes "reformiertes" Ausbeutungsverhalten an den Tag
legten.

Die ausländischen und "gemischten" Banken spielten in dieser
Etappe der imperialistischen Penetration des Iran eine "Avantgarde-Rolle", da sie das Terrain für Kapitalinvestitionen in
unterschiedlichen Bereichen vorbereiteten, wenn auch der industrielle Sektor weniger stark davon profitierte. Der Finanzbereich übte nicht zuletzt deshalb eine so große Anziehung auf
das ausländische Kapital aus, da hier die höchsten Profite
erzielt werden konnten. Die staatlichen Institutionen brachten
ebenso wie ein großer Teil der privaten Firmen ihr Geld auf
diese Banken, die so ihre Geschäfte mit einem Kapital begannen, das gewöhnlich ihr eigenes Anfangskapital um ein Vielfaches überstieg, während die auf diese Weise aus dem Inlandskapital erzielten Profite außer Landes gingen[26]. Der Devisentransfer durch die Banken, ihr blockierender Einfluß auf die

Wirtschaft und die permanenten Preissteigerungen, die durch
die starke Kaufkraft der mit hohen Krediten wohlversehenen
Oberschicht hervorgerufen wurden, sind nur einige Beispiele
für die Auswirkungen des ausländischen Kapitals im Iran[27].
Indem ihm von der Regierung das Recht auf Valutawechsel, Kreditzahlungen und Handelsoperationen gewährt wurde, trug es
zur Beschleunigung der ökonomischen Krise und zur Desorganisation der Wirtschaft des Landes bei.

Benedick, Interessenvertreter des amerikanischen Kapitals,
interpretiert die Lage natürlich anders. Um seine Kritik am
iranischen Bankkapital nicht auch auf das amerikanische ausdehnen zu müssen, beschäftigt er sich nur mit den ausländischen industriellen Kapitalinvestitionen, die auch in begrenztem Maße in den Iran einflossen. Trotz des von ihm als gegeben zugestandenen nationalen Kapitals und der ständigen Deviseneinnahmen durch die Ölindustrie begründet er die Notwendigkeit für den Iran, alles zur Anziehung ausländischen Kapitals
zu unternehmen, dennoch mit folgenden Argumenten: Zahlungsbilanzschwierigkeiten könnten leichter vermieden werden; in
Pionierbereichen, in denen sie keine Konkurrenz zu befürchten
hätten, könnten neue Produkte herstellende ausländische Investoren auch zur Errichtung neuer Fabriken anregen; die Beteiligung ausländischen Kapitals an einem iranischen Unternehmen
ermuntere die iranischen Kapitalisten ebenfalls zu Investitionen, weil sie sich mit amerikanischer Unterstützung "sicherer"
fühlten; schließlich könnten technische und Managerqualifikationen zusammen mit dem Kapital importiert werden[28].

Derartige Begründungen überzeugten die iranischen Regierungsstellen offensichtlich so, daß sie 1955 den berühmt-berüchtigten "Foreign Investment Act for Attraction and Protection of
Foreign Capital" erließen, der den ausländischen Investoren
alle nur erdenklichen Vergünstigungen gewährte; so konnte das
Kapital in seiner Heimatwährung wieder aus dem Lande gezogen
werden, ebenso die jährlichen Nettogewinne. Auch bei, unter
den gegebenen Verhältnissen allerdings unwahrscheinlichen,
Nationalisierungen sollten adäquate Kompensationen geleistet
werden. Trotzdem flossen die ausländischen Kapitalien nicht so

reichlich, wie man es erhofft hatte, war doch die antiimperialistische Bewegung noch nicht vergessen, die die Position des Imperialismus im Iran gewaltig erschüttert hatte. Immer noch herrschte im Ausland keine Sicherheit darüber, ob sich das Putsch-Regime, allein auf Repression und die USA gestützt, wirklich gegen die Mehrheit der Bevölkerung würde halten können. Daher bildete sich nach und nach das "Joint-venture"-System, das die Zusammenarbeit zwischen ausländischem und staatlichem oder privatem iranischen Kapital regelte, als die die Interessen des ausländischen Kapitals am besten garantierende Grundlage für die Investitionstätigkeit heraus. Die Vorteile dieses Systems für das ausländische Kapital und die einheimische Bourgeoisie, die immer weniger eine "Nationalbourgeoisie" darstellte, waren vielfältig. Die Profite lagen oft höher, da das ausländische Kapital über mehr Erfahrung und bessere internationale Beziehungen verfügte als die "Nationalbourgeoisie", die deshalb eine Zusammenarbeit befürwortete. Andererseits konnten die vorwiegend multinationalen Konzerne, die in der "Dritten Welt" investierten, die Nationalbourgeoisie ökonomisch direkt kontrollieren und politisch neutralisieren; damit stellten diese gemeinsam geführten Partnerschaftsunternehmen eine zeitgemäße Spielart der Kolonialpolitik dar, die eine abhängige und passive einheimische Bourgeoisie hervorbrachte. Dabei verhinderte das Bündnis zwischen ausländischem und einheimischem Kapital eine potentielle Konkurrenz, erweiterte die Kontrolle der internationalen Monopole auch über verwandte Bereiche der Industrieproduktion und bereitete so den Weg für die Diversifizierung der Auslandsaktivitäten. Die nationale Bourgeoisie verfügte gleichzeitig über eine bessere Kenntnis des nationalen Marktes, über Kontakte zu Behörden usw. Schließlich ergaben sich neue Möglichkeiten für erhöhte Gewinne durch Lizenzgebühren, Gebühren für technische Dienste, Patente und Firmennamen[29].

Allerdings spielen "Joint-ventures" nur bei Großprojekten eine Rolle. Vor allem durch die Lieferantenkredite, die mit 5-10% weitaus günstiger als die Darlehen der iranischen Banken waren, zogen die ausländischen Unternehmer ihre iranischen "Partner" an; Benedick lobt dies als "Manifestation des ökonomischen und politischen Interesses der kapitalexportierenden Länder"[30]. Auf diese Weise brachten häufig die Auslandsunternehmen nicht nur 20-30% des Stammkapitals des "iranischen" Unternehmens auf, das sie mit Importen versorgten, sondern stellten auch noch die technischen Berater. Die meisten ausländischen Kapitalinvestitionen wurden dabei im Bereich der Konsumgüterindustrie, in der Automobilbranche, im Bergbau und in der Schiffahrt getätigt. Nur vier Montagefabriken für Fiat, Daimler-Benz und Land-Rover existierten vor 1964 im Iran. "Joint-ventures" wurden aber auch in der Plastik-, Asbest- und Ölheizungsherstellung vorgenommen. Erst die nach der Rezession und der Stabilisierungspolitik verstärkten Schutzzölle führten dazu, daß die internationalen Konzerne verstärkt Niederlassungen im Iran errichteten, um in Montagewerken die Radios, Fernsehapparate, Air-Conditioner und Kühlschränke für den "gehobenen Konsum" herzustellen, die vorher importiert worden waren.

Dies sind die Gründe für Simonets Kritik am Investitionsverhalten der ausländischen Unternehmer, die hauptsächlich Geschäfte zum Verkauf ihrer Waren und "Coca-Cola-Fabriken" installiert hätten, statt dringend benötigte Produkte herzustellen. Die privaten industriellen Investitionen im Iran illustrierten, wie die entwickelten Länder unter dem Deckmantel einer liberalen Ideologie Profit aus der Situation zögen; die ausländischen Finanzleute arbeiteten für ihre Aktionäre und suchten daher aus ihren Investitionen den höchsten Profit zu ziehen. Da die Gewinnmöglichkeiten jedoch gering wären, habe man sich bisher immer geweigert, im Iran ein Stahlwerk zu bauen[31]. Diese Kritik Simonets darf jedoch nicht als eine gegen den Kapitalismus gerichtete verstanden werden, geht es ihm, der als Beauftragter der OECD im Iran tätig war, doch vor allem darum, das Land für den "Westen" zu retten.

Angesichts der sich zu Anfang der 60er Jahre immer mehr verschärfenden Krise, die auch den Agrarsektor erfaßte, waren stabilisierende Maßnahmen unaufschiebbarer denn je geworden.

Von der Entwicklung im Agrarsektor waren ca. 70% der Bevölkerung unmittelbar betroffen. Insgesamt gab es ca. 4,8 Mill. bäuerliche Familien; davon waren 3 Mill. *Familien* khoshneshins,d.h. ansässige Bauern ohne traditionelles Anbaurecht, 1,6 Mill. mit Anbaurecht und ca. 0,2 Mill. Landarbeiter[32]. Mindestens 60% der bäuerlichen Familien verfügten nicht über Privateigentum an Land, 23% über weniger als ein Hektar; nur 10% der Bauern besaßen 1-3 Hektar und 1% mehr als 20 Hektar eigenes Land[33]. Dabei umfaßte das *Kronland* 50% der gesamten landwirtschaftlichen Nutzfläche mit insgesamt 2300 Dörfern und 25% der Wälder und Weiden des Landes. In diesen Dörfern lebten 271 790 "Bauern" mit ihren im allgemeinen etwa 5-köpfigen Familien. Obwohl man schon 1951 mit dem Verkauf des Kronlandes begonnen hatte, wurden bis März 1962 nur 40% davon an 40 000 Bauern für 2400 - 7000 Rial pro Hektar verkauft. So umfaßte das Kronland immer noch einen Großteil der landwirtschaftlichen Nutzfläche. 37 wohlhabende iranische Familien verfügten über weitere 20 000 der insgesamt ca. 50 000 iranischen Dörfer[34].

Die Agrarkrise zeichnete sich am Ende der 50er Jahre durch einen *permanenten* Rückgang der bebauten landwirtschaftlichen Nutzfläche sowie der Weizen-, Gerste- und Reiserträge, der wichtigsten Nahrungsmittel, ab. Während die Weizenproduktion von ca. 3,6 Mill. Tonnen im Jahre 1957 auf ca. 2,8 Mill. Tonnen im Jahre 1961 fiel, sank die Gersteproduktion von 1,3 Mill. Tonnen auf 802 342 Tonnen und die Reiserträge von 650 233 Tonnen auf 400 000 Tonnen[35]. Dieser kontinuierliche Rückgang der Agrarproduktion seit 1957 war aber nicht etwa die Folge schlechter Witterungsverhältnisse, sondern Ergebnis der nachlassenden Kapitalinvestition im Agrarsektor. Die hohe Profitrate in den städtischen Bereichen der Spekulation, des Handels und zum Teil auch der Industrie verhinderte eine stärkere Anziehungskraft auf das enteignete bäuerliche Mehrprodukt und somit eine Reinvestition im Agrarsektor. Außerdem wandten sich auch die traditionellen "Aufkäufer" der bäuerlichen Agrarprodukte, die Wucherer, vom landwirtschaftlichen Sektor ab und entzogen den mittleren und kleinen Bauern ihre Kredite, als

sie mit höheren Zinsen in der Stadt größere Gewinne machen
konnten. Neben den allgemeinen Mechanismen der Kapitalflucht
dürfte auch die durch die begonnene Diskussion über die Modalitäten der Landreform ausgelöste Unsicherheit sowie die
fehlende Preisstabilität für Agrarprodukte eine Ursache für
diese Entwicklung gewesen sein. Die Folge war nicht nur ein
Produktionsrückgang der lebenswichtigen Agrarprodukte und
die Zerstörung der allgemeinen Produktionsbedingungen, wie
z.B. der traditionellen Bewässerungssysteme; die Agrarkrise
forcierte außerdem das Handels- und Haushaltsdefizit, mußten
doch allein 1960 insgesamt 700 000 Tonnen Weizen eingeführt
werden, um den akuten Nahrungsmittelbedarf der Bevölkerung zu
decken. Die Kaufkraft von 70% der Bevölkerung[36] verringerte
sich, und auf dem Warenmarkt war eine negative Entwicklung
zu verzeichnen; die Preise der Agrarprodukte schnellten in
die Höhe, so daß sich mit der Steigerung der allgemeinen Lebenshaltungskosten die allgemeine Krise weiter verschärfte.

Die Finanz- und Kreditpolitik der Regierung, die einen Wildwuchs des Kreditgeschäfts zur Folge hatte, ließ erste Anzeichen einer Zuspitzung der krisenhaften Entwicklung auf dem
Binnenmarkt erkennbar werden. Das Kreditvolumen, das zwischen
1953-56 bloß um 7 Mrd. Rial (ca. 1 Mrd. US-Dollar) von 23,8 Mrd.
Rial auf 30,8 Mrd. Rial zunahm, erweiterte sich allein in den
ersten Monaten des Jahres 1961 um 31 Mrd. Rial und steigerte
sich damit um 500% mehr als insgesamt zwischen 1953-56[37].
Die durch die Importkreditpolitik ständig angestiegenen Einfuhren riefen ein hohes Handels- und Zahlungsbilanzdefizit
hervor, was die rasche Ausschöpfung der Devisenreserven nach
sich zog. Allein 1960 fehlten dem Land, trotz 260 Mill.
US-Dollar Erdöleinnahmen pro Jahr, 30 Mill. US-Dollar an Devisen, ein Defizit, das sich 1961 auf 40 Mill. US-Dollar erhöhte und eine weitere Durchführung der Projekte der zweiten
Planperiode in den verbliebenen 18 Monaten ausschloß[38]. Die
Planorganisation zahlte zu diesem Zeitpunkt allein 13 Mrd.
Rial an jährlichen Zinsen. Diese Zinszahlungen und die Tilgung der aufgenommenen Auslandskredite gestalteten einen Entwurf für die 3. Planperiode äußerst schwierig, da die Regierung bis zum Oktober 1961 mit 600 Mill. US-Dollar allein im

Ausland verschuldet gewesen wäre. Die aufgezehrten Devisenreserven veranlaßten sie im Juni 1960, innerhalb von wenigen Tagen ein IWF-Darlehen in Höhe von 17,5 Mill. US-Dollar aufzunehmen, um die aus den Schulden entstandenen laufenden Kosten decken zu können, da nur für sieben Tage Devisen zur Verfügung standen. Es folgte ein weiteres Darlehen von 40 Mill. US-Dollar, denn der Regierung fehlten bis Februar 1962 Devisen im Werte von ca. 40 Mill. US-Dollar, um wenigstens den Auslandsverpflichtungen nachzukommen. Hinzu kam ein Haushaltsdefizit, das von 902 Mill. Rial im Jahre 1960 auf 2,5 Mrd. Rial im Jahre 1961 anstieg[39]. Der rasche Rückgang der Devisenreserven, die inflationären Tendenzen, die Zunahme des Geldvolumens - im September 1959 erhöhte sich die zirkulierende Geldmenge jeden Tag um 10 Mrd. Rial, während sie sich zwischen 1951-59 insgesamt nur um 350% erhöht hatte[40] - die Preissteigerungen[41] und die nicht absetzbaren Waren der Importeure signalisierten die Gefahr dieser Situation.

Die hohen Preissteigerungen bei den lebensnotwendigen Gütern, die permanente Kostensteigerung, die Erhöhung der Mieten und schließlich die Unfähigkeit der Regierung, durch entsprechende Maßnahmen eine Geldwert- und Preisstabilität einzuleiten, schienen die zentralen Probleme zu sein. Daher versuchten Zentralbank und Regierung 1960 durch eine Einschränkung der Importkredite und mit Einfuhrbegrenzungen für Luxusgüter, einem weiteren Zahlungsbilanzdefizit und der steigenden Geldentwertung entgegenzuwirken. Jedoch verursachten diese abrupte monetäre "Bremse" und die Reduzierung der Kredite eine weitere Steigerung der Zinssätze, was wiederum die Krise verschärfte. Ab März 1961 setzte in der Industrie und in kleinen und mittleren Handelsunternehmen eine Bankrottwelle ein, die zum Stopp jeglicher Bankkredite an die Kaufleute führte. Die Interaktion von Bank- und Handelskapital, die zunächst einen scheinbaren Boom verursachte, verschärfte somit noch diese Entwicklung. Durch die Einschränkung der Kredite entstand ein Geldmangel, der ein weites Feld für die Wucherer eröffnete, die ihre Zinssätze bis zu 31% steigerten[42]. Dadurch wurden produktive Kapitalinvestitionen gehemmt, und die Rezession verstärkte sich.

Simonets Kritik, die weitreichende Konsequenzen für die folgende wirtschaftspolitische Entwicklung Irans hatte, sieht typischerweise die Hintergründe für die gewaltigen Preissteigerungen, die das Land während dieser Periode heimsuchten, nicht nur in dem Übermaß an Krediten, die von in- und ausländischen Banken bereitwillig zur Verfügung gestellt wurden und die schließlich zwischen 1958 und 1960 25% des Bargeldumlaufs ausmachten und die Nachfrage entsprechend aufblähten. Er verweist vor allem auf die Konzentration des Geldes und der entsprechenden Kaufkraft in den Händen einer kleinen Minderheit bei gleichzeitigem Elend der breiten Massen. Darin sieht er die Hauptursache, denn unter den Bedingungen des Freihandels und bei der starken Neigung dieser kleinen Schicht zum Konsum der importierten Waren konnte das im Endeffekt nichts als die Aufzehrung der Devisen bedeuten. Doch auch auf iranische Waren, vor allem auf Lebensmittel, Mieten und Grundstückspreise, wirkte sich die starke Nachfrage dieser Schicht preistreibend aus. Dadurch verstärkte sich das Elend derer, die an der gestiegenen Kaufkraft der Wenigen immer nur vermittels erhöhter Preise "partizipierten". Aus diesem Grunde war der Iran von 1955-60 ein Land des Elends, aber auch der Cadillacs, Air-Conditioner und anderer Luxusobjekte[43]. Simonet schätzt daher den Erfolg des Entwicklungs- und Wachstumsprozesses in dieser Periode eher negativ ein. Denn für ein Ölland, das zudem über eine beträchtliche Auslandshilfe verfügte und auch schon ein beträchtliches vorindustrielles Entwicklungsstadium von Handwerk und Handel gekannt hatte, war seiner Meinung nach eine Wachstumsrate von jährlich 5% nichts Außergewöhnliches. Statt die Massen von den "Wohltaten" des Kapitalismus zu überzeugen, hatte zudem "die kommunistische Subversion, die man doch ausrotten wollte, mehr und mehr Einbrüche in die Massen gemacht"[44]. Das Hauptübel, um das diese Kritik immer wieder kreist, liegt nach Simonet in der unreflektierten Übernahme des liberalen Modells. Unter den bestehenden "feudalistischen" Verhältnissen konnten die liberalen wirtschaftspolitischen Maßnahmen nur den Reichtum der ohnehin schon Reichen und das Elend der Armen vermehren. Der mangelnde Zollschutz

der heimischen Industrie mußte das Abwandern der Kaufkraft
der "gehobenen Schichten" für Luxusimporte ins Ausland geradezu provozieren. Eine sinnvolle Schutzzollpolitik hätte dagegen
die staatlichen Einnahmen erhöhen und gleichzeitig die Kaufkraft auf iranische Waren lenken können, deren Produktion sich
dann verstärkt hätte.

Was allerdings in der Realität eintrat, nachdem dieser Vorschlag in die Tat umgesetzt wurde, entsprach kaum Simonets
Vorstellungen: die Luxusgüter, die aufgrund der Zollschranken
jetzt teurer geworden waren, wurden nun mit ausländischem Kapital in Joint-ventures mit hohem Importanteil an Rohstoffen,
Halbfabrikaten und der benötigten Maschinerie im Iran selbst
produziert bzw. montiert. Außerdem übersieht Simonet, daß es
zu Anfang der 50er Jahre gerade die "wohlmeinenden Freunde"
des Regimes aus dem kapitalistischen Ausland waren, die dem
Shah die "Übernahme des liberalen Modells" als herrschaftsstabilisierende Maßnahme nahelegten, und zwar unter inzwischen
veränderten Weltmarktbedingungen und unter dem Eindruck der
Nationalisierungsbewegung der Erdölindustrie unter der Führung
von Mossadegh.

Durch den Sieg über die bürgerliche und proletarische Opposition sah sich das Regime samt seiner tragenden sozialen Gruppen der Notwendigkeit gegenüber, der eigenen, von breiten
Schichten der sich politisch artikulierenden städtischen Bevölkerung abgelehnten Herrschaft eine solide Basis zu verschaffen. Die herrschenden Klassen, an der Aufrechterhaltung
ihrer Herrschaft interessiert, hatten darauf gehofft, einen
Teil der Bazarbourgeoisie endgültig für sich gewinnen zu können, die sich zuerst für Mossadegh engagiert hatte, weil sie
in ihm einen Sachwalter ihrer Anliegen sah, allmählich aber
ihre Klasseninteressen in der unter dem Einfluß der Tudeh-
Partei und der kleinbürgerlichen Intelligenz sich scheinbar
radikalisierenden antiimperialistischen Bewegung nicht mehr
vertreten sah und sich zurückzog. Doch hatte die Fraktion der
herrschenden Klasse, die, eng um den Shah gruppiert, die Politik mit amerikanischer "Hilfe" bestimmte, zu Anfang der 60er
Jahre offensichtlich den Eindruck, daß die politische Entwick-

lung ihren Intentionen stärker entgegenlief als je zuvor.
Zwar konnten offene oppositionelle Aktionen durch Repression
weitgehend verhindert oder schnell niedergeschlagen werden,
doch die Lage war gefährlich. Sharif Emami, der im Oktober
1960 die Regierungsverantwortung übernahm, erklärte in einer
Rede vor dem Senat, daß seine Regierung nicht nur beunruhigt
sei über die ökonomische Lage; seine Hauptsorge läge in der
allgemeinen Unzufriedenheit der Bevölkerung, die selbst ökonomische Ursachen hätte[45]. Innerhalb der Bevölkerung hatte sich
eine weitgehende Enttäuschung bezüglich der versprochenen Reformen und der zugesicherten Hebung des Lebensstandards verbreitet; durch die aktuelle Mißwirtschaft und Korruption der
Regierungsbeamten kam schließlich der allgemeine Unmut zum
Ausbruch.

1.5.3.2. DIE ROLLE DER OPPOSITION BEI DER POLITISCHEN DURCHSETZUNG DER HERRSCHAFTSSTABILISIERENDEN MASSNAHMEN DES SHAH-REGIMES

Die allgemeine Unzufriedenheit der Bevölkerung, die sich
in verschiedenen, von der "Nationalfront" organisierten Demonstrationen und blutigen Zusammenstößen mit den Ordnungskräften artikulierte sowie der seit 1960 verschärfte Druck
der USA stellte das Shah-Regime vor schwere Probleme. Die
US-Administration sah in der allgemeinen Krise und den öffentlichen Unruhen eine ernste Gefahr für die "Westintegration" des Iran. Bestand das bisherige Ziel ihrer Unterstützung in der Abwehr einer revolutionären Entwicklung, die ihre Interessen gefährdet hätte, so mußte sie nun feststellen,
daß das Regime mit seiner massiven Unterdrückungsmaschinerie selbst einen Teil der aktuellen Krise geschaffen hatte.
Infolge der amerikanischen Finanz- und Militärhilfe verband
sich die Unterdrückung mit einer verstärkten Korruption [1],
was gemeinsam eine immer ernstzunehmendere Opposition erzeugte, also eine Entwicklung hervorbrachte, die ursprünglich gerade hatte verhindert werden sollen. Auch verdeutlichte die bisherige Unfähigkeit des Regimes zur Durchführung

der in der "Eisenhower-Doktrin" empfohlenen herrschaftsstabilisierenden Maßnahmen der US-Administration, daß jeder weitere Schritt zur Reproduktion dieser Herrschaft die Gefahr einer politischen Explosion näher brachte, die von der Armee nicht mehr würde unterdrückt werden können [2]. Diese Gefahr zeigte sich bereits bei den ersten Parlamentswahlen nach dem Sturz Mossadeghs im Jahre 1954 und wuchs parallel zur krisenhaften Entwicklung der Wirtschaft bis zum August 1960, dem Wahltermin für die 20. Parlamentsperiode.

Nachdem das in einer allgemeinen Terroratmosphäre und unter Ausschluß der politischen Parteien entstandene Parlament von 1954 und 1956 jede Reformpolitik blockiert hatte, sollte nun, nach der restlosen Zerschlagung der Tudeh-Partei, mit der Zulassung von Parteigründungen jene gemäßigte Opposition ermöglicht werden, die das Monopol der "konservativen" regierenden Kräfte brechen konnte. Um jedoch die neu entstehenden politischen Gruppen nicht außer Kontrolle geraten zu lassen, ergriff der Shah selbst die Initiative. Nach dem Vorbild des wesentlich von zwei Parteien bestimmten englischen Parlaments sollte die *"Mellijun (Nationalisten)-Partei"* zum Sammelbecken der national-konservativen Kräfte des Iran werden, während die *"Mardom (Volks)-Partei"* die loyalen Kräfte der früheren Opposition unter einem sozialreformerischen Konzept zusammenfassen sollte. Die Gründer der Parteien, Manutshehr Ighbal und Abdollah 'Alam, kamen aus der unmittelbaren Umgebung des Shah. Diese beiden Parteien sollten die Wahlen zur 20. Parlamentsperiode im August 1960 bestreiten. Obwohl sich 80 der damals 136 Abgeordneten einer der beiden Parteien anschlossen, fanden sich doch nur wenige von ihnen auf den Kandidatenlisten wieder. Diese so als scheinbar illoyal und reformunwillig "abgeschobenen" Vertreter eines Teils des herrschenden Machtblocks reagierten entgegen allen Erwartungen größtenteils mit einer Kandidatur als "Unabhängige". Um diese "Unabhängigen" zu blockieren und gleichzeitig seiner Partei den Erfolg zu sichern, griff der Führer der Mellijun-Partei und damalige Ministerpräsident Ighbal (1957-60) zum alten Mittel der Wahlmanipulation.

Damit forderte er jedoch nicht nur den Protest der Betroffenen und der zu neuer Aktivität erwachten "Nationalfront" heraus, sondern stieß auch auf den Widerstand der Mardom-Partei, so daß die Wahlen schließlich für ungültig erklärt werden mußten, während sich eine neue Konstellation von oppositionellen Kräften formierte[3].

Nach der systematischen Zerschlagung der *Tudeh-Partei* existierte nach dem Putsch keine organisierte politische Opposition im Iran mehr. Bereits 1954 wurde auch der militärische Ring der Partei, bestehend aus 548 Armeeangehörigen, aufgedeckt, mehrere ihrer Führer exekutiert und ca. 7000 ihrer aktiven Mitglieder zu Gefängnisstrafen verurteilt; einige konnten ins Ausland flüchten[4]. Obwohl mehrere Parteizellen überlebten, spielte diese Gruppe kaum mehr eine nennenswerte Rolle im politischen Leben des Landes. Ihre Aktivitäten konzentrierten sich vor allem auf das Ausland, die UdSSR, die DDR und den Irak; auch dort wurden ihre Möglichkeiten durch die Verbesserung der Beziehungen Irans zu diesen Ländern bald eingeschränkt. Anfänglich verbuchte die Tudeh-Partei im Ausland Erfolge bei den iranischen Studenten in Mittel- und Westeuropa[5]; seit den späten 50er Jahren war sie aber nur mehr eine kleine, von Spaltungen geplagte und durch Tod, Krankheit und Überalterung der Führungskader geschwächte Auslandspartei[6], deren Einfluß sich auch in diesem politischen Terrain immer mehr reduzierte. Sie beschränkte sich hauptsächlich auf Propaganda, gab seit 1957 die Zeitung "Mardom" (Volk) als Organ des ZK und die Zeitschrift "Donja" (Welt) als theoretisches Organ heraus, die aber nur im Ausland vertrieben wurden. Aus der DDR und dem sowjetischen Baku sendete sie regelmäßig im Kurzwellenbereich in persischer, später auch in türkisch-azerischer und kurdischer Sprache und wurde, wegen der herrschenden totalen Zensur im Iran, von vielen Hörern empfangen. Somit beschränkten sich die Tudeh-Sympathien im Iran mehr und mehr auf Familien mit linker Tradition, eine Tatsache, deren Auswirkungen auf die politische und ideologische Auseinandersetzung der militanten Gruppen in den 70er Jahren zum Tragen kam.

Im Unterschied zur Tudeh-Partei hatte sich die *"Nationalfront"* niemals als eine reguläre Organisation konstituiert; sie bestand auch unter Mossadegh als ein Zusammenschluß verschiedener oppositioneller Kräfte mit zum Teil sich widersprechenden ideologischen Richtungen. Mehr eine Bewegung für Unabhängigkeit und Demokratie, war sie eher pragmatisch orientiert; für die in ihr aktiven politischen Gruppen konnte man selten eine ausgereifte Ideologie bzw. Weltanschauung feststellen. Auch standen die meisten ihrer führenden Persönlichkeiten, mit Ausnahme der religiösen Fraktion unter Kashani, unter dem Einfluß der westlichen liberaldemokratischen Vorstellungen, waren dabei jedoch bar der entsprechenden weltanschaulich-philosophischen Tradition. Daher wurde auch niemals die Frage nach einem konkreten Aufbau einer neuen Gesellschaft und dem ihn tragenden neuen Menschen gestellt. Was diese Gruppe zunächst unter der Führung Mossadeghs zusammenhielt, war nicht einmal ein expliziter Nationalismus, sondern die praktisch-pragmatische Frage der Nationalisierung der Erdölindustrie. Im Gegensatz zur Tudeh-Partei, die aufgrund ihrer weltanschaulich-ideologisch orientierten Utopie ein von den tagespolitischen Problemen unabhängiges längerfristiges Ziel verfolgen und trotz vieler konkreter politischer Fehler sich weiter erhalten konnte, brauchte die "Nationalfront" nur einen günstigen Zeitpunkt für die Lösung der Erdölfrage zu verpassen, um als Bewegung zu scheitern.

Trotz Unterdrückung ihrer Aktivitäten und zeitweiliger Verhaftung ihrer einflußreichen Persönlichkeiten konstituierten sich 1954 die Kräfte, die die "Nationalfront" bis zum Putsch getragen hatten, als "Nationale Widerstandsbewegung", die aber nach zwei Jahren praktisch wieder auseinanderfiel, als der erhoffte Aufstand ausblieb. Außer einigen unkoordinierten Aktivitäten, Flugschriften und Protestdemonstrationen konnte sie keinen nennenswerten Widerstand gegen das Putschisten-Regime organisieren. Programm- und ziellos symbolisierte diese "Bewegung" nur eine vage Hoffnung in einer hoffnungslosen politischen Atmosphäre.

Die bekanntesten "Persönlichkeiten" der "Nationalen Widerstandsbewegung" waren Allahjar Saleh und Sandjabi, letzterer Hauptsprecher der "Iran-Partei", die mit Hassibi, Zirahzadeh, Zanganeh und Asghar Parsa, älteren Führern derselben Partei, hohe Positionen in Mossadeghs Administration innegehabt hatten, ohne je politische Führungsqualitäten zu besitzen; der junge Shapur Bakhtiar war ebenfalls Mitglied dieser Partei, außerdem Foruhar, der Rechtsanwalt und Gründer der "Pan-Iran-Partei" sowie Khalil Maleki, der marxistische Intellektuelle, der später nach dem Putsch seine von Baghais "Partei der Werktätigen" gespaltene "Dritte Kraft" in "Gesellschaft der Sozialisten" umbenannte. Die bekanntesten Führer der religiösen Fraktion waren Mehdi Bazargan und Ajatollah Taleghani, die hauptsächlich die oppositionellen Bazaris ansprachen und die Alternative zur kommunistischen und sozialistischen Herausforderung im Islam als der adäquaten Antwort auf die zeitgenössischen Probleme der Welt sahen. Taleghani propagierte gar einen *shi'itischen Chiliasmus*, der auf der Basis einer Gleichsetzung von sozialistischen und religiösen Prinzipien die Welt als eine von Gott gleichermaßen für alle geschaffene interpretierte und eine Gesellschaftsordnung ohne Ausbeuter und Ausgebeutete anstrebte. Der *Chiliasmus* dieser religiösen Fraktion, der letztlich zur kategorischen Ablehnung des Shah-Regimes als *Usurpator* führte, widersprach der Haltung der säkularen Fraktion, die eher eine konstruktive Opposition anstrebte und trug nicht nur zum Zusammenbruch der "Widerstandsbewegung" bei, sondern auch zur Profilierung der Religiösen als "kompromißlose Revolutionäre"[7], die sich 1962 unter Taleghani und Bazargan in der "Iranischen Freiheitsbewegung" organisierten.

Die Tradition zweier oppositioneller Fraktionen bei der iranischen Geistlichkeit reichte zurück in die Zeit vor dem Sturz Mossadeghs. Die als anglophil eingestufte Gruppe stand unter der Führung von Ajatollah Behbahani, die antibritische Fraktion unter Ajatollah Kashani; eine dritte entstand, als ein Teil der Kashani-Gruppe sich von ihrem Führer distanzierte, als dieser offen gegen Mossadegh agitierte. Diese Fraktion, zu der unter anderem Ajatollah Zandjani, Taleghani und Hadji Said Djawadi gehörten, schloß sich der "Nationalen Widerstandsbewegung" an. Jedoch begrenzte der *Quietismus* von Borudjerdi eine Behinderung der Aktivitäten Kashanis nach der Normalisierung der Beziehungen des Iran mit Großbritannien, ebenso wie das Wohlwollen des Regimes gegenüber Ajatollah Behbahani und seiner Gruppe zu einer Einschränkung des *chiliastischen Aktivismus* jener Fraktion der Geistlichkeit beitrug, die eine öffentliche regimefeindliche Propaganda betreiben wollte. Vor allem aber Borudjerdis einzigartige Stellung als alleiniger mardja-e taghlid (Quelle der Nachahmung für die gläubigen Shi'iten) verhinderte eine derartige Entwicklung[7].

Zu ernsten Spannungen zwischen Regierung und Geistlichkeit kam es, als Ighbal 1960 dem Parlament ein Landreformgesetz vorlegte. Es zeigte sich, daß die Regierung dieses Gestz trotz Widerständen der konservativen Großgrundbesitzer durchsetzen wollte, woraufhin sich jene an Borudjerdi und andere führende Geistliche wandten. Diese sollten sich gegen eine Politik aussprechen, die sowohl der Verfassung als auch der shari'ah entgegenlief. Borudjerdi als Oberhaupt der gesamten shi'itischen Geistlichkeit, die als Zuwendungsempfänger der Großgrundbesitzer ein Interesse an der Systemerhaltung hatte und bereit war, islamische Grundsätze des Eigentumsrechts konservativ auszulegen, willigte ein und stellte im Februar 1960 die "Unvereinbarkeit" der "Einschränkung des Eigentums mit den Gesetzen der heiligen Religion des Islam" fest. Dieses "Gutachten" *(fetwa)* übermittelte er Ajatollah Behbahani am 23. Februar 1960 in einem Brief[8]. Mit der Opposition Borudjerdis gegen das Reformprogramm war der "fruchtbare Dialog" zwischen dem Shah und der Geistlichkeit beendet[9]. Am selben Tage teilte Behbahani dem Parlamentspräsidenten Hekmat brieflich mit, daß er den Charakter der Gesetzesvorlage für "illegal" befinde, indem er sich auf die Artikel 2 und 15 der Verfassung stütze[10]. Diese Artikel untersagten die Verabschiedung von Gesetzen, die der islamischen Lehre widersprachen sowie die grundlose Enteignung von Seiten des Staates[11]. Die Parlamentsabgeordneten, die ohnehin eine solche Gesetzesvorlage ablehnten, griffen die Möglichkeit zur Umarbeitung des Textes, die sich durch die vehemente Unterstützung von Seiten der hohen

Geistlichkeit ergeben hatte, mit Freuden auf. Unter Berufung auf
die religiöse Lehre gelang es ihnen, das Gesetz derartig umzuformulieren, daß es nun für die, von ihnen nicht gewünschte, Landreform auch gänzlich untauglich war[12].

Diese Niederlage diskreditierte Premierminister Ighbal, dessen
Position ohnehin unsicher geworden war, da er einen Ausgleich
des Budgets und der Zahlungsbilanz nicht zustande zu bringen vermochte und gleichzeitig die Unterstützung seiner Regierung durch
die USA als unzureichend erachtete. Als die durch ihn manipulierten Wahlen nun eine breite Opposition hervorriefen[13], war er
schließlich, auf dem Höhepunkt der politischen Krise und der
ökonomischen Depression, am 27. August 1960 zum Rücktritt gezwungen. Sein Nachfolger, Sharif Emami, mußte nicht nur mit den Auswirkungen der schlechten Wirtschaftslage fertig werden, sondern
auch Neuwahlen organisieren, nachdem der Shah unter internem
und externem Druck die "gewählten" Abgeordneten zum Rücktritt
gedrängt hatte, was einen weiteren Bruch der Verfassung bedeutete. Angesichts der allgemeinen Unruhe verschob Sharif Emami
jedoch die Wahlen, die zum Vehikel der Austragung interner Konflikte des herrschenden Machtblocks wurden, auf unbestimmte Zeit;
gleichzeitig verstärkte er den Druck auf die Opposition. Da die
politische Krise jedoch nicht unmittelbar durch die Wahlen hervorgerufen worden war, konnte sie auch nicht durch ihren vorläufigen Aufschub aufgehoben werden. Die Neugründungen politischer Gruppen und ihre Aktivitäten setzten sich fort; es entstanden club-ähnliche politische Organisationen, mit denen man
sich, in Erwartung des Ausgangs der amerikanischen Präsidentschaftswahlen, auf eine längerfristige Auseinandersetzung vorbereitete.

Zu Beginn des Jahres 1961 fanden schließlich Neuwahlen statt,
zu einer Zeit also, als Gruppen wie die "Nationalfront" äußerst
aktiv waren. Die *"Zweite Nationalfront"* glaubte, auch ohne ein
Konzept für die Krisenbewältigung zur politischen Alternative
werden zu können. Sie war 1960 nach einer Zusammenkunft einiger

ausgewählter Persönlichkeiten, die sich als "Oberster Rat" der
"Zweiten Nationalfront" konstituierten, im Hause Allahjar Salehs
ohne Mitwirkung der religiösen und der sozialistischen Fraktion
entstanden. Unter Ausschluß von Khalil Maleki und seiner Organisation der "Gesellschaft der Sozialisten" versuchte man, Bazargan und Taleghani zur Mitarbeit zu gewinnen; da sie jedoch
nur als Persönlichkeiten, nicht aber als Mitglieder ihrer Organisation der "Nationalfront" hätten beitreten dürfen, verzichteten sie auf eine Mitarbeit und traten später als selbständige
Organisation unter dem Namen "Iranische Freiheitsbewegung" auf.
Damit hatten sich drei hauptsächliche Fraktionen der Opposition
formiert: die von Allahjar Saleh und Sandjabi geführte "Nationalfront", die über eine Mobilisierung der politischen "Erinnerungen" die "Einhaltung der Verfassung" zu erreichen trachtete,
Korruption und politische Unfreiheit kritisierte und außenpoli-
tisch eine neutralistische Stellung zwischen den Blöcken propagierte; weiterhin die "Freiheitsbewegung", die vor allem die
"Nationalfront" unterstützte und eine Befriedigung der "religiösen , sozialen und nationalen Bedürfnisse des Volkes"[14]) anstrebte; schließlich die "Gesellschaft der Sozialisten", deren
Ziel eine konstruktive Opposition war.

Während die "Freiheitsbewegung" auf einen frontalen ideologischen Angriff gegen das Shah-Regime drängte, nahmen die beiden
anderen Gruppen konkrete Anlässe zum Ausgangspunkt ihrer Regime-
kritik. Taleghani und Bazargan bestanden darauf, den Shah als
Person und das ganze Regime als *Usurpator* anzusehen, während die
anderen Fraktionen nur immanente und punktuell differenzierte Angriffe empfahlen. Die Sozialisten strebten außerdem die Bekämpfung des "Feudalismus" und die offene Unterstützung des "liberalen" Flügels des Machtblocks gegen die eher "konservative" Fraktion an. Während die Bazargan-Gruppe eine Zusammenarbeit mit
der Geistlichkeit favorisierte, fürchtete die eher modernistische "Nationalfront" eine solche Kooperation, insbesondere nach
ihren Erfahrungen mit Borudjerdis Verhalten gegenüber dem Landreformgesetz.

Die "Zweite Nationalfront" stellte keine politische und organisatorische Form einer nationalen Oppositionsbewegung mehr dar, sondern zehrte nur noch, als "anti-diktatorische" Gruppe, die den Mangel an Verfassungskonformität auf Seiten des Regimes anprangerte, von dem politischen Kapital der Mossadegh-Ära. Sie wurde so zur politischen Heimat der Unzufriedenen, insbesondere des neuen Kleinbürgertums und vor allem der Lehrerschaft, die gemeinsam mit den Studenten den Wahlkampf führten. Dabei kam es zu blutigen Zusammenstößen mit den Ordnungskräften, was die Regierung zur Verhaftung mehrerer Mitglieder der "Nationalfront" veranlaßte. Trotzdem bzw. gerade deswegen erfreute sich diese Partei weiterhin eines regen Zulaufs, da bei den Neuwahlen zur 20. Parlamentsperiode im Januar und Februar 1961 wiederum "Unregelmäßigkeiten" vorgekommen waren und die beiden vom Shah initiierten Parteien, Mellijun und Mardom, mit unerlaubten Mitteln gearbeitet hatten. Die anschließende Kritik an den Wahlen mündete in eine allgemeine Kritik der politischen und sozialen Verhältnisse und manifestierte sich in Studentenstreiks und Demonstrationen der Teheraner Lehrerschaft im April 1961. Der Höhepunkt der Unruhen war erreicht, als bei der letzten Demonstration der Lehrer Khanali getötet und sämtliche Streikführer verhaftet wurden[15], was schließlich die Absetzung Sharif Emamis zur Folge hatte[16].

1.5.3.2.1. ZUR ROLLE DER 'NATIONALFRONT' BEIM STURZ AMINIS

Unter dem Druck der USA ernannte der Shah am 6.5.1961 'Ali Amini, der ein Jahr zuvor eine Gruppe von "Unabhängigen" in den Wahlkampf geführt hatte, zum Ministerpräsidenten. Aufgrund des Haushalts- und Zahlungsbilanzdefizits benötigte der Monarch sofortige amerikanische Hilfe, deren Gewährung von der Durchführung bestimmter Reformmaßnahmen abhing, so daß er *zunächst* gezwungen war, den von den USA favorisierten und unterstützten Amini zu akzeptieren.

Die aus den Präsidentschaftswahlen erfolgreich hervorgegangene Kennedy-Administration zeigte sich nach den Erfahrungen mit dem Iran, der Entstehung der Republik Irak nach einem Militärputsch, der auch das Shah-Regime verunsicherte, mehr noch aber nach den Mißerfolgen ihrer bisherigen "Sicherheitspolitik" in den Ländern der "Dritten Welt" beunruhigt. Die Herausforderung der kubanischen Revolution, Exempel der allgemeinen Bedrohung der US-amerikanischen Interessen in diesen Ländern, war, als Ergänzung zu den Ereignissen in Südostasien, der Grund für die Formulierung einer neuen Politik, die als *"Allianz für Fortschritt"* zusammengefaßt wurde. Sie stellte nichts anderes als eine Forcierung der den veränderten Weltmarktbedingungen angepaßten Reformprozesse in den unter amerikanischem Einfluß befindlichen Ländern der "Dritten Welt" dar. Mit dieser Revision der bisherigen Politik begann eine neue Phase der US-Intervention im Iran, die mit einer Reihe von Reformmaßnahmen einherging.

Der Träger der herrschaftsstabilisierenden Reformmaßnahmen sollte Amini sein, der seine engen Beziehungen zu den USA ebenso leugnete wie jene sie verschwiegen. Er war der Mann, der nach dem CIA-Putsch die Erdölkrise zugunsten des vom US-Kapital dominierten "Konsortiums" gelöst hatte; auch war er einer der wohlangesehendsten iranischen Botschafter in den USA, nachdem er 1956-58 die US-Regierung durch Qualifikation und Entschlossenheit hatte beeindrucken können[1]. Seine Wahl zum Premierminister beruhte auf einer persönlichen Entscheidung von J.F.Kennedy, mit dem ihn eine jahrelange Freundschaft verband, als jener noch Senator war[2]. Seine Ernennung zum Ministerpräsidenten erzeugte nicht nur allgemeine öffentliche Sympathiekundgebungen bei der amerikanischen und westeuropäischen Presse, sondern ermöglichte auch schon in der ersten Woche seiner Amtszeit die "unkonventionelle" Gewährung einer amerikanischen Soforthilfe von 30 Mill. US-Dollar zum Ausgleich des bestehenden Haushaltsdefizits; eine weitere Unterstützung folgte innerhalb der nächsten Wochen[3]. Öffentlich versicherten ihm die USA ihre Entschlossenheit, seine Bemühungen zur Bekämpfung der aktuellen Wirtschaftskrise so weit wie möglich zu unterstützen[4]. Von allen westlichen Ländern wurde er als Garant ihrer Interessen und als Alternative zu jenen Kräften angesehen, deren Übernahme der politischen Verantwortung sowohl für den Iran als auch für den Westen in ihren Augen eine Katastrophe bedeutet hätte. So bot die Regierung Amini die letzte Chance, die Gefahr eines aktuellen Sturzes des Regimes abzuwenden; ein Scheitern dieses "Experiments" hätte nach Ansicht des Westens einen prokommunistischen Machtwechsel in Teheran nach sich gezogen, der eine Störung des bestehenden Kräftegleichgewichts in Asien unvermeidbar erscheinen ließ[5].

Eine derartige herrschaftsstabilisierende Maßnahme, die auf massive Widerstände bei den "konservativen" Kräften stieß, war notwendig geworden, nachdem innerhalb von weniger als 9 Monaten zwei Regierungswechsel erfolgt und zwei "gewählte" Parlamente aufgelöst worden waren. Zwar zeigte sich der Shah immer noch nicht zur freiwilligen Einschränkung seiner Macht bereit, zunächst hatte er jedoch keine anderen Möglichkeit, als auf die Forderungen des auf Reformmaßnahmen verpflichteten Kabinetts unter Führung Aminis einzugehen: das Parlament sollte vom Monarchen aufgelöst werden, der Premierminister *unbeschränkte Vollmachten* erhalten. Obwohl dies eine *Verfassungswidrigkeit* darstellte und *einer praktischen Entmachtung des Shah* gleichkam, stimmte dieser zu, wenn auch die Sondervollmachten erst sechs Monate später zugestanden wurden, als alle seine Versuche sowie die Intrigen des Hofstaats, eine derartige Regelung zu umgehen, gescheitert waren.

Dem neuen Kabinett Amini gehörten unter anderem Darrakhshesh, der Führer des Lehrerstreiks als Erziehungsminister an, weiterhin das ehemalige Tudeh-Mitglied Alamuti als Justizminister und Hassan Arsandjani, der als Landwirtschaftsminister während der nächsten zwei Jahre zur Personifizierung der Landreform werden sollte[6]. Die Reformpolitik Aminis beinhaltete eine Säuberung der Verwaltung, die Stabilisierung der Wirtschaft und die Beseitigung der sozialen Spannungen durch Änderung der Eigentumsverhältnisse auf dem Land; im Mittelpunkt stand jedoch ein *effektiveres Bodenreformgesetz*. Vor allem deshalb gesellten sich zur Opposition der *Großgrundbesitzer* und der *Geistlichkeit* noch die von der Antikorruptionskampagne erfaßten, in Schlüsselpositionen befindlichen Regierungsbeamten. Schon wenige Tage nach seiner Regierungsübernahme war er von allen Seiten Angriffen ausgesetzt[7]; die dem Shah loyal gegenüberstehenden Zünfte der Bäcker und Gemüsehändler streikten, die technische Abteilung der Post und des Fernmeldeamtes wurde außer Betrieb gesetzt, und einige Journalisten schickten sich an, durch ein Sit-in im Pressezentrum eine vermeintliche Annullierung mehrerer Zeitungslizenzen zu verhindern. General Azmudeh, der oberste Ankläger des Militärgerichtshofes, der 1953 für Mossadegh die Todesstrafe beantragte, Hunderte von politischen Gegnern des Shah-Regimes hatte hinrichten lassen und Tausende von ihnen hinter Gitter brachte, klagte nun, als er von Amini in den Ruhestand versetzt wurde, als Wortführer der rechten Opposition den Premierminister an und beschuldigte ihn der Feindseligkeit gegenüber der nationalen und freiheitlichen Grundlage des Staates, des Aufschubs der Wahlen, der Einschüchterung, Bedrohung und Aufwiegelung zum Krieg, des Rufmordes und der Festnahme von hohen Armeeoffizieren; General Taimur Bakhtiar schließlich, der ebenfalls am Sturz Mossadeghs beteiligt und Leiter der Sicherheitspolizei (SAWAK) gewesen war, bereitete Pläne zum Sturze Aminis vor[8].

Es wäre ein grober Fehler und eine Wiederholung des chronischen Irrtums der iranischen Opposition, wollte man die politische Entwicklung während der Regierungszeit Aminis durch die veränderte Politik der Großmächte, durch die internationale Lage u.ä. erklären. Eine solche Interpretation übersieht die zentrale Rolle der Opposition und ihre Fehler ebenso wie die sozialen Kräfteverhältnisse innerhalb des Landes. Gerade die Fehler der "Zweiten Nationalfront" sind aber von zentraler Bedeutung, denn diese Organisation war die wichtigste und einflußreichste unter den seit 1960 (wieder-)entstandenen.

Amini geriet, neben den Angriffen von Seiten der konservativen Fraktion des herrschenden Machtblocks, die im Namen der Verfassung die Erhaltung des Status quo anstrebte, bald mit der *Geistlichkeit* und der politischen Opposition, besonders der *"Nationalfront"*, in Konflikt. Auch sie forderten vor allem freie Wahlen, wenn auch aus jeweils unterschiedlichen Gründen. Obwohl zwischen den Großgrundbesitzern und der Geistlichkeit eine Gesinnungsgemeinschaft bestand und Ajatollah Behbahani den Shah um die Ansetzung von Neuwahlen bat, konnte Amini doch einen Teil des religiösen Establishments neutralisieren, wenn es ihm auch nicht gelang, die Unterstützung der wichtigeren religiösen Führer zu gewinnen. Um die geistlichen Kreise positiver zu stimmen, setzte er zum erstenmal in der iranischen Verfassungsgeschichte einen bevollmächtigten Minister für religiöse Angelegenheiten ein; auch kündigte er an, daß die Einschränkungen für religiöse Trauerzeremonien gelockert und der Verkauf von alkoholischen Getränken stärker begrenzt werden sollte[9]. Insbesondere nutzte er die Rivalitäten unter den Ajatollahs aus, die nach dem Tode Borudjerdis am 30. März 1961 offener auftraten[10], aber kein Ajatollah sich als stark genug erwies, die Nachfolge als alleiniger mardja-e taghlid anzutreten. Der Grund dafür lag jedoch nicht an einem Mangel an "würdigen" Großajatollahs; Milani aus Mashad, Khansari aus Teheran, Shariatmadari aus Ghom und Hakim aus Nadjaf setzten alles daran, diese Position zu erringen[11]. Dabei suchte nicht nur Amini, sonder auch der Shah das durch diese Vakanz entstandene Vakuum auszunutzen und die Auswahl des mardja-e taghlid zu beeinflussen. Um die Macht von Ghom als religiösem Zentrum zu mindern, versuchte der Shah, Ajatollah Hakim zu favorisieren, der irakischer Staatsbürger war und in Nadjaf residierte[12]

Im Gegensatz zu den wirkungslosen Unterstützungsversuchen des Shah erwies sich das Versprechen eines Außenseiters als folgenreich. War der für alle Geistlichen verpflichtende Quietismus von Borudjerdi das sicherste Bollwerk gegen einen chiliastischen Aktivismus, so schaffte das durch sein Ableben entstandene Vakuum in der allgemeinen Krisensituation die ideale Voraussetzung für einen Umschlag des "Adventismus" in die *"direkte Aktion"*, deren charismatische Führungspersönlichkeit *Khomeini* werden sollte. Dieser Umschlag vollzog sich jedoch erst, nachdem Aminis Versuch, neben der Neutralisierung der Geistlichkeit die politische Opposition, insbesondere die "Nationalfront", für seine Politik zu gewinnen, gescheitert war.

Amini, der der "Nationalfront" als Gegenleistung für ihre Unterstützung freie Wahlen versprochen hatte, bevor er Ministerpräsident wurde, mußte bald auf diese Partei verzichten, als der Wahltermin immer weiter verschoben wurde. Die Forderung nach sofortigen Wahlen wurde zum zentralen politischen Belang im Kampf der "Nationalfront" gegen Amini, der erst das Wahlgesetz ändern wollte, um die sichere parlamentarische Mehrheit der konservativen Opposition auszuschließen. Als die "Nationalfront" schließlich, um ihrer Forderung Nachdruck zu verleihen, in Djalalijeh eine Demonstration durchführte, wurde diese gewaltsam durch Truppen aufgelöst, nachdem die Führer der Partei am Vorabend festgenommen worden waren. Amini hatte sie vorher vor der Furcht des Shah vor möglichen politischen Machtdemonstrationen der Opposition und den unausbleiblichen Folgen gewarnt und ihnen die Verschiebung der Demonstration um einen Tag vorgeschlagen[13]. Auf dem Höhepunkt der Krise von den USA zum politischen Come-back animiert[14], verschätzte sich jedoch die Führung der "Nationalfront", die sich als politische Alternative betrachtete, in der Situation und leistete so dem Shah indirekt einen ungewollten Dienst, den dieser selbst provoziert hatte.

Nach der Freilassung ihrer Führer versuchte die "Nationalfront", eine Pressekonferenz im Hause Allahjar Salehs durchzuführen; der Zutritt der geladenen Journalisten wurde jedoch von Soldaten verhindert. Saleh veröffentlichte daraufhin am 20.August 1961 ein gedrucktes Kommuniqué, in dem er die Regierung Amini als "Diktatur" bezeichnete, der "Verletzung der Gesetze" bezichtigte und die Unverbindlichkeit und Nichtigkeit aller der Regierung während der Außerkraftsetzungsphase des Parlaments gewährten Anleihen erklärte[15]. Schon vorher hatte die "Nationalfront" die Unaufschiebbarkeit der Verfassung[16] und die "Gesetzeswidrigkeit" und "Illegalität" der Regierung Amini erklärt, welche die Verfassung außer Kraft gesetzt hatte[17]. Als die "Nationalfront" ihre in drei Schwerpunkten umrissenen politischen Ziele am 27.Oktober 1961 in einer Flugschrift veröffentlichte, ihre Zurückhaltung damit gänzlich aufgab und durch bessere Organisation und größeren politischen Zusammenhalt wirkungsvoller handeln zu können hoffte, wurde sie von Amini der Zusammenarbeit mit der reaktionären Opposition beschuldigt[18]. Tatsächlich prangerten auch die Konservativen die mangelnde Übereinstimmung mit der Verfassung und damit die Illegalität des ohne parlamentarische Zustimmung regierenden Kabinetts Amini an, weil sie sich *sicher* waren, daß sie unter den gegebenen Umständen und mit den entsprechenden Möglichkeiten zur Wahlmanipulation die Parlamentsmehrheit erlangen und dadurch die Landreformpolitik der Regierung torpedieren konnten.

Angesichts dieser "faktischen Allianz von Rechts und Links" und dem daraus erwachsenden bedenklichen Umfang der Opposition gestand der Shah am 14. November 1961 Amini jene bisher nicht dagewesenen exekutiven Vollmachten zu, die am nächsten Tag von der "Nationalfront" als verfassungswidrig angegriffen wurden. Während der Shah diese Maßnahme mit der Notwendigkeit der Durchführung verschiedener Reformmaßnahmen und der Verbesserung der Wahlgesetze rechtfertigte, ließ Amini die Führer der rechten und linken Opposition verhaften[19]. Am 7.Januar 1962 verkündete er, trotz wachsender Opposition, das sogenannte "Ergänzungsgesetz" zum Landreformgesetz, während Arsandjani, der Landwirtschaftsminister, die Vereinbarkeit des Gesetzes mit der Verfassung und der Religion gegen die Angriffe der Opposition verteidigte[20].

Nach der Verkündung dieses Ergänzungsgesetzes verschärfte sich die politische Lage zusehends. Die im Zeichen der seit Monaten laufenden Agitationen der "Nationalfront" gegen das ohne Parlament regierende Kabinett Amini stehenden Demonstrationen, die sich von der Universität über die ganze Stadt Teheran ausbreiteten, erreichten am 21. Januar 1962 ihren Höhepunkt. Sowohl hier als auch an anderen Universitäten kam es zu blutigen Auseinandersetzungen mit dem Militär, in deren Verlauf in Teheran ein Student ums Leben kam[21]. Am nächsten Tage wurden erneut mehrere Führer der "Nationalfront" sowie der rechten Opposition verhaftet und die Universität Teheran auf unbestimmte Zeit geschlossen[22]. General Bakhtiar wurde als Kopf des Putsches von Seiten der rechten Opposition des Landes verwiesen.

Diese Entwicklung wird häufig dahingehend interpretiert, daß der Shah die Politik Aminis voll unterstützt habe[23]. Mit der letzten Maßnahme des Regimes trat jedoch eine Wende in der bisherigen Taktik des Shah ein. Unverkennbar konnten seine bisherigen sozialen und politischen Stützen nur durch eine Radikalisierung der Bevölkerung einen effektiven Widerstand gegen die Veränderung des Status quo leisten, was aber gleichzeitig eine Gefährdung seines Regimes bedeutete. Daher ist sein Bruch mit der konservativen Fraktion des herrschenden Machtblocks als eine Flucht nach vorn zu verstehen, die die persönliche Übernahme der Rolle des Reformators und des "aufgeklärten Despoten" notwendig machte. Damit folgte er entschlossen der politökonomischen Einschätzung seiner "wohlmeinenden" westlichen Freunde, die sich bemühten, ihn angesichts der revolutionären Bedrohung seines Regimes auf den Weg der "vernünftigen", d.h. ihre und seine Interessen am besten sichernden, Reformen zu führen.

In einer Rede anläßlich des "Volksaktienprogramms" suchte der Shah 1972 in einer Klassenanalyse von geradezu "maoistischer" Inspiration der Öffentlichkeit aufzuzeigen, warum er es war, der die "Weiße Revolution" initiieren mußte. Nach seinen eigenen Worten bestand für ihn der "Hauptwiderspruch" vor der "Weißen Revolution" zwischen den Großgrundbesitzern und den Bauernmassen; zwar herrschte ein ähnlich antagonistisches Verhältnis auch zwischen Kapital und Lohnarbeit, doch fiel jenes zahlenmäßig nicht so stark ins Gewicht. Auch zwischen der städtischen industriellen Schicht und den Großgrundbesitzern habe eine "untergründige Spannung" bestanden. Er hätte sich nur noch von den Grundherren unterstützt gesehen, während der Rest der Nation an einer Änderung der bestehenden Verhältnisse interessiert gewesen wäre. Dabei habe er eine "Front der Arbeiter, Bauern und der nationalen Bourgeoisie", wie sie von der Tudeh-Partei immer wieder gefordert worden war, gegen sich und seine Klasse kampfbereit gesehen[24]. Auch auf die Handelsbourgeoisie, die sich in der Endphase der Mossadegh-Ära auf seine Seite gestellt habe , sei offensichtlich nicht mehr unbedingter Verlaß. Die Exporteure der traditionellen iranischen landwirtschaftlichen Produkte und Rohstoffe litten unter dem Rückgang der Weltmarktpreise für ihre Waren, erhielten kaum staatliche Unterstützung und seien daher auch nicht konkurrenzfähig. Die Importeure seien zwar ökonomisch am engsten mit der herrschenden Klasse als ihren besten Kunden verbunden, doch sei auch ihr Aktionsradius auf eine kleine Gruppe von Abnehmern beschränkt; die Möglichkeit, ihre Güter auch im landwirtschaftlichen Bereich abzusetzen, entfiele solange , wie den ländlichen Massen ihr Mehrprodukt entzogen und vom absentistischen Grundherrn in der Stadt konsumiert würde. Daher müsse auch diese Fraktion an einer "Politik der maßvollen Reformen", die die Kaufkraft eines Teils der Bauern verbessern würde, Interesse haben. Noch stärker als die Importeure litten die nur an der Distribution der iranischen Waren im Lande verdienenden Großhändler unter der geringen Kaufkraft der Massen. Sie betrachteten ihre Profite als zu niedrig und weigerten sich daher, mehr in diesem Bereich zu investieren. Bei der industriellen Bourgeoisie schließlich sei die Gegnerschaft zum "Feudalismus" noch ausgeprägter als bei der Handelsbourgeoisie. Der bei allen industriellen Investitionsversuchen spürbare Kapitalmangel hinge weitgehend mit der Akkumulation der Grundrente in den Händen der Grundbesitzerklasse zusammen, ganz zu schweigen von den Absatzproblemen, die durch die Enge des Binnenmarktes bedingt seien. Da dieser Gruppe kaum staatliche Unterstützung zuteil würde, sei sie weder national noch international konkurrenzfähig. Eine derart starke Abhängigkeit der industriellen Expansion von der Massenkaufkraft resultiere aus der Tatsache, daß für die Produkte der Konsumgüterindustrie außerhalb des Irans kein Markt bestehe . Die ökonomischen Spannungen zu dieser Zeit seien begleitet von der zunehmenden politischen Radikalisierung der iranischen Massen, die sich besonders "sozialistischen" Vorstellungen mehr und mehr zuneigten. "Das war es, was zum ersten Punkt der Weißen Revolution führte und was endgültig den Feudalismus auf dem Lande zerstörte."[25]

Mit der auf dieser Einschätzung basierenden Veränderung seiner Taktik ließ der Shah nicht nur seine bisherige soziale Stütze und ihre politischen Repräsentanten innerhalb des herrschenden Machtblocks fallen, er brach auch mit der ihm "wohlgesonnenen" Geistlichkeit, die sie ideologisch vertrat[26]. Den *Anlaß* für diesen Bruch fand der Shah in dem ihm mißfallenden Tonfall eines Telegramms von Ajatollah Behbahani[27]. Deshalb lehnte er die Annahme dieses gemeinsam mit einigen ausgewählten Persönlichkeiten der beiden oppositionellen Lager[28] am 9.Februar 1962 verfaßten Schreibens in der vorliegenden Form ab. Da Behbahani sich weigerte nachzugeben und eine Änderung des Schreibens vorzunehmen, wurde das Telegramm zurückgeschickt. Daraufhin griff Arsandjani am 23. Februar 1962 erneut die religiösen Kreise an, die sich weiterhin gegen die Landreform aussprachen und ihre Agitation gegen das geänderte Gesetz fortführten[29].

Ein weiteres Anzeichen für die veränderte Taktik des Shah war der "Rücktritt" Aminis am 18. Juli 1962, der eine praktische "Rückgabe" der ihm vom Shah zugestandenen exklusiven Vollmachten bedeutete. Am Tage darauf wurde Abdollah 'Alam, ein enger Vertrauter des Shah, zum Premierminister ernannt. Die Zusage auf baldige Wahlen sowie die Durchführung des *Kaiserlichen 6-Punkte-Dekrets*, das vom letzten Parlament verabschiedet worden war, gehörte zu seinen ersten Amtshandlungen. Das 6-Punkte-Dekret beinhaltete unter anderem die Landreform sowie ein Gesetz zur Wahl von Provinz- und Lokalparlamenten. Diese kontinuierliche Weiterführung der Politik Aminis läßt die gängige Interpretation des Rücktritts Aminis als bloße "Folge der wachsenden Opposition gegen seine Regierung"[30] problematisch erscheinen. Indem der Shah seine Entschlossenheit demonstrierte, die von der US-Administration im Rahmen der "Allianz für Fortschritt" vorgesehenen Reformmaßnahmen auch gegen seine bisherigen internen Verbündeten durchzuführen, konnte er auf die volle Unterstützung der Vereinigten Staaten rechnen. Nach seiner USA-Reise blieb die versprochene US-Finanzhilfe für Aminis Regie-

rung aus, mit der er das Budget hätte ausgleichen können. Diesen
Verlust an politischer Kreditwürdigkeit bei der US-Administration interpretierte Amini mit Recht als Entzug seines bisherigen Mandats, dessen Wiederaneignung durch den Shah die neuerliche Herstellung seines persönlichen Regiments bedeutete. Zwar
mußte Mohammad Reza sich zunächst gegen die interne Opposition
durchsetzen, was ihm jedoch durch die Ausspielung ihrer immanenten Schwächen, vor allem bei der "Nationalfront", gelang.

Die zentrale Schwäche der bürgerlichen Opposition lag im Mangel einer einheitlichen politischen Führung, die aus einer
Vereinigung der Interessenvertreter der maßgebenden sozialen
Kräfte hätte entstehen können. Derartige Interessenvertretungen, die als organisiertes "Selbstbewußtsein" der Arbeiter,
Bauern und "Nationalbourgeoisie" durch einen Konsensus hätten
eine "Nationalfront" konstituieren können, existierten jedoch
nicht einmal ansatzweise. Die seit Anfang der 60er Jahre entstandene "Zweite Nationalfront" war daher als eine bloß städtische Oppositionsbewegung von ihrer sozialen Basis her gesehen
viel ärmer als ihre Vorgängerorganisation zur Mossadegh-Zeit.
Als politische Organisation des größten Teils der "neuen Mittelschicht", die von der Lehrerschaft und den Studenten dominiert
wurde, konnte sie auch kein eigenes Konzept einer alternativen
Produktionsweise vertreten und mithin weder die politische
und organisatorische Form einer gesamtgesellschaftlichen Eman-
zipationsbewegung werden, noch das Potential für eine effektive Opposition für sich mobilisieren. Im Gegenteil entfernte
sie sich immer mehr von den zentralen Anliegen der sozialen
Kräfte, die eine wirklich nationale Front hätten tragen können.
Nicht allein der Mangel an Führungsqualitäten bei den die
"Nationalfront" repräsentierenden "Persönlichkeiten" verhinderte die Herstellung eines tragfähigen Konsenses; größtenteil
war ihnen weder der soziale Gehalt des politischen Konflikts
klar, noch konnten sie die eigentlichen sozialen Träger ausmachen, die sie, trotz ihrer mangelhaften organisatorischen
Fähigkeiten, hätten zusammenschließen können. Auch fehlender
politischer Scharfsinn ist nur als *ein* Moment zu betrachten,
das ihrer legalistischen Sichtweise und der daraus folgenden
pragmatischen Bündnispolitik ebenso Vorschub leistete wie ihre

mangelnde politische Initiative. Das Fehlen eines, gemessen an ihrer realen Stärke, klaren ideologischen und politischen Profils und damit *die materielle Grundlage dieser Konsensunfähigkeit der bürgerlichen Oppositionsbewegung* lag jedoch im *Zersetzungsprozeß der "Nationalbourgeoisie"*, die die Bewegung hätte dominieren können. Daher existierte auch unter den seit dem 2. Weltkrieg entstandenen Parteien keine einzige Organisation, die *die* "Nationalbourgeoisie" hätte ideologisch repräsentieren und politisch vertreten können. Selbst die zur Mossadegh-Zeit im Bazar entstandene Organisation stellte keineswegs ihre ideologische und politische Artikulationsform dar, sah sie doch ihre Aufgabe bloß in der Unterstützung der von Mossadegh geführten "Nationalfront". In Wirklichkeit gab es nicht einmal eine bestimmte Gruppe von politischen Führungspersönlichkeiten, die sich als Interessenvertreter der "Nationalbourgeoisie" hätten profilieren können. Niemand identifizierte sich mit dieser sozialen Gruppe, agitierte mit einem entsprechenden Bewußtsein oder wurde gar als zu ihr gehörig anerkannt.

Dieser Zersetzungsprozeß der "Nationalbourgeoisie" ist dabei als ein historisches Produkt zu verstehen, dessen Ursprünge in die Zeit der "konstitutionellen Revolution" zurückreichen. Vor allem die *Handelsbourgeoisie* war es, die Kaufleute und kleinen Handel- und Gewerbetreibenden, die in dieser ersten modernen politischen Bewegung im Iran eine zentrale Rolle spielten. Die Dominanz dieser Gruppe, die aus dem Fehlen einer entwickelten industriellen Bourgeoisie resultierte, ließ die Bewegung in ihrem anti-despotischen Charakter verharren und nicht einmal "anti-feudale" Züge hervorbringen. Auch zwischen den beiden Kriegen entwickelte sich die "Nationalbourgeoisie" im industriellen Sektor nicht durch den Kampf gegen ein "feudales" Regime, sondern vielmehr unter dessen Schutz. Tatsächlich basierte der Aufbau der Industrie zum Teil auf den Interessen der absentistischen Großgrundbesitzer an größeren Gewinnen, während der Rest grundsätzlich staatlich initiiert wurde. Eine solchermaßen strukturierte und wenig umfangreiche Industriebourgeoisie konnte kaum über den "anti-feudalen" Charakter verfügen, der

einer entwickelten Bourgeoisie eigen ist; selbst nach dem
2. Weltkrieg reproduzierte sich der Großteil der industriellen
Bourgeoisie nicht durch eine real erweiterte Kapitalakkumulation, sondern durch Ausnützung der Kriegsfolgen, durch die
herrschende Korruption und die Unfähigkeit des Regimes sowie
durch Prellerei, zweckentfremdete Darlehen und Kollaboration
mit dem vom Großgrundbesitz getragenen Regime. So trat sie
auch in der von Mossadegh geführten Bewegung kaum als eine aktiv unterstützende Kraft auf; im Gegenteil waren auch hier zunächst die handeltreibende Fraktion der Bourgeoisie sowie die
kleinen Handel- und Gewerbetreibenden der traditionellen Kleinbourgeoisie die wesentlichen Kräfte. Nach dem CIA-Putsch kam es
zwar zur Entwicklung der Fraktion der industriellen Bourgeoisie;
aufgrund ihres größtenteils spekulativen Charakters und der
"liberalen" Handels- und Wirtschaftspolitik des Regimes, die
sie schutzlos einer ausländischen Konkurrenz aussetzte, wurde
sie jedoch durch die Bankrottwelle gegen Ende der 50er und Anfang der 60er Jahre wiederum zerstört. Dafür entfaltete sich
die *"Kompradorenbourgeoisie"*, jener Teil der *Großbourgeoisie*,
die sich, abhängig von einer *Bindung* an das ausländische Kapital, im Industrie-, Handels- und Bausektor reproduzierte. Aufgrund dieser Abhängigkeit von einem ständig expandierenden
Absatz- und Kapital-Markt entwickelte sie allmählich einen
"anti-feudalen" Charakter. Das war der Grund, weshalb erstmalig innerhalb des herrschenden Machtblocks eine ernsthafte Diskussion über eine Landreform aufkam, ,die von den politischen
Vertretern der "Kompradorenbourgeoisie", den bisherigen Verbündeten der Großgrundbesitzer, geführt wurde. Infolgedessen
erschien auch der "anti-feudale" Charakter der "Kompradorenbourgeoisie" viel ausgeprägter als der der *mittleren und kleinen
Bourgeoisie*, die die "Nationalbourgeoisie" bildeten. Hier liegt
eines der wesentlichen, die Form der oppositionellen Bewegung
gegen das Shah-Regime bestimmenden Momente, eine Form, die die
ideologische und politische Schwäche der "Nationalbourgeoisie"
prägte und die Mobilisierung der Arbeiter und Bauern erschwerte.
Während die "Kompradorenbourgeoisie" mit Amini die Hegemonie
einer bürgerlichen Bewegung erlangte, die in einem "anti-feuda-

len" Kampf selbst den Shah fast entmachtete, mobilisierten die Großgrundbesitzer die Traditionen und deren ideologischen Träger, die Geistlichkeit,sowie Teile des Staatsapparates gegen Amini. Der Shah lavierte zwischen diesen Hauptfraktionen des herrschenden Machtblocks und wartete auf eine günstige Gelegenheit, die ihm die "Nationalfront" ungewollt verschaffte. Während die mittlere und Kleinbourgeoisie, die "Nationalbourgeoisie" also, führungslos zwischen Tradition und politischer Erinnerung hin und her gerissen war, wobei letztere von der "Nationalfront" verkörpert wurde, und die "Freiheitsbewegung" Bazargans und Taleghanis zwischen beiden zu vermitteln suchte, bildete die praktisch ahnungs- und erfahrungslose Führung der "Nationalfront" mit ihrem formal-legalistischen Politikverständnis die Speerspitze eines hauptsächlich von der "modernen Mittelschicht" getragenen politischen Straßenkampfes gegen Amini und trug so zu seinem Sturz bei. Diese *formale Verfassungskonformität*, die sie für die Wahrnehmung einer veränderten *realen Verfassung* der Gesellschaft unfähig machte, war nicht nur eine der Ursachen ihrer Entfremdung von den tatsächlichen Interessen der sozialen Kräfte, die sie hätte mobilisieren können; sie wurde zugleich die Ursache für die zunehmende politische Bedeutungslosigkeit der "Nationalfront". Damit waren nicht nur die mittlere und Kleinbourgeoisie ihren traditionellen Bindungen überlassen, die immer stärker von der Geistlichkeit mobilisiert wurden; indem die "Nationalfront" die "Illegalität" der Landreform Aminis gemeinsam mit der Geistlichkeit angriff - als wäre die Bauernschaft bereit gewesen, auf eine eigene Parzelle zu verzichten, weil das entsprechende Gesetz nicht parlamentarisch abgesegnet war - trieb sie die Bauern förmlich Amini und seinem Landwirtschaftsminister Arsandjani in die Arme. Auch mobilisierte die Hauptforderung der "Nationalfront" nach "Einhaltung der Verfassung" weder die Arbeiterschaft noch die marginalisierten Landflüchtigen; die von der Geistlichkeit vertretenen traditionellen Werte hingegen sprachen nicht nur die Kleinbourgeoisie an, sondern auch die Marginalisierten, da die Betonung der chiliastischen Motive der Shi'ah immer stärker wurden. Angesichts dieser Schwäche der bürgerlichen Opposition fiel es dem Shah nicht schwer, mit der Absetzung Aminis selbst die politische Führung eines "antifeudalen" Kampfes der "Kompradorenbourgeoisie" gegen die Großgrundbesitzer zu übernehmen.

1.5.3.2.2. ZUR ENTSTEHUNG UND UNTERDRÜCKUNG DER ERSTEN CHILIASTISCHEN REVOLTE UNTER KHOMEINIS FÜHRUNG

Indem der Shah Arsandjani zunächst in ein ihm sonst persönlich treu ergebenes Kabinett unter der Leitung von Ministerpräsident 'Alam aufnehmen ließ, mobilisierte er die Bauernschaft für die Stabilisierung seiner eigenen Herrschaft. Gleichzeitig erklärte er das *"Kaiserliche 6-Punkte-Dekret"*, das vom vorangegangenen Kabinett erlassen worden war, zu seinem eigenen Reformprogramm der *"Weißen Revolution"* bzw. der "Revolution des Shah". Dieses Programm beinhaltete die Landreform, die Verstaatlichung des Waldbestandes, die Überführung staatlicher Industriebetriebe in Privatbesitz, eine Regelung zur Gewinnbeteiligung der Arbeiter, eine Reform des Wahlgesetzes einschließlich der Gewährung des Wahlrechts für Frauen und schließlich die Bildung der "Armee des Wissens" zur Alphabetisierung der Dorfbevölkerung. Dieser Programmkatalog, der zwischen 1964-67 um sechs weitere Punkte ergänzt wurde, sollte die Basis einer "Front" von Arbeitern, Bauern und Industriebourgeoisie bilden, die der Shah zum Schutz gegen seine sozialen und politischen Gegner aufbauen wollte. Zunächst versuchte er die "Nationalfront", die *sich selbst* ihres Einflusses beraubt hatte, gegen die immer stärker von der Geistlichkeit geführte oppositionelle Bewegung zu instrumentalisieren. Die inhaftierten Führer der "Nationalfront" wurden von 'Alam wieder auf freien Fuß gesetzt, ohne daß sie dies jedoch entsprechend honorierten; im Gegenteil demonstrierten sogar der "Nationalfront" nahestehende Studenten gegen den Ministerpräsidenten, als er im September 1962 Tabriz besuchte, was aber nichts an seiner Einstellung gegenüber der "Nationalfront" änderte. Während diese Partei sich reorganisierte, einen nationalen Kongreß vorbereitete und weiterhin freie Wahlen, wie sie in der Verfassung vorgesehen waren, forderte, wurde sie von 'Alam zur Unterstützung für seine Regierung aufge-

fordert; sogar einige Sitze in seinem Kabinett sagte er ihr zu.
Nachdem sie zuvor eine Beteiligung an Aminis Kabinett abgelehnt hatte und ihn nur zu dulden bereit war, wenn er sofortige freie Wahlen durchführen würde, erklärte sie sich nun zu einer Zusammenarbeit unter drei Bedingungen bereit: die Verfassung sollte beachtet und ihre Prinzipien, die eine eingeschränkte konstitutionelle Monarchie garantierten sollten, ernsthaft eingehalten werden; unverzüglich und in Übereinstimmung mit den bestehenden Gesetzen sollten Wahlen abgehalten werden; schließlich sollte die Korruption bekämpft und Reformen durchgeführt werden, beides allerdings ohne Einschränkung der gesetzlichen Freiheiten[1].

Damit bestätigte die "Nationalfront" die zuvor von einer Position der Schwäche inoffiziell und durch einen Unterhändler gestellten Bedingungen des Shah für erneute Aktivitäten dieser Partei. Mohammad Reza hatte Anfang 1960 den Führern der "Nationalfront" durch Maleki mitteilen lassen, daß sie nur dann wieder politisch agieren könnten, wenn sie die Monarchie akzeptierten, die Thronfolge seines Sohnes Reza garantierten und sich im Rahmen der Verfassung bewegen würden[2]. Jetzt, nachdem sie ihm durch die Absetzung Aminis ermöglicht hatten, sich seine verfassungswidrigen Machtbefugnisse wieder anzueignen, verlangten sie vom Shah, er solle lediglich Kaiser sein, aber nicht selbst regieren[3]. Angesichts dieser Lage wollte 'Alam, der persönlich mit Allahjar Saleh die Modalitäten einer Zusammenarbeit aushandelte, auf keinen Fall die Machtbefugnisse des Shah zur Disposition stellen. Obwohl die "Nationalfront" die verfassungsmäßige Einschränkung der persönlichen Eingriffe des Shah, ebenso wie zuvor Aminis, im Interesse der Monarchie und des Landes forderte, erachtete 'Alam dieses Ansinnen weder für realistisch noch für praktisch. Von seiner wiedererlangten Position der Stärke her hatte es für den Shah keinerlei Bedeutung, daß sein Regime ohne Hinzuziehung des Parlaments ein diktatorisches und despotisches war, welches das Volk von Shah und Monarchie entfremden würde.

In Anbetracht derartig grundlegender Meinungsverschiedenheiten wurden weitere Gespräche zwischen dem Monarchen und der "Na-

tionalfront" unmöglich. Letztere veröffentlichte am 28.11.1962
in einem illegalen Flugblatt ihre heftige Kritik an der Regierung und gleichzeitig ihre weitaus milderen Einwände gegen diejenigen Geistlichen, die sich auf der Basis der islamischen
Lehre gegen die Landreform und das Frauenwahlrecht ausgesprochen hatten[4]. Damit stellte sich die "Nationalfront" zwischen
zwei sich mehr und mehr verhärtende Fronten und beraubte sich
so selbst jeglicher Bedeutung.

Die Geistlichkeit, die geglaubt hatte, daß mit dem Sturz Aminis
die Idee einer Landreform ad acta gelegt worden wäre, mußte
nun zur Kenntnis nehmen, daß Arsandjani, der sie immer wieder
direkt angegriffen hatte, weiterhin Landwirtschaftsminister
blieb und die Durchführung der Landreform massiver denn je betrieb. Auch die Zusicherung 'Alams, die Landreform stünde keineswegs im Widerspruch zum islamischen Gesetz und zur Verfassung, konnte daher die Geistlichkeit nicht von ihrer oppositionellen Position abbringen. Trotz innerer Differenzen fühlte
sie sich insgesamt brüskiert und griff gemeinsam die Staatsmacht an. Denn die Landreform entzog ihnen nicht nur ihre ökonomischen Reproduktionsmöglichkeiten, sondern beschränkte
auch ihre soziale Stellung und ihr Ansehen. Durch ihre Erklärung, die im Zuge der Landreform verteilten Parzellen wären
ghasbi, d.h. usurpiert, stellte sie die Landbevölkerung vor
die Alternative, entweder religiösen Doktrinen zu gehorchen
oder das Land anzunehmen. Die Bauern entschieden sich für das
Land und versetzten damit der Stellung der Geistlichkeit auch
in den Dörfern einen ernsten Schlag, nachdem sie bereits als
Folge der Säkularisierung des Justiz- und Erziehungswesens
in den Städten weitgehend an Einfluß verloren hatten. Die
Geistlichen selbst befanden sich infolge des sozialen und kulturellen Wandels als Funktion des Imperialismus in einer "marginalisierten"[5] Position und waren weder bereit noch in der
Lage, mit der Vergangenheit und den eigenen Traditionen zu
brechen. Am Rande zweier, niemals einander gänzlich durchdringender und miteinander verschmelzender Kulturen und Gesellschaften, der städtischen und der ländlichen nämlich, als Daseinsweisen der Tradition und der Moderne bot sich ihnen nun
erstmalig seit der Machtergreifung der Pahlavi-Dynastie die

Möglichkeit, ihre allgemeine Unzufriedenheit mit dem Modernisierungs- und Säkularisierungsprozeß öffentlich zu artikulieren. Sie, die nach den als Funktion des Kulturimperialismus entstandenen sozialen Vorurteilen des herrschenden "Modernismus" in Staat und Gesellschaft die "Ungleichzeitigkeit" verkörperten und nur *halb geduldet* waren, rebellierten nun; denn im Zuge der Agitation des Regimes für die Reformmaßnahmen wurden sie weiterhin *stigmatisiert*.

Die prominentesten unter den ulama, die jetzt ihre Ablehnung artikulierten, waren Ajatollah Behbahani, Golpaigani und Khansari aus Teheran, Hakim aus Nadjaf, Sheykh Baha' od-Din aus Shiraz und Nadjafi-Marashi aus Mashad[6]. Als schließlich die Regierung 'Alam am 8.September 1962 den Text eines Gesetzes zur Wahl von Provinz- und Lokalparlamenten veröffentlichte, begannen die Geistlichen mit einer aktiven Agitation gegen das Regime. Im Gegensatz zu modernistischen Kreisen, die sich für eine liberalere Haltung gegenüber der Position der Frauen in der Gesellschaft und für Gleichberechtigung aussprachen, hielt die Geistlichkeit die den Frauen in der Verfassung und im islamischen Gesetz zugestandenen Rechte für völlig ausreichend; alle darüber hinausreichenden Ansätze führten zu *Korruption* und *Chaos* und *zerstörten das Familienband an der Wurzel*. Mit einem derartigen Vorhaben würde sich die Regierung gegen den Islam stellen. Zwei weitere Gründe provozierten den religiösen Widerstand gegen das neue Wahlgesetz: das Wahlrecht war nicht eindeutig auf Moslems beschränkt, und der Eid der Parlamentsmitglieder sollte auf das "Heilige Buch" und nicht wie bisher auf den "Heiligen Koran" geleistet werden[7].

Die Einführung dieser Gesetze und die damit einhergehende Stigmatisierung der Geistlichkeit waren es, die schließlich den Umschlag des Quietismus in den *chiliastischen Aktivismus* auslösten. Erst diese Entwicklung von der in der Tradition des Shi'ismus begründeten *Duldung der Theokratie* hin zum aktiven Kampf für Hierokratie ließ Khomeini zum Wortführer werden, der die aufgebrachte Geistlichkeit mitreißen konnte. Während die Mehrheit der Geistlichen immer noch die Regierung aufforderte, sie solle "die Einhaltung der Gesetze und der heiligen Lehre des Islam" [8] beachten, wiegelte Khomeini die Öffentlichkeit nicht nur gegen die Gesetzesvorlage, sondern auch gegen die Regierung auf und drohte ihr in einem aggressiven Ton, während er sich hinter den Forderungen der Geistlichkeit verschanzte : "Im Anschluß an mein letztes Telegramm darf ich Sie darauf aufmerksam machen, daß Sie dem Rat der 'Olama keine Beachtung schenken und meinen, gegen den heiligen Qor'an, die Verfassung und das allgemeine Gefühl der Bevölkerung handeln zu können. Die 'Olama wiesen Sie darauf hin, daß Ihr Gesetz illegal ist und dem islamischen Gesetz, der Verfassung und den Gesetzen der Majles widerspricht. Die 'Olama erklärten öffentlich, daß das Frauenwahlrecht und der Verzicht auf die Bedingung, nur als Moslem das aktive und passive Wahlrecht ausüben zu dürfen, im Gegensatz zum Islam und zur Verfassung stehen. Wenn Sie glauben, Sie könnten den heiligen Qor'an durch die Awesta der Zoroastrier, die Bibel oder sonstige fehlgeleitete Bücher ersetzen, befinden Sie sich im Irrtum. Wenn Sie glauben, Sie könnten mit Hilfe Ihres illegalen Gesetzes die Verfassung, die die Souveränität und Unabhängigkeit des Landes sichert, schwächen, irren Sie sich."[9]

Um den quietistischen Teil der Geistlichkeit, der sich mit seinem massiven Protest schriftlich an den Shah gewandt hatte, zu beschwichtigen, versicherte 'Alam in einem Brief an Ajatollah Behbahani, daß die Regierung sich in der Frage des Frauenrechts zurückhalten und das Gesetz zur Wahl lokaler Parlamente erst nach den Parlamentswahlen vom 27. November 1962 wieder beraten werde. Gleichzeitig versuchte die Regierung, die Mehrheit der Bevölkerung für ihre Landreform zu mobilisieren[10]. Die quietistische Geistlichkeit versuchte angesichts der zugespitzten Lage, des fortgeschrittenen Stadiums der Landreform und der positiven Haltung der "Nationalfront" gegenüber der Reformpolitik, einzulenken und das zu retten, was noch zu retten war. In diesem Zusammenhang schrieb Ajatollah Behbahani einen Brief an 'Alam, in dem er feststellte:"Wir waren und sind immer noch gegen die Landreform. Wir wollen das nicht (*mehr*, D.G.) diskutieren, denn die Landreform hat ein Stadium erreicht, in dem eine Umkehr nicht möglich ist. *Doch können wir bezüglich des waghf-Eigentums nicht schweigen...*"[11] Auf diesen Beschwichtigungsversuch reagierte 'Alam jedoch mit einem Schreiben, in dem er den Inhalt der Gespräche bestätigte, die er bei einem auf Behbahanis Brief folgenden Besuch bei ihm geführt hatte. Danach verstieß die Verteilung des waghf-Landes weder gegen die islamische Lehre noch gegen den Willen der Stifter; im Gegenteil hätten sich sogar einige Geistliche die von ihnen verwalteten Ländereien unrechtmäßig angeeignet[12].

Diese Auseinandersetzung stellte, vor dem Referendum des Shah, den letzten Schritt dar, der dem *chiliastischen Aktivismus Khomeinis* Vorschub leistete. Nachdem der Shah erkannt hatte, daß er mit einer Durchführung der Landreform und der entsprechenden Propaganda eine ständig wachsende Mehrheit der Bevölkerung für die Reformpolitik mobilisieren konnte, rief er zu einem nationalen Referendum auf, in dem das iranische Volk seine Unterstützung für die Reformpolitik demonstrieren sollte. Während die "Nationalfront" mit der Parole *"Landreform, Ja! Diktatur, Nein!"* zum Boykott des Referendums aufrief, zog die Geistlichkeit es vor, auf eigene Faust und für ihre eigenen Ziele aktiv zu werden.

Am 23. Januar 1963 löste die Polizei in Teheran die Versammlung einiger religiöser Führer, Grundbesitzer und bazaris auf, die angeblich Schritte gegen das Referendum berieten. 'Alam klagte die Grundbesitzer einer Verschwörung gegen die Regierung an und beschuldigte dabei die beiden Ajatollahs Khomeini und Ghomi, einen Boykott des Referendums angeordnet zu haben. Am selben Tag bezeichnete der Shah während einer Landverteilungszeremonie in Ghom die Geistlichen als *"schwarze Reaktionäre"*[13]. Am Vorabend des Referendums schließlich, am 25. Januar 1963, wurden Khomeini und einige andere religiöse Führer in Gewahrsam genommen, kurz danach jedoch wieder entlassen. Der Shah, der sich, trotz anhaltender politischer Unruhen, die sich z.B. in Studentendemonstrationen an der Teheraner Universität am 2. Februar manifestierten, durch das Referendum bestätigt fühlte, verkündete am 27. Februar 1963 die Absicht der Regierung zur Verabschiedung des Frauenwahlrechts. Diese Erklärung verstärkte die Agitation der aktivistischen religiösen Führer, die ihren Anhängern in den Großstädten daraufhin

befahlen, die Bazare zu schließen und Demonstrationen gegen
das Vorhaben der Regierung organisierten, bei denen es verschiedentlich zu Zusammenstößen zwischen der Polizei und den
Demonstranten kam. Die Unruhen gipfelten am 23. März 1963 in
einem von agents provocateurs angezettelten Angriff der Regierungstruppen auf die Feizijeh-Theologieschule in Ghom, in
der sich zahlreiche Studenten zum Anlaß des Todestages von
Imam Jafar versammelt hatten und den Predigten von Hadji Ansari
gegen das Frauenwahlrecht zuhörten. Es kam zu einer Schießerei,
bei der viele Menschen verwundet wurden.

Während die *quietistische Geistlichkeit*, wie beispielsweise
Ajatollah Shariatmadari und Nadjafi-Marashi, daraufhin in ihren
Flugschriften hauptsächlich den Eingriff der Regierung in die
Religionsfreiheit hervorhoben und den Überfall auf die Theologieschule sowie den fehlenden Respekt vor der Religion und
deren Repräsentanten kritisierten, forderten die *aktivistischen
Geistlichen* ihre Kollegen anläßlich des Trauermonat Moharram[14])
zu einer offensiven regimefeindlichen Propaganda auf; die Rufe
nach einer aktiven Parteinahme gegen die Regierung verstärkten
sich noch, als diese ihre Angriffe auf die Geistlichkeit forcierte und der Shah jene während einer Rede am 1. April 1963 in
Mashad als "Hindernis für den Fortschritt des Landes" bezeichnete. Die Medien schlossen sich diesem Verständnis an, sagten
der Geistlichkeit Konservativismus und eine reaktionäre Denkungsart nach und verlangten von ihr Enthaltsamkeit in politischen Fragen, da eine Einmischung der religiösen Führer die
Bevölkerung nur in unnötige Konflikte mit dem Islam brächte[15]).
Entsprechend antwortete die aktivistische Geistlichkeit mit
illegalen Flugschriften, in denen der Shah und die Regierung
angegriffen wurden.

Im Mai des Jahres kam es, für die Regierung nicht unerwartet,
in verschiedenen Städten zu regimefeindlichen Erhebungen unter
Führung der Geistlichkeit. Zwar untersagte die Regierung, die
ein weiteres Anwachsen der religiösen Opposition in dieser
explosiven Zeit vermeiden wollte, die religiösen Prozessionen
nicht insgesamt, war aber dennoch an einigen Orten zum Verbot
gezwungen, um ein "Umkippen" der Ashura-Rituale in politische

Demonstrationen zu verhindern. Trotzdem gab ein Vorfall in
Mashad den unmittelbaren Anlaß zu den sogenannten "Moharram-
Aufständen", die sich auf alle größeren Städte ausbreiteten.
Am 3.Juni wurde ein Mann, der einen von Ajatollah Milani an
Ajatollah Khomeini gerichteten offenen und öffentlich aushängenden Brief[16] verlas, von zwei Geheimpolizisten verhaftet.
Die Polizei, die das Schriftstück entfernen wollte, wurde von
der aufgebrachten Menge angegriffen, ein Polizist kam ums Leben[17]. Khomeini, der sich der Ideen und Rituale der Zwölfer-Shi'ah[18] bediente und die traditionellen Prozessionen im
Trauermonat Moharram zu politischen Demonstrationen *gegen*
das Regime umgestalten wollte, hielt am selben Tag in Ghom
eine engagierte Rede gegen Shah und Regierung, die er mit der
rhetorischen Frage einleitete, warum Yazid so brutal und unmenschlich gegen den Imam Hoseyn gehandelt hätte; jener habe
sich damit den Rechten der Familie des Propheten widersetzt.
Ohne sich auf das zentrale religiöse Motiv des Opfers für Hoseyn zu beziehen, das in den Moharram-Ritualen das Klientelverhältnis als gesellschaftliches Ordnungsprinzip unmittelbar
reproduziert[19], verglich er den Shah mit Yazid; warum stellte sich die tyrannische Regierung des Iran gegen die Geistlichkeit, warum hatte sie den Angriff auf die Theologieschule befohlen, und was hatte der unschuldige Said, der bei dem Angriff getötet worden war, der Regierung getan. Khomeini, der
zwar in äußerst aggressivem Tonfall sprach, aber noch nicht
den chiliastischen Aktivismus Hoseyns als nachahmenswert hervorhob, stellte dessen Niederlage dar, die jedoch in einem apokalyptischen Sieg über seine Gegner gipfelte. Er selbst sei zu
dem Schluß gekommen, die Regierung greife den Islam und die
Geistlichkeit an, da sie diese *moralische Grundlage* vernichten
wolle. Obwohl er damit die "ethische Religiosität des Bürgertums"[20] als eine der Quellen der Erlösungsreligiosität ansprach,
stützte er sich gleichzeitig auf das stillschweigende Einverständnis mit seinen Zuhörern über das endzeitliche Geschick der
Gegner. Durch diese indirekte Identifikation der Geistlichkeit
mit dem Märtyrer Hoseyn versuchte er die *Anteilnahme* seiner Zuhörer für die Geistlichkeit zu erregen, ohne das Rache- bzw.
Vergeltungsbedürfnis der Unterprivilegierten und damit ihre Umsturz-

hoffnungen zu mobilisieren. Er beabsichtigte lediglich entsprechend der Tradition der Rituale, die Moharram-Prozession in ein Mittel zu verwandeln, um die Machtverhältnisse zwischen den Klientelgruppen einer Prüfung zu unterziehen. Die Demonstrationen sollten zeigen, wer den politischen Vorrang hätte, ohne daß dabei an einen Sturz des Shah gedacht war. Die freigesetzten Aggressionen mußten jedoch auf ein anderes Feindbild gelenkt werden, so daß an die Stelle des Feindes "Regierung" der Begriff "Israel" trat, ein Motiv, daß der Ajatollah auch später immer wieder aufnehmen sollte. Alles Negative und Bedrohliche war im Begriff "Israel" vereint: es sei gegen den Koran, gegen den Islam und wolle nicht, daß die Wissenschaft im Iran weiterhin ihren eigenen Weg gehe; daher habe Israel den Angriff auf die Theologieschule befohlen. "Israel will unsere Wirtschaft in seinen Griff bekommen. Israel will unseren Handel und unsere Landwirtschaft zerstören. Israel will alles zerstören, was sich seiner Herrschaft widersetzt: die Feizijeh-Schule und andere theologische Schulen."[21] Indem er so den Nativismus seiner Zuhörer angesprochen hatte, stilisierte er gleichzeitig die Theologen zu künftigen Widerstandskämpfern. Die heutigen Theologiestudenten seien es, die sich demnächst widersetzen würden, deshalb wolle die Regierung sie auch töten. Auf diese Weise bekomme Israel das, was es wolle, und die Regierung des Iran behandele die Geistlichen mit *Verachtung*, um die eigenen niederträchtigen Ziele zu verwirklichen. Auf diese Weise erklärte er das Shah-Regime zur Instanz tyrannischer Gegenmacht, die als *Usurpator* der Geistlichkeit dasselbe Geschick bereiten wolle, das sie einst Hoseyn bereitet hatte. Indem er auf die Gefahr aufmerksam machte, die den Islam und die Geistlichkeit bedrohte, verwies er auf die Bedrohung der *Würde* seiner Zuhörer, die scheinbar eine religiöse war; noch aber forderte er sie nicht auf, ihre *Selbstachtung* durch die Bereitschaft zum Zeugentod, zum Martyrium unter Beweis zu stellen. Er beschuldigte die Agenten der Regierung der fortdauernden Belästigung der ulama und der Theologiestudenten, denen ihr *Parasitentum* vorgeworfen wurde, und fragte die Zuhörer, wer denn die wirklichen Parasiten seien: Männer wie Hadji Sheykh Abdol-

Karim, dessen Familie nach seinem Tod nicht einmal Geld für
ein Mittagessen gehabt habe oder etwa Borudjerdi, der bei seinem Tod mit 60 000 Toman verschuldet gewesen sei. Nicht diese
seien die wirklichen Parasiten, sondern diejenigen, die ausländische Banken mit unrechtmäßigen Gewinnen füllten und große
Paläste bauten. Aufgabe der Nation sei es zu entscheiden, wer
die wahren Parasiten seien. Er erinnerte seine älteren Zuhörer
an den Angriff der Alliierten auf den Iran im Jahre 1941; obwohl sich die Ausländer damals die Reichtümer des Landes aneigneten und das Volk unterdrückten, sei dieses froh gewesen, nur
weil der Pahlavi (Reza Shah) ging. Dann wandte er sich direkt
an den Shah:" Ich möchte nicht, daß du wie dein Vater gehen
mußt. Ich rate dir: achte die 'Olama, höre auf sie, sie wollen
das Wohl des Landes; höre nicht auf Israel, du brauchst Israel
nicht."[22] Ohne daß er seine Zuhörer direkt zum revolutionären
Handeln und zur Durchsetzung der "Anerkennung"[23] aufforderte, wofür in der chiliastischen Tradition des Shi'ismus das "Blutopfer" als
Mittel zur Erlangung religiöser (Menschen)-Würde steht, beendete er
seine Rede mit der Frage, die SAWAK habe den ulama gesagt, sie
sollten drei Dinge nicht tun: schlecht über den Shah sprechen,
Israel angreifen und behaupten, der Islam sei in Gefahr. *Bedeute das denn nicht, daß der Islam sehr wohl in Gefahr sei?*[24]
Indem er so den Shah eindringlich ermahnte, die Geistlichkeit
zu achten, demonstrierte er gerade ihre Macht, obwohl diese
in Gefahr war, ohne die mit der sozialen Lage seiner unterprivilegierten Zuhörer objektiv und subjektiv verbundene Ohnmacht
direkt anzusprechen. Er beabsichtigte also nicht die Kompensation dieser Unterprivilegierung in Form einr Demonstration
zu provozieren, sondern bloß eine Opferbereitschaft zu entfesseln, welche jedem seiner Klienten die Gruppensolidarität abverlangte, um so das Klientelsystem der Geistlichkeit zu reproduzieren, deren Macht sich im Zerfall befand.

Um die Stärke der Geistlichkeit zu demonstrieren und die ihre
Stellung bedrohende Gefahr abzuwenden sowie gegen die Einschränkung ihrer sozialen Möglichkeiten Widerstand zu leisten,
gaben die anderen Mitglieder der aktivistischen Fraktion der in
ihrer Gesamtheit marginalisierten und stigmatisierten Geist-

lichkeit ihre bisherige Praxis des taghia [25] auf und reagierten in anderen Städten mit vergleichbaren Angriffen gegen das Regime. Tatsächlich bedeutete die Aufgabe des taghia die eine Haltung des *quietistischen Arrangements* mit der bestehenden weltlichen Gewalt bedeutete, das Einsetzen eines praktischen *Widerstandes* gegen den weltlichen Herrscher, eine Verhaltensweise, die erst dann als zulässig galt, wenn das weltliche Staatsoberhaupt die Möglichkeiten zur Praktizierung der islamischen Lebensführung gefährdete. Sie bedeutete aber auch eine *praktische* Überlieferungskritik[26] an der Konsequenz der Lehre von der "Entrückung", die zwar die Illegitimität jeglicher weltlichen Herrschaft bis zur Rückkehr des letzten Imam implizierte; da dessen Rückkehr jedoch vom Wollen der Menschen unabhängig war, mußten die Gläubigen die "Prüfung" auf sich nehmen, unter der illegitimen Regierung der weltlichen Herrscher leben und so gut wie möglich die Verwirklichung einer rechtgläubigen Lebensführung anstreben, d.h. "mot'taghi" sein. Die rhetorische Schlußfrage der Rede Khomeinis implizierte nicht nur die Legitimation einer praktischen Aufgabe des Quietismus, sondern gleichzeitig eine gesellschaftskritische Aktualisierung der Ashura-Rituale durch den Vergleich der "tyrannischen Regierung" mit Yazid.

Daraufhin ließ die Regierung, die ihre absolute Vormachtstellung nicht nur demonstrieren, sondern auch durchsetzen wollte, am 4. Juni 1963, dem 10. Moharram, Ajatollah Khomeini und Ajatollah Ghomi kurz vor Tagesanbruch durch die SAWAK unter der Beschuldigung verhaften, sie hätten für diesen Tag zusammen mit anderen Geistlichen Demonstrationen vorbereitet. Sobald die Verhaftungen bekannt wurden, stellte sich jedoch genau der Effekt ein, der hatte vermieden werden sollen: die religiösen Prozessionen wurden zu regimefeindlichen Demonstrationen, die sich an den folgenden Tagen fortsetzten und bei denen zahlreiche Menschen, um ihre Todesbereitschaft zu bekunden, mit Leichentüchern bekleidet waren. Die eingesetzten Ordnungskräfte, die seit dem 5. Juni Befehl hatten, gezielte Schüsse abzugeben, verletzten und töteten zahlreiche Demonstranten. In Shiraz und

Teheran wurde das Kriegsrecht ausgerufen; trotzdem dauerten die Unruhen bis zum 8. Juni an[27].

Mit der Unterdrückung dieser *chiliastischen Revolte* unter Khomeinis Führung und der anschließenden systematischen Verfolgung der Opposition, die in den *Untergrund gedrängt* wurde, schien sich das Shah-Regime endgültig stabilisiert zu haben. Dafür sprach scheinbar die Zerschlagung der Oppositionsparteien, die Trennung von ihrer sozialen Basis wie auch von ihren Anhängern und schließlich die Verbannung der Aktivisten aus der Öffentlichkeit, ein Zustand, der gerade diese Gruppe später zu militanten Formen des Kampfes trieb. Jedoch bietet weder die Angeschlagenheit der Opposition, die in den folgenden Jahren nicht mehr denselben Anhang wie bis 1953 finden sollte, noch die Effektivität der SAWAK[28] eine ausreichende Begründung für das Scheitern auf Seiten der Anhänger Khomeinis, die eine Woche nach dessen Abschiebung ins Ausland im November 1964 den Bazar als Zeichen ihres Protestes zu schließen versuchten. Im Gegenteil muß erst geklärt werden, was die Verminderung der Anhängerschaft der Opposition auslöste; zum anderen muß berücksichtigt werden, daß die SAWAK 1978 viel effektiver arbeitete, ohne jedoch einen revolutionären Umbruch verhindern zu können.

Vielmehr scheint für diesen "an einer zu geringen Unterstützung" gescheiterten Versuch der Anhänger Khomeinis die Tatsache eine plausible Erklärung zu sein, daß damals nicht der ganze Bazar, sondern nur Teile der *traditionellen Kleinbourgeoisie*, die kleinen Handel- und Gewerbetreibenden, die wie die *landflüchtigen Bauern* entwurzelt waren und in den neuen Verhältnissen nicht heimisch werden konnten, die soziale Basis des Khomeinismus bildeten. Erst die Durchführung der herrschaftsstabilisierenden Maßnahmen, vor allem im Agrar- und Industriesektor, *marginalisierte* die Menschen massenhaft und reproduzierte jene gewaltige soziale Basis, die Khomeini Ende der 70er Jahre zum unumstrittenen Führer eines Aufstands erhob, der ohne jegliche politische Organisation entstand und zu der höchstmöglichen politischen Organisationsform führte - zur "Islamischen Republik".

2. ZUM ENTSTEHUNGSZUSAMMENHANG DER REVOLUTIONÄREN KRISE DES SHAH-REGIMES

Gleichzeitig mit der Unterdrückung der Opposition, durch die die Herrschaft im Iran als persönliches Regiment des Shah erscheint, wurde die Durchführung der im Rahmen der *"Weißen Revolution"* zusammengefaßten Reformmaßnahmen forciert in Angriff genommen. Die ersten sechs, am 9. Januar 1963 verkündeten und am 26. Januar 1963 durch ein Referendum bestätigten Punkte des später in *"Revolution des Shah"* umbenannten Reformprogrammes wurden zwischen 1964 und 1967 durch weitere sechs Punkte ergänzt: Bildung eines "Gesundheitskorps" zur medizinischen Versorgung der Landbevölkerung (1964); Bildungs eines Dorf- und Entwicklungskorps (1964); Einrichtung von Dorfgerichten, sogenannten "Häusern der Gerechtigkeit" (1965); Verstaatlichung der Wasserressourcen (1967); Aufbauprogramm zur Verbesserung des dörflichen und städtischen Lebensstandards (1967); Verwaltungs- und Erziehungsreform (1967).

Diese die Herrschaft des Shah-Regimes stabilisierenden Maßnahmen, die eine "Westintegration" des Iran garantieren sollten, entsprangen, als Funktion des Imperialismus, der veränderten Weltmarktstruktur und dienten der Herstellung allgemeiner Produktionsbedingungen des Kapitals. Sie wurden durch die internationalen Agenturen des Kapitals, die Weltbank, den IWF und die "Internationale Bank für Wiederaufbau und Entwicklung" und andere ähnliche Institutionen konzipiert, überwacht und zum Teil durchgeführt. Die Landreform und die "importsubstituierende Industrialisierung" waren ihre wichtigsten, die materiellen Lebenszusammenhänge erfassenden Maßnahmen. Gerade sie, die ursprünglich zur Herrschaftsstabilisierung des Kapitals dienen sollten, mußten aber, ihrer Entwicklungslogik nach, in ihr Gegenteil umschlagen. Trotz ökonomisch scheinbar großer Erfolge leiteten sie im Iran einen Prozeß ein, der mit der Veränderung der Organisationsform gesellschaftlicher Produktion auch die materielle Grundlage der revolutionären Krise des Shah-Regimes und damit den Aufstand schuf. Da die Herrschaft des Kapitals als Herrschaft des verselbständigten Staates, also als scheinbare Alleinherrschaft des Shah, erschien, trat die Krise als Legitimationskrise des Shah-Regime auf. Tatsächlich war sie aber die Krise des "modernen" iranischen Staates als Funktion des Imperialismus. Letzterer ist in seiner neusten Entwicklungsphase nichts anderes als die sich durchsetzende *Form* der Internationalisierung der kapitalistischen Produktionsweise, die als Einzug *der* Zivilisation gefeiert wird.

Durch die Landreform wurde das Dorfsystem mit seiner traditionellen Organisationsform zerstört. Eine solche Zerstörung dieser Form des bäuerlichen Gemeinwesens, das die Basis der scheinbaren Selbständigkeit des Staates bildete, stand zwar im Interesse der Entfaltung des inneren Marktes sowie der Kapitalisierung der Agrarproduktion und stellte eine unabdingbare Grundlage für die sich international durchsetzende kapitalistische Produktionsweise dar; damit verlor aber gleichzeitig der verselbständigte Staat seine materielle Basis. Die folgende Industrialisierung zerstörte nicht nur die althergebrachte städtische Produktionsweise und damit die materielle Basis der traditionellen Kleinbourgeoisie, sie führte nicht nur zur endgültigen massiven Destruktion der ländlichen Heimindustrie; sie konnte auch - und das ist wesentlich - durch ihre Kapitalintensität nur einen sehr geringen Teil der freigesetzten Arbeitskräfte absorbieren. Allgemeiner *Pauperismus* war ihre brutalste Folge, verbunden nicht nur mit materiellem, sondern auch mit kulturellem Leid.

Mit dem Verlust der traditionellen Existenzweise der Menschen ging ein Verlust ihrer kulturellen Identität einher. Die *massenhafte Entwurzelung* führte zu einer *Identitätskrise der Massen* und zu einer allgemeinen ideologischen Krise der bestehenden Herrschaftsform, die als Legitimationskrise des Shah-Regime erschien. Diese *Legitimationskrise* verkörperte sich in der gemeinsamen Marginalisierung der landflüchtigen Bauern und der im Zersetzungsprozeß begriffenen traditionellen Kleinbourgeoisie. Der Sturz des Shah wurde zu einer unabdingbaren Notwendigkeit, die sich als gesellschaftliches *Bedürfnis* nach *Gerechtigkeit* artikulierte. Der *Chiliasmus* stellte dabei das Vehikel zur Artikulation dieses gesellschaftlichen Bedürfnisses dar.

2.1. ZUR ÖKONOMISCHEN KRISE DES SHAH-REGIME ALS STRUKTURELLER KRISE DER ÖKONOMISCHEN ENTWICKLUNG

Bis zum Aufstand gab es kaum eine Untersuchung über den Iran, die die ökonomische Entwicklung des Landes und die Willkürherrschaft des Shah-Regimes nicht als Promotor des Fortschritts gefeiert hätte[1]. Entsprechend ihrem bürgerlichen Begriff von "Entwicklung" wurde zum wesentlichen Indiz allein der quantitative Aspekt, der sich in der Wachstumsrate des Bruttosozialprodukts (BSP) fixiert[2]. Tatsächlich wuchs das BSP zu Marktpreisen im Zeitraum 1962-72 jährlich um durchschnittlich 13,3% (1962-67: 10,3%; 1967-72: 16,3%). Real entspricht das durchschnittlich 10,2% (1962-67: 9,7%; 1967-72: 10,8%). Während der 5. Planperiode (März 1972 - März 1978) wuchs das BSP zu Marktpreisen sogar jährlich um durchschnittlich 35%; real entspricht das 17%[3]. Betrachtet man jedoch diese als großen "Fortschritt" gefeierten Wachstumsraten des BSP in ihrer Strukturzusammensetzung, so findet sich hier der Schlüssel zum Verständnis der wesentlichen ökonomischen Zusammenhänge der Krise des Shah-Regimes. Dessen ungeachtet legitimiert ein Entwicklungsbegriff, der das Wachstum des Kapitals in seiner vergegenständlichten Form als sozial suggeriert, nicht nur derartige, dieses Wachstum garantierende Regimes als *"Entwicklungsdiktaturen"*, die *die* Zivilisation fördern; er berücksichtigt auch nicht, daß die ökonomische Entwicklung eine, als sachliche Reproduktion des gesellschaftlichen Reichtums erscheinende, Reproduktion sozialer Verhältnisse mit ihren entsprechenden Konflikten bedeutet.

Weil dieser Entwicklungsbegriff, solange das Wachstum stimmt, gleichgültig ist gegenüber der Struktur des BSP und den durch das Wachstum hervorgerufenen sozialen Kosten, erscheint ihm die Krise des Shah-Regimes - angesichts hoher Wachstumsraten - wie ein unbegreiflicher Donnerschlag. Indem nämlich dieser *Entwicklungsbegriff "Fortschritt"* mit *"Wachstum"* identifiziert, führt er die Krise auf eine, durch die plötzliche Erdölpreiserhöhung[4] seit Dezember 1973 bedingte konjunkturelle Entwicklung und die sie begleitenden unsachgemäßen wirtschaftspolitischen Maßnahmen zurück[5]. Für letztere wird auch der Shah persönlich verantwortlich gemacht, weil er "zu viel zu schnell erreichen" wollte und "damit den Fortschritt im Iran gebremst" hätte[6]. Hingegen waren es vielmehr die bereits genannten ausländischen Einflüsse - die Weltbank, die amerikanische Botschaft, zwei amerikanische Beraterfirmen und der US-Bürger M.W. Thornburg - die eine Hauptrolle bei der endgültigen Fassung des allgemeinen Wirtschaftsplanes des Iran spielten (vgl. Kap. 1.5.1.).

Der erste Wirtschaftsplan zielte hauptsächlich auf Hilfe für den Agrarsektor in Form einer Mechanisierung und Kommerzialisierung der Landwirtschaft und den Bau von Dämmen ab. Die dafür angesetzte Summe betrug allerdings nur 300 Mill. US-Dollar und sollte aus in- und ausländischen Quellen aufgebracht werden: vom Inland her durch die Öleinnahmen und die Anleihen der Nationalbank, vom Ausland durch Darlehen von der Weltbank, die einen der Haupteinflußfaktoren im Iran darstellte. Dabei stammten 69% der für den ersten Plan vorgesehenen Mittel aus Quellen, die der imperialistischen Kontrolle unterstanden.

Die Hauptnutznießer dieses Programms waren offensichtlich die Kompradorenbourgeoisie und die ländlichen Kapitalisten. Wenn dieses Programm auch teilweise zur infrastrukturellen und technischen Entwicklung beitrug, so war es letztlich doch sein Ziel, den Boden für das zukünftige Eindringen ausländischen Kapitals vorzubereiten, das unter den bis dahin im Iran herrschenden ökonomischen und gesellschaftlichen Verhältnissen wenig Expansionschancen hatte. Aufgrund der allgemeinen Krise, der sich die iranische herrschende Klasse durch die Verstaatlichung des Erdöls gegenüber sah, und der folgenden Politik Mossadeghs wurde dieser Plan jedoch nicht vollständig durchgeführt und erst nach Mossadeghs Sturz von den amerikanischen Beratern wieder hervorgeholt.

Der zweite Plan unterschied sich vom ersten lediglich dadurch, daß diesmal von den Bedürfnissen des Volkes gesprochen wurde[7]. Der "versüßte" Plan beinhaltete 26,3% für Landwirtschaft und Bewässerung, 37,6% für Kommunikation und nur 9,1% für Industrie

und Bergbau; der Rest war für sogenannte "soziale Dienste" und
die regionale Entwicklung vorgesehen. Auch hier wird deutlich,
daß wiederum die Agrarkapitalisten und die Kompradorenbourgeoisie sowie die zukünftigen ausländischen Investoren die Nutznießer dieses Planes waren. Interessant ist die große Bedeutung, die dem Bereich "Kommunikation" zugemessen wurde, da
dieser mehr als alle anderen einer Integration des nationalen
Marktes dienlich und daher für das Eindringen des ausländischen Kapitals von besonderer Wichtigkeit war. Gerade indem
der zweite Plan einige Ziele der Planer erfüllte, brachte er
jedoch neue Probleme mit sich. Die liberale Handelspolitik der
"offenen Tür", die die Devisen des Landes erschöpft hatte, die
fortschreitende Inflation, die allseits verbreitete Korruption und schließlich die Unfähigkeit, den wachsenden Bedürfnissen des Volkes gerecht zu werden, hatten zu einer steten
Verschlechterung des ökonomischen und politischen Klimas geführt. Die Krise stand bevor. Auf Druck der US-Regierung wurde eine Überwachung der Wirtschaftspolitik, besonders im Planungssektor, vorgenommen. Gleichzeitig waren auch die "Ereignisse" Anfang der 60er Jahre, die mit der Etablierung des
scheinbar persönlichen Regiments des Shah ihren Abschluß fanden, für die Weltbank, den Internationalen Währungsfond sowie
die US-amerikanische und die europäischen Botschaften von
großem Interesse[8]. Die anschließende "Wendung" der US-Sicherheitspolitik, die die in der "Allianz für Fortschritt" zusammengefaßten Reformen einleitete, legte dem Shah nun eine
forcierte Durchführung nahe.

Der mißlungene zweite Plan und die Notwendigkeit einer Landreform, ohne die eine kapitalistische Entwicklung keine rechten Fortschritte machen konnte, führten zum Entwurf des 3. Planes und zur Agrarreform als Grundlage der "neuen amerikanischen
Politik" im Iran. "Daß auf lange Sicht die Landreform eine
notwendige Bedingung für höhere Produktivität im ganzen Lande"[9] sei, war von den Amerikanern schon lange betont worden;
in den späten 50er Jahren waren vor allem sie es, die auf die
Verteilung der Kronländereien gedrängt hatten. Der stärkste
diesbezügliche Druck kam von der "Point-IV"-Organisation, die
der Omran-Bank einige Berater zuwies, die dieses Programm beaufsichtigen sollten[10]. Dieser dritte Plan nun, der nichts

anderes als ein Programm für staatliche Ausgaben im Bereich von
"Entwicklungsprojekten" darstellte, verfügte über ein Budget
von 140 Mrd. Rial. Damit lag der Betrag zwar 8-mal höher
als derjenige, der dem ersten Plan zugewiesen worden war, die
Hauptpunkte hatten sich jedoch kaum verändert: Ausbau der Infrastruktur, Entwicklung der Konsumgüterindustrie und des Bergbaus, Ausbau der zurückgebliebenen Gesundheits- und Erziehungseinrichtungen, die für eine wachsende kapitalistische Expansion im Iran erforderlich waren. Der Plan beinhaltete für
die Landwirtschaft 22,5%, für Industrie und Bergbau 10,9%,
Energie und Erdöl 13,5%, Transport und Kommunikation 25%, Erziehung, Gesundheit und Entwicklung der menschlichen Arbeitskraft 20%, Stadtentwicklung und Wohnungsbau 7,7%[11]. Daß der
Plan in enger Zusammenarbeit mit den Institutionen des Imperialismus entworfen und für gut befunden wurde, bestätigt ein
Bulletin des US-Handelsministeriums: "Zum Jahresende war der
3. Plan fertig und zur endgültigen Verabschiedung vorgelegt.
Die Prüfung des Planes durch Experten der Internationalen
Bank für Wiederaufbau und Entwicklung war für Anfang 1962 vorgesehen."[12]

Man ging davon aus, daß der Iran zu Beginn des 4. Planes 1968
über die nötige infrastrukturelle Basis für großangelegte ausländische Investitionen verfügen würde, so großangelegt, daß,
wenn es die politische Stabilität zuließe, auch die Märkte
außerhalb des Iran, besonders die Gebiete um den Persischen
Golf, versorgt werden könnten. Dieser Plan sah ein Budget von
443 Mrd. Rial (über 6 Mrd. Dollar) vor und sollte durch die
steigenden Öleinnahmen (385 Mrd. Rial) sowie durch ausländische Anleihen von über 2 Mrd. US-Dollar finanziert werden. Investitionen aus privater Hand in Höhe von über 366 Mrd. Rial
waren ebenfalls vorgesehen. Obwohl der 4. Plan auf eine
schnelle Industrialisierung zielte, waren für den Industriesektor nicht mehr als 20% der Gesamtaufwendungen veranschlagt;
der Agrarsektor erhielt nur 6%, Öl und Gas 9,5%, Wasser und
Energie 22%, der Rest ging an andere Sektoren[13]. Auch hier war
das wesentliche Ziel der großen Expansionspläne der iranischen
Regierung, für inländische und ausländische, besonders US-amerikanische Privatkapital   bessere Entfaltungsmöglichkeiten
zu schaffen.

Bis zur 4. Planperiode flossen jedoch die ausländischen Investitionen, trotz eines Gesetzes zum Schutz ausländischen Kapitals, langsamer als vorgesehen. Dabei war es gerade auch die amerikanische Politik, die die iranische Regierung zur Unterstützung aus- und inländischer Investitionen ermutigte. Gleichzeitig mit dem Anstieg der ausländischen Investitionen kam es zur Errichtung der "Industrie- und Bergbauentwicklungsbank" (IMDB) auf Initiative "einiger gebildeter Iraner und erfahrener internationaler Bankiers"[14]. Sie sicherte dem ausländischen Kapital Gewinne bei gleichzeitiger Stabilität; ihre Kontrolle oblag ausländischen Banken[15]. Die Bedeutung der IMDB implizierte für die iranische Wirtschaft, daß die Industriepolitik sogar im privaten Sektor völlig von den Interessen des ausländischen, besonders des amerikanischen Kapitals dominiert wurde.

Um die Vorteile, derer sich das ausländische Kapital im Iran erfreute, zu begreifen, genügt es, einige der von den iranischen Stellen propagierten Punkte zur Steigerung der Attraktivität von Investitionen hervorzuheben: das Gesetz zum Schutz ausländischer Investitionen gegen Verstaatlichung, das eine einfache Regelung zur Rückführung von Investitionen und Profiten in das Ursprungsland darstellte; neue Regierungsinvestitionen im Bereich der Infrastruktur; der Überfluß an Bodenschätzen; der große Verbrauchermarkt; die ausreichend vorhandenen billigen Arbeitskräfte; freie Einfuhr von Kapitalgütern; liberale Steueranreize; 5-Jahres-Steuerfreiheit; Preisprotektion von Gütern, die für die lokalen Bedürfnisse bestimmt waren; Investitionsgarantien für die BRD und die USA[16].

Mit diesen Vergünstigungen verzeichneten Produktionsbetriebe im Iran ein Netto-Einkommen von 25 - 30% des investierten Kapitals[17], in einigen Bereichen, z.B. bei der Ölindustrie, sogar 69%[18]. Die Möglichkeit zur Ausbeutung von Menschen und Bodenschätzen mit Hilfe brutaler politischer Unterdrückung wurden vom iranischen Staatsoberhaupt oft genug betont: "Iran steht am Vorabend seiner großen Entwicklung. Sein ökonomisches Potential und der Spielraum für ausländische Investitionen ist unbegrenzt. Wir sind bemüht, daß das ausländische Kapital eine aktive Rolle beim Wiederaufstieg des Iran spielen kann. Nun ist es Zeit für deutliche ideenreiche Aktivitäten des ausländischen Privatkapitals, mit uns zusammen gewaltige Anstrengungen zu unternehmen. Die gegenwärtige Gelegenheit könnte sich vielleicht nicht noch einmal bieten."[19] Die Stellung des abhängigen Staates als Funktion des Imperialismus sowie die Logik seiner Abhängigkeit sah der Shah sehr nüchtern, wenn er formulierte: "Je mehr das Ausland bei uns investiert, umso stärker ist es an unserer eigenen Sicherheit und Unabhängigkeit interessiert."[20] Denn der Iran nähme auf dem Achsenkreuz Europa-Asien-Afrika eine wichtige strategische Position ein und besitze zudem wichtige natürliche Ressourcen sowie "nahezu unbegrenzte anpassungs- und anlernfähige Arbeitskräfte"[21]. Daher konkurrierten alle kapitalistischen Staaten miteinander um die Beherrschung und Ausbeutung dieser zentralen Region[22], an der Spitze das europäische und japanische Kapital, das den USA ihre bisherige, seit dem 2. Weltkrieg erworbene absolute Hegemonialposition streitig zu machen suchte. Dieser Konkurrenzkampf induzierte den Integrationsprozeß Irans in die veränderte Weltmarktstruktur, die mit einer veränderten Organisationsform gesellschaftlicher Produktion die materielle Grundlage der Krise des Shah-Regimes und des Ausstandes schuf.

Trotzdem scheinen die Autoren, die selbst "die Illusion der Macht" nicht teilen - obwohl bzw. gerade weil sie über außerordentlich reiche Insiderinformationen verfügen - genauso der herrschenden und durch das Regime permanent propagierten Ideologie verhaftet zu sein wie der einfache Mann auf der Straße, der die Politik personalisiert und glaubt, das bürgerliche Leben werde vom Staat zusammengehalten. Dieser Ideologie fiel das Shah-Regime selbst zum Opfer, einer Ideologie, die durch die scheinbar große Macht des Staates in kapitalistisch unterentwickelten Ländern entsteht; denn je niedriger *der Grad der Konstitution des reellen Gemeinwesens in Form des Kapitals*, desto stärker kommt dem Staat die Aufgabe zu, die allgemeinen Produktionsbedingungen herzustellen und zu betreiben[23], desto mächtiger erscheint damit der Staat. Je mächtiger aber der Staat, je politischer also ein Land, desto weniger ist er geneigt, im Prinzip des Staates, also in den bestehenden Einrichtungen der Gesellschaft, deren tätiger, selbstbewußter und offizieller Ausdruck er ist, den Grund der sozialen Gebrechen zu suchen und ihr allgemeines Prinzip zu begreifen[24].

Einem ähnlichen Schein ist auch die Erklärung aufgesessen, die "diese ausgeprägte Rolle des Staates unter den Bedingungen kapitalistischer Entwicklung" im Iran auf die *"Besonderheit des Öls"* zurückführt: "Das liegt daran, daß neben den allgemeinen Merkmalen eines sich entwickelnden Kapitalismus (schwache Bourgeoisie usw.) vor allem das Öl diese Entwicklung beschleunigt hat. Es ist *eine Besonderheit des Öls, daß allein der Staat der Empfänger von Einnahmen aus diesem Sektor ist* ..."[25] Mit diesem Ansatz läßt sich jedoch nicht erklären, warum in anderen ölfördernden Staaten ein derartiger Mechanismus nicht einsetzt; denn handelte es sich hier um eine Besonderheit des Öls, so müßte auch der US-Staat der alleinige Empfänger der Öleinnahmen sein. Die Entstehung des Staatsmonopols im Iran ist jedoch nicht als Funktion der natürlichen Eigenschaften des Öls zu verstehen, sondern einzig und allein als Funktion der besonderen Integrationsform des Iran in den Weltmarkt, die aufgrund des niedrigen kapitalistischen Entwicklungsstandes des Landes die traditionell superiore Stellung des Staates in modernisierter Form hervorbringt. Entstanden ist sie durch die im Iran über Jahrhunderte vorherrschende "asiatische Produktionsweise", lange bevor Erdöl gefördert wurde; tradiert wurde sie durch die sich durchsetzende *formelle Subsumtion der Grundrente und der Arbeitskraft unter das Kapital*, die als Funktion des Imperialismus aufzufassen ist. Eine derartige Konstitution des reellen Gemeinwesens produzierte einen politischen Staat, der *scheinbar* bestimmte, "in welche Kanäle der Wirtschaft diese Einnahmen gingen, welche Projekte mit Kapital ausgestattet wurden und welche sozialen Gruppen privilegierten Zugang zu den wachsenden Konsummöglichkeiten, die das Öl(-Einkommen) bot, erhielten."[26]

Es war also nicht "die Besonderheit des Öls", die das Staatsmonopol und die daraus folgenden finanziellen Fähigkeiten hervorbrachte, sondern der *Grad* und die *Form* der *Konstitution des reellen Gemeinwesens als Funktion der sektoralen Integration des Iran in den kapitalistischen Weltmarkt*, was die dominierende Stellung des "modernen" Staates hervorrief[27]. Letztere ist es, wovon die gängigen Erklärungsversuche ausgehen, die dabei jedoch die Deskription der *Erscheinungsformen* der Krise mit der Darstellung und Begründung ihres wesentlichen Entstehungszusammenhangs verwechseln. Daher können sie sie höchstens auf die konjunkturelle Entwicklung und die individuelle Schuld des Shah bzw. seiner "Umgebung" zurückführen: "Die offensichtlichen Schwachpunkte des neuen Wirtschaftsplans, die Stabilität des künftigen Ölexports, die Gefahr einer Inflation sowie der Mangel an geschulten Arbeitskräften und an ausreichender Infrastruktur wurden vom Shah bewußt übersehen oder zumindest beiseite geschoben durch den grenzenlosen Optimismus seiner Umgebung."[28] Unfähig, die *strukturellen Zusammenhänge der Krise* zu begreifen, scheitern die Interpretatoren an der *Erklärung für das Versagen des politischen Staates* bei der Herstellung und dem Betrieb der allgemeinen Produktionsbedingungen. Es kann aber nur um die *Erklärung* jenes Versagens gehen, das zum Aufstand führte, nicht darum, dieses Versagen zu konstatieren, um es schließlich durch den Hinweis auf fehlende Vorbilder, an denen sich *der Iran* hätte orientieren können, zu bagatellisieren[29].

Diese Erklärungsversuche übersehen außerdem den wesentlichen Umstand, daß nicht jede ökonomische Krise notwendigerweise in eine revolutionäre Krise mündet, obwohl jeder revolutionären Krise eine ökonomische Krise vorausgeht. Eine konjunkturelle Krise führt daher zu einer *Regierungskrise*, ohne als eine *Staatskrise* erscheinen zu müssen. Als Staatskrise erscheint jene Krise ökonomischer Entwicklung, die wir als *Krise der Organisationsform gesellschaftlicher Produktion* bezeichnen. Denn als Organisationsform gesellschaftlicher Produktion ist der Staat Ausdruck bzw. Form des *reellen Gemeinwesens*; er ist *Kooperationsform* einer arbeitsteilig produzierenden Gesellschaft[30], die sich gegenüber der Gesellschaft verselbständigt[31]. Als Ausdruck historisch unterschiedlicher gesellschaftlicher Arbeitsteilung konstituieren die Kooperationen unterschiedliche Staatsformen, die unterschiedliche Aneignungsformen[32] und damit also unterschiedlich sozialisierte Menschen und eine entsprechende Sozialstruktur reflektieren.

Mit der Verselbständigung der herrschenden Form der Produktion als Sonderinteresse der herrschenden Klasse, das sich zum Allgemeininteresse erhebt, verselbständigt sich der Staat als reelles Gemeinwesen zum *politischen Staat - als Surrogat des Gemeinwesens*. Aus diesem Grunde muß die Krise der herrschenden Form der gesellschaftlichen Produktion als *Staatskrise* erscheinen - als ökonomische und politische Krise, die mit der ideologischen Krise des Staates die Legitimationskrise der Herrschaft und damit den Aufstand hervorbringt.

2.1.1. DIE WACHSTUMSKRISE ALS FUNKTION SEKTORALER UND REGIONALER DISPARITÄT DER ÖKONOMISCHEN ENTWICKLUNG

Die Staatskrise im Iran erscheint als strukturelle Krise der ökonomischen Entwicklung in *Form* von "Engpässen" in der Energie-, Lebensmittel- und Rohstoffversorgung, als Mangel an qualifizierten Arbeitskräften, in Form von geringen Verkehrs- und Kommunikationskapazitäten und anderem mehr[1], begleitet von einer galoppierenden Inflation[2]. Diese Faktoren brachten scheinbar eine Wachstumskrise hervor, die durch die plötzlich gestiegenen Erdölpreise auf dem Weltmarkt zunächst kurz aufgeschoben wurde, um dann mit umso größerer Wucht auszubrechen. "Die sich vom Beginn bis zum Ende der 5. Planperiode beschleunigende Einkommenssteigerung stellte die Konsum- und Kapitalausgaben über die bestehende Kapazität der Warenproduktion und der Dienstleistungen und verursachte damit Ungleichgewichte. Der durch die Ungleichgewichte hervorgerufene Druck, der ein Produkt der beschleunigten ökonomischen Aktivitäten war, rief letztlich Wachstumsprobleme für verschiedene Sektoren hervor und verhinderte die Realisierung mancher Wachstumsziele des 5. Fünfjahresplanes."[3] Denn gehen Angebot und Nachfrage - als äußerliche Verselbständigung der innerlich unselbständigen, weil einander ergänzenden Einheit - bis zu einem Punkt auseinander, so macht sich diese Einheit *gewaltsam* geltend durch eine Krise[4].

Das als "Engpässe" auftretende "Ungleichgewicht" von Angebot
und Nachfrage ist aber Ergebnis einer sich verschärfenden
*sektoralen und regionalen Disparität der ökonomischen Ent-
wicklung.* Sie manifestiert sich in sektoral höchst ungleicher "Wertschöpfung" (vgl. Tab. 3, 4, 5 und 6), in sektoral
ungleichen Beiträgen zum Bruttoinlandsprodukt (BIP) (vgl.
Tab. 7, 8 und 9), sowie in sektoral ungleicher Entwicklung
der Arbeitsproduktivität (vgl. Tab. 10). Gleichzeitig äußert
sie sich in Form des Konfliktes zwischen unterschiedlichen
sozialen Gruppen, die das gestörte Gleichgewicht wiederherzustellen suchen [5]. Die Herstellung dieses Gleichgewichts
als gesellschaftliche *Notwendigkeit* setzt sich als ein gesellschaftliches *Bedürfnis nach sozialer Gerechtigkeit* durch, das
der sozialen Erhebung zugrunde liegt. So erweist sich die ökonomische Krise des Shah-Regimes bei näherer Betrachtung als
krisenhafte Reproduktion sozialer Verhältnisse, die von der
Bevölkerung u.a. in Form einer Verschärfung der ohnehin ungleichen Einkommensverteilung (vgl. Tab. 12) wahrgenommen
wurde.

2.1.1.1. DIE ALLGEMEINE PREISSTEIGERUNG ALS MANIFESTATION SEKTORALER DISPARITÄT DER ÖKONOMISCHEN ENTWICKLUNG

Die durchschnittliche jährliche Teuerungsrate der Konsumgüter und Dienstleistungen betrug 1977/78 zum erstenmal seit dem
2. Weltkrieg 25,1%[1]. Sie traf vor allem die unteren Einkommensgruppen, da zwischen 1974-77 37,58% der *Konsumausgaben*
für Lebensmittel, 22,83% für Wohnung, 12,94% für Bekleidung,
8,71% für im Haushalt verbrauchte Waren und Dienstleistungen
und 7,78% für den städtischen Verkehr und Reisen bestimmt waren (vgl. Tab.2). Diese Relationen gelten durchschnittlich
für alle Bevölkerungsgruppen.

Die rapide Preissteigerung setzte ursprünglich 1971 ein. In
diesem Jahr stieg der durchschnittliche jährliche Zuwachs des
Preisindex der Konsumgüter und Dienstleistungen zum erstenmal

von 1,5% auf 5,5%; die Großhandelspreise stiegen sogar um 7,1%[2]. Daran war vor allem das geringe Angebot an Agrarprodukten schuld (die Preissteigerung für Importwaren lag 1971 bei 4,1%). Da jedoch die strukturelle Disparität das Land von massiven Importen abhängig gemacht hatte, wirkten sich außerdem die Preisschwankungen des Weltmarktes infolge der veränderten Paritäten auf die unmittelbaren Lebenshaltungskosten der Bevölkerung negativ aus. Die durchschnittliche jährliche Preissteigerung der Lebensmittel um 9,7% 1971 war für die allgemeinen Preiserhöhungen entscheidend. Die Teuerungsrate für Bekleidung lag mit 3,2% an zweiter Stelle, die für Wohnungen mit 2,9% an dritter (vgl. Tab.2).

1972 führte die gestiegene Nachfrage, bedingt durch das starke Anziehen der nominellen Kaufkraft, zu einer Verstärkung der allgemeinen Preissteigerung. Die Großhandelspreise erhöhten sich dadurch um 5,7%, die Einzelhandelspreise für Konsumgüter und Dienstleistungen um durchschnittlich 6,3% (vgl. Tab.2). Die Importausgaben in diesem Jahr stiegen um 24,7% und betrugen insgesamt 2,57 Mrd. US-Dollar[3]. Dem stand eine Exportsteigerung (außer Erdöl und Gas) von 30,9% gegenüber, die aber nur 450,8 Mill. US-Dollar betrug. Damit lag der Import 5,7 mal höher als der Export. Preissteigerungen auf dem Weltmarkt ließen überdies die Preise bei den Importwaren um 9,9% in die Höhe schnellen. Das strukturelle Abhängigkeitsverhältnis vom Weltmarkt machte sich einerseits bei den **importierten** Lebensmitteln , vor allem Getreide, bemerkbar, die subventioniert an die Verbraucher verkauft wurden, um die zerstörte Agrarproduktion zu kompensieren, andererseits durch importierte Technologien, Zwischenprodukte und Rohstoffe, ohne die die iranische Industrie nicht existenzfähig war. Jede Weltmarktpreissteigerung hatte also automatisch eine Steigerung der Produktionskosten im Iran zur Folge. Dadurch stieg der Preis der exportierten Waren von 5,9% 1971 auf 16,1% im Jahre 1972[4]. Um die Preissteigerung der importierten Waren scheinbar zu stoppen, wurde im Januar desselben Jahres der Rial um 11,1% gegenüber dem Dollar aufgewertet.

Für die allgemeine Preissteigerung des Jahres 1972 waren in erster Linie die gestiegenen Wohnungspreise verantwortlich. Sie erhöhten sich seit dieser Zeit unaufhaltsam; der relative Anteil der Wohnungskosten an den gesamten Haushaltskosten betrug 1977 22,9% gegenüber 11,3% im Jahre 1969 (vgl. Tab. 2). Die disproportionale Entwicklung des Wohnungssektors zeigte sich in einem starken Ungleichgewicht zwischen Angebot und Nachfrage (vgl.Tab. 11), so daß die Preise in diesem Bereich 1972 um durchschnittlich 8,6% stiegen. Die Lebensmittel waren mit durchschnittlich 6,4% und die Bekleidung mit durchschnittlich 5,5% an den allgemeinen Preissteigerungen beteiligt (vgl. Tab. 2).

1973 begann der 5. Aufbauplan. In diesem Jahr wuchs das BSP (zu konstanten Preisen von 1972) um 33,8%, berechnet zu Marktpreisen um 49,4%. Das durchschnittliche Brutto-Pro-Kopf-Einkommen erhöhte sich von 501 US-Dollar 1972 auf 821 US-Dollar, was in erster Linie auf das Wachstum der Erdöleinnahmen um 147,2% zurückzuführen ist(15,6% zu konstanten Preisen). Der sektorale Beitrag der Erdöleinnahmen zum BIP betrug damit 27,2%[5]. Der Beitrag des Erdölsektors zum BSP stieg sogar auf 41%[6]. Dieser Zuwachs der Erdöleinnahmen war bedingt durch die Erdölpreiserhöhung um 70% seit Mitte 1973 sowie durch die gestiegenen Fördermengen[7]. Dadurch stieg der Druck der Gesamtnachfrage noch massiver und trieb, zusätzlich zur importierten Inflation, die Preise in die Höhe. Die Großhandelspreise für Konsumgüter stiegen um durchschnittlich 13,1% gegenüber dem Vorjahr[8], die Einzelhandelspreise um durchschnittlich 11,2% (vgl. Tab. 2). Daran waren die Lebensmittelpreise, trotz subventionierter Importe, mit 8,4% beteiligt, die Preise für Bekleidung mit 16,1%, für Haushaltsgeräte mit 27,1% und die Wohnungskosten mit 17,6% (vgl. Tab. 2). Das ist gleichbedeutend mit einer Verteuerung aller lebensnotwendigen Güter und damit mit einer Abwälzung sämtlicher sozialer und ökonomischer Kosten des Wachstums auf die Mehrheit der Bevölkerung. Die starke Landflucht in dieser Zeit erhöhte den Anteil der Stadtbevölkerung auf 43%. Infolgedessen machten sich soziale Probleme in den Großstädten,

vor allem in Teheran, insbesondere durch Wohnungsmangel und
ein Defizit an sozialen Dienstleistungen gewaltsam bemerkbar.

Der Ölboom führte zu einer starken Nachfrage nach Arbeitskräften bei gleichzeitigem Mangel an qualifiziertem Personal und damit zu Lohn- und Gehaltserhöhungen. Die einsetzende Bauspekulation verschaffte den pauperisierten Massen zwar Erwerbsmöglichkeiten im Bausektor; die 21%igen Lohnerhöhungen in diesem Bereich dürften aber lediglich den qualifizierten Arbeitskräften zugute gekommen sein. In den 21 wichtigsten Industriezweigen stiegen die Löhne und Gehälter um 27,3%[9]; auch diese Steigerung kam aber vor allem durch die Gehaltserhöhungen der qualifizierten Arbeitskräfte zustande. Die allgemeine Verarmung der Lohnabhängigen wird ersichtlich, wenn man berücksichtigt, daß das durchschnittliche Pro-Kopf-Einkommen um 63,9% stieg, die durchschnittlichen Löhne und Gehälter sich aber nur um 20 - 27% und die Preise um durchschnittlich 11,2% erhöhten.

1974 verschärfte sich diese Entwicklung sektoraler Disparität. Trotz weltweiter Rezession, Inflation und Arbeitslosigkeit stieg das BSP um 42%, das BIP zu konstanten Preisen um 13,4% und das durchschnittliche Brutto-Pro-Kopf-Einkommen um 65,5% auf 1344 US-Dollar[10]. Dies ist in erster Linie Ausdruck der seit 1973 gestiegenen Preise für Ölexporte, obwohl mengenmäßig kaum eine Änderung erfolgte. Deswegen blieb die "Wertschöpfung" des Erdölsektors 1974 gegenüber 1973 konstant. Sein wertmäßiger Beitrag zum BSP stieg allerdings von 42%(1973) auf 51%(1974)(vgl. Tab.2a) und der Anteil der Erdöl- und Gaseinnahmen an den Gesamteinnahmen des Staates innerhalb desselben Zeitraums von 67% auf 86%[11] (vgl. Tab. 2b und 2c). Dadurch erhöhte sich die effektive Nachfrage, ohne daß sich das Angebot entsprechend steigern konnte
Obwohl die Nachfrage nach Agrarprodukten vor allem infolge der wachsenden Verstädterung und der erhöhten Einkommen massiv anstieg, sank der Beitrag des Agrarsektors zum BIP von 14,2% (1973) auf 9,4% (1974), während die "Wertschöpfung" dieses Sektors um 6% wuchs. Die aufgetretenen strukturellen und "infrastrukturellen" Engpässe sowie ein Mangel an qualifizierten Ar-

beitskräften hinderten die Industrie daran, der Inlandsnachfrage nachzukommen. Das Gesamtangebot der Inlandsproduktion stieg um nur 14%, wodurch das Land unter massivem inflationärem Druck von größeren Importen abhängig wurde. Der Anteil der Importe am Gesamtangebot zu Marktpreisen stieg von 34% (1973), (resp. real 32%), auf 39% (1974), (real 36%)[12]. Weitere Engpässe waren die Folge, da die Kapazitäten der Hafenanlagen, Verkehrswege und Transportmittel den neuen Anforderungen nicht genügten. Die Importe wuchsen also nur um 34% und das Gesamtangebot 1974 um 20%. Diese geringe Wachstumsrate entsprach nicht der Gesamtnachfrage, was zu verstärktem Inflationsdruck, allgemeinen Preiserhöhungen und einem Kaufkraftschwund von 21% führte[13]. Trotz staatlicher Subventionierung grundlegender Güter und Preisnachlässen der Importkosten kam es zu Preissteigerungen bei den Konsumgütern und Dienstleistungen von durchschnittlich 15,5%[14]. Damit wurden wiederum die durch die sektorale Disparität der ökonomischen Entwicklung entstehenden sozialen Kosten auf die unteren Einkommensgruppen abgewälzt, da diese Preissteigerungen in erster Linie auf der Verteuerung der Lebensmittel um 19,1% und der Wohnkosten um 19,5% beruhte (vgl. Tab. 2). Die Lohnerhöhungen des Vorjahres wurden dadurch mehr als wett gemacht. Bei den Preissteigerungen für Lebensmittel waren die Erhöhungen für Fleisch mit 25,9%, für Gemüse und Obst mit 25,9%, für Reis (neben Brot das Grundnahrungsmittel der Iraner) mit 51,6% und für Milchprodukte und Eier mit 16,6% entscheidend(vgl. Tab.21). Die verhältnismäßig niedrig erscheinende durchschnittliche Preissteigerung bei den Konsumgütern ist in erster Linie auf die massive Subventionierung des Brotpreises zurückzuführen[15]. Der zweithöchste Preisanstieg betraf die Wohnkosten mit 19,5%. Trotz eines Gesetzes zur Stabilisierung der Mieten stiegen die Kosten für bereits vermietete Wohneinheiten um 10,6%. Die realen Mieten für Neumieter stiegen in diesem Jahr sogar um 134%, was im Zuge der verstärkten Urbanisierung bei den pauperisierten Massen zwangsläufig eine Umsiedlung in die Slumviertel und damit die Ausweitung bzw. Neubildung dieser

Wohngebiete zur Folge hatte. Außerdem stiegen die Instandhaltungskosten um 23,3%[16]). Bei den Preisen für andere lebensnotwendige Güter lassen sich ähnliche Steigerungen beobachten; so erhöhten sich die Preise für Bekleidung um 12,4%, für Haushaltsgeräte um 19% (vgl. Tab. 2 und Abb. 1 und 2).

Infolge der Revision des 5. Fünfjahresplanes angesichts der enormen Erdöleinnahmen seit Mitte 1973 und der weiteren Entwicklung des Weltenergiemarktes mit seinen Auswirkungen auf die iranische Volkswirtschaft verschärfte sich diese Tendenz, trotz der scheinbaren Beruhigung seit 1975, beständig weiter. 1975 stiegen die Preise für Konsumgüter und Dienstleistungen um durchschnittlich 9,9% (vgl. Tab. 2). Diese zeitweilige relative Beruhigung des Preisniveaus ist vorwiegend auf preisdämmende Maßnahmen zurückzuführen, die sich von der Subventionierung der Grundnahrungsmittel über Einfuhrerleichterungen, Einschränkungen der Staatsausgaben sowie fiskal- und kreditpolitische Maßnahmen zur Einschränkung des Bargeldes und der effektiven Nachfrage bis hin zu außerökonomischen Maßnahmen zur Preisbestimmung und -kontrolle sowie der quasi willkürlichen Verfolgung der "Preistreiber" erstreckten. Daher erhöhten sich die Preise der Lebensmittel 1975 nur um durchschnittlich 6,7% (vgl. Tab. 2).

Die außerökonomischen Maßnahmen zur Preisbestimmung kennzeichnen letztlich nur den Verteilungskampf zwischen verschiedenen Fraktionen des Kapitals zu Ungunsten des kleineren Handelskapitals und damit die Abwälzung eines Teils der Wachstumskosten auf die handeltreibende Kleinbourgoisie im Namen der allgemeinen Gerechtigkeit. Dies führte zu Empörung und Bitterkeit nicht nur in den Reihen der handeltreibenden Kleinbourgeoisie und schuf, zusätzlich zu der Unzufriedenheit von Werktätigen und städtischen pauperisierten Massen, eine zahlenmäßig große Opposition. Diese Tendenz setzte zu einer Zeit ein, in welcher durch Energiesparmaßnahmen der Industrieländer und Erdölförderung in der Nordsee die Nachfrage nach den iranischen Erdölexporten zurückging. 1975 stieg die "Wertschöpfung" des Erdöl-

sektors zu konstanten Preisen um 11,1% gegenüber dem Vorjahr.
Daher konnte das BIP in diesem Jahr nur um 5% und der Preis
des exportierten Erdöls nur um 6,3% steigen, während die Preise der importierten Waren bis zu 16% stiegen[17]. Diese Preissteigerung der Importe bezog sich nicht nur auf eine Verteuerung der eingeführten Konsum-, sondern auch der Kapitalgüter
und führte damit zur Steigerung der Produktionskosten der importabhängigen Industrie. Außerdem steigerte sich durch die
zunehmenden Aktivitäten des Industrie- und Bausektors, der von
dem rapiden Anwachsen der Gesamtnachfrage stimuliert wurde,
das Defizit an qualifizierten Arbeitskräften und damit der
Lohnindex der Industriearbeiter um durchschnittlich 35% und
der Bauarbeiter um durchschnittlich 48%[18]. Demgegenüber stiegen die Wohnkosten um 124,8%, die Preise für Haushaltsgeräte
um 19,2% und für medizinische Versorgung um 14,3% (vgl. Tab.2).

Das allgemeine Anwachsen des Einkommens und des Bausparvermögens in den letzten Jahren sowie die gleichzeitige starke Zunahme der Stadtbevölkerung steigerte die Nachfrage nach
Wohnraum und damit die Profitrate im Bausektor. Den größten
Teil der privaten Ersparnisse und Kredite, der dem Agrar- bzw.
dem Industriesektor hätte zugute kommen sollen, absorbierte
daher der Bausektor. Die Folge waren nicht nur verstärkte Bau-
und Bodenspekulation, sondern auch eine zunehmende Disparität
der Verteilung gesellschaftlicher Arbeit. Die durch den Bauboom gesteigerte Nachfrage nach Arbeitskräften erhöhte nicht
nur die Löhne in diesem Sektor, sondern führte gleichzeitig
zu einem Abzug der ohnehin knappen Arbeitskräfte aus anderen
Bereichen und damit zu Lohnerhöhungen im Industrie- und Agrarsektor, ohne daß dort eine entsprechende Steigerung der Arbeitsproduktivität eingetreten wäre.

Zu Beginn des Jahres 1976 setzte sich daher, trotz massiver
Preiskontrollen des Einzelhandels, die hohe Inflationsrate
der letzten Monate des Jahres 1975 verstärkt fort. Das BIP
stieg in diesem Jahr um 14,2% und das durchschnittliche Pro-
Kopf-Einkommen auf 130 000 Rial (1975 betrug es 109 000 Rial =

1600 US-Dollar)[19], was einem Wachstum von 19,3% entsprach. Die Erdöleinnahmen erhöhten sich um 14%. Obwohl die Steigerung der effektiven Nachfrage von 39% (1975/76) auf 27% (1976/77) zurückging, war das Wachstumsdefizit des Gesamtangebots mit 13% (1976/77) gegenüber 26% (1975/76) weitaus höher. Der Zuwachs des Anteils des Binnenmarktangebotes konnte den 50%-igen Rückgang der Importe nicht auffangen[20]. Das Gesamtangebot an Waren und Dienstleistungen stieg um 12,5% gegenüber 39,1% Wachstum der effektiven Nachfrage und führte damit zu einem inflationären Vakuum[21]. Demzufolge erhöhten sich die Preise der Konsumgüter und Dienstleistungen um durchschnittlich 16,6% (1976). Trotz massiver Subventionen stiegen die Lebensmittelpreise um durchschnittlich 12,9% und die Wohnkosten sogar um 5,9% (vgl. Tab. 2). Die Mieterhöhungen für Neumieter beliefen sich in diesem Jahr sogar auf 74%[22]. Diese Tendenz der allgemeinen Preissteigerungen setzte sich fort und erreichte 1977 eine durchschnittliche Rekordhöhe von 25,1%[23].

Infolge geringerer Nachfrage sanken Erdölexport und Erdölproduktion. Ihre sektorale Wertschöpfung zu konstanten Preisen betrug 1977/78 -7,2 %. Dies bedingte, begleitet von geringeren Wachstumsraten in anderen Bereichen eine Zuwachsrate des BIP von nur 1,7% und des BSP von nur 2,8%[24]. Die Wertschöpfung des Agrarsektors betrug -0,8%, die des Industriesektors bloß 8,6 % (vgl. Tab.). Wasser- und Energiesektor konnten mit der Entwicklung nicht Schritt halten; zeitweilige Stromausfälle führten zu einem erheblichen Rückgang der Produktion und letztlich zur Krise. Die wichtigsten Konsumgüter und Dienstleistungen wurden noch knapper und teurer. Die Preise der Lebensmittel stiegen durchschnittlich um 20,6%, die der Bekleidung um 21,1%, der Wohnungen um 37,8%, des Verkehrs um 31,9% und der medizinischen Versorgung um 20,1% (vgl. Tab. 2 und Abb. 2). Dabei ging der Lohnindex der Bauarbeiter von 39% (1976/77) auf 34% (1977/78) und der durchschnittliche Lohnindex der Industriearbeiter von 28% (1976/77) auf 25% (1977/78) zurück[25].

2.1.1.2. SEKTORAL UNGLEICHE 'WERTSCHÖPFUNG' UND UNGLEICHE BEITRÄGE ZUR ENTSTEHUNG DES BRUTTOSOZIALPRODUKTS (BSP)

Zur Wachstumsrate der sektoralen"Wertschöpfung" zu konstanten Preisen zwischen 1962 und 1977/78 existieren keine durchgehenden Angaben. Den zur Verfügung stehenden Angaben für 1962-1971 liegen die Preise von 1959 und für 1973-77 die von 1974 als Basisjahr zugrunde. Deshalb ist es hier nicht möglich, das sektorale "Realwachstum" zwischen 1962 und 1977 exakt zu berechnen. Daß dies nicht zufällig ist, kann der Tab. 3 entnommen werden, in der die jährliche Wachstumsrate der sektoralen Wertschöpfung und des Brutto-Inlands-Produktes zu Faktorkosten zusammengestellt sind. Gerade ab 1972 wurden den offiziellen Statistiken neue Basisjahre zugrunde gelegt, um ein möglichst positives Bild der unerträglich negativen Realität zu vermitteln. In dem Moment, in dem der Agrarsektor mit einer negativen Wachstumsrate von 3,7% die Zerstörung und Regression der Agrarproduktion demonstriert, beginnen die Angaben zunächst mit dem Basisjahr 1972, um ab 1974 mit den Preisen von 1974 das Realwachstum positiv darzustellen. Trotzdem will den "Zahlenkünstlern" die "Verschleierung" nicht recht gelingen, denn 1977/78 zeigt die Wertschöpfung im Agrarsektor trotz der Verschiebung der Basisjahre eine negative Wachstumsrate von 0,8% (vgl. Tab. 3). Da mithin keine genauen Angaben zur Berechnung der jahresdurchschnittlichen Wachstumsrate der sektoralen Wertschöpfung und des Brutto-Inlands-Produkts zur Verfügung stehen, muß trotz unterschiedlicher Basisjahre auf die vorliegenden offiziellen Angaben zurückgegriffen werden. Damit werden zwar keine exakten realen Wachstumsraten für den Zeitraum von 1962-1977 ermittelt, immerhin aber ein annäherndes "Realwachstum", das einen Vergleich mit den astronomischen Wachstumsraten zu Marktpreisen ermöglichen soll (vgl. Tab. 5). Dabei wird das Brutto-Inlands-Produkt mit seinen sektoralen Bestandteilen zugrunde gelegt, weil es gleichzeitig einen groben Hinweis auf sektorale bzw. soziale Einkommensverteilung (Faktorkosten) und deren Disparität gibt. Danach weist das Brutto-Inlands-Produkt zu den Faktorkosten (zu Marktpreisen) zwischen 1962 und

1977 eine durchschnittliche Wachstumsrate von jährlich 20,7%
(annäherndes Realwachstum: 9,5%) auf. In demselben Zeitraum
wuchs der Agrarsektor um 11,4% (annäherndes Realwachstum:
4,2%), der Erdölsektor um 31,8% (annäherndes Realwachstum:
9,6%), der Industriesektor um 22,7% (annäherndes Realwachstum:
14,3%), der Dienstleistungssektor um 18,4% (annäherndes Realwachstum: 11,8%) (vgl. Tab.5).

Um ein noch genaueres Bild zu vermitteln, werden die Angaben
für 1962-71 mit dem Basisjahr 1959 und für 1973-77 mit dem Basisjahr 1974 untersucht (vgl. Tab. 5). Demnach wuchs das Brutto-Inlands-Produkt zu den Faktorkosten zwischen 1962 und 1971 jährlich durchschnittlich um 12,3% (Realwachstum: 10,2%) und zwischen 1973 und 1977 um 34,3% (Realwachstum: 6,9%). Der Agrarsektor wuchs zwischen 1962 und 1971 jährlich um durchschnittlich 6,2% (Realwachstum: 3,5%), zwischen 1973 und 1977 um scheinbare 19,2% (Realwachstum: 4,6%), der Erdölsektor 1962-71 um 17,4% (14,4%) und zwischen 1973 und 1977 um 44,4% (-0,7%), der Industriesektor 1962-1971 um 14,4% (12,4%) und von 1973-77 um 36,5% (15,5%), der Dienstleistungssektor von 1962-71 um 11,9% (10,6%) und von 1973-77 um 31,8% (15,3%).

Am dramatischsten zeigt sich der Unterschied zwischen Schein
und Wirklichkeit 1977/78. Zu diesem Zeitpunkt weist das Brutto-Inlands-Produkt ein Wachstum von 16,2% auf (Realwachstum: 1,7%).
Die sich in revolutionärer Form artikulierende Krise strafte
diese Statistiken Lügen. So ist für den Agrarsektor ein Wachstum von 13,8% ausgewiesen, während die Entwicklung hier nicht
nur stagnierte, sondern sogar mit einer negativen Wachstumsrate von 0,8% rückläufig war. Der Erdölsektor weist sogar eine
negative Wachstumsrate von 7,2% auf. Ein reales Wachstum verzeichnen also nur die Industrie (8,6%) und der durch die
Staatsbürokratie aufgeblähte Dienstleistungssektor (9,2%).
Aus der großen Abweichung des Wachstums zu Marktpreisen und
des Realwachstums wird die allgemeine Teuerungsrate leicht
ersichtlich; sie ergibt sich aus dem Verhältnis vom Preisindex
des Brutto-Sozial-Produktes zu Marktpreisen und dem Preisindex
des Brutto-Sozial-Produktes zu konstanten Preisen. Hieran läßt
sich auch die Kaufkraftentwicklung aufzeigen.

Der untersuchte Zeitraum erstreckt sich über drei Planperioden, die jeweils fünf Jahre umfaßten, und zwar die Perioden des 3. (1962-67), 4. (1968-72) und 5. Fünfjahresplanes (1972-77). Diese Fünfjahrespläne bestimmten nicht nur die Rahmenrichtlinien, sondern setzten auch die Ziele, die durch Investitionen privater und öffentlicher Mittel erreicht werden sollten. Obwohl das Ideal einer höchstmöglichen Wachstumsrate das treibende Motiv der Planer war, ist anzunehmen, daß die Planziele nicht nur ein ökonomisches Gleichgewicht unterstellten, sondern diesem auch untergeordnet sein mußten, sollte eine ökonomische Krise vermieden werden.

Ein Vergleich der gesteckten Ziele, die das größte Wachstum im Gleichgewicht anvisierten, mit den bereits bekannten Ergebnissen demonstriert jedoch das Scheitern der Pläne. Es zeigt gleichzeitig, daß im Laufe der Planperioden die Deformation der ökonomischen Strukturen durch eine sich verschärfende Disparität sektoraler Entwicklungen immer größere Ausmaße annehmen mußte.

Mit Ausnahme der 4. Planperiode, in der die erreichte jahresdurchschnittliche Wachstumsrate des Brutto-Inlands-Produktes das Planziel um 2,4% überflügelte, blieben der 3. Plan mit 1,4% und der 5. Plan mit sogar jährlich 8,9% hinter den Planzielen zurück (vgl. Tab. 6). Verheerender wirkten jedoch die Ergebnisse der Pläne auf die Verschärfung des sektoralen Ungleichgewichts. In keiner der drei Planperioden konnte das für den Agrarsektor gesteckte Ziel des durchschnittlichen Jahreswachstums erreicht werden. Katastrophale Züge nahm die Diskrepanz zwischen Zielen und Ergebnissen der Fünfjahrespläne vor allem im 5. Fünfjahresplan an (vgl. Tab. 6). Hier wird deutlich, wie und in welchem Maß die Entwicklung des Landes von Erdölproduktion und -export, d.h. von der Weltmarktnachfrage abhängig war. In dieser Planperiode war das Ziel für den Agrarsektor die Erreichung eines höchstmöglichen Wachtums der Agrarproduktion, wobei die besondere Betonung auf intensiven Anbaumethoden und der Einführung neuer, moderner Produktionsweisen lag. Im ursprünglichen Planentwurf wurde als Ziel der agrarischen Wertschöpfung ein durchschnittliches jährliches Wachstum von 5,5% anvisiert. Mit der allgemeinen Erdölpreiserhöhung seit 1973 und der Steigerung der Erdöleinnahmen wurde aber dieses Ziel auf 7% heraufgesetzt[1]. Jedoch konnte nicht einmal das ursprüngliche Ziel erreicht werden, d.h. daß das durchschnittliche jährliche Wachstum der Agrarproduktion die 4,6%ige Wachstumsgrenze nicht überschritt. Gleichzeitig aber stieg die Nachfrage nach Agrarprodukten, bedingt durch Bevölkerungswachstum, verstärkte Verstädterung und allgemeine Einkommenssteigerung infolge der Erdölpreiserhöhung. Aus diesem Grunde mußten zur Herstellung des Gleichgewichts zwischen Angebot und Nachfrage große Mengen an Agrarprodukten und Lebensmitteln eingeführt werden, was die Abhängigkeit des Agrarlandes Iran von Agrarprodukt- und Lebensmittelimporten verstärkte [2]. Die ungleiche sektorale Wachstumsrate vor allem des Agrar- und Erdölsektors mit jeweils 0,8% und 7,2% negativem Wachstum im Vergleich zum Industrie- und Dienstleistungssektor mit je 8,6% bzw. 9,2% Wachstum dokumentiert die strukturelle Disparität der ökonomischen Entwicklung am schlagendsten.

Während der Beitrag des Agrarsektors, der den größten Anteil der Erwerbstätigen auf sich vereinigte, zur Entstehung des BIP[3] von 29,3% (1962/63) auf 9,4% (1977/78) sank, stieg der sektorale Beitrag des Erdölsektors mit seiner relativ unbedeutenden Zahl an Erwerbstätigen(vgl. Tab 7a und b)von 13,2% (1962/63)auf 35,8% (1977/78). Der Industriesektor weist mit einem Wachstum von 19,0% (1962) auf 19,1% (1977) nur einen minimalen Zuwachs auf, wobei zu beachten ist, daß der durchschnittliche Beitrag für die Jahre 1972-77 mit 19,8% im Vergleich zum durchschnittlichen Beitrag der Jahre 1962-71 mit 21,7% rückläufig ist. Entsprechendes gilt für den durchschnittlichen Jahresbeitrag des Dienstleistungssektors, der von 40,5% (1962-71) auf 37,7% (1972-77) sank. Der einzige Sektor, der einen enormen Anstieg in seiner Bedeutung aufweist, ist damit der Erdölsektor. Hier stieg der durchschnittliche Jahresbeitrag von 17,7% (1962-71) auf 25,3% (1972-77).

Nicht nur die Dominanz des Erdölsektors wird durch den Vergleich der sektoralen Beiträge zur Entstehung des BIP ersichtlich, sondern auch die Hypertrophie des Dienstleistungssektors, der vorwiegend öffentliche Tätigkeiten beinhaltet und damit Indiz ist für ein unproduktives Gesamtsystem. So liegt der jahresdurchschnittliche Beitrag dieses Sektors bei 37,7% zwischen 1962 und 1977, während der von Industrie- und Agrarsektor insgesamt für den gleichen Zeitraum nur 38,7% ausmacht.

2.1.1.3. SEKTORAL UNGLEICHE ENTWICKLUNG DER ARBEITSPRODUKTIVITÄT

Als Vergleichsbasis sektoraler Produktivität dient der sektorale Beitrag zur Entstehung des BIP pro Beschäftigten. Da es keine neuen statistischen Angaben zur Entwicklung der Beschäftigungsstruktur unmittelbar vor dem Aufstand gibt, werden die Ergebnisse der letzten Volkszählung 1976/77 zugrundegelegt. Diese Angaben sind, um sie auf den neuesten Stand zu bringen, ergänzt durch verstreute Einzelangaben zu unterschiedlichen Aspekten der Beschäftigung.

Schon 1976/77 produzierten die 33,9% der Erwerbstätigen im Agrarsektor nur 10,3% des Brutto-Inlands-Produktes; 1977/78 (vgl. Tab. 10), d.h. unmittelbar vor dem Aufstand, produzierten 34% der Beschäftigten nur noch 3,4% des BIP [1]. Vorsichtigen Schätzungen zufolge wanderten zwischen 1972 und 1976 insgesamt 730 000 *Erwerbstätige* des Agrarsektors in die Städte ab [2]. Die tatsächliche Migrationsbewegung dürfte aber viel stärker gewesen sein; allein zwischen 1971 und 1976 sollen es jährlich 380 000 Menschen gewesen sein, von denen jeweils 370 000 für immer in den Städten blieben [3]. Das sind allein für diesen Zeitraum insgesamt ca. 1,9 Mill. Landflüchtige. Der 5. Fünfjahresplan sah allerdings nur die Abwanderung von 59 000 der Agrarbeschäftigten für denselben Zeitraum vor [4]. Trotz dieser Wanderbewegung, die die städtischen Slumviertel anschwellen ließ, ohne daß die Landflüchtigen dauerhaft produktiv sein konnten, belief sich die jährliche Pro-Kopf-Produktion der landwirtschaftlichen Produzenten auf 116 000 Rial.

Ihre Arbeitsproduktivität lag daher bei 47% der durchschnittlichen gesellschaftlichen Produktivität, wobei die Erdölproduktion nicht berücksichtigt ist. Berücksichtigt man letztere bei der Errechnung der durchschnittlichen gesellschaftlichen Arbeitsproduktivität, so läge die Produktivität des Agrarsektors bei nur 28,4% (vgl. Tab. 10). Die Produktivität des Erdölsektors ist damit um ein Neunfaches höher als der Durchschnitt.

Im Bereich von Industrie und Bergbau - der die verarbeitende Industrie, den Bergbau, den Bausektor sowie den Wasser- und Energiesektor umfaßt - produzierten 1976/77 33,4% der Erwerbstätigen nur 17% des Brutto-Inlands-Produkts. Ihre Produktivität lag bei 90% der gesellschaftlichen Produktivität (ohne Berücksichtigung des Erdölsektors) bzw. bei 54,5% (mit Berücksichtigung des Erdölsektors). Die Arbeitsproduktivität von Industrie und Bergbau lag mit 247 000 Rial Produktion pro Beschäftigten 1976/77 im gesellschaftlichen Durchschnitt. Innerhalb des 5. Planes konnten in diesem Bereich nur 348 000 Arbeitsplätze geschaffen werden, obwohl dem ursprünglichen Plan zufolge mindestens 760 000 neue Arbeitsplätze hätten eingerichtet werden sollen [5]. Damit erfüllte dieser Sektor nur 45,7% seines Plansolls. Dies ist vor allem auf den Mangel an qualifizierten Arbeitskräften bei gleichzeitiger hoher Arbeitslosigkeit zurückzuführen. Kein Wunder also, daß durch den revidierten Fünfjahresplan, der durch die Erdölpreiserhöhung initiiert wurde, die bestehende Disproportionalität gesellschaftlicher Arbeitsteilung verschärft wurde, daher zu "Engpässen" und mithin zur Krise führte.

Die einzelnen Sektoren sollen später noch näher untersucht werden, um die intersektorale Struktur des Wachstums und seine Folgen zu zeigen. An dieser Stelle ist zu betonen, daß nicht einmal die Planziele - wie die aller früheren Pläne - realisiert werden konnten (vgl. Tab. 6). In einem internen Bericht des "Ministeriums für Genossenschaftswesen und ländliche Angelegenheiten" heißt es dazu : "Die Ergebnisse der ersten vier Jahre des 5. Fünfjahresplanes und die Untersuchung der Maßnahmen der letzten Jahre zeigen die *Nichtrealisierung* aller im revidierten Plan vorgesehenen Ziele." [6] Diese Einschätzung wird auch durch den Jahresbericht der Iranischen Zentralbank von 1977/78 indirekt verallgemeinert. Darüber hinaus wurden viele Projekte des 5. Planes nicht einmal zu Ende geführt, weil man in der Zwischenzeit mit einem neuen Plan begonnen hatte. Dies war nicht nur gleichbedeutend mit einer ungeheuren Vergeudung des gesellschaftlichen Reichtums, der für die Verbesserung der unerträglichen Lebensbedingungen der Bevölkerung hätte verwendet werden können; die nicht erfolgte Realisierung der Planziele verschärfte auch die schon bestehenden "Engpässe" und führte zu akuten Mangelerscheinungen im Bereich aller lebens- und produktionsnotwendigen Güter. Diese "Engpässe" hatten weitere Störungen der Produktion sowie eine allgemeine Verteuerung und eine hohe Inflationsrate zur Folge, die durch die gestiegenen Erdöleinnahmen immer größere Ausmaße annahmen.

2.1.1.4. DIE VERSCHÄRFUNG DER UNGLEICHEN EINKOMMENSVERTEILUNG UND DER SOZIALEN KONFLIKTE

Unmittelbar vor dem Aufstand verfügten nur 2000 Personen, d.h. 0,005% der Bevölkerung über 3,8% des Gesamteinkommens. Ihr durchschnittliches Pro-Kopf-Einkommen belief sich auf 1,5 Mill. US-Dollar; das jahresdurchschnittliche Einkommen der Industriearbeiter betrug 1974 61 000 Rial und damit 4% des Pro-Kopf-Einkommens der oberen 2000 Personen. Insgesamt verfügten letztere 1977/78 über 3 Mrd. US-Dollar Jahreseinkommen (vgl. Tab. 12). Im selben Jahr verfügten 6,5 Mill. Menschen auf dem extremen Gegenpol, das waren 17,2% der Bevölkerung, nur über 0,8% des Gesamteinkommens. Ihr durchschnittliches Pro-Kopf-Einkommen lag bei 100 US-Dollar Gesamteinkommen (vgl. Tab. 12). Während also nur 1% der Bevölkerung (die oberen 10 Einkommensgruppen in Tab. 12) über insgesamt 52,3% des gesellschaftlichen Einkommens verfügte, bezogen 90,6% (die vier unteren Einkommens-

gruppen der Tabelle) nur insgesamt 18,4% des gesellschaftlichen
Einkommens. Die Einkommensgruppen 11 - 13 zählen zu den mittleren Einkommensgruppen, die mit 1,8% der Bevölkerung über 5,5%
des gesellschaftlichen Einkommens verfügten.
Dies ist das reale Bild der Einkommensverteilung, obwohl das
durchschnittliche Pro-Kopf-Einkommen dank des ökonomischen
Wachstums von 501 US-Dollar zu Beginn des 5. Planes (1972) auf
2012,8 US-Dollar an Ende des Planes gestiegen sein soll[1]. Es
liegen keine Angaben vor, anhand derer die Verschärfung der
Ungleichheit der Einkommensverteilung demonstriert werden könnte; trotzdem läßt sich diese Tendenz, die sich mit Sicherheit
bis zum Aufstand verschlimmert haben dürfte, durch die spärlich vorhandenen Daten aufzeigen. Tabelle 13 demonstriert die
tendenzielle Entwicklung der relativen Verschlechterung der
Lage der Lohn- und Gehaltsabhängigen zwischen 1971 und 1973,
die seit 1973 trotz der gestiegenen Erdöleinnahmen noch zunahm.
Obwohl zwischen 1971-73 die Zahl der Lohn- und Gehaltsempfänger sowohl absolut als auch relativ stieg, zeigte der Anteil
der Löhne und Gehälter eine abnehmende Tendenz. Trotz des
Wachstums des Brutto-Inlands-Produkts sank er von 38,6%
(1971) auf 35,1% (1973). Berücksichtigt man die Erdölproduktion, so sank ihr Anteil am Gesamteinkommen von 28,1% (1971)
auf 18,4% (1973), während sich das BIP im selben Zeitraum um
98,1% erhöhte (vgl. Tab. 4 und 13). Dagegen stieg der Anteil
des Profits von 35,6% auf 36,4%; berücksichtigt man den Erdölsektor, wuchs der Anteil des Profits am gesellschaftlichen
Einkommen von 53,1% auf 66,6%. Mit den erhöhten Erdöleinnahmen
und der damit hervorgerufenen Inflation verschlechterte sich
nicht nur die Lage der unteren Einkommensklassen durch die
Verringerung ihrer realen Kaufkraft, sondern auch ihr nomineller Anteil am gesamtgesellschaftlichen Einkommen. Auch die
durch einen Mangel an qualifizierten Arbeitskräften bei ihnen
erfolgten Lohnerhöhungen können über die relative Verschlechterung der Lage der Massen nicht hinwegtäuschen. Dabei mußte der
Lohnanstieg prozentual sehr hoch erscheinen, da er von einem

ursprünglich äußerst niedrigen Lohnniveau ausging. In Tabelle 13
zeigt sich die Entwicklung des Anteils der Löhne und Gehälter
und-implizit-auch die enorme Gehaltserhöhung bei den qualifizierten Arbeitskräften.

Die tendenziell relative Verschlechterung der Lage der unteren
Einkommensgruppen, die sich bis zum Aufstand weiter steigerte,
kann aber auch anhand anderer Zusammenhänge demonstriert werden, und zwar anhand der Konsumausgaben der Familien. Diese
Angaben vermitteln nicht nur ein realeres Bild der Verschärfung
der ungleichen Einkommensverteilung, sondern auch des sich verschlechternden Konsumstandards der unteren Einkommensgruppen
(vgl. Tab. 14). Obwohl in Tabelle 14 die Einteilung der Einkommensgruppen im Vergleich zu Tabelle 12 ungenau ist, zeigt
sich hier nochmals die zunehmende Ungleichheit der Einkommensverteilung. Der Einkommensanteil der oberen 20% der städtischen
Familien erhöhte sich von 51,8% (1959) 56,2% (1974), während
der Anteil der untersten Einkommensgruppe, die 40% der Haushalte umfaßte, von 13,9% (1959) auf 11,7% (1974) sank. Außerdem sank der Anteil der mittleren Einkommensgruppe, die weitere
40% der Haushalte umfaßte, von 34,3% (1959) auf 32,9% (1974).
Damit stieg der allgemeine Ungleichheitsindex von 0,45 (1959)
auf 0,51 (1974) an.

Die Darstellung der sich verschärfenden Ungleichheit der Einkommensverteilung in Tabelle 14 ist auf der Grundlage der
Haushaltskosten zu Marktpreisen entstanden. Für die Erfassung
der Entwicklung der realen Ungleichheit der Einkommensverteilung aber müßten die Preissteigerungen und deren Auswirkungen
ebenfalls berücksichtigt werden. Es ist anzunehmen, daß die
Preissteigerungen die verschiedenen Einkommensklassen nicht
in ein und derselben Weise beeinflußt haben. Einer Untersuchung
des Statistical Centre of Iran auf der Grundlage statistischer
Angaben der Iranischen Zentralbank zufolge lasteten die Preissteigerungen der Konsumgüter und Dienstleistungen besonders
stark auf den unteren Einkommensklassen. Diese Untersuchung
unterteilt die städtischen Haushalte in zehn Gruppen, die je

10% der städtischen Haushaltskosten umfassen. Demnach stiegen die Haushaltskosten der unteren Einkommensgruppen zwischen 1969 und 1975 um 76%, bei den oberen Einkommensgruppen für denselben Zeitraum aber nur um 54% (vgl. Tab. 15). Die Preissteigerungen führten also zu einer weiteren Verschärfung der Ungleichheit der Einkommensverteilung. Diese Tendenz verstärkte sich in der Folgezeit noch. 1975 wies der Preisanstieg der Konsumgüter und Dienstleistungen während des 5. Planes (1973-1977) zwar den geringsten Zuwachs auf; dagegen setzten Anfang 1976 die sehr hohen allgemeinen Preissteigerungen erst richtig ein und erreichten 1977/78 eine seit dem 2. Weltkrieg nicht mehr gekannte Rekordhöhe von durchschnittlich 25,1%. "Obwohl mit der Politik der direkten Preiskontrolle im Jahre 1975 die unerwünschten Erscheinungen der Inflation auf die Klassen mit niedrigem Einkommen vorläufig etwas geschwächt wurden, muß berücksichtigt werden, daß die Hauptursachen und Bedingungen der Inflation nicht beseitigt wurden und die steigende Tendenz der Inflation wieder ansetzte, sobald die Preiskontrolle etwas nachließ." 2)

Zusätzlich verschärfend auf diese Ungleichheit der Einkommensverteilung wirkte die Steuerpolitik. Sie gehört in der bürgerlichen Ökonomie, neben anderen fiskalpolitischen Maßnahmen, zum Instrumentarium der Einkommensverteilungspolitik. Die Tatsache, daß industrielle Investitionen Steuervergünstigungen von 5 bis 100% für fünf bis zehn Jahre genossen 3), deutet sofort auf die disproportionale Verteilung der Einkommen hin. Die Lohnsteuer hingegen stieg bei einem Monatseinkommen über 5000 Rial ab 10% progressiv 4). Abgesehen davon lag der Schwerpunkt des iranischen Steuersystems auf der indirekten Besteuerung 5). Somit war die Steuerlast, sowohl die direkte als auch die indirekte, sozial nicht gleich verteilt; denn von den Steuern für Luxusartikel waren die oberen Einkommensklassen, von den Steuern für Massenkonsumgüter jedoch die unteren Einkommensklassen am meisten betroffen.

Es existieren keine Angaben, anhand derer sich die Verteilung der Steuerlast darstellen ließe. Für das Jahr 1972 machte das

zentrale statistische Amt lediglich folgende, in Tabelle 16
zusammengefaßte Angaben: die erste Gruppe umfaßt jene 10% der
Haushalte mit dem niedrigsten Einkommen, die zehnte Gruppe die
mit dem höchsten Einkommen. Während also die Haushalte der untersten Einkommensgruppe, d.h. die 10% der Bevölkerung mit dem
niedrigsten Einkommen, 10,7% ihres Einkommens an Steuern abgaben, lag der Anteil der Haushalte der höchsten Einkommensklasse bei 8,4%. Daraus kann man schließen, daß die niedrigsten Einkommensklassen trotz ihres geringen Einkommens die
größte Steuerlast tragen mußten, was zu einer Verschärfung der
ohnehin ungleichen Einkommensverteilung beitrug, die sich noch
steigerte, da die sozialen Kosten des ökonomischen Wachstums
auf die unteren Einkommensgruppen abgewälzt werden sollten.

F. Mehran [6] errechnet im Juli 1976 aufgrund der Ausgaben von
1972 die Partizipation verschiedener Einkommensklassen an den
öffentlichen Ausgaben. Danach ist der Anteil der Haushalte der
geringsten Einkommensklasse an den öffentlichen Subventionen und
sonstigen Konsumausgaben weit geringer als der der höchsten Einkommensklassen (vgl. Tab. 17). Außer der Gesundheitsversorgung
fallen alle weiteren Ausgaben absolut zu Gunsten der höheren
Einkommensklassen aus; beispielsweise ist der Anteil der höchsten Einkommensgruppen an den Ausgaben für Ausbildung mehr als
zehnmal höher als der der niedrigsten Einkommensgruppe mit
1913 Rial im Jahr. Durchschnittlich partizipierten die höheren
Einkommensklassen insgesamt 3,5 mal mehr an den "öffentlichen
Konsumausgaben" als die niedrigen Einkommensgruppen.

Auf das Wachstum der Einkommensungleichheiten besonders in
den 70er Jahren verweisen auch Keddie und Kurt Greussing[7];
bei letzterem findet sich eine Statistik mit der Verteilung
der privaten Konsumausgaben 1976/77. Er weist auch darauf hin,
daß die Ungleichheit in Wirklichkeit noch gravierender gewesen
sein dürfte, da anzunehmen ist, daß ein bedeutender Teil der
öffentlichen Konsumausgaben in Wirklichkeit versteckte private
waren - von hohen Beamten, die mit billigen Wohnungen, Fahrzeugen und Dienern auf Staatskosten versorgt wurden, von Mili-

tärs, die in speziellen Läden verbilligte Luxusgüter bezogen, und natürlich zuerst von der kaiserlichen Familie, die sich offiziell nicht zum privaten Einkommensempfänger degradieren ließ, sondern gleich aus der Staatskasse schöpfte [8].

Trotz der Verschärfung der Ungleichheit der Einkommensverteilung in den Städten war die Lage der städtischen Haushalte besser als die der ländlichen Familien. Das bedeutet, daß sich mit dem ökonomischen Wachstum die Schere der Einkommensverteilung zwischen Stadt und Land immer mehr zuungunsten des Landes spreizte. Um das Einkommensgefälle zwischen Stadt und Land zu demonstrieren, sollen die Konsumausgaben pro Kopf in beiden Bereichen verglichen werden. Danach hat sich von 1960 bis 1976 die Relation zwischen dem Einkommen in städtischen und ländlichen Gebieten von 2,17 : 1 (1960) auf 3,79 : 1 (1976) verschlechtert [9]. Nach U.Thumm [10] sieht diese Relation wie folgt aus: 4,6 : 1 (1959), 5,7 : 1 (1969), 4,8 : 1 (1972). Katouzian [11] kommt laut eigenen Berechnungen sogar zu der These, daß das städtische Pro-Kopf-Einkommen 1976 das 10-fache des dörflichen betragen haben dürfte. Husain Azimi [12] hat errechnet, daß 21% der iranischen Bevölkerung, deren größter Teil in den Städten lebte, unterernährt waren. 20%, ebenfalls meist Städter, waren *schwer* unterernährt. 3%, meist auf dem Lande Lebende, waren sogar *gefährlich* unterernährt. Dabei zeigte es sich bei Berücksichtigung regionaler Varianten, daß in den ländlichen Regionen Kurdistans fast alle Einkommensgruppen unter Unterernährung litten. Die Situation in den Hauptregionen der ethnisch-tribalen Konzentration wie z.B. Khuzistan oder Kerman war dabei bedeutend schlimmer als in anderen Teilen des Landes.

Einer der wesentlichen sozialen Konflikte entstand durch die mit der regionalen Disparität der ökonomischen Entwicklung verbundene starke Verstädterung, die neben dem allgemeinen Mangel an sozialen Einrichtungen eine extreme Wohnungsnot nach sich zog. 1976 stand durchschnittlich 1,231 Familien ein Raum zur Verfügung, während 47,4% der Bevölkerung kein Leitungswasser hatten[13]. In den von der Iranischen Zentralbank veröffentlichten Ergebnissen einer Untersuchung zur Wohnungsfrage in

den iranischen Städten wird die Wohnungsknappheit vor allem in
Bezug auf die unteren Einkommensklassen offen zugegeben. "Trotz
rascher Entwicklung des privaten Wohnungsbaus in den letzten
Jahren erhöhte sich das Angebot der preiswerten Wohnungen nicht
entsprechend der täglich steigenden Nachfrage der unteren und
mittleren Einkommensklassen. Der unverhältnismäßig gestiegene
Grundstücks- und Baustoffpreis sowie die Preise für entsprechende Dienstleistungen - Preise, die durch die Bau- und Bodenspekulation entstanden - hatten eine derartige Verteuerung der
Wohneinheiten verursacht, daß die Ersparnisse und Bankkredite
dieser Klassen für die Attraktion der gebauten Wohneinheiten
nicht ausreichten."[14] Einfacher gesagt: es wurde zwar sehr
viel gebaut, aber nicht für die unteren und mittleren Einkommensbezieher.

Zwischen 1967 und 1977 wies der Zuwachs der Wohneinheiten [15]
eine jährliche Rate von 6,5% auf, und ihre Zahl stieg von
1,3 Mill. auf etwa 2,5 Mill. an. Im selben Zeitraum wuchs die
Stadtbevölkerung jährlich um 4,9%, also von 10,3 Mill. (1967)
auf 16,6 Mill. (1977). Für je tausend Stadtfamilien waren
1967 etwa 645, 1977 etwa 733 Wohneinheiten vorhanden (vgl.
Tab. 11). Trotz dieser Steigerung fehlten aber 1977 mehr Wohnungen als 10 Jahre zuvor (vgl. Tab. 11). Derselbe Bericht
muß außerdem zugestehen, daß 29% der städtischen Familien mit
durchschnittlich 4,86 Personen nur in einem einzigen Raum ohne
entsprechende sanitäre Einrichtungen hausten. Hätte man die
Familien in den Slumvierteln mitberücksichtigt, erschiene die
Wohnungsnot noch viel krasser. Dabei erreichte der 5. Fünfjahresplan, der letzte vor dem Aufstand, nicht einmal sein Ziel:
statt 810 000 neuer Wohneinheiten entstanden in diesem Zeitraum nur 581 000 in den Städten; das Ergebnis lag also weit
unter dem Planziel, obwohl die Kapitalinvestitionen mit 1,214
Mrd. Rial die vorgesehenen Investitionen im Wohnungsbau um
31% überstiegen [16]. Hier manifestiert sich noch einmal die
vorhandene sektorale Disparität der ökonomischen Entwicklung,
die sich im Mangel des Angebots an Baustoffen und qualifizierten Bauarbeitern konkretisierte. Dies führte zu den enormen

Verteuerungen der neuerrichteten Wohneinheiten, die damit für
die unteren und mittleren Einkommensklassen unerschwinglich
wurden. Ohnehin waren sie nicht für diese Bevölkerungsgruppen
vorgesehen; angesichts des Zustroms ausländischer "Experten",
vor allem von Militärberatern, kamen gerade diese als potentielle Kunden für die gebauten Wohneinheiten in Frage [17].
Der Anteil der nur aus Lehm gebauten Wohneinheiten (3%), der
mit Ziegelsteinen und Holzbalken gebauten (10,8%) und der mit
Stahlgerüst, Eisenträgern und Ziegelsteinen (77,7%)[18] verdeutlicht, daß die neu errichteten Wohneinheiten nicht für die
unteren und mittleren Einkommensklassen vorgesehen sein konnten. Denn 77,7% dieser Wohneinheiten zählten unter Zugrundelegung internationaler Maßstäbe zu den Luxuswohneinheiten, 3%
waren für die unteren und 10,8% für die mittleren Einkommensklassen gedacht. In diesem Zusammenhang gewinnt der verbissene
Wohnungskampf, der dem allgemeinen Aufstand vorausging, eine
besondere Bedeutung, vor allem der Kampf der Slumbewohner um
die Möglichkeit, sich mit primitiven Mitteln Behausungen
zu errichten, obwohl diese immer wieder von den Beamten der
Rathäuser zerstört wurden.

Damit wurde das Leben vor allem für die unteren Einkommensgruppen immer unerträglicher. Die allgemeine Krisenkonstellation
verstärkte noch die insgesamt herrschende Unzufriedenheit; nur
ein Funke war nötig, um dieses "Pulverfaß" explodieren zu
lassen.

2.1.2. ZUR DISPARITÄT DER ÖKONOMISCHEN ENTWICKLUNG ALS FUNKTION SEKTORALER DISPARITÄT DER GESELLSCHAFTLICHEN ARBEITSTEILUNG

Die Disparität der ökonomischen Entwicklung ist Funktion
der sektoralen Disparität gesellschaftlicher Arbeitsteilung,
die eine strukturelle Verzerrung zugunsten des Erdöl- und
Dienstleistungssektors hervorbringt. Diese Verzerrung erscheint
als Hypertrophie des tertiären Sektors und legt eine falsche
Einschätzung der Ursachen der krisenhaften Entwicklung nahe, da
sie als Wachstumskrise des BSP erscheint. Betrachtet man aber

anhand der sektoralen Bestandteile das Wachstum des BSP näher, so erweist sich die Wachstumskrise in Wirklichkeit als ein permanentes Wachstum der Krise - gerade wegen der scheinbar hohen Wachstumsrate des BSP in den letzten drei Planperioden.

2.1.2.1. ZUR AGRARSTRUKTURKRISE

Der Agrarsektor stellt einen lebenswichtigen ökonomischen Sektor in allen "Entwicklungsländern" dar. Er ist nicht nur Nahrungs- und Lebensmittelquelle der rasch wachsenden Bevölkerung, sondern beliefert auch die verarbeitende Industrie mit Rohstoffen und stellt damit zugleich eine wesentliche Akkumulationsquelle des Kapitals dar; außerdem weist er in diesen Ländern die höchste Erwerbstätigenquote auf. Das Schicksal dieser Gesellschaften ist also unmittelbar mit jenem Sektor verknüpft. Die agrarische Mehrarbeit, sowohl in Form freigesetzter Arbeitskräfte als auch als gesellschaftliches Mehrprodukt, bildet damit die Lebensquelle dieser Völker.

Auch im Iran war der Agrarsektor mit seiner traditionellen Produktionsweise der dominierende ökonomische Sektor, lange bevor dort die Erdölproduktion in der Nationalökonomie Bedeutung erlangte. Der Agrarsektor stellte also die Hauptgrundlage der gesellschaftlichen Reproduktion; er absorbierte nicht nur die Mehrheit der Arbeitskräfte und versorgte die Bevölkerung ausreichend mit den benötigten Produkten, sondern bildete gleichzeitig eine der wichtigsten Export- und Devisenquellen des Landes.

Noch in den 50er Jahren war der Iran im Hinblick auf die Agrarproduktion nicht nur Selbstversorger, sondern exportierte sogar größere Mengen Getreide und tierische Erzeugnisse[1]. Selbst unmittelbar vor dem Aufstand war der Agrarsektor, gemessen an der Erwerbstätigenquote, immer noch der bedeutendste wirtschaftliche Bereich. Er beschäftigte fast 34% der iranischen Arbeitskräfte, stellte aber nur 9,4% des BIP[2]. Mit 116 000 Rial Produktion pro Beschäftigtem im Jahr wies er nur 28,4% der gesellschaftlichen Durchschnittsproduktion, einschließlich der Erdölproduktion, bzw. 47% ohne Berücksichtigung der Erdölproduktion auf (vgl. Tab. 10).

Die durchschnittliche Wachstumsrate des Agrarsektors war
seit 1962 im Vergleich zu der Wachstumsrate des BIP und zu
der anderer Sektoren sehr gering und erreichte nicht einmal
annähernd die Planziele. Zwischen 1962 und 1967 war nur ein
durchschnittlicher jährlicher Anstieg um 2,8% zu verzeichnen
(Planziel: 4,6%; jährliches Wachstum des BIP: 8,6%), zwischen
1968 und 1972 um 3,9% (Planziel: 4,4%; BIP: 9,4%) und in der
letzten Planperiode vor dem Aufstand (1973-77) schließlich
nur um 4,6% (Planziel: 7,0%; BIP: 17,0%) (vgl. Tab. 6). Die
durchschnittliche Wachstumsrate des Agrarsektors war also
nicht nur relativ zum Wachstum anderer Sektoren sehr gering,
sondern auch absolut die niedrigste Wachstumsrate. Dies geht
eindeutig sowohl aus dem Vergleich mit den gesteckten Planzielen hervor, die auf ein absolut notwendiges Wachstum zielten, als auch aus dem Vergleich von Bevölkerungswachstum und
Pro-Kopf-Einkommen, bzw. aus dem Verhältnis der *Nachfrageelastizität der Agrargüter in Bezug auf das Wachstum des Pro-Kopf-Einkommens*.

Nehmen wir an, die *Nachfrageelastizität der Agrarproduktion
in Bezug auf die Einkommensentwicklung* sei 0,8. Dies ist eine
sehr optimistische Annahme, da in Ländern mit geringem Pro-Kopf-Einkommen die Einkommensentwicklung die Nachfrage nach
unmittelbaren Lebensmitteln sehr rasch steigert[3]. Weiter ist
bekannt, daß das BIP zwischen 1962 und 1977 jährlich um annähernd 9,5% (vgl. Tab. 5) und die Wachstumsrate der Bevölkerung jährlich durchschnittlich um fast 3% gestiegen sind[4].
Zieht man nun die jährliche Wachstumsrate der Bevölkerung von
der Wachstumsrate des BIP ab, so ergibt sich für den Zeitraum
von 1962-1977 eine durchschnittliche Wachstumsrate des Pro-Kopf-Einkommens von 6,5%.

Die Nachfrageelastizität der Agrarprodukte müßte also jährlich
um (6,5 x 0,8 =) 5,2% gestiegen sein. Die durchschnittliche
Jahreswachstumsrate der Agrarprodukte hat jedoch 4,2% nicht
überschritten. Die reale Entwicklung dürfte noch viel geringer
gewesen sein, da für die Berechnung der Wachstumsrate zu konstanten Preisen für diesen Zeitraum unterschiedliche Basisjahre (1954 und 1974) zugrunde gelegt werden mußten (vgl. Tab.
5). Einem Jahreswachstum von 5,2% für die Nachfrage nach Agrar-

produkten stand also eine höchstenfalls 4,2%ige Steigerung des Angebots bei Agrarprodukten gegenüber. Sollte der dadurch bedingten Inflation begegnet werden, mußte der Staat entsprechende Mengen von Agrarprodukten einführen und subventioniert verteilen, schon um die Lohnkosten gering zu halten. Damit wurde die Agrarproduktion zu einer ökonomischen Last, anstatt als Akkumulationsquelle zu dienen. Daß in dieser Berechnung eine zu geringe Nachfrageelastizität unterstellt worden ist, wird aus den Planzielen ersichtlich. Allein für den 5. Plan (1973-77) war ein 7%iges Wachstum der Agrarproduktion vorgesehen, um die sich entsprechend entwickelnde Nachfrage zu befriedigen. Erzielt wurde aber nurein 4,6%iges Jahreswachstum der Agrarproduktion in diesem Zeitraum. Der Sektor lag also um 2,4% unter dem Plansoll. 1977/78 wies der Agrarsektor sogar eine 0,8%ige negative Wachstumsrate auf. Das Wachstumsdefizit lag damit unmittelbar vor dem Aufstand bei 7,8%; kein Wunder also, daß die Preise der Nahrungs- und anderen Lebensmittel trotz subventionierter Importe um durchschnittlich 20,6% stiegen. Der Preis von Obst und Frischgemüse erhöhte sich am Ende des Jahres sogar um 77% gegenüber dem Vorjahr[5].

Der Agrarsektor war also in Bezug auf seine hohe Erwerbstätigenzahl ein wichtiger, in Bezug auf seinen geringen Beitrag zum BIP ein unbedeutender ökonomischer Sektor. Da die Entwicklungspläne wachstumsorientiert waren, führte dies automatisch zu einer Vernachlässigung dieses Sektors,was sich in seinem asynchronen Wachstumstempo im Verhältnis zum BIP und zum Wachstum der anderen Sektoren zeigt. Die Disproportionalität mußte im Zuge der ständig steigenden Nachfrage zur Krise führen.

Eine nähere Untersuchung der sektoralen Bestandteile des Agrarsektors verdeutlicht den wesentlichen Zusammenhang der Agrarkrise. Von den vier Bestandteilen dieses Sektors, nämlich Landwirtschaft, Viehzucht, Forstwirtschaft und Fischerei waren die beiden letztgenannten verstaatlicht und, gemessen an ihrem Beitrag zur Wertschöpfung des Sektors, unbedeutend; 1977/78 stellte die Forstwirtschaft nur 2,7%, die Fischerei 0,6% der Wertschöpfung des Agrarsektors, im Gegensatz zur Landwirtschaft mit 61,8% und der Viehzucht mit 34,8% (vgl. Tab. 19). Damit bildeten Landwirtschaft und Viehzucht mit einem sektoralen Beitrag von insgesamt 96,6% die wichtigsten Bestandteile dieses Sektors. Ihre Entwicklung war also für das Schicksal des Agrarbereichs und damit auch für die gesellschaftliche Entwicklung bestimmend.

Während der sektorale Beitrag der Landwirtschaft permanent abnahm, stieg die Bedeutung der Viehzucht ständig. Der Anteil der Landwirtschaft an der Wertschöpfung sank von 72,4% im Jahre 1967 auf 61,8% im Jahre 1977; während der jahresdurchschnittliche Anteil zwischen 1968 und 1972 noch 72,5% betrug, lag er zwischen 1973 und 1977 nur noch bei 64,5%. Fast in demselben Verhältnis, in dem der Anteil der Landwirtschaft abnahm, stieg der der Viehzucht, und zwar von 26,1% (1967) über 31,5% (1972) auf 34,8% (1977); sein jahresdurchschnittlicher Betrag erhöhte sich damit von 26% (1968-72) auf 32,6% (1973-77) (vgl. Tab. 19). Bis 1970 war die Entwicklung umgekehrt gelaufen: während der Anteil der Landwirtschaft von 66,9% (1962) auf 73,3% (1970) stieg, sank der Anteil der Viehzucht von 31,7% (1962) auf 25,2% (1970). Dabei ist zu beachten, daß Landwirtschaft und Viehzucht im Iran größtenteils traditionell voneinander unabhängige Produktionszweige sind; abgesehen von einem geringen Prozentsatz an Bauern waren hauptsächlich Nomaden und Halbnomaden im Bereich der Viehzucht tätig. Ihre Seßhaftmachung, die eine der wesentlichen herrschaftsstabilisierenden Maßnahmen der Pahlavi Dynastie nach deren Machtergreifung darstellte, zerstörte die Grundlage der Fleischversorgung des Landes; die neuerliche Intensivierung der Viehzucht ist allein auf den *Import* moderner Zuchtmethoden zurückzuführen[6]. Damit wurde das Land aber auch in diesem Bereich abhängig, da nicht nur Zuchttiere, sondern auch Viehfutter eingeführt werden mußte, sofern die Bevölkerungsversorgung sichergestellt bleiben sollte.

Die Ziele des 5. Planes sahen eine durchschnittliche Jahreswachstumsrate von 5,9% für die Landwirtschaft und von 8,3% für die Viehzucht zwischen 1973 und 1977 vor. Die reale durchschnittliche Wachstumsrate lag jedoch nur bei 3,3% und 6,8% (vgl. Tab. 20). Geht man davon aus, daß die Nachfrage nach

Agrarprodukten und Fleisch mit dem Wachstum des Pro-Kopf-Einkommens im Iran wie in allen "Entwicklungsländern" mit einem Pro-Kopf-Einkommen von unter 500 US-Dollar steigt, und unterstellt man dabei eine Nachfrageelastizität für Viehprodukte von 1,0% und für Landwirtschaftsprodukte von 0,8%, dann ergibt sich bei einem durchschnittlichen jährlichen Wachstum des BIP von 9,5% (1962-1977) (vgl. Tab. 5) und einem Bevölkerungswachstum von 3% (vgl. Tab. 18) für diesen Zeitraum eine durchschnittliche Wachstumsrate von 6,5%. Die Nachfrage nach Landwirtschaftsprodukten müßte also jährlich um (6,5 x 0,8 =) 5,2% und die nach Viehzuchtprodukten um (6,5 x 1,0 =) 6,5% steigen. Stattdessen lag die jährliche Wachstumsrate der Landwirtschaft zwischen 1962 und 1977 durchschnittlich nur bei 4,5% und die der Viehzucht bei 3,7% ; das ergibt ein jährliches Wachstumsdefizit von durchschnittlich 0,7% für die Landwirtschaft und von 2,8% für die Viehzucht. Unmittelbar vor dem Aufstand weist nach dieser Berechnung die Landwirtschaft bei einer negativen Wachstumsrate von 4,9% sogar ein Wachstumsdefizit von (4,9 + 5,2 =) 10,1% auf.

Diese Berechnung ist noch optimistisch, unterstellt sie doch, daß die Landwirtschaft nur Nahrungs- und Lebensmittel produziert und berücksichtigt nicht die für die Industrie und den Export hergestellten Güter. Waren 1961 noch 79% der Agrarprodukte für die Ernährung der Bevölkerung bestimmt, so waren es 1971 nur noch 59%. Die Tendenz der Rohstoff- und Exportproduktion auf Kosten der Produktion von Nahrungsmitteln setzte sich fort und wurde durch die Agrarpolitik der Regierung bewußt gelenkt und unterstützt, und zwar durch die Vergabe von günstigen Krediten für "Cash Crops", durch eine die Nahrungsmittelproduktion benachteiligende und "Industriegewächse" fördernde Preispolitik, durch entsprechende Beratungsprogramme, die verstärkte Einführung verbesserter Technologien beim Anbau dieser Produkte etc.[7]. Daher fand der relativ größte prozentuale Anstieg der landwirtschaftlichen Produktion seit 1959 bei "Industriegewächsen", Obst und Zitrusfrüchten statt. Die Produktion von Weizen und Gerste als zentrale Subsistenzprodukte stieg dagegen nur sehr langsam an[8]. Zudem resultierten die ohnehin geringen Wachstumsraten bei diesen Produkten allein aus der Ausweitung der bebauten Fläche, nicht etwa aus Ertragssteigerungen pro Hektar. Somit lag 1977/78 die jährliche Wachstumsrate der Getreideproduktion bei - 10,9% und wies ein Wachstumsdefizit von 16,1% auf, obwohl eine 8,6%ige Steigerung geplant war[9]. Ähnliche Ergebnisse sind bei der Viehzucht zu beobachten. Die jahresdurchschnittliche Wachstumsrate belief sich zwischen 1973 und 1977 auf 6,8% (vgl. Tab. 20). Nach der obigen Berechnung entspricht das einem tatsächlichen Wachstum von - 0,3% und damit einem Wachstumsdefizit von 0,8% (1977/78), das vor allem auf die negative Entwicklung der nomadischen und halbnomadischen Viehzucht zurückzuführen ist[10].

Das permanente Wachstumsdefizit der Landwirtschaft und der Viehzucht in den letzten drei Planperioden weist somit auf ein strukturelles Problem hin. Es ist das Ergebnis einer, vor allem seit 1963 verfolgten Agrarpolitik, in der im Rahmen einer weltmarktorientierten, dezidiert "anti-autozentrierten" kapitalistischen Wachstumsstrategie im Iran die Förderung der Nahrungsmittelproduktion im besonderen und der Agrarproduktion im allgemeinen eine geringe Priorität zukam. Eine derartige Agrarpolitik lief darauf hinaus, den Ausbau derjenigen Agrarprodukte zu "entmutigen", für die nach Meinung der Planer im Iran keine "komparativen Kostenvorteile" vorhanden waren; stattdessen beabsichtigte man, den Import dieser Agrarprodukte auf dem Weltmarkt mit einem Teil der Erdöleinnahmen zu finanzieren, während mit den Mitteln der Preis- und Kreditpolitik gleichzeitig ein "Industriegewächse" produzierendes Agribusiness gefördert wurde. Hierin ist auch der Grund für die Steigerung der Importe von Agrar- und Tierzuchtprodukten zu finden, die in der 5. Planperiode (1973-77) bei einem Jahresdurchschnitt von 36,8% lag, während der Export traditioneller Agrarprodukte im selben Zeitraum nur um 3,5% stieg[11]. Die Folge war ein Handelsbilanzdefizit von 33,3% während des 5. Planes, das vor allem durch die Rückständigkeit der Agrarproduktion verursacht wurde. 1970/71 machten die Nahrungsmittelimporte für 110 Mill. US-Dollar nur einen Anteil von 6,5% an den Gesamtimporten aus, 1975/76 dagegen schon 16,5%, was 1,092 Mrd. US-Dollar entsprach[12]. 1975 wurden bereits 30% der im Iran konsumierten Nahrungsmittel importiert[13].

Unterstellt man eine lineare Trendentwicklung von weiterhin
ca. 14%, so hätten 1985 50% aller im Iran konsumierten Nahrungsmittel importiert werden müssen[14].Schon 1976/77 betrugen die Weizenimporte ca. 950 000 t, die zu 80% aus den USA stammten; hinzu kamen 200 000 t Gerste und 500 000 t Reis. Auch hier waren die USA der Hauptlieferant; nur 65 000 t des eingeführten Reises stammten aus Pakistan[15]. Der massive Import von Lebensmitteln, die subventioniert verkauft wurden, konnte trotzdem die rasche Preissteigerung der Agrarprodukte nicht verhindern. Die Lebensmittelpreise erhöhten sich während des 5. Planes jährlich um durchschnittlich 13,1%, 1977/78 sogar um 20,6% (vgl. Tab. 21). Sie wurden lediglich von den Mieterhöhungen (37,8%) und den Transportkosten (31,9%) übertroffen. Der relative Anteil der Nahrungsmittel an den Haushaltskosten lag 1977/78 bei 35,5%, während 1971/72[16] der Anteil für die gesamten Haushaltskosten einer Familie bei 38,7% lag.

Die strukturell verzerrte Entwicklung der Agrarproduktion belastete somit nicht nur Handels-und Zahlungsbilanz des Landes, sondern tangierte auch die unmittelbare Reproduktion der Bevölkerung durch Verknappung und Preissteigerungen. Die sozialen Kosten dieses "Wachstumsprozesses"in Form disproportionaler gesellschaftlicher Arbeitsteilung wurden permanent auf die einkommensschwachen Massen abgewälzt, was zu einer tiefen Unzufriedenheit führen mußte. Diese Entwicklung als Folge der Agrarstrukturkrise ist aber das Ergebnis der Landreform und der anschließenden weltmarktorientierten,agrarkapitalistischen Wachstumsstrategie.

2.1.2.2. Zur Industriestrukturkrise

Zahlreiche Autoren betrachteten lange Zeit die industrielle Entwicklung im Iran als durch die Diktatur des Shah-Regimes initiiert und im Ergebnis durchaus positiv. Sie bedienten sich dabei der allgemeinen Aussagen zu den industriellen Wachstumsraten, die bestens geeignet waren, die strukturellen Zusammenhänge der industriellen Entwicklung zu verbergen: "Nimmt man (...) als ökonomische Kriterien der Unterentwicklung ein Pro-Kopf-Einkommen von unter 500 US-Dollar/Jahr, eine Analphabetenquote von über 80% (der Bevölkerung über 15 Jahre) und einen unter 10% liegenden Anteil des produzierenden Gewerbes am Brutto-Sozialprodukt, dann ist der Iran heute aus dem Stadium eines Entwicklungslandes herausgetreten. Im Sinne der Rostow'schen Wachstumsstadien befindet sich das Land im 'take-off', in der Phase des wirtschaftlichen Aufstiegs (...) . Dieser Aufstieg wurde ausgelöst durch die Nationalisierung der Erdölindustrie und die damit verbundene Erhöhung der Erdöleinnahmen Mitte der 50er Jahre. Eine weitere wichtige Voraussetzung war eine Reihe sozialer Reformen nach 1963, die unter dem vom Shah geprägten Schlagwort der 'Weißen Revolution' zusammengefaßt wurden. Das Wachstum des Brutto-Sozialprodukts, die Veränderung in seiner Zusammensetzung und die Wandlungen der Erwerbsstruktur sind Gradmesser dieser Entwicklung."[1]

Andere Autoren waren sich dagegen zwar bewußt, daß "die allgemein bekannten wirtschaftlichen Erfolgsziffern den wirklichen Stand der sozioökonomischen Entwicklung (des Iran) sehr stark"[2] überzeichnen; aber auch sie wollten " mit diesen Angaben und Vergleichen (...) in keiner Weise die wirtschaftliche Aufbauleistung des Iran" schmälern[3]. Wachstumsorientiertheit ohne Berücksichtigung der strukturellen Zusammensetzung dieses Wachstums führte somit zu einer kritiklosen Bejubelung der industriellen Wachstumsrate des Iran. Deshalb blieben diese Untersuchungen auch eine Erklärung dafür schuldig, warum es trotz einer hohen Wachstumsrate im Industriesektor zu einer ökonomischen Krise kommen konnte. Unfähig, die eigenen ideologischen Barrieren zu überwinden und in der eigenen Propaganda befangen, müssen sie die revolutionäre Krise des Shah-Regimes und den Aufstand als Ausdruck der Rebellion gegen "die westliche Zivilisation" erklären, die mit der Industrialisierung identifiziert wird.

Die allgemeinen statistischen Angaben scheinen diese These zu belegen. Sie reflektieren jedoch nur einige Aspekte der bestehenden Realität, die bestenfalls geeignet sind, die wesentlichen Zusammenhänge zu verschleiern. So überstieg während der letzten drei Fünfjahrespläne (1962-77), die die Industrialisierung des Landes zum obersten Ziel erklärten, die durchschnittliche Wachstumsrate der industriellen Wertschöpfung die Wachstumsrate des BIP. Während die industrielle Wertschöpfung zu Marktpreisen durchschnittlich um 22,7% pro Jahr wuchs, stieg die durchschnittliche Wachstumsrate des BIP in diesem Zeitraum nur um 20,7% [4]. Im Vergleich zu anderen Sektoren weist der Industriesektor die größte Wachstumsrate zu konstanten Preisen und, nach dem Erdölsektor, die zweithöchste Wachstumsrate zu Marktpreisen auf [5]. 1977 beschäftigte die "Industrie", d.h. Industrie-, Bergbau- sowie Bausektor, mit ca. 2,9 Mill. Arbeitskräften 33,4% der gesamten Erwerbstätigen gegenüber 20,6% im Jahre 1966 [6]. Außerdem stieg der sektorale Beitrag der Industrie gegenüber dem Beitrag des Agrarsektors zum BIP enorm; während letzterer von 30,0% (1962) auf 9,4% (1977) sank, stieg der Industriesektor von 19,0% auf 19,1% (vgl. Tab. 7). Mit diesen Wachstumsziffern wurde die scheinbar rasche Industrialisierung des Iran dokumentiert; damit konnte man das Land als das "Japan des Nahen und Mittleren Ostens" feiern, das bald die "Tore der Zivilisation" erreicht haben würde [7].

Selbst wenn man den Realitätsgehalt der statistischen Aussagen nicht in Abrede stellt, so ergeben doch die *prozentualen* Angaben der sektoralen Wachstumsraten keine Grundlage für die Beurteilung der ökonomischen Entwicklung und der Industrialisierung des Landes. Für diese Argumentationsebene wären die *absoluten* Zahlen viel aussagekräftiger; denn solange sich die "Entwicklung" der "Entwicklungsländer" noch in ihren Anfängen befindet, spiegelt sich ein nur geringfügiges absolutes Wachstum in astronomisch hohen Wachstumsraten. Daher entspricht eine solche "Entwicklung" noch lange nicht der volkswirtschaftlich optimalen Größe, wenn auch die Wachstumsraten mancher Sektoren auf eine Vervielfachung der erbrachten Leistungen hinweisen. Noch wesentlicher ist zudem die Sicherung der hohen Wachstumsraten über einen längeren Zeitraum hinweg. Der 5. Plan sah ein durchschnittliches Jahreswachstum von 18,0% zwischen 1973 und 1977 für Industrie und Bergbau vor; erreicht wurde jedoch nur eine Wachstumsrate von 15,5% im Jahr, 1977/78 nur noch von 8,6% (vgl. Tab. 6). So konnte trotz hoher Wachstumsraten in der industriellen Wertschöpfung nicht einmal das Planziel erreicht werden.

Außerdem sah der 5. Fünfjahresplan ursprünglich mit den eingeplanten Investitionen die Schaffung von über einer Million (1 090 000) neuen Arbeitsplätzen allein in der Industrie vor, 760 000 davon in der verarbeitenden Industrie und im Bergbau[8]. Tatsächlich entstanden jedoch nur 348000 neue Arbeitsplätze (jährliche Wachstumsrate 4%), obwohl man die Kapazität der bestehenden Industriebetriebe weiter ausbaute und zusätzlich 936 neue Industriebetriebe gegründet wurden[9].

Zwar stieg der sektorale Beitrag der Industrie zum BIP; da die sektorale Wertschöpfung jedoch anhand des Preises der zirkulierenden Waren berechnet wird, sagt die relative Steigerung dieses Beitrags im Vergleich zum Beitrag des Agrarsektors an sich wenig aus. Vielmehr drückt sich hier die relative Rückständigkeit der agrarischen *Warenproduktion* gegenüber der industriellen aus. Diese Rückständigkeit war teilweise Folge der Landreform, welche neben der Entwicklung der agrarkapitalistischen Warenproduktion auch die Konservierung der kleinbäuerlichen Subsistenzwirtschaft begünstigte, die zwar bei der Berechnung des BIP nicht berücksichtigt werden kann, aber einen nicht zu vernachlässigenden Teil der iranischen Landwirtschaft bildete[10]. Damit waren Tausende kleinbäuerlicher Betriebseinheiten mit ihren vermarkteten Produkten ebenso stark am BIP beteiligt, wie einige wenige Industriebetriebe mit durchschnittlicher Produktivkraft[11]. Daher muß der Beitrag des Industriesektors zum BIP im Verhältnis zum Agrarsektor relativ hoch erscheinen, obwohl er von durchschnittlich 21,7% jährlich zwischen

1962 und 1971 auf 17,2% jährlich zwischen 1972 und 1977 sank (vgl. Tab. 8). Selbst diese Beiträge dürften an sich nicht als Bestandteil des BIP berücksichtigt werden, da jede neue Wertschöpfung nicht unbedingt mit der Produktion verbunden sein muß. Somit wären diese Prozentzahlen nur dann aussagekräftig, wenn man auch ihre unterschiedlichen Bestandteile berücksichtigte.

Die Angaben zur industriellen Entwicklung beinhalten die Wachstumsraten und sektoralen Beiträge von verarbeitender Industrie, Bergbau, Bau-, Wasser- und Energiesektor. Der Beitrag der Industrie zum BIP 1977/78 von 19,1% setzte sich zusammen aus 12,4% in der verarbeitenden Industrie, 0,7% im Bergbau, 5,0% im Bausektor und 1,1% im Wasser- und Energiesektor[12]. Die 33,4% der Erwerbstätigen im Industriesektor verteilten sich zu 19,3% auf verarbeitende Industrie und Bergbau, 13,4% auf den Bausektor und 0,7% auf den Wasser- und Energiesektor; damit entfielen 26,2% der industriellen Wertschöpfung auf den Bausektor, der 40,1% aller "industriellen" Erwerbstätigen beschäftigte. Die 11,6% des sektoralen Beitrags der verarbeitenden Industrie zum BIP beinhalteten dabei noch den Beitrag des Bergbaus, eines Bereiches, der dem industriellen Wachstum nicht zugerechnet werden kann, da die Wertschöpfung des Bergbaus, sofern es sich bei den Produkten um Rohstoffe für den Export handelt, von den Importländern angeeignet wird. Solange keine Reinvestition der erwirtschafteten Devisen dieses Sektors im Land stattfindet, werden sie in Form von Revenuen für Importwaren verausgabt.

Bereinigt man also die Aufstellungen zum industriellen Wachstum und Beitrag zum BIP von den diesbezüglichen Angaben für den Bau-, Bergbau-, Wasser- und Energiesektor, so ergäben sich annähernd realistische Werte für die industrielle Entwicklung. Selbst in diesem Fall spiegeln jedoch die Angaben Wachstumsraten und Beiträge zum BIP nur annähernd wieder, da sich die Großindustrie des Landes hauptsächlich aus Montageindustrien zusammensetzte. Durch die besondere Art der Preisbestimmung ihrer Produkte läßt diese Form der industriellen Entwicklung den sektoralen Beitrag der Industrie zum BIP und zum industriellen Wachstum viel größer erscheinen, als er tatsächlich war. Die Wertübertragung der zur Montage importierten Zwischenprodukte und die monopolistische Preisbestimmung bei den Endprodukten - die Preise liegen meist ein Mehrfaches über den Weltmarktpreisen und werden durch Schutzzölle garantiert - lassen den Schein großen industriellen Wachstums entstehen[13].

Schließlich bedeutet aber "Industrialisierung" nicht nur "Wachstum der industriellen Wertschöpfung"; sie beinhaltet nicht allein eine Beschleunigung des wirtschaftlichen bzw. industriellen Wachstums, sondern stellt - und das ist der Kern der westlichen Zivilisation - die Form einer sozialökonomischen Umwälzung dar, die als "Industrielle Revolution" in die europäische Geschichte eingegangen ist[14]. Sie ist eine Kultur[15], die sich nur durch die Ausweitung des kapitalistischen Weltmarktes als *Kultur des Imperialismus* in den Ländern der "Dritten Welt" durchsetzt. Diese besondere Form industrieller Entwicklung trug im Iran einerseits zur Zersetzung der traditionellen sozial-ökonomischen Verhältnisse bei; zum anderen konservierte und reproduzierte sie aber auch die sozialökonomische Rückständigkeit. Diese konträren Tendenzen, die die widersprüchliche Industriestruktur des Landes hervorbrachten, stellen eines der wesentlichen Momente dar, das sowohl den Aufstand in seiner Verlaufsform als auch die Struktur der nachrevolutionären Macht mitprägte. Dabei basierte die "industrielle Entwicklung" auf der Koexistenz von zusammenhanglos produzierenden Industriebetrieben, deren Einheit nur statistisch hergestellt wurde; zuverlässige Angaben, die ein Bild der Strukturzusammenhänge vermitteln könnten, existieren hingegen kaum. Nur aus verstreuten Angaben können einige Aspekte der krisenhaften Struktur der industriellen Entwicklung rekonstruiert werden.

In den offiziellen statistischen Angaben werden zwei Kategorien von Industriebetrieben unterschieden: die *"kleinen"* Industriebetriebe mit weniger als 10 Beschäftigten und die *"großen"* Industriebetriebe mit 10 und mehr Beschäftigten. Die *Kleinindustrie*, die ca. 250 000 Betriebe umfaßte[16], stellte 32% der Industrieprodukte her, beschäftigte aber 75% aller in der Industrie tätigen Arbeitskräfte[17]. Ihre Domäne war die Textil-, Leder-, Häute-, Teppich- und Baustoffindustrie mit handwerklicher Fertigung. Die *Großindustrie* zählte ca. 8000 Betriebe, die mit 25% der industriellen Arbeitskräfte 68% der Industrieprodukte herstellten[18]. In allen Industriebetrieben sollen 1978 insgesamt 1 756 000 Personen beschäftigt gewesen sein[19]; die durchschnittliche Belegschaft der iranischen Industriebetriebe läge damit bei 8,4 Personen. Allein diese Zahl verdeutlicht die Rückständigkeit einer Industrie, die vorwiegend aus Handwerksbetrieben mit traditioneller Produktionsweise bestand[20]. In der Kleinindustrie, die 75% aller industriellen Arbeitskräfte beschäftigte, waren pro Kleinbetrieb durchschnittlich 5,3 Arbeitskräfte tätig. Die Großbetriebe hatten demnach durchschnittlich eine Belegschaft von je 55 Arbeitskräften.

1972 existierten nur 5850 Großbetriebe; damit beschäftigten nur 2,8% aller Industriebetriebe 10 und mehr Arbeitskräfte[21]. 89,4%, d.h. 5230 Großbetriebe hatten 10 bis 49 Beschäftigte, 4,8% (282 Betriebe) 50 bis 99 Beschäftigte und nur 4,1% (243 Betriebe) 100 bis 499 Beschäftigte. Die Zahl der eigentlichen Großbetriebe mit 500 bis 999 Beschäftigten machte mit 61 Betrieben nur 1%, die der mit 1000 und mehr Beschäftigten sogar nur ganze 0,6% (34 Betriebe) der gesamten industriellen Großbetriebe des Landes aus (vgl. Tab. 29). Schließt man von diesen Ergebnissen auf die geschätzten 8000 Großbetriebe im Jahr 1977/78, so erhält man ein annäherndes Bild der Größenstruktur der industriellen Großbetriebe (vgl. Tab. 30).

Die "Wertschöpfung" des Industrie- und Bergbausektors belief sich 1978 auf insgesamt 648,3 Mrd. Rial (vgl. Tab. 9); 68% davon sollen in großen und 32% in kleinen Industriebetrieben produziert worden sein. Die Wertschöpfung der 8000 Großbetriebe läge damit zu diesem Zeitpunkt bei 245,4 Mrd. Rial. Demnach hätte die durchschnittliche Wertschöpfung pro Kopf der Beschäftigten dieser Betriebe bei 559 000 Rial gelegen[22]; in den Kleinbetrieben läge sie bei nur 88 000 Rial. Die Produktivitätsdifferenz der unterschiedlichen Betriebskategorien wäre jedoch noch erheblich größer, hätte der output der 400 "ausgewählten" Industriebetriebe berücksichtigt werden können, der jährlich durch die iranische Zentralbank veröffentlicht wird. Die Wertschöpfung der Agrarbetriebe mit ihren 2 755 680 Beschäftigten lag 1977 bei 485 Mrd. Rial[23]. Die durchschnittliche Wertschöpfung von 155 000 Rial pro Kopf der Beschäftigten lag damit wesentlich höher als der Vergleichswert der industriellen Kleinbetriebe, der nur 88 000 Rial betrug. Mithin ist die Produktivität von 75% der in der Industrie beschäftigten Arbeitskräfte um 50% niedriger als die der in Agrarbetrieben beschäftigten Arbeitskräfte. Daraus wird deutlich, daß die Industrialisierung im Iran weder zu einer wesentlichen Steigerung der Arbeitsproduktivität beigetragen noch den traditionell-archaischen Charakter der industriellen Produktion aufgehoben hat; höchstens trug sie zur Entstehung einer "Ungleichzeitigkeit" in diesem Sektor bei.

Man könnte einwenden, die Großbetriebe mit 10 und mehr Beschäftigten seien Ausdruck des "neuen" Industriesektors. Bevor aber die gesamtgesellschaftlichen Auswirkungen und der Stellenwert dieser Industrialisierung dargestellt werden, soll eine kurze Untersuchung der Qualität dieser neuen Industriebetriebe erfolgen. Bis zum Ende des zweiten Aufbauplans sah das Industrialisierungsprogramm die Unterstützung der Leicht- und Konsumgüterindustrie, wie z.B. der Webereien sowie der Pflanzenöl , Zucker und Zement herstellenden Industrien, vor. Der dritte Plan hatte die Neugründung und Unterstützung von Industrien zum Ziel, die dauerhafte Konsumgüter wie Kühlschränke, PKWs, Klimaanlagen sowie metallene Haushalts- und Elektrogeräte herstellten. Im vierten und fünften Plan schließlich sollte die Entwicklung der Grundstoffindustrie und Petrochemie sowie des Bergbaus intensiviert werden. Ziel war die Bildung regionaler Industriezentren[24]. Diese Industrialisierungspläne folgten den von UN-Experten empfohlenen Richtlinien. Entsprechend sollte zunächst die einheimische traditionelle Produktionsweise durch maschinelle Fertigung ersetzt werden, die Herstellung von Zwischenprodukten unterstützt und Montageindustrien für die Produktion dauerhafter Konsumgüter sowie Werke in der Grundstoff- und Chemieindustrie errichtet werden[25].

Die vorläufigen Ergebnisse der letzten Betriebszählung der Großindustrie geben die Zahl der Großbetriebe mit 4804 an, wobei Teppichmanufakturen, Erdölraffinerien, die größten iranischen Eisenhüttenwerke in Isfahan und die petrochemische Industrie nicht berücksichtigt wurden. Damit wäre die Zahl der iranischen Großbetriebe zwischen 1971 und 1976 um 26,8%, die Zahl ihrer Beschäftigten um 16,7% und ihre Wertschöpfung um 269,5% gestiegen (vgl. Tab. 31). Aus dem Vergleich zweier unterschiedlicher Quellen[26] ergibt sich für 1971 eine Zahl von 2835 Großbetrieben im Bereich der Teppichmanufaktur. Unterstellt man, daß die Zahl dieser Betriebe bis 1976 konstant geblieben ist, so beliefe sich die Zahl der Großbetriebe für 1976, unter Berücksichtigung obiger Einschränkung, auf 7639. Die Teppichindustrie wäre damit zu 37,1% an der Gesamtzahl der Betriebe beteiligt gewesen.

Die Struktur der iranischen Großindustrie ist in Tabelle 31 dargestellt. Allein 35,6% der Großbetriebe mit 46,4% der im Industriesektor Beschäftigten, die 43,6% der industriellen Wertschöpfung produzierten, waren Betriebe der Lebensmittel-, Tabak-, Getränke-, Textil-, Bekleidungs- und Lederindustrie[27]. Im Jahre 1949 waren 40,6% der Betriebe mit 19,2%, d.h. 57 039 Beschäftigten, die 10,5% der industriellen Wertschöpfung produzierten, Betriebe der Baustoffindustrie[28]. Maschinenbau- und metallverarbeitende Industrie stellten 9,9%, d.h. 477 der Betriebe mit 19,3% der Beschäftigten und produzierten 2,6% der Wertschöpfung[29]. Insgesamt stellten metallische Grundstoff-, Maschinenbau- und metallverarbeitende Industrie 10,8% der Betriebe mit 21,6% der Beschäftigten und produzierten 5,0% der industriellen Wertschöpfung (vgl. Tab. 31)[30]. Die chemische und petrochemische Industrie stellte 4,7% der Betriebe und 8,0% der Beschäftigten, die 14,9% der industriellen Wertschöpfung herstellten[31]. Die Baustoffindustrie war mit einem Wachstum von 113,9% zwischen 1971 und 1976 *die* Wachstumsindustrie überhaupt (vgl. Tab. 31).

Diese Angaben spiegeln nur die Struktur der "Großindustrie" wieder; dennoch vermitteln sie ein grobes Bild von einer Industrialisierung, die gekennzeichnet ist durch die Ungleichzeitigkeit der Entwicklung einzelner Industriezweige und ihre völlige Beziehungslosigkeit zueinander sowie durch eine "punktuelle Entwicklung"[32] einzelner Industriezweige, vor allem aber durch das Fehlen einer angemessenen Produktionsmittelindustrie. Selbst die dem Maschinenbau und der Metallverarbeitung zugerechneten Industriebetriebe produzierten vor allem dauerhafte Konsumgüter. Bei den weiteren 60 Produktionsmittel produzierenden Betrieben dürfte es sich, abgesehen von drei großen Maschinen-Montage-Fabriken in Arak, Tabriz und Ahwaz, eher um Reparaturbetriebe als um wirkliche Produktionsstätten gehandelt haben[33].

Als Montageindustrie war damit die gesamte Industrieproduktion fast völlig abhängig vom Import der Rohstoffe und Zwischenprodukte. Neben dem Import von Maschinen und "know-how", die in der Statistik als Kapitalgüter erscheinen und ausnahmslos eingeführt werden mußten, war die iranische Industrie durchschnittlich zu 72% vom Import der Rohstoffe und Zwischenprodukte abhängig. Die Maschinenbau- und metallverarbeitende Industrie mußte sogar 80% ihrer "Rohstoffe" einführen, die pharmazeutische 75%, die Lebensmittelindustrie 70%, die Leder und Papier verarbeitende Industrie 60% und die Bauindustrie 59%[34].

Zwar kritisieren einzelne Autoren[35] die Industrialisierungspolitik der 60er und 70er Jahre in scharfer Form; jedoch erfassen sie lediglich deskriptiv die Erscheinungsformen dieser Industrialisierungsstruktur, ohne die sie hervorbringenden Mechanismen in ihre Kritik einzubeziehen. So benennen sie als negative Aspekte dieser Politik im Bereich der verarbeitenden Industrie, daß dieser Sektor insgesamt zu stark auf die Produktion von "gehobenen" Konsumgütern ausgerichtet gewesen sei, während die technologischen "links" zwischen den unterschiedlichen Produktionseinheiten ebenso wie zu anderen ökonomischen Sektoren ständig abnähmen. Gleichzeitig stiege die Abhängigkeit vom ausländischen Kapital und von intermediären Gütern steil an. Schließlich sei eine permanente Verringerung des Exports dieses Sektors zu verzeichnen. Auch unterziehen sie das Verhalten der ausländischen Investoren einer scharfen Kritik, da jene aufgrund ihrer Beschränkung auf Montage-Aktivitäten kaum zur Forcierung der Exporte oder zu einem "backward-linkage"-

Effekt beitrügen. Diese im allgemeinen als "importsubstituierende Industrialisierung" gefeierte Form industrieller Entwicklung ist aber Ausdruck der spezifischen Integrations-*Form* des Iran in den sich verändernden Weltmarkt und damit Funktion der *Exportsubstitution* der kapitalistischen Metropolen in ihrem Konkurrenzkampf um die Marktanteile.

2.1.2.3. ZUR HYPERTROPHIE DES TERTIÄREN SEKTORS

Die sektorale Disparität der ökonomischen Entwicklung wurde nicht zuletzt deutlich in einer sehr starken strukturellen Verzerrung zugunsten des tertiären Sektors, welche als Hypertrophie des tertiären Sektors erschien. Die Untersuchung der strukturellen Verzerrungen zugunsten tertiärer Aktivitäten, die in den unterentwickelten Ländern beobachtet werden, hat sich oft mit einer Deskription begnügt; ignoriert werden dagegen die Ursachen und Folgen dieser Verzerrung sowie jene Momente, die die Entwicklung des tertiären Sektors bestimmen. Dies scheint weitgehend aus der Vorherrschaft einer dualistischen Theorie der wirtschaftlichen Entwicklung dieser Länder herzurühren. Die Aufteilung der kapitalistisch unterentwickelten "Volks"-wirtschaften in zwei Sektoren - "modern" und "traditionell" -, von der die Theoretiker des Dualismus ausgehen, erlaubt es nicht, die Existenz eines wichtigen tertiären Sektors in die Analyse zu integrieren, eines Sektors, dessen Ursprung in der Spezifik des Entwicklungsmodells dieser organisch in den Weltmarkt integrierten Ökonomien gesucht werden muß. Die ökonomische Entwicklung Irans mit ihrem bedeutenden Erdölsektor, der bis vor kurzem nur wenig mit der restlichen "Volks"-wirtschaft korrespondierte,begünstigte die bisektoriell ausgerichteten Analysen der ökonomischen Entwicklung; sie blieben jedoch notwendig partiell, weil dabei der tertiäre Sektor völlig ausgespart wurde[1].

Der tertiäre Sektor umfaßt Verkehr, Kommunikation, Banken, Versicherungen, Vermittlungen, Handel, Mieten sowie private und öffentliche Dienstleistungen. Die Wertschöpfung dieses Sektors wies 1977/78 eine Wachstumsrate von 9,2% gegenüber 8,6% im Industriesektor auf, während der Agrar- und Erdölsektor eine negative Wachstumsrate von 0,8% und 7,2% verzeichnete. Die Wachstumsrate des BIP betrug in diesem Jahr nur 1,7% (vgl. Tab. 6).

Diese Wachstumsraten stimmen, solange die offizielle sektorale
Einteilung ökonomischer Aktivitäten und damit einhergehender
sektoraler Wertschöpfung zugrunde gelegt wird. Dabei zählten
alle durch öffentliche Aktivitäten in der unmittelbaren Produktion entstandenen Wertschöpfungen zum Agrar- und Industriesektor. Trotzdem überstieg die durchschnittliche Wachstumsrate
der Wertschöpfung des tertiären Sektors als einzige die gesteckten Planziele. 1973-77 verfehlte die jahresdurchschnittliche Wachstumsrate der Wertschöpfung des tertiären Sektors
das Planziel nur um 1,1%, während die der Industrie um 3,5%,
die des Agrarsektors um 2,4% und die des Erdölsektors um
52,2% unter den gesteckten Planzielen lagen (vgl. Tab.6). Zwischen 1962 und 1977 stand der jahresdurchschnittliche Beitrag
des tertiären Sektors bezüglich des BIP mit 37,7% an erster
Stelle, gefolgt von dem Beitrag des Erdölsektors mit 25,3%,
des Industriesektors mit 19,8% und des Agrarsektors mit 18,9%.
1977/78 überstieg der Beitrag des tertiären Sektors am BIP
mit 35,8% trotz enormer Steigerung der Öleinnahmen immer noch
den des Erdölsektors mit 35,7%. Der Anteil des Industrie- und
Agrarsektors betrug in diesem Jahr 19,1% bzw. 9,4% (vgl.
Tab. 8).

Innnerhalb des tertiären Sektors standen1977/78 die öffentlichen
Dienstleistungen mit einem Anteil von 11,2% bei der Entstehung des BIP zu Faktorkosten an erster Stelle; es folgten der
Handel mit 6,4%, Banken, Versicherungen, Immobilien und kommerzielle Dienstleistungen insgesamt mit 5,8%, Wohnungsmieten
mit 4,7%, Verkehr und Kommunikation mit 4,3% sowie die persönlichen und häuslichen Dienstleistungen mit 3,3%[2].

Betrachtet man den sektoralen Anteil des tertiären Sektors an
der gesamtgesellschaftlichen lebendigen Arbeitskraft im Verhältnis zu seinem Beitrag zur Entstehung des BIP zu Faktorkosten - als Gradmesser sozialer Einkommensverteilung -, so
wird auch hier die unübersehbare Hypertrophie des tertiären
Sektors, gemessen am Niveau des Pro-Kopf-Einkommens und der
Industrialisierung, deutlich, vor allem im Vergleich zum Entwicklungsmodell der entwickelten kapitalistischen Länder. Nach
der letzten Erhebung waren 1976 32,1% aller Erwerbstätigen
im tertiären Sektor beschäftigt, 18,9% in der Industrie, 13,4%

im Bausektor, 1,0% im Bergbau, 0,7% im Wasser- und Energiesektor sowie 33,9% im Agrarsektor (vgl. Tab. 40)[3]. Damit überstieg der Anteil der Beschäftigten im tertiären Sektor wesentlich den aller anderen Sektoren, mit Ausnahme des Agrarsektors. Da jedoch ein Teil der Arbeitskräfte, die für andere Sektoren registriert sind, in jenen Bereichen tätig war, die als Dienstleistung zu identifizieren sind, müßte tendentiell der Anteil der Beschäftigten im tertiären Sektor noch weit höher angesetzt werden. Man kann dieses Phänomen z.B. im Erdölsektor beobachten, wo die intersektorale Verteilung der Arbeitskräfte zu einer permanenten Expansion der Angestellten zuungunsten der Arbeiter geführt hat. Während die Gesamtzahl der Erwerbstätigen in diesem Sektor von 55 626 im Jahre 1955 auf 40 829 im Jahre 1972 sank, um 1976 wieder auf 60 150 zu steigen, fiel die Zahl der Arbeiter von 48 222 im Jahre 1955 auf 36 458 im Jahre 1976; dafür stieg die Zahl des "leitenden Personals" einschließlich der Angestellten von 6865 Iranern (1955) auf 22 336 (1976) und von 85 Ausländern auf 1255 (1976)[4]. Subsumiert man die 395 453 Beschäftigten des Transport- und Lagerhaltungssektors (vgl. Tab. 41), die offiziell zu den "Produktionsarbeitern und ähnliches" gezählt werden[5], unter den tertiären Sektor, so waren hier 32,6% aller Erwerbstätigen beschäftigt. Außerdem müßten die 249 108 "Produktionsarbeiter"[6] und die 39 499 Beschäftigten des Agrarsektors (vgl. Tab. 43) im "öffentlichen Dienst" hinzugezählt werden, und zwar deshalb, weil sie im öffentlichen Dienst, selbst bei direkter Tätigkeit in der Produktion, nur Dienstleistungsfunktionen wahrnahmen. Sie waren alle nur *formell* unter das Kapital subsumiert, weil die Tätigkeit im öffentlichen Dienst zur *Herstellung* und zum *Betrieb* der "allgemeinen Produktionsbedingungen" gezählt wird[7]. Damit vergrößerte sich der Anteil des tertiären Sektors auf 35,9%, das sind 3 154 735 Erwerbstätige (vgl. Tab. 43). Zahlenmäßig an erster Stelle standen die 595 061 Beschäftigten im Verkauf, die 6,8% *aller Erwerbstätigen* stellten, gefolgt von den technisch-wissenschaftlichen Berufen (6,1%), Büro- und Verwaltungstätigkeit und ähnlichem (5,1%), Dienstleistungspersonal (4,8%), Transport- und Lagerhaltung (4,5%), administrative Führungstätigkeit und Management (0,5%), staatliche Bedienstete in der Agrikultur (0,4%) und schließlich 4,3% als "unklassifizierte" Berufe. Von den 466 165 Beschäftigten in "unklassifizierten" Berufen waren 416 449 Personen, d.h. 89,3% im öffentlichen Dienst tätig (vgl. Tab. 42 und 43); sie umfaßten vor allem Angehörige des Militärs[8]. In derselben Reihenfolge stellten die Beschäftigten im Verkauf 18,9% *der Erwerbstätigen im tertiären Sektor*, gefolgt von den technisch-wissenschaftlichen Berufen mit 17%, Büro- und Verwaltungstätigkeit und ähnliches mit 14,2%, Dienstleistungspersonal mit 13,5%, die Angehörigen der drei Waffengattungen mit 13,2%, administrative Führungstätigkeit und Management 0,5%, staatliche Bedienstete mit 1,3% (vgl. Tab. 44).

Nach offiziellen Angaben stieg der Anteil der Erwerbstätigen im tertiären Sektor zwischen 1956 und 1976 von 23,6% auf 32,1% und damit um 8,5%, im Industriesektor dagegen von 13,8% auf 18,9%, also um 5,1%, im Bausektor von 5,7% auf 13,4%, d.h. um 7,7%, im Bergbau von 0,4% auf 1,0%, also um 0,6%, im Wasser- und Energiesektor von 0,2% auf 0,7%, also um 0,5%; im Agrarsektor, dessen Anteil von 56,3% auf 33,9% fiel, war sogar ein Rückgang um 22,4% zu verzeichnen (vgl. Tab. 40)[9].

In den letzten Planperioden erreichte der Dienstleistungssektor mit 991 526 neuen Arbeitsplätzen den höchsten Anteil an Neuschaffungen. 948 000 dieser Arbeitsplätze entstanden zwischen 1971 und 1976, davon mehr als 900 000 allein im öffentlichen Dienst. Während 30% aller Arbeitskräfte im öffentlichen Dienst unterbeschäftigt waren, bestand ein genereller Mangel an qualifizierten Arbeitskräften, vor allem im Gesundheits- und Ausbildungssektor. Im tertiären Sektor waren 50,2% der Beschäftigten im öffentlichen Dienst tätig (vgl. Tab. 41 und 44) und eigneten sich 11,2% des BIP an; diese Zahl umfaßt nur die "Sicherheitskräfte" und die allgemeine Verwaltung[10]. Insgesamt waren 54% der Erwerbstätigen im öffentlichen Dienst, während der Staat 3% der Beschäftigten in der Handel-, Hotel- und Gastronomiebranche, 25,5% der Beschäftigten im Verkehrs-, Lagerhaltungs- und Kommunikationssektor, 43,3% der Beschäftigten in Banken, Versicherungen und bei kommerziellen Dienstleistungen, 77,9% der Beschäftigten in der sozialen Dienstleistung, davon allein 28,2% als "Sicherheitskräfte"[11], versorgte. Bei diesen Zahlen handelt es sich nur um die *Betriebskosten* für öffentliche Dienstleistungen, ihre *Herstellungskosten* erscheinen auf dem Konto anderer Sektoren, vor allem dem des Bausektors, sowie als negative Handelsbilanz[12]. Dies verdeutlicht nicht allein die veränderte Importstruktur und die defizitäre Handelsbilanz, sondern auch der revidierte 5. Fünfjahresplan, der eine neue sektorale Verteilung der öffentlichen fixen Investitionen vorschlug(vgl. Tab.46)und damit zu einer Verschärfung der sektoralen Disparität führte, wie man sie in der bisherigen Entwicklungsgeschichte des Kapitalismus kaum hat beobachten können. Die Richtung der Planrevision mußte längerfristig verhängnisvolle Auswirkungen auf die Lebensverhältnisse der iranischen Bevölkerung haben, denn sie verschärfte nicht allein die Rückständigkeit derjenigen Sektoren, deren Förderung am dringendsten gewesen wäre, sondern beschleunigte letztlich den Ruin der gesamten Wirtschaft und führte damit zu einer weiteren Verschärfung der vorher bereits schlechten Lebensverhältnisse breiter Bevölkerungsmassen.

Zwar war die Landwirtschaft infolge ihres hohen Anteils an der Gesamtbevölkerung und der Beschäftigtenzahl trotz eines stark abnehmenden Beitrages am BSP immer noch einer der wichtigsten Wirtschaftszweige, denn ihre Aufgabe bestand in der Schaffung einer Nahrungsmittelgrundlage für die jährlich um 3% wachsende Bevölkerung sowie in der Sicherung der Rohstoffbasis für die expandierende verarbeitende Industrie; gleichwohl wurden bei der Planrevision die ursprünglich für diesen Sektor vorgesehenen Finanzmittel von 121 Mrd. Rial nur knapp verdoppelt, während der Anteil von ursprünglich 91 Mrd. Rial für öffentliche Bauten - als eines der krassesten Beispiele bürokratischer Expansion - um 250% erhöht wurde.

Die Wohnungsfrage gehörte zu den brennendsten Problemen des Iran; die Mehrheit der Stadtbewohner lebte unter primitivsten Bedingungen in slumähnlichen Vierteln. In Rey beispielsweise, einer Vorstadt von Teheran, profitierte die Bevölkerungsmehrheit kaum von dem städtischen Dienstleistungsangebot: 75% der Einwohner besaßen weder Strom- noch Wasseranschluß. Trotzdem wurde der Anteil des Wohnungsbaus im revidierten Fünfjahresplan nur um 150% erhöht, während gleichzeitig 50% der Erdöleinnahmen und 28% der gesamten Staatsausgaben für die Expansion der Militärmaschinerie bereitstanden. Mit diesem Anteil von 15% des BSP stellte der Iran für den Posten "Streitkräfte" das Doppelte des in den USA veranschlagten Betrages von 7,95% zur Verfügung[13]. Der Bereich "Bildung und Ausbildung" war auch im Rahmen der letzten Planungspraktiken ein ernsthafter "Engpaß". Nach Angaben des Arbeits- und Sozialministers waren allein 70% der Beschäftigten in der Industrie noch als Analphabeten und damit als Unqualifizierte einzustufen[14]. Dieser Umstand zwang das Regime dazu, qualifizierte Arbeitskräfte aus den Philippinen, Indien, Pakistan, den USA und Europa zu importieren, obwohl 1977 gleichzeitig 56,6% der arbeitsfähigen Bevölkerung faktisch arbeitslos waren. Nicht im Arbeitskräftemangel als solchem lag folglich der "Engpaß", sondern im Mangel an qualifizierten Arbeitskräften; trotzdem wurde der Anteil dieses Bereichs bei der Planrevision nur um minimale 2,4% erhöht.

Die sozialen Dienstleistungen im Iran entsprachen nicht einmal denen vieler anderer "Entwicklungsländer". 1974 verfügte das Land nur über 45 000 Krankenhausbetten, d.h. für 800 Peronen stand durchschnittlich ein Bett zur Verfügung. Berücksichtigt man dabei, daß für ca. 60% der Bevölkerung faktisch kein Krankenbett vorhanden war, dann wird der katastophale Zustand der medizinischen Versorgung erschreckend deutlich. Nach offiziellen Angaben verfügte das Land im März 1977 nur über insgesamt 14 236 Ärzte und Zahnärzte, von denen 45,8% (Ärzte) und 54,6% (Zahnärzte) in Teheran praktizierten. Doch auch für die Einwohner Teherans bedeutete dies, daß nur ein Arzt für 873 Personen zur Verfügung stand. Der Landesdurchschnitt war noch weit ungünstiger: hier entfielen auf einen Arzt 2699 Personen. Die entsprechenden Durchschnittszahlen für die Zahnärzte beliefen sich in Teheran auf 1 : 5051, im Landesdurchschnitt

auf 1 : 18 622. Trotzdem wurden im revidierten 5. Plan nur
9 Mrd. Rial dem Sektor "Wohlfahrt" zugewiesen, dem Bereich
Sport und Tourismus dagegen 26 Mrd. Rial.

Trotz der aufgezeigten sektoralen Disproportionalitäten sah
der revidierte Plan einen Anstieg der finanziellen Zuwendungen für die Sektoren Erdöl und Erdgas um 119% bzw. 112% vor,
während die Anteile für die Bereiche Wasser und Industrie, die
beide für die weitere Entwicklung des Landes von äußerster
Wichtigkeit waren, nur einen Anstieg von 51% und 95,6% zu
verzeichnen hatten. Doch auch diese Planziele konnten nicht
erreicht werden; in einem internen Bericht des "Ministeriums
für Genossenschaften und ländliche Angelegenheiten" heißt es
dazu: "Die Ergebnisse der ersten vier Jahre des fünften Fünfjahresplanes und die Untersuchung der Maßnahmen der letzten
Jahre zeigen die *Nichtrealisierung aller im revidierten Plan
vorgesehenen Ziele.*"[15] In allen anderen Sektoren finden sich
ähnlich negative Ergebnisse. Auch wurden viele Projekte aus
den früheren Fünfjahresplänen nicht zuende geführt, weil man
inzwischen mit einem neuen Plan begonnen hatte. Das kam einer
Vergeudung von natürlichem Reichtum und dem Brachliegen von
Milliardengeldern gleich, die für die Verbesserung der Lebensbedingungen der Bevölkerung dringend erforderlich gewesen
wären.

Nicht nur die bürgerlichen Kritiker der USA und Europas warfen
dem Shah, wenn auch erst nach seinem Sturz, vor, all seine Maßnahmen seien ausschließlich zur Stabilisierung "seiner" Herrschaft ergriffen worden und hätten dadurch die Krise ausgelöst.
"Seine Kalkulationen waren übrigens weniger von wirtschaftlichen Überlegungen beeinflußt als von politischen Spekulationen, die darauf zielten, seine eigene Daseinsberechtigung auch
in einem neuen Iran zu sichern. Der neue Reichtum sollte dazu
benutzt werden, die Pahlavi-Dynastie in einem aufblühenden
Iran zu festigen."[16]

Diese Kritik übersieht die Tatsache, daß der Shah nur Herrscher
"von Amerikas Gnaden" war; ohne einen CIA-Putsch hätte er seinen Thron nicht besteigen können, nachdem er schon 1953 durch
den Volkszorn aus dem Lande gejagt worden war. Alle Maßnahmen

zur Sicherung "seiner" Dynastie waren letztlich Maßnahmen zur *Herstellung* und *Betreibung allgemeiner und äußerer Reproduktionsbedingungen* des von den USA dominierten Kapitals und damit wohlüberlegte Maßnahmen, die ihm unter dem Vorzeichen "internationaler Verantwortung" von seinen amerikanischen Experten nahegelegt wurden. Denn als Funktion des Imperialismus konnte das Shah-Regime , das ohne eine nennenswerte soziale Stütze regierte, nur eben jene Maßnahmen ergreifen, die die Wahrnehmung der imperialistischen Interessen garantierten. Nur so konnte das Regime auch "seine" Herrschaft als garantiert betrachten. Vor allem handelte es sich hierbei um Maßnahmen, die die amerikanische Wirtschaftskrise der 70er Jahre lindern sollten, jene Krise, die sich insbesondere durch hohe Arbeitslosigkeit, Zahlungsbilanzdefizit, ungleiche Entwicklung der Export- und Importpreise sowie Konkurrenzunfähigkeit der USA gegenüber Europa manifestierte und den Verlust des absoluten Hegemonialanspruchs der USA ankündigte[17]. Dem Iran kam zu dieser Zeit die Aufgabe zu, mit seinen enormen Erdöleinnahmen zu einem vorläufigen Ausgleich des Handelsbilanzdefizits der USA beizutragen. Obwohl die USA 1975 mit 105,872 Mrd. Rial den größten Anteil am iranischen Markt innehatten (BRD: 95 960 Mill. Rial, Japan: 91 114 Mill. Rial), sahen sie sich angesichts ihres Handelsbilanzdefizits und im Rahmen ihrer Exportoffensive gezwungen, ihre Einfuhr in den Iran massiv zu steigern, und zwar mit Hilfe von Gütern, deren Herstellung seit dem 2. Weltkrieg ein amerikanisches Monopol konstituierte, nämlich Elektronik, Kernenergie und Rüstung.

Die Überwindung der amerikanischen Wirtschaftskrise wurde damit zum Teil dem iranischen Volk aufgebürdet; das ihm abverlangte Opfer konkretisierte sich in der Rolle, die der iranische Markt beim Absatz amerikanischer Waren zu spielen hatte: er fungierte als der größte Absatzmarkt der amerikanischen Rüstungsindustrie. Allein 1974 exportierten die USA Waffen für 4 Mrd. Dollar, das waren 50% aller amerikanischen Waffenexporte, in den Iran. 1975 folgte eine weitere Waffenlieferung in Höhe von 2,6 Mrd. Dollar; dazu kamen noch ein Radarsystem im Werte von 10 Mrd. Dollar, mit dessen Hilfe der CIA die Möglichkeit hatte, die gesamte nahöstliche Region zu überwachen. 1978 wurden amerikanische Rüstungsgüter für 15 Mrd. Dollar bestellt; außerdem 6 Kriegsschiffe für 3 Mrd. Dollar trotz eines Preisaufschlags um 50% von Seiten des Pentagon, Hubschrauber im Werte von 502 Mill. Dollar, Tankflugzeuge für 103 Mill. Dollar und 10 mit Radar ausgerüstete Flugzeuge für etwa 1870 Mill. Dollar[18]. Daneben exportierten die USA 1975 Waren "zivilen" Charakters in Höhe von 3242 Mrd. Dollar in den Iran, die BRD und Japan dagegen nur für 2024 Mrd. bzw. 1853 Mrd. Dollar[19]. Trotz ihrer bereits dominierenden Position schlossen die USA am 4. März 1975 mit dem Iran den für dieses Land bedeutendsten Handelsvertrag ab. Er sah den Verkauf von US-Waren und Dienstleistungen im Werte von 15 Mrd. Dollar in einem Zeitraum von 5 Jahren vor; inbegriffen war der Verkauf von 5 Atomreaktoren für 6,5 Mrd. Dollar. Dieser Vertrag sah neben weiteren 5 Mrd. Dollar für Rüstungsaufträge nur 4,6 Mrd. für Waren vor, die dem "wirtschaftlichen Aufbau" dienen sollten. Dabei wurde der amerikanische Export in den Iran seit 1975 auch ohne Rüstungsgeschäft schon auf mehr als 40 Mrd. Dollar geschätzt[20].

Solange es jedoch den USA nicht möglich war, ihre enorm hohen Energieausgaben zu reduzieren, reichten diese Exporte zur Sanierung der amerikanischen Zahlungsbilanz allerdings nicht aus. Die Vereinigten Staaten zahlten 1970 12 Mrd. Dollar, 1973 6 Mrd. und 1975 11 Mrd. allein für Erdölimporte; bei konstanten Erdölpreisen hätte das 1980 ca. 20 Mrd. Dollar bedeutet[21]. Daher war es für die USA lebenswichtig, daß die Erdölpreise nicht stiegen, was nur durch die "national unabhängige" Politik des Shah-Regimes gesichert werden konnte. Daß der Shah auf der Koferenz der OPEC-Staaten in Caracas für das Einfrieren der Erdölpreise eintrat, war die Konkretion seiner viel gelobten "Politik der nationalen Unabhängigkeit". Diese Ölpreispolitik glich nicht einmal den Kursverfall des Dollars und die Preissteigerungen der vom Iran importierten Waren auf dem Weltmarkt aus. Dabei erfreute sie sich nicht nur vollster Zustimmung der Konkurrenten der USA, sie verschlechterte auch die Position anderer OPEC-Staaten; vor allem führte sie aber zur Vernichtung der positiven iranischen Zahlungsbilanz. Denn

wies die iranische Zahlungsbilanz 1975 noch einen Überschuß von
5,1 Mrd. Dollar auf, so zeigte sich schon 1976 ein Defizit von
1 Mrd. Dollar, außerdem der Verlust eines ausländischen Guthabens in Höhe von ebenfalls 1 Mrd. Dollar.

Vergegenwärtigt man sich die Höhe der oben genannten amerikanischen Exporte in den Iran während der genannten zwei Jahre
sowie die durch den Kursverfall des Dollars verursachte Abnahme der Erdöleinnahmen, so wird die Höhe des Zahlungsbilanzdefizits ebenso wie Irans erneute Auslandsverschuldung verständlich. Angesichts einer solchen Lage gestatteten die staatlichen
Finanzmittel nicht mehr die Durchführung der im 5. Fünfjahresplan vorgesehenen Projekte, während sich gleichzeitig der
Staatsapparat permanent ausweitete. Aus diesem Grunde mußte
die *parasitäre* Expansion des "öffentlichen Dienstes" als Hypertrophie des tertiären Sektors erscheinen, die neben ihrem
residualen Bestandteil nur unproduktiv vom gesellschaftlichen
Akkumulationsfond zehren konnte. Sie reproduzierte nicht nur
eine wahrhaft teure, sondern auch eine korrupte Regierungsform, der die Monopolisierung der politischen Macht als neuer
Eigentumstitel diente. Durch die Errichtung von Staatsmonopolen bei den ertragreichsten Einnahmequellen des Landes konnte
sie Verschwendung und Nepotismus betreiben, ein Umstand, der,
mit der zunehmenden Entwicklung der bürgerlichen Gesellschaft,
zu den Aufgaben und Legitimationsgrundlagen des Staates, die
allgemeinen und äußeren Bedingungen gesellschaftlicher Reproduktion herzustellen und zu betreiben, in permanenten Widerspruch geriet. Dieser Widerspruch manifestierte sich in der
Verschärfung der politischen Krise des Shah-Regimes. Hier
deckte sich die Negation der Herrschaftsform auf Seiten der
Allgemeinheit mit den partikularen Interessen der "liberalen"
Bourgeoisie, die "weniger Staat" und mehr "private Initiative"
zugunsten nationaler Akkumulationsmöglichkeiten forderte[22],
eine bürgerliche Notwendigkeit, die sich als gesellschaftliches Bedürfnis nach Herstellung von sozialer *Gerechtigkeit*
und *nationaler Unabhängigkeit* artikulierte, welche in einer
traditionell staatsfixierten Gesellschaft als Bedürfnis nach
einem *nativistisch-gerechten Staat* zum Ausdruck kamen.

2.2. DIE STRUKTURELLE KRISE DER ÖKONOMISCHEN ENTWICKLUNG ALS KRISE DER ORGANISATIONSFORM GESELLSCHAFTLICHER PRODUKTION

Das Wachstum der Krise als Ergebnis der sich verschärfenden Disparität gesellschaftlicher Arbeitsteilung ist Funktion der sektoralen Integration des Iran in den Weltmarkt. Durch diese Integrationsform wird die Verteilung gesellschaftlich notwendiger Arbeitszeit im doppelten Sinne immer mehr vermittels des Kapitals auf die einzelnen, als Sektoren der "Volks"-wirtschaft erscheinenden, Weltmarktsektoren verlagert und damit indirekt organisiert, da die Bewegung des Kapitals von der Höhe der sektoralen Profitrate bestimmt wird. Die äußerlich wahrnehmbare Form dieser Vermittlungsfunktion ist der sich entwickelnde (Weltmarkt-)Preis als Funktion von Angebot und Nachfrage - trotz des sich modifiziert durchsetzenden Wertgesetzes auf dem Weltmarkt.

Die Weltmarktintegration setzte sich also im Iran in einer Form der kapitalistischen Entwicklung durch, die als Funktion des sich verändernden Weltmarktes einen "inneren Markt" mit seinen deformierten Strukturen hervorbringt und reproduziert. Diese Entwicklungsform manifestiert sich in der weltmarktorientierten agrarkapitalistischen Wachstumsstrategie genauso wie in der "importsubstituierenden Industrialisierung", die wiederum die Hypertrophie des tertiären Sektors produziert.

Diese Entwicklungsform machte den "inneren Markt" des Iran nicht nur von den Reproduktionsbedingungen der kapitalistischen Metropolen als den bestimmenden Konstitutionsmomenten des Weltmarktes abhängig, sondern auch, als schwächstes Glied des Weltmarktzusammenhangs, noch krisenempfindlicher. Jede kleine Störung auf dem Weltmarkt führte zu Erschütterungen in den deformierten ökonomischen Strukturen des Iran und verschärfte die immanente Krisenkonstellation, die die Forderung nach *nationaler Unabhängigkeit* immer massiver werden ließ.

2.2.1. DIE AGRARSTRUKTURKRISE ALS FUNKTION DER LANDREFORM

Die Agrarstrukturkrise war das Ergebnis der planmäßigen Zerstörung traditioneller Organisationsformen der Agrarproduktion, die nicht durch eine ökonomisch effektivere und sozial freundlichere Alternative ersetzt werden konnten. Sie ist, mit anderen Worten, das Ergebnis der mit der Landreform[1] eingeführten Organisationsform der Agrarproduktion, die sich als kapitalistische Entwicklung der Agrarproduktion durchsetzte. Nur so ließ sich der Agrarsektor scheinbar in den Weltmarkt integrieren.

Abgesehen von einigen Modifikationen, die durch die historische Spezifität der vorkapitalistischen iranischen Gesellschaftsformation bedingt sind, dürften sich die Zielvorstellungen der iranischen Landreform in den wesentlichen Zügen mit denen aller in der "Dritten Welt" realisierten Agrarreformen decken. In der diesbezüglichen - kritischen wie apologetischen - Literatur werden unterschiedliche politische und ökonomische Zielsetzungen betont. Eine Steigerung der landwirtschaftlichen Produktion soll durch Mechanisierung und Verwendung neuer Saatgut-Düngemittel-Kombinationen erreicht werden; die verstärkte Kommerzialisierung der landwirtschaftlichen Produktion soll auf die Erfordernisse des Industrialisierungs- und Urbanisierungsprozesses eingestellt werden; gleichzeitig ist eine Verstärkung der Exportproduktion sowie die Steigerung der Kaufkraft eines Teils der ländlichen Bevölkerung ("Kulaken") angestrebt, um damit die Ausweitung des Marktes für "nationale" und importierte Konsumgüter und Produktionsmittel zu erreichen. Das Handels- und Bankkapital soll verstärkt auch in die Dörfer eindringen. Zugleich wird die Freisetzung von Arbeitskräften als disponibles Potential für kapitalistische Betriebsformen in Stadt und Land angestrebt. Die staatliche Bürokratie soll die politische und ökonomische Kontrolle der Bauernschaft übernehmen, eine soziopolitische Stütze des Regimes in der wohlhabenden Kulakenschicht und damit die Immunisierung der Bauernschaft gegenüber revolutionären Strömungen schaffen.

Nach offiziellen Verlautbarungen wurde bis zum Anfang der 70er
Jahre das vorkapitalistische Großgrundeigentum, das weitgehend
entsprechend den Prinzipien des vorderasiatischen *"Teilbau-
Systems"*[2] organisiert war, im großen und ganzen an die Inhaber des traditionellen Anbaurechts, des *"nassagh-Rechts"*[3]
verkauft[4]. So schien mit der Landreform zwar das vorkapitalistische Grundeigentum eliminiert zu sein; durch die Aufsplittterung des Großgrundeigentums in bäuerliches Parzelleneigentum konnte aber die Dominanz *vorkapitalistischer Produktionsweisen* nicht beseitigt werden. Im Gegenteil führten
diese Maßnahmen durch die Aufhebung der traditionellen *Aneignungsweise* eher zur Konservierung der traditionellen Produktions*methoden* und damit zu einer weitgehenden Stagnation der
agrarischen Warenproduktion. Die "reproduzierte" Rückständigkeit der Agrarproduktion zeichnete sich vor allem durch eine
weitgehende *formelle Subsumtion* der bäuerlichen Arbeitskraft
unter die kapitalisierte Grundrente aus. Der wahrnehmbare
Strukturzusammenhang dieser Entwicklung manifestierte sich in
der entstandenen Betriebsgrößenstruktur, der Art und Weise der
Betriebsführung, dem Grad der sich durchsetzenden Lohnarbeitsverhältnisse und in der Vermarktung der Agrarprodukte.

A. DIE VERÄNDERUNG DER BETRIEBSGRÖSSEN SEIT DER LANDREFORM

Die Zahl der landwirtschaftlichen Betriebe stieg von 1960 bis
1975 absolut um 32,0%. Die diesen Betrieben zur Verfügung stehende landwirtschaftliche Nutzfläche (LNF) vergrößerte sich in
demselben Zeitraum um 44,6%, die durchschnittliche Betriebsgröße um 10,0% (vgl. Tab. 23).

1. Bäuerliche Kleinbetriebe bis 5 ha.

1960 stellten die Betriebe dieser Größenordnung 64,6% aller
landwirtschaftlichen Betriebe und umfaßten 18,8% der LNF. Die
durchschnittliche Betriebsgröße lag bei 1,75 ha. 1975 stellten
sie 64,4% aller landwirtschaftlichen Betriebe und umfaßten
14,88% der LNF bei einer durchschnittlichen Betriebsgröße von
1,52 ha. Ihre Zahl nahm absolut um 31,7% zu, während sich die
ihnen zur Verfügung stehende LNF um nur 14,7% vergrößerte. Die

durchschnittliche Betriebsgröße verkleinerte sich damit um 13,0% (vgl. Tab. 23). Hierbei handelt es sich um Betriebe der *kleinen Bauern*. Wenn man davon ausgeht, daß alle Betriebe unter 5 ha Eigentum der Bauern waren kann man aus den Daten ersehen, daß die Teilbauern nicht die gesamte von ihnen vor der Reform bebaute landwirtschaftliche Nutzfläche zugewiesen bekamen.

1.1. Betriebe unter 1 ha (Kleinstbetriebe)

1960 umfaßten 15,7% der Betriebe unter 1 ha 1,8% der gesamten LNF; die durchschnittliche Fläche jedes Betriebes war 0,41 ha. Durch die Landreform vergrößerte sich der Anteil der Betriebe unter 1 ha auf 19,6%. Absolut stieg die Zahl der Kleinstbetriebe um 52,3% (vgl. Tab. 23). Die Zahl der ärmsten Bauern wuchs also enorm an. Betrachtet man die durchschnittliche Betriebsgröße, so wird der Prozeß der Verarmung noch deutlicher. Sie lag 1975 nur bei 0,35 ha gegenüber 0,41 ha 1960 und verkleinerte sich damit durchschnittlich um 14,6% (vgl. Tab. 23).

1.2. Betriebe von 1 bis unter 5 ha (Kleinbetriebe)

1960 lag der Anteil der Betriebe von 1 bis unter 5 ha bei 38,9% und umfaßte damit 17,0% der LNF. Die durchschnittliche Betriebsgröße betrug 2,63 ha. 1975 lag ihr Anteil nur noch bei 34,8% und 13,3% der LNF. Die durchschnittliche Größe lag bei 2,52 ha. Die Zahl dieser Kleinbetriebe stieg von 1960 bis 1975 um 18,2%, die ihnen zur Verfügung stehende LNF vergrößerte sich aber in diesem Zeitraum nur um 13,0%. Damit verkleinerte sich ihre durchschnittliche Betriebsgröße um 0,11 ha, d.h. durchschnittlich um 4,2% je Betrieb.

2. Bäuerliche mittelgroße Betriebe von 5 bis 10 ha.

1960 waren es 18,0% der landwirtschaftlichen Betriebe, die mit einer durchschnittlichen Betriebsgröße von 7,1 ha 21,2% der LNF umfaßten. 1975 betrug ihr Anteil noch 17,3%, die mit einer durchschnittlichen Betriebsgröße von 6,9 ha 18,0% der LNF umfaßten. Damit nahm ihre Zahl absolut um 25,9% zu; die ihnen zur Verfügung stehende LNF vergrößerte sich aber nur um 22,4%. Die durchschnittliche Betriebsgröße verkleinerte sich also um 2,8%.

3. **Bäuerliche Großbetriebe von 10 bis 50 ha.**

1960 stellten die Betriebe von 10 bis unter 20 ha 12,5% aller landwirtschaftlichen Betriebe und umfaßten mit einer durchschnittlichen Betriebsgröße von 13 ha 26,8% der LNF. Die Betriebe von 20 bis 50 ha stellten 1960 nur 4,1% der Betriebe und umfaßten mit einer durchschnittlichen Betriebsgröße von 28,4 ha 19,5% der LNF. Vergleicht man die Angaben von 1960 mit denen von 1975, so sind beide Kategorien zusammenzufassen: 1960 gab es 311 471 Betriebe von 10 bis unter 50 ha Größe, denen 5 263 713 ha der LNF zur Verfügung standen; das entspricht einem Anteil von 16,6% der landwirtschaftlichen Betriebe. Bei einer durchschnittlichen Betriebsgröße von 16,9 ha umfaßten sie somit 46,6% der LNF. 1975 stellten die Betriebe dieser Größenordnung 17,3% der landwirtschaftlichen Betriebe und umfaßten 45,7% der LNF. Die Zahl der Betriebe dieser Kategorie stieg damit bis 1975 um 37,4%, die ihnen zur Verfügung stehende LNF vergrößerte sich aber um 42,5% und die durchschnittliche Betriebsgröße um 3,6%. Die Landreform führte somit nicht nur zu einer absoluten und relativen Vergrößerung der bäuerlichen Großbetriebe, sondern auch zu einer Bereicherung der Großbauern.

4. **Agrarkapitalistische Betriebe**

4.1. **Betriebe von 50 bis unter 100 ha. (Agrarbourgeoisie)**

1960 stellten diese Betriebe, die 5% der LNF umfaßten und eine schnittliche Betriebsgröße von 66,8 ha aufwiesen, 0,4% der ländlichen Betriebe. 1975 dagegen stellten sie 0,7% der Agrarbetriebe, die mit einer durchschnittlichen Betriebsgröße von 66,0 ha 6,5% der LNF umfaßten. Ihre Zahl stieg bis 1975 um 92,6%, die ihnen zur Verfügung stehende LNF vergrößerte sich um 90,4%, während sich ihre durchschnittliche Betriebsgröße um 1,2% verringerte. Damit führte die Landreform offenbar fast zu einer Verdoppelung der ländlichen Bourgeoisie, jedoch kaum zu einer Vergrößerung ihrer relativen Bedeutung im Agrarsektor.

4.2. **Betriebe mit über 100 ha. (agrarische Großbourgeoisie)**

1960 waren nur 0,2% der Betriebe größer als 100 ha. Sie umfaßten 8,7% der LNF und hatten eine durchschnittliche Betriebs-

größe von 242,5 ha. 1975 waren es 0,4%, die 14,9% der LNF
umfaßten. Die durchschnittliche Betriebsgröße betrug 256,8
ha. Ihre Zahl stieg bis 1975 um 133,8%, die ihnen zur Verfügung stehende LNF vergrößerte sich um 147,5% und ihre durchschnittliche Betriebsgröße wuchs um 5,9%. Diese Angaben demonstrieren den Konzentrations- und Zentralisationsprozeß, der
mit einer Kapitalisierung der Agrarproduktion einherging. Zwar
unterminierte die Landreform die soziale und politische Position der Großgrundbesitzer, vergrößerte dafür aber ihre wirtschaftliche Macht und verstärkte ihre ökonomische Stellung
als Agrargroßbourgeoisie. Dies ging mit einer Veränderung ihrer Produktionsweise einher, die sich in der Ausbildung von
großen Farmen bzw. Plantagen, agro-industriellen Komplexen und
landwirtschaftlichen Aktiengesellschaften widerspiegelte.

B. ZUR ART DER AGRARISCHEN BETRIEBSFÜHRUNG

Tabelle 24 weist aus, daß von den gesamten landwirtschaftlichen Betrieben 98% von ihren Eigentümern geführt wurden. Diesen Betrieben standen 93% der gesamten LNF zur Verfügung. Nur
45 503 Betriebe, d.h. nur 2% aller landwirtschaftlichen Betriebe, die über 7% der LNF verfügten, wurden durch einen Verwalter geführt. Mit diesen Daten wird die ländliche, vor allem
die bäuerliche Sozialstruktur genauer erfaßbar. Bei den durch
Verwalter geführten Kleinbetrieben handelte es sich wahrscheinlich um Gärten bzw. Obst produzierende Betriebe, die von der
Landreform ausgeschlossen wurden, oder aber um diejenigen bäuerlichen Betriebe, die in landwirtschaftlichen Aktiengesellschaften zusammengefaßt waren[5]. Als bäuerliche Betriebe sind
mithin nur jene Betriebe zu begreifen, die von den Bauern
selbst geführt wurden. Bei den Großbetrieben der ländlichen
Bourgeoisie und Großbourgeoisie war es dagegen ein weit verbreitetes Phänomen, daß die Eigentümer ihre Betriebe durch
Verwalter führen ließen.

1. Bäuerliche Kleinbetriebe bis 5 ha.

Zählt man alle Betriebe unter 5 ha, die von ihren Eigentümern selbst geführt werden, zu den kleinbäuerlichen Betrieben, so gab es 1975 insgesamt 1 569 545 Kleinbauern, die 2 407 379 ha Land bewirtschafteten. Die durchschnittliche Betriebsgröße lag bei 1,53 ha. Die Kleinbauern führten damit 63,3% aller landwirtschaftlichen Betriebe und bewirtschafteten 14,7% der gesamten LNF (vgl. Tab. 24).

1.1. Betriebe unter 1 ha.

97,4% dieser Betriebe wurden von ihren Eigentümern selbst geführt, bearbeiteten 97,7% der LNF aller Betriebe unter 1 ha und gehörten zur Kategorie der Kleinstbauern.

1.2. Betriebe von 1 bis 2 ha.

98,8% aller Betriebe dieser Größenordnung wurden von den Eigentümern geführt und gehörten zu den kleinbäuerlichen Betrieben. Sie bearbeiteten 98,7% der gesamten LNF, die den Betrieben dieser Größe zur Verfügung stand.

1.3. Betriebe von 2 bis 5 ha.

99% diser Betriebe wurden von ihren Eigentümern selbst geführt und zählten damit noch zur Kategorie der kleinbäuerlichen Betriebe. Sie bewirtschafteten 99% der LNF aller Betriebe dieser Größenordnung.

2. Bäuerliche mittelgroße Betriebe von 5 bis 10 ha.

1975 gab es insgesamt 424 284 Betriebe in der Größenordnung von 5 bis 10 ha, die von ihren Eigentümern geführt wurden; sie bearbeiteten 2 926 398 ha der LNF. Da die bäuerlichen Eigentümer solcher Kleinbetriebe kaum einen Verwalter einsetzen konnten, dürften die restlichen 3645 Betriebe dieser Größenordnung entweder zu den Gartenbetrieben oder zu denjenigen bäuerlichen Kleinbetrieben gehören, die in Aktiengesellschaften zusammengefaßt waren und deren Eigentümer nur die Dividenden bezogen. Damit waren 99,1% aller Betriebe dieser Größenordnung als große *Mittelbauernbetriebe* zu klassifizieren, denen 99% der LNF dieser Gruppe zur Verfügung standen. Bezogen auf die Gesamtzahl aller landwirtschaftlichen Betriebe stellten die *Mittelbauernbetriebe* einen Anteil von 17,1% und bearbeiteten 17,8% der gesamten LNF.

3. Bäuerliche Großbetriebe von 10 bis 50 ha.

Betriebe von 10 bis 50 ha, die von ihren Eigentümern selbst geführt wurden, zählen zu den *Großbauernbetrieben*. Sie stellten 1975 98,4% aller Betriebe dieser Größenordnung und bearbeiteten 98% der LNF dieser Gruppe. 17% aller landwirtschaftlichen Betriebe waren damit Großbauernbetriebe, die 44,8% der gesamten LNF zur Verfügung hatten.

4. Agrarkapitalistische Betriebe

4.1. Agrarbourgeoisie

Nur 11,1% der ländlichen Bourgeoisie ließ ihre Betriebe, die zwischen 50 und 100 ha umfaßten, durch einen Verwalter führen. Ihnen standen 11,6% der LNF aller Betriebe dieser Größenordnung zur Verfügung. Somit wurden nur 0,58% aller landwirtschaftlichen Betriebe von der Agrarbourgeoisie persönlich geführt. Diesen standen 4,9% der gesamten LNF zur Verfügung.

4.2. Agrarische Großbourgeoisie

70,7% dieser Betriebe, die 64% der LNF aller Betriebe dieser Größenordnung zur Verfügung hatten, wurden von ihren Eigentümern geführt. Dem stehen 29,3% der Betriebe gegenüber, die durch Verwalter geführt wurden und 36% der LNF dieser Gruppe umfaßten.

Mit dem durch die Landreform eingeführten bäuerlichen Parzelleneigentum als Funktion der Kapitalisierung der Grundrente, die einherging mit der praktischen Vertreibung von Millionen khoshneshins, mit der Aufhebung von traditionellen bäuerlichen Besitz- bzw. Anbaurechten und mit der Zerstörung traditioneller bäuerlicher *Kooperationsformen* als *äußerlich wahrnehmbare Form des bäuerlichen Gemeinwesens* wurden also Entwicklungsprozesse bzw. eine Stagnation im traditionellen Agrarsektor hervorgerufen, die eine veränderte Agrarstrukturpolitik erforderten. Denn neben einer weitgehenden Verbreitung der Subsistenzwirtschaft konnten auch die warenproduzierenden Großbauernbetriebe nur *Ansätze* einer kapitalistischen Transformation entfalten. Das Ideal der iranischen Agrarpolitik war daher nicht der großbäuerliche Betrieb; vielmehr zielte man auf eine *totale Reorganisation der traditionellen bäuerlichen Produktionsweise* ab und war auf deren Integration *in eine weltmarktorientierte agrarkapitalistische Wachstumsstrategie* fixiert. Spätestens seit 1968 konzentrierten sich daher die Bemühungen der iranischen Agrarplaner auf die Förderung von Großbetrieben, die entweder unter staatlicher Kontrolle standen wie die "ländlichen Aktiengesellschaften", ab 1972 auch "Produktionsgenossenschaften", oder sich im Besitz von iranischen, ausländischen oder "gemischten" Eigentumsgruppen befanden.

Für diese Entwicklung erwies sich die staatliche Agrarpolitik mit kreditpolitischen Maßnahmen, Erleichterungen beim Erwerb mechanischer Dienstleistungen sowie mit landwirtschaftlichen Beratungsdiensten etc. als förderlich. Waren im 4. Fünfjahresplan nur sehr geringe Finanzmittel zur Entwicklung der Agrarproduktion zur Verfügung gestellt worden und konnte schon allein deshalb die projektierte Steigerung der Produktion und der Produktivität nicht realisiert werden, so wurde dem Agrarsektor im 5. Fünfjahresplan ein bedeutend größerer Teil der für wirtschaftliche Entwicklungszwecke bereitgestellten Geldmittel zugewiesen. Angesichts der gestiegenen Erdöleinnahmen wurde die Wachstumsrate der Agrarproduktion anstatt bei 5,5% nun bei 7% angesetzt; die dafür notwendige Kapitalinvestition wurde mit 309 Mrd. Rial veranschlagt. Davon sollten 177 Mrd. Rial durch direkte staatliche Kapitalinvestitionen, 70 Mrd. Rial durch staatliche Unterstützungen von privaten Investoren, die restlichen 62 Mrd. durch private Rücklagen bereitgestellt werden. Es konnten jedoch nur 66 % der staatlichen Direktinvestitionen aus dem Budget für ländlichen Aufbau verausgabt werden[6]. Trotz staatlicher Förderungspolitik waren auch die privaten Kapitalinvestitionen im Agrarsektor aufgrund der viel höheren Profitraten in anderen Bereichen entschieden geringer. Dennoch stiegen von 1966 bis 1976 allein die Kapitalinvestitionen für *Arbeitsmittel* und Landmaschinen im Agrarsektor um 916%; gemessen an den Investitionen pro Beschäftigten stiegen sie im gleichen Zeitraum sogar um 981 %.

Mit diesen Geldmitteln wurde jedoch nicht die Masse der Kleinbauern gefördert, sondern vielmehr die Kapitalisierung, ja "Industrialisierung" des Agrarsektors, die seit 1968 im Zentrum der staatlichen Pläne stand, in verstärktem Maße vorangetrieben. Den "traditionellen" Sektor, die Lebenswelt von mehr als 70% der ländlichen Betriebsinhaber, betrachtete die staatliche Agrarpolitik dagegen kaum noch als "förderungswürdig", weil er - im Sinne der projektierten landwirtschaftlichen Aufbaustrategie-nicht als "entwicklungsfähig" galt. Faktisch stellte er nur noch ein Reservoir an billigen Arbeitskräften für diejenigen städtischen und ländlichen Sektoren dar, die quasi die Gesamtheit der Öleinnahmen auf sich vereinigten und deren forcierte Entwicklung im Zentrum des "iranischen Modells" weltmarktabhängiger Industrialisierung stand.

Dies implizierte einerseits eine weitgehende "Marginalisierung" der traditionellen Bauernschaft, der im Rahmen dieser Projekte nur eine - im wahrsten Sinne des Wortes - untergeordnete Rolle zukam; auch die ökonomischen Mißerfolge bewirkten keinen Wandel in der verfolgten Strategie, die ohne jede Rücksicht auf ihre sozialen Folgen fortgesetzt wurde. Damit wurden die *traditionellen Produktions- und Lebenszusammenhänge von Millionen bäuerlichen Familien systematisch zerstört. Diese mit der Enteignung des größten Teils der bäuerlichen Familien einhergehende Entwicklung verstärkte die allgemeine Legitimationskrise des Shah-Regimes, ohne jedoch seine ökonomischen Probleme zu lösen.* Mag man auch den Aufstand im Iran als Folge einer zu schnellen "Entwicklung" bzw. "Modernisierung" und als Ausdruck der Ablehnung der "Zivilisation" interpretieren, so war er doch für die Betroffenen vor allem ein Kampf um die Selbsterhaltung und gegen eine weitere schonungslose Zerstörung ihres Lebenszusammenhangs.

Als Folge einer solchen "Entwicklung" bildete sich im Agrarsektor ein, gemessen an der Zahl der Beschäftigten zwar vergleichsweise kleiner, doch rasch expandierender "moderner" Sektor heraus, der aus agrarkapitalistischen Betrieben im Be-

sitz der iranischen Bourgeoisie bestand, die von der Landreform
ausgenommen wurden oder sich in deren Verlauf herausbildeten;
zum zweiten aus Agribusinessbetrieben unter ausländischer Kontrolle und schließlich aus staatlich kontrollierten "landwirtschaftlichen Aktiengesellschaften". Gemeinsam war all diesen Unternehmensformen die Existenz von Lohnarbeitsverhältnissen, die im Rahmen der "landwirtschaftlichen Aktiengesellschaften" durch den "Aktionärstatus" vieler Arbeiter allerdings
leicht modifiziert waren.

C. DER ENTWICKLUNGSGRAD DER LOHNARBEITSVERHÄLTNISSE IN DEN AGRARBETRIEBEN (vgl. Tab. 25 und 26)

Trotz einer neuen Agrarstrukturpolitik standen die weit verbreiteten kleinbäuerlichen Eigentumsbetriebe der allgemeinen Einführung moderner Produktionsweisen entgegen. Dieser Umstand läßt sich an dem Grad des Einsatzes von fremden Arbeitskräften feststellen, der ein wesentliches Indiz für das Fortschreiten der agrarkapitalistischen Produktionsweise nach der Landreform bildet.

Von den Betrieben unter 5 ha wurden nur 4,5% und von den Betrieben mit 5 bis 10 ha nur 4,2% mit Hilfe fremder Arbeitskräfte bewirtschaftet. Es dürfte sich hierbei um jene Gartenbaubetriebe gehandelt haben, die während der Landreform von Grundeigentümern errichtet wurden, um so eine Landverteilung zu umgehen. Denn da die Mindestbetriebsgröße für die Ernährung einer bäuerlichen Familie bei 7 ha lag, konnte bei einem Betrieb dieser Größe keine fremde Arbeitskraft eingestellt werden. Der geringe Entwicklungsgrad der agrarkapitalistischen Produktionsweise wird noch deutlicher, wenn man berücksichtigt, daß nur 7,4% der Betriebe zwischen 10 und 50 ha, aber 37% der Betriebe zwischen 50 und 100 ha und 64% aller Betriebe über 100 ha, dabei aber nur 5,38% der Gesamtzahl der Betriebe mit Hilfe fremder Arbeitskräfte bewirtschaftet wurden. Untersucht man stattdessen die Verteilung der der eigenen Familie entstammenden Arbeitskräfte, so stellt man fest, daß 33,9% der Betriebe *weitgehend* und 60,7% der Betriebe *aus-*

schließlich mit Hilfe von Familienarbeitskräften bewirtschaftet wurden. Die herrschende traditionelle agrarische Produktionsweise war somit durch die Dominanz kleiner bäuerlicher Familienbetriebe bedingt. 1975 gehörten 65% dieser Betriebskategorie zu *kleinbäuerlichen* Betrieben mit weniger als 5 ha Land, 17,5% zu den *Mittelbauern* mit 5 bis 10 ha und 17% zu den *Großbauern* mit 10 bis 50 ha (vgl. Tab. 26).

D. VERMARKTUNGSGRAD DER LANDWIRTSCHAFTLICHEN PRODUKTION
(Der Entwicklungsgrad der landwirtschaftlichen Warenproduktion) (vgl. Tab. 27)

Nicht nur die agrarkapitalistische Entwicklung war rückständig, wie sich aus dem Grad des Einsatzes fremder Arbeitskräfte ersehen läßt, sondern auch die Entwicklung der agrarischen Warenproduktion. Diese Rückständigkeit manifestierte sich in dem Vermarktungsgrad der landwirtschaftlichen Produktion. In einer Gesellschaft mit geringer Arbeitsteilung, mit weitgehend traditioneller Agrarproduktion, die gekennzeichnet war durch die Dominanz kleiner bäuerlicher Familienbetriebe, erstaunt es also nicht, daß 50% aller landwirtschaftlichen Betriebe auf Subsistenzwirtschaft basierten. Im Durchschnitt vermarkteten nur 22-25% aller Betriebe 50% und mehr ihres Ertrages, 25-27% der weiteren Betriebe bis zu 50%. Nur die großen Betriebe mit mehr als 50 ha Land zählten zu den warenproduzierenden Agrarbetrieben, die über 97% ihrer Produkte vermarkteten. Der Vermarktungsgrad der Viehzucht war dabei noch geringer: 80,3% der Kuh-, Ochsen-, Büffel- und Kamelzucht, 52,9% der Schaf- und Ziegenzucht sowie 84,6% der Geflügelzucht war nur für den Eigenbedarf der Züchter bestimmt[7].

Wie kaum anders zu erwarten, waren die vielen durch die Landreform geschaffenen kleinen Eigentumsbetriebe nur in geringem Umfang zu einer Modernisierung und Steigerung der Erträge in der Lage. Nicht zuletzt auch aus diesem Grunde zielte die staatliche Agrarpolitik teilweise auf ihre Eliminierung ab. Wesentlicher ist aber die Tatsache, daß gerade durch die Landreform die kapitalisierte Grundrente, d.h. die totale Herstellung der bürgerlichen Form des Grundeigentums als herrschende Organisationsform der Produktion eine weitere Entwicklung der Produktivkräfte verhinderte. Diese Kapitalisierung der Grundrente und die ihr folgende weltmarktorientierte agrarkapitalistische Wachstumsstrategie verursachte aber nicht allein eine Agrarkrise im ökonomischen Sinne, sondern - und das erscheint wesentlich - auch eine soziale Krise, die die Hauptursache der politischen Krise des Shah-Regimes darstellte[8].

2.2.2. DIE STRUKTURELLE KRISE DER ÖKONOMISCHEN ENTWICKLUNG ALS FUNKTION DER 'IMPORTSUBSTITUIERENDEN INDUSTRIALISIERUNG'

Die "importsubstituierende Industrialisierung" stellt das typische Industrialisierungsmodell der Länder der "Dritten Welt" dar[1], vor allem derjenigen Länder, die über eine "Exportökonomie" verfügen, in denen also ein großer Teil des BSP aus der Landwirtschaft bzw. der extraktiven Industrie stammt und den Hauptteil der Exporte ausmacht. Diese Form der Industrialisierung, die sich aus dem schon vorher bestehenden Reproduktionszusammenhang der Länder der "Peripherie" und den "Metropolen" ergibt, widerlegt praktisch die über lange Zeit relativ einhellige Annahme vieler marxistischer Theoretiker, daß der Imperialismus kein Interesse an der Industrialisierung der "Dritten Welt" haben könne, sie vielmehr mit allen Kräften zu unterdrücken versuche. Die Durchsetzung des Freihandels wäre nur eine der dabei angewendeten Methoden. Inzwischen dürfte jedoch die Mehrheit dieser Theoretiker zu einer differenzierteren Einstellung gelangt sein, um die industriellen Wachstumsprozesse, die in den letzten Jahrzehnten in verschiedenen, besonders stark in den kapitalistischen Weltmarkt integrierten Länder wie beispielsweise Brasilien, aber auch im Iran stattfanden, erklären zu können[2]. Bemerkenswert bei der Entwicklung dieser Länder ist, daß ihre Industrialisierung nicht etwa im Gegensatz zu den kapitalistischen Staaten erfolgte, sondern vielmehr mit ihrer Hilfe. Auch internationale Finanzagenturen wie die Weltbank unterstützten derartige Projekte mit langfristigen Krediten[3].

Diese Art der Industrialisierung setzte mit Beginn der 60er Jahre verstärkt ein, nachdem die "Rekonstruktionsphase"[4] der kapitalistischen Metropolen seit dem 2. Weltkrieg abgeschlossen war. Seitdem wurde, vor allem für stark exportorientierte Länder wie die BRD, besonders die Produktionsmittelindustrie zu einer Wachstumsindustrie, die nach größeren Absatzmärkten suchte. Außerdem erforderte der Konkurrenzkampf der Metropolen um größere Marktanteile eine Verlagerung bestimmter Bereiche der verarbeitenden Industrie, vor allem der Konsumgüterindustrie, in die "Dritte Welt". Die Exportsubstitution von Konsumgütern durch ihre Produktion vor Ort in Form von Montageindustrien schaffte nicht nur bessere Konkurrenzbedingungen, die durch staatliche Maßnahmen zum Schutz der "nationalen" Industrien garantiert wurden und zur Monopolisierung der Märkte dieser Länder führten; sie erweiterte auch die Exportkapazität der Metropolen und forcierte den Export von "capital goods" und "intermediate goods" der Metropolen. Somit erweitert das industrielle Wachstum der "Entwicklungsländer" nicht nur die Wachstumsgrenzen der Metropolen, es intensiviert auch die bestehenden Abhängigkeitsverhältnisse der "Dritte-Welt-Länder", deren Entwicklung zur verstärkten Funktion der Entwicklung des kapitalistischen Weltmarkts wird. Insbesondere die Abhängigkeit ihres inneren Marktes vom Weltmarkt verstärkt sich, da die neuen Industriebranchen in diesen Ländern als integraler Bestandteil der Weltmarktbranchen unvermittelt nebeneinander und neben den traditionellen Produktionseinheiten entstehen und nur über die Weltmarktzusammenhänge vermittelt werden. Aus diesem Grunde sind die "Entwicklungsländer" als schwächste Glieder des Weltmarktes nicht nur krisenanfälliger als die Metropolen, deren Veränderung sie mit seismographischer Genauigkeit aufzeichnen; es entsteht auch eine deformierte Struktur und eine Disparität der industriellen Entwicklung, die die "Unterentwicklung" eher konserviert. Die ökonomische Krise des Shah-Regimes ist vor allem unter diesem Gesichtspunkt zu erklären.

Die deformierte Struktur der industriellen Entwicklung *erscheint* solange als "importsubstituierende Industrialisierung", wie ihr Entstehungs- und Entwicklungszusammenhang als Funktion der veränderten internationalen Bedingungen der Kapitalakkumulation auf dem Weltmarkt und damit als Funktion der Wachstumsbedürfnisse der kapitalistischen Metropolen übersehen wird. Sie erscheint außerdem als eine national autonome Entwicklung und damit als Funktion eines national unabhängigen Staates, der als Initiator dieser "Entwicklung" gefeiert wird. Dieser Schein wird noch bestätigt durch die zugunsten von "Kapitalgütern", Zwischenprodukten und Rohstoffen veränderte Importstruktur solcher Länder. Trotz massiver Einfuhr von Konsumgütern, vor allem von Lebensmitteln infolge der Stagnation der Agrarproduktion und der Steigerung der Erdöleinnahmen des Iran, stieg der Anteil der Importe von Kapitalgütern von 25% (1972) auf 27,2% (1977), und dies trotz der sich anbahnenden Krise, die zu einem Rückgang des Wachstums der Kapitalgüterimporte von 9% (1976) auf 1% (1977) führte. Dabei lag der Anteil von Kapitalgütern, Rohstoffen und Zwischenprodukten 1977 immer noch bei 81,4% des Gesamtimportes (vgl. Tab.32).

Genau betrachtet verschob sich nicht nur die Importstruktur des Iran als Ausdruck der veränderten Exportstruktur der kapitalistischen Metropolen; diese Entwicklung führte auch - und das wird meistens übersehen - zu einer Expansion der Gesamtimporte als einer Erscheinungsform der Exportexpansion der Metropolen. So stiegen die Gesamtimporte des Iran allein zwischen 1973 und 1977 durchschnittlich um 40%, während der Gesamtexport ohne Berücksichtigung von Erdöl und Erdgas in demselben Zeitraum nur um durchschnittlich 3,5% anwuchs (vgl. Tab. 32 und 33)[5]. Diese als "importsubstituierende Industrialisierung" der "Dritten Welt" erscheinende *exportsubstituierende* Industrialisierung durch die Metropolen ist der höchste Ausdruck des "circulus vitiosus" der Unterentwicklung: die Unterentwicklung der bürgerlichen Gesellschaft der "Dritten Welt" im Hinblick auf Industrie und Handel verschafft ihr eine untergeordnete Stellung im Weltmarktzusammenhang, die sie zum passiven Nachvollzug der sich durchsetzenden Akkumulationstendenzen der Metropolen verurteilt und damit zu einer noch stärkeren Reproduktion und Konservierung der Unterentwicklung führt.

Celso Furtado[6], ein ehemals wichtiger Vertreter der liberalen Nationalökonomie in Lateinamerika und Vorsitzender einer UNO-Kommission für diesen Erdteil, zeigt sehr deutlich, wie wenig der üblicherweise als Industrialisierung gefeierte Ersatz der importierten Waren durch im Lande selbst verfertigte an der

Unterentwicklung für die breiten Massen ändern kann. Denn es werden genau diejenigen Waren, Luxus- und Prestigegüter aller Art, hergestellt, gewöhnlich mit einem hohen Importanteil an Rohstoffen, die die herrschende Klasse und die ihre Konsummuster nachahmende "Mittelschicht" davor importiert haben. Da diese Importe gewöhnlich die mehr oder weniger reichlich vorhandenen Devisenvorräte des Landes bald aufzehrten[7], blieb den betreffenden Ländern kaum eine andere als diese Methode, um die Bedürfnisse ihrer herrschenden Klasse zu befriedigen, ohne gleichzeitig unter permanenter Devisenknappheit zu leiden. Im Zuge der "Importsubstitutionspolitik" verringerte sich jedoch jene nicht etwa, sondern steigerte sich eher noch, da nicht nur die Maschinen, sondern auch ein Teil der Rohstoffe importiert werden mußte.

Als Vorbedingung für diese Entwicklung betrachtet Furtado die vorherige kulturelle Integration der Ausbeuterschicht der "Peripherie" in das "Zentrum", die eine Übernahme der dort herrschenden Konsummuster erzwingt. Die herrschende Klasse wird damit in die Lage versetzt, den hohen Lebensstandard des dominierenden Zentrums zu reproduzieren. Somit wird ihre gesellschaftliche und kulturelle "Enklaven-Rolle" durch die Politik der "Importsubstitution" zum Motor eines bestimmten Typs von "Industrialisierung", der "den Dualismus auf die Struktur des Produktionsapparates überträgt"[8]. Vom Standpunkt des globalen Systems aus handelt es sich bei dieser "Industrialisierung" um eine "Frage der Transplantation vom Zentrum auf die Peripherie, von Produktionstätigkeiten, die mit einem total abhängigen und kontrollierten Markt verknüpft sind"[9]. Von den Zentren her gesehen handelt es sich um nichts anderes als um eine *geographische Dezentralisation* der Industrieproduktion. Doch impliziert diese Industrialisierung nicht die Möglichkeit zur autonomen Herstellung industrieller Erzeugnisse, sondern "sie bedeutet vielmehr, daß in dem *abhängigen* Subsystem eine partielle oder vollständige Lokalisierung der materiellen Produktion von Gütern stattfindet, deren Ursprung nach wie vor im dominierenden Zentrum liegt"[10].

Als Folge einer solchen "importsubstituierenden Industrialisierung" müssen die besitzenden Klassen, um neue Unternehmen etablieren zu können, dazu veranlaßt werden, ihre Konsummuster zu variieren. "Entwicklung wird so zur Entwicklung und Variation des Konsums einer Minderheit, deren Lebensweise von der kulturellen Entwicklung der Länder mit höherer Produktivität diktiert wird"[11]. Diese Überlegungen bringen Furtado zu der Erkenntnis, daß mithin die Einführung neuerer Konsummuster bei den reichen Bevölkerungsgruppen neben den Aktionen des Staates, dem Furtado eine in dieser Hinsicht bremsende bzw. die Industrialisierung verändernde Potenz zuschreibt, bei der "Entwicklung" der unterentwickelten Wirtschaften den Hauptfaktor darstellen. Unter diesem "Endziel", der Anpassung an die strukturelle Entwicklung der dominierenden Zentren, ist daher der ganze "Fortschritt" nichts anderes als ein "Fortschreiten des Abhängigkeitsprozesses"[12].

Da die typische Industrialisierungspolitik unter den Bedingungen der "kapitalistischen Unterentwicklung" in der Herstellung bisher importierter Waren besteht und diese Politik seit einigen Jahren mit mehr oder weniger Erfolg von vielen im imperialistischen Einflußbereich liegenden Staaten durchgeführt worden ist, haben auch nicht-marxistische Wissenschaftler langsam die Nachteile dieser Methode für eine längerfristige wirtschaftliche Entwicklung jener Länder erkennen müssen. Gunnar Myrdal[13] beispielsweise geht davon aus, daß das dieser Politik "inhärente Drama" in dem Wunsch besteht, sich durch "Importsubstitution" von den Zahlungsbilanzschwierigkeiten, die mit den Importen der Konsumgüter verbunden waren, zu befreien, wobei jedoch gleichzeitig der Bedarf an Importen steigt, diesmal aber von Halbfertigprodukten, Rohstoffen und Maschinen. Soll der Aufbau von Zulieferbetrieben zur Substitution dieser neuen Importe gelingen, sind Kapitalimporte erforderlich. Auch die Auswahl der Güter, die sich für eine "Importsubstitution" eignen, wird gewöhnlich nicht rational geplant bzw. kann es nicht werden, weil die Importkontrollen mehr auf die Zahlungsbilanzschwierigkeiten reagieren, als Teil eines durchdachten Industrialisierungsplanes zu sein. Auf dem Luxusgüterimport liegen verständlicherweise die höchsten Zölle. "Dadurch wird die Errichtung einer Produktion von Luxusgütern innerhalb des unterentwickelten Landes gefördert. Vorschub geleistet wird einer solchen Produktion auch durch die großen Einkommensunterschiede in diesen Ländern, doch schaffen derartige Industrien keine Grundlage für eine allseitige Industrieentwicklung"[14]. Ein für die iranische Situation bezeichnendes Beispiel dieser "Substitutionspolitik" ist in der Installierung von Montageindustrien für die Zusammensetzung von aus Europa und den USA importierten Autoteilen zu sehen. Jede Autofirma bemühte sich, ihr Produkt auf diese Weise auf den iranischen Markt zu bringen, mit dem Erfolg, daß in Teheran, dem Hauptmarkt für importierte wie "selbstgemachte" Autos, die Straßen verstopft waren, da das öffentliche Verkehrsnetz sich als völlig unzulänglich erwies. Die "iranische" Autoindustrie war dabei für die kapitalistischen "Mutterindustrien" in den Metropolen höchst profitabel, da sich die Wertschöpfung im Iran auf Montage beschränkte[15]. Doch nicht nur die iranische Autoindustrie war total vom Import vorgefertigter Teile abhängig; zwischen 1964 und 1968 stiegen die Importe von Rohstoffen, Maschinen und Halbfabrikaten um jährlich 17%, die der Halbfabrikate sogar um 19%. Diese Importexpansion überflügelte sowohl die des industriellen Wachstums als auch die Exportexpansion jener Zeit. Das führte zu genau jener Entwicklung, die Myrdal und andere Autoren befürchtet hatten: statt die Abhängigkeit von ausländischen Importen zu drosseln, verstärkte sie sich noch. Hier ist einer der Gründe für die intensive Unterstützung zu sehen, die dergleichen Industrialisierungspläne von den Exportindustrien der industriekapitalistischen Länder im Schwerindustriebereich erhalten.

Avramovic[16], der im Auftrag der führenden iranischen Investitionsbank die aktuellen Probleme der iranischen Wirtschaft erforschen und Vorschläge zur Abhilfe machen sollte, kommt 1968 zu düsteren Prognosen, was die Möglichkeit zur kurzfristigen Behebung der Zahlungsbilanzschwierigkeiten durch Steigerung der Exporte betrifft. Vor allem die mangelnde Konkurrenzfähigkeit der iranischen Industrieprodukte mit denen der kapitalistischen Metropolen läßt ihm derartige Versuche sinnlos erscheinen. Dafür rät er, sich stärker den Nachbarländern im Norden und Süden, also der UdSSR und den Fürstentümern am Persischen Golf, zuzuwenden; denn hier seien noch neue Märkte zu erschließen. Die südlichen kaspischen Provinzen der UdSSR

will er mit den in den iranischen Provinzen am Kaspischen Meer
wachsenden tropischen und subtropischen Agrarprodukten versorgen,
für die er gute Absatzmöglichkeiten prognostiziert.
Wichtiger jedoch scheint ihm der Markt am Persischen Golf,
besonders in den Ölscheichtümern, die über eine hohe Kaufkraft
verfügen und ein starkes Importbedürfnis infolge völligen
Mangels an entsprechender Industrie aufweisen. Da dieser Markt
im Gegensatz zu den weiter entwickelten kapitalistischen Staaten
direkt an den Iran angrenzt, sieht Avramovic hier ausgezeichnete
Chancen für eine Exportoffensive. Seine Überlegungen
zur großen ökonomischen Bedeutung dieses Gebietes für die Expansion
der iranischen Wirtschaft zeigen, welch handfeste ökonomische
Interessen, abgesehen vom Öl, die iranische Expansionspolitik
am Persischen Golf - die Eroberung einiger kleiner
Inseln - bestimmte. Beispielhaft für die imperialistische Strategie
in Zusammenarbeit mit den westlichen Industriestaaten
ist Avramovics Vorschlag, der Iran, d.h. die iranischen Kapitalisten,
sollen in Zusammenarbeit mit in diesen Scheichtümern
ansässigen, über ausreichende Investitionsmittel verfügenden,
Gruppen "Joint-ventures" etablieren und somit dort dem iranischen
Kapital zu den gleichen ökonomischen und politischen
Machtpositionen verhelfen, wie sie das europäische, US-amerikanische
und japanische bereits im Iran besitzt. Um nicht von
der überlegenen imperialistischen Konkurrenz beiseite gedrängt
zu werden, soll jene in die Aktion von Anfang an mit einbezogen
werden. Auch an die Etablierung von Montageindustrien, entsprechend
dem für die iranische Autoindustrie beschriebenen
Muster, in den Kleinstaaten am Persischen Golf ist gedacht.
"Es könnte sogar ins Auge gefaßt werden, daß bestimmte leichtere
Arbeitsgänge, d.h. Packen, Zusammensetzen etc. in den
zukünftigen importierenden Ländern geschehen könnten, während
die Haupttätigkeiten im Iran durchgeführt werden"[17]. Mit diesem
Vorschlag, der gekoppelt ist mit dem theoretischen "Beweis",
daß eine "Importsubstitutionspolitik" für die Staaten
am Persischen Golf eigentlich kaum zu verantworten ist, wenn
man von der Ausschöpfung der Ölvorkommen absieht, und man dort
lieber alle benötigten Güter importieren solle, stellt Avramo-

vic allerdings auch einem Großteil der bisherigen iranischen Industrialisierungserfolge eine schlechte Beurteilung aus. Denn wenn die Intention für den Aufbau von Montageindustrien in nichts anderem besteht als in der Durchbrechung der Zollmauern, dann kann man kaum von einem Beitrag zur "Importsubstitution" sprechen, da es vom Importvolumen her keinen Unterschied macht, ob vollständig montierte Autos oder nur die Einzelteile importiert werden.

Aufgrund dieser Tatsache kommt auch Bharier[18] bei seiner Untersuchung über die Rolle der ausländischen Investitionen im iranischen Industrialisierungsprozeß zu eher pessimistischen Ergebnissen. Seiner Meinung nach hatten die ausländischen Investitionen, die reichlicher denn je in den Iran strömten, nur ein Ziel: die Schutzzollmauern zu überwinden und einen sicheren Anteil am iranischen Markt zu erlangen. "Die Zollpolitik ist dazu da, Investitionen in Montage, Verpackung und anderen Endstufen der industriellen Produktion zu begünstigen"[19]. Die lokale Wertschöpfung in den iranischen Betrieben bestand, wie auch Avramovic zugeben mußte, in nichts anderem als in Montage, Verpackung oder einfacher Weiterverarbeitung von Halb- und Fertigfabrikaten, die importiert worden waren. Letzterer gibt an, daß 60% des Verkaufswertes der pharmazeutischen Produkte aus Importen bestehen, ebenso sei es bei Fernsehapparaten und Air-Conditioners. Die Herstellung von Kabeln erfordere sogar Importe in Höhe von 65-90% des späteren Verkaufswertes. 1968 betrug der Anteil der heimischen Wertschöpfung in noch nicht einmal 16 von 37 untersuchten industriellen Anlagen mehr als 2/3. Mit iranischen Rohstoffen arbeiteten vor allem die Nahrungsmittel- und Chemikalienherstellung, die Fabrikation von Baumwolltextilien und von Baumaterial. Importiert wurden dagegen alle Halbfabrikate, Autoausrüstungen, Stahlwaren Kapitalgüter und synthetische Fasern.

Bharier kritisiert, daß die vom Ausland getätigten Investitionen, von denen die Hälfte von 1963-67 aus den USA kam, nicht im geringsten eine wirkliche Hilfestellung für das Wachtum der iranischen Industrie sein sollten und jene daher auch kein Interesse an der Bevorzugung der iranischen Rohstoffe zeigten. Ihre Investitionen hätten auch nur einen geringen Effekt auf die Absorbierung von Arbeitskräften gehabt; die hohe organische Zusammensetzung des Kapitals, die die importierten, arbeitssparenden Industrieanlagen auszeichnete, reduzierte die städtische Arbeitslosenquote nur unwesentlich. Auch konnten nur selten heimische Industrien als Zulieferbetriebe aufgebaut werden. Bharier rät daher den iranischen Planungsbehörden, sie sollten von den ausländischen Investoren eine verstärkte Verwendung von iranischen Rohstoffen und Arbeitskräften bei der Produktion verlangen, auch wenn damit die Gefahr eines Rückgangs der ausländischen Investitionen verbunden wäre. Dieser Vorschlag dürfte jedoch bei den Angesprochenen keine Resonanz gefunden haben; jedenfalls versuchten sie weiterhin, ohne Rücksicht auf die gesellschaftlichen Bedürfnisse, ausländisches Kapital heranzuziehen, das primär den Bedarf an Luxusartikeln, vor allem nach langlebigen Konsumgütern wie z.B. Kühlschränken, bei einer kleinen Minderheit befriedigte. Doch die Nachfrage nach solchen Waren sank beim ersten Anzeichen der offiziellen Geldknappheit empfindlich, wie sich 1969 zeigte. Dies beweist einmal mehr, daß die Hersteller von Waren, die im Iran nur einen sehr begrenzten Markt hatten, sich auf den Export orientieren mußten[20].

Wichtig in diesem Kontext ist die Tatsache, daß der staatliche Sektor im Bereich der industriellen Produktion sich immer mehr auf die wenigen Projekte der Schwerindustrie beschränkt hatte und selbst dort zunehmend privatem, d.h. vor allem ausländischem Kapital, bei minimaler iranischer Beteiligung, den Vortritt lassen wollte. Je stärker nun die Profitinteressen des iranischen und ausländischen Privatkapitals gemeinsam die industrielle Produktion des Iran bestimmten, desto weniger konnte die Planungsgruppe der Regierung den gesamtgesellschaftlichen Bedürfnissen gerecht werden, falls sie das überhaupt je versucht hatte, und umso mehr kam es zu der von Furtado für die lateinamerikanische Entwicklung beschriebenen "Industrialisierung durch Variierung der Konsumbedürfnisse der herrschenden Klasse".

Daraus kann jedoch nicht geschlossen werden, daß die Existenz
eines starken staatlichen Sektors im Bereich der materiellen
Produktion ein Zeichen für die Berücksichtigung der materiellen Interessen und Bedürfnisse der Massen ist; auch ist ein
solcher Sektor wohl kaum dazu angetan, ein Land auf den "nichtkapitalistischen Weg" zu führen, wie manche "sozialistische"
Theoretiker zu hoffen scheinen. Im Iran beabsichtigte die herrschende Klasse nie, einen anderen als den kapitalistischen
Entwicklungsweg einzuschlagen[21]. Andererseits gibt die Verfügungsgewalt über einen großen staatlichen Sektor der "Technokratie"
die Möglichkeit, Investitionen im Bereich der Schwerindustrie, die
sich als gesamtgesellschaftlich notwendig erweisen und auch bzw.
gerade im Sinne der Kapitalverwertung erforderlich sind, vorzunehmen. Allerdings können solche Investitionen nicht - und
im Iran sollten sie es auch gar nicht - die Abhängigkeit des
Landes von den hochentwickelten kapitalistischen Ländern brechen. Daher kann auch die mit sowjetischer Hilfe errichtete
Stahlindustrie bei Isfahan nicht als "Sieg über die imperialistischen Feinde der iranischen Industrialisierung" betrachtet
werden, wie die UdSSR es gerne hinstellt. Es bliebe jedoch
zu fragen, warum sich kein westliches Land dazu in der Lage
sah, ein derartig lukratives Projekt durchzuführen. Für die
iranische Stahlindustrie läßt sich hier die Argumentation von
Amin und Emmanuel heranziehen: "Die einzige Investition in
die Schwerindustrie, das Eisen- und Stahlwerk von Isfahan,
(...) ist angesichts der technologischen Entwicklung der letzten Jahre von nicht allzu großer Bedeutung. Die Produktion von
Gußeisen und einfachem Stahl dient zwar den Bedürfnissen des
Landes nach Metallprodukten (Eisenbahn, Konstruktion etc.),
ist aber vor allem das Ergebnis des imperialistischen Kalküls.
Jetzt, wo die genannten Produkte für sie unrentabel geworden
sind, erlauben sie dem Iran, sie zu produzieren. Aber bei Spezialstahl, elektronischen Teilen oder allen anderen Produkten,
die eine hohe Technologie voraussetzen, ist das Land auf die
imperialistischen Mutterländer angewiesen. Wie man es auch
dreht und wendet, die Schwerindustrie des Iran bleibt von den
privaten Interessen der Kapitalisten in den Metropolen abhän-

gig. Sie liefern ihnen die metallischen Rohstoffe, die sie dazu brauchen, um ihre Industrie im Iran aufzubauen. Keineswegs dient sie aber einer unabhängigen wirtschaftlichen Entwicklung, die sich den Bedürfnissen des Landes entsprechend entfaltet"[22].

Andere Projekte im Bereich der Schwerindustrie betrafen Unternehmen der Metallverarbeitung, die Aluminiumschmelzerei sowie Maschinen- und Traktorfabriken in Tabriz und vor allem die petrochemischen Komplexe am Persischen Golf. Hier boten sich den multinationalen Konzernen wiederum ausgezeichnete Möglichkeiten, in "joint-ventures" mit iranischem, diesmal wohl primär staatlichem Kapital zu treten. Um die Bereiche der Metallverarbeitung und der Petrochemie konkurrierten dabei die BRD, Japan und die UdSSR[23]. Bahrier hält es jedoch für unwahrscheinlich, daß in den 70er Jahren zu den bereits begonnenen und projektierten noch zusätzliche schwerindustrielle Anlagen errichtet werden. Man könne die "Effektivität" der bisher errichteten schwerindustriellen Bereiche erst in der Mitte der 70er Jahre adäquat einschätzen und werde neue Projekte wohl erst wieder im 6. Plan in Angriff nehmen.

Die "importsubstituierende Industrialisierung" will und kann den Import von Produktionsmitteln nicht durch ihre eigenständige Produktion ersetzen. Sie will es nicht, weil sie als Funktion des Kapitals der Metropolen die erweiterte Reproduktion der Produktionsmittelindustrie der Metropolen sichern soll; sie kann es aber auch nicht, da im Rahmen einer profitorientierten Wirtschaft der einheimischen Bourgeoisie in den "Entwicklungsländern" jede diesbezügliche Möglichkeit fehlt. Weder verfügt sie über ein entsprechend großes Kapital, das der derzeitigen organischen Zusammensetzung des Produktionsmittel produzierenden Kapitals enspräche, noch stehen ihr ausreichend qualifizierte Arbeitskräfte zur Verfügung. Außerdem fehlt angesichts des technischen Monopols der kapitalistischen Industrieländer der entsprechende Markt. Der technologische Vorsprung der entwickelten kapitalistischen Industrieländer ist dabei so groß, daß er jeden Versuch einer eigenständigen Industrialisierung unmöglich macht. Auch der staatskapitali-

stische Sektor dieser Länder kann eine derartige Aufgabe
nicht übernehmen, da der kostengünstige Produktionsumfang
eines solchen Industriezweiges die Aufnahmekapazität des
inneren Marktes um ein Vielfaches übersteigen würde, ohne
dabei auf dem Weltmarkt konkurrenzfähig zu sein, selbst
wenn er, wie es im Iran der Fall war, über einen entsprechenden Kapitalüberschuß verfügte.

Soll also das industrielle Wachstum gesichert werden, so erfolgen Neuinvestitionen durch Produktionsmittel*importe*; somit bedeutet "Industrialisierung" hier letztlich nur "Technologie-Transfer". "Konsequenterweise wird daher 'know-how'
in großem Umfang gekauft. Das beginnt bereits bei den normalen Bestellungen der Industrie im Ausland. (...) Die vielleicht
deutlichste Form des Kaufs von know-how ist der Erwerb ausländischer Lizenzen ..."[24]. Diese Kapitalinvestitionen tauchen numerisch im BSP auf und lassen sein Wachstum enorm hoch
erscheinen, ohne daß der innere Markt sich entsprechend entwickeln würde. Es kommt lediglich zu einer Steigerung der Nachfrage nach"Kapitalgütern", Zwischenprodukten und Rohstoffen,
die importiert werden müssen, ohne daß dadurch die Importkapazität des Landes angehoben würde. Während das BSP des Iran
zwischen 1973 und 1977 insgesamt um 65,3% wuchs, stiegen die
Gesamtimporte in demselben Zeitraum um 277,9% und der Pro-
duktionsmittel- und Zwischenproduktimport um 270,6% (vgl.
Tab.34). Auf jedes Wachstumsprozent des BSP entfielen also
4,1% Importwachstum. Mit dem Wachstum des BSP stieg nicht nur
die "Einkommenselastizität" in Bezug auf den Gesamtimport[25],
und zwar von 0,3% 1972 auf 3,49% 1977, was jede "importsubstituierende Industrialisierung" ad absurdum führt, sondern vor
allem die "Einkommenselastizität" in Bezug auf Kapital- und
intermediäre Güter[26], und zwar von 0,4% 1972 auf 3,2% 1977).
Die "Einkommenselastizität"in Bezug auf den Gesamtimport
stieg zwischen 1964 und 1977 durchschnittlich um 2,2% jährlich, während sie in Bezug auf den Import von Kapital und
intermediären Gütern sogar um 2,4% jährlich innerhalb dieses
Zeitraums anwuchs. Jedem Wachstumsprozent des BSP zwischen
1964 und 1977 stand damit ein Wachstum des Gesamtimports von

durchschnittlich 2,2% und des Produktionsmittelimports von
2,4% gegenüber. Aus diesem Grunde mußte eine solche Form der
Industrialisierung, also eine eindimensionale Industrialisierung ohne vertikale und horizontale Integration, eine der
Hauptquellen der ökonomischen Krise des Shah-Regimes bilden
und sie trotz bzw. gerade wegen der hohen industriellen Wachstumsrate verschärfen.

Da jedes industrielle Wachstum den Import von Produktionsmitteln, "know-how", Zwischenprodukten und Rohstoffen voraussetzt,
führt jedes neue akkumulationsfähige Kapital und jede Kapitalakkumulation von Einzelkapitalen zur Beschränkung der Wachstums- und der ökonomischen Entwicklungsmöglichkeit der Gesellschaft. Sie entwickeln zwar den "inneren Markt", jedoch nur für
importierte Produktionsmittel. Der immanente Widerspruch einer
solchen Art des ökonomischen Wachstums muß sich mit steigender
Wachstumsrate potenzieren, da jede Reduktion des Imports von
Konsumgütern, durch die "importsubstituierende Industrialisierung" zu einer weiteren Steigerung der Produktionsmittelimporte
führt, ohne die Nachfrage nach einheimischen Produkten und
damit auch den inneren Markt zu erweitern. Es kommt also zu
einer verstärkten Importnachfrage, ohne daß die Importkapazität
sich durch Kapitalakkumulation erweitern würde. Folge ist ein
sich permanent steigerndes Handels- und Zahlungsbilanzdefizit,
weil weder der Export der einheimischen Waren der internationalen Konkurrenz standhalten kann, noch durch eine Reduktion
der Konsumausgaben die Importkapazität vergrößert wird; denn
dem Konsumverzicht sind neben sozialpolitischen auch ökonomische Grenzen gesetzt[27], vor allem in einem Land, dessen Industrie vorwiegend Konsumgüter herstellt. Jede Reduktion der
Konsumausgaben führt hier zur direkten Begrenzung der Verwertungsmöglichkeiten der industriellen Produktion. Einzige Quelle für die Ausdehnung der Importkapazität bleibt somit der
Erdölexport.

Daher ist jeder Versuch, das Land durch "importsubstituierende Industrialisierung" vom Erdölexport scheinbar unabhängig zu
machen, zum Scheitern verurteilt; vielmehr steht das Wachstum
des BIP in einer engen Verbindung mit dem des Erdölsektors (vgl.

Tab. 7). Während das BIP zwischen 1962 und 1967 um durchschnittlich 8,6% jährlich stieg, wies der Erdölsektor ein durchschnittliches Wachstum von 13,6% auf. Für 1968-72 lag das Wachstum dieses Sektors bei durchschnittlich 15,2% gegenüber 11,8% des BIP (vgl. Tab. 6). Die Abhängigkeit von diesem Sektor wird noch deutlicher, wenn man berücksichtigt, daß 77,2% der gesamten Staatseinnahmen und 84,0% der Deviseneinnahmen des Landes 1976 aus dem Erdölexport stammten (vgl. Tab. 36)[28]. Dabei ist aber der Erdölexport eine Funktion des Weltenergiemarktes[29]. Zwischen 1973 und 1977 sollte die Wertschöpfung des Erdölsektors um durchschnittlich 51,5% jährlich steigen; entgegen allen Erwartungen ging sie jedoch um durchschnittlich 0,7% jährlich zurück, 1977/78 sogar um 7,2%[30]. Dadurch verminderte sich auch die Importkapazität des Landes, obwohl die Nachfrage nach importierten "intermediären" und "Kapitalgütern" mit der vorgesehenen durchschnittlichen Wachstumsrate von 25,9% jährlich stark angestiegen war (vgl. Tab.6). Der Kapitalgüterimport konnte somit 1977 nur ein Wachstum von 1% aufweisen, obwohl das durchschnittliche Wachstum zwischen 1973 und 1977 bei jährlich 43% lag (vgl. Tab. 32). Das erklärt, warum die vorgesehene industrielle Wachstumsrate von durchschnittlich 18% im Jahr nicht erreicht werden konnte. Die jährliche Wachstumsrate der industriellen Wertschöpfung lag zwischen 1973 und 1977 bei durchschnittlich 15 %, 1977 allerdings nur bei 8,6% . Das BSP stieg in diesem Jahr lediglich um 1,7%, obwohl der 5. Plan eine jährliche Wachstumsrate von durchschnittlich 25,9% vorsah (vgl. Tab. 6). Die Wachstumsrate der industriellen Wertschöpfung von 8,6% (1977/78) dürfte vor allem auf die Ausweitung bzw. Auslastung der Kapazität bereits bestehender Betriebe zurückzuführen sein. Daher stieg der Import an Rohstoffen und intermediären Gütern, der 1977 14% erreichte. 1976 lag die Wachstumsrate hier noch bei 8,0%, während die durchschnittliche Wachstumsrate für den gesamten Zeitraum jährlich 36,8% betrug (vgl. Tab. 32).

Diese Entwicklung mußte unvermeidlich zu einer Krise führen. So wurde die Agrarkrise von einer Industriekrise begleitet, die die bekannten "Engpässe" hervorrief[31]. Die Folgen waren nicht nur allgemeine Preissteigerungen und wachsende Arbeitslosigkeit[32]), sondern auch eine Akkumulationskrise und die Entwertung vieler Einzelkapitale; hinzu kam der Einfluß der allgemeinen Krisensituation auf dem Weltmarkt. Im Gegensatz zur Krise zu Anfang der 60er Jahre sah sich jedoch das Regime diesmal außerstande, ein entsprechendes Krisenprogramm zur Verfügung zu stellen.

2.2.3. DIE HYPERTROPHIE DES TERTIÄREN SEKTORS ALS FOLGE DER INTEGRATIONSFORM DES IRAN IN DEN WELTMARKT

Die rasche Expansion des tertiären Sektors war begleitet von einer Veränderung seiner ökonomischen Funktion und seiner sozialen Zusammensetzung als Folge der Integration des Iran in den Weltmarkt. Von den gesamten Erwerbstätigen im tertiären Sektor waren 54,0% im öffentlichen Dienst, 21,8% private Lohn- und Gehaltsempfänger, 19,8% Selbständige mit mithelfenden Familienangehörigen (zusammen 20,4%) und 2,8% "Arbeitgeber" (vgl. Tab. 44). Die Mehrheit der Beschäftigten im tertiären Sektor befand sich also im "öffentlichen Dienst". Im Staatsdienst standen 76,6% der technisch-wissenschaftlichen Kader und Spezialisten, 40,1% der Führungskräfte und Manager, 67,1% der Büro- und Verwaltungsangestellten, 2,2% des Verkaufspersonals, 42,0% des Dienstleistungspersonals und 18,8% der Beschäftigten der Tranport- und Lagerhaltung.

Um die soziale Zusammensetzung der Erwerbstätigen im tertiären Sektor quantitativ zu ermitteln, sollen die verschiedenen Berufsgruppen dieses Sektors im Verhältnis zu ihrem sozialen Status untersucht werden[1]).

a) Verkaufspersonal (Handelsdienstleistung)

Mit 595 061 Personen stellt diese Gruppe die größte Berufsgruppe im tertiären Sektor dar, das sind 18,9% der Erwerbstätigen dieses Sektors und 6,8% aller Erwerbstätigen. Die Mehrheit dieser Berufsgruppe (70,5%) besteht aus 419 426 Selbständigen, gefolgt von 108 392 privaten Lohn- und Gehaltsempfängern (18,2%), die bei 42 673 Handelsunternehmern (7,2%) tätig waren. Jeder Unternehmer beschäftigte also durchschnittlich 2,5 Verkaufspersonal. Nur 2,2% des Verkaufspersonals stand im öffentlichen Dienst, immerhin 13 327 Personen (vgl.

Tab. 43 und 44). Die Beschäftigten im Bereich der Handelsdienstleistungen sind nach 7 Gruppen unterschieden:
1) Groß- und Einzelhandelsmanager (3900 Personen)
2) Groß- und Einzelhandelskaufleute, die selbst verkaufen (384 578 Personen)
3) Ein- und Verkaufsaufseher (5825 Personen)
4) Verkäufer technischer Waren und Dienstleistungen (16o Personen)
5) fliegende Händler (3973 Personen)
6) Immobilien- und Börsenmakler sowie Handelsvermittler (33 301 Personen)
7) Verkäufer, Verkaufshelfer sowie Zeitungsverkäufer u.a. (162 983 Personen).

b) Technisch-wissenschaftliche Kader und Spezialisten

Diese Berufsgruppe stellte mit 536 433 Beschäftigten 6,1% der gesamten Erwerbstätigen und 17,0% der Beschäftigten des tertiären Sektors. Die Mehrheit dieser Gruppe (76,6%) bestand aus 410 897 Angestellten bzw. Beamten im Staatsdienst, nur 15,2% dieser Berufsgruppe (81 770 Personen) arbeiteten in der Privatwirtschaft. 2,0% waren Unternehmer und 0,7% Selbständige. Die technisch-wissenschaftliche Intelligenz und die Spezialisten sind gegliedert nach 16 Berufsgruppen:
1) Physiker und Chemiker einschl. ihrer Techniker (1578 Personen)
2) Ingenieure und Techniker (76 888 Personen)
3) Piloten, Schiffskapitäne und -ingenieure (4042 Personen)
4) Biologen und Biotechniker (12 776 Personen)
5) Ärzte, Zahnärzte, Tierärzte, Pharmazeuten sowie ihre Helfer und technisch-medizinischen Assistenten (73 048 Personen)
6) Mathematiker, Statistiker sowie ihre technischen Mitarbeiter (3942 Personen)
7) Ökonomen (921 Personen)
8) Rechnungsführer und Buchhalter (24 774 Personen)
9) Juristen (8823 Personen)
10) Bildungs- und Ausbildungspersonal (271 372 Personen)
11) Klerus (23 863 Personen), davon 21 328 geistliche Würdenträger
12) Schriftsteller und Journalisten (1982 Personen)

13) Bildhauer, Maler, Fotografen u.a. (12 112 Personen)
14) darstellende Künstler und Musiker (6672 Personen)
15) Sportler und Sportpersonal (3030 Personen)
16) nicht-klassifizierte technisch-wissenschaftliche Berufe (Soziologen, Bibliothekare, Übersetzer u.a.) (10 613 Personen).

c) Büro- und Verwaltungsangestellte sowie verwandte Berufe

Die 425 373 "geistigen Arbeiter" stellten 14,2% der Beschäftigten des tertiären Sektors und 5,1% der gesamten Erwerbstätigen. Die 301 699 Staatsbediensteten und 137 958 Angestellten im privaten Bereich stellen der Reihe nach 67,1% und 30,7% dieser Berufsgruppe (vgl. Tab. 43 und 44). Diese Beschäftigten verteilen sich auf 9 Berufsgruppen:

1) Bürovorsteher (35 385 Personen)
2) Verwaltungsbeamte (61 552 Personen)
3) Schreibkräfte und ähnliches (31 782 Personen)
4) Rechnungsführer und Buchhalter (104 104 Personen)
5) Führungspersonal der Verkehrs- und Kommunikationsinstitutionen (4461 Personen)
6) Zugführer und Schaffner (51 693 Personen)
7) Briefträger (17 966 Personen)
8) Telefon- und Telegraphenvermittler (14 983 Personen)
9) nicht-klassifizierte Berufe (126 037 Personen), davon 53 633 Dienstpersonal, 15 968 Angestellte der Reisebüros, 15 968 Lagerhalter usw.

d) Dienstleistungspersonal

Diese Berufsgruppe umfaßt die Beschäftigten in der persönlichen und Teile der öffentlichen Dienstleistung wie Polizei und Feuerwehr. Mit 425 373 Personen stellt sie 13,5% der Beschäftigten des tertiären Sektors und 4,8% der gesamten Erwerbstätigen. Die 184 770 Beschäftigten in den privaten und persönlichen Dienstleistungsbetrieben, die von 10 248 Unternehmern geführt wurden, stellen den größten Bestandteil dieser Berufsgruppe (43,4%). Jeder Unternehmer beschäftigte durchschnittlich 18 Lohn-und Gehaltsempfänger. Die zweitstärkste Gruppe besteht aus 178 628 Sicherheitsbeamten, die 42% des Dienstleistungspersonals stellen. Die Selbständigen in persönlicher

Dienstleistung (11,1%) stellen mit ihren mithelfenden Familienangehörigen (0,9%) zusammen ca. 12% der Bschäftigten dieser Berufsgruppe. Unter Dienstleistungspersonal wurden 9 Gruppen subsumiert:
1) Geschäftsführer der Hotels und Gaststätten (2285 Personen)
2) Geschäftsführende Besitzer der Hotels und Gaststätten (22 726 Personen)
3) Köche und Servierer (37 743 und 26 731 Personen)
4) häusliches Dienstpersonal (56 294 Personen)
5) Portiers und Gebäudereinigungspersonal (26 922 und 54 974 Personen)
6) Wäschereipersonal (12 878 Personen)
7) Friseure und Schönheitspflegepersonal (41 766 Personen)
8) Sicherheitsbeamte (126 809 Personen), davon 3100 Feuerwehrleute, 59 537 zivile und uniformierte Polizei, 64 272 andere Sicherheitskräfte
9) nicht-klassifiziertes Dienstpersonal (15 874 Personen).

e) Angehörige der drei Waffengattungen

Sie stellten mit 416 449 Beschäftigten 13,2% der Beschäftigten des tertiären Sektors und 4,7% der gesamten Erwerbstätigen. Statistisch wurden sie unter die unklassifizierten Berufsgruppen subsumiert; zusammen mit den Sicherheitskräften beschäftigte der Staat 540 258 Personen, d.h. 6,1% aller Erwerbstätigen für "Sicherheit und Verteidigung".

f) Beschäftigte in Transport- und Lagerhaltung

Die 395 453 Beschäftigten dieser Berufsgruppe konstituierten 12,5% der erwerbstätigen im tertiären Sektor und 4,5% der gesamten Erwerbstätigen. Größere Teile dieser Gruppe bestehen aus 160 513 privaten Lohn- und Gehaltsempfängern, die bei 9147 Unternehmern tätig sind. Sie stellen der Reihe nach 40,6% bzw. 2,3% dieser Berufsgruppe. Jeder Transportunternehmer beschäftigte durchschnittlich 17,5 Personen. An zweiter Stelle stehen die Selbständigen (37,6%), die in ihrer Mehrheit selbständige Taxifahrer sein dürften. Mit 74 169 Personen beschäftigten die öffentlichen Verkehrsbetriebe 18,8% der Erwerbstätigen dieser Berufsgruppe.

g) Beschäftigte in der unmittelbaren Produktion

Die 249 108 Arbeiter der staatlichen Produktionsbetriebe stellten 2,8% der gesamten Erwerbstätigen und 7,9% der Beschäftigten des tertiären Sektors, die die "allgemeinen Produktionsbedingungen" herstellen und betreiben.

h) Beschäftigte des Agrarsektors im öffentlichen Dienst

Diese 39 438 Erwerbstätigen stellten 0,4% aller Erwerbstätigen und 1,3% der Beschäftigten des tertiären Sektors; sie zählten ebenfalls zum Dienstleistungsbereich. Bei ihnen handelt es sich um die Beschäftigten des staatlichen Fischerei-, Forstwirtschafts- und Landwirtschaftsministeriums.

i) Die administrativen Führungskräfte und Manager

Mit 48 032 Personen stellt diese Gruppe 0,5% der Erwerbstätigen und 1,5% der Beschäftigten des tertiären Sektors. Zum größten Teil bestand sie aus Staatsbeamten (40,1%) und Managern in privaten Unternehmen (32,5%). Nur 26,2% dieser Kräfte waren Unternehmer (vgl. Tab. 43 und 44).

Die Ursache der unproportionalen Expansion des tertiären Sektors muß in der *Form* und in dem Ausmaß der Integration des Iran in den Weltmarkt vor allem seit der zweiten Hälfte des 19. Jahrhunderts gesucht werden. Sie ist die Erscheinungsform des Untergangs der iranischen "Nationalbourgeoisie" als einer eigenständigen sozialökonomischen Kraft. Mit der Herstellung des Handelsweltmarktes als wesentliches Moment der "ursprünglichen Akkumulation"[2] beginnt dieser Prozeß[3]. Die Öffnung des "inneren" Marktes gegenüber ausländischen Produkten, die, mit Hilfe eines für iranische Produzenten ungünstigen Zollsystems[4], zu einem niedrigen Preis importiert wurden, sowie die weitere Orientierung des Austauschverhältnisses zugunsten kapitalistischer Industrieländer[5] führten nicht nur zur Zerstörung einheimischer traditioneller Produktionsweisen, sondern auch zur Vernichtung von enormen Beschäftigungsmöglichkeiten in der handwerklichen Produktion. Gleichzeitig konnten die bereits im Iran akkumulierten Geldkapitale aus Mangel an Schutzzöllen nicht mehr in die industrielle Produktion investiert werden. Daher wurde die Zerstörung der handwerklichen

Beschäftigungsmöglichkeiten nicht durch die Schaffung industrieller Arbeitsplätze kompensiert, so daß ein beträchtlicher Teil der freigesetzten Arbeitskräfte in unproduktive Tätigkeiten im tertiären Sektor drängte, vor allem in private und häusliche Dienste, Kleinhandel u.ä. Dieser Umstand führte nicht allein zur Hypertrophie des tertiären Sektors, sondern gleichzeitig zu einer sich immer mehr verschärfenden verdeckten Arbeitslosigkeit.

Mit der Integration des Iran in den Weltmarkt ging eine enorme Erhöhung der Grundrente und damit eine Verstärkung der Position der Grundeigentümer einher; sie führte außerdem zur formellen Subsumtion der Grundrente unter das Kapital. Nicht nur die durch die Konzessionen erworbenen Rechte zur Ausbeutung der Bodenschätze[6], vor allem des Erdöls, als Rohstoffe für die sich in Europa entwickelnde Industrie führten zur Erhöhung der Grundrente und ihrer formellen Subsumtion unter das Kapital; die ausländische Industriekonkurrenz trieb auch die iranischen Kapitale zur Agrarproduktion für den Export, ohne daß dabei die traditionelle agrarische Produktionsweise verändert wurde. Die Grundrente als Revenue ist aber ihrer Natur nach unproduktiv und für unproduktive Ausgaben bestimmt. Für ihre Reproduktion ist keine Investition durch den Grundeigentümer erforderlich, wenn sie sich auch durch fremde Investitionen erhöht. Ihre Monopolisierung prägt die Ausgabenstruktur in besonderer Weise und führt zu einer Erhöhung des Konsumniveaus der "Gesellschaft", vor allem bezüglich der Nachfrage nach lokalen Dienstleistungen und importierten Luxuswaren. Folglich konzentrieren sich große Teile der autochtonen Kapitale auf Aktivitäten wie den Binnenhandel sowie Import-Export-Geschäfte. So entstand jene als "Kompradorenbourgeoisie" bezeichnete Kategorie der iranischen Bourgeoisie, deren Existenz untrennbar mit der Weltmarktentwicklung und der weiteren Integration des Iran in den Weltmarkt verbunden ist und in unterschiedlicher Form nur Vermittlungsfunktionen der ausländischen Produzenten wahrnahm. Als Teil einer *"Klasse müßiger Rentner"*[7] entstand außerdem die Gruppe jener handeltreibenden Großgrundeigentümer und Grundstücksspekulanten, die sich vor allem durch die Ausweitung der Städte bereicherten. Sie alle bildeten bis zur Landreform die herrschende Klasse Irans, deren Teile sich den veränderten Weltmarktbedingungen anpaßten. Daher führte die Verwendung der Grundrente und eines Teils der vom Import-Export-Geschäft herrührenden Handelsprofite für unproduktive Konsumtion zu einer akzentuierten Entwicklung des tertiären Sektors. Die *unproduktiven und parasitären* Fraktionen produzierten weitere parasitäre und unproduktive Schichten im tertiären Sektor, die sich mit der progressiven Reproduktion der ersteren ebenso reproduzierten. Die mit Hilfe dieser Revenuen ermöglichten unproduktiven Ausgaben erhöhten nicht nur das Beschäftigungsniveau in den unproduktiven Sektoren der Wirtschaft; sie implizierten zudem die Reduktion industrieller Kapitalinvestitionen und damit die gesellschaftliche Möglichkeit der Akkumulation. Daher stellte der tertiäre Sektor in diesem Entwicklungsstadium ein in höchstem Maße *unproduktives Tätigkeitsfeld* dar; seine Expansion übte einen negativen Effekt auf den Akkumulationsprozeß des Kapitals aus und verlieh ihm einen residualen Charakter.

Gleichzeitig verursachte die Entstehung des "modernen" Staates, der die Herstellung und den Betrieb der "allgemeinen und äußeren Produktionsbedingungen" garantieren sollte, mit seinem zentralisierten Apparat durch die sich permanent ausweitenden "öffentlichen Dienstleistungen" die *parasitäre* Ausdehnung des tertiären Sektors, die sich durch die Monopolisierung der wichtigsten Reichtumsquellen des Landes ständig reproduzierte. Die *zum größten Teil* unproduktiven Ausgaben zur Erhaltung des Staatsapparates führten dabei zu einer weiteren Reduktion der Akkumulationsquelle des Kapitals.

Innerhalb des Industrialisierungsprozesses als Folge der internationalen Arbeitsteilung wurden Teile der ehemaligen Großgrundbesitzer und der Großhandelsbourgeoisie in eine neue Industriebourgeoisie transformiert, die nun die ehedem importierten Waren durch Errichtung von Montageindustrien im Lande selbst produzierte. Während also die sektorale Verzerrung zugunsten des tertiären Sektors dem Industrialisierungsprozeß vorausging, war die weitere disproportionale Expansion dieses Sektors auf Faktoren zurückzuführen, die typisch sind für die aktuelle Entwicklung der Länder der "Dritten Welt". Die Konzentration der Einkommen, die verstärkte Urbanisierung, die schwache Absorbtionsfähigkeit von Arbeitskräften durch die kapitalintensive Industrialisierung und die Expansion der öffentlichen Ausgaben schaffen Bedingungen, die die Entwicklung eines aufgeblähten tertiären Sektors begünstigen.

Die *Einkommenskonzentration* bei den Profiten ist in der Peripherie viel ausgeprägter als in den kapitalistischen Metropolen. Sie resultiert aus der unterschiedlichen Wirkung der technischen Entwicklung in den jeweiligen ökonomischen Systemen. In den entwickelten kapitalistischen Ländern ist die Anwendung neuester technischer, im allgemeinen arbeitssparender Erkenntnisse im Produktionsprozeß von der Arbeitsmarktlage her, aufgrund der Macht der Gewerkschaften und wegen der Konkurrenz der Kapitale eine notwendige Bedingung für eine erweiterte Kapitalakkumulation. Die Übernahme derselben Technologien in den kapitalistisch unterentwickelten Ländern, die Ergebnis ihrer Integration in die internationale Mehrwertproduktion ist, führt jedoch nicht nur zu ihrer technologischen Abhängigkeit[8], die sich in der Verwendung importierter Maschinerie und Technik manifestiert; der Einsatz dieser importierten Produktionsmittel und Techniken wirkt sich auch entscheidend auf die weitere Einkommenskonzentration bei den Profiten aus, die den ökonomischen "Entwicklungsprozeß" begleitet[9]. Dadurch entsteht jene Fraktion der industriellen Bourgeoisie, die sich den veränderten Weltmarktverhältnissen anpaßt und dabei eine Monopolposition auf dem einheimischen Markt aufbauen kann. Gleichzeitig entsteht eine gewaltige Reservearmee an Arbeitskräften, die den Reallohn auf niedrigem Niveau hält; es findet keine Anpassung der Löhne an die gestiegene Arbeitsproduktivität statt, so daß von letzterer allein die Kapitalseite profitiert. Dieser einseitige Niederschlag des durch den Kapitalisierungsprozeß neu gebildeten Einkommens bei den Fraktionen mit ohnehin schon hohem Einkommen hat entscheidenden Einfluß auf die Nachfrage. Diese Schichten, die vor allem langlebige Konsumgüter zu kaufen wünschen, investieren am profitabelsten in Bereichen mit hoher organischer Zusammensetzung des Kapitals und verstärken damit die Kaufkraftschwäche der Arbeiterklasse, was einen Rückgang der

Lohnquote des Volkseinkommens nach sich zieht. Daß diese Einkommenskonzentration zu einer Behinderung der nationalen Kapitalakkumulation führt, liegt aber nicht in erster Linie in ihr selbst begründet - wie an Japan als Gegenbeispiel deutlich wird -, sondern an der Tendenz zur Stagnation der Industriearbeit[10].

Zwar ist die "importsubstituierende Industrialisierung" durch den Technologietransfer des entwickelten kapitalistischen Weltmarkts notwendigerweise relativ kapitalintensiv; konsequent wäre sie aber nur dann, wenn sie die "komparativen Kostenvorteile" berücksichtigte. Wenigstens müßte sie eine international vergleichbare Arbeitsproduktivität aufweisen. Bedingung dafür ist aber eine hohe "organische Zusammensetzung des Kapitals"; denn es "bildet sich für jeden Geschäftszweig ein eigenes Minimum des Kapitals, unter dem ein einzelnes Geschäft nicht mit Erfolg betrieben werden kann"[11]. Deshalb könnten nur jene Kapitaleigentümer in der Industrie investieren, die über das entsprechende Kapitalminimum verfügen. Die durchschnittlichen Kapitalinvestitionen allein für den Maschinenpark eines Unternehmers betrugen während der 5. Planperiode im Iran 761,9 Mill. Rial[12] neben den sonstigen fixen Kapitalinvestitionen[13]. Da der Expansion der Konsumgüterindustrie durch die Nachfrage Grenzen gesetzt sind, ist eine progressive Akkumulation nur auf Kosten des Untergangs vieler kleiner Produzenten möglich[14]. Wollten also die kleineren Einzelkapitale sich als Kapital reproduzieren, hätten sie in jenen Geschäftszweigen investieren müssen, für die ihnen ein Kapitalminimum zur Verfügung stand. Daher transformierte sich das kleine Geldkapital immer weniger in produktive Investitionen, während gleichzeitig die wachsende Konkurrenz das Verhalten der Kapitaleigentümer modifizierte, die immer mehr auf Spekulation und höhere Luxusausgaben setzten. Die geringe Absotionsfähigkeit der kapitalintensiven Industrialisierung führte darüber hinaus zu einer *strukturellen Arbeitslosigkeit*.

Diese beiden Momente trugen erheblich zu einer weiteren Expansion des tertiären Sektors bei, die mithin eine Folge der Orientierung des Kapitals und vor allem der Arbeitskräfte auf diesen Sektor ist. So resultierte im Gegensatz zu den entwickelten kapitalistischen Ländern die Expansion des tertiären Sektors hier vor allem aus dem direkten Transfer aus dem Agrarsektor [15]. Daher erhält die Hypertrophie dieses Sektors einen residualen Charakter, der Funktion einer besonderen Form der Industrialisierung ist. Die Unfähigkeit der Industrie, die vorhandenen Ressourcen zu mobilisieren, konserviert die Subsistenzwirtschaft kleiner bäuerlicher Familienbetriebe als Ausdruck einer massiven verdeckten Arbeitslosigkeit; zum anderen herrscht eine städtische Arbeitslosigkeit, die das Anwachsen der Zahl von kleinen Geschäften steigert. Die Zahl der "Selbständigen" stieg von 2,6 Mill. (1966) auf 2,8 Mill. (1976), obwohl ihr relativer Anteil von 38,8% auf 32,3% im selben Zeitraum zurückging. Die Zahl ihrer mithelfenden Familienarbeitskräfte stieg nicht nur absolut von 0,7 Mill. auf fast eine Million; ihr relativer Anteil an den gesamten Erwerbstätigen erhöhte sich auch von 9,9% auf 11,2%[16]. Allein über 24% der "Selbständigen" waren im tertiären Sektor beschäftigt[17]. Damit begünstigte die Kapitalisierung der Agrarproduktion im Zuge der Landreform, die zur Freisetzung der ländlichen Arbeitskräfte und zu Massenlandflucht führte, sowie die begrenzte Absorbtionsfähigkeit der kapitalintensiven Industrialisierung nicht nur die "Marginalisierung" großer Teile der arbeitsfähigen Bevölkerung und die Entstehung eines "Lumpenproletariats"[18], sondern auch die Flucht in den tertiären Sektor.

Die rasche Expansion des tertiären Sektors resultierte außerdem aus Zusammenhängen, die ohne eine Entwicklung der "bürgerlichen Gesellschaft" undenkbar wären und die diesem Sektor damit zum Teil einen *notwendigen* Charakter verleihen. Mit der neuen internationalen Arbeitsteilung, die im Iran als "importsubstituierende Industrialisierung" erscheint, ging eine in wachsendem Maße tiefgreifende Modifizierung der Funktionen und sozialen Gehalte des tertiären Sektors einher. Die Aktivitäten, die er nun umfaßte, nahmen mit wachsender Produktivität immer mehr kapitalistischen Charakter an [19] und waren weit davon entfernt, einen marginalen Sektor zu konstituieren und residual zu sein. Die industrielle Entwicklung hatte die rasche Expansion gewisser Branchen des tertiären Sektors zur Folge, und zwar der kommerziellen Dienstleistungen wie beispielsweise Engineering, Informatik, Public Relations, Marketing etc. [20]; hinzu kamen noch Banken und Versicherungen. Mit 100 588 Beschäftigten absorbierte der Bereich Finanz- und kommerzielle Dienstleistungen 3,7% der Beschäftigten des tertiären Sektors. Davon waren 43,3% im Staatsdienst.

Diese neuen Aktivitäten des tertiären Sektors unterschieden sich grundsätzlich von denen der früheren Phase, denn sie waren durch hohe Qualifikationsanforderungen gekennzeichnet und bildeten die unabdingbare Voraussetzung der Kapitalakkumulation. Damit ging die Entwicklung jenes Teils des tertiären Sektors einher, der als Ort sozialer Kategorien mit mittleren und hohen Einkommen bezeichnet werden kann. Aufgrund seiner hohen Kaufkraft konstituierte er ein dynamisches Element einer Konsumgüterindustrie, deren Expansion eine notwendige Unterstützung des Akkumulationsprozesses bildete. Auf der anderen Seite ging mit der kapitalistischen Entwicklung auch eine zunächst verstärkte sozial-ökonomische Aufgabe des Staates einher. Neben dem staatskapitalistischen Sektor in der unmittelbaren Produktion expandierten jene Aufgaben und Ausgaben des Staates für soziale Dienstleistungen, die einen wichtigen Bestandteil der Herstellung- und Betriebskosten der "allgemeinen Produktionsbedingungen" bilden. Mit 485 000 Beschäftigten stellten die sozialen Dienstleistungen 17,7% der Beschäftigten des tertiären Sektors, zu 86,5% im öffentlichen Dienst [21].
Diese Entwicklung führte zu einem beträchtlichen Anwachsen der sozialen Schichten mit mittlerem und hohem Einkommen, die vor allem aus den mittleren und höheren Staatsbeamten bestanden, die mit den Mitgliedern der freien Berufe und Teilen des Leitungspersonals von Handel, Banken und Versicherungsunternehmen die *"moderne Mittelschicht"* konstituierten [22]. Hinzu kam noch die Aufblähung des Staatsapparates durch die "Sicherheitsorgane", denen die Herstellung der "äußeren Bedingungen der Produktion"[23], d.h. die Herrschaftssicherung übertragen war. Mit 772 301 Personen stellten die "Sicherheitsorgane" 28,2% der Beschäftigten des tertiären Sektors, ein Prozentsatz, der den *parasitären* Charakter dieses Sektors verdeutlicht.

2.3. ZUM ENTSTEHUNGSZUSAMMENHANG DER MATERIELLEN BEDINGUNGEN DES CHILIASTISCHEN AKTIVISMUS ALS ARTIKULATIONSFORM DER LEGITIMATIONSKRISE DES SHAH-REGIMES

Nicht also eine konjunkturelle Krise der ökonomischen Entwicklung ist die Ursache der Krise des Shah-Regimes, sondern eine strukturelle, die durch eine krisenhafte Entwicklung gesellschaftlicher Arbeitsteilung entstand. Nach näherer Betrachtung der Veränderungen im Agrar- und Industriesektor erweist sich dabei diese krisenhafte Entwicklung gesellschaftlicher Arbeitsteilung - als spezifische Form der kapitalistischen Entwicklung - als Ursache für die Entwicklung einer *sozialen Krise*. Mit ihr geht nicht nur eine Zerstörung der traditionellen Formen des Gemeinwesens einher, sondern auch jene allgemeine *Identitätskrise*, die als *Legitimationskrise* des Shah-Regimes erscheint und sich im *chiliastischen Aktivismus* artikuliert.

Kann der Aufstand als Ergebnis einer krisenhaften Entwicklung der Produktions- und Lebenszusammenhänge der Menschen erklärt werden, so ist seine *Verlaufsform* und sein Ausgang jedoch keineswegs *unmittelbar* aus diesem Zusammenhang erklärbar; die Analyse der Massenpsychologie des Aufstands, die hierfür notwendig wäre, würde aber den Rahmen dieser Arbeit sprengen. Durch die Analyse des Entstehungszusammenhangs der Sozialstruktur des Aufstands sollen jedoch die sich im Zersetzungsprozeß befindliche städtische und ländliche *traditionelle Kleinbourgeoisie*, d.h. die *Mittelstände* - der kleine Industrielle, der kleine Kaufmann, der Handwerker, der Bauer -, die ihre Existenz als Mittelstände vor dem Untergang zu sichern suchten, sowie der *Pauperismus*, kurz: die *marginalisierten* sozialen Gruppen als die sozial bestimmenden Kräfte identifiziert werden, die durch die "Ritualisierung der Straßenkämpfe"[1] den Aufstand dominierten. Der ihnen gemeinsame *Chiliasmus* als *"kollektive Aufbruchsbereitschaft zur Erlangung oder Verwirklichung eines heißersehnten 'paradiesischen' Glückszustandes auf Erden"*[2] artikulierte sich jedoch in unterschiedlichen *ideologischen Formen*.

Die Zerstörung der materiellen Lebensbedingungen der "Mittelstände" und ihre massenhafte Marginalisierung, die die materiellen Entstehungsbedingungen des Umschlags vom *"Adventismus"* in den *"Aktionismus"*, von *Verzweiflung* in *Hoffnung* darstellen, ist das Ergebnis einer internationalen Arbeitsteilung, die sich in einer bestimmten Form der Landreform und der Industrialisierung realisiert. Hier vollzieht sich die *"ursprüngliche Akkumulation"*, im Unterschied zur "klassischen", als Konstitutions*bedingung* des kapitalistischen Weltmarkts, d.h. als Reproduktions*bedingung* des Kapitals – nicht aber als *historische Voraussetzung* desselben –, schließt damit aber eine bürgerlich-parlamentarische Form der Konfliktlösung aus. In einem spät kapitalisierten "Entwicklungsland" ist es das internationale Finanzkapital, das die "ursprüngliche Akkumulation" gewaltsam in Gang setzt. Damit besteht der entscheidende Unterschied dieser "ursprünglichen Akkumulation" darin, daß hier das Finanzkapital gewaltsam einen Prozeß durchsetzt, dessen sich das Produktivkapital bei der "klassischen" als *"Hebel"* bediente. Vollzugsorgan dieses sich für die Massen als *"westliche Zivilisation"* darstellenden Prozesses ist die in diesen Ländern anzutreffende diktatorische Form der Herrschaft. Sie beruhte im Iran vor allem auf ausgedehnter Vetternwirtschaft und der Existenz eines bürokratischen Apparates, an dessen Spitze die Pahlavi-Dynastie für die Aufrechterhaltung der "Ordnung" sorgte, die für die Realisierung eines solchen "Zivilisationsprogrammes" als unabdingbar erachtet wurde. Diese "westliche Zivilisation" bedeutete für den Iran nicht zuletzt auch den CIA-Putsch sowie Verfolgung, Einkerkerung und Ermordung all derjenigen, die jene Form der "westlichen Zivilisation" ablehnten.

Entscheidend für den Prozeß der "ursprünglichen Akkumulation" in einer derartigen Form ist die Zersetzung und Zerstörung der traditionellen Produktionsweise durch das Kapital bei gleichzeitiger Unfähigkeit, jene durch eine neue Reproduktionsweise ersetzen zu können. Für die Masse der Bevölkerung bedeutet dies die Unterdrückung ihrer elementarsten Bedürfnisse nach ökonomischer Sicherheit, sozialer Gerechtigkeit und politischer Freiheit.

Dieser Akkumulationsprozeß konkretisiert sich für die
Bauern in einer Landreform und einer weltmarktorientierten,
agrarkapitalistischen Wachstumsstrategie, die im Namen der
Landverteilung nicht nur die traditionellen bäuerlichen Anbaurechte aufhebt, sondern auch die Parzellenbauern durch
die Zentralisation der bereits kapitalisierten Grundrente enteignet. Sie bedeutet damit die Zerstörung der Existenzgrundlage von Millionen Agrarproduzenten und zieht Migration und
Pauperismus nach sich. Gleichzeitig bedeutet sie aber auch
die Zerstörung der Grundlage der nationalen Ernährung durch
die heimischen Agrarproduzenten. Die Folgen sind weitverbreitete Unterernährung, steigende Preise und Arbeitslosigkeit
sowie fehlende medizinische Versorgung. Dieser Prozeß, der
mit einer höchstmöglichen Kapitalakkumulation, wie sie sich
in Industrie und Banken manifestiert, einhergeht, impliziert
für die iranischen Massen ständige Ausbeutung und Verschuldung, keineswegs aber Lebenserleichterung und "Wohlfahrt".

Weiterhin impliziert die Durchsetzung des Kapitals im Iran
die Zerstörung der beruflichen Existenz von Millionen *kleiner
Handwerker und Händler*, ohne daß sich ihnen alternative Reproduktionsmöglichkeiten geboten hätten. Diese Herrschaft des
Kapitals in allen Wirtschaftsbereichen schlägt sich für die
Massen in einer hohen Inflationsrate nieder sowie in Lebens-
mittelknappheit, Wohnungsnot und persistierendem Analphabe-
tentum. Durch diesen Akkumulationsprozeß wird mithin nicht
nur die Existenzgrundlage von Millionen Kleinbetrieben im
Bereich der Landwirtschaft, des Handwerks und des Handels zerstört, nicht nur ökonomische Not und Bedrängnis hervorgerufen;
er schafft auch die Grundlage einer allgemeinen sozio-kulturellen Verunsicherung. Die Massenerhebung ist nicht zuletzt
der Reflex dieser Expropriation und *Entwurzelung* in all seinen ökonomischen, sozialen und kulturellen Dimensionen.

Die aussichtslose Lage der ehemaligen und jetzigen Mittelstände veranlaßte diese Marginalisierten zu einer radikalen
Negation der Gegenwart und praktischen Verkehrung der "verkehrten Welt" durch militante Kampfformen, die sich in einem,

letztlich perspektivelosen, religiösen Gewande artikulierten. Ihre Perspektivlosigkeit ist jedoch nicht Ergebnis ihrer Religiosität, sondern umgekehrt: sie artikulierten sich religiös, weil sie perspektivlos waren. Gerade diese *Perspektivlosigkeit ihrer Lage* erhob die chiliastisch-aktivistische Geistlichkeit zur politischen Führung. Denn bot die traditionelle Gesellschaft den Menschen Sicherheit, wies sie ihnen einen festen Platz zu und vermittelte ihnen über die Zugehörigkeit zu dieser Gemeinschaft einen *Sinn* im Leben, so entzog dies die neu entstehende Gesellschaft weiten Teilen der Bevölkerung und rief damit eine massenhafte *Identitätskrise* 3) hervor . Mit dem Bruch in der Kontinuität ihres Lebenslaufs wurde außerdem die Möglichkeit blockiert, das eigene Leben als zusammenhängendes Ganzes und das eigene Verhalten als sinnvoll zusammenhängend zu empfinden.

Die im Zuge des Zersetzungsprozesses der traditionellen Produktions- und Lebenszusammenhänge erlebte Trennung von der "Nabelschnur des Gemeinwesens" und den damit einhergehenden Zerfall der, für die traditionelle Gesellschaft charakteristischen, *Einheit* von Selbst- und Objektvorstellung (-repräsentanz) sowie den Übergang von der Vorindividualität in die Individualität erfahren die Menschen zwar als in unterschiedlichem Maße schmerzhaft; in dem Maße jedoch, in dem die "Ich-Entwicklung" großer Teile der Bevölkerung verhindert wird, indem sie - mit Trennungs- und Verunsicherungserfahrungen belastet - nicht in die neuen Produktions- und Lebenszusammenhänge integriert werden, können Modernisierung und Kapitalisierung, die über den Köpfen derjenigen stattfinden, die eigentlich ihre Träger hätten sein können, nur traumatische Empfindungen von Angst, Hilflosigkeit und Ohnmacht bei ihnen auslösen. Dies verstärkt ihre *chiliastische Einstellung*, d.h. ihre Wahrnehmung der Verkehrtheit der Welt und die Notwendigkeit ihrer Verkehrung, die sich zunächst in *passiven Widerstandsformen* - neben *Adventismus und Escapismus* - niederschlägt. Mit den traumatischen Erfahrungen, die durch die Niederlagen von 1946, 1953 und 1963 ungeheuer potenziert wurden und tagtäglich ihre Aktualisierung erfuhren, bildeten sich aber gleichzeitig die *zentralen Motive des Chiliasmus* - Universalismus, Integralismus, Perfektionismus und Egalitarismus - in ihren neuen ideologischen Artikulationsformen heraus.

Entscheidend ist, daß die als Vergewaltigung und Marginalisierung erfahrene Modernisierung den Mittelständen kaum Abwehrmechanismen zur Verfügung stellt, um sich Unlusterfahrungen zu entziehen - so wie sie auch dem Kleinkind kaum zur Verfügung stehen, da sie sich erst im Verlauf der Ich-Entwicklung in großer Vielfalt herausbilden. Daher haben die Marginalisierten nur die Möglichkeit, des Andrangs einer als übermächtig empfundenen Realität mit den bekannten und vertrauten Kompensationsformen Herr zu werden. Weil das Gefühl von Sicherheit und Harmonie nicht in der gesellschaftlichen Praxis erlebt, sondern nur noch als Vergangenheit erinnert wird, weil die neuen Produktions- und Lebenszusammenhänge keine Möglichkeit bieten, Fähigkeiten zu entfalten, mit denen die Gegenwart in einer Art gemeistert werden könnte, die ebenso über sie wie über die Vergangenheit hinausweist, geraten die Marginalisierten in die "Isolierhaft" der Vergangenheit. Mit der *totalen Negation* der Gegenwart tritt die Zukunft für sie im Gewande der Vergangenheit auf, während die Geschichte einen Kreis beschreibt, an dessen Ursprung und Ende die *ersehnte Harmonie*[4] steht. Als Kompensationsmechanismus und Ausdruck einer sich aus der Vergangenheit speisenden Vorstellungswelt wird der chiliastische Aktivismus, vor dem Hintergrund einer "Ungleichzeitigkeit", zur aktiven Vorwegnahme der Zukunft, die durch die Negation der Gegenwart mit der Vergangenheit verschmilzt und mit der Aufgabe des individuellen Selbst im Märtyrertum zur Rettungsmaßnahme für das *ideale Selbst* wird[4a]. So verkörpert die Religion das *Selbstbewußtsein* und das *Selbstgefühl* des Menschen, der sich entweder noch nicht erworben oder schon wieder verloren hat[5]; sie wird zum *Ausdruck der herrschenden Identitätskrise der enteigneten und entwurzelten Menschen*, die mit ihrer *Opferbereitschaft* und ihrem *Bedürfnis nach dem Heilbringer* den charismatischen Führer hervorbringen, der in ihrem Namen den *eschatologischen*

Krieg erklärt. Ihren Zersetzungsprozeß und Untergang im Reproduktionsprozeß des Kapitals interpretieren die Mittelstände verzweifelt im Sinne einer messianisch eintretenden Apokalypse; das "Prinzip Hoffnung" verstärkt die eschatologisch-messianische Erwartung, die auf eine Verwirklichung des idealen Staates zielt - als göttliche und zugleich irdische Herrschaft, als Abglanz des "ewigen Gesetzes" -, also *auf die Wiederherstellung des ursprünglichen Gemeinwesens als die traditionelle Form ihrer Einheit und Identität.* Die islamische Gemeinschaft *(Omat-e Islam)* als die zur allgemeinen Herrschaft erhobene klerikale Herrschaft ist das Surrogat dieses Gemeinwesens.

Der *Khomeinismus* ist damit die idealisierte Form der wirklichen Lebensverhältnisse der untergehenden Mittelstände und Ausdruck der radikalsten Form der Krise einer sozialen Ordnung, die als die despotische Herrschaftsform des Shah-Regimes auftritt[6]. Daher *erscheint* die Krise des Shah-Regimes als Widerspruch zwischen dem (Selbst-)Bewußtsein der marginalisierten Massen und den bestehenden gesellschaftlichen Verhältnissen[7]. Da der Kapitalismus sich in Form der Integration des Iran in den Weltmarkt als imperialistische Expansion durchsetzt und durch die Landreform und die "importsubstituierende Industrialisierung" die traditionelle Produktionsweise und die ihr entsprechenden Bewußtseinsformen zerstört, erscheint der Widerspruch zwischen den bestehenden gesellschaftlichen Verhältnissen und den bestehenden Produktivkräften als Konflikt zwischen dem *iranischen nationalen Bewußtsein und der Praxis der anderen Nationen*, der den *islamischen Revivalismus als Form des Nativismus*[8] verstärkt. Der islamische Revivalismus wird so zur ideologischen Reaktion der marginalisierten und pauperisierten Massen auf den Kulturimperialismus. In ihren zum Untergang verurteilten traditionellen Produktions- und Lebenszusammenhängen ist die materielle Grundlage ihres ritualisierten Verhaltens zu finden, das in ihrem Kampf ums Überleben zum religiösen Gestus versteinern muß[9]. Aus diesem Grunde muß der Aufstand als ein Kampf für und um den Islam erscheinen[10].

2.3.1. ZUM ENTSTEHUNGSZUSAMMENHANG DES BÄUERLICHEN CHILIASMUS ALS FUNKTION DER LANDREFORM UND DER IHR FOLGENDEN WELTMARKTORIENTIERTEN AGRARKAPITALISTISCHEN WACHSTUMSSTRATEGIE

Die Lösung der *Agrarfrage* ist untrennbar verbunden mit der Lösung der *Bauernfrage*. Während die erstere auf die *ökonomisch* optimalste Entwicklung der Agrarproduktion abzielt, geht es bei der Lösung der Bauernfrage darum, die *sozial* optimalste *Form* dieser Entwicklung zu finden. Jedes Übersehen dieser Verbindung muß zu sozio-ökonomisch katastrophalen Ergebnissen führen. Der bürgerliche Begriff von Entwicklung - als Wachstum - abstrahiert aber vom sozialen Aspekt der Agrarfrage und berücksichtigt die betroffenen Bauern höchstens als statistische Masse. Daher postuliert er eine nur ökonomische Antwort, ist aber nicht imstande, die Agrarfrage als Gesamtheit zu lösen und provoziert eben damit den Aufstand der marginalisierten und entwurzelten bäuerlichen Bevölkerung.

In der wissenschaftlichen Diskussion über die politische Ökonomie staatlicher Interventionen im Agrarsektor lassen sich analytisch die dem "betting-on-the-strong"-Prinzip folgenden Reformmaßnahmen von denen unterscheiden, die "betting-on-the-mass" zum offiziellen Credo ihrer landwirtschaftlichen Entwicklungsstrategie erhoben haben[1]. Landwirtschaftliche Fördermaßnahmen, die dem ersten Prinzip folgen, versuchen den kapitalistischen Transformationsprozeß des Agrarsektors auf der Grundlage bestehender ungleicher Eigentumsverhältnisse voranzutreiben. Sie konzentrieren sich auf die Unterstützung des Großgrundeigentums und der wohlhabenden Schichten der Bauern [2]. Diese agrarpolitische Strategie akzeptiert bewußt die Verschlechterung der Lage der armen Bauern und Landarbeiter. Folge ist ein Prozeß der Polarisierung des Agrarsektors in eine agrarkapitalistische Minderheit, die den größten Teil des fruchtbaren Landes kontrolliert, und die große Mehrheit der auf marginalem, oft schlecht bewässertem und unfruchtbarem Land verstreuten, mehr oder minder stark zum Markt geöffneten kleinen Subsistenzproduzenten. Sie stellen das wachsende Reservoir von halbproletarischen Existenzen, aus dem dann die agrarkapitalistischen Betriebe ihre denkbar schlecht entlohnten Saisonarbeiter rekrutieren können[3].

Zu den an den Interessen der landwirtschaftlichen "Eliten" orientierten staatlichen Investitionsstrategien als Funktion der veränderten Weltmarktstruktur gehören u.a. solche Maßnahmen wie die Schaffung eines freien und flexiblen Marktes für alle landwirtschaftlichen Produktionsmittel, gesetzliche Bestimmungen, die Landkonsolidierungen ermöglichen, Konzentration staatlicher Kredite auf die größeren Grundeigentümer, Maßnahmen zur Niederhaltung der Landarbeiterlöhne wie z.B. Verbot gewerkschaftlicher Organisierung und Streikverbot, und nicht zuletzt eine Subventionspolitik, die sich primär an den Interessen der größeren landwirtschaftlichen Warenproduzenten orientiert[4].

Die kapitalistische Transformation von Großgrundeigentum also die im Rahmen von Mechanisierungsprozessen sich vollziehende Ersetzung der "Pächter" durch Lohnarbeiter, ist notwendig von starken "Freisetzungseffekten" begleitet. Große Teile der bisher unter vorkapitalistischen Produktionsverhältnissen ausgebeuteten ländlichen Unterschicht sind gezwungen, andere Reproduktionsmöglichkeiten zu suchen; daher kulminiert eine solche Agrarstrategie notwendig in verstärkter Landflucht. Da sie sich an europäischen Vorbildern aus dem 19. Jahrhundert orientiert, ohne jedoch - aufgrund der spezifischen Integrationsweise der peripheren Formation in den Weltmarkt - den europäischen Industrialisierungsprozeß parallel dazu nachvollziehen zu können, ist sie nicht in der Lage, die "freigesetzten" bäuerlichen Arbeitskräfte in den städtischen industriellen Verwertungsprozeß zu integrieren[5]. Eine solche landwirtschaftliche Entwicklungsstrategie, die die Lebenschancen der Mehrheit der Agrarproduzenten verschlechtert und nur einer Minderheit, die in privilegierter Weise ins kapitalistische Weltsystem integriert ist, wachsende Einkünfte verschafft, beinhaltet für die lokalen herrschenden Klassen und ihre Verbündeten in den Metropolen allerdings auch die "Gefahr", daß sich die "Verdammten dieser Erde" mobilisieren und damit die politische "Stabilität" bedrohen können[6].

Wohl nicht zuletzt aus solchen strategischen Überlegungen heraus veranlaßten seit 1945 sogar Regierungen wie die iranische eine gewisse Umverteilung des vorkapitalistischen Grundeigentums unter *Teile* der Bauernschaft, was jedoch durch die Zerstörung der traditionellen Formen des Gemeinwesens eine weitere soziale Differenzierung der ländlichen Bevölkerung zur Folge hatte[7]. Untersucht man jedoch diese Reformen näher, so erkennt man leicht, daß weder die Liquidierung des vorkapitalistischen Großgrundeigentums noch die dadurch induzierte Entwicklung einer weitgehend von kleinen Parzellenbetrieben geprägten Agrarstruktur allein dafür garantieren können, daß die anschließende landwirtschaftliche Entwicklungspolitik die Interessen der "befreiten" Bauern in den Mittelpunkt stellt[8]. Stattdessen dient die Umverteilung des vorkapitalistischen Großgrundeigentums vor allem als politökonomischer Hebel, um all diejenigen gesellschaftlichen Besitzungen zu liquidieren, die bisher die Entwicklung des inneren Marktes beschränkt haben[9]. Die zentralen Zielsetzungen der Bodenreformpolitik eines explizit kapitalistische Interessen vertretenden Staates dürften demnach vor allem in der Erhöhung der Rentabilität der landwirtschaftlichen Betriebe, der Schaffung von Märkten auf dem Land, der Erhöhung der gesamten landwirtschaftlichen Produktion und der "sozialen Befriedung" des ländlichen Raumes bestehen.

Diese globalen Zielvorstellungen können nicht immer gleichzeitig und konsequent verfolgt werden; welche Ziele Priorität erhalten, ist von den jeweiligen politischen Kräfteverhältnissen in den Ländern abhängig, die eine Landreform durchführen[10]. Allerdings kann die institutionell-politische Besonderheit der Reformgesetzgebung, wie etwa der Ausschluß bestimmter sozialer Kategorien von der Umverteilung und die Höhe der Kompensationszahlungen etc., nicht allein darüber entscheiden, ob sich für die Masse der ländlichen Produzenten überhaupt eine reale Verbesserung ihrer Lebenschancen im Gefolge der Landreform abzeichnet; in entscheidendem Ausmaß ist daran auch die im gesamtgesellschaftlichen Zusammenhang verfolgte "Entwicklungspolitik" beteiligt. Zu ihren wichtigsten Aspekten, die Einfluß auf die sich nach der Landreform herausbildenden sozialökonomischen Strukturen auf dem Land haben, gehören vor allem das System der Agrarpreise, die Austauschverhältnisse zwischen Industrie und Landwirtschaft, der Kapitalabfluß zwischen Stadt und Land sowie der Transfer von Ressourcen zwischen unterschiedlichen sozialen Klassen in Form der Abpressung von Mehrarbeit.

Die Ergebnisse der Landreform im Iran[11] bestätigen die Erfahrungen anderer "Entwicklungsländer": die nach der Landreform im Interesse des Kapitals verfolgten wirtschaftspolitischen Strategien führten dazu, daß sich auch im reformierten Agrarsektor eine soziale und ökonomische Polarisierung vollzog, ähnlich wie im Rahmen einer direkt von den bestehenden Grundeigentumsverhältnissen ausgehenden "betting-on-the-strong"-Politik. Viele Bauern waren nach der Verteilung des Bodens der Ausplünderung durch die ländliche und städtische Bourgeoisie unterworfen, der es vermittels der Kontrolle über die Handels- und Kreditnetze gelang, sich einen ebenso großen Teil des bäuerlichen Mehrprodukts in Form von Zinsen und Handelsprofiten anzueignen, wie früher der Grundherr durch die Grundrente. Außerdem durchdrang die Staatsmacht verstärkt das "befreite" Dorf, besetzte den durch die Eliminierung der Autorität des Großgrundeigentümers frei gewordenen Platz der politischen Kontrollinstanz über die Bauernschaft und errichtete ein engmaschiges bürokratisches Netz, das die Bauern von den staatlichen Institutionen ökonomisch abhängig machte.

Wie bei den meisten Landreformen wurde die Einschränkung des Großgrundeigentums nur begrenzt in Angriff genommen. Den bisherigen Eigentümern beließ der Staat einen, gemessen an der Größe der Durchschnittsbetriebe der begünstigten Bauern, recht großen Teil ihres Landes; moderne, mechanisierte agrarkapitalistische Betriebsformen wurden sogar ausdrücklich vom Verkauf an die kleinen Agrarproduzenten ausgenommen. Allein die Ausnahmebestimmungen der Landreformgesetzgebung präjudizierten schon, daß die Agrarstruktur nach der Landreform von der "Koexistenz" zweier sehr unterschiedlicher Betriebsformen bestimmt sein würde: auf der einen Seite bestanden mittel- und hochmechanisierte agrarkapitalistische Unternehmen, auf denen kostengünstig die Produktion für den inneren sowie den Weltmarkt vorangetrieben werden konnte (vgl. Tab. 23-25); auf der anderen Seite führte die Umverteilung von vorkapitalistischem Grundeigentum zur Vermehrung der Anzahl der Kleinbetriebe und Minifundien, die entweder völlig ohne Kapital oder zumindest unterkapitalisiert waren und den Eigentümer und seine Familie häufig kaum ernähren konnten (vgl. Tab. 26). Die "befreiten" Bauern waren folglich zum größten Teil auch nach der Landreform noch gezwungen, in abhängiger Position als Lohnarbeiter oder Pächter zusätzliche Einkommensquellen zu suchen, um sich reproduzieren zu können (vgl. Tab. 56 und 57).

Für die zum Teil enteigneten vorkapitalistischen Großgrundeigentümer war der Verlust ihres bisherigen Monopols auf einen Teil des nationalen Territoriums keineswegs gleichbedeutend mit ihrer Eliminierung aus dem "Machtblock"[11] der herrschenden Klassen. Nicht wenige hatten einen Teil der den Bauern abgepreßten Grundrente vor der Landreform in Industrie- und Handelskapital transformiert und damit bereits eine Kapitalisierung der Grundrente vollzogen. Sie waren also nicht mehr allein Empfänger von Grundrente, sondern auch von Mehrwert geworden. Diese Personengruppe bliebe sogar im Rahmen einer konfiskatorischen, d.h. ohne Kompensation vollzogenen Landreform im herrschenden "Machtblock" präsent, solange die Vorherrschaft der kapitalistischen Produktionsweise gesamtgesellschaftlich nicht angetastet wird. Doch auch ein Grundeigentümer, der nur Grundrentenempfänger ist, vermag, sofern die Bestimmungen der Kompensationsgesetzgebung für die enteigneten Grundeigentümer günstig gestaltet sind, auf Kosten der "befreiten" Bauern seine ökonomische sowie seine globale politische Machtposition über die Landreform hinweg aufrecht zu erhalten, ja sogar zu verstärken, und zwar durch Transformation zum Agrar-, Industrie- oder Handelskapitalisten via Kapitalisierung der Grundrente.

Eine Landreform wie die im Iran impliziert daher keineswegs den Aufstieg der Mehrheit der Bauernschaft zur Teilhabe am gesellschaftlichen Reichtum und an der politischen Macht. Stattdessen bedeutet sie eine Verschiebung der Hegemonie innerhalb des bestehenden Machtblocks zugunsten der Kapitalisten bzw. einer ihrer Fraktionen.

2.3.1.1. SOZIALE DIFFERENZIERUNG DER BAUERNSCHAFT UND FORMELLE SUBSUMTION UNTER DAS KAPITAL

Abgesehen vom Kronland[1], dem Privateigentum der Pahlavi-Familie, verteilte sich das ländliche Privateigentum auf zwei unterschiedliche Gruppen, nämlich die Großgrund- und die Kleingrundeigentümer. Letztere umfaßten sowohl die Eigentumsbauern, die ihre Betriebe vor allem mit Hilfe ihrer Familie bewirtschafteten[2], als auch die kleinen Grundherren, deren Besitzungen meist durch Erbteilung von Großgrundeigentum entstanden waren. Ihr Lebensstil glich dem der Großgrundeigentümer: sie verpachteten ihr Land, bevorzugten selbst das Stadtleben und verfügten neben der Grundrente häufig noch über andere Einkommensquellen.

Die Großgrundeigentümer hatten meist neben ihrer ländlichen Machtposition noch eine politische, bürokratische oder sonstige Funktion inne. So war ihr Interesse an einer Reinvestition der Grundrente in den landwirtschaftlichen Betrieb auch oft recht begrenzt; vielmehr verwendeten sie ihre Einkünfte für die Finanzierung eines luxuriösen Lebens, den Kauf ausländischer Aktien, transferierten ihr Geld ins Ausland oder investierten, vor allem seit Mitte der 50er Jahre, im Bereich von Handel und Industrie. Diese Kapitalisierung der Grundrente transformierte den Status der Großgrundeigentümer: als Empfänger von Mehrwert wurden sie Kapitalisten im eigentlichen Sinne des Wortes[3]. Lediglich die Stammesführer, die durch Kauf, Schenkung oder Erbschaft Ländereien erworben hatten, waren in höherem Maße von der Grundrente abhängig; diese Sonderstellung erklärt auch ihren massiven Widerstand gegenüber der Bodenreformpolitik[4].

Gehörte der überwiegende Teil der Großgrundeigentümer auch zum vorkapitalistischen Typ, der sein Land an Halbpächter (*raijats*) gegen eine Produktenrente verpachtete, so entstand doch während der 50er Jahre daneben ein landwirtschaftlicher Betriebstyp, der einen Übergang zur kapitalistischen Produktionsweise bildete; der Landarbeiter als unmittelbarer Produzent verkaufte hier seine Arbeitskraft gegen Lohn, der meist in Form von Geld, manchmal aber auch in Naturalien gezahlt wurde. Auch wurden in zunehmendem Maße Ländereien durch kapitalistische "Rentiers" verpachtet, so daß sich juristisches und ökonomisches Eigentum nicht in einer Hand befanden; auch hier handelte es sich um eine Form des Grundeigentums, die den Übergang zum Kapitalismus in der Landwirtschaft anzeigte.

Zwar läßt sich nur schwer abschätzen, in welchem Zeitraum sich im Iran eine Transformation der vorkapitalistischen in kapitalistische Formen des Grundeigentums hätte durchsetzen lassen, wenn keine Bodenreformmaßnahmen initiiert worden wären; bei näherer Betrachtung der Einzelbestimmungen der Bodenreformgesetzgebung sowie der daraufhin erfolgten Neuerungen wird jedoch das Ziel der Reformen klar: trotz aller gegenteiligen Aussagen seitens der Regierung konnte es nicht die Schaffung einer Schicht "unabhängiger Kleinbauern" sein, sondern einzig die Kapitalisierung des Agrarsektors. So waren beispielsweise die wenigen, im Rahmen einer weltmarktorientierten Warenproduktion in den 60er Jahren entstandenen agrarkapitalistischen Betriebe vom Zwang zum Verkauf an die unmittelbaren Produzenten ausgenommen, was durchaus als Indiz dafür betrachtet werden kann, daß die Landreform keineswegs auf die totale Zerschlagung jeglichen Großgrundeigentums abzielte. Auch sollten in allen drei Landreformphasen die vorkapitalistischen Großgrundeigentümer mit Hilfe der Durchführungsbestimmungen entweder zum Verkauf ihres "überschüssigen" Grund und Bodens an die "Pächter" veranlaßt oder zu einer agrarkapitalistischen Produktionsweise animiert werden, so daß gleichzeitig mit der "Umverteilung" des vorkapitalistischen Großgrundeigentums die Zahl der auf "preußische Weise" transformierten Besitzungen expandierte. Die vor der Landreform mechanisierten Betriebe fielen ohnehin nicht unter die Landreformgesetzgebung; ebenso wurden die profitablen Obstgärten vom Verkauf ausgenommen. Außerdem hatte der Grundeigentümer das Recht, ein Dorf seiner Wahl für sich zu behalten[5]. Schließlich sorgten die Bestimmungen der Reformgesetzgebung von Anfang an dafür, daß die am stärksten unterprivilegierte soziale Gruppe, die "landlosen Bauern" ohne Teilbauernstatus (*khoshneshins*) von jeglicher Möglichkeit der Veränderung ihrer sozialen Stellung ausgeschlossen blieben. Sie machten schon zu Beginn der 60er Jahre 40-60% der ländlichen Bevölkerung aus[6]. Dabei war der institutionelle Ausschluß dieser Bevölkerungsgruppe von jeglicher Möglichkeit zur Erlangung eines Kleineigentümerstatus im Rahmen der Landreformgesetzgebung keineswegs die einzige, die unteren bäuerlichen Schichten diskriminierende Bestimmung.

Damit war die Landreform *praktisch* darauf ausgerichtet, die bestehenden sozioökonomischen Unterschiede unter den Teilbauern zu perpetuieren, ja zu vergrößern, da das Gesetzgebungswerk samt Ausführungsbestimmungen den vergleichsweise privilegierten Bauern mit eigenen Produktionsmitteln bzw. Zugvieh eine Priorität einräumte gegenüber denjenigen, die nur ihre Arbeitskraft in das Teilbausystem hatten einbringen können.

2.3.1.1.1. GRUNDZÜGE LÄNDLICHER SOZIALSTRUKTUR VOR DER LANDREFORM

Vor der Landreform konnte man zwei Typen von "Pachtsystemen" unterscheiden: das "eigentliche", in den "reichen", warenproduzierenden nördlichen Regionen verbreitete Geld- oder Naturalsystem, in dessen Rahmen der Pächter offenbar alle Produktionsmittel, außer Boden und Wasser, selbst stellte und eine gewisse "unternehmerische" Initiative entfalten konnte; zum anderen das sich mit der Etablierung des Privateigentums an Grund und Boden endgültig durchsetzende *"Malek-Raijat-System"*. Unter dem letzteren, weniger kommerzialisierten Ausbeutungssystem lebte die Masse der Bauern, die nicht über Grundeigentum verfügte. Es ähnelte *tendenziell* den europäischen Halbpachtsystemen, beispielsweise dem englischen "Cropsharing-System" und der französisch-italienischen Metayage[1]. Allerdings befanden sich die iranischen raijats in einer weit stärkeren ökonomischen, politischen und "psychologischen" Abhängigkeit vom Grundeigentümer als die europäischen Halbpächter; daher erweisen sich die Unterschiede zwischen den "asiatischen" und europäischen Varianten der Halb- bzw. *Teilpacht* als gravierender, als ihre eher oberflächlichen Ähnlichkeiten[2].

Der iranische Grundeigentümer verfügte normalerweise nicht nur über das Bodenmonopol, sondern auch über die damit verbundenen Wasserquellen; 99% des verfügbaren Wassers befanden sich vor der Landreform im Besitz der Grundeigentümer. Dieses *doppelte Monopol* ermöglichte es ihnen, einen Wucherzins von 370-900% für ihre Betriebsmittel zu erzielen[3]. Die anderen, äußerst rückständigen Arbeitsmittel verteilten sich dabei in der Regel auf die Masse der unmittelbaren Produzenten. Die Zersplitterung der Produktionsmittel und die Konzentration von Grund und Boden nur als Eigentums-, nicht aber als Bewirtschaftungsobjekt führte notwendigerweise zu einer Abhängigkeit der unmittelbaren Produzenten, deren Wirtschaftstätigkeit auf die Befriedigung ihrer primären Bedürfnisse in einem begrenzten lokalen Rahmen zielte, von den Vertretern des Wucherkapitals[4]. Die parasitäre Schicht der Wucherer, die oft identisch mit den Grundeigentümern war, preßte aus den unmittelbaren Produzenten zusätzlich einen weiteren Teil des Mehrproduktes heraus und eignete sich ihn in Form eines Zinses an, der bis zu 150% betrug[5]. Der monopolisierte Boden- und Wasserbesitz sowie die gleichzeitige Kreditvergabe an die Halbpächter ermöglichte es somit den Grundeigentümern, praktisch das gesamte produzierte agrikole Mehrprodukt zu absorbieren und parasitär zu verbrauchen.

Dieses vorkapitalistische Halbpachtsystem, das im ganzen islamischen Orient verbreitet war[6] und im Iran unter der Bezeichnung "Malek-Raijat-System"[7] auftrat, legte den Modus der Ernteteilung entsprechend den Regeln der "Fünf-Faktoren-Theorie" fest; demnach hatte jeder Eigentümer eines der unabdingbaren "Produktionsfaktoren" - Boden, Wasser, Samen, Zugvieh und Arbeitskraft - einen legitimen Anspruch auf ein Fünftel der Ernte[8]. Dabei unterschieden sich die konkreten Modalitäten der iranischen Teilpacht streckenweise beträchtlich von denen der europäischen Metayage, vor allem durch die große Unsicherheit bezüglich der Dauer der "Pachtverträge"[9], die durch die jährliche Neuverteilung des Pachtlandes noch verstärkt wurde; zudem blieb es dem Grundeigentümer überlassen, ob er den "Pachtvertrag" über ein Jahr hinaus verlängerte. Allerdings gab es im Rahmen des Malek-Raijat-Systems nicht nur diesen jeder Willkürentscheidung des Grundeigentümers hilflos ausgelieferten Pächtertyp; neben dem Inhaber des *variablen oder einjährigen nassagh* verfügten einige Bauern über das Anrecht auf einen *"konstanten nassagh"*. Sie konnten nicht ohne weiteres des Bodens verwiesen werden und bekamen über längere Zeit dasselbe Landstück zugeteilt[10]. Jeder von ihnen, der 2 bis 3 Jahre lang von einem Grundeigentümer Pachtland erhalten hatte, erwarb damit auch das *"gavbandi-Anrecht"*, das offenbar mit dem Recht auf Zuteilung eines konstanten nassagh identisch war. Der Inhaber dieses gavbandi-Rechtes durfte das Pachtland für die Dauer von 100 Jahren in seiner Familie behalten, also auch vererben. Wenn er in die Stadt ziehen wollte, konnte er es an andere "Bauern" weiterverpachten oder von Lohnarbeitern bewirtschaften lassen; letztere Möglichkeit bot sich ihm auch, wenn er selbst weiter im Dorf lebte[11]. Wo sich dergleichen komplexe Beziehungen ausgebildet hatten, kann man von der Existenz eines "dualen Systems" des Grundbesitzes sprechen.

Obwohl eine kollektive Bewirtschaftung des Bodens durch die Dorfgemeinschaft auch für die "asiatische Produktionsweise" nicht bestimmend sein muß[12], war bis zur Landreform die soziale, ökonomische und politische Struktur vieler iranischer Dörfer durch die Identität von *Dorfeinheit* und *Produktionseinheit* geprägt[13]. Die Persistenz kooperativer Arbeitsformen im Bereich der Agrarproduktion war vor allem eine Folge des weiterbestehenden Wassermangels und des spezifischen Bewässerungssystems, das die Ausbildung kooperativer Formen der sozialen Organisation der Arbeit erzwang. Auch die sich in den iranischen Dörfern über einen langen Zeitraum erhaltende organisierte ökonomische Einheit samt ihrer internen Institutionen - nassagh und boneh - müssen als organisatorische Antworten auf die technischen Erfordernisse einer mit Wassermangel kämpfenden Agrarproduktion verstanden werden.

Bei der kooperativen Bodenbestellung, welche Aussaat, Bewässerung, Ernte sowie den Transport der Ernte umfaßte[14], bildete die *boneh* oder *sahara* die Basiseinheit der gemeinschaftlichen Arbeit. Sie setzte sich aus einer variablen Zahl von "Arbeitseinheiten" zusammen, von denen jede mit einem Joch Ochsen ausgestattet war[15]; ihre Größe hing ab von der jeweiligen Menge des vorhandenen Wassers. Jeder boneh war ein gleichgroßer Teil des Dorflandes mit entsprechenden Wasserrechten zugewiesen; um eine faire Verteilung des qualitativ unterschiedlichen Bodens zu garantieren, was dieses Land jedoch häufig in Teilstücke zersplittert[16]. Im Rahmen der boneh-Kooperation erhielt zwar der einzelne raijat vom Grundeigentümer das nassagh-Recht, konnte es jedoch nur gemeinsam mit den anderen Mitgliedern der Kooperation realisieren; ebenso wurde die Grundrente kollektiv gezahlt[17].

Als traditionell gewachsene Einheit initiierte die boneh unter ihren Mitgliedern durchaus solidarische Gefühle und Interaktionen gegen die grundherrliche Unterdrückung. Diese Solidarität wurde durch die Tatsache verstärkt, daß in den Kooperativen häufig enge Verwandte zusammen lebten und arbeiteten, so daß die boneh - zumindest in ihrer ursprünglichen, durch die Grundherren später oft zerstörten Form[18] - als Manifestation des Verwandtschaftssystems in den iranischen Dörfern interpretiert werden muß[19]. Dabei bleibt jedoch zu bedenken, daß auch die "individualisierenden" Tendenzen, die aus den Städten bis aufs Land drangen, desorganisierende Einflüsse auf die Struktur der ländlichen Großfamilie, die vormals für ihre Angehörigen einen festen Zusammenhalt vermittelt hatte, ausübten[20]. Kam es daraufhin zur Auflösung einer boneh, so zeitigte das gewöhnlich regressive Auswirkungen auf die Erträge, da Boden und Wasser nicht mehr so rationell wie vorher genutzt werden konnten[21]. Insgesamt war die Verbreitung kooperativer Bewirtschaftungsformen unmittelbar vor der Landreform regional höchst unterschiedlich, abhängig sowohl von den jeweiligen Traditionen, als auch von den angebauten Agrarprodukten sowie den Eigentumsverhältnissen[22].

Innerhalb des sozial-ökonomischen Differenzierungsprozesses bildeten sich in den Dörfern hauptsächlich drei voneinander abgrenzbare Schichten heraus: *gavbands, raijats (nassagh-dar)* und *khoshneshins*.

Der Name *gavband* (wörtlich: Ochsenbesitzer) für eine bestimmte Schicht der Landbevölkerung verweist auf die Bedeutung, die dem Besitzer dieses als Zugvieh genutzten Tieres zukam. Als Folge der imperialistischen Penetration und der daraus resultierenden steigenden Verelendung weiter Teile der iranischen Bauern bedeutete der Besitz von Zugvieh in erhöhtem Maße eine gesellschaftliche und wirtschaftliche Privilegierung. Die ärmeren Landbewohner waren auf die Ausleihe dieser Produktionsmittel angewiesen, so daß der gavband häufig allein vom Verleih des Zugviehs gegen Wucherzinsen leben konnte, ohne selbst Landwirtschaft zu betreiben[23]. Innerhalb von boneh-Kooperationen manifestierte sich die Privilegierung des gavband darin, daß ihm automatisch der *sar-boneh*-Posten (boneh-Vorsteher) zufiel. Da die Grundeigentümer nur am Erhalt der Grundrente interessiert waren, erlaubten sie nicht nur die Unterverpachtung des Landes, sondern sogar den Verkauf des Pachtrechts an andere Dorfbewohner[24]. So konnten die gavbands, die die Transaktion von nassagh-Rechten kontrollierten, einen manchmal beträchtlichen Teil des Dorflandes unter ihre Kontrolle bringen; unter günstigen Bedingungen transformierten sie sich offenbar sogar tendenziell in kapitalistische Pächter und beschäftigten Lohnarbeiter[25]. Sie fungierten dann nur noch als Organisatoren der Agrarproduktion, die, trotz ihres *kooperativen Charakters* bis zur Landreform, keineswegs die *Ausbildung einer Pächterhierarchie*[26] verhindern konnte.

Damit stellten die gavbands die ländliche "Oberschicht" der "eigentlichen" Halbpächter dar, die ihre Betriebe entweder mit Hilfe von Knechten und Tagelöhnern selbst bewirtschafteten oder aber an *raijats* weiterverpachteten. Letztere

konstituierten die dörfliche "Mittelschicht", bestellten ihr
Land mit Hilfe von Familienangehörigen und erhielten einerseits die Produktionsmittel wie Zugvieh, Saatgut etc. gestellt, zum anderen, als Entgelt für ihre Arbeit, die Hälfte
des Ernteanteils. Die dörfliche "Unterschicht" bildeten die
khoshneshins, diejenigen also, die weder über Produktionsmittel verfügten noch den Status von Halb- oder Unterpächtern
erlangen konnten, der immerhin noch eine gewisse Sicherheit
verlieh, und die daher Tätigkeiten als Landarbeiter oder im
dörflichen Dienstleistungsbereich verrichteten. Vor allem verdingten sie sich als Tagelöhner, Saison- oder Wanderarbeiter
und waren teilweise gezwungen, für einige Monate im Jahr auch
außerhalb ihres Heimatdorfes, als Bauarbeiter in den Städten
oder als landwirtschaftliche Lohnarbeiter in den wenigen
agrarkapitalistischen Großbetrieben ihren Lebensunterhalt zu
verdienen. Hier gerieten sie allerdings in Konkurrenz zu den
"Halbproletariern" aus den Reihen der ärmeren raijats, die
ebenfalls auf derartige Nebentätigkeiten angewiesen waren.
Saison- und Wanderarbeit waren vor allem in den ärmsten Provinzen Südostirans, in Sistan und Balutschistan, weit verbreitet, so daß aufgrund dessen in zahlreichen Dörfern keine "stabile Bevölkerung" mehr existierte[27].

Ashraf [28] subsumiert sowohl Dorfhandwerker und Angehörige
dörflicher "Dienstleistungsberufe" als auch landwirtschaftliche Lohnarbeiter, Bau-, Straßen- und Heimarbeiter sowie
Teppichweber unter das "Landproletariat". Ono hingegen betrachtet die khoshneshins als eine Art dörflicher "Reservearmee";
in ihrer sozialen Existenz völlig von den Traditionen abhängig, verfügten sie nicht über sichere Wohnrechte und wurden,
als Zeichen ihres niederen Status, nicht nach Familien, wie
die raijats, gezählt, sondern nach Köpfen[29]. Selbst innerhalb dieser niedersten Schicht der Landbevölkerung existierte jedoch eine gewisse Hierarchie, an deren Spitze Handwerker und dörfliche Bedienstete standen; bei letzteren handelte
es sich vor allem um Feldaufseher, Wasserverteiler, Schafhirten, Friseure, Schmiede, Zimmerleute u.ä.[30].

Unter den niederen Schichten der Landbevölkerung bestimmte in erster Linie das Streben nach einem Platz innerhalb einer boneh bzw. einem individuellen Anteil am Pachtland das Verhalten, eine Entwicklung, die sich im Zuge des Bevölkerungswachstums und der allmählichen Mechanisierungspolitik während der 50er Jahre noch verschärfte. Da die Erlangung bzw. Sicherung des Pachtrechts vor allem von den "Beziehungen" zu den dörflichen Autoritäten, insbesondere zum Grundeigentümer, abhängig war, dominierte innerhalb der Bauernschaft ein Konkurrenzverhalten, welches entsolidarisierende Effekte zeitigte und damit die Möglichkeit zu kollektiven Forderungen entsprechend beschränkte. Vor allem führte diese Situation zur Verschärfung der sozialen Kluft zwischen den raijats und den noch ärmeren khoshneshins, wenn auch noch nicht im Sinne "klassenbildender Differenzierung". Dazu trug im wesentlichen die allgemeine Mobilität in der ländlichen Gesellschaft bei, vor allem die Abwärtsmobilität[31]. Zwar war es dem Grundeigentümer möglich, selbst einen khoshneshin in die Gruppe der raijats oder gar der gavbands zu erheben, indem er ihn mit einem Anspruch auf Zuweisung von Land zur Bearbeitung ausstattete; häufiger trat hingegen der Fall auf, daß durch eine Willkürentscheidung auf Seiten des Grundeigentümers der gavband oder raijat einiger oder aller Rechte beraubt wurde. So läßt sich insgesamt feststellen, daß die innerdörflichen Differenzierungen verhältnismäßig gering und für Mobilität gegenüber dem alles beherrschenden Gegensatz zwischen dem Dorf als Einheit und dem Grundherren im Rahmen der vor der Bodenreform bestehenden Institutionen offen blieben[32]. Diese Charakterisierung trifft jedoch nicht mehr auf diejenigen sozio-ökonomischen Differenzierungsprozesse zu, die sich in den iranischen Dörfern vollzogen, als die Produktion für den Markt vorangeschritten war und die Produktionsverhältnisse sich in kapitalistischer Richtung transformiert hatten bzw. zu transformieren begannen[33].

Um eine möglichst weitgehende Kontrolle über die Dorfbewohner zu erlangen, trachteten die Grundeigentümer nach der Errichtung hierarchischer Überwachungsstrukturen. An deren Spitze stand der kadkhoda, der traditionell eine Vermittlerfunktion zwischen Dorfgemeinschaft und staatlichen Instanzen innehatte; nun aber, jeglicher politischer und ökonomischer Macht beraubt, wurde er ohne Mitspracherecht auf Seiten der Bauern vom Grundeigentümer eingesetzt und bedurfte lediglich der formalen Bestätigung durch die lokalen Beamten. Da er auch nicht vom Staat, sondern vom Grundeigentümer entlohnt wurde, dessen Interessen er loyal zu vertreten hatte, befand er sich in der widersprüchlichen Situation eines "unofficial official"[34]: einerseits sollte er das für die Aufrechterhaltung der landwirtschaftlichen Produktion notwendige Mindestmaß an Konsens unter den Pächtern sichern[35], zum andern die Bauern überwachen und ihr politisches Widerstandspotential möglichst gering halten; schließlich konnte er als "Sprachrohr" der Bauern diesen bei der Abwendung oder Milderung besonders harter administrativer Maßnahmen von Nutzen sein. Zum Teil strebten aber auch die Grundeigentümer selbst danach, eine derartige "Vermittlerrolle" zwischen Staat und Bauernschaft zu übernehmen, in erster Linie jedoch, um damit jeglichen direkten Kontakt der Landbevölkerung zu den staatlichen Institutionen zu unterbinden. Ohnehin war die Zahl der ländlichen Verwaltungsbeamten relativ gering; auch fungierten sie vor allem - neben der zentralen Unterdrückungsinstitution der Gendarmerie - als Hilfstruppen der Grundherren[36]. Die Einrichtung von "Dorfräten" als von den Bauern gewählten Interessenvertretungen, wie sie unter der Regierung Mossadegh beschlossen wurde, unterblieb in den privaten Grundeigentümern unterstehenden Dörfern völlig, konnte sich aber auch in anderen Gebieten aufgrund von massiven staatlichen Interventionen nicht durchsetzen[37].

So blieb den Bauern letztendlich keine andere Wahl, als sich möglichst bedingungslos den herrschenden *Patron-Klient-Beziehungen* auszuliefern, um so den ständig drohenden Sanktionen einigermaßen zu entgehen. Damit erhält die von der iranischen Landbevölkerung gezeigte *Unterwerfungsattitüde*, die vergleichsweise widerstandslose Hinnahme der Unterdrückung, weitgehend den Charakter einer Überlebensstrategie, die aufgrund der Rigidität des Malek-Raijat-Systems und des völligen

Mangels an positiven Alternativen zustande kam[38]. Insbesondere die häufige Personalunion von lokalem Händler, Wucherer und Grundeigentümer gab letzterem eine geradezu unumschränkte Machtposition gegenüber der Landbevölkerung. Die - häufig verschuldeten - Bauern hingegen waren den Pfändungsversuchen von Seiten der kleinbürgerlichen Händler und Wucherer ebenso schutzlos ausgeliefert wie den Benachteiligungen bei der Pachtland- oder Wasservergabe durch den Grundherrn. Schließlich war, auch zu Beginn der 60er Jahre, die Anwendung direkter physischer Gewalt gegenüber den Bauern, die sich den Willkürmaßnahmen ihres Grundherrn widersetzten, noch weit verbreitet. Sogar von Grundeigentümern initiierte, zumindest aber geduldete Nomadenüberfälle stellte eine mögliche Form der Sanktion dar[39].

Vorrangiges Ziel dieser brutalen Unterdrückung war es, die traditionell solidarischen Dorfgemeinschaften zu spalten und schließlich zu zerbrechen, um so einen kollektiven Widerstand möglichst auszuschließen[40]. Bereits vorhandene Rivalitäten zwischen den Clans und Großfamilien, die ohnehin eine "horizontale Vereinigung" der Pächter sehr erschwerten, wurden von Seiten der Grundbesitzer durch wechselnde Unterstützung noch verschärft, so daß die Formulierung gemeinsamer bäuerlicher Forderungen kaum mehr möglich war[41]. Mit Hilfe von positiven und negativen Sanktionen entwickelten und perpetuierten sich die für Patron-Klient-Beziehungen typischen Formen "abhängigen Bewußtseins"; vor allem die Vereinzelung der Mitglieder der Dorfgemeinschaft machte letztere empfänglich sowohl für Strafen als auch für Vergünstigungen individualisierten, persönlichen Charakters.

So war die Bauernschaft gefangen in einem vom Grundherren und seinen Funktionsträgern errichteten System von Zwang, Kontrolle und Unwissenheit, das vor allem die Entwicklung eines veränderten politischen und sozialen Bewußtseins sowie daraus erwachsende neue Verhaltens- und Widerstandsformen verhindern sollte. Das zwangsweise Verbleiben in einer Welt ohne Alternativen wurde dabei sowohl durch eine weitgehende Vernachlässigung, ja sogar bewußte Verhinderung der Alphabetisierung der Landbevölkerung, wie auch durch die Reduktion der Kontakte

zwischen Stadt und Land manifestiert. Dennoch vermehrte sich
seit Anfang der 60er Jahre die Gruppe derer, die die autoritären Zwangsmaßnahmen der Grundherren nicht länger hinzunehmen bereit waren[42]. Die Zerstörung der traditionellen Gemeinwesen und die Einführung kapitalistischer Produktionsverhältnisse auch im ländlichen Bereich entkleidete die Grundeigentümer mehr und mehr ihrer "traditionellen Legitimation"
und schuf bei den Bauern eine Bereitschaft zum Widerstand.

2.3.1.1.2. EINIGE ASPEKTE SOZIALER DIFFERENZIERUNG ALS FUNKTION DER LANDREFORM

Obwohl im Rahmen des Malek-Raijat-Systems innerhalb der
Bauernschaft vor der Landreform nur eine verhältnismäßig geringe soziale Differenzierung stattfand, während der Gegensatz zwischen dem Dorf als Einheit und dem Grundeigentümer
eindeutig die bestehenden Institutionen dominierte, konnte
sich doch eine Art *"bäuerlich-kommerzieller"* "Bourgeoisie"
herausbilden. Zu ihr gehörten vor allem diejenigen wohlhabenden Dorfbewohner, die sowohl mehr als auch qualitativ besseres Pachtland besaßen, sowie die Eigentümer der Dorfmühlen
und der Läden. Neben den direkten Möglichkeiten, die sich aus
ihrer besseren finanziellen Situation ergaben - wie z.B. Erwerb von Produktionsmitteln oder Ausdehnung des gepachteten
Landes - waren sie für die dörflichen "Funktionärsposten"
prädestiniert, welche ihnen wiederum neue Chancen legaler wie
auch illegaler Bereicherung boten[1]. Teilweise stellten sie
auch die dörflichen Vertreter des Handels- und Wucherkapitals.
Diese Schicht der bäuerlich-kommerziellen "Bourgeoisie" unterschied sich jedoch in erster Linie durch ihren Geldbesitz
von der Masse der Bauern, nicht aber bezüglich der Organisation oder des Umfangs ihrer Produktion, da sie nicht an einer
agrarkapitalistischen Entwicklung interessiert waren, sondern
sich vielmehr auf den Geldverleih zu Höchstzinssätzen konzentrierten. Deshalb erscheint es auch treffender, diese Schicht
als "ländliche Bourgeoisie" denn als "landwirtschaftliche" zu
bezeichnen.

Im Gegensatz dazu setzte in einigen Regionen eine verstärkte Mechanisierung und Modernisierung eine agrarkapitalistische Entwicklung in Gang und verhalf einer "landwirtschaftlichen" Bourgeoisie damit zur Entstehung; parallel dazu ist ein Absinken der ärmeren Bauern ins Halbproletariat oder Proletariat zu verzeichnen. Anhand der Entwicklung in der Provinz Gorgan ist dieser Prozeß der "Entbauerung" und damit die soziale Polarisierung der Bauernschaft in Dorfbourgeoisie und Landproletariat beispielhaft darstellbar[2].

Nachdem im Jahre 1925 die turkmenischen Nomadenstämme, die bis dahin dieses Gebiet als Weideland für ihre Viehherden bevorzugten, gewaltsam "pazifiziert" und seßhaft gemacht worden waren, eigneten sich lokale Händler das fruchtbare Land an, kolonisierten weite Teile und intensivierten die Warenproduktion für den Markt in den angrenzenden russischen Gebieten. Die ansässigen Bauern erhielten Land zu ungewöhnlich günstigen Bedingungen, nämlich auf der Basis eines Dauerpachtrechts[3]. Durch die im Jahre 1934 erfolgte Aneignung der Provinz durch Reza Shah in Form von Kronland wurde die Warenproduktion weiter forciert, das Bewässerungssystem ausgebaut und moderne Fabriken mit Unterstützung von ausländischen Beratern errichtet. So entwickelte sich Gorgan zu einem der wesentlichen Baumwoll-, Tabak- und Weizenanbaugebiete des Iran.

Als in den späten 40er Jahren der Weizenpreis merklich in die Höhe schnellte, stieg auch das Interesse an Investitionen; in den 50er Jahren beschleunigte sich diese Entwicklung noch durch den Verkauf von Kron- und Staatsland. Vor allem Kaufleute, Großgrundeigentümer, hohe Beamte und andere kapitalkräftige Schichten begannen mit dem Auf- und Ausbau mechanisiert bewirtschafteter Weizenfarmen; doch auch zahlreiche wohlhabende Bauern erhielten durch die Vergabe billiger staatlicher Kredite die Möglichkeit, eine Mechanisierung vorzunehmen. Durch den Preisanstieg für Baumwollsaatöl motiviert, begannen zahlreiche Landbesitzer mit einer Diversifizierung ihres Anbaus. Baumwolle wurde zum bevorzugten Agrarprodukt, die Region zur führenden baumwollproduzierenden Provinz des Iran. In den frühen 60er Jahren weitete sich schließlich auch der Anbau von Tabak aus[4]. So schufen die historischen und sozio-ökonomischen Bedingungen die Mögichkeit zur Herausbildung einer Agrarstruktur mit annähernd kapitalistischen Zügen, die sich deutlich von den vor allem in den südlichen Provinzen herrschenden Produktions- und Eigentumsverhältnissen unterschied.

Diese Bauern waren durch das ihnen zugestandene Dauerpachtrecht insgesamt wesentlich weniger dem Druck der ländlichen Hierarchien unterworfen. Die Grundrente war relativ niedrig[5], der Grundeigentümer hatte einen reinen Rentierstatus inne. Der Einfluß des Dorfvorstehers erstreckte sich nicht auf die landwirtschaftliche Organisation, sondern beschränkte sich auf das Eintreiben der Grundrente; auch wurde dieses Amt nicht durch den Grundeigentümer, sondern durch den Distriktvorsteher besetzt. Damit näherte sich die dortige dörfliche Oberschicht dem Status eines kapitalistischen Pächters an, der dem Grundeigentümer gegenüber zwar abgabepflichtig, ansonsten aber von jenem ökonomisch unabhängig war und eigene Lohnarbeiter beschäftigte. Letzteres war notwendig geworden, da die Größe der Ländereien durch Zupacht des Landes ärmerer Bauern sich nunmehr derart gesteigert hatte, daß die Familienangehörigen als Arbeitskräfte nicht mehr ausreichten. Die positive Entwicklung dieser Betriebe wurde im Bereich von Vermarktung und Kreditvergabe unterstützt durch eine staatliche Tabakverarbeitungsfabrik, welche Abhängigkeiten der Bauern vom privaten Handels- und Wucherkapital verhinderte. Die durch staatliche Kredite und moderne Maschinen verbesserten Anbaumöglichkeiten bei gleichzeitiger qualitativer Steigerung unterschieden die "landwirtschaftliche" Bourgeoisie von den übrigen bäuerlichen Gruppen. Daneben profitierte diese Schicht auch noch durch die Vermietung von Traktoren, den Verkauf von Konsumgütern in den Dorfläden sowie durch den günstigen Ankauf von bäuerlichen Produkten. Somit hatte diese Schicht der "landwirtschaftlichen Bourgeoisie" sowohl im agrarischen als auch im kommerziellen Bereich Fuß fassen können.

Die Schicht der "mittleren Bauern", die ihr Land mit Hilfe der Familienangehörigen bebauten, läßt sich in zwei Guppen unterteilen. Die bessergestellte obere Fraktion produzierte

Weizen für den Eigenbedarf, für den Markt hingegen Tabak und
Baumwolle. Die untere Fraktion der Mittelbauern mußte sich
auf den Baumwollanbau konzentrieren und war damit abhängig
von den durch die landwirtschaftliche Bourgeoisie unterhaltenen Läden, die Brotgetreide häufig zu überhöhten Preisen
verkauften. Daher war ein Teil der ärmeren Mittelbauern genötigt, sich saisonal auch als Lohnarbeiter zu verdingen, um
sich reproduzieren zu können.

Die "dörfliche Unterschicht" besaß praktisch kein eigenes
Pachtland mehr, was sie zum Verkauf ihrer Arbeitskraft zwang.
Dabei gerieten sie aber in Konkurrenz zu den Wanderarbeitern,
die alljährlich zur Baumwollsaison aus den benachbarten ärmeren Regionen nach Gorgan kamen[6] und dort zu den denkbar niedrigsten Löhnen zu arbeiten bereit waren. Zwar bedingte in erster Linie die Expansion der agrarkapitalistischen Großbetriebe, die nur mit Hilfe von Lohnarbeitern produzieren konnten,
dieses saisonale Eindringen von Arbeitsemigranten; jedoch auch
die Baumwolle anbauenden Mittelbauern profitierten von dieser
Entwicklung, da sie mit Hilfe der billigen zusätzlichen Arbeitskräfte ihre Produktion steigern konnten.

Die hier dargestellte Entwicklung weist deutlich auf einen
Polarisierungsprozeß, in dem sich eine reiche Pächterschicht
zur bäuerlichen Bourgeoisie herausbildete, während die ärmeren Pächter pauperisiert und proletarisiert wurden, so daß
sie schließlich ihren Lebensunterhalt allein durch Lohnarbeit
verdienen konnten; auch die Mittelbauern, von denen nur wenige
in die Reihen der Dorfbourgeoisie aufstiegen, sahen sich von
der allgemein vorherrschenden Abwärtsmobilität bedroht. Diese
verschärfte Polarisierung war eine Folge der gestiegenen Nachfrage nach Baumwolle und anderen Cash Crops, welche erst eine
durchgreifende Modernisierung der Betriebsstruktur und damit -
unterstützt von staatlichen Investitionen - die Transformation
in agrarkapitalistische Richtung ermöglichte, allerdings nur
für die Betriebe der oberen Pächterschicht; die ärmeren Pächter
hingegen waren weder in der Lage, auf Veränderungen des Marktes entsprechend zu reagieren, noch die hohen Kosten für eine
mechanisierte Bewirtschaftung zu tragen. Sie waren es auch,

denen durch die extrem niedrigen Preise der Aufkäufer ein Großteil ihres landwirtschaftlichen Mehrproduktes geraubt wurde[7].

Generell läßt sich feststellen, daß die Entwicklung der Warenproduktion den Prozeß der Klassenspaltung forcierte. Die Bauernmassen gerieten in eine wachsende Abhängigkeit von der dörflichen Oberschicht, die sich in ihrem gesamten Verhalten am Lebensstil der "alten" Großgrundbesitzer orientierte und ähnlich despotisch auftrat wie jene[8]. Dabei erlegten die Produktionsverhältnisse innerhalb des Malek-Raijat-Systems jedoch gerade dieser Schicht zahlreiche Beschränkungen auf, die erst durch die Bodenreform und die damit verbundene Beseitigung der "Klasse" der Großgrundeigentümer als wirtschaftlich-politische konkurrierende Größe aus dem Weg geräumt wurden[9].

Vor der Landreform wirkten sich unterschiedliche Momente verzögernd auf den Prozeß der Klassenbildung aus. In erster Linie war die weitgehende Abhängigkeit der wohlhabenden Bauern vom Grundeigentümer dafür verantwortlich; einzig seiner Gunst verdankten sie die privilegierte Vergabe von Land und Wasser, so daß eine mögliche Kapitalakkumulation bei ihnen bereits an der mangelnden ökonomischen Sicherheit scheiterte. Gleichzeitig beeinflußten die Grundeigentümer auch die Besetzung der dörflichen Autoritätsfunktionen und wußten zu große Machtkonzentrationen durch willkürliche Absetzungen immer wieder zu verhindern. Hingegen zeigten die Grundherren in den Provinzen, in welchen sich agrarkapitalistische Tendenzen entwickelten, durchaus ein Interesse an der Förderung der Schicht von unternehmerisch tätigen Pächtern, da sie auf diese Weise auf eine Steigerung der gezahlten Grundrente hoffen konnten. Zudem brachte die Ausbildung einer solchen Schicht mit eigenen, von der Masse der anderen Bauern sich unterscheidenden sozioökonomischen Interessen eine weitere Zersetzung der Solidarität innerhalb der Dorfgemeinschaft mit sich, die durchaus im Sinne der Großgrundeigentümer lag. Nicht zuletzt die Mechanismen ihrer Beherrschungsstrategie behinderten also die freie

Entwicklung einer aufstrebenden Schicht. Häufig war es der Grundeigentümer selbst, der dem Pächter die zur Fortsetzung der landwirtschaftlichen Produktion notwendigen Mittel zur Verfügung stellte, eine sowohl politisch als auch ökonomisch funktionale Verhaltensweise, da der Pächter zu einer adäquaten Nutzung des Landes überhaupt erst dadurch in der Lage war. Gleichzeitig beschränkte der Grundherr damit aber die Expansion von Teilen der traditionellen Kleinbourgeoisie, insbesondere der Ernteaufkäufer *(salaf khars)* und der Wucherer. Nicht allein die Vergabe von Krediten, sondern auch seine Intervention bei Pfändungen der Bauern von Seiten der ländlichen kommerziellen Kleinbourgeoisie war durchaus übliche Praxis. Durch dieses "patriarchalische" Auftreten, das ihm gewissermaßen eine "moralische Legitimation" verlieh, manifestierte er das "abhängige Bewußtsein" der Bauern, sicherte aber gleichzeitig seine eigenen ökonomischen Interessen, da eine völlige Ausplünderung der Pächter durch die Händler und Wucherer früher oder später auch zum wirtschaftlichen Ruin des Grundeigentümers hätte führen können.

In Anbetracht dieser begrenzten Entwicklungsmöglichkeiten der ländlichen kommerziellen Kleinbourgeoisie kann es nicht überraschen, daß gerade sie es war, der die Minimierung des Einflusses der Großgrundeigentümer im Zuge der Landreform einen durch staatliche Maßnahmen eher forcierten als gebremsten Aufschwung brachte. Die Entfaltung dieser sozialen Kräfte stellt mithin eines der wesentlichen Phänomene dar, die im Zusammenhang mit der Bodenreform zu einer Veränderung der dörflichen Sozial- und Herrschaftsstrukturen beitrugen. Damit brachte die Landreform im Endeffekt eine neue Klasse hervor, anstatt die Lage der unmittelbaren Produzenten zu verbessern; im Gegenteil realisierte ein hoher Prozentsatz der Teilbauern mit nassagh-Recht, besonders derer, die im Rahmen der Bestimmungen der 2. und 3. Reformphase Land erwerben konnten, den Aufstieg in die Schicht der Kleineigentümer unter so schlechten Bedingungen, daß sie nun häufig weniger bzw. bedeutend schlechteres Land besaßen, als sie zuvor bewirtschaftet hatten[10]. Somit erhielten sie lediglich einen Minifundistensta-

tus und waren gezwungen, in abhängiger Position bei den
verbliebenen größeren Grundeigentümern kapitalistischer
oder semi-kapitalistischer Prägung, bei den wohlhabenden
Bauern oder in den Städten zusätzlich Lohnarbeit zu übernehmen,
um sich und ihre Familien erhalten zu können. Zudem
beraubten die legalen Bestimmungen der 2. Landreformphase
sowie illegale Manipulationen einen schwer zu quantifizierenden
Teil der Anteilbauern mit nassagh-Recht im Laufe
des Reformprozesses ihres Pächterstatus und drängten sie
damit in die Position von landlosen Bauern[11].

Damit konkretisierten sich - neben der Kapitalisierung der
Grundrente - die unmittelbaren sozialen Auswirkungen der Landreform
in der Entstehung einer großen Gruppe von Parzellenbauern
und Minifundisten, denen meist der schlechteste, nur
unzureichend bewässerte Boden gehörte, während die von der
Reform ausgeschlossenen landlosen Bauern sowie die proletarisierten
ehemaligen Anteilbauern ein ländliches Proletariat
bildeten. Gleichzeitig stärkte sich die Position der im Agrar-
und kommerziellen Sektor verankerten ländlichen Kleinbourgeoisie.
Daneben entstanden unterschiedlich organisierte
agrarkapitalistische Betriebsformen unter der Kontrolle von
staatlichem oder privatem iranischem und ausländischem Kapital,
während die "enteigneten" Großgrundeigentümer sich zu
Angehörigen der Agrar-, Industrie- und Handelsbourgeoisie
oder zu Vertretern der hohen Staatsbürokratie entwickelten.

Folglich kann keine Rede davon sein, daß die iranische Landreform
die bäuerliche Forderung "Den Boden dem, der ihn bebaut"
zum Leitbild ihrer Umverteilungspolitik gemacht hätte,
wie ihre Apologeten immer wieder versichern. Vielmehr löste
die Zerstörung der ländlichen Sozialstrukturen und die damit
einhergehende Massenverelendung eine massive Landflucht aus,
die die Städte zum Austragungsort des Konfliktes der entwurzelten
bäuerlichen Massen machte, eines Konfliktes, der sich
in Form eines chiliastischen Aktivismus artikulierte.

2.3.1.1.3. VERÄNDERUNG DER BÄUERLICHEN EIGENTUMS- UND SOZIALSTRUKTUR

Abstrahiert man von den Eigentums- bzw. Besitzformen sowie von der Frage, ob die Familien die landwirtschaftlichen Betriebe allein oder mit Beteiligung fremder Arbeitskräfte führten, so können die Betriebsgröße und deren Verteilung als ein wesentliches Kriterium zur Beurteilung der herrschenden ländlichen Sozialstruktur herangezogen werden. Dabei muß ebenfalls die Lage der Betriebe und die Fruchtbarkeit des Bodens ausgeklammert werden, obwohl dies für die Bestimmung der Differentialrente und damit für die ländliche Einkommensverteilung von Bedeutung ist.

a) Kleinbauernfamilien

Nach den letzten landwirtschaftlichen Betriebszählungen vor dem Aufstand, deren Ergebnisse zur Verfügung stehen, hatten 24,7% der ländlichen Bevölkerung [1], d.h. 571 280 bäuerliche Familien, landwirtschaftliche Betriebe, die unter 1 ha groß waren. Das waren 29,6% aller landwirtschaftlichen Betriebe (vgl. Tab. 53). Die durchschnittliche Betriebsgröße dieser landwirtschaftlichen Betriebe lag bei 0,35 ha und erfaßte 1,58 % der LNF. Jede Familie verfügte durchschnittlich über 1,28 Betriebe, die durchschnittlich insgesamt 0,45 ha Land umfaßten (vgl. Tab.53). 12,6% der bäuerlichen Bevölkerung, d.h. 291 172 Familien, verfügten 1975 über landwirtschaftliche Betriebe mit 1 bis 2 ha Land. Das waren 13% der Agrarbetriebe. Die durchschnittliche Betriebsgröße dieser Kategorie lag bei 1,38 ha und umfaßte 2,7% der LNF. Jede Familie verfügte durchschnittlich über 1,1 dieser Betriebe, die insgesamt durchschnittlich 1,52 ha umfaßten (vgl. Tab.53).

22,0% der bäuerlichen Bevölkerung, d.h. 508 411 Familien, verfügten 1975 über Betriebe mit 2 bis 5 ha Land. Das waren 21,8% der landwirtschaftlichen Betriebe, die insgesamt 10,6% der LNF zur Verfügung hatten. Jede Familie führte mithin durchschnittlich 1,06 Betriebe, die insgesamt durchschnittlich 3,4 ha LNF umfaßten (vgl. Tab. 53).

Zählt man alle bäuerlichen Familien, deren Betriebsgröße
bis 5 ha reicht, zusammen, so zählen 52,6% der bäuerlichen
Familien zu der Gruppe der *armen* Kleinbauern (vgl. Tab. 54).
Sie verfügten über insgesamt 14,9% der LNF, die sich auf
64,4% der landwirtschaftlichen Betriebe verteilte und eine
durchschnittliche Betriebsgröße von nur 1,8 ha für jede
kleinbäuerliche Familie ergibt (vgl. Tab. 54). Je kleiner
also ihr Betrieb war, desto größer war die Zahl der Betriebe,
die sie bewirtschafteten, um überhaupt lebensfähig zu sein.
Unter Kleinbauer wird hier der Eigentümer oder Pächter - namentlich der erstere - eines Stückchen Landes verstanden, das
nicht größer ist, als er mit seiner eigenen Familie in der
Regel bebauen kann, und nicht kleiner, als daß es die Familie
ernährt[2]. Legt man diese Definition zugrunde, dann wären die
Bauern mit 7 ha Land als Kleinbauern zu bezeichnen, da diese
Betriebsgröße im Iran als Minimum gilt.

b) Mittelbauern

18,5% der bäuerlichen Bevölkerung, d.h. 426 925 Familien,
verfügten 1975 über Betriebe mit 5 bis 10 ha Land. Das waren
17,3% der landwirtschaftlichen Betriebe, denen 18% der LNF zur
Verfügung standen. Jede Familie führte durchschnittlich einen
Betrieb, der insgesamt durchschnittlich 6,9 ha der LNF umfaßte. Diese Betriebe bilden die Kategorie der *Mittelbauern*
(vgl. Tab. 53 und 54). Die Mittelbauern umfaßten nur 16,4%
der bäuerlichen Familien.

c) Großbauern

20,8% der Landbevölkerung, d.h. 480 3 01 bäuerliche Familien,
zählten 1975 zu den Großbauern, die über Betriebe von 10 bis
50 ha Land verfügten. Das waren 17,3% der landwirtschaftlichen
Betriebe, die insgesamt 45,7% der LNF bearbeiteten. Die durchschnittliche Betriebsgröße lag bei 17,5 ha Land. Jede Großbauernfamilie verfügte damit durchschnittlich über 0,89 Betriebe dieser Größenordnung, die insgesamt 15,6 ha Land umfaßten (vgl. Tab. 53 und 54).

1975 waren 92% aller landwirtschaftlichen Betriebe Eigentumsbetriebe (1960 : 33,3%) und hatten 90,6% der LNF zur Verfügung (1960 : 26,2%). Insgesamt stieg die Zahl der Eigentumsbetriebe bis 1975 um 265% und die ihnen zur Verfügung stehende LNF sogar um 400% (vgl. Tab. 55). Wie sich mit den durch die Landreform veränderten Eigentumsverhältnissen auch die ländliche Sozialstruktur veränderte, soll nachfolgend dargestellt werden. Neben den Eigentumsbetrieben existierten auch Pachtbetriebe sowie Mischbetriebe mit Eigenland und Pachtfläche, von denen hier jedoch, wegen ihrer relativ geringen Zahl nach der Landreform, zunächst abgesehen werden soll (vgl. Tab. 56).

a) Bäuerliches Kleinsteigentum (Kleinbauern)

1975 waren 64,4% aller landwirtschaftlichen Betriebe kleiner als 5 ha (1960 : 64,4%). Diesen Betrieben standen 13,7% der LNF zur Verfügung (1960 : 18,8%). Von diesen Betrieben waren 91,7% bäuerliche Eigentumsbetriebe (1960 : 39,6%). Die restlichen Betriebe dieser Kategorie waren entweder Mischbetriebe mit Eigenland, Teilbau- und Pachtflächen oder Teilbau- und Pachtbetriebe [3]. Diese Formen waren vor allem für die kleinen Grundeigentumsbetriebe notwendig, da sie eine bäuerliche Familie ernähren sollten.

Durch die Landreform stieg die Zahl der Eigentumsbetriebe unter 5 ha um 204,7%. Ihr relativer Anteil an den Eigentumsbetrieben dagegen sank von 77% (1960) auf 64,2% (1975), ihr relativer Anteil am gesamten privaten Grundeigentum von 22,2% (1960) auf 14,9% (1975). Die durchschnittliche Betriebsgröße der Eigentumsbetriebe lag 1975 bei 1,5 ha (1960: 1,4 ha) (vgl. Tab.55). Demnach waren also 64,2% der bäuerlichen Familien *arme* Kleinbauern mit Eigentumsbetrieben. Wie stark die Größe der Eigentumsbetriebe variiert, kann man Tabelle 55 entnehmen.

1960, also vor der Landreform , waren 52,5% der Betriebe unter 1 ha Land bäuerliche Eigentumsbetriebe, die insgesamt 46,6% der LNF aller Betriebe unter 1 ha zur Verfügung hatten. Damals stellten sie 40,6% aller Eigentumsbetriebe, die aber nur über 3,1% des privaten Grundeigentums verfügten. Die durchschnittliche Betriebsgröße lag bei 0,37 ha LNF. 1975, nachdem alle Phasen der Landreform abgeschlossen waren, stellten 92,3% aller Betriebe unter 1 ha bäuerliche Eigentumsbetriebe dar, die 91,3% der LNF aller Betriebe unter 1 ha zur Verfügung hatten. Damit umfaßten sie nur 29,7% aller Eigentumsbetriebe, denen lediglich 1,6% des privaten Grundeigentums zur Verfügung stand. Die durchschnittliche Größe der LNF dieser Betriebe lag bei 0,35 ha.

Damit waren 1975 nur 7,7% aller Betriebe unter 1 ha keine bäuerlichen Eigentumsbetriebe, während ihre Zahl 1960 noch bei 47,5% gelegen hatte. Die Zahl der kleinen Eigentumsbetriebe hat damit in diesem Zeitraum absolut um 167,8% und die der ihnen zur Verfügung stehenden LNF um insgesamt 156% zugenommen (vgl. Tab. 55). Diesen Angaben nach stieg die Gesamtzahl der Betriebe unter 1 ha in demselben Zeitraum jedoch nur um 52,2% und die ihnen zur Verfügung stehende LNF um insgesamt 30,6%. Das bedeutet wiederum, daß nicht alle Bauern, die aufgrund der Landreform ihre nassagh-Betriebe kaufen sollten, das bis dahin von ihnen bearbeitete Land auch erwarben, sondern nur ein Teil von ihnen. Mithin kauften Teile der ehemaligen Anteilbauern mit Betriebsgrößen über 1 ha einen Teil der Betriebe. Ihre Betriebsgröße reduzierte sich bis unter 1 ha und erhöhte damit die absolute Zahl der Betriebe unter 1 ha um 52,2%, wovon nun 92,3% Eigentumsbetriebe mit weniger als 1 ha Land wurden. Diese Tatsache geht aus der Reduktion der Zahl der Betriebe zwischen 1 und 3 ha hervor (vgl. Tab.55).

1975 waren 13% der landwirtschaftlichen Betriebe zwischen 1 und 2 ha groß; 1960 lagen 24,7% zwischen 1 und 3 ha. Ein Vergleich dieser Kategorie ist schwierig, da die Angaben für 1975 Betriebe bis 2 ha erfassen, die für 1960 hingegen Betriebe bis 3 ha. 1975 waren 90,5% dieser Betriebe bäuerliche Eigentumsbetriebe, 1960 nur 33,4%. 1975 waren die bäuerlichen Eigentumsbetriebe dieser Kategorie zu 12,8% an den gesamten

Eigentumsbetrieben beteiligt. Ihnen standen 2,7% der LNF zur
Verfügung; die durchschnittliche Betriebsgröße lag bei 1,38 ha.
1960 stellten sie 24,9% der Eigentumsbetriebe, die 9,7% der
privaten LNF zur Verfügung hatten und eine durchschnittliche
Betriebsgröße von 1,86 ha aufwiesen (vgl. Tab. 55). 1975 stellten die Betriebe zwischen 2 und 5 ha 21,8% der Betriebe, die
10,6% der LNF bearbeiteten. Davon waren 91,4% bäuerliche Eigentumsbetriebe mit einer durchschnittlichen Betriebsgröße von
3,2 ha. Sie machten 21,7% aller Eigentumsbetriebe aus und hatten 10,6% des privaten Grundeigentums zur Verfügung. Ein Vergleich mit 1960 ist hier nicht möglich, da die Angaben für
diese Zeit Betriebe von 3 bis 5 ha zusammenfassen (vgl. Tab.
55).

b) Mittelbauern

1975 waren 17,3% aller landwirtschaftlichen Betriebe zwischen 5 und 10 ha groß (1960: 18,2%), die 18% der LNF zur Verfügung hatten (1960: 21,2%). Davon waren 93,4% bäuerliche
Eigentumsbetriebe (1960: 22,6%), deren durchschnittliche Betriebsgröße 6,9 ha betrug (1960: 7 ha). Die Zahl der Eigentumsbetriebe dieser Kategorie stieg durch die Landreform um
420% und die ihnen zur Verfügung stehende LNF um 409%. Der
Grund für den Anstieg der Betriebszahl dieser Kategorie gegenüber den absoluten Zahlen von 1960 liegt wahrscheinlich darin,
daß die ehemaligen Anteilbauern mit Anteilbauernbetrieben von
mehr als 10 ha nicht alle ihre nassagh kaufen konnten. Daher
werden bei diesen Angaben über die Zahl der Mittelbauern die
restliche 6,6%, die entweder als Pächter oder zusätzlich als
Anteilbauern tätig waren, nicht berücksichtigt[4]. Die Mittelbauern stellten 1975 17,5% der privaten Grundeigentümer, die
18,5% der LNF zur Verfügung hatten. Die entsprechenden Zahlen
für 1960 sind 12,3 und 18,2% (vgl. Tab. 55).

c) Großbauern

1975 bildeten die Betriebe zwischen 10 und 50 ha 17,3%
aller landwirtschaftlichen Betriebe, die 45,7% der LNF zur
Verfügung hatten. Für 1960 waren die entsprechenden Zahlen

16,6% und 46,3%[5]). Davon waren 1975 92,5% bäuerliche Eigentumsbetriebe (1960: 18,3%), deren durchschnittliche Betriebsgröße bei 17,5 ha lag (1960: 18,2 ha)[6]. Die Zahl der Großbauern stieg infolge der Landreform um 594%; ihr relativer Anteil an den Grundeigentümern erhöhte sich dagegen nicht wesentlich. 1975 stellten sie 17,3% der Grundeigentümer, die 46,5% des privaten Grundeigentums zur Verfügung hatten (1960 waren es 9,1%, die 35% des privaten Landes kontrollierten).

Wie kaum anders zu erwarten, waren die vielen, durch die Landreform neu entstandenen kleinen Eigentumsbetriebe nur in geringem Umfang in der Lage, Modernisierungen vorzunehmen und die Erträge zu steigern. Nicht zuletzt aus diesem Grunde zielte die staatliche *Agrarstrukturpolitik* teilweise auf ihre Eliminierung ab. Wesentlich ist aber, daß gerade die durch die Landreform kapitalisierte Grundrente, d.h. die totale Herstellung der bürgerlichen Form des Grundeigentums als herrschende Organisationsform der Produktion, die weitere Entwicklung der Produktivkräfte verhinderte.

Die Masse des kleinen bäuerlichen Grundeigentums schaffte zwar eine enorme *Differentialrente*, die *absolute Grundrente* mußte aber zusätzlich in Form von *Kompensationszahlungen* an den Staat für die übereigneten kleinen Parzellen beglichen werden, Beträge, die der Großgrundeigentümer in bar vorstreckte. Für die Bauern hatte diese 15 Jahre andauernde Verpflichtung zur Zahlung des Bodenpreises - via Agrarbank - negative ökonomische Folgen[7]), implizierte sie doch, daß auch nach der Reform noch ein großer Teil des bäuerlichen Mehrprodukts der Verwendung der Produzenten entzogen wurde.

Während die Kompensationslasten bei einigen Bauern offenbar ca. 1/3 unter der bisherigen Grundrentenlast lagen, scheint sich in den meisten Fällen kaum eine signifikante Minderung der auf diese Weise entzogenen bäuerlichen Mehrarbeit ergeben zu haben. Eine globale Aussage über die ökonomische Bedeutung der Kompensationszahlungen läßt sich jedoch nicht machen. Die

Extremfälle konzentrierten sich offenbar in der landwirtschaftlich relativ prosperierenden nördlichen Provinz Gilan und den südlichen Regionen Kerman und Balutschistan. Vor allem die südöstlichen Provinzen Sistan und Balutschistan von der Zentralregierung erst zu Beginn des 20. Jahrhunderts unterworfen und seitdem in einer Art von "internem Kolonialismus" ausgebeutet, erlebten in den 60er und 70 er Jahren eine immer massivere Dimensionen annehmende Abwanderung vor allem der jüngeren Armen und landlosen Bauern. Diese Gruppen verließen zumindest für einige Monate im Jahr, häufig für mehrere Jahre ihre verelendeten Dörfer, um in den agrarkapitalistischen Betrieben in Gorgan im Nordiran oder in den benachbarten arabischen Golfemiraten nach Lohnarbeit zu suchen. In Balutschistan verschlechterten sich die Lebensbedingungen breiter ländlicher Schichten in dieser Zeit derart rapide, daß sich in zahlreichen Dörfern die Bevölkerung weitgehend auf Frauen, Kinder und alte Männer reduzierte[8]. Allerdings wäre es eine unzulässig optimistische Einschätzung, wollte man nur in diesen "marginalen" südöstlichen Provinzen negative Entwicklungen vermuten.

Häufig resultierte die nicht selten sich zu regelrechten Hungersnöten ausweitende Verschlechterung der landwirtschaftlichen Produktionsbedingungen in endgültiger massiver Landflucht und damit in Versteppung und Verödung von Regionen, die mit Hilfe von traditionellen Bewässerungssystemen landwirtschaftlich durchaus hätten genutzt werden können. Spätestens seit Mitte der 60er Jahre, als die Idee der "landwirtschaftlichen Entwicklungszentren" zum erstenmal in der Agrarbürokratie aufkam, wurden sie jedoch bewußt von jeder Förderung ausgeschlossen, da man sie als "marginal" und daher "existenzunwürdig" einschätzte[9].

Mit der Landreform waren also die Bauern zwar der direkten politischen und ökonomischen Kontrolle des Großgrundeigentümers, jedoch weder den Kompensationslasten noch den Mechanismen der kapitalistischen Produktionsweise entkommen. Im

Gegenteil: hatte früher der Grundeigentümer einen Teil der Produktionsmittel gestellt und häufig auch "Investitionskredite" an die Bauern verteilt, dazu die Vermarktung eines Teils des bäuerlichen Mehrprodukts übernommen und so auf verschiedene Weise der Expansion des lokalen Wucher- und Handelskapitals aus eigennützigen Motiven gewisse Schranken gesetzt, so waren die Bauern jetzt bei der Durchführung all dieser Aufgaben auf ihre eigenen geringen Möglichkeiten angewiesen. Zudem zwang die Kompensationsgesetzgebung sie dazu, die Grundrente (Bodenpreis) von nun an nicht mehr überwiegend in Naturalform, sondern ausschließlich in Geldform an die Agrarbank zu entrichten. Dies führte zur verstärkten Abhängigkeit der "befreiten Bauern" von den "nicht-institutionellen" (lokale Wucherer/Händler) wie auch den institutionellen Kredit- und Handelsketten nach der Landreform. Das bäuerliche Mehrprodukt wurde häufig durch die städtische und ländliche Kleinbourgeoisie und Bourgeoisie, dank ihrer Kontrolle über das Handels- und Kreditnetz, in Form von Zinsen und Handelsprofiten abgezogen.

Sogar in der von der Natur und der Landreformpraxis begünstigten Reisprovinz Gilan führte die anfängliche Steigerung des verfügbaren bäuerlichen Einkommens durch die Reduktion des an den Ex-Grundeigentümer fließenden Anteils am Mehrprodukt um ca 1/3 in letzter Instanz eher zu einer immer stärkeren Verschuldung der "befreiten Bauern" als zu einer längerfristigen sozio-ökonomischen Statusverbesserung. Die Reduktion des nach Teheran abfließenden Teils der Grundrente hatte in Gilan anfangs zu solchen Einkommenssteigerungen der Bauernschaft geführt, daß es kleinstädtischen und dörflichen Händlern profitabel erschien, in den größeren Dörfern Konsumläden mit teilweise hochspezialisiertem Angebot einzurichten. Mit Hilfe der zunehmend verbreiteten Transistorradios wurde zudem eine intensive Konsumpropaganda betrieben, um den inneren Markt für die Waren des "nationalen" und "assoziierten" Konsumsektors auf das iranische Dorf auszuweiten. Der gestiegene Konsum dieser Produkte, die auch in Gilan für den durchschnittlichen Bauern noch den Status von Luxuswaren hatten, brachte daher eine wachsende Verschuldung der Bauern bei den Händlern und Wucherern mit sich, ebenso aber auch bei den zum erstenmal auf das flache Land vordringenden Filialen der staatlichen oder "gemischten" Banken[10]. Letztere sorgten dafür, daß Bankprofite, die früher wenigstens noch die Kreditmärkte der Provinz versorgt hatten, nun in Teheran zusammenflossen, ja exportiert wurden, wodurch sich die relative Verarmung des flachen Landes gegenüber der "Weltmetropole" Teheran steigerte.

Somit begünstigte die "spontane" wie auch die "geplante" ökonomische Dynamik der 60er und 70er Jahre auf dem Land eher die Expansion der Aktivitäten des Handels- und Wucherkapitals als die Entwicklung von kapitalisierten Parzellenbetrieben auf breiter Ebene, selbst in den relativ "wohlhabenden" Regionen. Dank ihrer quasi monopolistischen Kontrolle über die lokalen Handels- und Kreditnetze floß der ländlichen, und damit in letzter Instanz auch der städtischen, Bourgeoisie schon Ende der 60er Jahre ein bestimmter Teil des bäuerlichen Produkts in Form von Zinsen und Handelsprofit zu - ähnlich wie früher dem Grundeigentümer dank seiner monopolistischen Kontrolle über einen Teil des nationalen Grund und Bodens. Damit behielt auch nach der Reform das alte Sprichwort vom Bauern, der mit Schulden auf die Welt kommt und ebenso aus ihr geht, seine Gültigkeit.

Besonders bedroht war der bäuerliche Besitzstand bei denjenigen Agrarproduzenten, die erst in der 2. und 3. Phase der Bodenreform hatten Land kaufen können; sie realisierten den Aufstieg in die Kategorie der Parzelleneigentümer unter so ungünstigen Bedingungen, daß sie oft bedeutend weniger Land erwerben konnten, als sie bisher als Pachtland bewirtschaftet hatten[11]. Auch bei einem beträchtlichen Teil derjenigen Bauern, die im Zuge der Aufteilung des Großgrundeigentums Land in einer zur Reproduktion der Familie ausreichenden Größenordnung und Qualität hatten erwerben können, trat aufgrund

des raschen demographischen Wachstums und der sich gegen alle
offiziellen Verbote durchsetzenden islamischen Realerbteilung
sehr schnell eine Eigentumsaufsplitterung ein, die ihren Eigentümern einen Minifundistenstatus verlieh und sie damit zur
zusätzlichen Übernahme von Lohnarbeit, häufig in Form von saisonaler Wanderarbeit, zwang[12].

Die staatliche Agrarkreditstrukturpolitik war kaum dazu angetan, diesen Verelendungs- und Proletarisierungsprozeß zu
bremsen, sondern bewirkte eher das Gegenteil. Die von staatlicher Seite als großzügige Unterstützung für die Bauernschaft
gepriesenen und sukzessive auch in den größeren Dörfern etablierten Genossenschaften[13] waren von ihrer Organisationsform
und der Wahl ihrer Zielsetzung her denkbar ungeeignet, der
Ausbeutungspraxis des lokalen Wucher- und Handelskapitals Einhalt zu gebieten. Ihr sozialer Charakter zeigte sich bereits
in den Modalitäten der Kreditvergabe. Hauptkriterium war die
Beurteilung der "Kreditmoral", ein Moment, das von vornherein
die reicheren unter den Mitgliedern privilegierte. Die gesetzlichen Bestimmungen, die die maximale Höhe der Kredite
von der Masse der erworbenen Genossenschaftsaktien abhängig
machten, institutionalisierten diese Diskriminierung der kreditbedürftigsten Bauern[14]. Manipulationen aller Art sorgten
zudem dafür, daß die im Genossenschaftsvorstand gewöhnlich
dominierenden Großbauern nicht nur legal die meisten und
höchsten Kredite zugewiesen bekamen, sondern noch weit mehr,
als ihnen nach den Statuten der Genossenschaften eigentlich
zugestanden hätte[15]. Die Genossenschaftsvorstände, die in
den untersuchten Dörfern, beispielsweise in Gilan, nur zu
einem Viertel aus Bauern bestanden, betätigten sich gleichzeitig als Wucherer, Händler u.ä. und sorgten dafür, daß sie
ihr bisheriges Klientel nicht zu schnell verloren. Daneben
bot die Kontrolle über den "Dorfrat" und das "Haus der Gerechtigkeit", also über die nach der Reform auf Betreiben des
Staates auf dem Dorf neu geschaffenen Institutionen[16] weitere legale und illegale Möglichkeiten der Bereicherung.
Schließlich konnten die von den Genossenschaften vergebenen

Kredite schon aufgrund ihrer geringen durchschnittlichen Höhe und der kurzen Rückzahlungsfristen von weniger als einem Jahr für die ärmeren Bauern nur den Charakter von Konsumkrediten haben oder der Überbrückung kurzfristiger Zahlungsschwierigkeiten dienen[17].

Paradoxerweise waren es nicht selten die rigiden Rückzahlungsbedingungen der Genossenschaften, die die Bauern weiter an das Wucherkapital ketteten. Die Kreditaufnahme bei der kommerziellen Kleinbourgeoisie diente häufig genug der pünktlichen Rückzahlung der Genossenschaftskredite, da die Furcht vor Konflikten mit der Genossenschaftsbürokratie bedeutend größer war, als die vor weiterer Verschuldung. Zudem entsprachen die Genossenschaftskredite dem landwirtschaftlichen Zyklus weit weniger als die "nicht-institutionellen". Daher bewirkten letztendlich die Modalitäten der Kreditvergabe in Verbindung mit der völlig unzureichenden Kredithöhe eine Expansion der Aktivitäten des Wucher-, Handels- und Bankkapitals.

Untersucht man die Agrarpolitik [18] des Regimes in den 60er und 70er Jahren, so überrascht die unzulängliche kreditpolitische Förderung der Masse der "Genossenschaftler" allerdings kaum. 1967 wurden nur 10% aller staatlichen Kredite dem Agrarsektor zugeteilt - ein Zeichen höchster Diskriminierung der Landwirtschaft gegenüber den städtischen Bereichen, in die die ehemaligen Grundherrn zumeist ihr Kapital investierten. Von diesem schon geringen Anteil erhielten die Genossenschaften nur 21% zugewiesen; der Rest ging an die verbliebenen Grundherren und diente der Unterstützung agrarkapitalistischer Modernisierungsversuche. 1970 hatte sich der Anteil des Agrarsektors an den staatlichen Krediten sogar auf 8,1% reduziert; durch das Genossenschaftssystem wurden nur 34,3% dieses Betrages verteilt[19].

Die 70er Jahre zeigen kein wesentlich verändertes Bild. Zwar steigerte sich die absolute Höhe der von 1971/72 bis 1975/76 an den Agrarsektor vergebenen staatlichen Kredite beträchtlich, und zwar von 17,4 Mrd. Rial auf 94 Mrd. Rial, doch der relative Anteil an der Gesamtheit der an die iranische Volkswirtschaft verteilten Staatskredite betrug auch 1975/76 nur 8%[20]. Damit lag er noch unter dem in den 60er und 70er Jahren ohnehin sehr stark gesunkenen Anteil des Agrarsektors am Bruttosozialprodukt (vgl. Tab. 7) . Sogar offizielle Schätzungen gestehen ein, daß immer noch 40% der jährlichen bäuerlichen Kredite von "nicht-institutionellen" Kreditgebern stammten und bestätigen damit die weitgehende Erfolglosigkeit der Kreditgenossenschaften bei der Realisierung ihrer offiziellen Funktion[21]. In den ersten zehn Jahren nach Verkündung der Landreform sollen sich die bäuerlichen Schulden gegenüber dem Staat und den Banken verfünffacht, gegenüber dem Wucherkapital sogar verzehnfacht haben[22]. 1974 hatte die Verschuldung breiter bäuerlicher Schichten schließlich solche Dimensionen angenommen, daß die Regierung sich gezwungen sah, die Rückzahlungsbedingungen der "säumigen Schuldner" zu erleichtern, zumal die Jahre 1972 bis 1974 durch lange Trockenperioden gekennzeichnet waren[23]. Damit sollte zwar ein in dieser Kraßheit nicht zu vertretender völliger Ruin der bäuerlichen Bevölkerung verhindert werden; das iranische Genossenschaftswesen hatte jedoch keinen Beitrag zur Steigerung der landwirtschaftlichen Erträge leisten können[24]. Einzige Folge der Investitionspolitik des Staates auf der Ebene der Kreditgenossenschaften war damit - neben der Förderung weniger Großbauern - lediglich die Diversifizierung der bäuerlichen Verschuldung.

Auch im Bereich der Vermarktung der bäuerlichen Überschußproduktion, die zu den offiziellen Aufgaben der Genossenschaften gehörte, entwickelten diese Institutionen keine nennenswerten Initiativen. Allein 50% aller landwirtschaftlichen Produktionsausschüsse, die den Markt nicht erreichen konnten, entfielen auf die Genossenschaftsmitglieder[25]. Ebenso geringe Aktivitäten entfalteten sie bei der Verteilung von neuen Saatgütern, Traktoren, Düngemitteln, Insektiziden u.ä., die importiert oder im Iran in "joint-ventures" produziert wurden[26]. Die wenigen Nutznießer waren im wesentlichen reiche

Bauern, die die lokalen Vorstandspositionen der Genossenschaften besetzt hielten, was ihnen aufgrund von Preisvergünstigungen für Produktionsmittel sowie durch den Verleih von Traktoren an ärmere Genossenschaftsmitglieder einen weiteren Ausbau ihrer sozio-ökonomischen Privilegierung ermöglichte[27].

Die Bestimmungen der Landreformgesetzgebung, die sie begleitenden staatlichen Interventionen in den Agrarsektor und die Dynamik des kapitalistischen Transformationsprozesses im Iran der 60er und 70er Jahre verstärkten damit den bereits vor der Landreform einsetzenden Prozeß der Loslösung der bäuerlichen Kleinbourgeoisie von den bäuerlichen Massen. Diese sozialen Kräfte - Großbauern und Händler/Wucherer - wurden sich mehr und mehr ihrer sie von der Masse der neugeschaffenen ländlichen Kleineigentümer differenzierenden Interessen bewußt. Innerhalb der begünstigten Bauernschaft konzentrierte sich das "spontane" agrarkapitalistische Transformationspotential bei den warenproduzierenden Großbauern. Ihre Betriebe nahmen mit Hilfe günstiger Kredite zunehmend die Möglichkeiten zum Kauf von Traktoren, Düngemitteln und neuem Saatgut wahr[28] und begannen in wachsendem Maße zu mechanisieren und chemischen Dünger zur Verbesserung der Erträge zu verwenden. Sie waren auch die Ansprechpartner für die technischen Beratungsorganisationen und erwarben kostengünstig als erste die "Wundersaatgüter" der "Grünen Revolution", welche ihnen zu einer beträchtlichen Steigerung ihrer Erträge auf gut bewässertem Land verhalfen[29]. Lohnarbeiter wurden von der großbäuerlichen Schicht sowohl saisonal als auch als ständige Arbeitskräfte eingesetzt, wenngleich bei vielen auch die im Großfamilienverband lebenden familiären Arbeitskräfte noch wichtige produktive Aufgaben wahrnahmen[30]. Wo die reicheren Bauern sich als Arbeitgeber etablierten, bildete sich häufig eine scharfe Kluft zwischen ihnen und den landlosen bzw. landarmen, als Lohnarbeiter tätigen Bauern heraus; jedoch auch innerhalb der verelendeten Bauernmassen vollzogen sich Klassenbildungsprozesse[31].

Vollzog sich die Ausbeutung der landlosen Bauern vor allem durch deren Beschäftigung als Lohnarbeiter, so realisierten die Großbauern die Ausplünderung der ärmeren Kleineigentümer

durch Verpachtung landwirtschaftlicher Maschinerie - aus
"Ochsenbesitzern" waren häufig Traktorenbesitzer geworden -,
Verkauf von Wasser aus den von ihnen installierten Pumpen
und bzw. oder durch die Kontrolle über das Handels- und
"nicht-institutionelle" Kreditnetz auf dem Lande[32]. Auch
die verstärkte staatliche Penetration des iranischen Dorfes
privilegierte die dörfliche Oberschicht. Die staatliche Bürokratie, die den Großgrundeigentümern die oberste Kontrolle
über die Bauernschaft entrissen hatte, stützte sich bei ihren
Versuchen der "externen Beherrschung" der ländlichen Produzenten nämlich ähnlich wie ihre Vorgänger auf die "traditionellen" dörflichen "Notablen", an die sie einen Teil der
Kontrollfunktionen delegierte. Indem sie den dörflichen Oberschicht-Großbauern, Händlern und Wucherern - deren Funktion
nicht selten in Personalunion vereinigt war - die Okkupation
aller neugeschaffenen Institutionen ermöglichte und damit die
lokalpolitische Absicherung ihrer nach der Eliminierung der
Grundherrenkontrolle gewachsenen ökonomischen Vorherrschaft
administrativ absegnete, machte sich die Staatsbürokratie
letztlich zur Agentin der neuen globalen Strukturen: denn
die Expansion der ökonomischen und politischen Macht der ländlichen Kleinbourgeoisie reproduzierte auf der Ebene des Dorfes nichts anderes als die ökonomische - und in gewisser
Weise auch politische - Expansion des Finanzkapitals in der
iranischen Gesellschaft. Allerdings war die politische Machtposition der ländlichen Kleinbourgeoisie keine genuine, sondern eine "delegierte", entstanden durch die Entscheidung der
staatlichen Bürokratie, sie als "Scharnierschicht" zwischen
Staat und Bauernschaft zu nützen; auf der globalen politischen Ebene hatte sie keinerlei reale Einflußchancen. Sie
besaß keine Bauernorganisation, die ihre Interessen hätte
vertreten können und verfügte auch über keine institutionellen Kanäle, um ihre Position bedrohende Entwicklungen zu verhindern.

Standen früher nur die städtischen Klassen und Schichten
in direkter Konfrontation den staatlichen Institutionen gegenüber, so gelang es dem Regime mit Hilfe der Landreform,
die bisher einer realen zentralstaatlichen Kontrolle noch weit-

gehend entzogenen Regionen in seinen Machtbereich zu integrieren[33]. Damit einher ging der Versuch, die sozioökonomische und soziokulturelle Lebenswelt der Bauern entsprechend der weltmarktorientierten kapitalistischen Entwicklungsstrategie zu transformieren. Das implizierte die weitgehende Destruktion des bisherigen sozioökonomischen Rahmens der bäuerlichen Existenz zugunsten agrarkapitalistischer Betriebsformen und damit die Proletarisierung und Vertreibung eines großen Teils der mit riesigem Propagandaaufwand "befreiten" Kleinbauern. Damit wurde jedoch nicht nur das bäuerliche Gemeinwesen zerstört, sondern auch jenes gesellschaftliche Bedürfnis produziert, das die Grundlage des Aufstands bildete, nämlich das Bedürfnis nach der Wiederaneignung des Gemeinwesens, das sich in Form des shi'itischen Chiliasmus artikulierte.

2.3.1.2. DIE ENTEIGNUNG TRADITIONELLER BÄUERLICHER PRODUKTIONS- UND LEBENSZUSAMMENHÄNGE ALS FUNKTION EINER WELTMARKTORIENTIERTEN AGRARKAPITALISTISCHEN WACHSTUMSSTRATEGIE

Vor der Landreform waren agrarkapitalistische Betriebstypen im iranischen Agrarsektor eindeutig Ausnahmeerscheinungen. Die Versuche iranischer Grundherren, den Kapitalismus durch "Modernisierung" des Grundeigentums einzuführen, konzentrierten sich auf wenige Regionen des Landes, besonders auf die Nordostregion Gorgan, die sich zum Zentrum der iranischen Baumwollproduktion entwickelte und zum großen Teil für den Export produzierte. Die Baumwollplantagen wurden geradezu zum Symbol eines erfolgreichen iranischen Agrarkapitalismus vor der Landreform[1].

Im Gegensatz zu den sozialen Beziehungen im Rahmen des vorkapitalistischen Großgrundeigentums herrschten in diesen Betrieben Lohnarbeitsverhältnisse; die Mehrarbeit der unmittelbaren Produzenten wurde nicht mehr in Form von Grundrente, sondern von Mehrwert abgepreßt. Innerhalb der Lohnarbeiterschaft konnte man eine kleine, ständig beschäftigte, vergleichsweise qualifizierte Gruppe von der großen Masse derer unterscheiden, die in diesen Betrieben nur saisonal arbeiteten und meist nicht aus Gorgan, sondern aus den südöstlichen Provinzen Sistan, vor allem aber aus Balutschistan stammten[2].

Die Gesamtzahl der agrarkapitalistischen Betriebe, die in den 60er und 70er Jahren entstanden, ist nur schwer zu benennen. Vor dem Aufstand existierten etwa 12 093 Betriebe über 50 ha, die weitgehend mit Hilfe fremder Arbeitskräfte und zu über 50% für den Markt produzierten. Die Zahl aller Betriebe über 50 ha betrug aber 25 845 (vgl. Tab. 26 und 27; zum Vergleich mit dem Stand vor der Landreform vgl. Tab. 23). Die zwischen 50 und 100 ha großen Betriebe stellten 1975 0,7% aller Agrarbetriebe, denen 6,5% der LNF zur Verfügung standen; 1960 waren es 0,4% mit 5% der LNF. Davon waren 1975 87,7% Eigentumsbetriebe, 1960 hingegen nur 28,8%. Bei den restlichen 12,3% der Betriebe dieser Kategorie handelte es sich entweder um Misch- oder um Pachtbetriebe[3].

Die Zahl der *Agrarbourgeoisie* stieg in diesem Zeitraum absolut um 486% bei einer durchschnittlichen Betriebsgröße von 66 ha (1960: 68,3%). Sie führte 1975 0,6% der Eigentumsbetriebe, die 6,3% allen privaten Grundeigentums zur Verfügung hatten (vgl. Tab. 55).

Die Betriebe mit mehr als 100 ha Land stellten 1975 0,4% aller landwirtschaftlichen Betriebe (1960: 0,2%), die 14,9% der LNF zur Verfügung hatten (1960: 8,7%). 1975 waren 80,3% der Betriebe dieser Kategorie Eigentumsbetriebe (1960: 55%). Den Rest von 19,7% stellten hauptsächlich Pachtbetriebe, die den großen agro-industriellen Komplexen zur Verfügung standen, sowie Mischbetriebe. 4,9% dieser Betriebskategorie waren 1975 Pachtbetriebe, 4,2% Mischbetriebe. Die großen Eigentumsbetriebe mit über 100 ha, deren durchschnittliche Betriebsgröße bei 265 ha lag, bildeten 1975 0,3% aller Eigentumsbetriebe und hatten 13,7% allen privaten Grundeigentums zu ihrer Verfügung. 1960 waren es noch 0,4%, die 19% des Privateigentums an Land kontrollierten.

Nur ein Prozent der bäuerlichen Bevölkerung verfügte 1975 über Betriebe von 50 bis 100 ha LNF, so daß jede Familie der *Agrarbourgeoisie* über durchschnittlich 0,68 Betriebe verfügte und durchschnittlich jeweils 45,3 ha LNF bearbeitete (vgl. Tab. 53 und 54). Außerdem verfügten 11 771 Familien, d.h. 0,5% der Bevölkerung *formell* über Betriebe von über 100 ha LNF. Jede Familie hatte also durchschnittlich 0,8 Betriebe, die insgesamt durchschnittlich 208,4 ha LNF bewirtschafteten. Damit kann man 0,04% der ländlichen Bevölkerung zur *Agrargroßbourgeoisie* rechnen (vgl. Tab. 53 und 54). Ihre Zahl stieg in diesem Zeitraum um 215%, das ihr zur Verfügung stehende private Grundeigentum sogar um 1124% (vgl. Tab. 55); die durchschnittliche Betriebsgröße betrug 1975 265 ha (1960: 251 ha) (vgl. Tab. 55). In diesen Zahlen manifestiert sich der Enteignungsprozeß der Bauern, der im Namen von Landreform und Landverteilung stattfand; zwar war die weitgehende Verteilung des bäuerlichen Anbaurechts, des nassagh, vorgesehen, den Großgrundbesitzern standen jedoch verschiedene legale oder illegale Mittel zur Verfügung, die Bauern um ihre traditionellen Anbaurechte zu betrügen. Häufig verkauften sie nur Teile ihres nassagh, was aus den Zahlen über das Wachstum der privaten Eigentumsbetriebe ersichtlich wird. Dabei muß man unterstellen, daß die offiziellen Angaben tatsächlich korrekt sind.

Die Bildung agrarkapitalistischer Betriebsformen stand von vornherein - wenn auch nicht offiziell - im Mittelpunkt der Bodenreformmaßnahmen. Einerseits wurden mechanisiert bewirtschaftete Besitzungen wie z.B. Plantagen und Obstgärten vom Zwangsverkauf an die Pächter ausgenommen, und mechanisierungswillige Grundeigentümer konnten bis zu 500 ha Bewässerungsland zurückbehalten; zum anderen sorgten auch Manipulationen dafür, daß Land, das nach den Bestimmungen des Gesetzes eigentlich hätte verkauft werden müssen, weiter im Besitz einer Familie bleiben konnte. Vor allem aber gewährte die staatliche Kreditpolitik denjenigen Grundeigentümern großzügige Unterstützung, die die ihnen verbliebenen Betriebe zu modernisieren wünschten. So subventionierte der iranische Staat beispielsweise landwirtschaftliche Maschinenkäufe mit 30% und übernahm 50% der Kosten bei der Anlage mechanisch zu bewirtschaftender Ackerflächen, bei Nivellierungsarbeiten, Wegebau u.ä.[4]. Kreditpolitisch wurde nichts unterlassen, um möglichst viele Kapitaleigner zu Investitionen im Agrarsektor zu veranlassen. Allein zwischen 1967 und 1970 machten die für diese soziale Klasse bestimmten staatlichen Beihilfen mehr als 2/3 aller staatlichen Kreditmittel für die Landwirtschaft aus. Eigens zur Finanzierung landwirtschaftlicher Großprojekte wurde 1968 der "Landwirtschaftliche Entwicklungsfonds" (später in "Landwirtschaftliche Entwicklungsbank" umbenannt) geschaffen, der als agrarisches Pendant zur "Industriellen Entwicklungsbank" (IMDBI) fungieren sollte. Dabei konnten investitionswillige Kapitaleigner im Agrarsektor mit einer 10-jährigen Steuerbefreiung rechnen[5].

Die Absicht, den Aufbau agrarkapitalistischer Betriebstypen zu forcieren, wurde auch an vielen Gesetzen deutlich, die nach der Landreform erlassen wurden. So wurde Angehörigen der iranischen Bourgeoisie etwa die Möglichkeit zur Kolonisierung landwirtschaftlich bisher noch nicht genutzten staatlichen Landes geboten, während die "wilde" Kolonisierung durch Kleinbauern verboten war[6]. Auch die "Nationalisierung" des Waldlandes förderte die Entwicklung des modernen Privateigentums; häufig erhielten es "natürliche" oder "juristische" Personen zur landwirtschaftlichen Nutzung, anstatt daß, wie verkündet, die Aufforstung des stark verminderten Baumbestandes betrieben wurde[7].

Mehrere Quellen aus den 70er Jahren berichten vom Aufkauf kleinbäuerlichen Landes durch Angehörige der städtischen Bourgeoisie, die das Ziel verfolgten, dort "Spezialkulturen" für den inneren und den Weltmarkt zu errichten. Beispielsweise fand in Waramin, wo die Profitabilität von Investitionen aufgrund der vorangegangenen staatlichen "Infrastrukturprojekte" (Straßenbau, Bewässerung etc.) stark gestiegen war, das von den Kleinbauern verkaufte Land rapiden Absatz bei Teheraner Geschäftsleuten und Bürokraten[8]. Sogar in den fruchtbaren Regionen der Provinz Balutschistan ließ sich eine derartige Entwicklung beobachten; dort waren die nicht ansässigen Aufkäufer von Bauernland häufig identisch mit den Beamten der lokalen Landreforminstitutionen. Während immer größere Teile der Bevölkerung Balutschistans den Iran in Richtung Golfemirate verließen, begannen die neuen Großgrundeigentümer, den ehemaligen kleinbürgerlichen Besitz weltmarktorientiert in Mohnfelder und Dattelpalmenplantagen zu transformieren[9].

Diese Tatsachen dürfen jedoch keineswegs zu der Annahme verleiten, der "reformierte" Agrarsektor sei das bevorzugte Investitionsfeld der iranischen Bourgeoisie gewesen. Zum Kummer der Agrarplaner zog es die große Mehrheit dieser Klasse trotz all der gebotenen finanziellen Vergünstigungen vor, ihr Kapital in den städtischen Wirtschaftsbereichen anzulegen, wenn nicht gar ins Ausland zu transferieren. Investitionen im Bereich der städtischen Grundstücks- und Bauspekulation, aber auch in der durch hohe Zölle geschützten Konsumgüterindustrie, häufig in "joint-ventures" mit ausländischem Kapital, boten sicherere, höhere und schnellere Profite als die landwirtschaftlichen Projekte. Aus diesem Grunde sank der relative Anteil der Kapitalinvestitionen für Landmaschinen, gemessen an den Gesamtinvestitionen für Produktionsmittel, von 11,5% im Jahre 1966, also zu Beginn des 4. Fünfjahresplanes, auf 7,3% im Jahre 1976; bis 1977, d.h. bis unmittelbar vor dem Aufstand, trat sogar ein Rückgang auf 4,3% ein. Vor der Landreform betrug der relative Anteil der Investitionen dagegen noch 17,6% (1962) (vgl. Tab. 28a). Parallel zum relativen Rückgang der Kapitalinvestitionen sank auch der relative Beitrag dieses Sektors zur Entstehung des BSP von 29,3% (1962) auf 9,4% (1977) (vgl. Tab. 7).

Zu der relativen "Zurückhaltung" vieler iranischer Kapitalisten gegenüber agrarkapitalistischen Projekten mag allerdings auch eine die Agrarproduzenten diskriminierende staatliche Agrarpreispolitik beigetragen haben, die zumindest bis 1974 durch Niedrighaltung der Preise für Grundnahrungsmittel die Interessen der städtischen Bourgeoisie gegenüber denen der Agrarbourgeoisie favorisierte. Während die Produktion von Industriegewächsen angeregt wurde, intervenierte die staatliche Agrarpolitik bei der Festsetzung des Weizen-,

Milch- und Fleischpreises eher im Sinne eines Preisstops zugunsten der vor allem in den Städten konzentrierten Konsumenten. Diese für die Waren produzierenden Bauern ebenso wie für die Agrarkapitalisten ungünstige Preispolitik, die einherging mit steigenden Preisen für industrielle Konsumgüter und landwirtschaftliche Produktionsmittel, signalisierte den "Sieg" der Interessen des städtischen iranischen sowie des ausländischen Kapitals über die Gesamtheit der agrarischen Belange[10].

1974 wurde diese Politik modifiziert. Da sich die Preise für Getreide auf dem Weltmarkt in diesem Jahr besonders ungünstig entwickelt hatten[11], beschloß die iranische Regierung, die heimische Agrarproduktion erstmals durch eine Subventionierung der Erzeugerpreise zu stimulieren[12]. Die Einbeziehung der Erzeugerpreise in die kostspielige Subventionspolitik reichte jedoch nicht aus, um den nur partiell zum Markt geöffneten Kleinbetrieben stärkere Produktions- und Vermarktungsanreize zu geben; sie waren allenfalls als Komplementärprogramm zur forcierten Stimulierung von Kapitalinvestitionen in den Agrarsektor geeignet[13]. Neben festgesetzten Mindestabnahmepreisen wurde investitionswilligen Kapitalisten auch eine Mindestprofitrate von jährlich 25% garantiert. All diese Anreize sollten die Mechanisierung der Agrarproduktion maximal fördern, denn "**unless farming** becomes highly mechanized, it will not be profitable"[14]. Wie in der Industrie zielte dabei das staatliche Interesse im Bereich privater Investitionen auch im Agrarsektor auf ein Zustandekommen möglichst vieler "joint-ventures" zwischen iranischen und ausländischen Interessenten. Jedoch dürfte, abgesehen von den höheren und schnelleren Profitmöglichkeiten, die andere Sektoren boten, vor allem der empfindliche Mangel an qualifizierten Arbeitskräften für die Bedienung und Wartung der Landmaschinen einen wesentlichen Hinderungsgrund beim Aufbau hochmechanisierter Agrarunternehmen dargestellt haben - ein Problem, mit dem auch die städtische Industrie zu kämpfen hatte[15].

2.3.1.2.1. AGRIBUSINESS ALS BEVORZUGTE FORM WELTMARKTORIENTIERTER WACHSTUMSSTRATEGIE UND INTEGRATION DES AGRARSEKTORS IN DEN WELTMARKT

Seit 1968 suchte die iranische Regierung mit ungeheurem finanziellem Aufwand und gewaltiger Propaganda, den landwirtschaftlichen Betriebstyp zu etablieren, der ab Anfang der 60er Jahre die neue Form der Penetration der multinationalen Konzerne in den Agrarsektor des peripheren Kapitalismus symbolisierte[1]. Iranische Agrarplaner und hochbezahlte Spezialisten der Beraterfirmen und -organisationen aus den Metropolen schienen fasziniert zu sein vom amerikanischen Agribusiness-Konzept, denn dessen Siegeszug durch den iranischen Agrarsektor stand seit Ende der 60er Jahre im Zentrum ihrer kurz- und längerfristigen Planungen zur Transformation der iranischen Agrarproduktion. Dabei hatten die zu erwartenden ungeheuren sozialökonomischen Folgen für die Überlegungen keinerlei Relevanz: in den USA eliminierte das Agribusiness allein im Laufe der letzten 40 Jahre 4 Millionen "nicht-konkurrenzfähige Kleinbetriebe"[2]. Die Konzentration der Agrarproduktion und -verarbeitung in solchen Betriebstypen führte dort dazu, daß 60% aller Schlachtrinder von nur 1% der Mastbetriebe produziert werden, und das, obwohl 1/3 bis 2/3 der Fläche der USA als Weideland gelten können, das landwirtschaftlich kaum mehr genutzt wird. Fast der gesamte Viehbestand der USA ist vielmehr in "Mastanstalten" konzentriert, in denen bis zu 100 000 Tiere gehalten werden.

Agribusiness-Betriebe benötigen nur wenige Arbeitskräfte[3], sind dafür aber in hohem Maße von industriellen Einsatzfaktoren wie Maschinen, Bewässerungssystemen, Düngemitteln und Viehfutter abhängig. Mithin verschwendet dieses System Weideland und Getreide - Ressourcen also, die der Ernährung der Bevölkerung entzogen werden. Ausgerechnet dieses energie- und kapitalintensive Modell der Nahrungsmittelerzeugung, das ausdrücklich darauf gerichtet ist, riesige Mengen von Getreide und Industrieerzeugnissen zu verbrauchen, versuchten die USA nun in der "Dritten Welt" durchzusetzen, häufig auch erfolgreich, denn nicht wenige Regierungen peripher-kapitalisti-

scher Länder bemühten sich darum, die vor allem aus den USA
stammenden Agribusiness-Unternehmer und andere Multis zu
Kapitalinvestitionen in ihre Agrarsektoren anzureizen. Das
Interesse des Agribusiness an der Umwälzung der "traditionellen" Agrarstrukturen des peripheren Kapitalismus ist vor allem
auf die aktuell hohen Weltmarktpreise für Nahrungsmittel sowie auf das Faktum zurückzuführen, daß die US-Regierung derartigen Projekten in den entsprechenden Ländern bereits den Weg
geebnet hatte[4].

Vorbild für die agrarkapitalistische Produktionsweise in
der "Dritten Welt" war anfänglich die berüchtigte "United
Fruit Company", die sich auf Produktion und Export exotischer
Früchte konzentrierte und riesige Ländereien in Mittelamerika
beherrschte. Inzwischen hat sich die Produktion des Agribusiness auch in der Peripherie modifiziert: internationale Konzerne kontrollieren nicht nur die traditionellen, schon in der
Kolonialzeit monokulturell angebauten Exportkulturen wie Kaffee, Zucker oder Tee, sondern auch neue Exportprodukte, die
bisher in den USA oder in Europa angebaut wurden, z.B. Erdbeeren, Tomaten, Pilze und Blumen[5]; auch Viehzuchtbetriebe
werden immer häufiger in die "Dritte Welt" verlagert[6]. Zwar
wird nicht immer die gesamte Produktion des ausländischen
Agribusiness in die Metropolen exportiert, doch auch wenn
einheimische Konsumenten in ihren Genuß kommen, so dürfte es
sich dabei nicht um die unter mangelnder Kaufkraft leidenden
Massen handeln. Denn beispielsweise der Anbau von Getreide
dient hier nur als Futter für Vieh und Geflügel, Produkte
also, die sich die meisten einheimischen Verbraucher kaum leisten können[7].

Häufig muß ein Großteil des Viehfutters, besonders das
eiweißreiche Soja - aus den USA importiert werden[8]. Damit
kommen die Produkte des Agribusiness nicht nur nicht dem Konsum der unterernährten Massen zu, es müssen auch teure Maschinen und andere Produktionsmittel importiert werden, für die
der Staat auf Kosten der Unterstützung der Kleinbauern hohe
finanzielle Zuwendungen bereitstellt; schließlich zieht der
Aufbau des Agribusiness meist noch die Vernichtung von Agrarbetrieben nach sich, die bisher den, jetzt vom Agribusiness

anvisierten, guten Boden bewirtschafteten[9]. Es verwundert daher auch nicht, daß die Repräsentanten der Agrarkonzerne "stabile", d.h. autoritär-repressive politische und soziale Verhältnisse als eine Grundvoraussetzung für die erfolgreiche Penetration in den Agrarsektor des peripheren Kapitalismus ansehen[10]. Die tiefgreifenden und strukturverändernden sozio-ökonomischen Folgen für die Betroffenen werden dabei von den Planern nicht berücksichtigt[11].

Auch im Iran wurde, ähnlich wie in anderen Ländern der Peripherie, das Agribusiness von US-amerikanischen Firmen dominiert, die sich bei der Planung der Projekte weitgehend an ihren heimischen Vorbildern orientierten[12]. Allerdings sind konkrete Angaben über die Dimensionen des eingedrungenen Agribusiness sehr rar und zudem widersprüchlich. Einem Bericht aus dem Jahre 1974 ist zu entnehmen: "Bei den Agro-Industriebetrieben gehören Werke der Nahrungsmittelindustrie wie milchverarbeitende Anlagen, Zucker- und Konservenfabriken zum Komplex. Anfänge mit derartigen jointventures wurden bereits vor einigen Jahren gemacht. Nach bisher vorliegenden Berichten scheint das Schwergewicht ausländischer Engagements in der Vieh- und Geflügelzucht zu liegen(...)US-amerikanische Gesellschaften betreiben bereits einige Unternehmungen. Im Landwirtschaftsministerium spricht man von 200 Projekten auf dem Milch- und Fleischsektor"[13]. Auf der Iran-Großbritannien-Investment-Konferenz 1973 wurde von iranischer Seite Interesse an Investitionen im Bereich der Geflügelzucht, der Produktion von Viehfutter, der Fleischerzeugung, der Eierproduktion, der Obstverarbeitung, der Blumenzucht u.a. bekundet. Die Agribusiness-Betriebe sollten nach iranischen Angaben sowohl der Versorgung des inneren Marktes dienen, d.h. die Reduktion der Nahrungsmittelimporte ermöglichen, als auch für den Export bestimmte Waren produzieren[14].

Gehrke/Mehner sprachen 1975 von 10 bereits in Betrieb genommenen oder gerade begonnenen Agribusiness-Einheiten mit Betriebsgrößen zwischen 2000 und 52 000 ha[15]. Als größtes dieser Projekte bezeichneten sie das mit Hilfe einer amerikanischen Beraterfirma in der Mughan-Ebene, an der iranisch-sowjetischen Grenze im Bewässerungsgebiet des Aras errichtete Kombinat für pflanzliche und tierische Produktion. Daneben erwähnen sie noch Agri-

business-Unternehmen in der Größenordnung von 2000 bis 20 000 ha,
von denen sich 6 in Khuzistan sowie je eines in der Nähe von
Ghazwin, Teheran und Sari (Gilan) befänden. Alle sollen mit dem
Kapital und dem "know-how" von ausländischen Banken, Erdöl- und
Investmentgesellschaften gegründet worden sein.

Diejenigen Agribusiness-Betriebe, über die in der Literatur
detailliertere Angaben gemacht werden, befanden sich alle in der
Erdölprovinz Khuzistan im Südwesten des Landes. Verallgemeinert
man diese recht spärlichen Informationen, dann scheint die Entwicklung des Agribusiness in dieser Provinz darauf hinzuweisen,
daß der Versuch der Transplantation agroindustrieller Betriebsstrukturen in die "traditionelle" Landwirtschaft nicht von dem
erwarteten überwältigenden Erfolg gekrönt war, obwohl er das
staatliche Agrarbudget ungeheuer belastete.

Das Kernstück der Agribusiness-Invasion, die Region um den
Dez-Staudamm in Nordkhuzistan, befand sich schon seit Mitte der
70er Jahre in einem permanenten Desorganisations- bzw. Reorganisationsprozeß mit ungewissem Ausgang[16]. Die stark von der Persistenz der nomadischen Produktionsweise geprägte und vom Entwicklungsstand der landwirtschaftlichen Produktionskräfte her denkbar
rückständige Provinz verdankte ihre Entwicklung zum Experimentierfeld agrargroßkapitalistischer Betriebsformen vor allem der
Einrichtung eines Staudamms über den Fluß Dez, zum Kostenpunkt
von 200 Mill.US-Dollar[17]. Sie war mit ungeheuren Belastungen für
das staatliche iranische Budget und entsprechend hohen Profiten
für die US-amerikanischen Beraterfirmen und Lieferanten verbunden. Die Initiative zu diesem Großprojekt ging von den amerikanischen Beratern der "Planorganisation" aus, die versprachen, in
dieser Region das unter der Regierung Roosevelt in den 30er Jahren in den USA so erfolgreiche "Tennessee Valley Authority Project" quasi zu wiederholen. Das Wasserkraftwerk sollte mit Bewässerungsanlagen, petrochemischer Industrie und Agrarproduktion
koordiniert werden.

Doch obwohl der Dez-Damm bereits 1962 fertiggestellt war und
die Bewässerung von ca. 100 000 ha Land seitdem theoretisch möglich gewesen wäre, - obgleich man Zehntausende von Bauernfamilien
von ihrem Land vertrieben[18] und die Verwertung des Landes vier
gigantischen Agribusiness-Betrieben[19] überlassen hatte - waren

1977 erst 20% der Fläche bebaut worden[20]. Das "joint-venture" verfehlte somit offensichtlich seine "Entwicklungsaufgabe" und verdankte seine Implantation wohl lediglich dem unter starkem Einfluß der amerikanischen "Berater" entstandenen, 1968 verkündeten "Gesetz über die Einführung von Gesellschaften für die Entwicklung unterhalb von Staudämmen". Es erlaubte dem "Ministerium für Wasser und Energie", agroindustrielle Komplexe zu errichten, "um die beste Nutzung des Wassers und des davon bewässerten Landes unterhalb von Staudämmen und Bewässerungsanlagen zu gewährleisten"[21]. Diesem Gesetz vorausgegangen war "offiziell" die wachsende Frustration der Planer über die ihrer Meinung nach in keinem rechten Verhältnis zu den Erschließungskosten stehenden geringen Produktivitätssteigerungen der klein- und mittelbäuerlichen Betriebe in der Dez-Region[22].

Die mangelnde Fähigkeit der Bauern, die Produktion für den Markt rasch zu erhöhen, konnte aber schon aufgrund der den Agrarsektor insgesamt, besonders jedoch die "Genossenschaftsbauern" diskriminierenden staatlichen Kredit- und Agrarpreispolitik dieser Jahre eigentlich keinen Experten ernsthaft verwundern. Abgesehen davon war das dort errichtete Bewässerungssystem bereits von seiner Konzeption her eher zur Bewässerung von Großbetrieben als zur Versorgung von kleinen Ackerflächen geeignet. Das "Ministerium für Wasser und Energie" - ein eifriger Propagandist des seit Mitte der 60er Jahre auch andere Mitteloststaaten durchdringenden Konzepts zur Entwicklung der Landwirtschaft via Agribusiness[23] - verfügte gleichwohl die Zerschlagung der gerade erst unter großem Propagandaaufwand geschaffenen Kleinbauernbetriebe in der Dezful-Region und begründete dies mit deren landwirtschaftlicher Ineffizienz. Eine solche Entscheidung implizierte für 30% der dort ansässigen Bauern und Halbnomaden die Transformation in Landarbeiter, für die übrigen einen sukzessiven Exodus aus Nordkhuzistans Agrarregionen in die größeren Städte des Iran, in denen sie das für das Expansionsbedürfnis der Industrie- und Bausektoren bereitstehende mobile Arbeitskräftereservoir vergrößerten.

Als besonders profitabel schätzten die Investoren den Aufbau von Vieh- und Geflügelzuchtbetrieben sowie von für deren Mast erforderlichen Futterpflanzen produzierenden Unternehmen ein; ein ähnlich starkes Interesse brachten sie milchverarbeitenden und Verpackungsbetrieben für Obst und Gemüse entgegen. Dagegen findet man die klassischen tropischen Agrarprodukte in diesen Projekten kaum vertreten. Die Planung der Agribusiness-Betriebe entsprach damit der neueren Tendenz, in der "Dritten Welt" auch euro-amerikanische Obst- und Gemüsesorten anzubauen sowie eine der US-amerikanischen Form entsprechende kapital- und energieintensive Viehzucht zu betreiben. Einige Produkte, beispielsweise teures Obst und Gemüse sowie Alfalfa, wurden ausschließlich für den Export angebaut; andererseits bot auch die Orientierung am inneren Markt profitversprechende Möglichkeiten, da die durch den Ölboom gestiegene Kaufkraft der Mittelschichten eine ständig wachsende Nachfrage nach "Luxusnahrungsmitteln" auslöste. Dagegen war das Agribusiness in Khuzistan kaum geeignet, die Nahrungsmittelversorgung der breiten Massen zu verbessern, da das Getreide als Viehfutter diente, vor allem für die Rinderzucht; denn Rindfleisch war eines der bei den kaufkräftigen Schichten beliebtesten Produkte. Zudem war seit der Etablierung dieser Betriebe der Reisanbau stark zurückgegangen. Dabei erwiesen sich die mit immensen Kapitalinvestitionen realisierten Ertragssteigerungen pro Hektar als äußerst gering: bei Weizen z.B. lagen die ha-Erträge nur 25% höher als bei den Kleinbauern[24].

Die als Aktionäre an der Errichtung der Betriebe beteiligten Konzerne waren amerikanische und englische Multis wie Shell (Erdöl), Dow Chemical John Deere (Landmaschinen u.a.) und Mitchell Cotts (Baumwollfabriken u.a.), die auch als Investoren in der städtischen iranischen Industrie bzw. im Erdölsektor fungierten, häufig jedoch keine oder nur geringe Erfahrungen im Agribusiness-Geschäft hatten. Diese Tatsache ist aber nicht als ungewöhnlich zu betrachten, da die vertikale Integration der multinationalen Konzerne noch nicht als abgeschlossen gelten kann.

Eine besondere Attraktivität für Investitionen verliehen dem Iran nach Aussage eines Vertreters von Iran Shell Cotts vor allem drei Aspekte: die politische "Stabilität", der relativ große innere Markt und schließlich die riesigen benachbarten Märkte auf der arabischen Halbinsel und in Indien[25]. Wie die brasilianische versprach auch die iranische Regierung den investitionswilligen Multis alle erdenklichen Vergünstigungen. Sie mußten nur ca. 50% des erforderlichen Investitionskapitals selbst aufbringen, den Rest der Aktien übernahm das ADFI ("Landwirtschaftliche Entwicklungsbank"); gleichzeitig erhielten sie Steuerbefreiungen für 10 Jahre. Die Rückführung des investierten Kapitals und der erzielten Gewinne sowie zahlreiche andere Vergünstigungen waren auf der Basis des Gesetzes zur Attraktion ausländischen Kapitals festgelegt, die Erzeugermindestpreise sowie die Möglichkeit, zinsgünstige Kredite bei Promotionsversuchen der Exportproduktion zu erhalten, garantiert; importierte Maschinen und andere Einfuhren waren von Zöllen befreit, und bewässerungsfähiges Land, besonders unterhalb von Staudämmen, stand ihnen zu niedrigem Pachtpreis auf 30 Jahre zur Verfügung. Auch Wasser und Strom konnten sie verbilligt beziehen. Schließlich sagte der iranische Staat den Bau von Straßen und Kanälen zur Verbesserung des Binnenmarktes zu[26]. Die Agribusiness-Aktionäre mußten sich lediglich verpflichten, kleinere Kanalisationsarbeiten selbst zu übernehmen, pro ha 1000 US-Dollar zu investieren, eine bescheidene Grund- und Wasserrente abzugeben sowie die Manager, Techniker und Arbeiter zu entlohnen. Dabei dürften die niedrigen Arbeitslöhne, die nur etwa 1/10 der Lohnkosten ausmachten, die z.B. in Kalifornien dafür hätten bereitgestellt werden müssen[27], für die anglo-amerikanischen Multis besonders attraktiv gewesen sein.

Obwohl somit objektiv alle politischen und materiellen Voraussetzungen für eine erfolgreiche Entwicklung des Agribusiness in Khuzistan gegeben waren, endete das ganze Projekt in einem mehr oder minder deutlichen ökonomischen und sozialen Fiasko[28]. Bereits um 1975 verloren die meisten der Investoren das Interesse und veranlaßten den ADFI, ihre Aktienpakete zu übernehmen[29]. Alle Erklärungsversuche für das Scheitern kreisen dabei immer wieder um die in diesem Ausmaß unerwarteten Schwierigkeiten: die Lohnkosten waren zwar so niedrig wie erwartet und betrugen für Männer 1,80 US-Dollar, für Frauen 1,40 US-Dollar; sie machten aber nur einen relativ geringen Teil der Gesamtkosten aus[30]. Hingegen kam es zu beträchtlichen Verzögerungen bei dem Import der Landmaschinen aus den USA; die Kanalisationsarbeiten erwiesen sich als schwieriger denn erwartet; schließlich mangelte es an einer adäquaten Infrastruktur, erfahrenen Managern und qualifizierten Facharbeitern[31]. Die geplanten durchschnittlichen Erschließungskosten von ca. 200 000 Rial pro ha und die in den Bewirtschaftungsplänen vorgelegten Perspektiven für eine weltmarktorientierte Produktion in Khuzistan hatten die ausländischen Investoren ebenso wie die durch das Wasser- und Energieministerium vertretene iranische Regierung[32] insgesamt zu beträchtlichen Fehlkalkulationen verführt. Beide Seiten schienen die Höhe der Profite überbewertet zu haben. So hatte der Staat beispielsweise den ausländischen Investoren bereits nach dreijähriger Laufzeit der Projekte 20%ige Gewinnausschüttungen in Aussicht gestellt; realiter aber sollte sich erweisen, daß damit erst ab 1980 gerechnet werden konnte[33].

Von Anfang an geriet die sich immer exklusiver auf die Förderung landwirtschaftlicher Großbetriebe konzentrierende iranische Agrarpolitik der 70er Jahre in das Kreuzfuer der Kritik ausländischer Experten, die meist alles andere als regimefeindliche waren. Das Internationale Arbeitsamt (ILO) warnte schon 1973 davor, die mögliche hohe Profitrate des Agribusiness als Anzeichen für seine ökonomische Überlegenheit bei der Nutzung von Boden- und Wasserreserven zu werten, da sich diese vor allem den hohen staatlichen Subventionen und den kostenlosen Infrastrukturmaßnahmen, die den Bauern verweigert würden, verdanke[34].

Beklagt wurde allenthalben die "soziale Kostenseite" der "Industrialisierung" der Agrarwirtschaft. Wie bei agrarkapitalistischen Betriebsformen üblich, hatte die Entwicklung des Agribusiness enorme "Freisetzungseffekte"; nach übereinstimmenden Berichten gab es z.B. in Khuzistan nur für 20 bis 30% der bisher dort arbeitenden bäuerlichen Produzenten im Rahmen der Mammutunternehmen irgendeine Beschäftigungsmöglichkeit[35]. Sollte in einer bisher von Bauern bewirtschafteten Region ein Agribusiness- Unternehmen aufgebaut werden, so *zwang* die zuständige staatliche Behörde die Agrarproduzenten zum Verkauf ihres Bodens an die Regierung, wenn auch gegen "Entschädigung"[36]. Für mindestens 70% der dort ansässigen Bevölkerung bedeutete dieser Zwangsverkauf des Landes die Vernichtung jeglicher Möglichkeit, weiterhin ihren Lebensunterhalt in der "modernisierten" Region zu erwerben; nur einer kleinen "privilegierten" Minderheit jüngerer Männer winkte der "Aufstieg" von der selbständigen Parzellenwirtschaft zur abhängigen Lohnarbeit[37]. Die nicht sofort in die Großstädte abgewanderten Bewohner wurden in sogenannte "Landarbeitersiedlungen" umgesiedelt, in denen ihnen jegliche Subsistenzwirtschaft, insbesondere die allgemein verbreitete Viehhaltung, untersagt war, so daß sich ihre ökonomische Abhängigkeit vom Markt verstärkte[38].

Auch die Wohnsituation der Landarbeiter und der Arbeitslosen wurde bedrückend: auf einer winzigen Wohnfläche von ca. 35qm lebten häufig mehr als 10 Personen zusammen; der neue Wohnstil in Reihenhäusern wurde dabei als Bruch mit der soziokulturellen Tradition abgelehnt[39]. Alle diese Tendenzen deuteten auf die Entwicklung von "agrarischen Slums" hin, in denen sich landlose Individuen zusammenballten, die sozioökonomisch und soziokulturell durch die Auflösung von Stammes- und Familienbeziehungen u.ä. entwurzelt waren und größtenteils bald den Exodus aus der Region würden antreten müssen. "Für das Gros der Bevölkerung bedeutet die Umsiedlung sowie die damit verbundenen Ursachen und Wirkungen eine Verschlechterung ihrer wirtschaftlichen und sozialen Lage; verschärft wird die Situation noch dadurch, daß häufig die kleinen Gartenflächen und der reduzierte Viehbestand lediglich einen Bruchteil der Eigenversorgung ausmachen. Das geringe Einkommen muß damit zur Anschaffung solcher Grundnahrungsmittel wie Weizen und gelegentlich Reis, die früher zusammen mit Milch, Yoghurt und Käse aus der Eigenproduktion zur Verfügung standen, dienen"[40]. Die Zahl derer, die aufgrund des Agribusiness ihre Heimatdörfer verlassen mußten, ist kaum genau feststellbar[41]; wie hoch man sie aber auch ansetzen mag, sicher ist jedenfalls, daß die inzwischen als ökonomisches Desaster entlarvte Agribusiness-Strategie einen sehr effektiven Beitrag zur weiteren Proletarisierung der iranischen Bauernschaft leistete[42] und damit zur Expansion von Lohnarbeitsbeziehungen in der städtischen und ländlichen Ökonomie beitrug, sei es durch Beschäftigung eines kleinen Teils der expropriierten Bauern als landwirtschaftliche Lohnarbeiter oder durch ihre Transformation zu Angehörigen des städtischen Proletariats.

Die ökonomischen Mißerfolge des Agribusiness in Khuzistan hielten jedoch die iranischen Planer und ihre ausländischen "Berater" keineswegs davon ab, das Agribusiness-Konzept weiter als wesentlichen Bestandteil der iranischen landwirtschaftlichen Entwicklungsstrategie zu propagieren. Sie verzichteten lediglich auf die Etablierung von Mammutbetrieben, um so den Mangel an Managern, meist Ausländer oder zumindest im Ausland ausgebildete Iraner[43], auszugleichen. Zudem sah der revidierte 5. Plan ein intensiveres staatliches Engagement bei der Erstellung der für ein profitables Agribusiness notwendigen "infrastrukturellen" Voraussetzungen vor.

Welche Dimensionen die realisierten Maßnahmen zur Unterwerfung des Agrarsektors unter die Profitinteressen des Agribusiness angenommen hatten, läßt sich aus den wenigen widersprüchlichen Angaben nur schwer abschätzen. Amuzegar sprach 1977 von 400 gebilligten Agribusiness-Produktionseinheiten, von denen einige - in Khuzistan, Azerbeidjan, Kurdestan und Lurestan - bereits in Betrieb genommen worden wären[44]. Zu den Tätigkeitsbereichen dieser Unternehmungen zählten offenbar Zuckerrohranbau und -verarbeitung, Anbau und Verarbeitung von Futterpflanzen, Schaf- und Rinderzucht sowie Geflügelhaltung und Milchproduktion. Bis zum Ende des 5.Planes im Jahre 1978 hoffte man, das Agribusiness von erst 60 000 ha im Jahre 1973 auf 300 000 ha ausgedehnt zu haben[45]. Damit hätte diese Betriebsform unmittelbar vor dem Aufstand die Kontrolle über 10% des bewässerten Landes auf sich vereinigen können[46]. Daneben sollte noch eine Million ha Land bis 1978 in ein von "kleinen Agribusiness-Betrieben" dominiertes Gebiet verwandelt werden[47].

Besondere Priorität kam angesichts des hohen Importbedarfs an Rindfleisch für den Konsum der wohlhabenden Schichten offenbar den "importsubstituierenden" Viehzuchtranchen zu, auf denen nach amerikanischem Vorbild Hunderttausende von Rindern gemästet werden sollten[48]. Die forcierte agrarkapitalistische Reorganisation der Fleischproduktion implizierte allerdings die weitgehende Destruktion der bisher in weiten Teilen des Landes dominierenden nomadischen und halbnomadischen Viehzucht. Dabei bot der Iran für diese Form optimale Voraussetzungen: 80% des Territoriums waren Weideland und damit für die Viehzucht geeignet. Diese natürlichen Ressourcen leisteten einen wichtigen Beitrag zur Produktion des

Primärsektors: Fleisch, Milch, Wolle und Häute, die aus der Viehzucht gewonnen wurden, konstituierten bis in die 60er Jahre etwa 1/4 der Wertschöpfung des Agrarsektors[49]. Die propagierte Agribusiness-Strategie zielte hingegen, ähnlich wie in den USA, darauf ab, nicht das Weideland zu nutzen, sondern teure Rindermastanstalten und Molkereien aufzubauen, die den Import von Hunderttausenden von Rindern, Milchkühen und Schafen aus Europa und den USA erforderten, die nationalen Viehbestände dagegen ignorierten[50]. Diese Substitution der nomadischen Tierzucht machte die "iranische" Fleischproduktion von massivem Futterimport aus den USA und damit von den Multis abhängig, die den Handel mit Viehfutter dominierten[51].

Die geplante totale Umstrukturierung der iranischen Viehwirtschaft und ihre Auswirkungen auf die Nomaden und Halbnomaden läßt sich ansatzweise einem 20-Jahresplan entnehmen, den die Beraterfirma FMC in enger Kooperation mit dem "Ministerium für Landwirtschaft und nationale Ressourcen" vorgelegt hat. Sein offizielles Ziel bestand in der "Selbstversorgung" des Iran mit Fleisch, Milch, Fisch und Eiern bis zum Jahre 1995[52], die hiernach die Eliminierung von 3/4 des vorhandenen iranischen Viehbestandes voraussetzte und damit die Zerstörung der Existenzgrundlage der Nomaden, immerhin 12,5% der nicht-städtischen Bevölkerung[53] bedeutet hätte. Dagegen erwies sich dieser Plan, der einen Einblick in die Denkkategorien internationaler Technokraten vermittelt, als äußerst profitabel für die ausländischen, nicht zuletzt US-amerikanischen, Beraterfirmen, Ingenieure sowie für die Vieh- und Produktionsmittellieferanten. Für das Gelingen war hochqualifiziertes technisches Personal notwendig, das wohl hätte importiert werden müssen; daneben komplexe moderne Maschinen für Aufzucht und Transport einer großen Zahl von Schafen und Rindern, umfangreiche Importe von Viehfutter, besonders Soja und Mais, und schließlich hohe staatliche Unterstützungen im finanziellen Bereich. Unter der offiziellen Begründung, die Importabhängigkeit von ausländischen Fleisch- und Milchprodukten zu beseitigen, kulminierte dieser Plan folglich in der Abhängigkeit von den Viehfutter-Multis; forcierte man aber den Anbau von Viehfutter, wie offenbar geplant, so reduzierte sich dadurch das für den Anbau von Nahrungsmitteln verfügbare Land, schlimmer noch: wie bereits in Khuzistan deutlich geworden, war auch dieses Projekt darauf ausgerichtet, die lokalen Produktions-, Beschäftigungs- und Stammeskulturen total zu zerstören. Mit dem Plan war daher nicht nur die Vernichtung von 3/4 des "minderwertigen" Viehbestandes, sondern auch die Vertreibung der "minderwertigen" nomadischen, halbnomadischen und bäuerlichen Viehzüchter aus denjenigen Regionen verbunden, die vom Agribusiness übernommen werden sollten[54].

2.3.1.2.2. LANDWIRTSCHAFTLICHE AKTIENGESELLSCHAFTEN ALS EINER AGRARKAPITALISTISCHEN ENTWICKLUNGSSTRATEGIE ANGEPASSTE 'KOLLEKTIVBETRIEBE'

Gleichzeitig mit dem Agribusiness, das sich vor allem im Besitz von "joint-ventures" zwischen iranischem staatlichem wie auch privatem und ausländischem Kapital befand, expandierte seit 1968 auch die Zahl der "landwirtschaftlichen Aktiengesellschaften" (LAG), die unter der Kontrolle der Teheraner Agrarbürokratie standen und als einer agrarkapitalistischen Entwicklungsstrategie angepaßte "Kollektivbetriebe" präsentiert wurden. Wären die Ziele des 5. Planes realisiert worden, dann hätte es Anfang 1978 mindestens 143 LAGs gegeben[1]. Bis 1976/77 wurden immerhin 89 LAGs registriert, die sich aus 813 Dörfern mit dem dazugehörigen Land und einer Gesamtbevölkerung von 299 670 Personen zusammensetzten; sie umfaßten 185 435 "Aktionäre" mit insgesamt 1 419 883 Aktien und verfügten über 318 734 ha LNF[2]. Im Prinzip konstituierte sich eine LAG durch die Zusammenlegung der Felder eines oder mehrerer Dörfer und die gemeinsame maschinelle Bewirtschaftung und wurde von Seiten des Staates durch die Bereitstellung von Maschinen, agrarökonomischen Dienstleistungen, Managern, Technikern und Investitionskrediten unterstützt. In vielen LAGs besaß der Staat auch den größten Anteil der Aktien, in Bampur z.B. 80%; somit kann man die landwirtschaftliche Aktiengesellschaft mit Recht als einen Staatsbetrieb betrachten[3]. Ebenso wie ihre industrielle "Schwester" war sie nicht egalitär strukturiert; die Aktionäre, d.h. die Bauern, brachten Kapital in Form von Land, Maschinen, Geräten, Gebäuden, Brunnenanlagen usw. ein und erhielten dann, entsprechend dem Wert der eingebrachten Produktionsfaktoren, Anteile (Aktien) an der LAG. Organisation und Bewirtschaftung übernahm die LAG; sie kaufte, verkaufte, nahm Kredite auf, zahlte Steuern und verteilte eventuelle Gewinne entsprechend der in ihren Statuten vorgesehenen Bestimmungen.

Die Errichtung einer LAG vollzog sich gewöhnlich in einer überaus konfliktgeladenen Atmosphäre: kaum ein Parzelleneigentümer war bereit, sein einziges Eigentum freiwillig in eine seinem bisherigen Erfahrungshorizont derart fremde Organisation einzubringen, zudem noch mit zweifelhaften Zukunftsperspektiven. Daher wurden im allgemeinen seitens der Bürokratie Zwangsmaßnahmen angewendet, um die zur Errichtung dieser Betriebsform erforderlichen 51% Ja-Stimmen zu erhalten[4]. Auch die Bewertung der eingebrachten Produktionsmittel, besonders des Bodens, war gewöhnlich ein problematisches Unterfangen; häufig erkannten die Bauern nicht sofort die praktische Bedeutung des Bewertungsverfahrens für ihre spätere Einkommenslage und machten unzureichende oder falsche Angaben. Erst bei der Dividendenausschüttung nach einem Jahr wurde ihnen bewußt, welche negativen Folgen die "Unterschätzung" des Produktionsmittelbeitrags nach sich gezogen hatte[5]. Doch selbst wenn die Bauern den Wert ihres Landes richtig angaben, sorgten die Modalitäten der bürokratischen Bodenbewertung fast immer dafür, daß der bäuerliche "Kapitalbeitrag" deutlich unterbewertet wurde[6].

Als Mitglieder einer LAG verloren Klein- und Großbauern faktisch jeden Einfluß auf die Bestimmung des "Was" und "Wie" der Agrarproduktion. Der äußeren Form nach allerdings ging es für iranische Verhältnisse sehr demokratisch zu. Die LAG-Statuten sahen eine "Generalversammlung" der Aktionäre vor, einen "Vorstand", der von der Generalversammlung gewählt wurde, und einen geschäftsführenden Direktor samt seinem technischen Stab. Der "geschäftsführende Direktor" war Angestellter des Staates; für seine "Wahl" durch den Vorstand schlug die zuständige Behörde drei Bewerber vor; sie war es auch, die bei der "Wahl" letztlich die ausschlaggebende Rolle spielte. Den Statuten nach kooperierte dieser Direktor bei der Leitung der LAG mit den Mitgliedern des "Vorstandes; in der Realität hatten die "Vertreter" der "Aktionäre" aber kaum Einfluß auf seine Entscheidungen[7]. Meist erhielten dieses Amt für ihre Loyalität gegenüber dem Regime bekannte Vertreter der im Ausland ausgebildeten "Technokratenkaste", die die "Ideologie des Wachstums um jeden Preis" importiert hatten. Von ihnen wurde "die noch stark traditionell verhaftete Lebens- und Wirtschaftsweise der Landbevölkerung als retardierendes Element angesehen und deshalb als Hemmschuh für den 'Fortschritt' bekämpft"[8]. Andere "Direktoren" wiederum begnügten sich "mit reinem Gehaltsempfang und versuchten, von den meist zentral gelegenen Verwaltungsbüros der LAG aus die anfallenden Probleme zu meistern, möglichst ohne dabei einen Fuß ins Feld zu setzen"[9]. Daher kann es nicht verwundern, daß die Bauern ihre Transformation in "Aktionäre als eine erneute Unterwerfung unter externe Herrschaftsverhältnisse erlebten und die Zentralregierung ihnen als eine Art neuer "Superlandlord" erschien, dem sie ebenso machtlos ausgeliefert waren wie dem privaten Grundeigentümer vor der Landreform[10].

Dieser absolute Herrschaftsanspruch der neuen Kontrollinstanzen, die eine noch intensivere Ausbeutung als bisher, z.B. mit Hilfe von Prämiensystemen, betrieben, führte manche älteren Bauern sogar zu nostalgischen Erinnerungen an die Herrschaftsperiode des Grundeigentümers vor der Landreform. Mit diesem war, ihrer Meinung nach, immer noch eher eine "gemeinsame Kommunikationsebene" herzustellen als mit den "durch die westliche Zivilisation verseuchten", von ihrer absoluten Überlegenheit in allen landwirtschaftlichen Problembereichen zutiefst überzeugten Mittelschichttechnokraten[11].

Dem Geschäftsführer, der seine Anordnungen direkt aus dem zuständigen Ministerium in Teheran entgegennahm, oblag im Rahmen der LAG die Durchführung der staatlichen Kultivierungspläne: Aufteilung der Felder und Ländereien, Verkauf der Agrarerzeugnisse, Finanzierung des Betriebes sowie Planung der nächsten Anbauperioden[12]. Die qualifizierten Arbeiten wurden von "externen", staatlich besoldeten Technikern ausgeführt, die in relativ großer Zahl in die LAG "integriert" worden waren, sich auf dem Lande aber wie in der Verbannung fühlten und eine möglichst große soziale, wenn nicht gar räumliche,

Distanz zu den Aktionären-Lohnarbeitern zu wahren suchten[13]. Sie kommunizierten gewöhnlich nur mit den Mitgliedern des "Verwaltungsrates", d.h. des "Vorstandes" der LAG, der sich meist aus den "Großaktionären" rekrutierte, denjenigen Personen also, die schon vor der Landreform über eine privilegierte sozio-ökonomische und sozio-kulturelle Position verfügten und diese nun auch institutionell absichern konnten[14], wenn ihnen auch auf politischer Ebene kaum reale Mitentscheidungsrechte zugestanden wurden. Von der Planung der Produktion waren sie weitgehend ausgeschlossen; höchstens bei der Auswahl der Aktionäre, denen Lohnarbeit "zugestanden" wurde, erlangten sie eine gewisse Bedeutung.

Die Beschäftigung von Lohnarbeitern konstituierte einen der zentralen Konflikte der gesamten Organisationsstruktur. Da die LAG ins Leben gerufen wurde, um die Kapitalisierung des Agrarsektors zu fördern, benötigte sie auch tendenziell bedeutend weniger Arbeitskräfte, als bisher auf diesen Feldern tätig waren[15]. Ein Kardinalproblem der LAG bestand folglich in der Suche nach neuen Beschäftigungsmöglichkeiten für die "freigesetzten" Aktionäre. Die weitgehende Identität von Aktionären und Lohnarbeitern - ein fundamentaler Unterschied zu üblichen industriellen Aktiengesellschaften - führte zu teilweise paradoxen Erscheinungen: vielfach sanken durch die Mechanisierung die Produktions-, vor allem die Arbeitskosten; die Senkung dieser Kosten bedeutete aber nicht immer die Erhöhung des Einkommens der Mitglieder, da sich häufig parallel dazu ihre Arbeitsmöglichkeiten verringerten[16]. So hatten in einer LAG beispielsweise 77% der Aktionäre mehr als fünf Monate im Jahr keine Beschäftigung[17]. Die wenigen Lohnarbeiterstellen waren folglich gerade bei den ärmeren Aktionären sehr begehrt; der Kampf um sie reproduzierte die "nationalen Laster" Korruption, Nepotismus etc. auch in der LAG.

Während die Arbeitsmotivation insgesamt sank, stieg dafür umso mehr die Intention des "geschäftsführenden Direktors", die Arbeitsleistung der Lohnarbeiter mit allen Mitteln zu intensivieren[18]. Die "Lohnfestsetzungspolitik" des geschäftsführenden Direktors - stark differenzierte Löhne, die keinesfalls höher als die durchschnittlichen Landarbeiterlöhne in der Region waren und autoritär, ohne Konsultation der "Gremien" festgesetzt wurden - stieß bei den Aktionärsbauern, die ja erst kurze Zeit unter den Regeln der kapitalistischen Produktionsweise lebten und arbeiteten, auf starken Widerspruch; sie vermochten zumeist keine sinnvolle Beziehung zwischen der von ihnen verrichteten Arbeit und dem dafür erhaltenen Lohn zu sehen[19]. Manche Direktoren gingen sogar zur Rekrutierung der Arbeitskräfte durch private Unternehmen über, um dadurch die Lohnkosten zu reduzieren. Sie beschäftigten nur so viele Arbeiter, wie unbedingt erforderlich waren, während der LAG-Vorstand früher häufig in einer Weise intervenierte, die zur Beschäftigung von mehr Arbeitern und damit zur Entschärfung des Arbeitslosenproblems geführt hatte[20].

War die Beschäftigungslage schon für die Aktionäre äußerst prekär, so bedeutete die Gründung einer LAG für die landlosen Bauern, die 1973 in den LAG-Dörfern ca. 40% der Bevölkerung umfaßten[21], faktisch die Vernichtung jeglicher Beschäftigungsmöglichkeit in den transformierten Dörfern. Diese spalteten sich mithin in zwei etwa gleich starke "Lager": hier die "Aktionäre" - dort die "Ausgeschlossenen, Ausgestoßenen". Auch hatte der landlose Bauer kein Recht, an der Abstimmung über die Transformation eines Dorfes in eine LAG teilzunehmen. Aufgrund ihrer völlig "entrechteten" Situation ging denn auch von dieser bäuerlichen Schicht der größte Beitrag zur Landfluchtbewegung aus den LAG-Regionen aus[22]. Zahlreiche z.T. monatelang arbeitslose Kleinaktionäre verließen die LAG nur deswegen nicht in Richtung Teheran, weil sie hofften, nach einer 5-jährigen Probezeit ihren Kleineigentümerstatus wiederzuerlangen[23]. Dabei hätten sie durch Landflucht den offen formulierten Zielsetzungen der Institutionsgründer durchaus entsprochen: "In den LAGs selbst soll darum geworben werden, daß die Aktionäre ihre Aktien an die LAG verkaufen. Dafür infrage kämen in erster Linie Kleinaktionäre, die auch in der LAG nur eine schwache wirtschaftliche Position haben"[24].

Die Befürchtung, daß es im Rahmen der LAG zu neuen Konzentrationen der Kontrolle über Land und daher auch Einkommen kommen könnte, wurde bereits sehr früh geäußert. Obwohl kein Mitglied, unter Einbeziehung seiner eigenen und der ihm übertragenen Stimmen, mehr als zehn Stimmen auf sich vereinigen durfte, hätten die Großaktionäre mit Hilfe von Strohmännern doch Möglichkeiten zur Manipulation der LAG finden können[25]. Allerdings dürfte dies nicht das zentrale Problem der LAG gewesen sein, stand doch die Institution nicht unter der Kontrolle der wenigen "Großaktionäre" aus den Reihen der Bauernschaft, sondern vielmehr unter derjenigen der staatlichen Bürokratie, deren Entscheidungen sich auch ein lokaler "Großaktionär" zu unterwerfen hatte. Die Möglichkeit der Konzentration von LAG-Aktien bei wenigen Aktionären, insbesondere angesichts der bereits bei der Gründung der Institution bestehenden teilweise kraß ungleichen Verteilung der Aktien, schuf jedoch die Voraussetzung für eine weitere *Verschärfung der sozialen Differenzierung im Dorfe*. Großaktionäre, denen es, wie in den LAG-Statuten anvisiert, gelang, die Aktien der Kleinaktionäre aufzukaufen, konnten damit quasi einen Rentierstatus erwerben: selbst nicht arbeitend, würden sie die Revenuen konsumieren, die ihnen die kollektive Ausbeutung der im Dorfe verbliebenen landlosen, nun als Lohnarbeiter tätigen Bauern verschaffte. Dabei hätten diese Einkünfte, dank der besonders hohen kostenlosen staatlichen Kredite, diejenigen noch beträchtlich übersteigen können, die sie als unabhängige Großbauern ohnehin schon auf sich vereinten[26]. Die Kleinaktionäre/Lohnarbeiter dagegen wären letztlich durch die "LAG-Integration" zu landlosen Bauern degradiert worden und hätten sich damit kaum von Lohnarbeitern im Agribusiness oder auf den modernen Agrarbetrieben unterschieden.

Eine Beurteilung des für die Agrarpolitik zentralen Aspektes der ökonomischen Erfolge bzw. Mißerfolge der LAG ist außerordentlich schwierig. Neue offizielle Statistiken sind durchaus verfügbar und überbieten sich förmlich mit Erfolgsmeldungen: so werden gewaltige Steigerungen im Bereich der Produktion und Produktivität gemeldet[27]; ebenso sollen sich die Einkommen von 1968-72 um das 5-fache erhöht haben[28].

Am bedeutendsten war die Anbauflächenerweiterung bei Mohn (Opium), für dessen staatlich kontrollierte Produktion die Regierung den LAGs eine Art Monopol zuerkannte[29]; denn eine Mohnanbaufläche, die einen nur 3%-igen Anteil an der Gesamtheit des bebauten Landes umfaßte, erbrachte 30% aller Einkünfte[30]. Insgesamt aber muß man die hohen Erfolgsziffern, insbesondere wohl diejenigen, die sich auf die durchschnittlich gestiegenen Einkünfte der Aktionäre beziehen, mit der üblichen Vorsicht behandeln. Es mehren sich inzwischen die Stimmen derer, die an der Realitätsnähe der veröffentlichten Statistiken erheblichen Zweifel anmelden[31]. Neben bedeutenden Verbesserungen der Hektar-Erträge und teilweise auch der Durchschnittseinkommen der Aktionäre in einigen LAGs gab es offenbar nicht wenige Fälle, in denen sich der Lebensstandard der LAG-Mitglieder im Vergleich zur Vor-LAG-Phase oder den umliegenden Nicht-LAG-Dörfern eher verschlechtert hatte[32]. Die "geschäftsführenden Direktoren" scheuen sich jedoch gewöhnlich, diese Mißerfolge an die Zentrale in Teheran weiterzumelden und blockierten damit etwaige "Lernprozesse" bei den Agrarexperten des Landwirtschaftsministeriums[33].

In der von Mohtachemi untersuchten LAG erklärte sich der zu beobachtende Kaufkraftrückgang der Aktionäre durch die Verringerung der Einkünfte bei gleichzeitigem Zwang, alle Nahrungsmittel zu kaufen, da die LAG keine Produktion für die Subsistenz mehr gestattete. Die Viehhaltungskosten erhöhten sich; während neue Bedürfnisse nach elektrischen Geräten, Radios u.ä. geschaffen wurden, stiegen die Preise der industriellen Konsumgüter[34]. Teilweise vergrößerten sich auch die Schwierigkeiten, Kredite bei den Händlern zu erhalten. Sarraf erfuhr bei seinen Untersuchungen zudem, daß die Aktionäre oftmals weit weniger verdienten, als die LAG-Leitung offiziell behauptete[35].

Doch auch die realen Produktions-, Produktivitäts- und Einkommenssteigerungen in manchen LAGs waren keineswegs überwältigend. Auch wenn die offiziell proklamierten Wachstumsprozesse der Realität nicht völlig widersprachen, so standen sie doch in keinem Verhältnis zu den immensen staatlichen Investitionen, Subventionen, kostenlosen technischen

Diensten etc.[36]; auch die technische Beratung konzentrierte sich auf diese Projekte. Daß die LAGs ein so hohes Maß an Unterstützung auf sich vereinigen konnten, war allerdings nur möglich geworden, da man die große Masse der durch die Landreform geschaffenen kleinen Parzellenbauern systematisch davon ausgeschlossen hatte. So wurden diesem Betriebstyp gemeinsam mit dem Agribusiness die meisten staatlichen Kredite pro Hektar zugewiesen: beim Dez-Bewässerungsprojekt beteiligte sich sogar die Weltbank direkt an der Unterstützung der dort errichteten LAGs [37]; sie erhielten HYV-Saatgut, chemischen Dünger und andere produktionssteigernde Mittel zu Vorzugspreisen geliefert. Ähnlich wie das Agribusiness durften auch sie die teuren US-amerikanischen Traktoren - anstelle der billigeren im Iran montierten rumänischen - importieren. Der Staat erklärte sich zudem bereit, die Überschußproduktion der LAGs aufzukaufen, obwohl letztere häufig private Händler vorzuziehen schienen.

Unabhängig von den ökonomischen Erfolgen oder Mißerfolgen der LAG-Strategie sind die sozialen und psychologischen Folgen doch faktisch in allen Untersuchungen negativ bewertet worden. Zumindest die Situation der Kleinaktionäre, die häufig keine zusätzliche oder nur eine sehr schlecht entlohnte Beschäftigung auf der LAG fanden, hatte sich gegenüber früher kaum verbessert, wenn nicht sogar verschlechtert; fast alle befragten Aktionäre wünschten sich eine Rückkehr zur Vor-LAG-Situation. Mindestens 40% der Bewohner der in LAGs transformierten Dörfer, vor allem die landlosen Bauern, wurden mehr oder minder schnell zur Landflucht gezwungen; schließlich verstand sich der geschäftsführende Direktor als "modernisiertes Grundherren-Plagiat" und nicht als "Kooperationspartner", der die Bauern als Hindernis für seine Art von "Fortschrittsstreben" betrachtete. Daher verfielen die Bauern in Apathie und Hilflosigkeit; sie litten unter der zunehmenden Entfremdung und verloren jegliches Interesse an der Agrarproduktion. "Wir sind Lohnarbeiter der Regierung geworden", war die allgemeine Einstellung. Gerade bei ökonomisch erfolgreichen LAGs entwickelte sich zwischen den wenigen privilegierten "Großaktionären" und der Masse der Kleinaktionäre und Landarbeiter eine besonders tiefe soziale Kluft, vergleichbar der zwischen

Großbauern und landlosen Bauern. Viele frustrierte Aktionäre leisteten sogar "passiven" Widerstand durch Diebstahl von LAG-Eigentum, kleinere Sabotageaktionen u.ä.[38]

Weit stärker als alle bisher diskutierten Betriebsformen führte die LAG-Etablierung zu einer Verankerung des administrativen und ökonomischen Einflusses des Staates im iranischen Dorf. Gerade die auf diese Weise provozierten häufigen Konfrontationen zwischen Bauern und Vertretern der Staatsbürokratie waren es aber, die bei Teilen der ländlichen Bevölkerung politische Lernprozesse über den sozialen Charakter des Staates in Gang setzten, auf die eine oppositionelle Mobilisierungspolitik aufbauen konnte.

2.3.1.2.3. ZU DEN LETZTEN PROJEKTEN AGRARKAPITALISTISCHER TRANSFORMATION VOR DEM AUFSTAND

Seit 1968 plante man für den ganzen Iran die sukzessive Einführung der LAG-Konzeption als Hauptorganisationsform der Agrarproduktion für jene Regionen, an denen kein Agribusiness-Konzern und kein iranischer Agrarkapitalist Investitionsinteresse zeigte. Anvisiert war eine Zahl von 2000 LAGs im Jahr 2000[1]. Seit Anfang der 70er Jahre kam man davon jedoch offenbar endgültig ab; zwar sollte die Zahl der LAGs weiter gesteigert werden, doch die aktuelle Agrarstrukturpolitik sah einen "pluralistischeren" Weg zur agrarkapitalistischen Transformation dieses Sektors vor als 1968. Bis Ende der 70er Jahre sollten in den landwirtschaftlich privilegiertesten Regionen 20 *"ländliche Entwicklungszentren"* geschaffen werden, die ca. 1,8 Mill. ha umfaßten.

Als dieses schon seit 1967 "diskutierte" Projekt endlich um die Mitte der 70er Jahre Gesetzesform annahm, hatte sich bereits eine deutliche Hierarchie im Bereich der Bodennutzung herausgebildet. Teilweise war sie durch die Modalitäten der Landreformgesetzgebung schon präjudiziert: die besten Böden unterhalb der Staudämme hatte das internationale Agribusiness okkupiert oder zumindest für sich reserviert; auch die iranischen Grundherren und Agrarkapitalisten verfügten über gutes Land, da sie einerseits ihren qualitativ besten Boden zurückhalten durften, andererseits nur dort neues Land erwarben, wo der Staat die erforderlichen Infrastrukturmaßnahmen realisiert hatte. Auch bei den LAGs kann man relativ gutes Land vermuten, da von der Bürokratie eine entsprechende Auswahl getroffen wurde, die eine rasche Produktionssteigerung ermöglichte. Der schlechteste Boden fiel mit Sicherheit den Kleinproduzenten zu, die nach den letzten staatlichen Plänen entweder ganz aus dem Agrarsektor verdrängt werden oder sich in unter privatkapitalistischer oder staatlicher Kontrolle stehende größere landwirtschaftliche Einheiten "integrieren" sollten, und zwar als "reine Lohnarbeiter" oder Lohnarbeiter-Aktionäre-Mitglieder einer *Produktionsgenossenschaft* etc. Die Politik der "landwirtschaftlichen Entwicklungszentren" war Bestandteil einer Politik, die die ohnehin gewaltigen regionalen Disparitäten bewußt verschärfte, auf eine völlige Reorganisation der dörflichen Ökologie abzielte und das Landwirtschafts-"set-up" zu revidieren plante[2].

Diese Pläne, die schon seit geraumer Zeit "latent" die Investitions- und Kreditpolitik gegenüber den für "marginal" erklärten landwirtschaftlichen Zonen bestimmten, sahen vor, einen großen Teil der zahlreichen Dörfer zu eliminieren, die sich an verstreut liegenden Stellen mit Bewässerungsmöglichkeiten befanden. Aus "Kostengründen" sollten alle landwirtschaftlich weniger günstig gelegenen und weniger als 250 Einwohner zählenden Dörfer durch bewußte Verweigerung von finanzieller Unterstützung sukzessive "ausgetrocknet" und so die dort lebenden Bauern zum Exodus veranlaßt werden. Etwa ein Viertel der gesamten ländlichen Bevölkerung wäre damit zur Landflucht oder zur Arbeit in den "ländlichen Zentren" gezwungen gewesen; von letzteren sollten auf lange Sicht 7000 bis 8000 entstehen[3].

In günstigen landwirtschaftlich-klimatischen Verhältnissen war unter staatlicher Kontrolle der Aufbau von *"landwirtschaftlichen Entwicklungszentren"* geplant, in denen binnenmarkt- und exportorientierte kapital- und energieintensive Warenproduktion betrieben werden sollte, und zwar sowohl im Rahmen von LAGs und Produktionsgenossenschaften, als auch von mindestens 20 ha großen Privatbetrieben sowie im Agri-

business. "*Produktionsgenossenschaften*", von denen 1976
34 mit einer Gesamtgröße von 80 000 ha Land existierten,
hätten nach Meinung mancher "Experten" in stärkerem Maße
als die LAG Rücksicht auf den "Eigentumsfanatismus" der
Kleinbauern zu nehmen[4]; doch auch hier bestimmte eine staatliche Kontrollinstanz, welche Produkte angebaut und wie sie
vermarktet werden sollten[5]. 1972 wurden die ersten dieser
Institutionen ins Leben gerufen, die offenbar vom ägyptischen
Modell inspiriert waren. In diesen Genossenschaften blieben
die Kleinbauern Eigentümer des Landes; die Fluren wurden zu
Feldern von 30 bis 100 ha zusammengelegt, die auch mechanisiert bearbeitet werden konnten. Das Management wurde aus
staatlichen Mitteln bezahlt, während die Mitglieder billige
Kredite für den Bau von Betriebsgebäuden, Wohnhäusern u.ä.
erhielten[6]. Das aktuelle Ziel der Agrarpolitik bei diesem
"Betriebstyp" bestand in der sukzessiven Ausweitung seines
Aktionsradius auf 600 000 ha[7]; das "Endziel" schienen gleichwohl die LAG$_S$ zu sein.

Das offizielle Ziel des Gesetzgebungswerkes zur Gründung
von "landwirtschaftlichen Entwicklungszentren" bestand in
einer erleichterten raschen Mechanisierung der Landwirtschaft
und in der Steigerung der Effizienz der Wassernutzung in den
gut bewässerten Regionen; auf der anderen Seite sollten die
staatlich kontrollierten Institutionen auch eine gewaltige
Intensivierung der bäuerlichen Arbeit und einen "rationaleren" Abzug des bäuerlichen Mehrproduktes in die Städte ermöglichen[8]. Den Bauern und Landarbeitern, die diese 1,8 Mill.
ha Land bewirtschafteten, blieb nur die Wahl, sich entweder
in LAGs , in Produktionsgenossenschaften bzw. in mindestens
20 ha umfassende andere Betriebsformen zu integrieren, oder
aber ihr Land an den Staat zu verkaufen, der darauf neue Agribusiness-Unternehmen etablierte. Um den quantitativen Umfang
des geplanten Reorganisationsprojekts der dörflichen Ökologie
zu verstehen, muß man sich dabei vergegenwärtigen, daß unmittelbar vor dem Aufstand etwa 4,5 Mill. Menschen in Dörfern
mit weniger als 250 Einwohnern lebten[9]; von den insgesamt
59 189 ländlichen Bezirken hatten 67,5% weniger als 250 Einwohner, 17,5% 250 bis 500 und nur 12% zwischen 500 und 1500.

Nur in 1,3% der ländlichen Bezirke lebten 1500 bis 3000 und in 0,3% zwischen 3000 und 5000 Einwohner[10].

Verloren schon großte Teile der ansässigen Bauern durch die Etablierung von agrarkapitalistischen Betriebsformen ihre bisherige bäuerliche Beschäftigung, so konnten die "Zwangsumsiedler" aus den "förderungsunwürdigen" Dörfern noch viel weniger auf eine "Integrationschance" hoffen. Daraus folgte zwangsläufig eine Erhöhung der Unterbeschäftigung sowie der offenen Arbeitslosigkeit, die Reduktion der Agrarproduktion auf ca. 30% und schließlich die Ausweitung der Wüste in weiten Teilen des Landes, da mit dem Verlassen der Dörfer auch die Wasserquellen versandeten, mit deren Hilfe man hatte Landwirtschaft betreiben können[11]. Alle staatlichen Maßnahmen waren dabei nur gewaltsam, mit Hilfe von Einschüchterung, Verhaftung oder Vertreibung durchzusetzen, die hier wie schon früher die Bauern zu Willfährigkeit und Unterwerfung den Projekten gegenüber zwangen und sie nötigten, ihrem neuen Lohnarbeiterdasein oder gar einer künftigen Arbeitslosigkeit zuzustimmen.

Alle seit der Landreform projektierten und realisierten Pläne zur agrarkapitalistischen Umstrukturierung waren krasse Exempel für eine "betting-on-the-strong"-Politik mit stark bauernfeindlichen Akzenten. Eine solche Politik war aber Funktion einer veränderten Weltmarktstruktur bzw. eine Integrations*form* in den Weltmarkt, die vor allem durch die Metropolen und ihre veränderten Bedürfnisse bestimmt wurde. Gleichzeitig korrespondierte sie mit den Interessen bestimmter Teile des herrschenden Machtblocks, zu deren Fundament sie nun wurden. Die Pläne verdeutlichen, wie wenig sich im politischökonomischen Kontext am unterdrückten und politisch völlig machtlosen Status der Bauernschaft durch ihre Transformation von Teilpächtern in Parzellenbauern änderte; denn das juristische Eigentum an einer Parzelle bedeutete nur wenig, da der Eigentümer nach der Landreform nicht selbst über seine sozio-ökonomische Zukunft bestimmen konnte, staatliche Projekte seine Weiterexistenz als bäuerlicher Produzent bedrohten und er dagegen keinerlei "legalen" Widerstand leisten konnte.

So waren die Bauern auch hier letztlich nur von der Herrschaft des vorkapitalistischen Grundeigentümers "befreit" worden, um in die Abhängigkeit eines an der kapitalistischen Transformation des Agrarsektors interessierten Staates zu geraten, der ihnen *Organisationsformen der Agrarproduktion* aufzwang, die für die Reproduktion seiner Herrschaft vorübergehend funktional gewesen sein mögen, für die landarme Bauernschaft aber nur *Arbeitslosigkeit und Enteignung*, günstigstenfalls "neue Herren" und eine Intensivierung der ihnen abgepreßten Arbeitsleistung bedeuteten. Für die landlosen Bauern gar implizierten diese Projekte totale Arbeitslosigkeit oder aber Persistenz ihrer höchst unsicheren Beschäftigungslage, ob sie nun am Orte verharrten oder den Exodus in die Städte antraten. Diese Schicht, die schon vor der Landreform in den größeren Dörfern mindestens die Hälfte der ansässigen Bevölkerung bildete, vergrößerte sich im Laufe der 60er und 70er Jahre noch durch den "legalen" und "illegalen" Enteignungsprozeß der Teilpächter im Rahmen der drei Landreformphasen, durch die Bevölkerungsexplosion, den Kapitalisierungsprozeß der Agrarproduktion und die daraus folgende Proletarisierung der Minifundisten. Ihre ohnehin geringen Beschäftigungschancen verschlechterten sich durch die Aufteilung des Grundeigentums und die Mechanisierung bei den verbliebenen agrarkapitalistischen und großbäuerlichen Betrieben weiter. Die sozialen und politischen "Entfremdungsprozesse" zwischen den landlosen Bauern und ihren potentiellen und realen "Arbeitgebern" aus den Reihen der durch die Landreform zu Eigentümern gewordenen Bauern schufen Konfliktkonstellationen, die tendenziell den Charakter von Klassenkämpfen annahmen. Die Erkenntnis, vom Staat von Anfang an diskriminiert worden zu sein, während eine massive Propaganda das Regime als Wohltäter *aller* Bauern pries, löste bei ihnen, noch früher als bei den Kleinbauern, politische Denkprozesse aus und schärfte ihre Einsicht in den sozialen Charakter der Landreform[12]. Dieses Bewußtsein der eigenen Entrechtung fand seine adäquate Äußerungsform im Aufstand und dominierte ihn in Form des shi'itischen Chiliasmus.

So führte die Differenzierung der Bauernschaft als soziale
Folge der Landreform nicht nur zur Herausbildung verschiedener Kategorien von Bauern - Klein-, Mittel- und Großbauern -
sowie des Lohnarbeits- und Kapitalverhältnisses auf dem Lande; sie wurde vor allem dem Shah-Regime zum Verhängnis. Die
Zerstörung des traditionellen *Klientelverhältnisses* und der
entsprechenden *"Betriebsformen"* löste eine bäuerliche *Identitätskrise* aus, die als Legitimationskrise des Shah-Regimes
erschien, da die quasi undifferenzierte Bauernschaft dessen
soziale Stütze bildete. Der bäuerliche Chiliasmus ist Ausdruck
dieser veränderten Verhältnisse. Jedoch nicht allein eine "Betriebsform"[13], d.h. eine technische Form der Produktion, wurde zerstört, sondern - und das ist wesentlich - die Formen
traditionellen *Gemeinwesens* mit ihren über Jahrhunderte hinweg *verinnerlichten* Verhaltensweisen. Der Zweck dieser Gemeinwesen war die Erhaltung, d.h. die Reproduktion der Individuen
als Besitzer, und zwar in derselben Existenzweise, die zugleich
das *Verhalten* der Glieder zueinander und daher die *Gemeinde*
selbst konstituierte[14].

So wurde mit der Zerstörung der traditionellen Gemeinwesen
auch die traditionelle Form des *aktiven Verhaltens* seiner
Mitglieder zur Natur sowie zu den anderen Mitgliedern des Gemeinwesens vernichtet. Eben darin lag aber die materielle
Grundlage der veränderten Funktion der Religion, die von einer
"Anpassungsideologie" zu einer "Ideologie der Rebellion"[15] geworden war. Hier also ist auch die Basis der Differenz bzw.
des Konflikts zwischen dem Quietismus und dem chiliastischen
Aktivismus des Islam zu finden. Nicht Ideologen wie Dr. Shariati oder Organisationen wie die "Modjahedin-e khalgh" brachten
den Konflikt zwischen der "safawidischen und der alavitischen
Shi'ah"[16] hervor; vielmehr waren sie selbst als Ideologen
eines *shi'itischen Chiliasmus* das Produkt dieser veränderten
materiellen Bedingungen.

Der aus seinen traditionellen Produktions- und Lebenszusammenhängen gerissene "befreite" Bauer erfuhr die soziale Differenzierung als Herausbildung zweier *"Lager"*, die seinen *Manichäis-*

mus prägten. Seine potentielle oder reale *Enteignung und Entwurzelung* sowie die massenhafte *Marginalisierung* erzeugten eine *apokalyptische Stimmung*, die eine *Aufbruchsbereitschaft* hervorbrachte. Der *Sinn* des Lebens konnte für ihn nicht länger darin bestehen, sich innerhalb eines - nun nicht mehr existierenden - Klientelverhältnisses mit der Hoffnung anzupassen, durch bedingungslose Unterwerfung Vorteile zu erlangen; vielmehr mußte er jetzt gegen *ungerechte* Herrschaft und *"Usurpation"* aufbegehren. So wird das Martyrium Hoseyns, der im Jahre 680 n.Chr. in der Ebene von Kerbela kämpfend einer übermächtigen Anzahl von Feinden unterlag, zu seinem Symbol des Kampfes und der Auflehnung. Die *chiliastische Version des Hoseyn-Bildes* verändert somit das Verhältnis der *marginalisierten* bäuerlichen Massen zum bisher vorherrschenden quietistischen Shi'ismus als Ideologie der Anpassung an existierende Machtverhältnisse, in der "Hoseyn als Vermittler"[17] fungiert, und bedeutet für sie eine *Rekonstruktion ihrer Identität*, so wie die *"islamische Gemeinschaft"* (Omat-e Islam) die Rekonstruktion der verlorenen Einheit darstellt. Millionen ehemaliger Bauern trugen diese Motive des shi'itischen Chiliasmus im Zuge der *Landflucht* in die Städte, wo sie die Marginalisierung noch schmerzhafter erfuhren und damit die Massenbasis der *"Ritualisierung der Straßenkämpfe"*[18] und des Aufstands bildeten.

2.3.2. DIE ZERSETZUNG 'MITTELSTÄNDISCHER' PRODUKTIONS- UND LEBENSZUSAMMENHÄNGE UND DIE FORMELLE SUBSUMTION DER MEHRHEIT DER STÄDTISCHEN ARBEITSKRAFT UNTER DAS KAPITAL ALS GRUNDLAGE DES KLEINBÜRGERLICHEN CHILIASMUS

Im Laufe der letzten 20 Jahre wuchs die iranische Bevölkerung von 18,9 Mill. auf 33,9 Mill (1976), d.h. um 14,7 Mill. an. Mit dieser fast 78%-igen Zunahme ging eine tiefgreifende Veränderung der Bevölkerungsstruktur einher. Agglomerationen mit mehr als 5000 Einwohnern umfaßten 1956 kaum 30% der Bevölkerung, 1976 hingegen über 50%. Somit verdoppelte sich

nahezu die städtische Bevölkerung in den letzten 20 Jahren.
Einzelne Städte hatten dabei einen geradezu spektakulären
Zuwachs zu verzeichnen: so stieg die Einwohnerzahl in diesem
Zeitraum in Teheran von 1,5 Mill. auf 4,5 Mill., in Isfahan
von 250 000 auf 670 000, in Mashad von 240 000 auf 670 000
und in Shiraz von 170 000 auf 420 000; neben diesen wirklichen Großstädten existierten 1976 weitere 21 Städte mit mehr
als 100 000 Einwohnern[1]. Zwar soll die jahresdurchschnittliche Wachstumsrate der Bevölkerung von 3,1% zwischen 1956 und
1966 auf 2,8% zwischen 1966 und 1976 gesunken sein[2]; die
ländliche Bevölkerung wuchs jedoch innerhalb der letzten 10
Jahre durchschnittlich nur um 1,15%, während die städtische
eine jahresdurchschnittliches Wachstumsrate von 4,8% aufwies.
Diese hohe Zuwachsrate der städtischen Bevölkerung kam mithin
durch die massive Landflucht der pauperisierten Bauern zustande. Dabei war die Zahl der Landflüchtigen so groß, daß offizielle Stellen die Befürchtung äußerten, in den nächsten 15
Jahren könnten große Teile der ländlichen Regionen entvölkert
sein, eine Befürchtung, die bis zum Ende des 5. Planes in 639
Dörfern bereits Wirklichkeit geworden war; diese Dörfer waren
von ihren insgesamt 178 760 Einwohnern vollständig verlassen
worden, das war immerhin ein Prozent der ländlichen Bevölkerung. Die Landflucht der pauperisierten Bauern ist jedoch
selbst Funktion einer sektoralen Disparität der ökonomischen
Entwicklung, die als *regionale Disparität gesellschaftlicher
Arbeitsteilung* zugunsten der Städte erscheint.

2.3.2.1. DIE VERSCHÄRFUNG DER REGIONALEN DISPARITÄT ÖKONOMISCHER ENTWICKLUNG ALS FUNKTION DER 'IMPORTSUBSTITUIERENDEN INDUSTRIALISIERUNG'

Die sich mit der Entstehung des "modernen" iranischen Staates verschärfende regionale Disparität ökonomischer Entwicklung als Funktion der sektoralen Disparität manifestierte sich
in erster Linie in der ungleichen regionalen Konzentration von
Produktion und sozialen Dienstleistungen und damit in einer
regional ungleichen Verteilung von sozialen und ökonomischen
Chancen. Davon vermittelt bereits eine Gegenüberstellung der

Zentralprovinz und der restlichen 22 Provinzen ein aufschlußreiches Bild. 1977 lebten 35,1% der iranischen Stadt- und 7,88% der Landbevölkerung in der Zentralprovinz. Auf sie entfielen 20,63% der gesamten erwerbsfähigen Bevölkerung, 22,07% aller Beschäftigten; 8,02% der im Agrarbereich, 27,07% der in der Industrie und 16,37% der im Baugewerbe Tätigen sowie 29,99% der im Dienstleistungssektor Beschäftigten; außerdem 22,06% der gesamten Volksschüler, 26,91% der Gymnasiasten, 34,76% der Studenten, 49,18% der Ärzte, 60% der Krankenschwestern, 42,6% der Krankenhausbetten und 29,61% der lesekundigen Bevölkerung[1].

Zwar ist die regionale Disparität der ökonomischen Entwicklung generell ein wesentliches Merkmal kapitalistischer Entwicklung, wird allerdings in den Metropolen durch regionalpolitische Maßnahmen auszugleichen versucht; jedoch unterscheiden sich die dortigen Entstehungsbedingungen von denen in den "Entwicklungsländern", da sie durch die Form der kapitalistischen Entwicklung bestimmt sind. Diese Formbestimmtheit ist, abgesehen von der unterschiedlichen agrarkapitalistischen Entwicklung, auf die verschiedene Struktur der Industrialisierung zurückzuführen, allerdings nicht unabhängig von der natürlichen Geographie jedes einzelnen Landes. Denn die Produktion stellt letztlich nichts anderes als die Verformung der Natur dar, ein Problem, welches durch eine verbesserte Verkehrs- und Kommunikationstechnik sowie durch künstlich herstellbare Rohstoffe und neue Produktionsmethoden relativiert werden konnte, ohne dabei aufgehoben zu werden. Solange aber, wie im Iran, die Verkehrs- und Kommunikationsverhältnisse rückständig und damit die Zirkulationskosten hoch bleiben, kann sich, trotz der Erstellung von Regionalplänen zur Schaffung von "Industrieparks"[2] nichts an der profitorientierten geographischen Verteilung der Industrie ändern, vor allem dann nicht, wenn die einzelnen Bereiche kaum in einem arbeitsteiligen Verhältnis zueinander stehen, wie das bei der "importsubstituierenden Industrie" im Iran der Fall war. Da diese hauptsächlich aus konsumgüterproduzierenden Montageindustrien bestand, deren

Rohstoffe, Zwischenprodukte, Technologien und qualifizierte
Arbeitskräfte eingeführt werden mußten, waren sie auf den
Endverbraucher ausgerichtet und damit auf die geographische
Nähe zu großen Märkten angewiesen. Nur dort, wo sie kaufkräftige Konsumenten in konzentrierter Form antraf, war es
möglich, kostengünstig und in großen Mengen zu produzieren.
Daher entstanden die Ballungszentren dieser Industrien[3](vgl.
Tab.39 und Abb. 7-9) vor allem in den Großstädten, obwohl der Staat
bestrebt war, "allgemeine Produktionsbedingungen"[4] für eine
dezentrale Industrialisierung herzustellen, wenn auch wiederum zu Lasten der Bevölkerung.

Von insgesamt 4804 Großbetrieben waren 1976 allein 2134
Betriebe, d.h. 44 % aller Großbetriebe in der Zentralprovinz,
vor allem in Teheran und seinen Vororten, angesiedelt; es
folgte Mazanderan mit 462 Betrieben (9,6%), Isfahan mit 389
Betrieben (8%), Jazd mit 245 (5%), Ostazerbeidjan mit 214
(4,5%) und Khorassan mit 208 (4,3%). Alle anderen Provinzen
wiesen eine unter dem Landesdurchschnitt liegende Zahl von
Betrieben auf. Berücksichtigt man die geographische Verteilung der einzelnen Industriezweige, so wird die regionale
Disparität der industriellen Entwicklung noch augenfälliger.
Von insgesamt 47 Großbetrieben der metallischen Grundstoffindustrie waren 39 Betriebe (83%), von den 477 Großbetrieben der Maschinenbau- und metallverarbeitenden Industrie
360 Betriebe (75,5%) in der Zentralprovinz angesiedelt[5].
Daraus ergaben sich regional unterschiedliche Beschäftigungsmöglichkeiten, die wiederum Migrationsbewegungen in Richtung
auf die Industriezentren mit den entsprechenden sozialen
und sozialpolitischen Folgen auslösten. So waren 1976 allein
54,6% aller in Großbetrieben Beschäftigten in der Zentralprovinz tätig. Isfahan stand mit 10,7% der Beschäftigten an
zweiter Stelle, gefolgt von Mazanderan mit 5,9% sowie Gilan
und Khorassan mit je 4,2%; alle anderen Provinzen beschäftigten weit unter dem Landesdurchschnitt liegende Arbeits-
kräftekontingente (vgl. Tab. 39).

Die regionale Disparität der industriellen Entwicklung
und die damit verbundene sektorale Disparität der ökonomischen Entwicklung, die also zunächst aus einer geographisch

ungleichen Verteilung der Kaufkraft entstand, reproduzierte
jedoch durch die neuen regionalen Einkommensunterschiede
die regionale Disproportionalität der Einkommensverteilung
auf einer höheren Ebene. Daraus wiederum resultierte die Konzentration weiterer Industriezweige, die sich in nächster Nähe
der großen Verbrauchermärkte niederlassen wollten. So wurden
1976 61,7% aller durch Großbetriebe gezahlten Löhne und Gehälter in der Zentralprovinz entrichtet; Isfahan stand mit 8%
an zweiter Stelle, gefolgt von Fars mit 4,6%, Mazanderan mit
4,4%, Khorassan mit 3,0% und Semnan mit 2,5%. In allen anderen
Provinzen lag der Anteil der verteilten Löhne und Gehälter
unter 2,0% (vgl. Tab. 39). Die regionale Disparität der industriellen Entwicklung wird noch krasser, wenn man berücksichtigt, daß allein 71,2% der Wertschöpfung der Großindustrie in
der Zentralprovinz produziert wurden, gefolgt von Khuzistan
mit 5,9%, Isfahan mit 4,6%, Mazanderan mit 3,2%, Fars mit 3,0%,
Khorassan mit 2,5% und Ostazerbeidjan mit 2,1%. Die Großbetriebe in den anderen Provinzen produzierten bedeutend weniger als
2,0% (vgl. Tab. 39 und Abb. 7)[6].

Damit verschärfte sich einerseits die regionale Konzentration
der Industrie, der Beschäftigungsmöglichkeiten und der produzierten Reichtümer, andererseits aber auch die regionale Disparität sozialer Einrichtungen und Dienstleistungen (vgl.Tab. 8b-e).
Diese Entwicklung zeitigte jedoch nicht nur Auswirkungen auf die Geschäftsaktivitäten in den Zentren; weit bedeutender erscheint
hier die Anziehungskraft, die sie auf die arbeitslosen und
verarmten Teile der Bevölkerung ausübte. Daraus resultierte
die Entstehung von Slumvierteln am Rande der großen Industriestädte mit den entsprechenden schwerwiegenden sozialen und psychischen Folgeerscheinungen. Schließlich verschärfte diese
Entwicklung jene *"Ungleichzeitigkeit"*[7], die sich nicht allein
in einer Zuspitzung des Nationalitätenproblems manifestierte,
sondern die eigentliche Ursache dafür darstellte, daß erstmalig in der Geschichte der sozialen Auseinandersetzungen im
Iran ein Aufstand in allen Teilen des Landes Massencharakter
annahm.

2.3.2.2. ZERSETZUNG UND KONSERVIERUNG DER TRADITIONELLEN PRODUKTIONSWEISE ALS FUNKTION 'IMPORTSUBSTITUIERENDER INDUSTRIALISIERUNG'

Das Ziel einer "importsubstituierenden Industrialisierung" ist es zunächst, den Import ausländischer Waren zu ersetzen, und zwar sowohl von importierten Luxusgütern oder dauerhaften Konsumgütern, die im Inland kaum oder überhaupt nicht produziert werden, als auch von Massenkonsumgütern, die mit dem Anwachsen der Bevölkerung und der allgemeinen Kaufkraft verstärkt nachgefragt, durch die einheimische traditionelle Produktionsweise jedoch nicht in ausreichendem Maße hergestellt werden.

Bei der Produktion von dauerhaften Konsum- oder Luxusgütern steht die neue Industrie weder zu den traditionellen "Industrien", noch zu anderen modernen Industriezweigen in Beziehung. Da die verschiedenen Industriezweige auf unterschiedlichen technologischen Systemen aufbauen, ergänzen sie sich auch nicht, noch können sie mehr als Montagewerke sein, da sie für einen begrenzten Markt produzieren. Damit kommt es nicht zur Bildung eines entwicklungsfähigen Marktes, und die Nachfrage nach den Produkten hängt größtenteils von unkalkulierbaren, äußeren Zusammenhängen ab. Daher müssen die Nachfrageschwankungen durch Änderungen in der Außenhandelspolitik korrigiert werden. Mithin haben sie zum Binnenmarkt ein ebenso äußerliches Verhältnis wie im Ausland produzierende Firmen. Ohne eine staatliche Schutzzollpolitik wären sie nicht konkurrenzfähig, da ihre Erzeugnisse in der Qualität hinter den ausländischen Produkten zurückbleiben. Gleichzeitig sind sie, trotz billiger Arbeitskräfte und aller erdenklichen staatlichen Kredit- und Stützungsmaßnahmen, weitaus teurer als vergleichbare, im Ausland produzierte Waren, da u.a. ihr begrenztes Produktionsvolumen die Produktionskosten gegenüber den in großen Mengen erzeugenden Weltmarktbranchen erheblich steigert. Somit können sie den einheimischen Konsumenten nur durch außerökonomische staatliche Maßnahmen aufgezwungen werden, die wiederum zu einer Steigerung der Inflationsrate beitragen.

Die Konkurrenz der modernen Industrien zwingt die kleinen einheimischen Kapitalbesitzer zur Errichtung arbeitsintensiver Quasi-Handwerksbetriebe in jenen Bereichen, die für die große Industrie noch uninteressant sind[1]. Aus diesem Grund wuchs im Iran die Zahl der Kleinbetriebe mit weniger als 10 Beschäftigten zwischen 1963 und 1968 doppelt so schnell wie die der Großbetriebe (1963 jährlich 7,5%, 1968 3,2%)[2]. Nach Mohaghegh gab es 1977/78 insgesamt ca. 900 000 Industriebetriebe mit 1,8 Mill. Beschäftigten; davon waren ca. 8000 "Großbetriebe" mit 10 und mehr Beschäftigten. Die übrigen 892 000 waren "Kleinbetriebe", die 75% der industriellen Arbeitskräfte[3] beschäftigten, aber nur 32% der Industrieprodukte herstellten[4].

Somit trägt diese Art der Industrialisierung nicht nur zur Konservierung traditioneller Produktionsweisen und Produktionsverhältnisse bei, statt sie zu revolutionieren; sie beschleunigt auch die Entstehung *neuer* Klein- und Mittelbetriebe und damit die Entstehung einer *neuen* klein- und mittelständischen Bourgeoisie, deren Existenz dabei jedoch weitgehend von der Großbourgeoisie abhängig ist.

Bei der Produktion von Massenkonsumgütern dienen die neuen Industrien zwar zur Befriedigung der sich entwickelnden Nachfrage, die nur in begrenztem Umfang von der einheimischen traditionellen Industrie gedeckt werden kann, fördern aber gleichzeitig die Zersetzung und Zerstörung eben dieser traditionellen "Industrien" und damit die Freisetzung ihrer Arbeitskräfte, ohne eine entsprechend große Zahl neuer Arbeitsplätze zu schaffen[5]. Dieser Prozeß führte zur Zentralisierung[6] der Industrie (vgl. Tab. 31 für den Bereich der Großindustrie innerhalb des 5.Aufbauplans)[7]. Den hier zugrunde liegenden Angaben nach stieg die Gesamtzahl der Großbetriebe in diesem Zeitraum um 26,8%, die Gesamtzahl der in diesem Bereich Beschäftigten um 26,7% und die Wertschöpfung um 269,5%. Abgesehen von der Baustoff-, der chemischen und der petrochemischen sowie der Lebensmittel-, Getränke- und Tabakindustrie (vgl. Tab. 31 und Abb. 3-5)[8], bei denen sowohl die Zahl der Betriebe als auch die der Beschäftigten einen Zuwachs verzeichneten, wiesen alle anderen Industriezweige einen Rückgang der Betriebs- und/oder Beschäftigtenzahlen auf. So sank die Zahl der Betriebe in der Textil-, Bekleidungs- und Lederindustrie, dem wichtigsten traditionellen Industriezweig, um 3,4%, die ihrer Beschäftigten um 1,8%, während ihre Wertschöpfung eine Zuwachsrate von 198,8% aufwies . In der Holz- und holzverarbeitenden Industrie stieg zwar die Zahl der Betriebe um 6,2%, die Zahl der Beschäftigten ging aber um 6,1% zurück, während die Wertschöpfung um 87,7% wuchs. In der Druck- und Papierindustrie ging die Zahl der Betriebe um 10,8% und die der Beschäftigten um 31,7% zurück, während die Wertschöpfung um 71,2% stieg. In der metallischen Grundstoffindustrie ging die Zahl der Betriebe um 14,5% und die der Beschäftigten um 1,5% zurück, während die Wertschöpfung um 100,9% stieg. In der Maschinenbau- und metallverarbeitenden Industrie sank die Zahl der Betriebe um 0,2%, während die Zahl der Beschäftigten um 39,2%, die Wertschöpfung um 452,5% stieg. In den restlichen Industriezweigen ging die Zahl der Betriebe um 39%, die der Beschäftigten um 41% zurück; ihre Wertschöpfung stieg dabei um 83%.

Die kleinen Industriebetriebe waren entweder gezwungen, aus dem Konkurrenzkampf auszuscheiden oder sich mit weitaus niedrigeren Profitraten zufrieden zu geben. Aufgrund der geringen Beschäftigungsmöglichkeiten in den Großbetrieben und der niedrigen Löhne waren die meisten Eigentümer allerdings nicht an einem Wechsel in das proletarische Lager interessiert. Doch auch in ihren eigenen Betrieben war es ihnen nur durch intensive und extensive Ausbeutung der eigenen Arbeitskraft sowie der der unbezahlt mithelfenden Familienangehörigen möglich[9], ihren Lebensunterhalt zu sichern. Selbst diejenigen Eigentümer, die zu einer Modernisierung ihrer Betriebe auf der Basis der bestehenden Verhältnisse bereit gewesen wären, konnten nicht mit finanzieller Unterstützung durch den Staat rechnen[10], da dieser sich ausschließlich den Aufbau einer modernen kapitalintensiven "importsubstituierenden Industrie" zur Aufgabe gemacht hatte. Aus diesem Grunde sah die traditionelle Kleinbourgeoisie den einzigen Ausweg in der totalen Negation einer kapitalistischen Entwicklung der Industrie.

2.3.2.2.1. DIE ZUSAMMENSETZUNG DER TRADITIONELLEN KLEINBOURGEOISIE

Den Kern der traditionellen Kleinbourgeoisie bilden die (Klein-)Bauern sowie die Gewerbe- und Handeltreibenden, die zwar Waren produzieren, ohne daß ihre Arbeitskraft jedoch unter die kapitalistische Produktionsweise subsumiert wäre[1]; vom Proletarier unterscheiden sie sich dadurch, daß sie noch im Besitz ihrer Arbeitsmittel sind. Insbesondere in den "Entwicklungsländern" existieren sie noch lange Zeit neben der aufstrebenden Bourgeoisie - quasi als ihr Vorläufer - fort, werden aber von jener immer stärker in ihren Möglichkeiten eingeschränkt und massenhaft in den Ruin getrieben[2]. Denn die Etablierung der kapitalistischen Produktionsweise bedeutet ursprünglich nicht notwendig die totale Vernichtung der vorkapitalistischen Verhältnisse, sondern führt in einer Übergangsphase zur Koexistenz von kapitalistischer und vorkapitalistischer Produktionsweise und den entsprechenden Produktionsverhältnissen. Aber "in allen Produktionsformen ist es eine bestimmte Produktion, die allen übrigen, und deren Verhältnisse daher auch allen übrigen, Rang und Einfluß anweist. Es ist eine allgemeine Beleuchtung, worein alle übrigen Farben getaucht sind und (welche) sie in ihrer Besonderheit modifiziert. Es ist ein besonderer Äther, der das spezifische Gewicht alles in ihm hervorstechenden Daseins bestimmt."[3]

Gerade diese Modifizierung der Besonderheit der traditionellen Kleinbourgeoisie, die als ihr *Zersetzungsprozeß* begriffen werden soll, charakterisiert *ihre zeitweilige Duldung* durch die sich entwickelnde kapitalistische Produktionsweise. Deshalb konnte der Parzellenbauer - als vorübergehendes Produkt der Landreform - ebenso wie der kleine Handel- und Gewerbetreibende auch im letzten Jahrzehnt durch die Herrschaft des Kapitals nicht total verdrängt werden, obwohl er starkem Druck ausgesetzt war. Neben ihrer fortschreitenden Verdrängung wird die traditionelle Kleinbourgeoisie vom sich etablierenden Kapitalismus in eine *gespaltene* - quasi schizophrene - *Lage* versetzt, die ihre Bewußtseinsstruktur stark prägt. Dergestalt materiell und ideell bedroht, strebte sie die Wiederherstellung eines früheren," feudalen" und patriarchalischen Gesellschaftszustands an[4]. Entsprechend ihrer Verteilung in der unmittelbaren Produktion, der Zirkulation und der Dienstleistung stellt sie, als Überbleibsel einer vergangenen Produktionsweise[5], die vorkapitalistischen Elemente einer sich kapitalisierenden Gesellschaft[6].

Nicht allein der traditionellen bäuerlichen Kleinbourgeoisie, sondern auch dem Kleingewerbe und später dem Kleinhandel wurde durch die Auswirkungen der der Landreform folgenden Maßnahmen ein schwerer Schlag versetzt. Unter dem starken Druck der kapitalistischen Entwicklung fielen zahlreiche gewerbliche Berufe der Vernichtung anheim. Konnten sie lange aufgrund ihrer Spezialisierung auf Bereiche, die noch keiner starken Konkurrenz ausgesetzt waren, weiterexistieren, so beraubte insbesondere die Konsumgüterindustrie die traditionellen Gewerbetreibenden ihrer letzten Möglichkeiten und führte zu ihrer fast gänzlichen Vernichtung. So verlor die traditionelle Kleinbourgeoisie in der unmittelbaren Produktion fast völlig ihre Position, während sie im Dienstleistungs- und Handelssektor noch Widerstand leistete; gleichzeitig führte ihr Zersetzungsprozeß zur Entstehung jenes Teils der Kleinbourgeoisie, der vor allem in der Dienstleistung seine Reproduktionsbasis suchte. So entstand die neue Kleinbourgeoisie - neben dem neuen Angestellten- und Beamtentyp sowie dem Arbeiter - vor allem im Dienstleistungssektor, was zur Hypertrophie dieses Bereiches führte.

Hatte die Durchsetzung des Kapitalismus im Iran eine Zersetzung und Vernichtung der traditionellen Kleinbourgeoisie zur Folge, so erzeugte sie gleichzeitig eine neue Fraktion, die "moderne" Kleinbourgeoisie. Obwohl ständigem massivem Druck ausgesetzt, ist sie doch ein integraler Bestandteil des Kapitalismus und reproduziert sich mit seiner Reproduktion, ein Faktum, das sich auch in ihrer politischen Verhaltensweise spiegelt. Die traditionelle kleine Handelsbourgeoisie hingegen opponierte zunehmend gegen das Shah-Regime, als dieses in den letzten Jahren seiner Herrschaft die galoppierende Inflation mit Maßnahmen zu bekämpfen suchte, die allein dem kapitalistischen Wachstum zuträglich waren. Sowohl die neu errichteten Kettenläden und Supermärkte als auch die erdrückend hohen Zinsen des immer mächtiger werdenden Banksystems belasteten diese Schicht in zunehmendem Maße. Am deutlichsten spürbar war ihr Untergang in den Großstädten, während in den kleineren Städten immer noch die Konsumgewohnheiten der ländlichen Massen vorherrschten, die sich nicht mit derselben Geschwindigkeit der neuen Entwicklung angepaßt hatten. Zudem war die ökonomische Macht der traditionellen Kleinbourgeoisie eher in den Kleinstädten angesiedelt. In dieser traditionellen Welt der ländlichen Regionen mit ihrer vorkapitalistischen Produktions- und Lebensweise erkannte sie die ihrer eigenen ökonomischen Existenz entsprechende Form.

Die *zahlenmäßig stärkste* soziale Gruppe bildeten die 2 843 493 "Selbständigen" mit ihren 984 634 unbezahlt mithelfenden Familienangehörigen; sie stellten 32,4% bzw. 11,2% aller Beschäftigten. Obwohl ihre Zahl zwischen 1966 und 1976 absolut um 6,9% anstieg, ging ihre relative Bedeutung um 6,4% zurück; die Zahl ihrer unbezahlt mithelfenden Familienarbeitskräfte stieg absolut um 47,6%, relativ um 1,3%. Davon stellten die Kleinbauern 59,3%, die Gewerbetreibenden 27,0% und die kleinen Händler 11,2%; das waren 25,8%, 11,9% und 4,9% der Gesamtbeschäftigten des Landes. Unmittelbar vor dem Aufstand waren immer noch 75,7% aller *Selbständigen* in der unmittelbaren Produktion tätig, also im weitesten Sinne im Agrarsektor sowie im Industrie- und Baubereich. Nach den Kleinbauern standen an zweiter Stelle die statistisch ebenfalls als "selbständig" erfaßten 636 539 *kleinen Handwerker und Gewerbetreibenden* mit ihren 399 090 unbezahlt mithelfenden Familienangehörigen[7]. Damit stellten sie 1976 22,4% der Selbständigen und 8,8% der Gesamtbeschäftigten; gegenüber 1966 stieg ihre Zahl absolut um 52,2%[8]. Ihre mithelfenden Familienangehörigen stellten 40,5% der unbezahlten Arbeitskräfte und 4,5% der Gesamtbeschäftigten; ihre Zahl weist innerhalb der letzten zehn Jahre ein Wachstum von 233,0% auf. Dies ist als höchster Ausdruck des Konservierungseffektes einer Industrialisierung zu verstehen, die unfähig ist, die freigesetzten Arbeitskräfte zu absorbieren und damit zur Aufblähung des Bereichs der unproduktiven Tätigkeiten führt. Rechnet man die mithelfenden Familienangehörigen der Selbständigen in diesem Bereich mit zur traditionellen Kleinbourgeoisie, so stellte letztere 11,8% der Gesamtbeschäftigten und hatte in den letzten zehn Jahren einen Zuwachs von 92,5% zu verzeichnen.

Von den Selbständigen im kleinen Handwerk und Gewerbe waren 323 350 Personen sowie 390 148 mithelfende Familienangehörige in der *verarbeitenden* Industrie tätig[9]. Sie stellten 11,4% der Selbständigen und 39,5% der unbezahlten Familienarbeitskräfte, insgesamt 8,1% der Gesamtbeschäftigten. Vor allem waren sie in der Textil- und Bekleidungsindustrie sowie im metall- und holzverarbeitenden Handwerk und in der Nahrungsmittelproduktion tätig.

Einen weiteren Bestandteil der traditionellen Handwerksbetriebe bildete das bäuerliche Nebengewerbe. 1971 gab es noch 427 000 Textilbetriebe, Spinnereien, Webereien und Teppichknüpfereien, zumeist als Hausindustrie. Davon beschäftigten 272 000 Betriebe nur eine Person, 151 000 zwei bis vier Personen und nur 4000 fünf bis neun Personen. Von 427 000 kleinen Betrieben wurden nur 3000 als "offene" geführt, 243 000 als "nichtoffene" und 181 000 als Hausgewerbe[10]. Unter den verschiedenen Zweigen der Kleinst- und Hausindustrie stellte die Teppichindustrie den wichtigsten dar. Allein ein Viertel der Exporterlöse (außer Erdöl) zwischen 1963 und 1973 entfielen auf den Teppichexport[11]. Bis 1975 entstanden jedoch sechs große maschinelle Teppichindustriebetriebe, die allein im Jahre 1975 etwa 1,2 Mill. Teppiche und 2 Mill. Meter Teppichboden produzierten und damit diesen Industriezweig völlig veränderten[12]. Ähnliches gilt auch für andere Bereiche der ländlichen Nebenproduktion.

So stellte die Industrialisierung, vor allem im Bereich der Konsumgüterindustrie, die Existenzberechtigung der traditionellen Kleinbourgeoisie total in Frage; das Selbsterarbeitete, sozusagen auf Verwachsen des einzelnen, unabhängigen Arbeitsindividuums Beruhende, wurde verdrängt durch das kapitalistische Privateigentum, das auf der Ausbeutung fremder, aber formal freier Arbeit beruht[13]. Von dieser Entwicklung war vor allem die ländliche traditionelle Kleinbourgeoisie betroffen; denn mit der Verelendung der früher selbständig wirtschaftenden Bauern und mit der Trennung von ihren Produktionsmitteln ging die Vernichtung der ländlichen Nebenindustrie, der Scheidungsprozeß von Manufaktur und Agrikultur, Hand in Hand. Die Vernichtung des ländlichen Hausgewerbes aber vergrößerte und stabilisierte gleichzeitig den inneren Markt und schuf damit eine Grundbedingung für die kapitalistische Produktionsweise[14]. Diese Entwicklung zeigt sich deutlich am Rückgang der Zahl der Selbständigen in den ländlichen Gebieten zwischen 1966 und 1976; von 158 576 sank sie auf 7719. Damit reduzierte sich auch die Zahl der unbezahlten Familienarbeitskräfte von 910 176 auf 333 381. 150 857 Familienbetriebe wurden ruiniert, und 576 795 unbezahlte Familienarbeitskräfte verloren ihren Arbeitsplatz[15]. Gegen eine solche Eroberung des inneren Marktes durch das Industriekapital konnte sich die traditionelle Kleinbourgeoisie nur wehren, indem sie die Wiederherstellung alter, patriarchalischer Verhältnisse anstrebte[16].

Den Selbständigen im Agrarsektor und im Handwerk folgten die 419 426 Selbständigen im Bereich von *Groß- und Einzelhandel* sowie die dazugehörigen 10 862 unbezahlten Familienarbeitskräfte[17]. Sie stellten 14,8% der Selbständigen und 4,8% der Gesamtbeschäftigten, mit ihren mithelfenden Familienarbeitskräften sogar 4,9%. 395 094 von ihnen waren im Einzelhandel tätig[18] und stellten damit 71% der Beschäftigten im Einzelhandel und 14% der Selbständigen. Diese Gruppe bildete den eigentlichen Kern der traditionellen kleinen Handelsbourgeoisie, die größtenteils für die Zirkulation der Nahrungsmittel sorgte. 15 885 Mitglieder der selbständigen Handelsbourgeoisie waren im Großhandel tätig[19] und gehörten damit zum wohlhabenden Teil der traditionellen kleinen Handelsbourgeoisie. Sie stellten ungefähr 38,3% der im Großhandel Beschäftigten und 0,6% der Selbständigen[20].

Die Selbständigen im Groß- und Einzelhandel profitierten in den letzten Jahren vor dem Aufstand in hohem Maße von der allgemeinen Einkommenssteigerung anderer kleinbourgeoiser Schichten. Dennoch gerieten auch sie, u.a. durch massive staatliche Preiskontrollen, die die Inflationsrate eindämmen sollten, in arge Bedrängnis und opponierten daher ebenfalls gegen das Shah-Regime, vor allem in der Hoffnung, so die Kosten des ökonomischen Wachstums nicht länger tragen zu müssen.

Zahlenmäßig unbedeutend sind die 440 selbständigen Finanzinstitutionen, die jedoch einen wesentlichen Bestandteil der traditionellen Kleinbourgeoisie darstellten. Die Geldwechsler und

-verleiher bildeten dabei - neben den 200 großen Finanzunternehmern - die höchste Konkretion des traditionellen Wucherkapitals, das von einer Rückkehr zu althergebrachten Gesellschaftsformen träumte.

Zu erwähnen wäre schließlich noch die zum größten Teil aus Maklern und Bodenspekulanten bestehende Kategorie der Selbständigen, deren 12 350 Angehörige dem Bereich der Immobilien- und Handelsdienstleistungen zuzurechnen sind (vgl. Tab.58)[21]. Insgesamt zählte der Dienstleistungssektor 92 666 Selbständige, das waren 3,3% der Selbständigen und 1% der Gesamtbeschäftigten. Obwohl sich dieser Sektor im Entwicklungsprozeß des Kapitalismus ausweitete, sollen hier die Selbständigen im Bereich der persönlichen Dienstleistungen mit ihren 69 460 Mitgliedern entsprechend ihrer Reproduktionsweise zur traditionellen Kleinbourgeoisie gezählt werden. Sie stellten ca. 2,4% der Selbständigen und 0,8% der Gesamtbeschäftigten (vgl. Tab. 58). Die 148 843 selbständigen Unternehmer im Bereich von Transport und Lagerhaltung stellten 5,2% der Selbständigen, 1,7% der Gesamtbeschäftigten und 38% der Beschäftigten dieses Sektors, größtenteils selbständige Taxifahrer; objektiv wären diese allerdings kaum der traditionellen Kleinbourgeoisie zuzurechnen.

So verwandelte die durch die Entwicklung des Kapitalismus modifizierte Lage der traditionellen Kleinbourgeoisie die zahlenmäßig größte Kategorie der Gesellschaft in einen ökonomisch immer unbedeutender werdenden Faktor. Entsprang ihre zunehmende Bedeutungslosigkeit der Form ihrer Reproduktion, so förderte sie zugleich ihre politische Radikalisierung. Bereits im Massenaufstand vom Juni 1963 stellte sie die wichtigste Kraft; seither setzte sie den Kampf gegen ihre endgültige Vernichtung in unterschiedlicher Weise fort. Als entscheidendes Ergebnis ihres Abwehrkampfes ist hierbei ihre verstärkte Verbindung mit dem Klerus zu betrachten, so daß seit 1963 die Opposition der radikalen Geistlichkeit immer mehr zum Ausdruck der politischen Verhaltensweise der traditionellen Kleinbourgeoisie wurde. In der Dominanz der Kleinbourgeoisie ist auch der Grund für den "antiimperialistischen" Charakter der Opposition zu sehen; diese Klasse mußte in ihrem Kampf gegen die Kapitalherrschaft deutlich deren ausländische Unterstützung erkennen und somit, trotz der eigenen kleinbürgerlich-engen Denktraditionen, den "Anti- Imperialismus" als eines ihrer Hauptziele betrachten. Die Unfähigkeit der "liberalen" Bourgeoisie und der Arbeiter, sich als eigenständige, politisch führende Kräfte zu konstituieren, verhalf der historisch perspektivelosen traditionellen Kleinbourgeoisie zur Führung innerhalb der Opposition gegen das Shah-Regime. Dabei verleitete sie gerade die Perspektivelosigkeit ihrer Lage dazu, die eigene Zukunft in der Vergangenheit zu suchen. Den "ideologischen" Rahmen dafür bildete" der Islam ".

2.3.2.2.2. STRUKTURELLE ARBEITSLOSIGKEIT UND PAUPERISMUS

1976 waren 44% der Bevölkerung jünger als 15 Jahre. Der Mittelwert des Alters der Iraner lag bei 22,4 Jahren, ihr Durchschnittsalter betrug 17,5 Jahre[1]; nur 3,5% der Bevölkerung waren über 64 Jahre alt. Mithin war die mittlere Altersgruppe und damit der potentiell ökonomisch aktive Teil der Bevölkerung sehr groß: 52,1% der Bevölkerung waren zwischen 15 und 64 Jahre alt (vgl. Tab. 47). Dabei darf jedoch nicht nur die Bevölkerung zwischen 15 und 64 als erwerbstätig bzw. potentiell erwerbsfähig begriffen werden; vor allem in den ländlichen Bereichen, in denen die Agrarproduktion das Haupttätigkeitsfeld der Bevölkerung darstellte, machten Armut und geringe Bildungskapazität die Mitarbeit der Kinder zu einer unabdingbaren Notwendigkeit. Gerade in der Hausindustrie bzw. im bäuerlichen Kleinhandwerk war Kinderarbeit weit verbreitet; etwa 130 000 Kinder zwischen 10 und 11 Jahren, davon 110 000 auf dem Land und 20 000 in den Städten, und 376 000 zwischen 12 und 14 Jahren, davon 296 000 auf dem Land und 80 000 in den Städten, wurden nach offiziellen Angaben in der Produktion beschäftigt[2]. Damit waren 12% der Kinder zwischen 10 und 14 Jahren, d.h. etwa 37% der Kinder dieser Altersgruppe, von der Ausbildung ausgeschlossen. 328 000 Personen über 65 Jahre, d.h. 28% der Bevölkerung im Rentenalter, waren ebenfalls erwerbstätig. Hingegen hatte ein großer Teil der potentiell erwerbsfähigen Bevölkerung zwischen 15 und 65 Jahren keine Arbeit. Von den insgesamt 17,5 Mill. potentiell Erwerbsfähigen waren 6,8 Mill. Hausfrauen,

1,6 Mill. in der Ausbildung und 400 000 nicht auf eine Erwerbstätigkeit angewiesen; somit reduzierte sich die Zahl der *Erwerbstätigen*[3] auf 8,7 Mill (vgl. Tab. 48). Selbst wenn man die Erwerbstätigen der Altersgruppe zwischen 10 und 14 Jahren und die über 65-jährigen dazurechnet, waren 1976 nur 9,2 Mill. als Erwerbstätige registriert; davon waren 8,8 Mill. beschäftigt und ca. 1 Mill. offiziell arbeitslos. Hinzu kamen die etwa 300 000 neuen Arbeitskräfte, die durch das natürliche Bevölkerungswachstum jährlich auf den Arbeitsmarkt strömten. Gegenüber 7 neu hinzukommenden Arbeitskräften im Jahr verließ nur eine Arbeitskraft jährlich den Arbeitsmarkt; damit lag der Ersetzbarkeitskoeffizient etwa bei 7 zu 1. Zusätzlich wirkte sich der hohe Anteil der landflüchtigen Bauern auf den städtischen Arbeitsmarkt aus. Die Bevölkerungslast, die jährlich durch natürliches Wachstum entstand, war allein zu 60% durch Migration bedingt; demnach stieg zwischen 1966 und 1976 der Anteil der neu verfügbaren Arbeitskräfte in den Städten nur durch Migration um etwa 3,7 Mill. Der Industrie wäre die Aufgabe zugefallen, *zumindest* diese 3,7 Mill. freigesetzten Arbeitskräfte zu absorbieren; die *Gesamtzahl der Erwerbstätigen* stieg jedoch in diesem Zeitraum von 6,8 Mill. nur auf 8,7 Mill., also um 1,9 Mill. oder 28,1%. Durch die scheinbar schnelle Industrialisierung konnten in demselben Zeitraum lediglich 397 996 neue Arbeitsplätze zur Verfügung gestellt werden, wobei die Kosten für die Schaffung eines neuen Arbeitsplatzes durchschnittlich bei ca. 2,1 Mill. Rial allein für den Maschinenpark[4] lagen, ohne daß sonstige fixe Kapitalinvestitionen berücksichtigt worden wären.

Nicht also der rasche soziale Wandel durch eine scheinbar schnelle Industrialisierung, sondern vielmehr eine denkbar kapitalintensive Industrialisierung und die damit verbundene *strukturelle Arbeitslosigkeit, die Pauperisierung und Marginalisierung* breiter Schichten der Bevölkerung waren die wesentlichen Ursachen der Krise des Shah-Regimes.

Setzt sich die kapitalistische Produktion auch im Agrarbereich durch, so reduziert sich mit zunehmender Kapitalakkumulation absolut die Nachfrage nach ländlichen Arbeitskräften, ohne daß, wie in anderen Industriezweigen, ihre Repulsion durch größere

Attraktionen ergänzt würde. Daher steht ein Teil der Landbevölkerung ständig bereit, zum städtischen oder Manufakturproletariat überzugehen - Manufaktur hier im Sinne aller nichtagrikolen Industrie -, sobald sich eine Möglichkeit dazu ergibt. Dadurch strömen immer neue Arbeitssuchende in die Städte; allerdings setzt eine derartige Entwicklung eine latente ländliche Überbevölkerung voraus, die jedoch erst in solchen Situationen sichtbar wird, wenn sich die ökonomische Lage auf dem Land verschlechtert und massenhafte Landflucht einsetzt. Der Landarbeiter wird somit auf die niedrigste Einkommensstufe gedrängt und lebt permanent am Rande des Pauperismus[5].

Im Iran führte die Landreform zu einer enorm hohen Freisetzung von Arbeitskräften und damit zu einer Landfluchtbewegung, deren *Ausmaß* in keiner Weise mit entsprechenden Phänomenen in Europa vergleichbar ist; denn während die europäischen Bauern mit der Hoffnung in die Städte flüchteten, dort ein freies Leben führen zu können, ging der "befreite" iranische Bauer in die Stadt, um überhaupt leben zu können. Die Sicherung minimalster Existenzbedingungen war die Ursache der massiven Landflucht. Die Kapitalisierung der Landwirtschaft, eine durchschnittlich geringe Nutzfläche der Parzellenbauern, die traditionelle Produktionsweise, welche nicht mehr mit den Methoden der großen agrarkapitalistischen Betriebe konkurrieren konnte, die fehlenden Finanzierungsmöglichkeiten, die Verschärfung der ungleichen Einkommensverteilung zugunsten der Städte[6] und nicht zuletzt eine gewaltsame Vertreibung waren die Ursachen der Zerstörung der bäuerlichen Existenzgrundlage auf dem Land; hinzu kam noch die Vernichtung ländlicher Handwerksbetriebe durch die Konkurrenz der industriellen Produktion.

Allein 1971 gab es 4 274 805 "Umsiedler"; davon waren 1 850 180 seit 11 Jahren und länger "umgesiedelt" (43,3%), 812 057 Personen (19%) seit 6 bis 10 Jahren, 69 030 (16,3%) seit 3 bis 5 Jahren, 505 124 (11,8%) seit 1 bis 2 Jahren und 311 445 (7,3%) seit weniger als einem Jahr[7]. Die durch die Erdölpreiserhöhung 1973 ausgelöste Migrationswelle war jedoch noch viel stärker. Selbst wenn man unterstellt, daß jährlich nur durchschnittlich 370 000 Personen die ländlichen Bezirke verließen und für immer

in den Städten blieben, so wären allein zwischen 1971 und
1978 etwa 2,6 Mill. neue Landflüchtige, insgesamt seit Beginn
der Landreform (1962) mithin etwa 6,9 Mill. in die Städte gekommen[8]. Sie bildeten das Heer der "marginalisierten" städtischen Bevölkerung und litten unter den entsprechenden sozialen, ökonomischen und kulturellen Folgen: dem *Pauperismus*.

Verallgemeinert man die Ergebnisse der Untersuchungen des
"Institut for Social Research, University of Teheran" über die
"Marginalisierung" in Teheran (Januar 1972), Busher (Juli 1972),
Bandar-Abbas (Januar 1973), Hamadan und Kermanshah (April 1973)
sowie Ahwaz (September 1973), so erhält man einen groben Überblick über das Schicksal der Landflüchtigen[9]. Diesen Untersuchungen liegt als Kriterium der "Marginalisierung", die mit
Slumbildung am Rande der Städte gleichgesetzt wird, Art und
Qualität der Behausung der Obdachlosen zugrunde, ohne daß die
rechtliche Grundlage einbezogen worden ist. Berücksichtigt wurden also die Bewohner der Slum- bzw. Elendsviertel in ihren
Blech-, Stroh- und Lehmhütten sowie in Höhlen, verfallenen Zie-
geleien, zeltähnlichen Unterkünften, Grabstätten usw. Danach
waren 80,5% der *Familienoberhäupter* der "marginalisierten" Familien in den untersuchten Gebieten *ländlichen* Ursprungs[10].
Dieser Prozentsatz dürfte durch die starke Wellenbewegung der
Landflucht in den letzten Jahren vor dem Aufstand noch höher
gelegen haben. Die Entstehung mehrerer Elendsviertel in den
letzten Jahren allein in Teheran kann als Beleg für diese Aussage verstanden werden. 31,6% der befragten Familien stammten
aus der jeweiligen Umgebung, der Rest aus ländlichen Gebieten
anderer Provinzen. Obwohl 61,7% der Befragten seit mehr als 10
Jahren in derselben Stadt wohnten, waren die Städte nicht in
der Lage gewesen, diese Gruppe zu integrieren und sie mit den
notwendigen sozialen und ökonomischen Diensten zu versorgen,
viel weniger allerdings noch die durch eine neue massive Binnen-
wanderung in die Städte ziehenden Landflüchtigen der letzten
fünf Jahre. Somit war die Mehrheit dieser Menschen von vornherein
zur "Marginalisierung" verurteilt; insgesamt gehörten rund 80%
der Migranten zur Gruppe der "Marginalisierten". Von allen Befragten waren nur 63% *bäuerlichen* Ursprungs; da sie jedoch nach

ihrem zuletzt ausgeübten Beruf klassifiziert wurden, dürfte
der tatsächliche Prozentsatz weit höher gelegen haben, vor
allem bezüglich der massiven Migrationswelle der letzten fünf
Jahre vor dem Aufstand.

32% der "Marginalisierten" waren ehemalige Anteilbauern, die ein
traditionelles Anbaurecht beanspruchen konnten, durch die Landreform aber praktisch leer ausgegangen waren; 18,4% entstammten
der Schicht der kleinen Grundeigentümer, die der Konzentration
und Zentralisation des durch die Landreform kapitalisierten
Grundeigentums keinen wirksamen Widerstand hatten leisten können und damit ebenfalls enteignet wurden; 10,7% der Befragten
gehörten zur Schicht der khoshneshins. Die restlichen 37% gehörten den unteren Schichten der Arbeiterklasse an, waren aber -
wenn man sie nach den letzten von ihren Vätern ausgeübten Berufen klassifiziert - ebenfalls aller Wahrscheinlichkeit nach
bäuerlichen Ursprungs. Davon waren 17,1% ungelernte Arbeiter,
Bauarbeiter, Dienstpersonal und ähnliches, 1,8% "halbqualifizierte" Arbeiter, 13% Gewerbetreibende, kleine Händler und Makler - also in Berufen der traditionellen Kleinbourgeoisie tätig -, 4% andere und 1,4% unbestimmt.

Die überwiegende Mehrheit der "marginalen" Bevölkerung bestand
aus Analphabeten. So waren in Ahwaz nur 27% der über 7 Jahre alten Bevölkerung dieser Kategorie schriftkundig, während das
Verhältnis für die gesamte Bevölkerung dieser Stadt 55% betrug;
in Bandar-Abbas lag die Alphabetenquote der "Marginalisierten"
bei 24%, in Hamadan bei 32% und in Kermanshah bei 37%. In Busher
schließlich gehörten nur 11% der gesamten Alphabetisierten zum
"marginalen" Bevölkerungsteil. Auch die Erwerbstätigkeit der
"marginalisierten" Bevölkerung war niedriger als der Durchschnitt; sie lag bei nur 33%. Davon waren lediglich 30% beschäftigt, was bedeutete, daß in der Regel nur ein Beschäftigter die Versorgung einer drei- bis fünfköpfigen Familie bestritt.
56% waren als unqualifizierte Hilfsarbeiter tätig; etwa 21%
waren angelernte, d.h. "qualifizierte" und "halbqualifizierte"
Hilfsarbeiter, was jedoch nicht bedeutete, daß alle in ihrem
angelernten Beruf arbeiteten. So waren beispielsweise in Bandar-Abbas nur 47% der Beschäftigten in den Berufen tätig, die ihrer

Ausbildung entsprachen, 31% hingegen in ihren beruflichen Fähigkeiten fremden Berufen; 22% waren trotz "beruflicher Qualifikationen" arbeitslos[11]. 14% der beschäftigten "Marginalisierten" arbeiteten selbständig als fliegende Kleinhändler und kleine Gewerbetreibende, 1,3% als Dienstpersonal und einfache Beamte in der Verwaltung sowie 1,4% als Landarbeiter und Hirten. Die restlichen 6,1% waren Bettler und ähnliches. Dabei arbeiteten die Beschäftigten im Jahr durchschnittlich nur 7 bis 9 Monate. Lediglich 50% der Beschäftigten hatten einen Dauerjob, ein Drittel waren Gelegenheitsarbeiter und die restlichen 17% nur saisonal beschäftigt. Mithin sind sie als Sub- bzw. Lumpenproletariat mit allen entsprechenden sozio-kulturellen und politischen Eigenschaften, deren Erscheinungsform materielles und geistiges Elend sind, zu charakterisieren[12]. Ihre materielle Armut manifestierte sich in einem äußerst niedrigen Monatseinkommen, das bei mehr als der Hälfte der "marginalisierten" Familien durchschnittlich unter 3000 Rial lag. Etwa ein Drittel verfügte über 2000 bis 6000 Rial, vier Fünftel hatten ein unbestimmtes Monatseinkommen; nur wenigen standen monatlich mehr als 6000 Rial zur Verfügung[13]. Damit reichten die Monatseinkommen von mehr als der Hälfte dieser Familien etwa für den Erwerb von 1 kg Fleisch, 1 kg Reis und 1 kg Zucker. Allein um den Erwerb der minimalsten Subsistenzmittel zu sichern, waren daher 56% der "marginalisierten" Familien permanent verschuldet. Vergleicht man ihre Verschuldung mit ihrem monatlichen Durchschnittseinkommen, so lag jene in Bandar-Abbas siebenmal höher als ihr Monatseinkommen, in Kermanshah vier- bis fünfmal, in Busher viermal, in Ahwaz drei- bis viermal und in Hamadam mehr als einmal so hoch. Die Beschaffung von Lebensmitteln stellte somit ihr Hauptproblem dar, für das die Mehrzahl der Kredite verwendet wurde.

Die Armut der "Marginalisierten" manifestierte sich jedoch nicht nur materiell; kultureller Verfall war ein untrennbarer Bestandteil ihres Schicksals. Als *entwurzelte Individuen*, ohne eigene Identität, schwankten sie zwischen Religiosität und "Lumpanismus"[14] und verkörperten damit eine Einheit der sich scheinbar widersprechenden Gegensätze[15]. Diese Bevölkerungsteile, die nicht in die Industrie integriert werden konnten, wurden - falls überhaupt - durch Bazaris, Kleinhändler und Ladenbesitzer beschäftigt, für die sie als Lastenträger, fliegende Händler oder Tagelöhner arbeiteten. Die Moscheen und sonstige geistliche Institutionen mit ihren religiösen Veranstaltungen bildeten ihre sozialen Zufluchtsorte; auch die religiösen Wohlfahrtseinrichtungen mit ihrer an Festtagen kostenlosen Essensvergabe, welche durch die Bazaris und die wohlhabende traditionelle Kleinbourgeoisie finanziert wurden, übten eine starke Anziehungskraft auf die Marginalisierten aus. So standen das städtische Subproletariat und die traditionelle Kleinbourgeoisie sowohl im ökonomischen als auch im religiösen Bereich in enger Verbindung zueinander und teilten gleichermaßen soziale wie ökonomische Unsicherheiten und Ängste. Wurde der shi'itische Chiliasmus[16] zum Ausdruck ihrer enttäuschten Hoffnungen, so artikulierte sich ihre Machtlosigkeit im Revivalismus[17]. Diese beiden Momente machten sie zur erbitterten Massenbasis des Aufstandes, ohne daß sie dabei ein wirklich revolutionäres Potential darstellten; denn der bäuerlich-ländliche Ursprung der Mehrheit dieser Masse bestimmte weitgehend den Charakter, die ideologische Prägung und die Perspektive des Aufstands.

2.3.2.3. KHOMEINISMUS ALS IDEOLOGISCHE FORM DES CHILIASTISCHEN AKTIVISMUS DER MARGINALISIERTEN

Identifiziert man die *Marginalisierung* nicht nur mit einigen ihrer Erscheinungsformen wie Pauperismus oder Slumbildung, so ist eben in der Marginalisierung die Ursache der totalen Opposition der aktivistischen Geistlichkeit zu suchen. Gleichzeitig schafft sie eine *Schicksalsgemeinschaft* zwischen dem Klerus auf der einen, der zersetzten traditionellen Kleinbourgeoisie auf der anderen Seite, ebenso wie sie den verzweifelten gemeinsamen Haß gegen das Shah-Regime und den unerbittlichen Kampf hervorbringt, in dem die Geistlichkeit zur unanfechtbaren Führung des Aufstands avancierte. Die Geistlichen - als traditionelle Intellektuelle und Ideologen - sind mit der traditionellen Kleinbourgeoisie durch die Tatsache verbunden, daß ihre Tätigkeit im Sinne des sich durchsetzenden kapitalistischen Reproduktionszusammenhangs als *unproduktive Arbeit* an den Rand der bürgerlichen Gesellschaft gedrängt und immer stärker aus ihr ausgeschlossen wird; gesellschaftlich nicht mehr *notwendig*, kann sich ihre Arbeitskraft innerhalb einer sich kapitalisierenden Gesellschaft nicht mehr reproduzieren. Verdrängt also die sich durchsetzende kapitalistische Produktionsweise die traditionelle Reproduktionsweise mit ihren sozialen Trägern, den Parzellenbauern sowie den kleinen Handel- und Gewerbetreibenden, so verdrängt die damit einhergehende *Säkularisierung der Lebenszusammenhänge*, die in Form einer "Modernisierung" der Erziehung und Rechtsprechung auftritt, ihre traditionellen Träger, die Geistlichkeit, ebenso wie sie auch die materielle und finanzielle Grundlage ihrer Reproduktion zerstört.

So erscheint der zersetzten traditionellen Kleinbourgeoisie in all ihren Fraktionen der Untergang ihrer überkommenen Produktions- und Lebenszusammenhänge und die damit einhergehende Entstehung von entsprechenden neuen ideologischen Formen als apokalyptische Katastrophe, als Herrschaft des Bösen und des unmoralischen Lebenswandels. Sie rufen die eschatologische Hoffnung auf eine messianische Erlösung hervor, die personifiziert als Imam erscheint. Er ist der Stellvertreter des "entrückten" und wiederkehrenden zwölften Imam, des *Mahdi*, der das Paradies auf Erden in Form des idealen *theokratischen Staates* errichtet. Der Aufstand erscheint ihnen daher als Kampf für den Islam und die Revolution als islamische Revolution, die eine *Islamisierung aller Lebensbereiche* herbeiführen soll. Damit ist der Khomeinismus - als *Paria-Ideologie* und adäquate Form der Konfliktlösung der Marginalisierten - das *Selbstbewußtsein* und das *Selbstgefühl* der Menschen, die sich noch nicht erworben oder schon wieder verloren haben[1].

Der Pauper ist der Prototyp dieses Menschen, weil er von *jeder produktiven Tätigkeit* ausgeschlossen ist. Während die frei bewußte Tätigkeit der Gattungscharakter des Menschen ist, kann er selbst in der Arbeit, im *produktiven Leben* kein Mittel zur Befriedigung des Bedürfnisses nach Erhaltung der physischen Existenz erblicken[2]; er verfügt nicht einmal über das Bewußtsein des entfremdeten Arbeiters, des Lohnarbeiters, dem allein das Kapital als die ihn beherrschende fremde Macht erscheint. Der Pauper hingegen betrachtet die ganze bürgerliche Gesellschaft als eine solche Macht, die ihn ausschließt und seinen *Manichäismus* konstituiert. Objektlos kann er sich als Subjekt nicht vergegenständlichen, was zu einer permanenten Identitätsdiffusion führt. Als Ausdruck seiner "Nichtigkeit" bringt er den "Gottmenschen" als Surrogat seiner Identität hervor.

Ebenso marginalisiert, sind auch die Mitglieder der im Zersetzungsprozeß befindlichen traditionellen Kleinbourgeoisie Prototypen des Menschen, der sich selbst noch nicht erworben hat. Dabei liegen aber die Ursachen ihrer Identitätsdiffusion in ihrer spezifischen aktuellen Situation begründet. Obgleich Produzent von Waren, sind sie doch weder der Kategorie der produktiven noch der unproduktiven Arbeiter zuzurechnen, da ihre Produktion nicht unter die kapitalistische Produktionsweise subsumiert ist[3]. Die Identitätskrise der traditionellen Kleinbourgeoisie wird mithin durch ihre sich in dieser Gesellschaft reproduzierende *gespaltene Lage* hervorgerufen, die als Zersetzungsprozeß der traditionellen Kleinbourgeoisie charakterisiert worden ist. Der Parzellenbauer oder der kleine Handwerker wird quasi in zwei Personen gespalten; er verkörpert die Einheit der Gegensätze, den Widerspruch der bürgerlichen Gesellschaft in einer Person: als Besitzer der Produktionsmittel ist er Kapitalist, als Arbeiter sein eigener Lohnarbeiter[4]. Da die Produktionsmittel jedoch nur dann Kapital werden, wenn sie als selbständige Macht der Arbeit gegenüberstehen, *sind sie hier nicht Kapital, so wenig er ihnen gegenüber Lohnarbeiter ist.* Dennoch werden sie als Kapital verstanden, so daß der Kleinbourgeois *in sich selbst gespalten* ist, da er als Kapitalist sich selbst als Lohnarbeiter einsetzt[5].

Der Zersetzungsprozeß der traditionellen Kleinbourgeoisie als Aufhebung einer widersprüchlichen Einheit im Reproduktionsprozeß des Kapitals, die zu ihrer *Trennung* von den Produktionsmitteln führt, erscheint ihr als die sich wiederholende Apokalypse und verstärkt die eschatologisch-mahdistischen Erwartungen, die auf eine "Verwirklichung" des idealen Staates zielen - mit dem "Gottmenschen" an der Spitze. Die qualvolle Existenz als Einheit der Widersprüche ruft die Vorstellung vom "vollkommenen Menschen" - dem "Gottmenschen" - in Form eines monistischen Mythos vom "Urmenschen" hervor, der im irdischen Stoff versinkt, sich aber nach *Erlösung* sehnt und diese schließlich in der Rückkehr zu einer göttlichen Urquelle findet, und zwar im Sinne einer Entstehung der Welt in einer "Reihe von Stufen". Diese Stufen der Selbstentäußerung Gottes führen, in einem absteigenden Prozeß durchlaufen - von der reinen und abstrakten Ur-Einheit des Göttlichen zur Mannigfaltigkeit der Individuen und finden ihre Entsprechung in der Vorstellung von einem *rückläufigen* Prozeß, der sich im Bewußtsein eben des "vollkommenen Menschen" vollzieht; in ihm werden die aufsteigenden Stufen von der Vielheit der Individuen bis zur göttlichen Einheit *rückwärts* durchmessen. Der "vollkommene Mensch" ist also derjenige, der den Weg zur Vereinigung mit seinem göttlichen Urbild gegangen ist: es ist der "Imam". Als Ebenbild Gottes und Urbild der Schöpfung vereinigt er in sich die schöpferischen und die geschöpften Seiten der göttlichen Essenz. Indem er die Einheit von Gedanken und Dingen manifestiert, vereinigt er den einzigen Schöpfer mit der Mannigfaltigkeit der Schöpfung. Damit ist der "vollkommene Mensch" die Achse, um die die Sphären der Existenz rotieren, der makrokosmische Pol allen Lebens, durch den Gott das Bestehen des Weltalls aufrechterhält. Er heißt *al-Mahdi* und *al-khatam* (das Siegel), ist Gottes Stellvertreter, *unterwirft die Welt seiner Macht und äußert seinen Willen durch seine Gewalt*[6]. Bis zur Rückkehr des Mahdi kann nur ein "gerechter Schriftgelehrter" diese Funktion des stellvertretenden Imam übernehmen. Ihm obliegen alle Angelegenheiten der Moslems, da sie unmündig seien; letztere haben allein die Aufgabe, dem Schriftgelehrten zu gehorchen, denn nur er vertritt das *Gesetz*, welches als Gesetz Gottes einen überzeitlichen und universellen Anspruch darstellt[6a].

Damit wird die Identitätskrise der zersetzten traditionellen Kleinbourgeoisie nicht nur in der Verkörperung des "Gottmenschen", des "Imam", aufgehoben, sondern die Kleinbourgeoisie versucht gleichermaßen, die sich als kapitalistischer Produktionsprozeß durchsetzende Zeit als die zum Gesetz erhobene Tendenz der Aufhebung ihrer eigenen widersprüchlichen Einheit durch das *statische Weltgesetz* zu substituieren. Ihr Wunsch, das Bestehende zu konservieren, wird zum göttlichen Gesetz, das der "gerechte Schriftgelehrte" verkörpert und das die Zeit aufhebt, um die sich als Weltmarkt dynamisch durchsetzende Universalgeschichte durch das statische Weltgesetz zu ersetzen.

Daher wäre es verfehlt, der Geistlichkeit zu unterstellen, sie hätte die marginalisierten sozialen Gruppen, die *mustazafin* (die Entrechteten, die Schwachen) für die Durchsetzung ihrer traditionellen absoluten Machtansprüche im Staat instrumentalisiert, indem sie die herrschenden sozialen Konflikte im Sinne des Islam rationalisierte. Vielmehr stellt der Khomeinismus auch für die marginalisierten Geistlichen, die sich als traditionelle Intellektuelle zu erhalten versuchen, die entsprechende Form der Konfliktlösung dar. Mit Khomeini bringen die Marginalisierten als *"Paria"* ihren Ideologen hervor, der mit ihnen die Erfahrung der Entwurzelung teilt[7] und den *chiliastischen Aktivismus* verkörpert, seit er 1963 mit seinen öffentlichen Polemiken gegen den Shah plötzlich bekannt wurde. Obwohl man ihn erst in die Türkei abschob, von wo aus er später in den Irak exilierte, um dort fünfzehn Jahre seines Lebens in strenger Isolation zu verbringen, verfügte seine shi'itisch-chiliastische Bewegung im ganzen Land über ein Netz, das die materielle Grundlage seiner künftigen Macht darstellte.

In der shi'itischen Gemeinschaft existieren rund 600 000 *"seyjed"*, das sind Personen, die als Nachfahren der Familie des Propheten gelten, sowie etwa 500 000 *"mirza"*, d.h. "halbe" seyjed über die Linie ihrer Mütter; außerdem 180 000 *mullah*, die in mehrere Kategorien gegliedert sind, wenngleich man aufgrund der Struktur der religiösen Einrichtungen kaum von einer "Hierarchie" oder einer pyramidalen Organisation sprechen kann. Die 80 000 Moscheen, Heiligtümer und anderen Kultstätten werden von je einem *khadem* (Diener) verwaltet, der jedoch nicht notwendigerweise ein Geistlicher sein muß; den berühmteren Heiligtümern, beispielsweise denen der zwei heiligen Städte Ghom und Mashad steht ein *motawali* (Wächter) vor. War dieser ursprünglich ein Geistlicher, so ernannte sich Reza Shah nach einem Handstreich selbst zum motawali der Moschee von Imam Reza in Mashad. Auch sein Sohn übte diese Funktion formal aus, delegierte jedoch seine Macht an den jeweiligen Gouverneur der Provinz, der sich schamlos an den vorhandenen Geldern bereicherte. Dem motawali steht bei seinen Aufgaben ein Stab von mehreren hundert Personen zur Seite, an ihrer Spitze die *rozekhan* (Sänger im Garten), die vom Martyrium Hoseyns, des dritten Imam, berichten; die gebildeten Gehilfen tragen den Titel *wa'ez* (Prediger) und sprechen über verschiedene Aspekte der Religion und andere Themen; ihnen stehen die *pishnamaz* (Leiter des Gebetes) vor; die bedeutendsten unter ihnen sind die *imam djom'eh* (Vorbeter während des Freitagsgebetes) und die Theologiedoktoren *hodjat-e islam* (Beweise des Islam). Sie unterrichteten ca. 60 000 Studenten in 300 religiösen Einrichtungen, deren bedeutendste sich in Ghom, Mashad, Teheran und Nadjaf im Irak befinden. Jedes dieser Zentren verfügt mindestens über einen besonders berühmten Theologen mit dem Ehrennamen *Ajatollah* (Zeichen oder Vers Gottes), deren Zahl weltweit etwa 1200 beträgt. Sie erfüllen eine dreifache Funktion: sie lehren, sind die Autoritäten in religiösen Fragen und werden in dieser Eigenschaft von den Gläubigen konsultiert; in ihrem Namen werden die Zeremonien gefeiert, an sie gehen alle Spenden der Gläubigen. Diese Praxis verbindet sie einerseits direkt mit der Gemeinde, deren Wünsche und Besorgnisse sie artikulieren, andererseits verfügen sie dergestalt - anders als im sunitischen Islam, wo die Geistlichen häufig vom Staat finanziert werden - über ein hohes Maß an Unabhängigkeit gegenüber der Staatsgewalt. Zwar variiert die Höhe der Spenden, nach Schätzungen betragen sie jedoch jährlich zwischen 20 und 40 Mill. Dollar; 1978 soll allein Ajatollah Khomeini 25 Mill. Dollar erhalten haben[8]. Diese Gelder dienen dem Unterhalt der Moscheen und Heiligtümer, der Finanzierung der Schulen, Waisenhäuser und anderer Institutionen. Jeder Ajatollah verfügt über eine eigene Anhängergruppe, einige unter ihnen besitzen jedoch eine nationale oder sogar internationale Klientel.

Nach der zwölfer-shi'itischen Lehre soll bis zur Rückkehr des letzten Imam die Gemeinde vom besten Gelehrten des islamischen Gesetzes geleitet und beraten werden. Die Bestimmung dieses Führers erfolgt durch allgemeinen Konsens und zieht eine Reihe von Faktoren in Betracht: das Alter, die Frömmigkeit, das Wissen sowie die Fähigkeiten des Betreffenden, *die Bedürfnisse und Wünsche des Volkes auszudrücken*. Vor allem letzteres Kriterium bewog 1963 die zehn Großajatollahs, Khomeini die oberste Autorität zuzusprechen , um ihn gegenüber einer unstandesgemäßen Verfolgung nach den blutig niedergeschlagenen Unruhen unter seiner Führung zu schützen. Mithin verdankt er seine religiöse Vormachtstellung nicht außergewöhnlichen philosophischen und theologischen Kenntnissen und Fähigkeiten oder seinen ethischen Vorstellungen, sondern allein seinem shi'itisch-chiliastischen Aktivismus. Denn dieser verkörperte die immer stärker werdende Tendenz in einer Zeit der "Usurpation" der Macht durch den Shah, welcher sich selbst zur "ersten Person des Staates" erklärt hatte, und der damit einhergehenden Einschränkung sowohl der sozialen und politischen Tätigkeit der Geistlichen als auch der "Grundlagen des Islam". Diese "Usurpation" mußte den Aktivismus der marginalisierten und stigmatisierten Geistlichkeit provozieren, die gemäß der Tradition der Shi'ah die *absolute Machtposition im Staat* beanspruchte und die weltliche Herrschaft nur so lange *duldete*, wie sie die islamische Lebensweise nicht tangierte.

Da der Islam keine hierarchisch strukturierte Kirche, sondern eine Theokratie als Religionsgemeinschaft darstellt, muß das ideale Staatsgebilde der Zwölfer-Shi'ah ein irdischer Abglanz des "göttlichen Gesetzes" sein. Entsprechend der *kosmischen Gültigkeit* dieses Gesetzes läßt sich ein solches Ideal politisch nur als Weltreich realisieren, das keine Polarität zwischen Staat und Religion kennt. Dieses Streben nach dem

Idealzustand und der Verwirklichung des statischen Weltgesetzes drückt sich im Streben nach dem "goldenen Zeitalter des Islam" aus, der Zeit also des Propheten Mohammad und der ersten vier "rechtgeleiteten" Kalifen. Da sich jedoch die politische Realität immer weiter von ihrem Urbild, dem "ewigen göttlichen Gesetz" entfernte, wurde der *quietistische* Ausgleich zwischen der historisch gewordenen Wirklichkeit und dem Weltbild Gottes in Form einer mahdistisch eintretenden Weltkatastrophe erwartet[9].

Khomeini hingegen lehnt das *passive Warten* ab. Bereits im irakischen Exil forderte er die Shi'iten zur *direkten Aktion* auf und wandte sich gegen das Shah-Regime, indem er das traditionelle zentrale *quietistische Motiv* der Shi'ah infrage stellte: "*Seit Beginn der kleinen Verborgenheit sind tausend und einige hundert Jahre vergangen. Es besteht die Möglichkeit, daß noch hunderttausend Jahre vergehen und Seine Heiligkeit noch nicht zurückkehrt.* Sollen die Gesetze des Islam für so lange Zeit nicht angewendet werden? Darf jeder tun, was er will? Darf ein *Chaos* entstehen? Waren die Gesetze, deren Darlegung, Propagierung, Verbreitung und Durchsetzung den Propheten dreiundzwanzig Jahre harte Arbeit kosteten, nur für eine begrenzte Zeit gedacht? Hatte Gott die Anwendung seiner Gesetze auf zweihundert Jahre beschränkt? Und hat der Islam nach dem Beginn der kleinen Verborgenheit auf all seine Prinzipien verzichtet?"[10] Indem er so die *Aufbruchsbereitschaft* der Marginalisierten zur "Erlangung eines heißersehnten paradiesischen Glückszustandes auf Erden" anspricht, erhebt er sich zum *charismatischen Führer* einer *chiliastisch-aktivistischen* Bewegung, deren Träger sich über ihn miteinander identifizieren und im massenpsychologischen Sinne die Masse des Aufstands konstituieren: als "eine Anzahl von Individuen, die ein und dasselbe Objekt an die Stelle ihres Ich-Ideals gesetzt und sich infolgedessen in ihrem Ich miteinander identifiziert haben"[11].

Mit seiner Doktrin begründet Khomeini die Ideologie der Marginalisierten als *"Paria"*[12], die zur eigentlichen Elite erklärt werden   ; seine Weissagung von einer bevorstehenden glücklichen Zukunft entfesselt die *eschatologischen Hoffnungen* seiner Anhänger, die ihn zum *Imam* krönen: "Seid zuversichtlich, denkt nicht, daß es unmöglich ist, das Regime zu stürzen und einen islamischen Staat zu gründen. Ihr seid ja nicht unfähiger als die anderen. Wenn unsere Aktivitäten selbst für die nächste Generation fruchten sollen, müssen sie verfolgt werden. Wenn ihr das Regime gestürzt habt, werdet ihr auch in der Lage sein, einen Staatsapparat aufzubauen"[13]. Indem er von einem "Weltplan" ausgeht, der den früher oder später eintretenden Sieg der *mustazafin* zur unumstößlichen Wahrheit erklärt, weil Gott sie zu den Herren der Welt auserkoren hat[14], wird er zur Inkarnation der eschatologischen Hoffnungen der Marginalisierten.

Khomeinis Lehre ist wesentlich bestimmt durch eine vehemente Ablehnung jeglichen fremden, insbesondere westlichen Einflusses, sei es im politischen oder im kulturellen Bereich. Mit dieser Haltung gegenüber dem Kulturimperialismus, der seine eigene Fühl- und Denkweise ebenso prägte wie die der Marginalisierten spricht er den *Nativismus*[15] seiner Anhänger an, der sich in der Forderung *"Weder östlich noch westlich - islamisch!"* artikuliert und den Khomeinismus zur dominanten Ideologie des Aufstands erhebt. Der Islam als Inbegriff der absoluten Wahrheit, Gerechtigkeit, Freiheit und generell alles Guten wird damit zur Matrix eines *übersteigerten Selbstwertgefühls* der Marginalisierten. Seine Überlegenheit wird bereits an seinem höheren Alter deutlich, denn er war längst da, "als im Westen Stille herrschte und seine Bewohner im Zustand der Wildheit lebten, und als Amerika das Land wilder Rothäute war; als zwei große Reiche (nämlich das iranische und das (ost-)römische) der Despotie, der Aristokratie, dem Nepotismus und der Herrschaft der Mächtigen unterworfen waren und kein Zeichen der Macht des Volkes und der Herrschaft des Gesetzes vorhanden war, hat Gott, der Allmächtige, durch den hochedlen Propheten - Gott segne ihn und seine Nachkommen und gebe ihm Frieden! - Gesetze verkündet, deren Größe den Menschen in Erstaunen versetzt. Für alle Angelegenheiten hat der Islam Gesetze und Vorschriften"[16].

Jedoch nicht nur für die Vergangenheit, sondern auch für die Gegenwart leugnet er die Existenz jeglicher "Zivilisation" und "Freiheit" im Westen und erklärt alle dahingehenden Behauptungen zu einer bloßen "Lüge"; selbst wenn der Westen auf dem Mars landen würde, nütze ihm das nichts, denn er habe keine Moral[17]. Alle zivilisatorischen Einrichtungen wie Parlamente oder UNO seien durch die Mächtigen mit dem einzigen Ziel gemacht worden, die Unterdrückten zu betrügen und weiter auszubeuten. "Laßt euch von ihnen nicht hinters Licht führen, laßt euch weder vom Osten noch vom Westen beeinflussen, und richtet euch nach dem Islam"[18]. Damit erklärt er die "Paria" zu moralisch überlegenen Menschen und sich selbst als Verkörperung ihres Nativismus zur Inkarnation aller Tugenden.

Als grundlegende Ursache für Leid und alle Verderbnis des islamischen Menschen betrachtet er die Einführung der nach europäischem Vorbild gestalteten Staatsverfassung von 1906; ihre Anhänger beschimpft er als willenlose Objekte der Kolonialisten, als würde- und substanzlose Menschen, die vom Glanz der westlichen Zivilisation verblendet seien. Seiner Meinung nach beinhaltet der Islam als das traditionelle Gesetz des Landes alle Regelungen, die für ein zufriedenes und glückliches Leben erforderlich sind; daher könne man auf die Einführung ausländischer Gesetze verzichten. "In diesem globalen Rechtswerk findet man alles, was man braucht: angefangen von der Verhaltensweise gegenüber den Nachbarn, den Nachkommen, den Stämmen, den Verwandten, den Mitbürgern, von persönlichen Angelegenheiten und dem Eheleben bis zu Bestimmungen über Frieden und Krieg, Beziehungen zu anderen Nationen, von strafrechtlichen Bestimmungen zu rechtlichen Festlegungen für Handel, Industrie und Landwirtschaft. Es gibt Gesetze für die Zeit vor der Heirat und für das Embryonalstadium: es wird festgelegt, wie die Eheschließung vor sich gehen und wie man sich während der Schwangerschaft ernähren soll, welche Aufgaben die Eltern während des Säuglingsalters des Kindes haben, wie das Kind erzogen werden muß, wie sich die Ehepartner zueinander und dem Kind gegenüber verhalten sollen. Es gibt Gesetze und Festlegungen für alle diese Etappen"[19].

So spricht Khomeini, indem er die sich seit der konstitutionellen Revolution massiv durchsetzende Europäisierung der Lebenszusammenhänge zur Inkarnation des Teufels und zum Machwerk der Juden und Kolonialisten erklärt, die Enttäuschung der Marginalisierten über das Ausbleiben eines besseren Lebens an. War es jedoch 1963 erst eine kleine Gruppe von Fanatikern, die seiner Auffassung folgte, so findet er 1977/78 durch die massive Verwestlichung aller Lebensbereiche eine breite Anhängerschaft[20]. Er artikuliert das dumpfe Gefühl seiner Anhänger, wenn er alle Modernisierungsversuche von Staat, Gesellschaft und Wirtschaft eine Anbiederung an den ausländischen Feind nennt, der "beabsichtigt, uns in Rückständigkeit zu halten, (...) um so unser Kapital, unsere Bodenschätze, unsere Ressourcen, unseren Boden und unsere Arbeitskräfte ausbeuten zu können"[21]. Nicht allein die ausländischen Mächte betrachtet er dabei als Feinde, sondern vor allem die "Modernisten" als deren Helfershelfer im Lande, die er beschuldigt, "den materiellen Fortschritt der Kolonialisten" anzubeten[22] und sich von deren Reichtum und luxuriösem Leben nervös machen zu lassen[23]. Vor allem Frauenemanzipation bringe Verderbnis über die Gesellschaft, so wie Musik, Tanz und Alkohol die Jugend vom Denken fernhalte und sie zum willenlosen Instrument der Kolonialisten mache[24]. In der Ausrichtung des Regimes auf "europäisches" Benehmen, "europäische" Kleidung, "europäisches" Denken und den Kauf "europäischer" Erzeugnisse sieht er einen wesentlichen Grund für die Rückständigkeit der Moslems[25]. Indem er also den Marginalisierten die Rückkehr zu den Urquellen des Islam empfiehlt, zeigt er den ihnen verständlichen Weg zu ihrem eigenen Selbst und damit zur Erlösung auf: die Moslems müßten wissen, daß sie selbst eine *Kultur* und eine *Würde* hätten, sie müßten *sich selbst finden und sich selbst begreifen*[26].

Die Grundgedanken seiner Doktrin von der Notwendigkeit einer
"Herrschaft der Rechtsgelehrten" (welajat-e faghih), die auf
den religionsgeschichtlichen Legitimationszusammenhang der
Shi'ah gestützt sind, sollen 1944 durch die Auseinandersetzung
mit der Modernisierungspolitik Reza Shahs entstanden sein.
Schon damals war Khomeini ein entschiedener Gegner aller westlichen Einflüsse . Bereits in der Gründung von säkularen
Schulen, die von modernen Lehrern betrieben werden, sieht er
einen Kulturverfall: "Zuerst gründete man irgendwo eine Schule.
Wir sagten nichts. Wir waren nachlässig. Auch Männer unseresgleichen zeigten sich nachlässig; sie versäumten es, die Gründung von Schulen überhaupt zu verhindern, und deren Zahl wuchs
allmählich. Schaut euch um! Ihre Propagandisten sind jetzt in
alle Dörfer und Ortschaften eingedrungen und machen unsere
Kinder zu Nazarenern oder gar zu Ungläubigen"[27]. Indem er so
alles Nicht-Islamische, also jegliche politische, ökonomische,
soziale und vor allem kulturelle Veränderung der letzten 150
Jahre als Inbegriff der absoluten Unwahrheit, Ungerechtigkeit,
Unfreiheit, generell alles *Bösen* versteht, verteufelt Khomeini
die bestehende Staatsordnung und erklärt deren Repräsentanten
zu *"taghut"* (Götzen).

Damit fordert er die Marginalisierten als Opfer dieser Ordnung zur Niederwerfung der säkularen Herrschaft auf, die nach
shi'itischer Tradition ein "Unrecht" darstellt, weil "jede unislamische politische Ordnung eine polytheistische (ungläubige
und daher illegitime) Ordnung ist"[28]; die Duldung einer solchen
Ordnung bedeute"nichts anderes, als die politische Ordnung des
Islam (zu) ignorieren"[29], zumal die herrschenden Existenzbedingungen den "Boden für die Verderbnis"[30] auf Erden schafften.
Dabei handelten die säkularen Herrscher völlig eigenmächtig
und spielten mit dem Leben und Eigentum der Menschen[31]. In den
monarchistisch regierten Staaten existierte eine Reihe "von
großen Palästen, pompösen Gebäuden, Gefolge und Dienern", von
persönlichen Sekretariaten, Sekretariaten des Kornprinzen "und
von anderen Dingen, die die Hälfte der Staatskasse und mehr in
Anspruch nehmen"[32]. Derartigen irdischen Institutionen dürfe
aber kein Gehorsam geschenkt werden, im Gegenteil, "wir sind
verpflichtet, die Spuren des Polytheismus in der Gesellschaft

und im Leben der Moslems zu beseitigen und zu vernichten"[33], kurzum: "Es ist die Verderbtheit auf der Erde, die ausgerottet werden muß und deren Stifter bestraft werden müssen"[34]. Vor allem der Klerus soll, wann und wo immer er dazu Gelegenheit hat, der "polytheistischen" Ordnung des Shah-Regimes ein Ende bereiten. "Wie können wir zusehen, daß einige Verräter und Kollaborateure mit Hilfe von Bajonetten die Arbeitserträge der Moslems ausplündern und ihnen nicht einmal das Existenzminimum lassen"[35]. Damit wird für Khomeini der Kampf gegen die säkularen Herrscher zur religiösen Pflicht, während er gleichzeitig die quietistischen Geistlichen der religiösen Zentren angreift, sie der Zusammenarbeit mit dem Feind bezichtigt und seine Anhänger auffordert, auch diese aus dem Weg zu räumen[36].

Im Gegensatz zur ungerechten und "illegitimen" Herrschaft des Shah kann nach Khomeini das "göttliche Gesetz" nur durch Menschen realisiert werden, die über religiöse Kenntnisse verfügen, gerecht und nicht auf ihren Vorteil bedacht sind[37]. Das trifft allein auf die Rechtsgelehrten zu, die einzigen, die neben den Propheten und den Imamen dazu in der Lage sind. Sie sollen, entsprechend dem Konzept der Herrschaft der Rechtsgelehrten, das Gesetz so anwenden, daß das Volk zu seinem Glück angeleitet wird; denn die Menschen brauchen einen "weisen Vormund": "Der Vormund des Volkes unterscheidet sich nicht in seiner Aufgabe von dem Vormund eines Unmündigen"[38]. Bedürfen die Menschen der geistlichen Anleitung, die sie zum "Heil" führt, so steht dabei jedoch nicht das Prinzip von Gleichheit und Brüderlichkeit im Vordergrund, sondern die menschliche "Unvollkommenheit". "Wir sehen, daß die Menschen Fehler haben; sie bedürfen der Vollkommenheit, da sie unvollkommen sind. Außerdem sind sie unter sich zerstritten, sie haben unterschiedliche Wünsche und Neigungen. Wenn Gott keine Hüter für Ordnung und Gesetz und keine Wächter für das Erbe des Propheten eingesetzt hätte, wären die Menschen (...) verkommen; die Verordnungen, Gesetze, Traditionen und Bestimmungen des Islam wären entartet; der Glaube und sein Inhalt wäre Veränderungen unterlegen gewesen, die zur Verderbnis der Menschen und der ganzen Menschheit geführt hätten"[39].

Schließen also die islamischen Gesetze, die als perfekt und
ewig gelten und die Geschwächten und Hungrigen vor ungerechter
Herrschaft schützen sollen, was durch ihren göttlichen Ursprung
gegeben ist[40], jede andere Quelle des *Heils* aus, garantieren
aber gleichzeitig bei strikter Einhaltung die Erlangung des
Paradieses auf Erden, so avanciert der Schriftgelehrte als
Anwalt der Armen und Geschwächten zum *"Heilbringer"*, der das
Volk aus der Unvollkommenheit befreit, während *Gott zum Subjekt
der Revolution* [41] erklärt wird. Die Ablehnung der bestehenden
Verhältnisse, die den Marginalisierten ausschließen, artikuliert sich positiv im Wunsch nach Integration, die in der künftigen *egalitären Gemeinde als Integralismus* realisiert ist. So
bringt die *Verkehrung* der bestehenden Verhältnisse einen Primat
der Gemeinde hervor, an deren Spitze der "Schriftgelehrte"
jegliches soziale Verhalten des Einzelnen gegenüber der Gesamtheit regulieren und das Eindringen Außenstehender verhindern
soll. Daher schreibt diese ideale Gemeinschaft eine Ganzheit
des ökonomischen, sozialen, kulturellen, politischen und religiösen Zusammenhangs vor. Diesen Wunsch der Marginalisierten
nach Integralismus spricht Khomeini an, wenn er als Ziel einer
islamischen Ordnung auf der Grundlage der heiligen Gesetze die
Errichtung einer gerechten Gesellschaftsordnung propagiert:
"Das Ziel der Mission des Propheten generell besteht darin, die
Menschen auf der Basis von gerechten gesellschaftlichen Verhältnissen zu organisieren und ihre Würde zu gewährleisten.
Die Erfüllung dieser Aufgabe erfordert die Übernahme der Macht
und die Durchführung der islamischen Gesetze"[42].

Die islamischen Gesetze und der islamische Führer, der dieses Gesetz verkörpert, sorgen also für ein geordnetes gemeinschaftliches Leben. Alle Mitglieder der Gemeinschaft stehen
unter dem Schutz dieser Gesetze: "Das Volk und die Moslems
sind im Rahmen der religiösen Vorschriften frei, d.h. wenn sie
sich an die Vorschriften des Islams halten, darf sie niemand
belästigen. Solche Dinge stehen nicht zur Debatte. Die Menschen
sind frei. So ist die Regierung der islamischen Gerechtigkeit.
Sie ist nicht wie die Regierungen, die den Menschen die Sicherheit nehmen, unter denen jeder in seinem Haus zittert und
auf ein Unglück wartet"[43]. Um den Menschen diese Sicherheit

zu geben, muß jedoch zunächst die gesamte Macht in einer Hand konzentriert werden, müssen Religion, Politik, Recht, Wirtschaft, Kultur, Militär, alle Lebensbereiche zusammengeführt werden. Die Bevölkerung ist ihrem Führer gegenüber zu absolutem Gehorsam verpflichtet; unter dessen Aufsicht werden in der Moschee alle Belange der Moslems geregelt[44]. Damit sind die Schriftgelehrten "für alle Fragen der Moslems zuständig, für die Staatsführung, die Regelung verschiedener Angelegenheiten der Moslems, die Erziehung und die Verwendung öffentlicher Einnahmen. Jeder, der sich ihnen widersetzt, wird von Gott zur Rechenschaft gezogen"[45]. Somit könne das Glück und die Vollkommenheit der Menschen nur durch Anleitung und Unterordnung erreicht werden. Wer die islamische Erziehung zur Unterordnung nicht genossen habe, werde selbst zur Ursache des Verderbens und des Verfalls[46]. Der "Individualismus" sei also der größte Fehler der Menschen, der sie zu allem Bösen befähige; denn der Mensch an sich neige zum Bösen[47].

Indem Khomeini betont, daß der Mensch im Endeffekt nur für Gott lebe und kämpfe, spricht er das Gefühl der *apokalyptischen Weltabgeschiedenheit* der praktisch ausgeschlossenen und am Rande der Gesellschaft nur geduldeten Marginalisierten und Stigmatisierten an, für die erst der Tod die Erlösung bzw. die reale Voraussetzung für ihre Emanzipation darstellt. Das Ziel des menschlichen Einsatzes liege demnach nicht in äußeren Dingen wie beispielsweise Besitz, sondern nur in der inneren Einstellung. "Es kann jemand sein, der nichts hat und auch nicht an Gott denkt; umgekehrt kann es jemanden geben, der ein großes Haus besitzt, aber an Gott denkt"[48]. Da nun alles für Gott ist, bedeuten alle menschlichen Handlungen eine "Pflicht", die erfüllt werden muß, ohne deren Vor- oder Nachteile zu bedenken[49]. Aus dieser Sicht wird die *Opferbereitschaft* an sich zur erstrebenswerten Handlung, unabhängig von ihrem Ausgang. "Ihr seid Sieger, ihr seid materiell und immateriell Sieger, ihr seid durch die ganze Geschichte Sieger und die Stütze des Sieges der Geschwächten der Welt. Ihr, die ihr mit offenen Armen zu Gott geht und den Märtyrertod wählt, seid Sieger. Ihr seid Sieger, ob ihr im Kampf siegt oder besiegt werdet"[50].

Nicht also durch die "rein instrumentelle Rolle des Islam für den Islamisten"[51] kann Khomeini seine Führungsrolle und die "Schriftgelehrten-Herrschaft" durchsetzen; vielmehr entsteht der "Gottesstaat" durch die Selbstentäußerung der Marginalisierten, die zu "Islamisten" werden. Denn indem die Menschen sich entäußern, bringen sie die Religion - als Bestätigung ihres entäußerten menschlichen Selbstbewußtseins[52] - hervor; diese Entäußerung erscheint ihnen als die stufenweise Selbstentäußerung Gottes bis hinab zur Mannigfaltigkeit der Individuen[53]. Daher suchen die Menschen, je mehr sie *sich selbst* entäußern, umso stärker ihr Wesen in einem Unwesen; je mehr sie in Gott setzen, desto weniger behalten sie in sich selbst, umso ärmer werden sie in ihrer inneren Welt[54]. Eine solche Verelendung ist die geistige Voraussetzung der "Schriftgelehrten-Herrschaft" Khomeinis, an deren Spitze der "Gottmensch" steht, welcher seine "göttliche Herrschaft" durch die "Fehlbarkeit", "Unmündigkeit", "Unwissenheit" und "Unvollkommenheit" der Menschen legitimiert[55]. Somit entsteht die "Herrschaft der Schriftgelehrten" als die *höchste Form der menschlichen Selbstentfremdung*. Als Hierokratie verkörpert sie gleichermaßen ein Höchstmaß an politischer wie auch an religiöser Entfremdung: denn ist das Wesen des Staates ebenso wie das der Religion die *Angst* des Menschen vor sich selbst[56], so erreicht die Angst im "Gottesstaat" ihren höchsten Grad, während die Ausgeburt der menschlichen Phantasie sich dem Menschen gegenüber zu der fremden und ihn beherrschenden Macht der "Schriftgelehrten" erhebt. Damit verkörpert sich im Imam die totale Selbstentäußerung des Menschen, die ihm als eine *absolute Macht* gegenübertritt. Erst wenn der "Imam" solchermaßen als das Selbstbewußtsein und Selbstgefühl jener Menschen erscheint, die sich nach einer "*plötzlichen* Bekehrung" entschließen, das rigoros zu akzeptieren, was sie für die Prinzipien des islamischen Gesetzes halten, kann der "islamische Staat" als "soziales Projekt" zur Begleiterscheinung des "individuellen Projekts" - als Schöpfung eines positiven Selbstbildes [57] - werden.

2.3.2.4. DER BÄUERLICHE CHARAKTER UND DIE FORMELLE SUBSUMTION DES GRÖSSTEN TEILS DER ARBEITER UNTER DAS KAPITAL ALS MATERIELLE GRUNDLAGE IHRER KHOMEINISTISCHEN ORIENTIERUNG

Versteht man unter "Proletariat" den Lohnarbeiter, der Kapital produziert und verwertet und völlig von den Verwertungsbedürfnissen des Kapitals abhängig ist, da er selbst keinerlei Produktionsmittel besitzt[1], so ist zu berücksichtigen, daß sich die *Arbeiterklasse Irans* aus einem verhältnismäßig kleinen Industrieproletariat und einer breiten Masse von Arbeitern zusammensetzte, die in den verschiedenen Arten von Kleinbetrieben als Tagelöhner beschäftigt waren, sich jedoch nur in geringem Maße von ihrer meist bäuerlichen Herkunft gelöst hatten. Diese Struktur bestimmte im wesentlichen die Lage, die Ideologie und die politische Haltung der iranischen Arbeiterklasse.

Um zu ungefähren zahlenmäßigen Angaben über ihre Größe zu kommen, soll von den 8,8 Mill. Erwerbstätigen im Jahre 1976 ausgegangen werden. 4,735 Mill. von ihnen, d.h. 53,9%, waren als staatliche oder private Lohn- und Gehaltsempfänger beschäftigt (vgl. Tab. 49). Unterstellt man, daß alle Beschäftigten mit einem höheren bzw. Hochschulabschluß zur Kategorie der Gehaltsempfänger gehörten, so stellten sie mit 1,177 Mill. Beschäftigten 24,8% der Lohn- und Gehaltsempfänger [2]. Damit gehörten 75,2% aller beschäftigten Lohn- und Gehaltsempfänger, d.h. 3,558 Mill. zur Arbeiterklasse. Zählt man noch jene Arbeitslosen dazu, die entsprechend ihrem Bildungsstand zur Arbeiterklasse gehört haben dürften[3], so erhöht sich ihre Zahl um weitere 872 946 Personen; jedoch dürfte diese Zahl relativ ungenau sein, da im Iran ein organisierter Arbeitsmarkt nur in Ansätzen existierte. Eine staatliche Arbeitsvermittlungsorganisation, die seit 1959 existierte, konnte sich nur in den Städten etablieren, da mit zunehmender Mechanisierung und Automatisierung der Produktionsabläufe in den neu errichteten Betrieben immer mehr qualifizierte Arbeitskräfte benötigt wurden, deren "informelle" Anwerbung nicht mehr möglich war.

Insgesamt bevorzugten die Unternehmer aber noch weitgehend
traditionelle Kanäle der Anwerbung; hauptsächlich wurden die
Arbeitssuchenden informell durch Bekannte und Verwandte, die
bereits in den Betrieben arbeiteten, über freie Stellen informiert und fanden sich vor dem Fabriktor ein. Mit etwas
Glück wurden sie dann aufgrund dieser "Beziehungen" auch eingestellt, jedoch meist ohne Arbeitsvertrag und nach hochgradig
subjektiven Kriterien, die keinerlei Bezug zur Arbeitsqualifi-
kation aufwiesen. Häufig übernahmen auch Bazarvermittler die
Anwerbung von ungelernten oder angelernten Arbeitern; auf dem
Lande wurden oft sogar ganze Gruppen von Dorf- oder Stammesangehörigen vom jeweiligen "Chef" einem Unternehmer zugeführt.

Unterstellt man die Richtigkeit der oben gemachten Angaben
und rechnet noch die 984 634 unbezahlt mithelfenden Familienangehörigen dazu[4], die gemeinsam mit den armen Bauern und den
unteren Schichten der traditionellen Kleinbourgeoisie sinnvol-
lerweise als "proletaroid"[5] zu bezeichnen wären, umfaßte die
Arbeiterklasse insgesamt 5 415 428 Personen. Das waren 55,6%
der Erwerbstätigen über zehn Jahre (vgl. Tab. 48)[6] und 61,6%
aller Beschäftigten (vgl. Tab. 62); 45,7% der städtischen und
35,9% der ländlichen Beschäftigten zählten damit zu den lohn-
abhängig Beschäftigten.

Wie in allen "Entwicklungsländern" ist auch im Iran die Loslösung der Masse der Arbeiter von ihrer dörflichen Herkunft
noch sehr unvollständig; man kann daher die Arbeiter als "halb-
bäuerlich" bezeichnen. Dies geht *zunächst* aus der *regionalen
Verteilung* hervor. Zwar stellt die Arbeiterklasse insgesamt
61,6% der Beschäftigten, jedoch nur 46,7% aller Beschäftigten
waren in den Städten tätig; die Mehrheit, d.h. 53,3%, arbeiteten im ländlichen Bereich[7]. Nur 43% aller beschäftigten Arbeiter waren in der Stadt, 57% dagegen auf dem Lande tätig.
Zwar arbeiteten 52,7% der Lohnempfänger in den städtischen
und 47,3% in den ländlichen Bezirken, aber 93% der arbeitslosen Arbeiter lebten in den ländlichen Bezirken und stellten damit potentielle Landflüchtige dar. Von den unbezahlt
mithelfenden Familienarbeitskräften war mit 91,7% die

überwiegende Mehrheit auf dem Lande tätig. Insgesamt lebten also 62,7% der Arbeiter auf dem Lande und nur 37,3% in den Städten (vgl. Tab. 63).

Die regionale Verteilung der Arbeiterklasse zugunsten des ländlichen Anteils bestimmte nicht nur deren vorwiegend traditionelle bäuerliche Struktur, sondern zugleich ihre schwache Position gegenüber anderen sozialen Kräften. Vor allem durch die rasche Urbanisierung der letzten Dekaden entstand damit zugleich eine sektorale Zusammensetzung der Arbeiterklasse, die zuungunsten der Industriearbeiterschaft ausfiel. 1976 waren 27,6% aller Arbeiter in der verarbeitenden Industrie, 26,7% im Agrarsektor, 22,8% im Bausektor, 20,4% im Dienstleistungssektor und 1,5% in der extraktiven Industrie tätig (vgl. Tab. 63); 1966 waren es 33,7% in der verarbeitenden Industrie, 21,0% im Agrarsektor, 17,5% im Bausektor, 25,1% im Dienstleistungssektor und 0,9% in der extraktiven Industrie (vgl. Tab. 63). Obwohl die Arbeiter in der verarbeitenden Industrie damit zahlenmäßig an erster Stelle standen, konnten sie doch ihre dominierende Position infolge des Übergewichts der anderen Sektoren und ihrer eigenen Struktur nicht zur Geltung bringen.

Der bäuerliche Charakter der Arbeiterklasse beruhte jedoch nicht nur auf dem 26,7%-igen Anteil der Landarbeiter, sondern auch, vor allem für die Städte, auf dem 22,8%-igen Anteil der Bauarbeiter, die zum größten Teil aus Arbeitskräften bestanden, die vorher in der Landwirtschaft tätig und zum Teil landflüchtige Bauern waren. Vor allem dieser Bereich der Lohnarbeit expandierte im Zuge der raschen Urbanisierung, insbesondere in Teheran.

Die Bindungen an den Agrarsektor bestimmten die Zusammensetzung des Proletariats ebenso wie die Besonderheiten seiner Ideologie und den Stand der gewerkschaftlichen und politischen Organisation. Zwar behinderte der ständige Kontakt zwischen den Arbeitern und den traditionellen Institutionen Stamm, Clan, Sippe, Gentilgemeinschaft und Großfamilie das Reifen eines proletarischen Klassenbewußtseins wie auch dessen Umsetzung in eine organisatorische Form; andererseits aber wurden auch die traditionellen Organisationen dieser ländlichen Gemeinschaften durch den Einbruch neuer Erfahrungsmöglichkeiten, Ideen und

Hoffnungen, wie sie der Kontakt mit einer sich in kapitalistischer Richtung transformierenden Industrie mit sich bringt[8], aus ihrer Isolation gerissen.

Die Zahl der beschäftigten Arbeiter stieg zwischen 1966 und 1976 insgesamt um 1 879 157 von 2,6 Mill. auf 4,5 Mill., d.h. um 71,3% (vgl. Tab. 63). Damit waren 1976 51,8% aller Beschäftigten gegenüber 32,9% im Jahre 1966 Arbeiter[9]. Berücksichtigt man den prozentualen Anteil der beschäftigten Arbeiter an der Gesamtzahl der Beschäftigten jedes Sektors, so stand der Bausektor mit 87,3% an erster Stelle, gefolgt von der verarbeitenden Industrie mit 75,0%, dem Verkehrs- und Kommunikationswesen mit 74,4% und der extraktiven Industrie mit 72,3% (vgl. Tab.64). Auch 1966 stand die Bauindustrie mit 90,5% an erster Stelle, gefolgt allerdings von der extraktiven Industrie mit 87,9%, Verkehr und Kommunikation mit 83,3% und der verarbeitenden Industrie mit 69,3%.

Der hohe prozentuale Anteil der Arbeiter täuscht jedoch über die strukturelle Zusammensetzung dieser Gruppe der Beschäftigten hinweg; die weitaus größte Bedeutung hatten nämlich die "proletaroiden" bzw. halbproletarischen Massen, die sich in ihrer Lebens- und Denkweise kaum von den Handwerkern oder Bauern unterschieden. Zu ihnen zählten die Bauarbeiter, die Landarbeiter und alle Beschäftigten der Kleinproduktion: neben den Manufakturarbeitern und den Handwerker-Arbeitern auch die Arbeiter in den kleinen Handels-, Transport- und Dienstleistungsbetrieben. Denn die Unterschiede zwischen den Klein- und den modernen Großbetrieben sind keineswegs nur quantitativer Art; sie sind vor allem Ausdruck unterschiedlicher Formen der Subsumtion der Arbeitskraft unter das Kapital, und zwar der *formellen* und der *reellen* Subsumtion. In beiden Fällen wird zwar der Arbeitsprozeß zum Mittel des Selbstverwertungsprozesses, des Prozesses der Selbstverwertung des Kapitals und damit der Fabrikation von Mehrwert. Wird der Arbeitsprozeß unter das Kapital subsumiert, tritt der Kapitalist in diesen Prozeß als Dirigent und Leiter, und ist es für ihn zugleich unmittelbar ein Exploitationsprozeß fremder Arbeit, so wird dies als *formelle Subsumtion der Arbeit* unter das Kapital bezeichnet. Sie ist die allgemeine Form aller kapitalistischen Prozesse, wie sie aber auch zugleich eine besondere Form neben der entwickelten spezifisch kapitalistischen Produktionsweise ist, weil letztere die erstere, die erstere aber keineswegs die letztere involviert[10].

Der *Produktionsprozeß* wird zum Prozeß des Kapitals selbst, wenn er mit den Faktoren des Arbeitsprozesses voranschreitet, in die sich das Geld des Kapitalisten verwandelt hat, unter dessen Leitung dieser Prozeß mit dem einzigen Ziel vorgeht, aus dem Geld mehr Geld zu machen. Das setzt zwar eine Veränderung der vorkapitalistischen Produktionsverhältnisse voraus; mit einer solchen Veränderung tritt jedoch durchaus nicht notwendig ein wesentlicher Wechsel in der *realen Art und Weise des Arbeitsprozesses, des wirklichen Produktionsprozesses* ein. Im Gegenteil subsumiert sich das Kapital einen bereits vorhandenen Arbeitsprozeß, beispielsweise handwerkliche Arbeit, da die Subsumtion unter das Kapital auf der Grundlage von Arbeitsprozessen eintritt, die sich unter früheren und anderen Produktionsbedingungen entwickelt haben. Treten nun Änderungen in diesen Arbeitsprozessen ein, so können diese Modifikationen nur allmähliche Folgen der bereits erfolgten Subsumtion überlieferter Arbeitsprozesse unter das Kapital sein. Daß die Arbeit intensiviert, geordnet, kontinuierlicher oder die Dauer des Arbeitsprozesses verlängert wird, verändert noch nicht den Charakter der realen Arbeitsweise.

Von dieser formellen Subsumtion der Arbeit unter das Kapital, d.h. von der Subsumtion von bereits vor Eintritt des Kapitalverhältnisses bestehenden *Arbeitsweisen* unter das Kapital, unterscheidet sich die reelle Subsumtion der Arbeit unter das Kapital und damit die sich entwickelnde, spezifische kapitalistische Produktionsweise, die gleichzeitig mit den *Verhältnissen der verschiedenen Produktionsagenten* auch *die Art der Arbeit* und *die reale Weise des ganzen Arbeitsprozesses* revolutioniert. Das Kapitalverhältnis stellt in beiden Fällen ein Zwangsverhältnis dar, um Mehrarbeit durch Verlängerung der Arbeitszeit zu erzwingen, wobei das Zwangsverhältnis nicht durch persönliche Herrschafts- oder Abhängigkeitsverhältnisse, sondern durch verschiedene ökonomische Funktionen bedingt ist; die spezifisch kapitalistische Produktionsweise kennt jedoch noch andere Methoden, um Mehrarbeit zu erzwingen. Auf der Grundlage bereits bestehender Arbeitsweisen, die dem Entwicklungsstand der Produktivkräfte der Arbeit und ihrer Arbeitsweise entsprechen, kann hingegen Mehrwert nur durch *Verlängerung der Arbeitszeit, also in der Weise des absoluten Mehrwerts* erzeugt werden. Dieser als der einzigen Form der Produktion des Mehrwertes entspricht daher die formelle Subsumtion der Arbeit unter das Kapital[11].

Abgesehen von den kapitalintensiven staatlichen und wenigen privaten großen Industriebetrieben bestand die überwiegende Mehrheit der Betriebe aus arbeitsintensiven Kleinbetrieben[12]. Der relative Anteil der einem "Arbeitgeber" zur Verfügung stehenden Arbeiter ist zwar Ausdruck der Dimension und Größe des Betriebes; er ist aber zugleich ein Index für das Abhängigkeitsverhältnis der Arbeiter. Denn jedes individuelle Kapital stellt eine größere oder kleinere Konzentration von Produktionsmitteln dar, der eine größere oder kleinere Menge von Arbeitern untersteht[13]. Durchschnittlich standen einem "Arbeitgeber" 15,8 Arbeiter zur Verfügung, dabei in den ländlichen Bezirken 35,7 und in den Städten 10,5 (vgl. Tab. 65). Da die geringe Zahl der Arbeiter pro Arbeitgeber kein Ausdruck hoher "organischer Zusammensetzung des Kapitals" und damit kapitalintensiver Produktion im Iran ist, zeugen diese Verhältniszahlen von der niedrigen Stufe der Kapitalakkumulation und damit von der vorwiegend formellen Subsumtion des Arbeitsprozesses unter das Kapital; dies geht auch aus der geringen Arbeitsproduktivität und dem niedrigen Bildungs- und Qualifikationsgrad der iranischen Arbeiter hervor.

Dabei ist die sektorale Arbeitsproduktivität *annähernd* durch die sektorale Wertschöpfung pro Kopf zu errechnen. Die geringe Arbeitsproduktivität ist jedoch nicht nur ein weiteres Indiz für die spezifische Art der Subsumtion der Arbeitskraft unter das Kapital; in direktem Verhältnis zur sektoralen bzw. nationalen Arbeitsproduktivität steht auch der Arbeitslohn[14].

Das Brutto-Inlands-Produkt zu laufenden Preisen betrug 1976
3,597 Mrd. Rial, ohne Erdölsektor 2,157 Mrd. Rial. Bei 8 797 000
Gesamtbeschäftigten betrug mithin die Pro-Kopf- Wertschöpfung
409 000 bzw. 247 000 Rial (vgl. Tab.10). Dabei war die Arbeitsproduktivität in den arbeitsintensiven Sektoren am geringsten.
So betrug sie im Agrarsektor nur ca. 50% des Landesdurchschnitts;
Textil-, Bekleidungs- und Lederindustrie, die insgesamt 63%
der Industriearbeiter beschäftigen, wiesen mit 92 000 Rial
eine der niedrigsten Produktivitätsraten auf. In der Nahrungsmittelindustrie lag sie bei 480 000, im nichtmetallischen
Bergbau bei 615 000 und in der Holz- und Druckindustrie bei
256 000 Rial (vgl. Tab.66). Legt man die Arbeitsproduktivität
als Index des sektoralen Lohnniveaus zugrunde, so war die Mehrheit der niedrig bezahlten Arbeitskräfte in der Landwirtschaft,
dem Bausektor sowie in der Textil-, Bekleidungs- und Lederindustrie beschäftigt[15].

Von den gesamten Beschäftigten des Landes waren 41% Analphabeten; die Lohn- und Gehaltsempfänger hingegen wiesen eine
Analphabetenrate von 68% auf[16]. Bei den städtischen Arbeitern
lag sie bei 48%, bei den ländlichen schon bei 80%; sektoral
waren sogar 83% der Agrarproduzenten Analphabeten (vgl. Tab.
67). Die extraktive Industrie wies eine Analphabetenquote von
44% auf und beschäftigte damit höher gebildete Arbeiter, vor
allem im Erdölsektor. Die größte Konzentration von nicht lese-
und schreibekundigen Arbeitern bestand in der Landwirtschaft;
in diesem Sektor hatte kein Arbeiter eine über die Grundschule
hinausreichende Ausbildung. In der verarbeitenden Industrie
und der Bauindustrie lag der Anteil der Analphabeten ähnlich
hoch und zwar bei 67% bzw. 72%.

Im Hinblick auf die Qualifikationsstruktur der Arbeiterklasse sind die statistischen Angaben kaum aussagefähig. Danach
hatten nur 66 964 Beschäftigte eine Ausbildung in Berufs- und
Gewerbeschulen; das waren lediglich 1,47% der beschäftigten
Arbeiter. Weitere 24 175 Beschäftigte, d.h. 5,3% der beschäftigten Arbeiter, waren zwar qualifiziert, besaßen jedoch keinen Abschluß. Insgesamt waren nur 2% der beschäftigten Arbei-

ter fachlich qualifiziert ausgebildet[17]. Legt man jedoch die Definition der "Ergebnisse der Erhebung zur menschlichen Arbeitskraft"[18] zugrunde, so ändert sich diese Relation allerdings erheblich; denn hier wird als Qualifikation "etwas für die auszuführende Arbeit notwendiges technisches Wissen und Erfahrung" zugrunde gelegt. Nach einer solchen Definition waren 60% aller Arbeiter im privaten und 48% im staatlichen Sektor in ihrem Einsatzbereich genügend qualifiziert. In einigen Produktionszweigen war danach sogar ein hoher Prozentsatz der Arbeiter fachlich qualifiziert, so in der extraktiven Industrie 70% und in der verarbeitenden Industrie 60%. Daß gerade die für eine importierte Technologie nur mangelhafte Qualifikation der Arbeitskräfte zu "Engpässen" in zahlreichen Wirtschaftsbereichen führte, geht aus diesen Angaben nicht hervor. Eine durch die technische Umgestaltung der Produktion bedingte erhöhte Nachfrage nach qualifizierten Arbeitern bestand vor allem im Bereich der neuen verarbeitenden sowie in der extraktiven Industrie, besonders im Ölbereich und bei Teilen des Bausektors[19]. Die Mehrheit der Bauarbeiter war allerdings unqualifiziert, handelte es sich doch zumeist um landflüchtige Bauern oder Landarbeiter, die nur saisonal in diesem Bereich tätig waren. Generell hätten alle Arbeiter über ein Minimum an technischem Wissen, Alphabetisierung usw. verfügen müssen, um die komplizierten Maschinen, vor allem in der neuen verarbeitenden Industrie, adäquat bedienen zu können.

Der Mangel an qualifizierten Arbeitskräften führte nicht nur zur zeitweiligen Erhöhung der Arbeitslöhne[20], sondern machte auch den Aufbau verschiedener Betriebe und die Durchführung einiger Projekte unmöglich[21]. Während der fünfte Plan, in dem die Kapitalinvestitionen von 34 Mrd. US-Dollar auf 68,6 Mrd. US-Dollar verdoppelt waren, die Schaffung von 2,1 Mill. neuen Arbeitsplätzen vorsah, waren bis 1978 insgesamt 721 200 Stellen, die höhere Qualifikationen erforderten, nicht besetzbar[22]. 1975/76 fehlten allein 111 000 qualifizierte Arbeitskräfte, davon 83 500 qualifizierte Arbeiter[23]. Aus diesem Grunde stiegen die Löhne und Gehälter im Vergleich zur Produk-

tivitätssteigerung "unverhältnismäßig" schnell. Während sich
die Arbeitsproduktivität in der Großindustrie zwischen 1974
und 1977 um 20,4% erhöhte, wiesen die Löhne eine 104,9%ige
Steigerung auf (vgl. Tab. 68). Eine derartige Lohnerhöhung erscheint nicht nur deswegen enorm, weil mit der Expansion der
Investitionskapazität die Nachfrage nach qualifizierten Arbeitskräften ihr Angebot weit übersteigt; sie ist vor allem
der Ausdruck *geringer Lohnsätze* in der vorausgehenden Periode, da geringe absolute Erhöhungen eines niedrigen Lohnsatzes
als relativ hohe prozentuale Steigerungen erscheinen. So wurden im März 1971 neue *Mindestlöhne für ungelernte Arbeiter*
festgesetzt; hatten sie bisher, nach Zonen aufgeteilt, offiziell nur 50, 55 und 60 Rial betragen, so sollten nun 60, 65
und 70 Rial gezahlt werden[24]; was daraus allerdings in der
Betriebswirklichkeit wurde, ist ungewiß. Zudem waren die meisten ungelernten Arbeiter in kleinen Handwerksbetrieben, bei
Händlern u.ä. beschäftigt, die sich wenig um staatliche Anordnungen kümmerten. Diese Betriebe, die niedrigere Stadien des kapitalistischen Unternehmertums mit eigenen Bedingungen und
Ausbeutungsmöglichkeiten darstellten, prägten die unter solchen Voraussetzungen in der Kleinproduktion arbeitende Schicht;
voneinander getrennt und isoliert war ihre Arbeitssituation
durch extreme Ausbeutung, gleichzeitig aber durch das Überleben patriarchalischer Illusionen gekennzeichnet, die allerdings
auch auf einer realen Basis beruhten. Denn die meisten der
kleinen Unternehmer arbeiteten ebenso wie die von ihnen Beschäftigten und unterschieden sich auch kaum in Lebensbedingungen und Lebensstandard von jenen. Ein bedeutender Teil dieser "Unternehmer" stand gleichzeitig in einem Abhängigkeitsverhältnis von Kaufleuten oder Fabrikanten und war damit seinem Wesen nach ebenfalls zum Lohnarbeiter geworden oder in
einem dahingehenden Transformationsprozeß begriffen. Mithin
befanden sich die Arbeiter der Kleinproduktion sowie ein Teil
der Handwerker in jeder Beziehung in einer schlechteren Lage
als ihre Kollegen in den Großbetrieben; dementsprechend war
auch der Stand ihres Klassenbewußtseins und ihr Organisationsgrad unvergleichlich niedriger; ihre Zahl überstieg jedoch die

der in der Großindustrie Beschäftigten bei weitem. Einen noch
bedeutenderen Platz als in der Industrie nahmen die kleinen
Unternehmungen mit den in ihnen beschäftigten Arbeitern allerdings im Bereich des Handels und der Dienstleistungen ein.

Einen besonderen Teil der "Proletaroiden" bildeten die
städtischen Tagelöhner und Arbeiter, die von zufälligen Tätigkeiten lebten. Hierzu gehörten die Transportarbeiter, die
tagelang nach Arbeit suchenden kleinen Handwerker und Hausierer sowie Bettler und Vagabunden, die die Hoffnung auf Arbeit
bereits aufgegeben hatten. Ihrer Lage und Zusammensetzung
nach ähnelte diese Schicht der untersten Stufe der industriellen Reservearmee in den hochkapitalistischen Ländern. Doch
in den "unterentwickelten" Ländern gehören dieser Schicht
auch Personen an, die, da es ihnen an einer ständigen Arbeit
mangelt, nicht zu Proletariern geworden sind. Einen relativ
hohen Anteil an dieser Schicht stellten die *halbverelendeten
Einzelhandwerker*. Diese Armee von städtischen Tagelöhnern war
in hohem Maße ein Ergebnis der relativen Überbevölkerung und
ein Beweis dafür, daß der Zustrom von ländlichen Arbeitslosen
die Beschäftigungskapazität in den Städten überstieg.

Einerseits schafft also mit fortschreitender Akkumulation
größeres variables Kapital eine größere Menge an Arbeit, ohne
dabei mehr Arbeitskräfte zu absorbieren; andererseits schafft
variables Kapital von derselben Größe mehr Arbeit mit derselben Masse Arbeitskraft und steigert so die Verdrängung der
niedriger qualifizierten Arbeiter. Die relative Übervölkerung
und die Freisetzung von Arbeitern beschleunigt sich daher noch
gegenüber der ohnehin mit dem Fortschritt der Akkumulation
schnelleren technischen Umwälzung des Produktionsprozesses und
der entsprechenden proportionalen Abnahme des variablen Kapitals im Verhältnis zum konstanten[25]. Die relative Übervölkerung in Ländern wie dem Iran ist dabei durch die Tatsache
gekennzeichnet, daß die Zusammensetzung des Kapitals - im
Gegensatz zur "Kindheitsperiode der kapitalistischen Produktion" in Europa - sich nicht mehr allmählich verändert[26].
Sie wird mit dem Transfer einer Technologie eingeführt, die

eher dem Verwertungsbedürfnis der entwickelten kapitalistischen Länder entspricht. Gerade dieser "Technologie-Transfer" schafft eine ungeheure Masse überschüssiger unqualifizierter Arbeitskräfte, die - durch ihr Interesse an der eigenen physischen Reproduktion - zur Konservierung traditioneller Produktionsweisen beitragen. Doch auch der hohe Prozentsatz des beschäftigten Proletariats, der aus Saison- und Zeitarbeitern besteht, hat kaum Normen abstrakter Arbeit internalisiert; weite Teile davon beabsichtigen lediglich, eine gewisse Summe zu erarbeiten und dann in ihr Heimatdorf zurückzukehren.

Die relativ niedrige Zahl der iranischen Proletarier stellt jedoch nicht die Hauptursache ihrer Schwäche dar; vielmehr liegt diese an der historisch bedingten Rückständigkeit der materiellen Reproduktion. Diese Rückständigkeit dokumentiert sich zunächst in einer Rückständigkeit der gesellschaftlichen Arbeitsteilung, die als disproportionale sektorale Arbeitsteilung erscheint.

Die zahlenmäßig zweitstärkste Kategorie nach den Arbeitern der verarbeitenden Industrie mit 27,6% bildet das *Landproletariat*. 1976 waren im Agrarsektor 26,7% aller Arbeiter beschäftigt; 1966 waren es nur 21,0%. Damit stieg ihre Zahl von 552 100 auf 1 205 564 Personen, d.h. um 653 467 oder absolut um 118,4%. Ihr relativer Anteil an der Gesamtzahl der Arbeiter erhöhte sich damit um 27,1% (vgl. Tab. 63). Von ihnen waren 84 000 in den städtischen und 1,12 Mill. in den ländlichen Bezirken tätig, mithin 40,4% der insgesamt 2,979 Mill. zählenden Erwerbstätigen im Agrarsektor. 1966 waren es erst 7,3% (vgl. Tab. 63 und 64), d.h. 233000 von 3,179 Mill., einschließlich der unbezahlt mithelfenden Familienarbeitskräfte. Mit dem Rückgang der absoluten Zahl der Erwerbstätigen in diesem Sektor um 6,3% wuchs nicht nur der relative Anteil der Landarbeiter an der Gesamtzahl der Erwerbstätigen um 454,8%, sondern auch ihr relativer Anteil an der Gesamtzahl der Arbeiter um 27,1%. Die Zahl der Landarbeiter stieg damit nach der Landreform um 417% an, während die Zahl aller Erwerbstätigen in diesem Sektor um 6,3% zurückging (vgl. Tab. 63 und 64).

Doch war die als Folge der - als Landverteilung deklarierten - Enteignung einsetzende Proletarisierung der ländlichen Bevölkerung nicht das einzige Ergebnis der Landreform; sie zeitigte auch Auswirkungen, die die Stellung und Struktur der Arbeiterklasse im wesentlichen bestimmten. Einerseits verschäfte sich mit der Proletarisierung der Bauern nicht nur der soziale Konflikt auf dem Land, sondern wurde durch die Landflucht in die Städte getragen; zum anderen ging damit einer Veränderung in der Zusammensetzung der Arbeiterschaft einher. Ihre unmittelbare bäuerliche Herkunft prägte weitgehend die sozialpsychologische Struktur und politisch-ideologische Ausrichtung der jungen iranischen Arbeiterklasse und machte sie aufnahmebereit für die islamische, autoritäre Ideologie der "Schriftgelehrten-Herrschaft".

Die Landarbeiter bestanden in ihrer Masse aus Tagelöhnern, die eine Übergangs- und Zwischenstellung einnahmen: sie waren Halbproletarier, Halbbauern, Halbarbeitslose oder Saisonarbeiter. Die Arbeiter der großen agrarkapitalistischen Unternehmen machten nur einen kleinen Prozentsatz dieser Schicht aus; zum Teil waren sie Wanderarbeiter, die als Spezialisten für bestimmte Kulturen in anderen Gegenden angeworben wurden und als Fremdkörper und Konkurrenten isoliert von ihren einheimischen Kollegen lebten. Ihr Arbeitsverhältnis stellte eine Art Ertragsbeteiligungsverhältnis dar. So entwickelten sie in ihrer Enklave zunächst eher ein Clanbewußtsein als ein Arbeiterbewußtsein. Insgesamt stellten die Landarbeiter das Verbindungsglied zur Bauernschaft dar und waren in bestimmtem Sinne ein Teil von ihr.

Im *tertiären Sektor* waren 1976 insgesamt 31,9% aller Beschäftigten tätig, 37,9% davon als Arbeiter. Sie stellten damit 20,3% aller beschäftigten Arbeiter, gegenüber 25,2% im Jahre 1966. Obwohl ihre Zahl zwischen 1966 und 1976 absolut um 235 663 Personen zunahm, ging ihr relativer Anteil an der Gesamtzahl der Arbeiter um 4,9% zurück.

Der tertiäre Sektor umfaßt drei Bereiche. Der erste Bereich ist der Dienstleistungssektor, der für die Herstellung und den Betrieb der "allgemeinen Produktionsbedingungen" notwendig ist und dessen Beschäftigte keinen Wert bzw. Mehrwert produzieren, mithin also *unmittelbar* "unproduktive Arbeiter" sind, ohne die sich das Kapital jedoch nicht verwerten kann. Zu diesem Bereich gehören Transport, Lagerhaltung, Kommunikation sowie soziale, kulturelle und staatliche "Sicherheits"-Dienstleistungen, alle Institutionen also, die in der bürgerlichen Theorie als "Infrastruktur" bezeichnet werden. Ihre Herstellungs- und Betriebskosten werden sozial verteilt, angeeignet hingegen als "allgemeine Produktionsbedingungen" des Kapitals. Auch im zweiten Bereich, der die Zirkulationssphäre umfaßt, wird kein Wert oder Mehrwert produziert; seine Tätigkeiten sind daher ebenfalls *unmittelbar* "unproduktive Arbeit", ohne die sich der produzierte Wert jedoch nicht realisieren kann. Die Agenten dieser Tätigkeit eignen sich einen Teil des in der unmittelbaren Produktion geschaffenen Wertes an. Der dritte Bereich beinhaltet alle persönlichen Dienstleistungen. Ebenso wie die Waren, die der Kapitalist für seinen persönlichen Verbrauch erwirbt, keine Produktionsmittel darstellen, so ist auch die Arbeit, die der Befriedigung seiner natürlichen und sozialen Bedürfnisse dient, keine produktive Arbeit; vielmehr verbraucht er den Mehrwert, anstatt ihn durch den Kauf jener Waren bzw. Arbeit in Kapital zu verwandeln, umgekehrt als Revenue[27].

11,8% der Arbeiter waren im ersten, 5,1% im zweiten und 7,6% im dritten Bereich des tertiären Sektors beschäftigt (vgl. Tab. 69). Die Arbeiter in Transportwesen, Lagerhaltung und Kommunikation bildeten die zahlenmäßig größte Gruppe und stellten mit 321 123 Arbeitern 7,1% aller Arbeiter; dabei waren sie jedoch äußerst heterogen. Die Transportarbeiter, vor allem die Eisenbahnarbeiter, gehörten zum klassenmäßig am weitesten fortgeschrittenen Teil des Proletariats; so bestanden die Kader der "Tudeh-Partei" unter den Arbeitern bis 1953 zum größten Teil aus Eisenbahnarbeitern[28]. Auch während der 60er Jahre gingen von den Arbeitern der städtischen Verkehrsbetriebe bedeutende Streikaktionen aus. Doch selbst innerhalb dieser Gruppe muß zwischen den einfachen und den qualifizierten Arbeitern differenziert werden; letztere stehen den Fabrikarbeitern nahe. Ähnliche Unterschiede bestanden im Bereich von Kommunikation und

Lagerhaltung. Mit 3,8% stellten die Arbeiter in der staatlichen Verwaltung und den Sicherheitsorganen die zweitgrößte Gruppe; sie bestand vor allem aus Dienstpersonal, Boten, Fahrern oder Reparaturarbeitern im Staatsdienst. Die drittstärkste Gruppe bildeten die Arbeiter der persönlichen Dienstleistungen mit 82,6% aller Beschäftigten in diesem Bereich. Arbeiter im Groß- und Einzelhandel stellten 2,9% und waren vor allem Verkäufer bzw. Verkaufsgehilfen. Die restlichen Arbeiter in der sozialen (1,6%) und kulturellen (0,2%) Dienstleistung sowie in der Hotel- und Gastronomiebranche waren meist als Dienstpersonal tätig. Sie waren zersplittert, arbeiteten voneinander isoliert und bestanden größtenteils aus unqualifizierten Arbeitern.

Mit der Veränderung im tertiären Sektor vollzog sich eine Verschiebung der sozialen Zusammensetzung zugunsten der nichtproletarischen Schichten, vor allem der Kleinbourgeoisie. Die Sozialpsychologie dieser modernen Schicht mit all ihren immanenten Widersprüchen bestimmte gemeinsam mit der traditionellen Kleinbourgeoisie weitgehend die ideologische Ausrichtung dieses Sektors.

Typisch für den Iran ist der geringe Anteil der "produktiven Arbeiter", die im weitesten Sinne dem *industriellen Proletariat* zugerechnet werden. Von insgesamt 4,5 Mill. beschäftigten Arbeitern waren 1976 2,37 Mill., d.h. 52,7%, in der "Industrie" tätig; 1966 waren es 52,8% (vgl. Tab. 63). Hierunter fallen alle Arbeiter der verarbeitenden, extraktiven, Bau-, Wasser- und Energieindustrie; sie stellten 27% aller Beschäftigten über zehn Jahre. Trotz eines absoluten Zuwachses der Industriearbeiter zwischen 1966 und 1976 um 981 322, d.h. von 70,4%, von 1 393 797 im Jahre 1966 auf 2 375 119 im Jahre 1976, sank ihr relativer Anteil an der Gesamtzahl der Arbeiter um 0,1% (vgl. Tab. 63).

Zahlenmäßig den größten Teil der iranischen Arbeiter stellten die 1 026 645 *Bauarbeiter*, nämlich 22,8% aller beschäftigten Arbeiter des Jahres 1976, gegenüber 17,5% im Jahre 1966. Mit 87% lag der Anteil der Bauarbeiter an der Gesamtzahl der Beschäftigten dieses Sektors am höchsten. Meist stammten die Bauarbeiter aus den umliegenden Dörfern und kehrten nach Abschluß der Arbeiten wieder aufs Land zurück. Außerdem war gerade der Bausektor das bevorzugte, wenn auch oft nur vorübergehende Tätigkeitsfeld der Landflüchtigen und unqualifizierten Arbeitskräfte. Als ständige Arbeiter formierten sie sich nur auf wenigen, vor allem staatlichen Baustellen, wo moderne Baumaschinen eingesetzt wurden.

Die *extraktive Industrie* stellte ökonomisch einen der wichtigsten Sektoren dar. Einschließlich der Erdölindustrie war sie vor dem Aufstand mit über 36% am Sozialprodukt beteiligt[29]. Als kapitalintensiver Sektor war jedoch ihre Beschäftigtenzahl relativ gering; nur 30 000 Arbeiter waren in der Erdöl- und Gasindustrie beschäftigt. Sie erhielten nicht nur die höchsten Löhne, sondern stellten auch klassenmäßig den entwickeltsten Teil der iranischen Arbeiter mit einer ausgeprägten Arbeitertradition. In den Kohlebergwerken arbeiteten 23 000 Personen. Dabei war die Mehrzahl der Erdölarbeiter in den städtischen, die der Bergarbeiter in den ländlichen Bezirken tätig. 72% der Beschäftigten der extraktiven Industrie waren Arbeiter, insgesamt 68 000 in diesem Sektor (vgl. Tab. 70).

Die *verarbeitende Industrie* beschäftigte 27,6% aller Arbeiter; das waren 75% der insgesamt 1,662 Mill. in diesem Industriezweig Beschäftigten, d.h. 1 245 392 Arbeiter (vgl. Tab. 63). Sie stellten nur 14% aller Beschäftigten. Auch das Industrieproletariat war sehr heterogen, denn es umfaßte die Arbeiter aller Betriebe, die wenigstens eine fremde Arbeitskraft beschäftigten; damit reflektiert die Struktur der Industriearbeiter die Besonderheit der gesamten iranischen Industrie. Mit Ausnahme des größten Teils der Textil-, Bekleidungs- und Lederindustrie waren alle anderen modernen Industriezweige kapitalintensiv. Allein in den genannten Bereichen der traditionellen Konsumgüterindustrie konnte die lebendige Arbeitskraft noch nicht durch Maschinen ersetzt werden, da jene Industrien hauptsächlich in den ländlichen Bezirken angesiedelt waren. Mithin waren auch 64% der Arbeiter dieser Industriezweige in den ländlichen Bezirken tätig (vgl. Tab. 71).

Die große Masse der ländlichen Reservearmee bot jedoch nicht nur die materielle Grundlage der Arbeitsintensität dieser Industriezweige, sondern schuf gleichzeitig die Voraussetzungen für die ökonomisch weitaus schlechtere Lage ihrer Arbeiter. Denn das Wachstum des Industrieproletariats vollzog sich zugunsten der in der Großproduktion Beschäftigten. Obwohl 50,6% des Industrieproletariats in den ländlichen Bezirken tätig (vgl. Tab. 71) und damit durch eine bäuerliche Lebens- und Denkweise geprägt waren, entwickelte es sich konzentriert in einigen Industriegebieten und einzelnen Städten. Der Grund dafür lag vor allem in der ungleichen Standortverteilung der Großindustrie, da in den Ländern, in denen die industrielle Entwicklung gerade erst beginnt, das Proletariat im Umkreis weniger Großstädte wächst. Mithin verstärkte sich mit dem Anwachsen der Arbeiterklasse auch seine territoriale Konzentration. Das galt besonders für Teheran (vgl. Tab 72 und Abb.8); allein 54,6% aller Beschäftigten der Großindustrie arbeiteten in der Zentralprovinz in 44,4% der Großbetriebe des Iran.

Damit spiegelt die *Zweigstruktur* des Industrieproletariats die Struktur der Industrie. In den kapitalistisch schwach entwickelten Ländern sind die meisten Arbeiter in den Zweigen der Leichtindustrie beschäftigt, in der entweder die Nahrungsmittel- oder die Textilindustrie den ersten Platz einnimmt. Denn in fast allen Ländern wird die ökonomische Entwicklung anfänglich von einem Wachstum der Textilindustrie und einem zahlenmäßigen Anstieg der Arbeiter begleitet, deren Bedeutung innerhalb des Proletariats ständig zunimmt. Somit kennzeichnet das absolute und relative Wachstum der Textilfabriken den industriellen Aufschwung. Im Iran beschäftigte die Textil-, Bekleidungs- und Lederindustrie 63% aller Industriearbeiter (vgl. Tab.73 und 74 sowie Abb. 5, 6, 7), innerhalb dieses Zweiges waren wiederum in der *Textilindustrie* einschließlich Teppichweberei[30] die meisten Arbeiter tätig. Auch spielten sie als einer der größten und entwickeltsten Teile der Arbeiterklasse eine führende Rolle in der Arbeiterbewegung; so gelten die Textilfabriken besonders in Isfahan immer noch als Zentrum der ("illegalen") Tudeh-Gewerkschaften[31].

Über die Lage und Zusammensetzung der Arbeiter in einem "modernen" Industriebetrieb in Isfahan berichtet Milli Bau[32]:
"Im Textilwerk arbeiten in der Produktion, also ohne die in Werkstätten, der Dampf- und Elektrizitätsversorgung usw.Tätigen, 4700 Menschen in 3 Schichten. Die Maschinen laufen ununterbrochen bis auf wenige Stunden freitags, wenn sie gereinigt werden und die Arbeiter zum Gebet gehen. Der Maschinenpark ist international (...) 2000 Webstühle, 50 000 Spindeln: wie in allen Textilfabriken sieht man nur wenig Beschäftigte (...). Der Privatbetrieb "Shahnaz" beschäftigt unter den männlichen Arbeitskräften - sie machen 60% der Gesamtbelegschaft aus - ein Fünftel und unter den weiblichen 40% ein Zehntel, die noch Kinder sind, nämlich im Alter von 12 bis 15 Jahren stehen. Die gelernten Arbeiter verdienen zwar verhältnismäßig gut, aber sie machen eben nur ein Drittel der Belegschaft aus. Ein zweites Drittel verdient leidlich, das letzte Drittel ist auch für iranische Verhältnisse schlecht bezahlt; *es arbeitet deshalb länger, bis zu 12 Stunden am Tag, um mehr zu verdienen*".

Der Zwang, 12 Stunden am Tag zu arbeiten, drückt nichts anderes aus als die *formelle Subsumtion der Arbeitskraft unter das Kapital*. Es ist der Ausdruck eines Arbeitsverhältnisses, das durch außerökonomische Gewalt aufrechterhalten wird und ein "Austauschverhältnis" darstellt, in dem die Ware Arbeitskraft unter ihrem Wert verkauft werden muß - trotz internationaler Maschinenparks. In einer solchen Lage befanden sich nicht allein die Textilarbeiter; *die Diktatur des Shah-Regimes war zuletzt Ausdruck dieses Sozialverhältnisses. Aus diesem Grunde mußte es dem Arbeiter als sein "Klassengegner" erscheinen. Die totale Negation des Shah-Regimes war für ihn daher folgerichtig die Bedingung seiner Emanzipation.* Da er jedoch jeder Organisationsmöglichkeit beraubt war und seine historisch adäquate Perspektive unterdrückt wurde, war er bereit, sich zunächst jeder Führung zu unterwerfen, die mit ihm das Regime *total negierte* und entschlossen handelte.

Als wichtigste Veränderung in der Struktur der iranischen Arbeiterklasse ist das absolute und relative Wachstum der Anzahl der Arbeiter in der "Schwerindustrie", der Metallverarbeitung, des Maschinenbaus, der Elektrotechnik und der Chemie zu betrachten (vgl. Tab. 73). Zwischen 1971 und 1976 stieg die Zahl der *Metallarbeiter* um 39,1%, der *Chemiearbeiter* um 14,7% und der *Bergleute* um 98,7%, die Zahl der Beschäftigten der Großindustrie insgesamt hingegen nur um 16,7% (vgl. Tab. 73). In allen anderen Industriebranchen ließ sich ein tendenzieller Rückgang der Belegschaft feststellen. Der Anteil der Metallarbeiter von 19,3% an der gesamten Arbeiterschaft war zwar noch sehr gering, da im Iran ein Aufbau der Schwerindustrie erst sehr spät stattfand; immerhin stellten sie aber, ohne die Arbeiter der Eisenhüttenwerke in Isfahan, die zweitgrößte Gruppe der Industriearbeiter, und zwar nach den Arbeitern der Textil-, Bekleidungs- und Lederindustrie (vgl. Tab. 73). In diesem Bereich herrschte von Anfang an eine starke Konzentration des Proletariats in einigen industriellen Komplexen; so waren 1972 im Stahlwerk Isfahan 45 000 Menschen beschäftigt, technische Kader und Verwaltungsangestellte inbegriffen (vgl. Tab. 74).

Bedingt durch die technologischen Erfordernisse des Arbeits- und Verwertungsprozesses trat auch im Iran eine langsame Veränderung in der Struktur der Arbeiterklasse ein. So wurden von 966 000 neuen Arbeitsplätzen, die während der vierten Planperiode geschaffen worden waren, 60,3% mit gelernten Arbeitern, 15,7% mit ungelernten, 4,4% mit hochqualifizierten und 19,6% mit Technikern besetzt[33]. Derselbe Trend, der schließlich zu einem krisenhaften Mangel an qualifizierten Arbeitskräften führte, setzte sich auch während der fünften Planperiode fort[34]. Mit der Errichtung von neuen, technologisch anspruchsvollen Industrieanlagen wandelten sich auch die erforderlichen Qualifikationen der Arbeiter. Neben dem Handwerksmeister als typischem qualifiziertem Arbeiter in den traditionellen Industriezweigen entstand ein qualifizierter Arbeiter neuen Typs, der sowohl im Sinne von "Allgemeinbildung" als auch in Bezug auf technische Vorgänge besser ausgebildet war.

Zwar ist das Wachstum eines modernen Industrieproletariats die qualitativ bedeutendste Begleiterscheinung der Industrialisierung eines Landes, doch machte im Iran die widersprüchliche Form der Industrialisierung[35] - als "importsubstituierende" kapitalintensive Industrialisierung - einem großen Teil der potentiellen Fabrikarbeiter den Anschluß ans industrielle Proletariat unmöglich. Sie führte damit zur *Konservierung der traditionellen Produktionsweise* wie auch der traditionellen Bindungen der neuen Arbeitskräfte im allgemeinen. Nach Bartsch stieg zwischen 1956 und 1966 die Zahl der Arbeiter in der "modernen" Industrie um 164,3%, in den traditionellen Bereichen des Handwerks und der Manufaktur dagegen nur um 48,8%[36]; betrachtet man jedoch die absoluten Zahlen, so sieht man, daß die Zunahme von 164,3% nur 115 000 Arbeitskräften entspricht, die von 48,8% aber 343 000. Im gleichen Zeitraum wurden im Bereich der Teppichherstellung, die eine Domäne der Heimarbeit war, mehr als doppelt soviele Berufsmöglichkeiten geschaffen wie im modernen Sektor der Industrie. 56% der neuen Berufe zwischen 1963 und 1968 entfielen auf die Kleinbetriebe, die 1968 97% aller Betriebe mit zwei Dritteln aller Beschäftigten umfaßten[37]. 1977 sollen von den 2,5 Mill. Arbeitern schätzungsweise immer noch 1,78 Mill. oder 72% in Betrieben mit weniger als 10 Angehörigen beschäftigt gewesen sein[38]. Dabei ist das Weiterbestehen von relativ vielen Kleinbetrieben mit 1 bis 2 Lohnabhängigen sowie zahlreicher selbständig Tätiger jedoch weniger als ein Zeichen ihrer Stärke gegenüber der Konkurrenz der modernen Industrie zu verstehen, als vielmehr auf die Unmöglichkeit zurückzuführen, im Industriebereich Arbeit zu finden.

Diese Entwicklung - die Schaffung eines modernen Industrieproletariats bei gleichzeitiger Konservierung der traditionellen Produktionsweise - reproduzierte seit Anfang der 70er Jahre die Unterschiede zwischen den Arbeitern in der Klein- und der Großproduktion bezüglich der Arbeitsbedingungen, des Bildungsniveaus, der materiellen Lage, der Qualifikation u.ä. Dabei verschob sich die Lage immer mehr zuungunsten der in der Kleinproduktion Tätigen; denn sie verharrten auf ihrem bisherigen technischen Stand, und ihre Gruppenstruktur blieb im wesentlichen unverändert. Doch die Entwicklung der Großproduk-

tion führte nicht nur zu einem zahlenmäßigen Wachstum der
Arbeiterklasse, sondern auch - aufgrund der veränderten Zusammensetzung - zu einer Zunahme des Anteils an qualifizierten
Arbeitskräften. Die sektorale und regionale Disparität ökonomischer Entwicklung führte mithin zu einer verstärkten Differenzierung in der Struktur der Industriearbeiterschaft, und
zwar sowohl in den verschiedenen Zweiggruppen wie auch insgesamt.

In den modernen Großbetrieben, der Erdöl-, der petrochemischen,
der Kupfer- und der Stahlindustrie sowie in den 224 weiteren
größten Industriebetrieben mit mehr als 250 000 Beschäftigten
(vgl. Tab. 74), wuchs eine Arbeiterklasse heran, die sich dem
Proletariat der ökonomisch hochentwickelten Länder annäherte,
wenn auch nicht in Bezug auf die Entlohnung. Der Anteil dieser
Fraktion des Proletariats war allerdings noch sehr gering; die
Erdölarbeiter wären dieser Kategorie zuzurechnen, wohl auch
die Chemie-, Maschinenbau- und Elektroarbeiter sowie die Stahl-
arbeiter, wenn sie längere Zeit in der industriellen Produktion tätig waren; die Textilarbeiter bildeten aufgrund des
hohen Anteils an Kinderarbeit eine gewisse Ausnahme in dieser
Annäherung an "westliche" Verhältnisse. Mit fortschreitender
Entwicklung unterschied sich dieses Industrieproletariat mehr
und mehr von der übrigen Masse der Arbeiter; seine materielle
Lage war gewöhnlich sowohl besser als die der in der Kleinproduktion Beschäftigten, als auch im Vergleich zu anderen werktätigen Schichten.

Die soziale und ökonomische Lage vor allem der Erdölarbeiter
hatte sich seit der Übernahme der englischen Alleinherrschaft
über die Erdölproduktion im Iran durch das "Konsortium" in
verschiedener Hinsicht bedeutend verbessert. Das ist nicht zuletzt auf ein groß angelegtes Rationalisierungsprogramm zurückzuführen, das die Quantität der am schlechtesten bezahlten Arbeiter bedeutend verringerte, während die Bedeutung der technisch versierten Kader mit höherer Bezahlung stieg. So sank
die Zahl der Ölarbeiter und -angestellten von 55 262 im Jahre
1955 auf 41 416 im Jahre 1970. Der Anteil der (unqualifizierten)

Arbeiter fiel von 48 222 im Jahre 1955 auf 26 952 im Jahre 1970, die Zahl der Angestellten dagegen stieg im selben Zeitraum von 6952 auf 12 547 Personen[39]. Selbst für die unqualifizierten Arbeiter in der Erdölindustrie lagen die Löhne jedoch über dem Durchschnittsniveau der Industriearbeiter; die gestaffelten Tagelöhne betrugen seit März 1972 auf Lohnstufe 1 165 bis 195 Rial, auf Lohnstufe 10 428 bis 588 Rial[40]. Dabei scheint diese Lohnentwicklung nicht nur die technische Veränderung der Produktion wiederzuspiegeln, sondern politisch bewußt gewählt zu sein, um unter den Ölarbeitern, eingedenk der Avantgarde-Rolle, die sie in politisch-sozialen Auseinandersetzungen häufig innehatten, mindestens einen Teil zu neutralisieren[41].

Insgesamt wiesen die Durchschnittslöhne der Industriearbeiter in den städtischen Bezirken und in den verschienen Industriebranchen erhebliche Unterschiede auf (vgl. Tab 76)[42]. Ein Vergleich mag die Einkommensunterschiede verdeutlichen: so betrug das durchschnittliche Monatsgehalt eines Ingenieurs 1970 etwa 43 200 Rial, das eines "Kleinunternehmers" im technischen Bereich etwa 30 000Rial; ein Maschinenarbeiter mit 4 Jahren Berufserfahrung verdiente monatlich ca. 8000 Rial, ein ungelernter Arbeiter maximal 3000 Rial[43]. Falls die Arbeitnehmer an den Gewinnen beteiligt wurden - was selten vorkam -, dann nur in den Großbetrieben, vor allem den staatlichen; auch die Bestimmungen über derartige "Gewinnbeteiligungen" und "Arbeiteraktien" betrafen, ungeachtet ihrer wirklichen Intentionen und ökonomischen Bedeutung für die Industriearbeiter, im Dezember 1971 nur 260 000 Personen, davon 100 000 in staatlichen Betrieben Beschäftigte[44]. Bis zum 10.April 1978 stellten aber insgesamt 84 538 "Arbeiter" einen Antrag auf den Erwerb von Industrieaktien[45].

Die Tatsache, daß den Industriearbeitern im Iran, wie in anderen Ländern der "Dritten Welt", gewisse Rechte von der Staatsmacht zugestanden wurden, wenn diese auch nur auf dem Papier bestanden, unter starkem politischen Druck verabschiedet worden waren oder als politisches Beschwichtigungsmanöver dienten, wie z.B. die Arbeitsgesetzgebung von 1946, veranlaßte nicht nur ausländische Kapitalisten und ihre Interessenvertre-

ter zu Klagen; auch westeuropäische Gewerkschafter wandten sich
gegen ihre Kollegen - vor allem dann, wenn es sich um prokommunistische Gewerkschaften handelte, wie etwa die von der Tudeh-Partei beeinflußte im Iran vor 1953 [46]. Die Einhaltung
der ohnehin spärlichen Vorschriften der Sozial- und Arbeitergesetzgebung [47] wurde nicht einmal von Seiten des Staates
kontrolliert, nachdem die Regierung, und mit ihr die iranischen Unternehmer, durch den CIA-Putsch fest im Sattel saß.
All dies erklärt, warum die iranischen Industriearbeiter der
Großproduktion nicht in eine "Arbeiteraristokratie" transformiert und den Interessen der anderen Schichten der Arbeiterklasse entfremdet wurden, sondern im Gegenteil als Avantgarde
der Arbeiterklasse im Kampf gegen die einheimischen und ausländischen Ausbeuter agierte. Als *relativ* bewußtester, geschlossenster und organisiertester Teil bestimmte das moderne
Industrieproletariat die Arbeiter- und Gewerkschaftsbewegung.
Die Hauptmasse der Streiks wurde daher auch in den Großbetrieben ausgetragen - trotz der "gelben Gewerkschaften", die nach
der Zerschlagung der Arbeitergewerkschaften durch das Shah-
Regime seit 1953 errichtet worden waren. Obwohl aber der traditionsträchtige Kern der Industriearbeiter, vor allem in der
Erdölindustrie mit ihrem spezifischen Gewicht, das Rückgrat
des Shah-Regimes während des Aufstandes brach, konnte
er sich doch infolge seiner, an der Gesamtzahl der Erwerbstätigen und Arbeiter gemessen, geringen Quantität nicht als politisch führende Kraft durchsetzen.

Damit ist der geringe Einfluß proletarischen Klassenbewußtseins und die shi'itisch-chiliastische Orientierung des Aufstands, soweit
sie die Arbeiterschaft betrifft, auf die rückständigen materiellen Grundlagen ihres Konstitutionsprozesses als Klasse zurückzuführen, die sich zum größten Teil in den starken bäuerlichen Elementen der Arbeiterschaft manifestierte. Dies wird
nicht nur aus dem überproportionalen Anteil der Arbeiter im
Agrarsektor ersichtlich, sondern auch aus dem starken Anteil
der Industriearbeiter mit unmittelbar bäuerlicher Herkunft.
Ein weiterer Grund ergibt sich daraus, daß trotz ihres zahlen-

mäßig enormen Wachstums die Arbeiter größtenteils formell unter das Kapital subsumiert waren. Diese formelle Subsumtion der Arbeitskraft unter das Kapital manifestierte sich nicht nur in der materiellen Grundlage der Industrie, die zumeist aus Kleinbetrieben bestand; auch der scheinbar am weitesten entwickelte "staatskapitalistische" Sektor subsumierte die Arbeitskraft nur formell unter das Kapital, da die allgemeinen Bedingungen des gesellschaftlichen Produktionsprozesses aus dem Abzug *der gesellschaftlichen Revenuen, nicht aus dem Kapital als Kapital* hergestellt wurden und der Arbeiter, obwohl er freier Lohnarbeiter war wie jeder andere, doch ökonomisch in einem anderen Verhältnis stand[48].

So ist auch die Tatsache, daß die zahlreichen linken politischen Gruppen sich nicht zu einer einheitlichen politischen Kraft der Arbeiterklasse konstituieren konnten, letztlich *nicht auf die politische Form der Herrschaft zurückzuführen*. Auch sie war der Ausdruck der rückständigen materiellen Reproduktion der Arbeit als Lohnarbeit und des Kapitals als Kapital, *wo das reelle Gemeinwesen nicht in der Form des Kapitals hat sich konstituieren können*[49]. Auf einer solchen materiellen Grundlage konnten nur voneinander isolierte, sich gegenseitig bekämpfende linke Gruppen und Organisationen entstehen, die sich, ausgehend von der unterschiedlichen Position der verschiedenen Fraktionen der Arbeiterschaft, gegenseitig zu politischer Bedeutungslosigkeit verurteilen. Selbst der autoritäre Politikbegriff der meisten dieser Organisationen ist auf die formelle Subsumtion der Arbeitskraft unter das Kapital zurückzuführen, die die Grundlage ihres ambivalenten Verhältnisses zum autoritären Herrschaftsanspruch der "Schriftgelehrten" bildet.

Die starken bäuerlichen Elemente der Arbeiterschaft waren es mithin, die, verstärkt durch die formelle Subsumtion der Arbeitskraft unter das Kapital, jene linken Gruppen und Organisationen hervorbrachten, die trotz ihres scheinbar radikalen Auftretens für das Proletariat und gegen die Bourgeoisie das Bourgeoisregime nach kleinbürgerlichen und kleinbäuerlichen Maßstäben kritisierten und die Partei der Arbeiter vom Standpunkt des Kleinbürgers ergriffen. So bildete der "kleinbürgerliche Sozialismus" [50] die Grundlage einer *unkritischen* Einheit der linken Organisationen mit der scheinbar radikalen Geistlichkeit unter Führung Khomeinis, den die traditionelle Kleinbourgeoisie zur absoluten Führungskraft eines Aufstandes erhob, der notwendigerweise in einer gescheiterten Revolution enden mußte.

2.4. ZUR BÜRGERLICHEN OPPOSITION ALS FUNKTION DES IMMANENTEN WIDERSPRUCHS DES 'MODERNEN' STAATES

Angesichts der sich zuspitzenden Krise des Şhah-Regimes faßt Akbari[1], der Partei für die iranische "Bourgeoisie" ergreift, "die Sorgen und Probleme des privaten Sektors sowie Ursprung und Ursachen des Widerspruchs von Bourgeoisie und Staat"[2] zusammen; dabei bezieht er sich auf die Äußerungen von *Senator* Ladjevardi, der als Großunternehmer zugleich stellvertretender Vorsitzender der iranischen Industrie- und Handelskammer war, sowie auf andere Vertreter der "Bourgeoisie". Am Ende seiner Ausführungen stellt er fest, daß "die *Bourgeoisie, die die Alleinherrschaft* hinderlich für ihre politische Macht weiß, (...) ihre Hoffnung auf die Ergebnisse dieser ökonomischen und politischen Krise (setzte), um mit der *Erlangung der politischen Macht* ihre eigenen politischen und ökonomischen Programme durchzusetzen"[3]. Der iranischen "Bourgeoisie" erscheint also die Herstellung und der Betrieb der allgemeinen Produktionsbedingungen durch den Staat als wünschenswert[4]; gleichzeitig beklagt sie jedoch das Fehlen eines *direkten* Mitspracherechts[5] und die aus der Wahrnehmung dieser Aufgaben durch den Staat resultierende Einschränkung der eigenen ökonomischen Initiativen. Denn der Staat verfüge über ein Monopol in den wirtschaftlich profitablen Bereichen und konkurriere überdies teilweise mit dem privaten Sektor[6]; außerdem greife er durch Preiskontrollen in die Wirtschaftsautonomie der Unternehmer ein und störe damit die freie Marktwirtschaft[7].

Dabei entgeht Akbari jedoch, daß die *scheinbare Alleinherrschaft* des Shah die *unterentwickelte Form der Kapitalherrschaft* darstellt, die notwendig diktatorisch ist und gar nicht *bürgerlich* sein kann. Sie ist Produkt der Art und Weise der kapitalistischen Transformation, die eine solche *Form* des politischen Staates hervorbringt. Nicht also als Folge der *juristischen Form des politischen Staates* betreibt der "moderne" Staat die allgemeinen Produktionsbedingungen des Übergangs zum Kapitalismus, nachdem die ursprünglichen privaten Initiativen teilweise gewaltsam durch koloniale Eingriffe und die imperialistische Konkurrenz unterdrückt wurden; sondern umgekehrt bringt gerade die relative Unfähigkeit der "Bourgeoisie" eine solche Form des Staates hervor. Hätte der iranische Produzent sich zum Kaufmann und Kapitalisten transformieren können, so wäre dies der wirklich revolutionierende Weg des Übergangs zum Kapitalismus gewesen; stattdessen bemächtigte sich der Kaufmann unmittelbar der Produktion. Dadurch bewirkte er *kaum* eine Veränderung der alten Produktionsweisen, sondern *konservierte* sie vielmehr und behielt sie *als eine Voraussetzung* bei. Somit entstand die iranische "moderne Bourgeoisie" erst als Funktion einer "importsubstituierenden Industrialisierung", die als neue Integrationsform in den veränderten Weltmarkt zu begreifen ist. Sie ist ebenso Funktion dieser Integration, wie der *"moderne"* Staat Funktion des Imperialismus ist.

Diese Form der Integration in den Weltmarkt konkretisiert sich in den 186 387 bei der letzten Volkszählung als "Arbeitgeber" registrierten Personen; hierunter fallen all diejenigen, die in der Privatwirtschaft tätig waren und als Alleineigentümer bzw. Teilhaber eines Betriebes mindestens eine bezahlte Arbeitskraft beschäftigten. 1966 umfaßte diese Gruppe erst 152 632 Personen (vgl. Tab.49). Ihre Zahl stieg damit innerhalb der letzten zehn Jahre absolut um 33 764 Personen bzw. um 22,1%, während ihr relativer Anteil an der Gesamtzahl der Beschäftigten von 2,2% im Jahre 1966 auf 2,1% im Jahre 1976 zurückging. Auch die Zahl der Lohn- und Gehaltsempfänger, die sie kommandierten , stieg im selben Zeitraum, und zwar um 403 202 auf 3 038 809 Personen[8]. So reproduzierte die Akkumulation das Kapitalverhältnis auf erweiterter Stufenleiter und brachte auf der einen Seite mehr oder größere Kapitalisten, auf der anderen mehr Lohnarbeiter hervor, ohne daß sich jedoch die *Bourgeoisie* als eine *Klasse der modernen Kapitalisten und als Besitzer der gesellschaftlichen Produktionsmittel*[9] hätte konstituieren können.

Durch diese besondere Art und Weise des Übergangs zum Kapitalismus entstand das Shah-Regime als jene "Entwicklungsdiktatur", die über *die gesellschaftlichen Produktionsmittel* verfügen konnte.

Sie dienten ihm dabei nicht nur als Quelle der privaten Aneignung, sondern auch zur Herstellung der allgemeinen Produktionsbedingungen des Kapitals, das sich durch die Integration in den kapitalistischen Weltmarkt reproduzieren konnte. Während die Planungsbehörde als quasi organisatorische Unterabteilung der Weltbank das Durchführungsorgan dieser Integration darstellte, sicherte der "staatskapitalistische Sektor" den Betrieb der allgemeinen Produktionsbedingungen der internationalisierten kapitalistischen Produktionsweise; diese wiederum gaben zugleich die Basis der materiellen Reproduktion des verselbständigten Staatsapparates ab.

Mithin ist der Konflikt zwischen den iranischen Unternehmern und dem politischen Staat Funktion des immanenten Widerspruchs des "modernen" Staates als Organisationsform gesellschaftlicher Produktion. Denn in einem spätkapitalisierten Land ist der Einzelkapitalist weder in der Lage, die allgemeinen Produktionsbedingungen herzustellen, noch die ökonomischen und sozialen Kosten der "infrastrukturellen" Maßnahmen zu tragen. Daher müssen in einer solchen Entwicklungsphase des Kapitals, in der es selbst noch nicht das reelle Gemeinwesen konstituieren kann, Herstellung und Betrieb seiner allgemeinen Produktionsbedingungen aus anderen Quellen finanziert werden. Diese Finanzierung setzte im Iran die Monopolisierung der natürlichen Reichtümer des Landes und der profitablen ökonomischen Bereiche durch die politische Macht voraus. Auch war zunächst allein der Staat in der Lage, diese profitablen Bereiche zu übernehmen, da sie ungeheure Massen von fixem Kapital voraussetzten, die der "privaten Hand" schlicht fehlten; eine Reprivatisierung dieser Bereiche erfolgte jeweils dann, wenn durch entsprechende Amortisierung ihre Rentabilität auch für private Unternehmer gewährleistet war. Somit verdeckte der widersprüchliche Verlauf der kapitalistischen Entwicklung die Tatsache, daß der Staat die gesellschaftlichen Ressourcen für die Herstellung und den Betrieb der allgemeinen Produktionsbedingungen des Kapitals monopolisierte, woran die "Bourgeoisie" Jahrzehnte lang stillschweigend partizipierte und profitierte.

Während die gesamten wirtschaftspolitischen Maßnahmen des Shah-Regimes auf die Unterstützung der großen, kapitalintensiven Industrie ausgerichtet waren, genossen die Großunternehmer zusätzlich direkten staatlichen Schutz, der ihnen eine Monopolposition auf dem iranischen Markt sowie äußerst günstige Im- und Exportbedingungen sicherte. Zugleich saßen die Mitglieder der großen Industrie- und Handelsbourgeoisie an allen Schaltstellen der Unternehmerverbände, wie beispielsweise der "Industrie- und Handelskammer", und entschieden als Abgeordnete, Senatoren und zuletzt auch als Minister direkt oder indirekt mit über die *Wirtschaftspolitik* des Staates. Dennoch forderten sie permanent eine Einschränkung des "staatskapitalistischen Sektors", da der Staat kein "guter Unternehmer" sei. Dieser Wirtschaftsliberalismus verband sie mit der "liberalen Bourgeoisie" als Vertreter der *mittleren* und *kleinen* Unternehmer, die, in stiller Opposition, die Wiederherstellung der "konstitutionellen Monarchie" forderten und damit indirekt ihren eigenen Anspruch auf eine Partizipation an der *Regierung* formulierten, welche vom Shah verfassungswidrig *usurpiert* worden sei. Eine solche "liberale" Forderung entsprach ihrem Wunsch nach ökonomischer Chancengleichheit. Obwohl alle Ansätze dazu aufgrund der verbreiteten Vetternwirtschaft und Bestechlichkeit innerhalb des Shah-Regimes immer wieder zunichte gemacht wurden, profitierte doch auch die mittlere und Kleinbourgeoisie vom ökonomischen Wachstum der 60er und 70er Jahre ungemein und nutzte ihre "stille Oppositionshaltung" zu einer ebenso "stillen" Bereicherung.

Zwar führte nach dem CIA-Putsch die erneute Monopolisierung der Macht als Eigentumstitel neben dem Privateigentum zu Nepotismus und Cliquenwirtschaft; dabei war aber gerade die historische Unfähigkeit der "Bourgeoisie", die Staatsmacht mit Mossadegh zu behalten, die Ursache der erneuten Machtergreifung des Shahs, der sie von einer *direkten* Beteiligung an weiterer politischer Machtausübung ausschloß. Mit der dem Putsch folgenden brutalen Ausschaltung jeglicher politischer und gesellschaftlicher Organisationen der Opposition konnte nicht nur die Konstitution der Bourgeoisie als eine *Klasse* unterdrückt werden; die Ausschaltung aller demokratischen Kontrollorgane verstärkte auch die Möglichkeit des politischen Staates, alle "Klassen" gegeneinander auszuspielen und sie so gleichzeitig prellen zu können. Dieser Umstand ermöglichte es einigen Bourgeoisfraktionen, die sich innerhalb oder außerhalb der Staatsbürokratie mit dem Hofstaat arrangierten, sich privilegierte Positionen zu sichern. Doch nicht nur dadurch wurde die "freie Konkurrenz" der Einzelkapitale eingeschränkt, sondern ebenso durch die besondere Integrationsweise in den Weltmarkt. Die sektorale, ja branchenspezifische Integration implizierte eine "Politik der offenen Türen", eine "freie" Handelspolitik also, die als Korrektur die Kontingentierung der Ein- und Ausfuhren genauso notwendig machte wie eine Preiskontrollpolitik als flankierende Maßnahme; denn für die Herstellung und den Betrieb der allgemeinen Produktionsbedingungen des Kapitals ist die gleichzeitige Einschränkung der besonderen Produktionsbedingungen mancher Einzelkapitalisten unerläßlich, zumal sie strukturpolitischen Charakter besitzen. Auch hätte ein tatsächlich praktizierter "Wirtschaftsliberalismus" in einem kapitalistisch unterentwickelten Land wie dem Iran nicht nur die Konkurrenzfähigkeit der meisten Unternehmer gefährdet, er hätte nicht nur zur weiteren Prellung der Konsumenten geführt, sondern auch durch eine zusätzliche Verteuerung der Reproduktionskosten der Arbeitskraft die Produktionskosten der Unternehmer weiter gesteigert und zahlreiche andere negative Folgeerscheinungen nach sich gezogen.

Auch wenn die iranische "Bourgeoisie" selbst all diese Fakten außer acht ließ und sich in letzter Stunde mit aller Macht vom Shah-Regime zu distanzieren suchte, so darf doch nicht das eigentliche Wesen der Krise des Shah-Regimes verkannt werden: nicht eine Regierungskrise war es, sondern die Krise der Organisationsform gesellschaftlicher Produktion, deren politische Artikulationsform die scheinbare Alleinherrschaft des Shah war. Eine solche Krise - als Krise einer spätkapitalisierten und damit unterentwickelten Form gesellschaftlicher Produktion - schließt jedoch eine bürgerliche Alternative als eine revolutionäre aus. Denn die späte Kapitalisierung Irans war nur durch die *Negation der bürgerlichen Freiheiten* möglich, weil sie in ihrem Wesen nichts anderes als die *formale* Möglichkeit der freien Konkurrenz der Waren, auf dem Markt darstellen - also auch der Ware Arbeitskraft. Zwar bedeutet Freiheit für das Kapital die Freiheit zur Produktion jeder beliebigen Ware, die Festlegung des Preises entsprechend der Nachfrage und die Wahl des Verkaufsorts nach Profitgesichtspunkten[10]; gerade dieses Freiheitsbedürfnis[11] der Reproduktion der Warenproduktion nach Profitmaßstäben setzt aber in einem spätkapitalisierten Land wie dem Iran die Unterbindung der Freiheit der Reproduktion der Ware Arbeitskraft voraus. Da das Kapital auf der Ebene der Produktivität und Intensität der Arbeit längerfristig konkurrenzunfähig ist, ist seine Reproduktion nur durch extensive Ausbeutung der Arbeitskraft, d.h. durch Verlängerung der Arbeitszeit bzw. niedrige Löhne möglich. Eine solche Form der Ausbeutung setzt jedoch die Unterdrückung des Widerstands der Arbeiter und damit ein Assoziations-, Versammlungs- und Streikverbot voraus. Mithin wird nicht nur dem Arbeiter die Möglichkeit zum freien Verkauf seiner Ware - Arbeitskraft - auf dem Markt verwehrt, sondern auch die Etablierung von bürgerlicher Freiheit und Demokratie unterdrückt.

Damit ist die "Entwicklungsdiktatur" im Grunde *Ausdruck der formellen Subsumtion der Arbeitskraft unter das Kapital* und verkörpert den permanenten Widerspruch zwischen sich entwickelnden Produktivkräften und vorhandenen Produktionsverhältnissen: einerseits war sie Voraussetzung und Garant für die Integration der Gesellschaft in den Weltmarkt und damit für die Kapitalisierung des Landes; auf der anderen Seite stellte sie zugleich die Negation der dem Kapitalismus eigentümlichen Formen kollektiver Tätigkeiten dar, die Ausdruck seiner spezifischen Produktivkräfte sind. Dies führte gleichzeitig zur Zersetzung wie auch zur Konservierung traditioneller Formen der Kooperation. Die scheinbare Alleinherrschaft des Shah als *Konservierung der politischen Kultur* ist das Produkt dieser *Ungleichzeitigkeit der Entwicklung*.

2.4.1. ZUSAMMENSETZUNG DER IRANISCHEN 'BOURGEOISIE'

Mit 27,8% stellte die Industriebourgeoisie zahlenmäßig die größte Gruppe der "Bourgeoisie", gefolgt von der Handelsbourgeoisie (21,8%), der Agrarbourgeoisie (19,7%) und den Finanz- und Bauunternehmern sowie den Bodenspekulanten (10,6%) (vgl. Tab. 50). Neben den als traditionelle Kleinbourgeoisie bezeichneten[1] 323 350 "Selbständigen"[2] zählte der letzte "Census" im Industriebereich 51 835 "Unternehmer"; darunter fallen alle Personen, die mindestens eine *bezahlte* Arbeitskraft eingestellt haben. Ihre Zahl nahm zwischen 1966 und 1976 um 10 151 Personen oder 27,4% zu. Damit stieg ihr relativer Anteil an der Gesamtzahl der "Unternehmer" von 26,7% (1966) auf 27,8% (1976), das waren 0,59% aller Beschäftigten. Nach der "Adressenliste aller industriellen Großbetriebe 1978/79" existierten aber nur 7385 "Großbetriebe" mit mehr als neun Beschäftigten. Zieht man diese von der Gesamtzahl aller industriellen "Unternehmer" ab, so beläuft sich bei Gleichsetzung der Zahl der Betriebe mit der der "Unternehmer" die Zahl der *industriellen Kleinbourgeoisie* auf 44 477 Personen, die 86,3% aller industriellen "Unternehmer" und 23,9% aller Unternehmer stellten[3]. Große private Industriebetriebe mit mehr als 250 Beschäftigten existierten 1977 nur 197. Unterstellt man für jeden Betrieb einen Unternehmer, so machte die *große Industriebourgeoisie* nur 0,38% der "Industrieunternehmer" und 0,1% aller Unternehmer Irans aus. Zieht man weiterhin von den 7358 "Großbetrieben" die 197 größten ab, beträgt die Zahl der mittelgroßen Betriebe mit einer Belegschaft von 10 bis 250 Personen 7161. Die *mittelgroße Industriebourgeoisie* stellte damit 13,8% der "Industrieunternehmer" und 3,8% aller Unternehmer. Diese Angaben haben jedoch nur einen annähernden Aussagewert, weil sie erstens unterstellen, alle Betriebe seien Privatbetriebe, zweitens, sie wären alle "individuelles Privateigentum". Legt man die Verhältniszahlen von 1974/75 zugrunde, so waren aber 2,5% der Betriebe staatlich und 28,6% der privaten Betriebe "eingetragene Aktiengesellschaften"[4]. Auch weisen die unterschiedlichen Quellen gerade hier größere Differenzen auf.

Verallgemeinert man die von W.Korby[5] aus Einzelbeispielen zusammengestellten Verhältniszahlen der sozialen Herkunft der großen iranischen Industrieunternehmer, so waren 26% zuvor Händler der gleichen Branche, 6% Händler anderer Branchen, 6% Handwerker, 4,8% Techniker in gehobener Berufsposition, 7,1% Beamte, 3,7% Landlords, 9,5% Unternehmer anderer Industriesektoren und Journalisten; für 33,3% sind keine Angaben ermittelt. Die 32% Industrieunternehmer aus der Schicht der Handelskapitalisten lassen jedoch nicht nur die Industrialisierung Irans als eine "importsubstituierende Industrialisierung" erkennbar werden, sondern verdeutlichen auch den Charakter der iranischen Industriebourgeoisie: der ehemalige Importeur ausländischer Produkte montiert nun dieselben Produkte und beherrscht nach wie vor den inneren Markt.

Die Agrarunternehmer zählten insgesamt 36 811 Personen und stellten damit 19,7% der Bourgeoisie; ihre Zahl ging zwischen 1966 und 1976 um 9309 Personen, d.h. um 20,2% zurück. Es wäre aber verfehlt, alle "Unternehmer", die mindestens eine bezahlte Arbeitskraft beschäftigten, zur Agrarbourgeoisie zu rechnen; denn nur 30,7% der 133 409 Betriebe, "die *überwiegend* durch fremde Arbeitskräfte geführt wurden", waren zu mehr als 50% marktorientiert. Allein die Inhaber dieser warenproduzierenden Betriebe, die über 10 ha landwirtschaftliche Nutzfläche verfügten, sollen zur Agrarbourgeoisie gezählt werden. Als agrarkapitalistische Betriebe können schließlich nur die 40 898 Betriebe mit mehr als 10 ha landwirtschaftlicher Nutzfläche bezeichnet werden; hinzu kommen noch einige Obstgärten mit weniger als 10 ha landwirtschaftlicher Nutzfläche. Unterstellt man, daß jeder Betrieb einem Unternehmer zugeordnet wäre, zählte die gesamte Agrarbourgeoisie etwa 40 898 Personen. Davon wären 14,9% *große Agrarbourgeoisie* (6093 Personen), 13,8% *mittelgroße Agrarbourgeoisie* (5652 Personen) und 16,2% *kleine Agrarbourgeoisie* (6625 Personen).

In ihrer jetzigen gesellschaftlichen Stellung war die Agrarbourgeoisie ein Produkt der Landreform. Obwohl der Herrschaft der Großgrundbesitzer als *bloße* Rentenbezieher ein Ende gesetzt worden war und auch der direkte und autonome politische Einfluß dieser Klasse auf dem Lande weitgehend verschwand, verblieben die Mitglieder der Agrarbourgeoisie als große Kapitaleigentümer weiterhin in der ökonomisch herrschenden Klasse und genossen massive Unterstützung von Seiten des Staates. Einen weiteren Teil der großen Agrarbourgeoisie machten die einheimischen und ausländischen Kapitalisten aus, die, begünstigt durch die agrarpolitischen Maßnahmen des Shah-Regimes, agroindustrielle Komplexe errichteten und vor allem für den Weltmarkt produzierten.

Im Iran gab es vor dem Aufstand einen organisierten und einen unorganisierten Kreditmarkt, nämlich einerseits die Banken, andererseits die traditionellen Wechselstuben[6]; letztere stellten die Überreste des *traditionellen Wucherkapitals* dar, das sich noch neben dem "modernen" Finanzkapital erhalten konnte. Die 200 "Finanzunternehmer", die nur 10% aller Unternehmer ausmachten, kontrollierten alle allgemeinen und spezialisierten Kreditinstitute, die die gesamte Wirtschaft des Landes beherrschten und das Kreditwesen in einen ungeheuren sozialen Mechanismus zur Zentralisation des Kapitals verwandelten[7]. Die *scheinbare* absolute Herrschaft des Shah war die Form des zum Finanzkapital entwickelten Bankkapitals, das sich hier keineswegs "so verstohlen, als bescheidene Beihilfe der Akkumulation (...) einschleicht (und) durch unsichtbare Fäden die über die Oberfläche der Gesellschaft in größeren oder kleineren Massen zersplitterten Geldmittel in die Hände individueller oder assoziierter Kapitalisten zieht, aber bald eine neue und furchtbare Waffe im Konkurrenzkampf wird"[8].

Das moderne Kreditwesen entwickelte sich im Iran seit der Gründung der "New Oriental Bank" als ein rein englisches Institut mit Hauptsitz in London im Jahre 1888; es folgten russische und andere ausländische Banken, die bis zum Aufstand mit 26%iger Beteiligung an 14 Banken deren Aufsichtsräte kontrollierten[9]; unter Beteiligung der einheimischen Finanzoligarchie, an deren Spitze der Shah mit seiner Pahlavi-Foundation stand, dominierten die internationalen Finanzinstitutionen - geführt von der Weltbank - jedoch nicht nur den iranischen Kreditmarkt, sondern die gesamte Wirtschaft des

Landes. Kein Projekt wäre ohne die Zustimmung und finanzielle Absicherung des Finanzkapitals zu realisieren, kein großes Geschäft ohne direkte Beteiligung der Pahlavi-Familie als stille Teilhaber zu machen gewesen.

Durch diese Verfilzung ökonomischer und politischer Macht[10] entstand die alles beherrschende Fraktion der Großbourgeoisie Irans, *die, durch die Monopolisierung der politischen Macht durch den Shah, als "Staatsbourgeoisie" erschien* und deren Finanz-, Boden- und Bauspekulation die Inkarnation der Bereicherungssucht darstellte. Diese Fraktion der Großbourgeoisie, in der die Finanzoligarchie die Hegemonie innehatte, monopolisierte uneingeschränkt die politische Macht, die ihr als *neuer Eigentumstitel* diente[11], und kontrollierte das gesamte Staatseigentum, das zu einer ihrer neuen Einkommensquellen wurde; allein 60% des Nettosozialproduktes wurde durch den staatstragenden ökonomischen Sektor unter staatlicher Kontrolle produziert. Außerdem beherrschte der Staat mit Hilfe von staatlichen und gemischten Banken, an denen er mit 102,3 Mrd. Rial beteiligt war, etwa 76% des Bankkapitals[12]. Diese als Herrschaft der "Staatsbourgeoisie" erscheinende Hegemonialmacht des Finanzkapitals gründete sich auch auf der uneingeschränkten Kontrolle der wichtigsten, in Staatseigentum befindlichen Reichtumsquellen des Landes, vor allem des Erdöls.

Nur 160 Familien, die sich aus den ehemaligen Großgrundbesitzern, der großen Handelsbourgeoisie sowie der Finanzoligarchie rekrutierten, kontrollierten 67% der großen Betriebe und Finanzinstitutionen wie Banken und Versicherungen; lediglich 21 weitere Familien konnten sich in den letzten zehn Jahren diesem Kreis anschließen. Diese Familien waren in 1270 Aufsichtsräten vertreten, ihnen unterstanden zwei Drittel der gesamten Industrieproduktion Irans[13]; 1972/73 sollen 128 Familien über die "Industry-and Mining-Bank", eine Tochtergesellschaft der Weltbank mit einheimischer Beteiligung, an 73% der Aktien von 369 der insgesamt 374 größten Industriebetriebe mit mehr als 200 Mill. Rial Anfangskapital beteiligt gewesen sein[14].

Neben diesem Teil der Großbourgeoisie, deren besondere Produktionsbedingungen durch den Staat als allgemeine Bedingungen der Produktion hergestellt wurden, profitierte vor allem jener Teil der Bourgeoisie, der im Auftrag des Staates diese Bedingungen herstellte, nämlich die wirklichen und fingierten Bauunternehmer. Damit beherrschten die Finanz-, Boden- und Bauspekulanten neben der großen Industriebourgeoisie das ökonomische Leben des Landes, dessen Herrschaftsform die scheinbare Alleinherrschaft des Shah-Regimes war. Dagegen brachte der *Betrieb* der allgemeinen Produktionsbedingungen unter Staatsregie gleichzeitig jene Staatsfunktionäre - Technokraten und Bürokraten - hervor, denen die Monopolisierung der politischen Macht als eine neue Quelle des Privateigentums weiter delegiert wird, aus welcher als einzige Form der Bereicherung die Korruption erwächst.

Die Handelsunternehmer bildeten nach den Industrieunternehmern die zweitstärkste Fraktion der iranischen "Bourgeoisie". Im Groß- und Einzelhandel stellten sie insgesamt 21,8% aller Unternehmer (vgl. Tab. 50). Im Bereich des Großhandels wurden 7123 Unternehmer registriert; damit machte die *Großhandelsbourgeoisie* nur 3,8% der "Bourgeoisie" aus.

Insgesamt war die Lage der Handelsbourgeoisie durch den Übergang vom Beherrscher der Industrie zum Diener derselben gekennzeichnet[15]. Im Verhältnis zur traditionellen Kleinbourgeoisie als Agent der einfachen Warenproduktion fungierte die traditionelle Handelsbourgeoisie auf dieser Ebene als Agent der Zirkulation; sie war der Inbegriff des Bazar, obwohl die Bazarbourgeoisie sich insgesamt aus all denjenigen unterschiedlichen Berufsgruppen zusammensetzte, die traditionell das kommerzielle Leben des Landes kontrollierten: Kaufleute, Händler, Exporteure, Importeure und Geldverleiher[16]. Traditionell mit der Bedeutung des Bazars für das ökonomische, soziale und politische Leben verbunden, resultierte ihre Macht auch aus ihrer Kontroll- und Führungsposition für die traditionelle Kleinbourgeoisie und die Lohnabhängigen des Bazars, welcher ein differenziertes Netzwerk von Kommissionsagenten, Arbeitern, Straßenhändlern, Pendlern, Vermittlern, Geldwechslern, Handwerkern und Ladengehilfen enthielt, die zum Zweck der Steuereintreibung und der sozialen Kontrolle einem staatlich regulierten Zunftsystem unterstanden. Zusätzliche moralische Kontrollinstanzen stellten im ökonomischen Bereich das Kreditsystem, im außerökonomischen die von den Lutis[17] verkörperte nackte Gewalt dar; weiterhin die religiösen Zirkel, der von geistlichen Richtern überwachte islamische Handelscode sowie schließlich der persönliche moralische Kodex.

Mit dem Aufkommen der Industrialisierung und der Expansion des Handels ging die traditionelle wirtschaftliche Bedeutung des Bazars zurück. Die ökonomische Macht lag nun bei den Banken und anderen finanziellen und wirtschaftlichen Zentren, eine Entwicklung, die sich vor allem in den 60er und 70er Jahren in verstärktem Maße vollzog. Mit der Etablierung der kapitalistischen Warenproduktion verlor die Bazarbourgeoisie[18] jedoch nicht nur ihre ökonomische Macht an die moderne Finanz-, Industrie- und Handelsbourgeoisie außerhalb des Bazars, sondern ebenso ihre politische Macht, die nun der die moderne Finanz- und Großbourgeoisie vertretende Staat, d.h. das Shahregime, übernahm. Dieser Prozeß wurde 1953 durch den CIA-Putsch gegen die Regierung Mossadegh eingeleitet und sollte mit weiteren Maßnahmen forciert werden. So erließ das Shah-Regime 1957 ein Zunftgesetz, dessen Ziel u.a. darin bestand, die bereits ins Wanken geratene kooperative Einheit des Bazars völlig zu zerstören [19] und die Kontrolle über die Zünfte zu erlangen, die traditionell der Bazarbourgeoisie unterstanden. Außerdem übte die Umstrukturierung der iranischen Wirtschaft auf den Bazar und seine Ideale einen starken Druck aus, was sich vor allem in dem bei den bazaris in der Zeit vor dem Aufstand weit verbreiteten Wunsch ausdrückte, ihren Söhnen andere Berufsperspektiven zu eröffnen. Diese veränderte Einstellung entsprang nicht nur der von der Regierung initiierten Propagandakampagne gegen den Bazar als Ort, an dem parasitäre Vermittler die Konsumentenpreise höher und die Produzentengewinne niedriger hielten, als dies notwendig oder moralisch gerechtfertigt sei; gleichzeitig versuchte die Regierung seit den fünfziger Jahren, das Zunftsystem für

Preiskontrollkampagnen zu benutzen. Auch wurden verschiedene
Versuche unternommen, mit Hilfe von alternativen Kredit- und
Verteilungsmechanismen den Bazar zu ersetzen.

Um die politische Macht der Bazarbourgeoisie zu brechen, da
vor allem sie es gewesen war, die zu Anfang der fünfziger Jahre den Sturz des Shah herbeigeführt hatte, setzte das Regime
alles daran, ihren ökonomischen Untergang zu beschleunigen,
indem es die dortigen Aktivitäten nicht unterstützte, sondern
stattdessen die Eröffnung einer großen Anzahl staatlicher Geschäftsunternehmen forcierte, die als Konkurrenz auftraten.
Diese politisch bedingte Haltung des Regimes, die den Aufstieg
des Bank- und Finanzkapitals zur alles beherrschenden ökonomischen Macht begleitete, ließ die Bazarbourgeoisie zunehmend
unzufriedener werden. Gerade in dieser Phase des Niedergangs
pflegte sie ihre Beziehungen zu den religiösen Führern, die
als Sprecher der traditionellen Moral ebenfalls eine unterdrückte Gemeinschaft bildeten; denn infolge der ökonomischen
Transformation und des sozialen Wandels verfielen viele im
Islam verankerte moralische und institutionelle Strukturen,
ohne jedoch aufgehört zu haben, die Attitüden der Menschen zu
beeinflussen. Angesichts der dadurch entstandenen Spannungen
gewann die islamische Moral an Bedeutung und bildete als islamischer Revivalismus die ideologische Grundlage des Abwehrkampfes auch der Bazarbourgeoisie. Daher konnten gerade die
materiell von dieser Schicht unterstützten religiösen Versammlungen *(heyat-e mazhabi)* zur institutionellen Kontinuität
des Widerstandes der Tradition beitragen.

Der Bazar bildete aber keine monolithische Einheit, sondern
besaß eine differenzierte Sozialstruktur[20]. An seiner Spitze
standen die Großkaufleute, die auch heute noch den weitaus
größten Teil des iranischen Großhandels kontrollieren. Mit
7123 Unternehmern stellten sie 3,8% der "Bourgeoisie" und beschäftigten 4% der "Arbeitnehmer". Außerdem waren im Großhandel 15 884 Selbständige mit ihren mithelfenden Familienangehörigen tätig[21], das waren 5,6% aller Selbständigen, die zumeist als Kommissionäre und Vermittler der Großhändler arbeiteten und von der Großhandelsbourgeoisie abhängig waren. Letz-

tere beherrschte auch weitgehend die 395 095 Selbständigen im Einzelhandel mit ihren 10 660 mithelfenden Familienangehörigen, d.h. insgesamt 13,9% aller Selbständigen[22]. Diese organisierten vor allem durch ihre kleinen Lebensmittelgeschäfte in den Städten die Warenzirkulation im Einzelhandel, waren jedoch abhängig von der Gunst der Großhandelsbourgeoisie, die sie belieferte. Mit der weitgehenden Kapitalisierung der Produktion entstand die *neue kleine Handelsbourgeoisie* außerhalb des Bazars. Als "Diener" der industriellen Produktion stellte diese soziale Gruppe, für die die Eroberung und Erweiterung des Marktes zu einer Lebensbedingung wird[23], 33 329 Unternehmer im Einzelhandel. Sie umfaßte 17,9% der "Bourgeoisie" und beschäftigte mit 107 919 "Arbeitnehmern" 3,6% der Lohn- und Gehaltsempfänger. Während sie durch die industrielle Entwicklung der letzten 20 Jahre von der ökonomischen Prosperität und allgemeinen Einkommenssteigerung anderer Teile der Kleinbourgeoisie reichlich hatte profitieren können, mußte sie u.a. wegen der massiven staatlichen, zur Eindämmung der Inflation vorgenommenen Preiskontrollen der letzten Jahre in arge Bedrängnis geraten und zur Opposition gegen das Shahregime übergehen, vor allem in der Hoffnung, die sozialen Kosten des "ökonomischen Wachstums" nicht tragen zu müssen.

Zwar stiegen mit dem "ökonomischen Wachstum" auch die Umsätze des Bazarhandels; der Konkurrenzkampf mit den Einzelhändlern in den neuen Wohn- und Geschäftsvierteln der neuen kleinen Handelsbourgeoisie ließ sich jedoch für die bazaris immer schlechter an [24]. Vermochten sie früher jeder Bedrohung ihrer Existenz durch eine schnelle Anpassung an den jeweiligen Geschmack zu begegnen, so hatten sie der Entwicklung der kapitalistischen Warenproduktion nichts entgegenzusetzen. Damit verdrängte die moderne Arbeitsweise der Kaufleute außerhalb des Bazars nicht nur dessen archaische und zum Teil provinzielle Geschäftsgepflogenheiten, sondern brachte auch die Gewinnspanne der bazaris in Gefahr; gleichzeitig bereitete das neue Bankgeschäft dem alten Finanzierungssystem und dem Geldverleih ein gewaltsames Ende[25]. Der wohlhabende Teil des Bazars versuchte, sich durch Modernisierungsansätze, sogar im Bankgeschäft, zur Wehr zu setzen. Jedoch beschränkte sich der Verfall des Bazars nicht mehr allein auf den ökonomischen und sozialen Bereich; auch sein politischer Einfluß verkümmerte. Während er um die Jahrhundertwende neben dem Hof das Zentrum des politischen Lebens dargestellt hatte, war vor allem in den letzten zwanzig Jahren der Untergang seiner öffentlichen Institutionen und damit der Untergang der traditionellen (Klein-)Bourgeoisie nicht mehr aufzuhalten.

2.4.2. ZUR POLITISCHEN MARGINALISIERUNG DER MODERNEN MITTELSCHICHT ALS FUNKTION DER KONSERVIERUNG DER POLITISCHEN KULTUR

Die besondere Art des Übergangs zum Kapitalismus[1], die die alte Produktionsweise konservierte und als eine Voraussetzung beibehielt, führte nicht nur zur Entstehung eines Spektrums von zu einer Art von *Ständen* herabgesunkenen Klassenfraktionen der "Bourgeoisie", die ebenso, wie sie sich gegenseitig ausschlossen, vom Shah-Regime gegeneinander ausgespielt wurden; sie führte auch zur *Konservierung der politischen Kultur*, die die Transformation des institutionell-organisatorischen Rahmens der gesellschaftlichen Reproduktion zu einer scheinbar "königlichen Aufgabe" machte.

Bereits unter Reza Shah erfolgte auf Befehl und mit Hilfe von Ministern, Planern, technischen Beratern sowie ausländischen Experten eine von oben eingeleitete, *äußerliche* strukturelle Veränderung der gesellschaftlichen Verhältnisse als Funktion des Imperialismus, die als *"Modernisierung"* die traditionellen Strukturen der iranischen Gesellschaft gewaltsam verdrängte und eine völlig neue Gestaltung des Lebens mit neuen Normen und Verhaltensmustern, neuen Organisationsformen und Interessen- und Loyalitätstendenzen schuf, ohne die traditionellen Verhaltens- und Verkehrsformen grundlegend verändern zu können.

So wurde ein neues Erziehungssystem eingeführt, ohne jedoch
den nationalen Bedürfnissen angepaßt zu sein und die konservative Tradition, die immer noch die Methoden und Techniken
des Lehrens und Lernens stark beeinflußte, verdrängen zu können. Gesetzesvorlagen wurden angenommen, die auf der Basis
einer Rechtsreform dem Land ein Rechtssystem verliehen, das
fast die ganze islamische *shari'ah* als normative, legale Struktur verdrängte, ohne sie dabei als Grundlage ethischer Praxis
und moralischen Verhaltens ersetzen zu können. Ein neues System der Regierungsadministration wurde eingeführt, um die
vielfältigen Aktivitäten des Regimes zu verwalten, ohne daß
sich die politische Kultur veränderte. Auch die neuen Bank- und Kreditsysteme konnten die traditionellen Wechselstuben
nicht gänzlich verdrängen. Die Außen- und Binnenhandelspolitik
wurde reformiert, einige Industrien eingeführt, ohne - als
eine wichtige Vorbedingung für ihren Erfolg - das traditionelle Geschäftsverhalten durch ein spezifisches Set von Werten
und Verhaltensnormen innerhalb der ganzen Gesellschaft ersetzen zu können. Das Steuereinkommen steigerte sich in ungeahntem Maße, ohne daß eine gesamtgesellschaftliche oder entsprechende bürgerliche Institution hätte über seine Verwendung
entscheiden können.

Weiterhin vollzogen sich Veränderungen im kulturellen Ethos
der iranischen Gesellschaft, die hervorgerufen wurden durch
solche Entwicklungstendenzen wie den Zerfall der Großfamilie,
einen erweiterten Horizont und damit gestiegene Erwartungen
durch die Säkularisierung und den Ausbau von Bildung und Ausbildung sowie durch größere Mobilität und bessere Kommunikationsbedingungen, wie sie sich an den staatlich kontrollierten Massenkommunikationsmitteln und den zwischenmenschlichen
Kontakten im Bildungs- und Gesundheitskorps sowie dem Einfluß
von ländlichen Kooperativ- und Entwicklungsberatern nachweisen
lassen.

Ebenso fanden revolutionierende Veränderungen im Bereich der
Ästhetik statt. In der Architektur übernahm man westliche Stile und strukturelle Eigenheiten und setzte sie rücksichtslos
den traditionellen iranischen Formen auf; besonders bei Privat-

bauten und Appartmentkonstruktionen entstand daraus eine grelle Hybride, bekannt als "Mittelost-Modern". Die iranische Literatur der letzten Zeit übernahm emphatisch den poetischen Kanon des Blankverses und freien Verses - etwas Undenkbares vor 50 Jahren - und glich die Romanform, die Kurzgeschichte und das Drama dem westlichen Vorbild an[2].

Diese strukturell-äußerlichen Veränderungen vollzogen sich innerhalb von maximal 60 Jahren, d.h. in drei Generationen; den traditionellen Werten wurden jedoch in keinem Bereich akzeptable Alternativen gegenübergestellt. Die professionelle Mittelschicht, bestehend aus Regierungsangestellten, technisch-wissenschaftlicher Intelligenz, Lehrern, Richtern, Armeeoffizieren, Journalisten, Schriftstellern u.a. war sowohl das Produkt dieser Modernisierung als auch ihr Träger: verkörperte sie einerseits die immanenten Widersprüche und Konflikte dieses Prozesses, und zwar als soziale Gruppe ebenso wie auch als Einzelne, so war sie als sein Träger gleichermaßen von der politischen Mitentscheidung ausgeschlossen.

Vor dem Aufstand stellte die moderne Mittelschicht 11,4% der Gesamtbeschäftigten. Davon waren 30 985 *Selbständige*[3], was 1% der gesamten Selbständigen und 0,3% der Gesamtbeschäftigten im Jahre 1976 entspricht. 1966 betrug ihre Zahl erst 17 965; vorwiegend waren sie in medizinischen Berufen tätig oder führten als Akademiker und Spezialisten Beraterfirmen. Ihre Zahl stieg mithin in den letzten zehn Jahren um 75,5%[4]. Den wichtigsten und umfangreichsten Teil dieser Schicht bildeten die staatlichen und privaten Gehaltsempfänger, die Angestellten und Beamten; als professionelle bürokratisch-technokratische Intelligenzia waren sie damit auch Funktionsträger neuer Berufe. Abgesehen von den Beschäftigten im Dienstleistungs- und Agrarsektor sowie den "Sicherheitsbeamten" (Armee, Polizei u.ä.) waren 1976 insgesamt ca. 1 Mill. als Angestellte und Beamte beschäftigt, 50,9% davon in technischen, wissenschaftlichen und anderen qualifizierten Berufen. 91,8% aller Beschäftigten dieser Berufsgruppe, d.h. absolut 492 667 Personen, waren Gehaltsempfänger[5]; davon stellten 45,5% die Verwaltungsbeamten, Büroangestellten und ähnliche Berufe. 3,6%, d.h. 34 906 Beschäftigte waren höhere Staatsbeamte und Manager; sie hatten die Führungspositionen in der öffentlichen Verwaltung sowie der Wirtschaft inne.

Grob gegliedert bestand die professionelle Mittelschicht zu 51% aus *Technokraten* und zu 49% aus *Bürokraten*. Zu 75,7% waren sie im öffentlichen Dienst, zu 24,3% im privaten Sektor angestellt (vgl. Tab. 59). Die Mehrheit der Beschäftigten in technischen, wissenschaftlichen und anderen qualifizierten Berufen waren staatliche Gehaltsempfänger (83,4%), nur 16,6% waren Angestellte im privaten Sektor[6]. Mit 45,5% aller Gehaltsempfänger stellten sie den zahlenmäßig größten Teil der Masse der Bürokraten; ihre Mehrheit, d.h. 68,6% waren als staatliche Verwaltungsbeamte, nur 31,4% als Büroangestellte und in ähnlichen Berufen beschäftigt (vgl. Tab. 59). Die 19 275 höheren Staatsbeamten[7] die 55,2% der höchsten Gehaltsempfänger stellten, gehörten nicht nur zum einflußreichsten Teil der neuen professionellen Mittelschicht, weil sie praktisch über die Verwendung großer Teile des nationalen Reichtums als Staatseigentum frei verfügen konnten; sie waren es auch, die zum Teil eine Personalunion von "Bourgeoisie" und Bürokratie verkörperten, so daß man sie auch als "bürokratische Bourgeoisie" bzw. als "Staatsbourgeoisie" bezeichnen kann.

Auch die 1976 gezählten 156 234 Studenten und die 741 000 Oberschüler[8], die alle ein Teil der neuen Mittelschicht werden wollten, sind zu dieser sozialen Gruppe zu rechnen. Eine Untersuchung des Verhältnisses von Ausbildung und Beruf bei den Absolventen des Politechnikums ergab, daß, aufgrund der besonderen Privilegien, die mit einer Beamtenstellung verbunden waren, 87% der Absolventen im Staatsdienst und nur 13% im privaten Sektor arbeiteten[9]. Dieselbe Untersuchung kommt zu dem Ergebnis, daß diese Absolventen ihre Qualifikation mit der Hoffnung auf einen sozialen Aufstieg verbanden. Ein derart unmittelbares Verhältnis zwischen Hochschulausbildung und höchsten Stellungen in Staat und Gesellschaft ließen die iranischen Universitäten eher zu Produktionsstätten der politischen "Elite" als der Wissenschaft werden.

Nach den Untersuchungen des "Instituts für Sozialforschung"
der Universität Teheran über die Absolventen des Politechnikums Teheran, in welchen die soziale Herkunft nach dem Beruf
des Vaters bestimmt wurde, waren 1% der Väter in Berufen mit
Hochschulabschluß tätig, 42% waren Lehrer oder andere Staatsbeamte und 57% gehörten den Berufsgruppen der traditionellen
Kleinbourgeoisie an[10]. Hier zeigt sich eine vertikale Mobilität der neuen Mittelschicht, deren soziale Herkunftsklasse
vorwiegend, d.h. zu 57%, die traditionelle Kleinbourgeoisie
war. Weitere 42% entstammten der neuen Fraktion der Kleinbourgeoisie, die sich im Zuge der Entwicklung des Kapitalismus
nicht nur erweiterte, sondern auch in ihrer Herkunft verschob,
was sich an einem Vergleich der sozialen Herkunft der Studenten in zwei verschiedenen Zeit- und Entwicklungsabschnitten
der iranischen Gesellschaft zeigen läßt. Eine Untersuchung
betrifft die soziale Herkunft der ersten Gruppe der während
des Pahlavi-Regimes ins Ausland geschickten Studenten[11], die
andere die Studenten der sieben technischen Hochschulen des
Iran; bei beiden Untersuchungen wurde der Beruf des Vaters
als Kriterium der Klassifizierung herangezogen. Von den 640
Personen, die zwischen 1918 und 1923 zum Studium ins Ausland
geschickt wurden, beantworteten 176, d.h. ein Viertel, die
Fragebögen. Ihre Väter waren zu 32% Staatsbeamte, zu 17%
Kaufleute, zu 13% in Berufen mit Hochschulabschluß, also als
Ärzte, Richter, Rechtsanwälte, Professoren oder Ingenieure
tätig, und zu 12% Grundbesitzer. Bereits in dieser Gruppe
kündigte sich eine soziale Mobilität als Ausdruck des Zersetzungsprozesses der traditionellen iranischen Gesellschaft an,
wenn man bedenkt, daß die Studenten, die seit 1870 und während
der Ghadjaren-Herrschaft ins Ausland geschickt worden waren,
vor allem aus Familien des Hofstaates stammten. Insbesondere
seit Ende des 19. Jahrhunderts entstanden, bedingt durch die
ökonomische Entwicklung, neben den traditionellen Klassen
einerseits die Handels-, Finanz- und Industriebourgeoisie,
andererseits eine Arbeiterklasse in ihrer embryonalen Form.
Obwohl zahlenmäßig noch sehr unbedeutend, nahm ihre gesellschaftliche Relevanz mit der Zeit zu; dementsprechend stieg
auch die Anzahl der aus diesen Schichten stammenden Studenten.

Existierten bis 1934 im Iran keine Hochschulen im europäischen Sinne, was die wohlhabenden Familien zwang, ihre Söhne zum Studium ins Ausland zu schicken, so begannen sie nun weitgehend auch im Lande selbst zu studieren. Nach Abschluß ihres Studiums nahmen sie zumeist hohe Stellen in der sich entwickelnden Bürokratie ein; allein in den ersten Gründungsjahren der Universität wurden Hochschullehrern, die zur ersten Gruppe der Auslandsstudenten gehörten, 98 wichtige politische Posten überlassen[12]. Da das Universitätsstudium großes Ansehen genoß, wurde es zu einer neuen Quelle der Macht und blieb zunächst, insbesondere in der Hauptstadt, den Söhnen von Großgrundbesitzern, Kaufleuten, Beamten und wohlhabenden Angehörigen der traditionellen Kleinbourgeoisie vorbehalten. Anfänglich wurden manche Studiengänge sogar durch den Einsatz von Beziehungen bei der Aufnahme an die Universität monopolisiert; dies wurde zumeist durch weitere Auslandsstudien der Söhne aus wohlhabenden Familien zementiert. Als seit 1955 mit der Gründung neuer Hochschulen in mehreren Städten, vor allem in Teheran, der durch den sich entwickelnden Kapitalismus hervorgerufenen Nachfrage nach qualifizierten Kräften begegnet werden sollte, verschaffte die quantitative Ausweitung der Studienplätze auch neuen Schichten Zugang zur Hochschule. Da die schulische Ausbildung nur auf das Abitur ausgerichtet war und technische bzw. Gewerbeschulen - mit Ausnahme einer von Deutschland vor dem 2. Weltkrieg errichteten - noch nicht bestanden, konnte jedoch auch eine Ausweitung der Universitäten den Zustrom ausbildungssuchender Abiturienten nicht aufnehmen, so daß nur 10% der Studienbewerber einen Ausbildungsplatz an der Universität erhielten[13]. Einziger Ausweg, der Arbeitslosigkeit zu entgehen, war wiederum das Auslandsstudium.

Mit der Veränderung der sozialen Stellung der Universitäten als Produktionsstätten künftiger Technokraten und Bürokraten wandelte sich die soziale Zusammensetzung der Studenten entsprechend ihrer sozialen Herkunft, wie es aus dem Vergleich der Tabellen 60 und 61 deutlich wird. Der Anteil der Studenten mit traditionell kleinbürgerlicher Herkunft, d.h. aus Handwerker- und Kleinhändlerfamilien, stieg auf 33,2%; in den 70er Jahren dürfte ihr Anteil noch weiter gewachsen sein. Gleichzeitig ging der Anteil der Studenten mit bürgerlicher Herkunft, d.h. aus Kaufmannsfamilien, von 16,8% auf 11,2%, der der Studenten aus Großgrundbesitzerfamilien von 11,7% auf 6,8% zurück. Ursprünglich bildeten die Beamtenkinder mit 32,7% die zahlenmäßig stärkste Studentengruppe; ihr Anteil sank nun auf 29,7%. Demgegenüber stieg der Anteil der Kinder höherer Staatsbeamter (Politiker und Armeeangehörige) von 7,7% auf 8,1%. Damit stammten 33,2% der Studenten aus Familien der traditionellen Kleinbourgeoisie und 35,7% aus der neuen Mittelschicht.

Das charakteristische Moment dieser Entwicklung liegt im Widerspruch zwischen der veränderten Stellung der "wissenschaftlich-technischen Intelligenzia" in der gesamtgesellschaftlichen Reproduktion bei gleichzeitigem praktischem Ausschluß von jeglichem politischen Entscheidungsprozeß aufgrund einer mangelnden politischen Repräsentation. Dieser Widerspruch manifestierte sich, als Funktion der Konservierung der politischen Kultur, in der Pahlavi-Monarchie, die selbst Produkt der Übergangsform zum Kapitalismus war. Ihr fast ein halbes Jahrhundert währendes Regime tradierte altvertraute Herrschaftsmuster[14]: jede Beziehung zum Shah war geprägt durch passive Unterwerfung; gleichzeitig herrschte zwischen allen Personen, Gruppen und Klassen ein balanciertes Rivalitätsverhältnis. Häufig wurde das erste Muster durch das zweite verstärkt, da die internen Machtkämpfe einen Kampf gegen die stärkste Kraft des Systems verhinderten; dabei neigten aber gerade diejenigen, die ständig in Rivalitäten verstrickt waren, dazu, alle Personen und Gruppen unter solchen Aspekten zu betrachten und auch den Monarchen einzuschließen. Zwar gelang es sowohl Reza Shah als auch seinem Sohn und Nachfolger immer wieder, die allgemeine Unterwerfungshaltung dem Thron gegenüber zu festigen; entscheidend war jedoch, daß auch nach außen hin nicht der Eindruck entstehen durfte, ein konkurrierendes Machtzentrum bedrohe diese Struktur. Denn bereits die Existenz einer solchen Konkurrenz hätte die Autorität des Shah in Frage gestellt und damit dem Zusammenbruch des herrschenden Verhaltensmusters - der bedingungslosen Unterwerfung unter den Monarchen - Vorschub geleistet.Gleichzeitig hätte sich das Aufbegehren gegen die herrschende Autorität als neues mögliches Verhaltensmuster etablieren können. Aus einer auf derartigen Strukturen basierenden Herrschaft erklärten sich teilweise die Spannungen, die sich zwischen der Geistlichkeit als traditioneller iranischer Intelligenz und beiden Pahlavi-Monarchen entwickelten; erst nachdem der Shah jeweils die eigene Position innerhalb des Herrschaftssystems konsolidiert hatte, konnte er gegen die führenden Geistlichen auftreten, die mit ihrer imaginierten Beziehung zum verborgenen Imam für ihn eine permanente Bedrohung des dargestellten Typs repräsentierten.

Eine weitaus gefährlichere, aus dem politischen System selbst erwachsende Bedrohung dieser Art von Herrschaft stellte Mossadegh dar; gestützt durch eine Massenbasis und versehen mit charismatischen Qualitäten verkörperte er genau den Typ des Rivalen, der den Shah sogar in den Schatten stellte und daher vernichtet werden mußte. Eine potentielle Bedrohung dieser Art bedeuteten auch solche Individuen, die zwar nicht in direkter Konkurrenz zum Monarchen standen, sich aber weigerten, als seine Funktionsträger aufzutreten. Die Khane der großen Stämme, die während der Herrschaft Reza Shahs dafür häufig mit dem Leben bezahlen mußten, stehen ebenso beispielhaft für diese Herausforderung der Macht, wie die Politiker, die Mohammad Reza Shah ins Gefängnis werfen ließ (Bazargan), ins Exil trieb (Muzaffar Firuz), unter Hausarrest stellte (Allahjar Saleh, Mohammad Darakhshesh) oder ermorden ließ (Taimur Bakhtiar).

Mit der quantitativen Zunahme der professionellen Mittelschicht und der Veränderung ihrer Rolle und Stellung im gesamtgesellschaftlichen Reproduktionszusammenhang entstand neuerlich eine Bedrohung der geforderten Unterwerfungshaltung; im Unterschied zur Rivalität der Geistlichkeit oder einzelner Politiker gefährdete sie jedoch nicht nur eine *bestimmte* Beziehung, sondern das Beziehungssystem selbst. So konnte der Shah der Herausforderung einer sozialen Schicht, die gegen ein System und nicht nur gegen eine Persönlichkeit opponierte , nicht mehr auf traditionelle Art und Weise begegnen. Die üblichen Methoden der Unterdrückung erwiesen sich als zu schwache Mittel, um sie ruhig zu stellen oder gar für sich zu gewinnen. Damit konfrontierte die professionelle Mittelschicht als Ausdruck des Wandels der bisherigen sozialen Strukturen das traditionelle System sowohl auf der politischen wie auf der sozialen Ebene mit ihrem Streben nach Umwälzung der Verhältnisse. Dem konnte von Seiten des Regimes nur mit Reformen entgegengewirkt werden, die mithin weitgehend als Maßnahmen zur Stabilisierung der traditionellen Herrschaftsverhältnisse zu verstehen sind.

Dementsprechend läßt sich die Herrschaftszeit Mohammad Reza Shahs in drei politisch unterschiedliche Phasen[15] einteilen, die mehr oder weniger stark von verschiedenen herrschaftsstabilisierenden Maßnahmen dominiert waren. Die unintendierte Folge der Reformen war jedoch die Entstehung einer beispiellosen Einheitsfront zwischen der nonkonformistischen Fraktion der professionellen Mittelschicht und der aktivistischen Geistlichkeit als traditioneller iranischer Intelligenz. Diese Einheitsfront zweier sich historisch ausschließender Elemente gesellschaftlicher Entwicklung ist die klarste Artikulationsform der "Ungleichzeitigkeit" und, trotz ihrer historischen Unvereinbarkeit, Produkt einer gemeinsamen Marginalisierung, die sich sukzessive in drei Phasen vollzog. Die zu Beginn des Jahres 1963 im Zuge der "Weißen Revolution" eingeleiteten Reformen und die damit einhergehenden Unruhen unter Führung Khomeinis markieren dabei den *Wendepunkt* vom Quietismus zum militanten Aktivismus.

2.4.3. ZUR ENTSTEHUNG DER MILITANZ DER NONKONFORMISTISCHEN FRAKTION DER NEUEN MITTELSCHICHT ALS FUNKTION IHRER POLITISCHEN MARGINALISIERUNG

Bedingten die politischen Herausforderungen des Shah-Regimes jeweils entsprechende herrschaftsstabilisierende Maßnahmen, so riefen diese wiederum unterschiedliche Reaktionen bei der neuen Mittelschicht hervor, die zu ihrer Fraktionierung führten.

Die erste Phase, die unter dem Zeichen der erzwungenen Abdankung Reza Shahs und der Inthronisierung Mohammad Reza Shahs stand, umfaßt den Zeitraum zwischen 1941 und 1951. Während dieser Phase relativer politischer Freiheit entstanden Oppositionsgruppen unterschiedlichster Richtung ebenso wie zahlreiche Zeitungen, die gleichermaßen das Regime und die Mitglieder der herrschenden Klasse vehement angriffen. Angesichts dieser Situation war der junge Monarch nicht in der Lage, unumschränkte Loyalität und Gehorsam zu erlangen, sondern vielmehr gezwungen, sich permanent mit den unterschiedlichen rivalisierenden Kräften auseinanderzusetzen. Dagegen blieben auf der Ebene der Klassenverhältnisse die Muster persönlicher und direkter Rivalität weitgehend erhalten, da sich die sozialen Strukturen kaum verändert hatten. Doch zeitigten auch hier bereits die ersten Ansätze zur Bildung einer professionellen Mittelschicht, die einen Großteil der Opposition in sich vereinte, destabilisierende Wirkungen auf die traditionellen Machtmuster. Die oppositionelle Stimmung kulminierte im Februar 1949 in einem Attentatsversuch auf den Shah. Dieser sah sich daraufhin zu gewissen Zugeständnissen gezwungen; auf Anraten der USA begann er 1951 mit dem sukzessiven Verkauf der Kronländereien, ohne jedoch die Durchführung einer Landreform ernsthaft zu planen[1].

Da die Opposition der 40er Jahre immer noch eine primär individuelle und gegen den Shah, nicht aber gegen das traditionelle System politischer Herrschaft gerichtete war, lagen die Bedrohungen in erster Linie auf der Ebene der persönlichen Rivalität. Die einzig größere organisierte Bedrohung der politischen Elite ging von der Tudeh-Partei aus, deren Mitglieder sich aus den Unzufriedenen aller Klassen rekrutierten. Obgleich die Führung der Partei in den Händen von Mitgliedern der professionellen Mittelschicht lag, organisierte auch sie sich weitgehend nach den Prinzipien von Personalismus und Konkurrenz. Nicht allein die Führer waren untereinander zerstritten, sondern auch von der Masse der Parteimitglieder getrennt. Es kam zu einer internen Spaltung in einen linken Flügel, dem vor allem Studenten und junge Mitglieder angehörten, und eine Parteirechte, in der sich die Führung und große Teile der Basis zusammenfanden. Ergebnis dieser Spaltung war die weitgehende Unfähigkeit der Partei, in entscheidenden Augenblicken Entschlüsse zu fassen, ein Faktum, das wesentlich zu ihrer Niederlage beitrug.

Analysiert man die Tudeh-Partei nach den Kriterien der Machtbeziehungen, so erscheint das in den 50er und 60er Jahren erfolgte Überlaufen verschiedener ehemaliger Tudeh-Mitglieder zur politischen Elite und zur SAWAK weitaus erklärlicher als auf den ersten Blick, war sie doch im selben System entstanden wie jene. Auch als radikalster Flügel der Opposition der 40er Jahre blieb sie dem traditionell hierarchischen Herrschaftsmuster verhaftet und griff weder die Klassenstruktur noch die überlieferten Verkehrsformen an. So konnte der Shah mit ebenso traditionellen Maßnahmen seine eigene Position stärken, ohne sich die Mitglieder der ökonomisch herrschenden Klasse durch weitergehende Reformen zu entfremden, da jene dem traditionellen System politischer Herrschaft weitestgehend loyal gegenüberstanden. Dennoch kam auch der teilweise Verkauf des Kronlandes erst unter massivem Druck zustande; seine Durchführung, die zeitlich mit der Ermordung von Premierminister Razmara und dem Aufstieg Mossadeghs zusammenfiel, leitete zu einer neuen Phase der Bedrohung des traditionellen Machtgefüges über.

Als Reaktion auf die vom Shah an Großbritannien vergebenen Ölkonzessionen sammelten sich die iranischen Mittelschichten um die INF unter Mossadeghs Führung, der sowohl radikale Sozialreformen als auch eine Revolutionierung des politischen Systems versprach und damit für die traditionellen politischen Herrschaftsstrukturen eine gefährlichere Herausforderung darstellte als alle vergangenen. Dabei konnte diese von der breiten Masse der Bevölkerung getragene Bewegung nicht mehr allein auf der Basis persönlicher Machtbeziehungen erklärt werden. Während die rasch wachsende professionelle Mittelschicht ihre Hauptstütze bildete, hatte auch die Bourgeoisie eine zentrale Rolle in dieser Klassenallianz inne. Die bourgeoise Mittelschicht zog sich jedoch aufgrund ihrer ökonomischen Klasseninteressen, die sich mit dem wachsenden Einfluß der Tudeh-Partei nicht vereinbaren ließen, aus der Bewegung zurück. Als sich die wirtschaftliche Lage verschlechterte und zudem die religiösen Lehrsätze bedroht schienen, schwand auch die Unterstützung des Bazars. Schließlich wurde Mossadegh durch die persönlichen Rivalitäten anderer Führer wie Baghai und Kashani isoliert, wenngleich jene ideologische Rechtfertigungen als Gründe anführten. Obwohl also letztendlich das traditionelle System die kurze Aera der Neuansätze unter Mossadegh überlebte, markierte dennoch diese Periode einen bedeutenden Wendepunkt; sowohl die Maßnahmen des Shah, die zur Aufrechterhaltung seiner Machtposition innerhalb des traditionellen Systems erforderlich wurden, wie auch die Reaktion der Opposition und ihre weitere Entwicklung wiesen in eine neue Richtung. Erstmalig drohte dem Monarchen nicht allein ein persönlicher Machtverlust, sondern die konkrete Vertreibung aus dem Iran, was nicht nur auf die individuelle Persönlichkeit der Herausforderer, sondern weitgehend auf die Erschütterung des traditionellen Systems zurückzuführen ist. Diese Erfahrung verdeutlichte dem Shah und seinen Beratern, daß künftig die Ausschaltung bestimmter Personen zur Stabilisierung der traditionellen Machtbeziehungen nicht ausreichen würde; eine Politik, die der Herausforderung sozialer Klassen entgegengesetzt werden konnte, mußte jedoch erst noch entwickelt werden[2].

Unmittelbar nach dem Sturz Mossadeghs im August 1953 begann der Shah, einen Kreis von unbezweifelbarer politischer Loyalität um sich zu errichten; gleichzeitig wurde ein Ausbau der Geheimpolizei sowie Säuberungen innerhalb der Armee vorgenommen. Diese Kräfte gingen radikal gegen all diejenigen vor, die sich den traditionellen Herrschaftsstrukturen widersetzt hatten; jede Art politischer Opposition wurde unmöglich, und das Land fiel in einen Zustand politischer "Friedhofsruhe". Wiederum war es die neue professionelle Mittelschicht, die ab 1960 politische Aktivitäten entwickelte; die unter ihrer Führung stattfindenden Straßendemonstrationen forderten das Regime in einer bisher ungeahnten Stärke heraus und leiteten eine Entwicklung ein, die 1963 ihren Höhepunkt erreichen sollte[3].

In den vorangegangenen Jahren hatte sich die Intelligenzia soweit konsolidieren können, daß sie nun aufgrund ihrer zahlenmäßigen Größe wie auch ihrer Forderungen eine wirkliche Bedrohung für die traditionellen Machtverhältnisse darstellte. Im Gegensatz zu früher lag jetzt die Herausforderung auf der sozialen Ebene: nicht allein traditionelle politische Herrschaftsmuster, sondern die Klassenstruktur selbst wurde infrage gestellt. Angesichts dessen sahen sich der Shah und die politische Elite gezwungen, einerseits die führenden Kräfte der neuen Klasse in das traditionelle System zu integrieren, gleichzeitig aber diejenigen Klassen, die die traditionellen Herrschaftsmuster unterstützten, zu stärken; insbesondere letzteres war lange Zeit versäumt worden[4].

Vor allem ökonomische Angebote sowie gelegentliche finanzielle und andere "Zuwendungen" waren es, die die Mitglieder der Intelligenz zu einer "Integration" im Sinne der traditionellen Beziehungen bewegen sollten. Diese Politik führte zu einer Spaltung der modernen Mittelschicht in verschiedene Fraktionen. Während die "Opportunisten" auf diese Konzessionen eingingen und damit das traditionelle System unterstützten, wurde es gleichzeitig während der Unruhen der frühen 60er Jahre immer deutlicher, daß wachsende Teile der professionellen Mittelschicht diese Form der "Integration" verweigerten. Ihrer zunehmenden Militanz mußte eine Kraft gegenübergestellt werden, die die traditionellen Strukturen stützte und sicherte; dafür schien vor allem die Bauernschaft geeignet. Damit verfolgte die im Januar 1963 eingeleitete "Weiße Revolution" zwei Ziele: einerseits sollten die Bauern zur Unterstützung des Shah und der politischen Elite motiviert werden; zum anderen aber sollte der Eindruck entstehen, daß das Regime auch zu ideologischen Konzessionen gegenüber der Intelligenzia bereit sei, welche ein zunehmendes Interesse für die ausgebeuteten Klassen bezeugte[5].

Obwohl die "Weiße Revolution" tatsächlich eine Perpetuierung der bestehenden Herrschaftsstrukturen auf der Basis der traditionellen Verkehrsformen intendierte, begann die politische Elite nun, sich einer revolutionären Sprache zu bedienen und die Reformmaßnahmen als grandiosen Fortschritt zu deklarieren. Sowohl in den legalen "Parteien" des Shah, als auch - etwa seit 1965 - in den Massenkommunikationsmitteln wurde sie die Sprache derer, die im Namen der Revolution das traditionelle System zu konservieren suchten. Alle Ideen der "Weißen Revolution" gingen angeblich auf den Shah zurück; tatsächlich bemühten sich aber zahlreiche aufstiegsorientierte Mitglieder der Intelligenzia, dem Monarchen ihre Reformvorschläge nahezubringen, damit er sie zum Bestandteil "seiner" Revolution machte. Einzig auf diese Art bestand die Chance, innerhalb des traditionellen Systems Innovationen durchzusetzen. Dabei durften jedoch gerade die Personen, die für die praktische Umsetzung der Reformen notwendig waren, nicht zu mächtig werden, da ein hohes Maß an Popularität das traditionelle Beziehungsgeflecht potentiell unterminierte. Dies hatte zur Folge, daß die Ausführung der Reformen in hohem Maße unter dem fehlenden Engagement der qualifizierten Arbeitskräfte litt. Denn insbesondere zahlreiche Mitglieder der professionellen Mittelschicht, die das "Qualifikationsmonopol" besaß, fühlten sich *allgemein* übergangen und bildeten daher auch weiterhin eine permanente Gefahrenquelle für das traditionelle System[6].

Da jedoch das Regime bei der Durchführung der Reformen gerade auf die qualifiziert ausgebildeten Mitglieder dieser Schicht angewiesen war, mußte es erneut versuchen, jene für sich zu gewinnen. Wiederum waren es vor allem ökonomische Offerten in Form von hochbezahlten Tätigkeiten, die selbst kritisch eingestellten Personen unterbreitet wurden. Ergingen derartige "Verführungen" also gleichermaßen an *Opportunisten, Technokraten und Bürokraten* wie auch an *Nonkonformisten*, so konnten doch allein die Opportunisten bedeutendere Positionen auch im politischen Bereich bekleiden; der Rest hingegen war zum Verzicht auf jegliche Art von politischer Repräsentation und gesellschaftlicher Mitentscheidung gezwungen.

Daher erkannten weite Teile der professionellen Mittelschicht den wahren Charakter der "Weißen Revolution"; während sie mit Hilfe von wirtschaftlichen Privilegien zur Aufgabe ihrer politischen Forderungen genötigt und damit als Bedrohung der politischen Herrschaftsstrukturen ausgeschaltet werden sollten, ergingen gleichzeitig ständige Aufforderungen an sie, sich für die Durchsetzung der Reformmaßnahmen zu engagieren, die ihre eigenen Interessen in keiner Weise berücksichtigten. Die eher diskriminierenden Zugeständnisse von Seiten des Regimes entlarvten sie als Bestechungsversuche, die die Unterstützung auch der Oppositionellen gewährleisten sollten; offensichtlich wurde das Ziel verfolgt, sie mit Hilfe der Bauern als Machtfaktor zu neutralisieren und damit das traditionelle Gefüge der politischen Herrschaft längerfristig abzusichern. Angesichts der Ohnmacht ihrer bisherigen Form der Opposition griffen daher Teile der Nonkonformisten zu militanten Formen der Auflehnung; die Organisationen der *"Volks-Modjahedin"* und der *"Volks-Fedaijan"* waren Produkte dieser Entwicklung[7].

Beide Organisationen entstanden Mitte der 60er Jahre, als nach den niedergeworfenen Unruhen in der darauffolgenden Zeit der politischen "Friedhofsruhe" die religiöse wie auch die säkulare Opposition nach neuen Wegen suchte. Die verschärfte Kontrolle des öffentlichen Lebens und der religiösen Zentren durch die SAWAK ließ ein offenes politisches Handeln nicht zu, zumal die Vertreter der alten Parteien wegen des Versuchs, eine neue politische Plattform zu schaffen, verhaftet worden waren und damit die in der "Nationalfront" zusammengeschlossenen Parteien endgültig ihre Aktionsfähigkeit verloren. So schien allein der bewaffnete Kampf eine Antwort auf die Frage nach möglichen Handlungsperspektiven zu geben[8].

Die Gründer der "Modjahedin" stammten hauptsächlich aus den Reihen der jüngeren Organisationsmitglieder der 1962 von Mehdi Bazargan und Ayatollah Taleghani gegründeten, im Untergrund arbeitenden "Iranischen Freiheitsbewegung". Die Unfähigkeit der "Nationalfront", deren religiösen Flügel die "Freiheitsbewegung" bildete, auf die politischen und sozialen Probleme der beginnenden 60er Jahre angemessen zu reagieren, dürfte ein wesentliches Motiv für den Aufbau der Organisation der "Modjahedin" gewesen sein. So bildeten Mohammad Hanifnedjad, Said Mohsen, 'Ali Asghar Badiezadegan und sechs weitere Studenten der Teheraner Universität eine Gruppe, die 1971 erstmalig mit einem Anschlag auf das Teheraner Elektrizitätswerk öffentlich in Erscheinung trat.

Hanifnedjad war mit 27 Jahren der älteste der Gründer. Als Sohn eines kleinen Ladenbesitzers aus einer religiösen Familie aus Tabriz stammend, war er bereits als Gymnasiast in politischreligiöse Aktivitäten verwickelt. Während seines Agronomiestudiums gründete er eine islamische Studentenvereinigung und wurde Mitglied der "Iranischen Freiheitsbewegung". Aufgrund seiner Beteiligung an den Unruhen von 1963 wurde er verhaftet; im Gefängnis lernte er Taleghani kennen, der ihn in der Koraninterpretation unterrichtete. Ebenso wie Hanifnedjad stammten auch der Ingenieur Mohsen und der Chemieassistent Badiezadegan aus shi'itischen Mittelschichtfamilien.

In der Phase ihres Aufbaus waren die Modjahedin neben Mitgliederwerbung mit der Ausarbeitung einer "Theorie" beschäftigt, die es ihnen ermöglichen sollte, aus der *"ideologischen Ratlosigkeit"* der Zeit Konsequenzen zu ziehen. Die Schulung der innerhalb von sechs Jahren auf 200 Mitglieder angewachsenen Organisation reichte vom Studium religiöser Schriften bis zur Geschichte der algerischen, kubanischen, chinesischen, russischen und vietnamesischen Revolution. Nach einer militärischen Ausbildung in den Lagern der PLO verübten die Modjahedin eine Anzahl von Sprengstoffanschlägen und bewaffneten Überfällen. Diese militanten Aktionen wie auch zahlreiche Hinrichtungen kosteten die Organisation ihre gesamte ursprüngliche Führungsspitze. Trotzdem überlebte die Gruppe und entwickelte einen dominanten "marxistisch-leninistischen" Flügel, der sich nach einer inneren "Säuberung" schließlich 1975 abspaltete und als selbständige Gruppe *"Peykar"* (Kampf) weiter agierte. Auch die verbliebene religiöse Fraktion, die weiterhin den Namen "Modjahedin-e khalgh" trug, vertrat "marxistische" Denkansätze.

Die meisten ihrer Mitglieder, mit Ausnahme der Gründer, stammten aus den zentralen Provinzen, vor allem aus Isfahan, Fars und Hamadan; sie waren Kinder aus religiösen, ausschließlich shi'itischen Familien von Kaufleuten, Bazarhändlern und Geistlichen, entstammten also der traditionellen Mittelschicht. Im Gegensatz dazu kamen die meisten Fedaijan aus weltlich eingestellten Familien aus den nördlichen Großstädten Tabriz, Rasht, Gorgan und Ghazwin sowie aus Teheran und Mashad. Ihre Väter waren freiberuflich oder in anderen Bereichen der modernen Mittelschicht tätig; auch arbeiteten in ihrer Organisation nicht nur Shi'iten, sondern auch Angehörige religiöser Minderheiten [9].

Die Fedaijan entstanden 1971 aus dem Zusammenschluß dreier Strömungen, deren dominanteste aus der Tudeh-Partei kam; so stellen sie, obwohl sie offiziell nicht als eine Abspaltung der Tudeh-Partei gelten, doch eine faktische Abspaltung dar, zumal die meisten ihrer Anhänger sich aus ehemaligen jüngeren Mitgliedern der Tudeh-Partei rekrutieren[10]. So trat beispielsweise Bijan Djazani, eines der führenden Mitglieder und Chefideologe der Fedaijan,1947 im Alter von zehn Jahren der Jugendorganisation der Tudeh-Partei bei. Schon nach dem CIA-Putsch ein Befürworter der bewaffneten Aktion, wurde er in den 50er Jahren mehrmals verhaftet, nahm im Gefängnis Kontakte zu ehemaligen Tudeh-Mitgliedern auf und gründete eine Untergrundorganisation, die 1963 unter dem Namen "Fedaijan-e khalgh" thesenartig ihre Strategie und Taktik des bewaffneten Kampfes formulierte. Das von Djazani eingebrachte fertige Denkgebäude der Tudeh-Partei mußte jedoch, angesichts der veränderten Lage, korrigiert werden; diese Korrekturen führte die zweite Gruppe aus, die den Fedaijan eine an der Ideologie Fidel Castros orientierte Richtung verlieh. Die führenden Köpfe dieser Fraktion, Ahmadzadeh und Pujan, stammten aus Mashad und waren in linken islamischen Kreisen in der entsprechenden Fraktion der "Nationalfront" verankert. Die dritte Gruppe, beheimatet in den altkommunistisch-azerbeidjanischen Kreisen von Tabriz, hatte nur einen geringen ideologischen Einfluß auf die Organisation.

Zwei Fragen standen von Anfang an im Mittelpunkt der Überlegungen der Fedaijan: wie kann eine linke Gruppe aktiv werden, und wie kann diese Aktivität vom Volk bzw. von der Arbeiterklasse übernommen werden. Schon bei den Verhandlungen über den Zusammenschluß der drei Gruppen wurde gemeinsam festgestellt, "daß es unmöglich war, unter der Masse zu agieren und Massenorganisationen zu schaffen"[11]. Darauf begründete Pujan die Notwendigkeit des bewaffneten Kampfes einer Guerilla-Organisation[12]. Die Aufgabe dieses Kampfes bestehe darin, die als Projektion der "absoluten Macht" in den Köpfen der Arbeiter etablierte eigene "Machtlosigkeit" zu beseitigen, und zwar durch die praktische Demonstration der "Verwundbarkeit des Regimes". Als praktische Konsequenz fand am 8.Februar 1971 die erste bewaffnete Aktion der Fedaijan gegen einen Gendarmerieposten in "Siahkal" statt. Während die Aktion militärisch eine Niederlage war, fand sie doch politisch eine gewisse Resonanz bei Studenten und Intellektuellen; sie symbolisierte gewissermaßen einen Ausbruch aus der langjährigen Passivität gegenüber dem alles unterdrückenden Staatsapparat. In den folgenden Jahren beschränkten sich die Aktionen der Fedaijan auf Operationen wie Bombenanschläge auf Banken, Entführungen, Überfälle auf Polizeistationen und "revolutionäre Hinrichtungen". Die hohen Verluste ihrer isolierten Aktionen brachten sie jedoch an den Rand der Selbstvernichtung, da 1976 alle Gründungsmitglieder getötet waren. So wurde die Organisation beim Aufstand von neueren und unerfahrenen Mitgliedern sowie Sympathisanten getragen, ohne daß eine personelle Kontinuität gewahrt bleiben konnte [13].

Auf dem Hintergrund der bisher dargestellten Entwicklung ist die Entstehung der militanten Organisationen der "Modjahedin" als "Glaubenskämpfer, *Märtyrer*, Helden" sowie der "Fedaijan" als "derjenigen, die ihr Leben einer Idee *opfern*" nicht allein als Ergebnis eines "gesellschaftlich notwendig falschen Bewußtseins" zu erklären. Ihre "*persönliche Opferbereitschaft*" entspringt vielmehr der "*Dynamik narzißtischer Störungen*"[14], die sich in einem *chiliastischen Aktivismus* manifestiert. Hier liegt der Kern ihres *Nativismus*, der nichts anderes darstellt als ein Ringen um einen eigenen *Selbstausdruck*. Dabei differieren allerdings die "ideologischen" Begründungen ihrer Handlungen, da die Mitglieder beider Gruppen zwar gleichermaßen zur modernen professionellen Mittelschicht zählen, jedoch eine unterschiedliche soziale Herkunft aufweisen, welche sie ihre Kränkungserfahrungen entsprechend unterschiedlich verarbeiten läßt.

2.4.3.1. DIE MODJAHEDIN-E KHALGH

Für die Modjahedin und ihre soziale Herkunftsklasse war die im Zersetzungsprozeß der traditionellen iranischen Gesellschaft sich vollziehende Trennung der Einheit von Selbst- und Objektrepräsentanz sowie der Übergang von der Vorindividualität zur Individualität ebenso schmerzhaft wie für die große Masse der

Marginalisierten, da jene gleichermaßen die durch die Auflösung verheißenen neuen Chancen nicht wahrnehmen konnten. Obwohl sie selbst Produkt jenes Zersetzungsprozesses waren, wurden sie, als sie begannen, ihre aus der Erfahrung der Trennung geborenen Ansprüche auf politische und ökonomische Macht gegenüber dem Ausland und der Monarchie zu formulieren, nach anfänglichen Erfolgen jeglicher Ausdrucksmöglichkeiten beraubt und zum Schweigen verurteilt. Hatten sie als "Kinder ihrer Zeit" versucht, die ersten eigenen Schritte auf der politischen Bühne zu tun, so ließen die Niederlagen von 1946, 1953 und 1963 auch für sie die Modernisierung und Kapitalisierung zur traumatischen Erfahrung werden, deren Aktualisierung sie seither tagtäglich erfuhren. Daran gehindert, die Chancen einer "Freiheit" zu nutzen, die die Auflösung der traditionellen Gesellschaft in sich trug, erfuhren sie ihre Vereinzelung in Form von Ohnmacht, Hilflosigkeit und permanenter Kränkung. Ihrer traditionellen, sicherheitsspendenden Beziehungen beraubt, wurde es ihnen unmöglich gemacht, ebenbürtige neue einzugehen, während sie gleichzeitig durch Marginalisierung und Stigmatisierung jegliche Zukunftsperspektiven verloren hatten. Solchermaßen von der Integration ausgeschlossen, wurden sie an die Vergangenheit gefesselt. So forderten sie die Wiederaneignung des enteigneten Selbst im Rahmen jener Denkweise und mit jener Sprache, die aus der traditionellen iranischen Gesellschaft hervorgegangen und ihnen vertraut war. Auf diese Weise kompensierten sie ihre eigene Ohnmacht gegenüber der als erdrückend empfundenen Realität. In dem Maße, in dem man sie politisch und sozial ausschloß und ihre Geschichte zu einer Geschichte der Kränkungen wurde, wuchs der Wunsch, sich des ohnmächtigen Selbst zu entledigen. So ist die ihre Ideologie bestimmende Verschmelzung der Vergangenheit mit der Zukunft über die Negation der Gegenwart als Kompensationsmechanismus und Ausdruck einer sich aus der Vergangenheit speisenden Vorstellungswelt der Modjahedin zu verstehen, während der bewaffnete Kampf die aktive Vorwegnahme der Zukunft und die Aufgabe des individuellen Selbst auf dem Hintergrund familialer und gesellschaftlicher Sozialisation darstellt.

Die Erfahrung der Enteignung des Selbst sowie die damit einhergehende Überlagerung und Vergewaltigung durch westliche Einflüsse nehmen in den Aussagen der Modjahedin einen zentralen Platz ein. "Die Imperialisten wollen, daß wir unsere traditionellen kulturellen Werte und unsere richtigen moralischen Normen vergessen, während sie einmarschieren und die Macht übernehmen. Dabei sollen wir schließlich unsere Kultur zugunsten des Angreifers aufgeben, der versucht, uns einer Gehirnwäsche zu unterziehen, unsere einheimischen Talente und Qualitäten zu zerstören und uns zu gierigen Tieren zu machen"[1]. Der starke Einfluß des Imperialismus beruhe darauf, daß der Iran eine vom Westen abhängige bürgerliche Gesellschaft sei, die der Shah, da er keine unabhängige nationale Politik betreibe, mit Unterstützung der Kompradorenbourgeoisie der Plünderung preisgebe. Die Abhängigkeit bestehe sowohl im ökonomischen als auch im politischen und militärischen Bereich; besonders verderblich sei aber das westliche Ideengut im kulturellen Sektor. So solle die "Bildungsrevolution" nur ein "blindes Nachäffen" der westlichen, insbesondere der US-amerikanischen Werte fördern. Dies werde vor allem an dem ständig wachsenden Konsum von unnötigen Luxusgütern deutlich, der allein dem Kapitalismus und dem Imperialismus diene[2].

Dabei stelle der Imperialismus nichts anderes als den universal gewordenen alten Kampf zwischen Ausbeutern und Ausgebeuteten dar, der sich zunächst in Form des Kolonialismus gezeigt habe, während er nun, aufgrund der erfolgreichen Unabhängigkeitskämpfe der Länder der Dritten Welt, als Imperialismus auftrete[3]. Nach dem aus dem shi'itischen Chiliasmus schöpfenden, manichäischen Imperialismusverständnis der Modjahedin wird jeder Proletarier zum Moslem, während der Kapitalist bzw. der Imperialist demgegenüber als Nicht-Moslem erscheint. Entsprechend werde der Kampf zwischen den beiden gegnerischen Mächten auf Weltebene ausgetragen, so daß die Modjahedin Seite an Seite mit anderen unterdrückten Völkern für ihre Unabhängigkeit kämpften. Dabei gebe es zwar keine Trennung zwischen anti-imperialistischem und anti-bürgerlichem Kampf[4], ersterer habe jedoch Vorrang vor letzterem[5].

Dieser auf der Erfahrung der Enteignung des Selbst beruhende, als "Antiimperialismus" erscheinende *Nativismus* dient den

Modjahedin als Begründung für den Weg des bewaffneten Kampfes. Er ergibt sich als Konsequenz aus dem von ihnen konstruierten teleologischen Geschichtsbegriff. Denn Geschichte ist für sie nichts anderes als die Vervollkommnung des Menschen zu Gott hin innerhalb eines Prozesses, der seinen Abschluß in der Errichtung einer ausbeutungsfreien Gesellschaft, der *Tohid-Gesellschaft*, findet; eine derartige Gesellschaft ermögliche eine maximale Annäherung des Menschen an Gott. "Ja wirklich, die Zeit wird kommen, in der die Menschen gleichberechtigt Nutzen aus der Natur und der Gesellschaft ziehen werden, eine Zeit, in der die vortrefflichen Talente des Menschen für die Vervollkommnung der Menschheit und der Welt verwendet und im Streben nach den höchsten Zielen entfaltet werden. Vom Standpunkt unserer Ideologie aus ist dieses Ziel Gott. Wir sind fest überzeugt von der gerichteten Tendenz der Geschichte und Evolution, der gerichteten Eigenschaften der Schöpfung und von der Regulierung der Welt durch den göttlichen Willen. Wir glauben auch, daß die Position des Menschen, als Teil des Seins, innerhalb des Evolutionsgesetzes eine maßgebliche ist. Denn wir sind davon überzeugt, daß die besondere Eigenschaft des Menschen der Besitz des eigenen Willens ist; gemäß dem Ruf der Schöpfung wird er durch diesen Willen aufgefordert, sich zu Gott hin zu entwickeln; dabei ist er frei und kann diesem Ruf auf jede von ihm gewünschte Art folgen. Die bewußten Menschen unseres Zeitalters haben ihren Willen dem Weg der Propheten verpflichtet. Diese waren die Verkünder der Befreiung der Menschen von allen Fesseln, die die Reaktion ihnen aufgebürdet hatte, eine Reaktion, die versklavte, ausbeutete und die Diktaturen ihrer Zeit ausmachte. Auch wir haben die Absicht, diesem Ruf zu folgen, diesem Ruf, den wir tief im Innern des unterdrückten Volkes, in der Natur und im evolutionären Prozeß hören. Wir horchen und geben unsere bejahende Antwort"[6].

In einer solchen Gesellschaft herrsche das Prinzip von Gleichheit und Gerechtigkeit, Ausbeutung und Armut wären abgeschafft, und ein jeder könnte seine grundlegenden Bedürfnisse befriedigen [7]. "In ihrem System rauben die Herrscher den Reichtum und Verdienst der Nation, geben Milliarden von Toman aus dem nationalen Vermögen für eine einzige Party oder Feier aus, spüren weder die Hitze des Sommers noch die Kälte des Winters und haben keine Produktionsmittel angerührt außer goldenen Kellen zur Grundsteinlegung eines vielgeschossigen Gebäudes und Scheren zum Durchschneiden von Bändern bei Eröffnungen. Im Gegensatz dazu besitzt das von uns gemeinte System das historische Modell und Beispiel Imam 'Alis, der mit seinen schwieligen Händen Dattelpalmen pflanzte, um sich selbst zu ernähren. Er hat einen Brunnen gegraben und Bäume mit eigener Hand bewässert, d.h. das oberste Mitglied der Gesellschaft leistet genau wie die einfachsten produktive Arbeit; und gleichzeitig findet 'Ali keine Ruhe aus Sorge, daß irgendjemand unter seiner Herrschaft hungrig eingeschlafen sein könnte"[8].

Damit wird die Beseitigung der Ausbeutung des Menschen durch den Menschen zum höchsten Ideal erklärt. Eine "ausbeutungsfreie" Gesellschaft existiert im Denken der Modjahedin jedoch nicht nur als Hoffnung, sondern als unabdingbare Gewißheit. So wird, indem sie der Geschichte einen auf ein von ihnen ersehntes Endziel hin determinierten Verlauf unterstellen, ihre Hoffnung zur Wirklichkeit, die Zukunft geistig vorweggenommen und damit die historische Möglichkeit einer ausbeutungsfreien Gesellschaft zur unausweichlichen historischen Notwendigkeit. In dieser eschatologischen Hoffnung manifestiert sich die Sehnsucht nach Spannungsfreiheit, Harmonie, fragloser Sicherheit und Geborgenheit der isolierten und gekränkten Individuen, die in den marginalisierten Schichten der religiösen Kaufleute, Bazarhändler und Geistlichen ihren sozialen Ursprung haben. Da diese den traditionellen Mittelschichten entstammenden Individuen ihr "Ich" aufgrund der fortschreitenden Marginalisierung innerhalb des "modernen" Staates nicht entwickeln konnten, sich also weder von der Urverunsicherung entfernen, noch einen der "primären Harmonie" ebenbürtigen Zustand mit den Mitteln herstellen konnten, die einem gereiften "Ich" zur Verfügung stehen, blieb ihnen als einzige Perspektive die Rückgewinnung eines "verlorenen Paradieses", das als unbeschwertes Leben in der Natur dargestellt wird, als "das süße Leben", in dem es weder Fremdbestimmung noch Ausbeutung oder Klassen gab und gemeinsam produziert und gelebt wurde[9]. Solchermaßen tritt die Zukunft in Gestalt der Vergangenheit auf; die Geschichte beschreibt einen Kreis, an dessen Ursprung und Ende die ersehnte Harmonie der *integrierten* Gesellschaft steht.

Da die verheißene ideale Gesellschaft die gleichen Strukturen aufweist wie die traditionelle iranische, können ihre Charakteristika auch nur als Negation der in der Gegenwart gemachten Erfahrungen beschrieben werden. So wird weder Herrschaft noch soziale Ungleichheit grundsätzlich abgelehnt, sondern lediglich in ein gerechtes, paternalistisches System übertragen, in dem der im Verhältnis zur jetzigen Ordnung geringere Abstand zwischen Arm und Reich durch Kooperation und Brüderlichkeit ausgeglichen werden soll. In einer derartigen Gesellschaft würde die politische Bedeutungslosigkeit der Modjahedin aufgehoben, ja in ihr Gegenteil verkehrt, so daß sie ihren "rechtmäßigen" Platz einnehmen könnten. Als milde Herrscher ließen sie jedem Mitglied der Gesellschaft einen Anteil zukommen, während ihre Moral die herrschende würde. In einem solchen Bild der idealen Gesellschaft verdeutlichen sich die Qualen, die ihnen die niemals ausgeglichene Urverunsicherung und die Kränkung durch Marginalisierung sowie durch "Modernisierung" und Kapitalisierung verursachten; weder konnten sie sich ihr entziehen, noch sie bejahen, da sie die Früchte dieser Entwicklung nicht ernten durften. Damit mußte die ersehnte Harmonie im Kleide der Vergangenheit auftreten, die so in der zerrissenen Gegenwart zur einzig *denkbaren* und möglichen Zukunft und mithin zur Realität in der Vorstellung der Modjahedin wurde.

Neben dem als "Islam" auftretenden shi'itisch-chiliastischen Aktivismus rekurrieren die Modjahedin in ihrer Ideologie auf die Naturgesetze, um so den "Beweis" für die Stimmigkeit der von ihnen projizierten Zukunftsgesellschaft zu erbringen. Demnach nimmt die Geschichte einen naturgesetzlichen Verlauf: "Das System der Schöpfung und der unvermeidlichen Geschichte sagt uns, daß die älteren Mächte zur Vernichtung verdammt sind, während die neuen Kräfte das Recht auf Leben, auf Wachstum und Evolution zur Vollkommenheit hin erwerben. Die sozialen Gesetze sind von den Naturgesetzen nicht zu trennen"[10]. Dieses an der Darwinschen Evolutionstheorie orientierte Denkmodell bedarf jedoch einiger Korrekturen, da es, konsequent zu Ende geführt, nicht die Gewißheit einer zukünftigen klassenlosen Gesellschaft untermauern würde, sondern im Gegenteil der Legitimation der herrschenden Verhältnisse diente; denn "Evolution" als "natürliche Auslese" impliziert, übertragen auf soziale Prozesse, ein politisches und ökonomisches System, in dem jeder auf sich selbst gestellt ist und nur der Anpassungsfähigste und Stärkste überlebt. Da eine solche Perspektive jegliche Veränderung im Sinne der Modjahedin ausschlösse, wird das evolutionäre Modell in einer Weise korrigiert, die es dem göttlichen Willen unterstellt; die "natürliche Auslese" erfolgt solchermaßen nicht mehr zwischen "stark" und "schwach", sondern zwischen "gut" und "böse". Gleichzeitig werden die Modjahedin über den bewaffneten Kampf und die Annahme des *Martyriums* zu den Starken. "Die Volksmodjahedin-Organisation hat die Ideologie des Martyriums angenommen und kennt ihre Pflicht, nämlich als Speerspitze des bewaffneten Massenkampfes zu dienen und dem Volk den Weg frei zu machen zu der tohidischen Gesellschaft, die klassenlos und frei ist"[11].

Im Bewußtsein der eigenen Stärke verlieren die Implikationen der Evolution wieder ihren ursprünglichen Gehalt und können für den "wissenschaftlichen" Beweis einer kommenden idealen Gesellschaft herangezogen werden, die durch den zum göttlichen Weg erklärten bewaffneten Kampf errichtet werden soll: "Das ist der Weg der Schöpfung und der Evolution der menschlichen Gesellschaft - und es gibt keinen anderen Weg außer diesem: den Weg des bewaffneten Kampfes zur Lösung des Widerspruchs zwischen der Wahrheit und allem, was nicht Wahrheit ist"[12], also zwischen *hagh* und *ba'atel* in der islamischen Terminologie 'Alis.

Wenn die Modjahedin in ihrer Ideologie mit einer naturwissenschaftlichen Beweisführung arbeiten, so dokumentiert dies den Einbruch eines Wissenschaftsbegriffs, der Objektivität für sich beansprucht und damit eine allein auf Glauben beruhende Weltanschauung nicht mehr zuläßt. Damit kommt dem "wissenschaftlichen" Nachweis der durch den shi'itischen Chiliasmus in Aussicht gestellten idealen Gesellschaft quasi eine Alibifunktion für die Modjahedin selbst zu, die sich ursprünglich vom naturwissenschaftlichen Studium einen sozialen Aufstieg versprochen hatten. Denn wenn auch die Schicht ihrer Herkunft an den Rand der Gesellschaft gedrängt worden war, so gab sie doch nie das Bestreben auf, einen angemessenen Platz auch in der bürgerlichen Gesellschaft zu erringen; daher schickte sie ihre Söhne aus der Provinz in die Großstädte, vor allem nach Teheran, um sie studieren zu lassen und ihnen damit eine geeignete Ausgangsbasis für den Existenzkampf in einer veränderten Gesellschaft zu schaffen. Der naturwissenschaftliche Studiengang verhinderte dabei gleichzeitig einen allzu engen Kontakt mit westlichen Ideen. Auf diesem Hintergrund konnte die Existenz der Wissenschaft nicht länger ignoriert werden; indem sich die Modjahedin also auf die Wissenschaft beziehen, versuchen sie, den zeitgemäßen intellektuellen Anforderungen gerecht zu werden, ohne auf die als Glaube verinnerlichten Denkmuster verzichten zu müssen. Denn allein durch den Glauben können sie sich auf dem Hintergrund ihrer gesellschaftlichen Erfahrungen und den daraus resultierenden psychischen Notwendigkeiten über die Implikationen einer "wissenschaftlichen" Gesellschaftsanalyse hinwegsetzen und die unerträgliche Gegenwart in eine sonnige Zukunft transzendieren.

Die Mitglieder der Modjahedin wuchsen in einer äußerst bewegten Phase der iranischen Geschichte auf, die durch ausländische Dominanz und Verletzung der Volkssouveränität, durch von außen aufgezwungene "Modernisierung" und politische Niederlagen der Mittelschichten gekennzeichnet war, durch Prozesse also, die vor allem in den Heranwachsenden unerträgliche Konflikte entstehen ließen. Entstammend aus streng religiösen Familien, entwickelte sich in ihnen über die Internalisierung der elterlichen Autorität ein Über-Ich/Ich-Ideal islamischer Prägung, das auf dem Hintergrund der "Verwestlichung" rigoros die Orientierung an islamischen Werten und Normen einforderte.

Während die elterlichen Anforderungen den Rahmen des islamischen Normenkodex nie überschritten, negierten gleichzeitig die übrigen Sozialisationsinstanzen, wie beispielsweise die Schule, eben diese Werte und forderten kategorisch eine Orientierung an den ihrigen. Solchermaßen zur Einhaltung zweier diametral entgegengesetzter Wertsysteme gezwungen, konnte dem kindlichen Individuum die bürgerliche Gesellschaft mit all ihren Symbolen nur fremd bleiben oder aber, auf dem Hintergrund der familialen Sozialisation, Ablehnung hervorrufen. Die permanente Einwirkung widerstreitender Forderungen ließ Unterwerfung und Selbstverleugnung als einziges Mittel erscheinen, um die Situation zu beherrschen und eine ausreichende Stabilität des Selbstgefühls zu gewährleisten. Dieser verinnerlichte Mechanismus von Unterwerfung und Selbstverleugnung, der den "autoritären Charakter"[13] bestimmt, ist gekennzeichnet durch sadomasochistische Impulse, die in dem gleichzeitigen Wunsch, selbst zu leiden und andere leiden zu machen, den Versuch des Individuums bezeichnen, sich seines zerrissenen und gekränkten individuellen Selbst zu entledigen. Eine derartige Persönlichkeitsstruktur erscheint typisch für die Modjahedin; denn da von den Eltern Gehorsam eingefordert wurde, während jene die elterliche Autorität verinnerlicht hatten, ließ ihr Über-Ich eine über das Allernotwendigste hinausgehende Öffnung für bzw. eine Anpassung an die "moderne" Gesellschaft nicht zu. Da sie sich aber dieser Gesellschaft auch nicht entziehen konnten, war es ihnen weder möglich, ein stabiles individuelles Selbstgefühl noch ein autonomes Ich zu entwickeln. So ließen islamische Sozialisation und gesellschaftliche Ohnmacht aufgrund persönlicher und politischer Erfahrungen sie die Welt entsprechend ihrer eigenen Spaltung *dualistisch* wahrnehmen: geteilt in "gut" und "böse", in Ausbeuter und Ausgebeutete und somit in zwei nicht aufeinander zurückführbare Prinzipien, von denen eines weichen mußte. "Die Wahrheit und die Falschheit führen Krieg gegeneinander. Auf der einen Seite stehen die Feinde des Volkes, vollständig mit Waffen und Techniken ausgerüstet, und auf der anderen Seite stehen die feste Entschlossenheit der eifrigen Massen und die schwieligen Hände der Bauern und Arbeiter"[14].

Doch nicht allein die "Modernisierung" und der Konsum von Luxusgütern wurde von ihrem islamischen Über-Ich negativ sanktioniert, sondern ebenso ein durch das Studium ursprünglich intendierter sozialer Aufstieg innerhalb des von westlichen Einflüssen "verdorbenen" Systems. Doch diese "sündigen" Bedürfnisse treten als Motiv des sozialen Neides in den Ausführungen über Armut und Reichtum immer wieder hervor. "Wenn das Volk an seine Armut denkt, sieht es sie begründet in dem Reichtum der Ausbeuter. Das Brot, das es braucht, wird achtlos von den Reichen und Kapitalisten zertrampelt, und das Volk sieht, daß seine Behausungen kleiner sind als die Hütten der Schoßhunde der Reichen. Nein, man hat ihm sogar sein Heim geraubt, damit die Kinder der Reichen mehr Platz zum Spielen haben. Sie haben dem Volk die Lebenskraft und das Blut ausgesaugt, um vom Rausch und vom Wein der Eitelkeit betäubt zu werden und dann zu krakeelen. Das Volk sieht die Gelage der Kapitalisten und der reichen Leute in den Luxusvillen und Palästen, während seine Kinder in den Slums im Süden der Stadt aufgrund ihrer Armut zur Verdorbenheit getrieben worden sind"[15].

So wie sie im eigenen Ich das "Böse" zu vernichten suchen, um ihrem idealen Selbst gerecht zu werden, so wollen die Modjahedin auch das "Böse" aus der iranischen Gesellschaft ausmerzen. "Millionen Menschen auf der ganzen Welt werden bei der Arbeit zugrunde gerichtet, und die Früchte der Arbeit werden von den Dieben und Plünderern unseres Jahrhunderts angesammelt und in Cabarets und für ein elegantes Leben verschwendet (...) Sie frönen dem Luxus und dem Laster wie die Schweine und laufen dem Vergnügen nach wie die niedrigsten Tiere"[16]. Reformen stellten für die intendierte Veränderung jedoch keinen geeigneten Weg dar, da sie nur der Herrschaftsstabilisation dienten. Auch habe die historische Erfahrung gezeigt, daß das Regime alle Forderungen "der Volkes nach Reformen mit Kanonen und Gewehren" beantworte: "Der Putsch vom 28. Mordad (der CIA-Putsch vom 19.August 1953, D.G.) und das brutale Massaker des 15.Khordad (5.Juni 1963, D.G.) sind Beweise dafür, daß unser Volk einen bewaffneten Kampf führen muß, denn nur mit dieser Methode kann es siegreich sein"[17].

Da die Niederlage ihrer Partei, der "Nationalfront" bzw. der "Befreiungsbewegung", eine Aktualisierung ihrer lebensgeschichtlichen Kränkungen und damit eine starke Bedrohung des gerade stabilisierten Selbstgefühls nach sich zog, gab es nur einen Weg, um jenes zu retten: sie mußten *aktiv* werden. Indem sie so die Gewalt zum einzigen Mittel zur Lösung aller sozialen und politischen Probleme erheben, wird der bewaffnete *Aktivismus* zu ihrem wichtigsten ideologischen Motiv. "Zwischen uns und Ihnen, Herr Staatsanwalt, der Sie das Regime vertreten, können nur Gewehrkugeln entscheiden. Ich habe gar nichts mit Ihnen zu reden. Wenn mir jetzt jemand ein Maschinengewehr in die Hand gäbe,

würde ich Sie ins Jenseits schießen. Natürlich meine ich das
nicht persönlich; ich meine alle Staatsanwälte wie Sie - und
alle gedungenen Elemente des Regimes. Sie sind nur ein typischer
Vertreter dieses Haufens"[18].

Allerdings sei das Volk selbst durch die vom Imperialismus
unterstützte vorherrschende Repression daran gehindert, sich in
fortschrittlichen und revolutionären Parteien zu organisieren,
die wiederum in der Lage wären, "die Massen zu mobilisieren und
sie in ihrem zornigen Kampf gegen den Feind zu führen. Deshalb
ist im Kampf dieser Völker eine neue Phase eröffnet worden"[19],
nämlich die der Stadtguerilla. Zwar handele es sich dabei nur um
eine "provisorische", "anfängliche" und durch den Polizeistaat
bedingte Form, denn es verstehe sich von selbst, daß, sobald die
Verhältnisse es zuließen, das Volk seine Befreiung in die eigenen
Hände nähme. "Erst wenn die Geheimpolizei in den Städten
zerschlagen und die trügerische Fassade der Herrschaft des Feindes
geschwächt werden kann, erst wenn das Volk mit eigenen Augen
sehen kann, daß der Polizei und dem Feind Schläge versetzt werden
können, wenn die Polizei unfähig wird, ihre Macht über die
Städte aufrechtzuerhalten, und wenn die Massen die Macht der
Guerilla erkennen und ihr Anwachsen bemerken - erst dann wird
es dem Volk möglich sein, eine Partei zu bilden und auch in den
ländlichen Gebieten einen Guerillakrieg zu beginnen"[20].

Damit wird aber die Überzeugung, daß die Klasse der Unterdrückten,
also das "Volk", sich selbst zu retten vermag, einstweilen
ausgesetzt, während die Modjahedin sich zur "Speerspitze
des antiimperialistischen bewaffneten Massenkampfes" und mithin
zum "Heilbringer" ernennen, die dem Volk den Weg zur Tohid-Gesellschaft
freimachen[21], indem sie sich stellvertretend für das
Volk bzw. für dessen Ideale opfern. So erheben sie sich durch
Idealisierung des eigenen Selbst als Vollzieher göttlichen Willens
zu den Auserwählten, die den Weg des Propheten mit Hilfe des
bewaffneten Kampfes und des Martyriums fortführen. "Ja, man kann
sagen, unsere Ideologie ist eine Ideologie des revolutionären
Martyriums - ein Martyrium, dessen Fahnenträger Hosseyn, der
Sohn 'Alis, war. Jetzt, heute, gehen die Märtyrerpioniere des
bewaffneten Stadtguerillakampfes einen weiteren Schritt voran auf

dem erhabenen Weg der Befreiung der Völker"[22]. So setzen sie sich in ihrem Selbstverständnis über Raum und Zeit hinweg und werden "unverwundbar". Indem also ihre Selbstrepräsentanz mit den Objektrepräsentanzen für Gott, Volk und Nation verschmilzt, in deren Dienst sie sich stellen, transzendieren sie die eigenen unbewußten Bedürfnisse nach Harmonie und Sicherheit, die sie in der Gegenwart nicht befriedigen können, auf das Volk. Gleichzeitig ermöglicht ihnen der bewaffnete Kampf und das Martyrium die Kompensation der eigenen Schwäche, Hilflosigkeit und Ohnmacht, Eigenschaften, die sie nun dem Feind zuschreiben, so daß sie die *Umkehrung der verkehrten Welt* in ihrem Bewußtsein bereits in der Gegenwart vollziehen. Damit manifestiert sich in ihrer Ideologie ein hochgradig bedrohtes Ideal-Selbst, das nur noch gerettet werden kann, indem das reale individuelle Selbst durch Verschmelzung aufgegeben wird und über die aktive Vorwegnahme der Zukunft eine starke Idealisierung erfolgt. Durch den Märtyrertod schließlich treten die Modjahedin in die ersehnte ausbeutungsfreie Gesellschaft ein."Wir haben vor uns einen schrecklichen Kampf, eine langen Kampf, und es ist uns eine Ehre, daß wir unser wertloses Leben verstreuen , einfache Soldaten werden können, die einen kleinen Anteil zu dieser wesentlichen Pflicht beitragen und mit ihrem unbedeutenden Blut die Knospe der Revolution fruchttragend machen können"[23].

Selbst wenn die angestrebte klassenlose Tohid-Gesellschaft nicht sofort erreichbar sei, so müsse doch jeder Versuch unterstützt werden, der "die Morgendämmerung des Sieges, die frohe Botschaft und die Wahrheit"[24] näher bringe. In dieser apokalyptischen Vision vom endzeitlichen Sieg des Guten und Gerechten tritt das individuelle Leiden und Sterben hinter die ideale Gemeinschaft zurück, während der Tod zum einzig vorstellbaren Weg wird, sich der Unlusterfahrungen der Gegenwart zu entziehen und in einen immerwährenden Zustand von Spannungsfreiheit und Harmonie einzutreten.

2.4.3.2. DIE FEDAIJAN-E KHALGH

Ebenso wie die Modjahedin stammen die Fedaijan aus Familien der Mittelschicht, im Gegensatz zu ersteren aber aus der modernen Fraktion; auch ihre Herkunftsklasse ist gekennzeichnet durch Kränkungserfahrungen und durch die Unmöglichkeit, ein gesundes Selbstgefühl aufzubauen. So kompensieren sie ihre verhinderte Ich-Entwicklung in einer Verschmelzung von Selbst- und Objektrepräsentanz mit dem Volk, während sich im Motiv des bewaffneten Kampfes als aktive Vorwegnahme der Zukunft und Aufgabe des individuellen Selbst der Versuch einer Rettung ihres idealen Selbst manifestiert. Dabei artikulieren sich jedoch die chiliastischen Motive, entsprechend der sozialen Herkunft der Fedaijan sowie der daraus resultierenden, stärker an modernen als an traditionellen oder islamischen Werten ausgerichteten Sozialisation, in einer anderen ideologischen Form.

Das Versagen der Tudeh-Partei im Jahre 1953 und ihre nachfolgende, nahezu restlose Zerschlagung hatte für alle Mitglieder, in besonders hohem Maße aber für die jüngeren unter ihnen, eine grundlegende Bedrohung des Selbstgefühls zur Folge. Da die Partei für sie eine Autorität darstellte, deren Ideale sie verinnerlicht hatten, mußten sie sich nun von ihrem ehemaligen Identifikationsobjekt distanzieren und es in schärfster Weise verurteilen; daher wurde der Tudeh-Partei die Hauptschuld für das Scheitern der Ölnationalisierungsbewegung zugeschrieben. "Der 19. August stellt eine strategische Niederlage in einer Phase der Geschichte der iranischen Befreiungsbewegung dar. Der Mangel an subjektiven Voraussetzungen, d.h. das Fehlen einer revolutionären Führung sowohl bei der Nationalbourgeoisie als auch bei der Arbeiterklasse ist der wichtigste Grund dafür. Die geringe Teilnahme der Bauern an der Bewegung, die gerade den Kampf zur Erlangung ihrer Rechte und gegen den Feudalismus begonnen hatten, kann nicht als ein Hauptmangel der Bewegung angesehen werden. Wenn die Tudeh-Partei oder die 'Nationale Front' (von der man es aufgrund ihres bürgerlichen Charakters weniger erwartet hätte) ihren revolutionären Auftrag erfüllt und die Bewegung, gestützt auf die große Kraft der Massen, auf einen unversöhnlichen Kampf gegen die Reaktionäre und Imperialisten vorbereitet hätte, hätte der 19. August zu einem Wendepunkt bei der Verschärfung des Kampfes und dem Übergang der Bewegung vom politischen zum militärischen Kampf werden können. Selbst wenn die Tudeh-Partei mit ihren unvorbereiteten Kräften in den Tagen zwischen dem 17. und 21.August Widerstand geleistet hätte, wäre der Putsch möglicherweise vereitelt worden. Dieser Widerstand hätte den Neubeginn einer revolutionären Bewegung zur Mobilisierung der Massen für einen allgemeinen Kampf gegen die Feinde des Volkes bilden können"[1]).

Während es die Aufgabe der Partei gewesen wäre, die Massen zu führen und aufzuklären, da jene sich ihrer wahren Interessen und Bedürfnisse noch nicht bewußt wären, versagte hingegen die Tudeh-Partei nach Meinung der Fedaijan zu einem historisch wichtigen Zeitpunkt. Dies begründeten sie mit einem Mangel an Einsicht bezüglich der Tatsache, daß angesichts der Verhältnisse im Iran allein der bewaffnete Kampf das Volk mobilisieren und zum Ziel führen könne. Neben einem unvollständigen Studium des Marxismus-Leninismus sowie seiner verfälschenden Reduktion machten sie dafür vor allem die Neigung zu Kapitulantentum und Opportunismus verantwortlich. "Schließlich lagen die Schwäche und der selbstmörderische Fehler der Partei darin, daß sie nach dem Putsch nicht den Versuch unternahm, sich zu reorganisieren. Die Reorganisation der Partei hätte damals eine Säuberung und eine Veränderung der Organisationsform bedeutet, die eine den neuen Verhältnissen entsprechende grundsätzliche Revision der Strategie und Taktik erlaubt hätte. Die Bewegung hätte ihren Charakter verändern und zu den Waffen greifen sollen und auf dieser Grundlage eine Auslese unter den Mitgliedern treffen und neue Organisationsformen finden müssen (...) Endlich lag die Schwäche der Tudeh-Partei darin, daß ihre Führer nach der politischen und organisatorischen Niederlage, statt bei der Verteidigung der Ziele des Volkes und der Arbeiterklasse Opferbereitschaft und Standhaftigkeit zu zeigen, vor dem Feind kapitulierten und bei der Wahl zwischen Tod und Leben um jeden Preis das letztere gewählt haben . Diese Tatsache hat auch zu einer ideologischen Niederlage der Partei geführt"[2]).

Diese "ideologische Niederlage" als Legitimationskrise des "Marxismus-Leninismus", die als "Sünde" begriffen wurde und für zahlreiche Mitglieder der Partei traumatische Züge angenommen hatte, warf sie zurück in eine Position kindlicher Ohnmacht; nur durch "Vatermord" konnte diese Erschütterung des Selbstgefühls kompensiert werden. Indem sich die "Söhne" Fedaijan über die Negation des *Quietismus* ihres "Vaters" Tudeh-Partei selbst zur Vorhut der Arbeiterklasse erklärten, stützte so der blutige bewaffnete Kampf durch die Gewehrläufe der Fedaijan das gesamte ideologische Gebäude der Tudeh-Partei. "Wenn Blut die Fähigkeit besitzt, das Volk zu erwecken, soll durch unser Blut ein schreiender Fluß fließen"[3]. Gleichzeitig legitimierte er ihre Führungsrolle durch ihre Opferbereitschaft, Selbstlosigkeit sowie ihr richtiges (Klassen-)Bewußtsein, Eigenschaften, die für sie gleichbedeutend mit "proletarischer Kultur" und "proletarischer Ideologie" als Ideale den kleinbürgerlichen Verhaltensweisen und der Dekadenz des Regimes gegenübergestellt wurden. Damit erhoben sie sich als Vollzieher einer determinierten Geschichte zur revolutionären Elite, während die Arbeiterklasse, unabhängig von ihrem realen Verhalten, zum revolutionären Subjekt ernannt wurde. "Die Voraussetzung der demokratischen Revolution des Volkes ist also nicht nur die Sicherung der Führung der Arbeiterklasse in der Befreiungsbewegung, sondern auch die Mobilisierung der Massen, an deren Spitze die Arbeiterklasse steht"[4].

Eine derartige Idealisierung des eigenen Selbst oder eines Objektes, nämlich der Arbeiterklasse bzw. des Volkes, setzt die Verleugnung tatsächlicher oder angenommener Mängel voraus, die als Bedrohung empfunden werden. Indem sie ihre völlige politische Einflußlosigkeit durch die Phantasie vom Gegenteil ersetzen, werden sie durch eine Umkehrung der Verhältnisse mittels Antizipation der Zukunft schon jetzt von den Schwachen zu den Starken, deren Streben nach Macht sich nun nicht mehr als Wunsch des ohnmächtigen Individuums nach Selbstverwirklichung artikuliert, sondern sie zum einzig *rechtmäßigen*, weil einzig *guten* Inhaber der Herrschaft werden läßt. "Wir haben mehr als alle anderen marxistischen Strömungen bei der Analyse und Entwicklung der Ideologie der Arbeiterklasse gearbeitet und gekämpft"[5].

Entsprechend ihrer sozialen und politischen Herkunft sowie ihrer vorwiegend geisteswissenschaftlichen oder künstlerischen Ausbildung, die ihnen westliches Gedankengut nahebrachte, kleideten die Fedaijan ihren Chiliasmus in das Gewand des "Marxismus-Leninismus" und versuchten so, indem sie den "Marxismus-Leninismus" zu einer "Heilslehre" umfunktionierten, ihre in den traditionellen Denkstrukturen tief verwurzelten eschatologischen Hoffnungen in einen ihrer modernen Sozialisation adäquaten Begründungszusammenhang zu stellen. Demnach offenbarte sich ihnen Geschichte als determiniert und zielgerichtet auf eine klassenlose Gesellschaft zustrebend. Da der *Glaube* an diese zukünftige klassenlose Gesellschaft eine Analyse gesellschaftlicher Tendenzen ersetzt und damit zum Maßstab und zur Richtschnur einer Pseudo-Analyse sowie der daraus entwickelten Strategie und Taktik der Fedaijan wird, erscheint ihnen eine andere Entwicklung ausgeschlossen. Diese Vorwegnahme einer bestimmten historischen Möglichkeit als Wirklichkeit entspringt dabei ihrer Hoffnung auf Erlösung von den Qualen der Urverunsicherung innerhalb der "modernen" Gesellschaft, so daß ihr "Marxismus-Leninismus" einen apokalyptischen Charakter erhält. Damit wird der historische Materialismus auf das stalinsche Grundformationsmodell reduziert, nach welchem sich die Geschichte teleologisch auf ihre Bestimmung, die klassenlose Gesellschaft, hinentwickelt.

Demnach seien durch die vom Imperialismus gelenkte und gebremste Entwicklung in den vom Imperialismus beherrschten Ländern "halbfertige Formationen" entstanden, die von den zwischen Feudalismus und Sozialismus liegenden Gesellschaftsformationen abweichen. "In jeder historischen Epoche herrscht ein bestimmtes Produktionssystem vor. Dieses bildet die materielle Grundlage für eine bestimmte Gesellschaftsformation. In manchen Gesellschaften, die sich in einer Übergangsphase befinden, existiert keine, wie vom historischen Materialismus dargestellte, vollentwickelte Gesellschaftsformation. Dies triff auf alle Länder zu, die sich unter der Herrschaft des Imperialismus befinden. Der Einzug des Kolonialismus und später die Entwicklung des Kapitalismus in den Metropolen zum Imperialismus haben die Entwicklung in diesen Ländern entscheidend beeinflußt. Zwischen dem Beginn der Abschaffung des alten Feudalsystems und der Gründung sozialistischer Gesellschaftsordnungen entstehen in diesen Ländern je nach den Bedingungen der ablaufenden sozialen, ökonomischen und politischen Prozesse verschiedene Systeme, die nicht mit einer klassischen Formation wie der des Feudalismus, Kapitalismus und Sozialismus identisch sind. Es handelt sich dabei um halbfeudale, halbkoloniale Systeme, die auf einer feudalkompradoren Produktionsweise basieren. (...) Ein anderes System, das mit dem Untergang des Feudalismus in diesen Ländern in Erscheinung tritt, ist der abhängige Kapitalismus, der im Zusammenhang mit dem Neo-Kolonialismus als die entwickeltste Form des Verhältnisses zwischen den Imperialisten und den unterjochten Ländern entsteht"[6]. Als weitere "halbfertige Formationen" nennt Djazani die "bürgerlichen nationalen Demokratien" und die "Volksdemokratien"; sie seien durch "bürgerlich-demokratische" bzw. "volksdemokratische Revolutionen" entstanden, die als Sieg einer "revolutionär-anti-imperialistischen Befreiungsbewegung" verstanden werden, und führten auf eine sozialistische Gesellschaft hin, die eine totale Reintegration des Individuums bedeute.

Hingegen entstand bzw. etablierte sich das System des "abhängigen Kapitalismus" durch die Niederlage einer Befreiungsbewegung. Im Iran habe der Sturz der Mossadegh-Regierung diese Phase des "abhängigen Kapitalismus" eingeleitet und die Landreform sie stabilisiert. Ein derartiges System stelle einen Rückschritt oder eine Stagnation dar, besitze jedoch innerhalb des zielgerichteten historischen Prozesses nur einen Übergangscharakter. "Man kann die Entwicklung eines Landes bremsen oder in eine andere Richtung lenken, aber eine Rückwärtsbewegung oder Stagnation ist nur für eine kurze Phase in Form einer kurzen Unterbrechung des historischen Prozesses möglich"[7].

Indem so der Imperialismus und die ihn stützenden einheimischen Schichten als quasi dämonische Mächte vom System des "abhängigen Kapitalismus" profitieren und nicht jene Kräfte hervorbringen, die ihrer historischen Aufgabe zur Vollendung der Geschichte nachkommen und den *Untergang* dieser Systeme betreiben, ständen sie als gewissermaßen ahistorisch außerhalb des geschichtlichen Prozesses. In dem Maße, in dem sie aber geschichtshemmend, überflüssig und wertlos seien, werde ihre Vernichtung notwendig, ja legitim. So schließt der einer im Dienste des Endziels vereinnahmten Geschichte zugrunde liegende Dualismus von "gut" und "böse" per definitionem all jene Prozesse als Eingriffe in einen quasi göttlichen Plan von der Geschichte aus, die diese Geschichte hemmen oder ihre Vollendung verzögern. Ein solcher zum "Antagonismus" überhöhter Dualismus, der das Denken, Fühlen und Handeln der Fedaijan determiniert, bringt ein System von "Kategorien" hervor, die als "Grundwiderspruch", "Hauptwiderspruch" und "Nebenwiderspruch" ein Universalraster zur Verfügung stellen, mit dessen Hilfe die zu bekämpfenden Kräfte und Tendenzen ebenso auf nationaler und internationaler Ebene zu bestimmen seien, wie die von der Geschichte prädestinierten führenden Kräfte in diesem Kampf.

Analog der Unterteilung von Gesellschaftsformationen in historische und ahistorische im Hinblick auf das Endziel, gehörten auch dem "Volk" nur diejenigen Klassen und Schichten an, die die gesellschaftliche Entwicklung vorantrieben. Demnach rekrutiere sich das "Volk" aus der Nationalbourgeoisie, der Kleinbourgeoisie, den Bauern, der Arbeiterklasse sowie dem Sub- und Lumpenproletariat, also aus jenen Schichten, die sich unter den gegebenen Verhältnissen nicht entfalten könnten oder ausgebeutet würden. Ihnen stehe als *Negation* das "Anti-Volk", die "konterrevolutionäre Front", bestehend aus Imperialismus, Herrschaftsapparat und "herrschender reaktionärer Klasse"[8] gegenüber. Somit bestehe der *Hauptwiderspruch* der iranischen Gesellschaft zwischen dem Volk und der Shah-Diktatur, der *Grundwiderspruch* hingegen zwischen "Volk" und "Anti-Volk"[9]. "Die Notwendigkeit des antiimperialistischen Kampfes, d.h. die Notwendigkeit einer Übergangsphase zum Sozialismus, zeigt, daß der Grundwiderspruch unserer Gesellschaft, d.h. der Widerspruch, auf dem unsere gegenwärtige Klassengesellschaft basiert, nichts anderes ist als der Widerspruch zwischen dem Volk und dem Anti-Volk, d.h. ein Widerspruch, bei dem auf der einen Seite die ausgebeuteten und vom Imperialismus unterdrückten Klassen und auf der anderen Seite die vom Imperialismus abhängigen Ausbeuter und ausländischen Kapitalisten stehen. Gesellschaftlich stehen sich bei diesem Widerspruch auf der einen Seite die Arbeiter, Bauern, die städtische und ländliche Kleinbourgeoisie und Nationalbourgeoisie und auf der anderen Seite die Kompradorenbourgeoisie (...) und ausländische Kapitalisten und imperialistische Mächte gegenüber. (...) Innerhalb der konterrevolutionären Front bestehen drei Kräfte, die miteinander organisch verbunden sind: Der Herrschaftsapparat oder das Regime, der Imperialismus und die herrschende reaktionäre Klasse. In jeder einzelnen Situation spielt eine dieser Kräfte in der konterrevolutionären Front im Vergleich zu den beiden anderen die Hauptrolle" [10].

Zwar spüre das Volk seine Unterdrückung, doch verfügten die einzelnen Klassen noch nicht über die nötige Reife und daher auch nicht über eine eigene "klassenspezifische Kultur". So seien National- und Kleinbourgeoisie gekennzeichnet durch "Individualismus mit all seinen Erscheinungen, Kleinlichkeit und ein(en) gewisse(n) Liberalismus, der aus dem Individualismus hervorgeht, Rückständigkeit, die innerhalb der Kunst und Philosophie als Idealismus hervortritt, religiöse(n) Aberglaube(n), spontane Begeisterung, schnelle Reaktion (die Kleinbourgeoisie wird immer schneller aktiv als die Arbeiterklasse), keine Ausdauer, relative Trägheit, Ungeduld, Mangel an Opferbereitschaft in gefährlichen Situationen" [11]. Die Bauern seien rückständig und führten ein "lethargisches und erschreckend unbewußtes Dasein" [12].
Selbst die Arbeiter hätten noch kein ausgebildetes Klassenbewußtsein, sondern neigten aufgrund ihrer zumeist bäuerlich-kleinbürgerlichen Herkunft zu Resignation und anderen kleinbürgerlichen Eigenschaften. Am negativsten sei das Lumpenproletariat einzuschätzen. "Zum Lumpenproletariat werden alle Schichten gezählt, die arm sind, keinen Anteil an der Produktion haben und aus Mangel an Bewußtsein und beeinflußt von der in der Gesellschaft herrschenden kulturellen Dekadenz ihren Klassencharakter verlieren und dem Laster und dem Niedergang verfallen (...) Das Lumpenproletariat besitzt eine dekadente Kultur, die sich grundsätzlich von der proletarischen Klutur unterscheidet. Gleichgültigkeit, Schmarotzertum, Dummheit, Aggressivität und Abartigkeit im sexuellen Verkehr gehören zu den Haupteigenschaften des Lumpenproletariats" [13].

Obwohl das Volk also einer Führung - und zwar der der Fedaijan - bedürfe, wird es dennoch qua historischer Bestimmung als die eigentlich revolutionäre Klasse und damit als der "Heilbringer" angesehen, für den eine Situation geschaffen werden müsse, die ihm die Ausführung seiner historischen Aufgabe ermögliche. "Um das Proletariat von der herrschenden Ideologie zu befreien, um sein Denken und Handeln vom kleinbürgerlichen Gift zu reinigen und schließlich seine Fremdheit gegenüber der Weltanschauung seiner eigenen Klasse aufzuheben und es stattdessen mit der ideologischen Waffe des Befreiungskampfes zu rüsten, müssen wir die Vorstellung seiner Machtlosigkeit dem Feind gegenüber zerstören. Die revolutionäre Gewalt steht im Dienste dieses Prozesses (...) Solch eine Ausübung der revolutionären Gewalt hat eine doppelte Wirkung: einerseits gibt sie dem Proletariat sein Klassenbewußtsein wieder, andererseits engagiert sie die Arbeiter, sich zur Sicherung der eigenen Zukunft an dem bereits entbrannten Kampf aktiv zu beteiligen" [14].

Somit wird das Volk trotz seiner inneren Widersprüche und reaktionären Tendenzen - als Negation des rückschrittlichen, konservativen, ja reaktionären "Anti-Volkes" - als fortschrittliche und revolutionäre Kraft idealisiert; daß sein tatsächliches Verhalten den ihm zugeschriebenen Eigenschaften nicht entspricht, berücksichtigen die Fedaijan nur soweit, als es zur Legitimation des bewaffneten Kampfes und ihrer eigenen Führungsrolle darin dienen kann. Damit bietet die grandiose Überhöhung von Selbst- und Objektrepräsentanzen einerseits eine Abwehrmöglichkeit zum Schutz des eigenen Selbstgefühls und gleichzeitig eine Erklärung der Position der Fedaijan innerhalb der Geschichte. Ihre alleinige Kenntnis der richtigen Strategie und Taktik sei es, die sie für die Führungsrolle prädestiniere; denn allein der bewaffnete Kampf weise den Weg zur Revolution und politisiere gleichzeitig die gesellschaftliche Atmosphäre [15].
"Zur Zeit ist die Strategie und Taktik der Guerilla der Fedaijan die fortschrittlichste und richtigste Strategie der Bewegung" [16].
Auch seien sie die einzigen, die bereits jetzt über das notwendige Bewußtsein und eine hohe Moral verfügten und damit die Pflicht hätten, den "Teil der gesellschaftlichen Produktivkräf-

te", der sich "zum Abschaum und entwicklungshemmenden Faktor der Geschichte herausgebildet" [17] habe, in ihrem Sinne und nach ihrem Bilde umzuerziehen. Dabei ist vor allem ihre Einschätzung der unteren Schichten des Proletariats geprägt von Rigorismus und puritanischer Moralität: "Obwohl die revolutionären Strömungen keine Klassenfeindschaft zum Lumpenproletariat spüren, sind sie unter gewissen Umständen gezwungen, im Dienste der Revolution gegen diese Schichten einen harten Kampf zu führen. Dieser Kampf gleicht einer Operation, bei der ein krankes Glied amputiert wird. Die Erziehung des Lumpenproletariats kann grundsätzlich erst nach der Revolution erfolgen" [18]. Dennoch könne auch diesen Schichten innerhalb der revolutionären Massenbewegung eine positive Rolle zufallen und ihr Bewußtsein durch Schulung und Umerziehung gehoben werden. Durch diese gleichzeitige moralische Verurteilung und Idealisierung des Volkes erheben sich letztlich die Fedaijan zu denjenigen, die die wahrhaft "proletarischen" Ideale des Altruismus, der Askese und der Selbstverleugnung als Negation des Bestehenden verkörpern.

Indem die Fedaijan sich so zur Vorhut im Kampf für die Interessen des Volkes erklären, kompensieren sie in Wirklichkeit die Erfahrung der eigenen Bedeutungslosigkeit und Einsamkeit durch Verschmelzungsphantasien. Der Abstand zwischen ihrer realen Selbstrepräsentanz und der Welt wird durch die Aufgabe der Unabhängigkeit des eigenen Selbst innerhalb eines Verschmelzungsprozesses von Selbst- und Objektrepräsentanzen aufgehoben. Dadurch projizieren sie ihre eigenen Interessen auf das Volk, während ihr Selbst die Kraft erhält, die ihm fehlte. Durch diese Verschmelzung werden die verlorenen Bindungen des Individuums durch neue sekundäre ersetzt. Ziel ist dabei die (Wieder-)Erlangung des harmonischen Primärzustandes, der als determiniertes Ziel der Geschichte in der Ideologie der Fedaijan als "klassenlose Gesellschaft" auftritt. Indem so Geschichte von ihrem Endziel her analysiert und eine bestimmte historische Möglichkeit zur unabdingbaren Notwendigkeit erklärt wird, sind alle Bewegungen des "Volkes" und seiner Klassen als Schritte hin zur Befreiung interpretierbar. Da die Interessen und Bedürfnisse von unterschiedlichen sozialen Schichten gleichgesetzt werden, die real durch die Ungleichzeitigkeit ihrer Entwicklung in mehr oder weniger hohem Maße von den gesellschaftlichen Veränderungen betroffen waren und sich entsprechend verschieden verhielten, konnten jedoch die Fedaijan zu keiner realitätsgerechten Situationseinschätzung gelangen.

Aus dem von den Fedaijan konstruierten Geschichtsbegriff ergibt sich als einzig möglicher Weg zur Erlangung der Macht der bewaffnete Kampf. "Die historische Aufgabe der Vorhut der Arbeiterklasse besteht darin, durch Aufklärung über die sozialen und ökonomischen Verhältnisse diese Schichten aus ihrer resignativen und rückständigen Ideologie herauszureißen und sie durch eine richtige, revolutionäre Strategie und Taktik als Verbündete der Arbeiterklasse zu gewinnen. Bei diesem ideologischen Kampf spielt die theoretische Arbeit selbstverständlich eine große Rolle, jedoch ist die Praxis des sich entwickelnden Kampfes revolutionärer Kräfte für die Sicherung einer revolutionären Führung der Bewegung ausschlaggebend" [19]. Durch die propagandistische Anwendung revolutionärer Gewalt solle in einer ersten Phase dem Volk die Unterdrückung durch das Regime bewußt gemacht werden, so daß es den wahren Charakter der Shah-Herrschaft erkenne und aktiv in den Kampf eintrete. "Selbstverständlich werden die Massen die Bajonette der Diktatur solange nicht spüren, wie sie nicht an der Protestbewegung teilgenommen haben. Aber schon der kleinste Protest (...) wird die Brutalität des faschistischen Regimes herausfordern (...) Jeder Streik, jeder Protest und sogar jede Wirtschaftskrise wird zunehmend das Gesicht der Shah-Diktatur für die Masse entlarven" [20]. Dabei stehe im Vordergrund des Kampfes weniger die Abschaffung des Kapitalismus oder der Herrschaft als solcher, als vielmehr die Vernichtung der imperialistischen Herrschaft und des abhängigen Kapitalismus. "In der gegenwärtigen Phase der Befreiungsbewegung, die wir als bewaffnete revolutionäre Bewegung bezeichnen, kämpfen wir in erster Linie *gegen* die Shah-Diktatur und werden bei unserem Kampf von allen *anti*-imperialistischen Kräften unterstützt. Unsere Einheit und Zusammenarbeit mit allen diesen Kräften basiert nicht auf einem Programm zur demokratischen Revolution, sondern auf einem Kampf *gegen* die Diktatur und *gegen* den Imperialismus. *Es ist nötig, daß wir mit reaktionären Elemen-*

ten und Kräften, die unter den gegenwärtigen Verhältnissen in
Opposition zur Diktatur stehen, offiziell eine Einheitsfront
bilden. Die historische Notwendigkeit führt uns wohl oder übel
für eine kurze Zeit auf einen gemeinsamen Weg mit ihnen, und
man braucht nicht mehr zu verlangen als eben *diese kurzfristige gemeinsame Richtung.* Dagegen müssen wir mit den fortschrittlichen Kräften, d.h. der Nationalbourgeoisie und der Kleinbourgeoisie, in diesem Kampf eine Einheit bilden und diese Einheit
für die nächsten Etappen weiterentwickeln. Wenn wir also in der
Schrift von Ahmadzadeh über die Etappen der Revolution lesen,
daß wir den Kampf mit den allgemeinsten und gewöhnlichsten Forderungen beginnen und bis zur Abschaffung der Ausbeutung des
Volkes und der Errichtung der Volksherrschaft weitergehen werden, so bringt er damit eine historische Wirklichkeit zum Ausdruck, die besagt, daß der Kampf *gegen die Shah-Diktatur* die
wichtigste Seite unseres heutigen Kampfes darstellt und wir nur
durch diesen Kampf in der Lage sein werden, die Werktätigen zu
mobilisieren und die Volksrevolution siegreich durchzuführen" 21).

Alle weiteren Schritte blieben der Phase der sozialistischen
Revolution vorbehalten. "Bei der Analyse des abhängigen Kapitalismus haben wir gesehen, wie die Existenz der Kompradorenbourgeoisie als herrschende Klasse von der Ausbeutung des Landes
durch internationale Monopole und ihre Herrschaft im Iran abhängig ist. Da die Herrschaft des Imperialismus und die ausländische Ausbeutung einen wichtigen Teil der Herrschaft und Ausbeutung im Iran darstellen, und da nicht alle Ausbeuter und inländischen Kapitalisten vom Imperialismus abhängig sind und
sogar die Interessen eines Teils von ihnen, d.h. die Interessen
der Nationalbourgeoisie, so schwach sie auch sein mag, der Fortsetzung und Weiterentwicklung dieser imperialistischen Herrschaft
konträr entgegenstehen, und da die ausländischen Kapitalisten
nicht als ein Teil der iranischen Bourgeoisie angesehen werden
können, obwohl sie ausbeuten, kann der Widerspruch zwischen
Lohnarbeit und Kapital, dessen gesellschaftliche Erscheinung
der Widerspruch zwischen Bourgeoisie und Arbeiterklasse ist,
nicht als Grundwiderspruch des bestehenden Systems im Iran bezeichnet werden. Und aus demselben Grunde befindet sich unser

Land nicht in der Phase der sozialistischen Revolution, einer Revolution, die die Abschaffung des Privateigentums an Produktionsmitteln und die Enteignung aller Privatkapitalisten fordert"[22].

Nicht also die Abschaffung von Herrschaft und Ausbeutung ist das wirkliche Ziel des bewaffneten Kampfes der Fedaijan, sondern die *Umkehrung der Verhältnisse* als *Negation der Gegenwart* unter Beibehaltung der traditionellen Strukturen. Hierin manifestiert sich das Leiden des ohnmächtigen Individuums, dessen Ich-Ideal zwar durch die "moderne" Gesellschaft geprägt, durch seine politische Marginalisierung jedoch jeglicher realer Einflußnahme beraubt ist. Diese grundlegende Erschütterung des Selbstgefühls kann nur durch eine Regression auf den Primärzustand als früheste und einfachste Form der Abwehr bzw. Kompensation aufgefangen werden, da reifere Formen der Kompensation versagen; denn jeder Versuch einer Angleichung der Selbst- und Objektrepräsentanzen an die Realität bewirkt eine Potenzierung der Ohnmachtsgefühle und steigert damit die Gefahr einer narzißtischen Katastrophe. So scheinen einzig die in den traditionellen Denkstrukturen tief verwurzelten chiliastischen Momente einen Weg aufzuzeigen, um das ihrem Ich-Ideal entsprechende Streben nach Macht und Herrschaft zu realisieren.

Sei die Diktatur des Shah erst beseitigt, so werde die Avantgarde als *Stellvertreter des Volkes* die Macht übernehmen und die Geschichte zu ihrer Vollendung führen. Die Avantgarde vereine in sich *die bewußten Kräfte* des Volkes, zu denen auch die Intellektuellen gehören. Diese Gruppe, bestehend aus Studenten, Lehrern, Schriftstellern, Künstlern, Teilen der Geistlichkeit und allen Hochschulabsolventen, weise deutliche "kulturelle Unterschiede" im Hinblick auf den Grad ihrer Fortschrittlichkeit auf. Obwohl sie aufgrund ihrer "ständigen Auseinandersetzung mit den Problemen der Gesellschaft und durch die theoretische Ausbildung, die ihren Ansichten zugrunde liegt", über ein "relativ höheres Bewußtsein" verfüge und bei gesellschaftlichen Umwälzungen "stets eine wichtige Rolle gespielt" habe, bewahre sie doch häufig einen "Anstrich kleinbürgerlicher Kultur"[23]. "Eine Korrektur der Eigenschaften der Intellektuellen, die sich der Arbeiterbewegung angeschlossen haben und die Kultur der Arbeiterklasse übernehmen wollen, kann nur durch ständige und langjährige Aktivität in der Arbeiterbewegung erfolgen (...) Auch ein Intellektueller, der sich in den Dienst der Arbeiterklasse stellt, bleibt immer noch ein Intellektueller, aber er wird in der Lage sein, die negativen kleinbürgerlichen Eigenschaften, die zur Kultur der Arbeiterklasse im Widerspruch stehen, zu beseitigen" [24]. Da nun einerseits die Avantgarde durch die totale Unterdrückung von Seiten des Regimes völlig isoliert sei, andererseits aber die Arbeiterklasse als "Heilbringer" noch nicht über das notwendige revolutionäre Bewußtsein verfüge und auch nicht durch direkten Kontakt zur Avantgarde "in ein revolutionäres und diszipliniertes Element" [25] verwandelt werden könne, bleibe der bewaffnete Kampf als einziger Weg zur klassenlosen Gesellschaft. Als eine Art Katharsis reinige er das Volk von all seinen negativen Eigenschaften und nähere es der proletarischen Kultur und Ideologie an. "Die Ausübung dieser revolutionären Gewalt stellt zunächst eine moralische Solidarität her, deren Vertiefung *zwangsläufig* zu einer organisierten Verbindung führt" [26].

Die Reinigung durch den bewaffneten Kampf sei umso notwendiger, als die Gesellschaft nicht nur vom "Bösen", sondern auch vom "Unsauberen" beherrscht sei, das alle Schichten, wenn auch in unterschiedlichem Maße, erfaßt habe. Seine Inkarnation sei die herrschende Elite, an ihrer Spitze der Shah mit der kaiserlichen Familie; er habe die "totale Kontrolle" über alle gesellschaftlichen Bereiche vermittels einer "faschistischen Aggression" inne. Gekennzeichnet sei diese "Clique, die die despotische Herrschaft ausübt" [27], durch "niedrigste Gefühle von Rachsucht und Brutalität" [28] sowie, gemeinsam mit den bourgeoisen Schichten, durch einen "Konsumwahn", dem sie durch den Ausverkauf des Landes frönen könne. Diese "konsumierende Minderheit" verschwende einen großen Teil des Nationaleinkommens für Einrichtungen, die vor allem von ihnen selbst genutzt würden: "Gesundheitswesen, Kultur, Unterhaltungsindustrie, Flugplätze, Autobahnen, Strandbäder, Skipisten, Hotels, Kasinos, Luxus-Krankenhäuser, höhere Bildungseinrichtungen" [29], während die Mehrheit des Volkes in Armut lebe. Indem so die Säuberung der Gesellschaft die totale Vernichtung der "unsauberen" Herrschaft und ihrer Träger legitimiert, wird der Kampf der Fedaijan zum "anti-imperialistischen" Kampf. Denn der Shah als einheimischer Vertreter der imperialistischen Mächte steht für eben jene "moderne" Gesellschaft, der sie die Enteignung ihres Selbst aufgrund von Überlagerung durch westliche Einflüsse verdanken. Damit entpuppt sich aber ihr "Anti-Imperialismus" als *Nativismus* und die verheißene Zukunftsgesellschaft als Rückkehr zur verlorenen integrierten Gemeinschaft.

Manifestieren sich in dem unerbittlichen Willen zur Vernichtung des Feindes sadistische Strebungen, so steht dem ein Masochismus an der Seite, der sich im Motiv der *Opferbereitschaft* und des Märtyrertodes artikuliert. Der Tod wird damit zum zentralen Denk- und Handlungsmotiv, in dessen Angesicht die Fedaijan - nach Meinung ihrer lebenden Genossen - endgültige Gewißheit über die Richtigkeit ihres Weges erlangen. "Sie haben durch ihre in die Zukunft blickenden Augen die herrliche Zukunft gesehen, in der die Völker von den Fesseln des Jochs frei sind und jegliche Unterdrückung und Klassenausbeutung, jegliche Ausbeutung des Menschen durch den Menschen vernichtet ist"[30]. Dabei werden die Sterbenden von den Lebenden mit geradezu prophetischen Fähigkeiten ausgestattet: "Wir, die ihn kannten, sind davon überzeugt, daß er (Pujan, D.G.) mit den Parolen 'Die Revolution wird siegen!' und 'Es lebe der Kommunismus!' auf den Lippen starb und in jenen Momenten eine Zukunftsperspektive klarer denn je voraussah, an deren Verwirklichung keinerlei Zweifel besteht (...) Entschlossener denn je, mit größerer Überzeugung vom Sieg, setzen wir den Kampf, zu dem wir uns erhoben haben, fort"[31].

Indem so die drohende Vernichtung der eigenen Identität durch die gedankliche Vorwegnahme der Zukunft und die Umsetzung dieser Phantasie in Handlung in Form des bewaffneten Kampfes aufgehoben wird, erhält der Tod "für die Revolution" den Charakter eines Beweises für die Existenz einer zukünftigen kommunistischen Gesellschaft. Die Gewißheit darüber sowie die Überzeugung vom Sieg steigt mit jedem gefallenen Fedai; denn je mehr sich die Unterdrückung des Volkes von Seiten des Regimes verstärkte, desto bewußter und aktiver würden die Massen. Damit werde der von den Fedaijan Guerilla eingeleitete Kampf zum Entscheidungskampf, in dessen Verlauf sich die Gewalt auf beiden Seiten steigere und das Leiden der Unterdrückten unerträglich werde; während die Welt in ein Chaos geriete, könne die Arbeiterklasse schließlich nichts anderes mehr tun, als sich zu einem organisierten Ganzen zusammenzuschließen. Prophetisch wird so das Ende der bestehenden Ordnung und die "zwangsläufige Entwicklung" dorthin beschrieben, die keinerlei Variablen mehr unterliegt. Einzige Voraussetzung für die Erlangung der *klassenlosen integrierten Gesellschaft* ist der bewaffnete Kampf und damit die Bereitschaft der Fedaijan zum Tode. Der totalen Aufgabe des individuellen Selbst im Kampf und der damit einhergehenden Wiederverschmelzung mit der Gemeinschaft des Volkes kommt mithin die Funktion zu, das grundlegend erschütterte Selbstgefühl zu retten. Eine solche Rettung des Ideal-Selbst ist aber endgültig nicht im irdischen Leben, sondern nur noch im Tode möglich.

2.5. ZUM ENTSTEHUNGSZUSAMMENHANG DER ZENTRALEN 'IDEOLOGISCHEN' MOTIVE DES AUFSTANDS ALS FUNKTION DER UNGLEICHZEITIGKEIT

Indem die meisten Interpretationen die "Islamische Revolution" "durch die Köpfe" ihrer Ideologen erklären, verwechseln sie die dem Aufstand zugrunde liegenden Motive mit einer ihrer Artikulationsformen und unterliegen damit genauso dem Schein der Verhältnisse wie jene.[1] So unterscheiden die Autoren zwischen *"Islamismus"* bzw. *"islamischem Fundamentalismus"* und *"Re-Islamisierung"*, während sie dem Islam unterschiedliche Funktionen zuweisen: Der Islam sei ein "primäres identitätsverleihendes Merkmal"[2], das "Mittel zur kulturellen Abhebung"[3], "in erster Linie Ausdruck des Bedürfnisses, in der Konfrontation mit übermächtigen Ausländern die kulturelle Identität aufrechtzuerhalten"[4], "Inbegriff der Besonderheit, der Auszeichnung und des Kollektivbewußtseins"[5]; er entwickle sich "als revolutionäre Ideologie der Befreiung"[6] (bei Afghani) zum "Islamismus" als "eine für muslimische Länder spezifische Ausformung des Faschismus"[7]. Beim Khomeinismus als einer "Ausformung des Faschismus" "steht Islam (...) weniger für eine Kultur, nicht einmal für Religion im geläufigen Sinne, sondern für eine politische Ideologie"[8] sowie für "politische Macht"[9], während "die verwestlichten Intellektuellen" den "Islam als Kulturgemeinschaft" und die "Nationalisten marxistischer Inklination" ihn "als kulturelle Identität"[10] begreifen. Dabei sei der Islam "neben dem Judentum (...) unter den religiösen Kulturen offensichtlich die am stärksten identitätsbildende"[11] Religion. Schließlich wird der "Islam" dem "Islamismus" gleichgesetzt und als "Ablehnung aller 'ausländischen Ismen'" identifiziert, "also kein Kapitalismus und kein Kommunismus (Khomeini: weder West noch Ost), sondern Islamismus"[12]. Bei dieser "politischen Ideologie" handele es sich zweifellos "um eine *nativistische Ideologie*, da sie ihren Bezugsrahmen weitgehend aus den Quellen eines goldenen Zeitalters (7.Jahrhundert) und mittelalterlichen Gesellschaftsformen bezieht. Sie ist aber gleichzeitig eine moderne Ideologie (auch eine in mancher Hinsicht modernistische), da sie in den dreißiger Jahren entstand - unter dem Eindruck des europäischen Totalitarismus"[13]).

Die zentrale Ursache einer derartigen Verwirrung scheint darin zu liegen, daß der *"Islam"* als eine *"nativistische Ideologie"* begriffen wird, während der *Nativismus* doch vielmehr als die als Gefühl, Wunsch oder Affekt erlebten Beweggründe der kulturell überlagerten Völker zu begreifen sind, die den eigenen Beitrag demonstrativ hervorheben und zur Geltung bringen. Gerade der *unbewußte* Charakter dieser Beweggründe verbietet es, ihn als eine *"Ideologie"* zu bezeichnen, die dann als eine *bewußte Reaktion* gegen den Kulturimperialismus definiert wird. Dadurch entsteht die Verwechselung des Nativismus mit seinen ideologischen Artikulationsformen, deren Träger die Intellektuellen sind. Hingegen bringt der als Produkt immanenter Widersprüche der Menschen entstehende Nativismus mit den als Funktion der Ungleichzeitigkeit sich entwickelnden eschatologischen Spannungen jene chiliastischen Bewegungen hervor, die durch *nativistische Motive* inspiriert werden. Letztere können, da sie unbewußt sind, verschiedene ideologische Artikulationsformen annehmen. Diejenige ideologische Artikulationsform, die der *Sprache* als Menge "signifikanter Symbole" der Bevölkerungsmehrheit entspricht, durch die sie mithin denkend handelt und sich selbst sowie ihre Umwelt zum Objekt ihrer "Reflexion" macht - eben diese ideologische Artikulationsform wird die der Massen, während der "Ideologe" als charimatische Persönlichkeit erscheint, über die sich die Individuen miteinander identifizieren und damit die Masse im psychologischen Sinne konstituieren. Da sich aber alle ideologischen Artikulationsformen des Nativismus aus denselben Motiven speisen, stellte es eine positive Voreingenommenheit gegenüber einer seiner spezifischen Ausformungen dar, identifizierte man ihn mit "Re-Islamisierung" als "eine(r) psychische(n) Überbrückungshilfe im Modernisierungsprozeß"[14]), aus der sich der "Islamismus" nährt: "Ohne Zweifel nährt sich der Islamismus von der allgemeinen Re-Islamisierung, innerhalb der Re-Islamisierung bleibt er aber ein *Fremdkörper*, bestenfalls ein Nebenprodukt"[15]).

Nur indem die "Re-Islamisierung" nicht als *eine* mögliche Erscheinungsform des Nativismus erkannt und daher als kollektive Einstellung mit ihren wesentlichen Konstitutionsmomenten verwechselt wird, kann *ein* "Versuch zur Artikulation eines spezifischen 'eigenen Weges'", *eine* "Tendenz zur 'Anmeldung eigener Kulturkonstanten'", die "letztlich eine Absage an die europäische Kultur als einzig denkbare, gewissermaßen natürliche Ausformung der Industriekultur des 20. Jahrhunderts dar(stellt)"[16], zur *allgemeinen und absoluten Form* der Bewegung erklärt werden, die den "Islamismus" trug: "Die Re-Islamisierung (ist) einem Fluß vergleichbar, der zur Zeit stark angeschwollen ist. In diesem Fluß bewegt sich ein Floß - der Islamismus"[17]. Demnach wäre der von einer "Re-Islamisierung"swelle getragene "Islamismus" Produkt einer "Renaissance des Islam"[18] als Niederschlag der allgemeinen Hinwendung der Bevölkerung zur islamischen Religion und ihren Ritualen, von denen er sich entfremdet hatte: "Der Islamismus ist nicht Islam per se, nicht die Religion der breiten Masse, sondern er bewegt sich in dieser als etwas Neues, *Fremdartiges*, das von einigen mit Begeisterung aufgegriffen, von vielen als störend empfunden und von den meisten als schädlich oder zumindest als nutzlos liegen gelassen wird"[19].

Der als "Re-Islamisierung" begriffene Nativismus unterstellt also eine allseitige Wiederbelebung der islamischen Religion, die jedoch im Iran in dieser Form nicht einsetzte. Eine solche Erklärung des Entstehungszusammenhangs der "Islamischen Revolution" übersieht, daß der Aufstand vielmehr zu einem Zeitpunkt stattfand, als die Modernisierung zur weitgehenden Säkularisierung und damit zu einem erheblichen Rückgang des Einflusses der Religion in praktisch allen Bereichen des öffentlichen Lebens geführt hatte. Als "Barometer" für diese Entwicklung galt die seit etwa 1964 vom Klerus verfolgte Tendenz, den offenen Kampf gegen Säkularisierung und Modernisierung aufzugeben. Die Theologieschulen leerten sich[20], und viele angesehene Geistliche wie Motahari[21] und selbst Khomeini beurteilten die Zukunftsperspektiven so pessimistisch[22], daß angesehene ulama ebenso wie Laien mit theologischer Ausbildung es vorzogen, ihre Söhne, von denen einige wie Shariati, Al-e Ahmad und Banisadr zu den ideologischen Vätern der "Islamischen Revolution" werden sollten, in weltlichen Berufen ausbilden zu lassen; insbesondere in den Ober- und Mittelschichten verfestigte sich diese Tendenz zur säkularen Erziehung der Kinder. Von den Jugendlichen selbst - etwa der Hälfte der Bevölkerung - wurde der Islam weitgehend als irrelevant für ihre Ambitionen und den von ihnen angestrebten Lebensstil betrachtet. Diese Einstellung verstärkte sich unter dem Eindruck einer zunehmenden Bedeutungslosigkeit der religiösen Institutionen innerhalb der Gesellschaft ebenso wie durch ihre als inadäquat empfundenen Anschauungen. Häufig vertraten die Jüngeren sogar die Ansicht, daß der shi'itische Islam seine innere Vitalität und die nötige Dynamik verloren hätte, so daß er weder in der Lage wäre, zum Modernismus in eine Beziehung zu treten, noch seine traditionellen theologischen und ethischen Positionen dahingehend umzuformulieren und zu ändern, daß sie in einem modernen Kontext *Sinn* vermitteln könnten[23]. Die weite Verbreitung dieser Einstellung zeigte sich an den großenteils leeren Moscheen in den Großstädten sowie an der nachlassenden Massenwirksamkeit religiöser Rituale.

Das religiöse Establishment versuchte in unterschiedlicher Weise, dieser Entwicklung entgegenzuwirken; als ein typisches und maßgebendes Beispiel derartiger Bemühungen kann die Zeitschrift "maktab-e Islam" (Islamische Schule) angesehen werden. Die Absicht dieser Zeitschrift, die "offiziellen" religiösen Positionen über moralische Prinzipien direkt oder durch Kommentierung der Tagesereignisse zu publizieren, verdeutlicht nicht nur das Wissen der Geistlichen um die aus der Modernisierung entstandenen Probleme, sondern ebenso den Beweggrund ihrer Anstrengungen: die wachsende Einflußlosigkeit der Religion. Seit der "industriellen Revolution" habe eine "erstaunliche Transformation in allen Bereichen menschlichen Lebens stattgefunden", so daß seither "riesige Unterschiede in den Lebensbedingungen zwischen der Welt von heute und der der Vergangenheit" festzustellen seien. "...diese Situation hat natürlich ein Gefühl von Pessimismus und besonders eine Aversion gegen alle Aspekte des früheren Lebens erzeugt, vor allem gegen religiösen Glauben und moralische Prinzipien". Diese Ablehnung des Alten aufgrund der neuen "unverantwortliche(n) und unbegrenzte(n) Freiheit (...) hat eine schreckliche Flut von Atheismus und moralischer Verworfenheit freigesetzt und einige ermutigt, alle ethischen Prinzipien und geistlichen Schätze, die das Ergebnis einiger tausend Jahre Bemühungen zum Schutze der Menschen seitens gottesfürchtiger Männer sind, völlig zu verwerfen". Das Ergebnis sei ein totaler "moralischer Umbruch". "...um alle diese Übel zu heilen und besonders den Geist des Materialismus zu beseitigen, der (...) all dieses Unglück hat entstehen lassen, ist es nötig, daß die Prinzipien des Glaubens und der Ethik in der Gesellschaft (wieder) zu leben beginnen und daß (...) die gepriesenen Gebote des Propheten des Islam (...) wirklich und wahrhaftig erfüllt werden (...), so daß die Menschen unter ihrem führenden Licht einen moralischen Charakter erwerben (...)". Die Zeitschrift wolle daher Moslems mit den moralischen Aspekten "der islamischen Lehre bekannt machen, um die zurückzuholen, die abgetrieben sind", und gleichzeitig die "fundamentalen Prinzipien islamischer Gesetzgebung verteidigen"[24].

Zwar bestand die Mehrheit der Mitarbeiter dieses "Forums" aus Geistlichen teilweise hohen Ranges sowie aus Laien mit theologischer Ausbildung; jedoch übte die Zeitschrift, die in einer Auflagenhöhe von ein- bis zweitausend Exemplaren verbreitet wurde, kaum eine Wirkung auf den moralischen Zustand der Gesellschaft aus.

Erst seit Anfang der 70er Jahre wurde "der Islam" als Apperzeption der sensitiven Perzeption der als Funktion des Imperialismus eingeleiteten Modernisierung allmählich zu einer materiellen Gewalt. Diese Entwicklung entfesselte einen *islamischen Revivalismus*, der jedoch weniger eine "Renaissance des Islam" als Religion darstellte, sondern vielmehr eine *Renaissance des shi'itischen Chiliasmus*, wie er in den Schriften Khomeinis, Shariatis und der Modjahedin zum Ausdruck kommt. Er bezeichnet den Höhepunkt einer massenhaften Abkehr vom shi'itischen Quietismus als staatstragender "Religion der breiten Masse" bzw. als Staatsreligion. So disqualifizierte Khomeini die quietistische Geistlichkeit als "Hofmullahs"und "SAWAK-Agenten", die sich in den Theologiezentren ausschließlich mit unbedeutenden Problemen wie der "Regelblutung der Frau" [25] beschäftigten; Shariati bekämpfte den Quietismus als "Opium fürs Volk" und stellte die "kämpferische alavitische Shi'ah" der "reaktionären safawidischen Shi'ah" gegenüber[26]; die Modjahedin schließlich lehnten ihn als "kleinbürgerliche Religion"[27] ab.

Mithin ist der islamische Revivalismus als eine Form der Apperzeption der äußerlich wahrnehmbaren Zerstörung der traditionellen Formen des Gemeinwesens durch den Modernisierungsprozeß zu verstehen, der mit der *Ungleichzeitigkeit* zu einem solchen Ausmaß von sozialer *Desintegration* führte, daß die verinnerlichten moralischen Kontrollinstanzen zusammenbrachen und der *Integralismus* zum zentralen Motiv des Aufstands wurde. Als gemeinsame Grundlage nicht nur der islamischen oppositionellen Strömungen konstituierte der Integralismus dabei auch den gleichermaßen chiliastischen Kern der "marxistisch-leninistischen" Reaktionsformen gegen den Kulturimperialismus und vermittelte so real die von Khomeini als *"Einheit des Wortes"* propagierte *anti*-imperialistische Koalition *gegen* das Shah-Regime. Zwar gibt eine fälschlicherweise als bloßes *"Zweckbündnis"* der vom Shah-Regime als "schwarze und rote Reaktion" gleichgesetzten oppositionellen Strömungen verstandene Interpretation dieses Faktums einen Teil der Realität wieder; hingegen *erklärt* sie keineswegs die "merkwürdige" und in dieser Form einzigartige Koalition von konservativer Geistlichkeit mit säkularen Intellektuellen gegen ein westlich orientiertes Regime.

Eine weitere Fehlerquelle resultiert aus einer Begriffsverwirrung von "shi'itischem Chiliasmus" bzw. Mahdismus und "Re-Islamisierung": "Auf einer weniger elitären Ebene, dafür aber mit Massenbasis, äußert sich die anti-islamistische *Re-Islamisierung* (sic!) in zahlreichen islamischen Bewegungen, die alle einen mehr oder weniger *revolutionären Charakter* tragen. Da sind in Iran neben den als 'islamische Marxisten' verurteilten Modjahedin-e khalgh ('Volksfreiheitskämpfer') diejenigen

Kurden (Suniten, D.G.) zu nennen, die sich um den religiösen Führer Shaikh Izzedin Husaini scharen..."[28]. Diese Verwechslung, die eine der Formen mit dem Wesen identifiziert, legt den Grundstein der dritten Fehlerquelle. Die aus einer chiliastischen Massenbewegung hervorgegangene "Schriftgelehrten-Herrschaft" bzw. der "Islamismus" wird nicht als *verselbständigte Form der Bewegung* begriffen, die im Namen der Ideale der Bewegung ihre chiliastischen Motive unterdrücken muß, um sich als eine Herrschaftsform zu etablieren. Durch diese Verwechslung von Form und Inhalt der Bewegung entstehen zwei entgegengesetzte Positionen gegenüber der Führung der "Islamischen Republik".

Die erste ist eine unkritische, die alle "'Denkschulen', Verbände, Bewegungen und Massenorganisationen", die "als Re-Islamisierer" wirken [29] aus "humanistischer Sicht" gegen den Khomeinismus als "spezifische Ausformung des Faschismus"[30] verteidigt; sie werden als *"authentisch-islamisch"* identifiziert[31], als diejenigen, die eine " nie abreißende Kette des Widerstandes (gegen "die ewige Tyrannei des Orients") mit seinen Aufständen und revolutionären Bewegungen, die stets auch religiös motiviert waren"[32] fortsetzen. "In Wirklichkeit führt die Re-Islamisierung in den meisten Fällen zu ganz anderen Ausdrucksformen, oftmals zeitigt sie Ergebnisse, die mit dem Islamismus kaum Berührungspunkte haben, so als handele es sich um zwei grundverschiedene Religionen"[33].

Verteidigt die eine Position also die gegen Khomeini opponierende "Re-Islamisierung", weil sie "auf die Dauer (...) doch dazu(führt), daß sich ein weitergefaßtes Islamverständnis durchsetzt; sie bewirkt, daß sich die Mehrheit der Muslims zu einer Interpretation des islamischen Erbes durchringt, die ihr eine Modernisierung und damit die Verbesserung des Lebensstandards wenn nicht garantiert, so doch gestattet"[34], so nimmt die zweite Position Khomeini als Sachwalter der Werktätigen gegen seine Opponenten in Schutz. Sie leitet aus der Diskussion "der inneren Verhältnisse der Iranität und Islamität"[35] und damit letztlich wie die erste aus der Geschichte den "wissenschaftlichen"Beweis der Notwendigkeit der Unterstützung des Khomeinismus .Der zur Herrschaft erhobene Khomeinismus wird mit den in der iranischen Geschichte immer wieder auftretenden und immer wieder unterdrückten chiliastischen Bewegungen verglichen; dabei endet aber ihre"historische Untersuchung" "aus Platzmangel" gerade dort, wo die chiliastischen Bewegungen zur Etablierung der Safawiden-Herrschaft führen, welche im Interesse der Selbsterhaltung eben jene chiliastischen Motive und ihre Träger unterdrücken muß[36]. Gerade hier jedoch würde die geforderte Berücksichtigung der "sozialen und Klassengehalte" der *zwei* "Islamitäten" nahelegen, zwischen shi'itischem Chiliasmus und "Islamität" als islamisch legitimierter Herrschaftsform zu differenzieren.

Nur in diesem Sinne kann man zwischen "Re-Islamisierung" und "Islamismus" unterscheiden; denn letzterer stellt eine verselbständigte Herrschaftsform dar, die ursprünglich von ersterer als einer nativistischen Bewegung getragen wurde. Ist in diesem Sinne die "Re-Islamisierung" als "Prozeß der Rückbesinnung auf die eigene Tradition"[37] zu verstehen, erweist sich die "Re-Traditionalisierung" als Funktion einer Modernisierung, welche die Tradition konserviert. Dann ist die "Re-Islamisierung" aber nur *eine der Formen der Re-Traditionalisierung*, weil trotz signifikanter Wertverschiebungen parallel zum Strukturwandel der iranischen Gesellschaft und zu den Veränderungen ihres kulturellen Milieus *das anachronistische Verharren auf traditionellen Verhaltensweisen und sozialen Werten in ihrem ideologisch-motivationalen Rahmen der charakteristische Zug der iranischen Gesellschaft bleibt*. Dabei darf jedoch eine so verstandene "Re-Traditionalisierung" nicht mit ihren intellektuellen Artikulationsformen verwechselt werden. Als *Apperzeption* der als Funktion des Imperialismus eingeleiteten Modernisierung entstehen verschiedene *Formen* der "*Bewußtwerdung* der kulturellen Errungenschaften der Vergangenheit" als Funktion einer zunehmenden "Identitätskrise, eine(r) religiös-kulturelle(n) Verunsicherung als Resultat der Aufweichung traditioneller Werte ohne durchdachte Ersetzung durch ein neues Wertsystem, ein tiefempfundenes Unbehagen über Persönlichkeitsverlust durch blindes Nachäffen einer technisch wohl überlegenen Welt, deren Moral aber aus traditionalistisch islamischer Sicht zumindest zweifelhaft ist - und die sich außerdem auch selbst in Frage zu stellen scheint . In diesem Sinne ist Al-e Ahmads 1962 erschienener Essay über "Gharbzadegi" (Verwestlichung) der klassische Ausdruck der Betroffenheit von den sozialen und psychischen Implikationen einer totalen Parteinahme für die Modernisierung und industrielle Entwicklung. Als geistiger Vater der *intellektuellen* "Re-Islamisierung" klagt er indirekt die Politik sowie private und offizielle Haltungen an, die unter den totalen Einfluß der westlichen Werte zu geraten drohen, indem er vor möglichen Gefahren einer mit der "Verwestlichung" einhergehenden Loslösung von historischem und kulturellem Empfindungsvermögen warnt: "Tatsache ist, daß, solange wir nicht die Grundqualität und Philosophie der westlichen Zivilisation verstanden haben, sondern nur die oberflächliche Erscheinung nachahmen, wir *genauso wie der Esel sind, der sich als Löwe verkleidet* - und alles, was wir wissen, ist Schicksal..."38).

Eine so entstandene *Ungleichzeitigkeit* als Folge der formellen Subsumtion der vom traditionellen Gemeinwesen getrennten Individuen unter die importierten bürgerlichen Normen produziert eine *Identitätskrise*, die sich in einem permanenten Konflikt zwischen äußerlichen "modernen" Anforderungen und individuell verinnerlichten Verhaltensnormen manifestiert. Die daraus entstandene psychische Spannung ruft den *Chiliasmus* als eine "kollektive Aufbruchsbereitschaft zur Erlangung oder Verwirklichung eines heißersehnten 'paradiesischen' Glückszustands auf Erden" hervor. Die Aufhebung dieser Spannung, die auf die Herstellung der *Harmonie* abzielt, ließ das Bedürfnis nach *Integration* als (Re-)Konstitution des traditionellen *Gemeinwesens* entstehen. Als Integration und Organisation individuellen Verhaltens bzw. individueller Handlungen zu einer einheitlichen Struktur zielt der chiliastische Aktivismus also auf die Konstitution einer (neuen) Identität, deren Struktur dem gesellschaftlichen Prozeß entspricht, innerhalb dessen sie entstand, sich entwickelte und zu behaupten versuchte.

Das einzelne, diese kollektive Bewegung tragende (Massen-) Individuum, das um einen *Selbstausdruck* rang, strebte so aus der als fremd empfundenen Bevormundung heraus, um mit einem eigenen Beitrag hervorzutreten. Damit sind die verschiedenen ideologischen Artikulationsformen der zentralen Motive des Aufstands als Apperzeption der *nicht* momentanen sensitiven Perzeption der als Funktion des Imperialismus eingeleiteten "Modernisierung" zu verstehen. Trotz ihrer *sprachlich* unterschiedlichen Formulierungen drücken sie ein gemeinsames Bedürfnis als Grundlage der Einheit verschiedener sozialer Gruppen und oppositioneller Strömungen aus. Der Khomeinismus als *Sprache* der Mittelstände, der größten sozialen Gruppe der Erwerbstätigen (vgl. Tab. 49)[39], sowie der landflüchtigen und pauperisierten ehemaligen Bauern und Handwerker dominierte also als *Produkt, Dasein und selbstredendes Dasein* des traditionellen *Gemeinwesens*[40] den Aufstand nicht bloß wegen des spezifischen sozialen Gewichts der Marginalisierten; was ihn zur allgemeinen Sprache und damit zum *Bewußtsein des Aufstands*[41] machte, waren die Strukturelemente, die diese Sprache mit der scheinbar modernen Sprache gemeinsam hatte. Auf dieser Gemeinsamkeit basiert die von Khomeini immer wieder angemahnte "Einheit des Wortes" - als "Handlungsmandat"[42].

2.5.1. ZU EINIGEN ASPEKTEN DER UNGLEICHZEITIGKEIT ALS FUNKTION DER 'MODERNISIERUNG'

Die "politische Elite", ohne deren Zustimmung keinerlei Schritte bezüglich einer "Modernisierung" unternommen werden konnten, *vermittelte* mit ihrem Entscheidungsmonopol eine Systemtransformation, die in ihrer Art und auf dieser Stufe seit der arabischen Eroberung des Irans nicht erfahren worden war. Nicht nur in den meisten größeren städtischen Zentren resultierte die Art und Weise dieser Veränderungen in einem sozialen System, das sich grundsätzlich von dem unterschied, das vor der "konstitutionellen Revolution" existiert hatte, ohne daß jedoch das begleitende soziokulturelle Wertsystem, welches die Zufriedenheit und Qualität des individuellen und sozialen Lebens bedingt, selbst eine ähnliche Veränderung durchgemacht hätte.

Seitdem die kapitalistische Entwicklung von Wirtschaft
und Industrie offiziell die höchste Priorität für die iranische Politik erlangt hatte, wurde zumindest den ausländischen
Experten zunehmend klarer, daß die Realisierung eines derart
hochgesteckten Zieles weitaus mehr erforderte als nur den Import von Technik und den entsprechenden Organisationsformen
der Produktion; als eine der wesentlichsten Vorbedingungen
hätte es eines spezifischen Sets von sozialen Werten und Verhaltensnormen bedurft[1]. Vor allem hätte sich das *Leistungsprinzip* als zentrales Prinzip der kapitalistischen Gesellschaften durch Verinnerlichung der Normen abstrakter Arbeit
gesellschaftlich, also auch die soziale Mobilität bedingend,
Geltung verschaffen müssen. Die Durchsetzung dieses zentralen
Prinzips geriet jedoch im Prozeß kapitalistischer Entwicklung
im Iran in einen permanenten Konflikt mit einer Anzahl weiterhin relevanter, prä-existenter sozialer Werte, die auf dem
Primat der Verwandtschaftsbeziehung und -verpflichtung als
einer moralischen Tugend basierten, so daß nicht einmal der
politische Staat - als vermittelnder Auslöser dieser Entwicklung - sich vom Nepotismus befreien konnte.

Obwohl private Kapitalakkumulation zu einer wesentlichen Stütze der iranischen "Wirtschaftsphilosophie" geworden war und
die sich hauptsächlich aus ehemaligen Grundbesitzern und Kaufleuten rekrutierenden Industrieunternehmer ihr Geld in staatlich unterstützte Projekte investierten, blieb ihr Geschäftsverhalten zumeist in Übereinstimmung mit den traditionellen
ökonomischen Normen. Die widersprüchlichen Anforderungen des
kapitalistischen Wirtschaftssystems einerseits und des traditionellen zwischenmenschlichen Umgangs andererseits stellten
sie vor Konflikte, die, gerade da sie unbewußt blieben, nicht
zu lösen waren, da sie eine - unmögliche - Synthese zwischen
Profitgier und Desinteresse am Geld hätten vollziehen müssen.
Eine derartige Ungleichzeitigkeit machte nicht allein die
Durchsetzung des Leistungslohns und der Durchschnittsprofit-
rate als kapitalistische Verteilungsprinzipien des gesellschaftlichen Reichtums zu einem ernsthaften Problem; sie produzierte
nicht nur enttäuschte Erwartungen bei der Arbeiterschaft, sie

ließ auch jene ökonomische Krise entstehen, die zum Teil aus dem permanenten Konflikt zwischen widersprüchlichen Handlungsperspektiven zu erklären ist und sich im Zuge der kapitalistischen Entwicklung zunehmend verstärkte.

Ohne Zweifel erwuchsen die enttäuschten Erwartungen über eine Verteilung des gesellschaftlichen Reichtums ohne entsprechende *Leistungsorientierung* aus dem bemerkenswerten Anstieg des *durchschnittlichen* Prokopfeinkommens und der damit einhergehenden Propaganda der staatlich monopolisierten Massenmedien *"Wir werden bald das Tor der Zivilisation erreichen"*, welche die Bevölkerung unter dem Einfluß amerikanischer Filme Zivilisation mit "American way of life" gleichsetzen ließ. So schuf der unproportionale Anstieg der Kapitalgewinne infolge der enormen Erdöleinnahmen in Form einer Verschärfung der sozialen Disparität der Verteilung gesellschaftlichen Reichtums eine über das gewohnte Maß hinausgehende und nicht mehr akzeptable *relative* Form der Armut, die auf dem Höhepunkt der wirtschaftlichen Prosperitätsphase mit der Durchsetzung neuer Leitbilder zusammentraf. Ohne daß sich das Leistungsprinzip als Vermittlung der Aneignung und Verteilung des gesellschaftlichen Reichtums sowie der sozialen Mobilität hätte durchsetzen können, führte die durch diese Ungleichzeitigkeit hervorgerufene Desintegration gesellschaftlicher Verhältnisse - als Zusammenbruch der verinnerlichten Kontrollinstanzen - zur Störung des Gleichgewichts zwischen sozio-kulturellen Leitbildern und den allgemein akzeptierten Mitteln zur Erreichung der gesteckten Ziele. Diese Störung, die mit dem "spontanen Kulturverlust" nicht nur ein tiefes Unbehagen[2], sondern auch politische Unruhen hervorrief, erscheint als "Explosion einer Religion".

Nicht also die "Ideologisierung der Religion birgt eine Gefahr (der) Entfesselung des irrationalen Verhaltens der Massen"[3] in sich, sondern umgekehrt: die Entfesselung des irrationalen Verhaltens der Massen als Funktion der mit der Ungleichzeitigkeit einhergehenden Anomie als "Erbschaft dieser Zeit" schafft jene materielle Gewalt, die die "Ideologisierung der Religion" so gefährlich macht - obwohl diese in Gestalt der "Fedaijan-e Islam" schon nach dem zweiten Weltkrieg, im Khomeinismus seit

Anfang der 60er Jahre sowie im Shariatismus seit Anfang der 70er Jahre ebenso wie in anderen Ausformungen bereits vorhanden war. Jedoch erst als die traditionellen Barrieren des kulturellen Kanons überschritten wurden, zerbrachen die "organischen Strukturen", die die symbolischen Formen des traditionellen Geistes konservierten, was als eben jene "Explosion einer Religion" erscheint, die "plattfüßig in die Arena der modernen politischen Ideologien eintritt"[4]: Als Funktion der Ungleichzeitigkeit, die den Zerfall der althergebrachten Normen bedingt, entsteht ein Zustand der Anomie, in dem es den Menschen an einem Orientierungsrahmen fehlt. Da sie in diesem Zustand von keiner Regelmäßigkeit im Leben mehr ausgehen können, die ihnen die nötige Ruhe und Sicherheit verleihen würde, weil die traditionellen Werte zerstört wurden, ohne wirklich ersetzt werden zu können, entsteht jenes "ideologische" Vakuum, das mit der Identitätskrise das Bedürfnis nach einer Religion als Orientierungsmaßstab und Objekt der Hingabe[5] verstärkt.

Auf die Genesis des Khomeinismus bzw. "Islamismus" oder "Fundamentalismus", der scheinbar aus heiterem Himmel in eine Welt einbrach, die die "Religion" hinter sich gelassen hatte, wiesen allerdings schon vorher diverse "Indikatoren" der "sozialen Pathologie" in den Elendsvierteln Irans hin, wie beispielsweise eine gestiegene Selbstmordrate, vermehrter Alkoholismus und Drogenabhängigkeit; all dies sind Formen der Autodestruktion[6], die aus der Angst der Menschen resultieren, die vom traditionellen Gemeinwesen getrennt waren, in das "moderne" aber nicht integriert werden konnten. Diese alters- und geschlechtsunspezifische Angst der nicht länger durch Klientelbeziehungen geschützten Menschen stellt die Grundlage des "Islamismus" als einer Art religiösem Gegenstück zum Faschismus dar.

Eine solche Angst, die aus der Ungleichzeitigkeit als Nebeneinander von äußerlicher Modernisierung bei gleichgebliebenen traditionellen Strukturen entsteht, läßt sich in unterschiedlichen gesellschaftlichen Bereichen aufzeigen; so vollzog sich beispielsweise in der Struktur der Familie vor allem ein äußerlicher Wandel. Weder der Zerfall der Großfamilie noch die unter Reza Shah eingeleiteten Maßnahmen zur "Frauenemanzipation" vermochten die *reale Stellung* der Frau in Familie und Gesellschaft grundlegend zu verändern[7].

Während die Zwangsentschleierung für weite Teile der traditionell sozialisierten weiblichen Bevölkerung eher ein grundlegendes Schockerlebnis als den Anfang ihrer "Befreiung" darstellte, zeitigten die gesetzlichen Änderungen der Frauenrechte in der Praxis kaum Auswirkungen; selbst die zunehmende Zahl der erwerbstätigen Frauen vermochte nur ansatzweise, ihre reale Stellung zu verändern. Zwar bestimmte idealerweise selbst im traditionellen islamischen Haushalt die Frau "wie eine Königin", während der Mann in gewissem Sinne "der Gast seiner Frau zu Hause" war[8]; ihr unterstand die effiziente Haushaltsführung ebenso wie die Verantwortung für die Erziehung der Kinder, in denen sie Gefühle wie Großzügigkeit, Anteilnahme und Liebe wecken sollte. Jedoch entsprach in den meisten moslemischen Haushalten die reale Position der Frau nicht einmal diesem traditionellen islamischen Ideal, da die *absolute* Autorität des Vaters alle innerfamiliären Beziehungen dominierte. Häufig bevorzugten die Väter ihre männlichen Nachkommen in einem Ausmaß, daß die Söhne die Stellung der Frau und Mutter innerhalb der Familienhierarchie bei weitem übertrafen, eine Tatsache, die dem auch heute noch in iranischen Familien weit verbreiteten "verzogener-Sohn-Syndrom" Vorschub leistete. So tyrannisieren häufig drei- bis vierjährige Knaben ihre Mütter, die jedoch aus Angst vor Strafe von Seiten des Ehemannes keinerlei Maßnahmen dagegen ergreifen. Dabei stellte die autoritäre Verhaltensweise des Vaters nicht nur einen Faktor dar, der zu dem allgemein eingeschränkten sozialen Status der Frau in der Gesellschaft beitrug; sie nährte auch eine Geisteshaltung, die einer kapitalistischen Entwicklung abträglich war. Denn das Beispiel der absoluten Gewalt des Vaters, deren Projektion die absolute politische Herrschaftsform konstituierte, rief eher innere und äußere *Angst* hervor als eine Verinnerlichung von Disziplin[9] - während gerade ein tiefverwurzelter Sinn für Disziplin in der Masse der Bevölkerung eine notwendige *Voraussetzung* kapitalistischer Modernisierung ist, die sich als ihre immanente *Bedingung* im Akkumulationsprozeß des Kapitals weiter reproduziert.

War traditionell die Familie diejenige Sozialisationsinstanz, welche den Kindern kulturell akzeptierte Gewohnheiten, Verhaltensweisen und Moralvorstellungen vermittelte, so übernahm in wachsendem Maße der "moderne" Staat diese Rolle, ohne jedoch dem äußerlich modernisierten Gefüge gesellschaftlicher Strukturen Vitalität und Sinngehalt verleihen zu können und damit die Kapazität ihrer Reproduktion zu steigern. Die durch die staatlich kontrollierten Schulen als vorwiegend politische Sozialisationsinstanz vermittelten moralischen Vorbilder wurden, da sie den zu Hause erlernten traditionellen diametral entgegengesetzt waren, zur Quelle permanenter kindlich-familiärer Konflikte. Exemplarisch dargestellt ist eine derartige kindliche Konfliktsituation in Al-e Ahmads Erzählung "Die Feierstunde", die zur Zeit Reza Shahs spielt. Der kleine 'Abbas, Sohn eines autoritären, alle westlichen Einflüsse als Teufelswerk ablehnenden Geistlichen, besucht eine staatliche Schule, in der das Tragen von kurzen Hosen gefordert wird. Da der Vater dem niemals zustimmen würde, versuchen Sohn und Mutter, einen Ausweg zu finden, um beiden Anforderungen gleichermaßen gerecht zu werden. "Außerdem war es schon ziemlich spät für die Schule geworden. Das heißt spät nur deshalb, weil ich immer etwas früher da sein mußte als die anderen. Dies lag daran, daß ich auf dem Weg zur Schule unmöglich kurze Hosen tragen konnte. Als Sohn des Geistlichen in diesem Viertel! Was hätten die Leute gesagt? Und wenn es mein Vater gemerkt hätte! Abgesehen davon mochte ich es selbst auch nicht. Ich wäre mir wie einer von jenen windigen Burschen vorgekommen, die bei den

Pfadfindern waren und sich eine Pfeife um den Hals hängten und
es sich gefallen lassen mußten, als "Kurzhosen" und "Baskenmützen" verspottet zu werden. Schließlich kam es soweit, daß mich
der Konrektor von der Schule werfen wollte: 'Entweder du
trägst kurze Hosen oder du mußt die Religionsschule besuchen!'
(...) Da hatte meine Mutter die Idee, Druckknöpfe an die Innenseite der Hosenbeine zu nähen. Den einen Teil unten, den
anderen oben. Dann zeigte sie mir, wie ich vor dem Eingang zur
Schule die Hosenbeine einschlagen, hochziehen und festknöpfen
sollte. Und wie ich sie nach dem Unterricht wieder losmachen
und herunterlassen konnte. So ging es denn auch. Allerdings
waren die Hosen ziemlich wulstig, und ich konnte nicht mehr
so schnell laufen. Und als ich eines Tages, wegen einer Wette
mit dem dicken Hassan, in das Becken im Schulhof gesprungen war,
machten sich die anderen Kinder über mich lustig, weil das
Wasser zwischen die hochgeknöpften Hosenbeine drang und sie
aufbauschte. Aber wenigstens ließ mich jetzt der Konrektor in
Ruhe. Ich versuchte es so einzurichten, daß ich als erster
zur Schule kam und als letzter wieder ging. Nach dem Ende des
Unterrichts wartete ich solange auf der Toilette, bis alle weg
waren und niemand mehr sehen konnte, was ich mit meiner Hose
anstellte. Trotzdem hatten die anderen Schüler gemerkt, was
los war. Sie sagten zwar nichts, gaben mir aber damals den
Spitznamen 'Scheich'. Anfangs war ich ganz schön sauer. Aber
als ich ein bißchen darüber nachgedacht hatte, fand ich es gar
nicht so schlecht. Es war immerhin ein Titel und viel besser
als 'Schlappschwanz', wie unser Klassenältester genannt wurde."[10]

Ein weiterer Konflikt entstand durch das von den Schulen
propagierte Ideal einer einheitlichen nationalen Identität.
Alle Grundschultexte waren in *persischer* Sprache abgefaßt, ohne
daß die unterschiedliche ethnische oder sprachliche Herkunft
der Kinder berücksichtigt wurde[11], die häufig des Persischen
kaum mächtig waren. So sollte die gemeinsame Nationalität aller Iraner betont werden, seien sie nun Azari, Belutschen,

Türken, Kurden, Araber oder Angehörige anderer ethnischer oder
sprachlicher Minoritäten. Auf diese, das Nationalitätenproblem verschärfende Art [12]) versuchte der Staat, sich die Loyalität des noch nicht vom traditionellen Gemeinwesen unabhängigen
Individuums zu sichern, indem er es mit einem Fokus von *Selbstdefinitionen* versorgte, die über den engen Kreis der Nachbarschaft, der Einwohner einer Stadt, eines Stammesgebietes oder
einer Provinz hinaus auf nationaler Ebene akzeptiert werden
und so eine Identität stiften sollten, die den Bedürfnissen
des Staates angepaßt war. Damit wurde bereits im Grundschulalter, einer Zeit, deren Einflüsse auch noch das erwachsene
Individuum prägen, der Grundstein für eine spezifische politische Sozialisation gelegt. Die in didaktischen Texten immer
wieder betonte Bedeutung einer von Stammes-, Sprach oder ethnischen Gruppen unabhängigen nationalen Einheit wurde symbolisiert durch den Shah und seine Familie, deren Bilder in allen
Schulbüchern abgedruckt waren. Auch im Bereich der Geschichte
wurde die nationale Identität der *Perser* anhand der Dynastien
ebenso wie in Erzählungen über bekannte religiöse oder weltliche
Persönlichkeiten in den Mittelpunkt gestellt. Der Hinweis auf
die Bedeutung des Königtums als immerwährendes zentrales Moment politischer Herrschaft war, neben religiöser und moralischer Unterweisung, ein wesentlicher Bestandteil des Unterrichts [13] - während gleichzeitig die Geistlichkeit stigmatisiert und die geistigen Traditionen weitgehend verdrängt wurden.

Ein charakteristisches Merkmal der modernen Bildungseinrichtungen stellte das weitgehende Festhalten an traditionellen
Lehr- und Lernmethoden dar.

Die traditionelle iranische Ausbildung war stark *autoritätsfixiert* und legte ausschließlich Wert auf eine möglichst perfekte *Imitation im Lernprozeß*. Die in prä-modernen Zeiten besonders auf der Elementarstufe von Geistlichen getragene formelle Bildung und Ausbildung betonte religiöse, moralische und

didaktische Themen, einschließlich des Koran und der Dichtung
von Hafez und Sa'adi. In diesen *maktabs* (traditionellen Schulen) stellte Wiederholung und Gedächtnistraining die gängige
Unterrichtsmethode dar, während die Disziplin durch häufige
Anwendung körperlicher Züchtigungen aufrechterhalten wurde[14].
Diese Tradition rein mechanischen Lernens setzte sich auf der
Sekundarstufe in den religiösen Seminaren *(madares)* fort, wo
sie auch heute noch als dominante Lehrmethode vorherrscht.
Zweifellos liegt der Ursprung dieses Lehr- und Lernverhaltens
in der früheren Verbindung von Religion und Wissen(schaft)
sowie den funktionalen Geboten des shi'itischen Islam. Anfänglich hervorgegangen aus dem Streben der frommen Moslems,
die Kardinalsünde der Erneuerung oder Häresie *(bidah)* zu vermeiden, entstand das Prinzip des *taghlid* (freiwillige Unterordnung unter den Willen einer qualifizierten geistlichen Autorität), das den Durchschnittsgläubigen der Verantwortung, in
Fragen der Religion und des Alltagsverhaltens selbständig Entscheidungen treffen zu müssen, enthob. Mit allen, das Glaubensbekenntnis übersteigenden Fragen wandte er sich, häufig auch
schriftlich, an den *mardja-e taghlid*, einen führenden *faghih*
oder *mudjtahid* und handelte dann entsprechend dessen Anordnungen. Auch in den Schulen, in denen normalerweise ein *mullah*
oder *akhund* lehrte, herrschte dieses Prinzip vor, das den
Schüler streng in die religiöse Verpflichtung einband und das
Gesagte Wort für Wort, ohne Fragen zu stellen, zu akzeptieren
verpflichtete. Obwohl auf diese Weise die Merkfähigkeit trainiert und das Risiko der bidah verringert wurde, nahm zugleich
die Neigung des Schülers, eigene Fähigkeiten der Vernunft,
Analyse, Interpretation und Wertung zu entwickeln, mehr und
mehr ab [15].

Auch die Modernisierung der äußeren Strukturen des Bildungssystems strebte keine "Erziehung zur Mündigkeit" an, sondern
konservierte den Jahrhunderte alten autoritären Erziehungsstil
mit seiner Tendenz zum mechanischen Auswendiglernen ebenso
wie die körperliche Züchtigung, die - neben der Hoffnung auf

sozialen Aufstieg - als Antriebsmoment diente. Der "moderne" - entturbanisierte - Lehrer wurde der Träger dieses Systems, das vom Westen übernommene Wissen sein substanzloser Gehalt. Zwar gehörten nun Physik, Chemie und Mathematik zum Bildungskanon, sie wurden aber genauso formelhaft auswendig gelernt wie vormals Koranverse oder Gedichte.

Die Koexistenz von traditionellen, nur reproduktiven Lehrmethoden und modernen Inhalten kennzeichnete auch die universitäre Unterrichtsstruktur und setzte die Studenten einer permanenten Konfliktsituation aus. Da sie den durch moderne Standards geweckten Erwartungen mit Hilfe der von ihnen erlernten, rein reproduktiven, nicht zu selbständigem Denken befähigenden Lehrmethoden kaum gerecht werden konnten, litten sie unter teilweise panischen Prüfungs*ängsten*; denn ein Versagen kam dem Ausschluß vom erhofften sozialen Aufstieg gleich. So produzierte dieses "moderne" Bildungssystem nur eine gesteigerte Angst, jedoch weder selbständig reflektierende Individuen, noch eine innovative Intelligenz. Sowohl die "verantwortliche" Intelligenz, die die "Verwestlichung" ablehnte, als auch die "Technokraten", die als Verwalter auswendig gelernten Wissensstoffes nur in der Lage waren, wissenschaftliche Erkenntnisse passiv zu konsumieren und zu "horten", ohne ihre historisch entstandenen Implikationen reflektieren zu können - diese beiden Kategorien der professionellen Mittelschicht waren Produkte einer Institution, die zwei miteinander nicht versöhnbare Denksysteme und damit quasi zwei Welten zu verbinden suchte.Trotz der Unmöglichkeit einer institutionalisierten Kommunikation "zwischen der geschlossenen Welt und dem unendlichen Universum, der synchronen Raum-Zeit der Koinzidenzen und der linearen Raum-Zeit der Kausalität"[16] entwickelten sich Zonen des Kontakts, die jedoch "durch Konfusion aller kulturellen Kontexte gekennzeichnet" waren. Diese unbewußte Verwestlichung setzte sich um in ein "Denken ohne Objekt", eine "Kunst ohne Ort", ein Menschenbild, das das Gegenteil ihres

Ideals darstellte, und absurde Einstellungen als Produkt des
schreienden Unterschiedes zweier miteinander unvereinbarer
Kulturen[17]. Indem sie in die unwiderstehliche Bewegung einer
Geschichte hineingezogen wurden, die nicht die ihre war, weil
sie jenen Bewußtwerdungsprozeß nicht vollzogen hatten, der
diese Geschichte trug, übersetzte sich die negative Dialektik
bei den "verantwortlichen" Intellektuellen in eine *doppelte
Illusion*. Während sie meinten, die "Seele des faustischen Denkens" durchdringen zu können, wollten sie gleichzeitig ihre
kulturelle Identität konservieren oder gar eine vergangene
Religion wieder auferstehen lassen. Weder das eine noch das
andere beherrschend, weder das eine konservierend noch das andere wiederherstellend, gerieten sie so in eine Periode des
Übergangs, die beherrscht war von einer Unbewußtheit sowohl
in Bezug auf die letzten Veränderungen des Westens als auch
auf die Reichtümer ihrer eigenen Geschichte. So setzte teilweise eine passive und unbewußte Verwestlichung ein, teilweise
eine wachsende - und ebenso unbewußte - Entfremdung von der
eigenen Tradition. Beide Formen des Unbewußtseins reflektieren diese doppelte Illusion, welche die Niederlage der Werte für ihre Genesung hält und den Mangel für einen Gewinn,
und verschleiern so die Fragilität der Träume, die zu ihrer
Realität geworden sind[18]. Aus den unvereinbaren Spannungen
von Form und Inhalt wird nicht nur jede Einstellung, jedes
Denken und Verhalten zur Inkubation von noch nicht aktualisierten Möglichkeiten, zur passiven, formbaren Materie und
daher empfänglich für "Ideologien"; vielmehr entstehen auch
diese "Ideologien", die unter einer scheinbar rationalen und
historischen Oberfläche eine nur simplifizierte Weltsicht
vermitteln. Diese Art von "Ideologie" ist scheinbar die einzige Form geworden, in der sich das westliche Denken an eine
kulturell andere Welt assimilieren kann, die von der westlichen, wissenschaftlich-technischen ausgeschlossen blieb[19].

Selbst die im Ausland ausgebildeten iranischen Intellektuellen, die als "Aufklärer" und später als Hochschullehrer zu personellen Trägern dieser Assimilation wurden, konnten - von der ersten bis zur letzten Generation - als verkörperte Negation einer *positiven Wissenschaft* weder historisch entstandene Probleme ihres Landes begreifen, das auf dem Höhepunkt seiner kulturellen Entwicklung keine Zukunftsperspektive mehr bot und in einer historisch einmaligen Situation mit der westlichen Kultur konfrontiert wurde, welche durch die Aufhebung ihrer philosophischen Tradition die wissenschaftliche Grundlage jener technologischen Entwicklung schuf, deren soziale Träger die außereuropäischen Völker vor die Alternative stellten entweder Bourgeois zu werden oder unterzugehen; noch waren sie imstande, historisch adäquate konkrete Lösungsmöglichkeiten zu entwickeln, weil *sie durch die radikale Abkehr von ihrer bisherigen Tradition und durch die fetischisierte Entlehnung der äußeren Form westlicher Zivilisation, deren geistig-kulturelles Erbe ihnen unbekannt war*, zu Trägern einer Modernisierung wurden, aus welcher zwei zentrale unheilvolle Probleme des Landes entsprangen: *moralische Ambivalenz und geistige Verwirrung.*

Indem diese "Modernisierer" die politische Lösung aller Probleme in der Einführung von *"Gesetzen"* sahen, ohne deren *Quellen* zu berücksichtigen und die *Grundlagen* der Gesetzgebung zu reflektieren, übernahmen sie - als schlechte Kopie eines Montesquieu - seit der "konstitutionellen Revolution" die westlichen Gesetzeskodes und verliehen durch die Rechtsreform dem Land ein juristisches System, das fast die ganze islamische shari'ah außer Kraft setzte. Obwohl das überlebte Vermächtnis der islamischen Gesetze in unterschiedlich starkem Maße bei der Rechtsprechung herangezogen wurde und lokale Sitten immer noch eine große Rolle in rechtlichen Fragen aller Art nicht nur in den ländlichen Gebieten spielten, wurde überall dort, wo Institutionen des "modernen" Staates existierten,

zumindest theoretisch das bürgerliche Recht angewandt und
vollzogen [20]. Mit dieser Entwicklung entstand nicht allein
eine Ungleichzeitigkeit zwischen traditionellem Rechtsempfinden und "moderner" Praxis ; darüberhinaus stellte sich mit
der Verdrängung der *shari'ah* als normativer legaler Struktur
das praktische Problem, *was sie - als Basis ethischer Praxis
und moralischen Verhaltens - ersetzen, was den neuen moralischen Imperativ darstellen und welche Sanktionen ihn unterstützen sollten.*

Aus Mangel an entsprechendem Problembewußtsein wurde der grundlegende gesellschaftliche Konflikt lediglich personalisiert
bzw. institutionalisiert, indem laut Artikel 2 des Grundgesetzes von 1907 die legale Autorität des Parlaments als Gesetzgebungsorgan in allen Fragen moralischer Erneuerung der Zustimmung des jeweiligen Imam wie auch des Shah bedurfte. Um der
neuen Autorität die permanente positive Sanktion des Klerus
zu garantieren, sollte die Geistlichkeit im Parlament durch
fünf *mudjrahid* repräsentiert sein, die jede Gesetzesvorlage
aufgrund eines Veto-Rechtes ganz oder teilweise zurückweisen
konnten, falls diese vom "heiligen Gesetz des Islam" abwiche.
Diese institutionalisierte Vorwegnahme der künftigen Konflikte, die aus der mit der Modernisierung einhergehenden Notwendigkeit zur radikalen Veränderung der juristischen Struktur
Irans bei gleichzeitiger Persistenz traditioneller Wertstrukturen entstand, führte nicht nur zur moralischen Unterminierung der Autorität des Parlaments, sondern machte auch die
aktivistische Geistlichkeit zum Anwalt und unerbittlichen
Träger eines aus diesem Konflikt entstandenen Widerstandspotentials.

Die Entscheidungen der Parlamente sowie die legalen "Taschenspielertricks" Reza Shahs, welche die shari'ah abzuschaffen
versuchten, beraubten von vornherein das Gesetzgebungsorgan
seiner moralischen Autorität und des Einflusses der religiösen
Sanktionen. Da etliche prominente Mitglieder der früheren Parlamente, die zu diesem Prozeß beigetragen oder ihn begünstigt
hatten, Geistliche von unterschiedlichem Rang waren, verstärkte

sich die allgemeine Enttäuschung über die niedrige Moral dieser Institution ebenso,wie der Einfluß der aktivistischen Geistlichkeit Auftrieb erhielt. Zudem hatte die geistliche Repräsentation im Parlament von Beginn an ständig abgenommen, bis schließlich seit der 19. und 20. Parlamentsperiode die Geistlichkeit überhaupt nicht mehr parlamentarisch vertreten war. Obwohl vorauszusehen war, daß jede weitere Verfälschung der Überreste der shari'ah, die noch in den "bürgerlichen" Gesetzen des Iran fortlebten, nur laute Opposition hervorrufen konnte, stimmte der Shah allen von den rein säkularen Parlamenten verabschiedeten Gesetzen zu. Das "Familienschutzgesetz", das nach dem Landreformgesetz eines der radikaleren darstellte, rief ein Spektrum der außerparlamentarischen Reaktionen hervor. Der gesetzgeberische Kunstgriff, der durch den Bezug auf Artikel 11 und 17 der shari'ah ein Lippenbekenntnis zollte, das die theoretische Grundgesetzkonformität gewährleisten sollte, wurde lediglich vorgenommen, um die konservative Meinung zu besänftigen, provozierte aber eher verschärfte Anklagen gegen die Heuchelei und die bösen Absichten des Regimes, da das Gesetz praktisch das islamische Scheidungsrecht abschaffte und den Männern eine unbegründete Scheidung von ihren Frauen untersagte [21].

Ohne eine stabile Synthese bzw. einen lebensfähigen Konsensus über soziale Werte als notwendige Bedingung einer quasi harmonischen Transformation gesellschaftlicher Verhältnisse, produzierte die als Funktion des Imperialismus eingeleitete Modernisierung und der damit einhergehende sozialstrukturelle Wandel bei *gleichzeitiger Konservierung traditioneller Verhaltens- und Verkehrsformen* jene *Ungleichzeitigkeit* der Entwicklung, die eine *moralisch disfunktionale und chaotische Gesellschaft als Ganzes* ebenso hinterließ wie eine *allgemeine Identitätsdiffusion* hervorrief.
Die als moralische Ambivalenz wahrgenommene allgemeine Identitätskrise erscheint deswegen als Widerspruch zwischen Anspruch und Wirklichkeit des Regimes, das alle seine Maßnahmen

als in Übereinstimmung mit den moralischen Grundsätzen des zwölfer-shi'itischen Islams als der Staatsreligion legitimierte, weil die von oben durchgesetzte Modernisierung jede gesellschaftliche *Vermittlungsinstanz* ausschloß. So zerstörte die Modernisierung nicht nur *die traditionellen Formen des Gemeinwesens*, d.h. die Stammes-, Dorf- und städtischen Gemeinschaften (vgl. Kap.1.1.2.2.), durch welche jene "Organisation der gesellschaftlichen Handlungen" verinnerlicht worden war, die den "Geist des Einzelnen"[22] und die Despotie als vermittelte Einheit der quasi autonomen Einheiten konstituierte; die Modernisierung unterdrückte gleichzeitig auch die Ansätze der modernen Kooperationsformen und Vermittlungsorgane als Interessenvertretungsorgane und Parteien, die eine solche doppelte Vermittlungsfuntion hätten wahrnehmen können. Mit dem Fortfall dieser Vermittlungsorgane wurden nicht nur die der Modernisierung entsprechenden Sozialisationsprozesse verhindert, sondern auch die gesellschaftlichen Interaktionsmöglichkeiten zerstört. Die Folge ist eine *Ungleichzeitigkeit* auf allen gesellschaftlichen Ebenen, die sich als *unvermittelter Dualismus* institutionell verselbständigt. Sie wurde nicht nur als Konflikt der modernen gesellschaftlichen Anforderungen mit den verinnerlichten traditionellen sozialen Normen und Werten wahrgenommen, sondern auch als Konflikt der *äußerlichen Einheit* der einander widersprechenden Momente des sich traditionell legitimierenden modernistischen Regimes - also zwischen dem Shah als Verkörperung einer gewaltsamen Modernisierung und der aktivistischen Geistlichkeit als Personifizierung der reaktivierten Tradition.

Diese Momente manifestieren sich in zwei extremen Polen eines Spektrums von ideologischen Reaktionen auf die Modernisierung als Funktion des Imperialismus. Auf der einen Seite des Spektrums entstanden die "Gharbzadegan" (die Verwestlicher), die die Übernahme des "modernen" Wertsystems forderten, nachdem sich die fundamentalen Strukturen der westlichen Welt durchgesetzt hatten. Auf der anderen Seite standen die *Sunatparastan*, die eher konservativen bis reaktionären Elemente der Gesellschaft, die alles Fremde ablehnten und mit Khomeini unerbittlichen Widerstand forderten. Zwischen diesen beiden Extremen, die als Manifestation einer schizoiden Verfassung des gesellschaftlichen Geistes mit dem Manichäismus den Chiliasmus als Widerstandspotential produzieren, entstanden in den modernen Mittelschichten typische "synthetisierende" Reaktionen mit der Tendenz, die Unvereinbarkeit der Annahme neuer Formen zu akzeptieren, allerdings unter Hinzufügung einer entscheidenden Klausel: Wir werden die äußeren Formen borgen, aber *unsere eigenen* Werte, *unsere eigene* Erbschaft und unsere Traditionen bewahren und die neuen äußeren Strukturen mit *unserem eigenen einzigartigen* Charakter und unserer *Identität* erfüllen[23].

2.5.2. ZUR 'EINHEIT DES WORTES' ALS FUNKTION DER 'IDEOLOGISCH'-MOTIVATIONALEN GEMEINSAMKEITEN DES KHOMEINISMUS UND ANDERER OPPOSITIONELLER STRÖMUNGEN

Als Apperzeption der allgemeinen sensitiven Perzeption des Kulturimperialismus ist der *islamische Revivalismus* nur eine, wenn auch die dominant gewordene Artikulationsform des iranischen *Nativismus*, die vom *shi'itischen Chiliasmus* getragen wird. Dabei umfaßt der islamische Revivalismus drei wesentliche Strömungen - den "islamischen Fundamentalismus", den "bürgerlich-liberalen" und den "sozialistischen" Modernismus-, die sich vor allem durch den ihnen gemeinsamen *Aktivismus* vom "islamischen Traditionalismus" unterscheiden.

Während der islamische Revivalismus von einem *chiliastischen Aktivismus* getragen wird, ist der *chiliastische Quietismus* das Vehikel des "Traditionalismus". Die beiden dem "religiösen Elend" immanenten Momente erscheinen so einerseits im "islamischen Revivalismus" als "Protestation gegen das wirkliche Elend", andererseits im "Traditionalismus" als "das Opium des Volkes"[1]. Der als "Fundamentalismus" bzw. "Islamismus" bekannte *Khomeinismus* unterscheidet sich, als *aktive* Reaktionsweise gegen den "Modernismus" als Funktion des Kulturimperialismus, daher vom

"Traditionalismus", der ideologisch-motivational in der Vergangenheit verharrt, wegen seiner apokalyptischen Weltabgeschiedenheit aber nicht für die "Rückkehr zur wahren Religion" in Aktion tritt.

Der aus einer moralisch disfunktionalen, chaotischen Gesellschaft als Ganzes entstandene Khomeinismus hat Vorbilder nicht allein in einer Tradition von seit der Islamisierung des Iran immer wieder auflebenden chiliastischen Bewegungen; als *Doktrin* hat er auch seine "häretischen" Vorbilder. Obwohl dem breiten Spektrum iranisch-islamischer Ideologie eine Anzahl heidnisch-arabisch-vorislamischer Moralvorstellungen in islamischem Gewande hinzugefügt worden sind, ist der Koran bis zum heutigen Tag die Grundlage islamischer Ethik geblieben und dient allen frommen Moslems als Ausgangspunkt einer systematischen Kodifizierung religiöser und ethischer Werte[2]. Waren in den frühen Perioden islamischer Gelehrsamkeit Moral und Ethik Bestandteile der Theologie, so setzte sich unter dem Einfluß der griechischen Philosophie auf das islamisch-spekulative Denken die Tendenz durch, die Ethik als eine eigenständige Wissenschaft zu betrachten. Beschränkt man sich auf die Repräsentanten des iranischen Teils des islamischen Welt, dann stellen die Schriften Ahmad B. Miskawayhs (1030 n.Chr.) einen der frühesten und zugleich wichtigsten Beiträge zu dieser Tendenz dar[3]. Auf den Grundlagen der ethischen Ideale des Koran und der Suna versucht Miskaway, unter Einbeziehung der Ansichten islamischer Theologen, Philosophen und Sufi-Meister, eine Synthese dieser unvereinbaren Richtungen auf den metaphysischen und philosophischen Prämissen des Neo-Platonismus zu schaffen. Zwar implizieren die zugrundeliegenden theoretischen Ansätze vor allem Erfolge auf dem Gebiet der abstrakten Ethik und Philosophie; dennoch übten auch der allgemeine moralische Ton der Zeit sowie die herrschenden politischen, ökonomischen und sozialen Bedingungen einen starken Einfluß auf seine Lehre aus. Nicht allein die metaphysischen Grundlagen von Ethik und Moral, die Beschaffenheit von Glück und Tugend sowie die Skizzierung einer Skala von Kardinaltugenden wie Weisheit, soziale Gerechtigkeit, Mut, Mäßigung, Liebe, Freundschaft und Gottesliebe behandeln seine

Schriften; vielmehr widmete er sich auch der praktischen Ethik und betonte vor allem *die Bedeutung von Tugend und Disziplin, gleichermaßen bei Kindern und Erwachsenen, um die moralische Integrität der Gemeinschaft zu gewährleisten.* Wenn sich Miskawayh auch nicht explizit mit Politik beschäftigt, so ist doch der Zusammenhang zwischen seiner Ethik und Gesellschaftskonzeption einerseits und dem Staat andererseits deutlich ersichtlich. Diese *theokratische* Staatskonzeption, in der das ideale Verhältnis zwischen Herrscher und Beherrschten ein *paternalistisches* ist, schreibt dem Staat und seinem Herrscher die Aufgabe zu, *Verhältnisse herzustellen, unter denen die Religion und mithin auch das Glück gedeihen kann.* Die Regierung sei verpflichtet, das einfache Volk zum richtigen Denken und Handeln anzuleiten, d.h. ihm die Fähigkeit zu vermitteln, zwischen "Falsch" und "Richtig" zu unterscheiden. Allen Überlegungen bezüglich der *Tugend der Kooperation (ta'awun)* ist die Überzeugung zentral, daß der Mensch vor allem ein soziales Wesen sei, während die Moralität per definitionem als sozial begriffen wird. Innerhalb des sozialen Kontextes wird die Erlangung von individuellem und kollektivem Glück zur wichtigsten Aufgabe; dieses Glück ist nur durch *soziale Gerechtigkeit* erreichbar, die wiederum *Gleichheit (musawat)* zur Voraussetzung hat. *Die entsprechenden Anweisungen dafür können in der shari'ah, dem heiligen Gesetz des Islam, nachgelesen werden.*

Eine derartige Staats- und Gesellschaftskonzeption impliziert, daß *schlechten Herrschern nicht notwendig gehorcht werden muß,* eine Vorstellung, die im *Gegensatz zum allgemein akzeptierten Quietismus* des orthodoxen sunitischen Islam und zur inoffiziellen allgemeinen Praxis der shi'itischen Welt steht. Als *Ideologe des chiliastischen Aktivismus* wandte sich Miskawayh gegen das passive Akzeptieren der Mißstände und betonte vielmehr die Notwendigkeit politischer Reformen und sozialer Aktivitäten, *um dergestalt die unerläßlichen Bedingungen zur Erlangung einer kollektiven Glückseligkeit (sa'adat) wiederherzustellen*[4]. Vor allem die Ignorierung *moralischer Prinzipien* bedrohe die ideale islamische Ordnung und werde schließlich zu ihrer Vernichtung führen. Die Gefahr moralischer Nachlässigkeit erfasse dabei zuerst die Spitze der sozialen Pyramide, den Sitz der politischen Macht; doch griffen *Korruption, Ungerechtigkeit und allgemeine moralische Dekadenz* an hohen Stellen schnell auf die niedrigeren Stufen der sozialen Skala über. Dann seien *die Bedingungen für die Rückkehr zur wahren Religion, für eine Rückbesinnung auf ihre moralischen Forderungen,* für Kultivierung von Wissen und Wahrheit und damit letztlich für die *Errichtung einer neuen und gerechten Regierung* geschaffen. Obwohl diese *Doktrin* allgemein als eine Extrapolation des theologischen Prinzips des *tadjdid* (Erneuerung) betrachtet wird, ist es wichtig festzuhalten, daß Miskawayh sich nicht für eine Modifizierung des *idealen* islamischen theokratischen Systems der Regierung und Gesellschaft einsetzt; wenn das ideale System von Zeit zu Zeit zusammenbricht, ist dies vielmehr der *menschlichen Fehlbarkeit und Perversität* zuzuschreiben. Damit wird die *Austilgung des korrupten menschlichen Faktors in Form einer Reinigung der politischen Spitze und seine Ersetzung durch einen neuen Faktor, welcher das moralische Ideal der wahren Religion nicht gefährdet,* zum wesentlichen Ziel[5].

Miskawayh hatte nicht nur einen beträchtlichen Einfluß auf die unmittelbar nachfolgenden Autoritäten, die sich demselben Thema widmeten, einschließlich al-Ghazzali (1111), Nasir al-Din al-Tusi (1274) und Djalal al-Din al-Dawwani (1501), sondern auch auf die islamischen Denker der Gegenwart. Seyjed Mohammad Hoseyn Tabataba'i[6] ist einer der ersten von ihnen, der in dieser Tradition und in Anlehnung an die modernen Begriffe der Politikwissenschaft und Soziologie die "wahre" islamische Doktrin der Gesellschaft und Politik systematisierte. Der Chefideologe des Khomeinismus und Lieblingsschüler Khomeinis Motahari interpretierte bzw. erklärte lediglich die Doktrin Tabataba'is, während Khomeini selbst mit seinen Thesen über den "islamischen Staat" explizit die praktischen politischen Konsequenzen aus dieser Doktrin zog und propagierte[7]. Während die "Fundamentalisten" vom Schlage Khomeinis und den ihm nahestehenden "Fedaijan-e Islam" also, dieser chiliastisch-aktivistischen Tradition folgend, die Rückkehr zu den islamischen "Fundamenten" anstreben, versuchen die "Modernisten" - mit ihrer ebenfalls traditionellen Konzeption der Gesellschaft und der Sozialordnung -

die Vergangenheit in Gestalt des "Islam" mit der modernen Welt zu versöhnen. Begreifen erstere die unannehmbare Lage der Moslems als eine Folge der Abweichung vom "reinen Islam" bzw. vom "islamischen Ideal" - "wenn sie zu ihm zurückkehren, würde alles ganz anders werden"[8] -, so wollen letztere vom Westen lernen - um an dessen "Fortschritt" zu partizipieren, müßten die Moslems "bei den Leuten des Westens 'in die Schule' gehen (...), um das Gute aufzunehmen und das Schlechte, das sie dort finden, zurückzuweisen"[9]. Dabei unterscheiden sich die islamischen Modernisten nach den jeweiligen "Schulen", in die sie gegangen sind.

Bazargan[10] gilt als prominentester Vertreter der "bürgerlich-liberalen" modernistischen Fraktion des islamischen Revivalismus. Entsprechend der eigenartigen Mischung aus Bewunderung und Verachtung, die er dem Westen entgegenbringt, stellt die von ihm vertretene "Lehre" ein Konglomerat aus liberalen Gedanken und islamischer Tradition dar, welche Wissenschaft und Technik des Westens zu übernehmen versucht, die westlichen Gedanken aber verwerfen bzw. in die islamische Lehre integrieren will. Nicht allein die modernen technischen und wissenschaftlichen Errungenschaften, sondern auch Prinzipien wie Demokratie, Menschenrechte und Humanismus werden von ihm akzeptiert; dabei seien jedoch diese Prinzipien auch im Islam enthalten bzw. besser aufgehoben, da der Westen keinerlei Anleitung zu einem integrierten sozialen Leben biete. "Freiheit, Demokratie und Sozialismus, wie sie der Islam vertritt, erlebte die Menschheit bisher nicht einmal im Traum"[11]. Die von Bazargan angestrebte, als monistisch *(tohid)* bezeichnete Gesellschaftsordnung, die beherrscht ist von sozialer Gerechtigkeit, integralistische und teildemokratische Züge sowie ein hochentwickeltes wissenschaftlich-technisches Niveau aufweist, könne nur erreicht werden, wenn die iranischen Moslems auf eine blinde Nachahmung des Westens verzichteten. Autonom und mit Würde müßten sie ihren Verstand einsetzen und mit Hilfe der von Gott gegebenen Güter etwas Positives und ihnen Entsprechendes schaffen[12]. Zwar erkennt Bazargan den Vorsprung des Westens gegenüber der "Dritten Welt", hält jedoch dessen Imitation für falsch, da dergestalt die Abhängigkeit von den europäischen Erzeugnissen immer stärker werde[13]. Diese Einstellung läßt ihn - ebenso wie Al-e Ahmad -

die westlich orientierten Modernisten, die als einzigen Weg
aus der Rückständigkeit die Verwestlichung des Landes sahen,
verurteilen, da sie vor dem Westen kapituliert hätten. "Die
Losung unserer Regierung gegen Vorteile und Interessen der
Fremden war Kapitulation. Die Losung unserer Intellektuellen
gegen Kultur, Philosophie, Lebensstil und Regierungsform von
Europa war "Fortschritt". Aber Fortschritt in dieser Form
bedeutet nichts anderes als Nachahmung. Nachahmung hätte
keinen anderen Sinn als Kapitulation"[14].

Die traditionelle Geistlichkeit hingegen verteidigt er, da
sie sich jenen Einflüssen gänzlich verschlossen habe[15]. Dennoch greift er auch sie an und unterstellt ihr einen Rückfall
in Engstirnigkeit, Eigensinn und Reaktion[16]. Schon zu Beginn der Kolonisation hätte der Klerus begreifen müssen, daß
"wir unwissend und unfähig sind; wenn wir nicht aufpassen,
werden wir das Diesseits und das Jenseits verlieren"[17]. Es
sei an der Zeit, daß die Moslems die echten Wurzeln der westlichen Zivilisation als universal und damit auch in ihrer
eigenen Kultur vorhanden begriffen, so daß sie, ohne die Wahrhaftigkeit ihres Glaubens aufzugeben, negative Eigenschaften
wie Egoismus und Eigensinn überwinden könnten. Moslemische
Erneuerer wie Afghani und Eghbal verkörperten positive Beispiele einer solchen Synthese, da sie mutig die unbestreitbaren Vorzüge des Westens angenommen, sie mit den traditionellen eigenen und religiösen Werten in Einklang gebracht und
so die Moslems zu Unabhängigkeit und eigenständiger Herrschaft
motiviert hätten[18].

Als Hauptursache der Rückständigkeit des Orients und damit
auch als Grund für die zunehmende Abhängigkeit vom Westen betrachtet Bazargan die Trennung von Religion und Politik. Diese Spaltung der Gesellschaft in einen geistlichen und einen
weltlichen Bereich, die - als ein Phänomen des Westens - dort
eine dekadente Entwicklung hervorgebracht habe, sei von den
westlich orientierten Modernisten in die islamischen Länder
importiert worden. Dies konnte geschehen, da sich die Theologen und Philosophen dieser Länder von der Welt abgewendet
und sie den "schlechten" Menschen überlassen hätten[19]. Klas-

senspaltung, Unterdrückung, Ausbeutung, Kolonialismus und üppiges Leben auf der einen, bitterste Armut auf der anderen Seite sowie ein allgemeiner moralischer Verfall seien das Ergebnis. Damit begründet Bazargan die Rückständigkeit des Iran nicht ökonomisch, sondern mit der Abweichung von den islamischen Gesetzen[20]. Mithin seien es die Moslems selbst gewesen, die durch die Mißachtung der islamischen Vorschriften die Voraussetzungen für ihre Ausbeutung und Unterdrückung geschaffen hätten[21] und die unmittelbare Verantwortung trügen. Ebenso wie sich der Klerus von der Politik zurückgezogen habe, hätten sich die weltlichen Intellektuellen von der Religion distanziert[22]. Eine den islamischen Gesetzen entsprechende und mithin vollkommene Regierung müsse hingegen von Geistlichen und Wissenschaftlern (afazel) gemeinsam konzipiert werden[23]; erst diese Zusammenarbeit von weltlichen und religiösen Intellektuellen gewährleiste eine gerechte Ordnung. Damit erklärt Bazargan jede rein säkulare Regierung, aber auch jede Hierokratie[24] für illegal, da sie nicht fähig sein könne, die gottgewollte Ordnung der Gerechtigkeit zu garantieren. So werde es die Aufgabe eines jeden Moslems, einer derartigen Regierung den Gehorsam zu verweigern[25]; nur so könnten sie den Weg zur Befreiung finden.

Ein weiterer Grund für die Unterdrückung und Ungerechtigkeit liege im einzelnen Menschen selbst, der sein Wohl aus der Obervorteilung des anderen ziehe. "Wenn Unterjochung, Unterdrückung und Sklaventum in der Welt verbreitet ist, ist das dann nicht das Ergebnis der 'Weltliebe' der Oberen und der 'Welt-Orientierung' der Unteren?"[26] Würden sich also die Menschen nach den göttlichen Anweisungen richten, was eine Orientierung an immateriellen Idealen bedeutete, würde die Ordnung der Solidarität und Gerechtigkeit wieder eintreten, die ursprünglich existierte.

Ausgehend von einer "freiheitlichen" und "harmonischen" Vergangenheit erklärt er die Revolution, den Aufstand zum einzig wirksamen Mittel der Wiederherstellung dieser glücklichen Zustände[27], warnt aber gleichzeitig vor einem Rückzug ins islamische Mittelalter. Nur durch Kooperation mit

dem Westen, die aber niemals eine Aufgabe der eigenen Identität nach sich ziehen dürfe[28], könne der Iran seine Unabhängigkeit erlangen. Während die weltlich orientierten Intellektuellen dieses Problem nicht begriffen hätten, verstünden die religiösen Intellektuellen die andere Schwierigkeit nicht; sie isolierten sich von der modernen Welt, ja sie seien sogar weiter den unterschiedlichsten Vorurteilen verfallen[29]. Dennoch sei ihr Verhalten höher zu bewerten als das erstere, da es zumindest Widerstand gegen den Westen impliziere.
"Die Kritik an diesen Leuten ist folgende: als sie sich daran machten, dem Fremden und dem Feind den Weg zu versperren, warum dachten sie, daß das Problem durch einen Rückzug nicht gelöst werden kann (...) Sie hätten Augen und Ohren offen halten, die Realitäten und die Gefahren sehen müssen und lernen, sich mit den selben Waffen zu wappnen, die der Feind hatte"[30]. Demnach strebt Bazargan weder die totale Übernahme der westlichen Kultur noch den Rückzug ins islamische Mittelalter an, sondern sucht einen "Mittelweg" durch den Zusammenschluß von geistlichen und weltlichen Führern, die eine zeitgemäße islamische Politik garantierten und damit die Rückständigkeit der Moslems beseitigen könnten.

Als praktische Konsequenz dieser Haltung gründete er 1961 mit Ajatollah Taleghani die "Iranische Freiheitsbewegung" und wurde zum praktischen Wegbereiter der in der "islamischen Revolution" entstandenen Koalition zwischen "fundamentalistischer" Geistlichkeit und modernen Intellektuellen. Obwohl einige seiner grundlegenden Gedanken deutliche Unterschiede zu denen der "Fundamentalisten" aufweisen, machte er - wohl weniger aus Mangel an gedanklicher Reife als aus "taktischen" Überlegungen - deutliche Zugeständnisse an den Khomeinismus. Von zwei laizistischen Lagern innerhalb des Modernismus bedroht - dem von Bakhtiar geführten bürgerlichen und dem kommunistischen - bejahte er die Koalition von "Klerus" und "aufgeklärten Politikern" unter Khomeinis Führung, obwohl er kein Anhänger der "Schriftgelehrten-Herrschaft" *(welajat-e faghi)* war.
Doch nicht allein "taktische" Überlegungen dürften seinen *praktischen* Übergang zum Khomeinismus bestimmt haben, sondern ebenso ideologisch-motivationale Gemeinsamkeiten. Der als

Negation sowohl der bestehenden - säkularen - Ordnung des
Shah-Regimes als auch der apokalyptischen Abgeschiedenheit
des "islamischen Traditionalismus" entstandene chiliastische
Aktivismus ist eine dieser Gemeinsamkeiten. Damit verband ihn
mit Khomeini die gemeinsame Ablehnung des shi'itischen Quietismus. Nach seiner Auffassung kann der "entrückte 12. Imam" -
al-Mahdi - nicht die gerechte Gesellschaft bringen; diese Aufgabe komme den religiösen Philosophen und den Wissenschaftlern zu. "Auf wen warten wir? Auf den Aufstand des entrückten
Imam? Was heißt Aufstand, und wozu soll er aufstehen? Soll
er aufstehen, die weltliche Regierung auszuüben, Gerechtigkeit und Gleichheit zu verbreiten? (...) Das ist, glaube ich,
ein Vorwand für unser nur scheinbar handelndes moslemisches
Volk, das in Wahrheit ruhig und faul ist, (...) gar nichts
zu tun, sich nicht selbst zu verteidigen"[31]. So versucht er,
das islamische Selbstwertgefühl zu stärken, erklärt dessen
Verteidigung zur wesentlichen Aufgabe der Moslems im Aufstand
und legitimiert damit gleichzeitig seine Entscheidung für die
Gewaltanwendung. "Wir wissen, daß wir keine andere Möglichkeit und keine andere Aufgabe als den Aufstand für unsere
Befreiung haben"[32]. Einen Krieg zur Verbreitung des Islam
oder zur Erlangung einer islamischen Weltregierung lehnt er
allerdings ab; nur die Verteidigung der moslemischen Heimat
rechtfertige gewaltsame Aktionen[33].

Während in diesem Punkt die Ansichten Bazargans von denen
Khomeinis abweichen, welcher, einem universalistischen Prinzip folgend, dem Islam auch über die Grenzen des Iran hinaus Geltung
verschaffen will, verbindet beide die gemeinsame Vorstellung
von einer *integralistischen Ordnung* der Gesellschaft, die sich auch
im Falle Bazargans auf seiner erbitterten Gegnerschaft zum
Individualismus gründet. Für ihn ist es nicht vorstellbar,
daß der Einzelne seine Interessen über die der Gemeinschaft
stelle und sich in seinem Handeln vom eigenen Verstand leiten lasse; allein das von Gott gegebene islamische Gesetz
könne die Menschen zum richtigen Verhalten führen[34]. Dieses
Gesetz aber verwirkliche sich erst in der islamischen Gesellschaft, deren Aufgabe die Erziehung und Überwachung der Individuen sei. Sie müßten lernen, die falschen Idole wie

Selbstsucht und teuflische Gedanken zugunsten des wahren Idols, des einzigen und gerechten Gottes, aufzugeben[35].

Bedürfe der Einzelne auch der Unterstützung, so besitze er doch in dieser Gesellschaft seinen anerkannten und gesicherten Platz. Erst hier könne er sich Gott annähern, gewissermaßen zu seinem irdischen Stellvertreter werden, ohne daß jemand seine Rechte beschneide; denn der Islam garantiere den Schutz der Arbeit, des Eigentums und des Lebens[36]. Zwar stehe der Einzelne nicht im Mittelpunkt, denn der Egoismus stelle die Ursache aller Fehler und Verderbnis dar[37]; dennoch sei eine relative und begrenzte Freiheit und Selbstbestimmung des Einzelnen notwendig. "Wir sind nicht Eigentümer und Beherrscher der Natur. Die Welt ist eine Ordnung, die uns beherrscht, und wir werden früher oder später die Ergebnisse unserer Handlungen spüren. Wir gehören Gott, und wir kehren zu ihm zurück"[38].

Damit wird die Erziehung des Einzelnen hin zu Gott zum zentralen Anliegen der islamischen Ordnung[39]; doch müßten die Menschen selbst entscheiden, wen sie als Führer haben wollten. Aus dem Kreis der infrage kommenden Kandidaten sollten sie den geeigneten Mann wählen, der neben Gerechtigkeit und Gottesfurcht auch über bestimmte wissenschaftliche Qualifikationen verfügen müsse[40]. Nach der Wahl ihres Führers seien sie jedoch zu Gehorsam und Zusammenarbeit mit der Regierung verpflichtet[41]. Die Wahl bzw. Abwahl des Imam, dem die ganze göttliche Machtfülle übertragen werde, solle von einem Expertenkollegium ausgeführt werden und somit nach "demokratischen" Prinzipien erfolgen.

Dabei ist Bazargan ein strenger Vertreter jenes Integralismus, der sich die moslemische Gemeinschaft nicht als eine Ordnung vorstellt, in der ökonomische Gleichheit herrscht, sondern das Gleichheitsprinzip allein auf die Gesetze bezieht. Wie Khomeini lehnt er extremen Reichtum ebenso ab wie extreme Armut, da das Eigentum Gott und nicht den Menschen gehöre. Nur wenn eine Harmonie zwischen Reich und Arm bestünde, könnten alle sozialen Probleme ohne Klassenkampf gelöst werden[42]. Um diese Harmonie zu realisieren, sei es nötig, daß der Einzelne den Kampf für die Verwirklichung der Gotteswahrheiten zum Ziel seines Lebens mache. Im Gegensatz zu Khomeini aber, der die Menschen nur als Material zur Errichtung dieses Zieles betrachtet, behandelt Bazargan die Forderung nach Unterordnung des Einzelnen unter die gemeinsamen Ziele und den Einsatz des Lebens wesentlich differenzierter, da er die Problematik dieses Prinzips erkannt hat. Indem er den Menschen nicht zu einem willenlosen Instrument einer determinierten Geschichte und Wirtschaft erklärt, sondern ihm die Möglichkeit zur Erkenntnis und zur Wahl zugesteht[43], greift er das alte shi'itische Prinzip der Entscheidungsfreiheit auf. Zwar wisse Gott um das Schlechte im Menschen, habe ihm aber die Fähigkeit verliehen, zwischen Gut und Böse zu entscheiden[44]. Allerdings sei diese Freiheit nicht grenzenlos; der Mensch müsse die Konsequenzen seiner Entscheidungen tragen und selbst den Weg des Guten zu Gott finden[45].

Obwohl sich an diesem Punkt die Ansichten Bazargans an die von Khomeini vertretenen Prinzipien annähern, erscheint die Aufforderung, sich für das Gute einzusetzen, doch bedeutend humaner als der Befehl, sich für den Islam vernichten zu lassen. Auch relativiert Bazargan die Opferbereitschaft, indem er die Verwirklichung des islamischen Weltstaates als ein langfristiges Ziel in die Zukunft verlegt und so die Notwendigkeit eines Sieges im Hier und Heute negiert; vielmehr sei es wichtig, daß die Moslems ständig das Ziel vor Augen behielten und sich ihm, wenn auch in kleinen Schritten, langsam näherten[46].

Vor allem bei der Geistlichkeit, den bazaris und innerhalb der moslemischen Kleinbourgeoisie erfreute sich Bazargan als Vertreter eines vorsichtigen reformerischen Weges großer Beliebtheit; auch in Kreisen der professionellen Mittelschicht, die ihre Verbindung mit der islamischen Kultur nicht aufgeben wollte, erhielt er Zustimmung. Ideologisch kann man Bazargan als Vertreter der "alten Garde" bezeichnen, da seine Reformvorschläge zaghaft und seine "sozialrevolutionären" Ideen noch nicht ausgereift sind; sie werden in den Schriften Al-e Ahmads und später von Shariati aufgegriffen und weiterentwickelt.

Al-e Ahmad[47] ist das exemplarische Beispiel für eine nach eigener Identität suchende Generation von islamischen Intellektuellen, die zunächst Kommunisten wurden, um sich jedoch später dem Islam zuzuwenden. Mit 20 Jahren schloß er sich der Tudeh-Partei an, verließ sie wenige Jahre später wieder und wurde Mitbegründer der sozialistischen Partei von Khalil Maleki. Nach den niedergeschlagenen Unruhen von 1963 wandte er sich dem Islam zu und unternahm 1964 eine Pilgerfahrt nach Mekka. Mit seinem Essay "Gharbzadegi" (Verwestlichung) wurde er in den 60er Jahren zum Idol der studentischen Jugend und damit zum geistigen Vater einer neuen Generation von "verantwortlichen "Intellektuellen.

In den Schriften Al-e Ahmads erscheint die Verwestlichung als eine schreckliche Krankheit, die den Iraner seiner Identität beraube, "seine Religion, seinen Glauben vernichtet"[48]. Ein von der "westlichen Krankheit" befallener Iraner besitze "keine Persönlichkeit, keine Substanz"[49], er werde zum "besten Konsumenten der westlichen Produkte"[50], richte sich allein nach diesen Werten und vernachlässige darüber seine Beschäftigung mit dem Iran; die einheimische Musik kenne er nicht, dafür aber "die ohrenbetäubenden 'Symphonien' und 'Rhapsodien' Europas"[51]. Al-e Ahmad lehnt es ab, nur aufgrund der wissenschaftlich-technischen Überlegenheit des Westens alle eigenen Werte aufzugeben und durch westliche ersetzen zu lassen[52]. Dabei geht er so weit, nationalistische Aufklärer des 19. Jahrhunderts wie Kermani, Malkom-Khan u.a. scharf anzugreifen, während er den anti-konstitutionellen mullah Sheykh Fazlollah-e Nuri verteidigt, da dieser sich gegen die an westliche Vorbilder angelehnte Verfassung von 1906 gestellt hatte. Den Klerus unterteilt er in eine progressive und eine nicht-progressive Fraktion, wobei "progressiv" für Integrität von Iran und Islam angesichts des westlichen Eindringens steht. Diese Spaltung der Geistlichkeit in verschiedene Fraktionen betrachtet er als Grund für die Niederlage der Moslems und rät daher, die endlosen Debatten über Details einzustellen und für die Ganzheit des Islam einzutreten. So könne der Islam seine ursprüngliche Stärke zurückgewinnen und wieder zu einer befreienden Kraft werden[53].

In diesen vom Nativismus geprägten Gedanken zeigt sich eine
entschiedene Gegnerschaft zum iranischen Nationalismus, dessen
Inhalt Al-e Ahmad als "westlich", "kolonialistisch", aber
auch als "altiranisch" abqualifiziert; daher manifestiert
sich seine überzogene Hochschätzung der eigenen kulturellen
Werte nicht in einem Pan-Iranismus, sondern im *Pan-Islamismus*, der ihn zum Verfechter einer arabisch-islamischen Identität werden läßt, von welcher er sich eine Art "Heilung"
von der kolonialen Überfremdung verspricht. So fand er als
populärster Sprecher der anti-imperialistischen Strömungen
seiner Zeit und als überzeugter Kritiker der Anbetung der
westlichen Kultur auch in Kreisen säkularer Intellektueller
weithin Anerkennung.

Die beiden zentralen Elemente im Denken Al-e Ahmads - Ablehnung der westlichen Kultur ebenso wie eines iranischen Nationalismus - stellen ihn in die Nähe der "fundamentalistischen" Vorstellungen Khomeinis, der den Begriff "gharbzadegi"
genauso benutzt wie Al-e Ahmad. Zwar fordert letzterer weder
eine Rückkehr zu den Ursprüngen des Islam noch eine Restitution der reinen shari'ah, beeinflußte aber mit seinen Vorstellungen vom Aufbau einer islamischen Identität und Einheit, die genauso von Khomeini stammen könnten, eine ganze
Generation von Intellektuellen und machte sie empfänglich
für die anti-westlichen Ideen Khomeinis. Indem er den shi'itischen Chiliasmus zum "Prinzip Hoffnung" umformuliert und
gleichzeitig einige seiner Elemente einer scharfen Kritik unterzieht, hebt er - ebenso wie Khomeini, der den "Proletarier"des Marxismus mit dem ethischen Begriff des "Enterbten"
bzw. "Entrechteten" *(mostazaf)* gleichsetzt und diesen auffordert, sich gegen die "Stolzen" *(mostahbar)* der Welt zu erheben - die ideologische Funktion der Religion hervor. Damit
heißt die Parole nicht mehr "Proletarier aller Länder, vereinigt euch", sondern "Enterbte aller Länder, vereinigt euch
gegen die Hochmütigen", d.h. gegen den Westen und die Verwestlichung [54]. "Die Erwartung eines Auswegs für die Shi'ah
heißt die Erwartung des Tages, an dem die ganze Welt, nicht
allein der Iran oder die shi'itischen Gebiete, von Gerechtigkeit erfüllt sein wird. Ist das nicht der Samen eines

weltlichen Ideals im Herzen jedes gewöhnlichen Menschen? Stellt das nicht einen Grund für jeden von uns dar, vor den gering zu schätzenden herrschenden Realitäten nicht zu kapitulieren und auf einen besseren Tag zu warten? Auf jeden Fall gibt dieser Glaubensgrundsatz jedem Shi'iten einen geistigen Ausgangspunkt, um auf die Welt seiner Wünsche zu hoffen. Dieser Wunsch soll ihn aber nicht vom "Mehr-Haben" und "Gerechtigkeit-Wollen" abhalten"[55].

Nicht die sichere Verheißung, zumindest doch aber die Hoffnung auf ein Utopia ist es, die eine Negation der Realität ermöglicht. Indem Al-e Ahmad diese Überzeugung von der Notwendigkeit einer Ablehnung der bestehenden Realität als Zustand der kolonialen Überfremdung mit der Hoffnung auf eine eschatologische Wende zum Guten verbindet, stellt er die Frage nach dem "Heilbringer". Da er als enttäuschter Kommunist in den Massen der Arbeiter und Bauern nicht mehr das geeignete Subjekt der Revolution sehen kann, wendet er seinen Blick auf die Intellektuellen und idealisiert sie zu "aufgeklärten Denkern". Jedoch nicht jeder "Kopfarbeiter" gehöre per definitionem zu diesem Menschentypus, sondern nur diejenigen, die eine *"Verantwortung"* in sich spürten und dementsprechend handelten[56]. In der Geschichte des Landes sucht er nach entsprechenden *"Vorbildern"* und findet sie in sozialrevolutionären Persönlichkeiten wie Zarathustra, Mani, Mazdak u.a., ebenso wie in den Propheten und Imamen; ihre ideologischen Nachkommen seien die zeitgenössischen aufgeklärten Denker[57], denen am Beispiel der islamischen Helden die richtige Lebensführung verdeutlicht werden soll: "(...) Sie lebten alle asketisch und nahmen von den öffentlichen Geldern nichts für sich. Wir begegnen hier Personen, die in ihrem Verhalten einen Sinn fürs Kollektive *(eshteraki-gari)* haben und auf der Suche nach der reinen Gerechtigkeit sind. Sie sind dabei, das neue islamisch-brüderliche Utopia aufzubauen und sparen nicht an Opferbereitschaft"[58].

Nicht allein denken solle jedoch der aufgeklärte Denker, sondern auch handeln, und zwar überall da, wo weltliche oder religiöse Regierungen das Prinzip von Gleichheit und Gerechtigkeit nicht anwendeten: "Das ist überall, wo das Volk unterdrückt wird, wo die Interessen der Mehrheit mit Füßen getreten werden, oder, wie Marx es formulierte, wo der Klassenkampf zwischen *Armen* und *Reichen* herrscht [59]. Immer müsse der "aufgeklärte Denker" gegen die herrschenden Zustände "protestieren", "aufbegehren" und sie "negieren", ständig das Bessere" wollen, viel fragen, niemals akzeptieren und sich niemals verpflichten[60]. Diese Intellektuellen seien "die einzig wirklich revolutionäre Klasse oder Gruppe und die einzig revolutionäre Klasse überhaupt: Denn alle Klassen kämpfen für ihre materiellen Interessen, aber der aufgeklärte Denker nicht. Er wird auch mit der Erfüllung dieser Interessen nicht ruhig"[61]. Alle sozialrevolutionären Bewegungen der heutigen Welt würden von Intellektuellen geführt, die sich nicht für ihre eigenen, sondern für "ideelle Bedürfnisse" engagierten; sie kämpften für keine Klasse und würden von keiner Klasse unterstützt. "Die Intellektuellen kämpfen unter verschiedenen ökonomischen und sozialen Bedingungen für den Gerechtigkeitsstaat und sind nicht abhängig von örtlichen oder zeitlichen Umständen"[62]. Nur derjenige Intellektuelle, der diese sozialrevolutionären Aufgaben wahrnehme, gelte als "aufgeklärter Denker"; andernfalls gehöre er zu den meisten iranischen Intellektuellen, die sich der herrschenden Macht verkauft hätten oder für ihre Erhaltung arbeiteten. Für sie ständen beispielhaft die Armeeoffiziere, denen Al-e Ahmad zwar intellektuelle Fähigkeiten nicht abspricht, sie jedoch beschuldigt, diese in der falschen Richtung einzusetzen[63]. So wie sie bezichtigt er die Mehrheit der Intellektuellen der "Verwestlichung" und der Entfremdung von ihrer eigenen Kultur.

Dennoch dürfte seinem Idealtypus vom sozialrevolutionären Intellektuellen am ehesten der weltliche, moderne und nach westlichem Muster ausgebildete Kämpfer entsprechen. Um jedoch die negativen Einflüsse des Westens auf die iranische Kultur und die einheimischen Intellektuellen, welche den Verlockungen des Westens gegenüber nicht immun seien, zu begrenzen, will er sie durch die nach alten Mustern erzogenen religiösen Intellektuellen kontrollieren lassen. Sie gelten aufgrund ihrer Verteidigung der traditionellen Werte als unempfänglich für koloniale Überfremdung und böten deshalb Schutz gegen die "Westomanie" der Intellektuellen und die bedingungslose Mitläuferschaft der Regierungen gegenüber dem Westen bzw. dem Kolonialismus[64]. Zwar sei der Klerus wissenschaftlich nicht auf dem Stand der Zeit und berge auch manche rückschrittlichen Elemente in sich, doch werde dieser Mangel durch eine Koalition mit den sozialrevolutionären profanen Intellektuellen behoben. Damit werden die geistlichen Intellektuellen zum Garanten für die Erhaltung der eigenen Kultur.

Indem Al-e Ahmad den einzigen Weg zum Erfolg im gemeinsamen Kampf von traditioneller geistlicher und moderner profaner Intelligenz sieht und dies anhand der iranischen Geschichte der letzten hundert Jahre nachzuweisen versucht[65], wird er zum wahren ideologischen Vater der "islamischen Revolution", in der sich seine Vorstellungen von einer Koalition zwischen geistlichen und weltlichen Intellektuellen realisierten. Gleichzeitig verliert die Frage von Handeln oder Warten an Bedeutung, zumal der "Heilbringer" als präsent angesehen wird. Als Vertreter einer aktivistischen Linie vergleicht Al-e Ahmad diejenigen, die auf die "Wiedergeburt" der Tudeh-Partei warten, mit den einfachen religiösen Menschen, die auf die Rückkehr des 12. Imam hofften[66]. Wenngleich er damit dem Quietismus eine Absage erteilt, blieb die Umsetzung der von ihm entwickelten aktivistischen Lehre in die Praxis seinen Nachfolgern vorbehalten.

In der sogenannten neuen "verantwortlichen" Generation der Intellektuellen löste Al-e Ahmads Essay "Gharbzadegi" in den 70er Jahren eine heftige Debatte zum Thema "Verwestlichung" aus, in deren Verlauf sich drei islamische Strömungen herausbildeten, die jeweils die ihrer Auffassung entsprechenden Motive entlehnten. Die *"islamo- iranischen Guenon-Anhänger"*[67] die größtenteils in den USA oder Europa studiert hatten, brachten mit ihrem nostalgischen Verhältnis zur Vergangenheit der Entstehung des westlichen Denkens keinerlei Interesse entgegen und waren daher außerstande, die Grundlagen jener, auf einer ca. 500 Jahre währenden Säkularisierung basierenden Entwicklung nachzuvollziehen. Ausgehend von dem Werk Guenons schien ihnen die Rückkehr zur Vergangenheit der einzige Weg zur Lösung des Dilemmas der Menschen aus den traditionellen Kulturkreisen zu sein. Demnach repräsentierte der Westen die satanischen Kräfte, während der Orient das ursprüngliche Licht verkörperte. Die Konsequenz dieser dualistischen Weltsicht bestand darin, sich allen Werten zu verweigern, die seit dem Mittelalter im Westen entstanden waren und damit praktisch die Geschichte der letzten fünf Jahrhunderte zu leugnen. In ihren Schriften verherrlichten sie die eigene kulturelle Identität und stellten die "nicht zu beseitigenden Werte der Tradition" als positive Möglichkeit dem Szientismus und Rationalismus des Westens gegenüber. Die Devise "Geht zu euren Quellen zurück und zu eurer Erinnerung" galt ihnen als unfehlbares Heilmittel gegen das Übel der Verwestlichung und transformierte sich in entsprechende Schlagworte. Diese "Verkünder der Neuerschaffung der traditionellen Werte" bezogen ihre Anregungen zumeist aus der Kritik westlicher Intellektueller an der eigenen Zivilisation; so hatten in diesen Kreisen die unterschiedlichen Protestbewegungen der 60er Jahre, die Kritik Marcuses an der post-industriellen Gesellschaft, die amerikanische Gegenkultur und die französische Mai-Revolte von 1968 ein großes Echo. Die falsch verstandene Selbstkritik des Westens bestärkte sie in der Annahme, daß nur die eigene Tradition einen sicheren Schutz vor den schädlichen Einflüssen der westlichen Zivilisation böte, umso mehr, da der Islam sich bisher einer zeitgemäßen Neuauslegung gegenüber als widerstandsfähig erwiesen hatte und damit am Rande der Gesellschaft ein "spirituelles Reservoir" darstellte, im Falle des Shi'ismus sogar mit der Hoffnung auf eine Apokalypse verbunden.

Für die *"islamisierenden Heideggerianer"*[68], die jede Möglichkeit der Emanzipation des Menschen durch die Aufklärung, die französische Revolution und die folgende Entwicklung leugneten, stellte die Verwestlichung den Endpunkt des Vergessens ihres eigenen "Seins" dar. Sie glaubten, in der Zeit unmittelbar vor dem Aufstand Zeichen dafür zu erkennen, daß sich die Zeit des Wartens dem Ende näherte und der Endpunkt des "über-Morgen" (Nach-Morgen = pas-fardah) des

Seins den Anfangspunkt des "Vor-Gestern" (pari-ruz), d.h. seinen Anfang erreicht habe. So konnte die kulturelle Deplazierung eines vom westlichen Denken abgeschnittenen Heideggers - der "dem Mythos die Hand reicht", während sein Denken selbst ein Mythos des 20. Jahrhunderts ist - zu "seltsamen Metamorphosen" führen.

Für die *"islamischen Ideologen"*[69] bedeutete die Verwestlichung nichts anderes als die Verkennung der wahren Kräfte der Geschichte, nämlich der Tatsache, daß der Islam nicht nur den spirituellen Horizont der Seele bereichern könnte, sondern auch eine Ideologie darstellte. Prototypisch für diese Richtung ist *'Ali Shariati*[70], der auf der Basis eines shi'itischen Chiliasmus die Wiederaneignung der islamischen Identität und die neuerliche Errichtung einer islamischen Gemeinschaft der Gleichen und Gerechten zu erreichen sucht. Als "Vehikel" für diese Transformation betrachtet er die Intellektuellen, die zwar aktiv, jedoch weniger mit Waffen als mit der "Gewalt des Wortes", also durch "Aufklärung", die Entwicklung vorantreiben sollten.

Die Ablehnung des Westens ist in allen Arbeiten Shariatis deutlich erkennbar. Nach seiner Überzeugung haben Europa und die USA die Länder der "Dritten Welt" moralisch erniedrigt, wirtschaftlich ausgebeutet und ihrer kulturellen Identität beraubt, um ihnen die westlichen Konsumerzeugnisse zu verkaufen; die "Menschen" seien dergestalt zu "Konsumenten" gemacht worden[71]. Daher sei es für die Moslems notwendig, sich ihrer eigenen Persönlichkeit bewußt zu werden, deren Besonderheit in ihrer Kultur, Geschichte und Religion begründet sei. Indem sie die ihnen aufgezwungenen Werte ablehnten, machten sie sich den Weg frei zu ihrer eigenen reichen Kultur. Vor allem wendet sich Shariati an die Intellektuellen und rät ihnen - obwohl seine eigenen Gedanken stark von der Philosophie Heideggers geprägt waren - ihre blinde Verehrung für Marx, Heidegger, Sartre und andere aufzugeben und den Blick in die eigene Vergangenheit zu richten[72]. Indem Shariati so die Identifikation mit dem Feind kritisiert, wird für ihn die "Renaissance der Religion" zur wichtigsten Kraft, um der westlichen "dekadenten Kultur" einen wirksamen Widerstand entgegenzusetzen[73]. "Die Metropole als Kolonialland ist wie die Mutter für Asien und Afrika (...) wenn sie uns beleidigt, uns der niedrigen Kultur und Rasse bezichtigt, findet das unsere Zustimmung (weil auch wir glauben, daß wir niedriger sind). Wie wollen wir uns von der Erniedrigung befreien? Wie machen wir das? Indem wir so werden wie die Metropole (indem wir die westliche Kultur übernehmen)"[74]. Dabei reduziert Shariati die europäische Kultur auf "Kolonialismus", "Militärhenker", "professionelle Söldner" und "Mörder", auf eine "Ideologie der Leere" und "sexuelle Freiheiten"[75]. Nach diesem Verständnis können sich westliche Ideologien wie Liberalismus oder Marxismus nur lähmend auf die islamische Bevölkerung auswirken; allein der islamische Humanismus ermögliche eine Rettung der unterdrückten Moslems. Realisiert werden könne ein solcher Humanismus allerdings nur innerhalb einer islamischen Gesellschaftsordnung.

Nach Shariatis Vorstellungen ist die menschliche Geschichte beherrscht von Gesetzen, die zum unvermeidbaren Sieg der Armen und Schwachen führen. Denn "Gott versprach es ihnen, sie zu Herren der Erde zu machen"[76]. Damit werden die "Gesetze der Geschichte" mit den Intentionen Gottes gleichgesetzt, nehmen dabei aber klare, klassenkämpferische Formen an: "Die Geschichte entfaltet sich durch dialektische Widersprüche, die durch den Kampf einander entgegengesetzter Kräfte bedingt sind. Sie begannen mit dem Kampf zwischen Kain und Abel als Vertreter verschiedener Interessen und werden, bis die Geschichte zu ihrem Ziel gelangt ist, fortgesetzt"[77]. Shariatis teleologisches Geschichtsverständnis verdeutlicht sich in seiner Überzeugung, daß Geschichte "irgendwo ihren Ausgang nahm und notwendig irgendwo hinführen muß, sie muß ein Ziel und eine Richtung haben"[78]. Nach diesem "universalistischen" Geschichtsverständnis sei das Ziel die Errichtung einer einheitlichen Ordnung für alle Menschen, die "tohodi-Gesellschaft" am Ende der Zeit, in der die ökonomischen Widersprüche aufgehoben wären. Eine Entwicklung in diese Richtung sei mithin abhängig von der Art der Entfaltung der Produktivkräfte [79], könne aber auch, in Abweichung vom einstigen Ursprung, einen Rückschritt darstellen [80]. Nur eine solche zukünftige Ordnung als Höhepunkt der Entwicklung bzw. Wiederherstellung der alten Ordnung sei legitim, während alle anderen Ordnungen der Basis entbehrten und "kranke, provisorische, gegen die Ordnung des Universums, gegen die göttliche Tradition und den einzigen Schöpfer"[81] gerichtete Systeme darstellten. Solche Systeme teilten die menschliche Gesellschaft in Herren und Knechte[82] und brächten Verderben über die Menschheit, so daß man gegen sie rebellieren müsse; denn nur durch die Rebellion könne der Mensch sein Wesen verwirklichen. Damit wird einerseits der Kampf als zum Wesen der menschlichen Geschichte, andererseits die Rebellion als zum Wesen des Menschen gehörig erklärt. So erhebt sich die Negation zum Lebensprinzip, das Shariati behaupten läßt, der "Zwischenfall im Paradies" habe seine Ursache nicht allein im menschlichen Ungehorsam Gott gegenüber, sondern in der Notwendigkeit zur Rebellion, durch die der Mensch überhaupt erst zum Menschen werden könne[83]. In diesem Sinne verwandelt Shariati die Descartsche Aussage "Ich denke, also bin ich" in "Ich protestiere, also bin ich"[84] und scheint damit einer permanenten Rebellion das Wort zu reden, die, konsequent zu Ende gedacht, auch die Integration in eine islamische Gesellschaft in Frage stellen würde. Er erklärt jedoch **eine** islamische Regierung zur "Basis für eine Ideologie des permanenten Fortschritts und der Revolution (...), die jedem Versuch, zur Tyrannei und zum Verfall politischer Beziehungen zurückzukehren, Einhalt gebietet"[85].

Das System der islamischen Gesellschaft beruhe auf Gerechtigkeit und gleichmäßiger Verteilung des Eigentums, welches weder Monopoleigentum des Staates, noch Privateigentum, sei, sondern allen Menschen gleichermaßen gehöre[86]. Damit **entfielen** auch jegliche Klassenunterschiede, und die Gemeinschaft verfüge über ein klares, einheitliches Ziel. Da die heutigen Armen in der islamischen Gemeinschaft zu Reichen würden und allein das Proletariat am Ende der Geschichte den Sieg davontragen könne, dürfe es in der jetzigen Gesellschaft nur Arme geben[87]. Allerdings bedürfe das Proletariat einer Führung auf dem Weg zur neuen integrierten Ordnung. Hier liege die Aufgabe der Intellektuellen, zu denen er auch die Propheten, Imame und den Klerus rechnet. Vor allem wendet er sich jedoch an die shi'itischen Revolutionäre, wenn er die Frage nach der weiteren Vorgehensweise stellt, die er selbst beantwortet: "Wir müssen die Kontinuität der Kultur wieder herstellen. Wir müssen versuchen, uns selbst zu verstehen, um die Kraft zur Entscheidung zu gewinnen. Wir müssen alle geschichtlichen Faktoren, die heute zum Aberglauben, zu betäubenden Gedanken verkommen sind, alle religiösen und mystischen Faktoren und die als Betäubungsmittel wirkende Literatur, die den Stillstand und Verfall unserer Gesellschaft verursachen, schöpferisch, dynamisch und konstruktiv umgestalten"[88]. Der Intellektuelle sei einem Ingenieur vergleichbar, "der die stinkenden Rohmaterialien in Energie und schöpferische Kraft umwandelt. Auch er muß das Material, das ihm zur Verfügung steht und manchmal nicht frei von Gestank ist, in eine aufklärende, schöpferische, konstruktive und dynamische Energie umwandeln"[89].

Die primäre Aufgabe des Intellektuellen sei aber nicht die Übernahme der politischen Führung[90], sondern vor allem die Aufklärung der Massen; dabei müsse er immer darauf bedacht sein, aus den eigenen Quellen, d.h. aus dem "revolutionären Islam" zu schöpfen[91]. Die zur Führung des Volkes auf dem Weg in die integrierte Ordnung vorgesehenen Intellektuellen stammten selbst aus dem Volk oder würden direkt vom Volk gewählt[92]; letzteres setze sich jedoch nur aus bestimmten Personen zusammen, während der aufgeklärte Denker oder Intellektuelle per definitionem ein shi'itischer Revolutionär sein müsse. Denn die integrierte Ordnung, die bei Shariati "omat" genannt wird, bestehe nur aus denjenigen, die das gleiche Ziel verfolgten; keine falschen Ideale wie Gewinnsucht, Sexualität u.ä. würden in ihren Reihen geduldet, sondern einzig das wahre Idol Gottes, der als Ziel und Verkörperung der Gerechtigkeit gilt und zu dem sich alle hinentwickeln müßten. Innerhalb dieser Ordnung erhielte das Individuum die beste Chance, sich allseitig zu entfalten, d.h. sich hin zu Gott zu bewegen und damit zur glücklichen Gesellschaft der Zukunft[93]. Da Shariati einen persönlichen Gott jedoch nicht akzeptiert,

sondern ihn vielmehr als Verwirklichung eines Naturgesetzes
bzw. der ökonomischen Entwicklung zur klassenlosen Gesellschaft sieht, müsse sich der Mensch, wolle er glücklich werden,
für die Verwirklichung dieses Planes einsetzen[94]; tue er das,
so werde er zum Idol, andernfalls zum "Teufel"[95].

Insbesondere müsse sich der Aufklärer an die junge Generation
und an die "wahren Intellektuellen" richten, deren Mission in
ihrer Aktivität liege[96]. Auf dieser Basis des Aktivismus
nimmt Shariati auch eine Neuinterpretation der Theorie des
"Wartens auf den 12. Imam" vor und unterscheidet zwischen
einem "positiven und einem negativen Warten" *(entezar-e mosbat
wa entezar-e manfi)*, die einander ausschlössen. Nur das
"positive Warten" erzwinge die endgültige Durchsetzung der
Wahrheit und Gerechtigkeit in der Geschichte[97]. Diese von
zahlreichen shi'itischen Intellektuellen aufgegriffene Version verpflichtete den revolutionären Gläubigen dazu, auf die
Vernichtung der unmenschlichen sozialen Ordnung, der Armut,
des moralischen Verfalls und der gesellschaftlichen Spaltung
hinzuarbeiten, anstatt auf die Wiederkehr des Imam zu warten.
Indem er an sich selbst und an anderen Menschen aufklärerisch
arbeite, Waffen herbeischaffe und sich wie ein wahrer revolutionärer Soldat - vor allem ideologisch - für die "Mahdi-Revolution" ausrüste, erhielte das Warten einen aktiven Charakter[98]. So wird der Sieg der Gerechtigkeit, des allgemeinen
Wohlstands und der moralischen Entfaltung bereits im Hier und
Jetzt vollzogen. Dem Beispiel Hoseyns folgend solle der Intellektuelle dergestalt die Wiederkehr des Imam vorwegnehmen, und,
indem er sein Leben für den Aufbau einer gerechten Gesellschaft einsetze und die Unterdrückung beseitige, mit Hilfe des
Volkes die Voraussetzungen für die Ankunft des Imam schaffen.
Kehrte der Imam schließlich zurück, so würde er die unterdrückten Völker zusammenbringen und das "goldene Zeitalter der Gerechtigkeit" einleiten.

Damit wird die Opferung des Lebens für die zukünftige Gesellschaft zur höchsten und schönsten Aufgabe eines jeden Menschen[99], der gegenüber das individuelle Leben an Bedeutung
verliert.

Shariatis Ideen weisen eine Reihe von Gemeinsamkeiten mit dem "Fundamentalismus" Khomeinis auf; so lehnen beide die westliche Kultur zugunsten einer islamischen ab, streben eine Stärkung der islamischen Identität an und vertreten aktivistische Positionen. Auch ähneln sich ihre Vorstellungen von einer zukünftigen islamischen Ordnung, wenn auch Shariati an diesem Punkt Vorstellungen der Linken antizipiert. Während jedoch Khomeini allein im aktivistischen Klerus den "Heilbringer" erkennt, weist Shariati diese Aufgabe den "islamisch-sozialistischen" Intellektuellen zu. Gemeinsam ist ihnen wiederum die strikte Ablehnung der traditionalistisch quietistischen Richtung des Shi'ismus, wenn auch die Begründungen dafür voneinander abweichen; lehnt Khomeini den "islamischen Traditionalismus" ab, weil er die islamischen Gesetze nicht voll zur Anwendung bringe, so wendet sich Shariati gegen die Rechtfertigung des Status quo durch die "polytheistische Religion": "Der Versuch der polytheistischen Religion besteht darin, den Status quo durch den Glauben an Metaphysik und Götter, an den jüngsten Tag, an Heilige und verborgene Kräfte, also durch Entstellung aller religiösen Grundsätze zu rechtfertigen. Das heißt, im Namen der Religion die Leute glauben machen, daß ihre Lage sein muß, wie sie ist, da dies der Wille Gottes, das Schicksal, die Vorhersehung ist" [100]. Trotz unterschiedlicher Begründungen steht hinter beiden "Lehren" die Ablehnung des Quietismus und die eigene Überzeugung, daß allein der aktive Kampf die Transformation der herrschenden "unrechtmäßigen Ordnung" in eine integrierte, nach islamischen Prinzipien aufgebaute Gesellschaft ermögliche, hieße sie nun "omat-Gesellschaft" oder "Schriftgelehrten-Herrschaft".

Mit *Banisadr*[101] bringt die anti-imperialistische islamische Strömung der iranischen Opposition einen Ideologen hervor, der sich vor allem mit der konkreten Gestaltung einer "islamischen Gemeinschaft" auseinandersetzt. Seine Grundgedanken, die er aus der Rückübersetzung der westlichen Volkswirtschaftslehre und Machttheorie in die Koransprache entwickelt, faßt er in seinem Hauptwerk *"Monistische Wirtschaft" (eghtesad-e tohidi)* zusammen.

Das Schlüsselwort dieser Theorie ist "tohid", das wörtlich
übersetzt "Einheit" oder "Gotteseinmaligkeit", für den shi'itischen Chiliasmus aber "Integration" bedeutet. Da dieses Prinzip der Einheit der ganzen Schöpfung zugrunde liege, solle
ihm auch die Gesellschaft entsprechen. Der Einzelne dürfe
durch sein Tun diese Einheit nicht in Frage stellen, denn alles, was sie verletze, sei Gotteslästerung und damit Polytheismus *(sherk)*[102]. Somit stelle "Integration" die gottgewollte
Ordnung dar, die als erste Stufe der menschlichen Gesellschaft
auch heute noch bei primitiven Völkern, zum Beispiel in Guinea, zu finden sei[103]. Diese glückliche Gesellschaft sei
durch die Entfaltung der Produktivkräfte zerstört worden; das
Mehrprodukt habe Reichtum entstehen lassen, der wiederum zu
Machtkonzentrationen in der Gesellschaft geführt habe. Umgekehrt habe diese Entwicklung von Machtzentren und die daraus
resultierende Akkumulation von Reichtum das Prinzip tohid zerstört. Daher müßten, um es wieder herzustellen, die Zentren
der Macht und des Reichtums abgeschafft werden. Da Banisadr
bezüglich des "Mehrprodukts" und der Macht Ursache und Wirkung nicht eindeutig zuzuordnen vermag, bleibt es unklar, ob
eine Abweichung von der tohid-Gesellschaft "Rückschritt" oder
"Fortschritt" bedeutet. Begreift er sie als Rückschritt, so
wird er zum Befürworter des kleinbürgerlichen Eigentums; versteht er sie dagegen als Fortschritt, so redet er dem Staatseigentum das Wort.

Das kleinbürgerliche, durch eigene und unmittelbare Arbeit
entstandene Eigentum versteht er als legitim, da es die Grundlage zur Befriedigung der individuellen Bedürfnisse bilde.
Mithin bedürfe es nicht der Billigung durch ein gesellschaftliches Recht, sondern sei durch die natürlichen Fähigkeiten
des Einzelnen gewährleistet; was darüber hinaus vom Einzelnen
durch unmittelbare Arbeit nicht "angeeignet" werden könne,
gehöre Gott[104]. Zwar hofft er, die Integration des Einzelnen
in die"tohid-Gesellschaft"durch die Zuerkennung des Kleineigentümerstatus zu begünstigen, erkennt aber gleichzeitig
die Gefahr einer weiterreichenden Aneignung und damit auch
einer Machtkonzentration; infolgedessen empfiehlt er "Selbst-

genügsamkeit" sowie "Verzicht auf Übermaß und Verschwendung". Verbrauche der Einzelne mehr als er benötige, dann nähme er anderen das Anrecht *(hagh)* [105] auf diese Güter. In letzter Konsequenz bedeutete dieser Gedanke, daß der Einzelne nur soviel produzieren solle, wie er zur Reproduktion seiner Arbeitskraft benötigte. Damit würde letztendlich der Kapitalismus verschwinden [106].

Da Banisadr jedoch erkennt, daß die menschliche Gesellschaft ohne Akkumulation nicht existieren kann, befürwortet er gleichzeitig das Staatseigentum, das alles, was zur Voraussetzung individueller Arbeit benötigt werde, wie beispielsweise Wasser, Bodenschätze, Produktionsmittel etc. umfasse und kollektiv verwalte [107]. Um einer Machtkonzentration auch in den Händen des Staates vorzubeugen, empfiehlt er die Selbstverwaltung der Betriebe durch die Arbeiter. In allen Stadien der Produktion, von der Planung bis zur Fabrikation, müßten sie mitentscheiden können; zugleich würde das durch die Arbeitsteilung entstandene Lohngefälle durch gleiche Bezahlung aufgehoben. Alle Eingriffe von Seiten der Parteien, des Staates oder der Fabrikdirektion seien abzulehnen, denn sie bedeuteten eine Machtkonzentration und verletzten das Prinzip tohid. So hätte der Einzelne Einblick in alle Phasen der Produktion, müsse sich jedoch auch die entsprechenden Kenntnisse aneignen und eine religiöse Urteilsfähigkeit erlangen, die bisher dem Klerus vorbehalten gewesen sei [108].

Besteht für Banisadr das Heilmittel für die Wirtschaft in Kleineigentum und Selbstverwaltung, so ist es in der Politik die "negative Balance", die Fremdherrschaft und Klassenspaltung überwinden soll. In Anlehnung an Mossadegh und die "Drei-Welten-Theorie" betrachtet er die internationalen Beziehungen als geprägt durch die Dominanz der Großmächte, vor allem der USA, der Sowjetunion und Europas. Sie formierten eine "positive Balance", die eine zunehmende Fremdbestimmung der iranischen Wirtschaft, Politik, Gesellschaft und Kultur nach sich ziehe. Die Ressourcen und Reichtümer des Iran verteilten die Weltmächte entsprechend ihrer Stärke untereinander; selbst Länder wie Japan und Formosa erhielten ihren Anteil. Nur die arme einheimische Bevölkerung ginge leer aus. Nach dem gleichen Prinzip überflute das Ausland den iranischen Markt mit seinen Produkten[109]. Selbst im kulturellen Bereich herrsche der Einfluß der Weltmächte vor: "Die Kulturelemente unserer Gesellschaft bestehen aus einem unschönen Konglomerat von westlichem Liberalismus, russischem Marxismus und anderen Elementen. Was im Iran nicht vorhanden ist, ist der Islam[110]. Die iranische Regierung, die selbst ein Ausdruck diese Machtverhältnisse sei, versuche dem Iran alle Bestandteile sowohl der Wirtschaft als auch der Kultur zu entziehen und den Weltmächten zur Verfügung zu stellen: "Zum Beispiel Erdöl wird der iranischen Natur und Gesellschaft entzogen und dem Westen, der westlichen Industrie unterstellt. Auch die geistigen und körperlichen Fähigkeiten unserer Gesellschaft werden von ihm absorbiert"[111]. Die Gefahr bestehe darin, daß dieser Prozeß soweit fortschreiten könne, daß alle "Handlungen und Gedanken des iranischen Menschen von der Wirklichkeit seiner Gesellschaft abgeschnitten werden, bis er nicht mehr denken, nicht mehr arbeiten kann, außer für den Westen - und zwar als Sklave"[112].

Damit stellt auch für Banisadr letzten Endes die Verwestlichung der iranischen Gesellschaft das größte Übel dar; sie manifestiert sich einerseits in der Ausbreitung der "Verderbnisindustrie", d.h. in Kinos, Kabaretts, Kasinos, Dancings, Motels und Hotels[113], andererseits im Kauf von westlichen Waren. Er werde jedoch dieses Problem mutig angehen und selbst dann keine Angst zeigen, wenn er als Reaktionär abgestempelt werde, denn "unabhängig leben und auf dem Kamel reiten ist hundertmal besser als mit der Rakete fliegen, aber als Sklave"[114].

So stellt er dem "positiven Gleichgewicht" mit all seinen negativen Folgeerscheinungen, d.h. der Verwestlichung, eine "negative Balance" gegenüber. An die Weltmächte dürften künftig keinerlei Zugeständnisse mehr gemacht werden; auch dürfe man sich nicht auf ihre Seite gegen die andere Seite stellen, sondern müsse vielmehr unabhängig werden: "Sei du selbst, und du kannst jede Meinung besitzen, sei aber du selbst"[115]. Dieses "Selbst-Sein" jedoch könne nichts anderes heißen als "islamisch-sein", da der Islam die "negative Balance" verkörpere, wie sie in der Politik des Propheten Mohammad in Form der Ablehnung der beiden Supermächte der damaligen Welt, Iran und Rom, zum Ausdruck komme[116]. Eine solche Politik verträten der fortschrittliche Klerus sowie alle fortschrittlichen Kräfte und Persönlichkeiten, wie z.B. Mossadegh oder Modarres.

Damit wird die "negative Balance" nicht nur zum Heilmittel, sondern zum "Heilbringer" par excellence; denn in Banisadrs Vorstellung darf keine Klasse oder Person, weder Partei noch Staat eine Autorität darstellen, da sich jene unweigerlich zu einer Quelle der Macht entwickelte und das System der Gleichheit bedrohte. Daher erscheint der "Heilbringer" als politische Form, innerhalb derer jeder, der diese Politik akzeptiert und sich in ihrem Rahmen bewegt, die Mission erhält, die Gemeinschaft zu repräsentieren, handele es sich nun um den renommierten Politiker Mossadegh oder um den geistlichen Führer Khomeini.

Die Ablehnung einer personellen Autorität impliziert für Banisadr auch die Abschaffung der islamischen Führerverehrung und damit die Ablehnung des Personenkultes. Die Überbetonung der Persönlichkeit, selbst der des Propheten, sei das größte Hindernis für die Erreichung einer einheitlichen Ordnung. Zwar nehme der Imam die Position eines Oberhauptes der "tohid-Gesellschaft" ein, verfüge jedoch über keinerlei Macht und erst recht nicht über Eigentum. Vielmehr stelle er als Symbol der Integration eine moralische Führung dar, zu der die Menschen aufblickten. Er dürfe keine Befehle geben, weder Partei ergreifen noch Neigung oder Bindung zeigen[117]. Seine gesellschaftliche Funktion liege allein in seiner Existenz, nicht in seinem Handeln begründet. Als Mittler zwischen Gott und der Gesellschaft verkörpere er das kollektive Eigentum, als Spiegelbild des "tohid" die einzige Autorität, die die Bildung von anderen, auf Macht und Eigentum basierenden Autoritäten verhindern solle. Durch die Einschränkung der eigenen Bedürfnisse animiere er zu einer allgemeinen Einschränkung des Konsums in der Gesellschaft, verhindere so die Produktion von

Mehrwert und diene schließlich als Vorbild und Korrektiv für das Verhalten des Einzelnen in der Gesellschaft. Damit richtet sich Banisadr sehr deutlich gegen jede von Menschen ausgeübte Macht, gegen jede "falsche" Autorität, die eine Spaltung der Menschen nach sich ziehe[118].

So sehr sich Banisadr theoretisch gegen jegliche Machtkonzentration ausspricht, so sehr beschneiden seine integralistischen Vorstellungen aber auch die Entfaltungsmöglichkeiten der Individuen; denn der einzelne Geführte müsse sich strikt unter die Dominanz der Gemeinschaft unterordnen und für die Errichtung bzw. den Erhalt des **Kollektivs** sogar bereit sein, sein Leben zu opfern[119]. "Falsche Ideale" wie beispielsweise der Individualismus müßten abgeschafft werden zugunsten des richtigen Gottes als alleinigem Ziel und einzigem Regulator der Gemeinschaft.

Um seine Politik durchzusetzen, hält Banisadr eine ständige Aufklärung für nötig; dann werde jeder Schritt, der die Machtzentren schwäche, zu einem Schritt in Richtung der "tohid-Gesellschaft". Dabei müsse man sich jedoch auf einen "geduldigen und standhaften Kampf" vorbereiten, mit Überlegung handeln, die schöpferisch, langwierig und hart sei: "Die revolutionäre Arbeit hat mit 'Lust haben' und 'Losungen geben' nichts gemein. Sie ist hart und benötigt eiserne Nerven"[120]. Sie wird damit, als permanentes Handeln, zum Ziel und Inhalt seiner "Theorie", welche ihn letztlich jede Machtkonzentration wirtschaftlicher, politischer oder ideologischer Art in Frage stellen läßt und ein solches Recht selbst für Gott bezweifelt[121]. Nach dem Prinzip der dynamischen Vereinheitlichung und der Ablehnung polytheistischer Strömungen soll so allen Vereinigungen und Institutionen, die das Volk unterdrücken oder spalten, entgegengewirkt werden[122]. Diese anarchistischen Tendenzen machen ihn zum einzigen unter den shi'itischen Theoretikern des Iran, der weder offen noch versteckt dem Totalitarismus das Wort redet, sondern die integrierte Zukunftsgesellschaft durch "gelenkte Spontaneität"[123] führen will.

In Banisadrs Theorie stehen weder die Ablehnung der westlichen Kultur noch der aktive Kampf gegen die herrschenden Machtzentren oder die Errichtung einer vom Kollektiv regierten integralistischen Gesellschaft den Zielen Khomeinis unvereinbar gegenüber; auch in der Betonung von Bedürfnislosigkeit und Konsumbeschränkung stimmen beide überein. Hingegen lassen sich grundlegende Differenzen bezüglich der Frage der politischen Führung ausmachen; während Khomeini durch die "Schriftgelehrten-Herrschaft" ein starkes Machtzentrum errichten will, um die Durchsetzung der islamischen shari'ah zu betreiben, spricht sich Banisadr gegen jede weltliche oder geistliche Machtkonzentration aus.

Während Shariati und Banisadr den shi'itischen Chiliasmus teilweise in europäisches sozialistisches Gedankengut übersetzen, so übernehmen die "Modjahedin-e khalgh" häufig wörtlich den "Marxismus-Leninismus" in seiner systematisierten Form des "Sowjetmarxismus", dem sie nachträglich die entsprechenden Koranpassagen hinzufügen. Als "islamische Sozialisten", die den Islam mit sozialistischen Ideen zu bereichern versuchen, behaupten sie jedoch alle, daß der Islam selbst sozialistische Ideen enthalte, ja ursprünglich "sozialistisch" sei, durch die "Traditionalisten" aber entstellt und mit "kleinbürgerlichen Ideen" durchsetzt worden wäre. Indem auch sie zu den Ursprüngen des Islam zurückkehren wollen, zeigen sie - als "sozialistische Modernisten" - jedoch mehr Gemeinsamkeiten mit den islamischen "Fundamentalisten", als mit den "liberalen Modernisten". Auch ihre erbitterte Gegnerschaft zu den "Traditionalisten" ebenso wie - teilweise - zu den "liberalen Modernisten", die als potentielle Kollaborateure angesehen werden, da sie mit westlichen Ideen und Vorstellungen wie Demokratie und Liberalismus kokettierten, verbindet sie mit den "Fundamentalisten". Hatte der "liberale Modernismus" seine prominentesten Vertreter in Bazargan und Taleghani sowie in gewissem Sinne in Ajatollah Naini, der zu Beginn des Jahrhunderts die Ideen der bürgerlichen Verfassung mit dem Islam zu vereinbaren suchte [124], so wurde der "Fundamentalismus" durch die "Fedaijan-e Islam" und Ajatollah Khomeini verkörpert, während der "islamische Sozialismus" eine intellektuelle Bewegung hervorbrachte, die mit Shariati, Banisadr und den Modjahedin-e khalgh - um die bekanntesten Richtungen

zu nennen - den "islamischen Sozialismus" allmählich zu
einer Doktrin erhob.

Diese amorphe Strömung brachte in der Organisation der "Modjahedin-e khalgh" eben die *praktische Opferbereitschaft* hervor, die nicht zuletzt von Banisadr gefordert wurde. Die Selbstbenennung dieser Gruppe als "Glaubenskämpfer des Volkes", die einen *bewaffneten Kampf* auf Leben und Tod gegen die "Ungläubigen" impliziert, trifft den *chiliastischen* Kern einer *nativistischen* Bewegung, in der die Menschen durch einen Rückgriff auf ihre islamische Tradition ihre lädierte Identität durch die *militanteste Form des Aktivismus* zu rekonstituieren suchen. In diesem Sinne hat ihre "Ideologie"[125] in einer vom Kulturimperialismus überlagerten Gesellschaft, deren genuine Kultur mehr einen kultischen Charakter besitzt, eine andere Bedeutung als bloß "gesellschaftlich notwendig falsches Bewußtsein". Sie ist als ein "islamisch-marxistischer" Synkretismus das Produkt der Verwestlichung eines kultisch geprägten Geistes, der den Marxismus mehr als einen Katechismus rezipiert denn als eine "positive Wissenschaft" - fehlt es ihm doch an den philosopiegeschichtlichen Voraussetzungen, die er hätte aufheben können [126].

Selbst der im Iran praktizierte Marxismus ist ein Amalgam aus mittelmäßigen Vulgarisierungen des marxschen Werkes. Ein Großteil der Kultur der linken Intellektuellen, als einflußreichster Gruppe aller intellektuellen Strömungen, inspirierte sich von schlechten Übersetzungen der Quellen aus zweiter Hand. Daher gelang es diesem Marxismus nicht, sich vom Sowjetmarxismus zu lösen. Wenn also der Marxismus als ein eminent europäisches Denken im Iran zu einer populären Ideologie des Klassenkampfes im Weltmaßstab bzw. des "Nord-Süd-Konfliktes" wurde, dann auf Kosten seines historischen Gehalts. Aus einer unmöglichen Versöhnung zweier Denksysteme mit unterschiedlicher Weltsicht[127] entstand dort ein "Marxismus", der mit Khomeini die Verwestlichung als kosmische Katastrophe, als Fluch des Himmels, als Einbruch der dunklen satanischen Kräfte oder als Versklavung des Menschen beschrieb und bekämpfte. Weil also der iranische Marxismus nicht durch eine intellektuelle Beschäftigung mit den anspruchsvollen Themen der Philosophie oder der östlichen Weisheiten entstand, denen gegenüber sich der iranische Intellektuelle mehr und mehr entfremdete, sondern als eine *Apperzeption des Nativismus*, verbarg er die tiefen Zusammenhänge der gemeinsamen *anti*-imperialistischen Opposition von anti-kommunistischer Geistlichkeit und kommunistischen Intellektuellen *gegen* das Shah-Regime.

Indem die "Marxisten-Leninisten" wie andere Intellektuelle, die Zugang zu den Quellen der westlichen Zivilisation hatten, die "Verwestlichung" simplifizierend mit der "Bourgeoisie" und deren "verfluchter" historischer Rolle, ja schließlich mit der ganzen westlichen Welt identifizierten, stellten sie wie die "westlich" Orientierten die Frage nach den Gründen des "historischen Rückstands" des Iran, ohne wahrzunehmen, daß die eigene unbewußte Verwestlichung ihre Antworten bereits konditionierte. Ohne zu berücksichtigen, daß sich die Verwestlichung *auch* in allem, was sie dachten und taten, bemerkbar machte und sie schließlich weder zum Nullpunkt der Geschichte zurückkehren konnten, um diese, an einem neutralen Punkt beginnend, neu zu gestalten, noch die Welt nach ihrem eigenen Bilde neu zu erschaffen in der Lage waren, suchten sie den Grund für den "historischen Rückstand" vor allem in äußeren Fakten, nicht aber in den Strukturen des iranischen Geistes, die auch ihren prägten. Indem sie das westche Denken kritiklos über sich ergehen ließen, unterwarfen sie sich passiv der Tyrannei einer Struktur, die sich ihrem Geist total aufzwang und in Form der *"Verwestlichung" ein doppelt falsches Bewußtsein hervorbrachte*. Sie deformierte die aufgezwungenen westlichen Vorstellungen ebenso wie die eigenen, in deren Namen sie sich von ersteren befreien wollten. So blieben sie zwischen zwei Welten hängen, die ihnen gleichermaßen entglitten. In Bezug auf die *Form der Perzeption* befanden sie sich auf der Ebene des planetarischen Netzwerks des modernen Menschen, während sie in Bezug auf den Inhalt dieser Form auf dem Niveau der Religion geblieben waren und von der magisch-religiösen Substanz ihrer kollektiven Erinnerungen zehrten[128]. Die daraus entstehenden hybriden *Formen* als Funktion der bewußten und unbewußten Verwestlichung schufen mithin die immer wieder von Khomeini beschworene "Einheit des Wortes", begreift man *Worte als "Handlungsmandate"*[129].

Eben dieses "Handlungsmandat" lag der *praktischen Koalition* aller oppositionellen Strömungen gegen das Shah-Regime zugrunde, die eine lange Tradition aufweist. Denn genauso wenig, wie die fast einhellige Zustimmung zur Führungsrolle Khomeinis während des Aufstandes sowie das ambivalente Verhältnis der linken Gruppen und Organisationen zum Khomeinismus allein aus taktischen Überlegungen bzw. als bloßes "Zweckbündnis" zustande kam, entstand die Zusammenarbeit von *Pan-Islamisten* und *Kommunisten*, die 1921 zur Gründung der "Republik Gilan" führte, *nur* aus taktischen Überlegungen oder *nur* aus ihren gemeinsamen Bestrebungen um die *politische Unabhängigkeit* vom gemeinsamen Feind Großbritannien. Vielmehr dürfte das *praktische* Bündnis von Kommunisten und konservativer Geistlichkeit, den extremen Polen und gleichzeitig der Klammer des breiten Spektrums von oppositionellen Strömungen, in *ihren gemeinsamen Motiven* liegen. Sie waren es, die erstmalig im Tabakaufstand gegen Ende des 19. Jahrhunderts, in der "konstitutionellen Revolution" 1905-1911 und schließlich in der "islamischen Revolution" jene "merkwürdige" und in dieser Form einzigartige, wenn auch brüchige Koalition von sozial höchst unterschiedlichen Gruppen unter der doppelten Führung von Teilen der Geistlichkeit und der modernen sowie der kommunistischen Intellektuellen konstituierte. Das gemeinsame Motiv dieser unterschiedlichen Strömungen ist der sich in Form des "Islam" und des "Marxismus-Leninismus" artikulierende *Chiliasmus* eines als Funktion des Imperialismus entstandenen *Nativismus*.
Schon unter Reza Shah unterhielten shi'itische Oppositionelle Beziehungen zu den Bolschewiken, und der Shi'itenführer Khalesizadeh, der bestrebt war, die Kommunisten für die islamische Sache zu gewinnen, hoffte sogar, ausgehend von den *Gemeinsamkeiten*, die zwischen Islam und Sowjetmarxismus auf dem Gebiet der Sozialethik bestanden, die beiden Lehren miteinander verbinden zu können. "Den Atheismus der Kommunisten sah er nicht unbedingt als ein Hindernis an, sondern eher als ein religiöses Vakuum, in das der Islam umso leichter eindringen könnte"[130]. Auch die iranischen Kommunisten bekundeten schon 1923 Gemeinsamkeiten mit dem Shi'ismus, als sie, anläßlich der alljährlichen Trauerrituale um das Martyrium Imam Hoseyns, kommunistische Flugblätter verteilten. Auch in

der 1934 gegründeten kommunistischen Partei waren shi'itische Oppositionelle stark vertreten[131], und der shi'itische Theologe und iranische Kommunist Sheykh Abdol-Karim al-Mashitu (1887-1963), der zugleich Mitglied des Weltfriedensrates war, erklärte, daß "Shi'ah und Kommunismus (...) sich ohne weiteres miteinander vereinbaren (ließen)"[132]. Seiner Meinung nach bestanden zwischen den islamischen und marxistischen "Wirtschaftsprinzipien" weitgehende Übereinstimmungen, deren wichtigste der Kampf *gegen* den Kapitalismus sei[133]. Jedoch lassen sich Gemeinsamkeiten nicht allein im politischen Bereich, in der Negation des Kolonialismus bzw. Imperialismus oder des Kapitalismus feststellen.

So verlangte der Chefideologe der *"Tudeh-Partei"* gar 1979 die Bildung einer Einheitsfront der islamischen und der sozialistischen Kräfte "*gegen* das Kapital und die imperialistische Herrschaft", indem er die "ideologischen Gemeinsamkeiten hervorhob[134]. Begründet wurde dieser Vorschlag außerdem unter anderem in der Würdigung von Ajatollah Taleghanis Buch "Islamische Ökonomie" damit, daß der Ajatollah "das soziale Klassensystem als unnatürlich und verwerflich energisch verurteilt. Er bejaht den Kampf der Entrechteten gegen die mächtigen Unterdrücker und findet in diesem Sinne Übereinstimmung mit dem Marxismus"[135]. Außerdem stellte diese "Würdigung" fest, daß das islamische "Gotteseigentum" mit dem marxistischen Eigentumsbegriff übereinstimme: "Der islamische Gedanke, wonach weder das Individuum noch das Kollektiv Eigentümer des Grund und Bodens werden kann (weil es nur Gott gehören kann), wurde von Marx und Lenin selbst ausgesprochen und liefert die Basis für den Aufbau des Sozialismus in den sozialistischen Ländern"[136]. In beiden Lehren sei die Schatzbildung bzw. die private Kapitalakkumulation verboten, und der Islam bedrohe denjenigen, der ein Vermögen anhäufe, mit dem ewigen Feuer der Hölle[137].

Auch der islamische Gedanke vom Vorrang des Kollektivs fand
die Zustimmung der Tudeh-Partei: "Der Vorrang des Kollektivs
gegenüber dem Einzelnen stellt eine der stärksten Seiten von
Ajatollah Taleghanis Gedanken dar, die zu den Vorstellungen
des wissenschaftlichen Kommunismus führt. Die islamische Parole, wonach jeder nach seinen Fähigkeiten etwas leisten und
nach seinen Bedürfnissen belohnt werden soll, liefert die
Grundlage für die breiteste Zusammenarbeit der revolutionären islamischen und marxistischen Gruppen"[138].

Das Ziel, eine einheitliche und humane moslemische Ordnung
zu bilden, die frei sei von Klassen- und Rassen- sowie nationalen Gegensätzen und Privilegien, stehe ebenfalls dem sozialistischen Gedankengut sehr nahe[139]. Nuredin Kianuri, der
Generalsekretär der Tudeh-Partei, begrüßte die "islamische Revolution" als eine Revolution, die zum Wohle der Volksmassen
stattgefunden habe und den US-Imperialismus wirkungsvoll bekämpfe. Laut Kianuri gab es "keine grundlegenden Unterschiede
zwischen dem wissenschaftlichen Sozialismus und dem sozialen
Gehalt des Islam"[140]; somit verlaufe die Trennungslinie nicht
zwischen den Gläubigen und den Anhängern des wissenschaftlichen Sozialismus, sondern zwischen "den Kreaturen des Imperialismus und der räuberischen Klasse auf der einen und den Werktätigen, den entrechteten Klassen auf der anderen Seite"[141].

Teile der islamischen Gruppen vertreten eine ähnliche Anschauung; abgesehen von den geistlichen Führern, die den Kommunismus vor allem wegen seines "Atheismus" verteufeln, fanden revolutionäre islamische Kreise immer ein Wort der Anerkennung für den Sowjetmarxismus. So verteidigten sich die
Modjahedin-e khalgh, als sie vom Shah-Regime des Marxismus
bezichtigt wurden, mit folgenden Worten: "Warum respektieren
wir den Marxismus? Natürlich sind Marxismus und Islam nicht
identisch. Dennoch - der Islam ist dem Marxismus entschieden
näher als dem Pahlavismus: Im Kampf gegen Ungerechtigkeit
vertreten Islam und Marxismus die gleichen Ziele und die gleichen Botschaften. Beide rufen zum Martyrium, zum Kampf und
zur Selbstopferung auf. Wer steht dem Islam denn wohl näher:
der gegen den amerikanischen Imperialismus kämpfende Vietname-

se oder der mit dem Zionismus verbündete Shah? Und da der
Islam gegen Unterdrückung kämpft, macht er mit dem gleichfalls gegen Unterdrückung kämpfenden Marxismus gemeinsame
Sache. Beide haben den gleichen Feind - den reaktionären
Imperialismus"[142].

Nach eigenen Angaben haben sich die Modjahedin intensiv mit
dem "Marxismus" beschäftigt und ausführlich die Literatur zur
vietnamesischen, russischen und chinesischen Revolution studiert. Das Ergebnis war, daß sich im Mai 1975 die Mehrzahl
der überlebenden Führer in Teheran zur Annahme des Marxismus
entschloß und die Organisation als "marxistisch-leninistisch"
bezeichnete.

Dieser Abspaltung der Modjahedin kommt vor allem angesichts
der gemeinsamen Motive des shi'itischen Chiliasmus und des
"Marxismus-Leninismus" eine zentrale Bedeutung zu. Erstmalig
trat der "marxistisch-leninistisch" konvertierte Teil der
Modjahedin 1975 mit einer inneren Säuberungsaktion in Erscheinung und ermordete zahlreiche Mitglieder der Führungsspitze,
die ihre "islamische Überzeugung" nicht hatten aufgeben und
zum "Marxismus-Leninismus" konvertieren wollen. Die Abspalter legitimierten diese Säuberung folgendermaßen: "Wir haben
einige ehemalige Genossen als Verräter und Verschwörer hingerichtet, weil sie unsere marxistisch-leninistische Ansicht
nicht akzeptierten und versuchten, eigene Gruppen zu organisieren"[143]. Diese konvertierte Gruppe, die sich später kurz *"Peykar"*(Kampf) nannte und als eine marxistisch-leninistische
Gruppe eigenständig weiterarbeitete, warf den Modjahedin vor,
den Islam als "kleinbürgerliche Ideologie" anzubeten. In ihrem "Manifest zu ideologischen Fragen" begründeten sie, bevor sie sich als "Peykar" konstituierten, warum sie nach zehnjährigen intensiven "Reflexionen" zu der Auffassung gelangt
seien, daß der Marxismus die philosophische Waffe der Revolution für die Befreiung der Arbeiterklasse , der Islam dagegen eine
"Mittelklassen-Ideologie" sei: "Endlich haben wir die Wahrheit
begriffen und verstanden, daß die moslemischen Modjahedin
nicht deshalb auf den bewaffneten Kampf zurückgreifen, weil
die objektiven Bedingungen der Gesellschaft für eine Revolu-

tion reif oder nicht reif sind, sondern weil sie von der Masse getrennt sind und deshalb die Rolle der Arbeiterklasse in der Revolution mit der Intelligenz vertauschen, d.h. sie zwingen ihren Willen der Masse auf und leugnen damit die Notwendigkeit der Diktatur des Proletariats (...) Wir sind der Meinung, die Avantgarde versucht nur, ihre Vorstellungen der Masse aufzuzwingen. Sie verhindern die Gründung einer eigenen, unabhängigen Partei des Proletariats, somit verhindern sie die Diktatur des Proletariats"[144].

Die Konvertierung erklärte Modjtaba Taleghani, einer der Führungskader der Modjahedin, in einem Brief an seinen Vater scheinbar mit der geschichtsphilosophischen Überlegenheit des Marxismus: "Vor nun genau zwei Jahren verließ ich mein Zuhause, ging in den Untergrund und verlor den Kontakt zu Dir. Da ich Dich zutiefst respektiere und wir gemeinsam viele Jahre gegen Imperialismus und Reaktion kämpften, möchte ich Dir erläutern, warum ich und meine Freunde in der Organisation uns zu erheblichen Veränderungen entschlossen (...) An Deiner Seite lernte ich von frühester Kindheit an, dieses blutdürstige tyrannische Regime zu hassen. Diesen Haß drückte ich immer durch die Religion aus, durch die militanten Lehren Mohammads, 'Alis und Hoseyns. Über all die Jahre hinweg war mir der Islam als Ausdruck des Kampfes der geschundenen Massen gegen die Unterdrückung heilig (...) In den letzten zwei Jahren nun habe ich mit dem Studium des Marxismus begonnen. Vorher dachte ich, militante Intellektuelle könnten das Regime stürzen. Heute bin ich jedoch überzeugt, daß wir uns zur Arbeiterklasse hinwenden müssen. Um sie jedoch zu organisieren, müssen wir den Islam verwerfen, denn Religion akzeptiert den Klassenkampf nicht als entscheidende dynamische Kraft in der Geschichte. Natürlich kann der Islam progressiv sein - insbesondere wenn es um die Mobilisierung der Intellektuellen gegen den Imperialismus geht. Nur der Marxismus liefert jedoch eine wissenschaftliche Analyse der Gesellschaft und richtet sich auf eine Befreiung der ausgebeuteten Klasse. Früher glaubte ich, Anhänger des historischen Materialismus seien unfähig, alles zu opfern, da sie nicht an ein Leben nach dem Tod glauben. Heute hingegen bin ich fest davon überzeugt, daß das größte Opfer im Tod für die Befreiung der Arbeiterklasse besteht" [145].

Obwohl mit solchen überspitzten Formulierungen die Unvereinbarkeit "des Islam" und des "historischen Materialismus" begründet werden sollte, entsteht gerade durch die Besetzung des Marxismus-Leninismus mit zentralen Motiven des shi'itischen Chiliasmus eine neue Religion als bloße Übersetzung der alten Motive in einen scheinbar neuen wissenschaftlichen Begriffsapparat. Das "moslemische Volk", für das man sich opfern solle, wird ersetzt durch "die Arbeiterklasse, während die "wissenschaftliche Analyse der Geschichte" sich als Teleologie des "göttlichen Weltplans" entpuppt, dessen Sinn im unvermeidbaren Sieg der Gerechten besteht.

Dieser Marxismus-Rezeption, die durch die Tudeh-Partei im Iran eingeführt wurde und dort auf fruchtbaren Boden fiel, liegt eine deterministische und teleologische Auffassung der Geschichte sowie eine kollektivistische Gesellschaftsvorstellung zugrunde, die sich aus den Traditionen der "asiatischen Despotie" und deren materiellen Grundlagen speist. Demnach können die Menschen den Verlauf der Geschichte zwar beeinflussen, aber nicht aufhalten; denn diese Geschichte, die aus dem permanenten Kampf des "Guten" mit dem "Bösen" bzw. des "Neuen" mit dem "Alten" entsteht, führt mit Naturnotwendigkeit zum Sieg des " Neuen", das immer einen größeren Teil von Wahrheit, Gerechtigkeit und Schönheit an seiner Seite hat, da der an diese historische Perspektive glaubende Mensch nur aus der *Zukunft* ein Gefühl der *Sicherheit, Hoffnung* und des unbeschreiblichen *Stolzes* schöpfen kann [146]. Die sehnsüchtig erwartete zukünftige Ordnung ist nach dieser Vorstellung eine *einheitliche, integrierte, universale und homogene* Gesellschaft, deren historisch aktuelles Beispiel die Sowjetunion darstellt. Nach diesem Muster hat die Zukunft der Menschheit auszusehen: "Die Sowjetgesellschaft ist eine *einheitliche* und *homogene* Gesellschaft. In der Sowjetunion sind die ausbeutenden Klassen und die soziale Unterdrückung abgeschafft, und die ganze Gesellschaft besteht aus Werktätigen (...) Infolgedessen ist eine *Vereinheitlichung* entstanden, die 'das Sowjetvolk' heißt" [147].

Neben der Integration steht die *Opferbereitschaft* des Einzelnen für die Durchsetzung bzw. den Erhalt eines so definierten Sozialismus an oberster Stelle. Diese Opferbereitschaft, das

Märtyrertum für Kommunismus, Islam oder Gott als Medium einer neuen Geburt bzw. als "Schlüssel zum Paradies" bildet das gemeinsame Motiv aller "islamischen" und "marxistisch-leninistischen" Strömungen der iranischen Opposition, für die *"ein würdiger Tod"* [148] als Faustpfand für die Errichtung des "Paradieses auf Erden" gilt. Daher darf die energische post festum Ablehnung des shi'itischen Chiliasmus durch die Anhänger der "marxistisch-leninistischen" Gruppen wie beispielsweise die "Fedaijan-e khalgh" ebenso wie die nachrevolutionäre öffentliche Verdammung des Marxismus und die erbarmungslose Verfolgung der "Marxisten-Leninisten" durch den Khomeinismus auf keinen Fall über die gemeinsamen Motive hinwegtäuschen, die ihrem *praktischen* Bündnis gegen das Shah-Regime zugrunde lagen. Das Bedürfnis nach der (Wieder-)Herstellung der *kollektivistischen Form des Gemeinwesens* als "Paradies auf Erden" durch die *totale Integration des Einzelnen* konstituierte ihre gemeinsame chiliastische Einstellung ebenso, wie jene den unterschiedlichen Artikulationsformen eine gemeinsame Struktur verlieh.

Diese Ideologie als religiöse Weltanschauung spiegelt das innere Zerrbild der Welt und der eigenen Rolle darin wider; weil dieses Bild jedoch der Wahrheit kaum entspricht, stellt es ein Trugbild dar, an welches sich die "Marxisten-Leninisten" mit der gleichen Zähigkeit klammern, mit der ein Moslem an seinem Dogma hängt. Das "Wissenschaftliche" ist ein Firnis, der die alte Religion überzieht und mit ihr vielfach verschmilzt. Dieses Phänomen ist Ausdruck einer gespaltenen Persönlichkeit, deren disparate intellektuelle und emotionale Teile nur äußerlich verbunden bleiben.

Somit brachte der mit der Zersetzung des traditionellen Gemeinwesens einhergehende Zusammenbruch des Moralsystems nicht nur den islamischen Revivalismus hervor; die Erfüllung der Bedürfnisse der aus den traditionellen Produktions- und Lebenszusammenhängen herausgerissenen Individuen nach einem System des Denkens und Tuns sowie einem Orientierungsrahmen und einer Objektrepräsentanz für ihre Hingabe ließ scheinbar auch neue Ideologien entstehen, die, wie der "Marxismus-Leninismus", den traditionellen Kern in eine wissenschaftliche Schale hüllten und - als autoritäre Typen einer Quasi-Religion - ihre materielle Grundlage im Gefühl der Frustration und des Ausschlusses aus der Gemeinschaft haben. Dieses Gefühl der Einsamkeit, das "als schmerzender Stachel jeder Neurose" den Kult verstärkt, verleiht der persönlichen Neurose eine Allgemeingültigkeit und vermittelt dergestalt dem Einzelnen das Gefühl der Verbundenheit mit den Anderen, also eine gewisse Sicherheit und Stetigkeit, die dem Neurotiker fehlt[149]. In diesem Sinne gewinnt die Ideologie in einer durch Kulte geprägten Gesellschaft einen trostspendenden und zugleich protestierenden, dogmatischen Charakter, denn sie entspringt einer Gesellschaft, die mit dem autoritären Typus das ihr gemäße Ideal hervorbringt.

So läßt die besondere Rezeptionsweise des seines humanitären Gehalts beraubten Marxismus diesen zu einer bloß machtorientierten autoritären Doktrin verkommen, die mehr Gemeinsamkeiten mit dem Macchiavellismus hat als mit der Lehre von Marx, die den Menschen als Ensemble seiner gesellschaftlichen Verhältnisse sowie seine materiellen Emanzipationsmöglichkeiten zum theoretischen und praktischen Ausgangspunkt hat. Mit der zum absoluten Glaubenssatz erhobenen "Diktatur des Proletariats" verlangt der so entstandene "Marxismus-Leninismus" - wie jede andere autoritäre Religion - die Anerkennung einer höheren, unsichtbaren Macht von Seiten der Menschen[150], deren Verkörperung die "Partei" wird; einer Macht, die über das menschliche Schicksal bestimmt und Anspruch hat auf Gehorsam, Verehrung und Anbetung. Da also diesem "Marxismus-Leninismus" eine teleologische Geschichtsauffassung zugrunde liegt, die naturnotwendig auf die Herstellung einer klassenlosen Gesellschaft hinausläuft, welche als Reintegration und Einheit empfunden wird, und da das Subjekt dieser geschichtlichen Entwicklung, die Arbeiterklasse, noch nicht die "notwendige Reife" erlangt hat, mithin durch die "Avantgarde" oder Partei vertreten werden soll, die eine Herrschaft über das Geschick der Menschen beansprucht: aufgrund dieser Voraussetzungen hat die Partei ein *Recht*, den Menschen zu Anbetung und Gehorsam zu zwingen. Ein Mangel an Verehrung und Unterordnung ist gleichbedeutend mit *Sünde*, deren Bestrafung allerdings nicht mehr im Jenseits, sondern - wie bei den nicht bekehrbaren Modjahedin durch ihre zum "Marxismus-Leninismus" konvertierten "Genossen" - noch in dieser Welt zu erwarten ist.

So gewinnt die "Diktatur des Proletariats" als "Diktatur der Partei" den Charakter der Diktatur der "Partei 'Ali'"(Shi'ah), die eine Bejahung der völligen Unterwerfung darstellt und "historische Emanzipation" ebenso verspricht wie Gottes Gnade. Dabei wird die Geschichte zum eigentlichen Subjekt jenseits der Menschen, während sich der göttliche Monismus zum "materialistischen Monismus" und der göttliche Wille zum Determinismus der Geschichte verklärt. Diese Strukturelemente sind auch bei den *Fedaijan-e khalgh* festzustellen, die den *Quietismus* der Tudeh-Partei "theoretisch" kritisieren und praktisch - wenn auch erfolglos - mit Hilfe des bewaffneten Kampfes zu überwinden suchten[151].

Auch dem Nationalismus der *bürgerlichen Kräfte um die Nationalfront* mit ihrem "demokratischen", "liberalen" oder "sozialistischen" Selbstverständnis lagen chiliastische Motive zugrunde. In diesen Gruppen fehlte es ebenfalls nicht an Vorstellungen über das Primat des Kollektivs und des Gemeineigentums, während sie kaum ein Wort für die Rechte des Individuums fanden. Zwar traten sie für eine, wenn auch beschränkte, Form von parlamentarischer Demokratie und bürgerlichen Freiheiten ein, ihre sozialen Vorstellungen waren jedoch geprägt vom *Integralismus*. Selbst in den Gruppen außerhalb der "Nationalfront", in denen schwache liberale Tendenzen auftraten, herrschte keine Klarheit über ihre Differenzen zu den kollektivistischen Einstellungen der Linken und der Rechten. Allerdings waren im Iran die Grundsätze von "Liberalismus", "Demokratie" und "Sozialdemokratie" höchst unklar formuliert, so daß die Linken solchen Personen wie Bazargan, Shariati oder Banisadr den "Liberalismus" als ein Stigma zusprachen, wenngleich ihre "Liberalität" ein bloßes, vom Integralismus dominiertes Lippenbekenntnis war. Die jeweils spezifische Form der Verschmelzung von religiösem, marxistischem und liberalem Gedankengut in der "Lehre" dieser Personen bzw. ihrer "ideologischen Schulen" könnte hingegen die Frage beantworten, wie es zu den "einzigartigen" Koalitionen während des Aufstands im Iran kommen konnte.

Gemeinsam ist allen ideologischen Strömungen eine sehnsüchtige Suche nach der eigenen Identität, die ihren Integralismus und damit ihre gemeinsame Aufbruchsbereitschaft zur Herstellung des irdischen Paradieses konstituiert. Die fast deckungsgleichen Vorstellungen vom Ideal der shi'itischen Mahdi-Gesellschaft des Khomeinismus, der kommunistischen Ordnung der Linken sowie der "tohid-Gesellschaft" der Modjahedin und Shariatis dokumentieren die Gemeinsamkeit unterschiedlicher sozialer Gruppen, die sich trotz ihrer differierenden lebensgeschichtlichen Erfahrungen gleichermaßen auf der Suche nach einem Weg zur Aufhebung ihrer durch die Modernisierung entstandenen Identitätskrise befanden. Die jenseits dieser Gemeinsamkeit auftretenden *Differenzen* sind dabei durch die verschiedenen lebensgeschichtlichen Erfahrungen bedingt, die entsprechend unterschiedliche "ideologische" Begründungen hervorbrachten. Jedoch betreffen diese Differenzen niemals die *Notwendigkeit*, sondern allein die *Art* der *Verkehrung* der bestehenden Ordnung sowie den *"Heilbringer"* als Subjekt der Revolution. Der Adventismus (Reformismus) und der Aktionismus (revolutionäre Aktivismus) sind die zentralen Differenzierungsmerkmale der oppositionellen Strömungen, die sich nicht aufgrund konkreter unterschiedlicher Alternativvorstellungen zur Lösung der bestehenden Probleme gegenseitig ausschließen, sondern lediglich hinsichtlich des "Heilbringers". Vom "entrückten 12. Imam" über seinen Stellvertreter bis hin zum "moslemischen Volk", der "Arbeiterklasse", "Arbeiterklasse und Bauern", den "Intellektuellen", der "revolutionären Vorhut" und der "Stadtguerilla" reicht das Spektrum der "revolutionären Subjekte" eines deterministischen Universalplans zur historischen Verkehrung der bestehenden Verhältnisse zum "Heil" der Entrechteten. Die Grundstruktur dieser "Paria-Ideologien" verschafft dem konkret handelnden Subjekt die Möglichkeit, bei realer Abwesenheit der "historischen Subjekte" an deren Stelle und in deren Namen zu agieren. Abweichend von der *quietistischen* Mahdi-Vorstellung, die das *"Warten"* auf dessen Wiederkehr nahelegt, begründet Khomeini die *aktivistische*, welche das

"*Handeln*" in der Zeit seiner Entrückung zum absoluten, religiös sanktionierten Gebot der Stunde erhebt, während er selbst als *"stellvertretender Imam"* die bestehende Ordnung zum "Heil-Land" zu verkehren strebt. Auch im linken "Lager" [152] entstanden die Spaltungen vor dem Aufstand aufgrund der "wartenden Haltung" der Tudeh-Partei, die - als eine "Überlebensstrategie" - von den sich bildenden bewaffneten Gruppen als "opportunistisch" abgelehnt wurde.

Die niedergeschlagene chiliastische Erhebung vom Juni 1963 unter Khomeinis Führung ist die Geburtsstunde der militanten Gruppen jeder ideologischen Schattierung. Seit dieser Zeit, die von allen militanten Organisationen als *"Wendepunkt"* der eigentlichen Geschichte interpretiert wird, wurde die Waffe der sich aus der moralischen Ambivalenz der Gesellschaft speisenden Kritik zur *bloßen* "Kritik der Waffe".

Anmerkung zu 1

1) "In allen Gesellschaften ist der Staat die Institution, die das Gewaltmonopol hat und dadurch Ordnung im Inteesse derer, die die Macht haben, durchsetzt." Halliday,F., Iran - Analyse einer Gesellschaft im Entwicklungskrieg. Berlin 1979, S. 28.
Angesichts bzw. infolge des Aufstandes im Iran sind zahlreiche Einschätzungen der sozialen und politischen Verhältnisse unter dem Shah-Regime erschienen, die seine kritische Analyse versprechen und damit die Hoffnung erzeugen, daß nun die Zeit der unkritischen und affirmativen Haltung gegenüber den herrschenden Verhältnissen im Iran der Vergangenheit angehört.
Mit der revolutionären Krise der Herrschaftsverhältnisse im Iran ging zwar eine Krise ihrer gängigen Einschätzungen im Ausland einher, aber ebensowenig wie die Krise des Shah-Regime von sozialrevolutionären Veränderungen begleitet war, konnte sie eine grundlegend veränderte Einschätzung und Analyse der dem Aufstand vorausgegangenen Entwicklung hervorrufen. Vielmehr mußte der unruhige "Zeitgeist" scheinbar Mittel und Wege der Beruhigung des angeschlagenen Bewußtseins suchen, um zum nächsten Tagesordnungspunkt übergehen zu können. Auch die neuesten Analysen einiger Linker der "Metropolen" scheinen zum Teil Mittel und Produkt einer Verdrängungsarbeit zu sein, wenn sie feststellen:
"Die jüngste Entwicklung des Iran ist in beträchtlichem Maße durch die internationalen Bedingungen geprägt, die zwischen ihm und den fortgeschrittenen kapitalistischen Ökonomien bestehen (...) sowohl in der politisch-militärischen als auch in der ökonomischen Sphäre verläuft diese Intervention direkt über den iranischen Staat und nicht über andere private oder auf einzelne Sektoren beschränkte Einrichtungen der iranischen Gesellschaft. Die Frage, welche Rolle ausländische Einflüsse im Iran spielen, ist bisher meist ungenau behandelt worden(...)Aber eine genauere Bestimmung der Natur dieser äußeren Einflüsse im Iran und ihrer sich wandelnden Struktur ist erst dann möglich, wenn man die Institution, durch die sie wirksam werden, eingehender untersucht hat." Halliday, a.a.O., S.29.

2) Vgl. Marx,K./Engels,F., Die Heilige Familie oder Kritik der kritischen Kritik. Gegen Bruno Bauer und Konsorten. MEW, Bd. 2, S.128 ff.

3) "Die *Kooperationen* sind der Materialismus der Bürokratie, und die Bürokratie ist der *Spiritualismus* der Kooperationen. Die Kooperation ist die Bürokratie der bürgerlichen Gesellschaft, die Bürokratie ist die Kooperation des Staates. In der Wirklichkeit tritt sie daher als die 'bürgerliche Gesellschaft des Staates' dem 'Staat der bürgerlichen Gesellschaften, den Kooperationen' gegenüber." Marx, K. , Kritik des Hegelschen Staatsrechts. MEW, Bd. 1, S. 247.

4) Die dialektische Entwicklung der unterschiedlichen Wertformen bis hin zur Geldform - wie sie Marx im "Kapital" darstellt - demonstriert die Entwicklung der Herrschaftsformen bis hin zur Staatsform der Gesellschaften, in denen die gesellschaftlichen Verhältnisse der Menschen als sachliche Verhältnisse bzw. als Verhältnisse der Sachen erscheinen. Sie bringen die Staatsfixierung genauso hervor, wie sie den Warenfetischismus hervorbringen. Aber genauso wenig, wie das Geld das Warenverhältnis hervorbringt und zusammenhält, bringt der Staat die bürgerliche Gesellschaft hervor und hält sie zusammen. Betrachtet man hinter den Waren ihre Träger, so bringen sie die unterschiedlichen Herrschaftsformen genauso hervor, wie sie die unterschiedlichen Wertformen hervorbringen. Der Staat als Form ist genauso ein realer Schein wie das Geld als Form. So entsteht die Regierungsform ebenso wie die Preisform. Daher ist die Regierung genauso Staatsschein, wie Geldschein Scheingeld ist.

5) Vgl. Marx,K., Theorien über den Mehrwert. MEW, Bd. 1, S. 381.

6) Vgl. Haeberlin, U./Niklaus,E., Identitätskrisen - Theorie und Anwendung am Beispiel des sozialen Aufstiegs durch Bildung. Bern und Stuttgart, 1978, S. 13.

7) "Je mächtiger der Staat, je politischer daher ein Land ist, umso weniger ist es geneigt, im Prinzip des Staates, also in der jetzigen Einrichtung der Gesellschaft, deren tätiger, selbstbewußter und offizieller Ausdruck der Staat ist, den Grund der sozialen Gebrechen zu suchen und ihr allgemeines Prinzip zu begreifen." Vgl. Marx,K., Kritische Randglossen zu dem Artikel: Der König von Preußen und die Sozialreform. Von einem Preußen, MEW, Bd. 1, S. 402.

8) Vgl. Marx,K., Kritik des Hegelschen Staatsrechts. MEW, Bd. 1, S. 24o.

9) Vgl. Marx,K., Thesen über Feuerbach. MEW, Bd. 3, S. 533.

1o) Vgl. Marx,K., an P.W. Annenkow am 28. Dez. 1846. MEW, Bd. 27, S. 453.

11) ebenda.

12) Halliday , a.a.O., S. 28.

13) ebenda.

14) "Er ist vielmehr ein Produkt der Gesellschaft auf bestimmter Entwicklungsstufe; er ist das Eingeständnis,

daß diese Gesellschaft sich in einen unlösbaren Widerspruch mit sich selbst verwickelt, sich in unversöhnliche Gegensätze gespalten hat, die zu bannen sie ohnmächtig ist. Damit diese Gegensätze, Klassen mit widerstreitenden ökonomischen Interessen, nicht sich und die Gesellschaft in fruchtlosem Kampf verzehren, ist eine *scheinbar* über der Gesellschaft stehende Macht nötig geworden, die den Konflikt dämpfen, innerhalb der Schranken der Ordnung halten soll, und diese, aus der Gesellschaft hervorgegangene, aber sich über sie stellende, sich ihr mehr und mehr entfremdende Macht ist der Staat." Engels,F., Der Ursprung der Familie, des Privateigentums und des Staates. MEW, Bd. 21, S. 165. (Hervorgehoben von mir, D.G.)

15) Vgl. Mühlmann, W.E., Chiliasmus und Nativismus - Studien zur Psychologie, Soziologie und historischen Kasuistik der Umsturzbewegungen. Berlin, 1964^2. Mühlmann begreift den "Nativismus" als eine "psychische Infrastruktur" des "Nationalismus", obwohl nativistische Bewegungen nicht ausschließlich vom Nationalismus her verstanden werden können. "Sie sind (...) nach ihrer Sozialpsychologie und nach ihrer historischen Potentialität mehrdeutig. Religionspsychologisch weisen sie Beziehungen zu den messianischen Erwartungen, zum Chiliasmus und zu den eschatologischen Sekten auf, politisch- psychologisch aber führen sie genetisch nicht bloß zum Nationalismus, sondern sie enthalten die Elemente eines "Prinzips der Revolution" in sich. Inhärent ist der Drang zum Umsturz des Bestehenden, auf der mythologischen Ebene am deutlichsten faßbar in dem Mythologem von der 'verkehrten Welt'." Ebenda, S. 7.

16) "Unter Völker 'ohne eigene Geschichte' wurden von Engels Völker verstanden, die es in ihrer Vergangenheit zu keinem kräftigen Staatswesen zu bringen vermochten, und die deshalb - wie es Engels schien - keine Kraft mehr besaßen, ihre nationale Selbständigkeit in der Zukunft zu erlangen." Rosdolsky, R., Zur nationalen Frage - Friedrich Engels und das Problem der "geschichtslosen" Völker. Berlin, 1979, S. 17. Vgl. auch die Ausführungen von Marx zur britischen Herrschaft in Indien, MEW, Bd. 28, S.266 ff.

17) "Die Universalität, nach der es (das Kapital) unaufhaltsam hintreibt, findet Schranken an seiner eigenen Natur, die auf einer gewissen Stufe seiner Entwicklung es selbst als die größte Schranke dieser Tendenz werden erkennen lassen und daher zu seiner Aufhebung durch es selbst hintreiben." Marx, K., Grundrisse der Kritik der politischen Ökonomie, Ffm., Wien, o.J., S. 313 f.

18) Vgl. Marx,K./Engels,F., Manifest der kommunistischen Partei. MEW, Bd. 4, S. 466.

19) "In der bisherigen Geschichte ist es allerdings ebensosehr eine empirische Tatsache, daß die einzelnen Individuen mit der Ausdehnung der Tätigkeit zur Weltgeschichte immer mehr unter einer ihnen fremden Macht geknechtet worden sind (welchen Druck sie sich denn auch als Schicksal des sogenannten Weltgeistes etc. vorstellen), einer Macht, die immer massenhafter geworden ist und sich in letzter Instanz als *Weltmarkt* ausweist."
Marx, K./Engels, F., Die Deutsche Ideologie, MEW, Bd. 3, S.37.

20) Halliday, a.a.O., S.25.

21) "Die verschiedenen Momente der ursprünglichen Akkumulation verteilen sich nun, mehr oder minder in zeitlicher Reihenfolge, namentlich auf Spanien, Portugal, Holland, Frankreich und England. In England werden sie Ende des 17. Jahrhunderts systematisch zusammengefaßt im Kolonialsystem (...) Diese Methoden beruhn zum Teil auf brutaler Gewalt, z.B. das Kolonialsystem. Alle aber benutzen die Staatsmacht, die konzentrierte und organisierte Gewalt der Gesellschaft, um den Verwandlungsprozeß der feudalen in die kapitalistische Produktionsweise treibhausmäßig zu fördern und die Übergänge abzukürzen. (...)"
Marx, K., Das Kapital, MEW, Bd. 23, S.779.

22) Vgl. Claessens, D./ Claessens, K., Kapitalismus als Kultur, Ffm. 1979.

23) Vgl. Marcuse, H., Triebstruktur und Gesellschaft, Ffm., 1982.

24) Vgl. Basse, H., Zur Kolonisierung der inneren Natur. In: Schülein, J.A. (u.a.), Politische Psychologie - Entwurf einer historisch-materialistischen Theorie des Subjekts, Ffm., 1981, S.152.

25) Vgl. dazu Greverus, I.-M., Kultur und Alltagswelt, München, 1978. "Als Konfliktsituation löst der Kulturschock die Suche nach Konfliktlösung aus(...)". Ebenda, S.11.

Anmerkungen zu 1.1.

1) Brief von Marx an Engels vom 2.Juni 1853, MEW, Bd. 28, S. 252 f.

2) Vgl. Brief von Engels an Marx vom 6.Juni 1853, MEW, Bd. 28, S.259.

3) Nach der islamischen Rechtsterminologie verstand man unter waghf "eine Sache, die bei der Erhaltung ihrer Substanz einen Nutzen abwirft und bei welcher der Eigentümer seine Verfügungsgewalt aufgegeben hat mit der Bestimmung, daß ihr Nutzen für erlaubte gute Zwecke verwandt wird." Islamische Enzyklopädie, dt. Ausgabe, S.1187. Zitiert bei: Bazar Teheran. Hrsg. v. IS1, Studien-

schwerpunkt "Internationale Bau- und Stadtentwicklung in unterentwickelten Regionen". Fachbereich 2, HdKB, Berlin, 1979, S.8.

4) <u>Zeittafel</u>

um 1oooo v.Chr.:	Erste Hinweise auf Bewohner im Iran, die einfachste Formen von Landwirtschaft betrieben und Steinwerkzeuge herstellten.
ab 2ooo v.Chr.:	Invasionen durch nomadisierende Indo-Iraner. Diese Gruppen wurden im Gebiet des heutigen Iran seßhaft.
18oo-636 v.Chr.:	Herrschaft der Elamiter. Erste Formen der Herausbildung einer Zentralgewalt im Gebiet des Iran.
55o-33o v.Chr.:	Herrschaft der Achämeniden. Unter Kyros I. kommt es zur Errichtung eines Großreiches.
33o-129 v.Chr.:	Griechische Oberherrschaft über den Iran.
129 v.Chr.- (331) 326 n.Chr.:	Herrschaft der Parther, einem aus dem Norden eingedrungenen Nomadenstamm.
226 - 641:	Sassaniden-Dynastie. Es kommt zu einer stark zentralisierten Verwaltung.
642:	Arabische Invasion. Iran unter der Autorität des arabischen Kalifats.
um 8oo:	Arabische Herrschaft zerfällt, es kommt zur Errichtung lokaler Dynastien.
um 1o5o:	Seldjuken-Dynastie. Türkische Nomaden erobern den Iran und gliedern diesen in ihr Seldjuken reich ein.
12oo - 1375:	Invasionen mongolischer Stämme. Einige Stämme werden seßhaft und bilden kurzlebige Dynastien.
1375 - 1499:	Herrschaft der Timeriden, eines türkischen Stammes.
15o2 - 1736:	Safawiden-Dynastie. Herrschaft einer "einheimischen" Dynastie. Erste Kontakte mit europäischen Kolonialmächten.
1736 - 1795:	Afsharen-Dynastie.
1795 - 1925:	Ghadjaren-Dynastie. Imperialistische Aufteilung des Iran durch die Kolonialmächte England und Rußland.

1925 - 1953:	Pahlavi-Dynastie. Der ehemalige Kosakenoberst Reza putscht und ernennt sich, mit Zustimmung der Kolonialmächte, zum Schah; Nachfolger wird sein Sohn Mohammad Reza.
1953 - 1954:	Zwischenspiel einer bürgerlich-nationalistischen Regierung unter Ministerpräsident Mossadegh. Mohammad Reza Schah verläßt den Iran.
1954 - 1979:	Militärputsch; Fortsetzung der Pahlavi-Dynastie. Versuch kapitalistischer Reformmaßnahmen.
1979 -	Islamische Republik Iran.

5) Vgl. Massarrat,M., Gesellschaftliche Stagnation und die asiatische Produktionsweise. Darstellung am Beispiel der iranischen Geschichte.- Eine Kritik der Grundformationstheorie. In: Asche, H./Massarrat,M., Studien über die Dritte Welt. In: Geographische Hochschulmanuskripte, H.4, Göttingen, Mai 1977, S.37 f.

6) Vgl. Ravasani, S., Die sozialistische Bewegung im Iran seit Ende des 19. Jhs. bis 1922, Diss., Hannover, Basis Verlag, Berlin, 1973, S. 55.

7) Eigentlich handelt es sich nicht um die Vergabe von Land, sondern um das Recht, von landbesitzenden Bauern Tribut zu beziehen.

8) Vgl. Sarkhosh, S., Die Grundstruktur der sozial-ökonomischen Organisation der iranischen Gesellschaft in der ersten Hälfte des 19. Jhs., Ffm., 1975,(Diss.). Sarkhosch gelangt zu der Auffassung, daß das khalesse nicht als 'übergeordnetes Eigentum des Staates über das gesamte Land' (S. 216) im Sinne des Gemeineigentums in der asiatischen Produktionsweise verstanden werden darf, sondern daß sich das Gemeineigentum schon zu Beginn des 19. Jahrhunderts zersetzt hatte und damit die asiatische Produktionsweise bereits aufgelöst war. Somit wäre das khalesse lediglich eine selbständige Form des Eigentums des Staates neben dem Privateigentum (arbabi), auf keinen Fall aber mehr 'das Obereigentum des Königs als Verkörperung des Staates über das gesamte Land' (S. 22o). Sarkhosch verkennt die innere Dynamik der asiatischen Produktionsweise, in der eine Phase des Entstehens von Privateigentum (Dezentralisation) abgelöst wird von einer Phase des Zurückdrängens dieser Eigentumsform (Zentralisation). Diese Rückkkehr zum Gemeineigentum erfolgte in der Regel durch Konfiskationen, wie auch

zu Beginn der Ghadjaren-Dynastie. Daß zunächst
nicht mehr als 1/3 konfisziert wurde, zeigt die relative Schwäche der neuen Zentralmacht; doch ist
dies kein Indiz für das Ende der orientalischen
Despotie, etwa die Transformation in einen 'Rentenfeudalismus'; Sarkhosch, a.a.O., S. 358 . Tökei, F.,
Zur Frage der asiatischen Produktionsweise,
Neuwied und Berlin, 1969, S. 1o6 f. weist auf ein
ähnliches Phänomen z.Z. der Ming-Dynastie (1368-
1644) in China hin, wo der kaiserliche Hof auch zunächst gezwungen war, sich neben dem Privateigentum zu etablieren. Später, nach dem Erstarken der
Zentralgewalt, wurde der Privatbesitz zugunsten der
typischen Eigentumsform der asiatischen Produktionsweise nahezu aufgehoben. Daß es dazu im Iran seit
dem 19. Jahrhundert nicht mehr gekommen ist, hat
andere Ursachen.

9) Vgl. Greussing, K.,Politische Ökonomie des Dorfes
im Iran - Zum Verhältnis von dörflicher Klassenentwicklung und Landreform. In: Mardom Nameh. Hefte
zur Geschichte und Gesellschaft iranischer Völker.
Nr. 1, Sommer 1975, S. 31.

1o) Vgl. Baaske, R.,Gesellschaftliche Stagnation und
kapitalistische Entwicklung am Beispiel des Iran
seit Mitte des 19. Jhs., Hannover, 1977,(unveröffentlichtes Manuskript),S. 62 ff.

11) Vgl. Massarrat, M., Hauptentwicklungsstadien der kapitalistischen Weltwirtschaft, Lollar/Lahn, 1976, S.239 ff.

Anmerkungen zu 1.1.1.

1) Vgl. K. Marx' Brief an Engels vom 2. Juni 1853,
MEW, Bd. 28, S. 251 f.

2) Vgl. F. Engels' Brief an Marx vom 6. Juni 1853,
a.a.O., S. 259.

3) Eine derartige Betrachtungsweise bezeichnet
Tökei , a.a.O., S. 2o, als 'geographische Geschichtsauffassung' und 'mechanischen Materialismus'.
"Die Tatsache, daß 'die public works Sache der
Zentralregierung' (waren), kann nämlich offensichtlich nicht nur auf geographische, sondern auch auf
viele andere Gründe zurückgeführt werden, so z.B.
- im Anfangsstadium - auf die Stammtradition oder

- später - auf das System autarker Dorfgemeinschaften. Die Marxsche Formulierung enthält den geographischen Faktor nur mehr als ein Moment, das an seinen richtigen Platz gestellt worden ist. Das muß umso mehr betont werden, als nicht nur bürgerliche Historiker, sondern auch viele marxistische Autoren die orientalische Stagnation einzig und allein aus den geographischen Gegebenheiten erklären wollen." S. 12/13.

Nach Tökeis Meinung war die Erhebung von Traditionen aus der Urgesellschaft zum Gesetz, z.B. eben die Institution des gemeinschaftlichen Grundeigentums, worauf auch der Staat seine Herrschaft gründete, der Grund der Unverwandelbarkeit. Vgl. S. 21.

Engels dagegen meint im Anti-Dühring: "Es kommt hier nur darauf an, festzustellen, daß der politischen Herrschaft überall eine gesellschaftliche Amtstätigkeit zugrunde lag; und die politische Herrschaft hat auch nur auf die Dauer bestanden, wenn sie diese ihre gesellschaftliche Amtstätigkeit vollzog. Wie viele Despotien auch immer über Persien auf- oder untergegangen sind, jede wußte ganz genau, daß sie vor allem die Gesamtunternehmerin der Berieselung der Flußtäler war, ohne die dort kein Ackerbau möglich war." MEW, Bd. 2o, S.182 f.

Es handelt sich nicht um eine 'geographische Geschichtsauffassung', wenn man die natürlichen Voraussetzungen der Produktion berücksichtigt. Die vorkapitalistischen Produktionsweisen unterscheiden sich eben von den kapitalistischen dadurch, daß sie sich von den natürlichen Determinanten noch nicht befreit haben. Vgl. dazu Marx,K., Grundrisse..., a.a.O., s. 27 ff.

Die besondere Form des Staates der orientalischen Despotie ist nicht unmittelbares Resultat der Naturbedingungen, sondern umgekehrt bestimmen die Naturbedingungen die Form des Zerfalls der Stämme.

So "ist der Staat der orientalischen Despotie durch das Fortbestehen des Stammeigentums mit ihren allmählich herausgebildeten Gentil- oder Stammesaristokratien zu erklären, die weit davon entfernt war, die alten Eigentumsformen verändern zu wollen, sondern sie vielmehr auf jede Art und Weise zu konservieren trachtete." Raich, H. , Zum Begriff der asiatischen Produktionsweise, In: Leggewie, C./ R aich,H., Asiatische Produktionsweise, Göttinger Beiträge zur Gesellschaftstheorie 2, Göttingen, 1977, S. 62; vgl. auch Tökei, a.a.O., S. 91.

So transformiert sich dann unter Beibehaltung des Stammeseigentums die in Ansätzen schon vorhandene Stammeshierarchie auf einer höheren Stufe, in die Form eines Beamtenstaates. Dies vollzieht sich vor allem durch die Trennung von Kopf- und Handarbeit, also durch die erste gesellschaftliche Arbeitsteilung.

4) "In Ländern wie Flandern und Italien brachte das Bedürfnis nach ökonomischer und gemeinsamer Verwendung des Wassers Privatunternehmen zu freiwilliger Assoziation; aber es erforderte in Asien, wo die Zivilisation zu unentwickelt und die territoriale Ausdehnung zu beträchtlich war, um freiwillige Assoziation von Dauer zu schaffen, den Eingriff der zentralistischen Macht der Regierung. Deshalb fiel allen asiatischen Regierungen die ökonomische Aufgabe zu, die öffentlichen Arbeiten zu organisieren!" K. Marx nach Miliband, R.,Marx und der Staat,. Berlin West, 1971, S. 17.

5) Engels' Brief an Marx vom 6.Juni 1853, a.a.O., S. 259.

6) Zum Verhältnis des Einzelnen zu seinem Gemeinwesen schrieb Marx: "(...) in der spezifisch orientalischen Form (ist) das Gemeindemitglied als solches Mitbesitzer des gemeinschaftlichen Eigentums (wo das Eigentum nur als Gemeineigentum existiert, ist das einzelne Glied als solches nur Besitzer eines besonderen Teils, erblich oder nicht, da jede Fraktion des Eigentums keinem Glied gehört für sich, sondern als unmittelbarem Glied der Gemeinde, also als direkt, in der Einheit mit ihr, nicht im Unterschied von ihr. Dieser Einzelne ist also nur Besitzer. Es existiert nur gemeinschaftliches Eigentum und nur Privatbesitz...)". Marx, K., Grundrisse, a.a.O., S. 380.

7) Marx, K., Grundrisse, a.a.O., S. 376 f.

8) Marx, K., Das Kapital, MEW, Bd. 25, S.130.

9) In diesem besonderen Verhältnis ist auch die materielle Grundlage der Reproduktion der unterschiedlichen psychischen Konstitution von Orientalen und Europäern zu sehen. Während sich der Europäer durch den "Vatermord" emanzipiert, den Vater als Ich-Ideal verinnerlicht und mit dem *"Ödipuskomplex"* jene Kultur produziert, in der das *Schuldgefühl* als Motiv des Handelns hervortritt, herrscht im Iran der *Rosstamkomplex*, der permanente *Sohnmord* als Symbol der Unterdrückung des emanzipationswilligen Subjekts, das jedoch durch den Vater erneut unterworfen wird, sowie das *Schamgefühl* vor.

Ferdossy's berühmtes *shah-nameh*, das fälschlich als Geschichte der Könige interpretiert wird, symbolisiert u.a. in Rosstams (Vaterheld) und Sohrabs (Sohnheld) Kampf, in dem der Sohn schließlich unterliegt, die mythologische Ebene der tragischen Niederlagen der Emanzipationsbestrebungen in der iranischen Geschichte als Reproduktionsgeschichte der orientalischen Despotie: der Despot als "Vater der vielen Gemeinwesen" (Marx). Dabei nutzt auch Rosstams anschließender Schmerz nichts, wenn er erfährt, daß er seinen eigenen Sohn getötet hat. Denn "der Nushdaru bad as Marg-e Sohrab" (das Heilmittel nach dem Tode vom Sohrab) ist nutzlos. In diesem Zusammenhang muß auch der chiliastische Charakter der bisherigen iranischen revolutionären Erhebungen gesehen werden, deren immerwährendes Ziel es war, den "falschen König" zu stürzen, um ihn durch den "richtigen", den "gerechten" zu ersetzen, der sie fortan grausam beherrschte. Ansätze dieser Überlegungen finden sich auch bei Baraheni, R., Der Clan der Kannibalen, München, 1977, Kapitel: Der Männlichkeitskult, S. 33 ff.; doch bei ihm fehlt der Hinweis auf den Widerstand der "Söhne" gegen die "Väter" völlig. Er kann deshalb auch nicht die Rolle der chiliastischen Bewegungen in der iranischen Geschichte erkennen und bewerten. In einer anderen Arbeit, die sich mit Kulturimperialismus und Widerstandspotential im Iran beschäftigen soll, werde ich an Hand der klassischen und modernen iranischen Literatur die Motive herausarbeiten, die das Bewußtsein der kollektiven Lebensgeschichte der Iraner konstituieren, vor allem jene, die sich bisher der Enteignung haben entziehen können und die ihr Widerstandspotential ausmachen.

10) François Bernier, zit. bei Marx, K., Brief an Engels vom 2.Juni 1853, a.a.O., S.253; vgl. auch Bazar Teheran, a.a.O., S.7.

11) Marx selbst nennt in seinen Werken eine Reihe von Stagnationsmomenten, die er jedoch nie systematisch im Zusammenhang darstellt. So schreibt er: "Was den stationären Charakter dieses Teils von Asien, trotz aller zwecklosen Bewegungen in der politischen Oberfläche, vollständig erklärt, sind die zwei sich wechselseitig unterstützenden Umstände: 1. Die public works Sache der Zentralregierung. 2. Neben derselben das ganze Reich, die paar größeren Städte abgerechnet, aufgelöst in villages, die eine vollständig distinkte Organisation besaßen und eine kleine Welt für sich bildeten (...) Ich glaube, daß man sich keine solidere Grundlage für asiatische Despotien und Stagnation denken kann." Marx, K., Brief an Engels vom 14.Juni 1853, MEW, Bd.28, S. 267. Und im Kapital heißt es: "Der einfache produktive Organismus dieser selbstgenügenden Gemeinwesen, die sich beständig in derselben Form reproduzieren und,

wenn zufällig zerstört, an demselben Ort mit demselben Namen wieder aufbauen, liefert den Schlüssel zum Geheimnis der Unveränderlichkeit asiatischer Gesellschaften, so auffallend kontrastiert durch die beständige Auflösung und Neubildung asiatischer Staaten und rastloser Dynastienwechsel. Die Struktur der ökonomischen Grundelemente der Gesellschaft bleibt von den Stürzen der politischen Wolkenregion unberührt." Marx, K., MEW, Bd. 23, S. 379.
Ein weiteres Indiz für die Stagnation der asiatischen Gesellschaften ist das Gleichbleiben des Aneignungsprozesses und die Form der Abpressung des Mehrprodukts, nämlich in Form von Naturalrente. "Durch die an bestimmte Art des Produkts und an Produktion selbst gebundene Form der Produktrente, durch die ihr unentbehrliche Verbindung von Landwirtschaft und Hausindustrie, durch die fast völlige Selbstgenügsamkeit, die die Bauernfamilie hierdurch erhält, durch ihre Unabhängigkeit vom Markt und von der Produktions- und Geschichtsbewegung des außerhalb ihrer stehenden Teils der Gesellschaft, kurz, durch den Charakter der Naturalwirtschaft überhaupt ist diese Form ganz geeignet, die Basis stationärer Gesellschaftszustände abzugeben, wie wir dies z.B. in Asien sehen." Marx, K., Das Kapital, MEW, Bd. 25, S.804.
Solche Momente der Stagnation liefern aber noch keine ausreichende Begründung. Nach wie vor bleibt die Frage, wieso es nicht zur Auflösung dieser Gemeinwesen, zur gesellschaftlichen Arbeitsteilung, d.h. zur Trennung des Handwerks vom Ackerbau und damit zur Warenproduktion auf dem Lande gekommen ist. Massarrat hat sich am systematischsten mit der Klärung dieser Frage beschäftigt und ist zu wichtigen Ergebnissen gekommen. Vgl. Massarrat, Hauptentwicklungsstadien der kapitalistischen Weltwirtschaft, a.a.O.; vgl. ebenfalls Baaske, a.a.O., S. 38 ff.

12) Vgl. Ashraf, A., Historical specifity of Iranian cities in Islamic Era. In: Olum-e Edjtemai. A Journal of Social Sciences, Nr. 4, Vol. I, Juni 1974, S. 7-50, (persisch).

13) Massarrat, Gesellschaftliche Stagnation und die asiatische Produktionsweise, a.a.O., S. 55.

14) Ebenda, S. 123.

15) Vgl. Baaske, a.a.O., S.44 f.

16) Il-Khan: Titel der mongolischen Herrscher, Oberhaupt eines Nomadenstammes.

17) Il-Beg: Häuptling eines Nomadenstammes, der einem Il-Khan Untertan ist.

18) Hakem: Herrscher mit absolutem Herrschaftsanspruch sowie Verwaltungs- und Richtergewalt in den Provinzen. In Zeiten einer starken Zentralgewalt setzte der Shah die Prinzen bzw. die Prinz-Regenten als Hakem der Provinzen ein.

Anmerkungen zu 1.1.2.

1) Es gibt im Iran viele Urmensch- und Urkönigsgestalten, aber kaum eine interessantere und bedeutendere als Yima. In dem Mythos, der in Vendidad Kap. 2 (Videvdat, meist unter dem traditionellen, aber falschen Namen "Vendidad" bekannt, ist hauptsächlich eine Sammlung von Religionsgesetzen; man findet aber auch wichtige alte Mythen und Legenden in dieser Sammlung) zu lesen ist, finden sich indessen Züge, die offenbar der arischen Vergangenheit angehören. Vgl. Widengren, G. (Hrsg.), Iranische Geisterwelt von den Anfängen bis zum Islam, Baden-Baden, 1961, S. 11, 263 ff., 279.
"Yima ist als König des *goldenen Zeitalters* ganz besonders der *Friedenskönig*. Seine Natur ist die der Sonnenkönige, wie das seine Epitheta deutlich verraten: "der glanzreichste unter den Geborenen", "der sonnenäugige unter den Menschen". Diese Sonnenkönige vertreten sowohl in Indien wie auch in Iran im Gegensatz zu den kriegerischen Mondkönigen die friedfertigen Herrscher. Yima ist der Kosmoskönig, der die höchste Herrschaft auf der siebenteiligen Erde ausübt und über alle Länder, über Dämonen und Menschen (d.h. ursprünglich "über Götter und Menschen", wie die alte Formel lautete) herrschte. (Yašt 5; 19. Die Yašt, die Opfergesänge, die zum Preis verschiedener Gottheiten gedichtet sind. Ursprünglich gab es deren 3o, aber viele davon sind verloren gegangen, und nur wenige sind wirklich echte alte Dichtungen. Diese ältesten Gesänge sind in einer von dem Gatha-Dialekt verschiedenen, aber ebenso alten Sprache geschrieben. Die ältesten Stücke der Yašts können sehr wohl älter als die Gathas sein; sie sind jedenfalls von diesen unabhängig und sind Ausdruck einer anderen Umwelt.)
Yima ist auch *der dreifunktionelle König*, der Herrscher, der in seiner Person alle drei sozialen Funktionen, alle drei Stände, vertreten kann. Er ist im Besitz der Herrschaft, zugleich der Herdenreiche, führt auch den Krieg gegen die Dämonen.
So wird er entsprechend als "fromm" (oder "gerecht"), "stark" und "herdenreich" bezeichnet (Yt. 13: 13o). Darum hat er auch in seinem Besitz das dreifache xvarnah, das sich (...) auf die drei Funktionen verteilt. Doch ist wegen seiner friedlichen Natur als Sonnenkönig der kriegerische Aspekt am schwächsten ent-

wickelt. Wegen dieser friedlichen Natur hat er eben
Schwierigkeiten, sich gegen den Ursurpator Dahaka
(Pahlavi: Azdahak) zu verteidigen. Er nimmt eigentlich
nicht einen wirklichen Kampf auf, sondern weicht ihm
aus und verbirgt sich auf der weiten Erde. Zuletzt wird
er doch entdeckt und von dem Bruder Azdahaks (Aži Dahaka)
Spituyer ergriffen und mit einer Säge zerschnitten.
Andere Texte sprechen von den Henkern des Usurpators.
Ganz pathetisch klingt es, wenn der gefangene Yima dem
Henker zuruft: "Töte mich nicht, denn ich bin der Herr
der Welt" (Zatspr. XIV, K 35 I, 245 v Z. 12). So stark
ist in ihm das Gefühl, daß man den legitimen Herrscher
nicht töten darf. Diese Mahnung hilft ihm zwar nichts,
aber mit seinem Tode ist auch das goldene Zeitalter vorbei. Alle Leute leiden, so daß sogar der Usurpator eine
Volksversammlung einberufen läßt, wobei er erfährt, daß
Yima von ihnen "Not und Armut, Hunger und Durst, Alter
und Tod, Klagen und Weinen, maßlose Hitze und Kälte, und
die Vermischung der Dämonen mit den Menschen" ferngehal-
ten habe. (...) Die Herrschaft eines Usurpators wie
Azdahak kann der Welt nur Unglück bringen."

2) Vgl. Widengren, a.a.O., S. 282 u. 3o2.

3) Vgl. Widengren, a.a.O., S. 284 und 295 f.

4) In der heiligen Schrift der vorislamischen Iraner, dem
Avesta, ist dem Mithras ein eigener Lobgesang (yasht)
gewidmet. Dort ist er mit Ahura-Mazda, der höchsten
Macht, verbunden. Bei dieser Schrift muß aber unterschieden werden zwischen dem alten Kern und jüngeren Teilen.
Mithras hat darin nicht immer den gleichen Platz inne,
sein Bild unterlag mehreren Veränderungen.
"Die Orientalisten sind sich darüber einig, daß Mithras
ursprünglich dem Himmelsgott an Ehren keinesfalls
nachstand. Um seinen geistigen Standort im Iran zu
durchschauen, muß man sich den strengen Dualismus innerhalb der iranischen Götterwelt vor Augen halten. Die
eine Gruppe ist um Ahura-Mazda, den Allweisen, geschart,
der über das erhabene Lichtreich gebietet; sie wird befehdet von den Handlangern Ahrimans, des Gottes der
Finsternis. Beide Gruppen stehen in dauerndem Wider-
streit, bis zu der Zeit, da die Kraft des Guten das Böse
endgültig überwinden wird. In diesem Kampf nimmt Mithras
den Platz eines yazata, eines getreuen Helfers, ein. Er
kämpft im Lager des Guten und des Rechts. Er ist ein
Lichtgott. (...). Genau wie der Helios Homers sieht er
alles.
Er ist gleichzeitig Schützer und Rächer und befehdet
alles, was der gerechten Ordnung zuwider läuft. Er ist
also sowohl Gott des Lichts als Sachwalter im Dienst des
Höchsten. Er ist *eine Emanation der obersten Gottheit
Ahura-Mazda*.

Zarathustra, der als Prophet vorwiegend im
östlichen Iran wirkte, hat den Herrschaftsbereich von Mithras sehr eingeschränkt. Über die Lebensdaten Zarathrustas gehen die Meinungen sehr stark auseinander. Er muß zwischen 1ooo und 6oo v. Chr. gelebt haben; gegenwärtig neigt man mehr zu dem Zeitraum um 6oo v. Chr. Die Schwierigkeit ist, daß man seine Persönlichkeit nur auf Grund der Gathas erschließen kann, jener heiligen Gesänge, die ihm selbst zugeschrieben werden und die in einem äußerst schwer übersetzbaren alten Dialekt des Ost-Iran aufgezeichnet sind. Unstreitig steht fest, daß Zarathustra ein genialer Reformator war. Er hat den vielgliedrigen Polytheismus energisch gestrafft zugunsten einer Art Monotheismus, der Ahura-Mazda als alleinigen und höchsten Gott betrachtete. Hierdurch war er gezwungen, Mithras in den Hintergrund zu drängen. Gleichzeitig ging er gegen gewisse Gepflogenheiten des damaligen Kults vor. Er verbot blutige Opfer, wie das Stieropfer, sowie den Genuß des berauschenden Haomaweins. Gerade diese Maßnahme versetzte der Mithrasverehrung einen schweren Schlag, war doch Mithras eng mit dem Stier verbunden, dessen Blut, mit Haomasaft vermischt, die Kraft der Unsterblichkeit verlieh.
Wir übergehen hier die Streitfrage, ob das Fürstenhaus der Achämeniden - wie etwa Darius oder Xerxes - der Lehre Zarathustras angehangen hat oder nicht. Jedenfalls steht fest, daß es dem Propheten nicht gelungen war, den so populären Mithras zu verdrängen. Bereits zu Beginn seiner Laufbahn war der Dichter-Priester auf starken Widerstand gestoßen und ist schließlich im Tempel ermordet worden. Und in den späteren Schriften des Avesta, zu denen auch der 1o. Opfergesang gehört, finden wir Mithras wieder in all seiner Majestät. Diese yasht atmet den echten Geist der Volksreligion, und der Einfluß des Propheten ist kaum mehr wahrzunehmen, wenn der Allweise Gott zu Spitama Zarathustra spricht: "Als ich Mithras schuf, schuf ich ihn ebenso würdig zum Empfang der Opfer und Gebete wie mich selbst, Ahura-Mazda." Die ganze yasht spricht von Mithras' Macht, von seiner Größe und Streitbarkeit. Diese Züge haben ihm besonders viel Liebe eingetragen und sind mit ihm verbunden geblieben, solange er verehrt worden ist. Sie haben auch in späteren Jahrhunderten seine Mysten und Gemeinden begeistert." Vermaseren, M. J., Mithras - Geschichte eines Kultes. Suttgart, 1965, S. 10-12. (Hervorhebung von mir, D.G.).

5) "Über die Geburt des *Erlösers* erzählt uns ein seltsamer Text seltsame Dinge. Die syrische 'Chronik von Zuqnin' ist in einem Geschichtswerk erhalten, das fälschlich

unter dem Namen des syrischen Geschichtsschreibers
Dionysius von Tell Mahre bekannt war. Die Chronik selbst
ist aber eine ursprünglich selbständige Schrift, die
über die Geburt des Erlösers, den Stern und die Magier
aus Osten ausführlich berichten will. Es ist also dem
Anschein nach eine christliche Schrift. Wenn man näher
zusieht, findet man aber, daß der Text nur sehr ober-
flächlich christianisiert ist. So wissen wir z.B. aus
dem sogenannten Opus imperfectum in Mattaeum, Hom. II 2,2,
daß wirklich unter den Magiern die auch in der Chronik
erwähnte Sitte bestand, alljährlich um eine bestimmte
Zeit auf den Mons Victorialis, 'den Siegesberg', hinauf-
zusteigen, wo sich eine mit Bäumen und Quellen versehene
Höhle befand. Hier wuschen sie sich und beteten und
priesen Gott. Sie warteten darauf, daß der Glücksstern
erscheine und sich auf diesen 'Siegesberg' niederlasse.
Der Stern aber war das Zeichen der Geburt des Weltkönigs
und Weltheilands, der in der iranischen Apokalyptik als
der 'Große König' bekannt war." Widengren, a.a.O.,
S. 226. (Hervorhebung von mir, D.G.).

6) Schon in der dritten Gatha, Yasna 3o (Yasna bedeutet
"Opfer", "Verehrung", es ist eine Sammlung von Texten,
die dem Ritual des zoroastrischen Gottesdienstes angehören. Die von Zarathustra selbst gedichteten Gesänge,
seine "Verspredigten", die 17 Gathas (...) nehmen im Yasna
eine zentrale Stelle ein.)wird auf den Ursprung der
Weltentwicklung angespielt, auf das gegenseitige Verhältnis zwischen den *zwei uranfänglichen Geistern*, den
Zwillingen, von denen der Heilige Geist die rechte Welt-
ordnung Aša (Arta), der zum Trug neigende andere Geist
aber das böseste Tun wählte. Diese zwei Geister sind
nichts anderes als spiritualisierte Umdeutungen der zwei
Aspekte des Gottes Vayu, des guten und des bösen Windes.
Als ein bedeutender Hochgott wird der Vayu als treiben-
des Prinzip im Weltall aufgefaßt, während der *Kosmos als
der Körper der Gottheit* gedacht wird oder auch als ein
kosmischer Urmensch, der von der androgynen Gottheit ab-
stammt. Entsprechend ist die Seele des einzelnen Menschen ein Aushauch des Windes im Weltall. Entspricht
also der Vayu des Menschen dem Vayu der Welt, so erscheint der *Körper des Menschen als ein Ebenbild der irdischen Welt*. Vgl.   Widengren (Hrsg.), Iranische
Geisterwelt ..., a.a.O., S. 30 und 50.

Die Welt ist also dargestellt als ein großer Mensch, der
Mensch als eine kleine Welt, und sie entsprechen sich
gegenseitig vollkommen - als *Ebenbild der Gottheit*.
Der höchste Gott im Iran war immer Ahura-Mazda, dessen
Naturseite das Himmelsgewölbe war. Pantheistisch ver-
standen beinhaltete er alle Elemente der Welt und war

damit der allwissende Gott, "der Herr der Weisheit". In seinem Wesen findet sich, wie bei allen iranischen Hochgöttern, eine Andeutung der Doppelheit. Er ist in gewisser Hinsicht ein Gott des Schicksals, über Gut und Böse erhaben. Als "Zuteiler", der den Menschen den ihnen angemessenen Teil, das Los, *baga*, bestimmte, führte jedoch die Doppelheit seines Wesens zu einer Zersplitterung in zwei selbständige Prinzipien, den Guten und den Bösen Geist. Vgl. Widengren, a.a.O., S. 111.
Aber selbst Ahura-Mazda erscheint in seinem Wesen von *Zervan*, der "unbegrenzten Zeit" beeinflußt. Vgl. ebenda, S. 57. Zervan existierte demnach als Schicksal oder Glücksglanz, bevor Himmel, Erde sowie himmlische und irdische Geschöpfe erschaffen waren. Nach tausendjährigen Opferhandlungen wurde er - gleichzeitig Vater und Mutter - zum Schöpfer Ahura-Mazdas, der Himmel und Erde und alles was in ihnen existiert, erschaffen sollte. Vgl. ebenda, S. 83 .So erscheint der unbegrenzte Zeitaspekt des Gottes als die wichtigste Komponente im Wesen Ahura-Mazdas, der, nachdem er die Schöpfung vollbracht und geistig erfaßt hatte, selbst Herrscher wurde.
Vgl. ebenda, S.57.
Diese Vorstellungen haben nicht nur im Manichäismus, sondern auch im Gnostizismus im allgemeinen, insbesondere aber in der islamischen Gnosis, einen sehr bedeutenden Einfluß ausgeübt. Vgl. Widengren, a.a.O., S. 5o.

7) Sarkisyanz, E., Russland und der Messianismus des Orients - Sendungsbewußtsein und politischer Chiliasmus des Ostens , Tübingen, 1955, S. 14.

8) Vgl. Mühlmann,W.E., Rassen, Ethnien, Kulturen - Moderne Ethnologie, Neuwied, Berlin, 1964, S.325.

9) Vgl. Sarkisyanz, a.a.O., S. 14.

1o) ebenda, S. 15.

11) ebenda, S. 18.

12) ebenda

13) Über die Zeit Zarathustras läßt sich nichts Sicheres sagen, auch wenn man sich immer wieder darum bemüht hat, sie näher zu bestimmen. Jedoch kann man mittels indirekter Berechnungen für den Zeitpunkt seines Wirkens zu so unbestimmten Angaben wie "1ooo-6oo v.Chr." gelangen. Vgl. Widengren, G., Die Religionen Irans, Stuttgart, 1965, S. 61; Nyberg, N.S.,Die Religionen des alten Iran, Osnabrück, 1966, S. 27 ff; Heinz, W., Zarathustra, Stuttgart, 1961, S. 22 ff.

"Ziemlich früh, vielleicht schon zu der Zeit, als Zarathustra seine Gemeinde leitete, setzte eine synkretistische Entwicklung ein, an deren Ende eine Fusion der von ihm begründeten neuen und des alten Typs von iranischer Religion steht, den wir als 'iranische Volksreligion' charakterisieren möchten. Wir dürfen nicht vergessen, daß die letztere im ganzen Gebiet der iranischen Kultur vorherrschend war. Diese Volksreligion war ja die altererbte Religion, die schon deshalb einen starken Einfluß ausübte. Jene Gestalt iranischer Religion, die wir 'Zoroastrismus' nennen, ging letzten Endes als Resultat aus diesem synkretistischen Prozeß hervor. Der bedeutendste Unterschied zwischen dieser Religion und der von Zarathustra verkündigten liegt darin, daß die Gottheiten der Volksreligion nunmehr im allgemeinen ihre frühere Stellung zurückgewinnen - aber an der Seite der Amesa Spentas. Sie treten also gewissermaßen doppelt auf. In dem monatlichen Kalender ist jeder Tag einem der dreißig yazata-s, 'Verehrungswürdigen', mit Ahura-Mazda an ihrer Spitze, geweiht. Die Zahl der yašts hat anscheinend ursprünglich auch dreißig betragen, und ihre Namen und die Tagesnamen werden z.B. in derselben Folge aufgeführt. Bei einer Analyse stellte sich jedoch heraus, daß die Aufeinanderfolge der Yašt-Liste die ursprünglichere ist, so daß die Einschaltung der Amesa Spentas die ältere Reihenfolge gestört und in Verwirrung gebracht hat. Über Zeit und Ort dieser Maßnahmen etwas zu sagen, ist schwierig. Wichtig ist aber, daß die Zoroastrier eine schon vorliegende altiranische Liste aufgegriffen und für ihre Zwecke umgestaltet haben. Überall zeichnet sich derselbe synkretistische Vorgang ab."
Widengren , Die Religionen Irans, a.a.O., S. 94.

14) "In der südbabylonischen Landschaft Mesene, die als Kleinkönigtum und Satrapie schon dem Partherreich eingegliedert war, treffen wir in sassanidischer Zeit auf eine - übrigens auch heute noch in kleinen Resten existierende - gnostische Täufersekte, die vieldiskutierte Gemeinschaft der Mandäer. Unzweifelhaft stammen diese aus dem Westen und stehen mit dem Spätjudentum in unmittelbarem Zusammenhang, aber ihre eigenen Überlieferungen verknüpfen sie auch mit Iran, und zwar betrachten sie einen Partherkönig namens Ardavan als einen ihrer Führer und das medische Gebirgsland, tura dMada, gewissermaßen als ihre Heimat. Schon diese Tradition weist auf einen bedeutenden iranischen Einschlag in ihrer Religion hin. Eine nähere Untersuchung der Lehren und Riten der Mandäer bestätigt die Richtigkeit der Überlieferung von einem Zusammenhang mit Iran." Ebenda, S. 295;
vgl. auch Rudolph, K., Die Mandäer, Bd. 1, Prolegomena: Das Mandäerproblem, Göttingen, 1960, S. 11 u. 118 ff.

15) "In einer gnostischen Täufersekte in Babylonien, die wir mit den Mandäern gleichsetzen müssen, ist Mani, der Stifter der nach ihm benannten Religion, aufgewachsen. Sowohl sein Vater als auch seine Mutter stammten aus Iran und gehörten fürstlichen Familien arsakidischer Abstammung an. Patik, der Vater Manis, war aber aus Medien nach Babylonien übergesiedelt und lebte in der Hauptstadt Seleucia-Ktesiphon, bis er sich der Bewegung 'der sich Waschenden', also einer Täufersekte, anschloß. Bald darauf wurde sein Sohn Mani geboren, 216 n. Chr. Mani hat offenbar durch seine religiöse Erziehung in dieser gnostischen Sekte tiefe Eindrücke davongetragen; in seiner Lehre wie in der manichäischen Literatur stößt man auf viele Übereinstimmungen mit der mandäischen Religionsanschauung. Ebenso finden wir Texte, die einfach aus der mandäischen Literatur übernommen worden sind. Doch hat sich Mani früh - die Legende sagt: als er zwölf Jahre alt war - innerlich vom Mandäertum gelöst und ist seinen eigenen Weg gegangen. Dieser Weg hat ihn geistig zunächst in sein iranisches Vaterland zurückgeführt. Die Lehre, mit der er im Jahre 241 an die Öffentlichkeit trat, stand unter starkem Einfluß des zervanitischen Systems und der Meinungen der Mithrasmagier. Auch in seiner öffentlichen Wirksamkeit trat Mani wie ein Mithrasmagier auf (...). Selbstverständlich verhinderte dies nicht, daß er gerade mit den Priestern des Mithra heftig aneinandergeriet(...). Die Außenstehenden haben ihn jedoch als einen Mithraspriester bezeichnet (...), und im nordwestlichen Iran, in jenen Gegenden, wo die Mithraverehrung ja stark verbreitet war, hatte Mani einen starken Rückhalt. Es kann keinem Zweifel unterliegen, daß Mani während dieser Periode seines Lebens sehr abhängig von der mithrazistischen Religion in ihrer engen Verbindung mit dem Zervanismus (...) gewesen ist.
Mani, der infolge seiner Abstammung einflußreiche Freunde und Gönner am königlichen Hofe besaß, gelang es, von dem neuen Großkönig Šahpuhr I. drei Audienzen nacheinander gewährt zu bekommen. Diese verliefen für ihn sehr erfolgreich. Der Großkönig erteilte ihm nämlich die Erlaubnis, die manichäische Lehre überall in seinem Reiche frei zu verkünden. Ja, noch mehr, Mani hat offenbar auf Šahpuhr einen starken persönlichen Eindruck gemacht, denn er verbrachte mehrere Jahre in dessen Gefolge (...),d.h. er gehörte zum Gesinde des Königs und war also ein königlicher Gefolgsmann. Gemäß der in Iran vorherrschenden feudalen Anschauung bestand deshalb zwischen Mani und seinem Herrscher ein ganz persönliches Gehorsams- und Treueverhältnis. Auch unter dem Sohn und Nachfolger Šahpuhrs genoß der Manichäismus dieselbe Freiheit, Mission zu treiben. Dann verschlechterte sich aber plötzlich die Lage, und zwar auf Grund der Denunziationen der Magier und ihres Führers Karter (...). Mani wurde auf Befehl des neuen Großkönigs Bahram I. verhaftet und starb, in Ketten gelegt, im Gefängnis an Entkräftung. Sein Tod wurde von seinen Anhängern als Martyrium gewertet und dem Kreuzestode Jesu als

Gegenstück an die Seite gestellt. Tatsächlich betrachtete
sich Mani während der letzten Periode seines Lebens als
Apostel Jesu Christi und räumte Jesus in seinem System einen
hervorragenden Platz ein. Dabei hat er sich offenbar
vor allem von missionarischen Gesichtspunkten leiten lassen.
Ein inneres Verhältnis zum Christentum und dessen
Stifter hat er allem Anschein nach nie gehabt. Mittels geschmeidiger
Anpassung an das Christentum wollte er im
Westen gewinnen, wie die manichäischen Missionare im Osten
buddhistische Elemente aufgegriffen haben, um bei der
buddhistischen Bevölkerung leichter Anklang zu finden.
Von Anfang an ist für den Manichäismus ein bewußter Synkretismus
bezeichnend. Die Gestalt, die Mani in seinem
Lehrsystem 'Jesus' nennt, hätte er in Wirklichkeit ebensogut
mit irgendeinem anderen Namen versehen können, denn
mit dem geschichtlichen Jesus hat diese gnostische Erlösergestalt
nichts zu tun.
Mani fußt überall auf iranischen Voraussetzungen, wenn
es auch durchaus möglich ist, daß er schon durch seine
mandäische Erziehung auf mittelbare Weise mit iranischen
Theologumena und Mythologemen Bekanntschaft gemacht
hatte. Ein Vergleich zwischen Mandäismus und Manichäismus
zeigt indessen, wie unvergleichlich viel stärker das
iranische Gepräge des manichäischen Systems ist. Dessen
Grundstruktur ist scharf dualistisch, wie dies in allen
Religionen, die von Iran ausgegangen sind, der Fall ist."
Widengren, Die Religionen Irans, a.a.O., S.299 ff; vgl.
auch Widengren, G., Mani und der Manichäismus, Stuttgart,
1961, S.48 ff.

16) "Unter der Regierung des Kaisers Diokletian trat in Rom
ein Manichäer namens Bundos auf, der gewisse dogmatische
Sondermeinungen propagierte. Diese betreffen hauptsächlich
die Auffassung der beiden einander entgegengesetzten
Prinzipien. Malalas, der byzantinische Geschichtsschreiber,
der uns einige Nachrichten über diesen Bundos übermittelt
(...), nennt diese neumanichäische Lehre(...) 'die Lehre
(...) 'der *dristdenan*, der Anhänger der richtigen Religion, *dristden*.
Bundos, der auch in Iran wirkte, fand im 5. Jahrhundert
einen Nachfolger in Mazdak, über dessen Persönlichkeit
wir nicht viel wissen. Er war allem Anschein nach iranischer
Herkunft; dies bezeugt sowohl sein eigener Name wie
der seines Vaters, Bamdat. Er stammte nach Tabari aus
Madaraya, am Ostufer des Tigris. Andere Quellen geben hingegen
Istaxr oder Tabriz als seine Heimat an. Daß er nicht
Iranier, sondern Aramäer gewesen sei, läßt sich aus den
bisher bekannten Tatsachen nicht belegen.
Die rein theoretische Anschauung Mazdaks ist hauptsächlich
aus seiner Darstellung der Lichtwelt bekannt, die er wie
den Hof des iranischen Großkönigs beschreibt. Der Gott
des Lichtes thront dort, von vier Kräften umgeben. Diese
sind intellektueller oder gefühlsmäßiger Natur: Verstand,
Intelligenz, Gedächtnis und Freude. Diese vier Kräfte lenken
die Angelegenheiten der Welt durch sieben Vesire,

die sich wiederum innerhalb eines Kreises von zwölf
geistigen Wesen bewegen. Sowohl die Vesire als auch diese
Wesen haben je ihre Namen. Es sind indessen nicht die
rein dogmatischen Lehren Mazdaks, die ihm und seinen Anhängern ihre geschichtliche Bedeutung verschafft haben,
sondern dies geschah durch seine Ethik, vor allem seine
Sozialethik, wir könnten sagen: durch seine sozialen Prinzipien. Er lehrte nämlich, die Hauptursache der unglücklichen menschlichen Verhältnisse sei in Haß und Uneinig-
keit zu sehen und durch die ungleiche Stellung der Menschen
bedingt. Deshalb sei es notwendig, diese Ungleichheit aus
der Welt zu schaffen. Alle Menschen seien eigentlich
gleich geschaffen, deshalb sei es ein Unrecht, wenn ein
Mensch mehr Eigentum oder mehr Weiber als andere Menschen
besäße. Mazdak wollte aus diesem Grunde eine Eigentums-
und Weibergemeinschaft einführen. Unter den Mazdakiten als
Anhänger einer manichäischen Lehranschauung herrschten
selbstverständlich asketische Tendenzen. So war es verboten, Fleisch zu essen. Sicherlich gab es auch unter den
Mazdakiten eine doppelte Organisation, wie dies bei den
Manichäern der Fall war, obgleich wir über diesen Punkt
schlecht unterrichtet sind. Der von Mazdak gelehrte Kommunismus hatte also mit größter Wahrscheinlichkeit nur für
die Laien Gültigkeit.
Lehren wie die mazdakitischen erscheinen erklärlicher und
naheliegender, als man im ersten Augenblick denkt, wenn
man weiß, daß es im damaligen Iran eine soziale Notlage
gab. Eben um diese Zeit - Ende des 5. Jahrhunderts - war
die Machtstellung Irans nach schweren Niederlagen im Osten
gegen das dortige Nachbarvolk, die Hephtaliten, völlig
erschüttert. Wie gewöhnlich hatten die niederen Klassen
am meisten zu leiden. Es ist deshalb durchaus verständlich,
daß Mazdak auch durch die allgemeine Notlage zu seinen
Soziallehren gekommen ist. Der damalige König, Kavad,
allem Anschein nach ein sehr tatkräftiger Herrscher, wandte
sich dem Mazdakismus zu, pflichtete - offenbar aus innerer
Überzeugung - dessen Lehren bei und modifizierte in entsprechender Weise die Ehegesetze, was übrigens nicht so
große Veränderungen bedingte, da das sassanidische Recht
gerade auf diesem Gebiet ziemlich lax war und eine Art
Gruppenehe gestattete. Aus verschiedenen Gründen, unter denen diese Unterstützung des Mazdakismus an hervorragender
Stelle stand, wurde Kavad von der weltlichen und geistlichen Aristokratie abgesetzt. Mit Hilfe eines Teiles des
Hochadels gelang es ihm jedoch, seinen Thron wieder zu besteigen. Während der Zeit des Interregnums - eigentlich
herrschte damals Jamasp, ein, allerdings sehr schwacher,
Bruder Kavads - hatten die sozialen Unruhen zugenommen.
Der Mazdakismus büßte mehr und mehr seinen religiösen Charakter ein und wurde zu einer beinahe ausschließlich so-
zialrevolutionären Bewegung und griff stark um sich.
Schlimme Unordnung breitete sich aus. Das niedere Volk
plünderte die Schlösser des Adels und bemächtigte sich der
Weiber des Adels. Man setzte sich auch in den Besitz der
Rittergüter, ließ sie jedoch schnell verfallen.

da, wird überlaufe mir, aber sicherste

Fluchtweg zu suchen. Ich versuche aus

Hauptflur durch den H. Schacht Unterg.z.B

verhielt ich mich ganz ein bürgerliche

Nachdem Kavad die Macht wiedererlangt hatte, sah er bald
ein, daß er den Mazdakismus fallen lassen müsse. Im Jahre
528/529 veranstaltete der Großkönig eine allgemeine
Massakrierung der Mazdakiten. Danach vermochten diese nur
noch als unterirdische Sekte fortzuleben, übrigens noch
in islamischer Zeit (unter dem Namen Xurramdinan, die Anhänger der 'fröhlichen Religion').
Es ist für die Religionsgeschichte der Sassanidenzeit
prinzipiell gesehen sehr wichtig zu beobachten, daß noch
in so später Zeit der Zoroastrismus nicht endgültig ge-
siegt hatte. Wenn unsere Sicht richtig ist, waren es die
Mazdakitenunruhen, die zu der letzten und definitiven Re-
daktion des Avesta und zum Sieg der zoroastrischen
Staatskirche führten." Widengren, Die Religionen Irans, a.a.O.,
S. 308- 310.
17) Trotz politischer Integration Irans in das arabische
Reich, in dem der Kalif von Baghdad bis ins 13. Jh. die
Einheit des Islam verkörperte, besaßen der sunitische und
der shi'itische Islam in gleichem Maße Anhänger im Iran
- eine geopolitische Einheit, die erst seit der Mongolenherrschaft im 13. Jh. entstand. War der Sunismus bis zur
Machtergreifung der Safaviden als Religion der regionalen
Machthaber zugleich die Religion der Hälfte der Iraner,
bildete der Shi'ismus das *chiliastische Motiv* vieler *nativistischer* Bewegungen zwischen dem 7. und dem Anfang
des 16. Jhs. Vgl. Petrushewsky, I.P., Islam im Iran,
Teheran 1354^4, S. 11, 39 ff, 257 ff, (persische Übersetzung der russischen Ausgabe). Jedoch verwechselt
Petrushewsky wie auch andere Autoren den Nativismus mit
dem Nationalismus.

Anmerkungen zu 1.2.

1) Mühlmann, Chiliasmus und Nativismus, a.a.O., S.224, teilt die herrschende Fehlinterpretation, die den Mahdismus und die Mahdivorstellung
gleichsetzt und religionsgeschichtlich bis in die
Stifterzeit des Islam zurückführt. Es ist jedoch wesentlich zwischen der shi'itischen Mahdi-*Vorstellung* und
jener des judäo-christlichen Messias sowie der des sunitischen Mahdi zu unterscheiden. Niemand kennt nämlich
die Identität des Messias oder des sunitischen Mahdi, bis
dieser tatsächlich seinen Anspruch geltend macht. Für die
imamitischen Shi'ah dagegen ist die Identität des Mahdi
bekannt, doch befindet er sich in der Verborgenheit oder
Abwesenheit (ghaibat), und die Zeit seines Wiederersche-
nens ist unbekannt. Schließlich gibt es die Idee der
Übertragung von Autorität durch Designation in der
imamitischen Shi'ah, eine Idee, die mit der Vorstellung,
die ideale Herrschaftsform sei autokratisch, in enger
Verbindung steht. Vgl. Watt, M., Die Bedeutung
der Frühstadien des imamitischen Shi'ah, in: Religion u.
Politik im Iran: mardom nameh - Jahrbuch zur Geschichte
und Gesellschaft des Mittleren Ostens, Ffm., 1981, S.45 f.

2) Vgl. Schröder, G. (Hrsg.), Schah und Schia. Materialien zur Geschichte von Religion und Staat im Iran, Gießen, 1979, S.9 f.

3) Sarkisyanz, a.a.O., S.244, fügt außerdem hinzu "sowie unter der Herrschaft der vier ersten rechtgläubigen Khalifen". Dabei übersieht er die wesentliche und zentrale Differenz zwischen den proto-shi'itischen Bewegungen und dem Islam. Es wäre ein grober Fehler, die Shi'ah als eine der islamischen Sekten interpretieren zu wollen. Eben diesen Fehler begeht auch Richard, Y., Der Verborgene Imam, Berlin 1983, wenn er als Ausgangspunkt seiner Untersuchung über den Shi'ismus die zentrale These vertritt, daß die Differenzen zwischen Shi'ismus und Sunismus weniger wichtig seien als die Gemeinsamkeiten: nämlich der Glaube an einen Gott und das Prophetentum Mohammads. Seine Untersuchung übersieht den chiliastischen Charakter "proto-shi'itischer" Bewegungen.

4) Vgl. Schröder, a.a.O., S. 13.

5) Die Familie des Propheten nach Cahen, C , Der Islam I, Ffm., 1968, S. 343

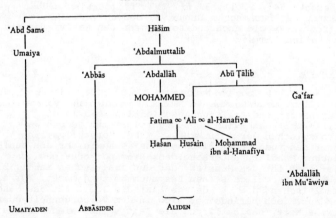

6) Vgl. Watt, a.a.O., S.46 f.

7) Vgl. Richard, a.a.O. Er analysiert in seinem Buch
die Geschichte des Shi'ismus in erster Linie als
Geschichte der Imame, ohne sie in der "Verlaufskurve"
der Bewegung als eine chiliastische einordnen oder
begreifen zu können. Zur Reihenfolge der Imame der
Shi'ah und der sich daraus ergebenden unterschiedlichen Richtungen der imamitischen Shi'ah siehe folgende
Tafel nach Cahen, a.a.O., S. 344:

```
                1. ʿAlī ibn Abī Ṭālib (gest. 661)
        ┌─────────────────┴─────────────────┐
  2. Ḥasan (gest. 669)        3. Husain (gest. 680)
                                       │
                              4. Zain-al-ʿĀbidīn (gest. 712)
        ┌─────────────────────┴─────────────────┐
   Zaid (gest. 740)          5. Mohammad al-Bāqir (gest. 731)
                                       │
                              6. Ǧaʿfar aṣ-Ṣādiq (gest. 765)
        ┌─────────────────────┴─────────────────┐
   Ismāʿīl (gest. 760)       7. Mūsā al-Kāẓim (gest. 799)
                                       │
                              8. ʿAlī ar-Riḍā (gest. 818)
                                       │
                              9. Mohammad at-Taqī (gest. 830)
                                       │
                              10. ʿAlī an-Naqī (gest. 868)
                                       │
                              11. Hasan al-ʿAskarī (gest. 873)
                                       │
                              12. Mohammad al-Mahdī (gest. 873)
```

8) Vgl. Petrushewsky, a.a.O., S.39 ff.

9) Vgl. Ende, W., Der schiitische Islam als politische
Kraft. In: Forschungsinstitut der Friedrich-Ebert-Stiftung (Hrsg.), Iran in der Krise. Weichenstellungen
für die Zukunft, Bonn, 1980, S.23 ff.

10) Ebenda.

11) Vgl. Mühlmann, Chiliasmus und Nativismus, a.a.O.,
S. 11 f.

12) Vgl. Cahen, a.a.O., S.32 ff.

13) Vgl. ebenda, S.122.

14) Vgl. ebenda, S. 43 ff sowie Grunebaum, G.E., Der Islam
in seiner klassischen Epoche, Zürich, Stuttgart, 1966,
S. 95 ff.

15) Vgl. Cahen, a.a.O., S. 141 .

16) Vgl. Haghighat, A. , (Rafie), Die Geschichte der geistigen Bewegungen der Iraner - von Zarathustra bis Razi, Teheran 2536, (persisch), S. 2o2 ff.
"Babak, der wahrscheinlich aus einer mazdakitischen Familie des Mittelstandes kam, wurde (...) der Führer seiner Glaubensgenossen im Berggebiet um al-Badd, nicht weit vom Araxes. Er erscheint zugleich als religiöser Reformator und, dies vor allem, als Organisator und Mann der Tat. Die Erneuerung der Lehre ergibt einen Synkretismus der Art, wie er uns schon in Chorasan begegnete und in welchem noch die Erinnerung an Abu Muslim wirksam ist. Seine Aktion gewinnt Anhänger vor allem durch die sozialen Mißstände, die besonders drückend gewesen sein müssen, und durch die Erbitterung der Bauern gegen eine Handvoll arabischer Muslime, die einen großen Teil ihres Grund und Bodens besaßen. Von 816 bis 837 wirft er die Bauern gegen sie in den Kampf, zugleich gegen alle Dörfer, wo man ihnen Widerstand leistet. Ein Teil Aserbaidschans gerät unter der Wirkung des Terrors in Aufruhr, die Empörung greift bis nach Kurdistan über, mehrere Armeen des Kalifen werden vernichtet. Da schließlich beauftragt Mu'tasim den General Afsin, einen iranisierten Fürsten aus Turkestan, mit der Führung des Krieges. Indem er die Provinz Stück für Stück zurückerobert, nach und nach Festungen wiederherstellt, die als Stützpunkte dienen, Spione einsetzt und Freiwillige zum Heiligen Krieg aufruft, vermag Afsin endlich Babak in Badd einzuschließen und sich seiner nach dramatischer Verfolgung zu bemächtigen: der Flüchtige wird verraten und von einem armenischen Lehnsherrn ausgeliefert. Vor den Augen Mu'tasims wird er hingerichtet (838), aber seine Sekte, oft benannt nach der roten Farbe, die sein Zeichen gewesen war, blieb noch über zwei Jahrhunderte nach seinem Tod in ganz Iran lebendig, und volkstümliche Romane hielten die Erinnerung an ihn wach." Cahen, a.a.O., S. 87 f.

<u>Anmerkungen zu 1.2.1.</u>

1) Aus der Spannung des "Realitätsprinzips" und des "Lustprinzips" entsteht "das Unbehagen in der Kultur", die als herrschende Kultur die Kultur der Herrschenden ist. Es erscheint in den vorbürgerlichen Gesellschaften aus dem Spannungsverhältnis zweier sich ausschließender Prinzipien, dem "realistischen" und dem "schwärmerischen" Pol bzw. den "realistischen" und "utopischen" Momenten (Mühlmann), welche von Max Weber als "Verantwortungs- und Gesinnungsethik" bezeichnet werden. Sie konstituieren den Chiliasmus als "kollektive Aufbruchsbereitschaft" zur Erlangung eines "paradiesischen" Glückszustands auf Erden. Mit den daraus entstehenden eschatologischen Hoffnungen reproduziert sich die Grundlage der Religion.

2) Vgl. Schröder, a.a.O., S.18.

3) Vgl. ebenda, S.19.

4) Glassen, E., Religiöse Bewegungen in der islamischen Geschichte des Iran (ca. 1ooo-15o1), in: Religion und Politik im Iran, a.a.O., S. 58.

5) ebenda, S. 59.

6) Bayat,M., Die Tradition der Abweichung im shiitischen Iran, in: Religion und Politik im Iran, a.a.O., S. 8o.

7) Vgl. Watt, a.a.O., S.49.

8) Petrushewsky, a.a.O., S. 262 ff., zählt die Zaiditen und Keissanie ebenfalls zu den gemäßigten Shi'iten und weicht in diesem Zusammenhang von der Interpretation von Montgomery Watt ab, der die sunitische Interpretation adaptiert.

9) Zur Geschichte der Stigmatisierung der Nonkonformisten von den Sassaniden bis zu den Seldjuken als zindigh, ihre inhaltliche Bedeutung sowie ihre Bekämpfung durch die 'Abbasiden vgl. "Zindigh". In: Tabari, E., Einige Studien über philosophisch-ideologische Strömungen und soziale Bewegungen Irans im Wandel der Zeit, Teheran, 1970, S. 158-164, (persisch).

1o) Bis zum vierten Jahrzehnt des 9. Jhs. legitimierten sich die meisten (bäuerlichen) Bewegungen im Iran als Khoramija, die wie die Mazdakiten chiliastischen Charakters waren und genau wie sie "kommunistische" Forderungen erhoben. Erst ab Mitte des 9. Jhs. wurde die ideologische Führung dieser Bewegungen durch die Shi'iten übernommen, zunächst durch die Zaiditen, danach durch die Gharmaten, Ismailiten, und schließlich durch die Zwölfer-Shi'iten und "shi'itischen Extremisten" (djolat-e sh'iah"). Vgl. Petrushewsky, a.a.O., S. 259, und Haghighat, a.a.O., S. 2oo ff.

11) Vgl. Watt, a.a.O., S. 5o.

12) Vgl. Cahen, a.a.O., S. 98 ff.

13) "Ihr strenger Monotheismus ist charakterisiert durch die Ablehnung jeder anthropomorphen Beschreibung Gottes und durch die symbolische Auslegung der Koranstellen, welche die traditionsgebundenen Ausleger wörtlich nehmen. Gott hat Attribute, die aber nicht wirkliche Ideen sind, sondern nur die erkennbaren Äußerungen seines Wesens; er selbst kann mit den Sinnen nicht wahrgenommen werden. Die Schöpfung: Gott, der Ewige, umfaßt zwar in seinem Denken alles, aber die konkrete Schöpfung existiert nur

im Range eines Akzidens, sie ist nicht Essenz, sie
läßt daher dem Menschen Willensfreiheit für sein Handeln. Die Offenbarung ist eine wichtige Realität,
aber der Koran ist nicht ewig, sondern geschaffen;
er muß, da er manchmal dunkel ist, durch die Vernunft
erhellt werden." Cahen, a.a.O., S.93.

14) Vgl. Bayat, a.a.O., S.81 f.

15) "Die intellektuelle Formulierung der imamitischen Theorie scheint hauptsächlich das Werk des Abu-Sahl an-
Naubakhti (...) gewesen zu sein, der einer reichen
und mächtigen Familie angehörte, die auch den zweiten
Wakil stellte. Die anderen Wakile scheinen Persönlichkeiten von ähnlicher sozialer Stellung gewesen zu sein.
Einige der Gründe, die sie den Imamismus annehmen und
propagieren ließen, sind offensichtlich. Man konnte sich
den endlosen Hader zwischen den rivalisierenden Bewerbern
um das Imamat, von denen es oft mehrere gegeben hat, vom
Hals schaffen; und es bot sich die Möglichkeit, eine einheitliche Bewegung herzustellen. Die Kontrolle dieser Bewegung wurde von den Imamen, welche zumeist politisch
nicht sehr kompetent waren, in die Hand einer Gruppe von
Männern übertragen, die mit großer Sachkenntnis und beachtlichen politischen Fähigkeiten ausgestattet waren.
Der Imamismus befreite die Bewegung faktisch von jedem
Verdacht der Verschwörung gegen die 'Abbasiden-Dynastie,
wobei er eine gemäßigt kritische Position gegenüber der
'abbasidischen Politik zuließ(...)Wenn man weiter berücksichtigt, daß die Imamiten sich selber als 'Elite'
(khassah) und die Suniten als 'das gemeine Volk' ('ammah)
begriffen, könnte man annehmen, daß die imamitische
Sekte so etwas wie eine politische Partei darstellte,
die die Interessen bestimmter reicher Gruppen innerhalb
der Gemeinschaft fördern wollte." Watt, a.a.O., S.52.

Mit der letzten Bemerkung scheint Watt den chiliastischen
Charakter der shi'itischen Bewegung zu verkennen, die
die bisherige Welt auf den Kopf stellen zu wollen scheint,
wobei die Umkehr aller menschlichen Verhältnisse zu
ihrem zentralen Motiv wird. Das Mythologem der "verkehrten Welt" ist das Aktionsprogramm jeder chiliastischen
Bewegung; der ihr zugrundeliegende Gedanke der ausgleichenden Gerechtigkeit meldet sich immer wieder, teils in
adventistischer, teils in aktivistischer Gestalt. Als
ein wesentliches Strukturelement des gelebten Mythologems
von der "verkehrten Welt" ist jedoch die Gleichsetzung
gerade der Verachteten und Verworfenen mit dem auserwählten Volk Gottes, mit den "wahren Muslimen", der *Elite des
Gottesreiches* anzusehen. *"Die Parias erklären sich zur
Elite"*. Vgl. Mühlmann, Chiliasmus und Nativismus,
a.a.O., S. 333-344.

16) Bayat, a.a.O., S.18.

17) Vgl. Schröder, a.a.O., S. 16.

18) Vgl. ebenda, S. 15 f.

19) "Die Gemeinde hatte sich also mit der andauernden Realität illegitimer Herrscher abzufinden. Ihre Rechtsgelehrten mußten somit auch über die Frage entscheiden, inwiefern für einen Zwölfershi'iten die Tätigkeit im Dienste eines (unter dem Gesichtspunkt der Abwesenheit des 12. Imam zwangsläufig) illegitimen Herrschers erlaubt sein könne. Dabei mußte zwischen dem illegitimen, aber gerechten, und dem illegitimen, aber ungerechten Herrscher unterschieden werden. Die Antworten der Gelehrten sind im Zusammenhang mit der konkreten historischen Situation zu sehen, in der sie gegeben wurden:
Ihr Inhalt reicht von strikter Ablehnung jeglicher Zusammenarbeit(...)bis zu der Entscheidung, daß ein Zwölfershi'it selbst einem ungerechten illegitimen Herrscher dienen dürfe, wenn dies der Sicherung bzw. Stärkung der zwölfershi'itischen Gemeinde dienlich sei. Unter bestimmten Umständen könne dieser Dienst sogar zur Pflicht werden. In der Tat haben Shi'iten nicht nur unter shi'itischen, sondern auch sunitischen Herrschern hohe Positionen im Staat eingenommen." Ende, a.a.O., S. 21.

20) Vgl. Cahen, a.a.O., S. 199 ff.

21) Vgl. Bayat, a.a.O., S. 83.

22) Vgl. Ende, a.a.O., S. 24.

23) "Wenn Togril sie für andere Ziele gewinnen wollte, mußte er ihnen zum Ausgleich so oft wie möglich die Zügel locker lassen, ja, um Aufsässigkeiten zu verhüten und bei allen Muslimen den Ruhm des ǧihad zu erringen, mußte er selbst diesen Kampf in die Hand nehmen. So ergab sich eine doppelte, bzw. wechselnde Zielsetzung. Als ganz Iran erobert war, befürworteten politische Führer in Baghdad selbst, an ihrer Spitze der Wesir des Kalifen, Ibn al-Muslima, ein Arrangement. Unter dem orthodoxen Protektorat der Selǧuqen, das die öffentliche Ordnung besser als der letzte Buyide würde aufrechterhalten können, sollte der Kalif einen Teil seiner früheren Vorrechte wiederbekommen - der Versuch einer solchen entgegenkommenden Politik erschien zumindest klüger, als die Gefahr einer kriegerischen Invasion heraufzubeschwören. Im Grunde war es das alte Spiel zum Vorteil neuer Männer, in bedrohter Lage an den äußersten Iran - wenn auch nun aus größerer Ferne - um Hilfe zu appellieren. Togril verstand es, diese Besorgnisse wachzuhalten und Friedensgarantien zu geben. Im Jahre 1o55 zog er in Baghdad ein, und bald empfing er, mit dem Titel eines Sultans und Königs des Westens und Ostens, Sanktion und Vollmacht des

Kalifen. Feierlich verpflichtete er sich, die Ketzerei auszulöschen, vor allem also, den Heiligen Krieg gegen die Fatimiden vorzubereiten." Cahen, a.a.O., S. 29o.

24) Charakteristisch für die ausgehende 'Abbasiden-Zeit war, daß eine Vielfalt islamischer Strömungen entstand, die den religiösen Parteienkampf "durch machtgierige Führernaturen mittels der ungebildeten Massen mit sinnentleerten Parolen" führten. Es ging meist nicht um die Verwirklichung einer religiösen Ideologie, sondern um Führungsansprüche und Gruppensolidarität. Vgl. Glassen, a.a.O., S. 61/62.
"Es gab aber nicht nur Differenzen in den religiösen Auffassungen, die durch regionale Traditionen und zeitliche Phasenverschiebungen bedingt waren, sondern diese Parteien korrespondierten auch in ihrem jeweiligen lokalen Rahmen mit verschiedenen gesellschaftlichen Kräften. So gab es in manchen Städten Familienclans, die durch Generationen jeweils eine religiöse Partei, etwa in Form einer Rechtsschule(...),als Qazis (Richter) anführten, wobei sie in bestimmten Stadtvierteln unter ihren Klienten eine militante Anhängerschaft rekrutierten. Der innerstädtische Frieden konnte dann etwa durch einen Proporz bei der kommunalen Ämterverteilung ausgehandelt werden. Oder es gab eine sunitische und eine shi'itische Kaufmannschaft, die jeweils in verschiedenen Bazarregionen einer Stadt ansässig war, wobei eine quasi-rituelle Feindschaft zwischen den beiden Gruppen besonders bei den alljährlich wiederkehrenden religiösen Festen und Umzügen zelebriert wurde. Solche Rivalitäten und Feindschaften gehörten fast zum normalen städtischen Leben. Sie konnten als Ventil für Gruppendruck, soziale Unzufriedenheit und religiösen Fanatismus dienen - bis hin zu blutigen Auseinandersetzungen, an denen Männerbünde(...)als harter Kern, die Religionsgelehrten(...)als Ideologen und die niederen Volksschichten(...)als militantes Fußvolk beteiligt waren." Ebenda, S. 59 f.

25) Vgl. Cahen, a.a.O., S. 324 f.

26) Glassen, a.a.O., S. 69.

27) Vgl. Cahen, a.a.O., S. 94.

28) Vgl. Glassen, a.a.O., S. 64.

29) Vgl. Glassen, a.a.O., S. 7o.

3o) ebenda, S. 71.

31) "Historisch ordnet sich die Safawiyya in die lange Reihe jener religiösen Orden ein, denen es nach ihrer Verbindung mit nomadischen Stammeskriegern dank deren nun religiös überhöhter Kampflust und Beuteerwartung gelang, eine machtvolle militärische Expansion einzuleiten und schließlich ein Reich zu gründen. In letzter Konsequenz wiederholten diese Orden nur das zuvor von Mohammad und dem Islam gesetzte Beispiel. Wie im frühen Islam wurde die Kriegsbeute unter den Kizilbashi-Kriegern verteilt. Diese bezeugen gerade Ismael Verehrung als Reinkarnation Alis und der Imame und damit als göttliches Wesen. Sie ziehen mit seinem Namen auf den Lippen in den Kampf, um den Schutz der Gottheit auf sich zu ziehen. In logischer Fortsetzung der Wendung vom sunitischen Sufi-Orden zum heterodoxen schiitischen Orden erklärte Ismael sofort nach seiner Proklamation zum Schah die Zwölfer-Schia zur Staatsreligion seines Reiches. Dies stand voll und ganz in der politisch-religiösen Tradition des gesamten Raumes seit der islamischen Eroberung, gemäß der politischer Dissens bzw. politische Gegnerschaft religiös rationalisiert und vermittelt wurde: Jede neue Dynastie besaß ihre spezifische Richtung des Islam." Schröder, a.a.O., S.22.

32) Vgl. Glassen, a.a.O., S. 73. Auch Glassen verfehlt in ihrer Darstellung das Wesen des Verhältnisses von Shah-Ismail und der Geistlichkeit, weil sie die Erhebung der Zwölfer-Shi'iah nicht als Beginn der Unterdrückung des Chiliasmus der Anhänger der Safawiden begreift, der durch die Etablierung ihrer Herrschaft bedingt war.

33) Vgl. Schröder, a.a.O., S. 22 ff.

Anmerkungen zu 1.2.1.1.

1) Wie Schröder das tut, vgl. a.a.O., S. 22.

2) Richard begeht eben diesen Irrtum. Vgl. a.a.O., S. 36.

3) Schröder, der die Entwicklung der Safawiden-Dynastie beschreibt, entgehen die chiliastischen Motive der Bewegung, von denen der Nativismus der Iraner, als unbewußte Schicht ihres Nationalismus, getragen war. Es wäre eine äußerliche Erklärung, wollte man bloß rationelle machtpolitische Überlegungen für die Wendung zum Shi'ismus bei der Führung der Bewegung unterstellen. Damit würde die Massenpsychologie dieser Bewegung außer Acht gelassen. Wie können Einzelindividuen innerhalb einer

Massenbewegung dasselbe Objekt an die Stelle ihres Ich-Ideals setzen und sich infolgedessen miteinander identifizieren (vgl. Freud, S. , Massenpsychologie und Ich-Analyse, Ffm., 1981, S. 55), wenn sich die Hinwendung der Bewegung zum Shi'ismus allein aus machtpolitischen Erwägungen des Führers vollzöge - ohne mit der "Massenseele" zu korrespondieren!? Erst der Selbstbehauptungstrieb der Massenindividuen, der ihren Nativismus konstituiert, macht eine *konkrete Artikulationsform* notwendig; sie kann in der Reaktion gegenüber dem Sunismus den Shi'ismus hervorrufen mit Schwerpunkt auf dessen chiliastischem Kern. Ohne diesen kann sich eine Massenbewegung überhaupt nicht konstituieren, weil dann der zentrale Mechanismus der Massenpsychologie fehlen würde - der Aufbau des *Ich-Ideals* nach einem bestimmten *Vorbild* und die *Identifikation* mit ihm. Vgl. Freud, a.a.O., S. 68 ff.

4) "Seit der Herrschaft von Schah Tahmasp (1524-1576) wurden die extremen Elemente der Qezelbash unterdrückt; die schiitischen Theologen, von denen zahlreiche aus Jabal Amel (Syrien) und Bahrein gekommen waren und die zunehmend mächtiger wurden, bemühten sich, die Lehre von Einflüssen der Sufis und Abweichungen der Safawiden zu säubern." Richard, a.a.O., S. 36.

5) "Der historische Hintergrund des von ihm geführten Sufi-Ordens, seine Fähigkeit, politische Ambitionen mit religiösem Eifer in der Führung eines Heiligen Krieges zu verbinden, seine religiöse Ideologie - das alles trug die charakteristischen Zeichen militanter, im wesentlichen häretischer Gruppen (...) , die von gemäßigten Imamiten bis dahin hartnäckig verurteilt worden waren." Bayat, a.a.O., S.84.

6) Vgl. Schröder, a.a.O., S.84.

7) Ende, a.a.O., S. 24.

8) Vgl. ebenda.

9) Vgl. Keddie, N.R., Iran. In: Grunebaum, G.E.v. (Hrsg.), Der Islam II. Die islamischen Reiche nach dem Fall von Konstantinopel, Ffm., 1971, S. 170.

10) Schröder, a.a.O., S. 28 f.

11) "Charakteristisch für den Weg von der häretisch-mystischen Zwölfer-Schia der Safawiyya zum Zeitpunkt ihres Aufstieges zur Macht zur orthodoxen Zwölfer-Shi'ah der Mitte des 17. Jahrhunderts ist die Wandlung der Bedeutung des Begriffes 'Sufi': ursprünglich war es eine Ehrenbezeichnung für einen treuen Gefolgsmann und Krieger der Dafawiden, in späterer Zeit jedoch die Bezeichnung für einen zu verfolgenden Häretiker.
Was mit der Erhebung der orthodoxen Zwölfer-Shi'ia zur Staatsreligion eingeleitet wurde, vollendete sich konsequent in der verstärkten Bekämpfung des Sufismus, nämlich der Versuch, *den geistig-religiösen Nährboden zu zerstören, aus dem religiös heterodoxe, politisch-sozial egalitär-utopische Bewegungen hervorgehen könnten, die sich gegen die bestehenden religiösen und politischen Mächte wenden würden.* Es gehört zur traurigen Logik dieses Prozesses, daß aus eben diesem Nährboden das Safawidenreich entstanden war."Schröder, a.a.O., S. 29,(hervorgehoben von mir, D.G.)Schröder stellt hier die wesentlichen chiliastischen Motive der Bewegung fest, die die Safawiden zur politischen Macht gebracht hat, ohne daß er sie in der Einschätzung der Wendung der sunitischen Sufi-Orden der Safawiden zu shi'itischen berücksichtigt. Vgl. Anmerkung 3 dieses Kapitels.

12) Es wäre tautologisch, die Veränderung des Konzepts der mudjtahid auf den "autoritätsgläubigen Grundzug der Zwölfer-Shi'ia" zurückzuführen, wie Schröder das tut. "Es entspricht dem autoritätsgläubigen Grundzug der Zwölfer-Shi'ia und der realen sozioreligiösen Macht, die die ulama im allgemeinen und die mujtahid im besonderen während der frühen Safawidenzeit erwarben, daß das Konzept der Orientierung eines nicht zur Ausübung von ijtihad befähigten Gläubigen an einem als Vorbild gewählten mujtahid (taqlid) zur bindenden Gefolgschaftspflicht eines jeden Gläubigen, der muqallid ist, ausgebaut wurde." Schröder, a.a.O., S. 31.
Es sind gerade die autoritätsfixierten Massenindividuen, die durch Ersetzen des Imam bzw. des mudjtahid als Vorbild an Stelle ihres Ich-Ideals den autoritätsgläubigen Grundzug der Zwölfer-Shi'ia und die reale Macht des Imam bzw. mudjtahid hervorbringen. Die bindende Gefolgschaftspflicht eines jeden Gläubigen, die die Lehre begründet, ist Ausdruck der Massenpsychologie der Gemeinde, durch die eine solche Identifizierung der Gemeindemitglieder überhaupt konstituiert werden kann.

13) Vgl. Schröder, a.a.O., S. 32.

Anmerkungen zu 1.2.1.2.

1) Vgl.   Ende, a.a.O., S. 26.

2) Vgl. Schröder, a.a.O., S. 33.

3) ebenda, S. 34

4) Vgl. ebenda, S. 34 f.

5) "Die Institution der mujtahid, so wie sie sich seit Beginn der Safawiden-Herrschaft entwickelte, steht im Zentrum eines subtil geknüpften Autoritätsnetzes, das die gesamte schiitische Gemeinschaft irgendwie erfaßt. Die durch die mujtahid integrierte Struktur ist informell, dezentralisiert, flexibel und trotz deren religiöser Orthodoxie volksnah. Sie ist zudem landesweit und ferner eng mit der anderen, ähnlich aufgebauten Struktur der bazari verzahnt. Beide Strukturen lassen sich wegen ihrer spezifischen Form nur unter Kontrolle bringen, wenn die Staatsmacht stark ist, zerschlagen kann man sie nicht, es sei denn, man schaffe die schiitische Religion und den Bazar ab." Schröder, a.a.O., S. 37; vgl. außerdem Kap. 1.2.2. dieser Arbeit zu den sozialen Folgen der Islamisierung der iranischen Gesellschaft.

6) Vgl. Keddie, Iran, a.a.O., S. 176.

7) Schröder, a.a.O., S. 38.

8) Keddie, a.a.O., S. 177.

9) Ihre theologische Philosophie, die "philosophische, mystische und shi'itisch-sektiererische" Elemente verband, läßt sich folgendermaßen charakterisieren: "Indem die Theosophen einzig die Imame und ihre Überlieferungen (akhbar) als Quelle anerkannten, verbanden sie rationale philosophische Analyse mit mystischer Inspiration (...) Wie die mittelalterlichen Philosophen auch begriffen die Theosophen das Universum als ewig und zeitlos, aus jenem vollkommen transzendenten Einen, jener ersten Ursache entstehend, deren Eigenschaften man nicht wissen kann. Sie wandten sich gegen die von den Religionsgelehrten durchgesetzte Vorstellung, die Welt sei endlich, geschichtlich durch einen Anfang und ein Ende begrenzt und von einem höchsten Wesen erschaffen, das durch seine Eigenschaften erkannt wird. Zwar akzeptierten sie die Offenbarung des Propheten Mohammad als letzte und vollkommenste und die Lehre der offiziell anerkannten zwölf Imame als den wahren Weg zur Botschaft des Propheten. Doch wollten sie auch in der Zeit der Verborgenheit des Imam nicht davon ausgehen, es gebe nun

keine unmittelbare Führung mehr. Wie die Sufis, die Isma'iliten und die Anhänger anderer extremistischer Sekten hielten sie eine ständige Vermittlung zwischen den Gläubigen und dem Imam für notwendig. Dieser Vermittler sollte ein göttlich inspirierter, besonders begabter, lebendiger und physisch anwesender Mensch sein."
Bayat, a.a.O., S.90.

10) Vgl. Anmerkung 4) in 1.1. Der Führer der Bewegung, Seyjed 'Ali Mohammad, genannt Bab (das Tor), wurde 1857 hingerichtet.

11) Vgl. Schröder, a.a.O., S.40.

Anmerkungen zu 1.2.2.

1) Derartige Versuche waren auch nicht ohne Erfolg und wurden später unter veränderten Bedingungen von Reza Shah wiederholt. Auch den imperialistischen Staaten und den asiatischen Nachbarn boten die oft mit der Zentralmacht verfeindeten Stämme gute Ansatzmöglichkeiten zur politischen Beeinflussung. Vor allem die Engländer, deren Interessensphäre im Süden und damit im am stärksten tribal bestimmten iranischen Gebiet lag, machten davon Gebrauch und unterhielten besonders enge Beziehungen zu den Araberstämmen von Khuzistan und zu den Bakhtiaren. Das erwies sich als äußerst vorteilhaft, nachdem der englische Imperialismus sich durch die Ölfunde eine immer entscheidendere ökonomische und damit auch politische Herrschaftsposition im Iran geschaffen hatte.
Mit den Bakhtiari-Il-Khanen wurde eine Beteiligung an den Profiten der APOC vereinbart, die einfachen "Stammesbrüder" stellten einen Teil des anfänglichen Arbeitskräftepotentials sowie Schutzpersonal für die Produktionsanlagen der Ölindustrie. Die russische Politik in Nord- und Nordostiran hatte keine tribale Basis. Dagegen suchten die imperialistischen Konkurrenten wie z.B. Deutschland mit Hilfe der von ihren Agenten beeinflußten Stämme während des 1. Weltkriegs ihre Ziele in Mittelost zu forcieren.
Ab dem 19. Jahrhundert spielten die Stämme für das persische Militär nicht mehr die Rolle wie noch bis zu Beginn der Ghadjarenherrschaft, da man ein, vor allem aus Bauern zusammengesetztes, stehendes Heer etabliert hatte, das allerdings bar jeder militärischen Effizienz, vollkommen unzulänglich ausgerüstet, halbverhungert und zerlumpt war. Gewöhnlich mußten die Soldaten nebenbei noch anderen Arbeiten nachgehen, um überhaupt überleben zu können. Unter diesen Bedingungen gewann die unter russischem Kommando stehende und die russischen imperialistischen Interessen vertretende Kosakendivision zunehmend an Bedeutung, weil sie faktisch das einzige militärische Potential darstellte, auf das sich die Shahs stützen konnten.

Die Stämme stellten also ein Verhinderungsmoment für die Entstehung von kapitalistischen Entwicklungsprozessen im Iran dar. Besonders der staatliche Versuch einer Verbesserung des Transportwesens, das die autonomen Stammesgebiete unter stärkere Kontrolle der Zentralmacht gebracht hätte, mußte von ihnen als Angriff auf ihre Rechte angesehen werden. An der Niedrighaltung der landwirtschaftlichen Produktion waren sie durch Überfälle, Abpressung zusätzlicher Steuern usw. beteiligt, und die Aktivitäten des Handelskapitals wurden durch die aufgrund von Raubüberfällen unsicheren Verhältnisse in den Stammesinteressengebieten erschwert. Dies führte schließlich auf russischer Seite zu "Strafaktionen" gegen die Turkomanen auch auf iranischem Gebiet, was von der iranischen Regierung aber dankbar registriert wurde.
Vgl. Sevrugian, E., Die gewerbliche Wirtschaft Persiens gegen Ende der Kadjarenherrschaft; Heidelberg, 1962, (Diss.), S. 62 ff.

2) Die Tendenz, die Dorfgemeinschaften zwecks Besteuerung als kooperative Einheit zu behandeln, setzte sich bis zum 20. Jh. fort. Vgl. Lambton, A. K. S., Islamic Society in Persia, London, 1954, S. 8.; vgl. auch Bausani, A., Die Perser, Stuttgart, 1965, S. 70; Cahen, a.a.O., S. 45 ff; und Gottschalk, a.a.O., S. 30 ff.

3) Vgl. Cahen, a.a.O., S. 108, 148 ff, 204; Gottschalk, a.a.O., S. 31 ff.

4) Vgl. Cahen, a.a.O., S. 152.

5) Vgl. 1.1., Anmerkung 3).

6) Vgl. Cahen, a.a.O., S. 115 und 150 f; Gottschalk, S. 33.

7) Inhaber eines tijul.

8) Vgl. Lambton, a.a.O., S.9 ff. sowie Bazar Teheran, a.a.O., S. 7 ff.

9) Es ist wichtig, zwischen den islamisierten und den neugegründeten islamischen Städten bzw. Hauptstädten zu unterscheiden. Baghdad, die 'abbasidische Hauptstadt im Irak, ist ein Zeugnis dieses Wandlungsprozesses der islamischen Stadt. Vgl. Gottschalk, a.a.O., S. 160.

10) Vgl. de Planhol, X., Kulturgeographische Grundlagen der islamischen Geschichte, Zürich, München, 1976, S. 57 ff.

11) Vgl. Kippenberg, H.G., Jeden Tag 'Ashura, jedes Grab Kerbala. Zur Ritualisierung der Straßenkämpfe im Iran. In: Religion und Politik im Iran, a.a.O., S. 217 ff.

12) Vgl. Cahen, a.a.O., S. 104 ff; Gottschalk, a.a.O., S. 36 f; Lambton, a.a.O., S.12 f.

13) Vgl. Lambton, a.a.O., S.11.

14) Vgl. Cahen, a.a.O., S. 131; Lambton, a.a.O., S. 26.

15) Vgl. ebenda, S. 18 f.

Anmerkungen zu 1.3.

1) Vgl. Keddie, Iran, a.a.O., S. 160-176; Bausani, a.a.O., S. 130-149; Ashraf, A., Historical Obstacles to the Development of a Bourgeoisie in Iran. In: Cook, M.A. (ed.): Studies in the Economic History of the Middle East, London, 1969; Issawi, C., The Decline of the Middle Eastern Trade 1100-1850. In: Richards, D.S. (ed.): Islam and the Trade of Asia, Oxford, 1970; Issawi, C., The Economic History of Iran 1800-1914, Chicago, 1971; Nazari, H., Der Iran auf dem Wege der Modernisierung, Erlangen, 1971; Kaempfer, E., Am Hofe des persischen Großkönigs (1684-85), Leipzig, 1940; Glassen, E., Die frühen Safawiden, Freiburg, 1970; Braun, H., Das Erbe Schah Abbas', Hamburg, 1967; Minorsky, V., Tadkhiral al-Muluk: A Manual of Safavi Administration, London, 1943; Schuster-Walser, S., Das safawidische Persien im Spiegel europäischer Reiseberichte 1502-1722, Hamburg, 1970; Roemer, H.R., Der Niedergang Irans nach dem Tode Ismails des Grausamen 1577-1581, Würzburg, 1939; ders., Die Safawiden: Ein orientalischer Bundesgenosse des Abendlandes im Türkenkampf. In: Saeculum, 1953, S. 27-44; Bayani, K., Les relations de l'Iran avec l'Europe occidentale a l'epocque safavidem, Paris, 1937; Stlomkal, K., Das Projekt einer internationalen paneuropäischen Liga mit Persien aus dem Ende des XVI. Jahrhunderts. In: Persica, 1963/64, S. 53-64; Hinz, W., Irans Aufstieg zum Nationalstaat, Leipzig, 1936.

2) Vgl. Pach, Zs. P., Zur Geschichte der internationalen Handelswege und des Handelskapitals vom 15. bis 16. Jh., in: Jahrbuch für Wirtschaftsgeschichte, Berlin, 1969, Teil III, S. 179-189.

3) Vgl. Hobsbawm, E., Industrie und Empire - Britische Wirtschaftsgeschichte seit 1750, I., Ffm., 1975, S. 21-78.

4) Vgl. Nazari, Der Iran auf dem Wege der Modernisierung, a.a.O.

5) Zur Entwicklung Irans im 18. Jh. vgl. Tabrizi, P., Iran unter Karim Khan (1752-1779), Göttingen, 1970; Lambton, A. K.S., Persian Trade under the early Qajars, in: Richards, a.a.O., S. 215 - 244; Keddie, a.a.O., S.176 f.;

Lockhart, L., Nadir Schah, London, 1938; Hanway, J., Revolution of Persia, London, 1754; Krusinski, Father, The History of the Revolution of Persia,.London, 1729.

6) Vgl. Hambly, G.   , An Introduction to the Economic Organisation of early Qajar Iran, in: Journal of the British Institute of Persian Studies, London, 1964.

7) Vgl. Bausani, a.a.O., S.150-158.

8) Hauptexportprodukte Irans waren damals: Seide, Baumwolle, Trockenfrüchte, Opium, Arzneimittel. Vermittels der East-India Company importierte Indien aus Iran: Kupfer, Schwefel und andere Mineralien, Wein. Rußland importierte über Iran vielfach auch indische Waren, bes. Textilien, zum Weiterverkauf nach Europa. Die Türkei bezog Tabak, Wolle, Pfeifenrohre, bes. Pferde aus Iran. Irans Importe: aus Indien: feine Textilien, Gewürze, chin. Porzellan; aus Lahore: Zucker; aus Rußland: Leder, Leinen, holl. feine Tücher, Samt, Atlas, Pelze; aus der Türkei: wenig, Datteln, Reis, europäische Waren (infolge der passiven Handelsbilanz für die Türkei starker Gold- und Silberzufluß nach Persien) ebenda .

9) Vgl. Kusnetzova, N.A., Guild Organisation, early 19th century, in: Issawi (ed.), The Economic History of Iran 19oo-1914, Chicago, 1971, S. 285-292; und Kusnetzova, Urban Industry in Persia during the 18th and early 19th Century, in: Central Asian Review,Nr. 3, Vol. XI, 1963, S. 308-321.

1o) Vgl. ebenda .

11) Vgl. ebenda.

12) Vgl. ebenda.

13) Vgl. Hambly, a.a.O., S.78; Lambton, Persian Trade..., a.a.O., S. 222, 235.

14) Zur Außenhandelsentwicklung Irans im 19. Jh. vgl. Issawi, The Economic History..., a.a.O.; Entner, M.L., Russo-Persian Commercial Relations 1828-1914, Gainsville/Florida, 1965; Pawlowitsch, M., Die ökonomische Entwicklung und die Agrarfrage in Persien im 20.Jahrhundert, in: Russische Korrespondenz, Jg. II, Bd. 1, S. 566-582; Hershlag, Z.Y., Persia and its economic problems in the 19th and 2oth century (until World War I), in: Introduction to the Economic History of the Middle East, Leiden, 1964, S. 134-154;

Hambly, a.a.O.; Lambton, Persian Trade ..., a.a.O.;
Ziegenhagen, R, Der Machtkampf der europäischen
Großmächte um Iran zu Beginn des 19. Jahrhunderts,
Abschlußarbeit am vorderasiatischen Seminar d.Humbold-
Universität, Berlin, o.J.; Bauer, H., Die englisch-
russischen Gegensätze in Persien, Tübingen, 1940,
(Diss.); Hagemeister, J. v. , Der europäische Handel
in der Türkei und in Persien, Riga,Leipzig, 1838;
Blau, E. O. , Kommerzielle Zustände Persiens, Berlin,
1858; Stolze, F./Andreas, F.C., Die Handelsverhältnisse
Persiens mit bes. Berücksichtigung der deutschen Inte-
ressen, in: Ergänzungsheft zu Petermanns Mitteilungen,
Gotha, 1885, S. 1-86; Kazemsadeh, F. , Russia and
Britain in Persia 1864-1914. A Study in Imperialism,
New Haven/London, 1968; Graves, R.L., Persia and the
Defence of India 1884-1892, London, 1959; Martin, B.G.,
German-Persian diplomatic Relations 1873-1912,
s'Gravenhage, 1959.

15) Vgl. Issawi, The Economic History..., a.a.O., S. 71.

16) Vgl. ebenda , S. 76, 103ff, 111.
    1844 berichtete der englische Konsul aus Tabriz, daß die
    persischen Kaufleute darum gebeten hätten, europäische
    Fertigprodukte nicht mehr zu importieren, weil diese das
    heimische Handwerk ruinierten. Es wurde sowohl diese
    Bitte abgeschlagen als auch die zum Zweck der Petition
    von den Kaufleuten gegründete Organisation aufgelöst.
    Ähnliche Unternehmungen der Handwerker und Händler aus
    Kashan und anderen Orten waren ebenfalls erfolglos.

17) Vgl. ebenda, S.19.

18) Vgl. ebenda, S.105 ff.

19) Vgl. ebenda, S. 140.

20) Vgl. ebenda, S. 72.

21) Vgl. Entner, a.a.O., S. 7 ff.

22) Vgl. Issawi, The Economic History..., a.a.O., S. 143.

23) Vgl. Entner, a.a.O., S. 13.

24) Vgl. ebenda, S. 11, 14 ff.

25) Als Begründung für die sich nach 1870 rapide verbessern-
    de, bis zur absoluten Vorherrschaft steigernde russische
    Handelsposition dürften vor allem folgende Gründe aus-
    schlaggebend gewesen sein:

1.) Verbesserung der Transportmöglichkeiten, bes. durch Eisenbahnbau; 2.) aktive Exportförderungspolitik der russischen Regierung, bes. bei Baumwollwaren; 3.) Bau von Straßen in Nordpersien durch russische Interessenten; 4.) Importförderungspolitik der im Iran ansässigen russischen Bank, bes. gegenüber Baumwollwaren aus Rußland; 5.) Intensivierung der kommerziellen imperialistischen Durchdringung des Iran als ersten Schritt zur politischen Dominanz als Abwehrmaßnahme gegen den englischen Einfluß; 6.) Revision der Zolltarife im Sinne einer Bevorzugung des iranisch-russischen und einer Diskriminierung des iranisch-englischen Warenaustauschs; 7.) relativ geringe Entfernung zu den reichsten iranischen Provinzen, was Kaufkraft und Bevölkerungsdichte betrifft; 8.) Hauptgrund: zunehmende Industrialisierung Rußlands mit entsprechenden Produktivitätssteigerungen und Verbilligung der Exporte. Vgl. Issawi, The Economic History.., a.a.O., S. 39 ff, 73, 143; Entner, a.a.O., S.39 ff, 67.

26) "At the same time, Russian and Armenian merchants advanced money to Persian cotton cultivators, stimulating both an expansion in output (partly at the expense of opium) and an improvement in quality." Issawi, The Economic History..., a.a.O., S. 246.

27) Vgl. ebenda, S. 72.

28) Vgl. ebenda, S. 70.

29) 1.) Textilien, die früher Hauptexportprodukt nach Rußland und Mittelasien waren, entwickelten sich zum Hauptimportprodukt, weil die Überflutung der iranischen Märkte mit englischen Baumwollwaren den Zusammenbruch dieses aufgrund seiner technologischen Rückständigkeit nicht konkurrenzfähigen Gewerbes rapide beschleunigte; 2.) wie aus anderen Staaten des Mittleren Ostens stieg der Import europäischer Kolonialwaren, z.B. von Zucker und Tee, gewaltig an; 3.) Auch der Getreideexport verwandelte sich in einen Getreideimport (nach Hershlag ist der Nahrungsmittelmangel vor allem als Ergebnis der Spekulationstätigkeit von Handelskapital und Grundherrn zu sehen); 4.) Der Import von Maschinen war bis zum 1. Weltkrieg unbedeutend.
Die für die iranische Wirtschaft verhängnisvollste Entwicklung war aber das starke Anwachsen der Baumwolltextilimporte.
Der iranische Export setzte sich um 1900 folgendermaßen zusammen:
1.) 50 % und mehr landwirtschaftliche Rohstoffe (getrocknete Früchte, Baumwolle, Reis, Opium); 2.) 25 % tierische Rohstoffe (Seidenkokons, Häute, Perlen, Wolle); 3.) Weniger als 25 %: verarbeitete Produkte (Teppiche, Textilien, Lederwaren).

Iranische Importe um 1900:
1.) 6/10 und mehr verarbeitete Produkte; 2.) 3/10 Nahrungsmittel; 3.) 1/10 oder weniger Rohstoffe.
Vgl. Issawi, The Economic History..., a.a.O., S. 71, 136.

30) Vgl. Ravasani, S. Sowjetrepublik Gilan, Berlin, 1973, S. 30 ff., S. 191 ff.; Luft, P. , Strategische Interessen und Anleihepolitik Rußlands, in: Imperialismus im Nahen und Mittleren Osten, Geschichte und Gesellschaft, 4/1975; Keddie, N.R., The Economic History of Iran 1800-1914 and its Political Impact, in: Iranian Studies, Spring/Summer 1972, S. 58 ff.

31) Was die Auswirkungen des englischen "Imperialismus des Freihandels" auf die "asiatischen" Gesellschaften im Gegensatz zur Auswirkung des russischen Handels anbetraf, so war Marx noch der Ansicht: "Im Gegensatz zum englischen Handel läßt dagegen der russische die ökonomische Grundlage der asiatischen Produktion unangetastet." Marx, K., Das Kapital, MEW, Bd. 25, S. 364. Engels, der den III. Band des Kapitals erst 1894 herausgab, korrigierte diese durch die Entwicklung überholte Einschätzung und schob als Fußnote ein: "Seitdem Rußland die krampfhaftesten Anstrengungen macht, eine eigene kapitalistische Produktion zu entwickeln, die ausschließlich auf den inneren und den angrenzenden asiatischen Markt angewiesen ist, fängt dies auch an anders zu werden." Ebenda, Fußnote 51, S. 346. Die iranische Handels- und Wirtschaftsgeschichte des 19. und des beginnenden 20. Jahrhunderts ist für diese beiden Thesen ein guter Beleg, zeigt sie doch die Transformation des russischen Handels als Ergebnis der Transformation der ökonomischen und gesellschaftlichen Verhältnisse Rußlands an.

32) "Die Geschichte des Untergangs Hollands als herrschender Handelsnation ist die Geschichte der Unterordnung des Handelskapitals unter das industrielle Kapital. Die Hindernisse, die die innere Festigkeit und Gliederung vorkapitalistischer, nationaler Produktionsweisen der auflösenden Wirkung des Handels entgegensetzt, zeigt sich schlagend im Verkehr der Engländer mit Indien und China (sowie mit Persien - D.G.). Die breite Basis der Produktionsweise ist hier gebildet durch die Einheit kleiner Agrikultur und häuslicher Industrie, wobei noch in Indien (wie in Persien - D.G.) die Form der auf Gemeineigentum am Boden beruhenden Dorfgemeinden hinzukommt, die übrigens auch in China die ursprüngliche Form war. In Indien wandten die Engländer zugleich ihre unmittelbare politische und ökonomische Macht, als Herrscher und Grundrentner, an, um diese kleinen ökonomischen Gemeinwesen zu sprengen. Soweit ihr Handel hier revolutionierend auf die Produktionsweise wirkte, ist es nur, soweit sie durch den niedrigen Preis ihrer Waren die Spinnerei und Weberei, die einen uralt-

integrierenden Teil dieser Einheit der industriell-
agrikolen Produktion bildet, vernichten und so die Gemeinwesen zerreißen. Selbst hier gelingt ihnen dieses
Auflösungswerk nur sehr allmählich(...)Die große Ökonomie und Zeitersparung, die aus der unmittelbaren Verbindung von Ackerbau und Manufaktur hervorgehen, bieten
hier hartnäckigsten Widerstand den Produkten der großen
Industrie, in deren Preis die faux frais des sie überall durchlöchernden Zirkulationsprozesses eingehen."
Marx, K., Das Kapital, S. 346.

33) Vgl. Litten, W., Persien - von der "Pénétration
Pacifique" zum "Protektorat". Urkunden und Tatsachen
zur Geschichte der europäischen "Pénétration Pacifique"
in Persien 18oo-1919, Berlin , Leipzig, 192o.

Anmerkungen zu 1.4.

1) Vgl. Keddie, Iran, a.a.O., S.186 f.

2) Vgl. Pawlowitsch, a.a.O., S. 576 ff.; vgl auch
Issawi, The Economic History..., a.a.O., S. 210.

3) "Die Lage der Bauern begann sich seit 188o rapide zu
verschlechtern. Von dem Tage an, da die verschiedenen
Produkte Persiens wie Baumwolle, Flachs, Reis, Früchte
Seide usw. auf den Märkten Europas und hauptsächlich
Rußlands, an das Persien für ungefähr 25-3o Mill. Francs
zu verkaufen begann, in großen Mengen auftauchten, stieg
auch der Bodenpreis. Die neuen Großgrundbesitzerbankiers
(sarrafs), die Kaufleute und Pseudo-Muschsheiden, die
das Land von den Khans aufgekauft hatten, begannen den
Grund und Boden nach einer ganz neuen Methode auszubeuten, indem sie das Auszehrungssystem anwendeten und die
Bauern neue Steuern zu zahlen zwangen." Vgl. Pawlowitsch,
a.a.O., S. 578.

4) Vgl. Keddie, N.R., in: Issawi (ed.), a.a.O., S. 55.

5) Vgl. Migeod, K. H., Ackerbau, in: Die Persische
Gesellschaft unter Nassir-ud-din- Schah 1848-1896,
Göttingen, 1956, S. 224, 24O f.

6) Vgl. Migeod, a.a.O., S. 241. Migeod interpretiert die
Einschränkung der Fortzugsrechte als Anzeichen für eine
gewisse Knappheit der Ackerbauern.

7) Vgl. Keddie, Iran, a.a.O., S. 187.
Die osteuropäische Geschichte des 15. und 16. Jahrhunderts, die zur 2. Leibeigenschaft der Bauern führte -

als Ergebnis der verstärkten Nachfrage West- und Mitteleuropas nach den dort vorhandenen Agrarprodukten - bietet ein europäisches Beispiel für diesen Trend. "Es scheint tatsächlich ebenso viel für die Annahme zu sprechen, daß das Wachstum einer Geldwirtschaft per se zu einer Verschärfung der Leibeigenschaft führt, wie für die andere Auffassung, daß es die Ursache des Zerfalls der Feudalherrschaft war." Dobb, M., Entwicklung des Kapitalismus, Köln, 1970, S. 51.

8) Maurice Dobb zeigte ähnliche Tendenzen auch in der Geschichte Englands an der Wende vom 13. zum 14. Jahrhundert auf, als eine Lockerung der Leibeigenschaft wieder rückgängig gemacht wurde. Vgl. Dobb, a.a.O., S. 61.

9) Vgl. Migeod, a.a.O., S. 238; und Keddie, in:Issawi, a.a.O., S. 56.

1o) Vgl. Issawi, The Economic History..., a.a.O., S. 206 f.

11) Vgl. Migeod, a.a.O., S. 246 ff.; vgl. auch Issawi, The Economic History..., a.a.O., S. 207.

12) Ebenda, S.209; vgl. auch Keddie, ebenda, S. 51.

13) Vgl. Issawi, The Economic History..., a.a.O., S. 208.

14) Vgl. Pawlowitsch, a.a.O., S. 576; und Keddie in: Issawi, a.a.O., S. 55.

15) Vgl. Tschilinkirian, A., Die Persische Revolution, I, II, in: Die neue Zeit, Stuttgart, 1910, Bd. 2; vgl. auch Issawi, The Economic History..., a.a.O., S. 210.

16) Vgl. Laurentii, L., Der persische Bauer, in: Globus 1910, S. 62-63; Ducroq, G. , La question agraire en Perse et la Propagande soviétique, in: Revue du Monde Musulman, Bd. 5o-51, Paris, 1921/22, S. 152-158; Lambton, A. K. S., Landlord and Peasant in Persia,. London, 1969, S. 129-177; Belova, N.K., Le parti social-démocrate de l'Iran, in: G. Haupt/M. Rébérioux (eds.): La 2. Internationale et l'Orient, Paris 1967, S. 387-408; Cottam, R.W., Nationalism in Iran, Pittsburgh, 1967^2, S. 34 f; Die kommunistische Bewegung Irans I, 1890-1932, München, 1973, S. 26, 33 ff; Ravasani, Sowjetrepublik Gilan, a.a.O., S. 58 ff.

17) Vgl. Keddie, Iran, a.a.O., S.186.

18) Vgl. Abdullaev, Bourgeoisie and Working Class 19th, in: Issawi, a.a.O., S. 43.

19) Vgl. Hershlag, Persia and its Economic Problems, a.a.O.,
    S. 139; vgl. auch Tschilinkirian, a.a.O., S. 205.

2o) Vgl. Abdullaev, a.a.O., S. 43.

21) Vgl. Tschilinkirian, a.a.O., S. 2o5.

22) Vgl. Ashraf, a.a.O., S. 326 f.; und Abdullaev, a.a.O.,
    S. 47.

23) Einer der mächtigsten Handelskapitalisten, Amin al Zarb,
    engagierte sich in weitreichenden Außenhandelsgeschäften.
    In allen wichtigen iranischen Städten hatte er seine
    Agenten, die Waren kauften und verkauften, Depositen
    einnahmen, Geld transferierten und andere Bankoperationen
    durchführten. Vgl. Abdullaev, in: Issawi, a.a.O., S. 34.

24) Vgl. Ashraf, a.a.O., S. 323.

25) Vgl. Abdullaev, a.a.O., S. 47.
    In diesem Zusammenhang wäre noch der Frage nachzugehen,
    inwieweit die religiösen Minderheiten ähnlich wie in der
    Türkei im Handel eine bedeutende, wenn nicht die aus-
    schlaggebende Rolle spielten. In vergleichbarer Monopol-
    stellung wie in der Türkei bzw. dem osmanischen Reich be-
    fanden sich die iranischen Minderheiten nicht. Doch gibt
    es - was die Armenier und Zoroastrier betrifft, - gewisse
    Anzeichen für eine überproportionale Vertretung in den
    Reihen des Handelskapitals. Die Juden konnten erst nach
    der Abschaffung der sie diskriminierenden Praktiken
    durch die Revolution in diesem Bereich Fuß fassen.

26) Vgl. Migeod, a.a.O., S. 173.

27) Vgl. Pawlowitsch, a.a.O., S. 75o; und Gobineau,A.,Merchants
    and Craftsmen 185o, in: Issawi,The Economic History...,
    a.a.O., S. 36.
28) Vgl. Migeod, a.a.O., S. 181.

29) Vgl. Issawi, The Economic History..., S. 346 ff.

3o) Vgl. Hershlag, a.a.O., S. 143 ff.; Keddie, Iran,
    a.a.O., S. 187 ff.; Pawlowitsch, a.a.O., S. 57o.

31) Vgl. Keddie, Iran, a.a.O., S. 187 ff;
    Pawlowitsch, a.a.O., S. 567.

32) "Der Protest gegen die Tabakkonzession war die erste
    erfolgreiche Massenbewegung der modernen iranischen Ge-
    schichte." Keddie, N.R., Religion and Rebellion in Iran
    The Tobacco Protest of 1891-1892, London, 1964, S.1.

33) Vgl. Keddie, N.R., Iranian politics 19oo-19o5: Background to Revolution, II, in: Middle Eastern Studies, Vol.V, Nr.1, London , 1969 , S. 157: "The anti-Babi-agitation were not isolated events, but part of a general movement originating with the leaders of the Ulama at Karbala and Najaf, who had in fact recently sent a new protest to the Shah mainly directed against the continued sale of Iran to the Russian unbelievers. (...) In the same days there were riots in Mashad, where a mob sacked the establishement of 3 Russian Armenian merchants and local Armenians took refuge in the local Russian consulate ... Armenians in the Mashad Area were reported to consider it unsafe for them and to be fleeing to Russian Ashakabad or to Teheran."

34) Vgl. Hershlag, a.a.O., S. 145.

35) Vgl. Ashraf, a.a.O., S. 322-32.

36) Die letzte gemeinsame Aktion der Briten und Russen bestand in der Verhinderung der Konzessionsvergabe an einen Amerikaner, Wilson. Vgl. Entner, a.a.O., S. 28; vgl. auch Pawlowitsch, a.a.O., S. 57o.

37) Vgl. Entner, a.a.O., S. 29; Keddie, Iran, a.a.O., S. 189.

38) Vgl. ebenda, S. 195; Pawlowitsch, a.a.O., S. 57o; Tschilinkirian, a.a.O., S. 2o3; Hershlag, a.a.O., S. 135 f.

39) Diese gewaltige Kontrolle der russischen Seite über die iranischen Produktivkräfte erklärt auch, wieso es Reza Shah relativ leicht fiel, die in ausländischem Besitz befindlichen nationalen Ressourcen zu "nationalisieren", nachdem die SU 1921 auf die Konzessionen des russischen Kapitals verzichtet hatte. In diesem Zusammenhang müßte auch noch auf die Interessenlage der anderen europäischen imperialistischen Staaten, bes. Deutschlands und Belgiens, hingewiesen werden. Es wäre auch, im Vergleich mit anderen Halbkolonien, zu fragen, wann derartige ausländische Konzessionen die Entwicklung kapitalistischer Verhältnisse beschleunigen können und wieso sie auf die ökonomische Struktur des Iran, mit Ausnahme der Ölindustrie, relativ wenig Wirkung hatten. Insgesamt ist somit der Beitrag des ausländischen Kapitals zu kapitalistischen Transformationen des Iran in dieser Phase gering einzuschätzen.

4o) Vgl. Pawlowitsch, a.a.O., S. 57o.
Eine Auflistung aller Konzessionen findet man bei Litten, W., a.a.O; weitere Informationen bei Ravasani, a.a.O., S. 26 ff., 181 ff;

Keddie, in: Issawi, a.a.O., S. 73 ff; Luft, a.a.O.

41) Vgl. Sevrugian, a.a.O., S. 128 ff.

42) Vgl. ebenda, S. 131.

43) Vgl. Abdullaev, a.a.O., S. 3o.

44) Vgl. Sevrugian, a.a.O., S. 131.

45) Vgl. Polak, J., Persien - Das Land und seine Bewohner, Leipzig, 1865, S. 177.

46) Vgl. Migeod, a.a.O., S. 295 ff.

47) Vgl. Sevrugian, a.a.O.; Floot, W.M., The Guilds in Qajar Iran, Leiden 1971,(Diss.); Ravasani, Sowjetrepublik Gilan, a.a.O., S. 7o ff.; Radserecht, F., L'Expansion du secteur tertiaire en Economie Iranienne, in: Revue Tiers Monde, Nr. 67, 1976; Bharier, J., The Economic Development of Iran, 19oo-197o, London, 1971.

48) Vgl. Issawi, The Economic History..., a.a.O., S. 258.

49) Vgl. ebenda.

5o) Vgl. ebenda, S. 259.

51) Vgl. Sevrugian, a.a.O., S. 81-82.

52) Vgl. ebenda,S.81f; Abdullaev, in: Issawi, a.a.O., S. 297.

53) Vgl. Gobineau, in: Issawi, a.a.O., S. 38; außerdem vgl. entsprechendes Kapitel dieser Arbeit zum Entstehungszusammenhang der Hypertrophie des tertiären Sektors.

54) Vgl. Migeod, a.a.O., S. 291; daher kann Migeod wohl konstatieren: "Ein großer Teil der Manufakturarbeiter stammte ohne Zweifel aus dem Stande der Ackerbauern, ein kleiner aus dem der Handwerker."

55) Vgl. Migeod, a.a.O., S. 289.

56) Vgl. ebenda, S. 190 f.

57) Vgl. ebenda, S. 193, 292.

58) Vgl. ebenda, S.191.

59) Vgl. ebenda.
60) Vgl. ebenda, S. 196.
61) Vgl. ebenda.
62) Vgl. Daszynska, J., Die Hausindustrie in Persien, in: Die neue Zeit, 1o. Jg. II, S. 213-16.
63) Vgl. ebenda, S. 213.
64) Vgl. Abdullaev, a.a.O., S. 29o f.
65) Vgl. Nazari, a.a.O., S. 20.
66) Vgl. Issawi, The Economic History..., a.a.O., S.260; Nazari, a.a.O., S. 21.
67) Vgl. ebenda; Issawi, The Economic History, a.a.O., S.261, 292 ff.
68) So warf der österreichische Arzt Polak (a.a.O., S. 183/184) den iranischen Reformern - also vor allem Amir Kabir - vor, sie hätten die Kosten und Schwierigkeiten solcher Unternehmungen bei weitem unterschätzt:
   1. Es herrsche (in der Mitte des Jahrhunderts) Arbeitskräftemangel; alle einheimischen Arbeiter würden in der Landwirtschaft benötigt; ausländische würden im Iran moralisch und physisch verkommen.
   2. Die staatlichen Betriebe würden im Iran zum Spielball der Bürokratie, daher könne nur Verschwendung und Unterschlagung erwartet werden.
   3. Die Importe der über lange Strecken zu transportierenden Maschinen müßten die Kosten ungeheuer steigern und das Projekt jeder Profitmöglichkeit berauben.
   Was Polak dagegen vorschlug, ist geradezu "modern" zu nennen, denn lange Zeit nach dem 2. Weltkrieg standen viele westliche "Entwicklungstheoretiker" noch auf dem Standpunkt:
   1. Man solle, statt mit staatlicher Hilfe Fabriken zu gründen, lieber die Privatinitiative zum Zuge kommen lassen, d.h. auf alle dem individuellen Profitprinzip nicht entsprechende, aber gesamtgesellschaftlich nötige Investitionen verzichten.
   2. Hauptaugenmerk solle auf die Entwicklung der landwirtschaftlichen Produktion gelegt werden und auf die Ausbeutung der Naturschätze. Beide Rohstoffe könne man dann mit Gewinn exportieren und dafür andere Waren importieren.
69) Vgl. Lorini, E., La Persia Economica (Modern Factories, 1890s, in: Issawi, The Economic History, a.a.O., S. 305 ff.
7o) Issawi, a.a.O., S. 26o, sieht die hauptsächlichen Gründe für den Rückstand der iranischen Industrie in folgenden Problemen:

1. Der Verstreuung der Bevölkerung über weite Landstriche, dem Mangel an Transportmöglichkeiten vermittels von Flüssen oder Wagen und Eisenbahnen: daher wurde die Ausbildung eines inneren Marktes sehr verzögert.
2. Niedrige Produktivität, Armut der städtischen und ländlichen Massen.
3. Hohe Brennstoffkosten, keine elektrische Energie.
4. Mangel an industriell geschulten Arbeitskräften, die die Maschinen ihren Erfordernissen entsprechend bedienen und warten konnten, kein qualifiziertes Überwachungspersonal.
5. Kapitalmangel, wenig Anreiz für Investitionen in diesem Bereich, da hier keine schnellen Profite zu machen waren und die Investitionen auch nicht wieder so schnell zurückgezogen werden konnten wie im Handel. Es wurden keine Kredite an die industriellen Investoren vergeben.
6. Unsicherheit auf dem Land, Nomadenüberfälle etc.
7. Vorherrschaft der europäischen Interessen in allen wichtigen Bereichen, keine Schutzzölle möglich.

Khalatbari sieht die Gründe für den Mißerfolg ähnlich, vgl. Khalatbari, P.   , Ökonomische Unterentwicklung, Ffm., 1972, S. 75.
Das begrenzte Ausmaß der Industrialisierung im Iran am Vorabend des 1. Weltkriegs läßt sich deutlich an der Verteilung des Arbeitskräftepotentials auf Fabriken und Handwerk ablesen: Nur 1.700 Arbeiter waren in modernen Fabriken tätig; 400 in Baumwollentkörnungsfabriken; 300 in Zuckerraffinerien. Bei der englischen Ölindustrie (APOC) waren damals 7-8.000 Personen beschäftigt. In den russischen Konzessionen (Kaspische Fischerei, Straßenbau usw.) sollen 5.000 russische Untertanen tätig gewesen sein. Das Handwerk dagegen stellte 100.000 Arbeitskräfte, davon 65.000 Teppichweber(innen) und 20.000 Weber in anderen Bereichen. Vgl. Issawi, The Economic History..., a.a.O., S.261; vgl. außerdem Keddie, ebenda   ; Daniels, R. A. M.   , Economic change and economic resiliency in 19th Persia, in: Iranian Studies, Nr. 1, 1971; Ravasani, S., a.a.O., S. 216-30.

71) Ihre Feindseligkeit gegenüber aktivistischen chiliastischen Bewegungen zeigte sie bereits bei der erbarmungslosen Unterdrückung der Babibewegung und Verfolgung ihrer Anhänger zwischen 1850-1864. Die Bewegung des Bab, die ihre Ursprünge bei den Sheykhis hatte, wurde im Verlauf des 19. Jhs. vermehrt zur Bedrohung sowohl für die zwölfer-shi'itische Geistlichkeit als auch für die weltlichen Machthaber. Ihr Führer Said Ali Muhammad (1857 hingerichtet) erklärte sich selbst zum verborgenen Imam und verurteilte die "korrupten und käuflichen Ulama" sowie "das Unrecht, das durch traditionelle Herrschaft und westliche Einflüsse verursacht worden war." Vgl. Keddie, Iran, a.a.O., S. 183.

72) Keddie, N.R.: Ursprünge der Allianz zwischen Radikalen und Religiösen, in: Past and Present, Vol. 34/1966, S. 7o-8o; zusammengefaßt in: Schröder, Schah und Schia, a.a.O., S. 43.

73) Die Taktik der Allianz mit der religiösen Führung läßt sich nach Meinung von Keddie besonders an der Tabak-Protestbewegung verdeutlichen:
"Das Tabak-Monopol war eine ideale Gelegenheit für eine solche Kombination. Vorneweg konnte argumentiert werden, daß ein solches Monopol sowohl gegen das shi'itische Gesetz als auch gegen die bestehenden Verträge mit europäischen Mächten verstieß, die die Freiheit des Handels garantierten. Zweitens mußte die Handhabung eines Gebrauchsgegenstandes des intimen und täglichen Konsums der meisten erwachsenen Iraner durch Ungläubige unweigerlich religiöse Skrupel erregen. Drittens waren äußerst zahlreiche Iraner im Anbau und Verkauf von Tabak tätig, daher war dies ein Punkt, über den nahezu alle angesprochen werden konnten. Viertens krönte das Tabak-Monopol eine schnelle Folge von Konzessionen für Briten. Dies rief russischen wie auch lokalen Widerstand hervor und bewirkte russische Hilfe für die Protestbewegung. Und schließlich kam es gerade zu einem Zeitpunkt, zu dem die innere Unterdrückung besonders schlimm war und sowohl Malkam Khan als auch Afghani(...) in der Lage waren, von außerhalb zu agitieren." (ebenda)

74) Vgl. Keddie, N.R., An Islamic Response to Imperialism, Berkley, 1965.

75) Vgl. Srour, H., Die Staats- und Gesellschaftstheorie, bei Seyyid Gamaladdin "Afghani", Freiburg, 1977, S. 1o8.

76) Vgl. Irfani, S., Iran's Islamic Revolution, London, 1983, S. 2o.

77) Vgl. ebenda, S. 21.

78) Vgl. Srour, a.a.O., S. 111.

79) Vgl. ebenda, S. 114.

8o) Vgl. ebenda, S. 119.

81) Vgl. Tschahrdehi-Modaressi, M., Seijed Djamal-ed-Din und seine Gedanken, Teheran 1356 (persisch), S. 44. Daher war für ihn jedes Mittel zum Machtwechsel legitim - sei es das politische Attentat, der Staatsstreich oder ein Aufstand. 1896 wird Nassir-ed-Din-Shah von einem Anhänger Afghanis ermordet. Er selbst starb 1897, bevor die iranische Regierung seine Auslieferung durch das osmanische Reich durchsetzen konnte.

82) Vgl. Ende, a.a.O., S. 6.

83) Vgl. ebenda, S. 100.

84) ebenda, S. 5o.

85) Vgl. Keddie, Iran, a.a.O., S.197.

86) ebenda; sowie Schröder, a.a.O., S. 45

87) Vgl. Ende, a.a.O., S. 6.

88) Vgl. Schirazi, A. A. K. , Genesis der sozio-ökonomischen Unterentwicklung des Iran, Berlin, 1977, S. 389 ff.

89) ebenda, S. 391.

9o) Vgl. Richard, a.a.O., S. 49.

91) Vgl. Greussing, K., Iran - Polizeistaatskapitalismus, Marginalisierung und islamische Revolution, In: Revolution in Iran und Afghanistan - mardom nameh, Jahrbuch zur Geschichte und Gesellschaft des Mittleren Orients. Hrsg. vom Berliner Institut für vergleichende Sozialforschung, Ffm., 1980, S. 67; vgl. auch Rahimi, M., Die iranische Verfassung und die Grundsätze der Demokratie, Teheran, 1357 (1978/79), (persisch).

92) Zum Verlauf der "konstitutionellen Revolution" vgl. Kasravi, A., Geschichte des iranischen Konstitutionalismus, Teheran 1965, (persisch); ders., Achtzehn Jahre Geschichte Azerbeidjans, Teheran, 1967, (persisch).

93) Vgl. Schahbasian, A., Die Umwälzung in Persien, in: Sozialistische Monatshefte 1910, S. 1085-88; Spector, I., Iran, in: The first Russian Revolution. Its Impact on Asia, New York, 1962, S. 38-5o; Pawlowitsch, a.a.O., S. 574; Belova, N. K., Le "Parti Social-Democrate"..., a.a.O., S. 387-408; ders., The Persian Revolution 1906-1911, in: Central Asian Review, 1956, S. 287-331.

94) Das iranische Proletariat konstituierte sich zu dieser Zeit hauptsächlich aus drei Elementen:
1. Die Bauern waren die zahlenmäßig am stärksten vertretenen Elemente im sich entwickelnden industriellen Proletariat des Iran um die Jahrhundertwende. Vgl. Abdullaev, a.a.O., S. 48 . Besonders die in der Umgebung der englischen Ölindustrie lebenden, z.T. nicht fest ansässigen armen Bauern und Nomaden ergriffen die Gelegenheit, der Ausbeutung durch die Grundherrn und Stammesführer zu entkommen. Allerdings

verbesserten sich ihre Lebensbedingungen bei der APOC kaum. Die Ausbildung eines proletarischen Bewußtseins war zudem durch die enge Bindung an das Heimatdorf oder den Stamm sehr erschwert. Auch wurden die Arbeiter in manchen Gebieten nur saisonal beschäftigt (z.B. in Zuckerraffinerien und beim Fischfang). Daher konnte es kaum zur Entstehung echter Arbeiterkader kommen.
2. Die Handwerker stellten die qualifizierteste Schicht des industriellen Proletariats. Ihr Absinken auf den Status von Lohnarbeitern ließ sich auf den Ruin ihrer unabhängigen Existenz durch die ausländischen Importe zurückführen. Zahlenmäßig waren sie jedoch in der Minderheit, da insgesamt ihre Verelendung nicht so weit fortgeschritten war wie die der Bauernmassen ; vgl. Abdullaev, a.a.O., S. 49 .
3. Die "Städtische Armut", ein relativ großer Teil des städtischen Subproletariats, war bereit, für ein Stück Brot seine Arbeitskraft zu verkaufen. Die Möglichkeiten einer Lohnarbeit waren allerdings äußerst begrenzt und unsicher, so daß sie meistens unter permanenter Arbeitslosigkeit litten ; vgl. ebenda, S. 5o .

Für die Lage im Iran war die Existenz potentieller Industriearbeiter bei gleichzeitigem Mangel an einer sie absorbierenden Industrie konstitutiv. Daher suchten alljährlich Hunderttausende in den Nachbarländern nach Arbeit. Der Anstieg der Arbeitsemigration nach Südrußland, bes. nach Russisch-Azerbeidjan, war Ergebnis dieser rückständigen industriellen Entwicklung des Iran; die Möglichkeit, beispielsweise in den Ölfeldern von Baku Arbeit zu finden, ist als Zeichen für das rapide Wachstum dieses industriellen Sektors in Rußland zu verstehen ; vgl. ebenda, S. 51-52 .

Die permanente Aus- und Rückwanderung, die zwischen den iranischen Nordprovinzen und den Ölindustrien Südrußlands herrschte, kann in ihrer Bedeutung für die Entwicklung proletarischen Klassenbewußtseins bei den bis dahin in Aberglauben, Unwissenheit und Apathie befangenen Bauernmassen nicht überschätzt werden. Hier ergaben sich erstmalig Kontakte zu russischen und armenischen revolutionären Gruppen, die ganz neue Perspektiven für eine Änderung der elenden und unterdrückten Lage aufzeigten. Die Auswirkungen solcher Einflüsse zeigten sich sowohl in der Revolution von 1906-11, als das Proletariat noch nicht als Gruppe mit eigenständigen Interessen auftrat, als auch später, vor allem in der 2. Phase der Djangali-Bewegung. Vgl. Pawlowitsch, a.a.O., S. 574; Ravasani, a.a.O., S. 221 ff.

95) Die Zusammensetzung der Abgeordneten des ersten Parlaments sah folgendermaßen aus: Von insgesamt 153 Abgeordneten waren Grundeigentümer 38, Bourgeois 49, Geistliche 22, Beamte 21, Angestellte 12, Arbeiter 1, 1o unbestimmt. Im zweiten Parlament nahm der Anteil der Grundbesitzer zu, während der der Bourgeoisie rapide abnahm.

Die erste Gruppe war nun, bei insgesamt 111 Sitzen, mit 32 Abgeordneten vertreten, während die Bourgeoisie nur noch 7 Sitze innehatte. Diese Tendenz war seitdem nicht mehr aufzuhalten. Durch die starke Vertretung der Beamten in dem Parlament war auch die Reproduktion der Macht der höheren "Staatsdiener" keineswegs eingeschränkt, sondern gerade parlamentarisch legitimiert. Die politische "Elite" des Landes konnte somit ihre Macht in einer angepaßten Form weiter reproduzieren. Vgl. die Sitzverteilung der gesamten Parlamentsperioden, in: Statistisches Jahrbuch des zentralen statistischen Amts, Iran, 1977/78, S. 696.

96) Vgl. Nazari, H.   , Der ökonomische und politische Kampf um das iranische Erdöl, Köln, 1971, S. 27 ff.

97) Vgl. Rey, Lucien, Persia in Perspective, in: New Left Review, Nr.20, London, 1963, S. 51. Dies betraf aber wohl mehr die importierten indischen Arbeiter, die wegen eines initiierten Streiks auch wieder abgeschoben wurden.

98) Vgl. Keddie, N.R., Roots of Revolution, New Haven-London, 1981, S. 132-141.

99) Zwischen 1910 und 1950 war die "iranische" Ölindustrie eine typische Enklave in der weitgehend vorkapitalistischen sozio-ökonomischen Struktur des Iran und erlebte ihre Expansionsphasen völlig getrennt von der Wirtschaftsentwicklung des Landes. Die primäre Verbindung bestand in der Zahlung von "Royalties" an die iranische Regierung, die allerdings nicht mehr als 10 % des Wertes der Erdölproduktion von 1911-1951 ausmachten. Daher betrug auch der Anteil der Öleinnahmen an den staatlichen Gesamteinkünften nie mehr als 15 %. Positiver wirkten sich diese geringen Einnahmen allerdings auf die Devisenlage des Landes aus, die sonst noch weit ungünstiger gewesen wäre. Doch die Öleinnahmen wurden unter Reza Shah weitgehend für militärische Ausgaben verwendet, vor allem für Importe militärischer Ausrüstung, so daß sie kaum einen "Entwicklungseffekt" für den Iran zeitigten. Während also *"indirekte"*, d.h. fiskalische Rückwirkungen der Existenz der Ölindustrie sich im Budget des Landes zwar bemerkbar machten, aber nicht zur Entwicklung der Volkswirtschaft beitrugen, waren die *"direkten"* noch geringer. Die APOC (AIOC) importierte fast alle zu Konsum- und Investitionszwecken benötigten Waren aus dem imperialistischen Ausland, obwohl zumindest die Nahrungsmittel im Iran hätten gekauft werden können. Dieses Verhalten - begünstigt durch den Fortfall von Importzöllen für die APOC - gab der Entwicklung der iranischen Konsumgüterindustrie keinen Anstoß. Ebenso war auch die Abneigung gegen Kredite von iranischen Geldinstituten nicht dazu angetan, die Etablierung entsprechender Institutionen zu verstärken. Die APOC unternahm keinerlei Versuche, Rohöl verarbeitende Industrien zu errichten, z.B. Petrochemie, nicht einmal

der Kauf des eigenen Öls von der iranischen Bourgeoisie wurde angeregt; im Gegenteil wurde aufgrund der günstigen Preise bis 1929 das für den häuslichen Konsum benötigte Öl aus der UdSSR bezogen. Der Beschäftigungseffekt der Ölindustrie war ebenfalls sehr gering. Insgesamt boten sich nur für 1 % der iranischen Arbeitskräfte (= 1/4 aller Industriearbeiter) in der Ölindustrie Arbeitsmöglichkeiten. Die Beschäftigungspolitik der APOC ging besonders in der Anfangsphase dahin, Arbeiter aus arabischen Ländern und sogar aus Indien zu importieren und durch "ethnisch" diskriminierende Löhne einer Solidarisierung entgegenzuarbeiten. Nur 9 % der bei der APOC tätigen Iraner verfügten über eine fachliche Qualifikation als technische oder kaufmännische Angestellte. Nur 1/3 der "leitenden Angestellten" waren Iraner. Vgl. Panahi, B., Erdöl - Gegenwart und Zukunft des Iran, Köln, 1976, S. 67 ff.

100) In diesem Kontext wäre noch zu untersuchen, welche alternativen Entwicklungen die "konstitutionelle Revolution" hätte einschlagen können, ob ihre Niederlage hätte verhindert werden können, wenn es ihr gelungen wäre, nicht nur die bürgerlichen Kräfte, sondern auch die "städtische Armut" und die Bauern auf ihre Seite zu bringen oder ob diese Hoffnung unter den bestehenden Klassenverhältnissen von vornherein zum Scheitern verurteilt war, da eben "die Zeit noch nicht reif" war.

101) Vgl. den Vertragstext bei Nazari, Der Iran auf dem Weg der Modernisierung, a.a.O., S. 25 f.; Keddie, Iran, a.a.O., S. 203.

102) Vgl. Bharier, a.a.O., S. 149.

103) Vgl. Keddie, Iran, a.a.O., S. 202 f.

104) Vgl. ebenda, S. 209.

105) Vgl. Nazari, Der Iran auf dem Weg der Modernisierung, a.a.O., S. 23.

106) Vgl. Keddie, Iran, a.a.O., S. 203.

107) Zur kommunistischen Diskussion um die progressive bzw. reaktionäre Rolle Reza Khans vgl. Tscherwonnij, A., Die Vorgänge in Persien, in: Kommunistische Internationale, Sonderheft, Moskau, Dez. 1925, S. 22-32; Sultan-Sadeh, A., Die Vorbereitungen Englands für den Krieg gegen die UdSSR und die Rolle Persiens, in: Kommunistische Internationale, H. 41, Moskau, 1929, S. 1465-1477; Magyar, L., Der Kampf um das persische Erdöl und die Aufgaben der KP Irans, in: Inprekorr, Nr. 108, 1931.

108) Vgl. Abrahamian, E., Iran between two Revolutions, New Jersey, 1982, S. 119.

109) Vgl. ebenda, S. 120-127.

110) Vgl. ebenda, S. 128.

112) Vgl. Tabari, E., Iran in den letzten zwei Jahrhunderten, Teheran, 1360 (1981), (persisch).

113) Bakhshajeshi, A., Hundert Jahre Kampf der progressiven Ulama, Ghom, o.J., S.142 (persisch).

114) Vgl. ebenda.

115) Vgl. Iwanow, M.S., Die moderne iranische Geschichte o.O., o.J., S. 64 (persisch).

116) Vgl. ebenda, S. 67.

117) Keddie, Iran, a.a.O., S. 205.

Anmerkungen zu 1.5.

1) Vgl. Ashraf, a.a.O., S. 328 ff.

2) Vgl. Marx, K./Engels, F., Die Deutsche Ideologie, MEW, Bd. 3, S. 22.

3) Vgl. Hershlag, a.a.O., S. 199; Banani, A., Modernization in Iran 1921-1941, Stanford/Calif., 1961, S.119 ff.

4) Vgl. Hershlag, a.a.O., S.197.

5) Vgl. Banani, a.a.O., S. 125 f.

6) Vgl. Keddie, Iran, a.a.O., S. 206; Banani, a.a.O., S. 119; vgl. auch Sultan-Sadeh, A., Wege der Entwicklung, in: Kommunistische Internationale, H. 48, Moskau, 1927, S. 2367: "Dank der beispiellos billigen bäuerlichen Arbeitskraft und der Möglichkeit ihrer unbegrenzten Ausbeutung ist es für den Wucherer vorteilhafter, seine Mittel im Ackerbau anzulegen statt in der Industrie. Aber das Handels- und Wucherkapital hat, als es seine Tätigkeit in den Ackerbau verlegte, alle Methoden der feudalen Grundbesitzer-Ausbeutung der bäuerlichen Arbeit ausgenützt, teilweise durch die Auffrischung und Befestigung der Leibeigenschaftsverhältnisse im Dorf."

7) Zur Nationalitätenpolitik unter Reza Shah vgl. Mahrad, A.,Iran unter der Herrschaft Reza Schahs, Ffm., 1977, S. 31-43.

8) Vgl. Keddie,Iran, a.a.O. , S. 2o6 f.; vgl. auch Banani, a.a.O., S. 128 f.

9) Als Reza Shah an die Macht kam, war er ein armer besitz-
loser Kosakenoffizier. Als er von den Alliierten abgesetzt wurde, war er einer der reichsten Männer der Welt.
Er besaß allein 72 Mill. Tuman Bargeld (das entspricht
241.ooo kg Gold) und verfügte über 1.787.3oo km^2 der
fruchtbarsten Ländereien Irans als sein Privateigentum
(das ist ungefähr 7o % der Gesamtfläche Luxemburgs).
Während seiner 16-jährigen Herrschaft wurden 44.ooo Be-
sitzurkunden auf seinen Namen ausgestellt, dies alles in
einer Zeit, in der das Prokopfeinkommen der Iraner nur
46o Rial betrug (1o Rial = 1 Tuman). Vgl. Khalil-allah
Moghadam, A. Monarchie oder Absolutismus, Teheran, 1979,
S. 7, (persisch).

1o) Vgl. Zurland, A., Marxismus und Diktatur, Ffm.,
1981, S. 7o.

11) Die meisten europäischen Autoren kritisierten die ungeheuren Kosten und die mangelnde ökonomische Rationalität
der Planungen. Bharier: "Apart from Teheran and Ahwaz
the route touched no major city. It was isolated at
first from the international rail system, while the 2
ports of the Caspian Sea and Persian Gulf, which it
connected, were unimportant in foreign trade "; a.a.O.,
S. 2o6 .(...) "measured in terms of foreign exchange re-
quirements, the length of roads which could have been
built, other investments which were forgone are the re-
current costs to the state, the Transiranian Railway must
stand out as one of the classical examples of conspicious
investment in a developing country." Ebenda, S. 203.
"On always any economic criterion the railway was ill
considered." Ebenda.
Auch Tismer sieht mehr Grund zur Kritik als zur
Apologie: "Die Bahn führt unter unglücklichen Umständen
durch leere Räume, sie entzieht dem Land das Kapital,
das bei anderer Verwendung viel dazu beigetragen hätte,
diese Räume mit Leben zu erfüllen. Es fällt dabei schwer,
die Bahn als Erschließungsbahn zu betrachten." Tismer, A., Aufbau und Krisenprobleme der iranischen Volkswirtschaft,
in: Weltwirtschaftliches Archiv 1935, Heft 1, S. 63.
Auf den politischen Aspekt des Bahnbaus hat dagegen immer
wieder Sultan-Sadeh hingewiesen, dem zufolge es eine enge
Beziehung zwischen den englischen Aggressionsplänen gegenüber der SU und dem Verlauf der Bahn gab. Vgl. Wege
der Entwicklung im modernen Persien, a.a.O., S. 2364-66; ders.
Die Vorbereitungen Englands, a.a.O., S. 1465-77.

12) Vgl. Banani, a.a.O., S. 115-116, S. 132; Tismer,
S. 51, 88.

13) Tismer berichtet, daß sich unter amerikanischen, deutschen, italienischen und besonders auch schwedischen Lieferanten und Baufirmen auch "2 neugebildete iranische Firmen befanden, die die Bauarbeiten unternahmen." a.a.O., S. 61.

14) Ashraf, a.a.O., S. 329: "As a result of these construction activities, a group of contractors emerged as a part of the Persian Bourgeoisie. Over ten of the contracting companies of this period have survived up to the present time and are registered among the leading contractors."

15) Vgl. Banani, a.a.O., S. 129-13o; Herschlag, a.a.O., S. 2o3; Bharier, a.a.O., S. 86; Issawi, The Economic History.., a.a.O., S. 377.

16) Vgl. Bharier, a.a.O., S. 86; Banani, a.a.O., S. 131; Tismer, a.a.O., S. 66-67.

17) Vgl. Bharier, a.a.O., S. 86.

18) Vgl. Banani, a.a.O., S. 13o f.; Issawi, The Economic History..., a.a.O., S. 377; Tismer, a.a.O., S.66 ff. Ihre dominierende Rolle im iranischen Außenhandel ermöglichte es der UdSSR wie Deutschland, für den Iran ungünstige Handelsbedingungen zu erzwingen; außer Öl liefen in den späten 3oer Jahren 6o % des Außenhandels nur noch mit der SU und Deutschland ab. Beide Länder nutzten diese Position aus, um die Preise der nach Iran importierten Waren höher anzusetzen als es unter stärkeren Konkurrenzbedingungen möglich gewesen wäre. Vgl. auch Banani, a.a.O., S. 132; Herschlag, a.a.O., S. 2o3.

19) Vgl. Malekpur, A., Die Wirtschaftsverfassung Irans, Berlin, 1935, S. 57, (Diss.).

2o) Vgl. Hesse, H., Importsubstitution und Entwicklungspolitik, in: Zeitschrift für die gesamte Staatswissenschaft, Bd. 124, 1968, S. 642.

21) Vgl. Hurtienne, T., Zur Ideologiekritik der lateinamerikanischen Theorie der Unterentwicklung und Abhängigkeit, in: Prokla 14/15, Berlin, 1974, S. 24o.

22) Vgl. Schöller, W., Weltmarkt und Reproduktion des Kapitals, Ffm., Köln, 1976, S. 261.
Die "Importsubstitution" entsprach also den Interessen der entscheidenden Fraktionen der Bourgeoisie der Metropolen in ihrer internationalen Konkurrenzsituation. Derselbe Prozeß der "Importsubstitution" setzte sich verschärft seit Anfang der 6oer Jahre fort, die mit der neuen Phase der Industrialisierung der "Dritten Welt" zur Internationalisierung der Mehrwertproduktion und Homogenisierung der

Produktionsverhältnisse in der kapitalistischen "Peripherie" führen sollte. Vgl. die Ausführungen über die Industrialisierung Irans in den 6oer u. 7oer Jahren in dieser Arbeit.

23) Vgl. Baaske, R., a.a.O., S. 144 f.

24) Vgl. Issawi, The Economic History..., a.a.O., S. 377; Banani, a.a.O., S. 137.

25) Vgl. Bharier, a.a.O., S. 87.

26) Vgl. Banani, a.a.O., S. 86.

27) Vgl. Herschlag, a.a.O., S. 2o3.

28) Vgl. Issawi, The Economic History, a.a.O., S. 378; Bharier, a.a.O., S. 172 ff.; Tismer, a.a.O., S. 50.

29) Vgl. Herschlag, a.a.O., S. 2o2; Issawi, The Economic History, S. 379.

3o) Vgl. Banani, a.a.O., S. 138; Tismer, a.a.O., S. 51.

31) Vgl. Ashraf, A., a.a.O., S. 329.

32) Giehlhammer, L. Der Aufbau einer Industrie im Iran, in: Orient-Nachrichten, 1939/40.

33) Vgl. Herschlag, a.a.O., S. 2o5, 2o7.

34) Vgl. Ashraf, a.a.O., S. 70.

35) Vgl. ebenda, S. 331.

36) Vgl. Richard, a.a.O., S. 56.

37) Vgl. ebenda, S. 58.

38) Vgl. Bayat, a.a.O., S. 95.

39) Die Gefahr, die die finanzielle Unabhängigkeit der shi'itischen ulama für die iranische Gesellschaft beinhaltete, stellte Abdollah Razi im Jahre 1925 folgendermaßen dar: "Heute haben wir mit Erfolg eine Armee aufgebaut und Sicherheit im Landesinneren geschaffen. Aber die Wurzel des Übels liegt nicht in unserer Unsicherheit, sondern in der Klasse der molla. Wenn diese Wurzel nicht ausgerissen wird, werden alle militärischen Errungenschaften und die Armee selbst verschwinden. Die beste Methode, die Geistlichen zu entwurzeln, besteht darin, ihnen die Mittel für ihren Lebensunterhalt zu nehmen. Die Ländereien des vaqf müssen konfisziert und an die armen Bauern verteilt werden. Gegen diese Maßnahme wird es keine Opposition von seiten des Volkes geben, denn das, was wenigen genommen wird, wird vielen gegeben." Zit. nach Richard, a.a.O., S. 60.

40) Ebenda, S. 63.

41) Vgl. Keddie, Roots of Revolution, a.a.O., S. 111.

42) "Als Gegengewicht gegen die Tudeh entstand unter Führung von Saiyid Ziya'ad-Din Tabataba'i, der im September 1943 aus dem Exil nach Iran zurückkehrte, die Irada-yi Malli- (Nationaler Wille) Partei, die sich antikommunistisch orientierte, zunächst aus der Reza-Shah-Zeit stammende Ressentiments gegen die Pahlawiden pflegte, aber schließlich Kooperationsbereitschaft mit Muhammad Reza Shah demonstrierte. Ziya'ad-Din, der schon 1921 als Exponent englischer Interessen aufgetreten und deshalb ins Exil geschickt worden war, fand wieder Rückhalt bei den Engländern und unterstützte deren Bestrebungen, angesichts der kommunistischen Durchdringung des Nordens im Zusammenwirken mit den Stämmen im Süden eine antikommunistische und englandfreundliche Bastion aufzubauen und damit die in diesem Raum liegenden englischen Ölinteressen zu sichern. Die Wirksamkeit dieser Partei war im wesentlichen auf den 14. Madschlis beschränkt, der im März 1946 auseinanderging. Unter dem Ministerpräsidenten Qawam as-Saltana, der im Februar 1946 sein erstes Kabinett gebildet hatte und der ein Arrangement mit der Sowjetunion suchte, wurde Sayyid Ziya'ad-Din verhaftet, und seine Partei zerfiel.

Noch kurzlebiger war die von Qawam im Juni 1946 ins Leben gerufene 'Demokratische Iran-Partei' (Hizb-i dimukrat-i Iran), die als konziliantere Alternative zur Tudeh und den kommunistischen Bewegungen in Aserbeidschan und Kurdistan dienen und ihm, durch entsprechende Lenkung der Wahlen, im 15. Madschlis eine solide Plattform geben sollte. Da Shah, Armee und die konservativen Kräfte ihr ablehnend gegenüberstanden, zerfiel sie mit Ende der Amtszeit Qawams im Dezember 1947." Gehrke, U./Mehner, H., (Hrsg.), Iran, Stuttgart, 1975, S. 159.

43) Vgl. Siyasad, Nr. 1, 22. Feb. 1942 (1320), (persisch).

44) entfällt

45) Vgl. Gehrke/Mehner, a.a.O., S. 159.

46) Vgl. Keddie, Iran, a.a.O., S. 211 f.

Anmerkungen zu 1.5.1

1) Zur imperialistischen Penetration der USA in Iran und deren Konsilidierung vgl. Iran-Report, Okt. 1978, S. 48-78.

2) Vgl. Keddie, Iran, a.a.O., S. 199 f.

3) Durch die britisch-russische Entente (13. Aug. 19o7) erkannte Rußland den britischen Einfluß im iranischen Gebiet des Persischen Golfes und im südöstlichen Iran an, während Großbritannien die russische Einflußsphäre im nördlichen und mittleren Iran akzeptierte; ein neutrales Gebiet im südwestlichen Iran blieb offen für Konzessionen an beide Mächte.

4) Vgl. Keddie, Iran, a.a.O., S. 200.

5) Dieses Kabinett ging aus dem Konflikt zwischen Reza Khan und Said Zia-ed-Din Tabataba'ihervor, nachdem letzterer gezwungen wurde, seinen Rücktritt als Premierminister zu erklären und das Land zu verlassen.

6) Vgl. Iwanow, a.a.O., S. 58 ff.
In der Zeit, als die iranische Regierung mit der Sowjetunion einen Freundschaftsvertrag aushandelte, stellte sie, um die amerikanische Regierung nicht zu beunruhigen, fest, daß "es natürlich ist, daß unsererseits nicht der Wunsch besteht oder bestand, von Moskau dominiert zu werden, oder bolschewistische Doktrinen anzunehmen (...) Wir waren durch unsere Nähe zu Rußland gezwungen, mit unserem starken Nachbarn einen Modus vivendi auszuarbeiten, und die uns angebotenen Bedingungen waren äußerst günstig". Ramazani, R.K., The Foreign policy of Iran 15oo-1941, Univers. of Virginia Press, Charlottesville, 1966, S. 2o4.

7) Vgl. Keddie, Iran, a.a.O., S. 202.

8) Vgl. Sultan- Sadehs Artikel "Persisches Öl" in Westnik (Moskau), Nr. 6, Juni 1922, S. 58-63. Dt. Übersetzung in A.Sultan-Sadeh, Politische Schriften, I. Dokumentarische Geschichte der K.P. Irans, Florenz, 1975, S. 58-68.

9) Diese Finanz-"Hilfe", die in Form eines nie gewährten Darlehens geplant war, sollte der Errichtung einer Bank dienen, die alle ehemaligen Konzessionen des zaristischen Rußlands im Nordiran bekommen hätte. Diese wären dann an Firmen weitergegeben worden, die mit amerikanischem Kapital gegründet werden sollten. Vgl. Ramazani, a.a.O., S. 2o5.

1o) Vgl. Keddie, Iran, a.a.O., S. 204.

11) Nazari nimmt an, daß sich in dieser Periode der Binnenmarkt unter dem Einfluß der Okkupation ausgeweitet hat, daß mehr Nahrungsmittel als bisher auf den Markt gebracht wurden und werden mußten, um den Bedürfnissen der Städte mit ihrem raschen Bevölkerungswachstum nachzukommen. Vgl. Nazari, Der Iran auf dem Weg der Modernisierung, a.a.O., S. 34 ff.

12) Vgl. Sadr-Nabawi, R., Die Wirtschaft des Iran während des Zweiten Weltkrieges, Heidelberg, 1972, S. 181-184; Katouzian, H., The Political Economy of Modern Iran 1926-1979, London, 1981, S. 141 ff.; Keddie, Roots of Revolution, a.a.O., S. 113-119.

13) Vgl. Zabih, Z., The Communist Movement in Iran, Berkely, 1966, S. 149.

14) Vgl. Abrahamian, E., Communism and Communalism in Iran: The Tudeh and the Firqah-i Dimukrat, in: International Journal of Middle East Studies, Vol. I, Nr. 4, 1970, S. 301 f.

15) Vgl. Abrahamian, E., The Crowd in the Persian Constituional Revolution, in: Iran Studies, Vol. 2, Nr. 4, Autumn 1969.

16) Immerhin läßt sich kaum leugnen, daß in den azerbeidjanischen Massen die Disposition zu einer solchen Autonomiebewegung, aufgrund der gerade unter Reza Shah zunehmenden Diskriminierung ihrer Kultur und Sprache, der ökonomischen Benachteiligung der Provinz zugunsten Teherans vorhanden war bzw. zumindest auf gewisse Sympathien rechnen konnte. Vgl. Abrahamian, Communism and Communalism, a.a.O., S. 269. Außerdem waren die Beziehungen der Bevölkerung Azerbeidjans zu Rußland und zur UdSSR immer enger als die der anderen iranischen Provinzen. Auch das politisch-revolutionäre Bewußtsein war in Azerbeidjan weiter entwickelt als anderswo. Eine starke Schicht azerischer Intellektueller hatte schon in der Revolution von 1906 eine dominierende Rolle gespielt, war früher und intensiver mit europäischen liberalen und sozialistischen Theorien und Parteien in Kontakt gekommen. Schon 1917 hatte Sheykh Mohammad Khibani eine azerbeidjanische Revolte geleitet, deren Ergebnis die kurzlebige Republik von Azerbeidjan war. Diese damals auch vom azerbeidjanischen Flügel der bürgerlich-liberalen "Demokratischen Partei" unterstützte Autonomiebewegung war aber 1920 ebenso wie die in Gilan aufgrund mangelnder militärischer Macht durch die iranischen Truppen unter Reza Khan geschlagen worden. Sie galt auch damals, wie später die von Pishevari geleitete, vielen eher progressiven Kräften als Zeichen von Separatismus und wurde daher nicht ausreichend unterstützt. Dies resultierte auch aus der Furcht der persischen Nationalisten vor den "die Einheit der Nation" gefährdenden Dezentralisierungsversuchen, die in der Vergangenheit vor allem dem Imperialismus genutzt hatten.

Sie konnten sich eine fortschrittliche ökonomische und
politische Entwicklung des Landes nur bei verstärkter
Zentralisierung und Beseitigung der ethnischen und regionalen Unterschiede vorstellen. Auch bei den Tudeh-Intellektuellen waren diese "großpersischen" Haltungen weit
verbreitet, was sich teilweise aus dem politischen Hintergrund der Parteimitglieder erklärt. Als persische Intellektuellen die mit der marxistischen Theorie in Kontakt gekommen waren, lebten sie in Teheran, ohne tiefergehende Kontakte mit den Provinzen zu haben und betrachteten daher regionale und sprachliche Differenzen leicht
als sekundär neben dem "primären Ziel des gemeinsamen
Klassenkampfes des Proletariats gegen die Ausbeuter".
Schließlich stellten die azerbeidjanischen Autonomisten,
die oft noch Veteranen aus der Khibani- und der Djangali-
Bewegung waren, die Interessen der Region über die des
Klassenkampfes und betrieben auch eine entsprechende
klassenversöhnlerische Politik, was der Bewegung nicht
dienlich war. Zwar forderten sie neben kulturpolitischen
Reformen - z.B. Unterricht in der azerisch-türkischen
Sprache - auch sozio-ökonomische - Landreform, Frauenwahlrecht, progressive Einkommenssteuer, Bau neuer
Straßen, Kliniken, Schulen, Universität. Doch gerade das
Landreformprogramm, das ihnen die Unterstützung der
Bauernmassen brachte, wurde nicht radikal genug durchgeführt, als sich überraschend viele Grundherrn zur Kooperation bereiterklärten und man der Unterstützung durch
die herrschenden Klassen offensichtlich eine entscheidendere politische Bedeutung beimaß als der durch die ärmeren Massen. Vgl. Cottam, a.a.O., S. 127 ff.

17) Am 4. April 1946 wurde ein gemeinsames Abkommen bezüglich der Gründung eines iranisch-sowjetischen Unternehmens über die Gewinnung von Erdöl für 5o Jahre in den
nordiranischen Provinzen abgeschlossen. Bei diesem Unternehmen sollten während der ersten 25 Jahre die Sowjetunion 51 % und Iran 49 % der Aktien besitzen; in der
zweiten Hälfte sollten sie über je 5o % der Aktien verfügen. Dieses Abkommen sollte binnen sieben Monaten ab
dem 24. März 1946 dem iranischen Parlament zur Ratifizierung vorgelegt werden - was nie geschah. Vgl. Iwanow,
a.a.O., S. 116 ff.

18) Am 13. Juni 1946 wurde ein Abkommen geschlossen, das u.a.
die Bildung eines Verwaltungsrates in Azerbeidjan anerkannte, welcher das Gebiet als eine iranische Provinz
mit Beteiligung der Vertreter der örtlichen Organisationen und Räte verwalten sollte. Die iranische Zentralregierung verpflichtete sich, bis zur Ratifizierung des
neuen Gesetzes, die 1945 gewählten örtlichen Räte anzuerkennen. Vgl. Iwanow, a.a.O., S. 117 ff.

19) Vgl. ebenda, S. 123.

20) Am 1o. Dez. 1946 marschierte, unter dem Vorwand, freie
    Wahlen für die 15. Legislaturperiode sichern zu wollen,
    die iranische Armee nach Azerbeidjan, nachdem entspre-
    chende Unterdrückungs- und Verfolgungsmaßnahmen in allen
    Landesteilen bereits in Gang gesetzt waren. Nach der
    Etablierung der iranischen Armee in Azerbeidjan wurden
    Ausnahmezustand und Kriegsrecht verhängt und Tausende
    hingerichtet bzw. ermordet. Welche Ziele mit dem Plan
    ursprünglich verknüpft waren und warum er dann aufgegeben
    wurde, müßte noch eingehender geprüft werden; die endo-
    genen und exogenen Faktoren müßten in ihrer relativen
    Bedeutung für die Gründung und den Sturz der Republik be-
    stimmt werden. Von bürgerlichen Beobachtern gibt es so-
    wohl Informationen, die eine generelle Ablehnung der
    Bevölkerung - gerade unter den Bauern - gegenüber der
    Republik und ihren Repräsentanten bei der Ankunft der Re-
    gierungstruppen signalisieren, wie auch solche, die -
    zumindest für die Anfangszeit - von starken Sympathien
    der armen Massen sprechen. Vgl. Homayounpour, P.,
    L'Affaire d'Aserbaijan, Lausanne, 1966; Cottam, a.a.O.,
    S. 126-128.
    Damit wurde der 2. Versuch, die Interessen Azerbeidjans
    im Iran verstärkt zur Geltung zu bringen, ebenso wie der
    erste im Keim erstickt. Beide Bewegungen und ihr jeweils
    blutiges Ende zeigen gewisse Ähnlichkeiten, doch sollte
    das über die Divergenzen nicht hinwegtäuschen. Während
    Khibani sich auf weite Teile der Bourgeoisie stützen
    konnte, hatte Pishevari diese soziale Basis nicht. Das
    hätte kein Nachteil sein müssen, wenn es ihm gelungen
    wäre, die armen Bauern und Arbeiter, vielleicht auch ei-
    nen Teil des Kleinbürgertums zu seiner Unterstützung zu
    mobilisieren. Aber an einen bewaffneten Widerstand war
    wohl schon deshalb nicht zu denken, weil dieser nicht
    den sowjetischen Beifall gefunden hätte. Vgl. Abrahamian,
    Communism and Communalism, a.a.O., S. 314 f.

21) Die Wahlen zur 15. Parlamentsperiode, die in der ersten
    Hälfte des Jahres 1947 in einer allgemeinen Atmosphäre
    von Terror, Unterdrückung und massiver Wahlfälschung
    stattfanden, brachten folgendes Ergebnis: von 122 Abge-
    ordneten waren 62 Großgrundbesitzer, 1o Unternehmer,
    22 hohe Beamten, 28 Rechtsanwälte, von denen die Hälfte
    gleichzeitig Handelsfirmen betrieben. Vgl. Iwanow,
    a.a.O., S. 129.

22) Vgl. The Middle East, A Political and Economic Survey,
    R.I.I.A., London, 1954, S. 386.

23) Lenczowsky , G., Russia and the West Iran, 1918-
    1948, New York, 1949, S. 313-314.

24) "Ende 1949 ging ich nach Amerika, um zusätzliche Wirt-
    schafts- und Militärhilfe für mein Land zu erbitten.

Ich wurde freundlich empfangen, kam aber mit völlig leeren Händen nach Hause (...) Sicher war das Mißlingen meiner Mission teilweise unsere eigene Schuld, denn die Amerikaner stellten fest, daß wir unsere inneren Angelegenheiten nicht mit der nötigen Stärke erledigen. Amerika war durch den Zerfall Nationalchinas Anfang des gleichen Jahrhunderts schockiert und beschloß, nur jenen Ländern zu helfen, die ihr eigenes Haus säubern wollen." Pahlavi, Mohammad Reza Shah, Mission for my Country, London, 1961, S. 88.

25) Auf die Notwendigkeit von Reformen im Iran wurde im Bericht von Grant, C.P, Iran, Test of Relations between Great and Small Nations, Foreign Policy Reports, Nr. 3, 15.4.45, hingewiesen.

26) Der Shah schilderte die US-Forderungen folgendermaßen: "Sofort nach meiner Ankunft verdoppelte ich meine Reformbemühungen. Eine Reihe Beamter, die sich als korrupt erwiesen, entließ ich und begann mit meinem lange beabsichtigten Programm zur Verteilung von Kronländereien unter die Bauern". Pahlavi, Mohammad Reza, a.a.O., S. 89.

27) Zur Entstehung der "Fedaijan-e Islam" hatte Kashani seit 1948 beigetragen. Vgl. Gehrke,/Mehner, a.a.O., S. 195 f.

28) Vgl. ebenda.

29) Vgl. Iwanow, a.a.O., S. 69.

3o) Vgl. Historische Dokumente der Arbeiter, Sozialdemokratische und Kommunistische Bewegung Irans (1903-1963), Band I, Florenz, 1975, S. 359-384.

31) Diesbezüglich hatten die USA folgendes zu sagen: "In Gesprächen mit der iranischen Regierung haben wir auf die schwerwiegenden Auswirkungen jeder einseitigen Annullierung einer vertragsmäßigen Beziehung hingewiesen, der die USA stark entgegentreten(...) Diese würde das Vertrauen in zukünftige Handelsinvestitionen im Iran aufrechterhalten und auch Gültigkeit von vertraglichen Übereinkünften in der ganzen Welt (...) Jene US-Ölfirmen, die am besten die großangelegten und komplexen Industrien im Iran handhaben könnten, haben dieser Regierung bekannt gegeben, daß sie, angesichts der einseitigen Aktion Irans gegen die britische Gesellschaft, nicht bereit seien, Tätigkeiten im Iran aufzunehmen." Documents on International Affairs, 1951, Oxford Univ. Press, 1954, S. 489 f. Die Nachricht war deutlich, Mossadegh antwortete darauf folgendes: "Nun, wo das besagte Gesetz (der Verstaatlichung, D.G.) verabschiedet ist, kann eine freundliche Empfehlung einer fremden Regierung, ungeachtet der angewandten Form, nur als Einmischung in die inneren Angelegenheiten Irans bedauert werden." Ebenda.

32) Daraufhin begründete Präsident Eisenhower die Position der USA in einem Brief an Mossadegh: "Das Scheitern Irans und des Vereinigten Königreichs, eine Entschädigung zu erarbeiten, hindert die Regierung der USA an Bemühungen, Iran zu helfen. Es gibt sogar unter amerikanischen Bürgern eine große Sympathie für den Iran und das iranische Volk; dem amerikanischen Steuerzahler gegenüber wäre es aber unfair, wenn die US-Regierung dem Iran eine Wirtschaftshilfe gäbe, solange der Iran noch Zugang zu Geldern hat, die er durch den Verkauf seines Öls und seiner Ölprodukte erzielt; es müßte ein vernünftiges Übereinkommen hinsichtlich einer Entschädigung zustandekommen, wodurch der große Marktanteil des iranischen Öls wieder hergestellt wird. Viele amerikanische Bürger wären auch dagegen, wenn die Regierung der USA iranisches Öl ohne ein vorhandenes Abkommen einkaufen würde." Documents on International Affairs, a.a.O., S. 350-52.
Die Drohung war offensichtlich. Daß der gewöhnliche amerikanische Bürger sehr wenig mit iranischen Ölgeschäften zu tun hatte, war völlig klar; die "Bürger", auf die sich Eisenhower bezog, waren offensichtlich die amerikanischen Ölmagnaten.

33) Auch die Memoiren von Anthony Eden, dem britischen Außenminister, geben dies bekannt. "Am Ende (der Unterredung mit Foster Dulles, D.G.) war ich zufrieden, daß wir einer Übereinkunft nahe kamen. Die Lage war sicher düster, aber ich dachte, wir täten besser daran, uns nach einer Alternative für Mossadegh umzusehen, als zu versuchen, ihn auszukaufen. In unseren letzten Gesprächen waren wir uns einig darüber und auch, daß wir zu den Vorschlägen vom 20. Februar stehen wollten." Eden, A. Memoir Full Circle, London, 1960, S. 213.

34) Die Einzelheiten des CIA-Putsches gegen Mossadegh sind zu gut bekannt, als daß sie hier noch einmal dargestellt werden müßten. Vgl. u.a. Wise, D. /Ross, T.B., The Invisible Government, London, 1964; Eden, Anthony, a.a.O.; O'Kearney, J., The Red Mirage, London, 1958.

35) Vgl. Abrahamian, E., Iran between two Revolutions, a.a.O., S. 451 ff.

36) Diese Staatsgesellschaft wurde unmittelbar nach der Nationalisierung der Erdölindustrie von der Mossadegh-Regierung gegründet, um die Anlagen der AIOC zu übernehmen.

37) Nach einigen kleineren Veränderungen bildete sich schließlich ein Schlüssel heraus, nach dem BP 40 %, Royal Dutch/Shell 14 %, Socal, Exxon, Mobil Oil, Gulf Oil sowie Texaco jeweils 7 %, die Companie Française des Petroles 6 % und Iricon, ein Zusammenschluß unabhängiger Firmen, 5 % am Aktienkapital dieses Konsortiums erhielten.

Vgl. Döbele, R., Entwicklung und Unterentwicklung: Das Beispiel Iran, Saarbrücken, 1982, S. 176 f.

38) Vgl. ebenda, S. 147 f.

39) Als Folge des 2. Weltkrieges und der Besetzung Irans durch England und die Sowjetunion entstand das Abkommen vom November 1943, - revidiert im Oktober 1947 durch das Jam-Allan-Agreement und seither ständig auf Ein- oder Zweijahresbasis verlängert - und die ARMISH nahm ihre Arbeit im Iran auf. Vgl. Gehrke/Mehner, a.a.O., S. 260.

40) Im Zusammenhang mit dem Abschluß des gegenseitigen Verteidigungsabkommens zwischen Iran und den USA vom Mai 1950 nahm die MAAG ihre Arbeit im Iran auf.

41) Vgl. Baldwin, G.B., Planing and Development in Iran, Baltimore, 1967, S. 25.

Anmerkungen zu 1.5.2.

1) Die Hintergründe, die zum Sturz Mossadeghs und zuvor zur Spaltung der Nationalfront führten, werden - je nach dem politischen Standort des Verfassers - natürlich unterschiedlich dargestellt.
Zonis, M., Iran, in: Ismael, T. Y., (Hrsg.), Government and Politics in the Contemporary Middle East, Homewood/Ills., 1970, S. 162, weist auf die taktischen Fehler hin, die Mossadegh hätte vermeiden müssen: den Bruch mit dem Shah, den zunehmend autokratischer werdenden politischen Stil, das mangelnde Verhandlungsgeschick mit den Ölgesellschaften.
Über die mangelhaften bzw. mangelnden Landreformpläne Mossadeghs ist die Diskussion immer noch in vollem Gange. Während die Mehrzahl der bürgerlichen Autoren dies gern als Beweismittel für die reaktionäre Rolle, die Mossadegh auf sozialem Gebiet im Gegensatz zu dem "fortschrittlichen" Shah, der das Kronland an die Bauern verkaufen wollte, gespielt habe, sieht Cottam, a.a.O., S. 270-271, ebenfalls ein bürgerlicher Autor, der gleichwohl lieber eine Unterstützung der Nationalfront durch die USA als langfristiges Stabilisierungsmittel gegen den Kommunismus gesehen hätte, in ihr die einzig sinnvolle Reaktion auf die bisherigen Mißerfolge der Landverteilungspolitik. Aufgrund des Kapital- und Bildungsmangels der Bauernmassen hätte der Kauf eines winzigen Landstücks die Bauern nur tiefer in Schulden und Abhängigkeit treiben können. Dagegen hätte Mossadeghs Plan, die Grundbesitzer 10 % ihrer Grundrente für Verteilung an die einzelnen Bauern und 10 % an die Dorfgemeinschaft abtreten zu lassen, wahrscheinlich zu längerfristigen Verbesserungen geführt.

Doch kann wohl niemand in diesem Plan eine ernsthafte "antifeudale Stoßrichtung" erkennen.
Wenn auch die Erklärung von Rey, a.a.O., S. 86: "Da er selbst ein Millionär war, initiierte er keine Reformen", vielleicht etwas zu simpel klingt, so steckt doch dahinter die Erkenntnis, daß es sich bei den von Mossadegh vertretenen Klasseninteressen eben um bürgerliche handelt und die Agitation primär den Imperialismus, aber nicht die heimischen Ausbeuterklassen für das Elend der Massen verantwortlich machte.
Sowohl Rodinson, M., Marxism and Socialism, in: M. Adams (ed.), The Middle East, London, 1971, S. 380, wie auch Rey, a. a. O., S. 88, geben der zu einseitig nationalistischen Ausrichtung der Bewegung die Mitschuld an ihrem schließlich kampflosen Untergang, weil eben die elementaren Interessen der Massen zu wenig Berücksichtigung fanden, um sie zum anhaltenden Kampf gegen den Imperialismus anzustacheln.

2) Vgl. Keddie, Roots of Revolution, a.a.O., S.199 f.

3) Vgl. Ferdows, A. H., Die Feda'iyan-e Islam und Ayatollah Khomeyni - Das Modell einer islamischen Gesellschaft, in: Religion und Politik im Iran, a.a.O., S. 121 ff.

4) Vgl. Irfanie, a.a.O., S. 71.

5) Mossadegh begann gleich nach seiner Wahl zum Premierminister im Mai 1951 mit der Durchführung der Verstaatlichung der Erdölindustrie. Im Juni setzte er ein Komitee zur Übernahme der Industrieanlagen ein; im September verließen die britischen Techniker der BP-Gesellschaft den Iran, während Großbritannien seine Kriegsflotte vor der iranischen Küste zusammenzog und Iran beim Sicherheitsrat der UNO verklagte. Im Okt. flog Mossadegh nach New York, um den Iran vor der UNO zu vertreten; gleichzeitig ließ er das britische Konsulat im Iran schließen. Damit war er Ende des Jahres 1951 in eine komplizierte diplomatische Auseinandersetzung verwickelt. Zu dieser Zeit begannen die Vorbereitungen für die Wahlen der 17. Parlamentsperiode. Gegen die "Nationalfront" operierten zu diesem Zeitpunkt die Royalisten, die Militärs, die konservativen Großgrundbesitzer und die Mehrheit der Stammesoberhäupter. Da Mossadegh bei den Parlamentswahlen nicht die erwünschte Stimmenzahl erreichen konnte, wurde seine Arbeit durch das Parlament empfindlich gestört. Um eine außerparlamentarische Intervention seiner Kontrahenten vorzubeugen, forderte er im Juni 1952 den Shah auf, den Oberbefehl über die Armee der Regierung der "Nationalfront" zu unterstellen. Als diese Forderung abgelehnt wurde, erklärte Mossadegh seinen Rücktritt als Premierminister; blutige Massendemonstrationen, die fünf Tage andauerten,

zwangen schließlich den Shah nachzugeben. Mossadegh wurde erneut Premierminister, dem gleichzeitig das Kriegsministerium unterstellt wurde. Vgl. Abrahamian, E., Iran between two Revolutions, a.a.O., S. 27o f.
Mossadegh, der nun seinen "auf der Straße" errungenen Sieg dazu einsetzte, den Shah, die Militärs und die beiden Häuser des Parlaments unter Druck zu setzen, schränkte die Aktivitäten des Hofes erheblich ein, entließ mehrere Offiziere und erhielt eine sechsmonatige parlamentarische Vollmacht. Am Ende dieser Frist verlangte er eine weitere Vollmacht für ein Jahr. Als sich der Konflikt zwischen seiner Regierung und dem Parlament zuspitzte, löste er das Parlament auf; zur Legitimierung dieses Aktes setzte er im Juni 1953 ein Referendum ein, das ihn mit einer überwältigenden Mehrheit bestätigte ;vgl. New York Times vom 14. August 1953. Dadurch baute er zwar seine Macht aus; sie schien jedoch illusorisch zu sein, da er ständig Verbündete aus den eigenen Reihen verlor. Dies ermutigte seine Gegner zur Planung eines Staatsstreiches.

6) Vgl. Maki's Rede vor dem Parlament am 1. Feb. 1953. In: Abrahamian, Iran between two Revolutions,a.a.O., S.275.
7) Vgl. Etela'at vom 13. Nov. 1952.
8) Vgl. Teheran Mossawar vom 4. April 1952.
9) Vgl. Baghai's Rede vor dem Parlament am 15. und 19. Jan. 1953. In: Abrahamian, Iran between two Revolutions, a.a.O., S. 277.
1o) Vgl. ebenda.
11) Vgl. ebenda.
12) Vgl. ebenda, S. 278.
13) Vgl. Bharier, a.a.O., S. 18o-181.
14) Vgl. Ronall,J./Grunwald, K., Industrialization in the Middle East,New York, 1960, S. 215 f.
15) Vgl. Bharier, a.a.O., S. 187.
16) Vgl. Issawi,The Economic History..., a.a.O., S. 381. Zur negativen Wirkung der Freihandelspolitik auf die nationale Industrialisierung vgl. Bharier, a.a.O., S.183.
17) Vgl. Vieille, P. , Marche des terrains et société urbaine, Recherche sur la Ville de Tehran, Paris, 197o, S. 24.
18) Vgl. Bharier, a.a.O., S. 24, 183.
19) Vgl. Issawi, The Economic History..., a.a.O., S.380 f.

20) Vgl. Young, T.C., The social support of current Iranian Policy, in: The Middle East Journal, Nr.2, Washington, 1952, S. 312.

21) Vgl. ebenda.

22) Vgl. Alavi, B., Kämpfender Iran, Berlin/DDR, 1955; sowie Klassen und Klassenkampf in den Entwicklungsländern, Berlin/DDR, 1970, S. 68.

23) Alavi behauptet dagegen, daß es durchaus spontanen und organisierten Widerstand von Seiten der Bauern gegeben habe. Vgl. Alavi, a.a.O., , S. 56-65; ebenfalls Klassen und Klassenkämpfe..., a.a.O., S. 68.

24) Vgl. Nirumand, B., Persien - Modell eines Entwicklungslandes, Reinbek, 1967, S. 33.

25) Vgl. Cottam, a.a.O., S.266, 283.

26) Vgl. Abrahamian, E., The Crowd in Iranian Politics,1905-53, in: Past and Present, 1968, S. 204-6.

27) Vgl. ebenda.

28) Besonders in Tabriz nahmen die Auseinandersetzungen zwischen den hungernden städtischen Massen und der Bourgeoisie für deren Herrschaft bedrohliche Formen an; ein reicher Kornhändler fiel der Lynchjustiz zum Opfer. Vgl. Nahid, H., Die Frauen des Iran in der Verfassungsbewegung, Ffm., 1982, S. 49 f.

29) Vgl. Rey, a.a.O., S. 86 f.

30) Mahdavi, H., Economic Development in Rentier States: The Case of Iran, in: Cook, M.A. (ed.), Studies in the Economic History of the Middle East, London, 1970, S. 443 f, sowie Nirumand, a.a.O., S. 86 f zeigen, daß versucht wurde, durch die Beschränkung der Luxusimporte Devisen einzusparen, Importsubstitutionen und Exportpromotion zu fördern. Die besser als bisher vor ausländischer Konkurrenz geschützte heimische Industrie expandierte in einigen Bereichen, besonders in dem der Textilindustrie. Die Maschinenimporte wurden durch günstige Austauschraten erleichtert. Infolge der beschriebenen Maßnahmen entwikkelte sich die Handelsbilanz sogar wieder positiv.

31) Vgl. Keddie, N.R., The Iranian Power Structure and Social Change - An Overview, in:International Journal of Middle East Studies, Nr. 2, Cambridge/Mass, 1971, S.11 f.

Anmerkungen zu 1.5.3.

1) Vgl. Gehrke /Mehner, a.a.O., S. 197.

2) Gehrke und Mehner, die den Gegensatz zwischen dem Shah und den "konservativen" Kräften konstatieren, um aus dem Shah einen Sozialreformer zu machen, könnten dann nicht mehr erklären, warum sich Anfang der 60er Jahre *Amini* und seine Mannschaft als Reformer profilierten, bis der Shah aus Gründen der *Selbsterhaltung* die von den US-Planern vorgesehenen Reformmaßnahmen als "Revolution von Shah und Volk" bzw. "Weiße Revolution" deklarierte und durchführte, nachdem Amini entmachtet worden war.

3) Vgl. Algar, H., The Oppositional Role of the Ulama in Twentieth-Century Iran, in: Keddie, N.R. (Hrsg.), Scholars, Saints and Sufis. Muslim Religious Institutions in the Middle East since 1500, Berkeley, 1971, S. 244.

4) Bayne, E. A., Persian Kingship in Transition, New York, 1968, S. 48.

5) Vgl. Avery, P., a.a.O., S. 481.

6) Vgl. Akhavi, Shahrough, Religion and Politics in Contemporary Iran - Clergy - State Relations in the Pahlavi Period, Albany, 1980, S. 76 ff.

7) Vgl. Avery, P., Modern Iran, London, 1965, S. 461.

8) Vgl. Cottam, a.a.O., S. 286.

9) Vgl. Floor, W., Iranische Geistlichkeit als Revolutionäre - Wunschdenken oder Wirklichkeit, in: Religion und Politik im Iran, a.a.O., S. 309 f.

10) Vgl. Abrahamian, Iran between two Revolutions, a.a.O., S. 450 ff.

Anmerkungen zu 1.5.3.1.

1) Trotzdem beschwerte sich der Shah darüber, daß er zu wenig Hilfe erhalten habe: "Es gibt keinen Zweifel, daß der amerikanische Beistand uns geholfen hat, die Wirksamkeit unserer begrenzten Streitkräfte zu erhöhen und zur Sicherheit meines Landes und des Volkes beigetragen hat (...) Da amerikanische Militär- und andere Hilfe meinem Land so viel wichtige, sowohl direkte als auch indirekte Vorteile gebracht hat, hoffe ich, nicht undankbar zu klingen, wenn ich meine Überzeugung zum Ausdruck bringe, daß wir bei weitem zu wenig davon erhalten haben." Vgl. Pahlavi, Mohammad Reza, a.a.O., S. 131.

2) Vgl. Keyhan vom 19.1.134o (8.4.1961).
Nach Gehrke/Mehner , a.a.O., S. 335, flossen zwischen 1953 und 196o ca. 44o Mill.US Dollar an Wirtschaftshilfe in das Land und etwa die gleiche Summe noch einmal für die Ausrüstung von Armee und Gendarmerie; vgl. S. 215.

3) Vgl. Keyhan, 4.1.196o.

4) Vgl. Gehrke/Mehner, a.a.O., S. 215 und 335.

5) ebenda, S. 215.

6) Vgl. ebenda, S. 216.

7) Vgl. ebenda.

8) Vgl. Etela'at, 20.6.1960, zit. nach: Safari, H., Einige Fakten über die soziale Zusammensetzung der iranischen Gesellschaft, in: Donya, Nr.4, 3.Jg., 2.Per., Winter 1341 (1962), S. 22, (persisch).

9) Vgl. ebenda, S. 23.

1o) Vgl. Keyhan, 26.3.196o und Etela'at, 24.4.1958, sowie Keyhan, 27.1.1961.

11) Vgl. Ronall/Grunwald, a.a.O.

12) Vgl. Bruton,H.J., Notes on Development in Iran, in: Economic Development and Cultural Change, Nr. 9, 1960/61.

13) Vgl. Teheran Economist, 25.6.196o.

14) Benedick, R.E., Industrial Finance in Iran. A Study of Financial Practice in an Underdeveloped Economy, Boston, 1964.

15) Vgl. Teheran Economist, Nr. 451, 17.3.1961.

16) Vgl. Keyhan, 31.5.196o.

17) Vgl. Keyhan, 21.5.1962.

18) Vgl. Keyhan, 11.1o.1961.

19) Vgl. Keyhan, 7.6.1961.

2o) Vgl. Keyhan, 24.7.1961. Dieses Verhältnis beinhaltet auch die zollfreien Importe; ohne Berücksichtigung der letzteren betrug es 1/6 (1959). Um den Umfang des zollfreien Importvolumens zu erfassen, braucht nur berücksichtigt zu werden, daß allein 1961 ca. 9,1 Mrd. Rial *Gesamtexport* einem *zollfreien Import* von ca. 9,9 Mrd. Rial gegenüber stand; allein in diesem Jahr überstieg der zollfreie Import den Gesamtexport des Landes um ca. 33o Mill. Rial. Vgl. Keyhan, 16.1o.1962. Von diesem zollfreien Import entfielen allein 8 Mrd. Rial auf England, die USA und das Erdölkonsortium.

Warenschmuggel, Grenzverkehrhandel und direkter Warenaustausch wurde für die Ermittlung des Import- und Exportvolumens dabei nicht berücksichtigt. Vgl. Keyhan, 25.5.1960.

21) 12 Mrd. Rial der insgesamt für 42 Mrd. Rial importierten Waren (1959) entfielen auf die Kategorie der Luxusgüter. Vgl. Keyhan, 9.11.1960.

22) Vgl. *Außenhandelsstatistik und Verkehr und Eisenbahn*, in: Donya, Nr. 4, 3.Jg., 2. Per., Winter 1341 (1962), S. 91, (persisch).

23) Vgl. Vieille, a.a.O., S. 153 ff.

24) Vgl. Keyhan, 12.12.1961.

25) Vgl. Safari, in:Donya, a.a.O., S. 22 und 28.

26) entfällt

27) Vgl. Nirumand, a.a.O., S. 116.

28) Vgl. Benedick , a.a.O., S. 57 ff.

29) Vgl. O'Conner, a.a.O., S. 167 ff.

30) Vgl. Benedick , a.a.O., S. 62.

31) Vgl. Simonet, P.A., Feodalisme et Liberalisme économique en Iran, in: Développement et Civilisation, Paris, Juli-Sept. 1962, S. 54.

32) Vgl. Teheran Economist, 17.3.1963, S. 41.

33) Vgl. Teheran Economist, 14.7.1962.
Es gibt keine zuverlässigen statistischen Angaben, die die ländliche Sozialstruktur exakt wiedergeben. In Kap. 2.3.1 wird aber dieses Thema nochmals aufgegriffen, um die durch die Landreform sich ergebenden Veränderungen aufzuzeigen. Hier soll jedoch noch die von Khalatbari aufgrund von Statistiken und Schätzungen aus den 50er Jahren und von der FAO-Erhebung von 1960 teilweise beträchtlich abweichende Untergliederung der Bauernschaft berücksichtigt werden. Khalatbari differenziert die iranische Bauernschaft in 4 soziale Gruppen:
1.) *Dorfproletariat* (45 %): Hierzu gehörten alle diejenigen Dorfbewohner, die weder Land noch Vieh besaßen und denen jede Möglichkeit zur Pacht fehlte.
2.) *Arme Bauernschaft* (38 %): Sie besaß weniger als ein ha Eigenland oder nur einen Ochsen und konnte eine geringe Bodenfläche pachten.
3.) *Mittlere Bauernschaft* (6 %): Sie verfügte über 1-3 ha Land oder 1-2 Ochsen und war in der Lage, Land zu pachten.

4.) *Wohlhabende Bauernschaft* (6 %): Diese beutete, obwohl sie selbst vom Grundeigentümer ausgebeutet wurde, andere Agrarproduzenten aus. Vgl. dazu Khalatbari, P. , Die Agrarfrage in Iran, in: Deutsche Außenpolitik, 1962, S. 1o76.
Keddie, N. R., Stratification, Social Control and Capitalism in Iranian Villages before and after Land Reform, in: Antoun,R./Harik,I., Rural Politics and Social Change in the Middle East, Bloomington-London, 1972, S. 381 legte die FAO-Erhebung seiner Gruppierung zugrunde: 2Mill. Familien hatten danach auf durchschnittlich 6 ha Land eine reguläre Machtposition inne, während 1,3 Mill. nicht über eine solche verfügten, sich aber meist auf demselben Landstück verdingen mußten. 14,4 % der ländlichen Produzenten wurden als Lohnarbeiter klassifiziert, 33,1 % als "family workers", die keine eigenen Produktionsmittel (z.B. Zugvieh) besaßen. Diese beiden Gruppen scheint Khalatbari unter "Dorfproletariat" zusammengefaßt zu haben.

34) Vgl. Safari, in: Donya, a.a.O., S. 31-33.

35) Vgl. Jahrbuch des Teheran Economist vom 21.3.1961.

36) Das durchschnittliche bäuerliche Jahreseinkommen betrug 4.ooo Rial, vgl. Keyhan, 12.7.1962.

37) Vgl. Keyhan, 25.1o.1961.

38) Vgl. Keyhan, 27.3.1961, 17.9.196o, 23.9.1961.

39) Vgl. Keyhan, 17.6.196O, 17.9.196O, 23.9.1961.

4o) Vgl. Teheran Economist, 25.6.196o.

41) Der Geldwert verfiel und die Preise stiegen so schnell, daß der Preis der wichtigen Nahrungsmittel, z.B. von Weizen, pflanzlichen und tierischen Fetten u.ä., allein im Jahre 1958 um 33 % stieg. Vgl. Keyhan, 22.4.196o. Der Preisindex der Lebenshaltungskosten stieg so von 1oo (1936) auf 1.646 (1961), d.h. innerhalb von 25 Jahren um mehr als das 16-fache. Vgl. Keyhan, 22.3.1962.
Auch 196o sanken die Preise nicht, obwohl die Geldzirkulation eingeschränkt wurde. Der allgemeine Preisindex stieg in diesem Jahr um 12 %. Vgl. Keyhan, 7.5.1961.
Im Juni 1961 stiegen die Preise immerhin um 14 % im Vergleich zum selben Monat des Vorjahres. Vgl. Keyhan, 1.7.1961.

42) Vgl. Keyhan, 27.4.1961.

43) Vgl. Simonet, a.a.O., S. 51.

44) ebenda, S. 52.

45) Vgl. Keyhan, 19.1o.196o.

Anmerkungen zu 1.5.3.2.

1) Die Unterschlagung amerikanischer Gelder im Iran, die inzwischen aufgedeckt worden war, wurde durch Fred Cook publiziert, der die genauen Worte des Komitees wiedergab, welche die "Veruntreuung amerikanischer Hilfe" in Iran untersuchte. Vgl. The Nation, Juni 1961.

2) Vgl. Westwood, A.F., Reform Government in Iran, in: Current History, Nr. 248, 1962, S. 229.

3) Gehrke / Mehner, a.a.O., S. 198, die eine neue Interessengemeinschaft der Großgrundbesitzer und "Nationalfront" annehmen, übersehen die unterschiedlichen Intentionen dieser beiden Gruppen genauso wie die internen Differenzen der Nationalfront.

4) Vgl. Irfani, a.a.O., S. 73.

5) Vgl. Naini, A., Die Revolution im Iran, Hamburg, 1979, S. 77.

6) Vgl. Abrahamian, Iran between two Revolutions, a.a.O., S. 451 ff sowie 459.

7) Vgl. Floor, a.a.O., S. 310.

8) "Im Namen des barmherzigen und gnädigen Gottes
An Seine Eminenz Hojjat ol-eslam Behbahani.
Ich bitte, Eure Eminenz von folgendem in Kenntnis setzen zu dürfen: Als vor einiger Zeit Gerüchte über die Einschränkung des Eigentums (an Land) aufkamen, legte ich als Berater und in Erfüllung meiner Pflicht Seiner Exellenz, dem Premierminister, die Unvereinbarkeit dieser Sache mit den Gesetzen der heiligen Religion des Islams dar. Die Antworten, die ich erhielt, waren nicht überzeugend. Zur Zeit bekomme ich zahlreiche Briefe von verschiedenen Personen und Institutionen in vielen Städten, in denen meine Wenigkeit nach Ihrer Ansicht gefragt wird. Da es unziemlich ist, die göttlichen Gesetze zu verbergen, bleibt mir keine Wahl, als die Fragen der Leute zu beantworten. Jedesmal, wenn ich die Behörden auf etwas aufmerksam machte, wurde es ihnen deutlich, daß ich einzig durch mein Bestreben bewegt wurde, die religiösen Gesetze und das Interesse des Staates zu bewahren. Um so mehr bin ich darüber überrascht, daß sich in dieser Angelegenheit eine übereilte Verabschiedung dieses Gesetzes, ohne Überlegung und gründliche Prüfung und in Abwesenheit seiner Kaiserlichen Majestät, ganz deutlich abzeichnet. Ich bitte Eure Eminenz ernstlich darum, die beiden Häuser des Parlamentes, wie immer Ihr es für angemessen haltet, zu informieren, damit sie von der Verabschiedung (des Gesetzes) Abstand nehmen.

Ich bete zu Gott dem Allmächtigen, daß sich die Lage der Moslems bessere.
Unterschrieben: Hoseyn at-Tabataba'i al-Borujerdi, 25. Sha'ban 1379 (23. Februar 1960)." In: Echo of Iran (Hrsg.), Echo Reports, Nr. 334, Teheran, 17.2.1962, S.4.

9) Bayne, a.a.O., S. 48.

10) "Die Gesetzesvorlage zur Landreform hat die öffentliche Meinung aufgerührt und alle Moslems besorgt gemacht(...) Da besagtes Gesetz Artikel enthält, die der Lehre und der Grundlage der heiligen Religion und der Verfassung entgegenstehen, ist es überraschend(...) daß sogar eine Debatte darüber zugelassen wird(...) Besagtes Gesetz ist nicht legal, selbst wenn es angenommen werden sollte(...)". Vgl. Echo Reports, No. 334, 17.2.1962, S. 4.

11) Vgl. Floor, a.a.O., S. 311.

12) Vgl. Lambton, A.K.S., The Persian Land Reform 1962 - 1966, Oxford, 1969, S. 56 ff.

13) Vgl. Floor, a.a.O., S. 311.

14) The Liberation Movement and the National Front, veröffentlicht von "Freiheitsbewegung Iran's" (Nehzat-e Azadi-e Iran), 11.6.1961.

15) Vgl. Gehrke/Mehner, a.a.O., S. 198.

16) Vgl. Echo of Iran (Hrsg.), Iran Almanac, Teheran, 1963, S. 343.

Anmerkungen zu 1.5.3.2.1.

1) Vgl. Keyhan, 10.5.1961.

2) Diese Verbindung hob Amini in einem Interview besonders hervor, als er die Frau des Präsidenten am Teheraner Flughafen "freundschaftlich" empfing. Vgl. Keyhan, 27.3.1961.

3) Vgl. Keyhan, 22.6.1961.

4) Vgl. Keyhan, 14.5.1961.

5) Vgl. Etela'at, 16.5.1961.

6) Vgl. Floor, a.a.O., S. 312.

7) Vgl. Keyhan, 21.6.1961.

8) Vgl. Keyhan, 17.6.1961.

9) Vgl. Echo of Iran (Hrsg.), Echo Reports, Nr. 3o8, Teheran, 17.8.1961.

1o) "Anläßlich des 4o. Tages nach Borujerdis Tod besuchte Amini dessen Verwandte in Qom, um ihre Unterstützung zu gewinnen. Anscheinend hat er bei dieser Gelegenheit in Qom nicht mit anderen religiösen Führern gesprochen. Am 1o. August 1961 bat Ayatollah Behbahani den Shah, Neuwahlen anzuordnen. Um sich nicht ausbooten zu lassen, besuchte Amini nun Behbahanis Rivalen und politischen Gegner, Ayatollah Kashani, im Krankenhaus. Pressephotos zeigen, wie er Kashani die Hand küßte. Auf diese Weise machte Amini deutlich, daß er anderswo die Unterstützung der Religiösen suchen würde. Einige Tage später besuchte Amini den Schrein des Imam Reza in Mashhad, sprach dort mit religiösen Führern und ließ Photos von sich verbreiten, auf denen zu sehen war, wie er den Hof des Heiligtums kehrte." Floor, a.a.O., S. 313.

11) Vgl. ebenda, S. 312.

12) Beispielsweise sandte der Shah anläßlich des Todes von Borudjerdi sein Beileidstelegramm nur an Ajatollah Hakim. Trotzdem blieb die Unterstützung des Shah ohne Wirkung. Vgl. Algar, a.a.O., S. 244.

13) Aus einem persönlichen Interview mit einem Gewährsmann, der über Insider-Informationen verfügt und einem der führenden politisch aktiven Kreise angehörte. Die Tonbandaufnahme dieses Interviews liegt in meinem Archiv vor.

14) Vgl. Keyhan, 14.5.1961.

15) Die Nationalfront erklärte unter anderem: "Die Ausrede, die Dr. Amini zur Verschiebung der Wahlen vorbrachte, wird durch seine Verlautbarung, daß das Parlament seinen Reformen und einer Antikorruptionskampagne im Wege stünde, nur noch schlimmer. In seiner Botschaft zum Tag der Verfassung - jener Verfassung, die Dr. Amini selbst außer Kraft gesetzt hat - behauptete Dr. Amini, er habe ein günstiges Klima zu schaffen versucht, um die Wahlen auf der Basis von Gleichheit und Gerechtigkeit in die Wege zu leiten. (...) Es ist offensichtlich, daß ein wirklich repräsentatives Parlament, das auf der Grundlage von Gleichheit und Gerechtigkeit gewählt ist, sich Reformen und Antikorruptionskampagnen niemals in den Weg stellen wird. Doch stünde es einer Diktatur und der Verletzung der Gesetze durch die Regierung sehr wohl im Wege. Letzteres war es, was Dr. Amini zwang, die Verfassung aufzuheben und die Ausführung ihrer Bestimmungen zu verweigern." In der Erklärung heißt es weiter:

"Dr. Aminis Regierung sandte zur Aufnahme von Anleihen
Delegationen ins Ausland, ohne daß das Parlament tagt -
obwohl Artikel 25 der Verfassung fordert, daß alle In-
lands- und Auslandsanleihen durch das Parlament genehmigt
werden müssen.(...)Im Hinblick auf unsere Verfassung
warnt die Nationale Front alle in- und ausländischen
Geldgeber, daß alle Anleihen, die der Regierung gewährt
werden, während das Parlament nicht existiert, für das
iranische Volk nicht verbindlich sind und als null und
nichtig betrachtet werden." Vgl. Floor, a.a.O., S. 314.

16) Vgl. Keyhan, 1o.5.1961.

17) Vgl. Keyhan, 17.6.1961.

18) Floor, a.a.O., S. 314, der die Flugschrift in seinem Besitz hat, gibt sie wie folgt wieder:
die Rechte des Volkes in Übereinstimmung mit der Verfassung und der UNO-Deklaration der Menschenrechte zu
garantieren;
eine durch freie und allgemeine Abstimmung legitimierte
Regierung zu schaffen;
eine auf Bündnisfreiheit gründende unabhängige Außenpolitik einzuschlagen.

19) Vgl. Gehrke/Mehner, a.a.O., S. 199; Floor, a.a.O.,
S. 314 f.

2o) Am 18. Januar 1962 erklärte Arsandjani:
" Zwar hatte sich Borujerdi gegen die Gesetzesvorlage von
196o ausgesprochen, doch das Parlament hatte sie angenommen. Wenn es wirklich eine Fatwa (Rechtsgutachten der
Geistlichen) gewesen wäre, hätten auch alle Abgeordneten,
die für das Gesetz stimmten, unrechtmäßig gehandelt, da
das Fatwa bindend für sie wäre.(...)Wir führen nur aus,
wozu uns die Verfassung verpflichtet, doch haben wir das
Gesetz ergänzt(...),denn es konnte (sonst) nicht durchgesetzt werden". Echo of Iran (Hrsg.), Echo Reports, Nr.
334, Teheran, 17.2.1962, S. 5.
"Sardar Fakher Hekmat (der frühere Parlamentspräsident,
D.G.) protestierte in einem offenen Brief am 19. Januar
1962 gegen Arsanjanis Erklärung. Er warf ihm vor, die
Wahrheit zu verdrehen: Die Regierung Eqbal habe ein Gesetz vorgelegt, das im Gegensatz zum islamischen Gesetz
gestanden hätte. Daher habe sich Borujerdi dagegen ausgesprochen, und Hekmat habe daraufhin den Shah über
Borujerdis Einwände informiert. Dann habe der Shah Hekmat
beauftragt, darauf zu achten, daß das Gesetz so weit ab-
geändert werde, bis es im Einklang mit dem religiösen
Gesetz und der Verfassung stehe. Das Gesetz sei dann
durch den Landwirtschaftsausschuß des Parlaments abgeän-
dert worden, so daß es mit dem religiösen Gesetz übereinstimmte."Borujerdi habe daraufhin den neuen Text genehmigt."Echo Reports, No. 334, 17.2.1962, S. 5.

21) Zonis, M., The Political Elite of Iran, Princeton, N.J., 1971, S. 72 f.

22) Vgl. Floor, a.a.O., S. 315.

23) Vgl. Gehrke/Mehner, a.a.O., S.200

24) Shah-Rede, in: Iran Almanac, Teheran, 1972, S.515 f.

25) Ebenda.

26) "Im Oktober 1961 zum Beispiel schrieben mehrere Grundherren einen Brief an Ayatollah 'Abdo'l-Hadi-Shirazi nach Najaf: 'Im vergangenen Jahr stimmte das Parlament auf Druck der Regierung einem Gesetz zu, dem sogenannten Landreformgesetz, von dem wir zur Einsicht eine Kopie beifügen. Da drei Viertel der iranischen Bevölkerung auf dem Lande leben und sie alle Moslems sind, werden wir das Problem haben, ob sie nun auf legal besessenem Land ihre Gebete, ihre Waschungen und andere religiöse Riten verrichten. Lassen Sie uns deshalb bitte wissen, ob nach Ihrer Ansicht dieses neue Gesetz vom Standpunkt der Islamischen Gesetze gültig ist oder nicht.' Ayatollah Shirazi schrieb in seiner Antwort: 'Diese (Landreformgesetze) widersprechen den göttlichen Gesetzen des Islams. Sollte irgendjemand solches Land in Besitz nehmen, so treffen auf ihn die Vorschriften gegen Wucherer bzw. durch Wucher angeeignetes Land zu."
Echo Reports, Nr. 676-677, 23.6.1961, S. 4.
Nur drei Ajatollahs scheinen sich nicht explizit gegen die Landreform ausgesprochen zu haben: Shariatmadari und Ruhani, vgl. Cottem, a.a.O., S. 308, sowie Taleghani, vgl. Akhavi, a.a.O., S. 93. Die Position von Ajatollah Khomeini ist bis heute noch unklar; allerdings widersetzte er sich allgemein der Reformpolitik des Shah.

27) "Es scheint mir sehr notwendig, daß Eure Majestät sich zu allererst über die Ereignisse sachkundig machen sollten, um zu erfahren, wie sehr die Herzen der Iraner, ja der ganzen Menschheit, beleidigt wurden, und um die Taten aufzudecken, die die Verantwortlichen unter dem Vorwand, die Ordnung aufrechtzuerhalten, in diesen Tagen begangen haben. Weiter sollte auf jede mögliche Weise bekannt gemacht werden, daß Eure Majestät diese tragischen Ereignisse nicht billigen.(...) Als jemand, der Euch wohlgesonnen ist, mache ich Eure Majestät darauf aufmerksam, daß alle diese Schrecken, die aufs neue geschehen können, aus der Verzögerung bei der Eröffnung des Parlaments stammen sowie aus dem Mangel an Freiheit für das Volk, den es in diesem Maße noch nicht gegeben hat und gegen den die gesamte Bevölkerung heftig protestiert. Deshalb muß ich klar zu bedenken geben, daß jedes Zögern in dieser Angelegenheit sich auf jeden Aspekt des Lebens im

Lande schädlich auswirken wird. Eine weitere Verzögerung würde bedeuten, daß Eure Majestät versäumen, Eure Pflichten zu erfüllen. Ich halte es für meine Pflicht, Eure Majestät zu ersuchen, die Regierung anzuweisen, unverzüglich Parlamentswahlen in die Wege zu leiten. Es ist sicher, daß ehrenhafte Repräsentanten des Volkes, die frei und ohne Einmischung von irgendeiner Seite gewählt sind, alle geziemenden Vorhaben unterstützen werden, so Gott will". Echo of Iran (Hrsg.), Echo Reports, Nr. 334, Teheran, 17.2.1962, S. 6 f.

28) "Diese Personen waren: Hasan Taqizadeh (Ex-Präsident des Senates), Dr. Ahmad Matin-Daftari (1939 Premierminister), Sardar Fakher Hekmat (vormals Parlamentspräsident), 'Abdorrahman Faramarzi (Herausgeber der Zeitung Kayhan), Allahyar Saleh (Führer der Nationalen Front), Diwanbegi (früherer Senator), Mohammad Soruri (prominenter Rechtsanwalt), Sheykh Baha'od-Din Nuri (prominenter religiöser Führer)." Floor, a.a.O., S. 332.

29) Vgl. Iran Almanac, Teheran, 1963, S. 42.

3o) Floor sieht hierin die Hauptursache, vgl. a.a.O., S. 316.

Anmerkungen zu 1.5.3.2.2.

1) Vgl. Floor, a.a.O., S. 319.

2) Aus einem persönlichen Interview mit einem Gewährsmann.

3) Vgl. Cottam, a.a.O., S. 305 f.

4) "Die zunehmenden Exzesse haben die im allgemeinen tolerante Geistlichkeit, die einen der moralischen Grundpfeiler des Landes bildet, dazu gezwungen, Zeichen tiefer Unruhe zu zeigen. Das hat eine weitverbreitete öffentliche Besorgnis ausgelöst. Die Nationale Front hofft nicht, daß böswillige Menschen im Namen der Geistlichkeit Material veröffentlichen, das man in der Welt heute als reaktionär oder für das Interesse des Volkes schädlich empfinden könnte". Zitiert bei Floor, a.a.O., S. 32o.

5) Vgl. Stonequist, E.V., The Marginal Man, New York, 1961.

6) Vgl. Iran Almanac, Teheran, 1963, S. 433.

7) Vgl. Floor, a.a.O., S. 317.

8) So erklärte z.B. Ajatollah Khansari:
"Wir versammeln uns hier, um auf Telegramme und Briefe aus Tehran und anderen Teilen des Landes zu reagieren. Wir fordern, daß die Regierung die Einhaltung der Gesetze und der heiligen Lehre des Islams beachtet. Wir bedauern es deshalb, daß Personen, die Kraft der Religion(...)

in diesem Lande ein Amt innehaben, Dekrete erlassen, die
die Lehren des Islam verändern und ihn unter dem Deckmantel von Landreformen untergraben oder die der Religion
zuwiderlaufen, indem sie den Frauen die Teilnahme an gesellschaftlichen Angelegenheiten gestatten. Hiermit verkünde ich meine Ansichten über:
1. die Enteignung von Personen. Es ist eine schwere Sünde,
Eigentum von Personen per Dekret gewaltsam zu beschlagnahmen. Ein solches Vorgehen wird nicht nur für den Einzelnen, sondern für die gesamte Öffentlichkeit böse Folgen
haben. Weiter erkläre ich, daß Gebete oder (rituelle)
Waschungen, die auf solchem (enteigneten) Lande vorgenommen werden, ungültig sind;
2. Die Einmischung von Frauen in gesellschaftliche Angelegenheiten. Da dies die Frauen in Korruption verwickelt
und es dem Willen Gottes widerspricht, ist es durch den
Islam verboten und muß es beendet werden", Echo Reports,
Nr. 36o, 24.11.1962, S. 6.

9) Echo Reports, Nr. 36o, 24.11.1962, S. 7.

1o) Floor, a.a.O., S. 318:"Bei einer Versammlung mit Kleineigentümern versicherte Arsanjani seinen Zuhörern, sie
hätten nichts zu befürchten: Die Landreform wolle lediglich die Macht der Großgrundbesitzer brechen. Außerdem
ordnete er an, die Bauern hätten bei sonstiger Strafe den
von ihnen übernommenen Anteil des Grundeigentümers zu bezahlen. Das scheint eine Reaktion auf Ayatollah Milani
gewesen zu sein, der sich beim Shah beschwert hatte, daß
die kleinen Grundherrn durch die Landreform geschädigt
würden. Diese Schritte der Regierung wurden ihr allgemein
als Niederlage angerechnet."

11) Vgl. Iran Almanac, 1963, S. 394 f.(Hervorhebung von mir,
D.G.)

12) Vgl. Floor, a.a.O., S. 32o.

13) Vgl. Echo Reports, Nr. 386, 8.6.1963, S. 4.

14) "Der Moharram ist für die Schiiten ein Trauermonat, denn
der 9. (tasu'a) und 1o. (ashura) dieses Monats sind die
Jahrestage des Martyriums und Todes von Hoseyn, dem
Dritten Imam, in Karbala, im Jahre 68o unserer Zeitrechnung."   Richard, Y., a.a.O., S. 72.

15) Vgl. Iran Almanac 1963, S. 433 f.

16) Dieser Brief, der in einem sehr aggressiven Ton gehalten
war und zum *Widerstand* aufrief, wurde heimlich in vielen
Städten verbreitet. Darin hieß es:
"Ich bin sehr besorgt, da ich nichts über das Schicksal
der Theologiestudenten aus Qom weiß, die während der Demonstration im März verletzt worden sind und die man auf

Anweisung der Sicherheitsorganisation (SAWAK) aus den Krankenhäusern hinausgeworfen hat (...) Die Zukunft erscheint düster und schrecklich. Bei ihrem Vorgehen gegen unsere nationalen und religiösen Interessen werden die Herrschenden die Zahl der Verletzten wahrscheinlich so sehr vermehren, daß die Krankenhäuser voll und übervoll werden. Ihr wißt selber, und sicherlich besser als ich, daß gegenwärtig unsere religiösen und nationalen Interessen durch die korrupte Herrschaft und durch Amtsinhaber, die nicht verantwortlich gemacht werden können, bedroht und verletzt werden. Für einen Moslem wäre es befremdend, sich unter diesen Umständen mit Schweigen zu begnügen. Wir haben vieles geduldet: den barbarischen Angriff auf den heiligen Boden der theologischen Schule in Qom, die Einkerkerung, Folter und Verfolgung unserer national und religiös gesinnten Leute, den Angriff auf unsere Universitäten und andere Ausbildungsstätten, die Unterdrückung aller öffentlichen und individuellen Rechte und Freiheiten. Wir sahen über Bestechung, Korruption, Dekadenz und Verrat hinweg und über den Brudermord in vielen Teilen des Landes. Doch wie können wir die Schande ertragen, daß unser islamisches Land in einen Stützpunkt für Israel und den Zionismus verwandelt wird? Jetzt sind Eure Eminenz und ich verpflichtet, Widerstand zu leisten. Natürlich wird es dem Feind daran liegen, Gefahren für die Gesundheit und Sicherheit einiger religiöser Führer zu schaffen oder falsche Beschuldigungen gegen sie zu erheben. Doch beim heiligen Schrein des achten Imam erkläre ich, daß Ihr nicht alleine steht (...) Angesichts der drückenden Zensur müssen alle ehrenhaften Prediger die Trauertage des Moharram zum Anlaß nehmen, die Moslems über diese Angelegenheit aufzuklären, (...) das Volk über die Prozesse zu informieren, die gegen die korrupte Regierung bei den Gerichten anhängig sind. Man muß dem Volke sagen, daß die Herrschenden nicht mehr ausschließlich auf moslemischen Richtern bestehen, sondern jede beliebige verderbte Personen oder einen Kommunisten zum Richter machen. Man muß dem Volke sagen, wie der Iran den Agenten und Spionen Israels geöffnet wurde". Echo Reports, Nr. 397, 26.8.1963, S. 1 f.

17) Vgl. Floor, a.a.O., S. 322 f.

18) Vgl. Kippenberg, a.a.O., S. 217 ff.

19) ebenda, S. 24o.

2o) Weber, M., Wirtschaft und Gesellschaft, Tübingen, 1972^5, S. 3o4.

21) Die Rede Khomeinis ist abgedruckt bei Floor, a.a.O., S. 323 f.

22) ebenda.

23) Vgl. dazu Dialektik von Herrschaft und Knechtschaft, in: Hegel, G.W.F., Phänomenologie des Geistes, Hamburg, 1952.

24) Rede Khomeinis bei Floor, a.a.O., S. 323 f.

25) Vgl. Schröder, a.a.O., S. 14 ff.

26) Khomeini expliziert seine Überlieferungskritik erst später in seiner Schrift "Welajat-e faghi" (Die Schriftgelehrten-Herrschaft), in der er entgegen der bisherigen shi'itischen Tradition die Möglichkeit erwägt, daß der entrückte Imam vielleicht überhaupt nicht mehr zurückkehrt. Daraus folgert er die praktische Notwendigkeit der "Schriftgelehrten-Herrschaft " und begründet so seinen aktivistischen Chiliasmus.

27) Vgl. Floor, a.a.O., S. 324.

28) ebenda, S. 325

Anmerkungen zu 2.1.

1) Allerdings hatten kritische Studien zur wirtschaftlichen Entwicklung des Iran auch nur geringe Chancen, in westlichen Fachzeitschriften (von den iranischen ganz zu schweigen) publiziert zu werden. Zudem bestand für alle Forscher das Problem, daß die offiziellen Daten versuchten, ein "geschöntes Bild" der Realität zu geben: "Die Autoritäten, die unwillig waren, die Lebensbedingungen im Iran zu reformieren, reformierten stattdessen die statistischen Daten". Parvin, M./Zamani, A.N., Political Economy of Growth and Destruction - A statistical Interpretation of the Iranian Case, in: Iranian Studies, Vol. XII, Nr. 1-2, winter-spring 1979, S. 43.

2) "Im Sinne der Rostow'schen Wachstumsstadien befindet sich das Land im 'take-off', in der Phase des wirtschaftlichen Aufstiegs." Vgl. Korby, W., Probleme der industriellen Entwicklung und Konzentration im Iran, Wiesbaden, 1977, S. 1; vgl. außerdem: "Bericht der BDI-Delegation" nach einem Iran-Besuch, Köln, 13.1.1973 und Thumm, U., Iran - Wirtschaftsstruktur und Entwicklungsplanung, Bremen, 1976.

3) Vgl. Jahresbericht der iranischen Zentralbank (demnächst nur JBZ), 1977/78, S. 160-163.

4) Niemals zuvor hatte es in der Erdölindustrie einen so gewaltigen Sprung der Preise und der Staatseinnahmen gegeben. Die Preissteigerungen des gesamten Jahres 1973

erhöhten die Einkünfte Irans von 5 Mrd. Dollar auf 19 Mrd. Dollar. Vgl. JBZ, 1973/74, S. 11; sowie Graham, R., Iran - Die Illusion der Macht, Ffm., Berlin, Wien, 1979, S. 4.

5) "Die Frage blieb indessen, wie ein Land, das sein Einkommen in weniger als drei Monaten vervierfacht, mit der Geldschwemme fertig wird, besonders, wenn es ein Entwicklungsland ist. Es gab keine Vorbilder, an denen sich der Iran orientieren konnte (...)." Graham, a.a.O., S.7.

6) "Diese zwei Jahre waren (...) eine entscheidende Periode in der Entwicklung des heutigen Iran. Es ist zu unterstreichen, daß *der Shah es war, der für Stil und Richtung der Politik die alleinige Verantwortung trug* (...) Er wollte zu viel zu schnell erreichen und hat damit den Fortschritt im Iran gebremst." Vgl. Graham, a.a.O., S. 1o;(hervorgehoben von mir, D.G.).

7) Vgl. Publication of the High Economic Council of Iran, Nr. 6, 1960, S. 89.

8) Vgl. Baldwin, a.a.O., S. 42.

9) Vgl. ebenda, S.70.

1o) Vgl. ebenda, S. 93.

11) Vgl. Planorganisation (Hrsg.), Outline of the 3rd Plan 1341-46, Teheran.

12) US-Handelsministerium, World Trade Information Service, Economic Report Iran 1961, Part. Nr. 62-5, Washington, 1962.

13) Vgl. Ministerium für Information (Hrsg.), The 4th Development Plan, Juni 197o, S. 1o.

14) Baldwin, a.a.O., S.144.

15) Vgl. ebenda.

16) Vgl. Iranische Zentralbank (Hrsg.), Investor Guide to Iran, Teheran, 1969, S. 13.

17) Vgl. ebenda.

18) Vgl. Mikdashy, Z., A Financial Analysis of Middle Eastern Oil Concessions 19o1-1965, N.Y., 1966, S. 221.

19) Informationsministerium, Industrial Revolution of Iran, Teheran, Jan. 197o, S. 5.

2o) Vgl. Pahlavi, a.a.O., S. 40 f.

21) Bericht der BDI-Delegation über die Informationsreise in den Iran, Köln, 1973, S. 14.

22) Doch mit dem Beherrschen und Ausbeuten ist nicht, wie meist angenommen, eine bloße Plünderung gemeint. "Es ist nichts gewöhnlicher als die Vorstellung, in der Geschichte sei es bisher nur auf das *Nehmen* angekommen. Die Barbaren *nehmen* das Römische Reich, und mit der Tatsache dieses Nehmens erklärt man den Übergang aus der alten Welt in die Feudalität. Bei dem Nehmen durch Barbaren kommt es aber darauf an, ob die Nation, die eingenommen wird, industrielle Produktivkräfte entwickelt hat, wie dies bei den modernen Völkern der Fall ist, oder ob ihre Produktivkräfte hauptsächlich bloß auf ihrer Vereinigung und dem Gemeinwesen beruhen. (...) Und endlich hat das Nehmen überall sehr bald ein Ende, und wenn nichts mehr zu nehmen ist, muß man anfangen, zu produzieren. Aus dieser bald eintretenden Notwendigkeit des Produzierens folgt, daß die von den sich niederlassenden Eroberern angenommene *Form des Gemeinwesens der Entwicklungsstufe der vorgefundenen Produktivkräfte entsprechen, oder*, wenn dies nicht von vornherein der Fall ist, *sich nach den Produktivkräften ändern muß*." (Hervorhebung von mir, D.G.). Marx, K./Engels, F., Die Deutsche Ideologie, MEW, Bd. 3, S. 64. Entsprechendes gilt für die Kolonisierung der "unterentwickelten" Länder bis hin zur Internationalisierung der kapitalistischen Produktionsweise. In dem Falle findet das Kapital eine vorgegebene Produktionsweise und entsprechende Produktionsverhältnisse vor und bedient sich dieser als "Krücke", solange es schwach ist; wie in der ursprünglichen Phase seiner Entstehung wirft es aber diese "Krücken" fort und bewegt sich entsprechend seinen eigenen Gesetzen, sobald es sich stark fühlt. Vgl. dazu Marx, K., Resultate des unmittelbaren Produktionsprozesses, Ffm., 1969, S. 45 ff.

23) "Die höchste Entwicklung des Kapitals ist, wenn die allgemeinen Bedingungen des gesellschaftlichen Produktionsprozesses nicht aus dem *Abzug der gesellschaftlichen Revenu* hergestellt werden (...), sondern aus dem *Kapital als Kapital*. Dies zeigt den Grad einerseits, worin das Kapital sich alle Bedingungen der gesellschaftlichen Produktion unterworfen, und daher andererseits, wieweit der gesellschaftliche reproduktive Reichtum *kapitalisiert* ist und alle Bedürfnisse in Form des Austauschs befriedigt werden." Marx, K., Grundrisse..., a.a.O., S. 431.

24) Vgl. Marx, K., Kritische Randglossen zu dem Artikel Der König von Preußen und die Sozialreform. Von einem Preußen, MEW, Bd. 1, S. 402.

25) Halliday, a.a.O., S. 28, (Hervorhebung von mir, D.G.).

26) Ebenda.

27) "Die Ablösung der *travaux publics* vom Staat und ihr Übergehn in die Domäne der vom Kapital selbst unternommenen Arbeiten zeigt den Grad an, wozu sich das reelle Gemeinwesen in der Form des Kapitals konstituiert hat (...)." Marx, K., Grundrisse..., a.a.O., S. 429.

28) Graham, a.a.O., S. 8.

29) "Es gab keine Vorbilder, an denen sich der Iran orientieren konnte (...)". Graham, a.a.O., S. 7.
Bei dieser Formulierung weiß man schließlich nicht mehr, wer das Subjekt ist, das sich hätte orientieren sollen. Ist es der Shah, der keine Vorbilder hatte, seine "Umgebung" oder "der Iran" ?!

30) "Daß jede Nation verrecken würde, die ich will nicht sagen für ein Jahr, sondern für ein paar Wochen die Arbeit einstellte, weiß jedes Kind. Ebenso weiß es, daß die den verschiedenen Bedürfnissen entsprechenden Massen von Produkten verschiedene und quantitativ bestimmte Massen der gesellschaftlichen Gesamtarbeit erheischen. Daß diese *Notwendigkeit der Verteilung* der gesellschaftlichen Arbeitsteilung in bestimmte Proportionen durchaus nicht durch die *bestimmte Form* der gesellschaftlichen Produktion aufgehoben, sondern nur ihre *Erscheinungsweise* ändern kann, ist self-evident. Naturgesetze können überhaupt nicht aufgehoben werden. Was sich in historisch verschiedenen Umständen ändern kann, ist nur die *Form* worin jene Gesetze sich durchsetzen. (...) Die Form, worin sich diese proportionale Verteilung der Arbeit durchsetzt, in einem Gesellschaftszustand, worin der Zusammenhang der gesellschaftlichen Arbeit sich als *Privattausch* der individuellen Arbeitsprodukte geltend macht, ist eben der Tauschwert dieser Produkte."
Marx' Brief an Kugelmann vom 11. Juli 1868, MEW, Bd. 32, S. 552 f (Hervorhebungen von mir, D.G.).

31) Vgl. Marx, K., Kritik des Hegelschen Staatsrechts, MEW, Bd. 1, S. 247.

32) "Übrigens sind Teilung der Arbeit und Privateigentum identische Ausdrücke - in dem einen wird in Beziehung auf die Tätigkeit dasselbe ausgesagt, was in dem anderen in Beziehung auf das Produkt der Tätigkeit ausgesagt wird (...)". Marx, K./Engels, F., Die Deutsche Ideologie, MEW, Bd. 3, S. 32.

Anmerkungen zu 2.1.1.

1) Eine ausführliche Beschreibung der unmittelbaren Folge dieser "Engpässe" findet sich u.a. bei Graham, a.a.O., S. 9o-15o; sowie bei Halliday, a.a.O., S. 253 ff.

2) Die allgemeine Preisinflation wurde vor allem seit Anfang der 7oer Jahre unter dem starken Druck des Zustroms von Deviseneinnahmen noch verstärkt. Allein 1975 und 1976 betrug die Steigerung der Inflationsrate je 17,8 %. Vgl. Tab. 1 und Hill, L.H./Niknam, R., American Treasure and the Price Revolution in Iran, in: Iranian Economic Review, Nr.5, Teheran, 1978, S. 13; zur Problematik der "offiziellen" Angaben über die Inflationsraten vgl. Graham, a.a.O., S. 1o7.

3) JBZ, 1977/78, S.24.

4) Vgl. Marx,K., Das Kapital, MEW, Bd. 23, S. 127 f.

5) Vgl. Marx,K., Das Kapital, MEW, Bd. 25, S. 259.

Anmerkungen zu 2.1.1.1.

1) Vgl. JBZ 1977/78, S. 112.

2) Vgl. JBZ 1971/72, S. 8.

3) Vgl. JBZ 1972/73, S. 9.

4) Vgl. JBZ 1971/72, S. 1o.

5) Vgl. JBZ 1973/74, S. 12.

6) Vgl. JBZ 1974/75, S. 15.

7) Vgl. JBZ 1973/74, S. 6.

8) Vgl. JBZ 1973/74, S. 17.

9) Vgl. JBZ 1973/74, S. 18

1o) Vgl. JBZ 1974/75, S. 12.

11) Vgl. JBZ 1974/75, S. 15.

12) Vgl. JBZ 1974/75, S. 12.

13) Vgl. JBZ 1974/75, S. 13.

14) Vgl. JBZ 1974/75, S. 13.

15) Vgl. JBZ 1974/75, S. 74.

16) Vgl. JBZ 1974/75, S. 74

17) Vgl. JBZ 1974/75, S. 15.

18) Vgl. JBZ 1974/75, S. 17. In dieser Lohnsteigerung sind die Überstunden inbegriffen. Da die Nachfrage steigt, werden die Produktionskapazitäten vor allem durch Überstunden ausgeweitet.

19) Vgl. JBZ 1975/76, S. 16 und JBZ 1976/77, S. 1o.

2o) Vgl. JBZ 1976/77, S. 11.

21) Vgl. JBZ 1976/77, S. 53.

22) Vgl. JBZ 1976/77, S. 122.

23) Vgl. JBZ 1977/78, S. 122.

24) Vgl. JBZ 1977/78, S. 17.

25) Vgl. JBZ 1977/78, S. 15.

Anmerkungen zu 2.1.1.2.

1) Vgl. JBZ 1977/78, S. 32.

2) Vgl. Graham, a.a.O., S. 139 f.

3) Vgl. Tab. 7 und 8. Zum sektoralen Beitrag zur Entstehung des Brutto-Inlandsproduktes (BIP) vgl. Tab. 9.

Anmerkungen zu 2.1.1.3.

1) Vgl. JBZ 1977/78, S. 18.

2) Vgl. JBZ 1977/78, S. 32.

3) Vgl. Mohaghegh, F., Die Ursachen und Elemente der Arbeitslosigkeit im Iran, in: Ketab-e Djom'eh, 1.Jg., Nr.21, Teheran, 1979/8o, S. 43.

4) Vgl. den 5. Aufbauplan 1352-56 (1973-77). Hrsg. v. Plan- und Budgetorganisation, 1973, S. 15.

5) Vgl. ebenda.

6) Bericht des "Ländlichen Komitees": Ländliche Gesellschaft im 6. Aufbauplan. Ziele, Richtlinien und Durchführungskriterien, S. 6; vgl. auch Tab. 6.

Anmerkungen zu 2.1.1.4.

1) Vgl. JBZ 1972/73, S. 12 und JBZ 1977/78, S. 12.

2) JBZ, 1977/78, S. 127.

3) Vgl. "Investitionen im Iran". BfA, Köln 1974, S. 13.

4) Vgl. Korby, a.a.O., S. 143.

5) Vgl. Samadi, H., Die Bedeutung der Industrialisierung für die wirtschaftliche Entwicklung des Iran, Köln, 1971, (Diss.), S. 145.

6) Vgl. Mehran, F., Distribution of Benefits from public Consumption Expenditures among Households in Iran, Genf, Juli 1976.

7) Vgl. Keddie, Das Erbe des Midas, a.a.O., S. 23, sowie Greussing, Iran - Polizeistaatskapitalismus, Marginalisierung und islamische Revolution, a.a.O., S. 54 f.

8) Vgl. ebenda, S. 56.

9) Vgl. Mehran, F./Zaker-Handjani, H., Ökonomisches Wachstum und ungleiche Einkommensverteilung im Iran, o.O., o.J., (persisch).

10) Vgl. Thumm, a.a.O.

11) Vgl. Katouzian, The political economy, a.a.O., S. 3o8.

12) Vgl. ebenda, S. 272.

13) Vgl. National Census of Population, a.a.O., S. 154-156.

14) Zeitschrift der iranischen Zentralbank, Nr. 177, 1978, S. 84 (persisch).

15) Wohneinheit wird definiert als die Gesamtheit bzw. der Teil eines Gebäudes, der mindestens einen Wohnraum aufweist.

16) Vgl. JBZ 1977/78, S. 62.

17) Als Beispiel sei hier eine empörte Zeitungsmeldung zitiert: "Vor vier Monaten mietete eine Firma für einen amerikanischen General eine Villa für monatlich 8o.ooo Toman (= 2o.ooo DM) Miete, rechnen Sie, wieviel er monatlich verdiente (...) Ein amerikanischer Unteroffizier

mietete sich eine Wohnung für 18.ooo Toman (4.5oo DM).
Er sagte, daß er täglich 75o Toman allein als Zuschuß
für seine Verpflegung und Miete bekäme." In: Ajandegan,
2o.2.1978. Als Umrechnungsgrundlage wird 1 DM = 4 Toman
gesetzt.

18) Vgl. Zeitschrift der Zentralbank, a.a.O., S. 9o.

Anmerkungen zu 2.1.2.1.

1) Vgl. Planck, U., Die Rolle der Landwirtschaft in der neuen iranischen Wirtschaftspolitik, in: Iran in der Krise. Weichenstellungen für die Zukunft. Hrsg. v. Forschungsinstitut der Friedrich-Ebert-Stiftung, Bonn, 1980, S. 165.

2) Vgl. JBZ, 1977/78, S. 18 und 32.

3) Unmittelbar vor dem Aufstand entfielen 33,5 % aller Ausgaben einer iranischen Familie auf Lebensmittel. Zur Problematik der Einkommenselastizität der Nachfrage nach Nahrungsmitteln in Entwicklungsländern vgl. auch Halliday, a.a.O., S. 121. C. Clark errechnete für England am Ende des 18. Jahrhunderts ein Verhältnis von o,9, für Japan am Ende des 19. Jahrhunderts ein Verhältnis von o,6 und für Indien nach dem Zweiten Weltkrieg ein Verhältnis von o,8. Vgl. Katouzian, H., Der Agrarsektor in der iranischen Wirtschaft, in: Taghighat-e Eghtesadi, Nr. 27/28, Teheran, 1971, S. 221.

4) Zwischen 1956-66 lag sie bei 3,1 % und zwischen 1966-67 bei 2,7 % (vgl. Tab. 18).

5) Vgl. JBZ 1977/78, S. 124.

6) Vgl. National Income of Iran 1959-72, a.a.O., S. 25; vgl. dazu auch Katouzian, The Political Economy..., a.a.O., S. 306.
Zu den Problemen des Imports moderner Viehzuchtmethoden vgl. Graham, a.a.O., S. 14o, und die prinzipielle Kritik von Brun, T./Dumont, R., Des prétentions imperiales à la dépendance alimentaire. Remarques sur le développement du secteur agro-alimentaire en Iran, in: Peuples Méditerranéens, Nr. 2, Paris, 1978.

7) Vgl. Banisadr, A./Vieille, P., Iran et les Multinationales, in: Esprit, Paris, Nov. 1977, S. 109.

8) Vgl. Aresvik, O., The Agricultural Development of Iran, N.Y., 1976, S. 234, 235, 238.

9) Vgl. JBZ, 1977/78, S. 172.

1o) Vgl. Brun/Dumont, a.a.O., S. 14 ff.

11) Vgl. JBZ 1977/78, S. 24o, 241, 251.

12) Vgl. Mc Lacklan, K., The Iranian Economy 196o-76, in: Amirsadeghi, H./Ferrier, R.W.(Eds.): Twentieth Century Iran, London, 1977, S. 165 f.

13) Vgl. Jacqz, Jane (Ed.), Iran - Past, Present and Future, N.Y., 1976, S. 17.

14) Vgl. Brun/Dumont, a.a.O., S. 5.

15) Vgl. BfA, Iran - wirtschaftliche Entwicklung, 1976/77, Köln, Juli 1977, S. 4f.

16) Vgl. Tab. 21 und National Income of IRAN, 1959-72, S. 64.

Anmerkungen zu 2.1.2.2.

1) Korby, a.a.O., S. 1. Korby wird hier so ausführlich zitiert, weil er in seinem Argumentations- und Begründungszusammenhang ein Paradebeispiel für fast alle bisherigen "wissenschaftlichen Veröffentlichungen" zu diesem Thema ist.

2) Thumm, a.a.O., S. 113.

3) Vgl. ebenda.

4) Die entsprechenden Wachstumsraten zu konstanten Preisen betrugen der Reihe nach ca. 14,3 % und 9,5 % (vgl. Tab. 5).

5) Die durchschnittliche Wachstumsrate des Erdölsektors lag zwischen 1962-1977 bei 9,6 % und betrug zu jeweiligen Preisen 31,8 % p.a. (vgl. Tab. 5).

6) Vgl. Mohaghegh, a.a.O., S. 42, sowie National Income of Iran 1959-1972, S. 39; außerdem Tab. 10.

7) Die Behauptung, der Iran werde bald die "Tore der Zivilisation" erreichen, war der Kernpunkt aller offiziellen Propaganda der letzten 1o Jahre.

8) Vgl. 5. Aufbauplan, S. 15.

9) Vgl. JBZ 1977/78, S. 51.

1o) Vgl. das Kapitel über die bäuerlichen Eigentums- und Produktionsverhältnisse sowie Vermarktung ihrer Produkte.

11) 1973 lag der Ertrag des vermarkteten Weizens genauso hoch wie der der in der größten iranischen Auto-(montage-)Industrie produzierten Pkws. Vgl. Kandokav, Nr. 8/ 1978, S. 21. In diesem Jahr wurden 4,5 Mill. Tonnen Weizen auf 6,3 Mill. ha Land produziert. Der Preis für Weizen lag bei 1o Rial/kg.

12) Vgl. JBZ 1977/78, S. 2o.

13) Insgesamt weist die Industrie 1977/78 mit 648,3 Mrd. Rials elf mal mehr an "Wertschöpfung" im Vergleich zu 57,8 Mrd. Rials 1962/63 auf (vgl. Tab. 9).

14) Vgl. Hobsbawm, a.a.O., S. 33 ff; Ullrich, O., Weltniveau - In der Sackgasse des Industriesystems, Berlin, 1979, S. 23 ff.

15) Vgl. Claessens, a.a.O.

16) Vgl. "Bericht zur Lage der Industrie", in: "Piruzi", Nr. 6, Feb./März 1981, (persisch), S. 25.

17) Vgl. Mohaghegh, a.a.O., S. 43.

18) Vgl. ebenda, S. 44; Der "Bericht zur Lage der Industrie" zählt 6.5oo, eine unveröffentlichte offizielle Quelle 7358 Großbetriebe.

19) Vgl. Mohaghegh , a.a.O., S. 42; nach dem "Bericht zur Lage der Industrie", a.a.O., S. 25 ff, sollen vor dem Aufstand insgesamt 2,5 Mill. Arbeitskräfte in der Industrie tätig gewesen sein.

2o) Insbesondere in den Klein- und mittelgroßen Städten dominierten auch in den 7oer Jahren die kleinen Familienbetriebe mit meist 2 oder 3 Beschäftigten; vgl. Ehlers, E., Iran, Grundzüge einer geographischen Landeskunde, Darmstadt, 198o, S. 295 .

21) Vgl. Eslami, M., Grundlagen und Probleme der iranischen Industrie, in: Taghighat-e Eghtesadi,Nr. 33/34, Teheran, 1976, S.63. Assajesh gibt die Zahl der Großbetriebe mit 6.626 Betrieben an. Vgl. Assajesh, H., Die Industriegeographie Irans, Tabriz, 1354 (1976), (persisch), S. 3.

22) Nach den vorläufigen Ergebnissen der letzten Betriebszählung der Großindustrie von 1976/77 lag die Wertschöpfung der 296.898 Beschäftigten der 4.804 Großbetriebe (Teppichmanufakturen, Erdölraffinerie und die Hüttenwerke sind in diesen Zahlen nicht berücksichtigt) bei insgesamt 260.573 Rials. Vgl. Die vorläufigen Ergebnisse der Betriebszählung der Großindustrie , (Hrsg.): Plan and Budget Organisation, Juli 1979, S. 3. Demnach lag die durchschnittliche Wertschöpfung pro Kopf der Beschäftigten in den Großbetrieben bei 878.000 Rials.

23) Vgl. JBZ 1977/78, S. 160 f, und National Census of Population, Nov. 1976, S. 83.

24) Vgl. Saadat, F. / Amini, A., Die Wirtschaftsgeographie Irans, Teheran 2335 (1976), S. 353.

25) Vgl. Saadat / Amini, a.a.O., S. 271.

26) Vgl. Mohaghegh , a.a.O., S. 44, und Tabelle 31.

27) Mit durchschnittlich 80,6 Beschäftigten je Betrieb und 0,82 Mill. Rial Wertschöpfung durchschnittlich pro Beschäftigten jährlich.

28) Mit durchschnittlich 29,7 Beschäftigten pro Betrieb und durchschnittlich 0,47 Mill. Rial Wertschöpfung pro Beschäftigten jährlich.

29) Mit durchschnittlich 120 Beschäftigten pro Betrieb und durchschnittlich 1,18 Mill. Rial Wertschöpfung pro Beschäftigten jährlich.

30) Diese Prozentsätze wären noch geringer, hätte man die Zahl der Teppichmanufakturen berücksichtigt.

31) Mit durchschnittlich 107,2 Beschäftigten pro Betrieb und durchschnittlich 1,6 Mill. Rial Wertschöpfung pro Beschäftigten jährlich.

32) Vgl. Eslami, a.a.O., S. 63. Zur Entwicklung der Industriebranchen und ihrer Struktur vgl. Abb. 3-7.

33) Vgl. "Kandokav",

34) Vgl. Probleme und Schwierigkeiten der Industrie im Iran, (Hrsg.): Iranische Zentralbank, Sept. 1980, S. 47.

35) Vgl. u.a. Parvin/Zamani, a.a.O., S. 62 ff.

Anmerkungen zu 2.1.2.3.

1) Paradebeispiel dafür ist Amuzegar, J./Fekrat, M.A., Iran - Economic Development under Dualistic Conditions, Chicago, 1971; vgl. auch Radserecht, a.a.O., der zwar eine Kritik des dualistischen Modells vornimmt, jedoch nur, um schließlich die Hypertrophie des tertiären Sektors apologetisch zu rechtfertigen.

2) Vgl. JBZ, 1977/78, S. 21.

3) Von insgesamt 8 788 830 Erwerbstätigen waren 2 740 682 Personen im tertiären Sektor beschäftigt. Vgl. National Census of Population, Nov. 1976, S. 82.

4) Vgl. Panahi, a.a.O.; außerdem auch Statistisches Jahrbuch 1976/77 und 1977/78, hrsg. v. Statistical Centre of Iran, sowie Tab. 7 a und b.

5) Vgl. National Census of Population, Nov. 1976, S. 82.

6) Diese Zahl ergibt sich aus: 316 277 (Prod. workers, trans., ...) minus 160 512 (Transport and sortage workers im öffentlichen Dienst); vgl. ebenda, S. 67 und 82 sowie Tab. 43.

7) Vgl. Marx, K., Grundrisse..., a.a.O., S. 431.

8) Vgl. National Census of Population, 1976, S. 82.

9) Nach Mohaghegh ging die Zahl der Erwerbstätigen im Agrarsektor allein zwischen 1971 (3,410 Mill.) und 1976 (2,978 Mill.) um 432 000 (12,7%) zurück. Dabei ist zu beachten, daß 1976 750 000 Personen in ländlichen Gebieten arbeitslos und von den im Agrarsektor Beschäftigten 480 000 Personen unterbeschäftigt waren. Vgl. Mohaghegh, a.a.O., S. 42 f.

10) Vgl. JBZ 1977/78, S. 21.

11) Zum Beitrag der einzelnen Sektoren zur Entstehung des Brutto-Inlands-Produkts vgl. die Einleitung dieses Kapitels.

12) Der Import modernster Waffengattungen ist nur ein Posten dieser parasitären Existenz der "öffentlichen Dienstleistung". Zum Anteil des Rüstungsimport am Gesamtimport und den Investitionen des öffentlichen Sektors für staatliche Bauten vgl. Gholamasad, D., Zu den ökonomischen Hintergründen des Aufstands und der Krise des Shahregimes, Iran Report, Ffm., 1978, S.26-31 und 38 ff.

13) Vgl. Le Monde vom 4.10. 1973.

14) Keyhan vom 6.9.1977.

15) Bericht über die Aktivitäten des Ministeriums für Genossenschaften und ländliche Angelegenheiten - Bereich der Gründung und Führung der LAGs und Produktionsgenossenschaften, (unveröffentlicht), o.O., 1354 (1975), (persisch).

16) Graham, a.a.O., S. 9.

17) Vgl. Gholamasad, D., Zu einigen Aspekten der gegenwärtigen Krise des Imperialismus, in: Kargar, Nr. 13, o.O., 1978, (persisch).

18) Vgl. Außenpolitik, Jan. 1978, S. 104 f.

19) Vgl. ebenda.

20) Vgl. ebenda.

21) Außenhandelsblätter der Commerzbank, Nr. 7, 1973, S. 7.

22) Vgl. Akbari, A.A., Staatskapitalismus und Staatsproblem, Teheran 1358 (1982), (persisch). Akbari kritisiert in diesem Buch von der Position der liberalen Industriebourgeoisie das Shah-Regime und sucht die Ursachen der Krise in den maßlosen ökonomischen Eingriffen des Staates; dabei zitiert er - in diesem Sinne - ausführlich die Vertreter des privaten Sektors. Allerdings übersieht er, ebenso wie die meisten bürgerlichen Kritiker des Shah-Regimes, die strukturellen Zusammenhänge, so daß er notwendigerweise moralisierend-oberflächlich bleiben muß. Jedoch stellt er ein exemplarisches Beispiel für die iranische Illusion vom bürgerlichen Liberalismus dar.

Anmerkungen zu 2.2.1.

1) Die Landreform begann 1962 und wurde nach drei Phasen 1972 offiziell abgeschlossen:

Vorphase
- 1950 Kaiserlicher Erlaß zur Aufsiedlung des Kronlandes (Durchführung 1951-1958)
- 1952 Gesetz zum Schutz der Pächter
- 1955 Gesetz über die Aufsiedlung der Staatsdomänen (Durchführung 1958-1962)

1. Phase
- 1960 Verabschiedung eines allgemeinen Bodenreformgesetzes
- 1962 Inkraftsetzung eines vom Ministerrat verbesserten Bodenreformgesetzes (Durchführung 1962-1964)

2. Phase
- 1963 1. Erweiterung des Bodenreformgesetzes von 1962 (Durchführung 1965-1968)
- 1965 Verkündigung eines 12-Punkte-Programms

3. Phase
- 1968 2. Erweiterung des Bodenreformgesetzes von 1962 (Durchführung 1968-1972)
- 1970 Gesetz über die Verteilung von Pachtland
- 1971/2 Gesetz über die Verteilung des Landes gemeinnütziger Stiftungen

Reintegrationsphase
- 1967 Gesetz zur Errichtung landwirtschaftlicher Aktiengesellschaften
- 1969 Freigabe von Staatswald und Steppe zur Kultivierung durch Kapitaleigner und -gesellschaften
- 1970 Förderung von agroindustriellen Kombinaten

Vgl. Planck, U. , Iranische Dörfer nach der Landreform, Opladen 1974, S. 25 f ; vgl. auch Tab. 22.

2) Es handelt sich hierbei um ein Produktionsverhältnis, das sich durch das Eigentum der "5-Produktionsfaktoren " konstituierte. Demnach wurde die Ernte durch die Eigentümer dieser "Produktionsfaktoren" zu gleichen Anteilen angeeignet. Der Grundeigentümer, der zugleich die Wasserrechte besaß, eignete sich mindestens 2/5 der Ernte an; stellte er noch das Saatgut zur Verfügung, hatte er zusätzlich Anspruch auf ein weiteres Fünftel. Der Bauer, der zumeist nur die Arbeitskräfte einbrachte, erhielt ebenfalls 1/5 der Ernte; stellte er auch das Zugvieh, was meist bei wohlhabenden Bauern ("gavband") der Fall war, konnte er noch ein weiteres Fünftel beanspruchen. Vgl.Planck, U., Der Teilbau im Iran, in: Zeitschrift für ausländische Landwirtschaft, Jg. 1, Heft 1, Ffm., 1962, S. 47 und 81.

3) "Nassagh-Recht" war das traditionelle Anbaurecht der Teilbauern auf dem Boden des Dorfes, das dem Großgrundeigentümer gehörte; es stellte den gewohnheitsrechtlichen Ausdruck der traditionellen Verwurzelung des Teilbauern auf dem Land dar. Neben dem Bauern mit "nassagh-Recht" existierten die "khoshneshins", die dieses Recht nicht innehatten und zumeist als ländliche saisonale Arbeitskräfte eingesetzt wurden. Aus diesem Grunde konnten, laut Landreformgesetz, nur die Teilbauern mit "nassagh-Recht" einen Anspruch auf den Erwerb eines Teils des von ihnen bebauten Landes geltend machen.

4) Vgl. Keddie, Stratification..., a.a.O., S. 389; zum Ablauf der Bodenbesitzreform vgl. Tab. 22.

5) Bis 1975 waren 65 bäuerliche Aktiengesellschaften gegründet, die über 3o6.95o Aktien verfügten. Die 22.778 Aktionäre umfaßten mit ihren Familien insgesamt 123.882 Personen. Die LNF dieser Gesellschaften belief sich auf 231.759 ha. Vgl. Statistisches Jahrbuch des iranischen statistischen Zentralamtes 1977/78, S. 291.

6) Vgl. JBZ,1977/78, S. 32.

7) Vgl. 2. National Census of Agriculture, S. 11.

8) Vgl. dazu Kap. 2.3.1.

<u>Anmerkungen zu 2.2.2.</u>

1) Vgl. Hesse, a.a.O., S. 642.

2) Die Autoren sind sich in ihren Analysen jedoch nicht immer einig und es würde zu weit führen, diese Debatte hier darzustellen. Dazu vgl.: Arbeitsgruppe Dritte Welt am OSI, Neue Imperialismustheorie, in: Sozialistische Politik, 2. Jg., Nr. 6/7, Juni 197o, S. 91-111; Amini, S., Die ungleiche Entwicklung, Hamburg, 1975; Mandel, E., Der Spätkapitalismus, Ffm., 1972; Gholamasad, D., Zu einigen Aspekten der gegenwärtigen Krise des Imperialismus, a.a.O.

3) Es würde zu weit führen, hier die Entwicklung der "importsubstituierenden Industrialisierung" als Funktion der veränderten internationalen Bedingungen der Kapitalakkumulation der "Industrieländer" seit der "3. industriellen

Revolution" darzustellen. Vgl. Mandel, a.a.O.; Müller-Plantenberg, U., Die Bundesrepublik Deutschland und die neue Weltwirtschaftsordnung, in: Internationale Verflechtung und soziale Kämpfe. Lateinamerika - Analysen und Berichte 2, hrsg. v. Bennholdt-Thomsen, V., u.a., Berlin, 1980^2, S. 79-102, vor allem Tabelle 3-8, S. 88 f; Fröbe, F./Heinrichs, J./Kreye, O., Die neue internationale Arbeitsteilung, Reinbek, 1977; Senghaas, D. (Hrsg.), Imperialismus und strukturelle Gewalt, Ffm., 1972.

4) Vgl. Jonossy, F., Das Ende des Wirtschaftswunders, Erscheinungen und Wesen der wirtschaftlichen Entwicklung, Ffm., 1966.

5) Zur Außenhandelspolitik vgl. auch Katouzian, The Political Economy..., a.a.O., S. 324 ff; sowie Parvin/Zamani, a.a.O., S. 63-67; Moghtader, H., Irans außenwirtschaftliche Beziehungen (I), in: Außenpolitik, 1981, S. 97 ff; Waghar, N., Analyse des Außenhandels und der Gründe der Stagnation der Exporte, in: Taghighat-e Eghtesadi, Nr. 25/26, Teheran, 19   , S. 30 - 81, (persisch).

6) Furtado, C., Externe Abhängigkeit und ökonomische Theorie, in: Senghaas, a.a.O., S. 316-334.

7) Simonet zeigt dies für den Iran der 50er Jahre; vgl. a.a.O.

8) Furtado, a.a.O., S. 326.

9) Ebenda.

10) Ebenda, S. 327.

11) Ebenda, S. 324.

12) Ebenda, S. 329.

13) Vgl. Myrdal, G., Politisches Manifest über die Armut in der Welt, Ffm., 1971.

14) Barrat-Brown, M., Struktur der Weltwirtschaft, in: Krippendorf, E. (Hrsg.), Probleme der internationalen Beziehungen, Ffm., 1972, S. 68.

15) Vgl. Knight, A., Another Persia. A survey of Iran, in: The Economist, London, 1970, S. XXXI. "Nowhere has more money been made than in the car industry", sagt Knight und bezieht sich auf die ausländischen "Partner" der iranischen Privatindustrie.

16) Vgl. Avramovic, D., Industrialization of Iran - The records and the prospects, in: Taghighat-e Eghtesadi, Nr. 8, Teheran, 1970, S. 14-47.

17) Ebenda, S. 37.

18) Vgl. Bharier, a.a.O.

19) O'Connor, a.a.O., S. 163.

20) Vgl. BfA, Köln 1970, Liefermöglichkeiten für Entwicklungsländer, S. 51.

21) Trotz der pseudorevolutionären Phraseologie, die seit Beginn der 60er Jahre die iranischen Zeitungen und Reden durchzogen, wurde nie behauptet, daß das Ziel eine sozialistische Revolution sei; auch von einem diffusen besonderen iranischen Weg (à la arabischem oder islamischem) war nie die Rede. Dies könnte als Anzeichen dafür verstanden werden, daß die Unterdrückung bzw. Ausrottung sozialistischer Tendenzen im Iran offensichtlich effektiver war als in den arabischen Staaten, die sich zur Ablenkung und Beschwichtigung der Massen ein entsprechendes "sozialistisches Mäntelchen" umzuhängen suchten. Wie schnell aber die kapitalistische Basis den "sozialistischen" Überbau wieder durchbricht, wenn die "Zeit günstig ist", hat die Entwicklung des ägyptischen "Sozialismus" nach dem Tode Nassers bewiesen.

22) Vgl. Iran-Report, Ffm., 1971, S. 11.

23) Vgl. Heinrich, B., Iran, in: dieselbe, DM-Imperialismus, 1971, S. 137-160.

24) Iran, Industriestruktur, in: Marktinformationen der BfA, Köln, Juni 1976, S. 10.

25) Hier ist das Verhältnis zwischen dem Wachstum des Gesamtimports und dem Wachstum des Bruttosozialproduktes gemeint. Dieses Verhältnis erhöht sich von 1 % 1965 auf 3,49 % 1977. Vgl. dazu Tab. 34.

26) Hier ist das Verhältnis des Wachstums der intermediären und Kapitalgüterimporte zum Wachstum des Bruttosozialprodukts gemeint.

27) Daher machten im Iran die privaten Konsumausgaben zwischen 1972-77 durchschnittlich 39,8 % des BSP aus, obwohl ihr Anteil von 50,3 % 1971 auf 37,0 % 1977 sank. Der Anteil der staatlichen Konsumausgaben lag bei durchschnittlich 20,5 % (von 20,8 % 1972 auf 20,5 % 1977). Die privaten Konsumausgaben stiegen in dieser Zeit um durchschnittlich

10,1 % jährlich, die staatlichen Konsumausgaben um 16,6 % (vgl. Tab. 35). Im gleichen Zeitraum stieg der Konsumgüterimport um durchschnittlich 51,3 % jährlich. Sein Anteil am Gesamtimport stieg dabei von 12,9 % 1972 auf 18,6 % 1977 (vgl. Tab. 32). Dies war nicht nur Folge der anfänglichen rapiden Steigerung der Erdöleinnahmen; vielmehr war der verstärkte Import von Konsumgütern das unausbleibliche Ergebnis der Zerstörung der traditionellen Agrarproduktion, sofern die Lohnkosten und damit die Produktionskosten der Industrie niedrig und die Profitraten hoch gehalten werden sollten.

28) Zu den spezifischen Zügen des wirtschaftlichen und sozialen Wandels in erdölexportierenden Ländern vgl. auch Katouzian, H., Die politische Ökonomie der ölexportierenden Länder - Ein analytisches Modell, in: Revolution in Iran und Afghanistan, a.a.O., S. 31-45.

29) Vgl. Massarrat, M., Weltenergieproduktion und Neuordnung der Weltwirtschaft. Die Weltarbeitsteilung und die Neuverteilung des Reichtums in der Welt, Ffm., New York, 1980.

30) Vgl. Tab. 6. Trotzdem lag der Beitrag des Erdölsektors zum BIP innerhalb dieses Zeitraumes bei 40 %.

31) Um der allgemeinen Knappheit der Konsumwaren zu begegnen, mußte man sie einführen. Die Einfuhr von Konsumgütern wuchs von 12,8 % 1966 auf 17,1 % 1977 und verzeichnete dabei eine durchschnittliche Wachstumsrate von 51,3 % jährlich während des 5. Planes. Der Anteil der importierten Konsumgüter am Gesamtimport stieg von 12,9 % 1972 auf 18,6 % 1977 und schränkte dadurch die allgemeine Importkapazität des Landes erheblich ein (vgl. Tab. 32), da der Erdölsektor 1977 eine weitere negative Wachstumsrate von 7,2 % aufwies (vgl. Tab. 6).

32) Die Arbeitslosigkeit stieg von 944.000 (1976/77) auf 1.228.000 (1977/78). Vgl. Mohaghegh , a.a.O., S. 52.

Anmerkungen zu 2.2.3.

1) Dieser Untersuchung wurden die Ergebnisse der letzten Volkszählung vor dem Aufstand zugrunde gelegt. Vgl. Plan and Budget Organisation, Statistical Centre of Iran (Hrsg.), National Census of Population and Housing, Nov. 1976, based on a 5 % sample, total country; vgl. auch Tab. 43 und 44.

2) Vgl. Marx, K., Das Kapital, MEW, Bd. 23, S. 779.

3) "Die Warenzirkulation ist der Ausgangspunkt des Kapitals. Warenproduktion und entwickelte Warenzirkulation , Handel, bilden die historischen Voraussetzungen, unter denen es entsteht. Welthandel und Weltmarkt eröffnen im 16. Jahrhundert die moderne Lebensgeschichte des Kapitals." Marx, K., Das Kapital, MEW, Bd. 23, S. 61.

4) Vgl. dazu Kap. 1.4. und 1.5. dieser Arbeit.

5) Der Weltmarkt bildet selbst die Basis der kapitalistischen Produktionsweise. "Andererseits, die derselben immanente Notwendigkeit, auf stets größerer Stufenleiter zu produzieren, treibt zur beständigen Ausdehnung des Weltmarktes, so daß der Handel hier nicht die Industrie, sondern die Industrie beständig den Handel revolutioniert." Marx, K., Das Kapital, MEW, Bd. 25, S. 345 f.

6) Vgl. Litten, a.a.O.

7) Marx, K., Das Kapital, MEW, Bd. 23, S. 783.

8) Vgl. Müller-Plantenberg, a.a.O., S. 335-355.

9) Vgl. Bailly, J./Florian, P., L'Exacerbation des contradictions dans les economies semiindustrialisees, in: Critiques de l'economie politique, Nr. 3, 1971, S. 32.

10) Vgl. ebenda, S. 35 f.

11) Vgl. Marx, K., Das Kapital, MEW, Bd. 25, S. 689.

12) Vgl. JBZ, 1977/78.

13) "Mit dem Wachstum des Kapitals wächst die Differenz zwischen angewandtem und konsumiertem Kapital. In anderen Worten: Es wächst die Wert- und Stoffmasse der Arbeitsmittel, wie Baulichkeiten, Maschinerie, Drainierungsröhren, Arbeitsvieh, Apparate jeder Art, die während längerer oder kürzerer Perioden in beständig wiederholten Produktionsprozessen ihrem ganzen Umfang nach funktionieren oder zur Erzielung bestimmter Nutzeffekte dienen, während sie *nur allmählich verschleißen*, daher ihren Wert nur stückweis verlieren, also auch nur stückweis auf das Produkt übertragen. Im Verhältnis, worin diese Arbeitsmittel als Produktbildner dienen, ohne dem Produkt Wert zuzusetzen, also ganz angewandt, aber nur teilweis konsumiert werden (...)." Marx, K., Das Kapital, MEW, Bd. 23, S. 635 (hervorgehoben von mir, D.G.).

14) "Die Konkurrenz rast hier im direkten Verhältnis zur Anzahl und im umgekehrten Verhältnis zur Größe der rivalisierenden Kapitale. Sie endet stets mit Untergang vieler kleinerer Kapitalisten, deren Kapitale teils in die Hand des Siegers übergehn, teils untergehn." Marx, K., Das Kapital, MEW, Bd. 23, S. 655.

15) In den entwickelten kapitalistischen Ländern setzt ab einem bestimmten Entwicklungsstadium eine neue Orientierung in der sektoralen Verteilung gesellschaftlicher

Arbeit ein. Damit werden Arbeitskräfte, die früher von anderen Sektoren absorbiert wurden, in den tertiären Sektor hineingeworfen, und der Sektor expandiert. "Es scheint, daß der Kapitalismus den Prozeß, mit dem er begonnen hat, langfristig wieder umkehrt. Damals entriß er den Handwerkern und Händlern den Markt und machte sie zu Industriearbeitern. Heute stößt er sie aufs neue aus, doch, indem er einen Markt schafft, in dem sie prosperieren können." Robinson, J., Has Capitalism changed?, zit. bei Radserecht, a.a.O., S. 746.

16) Vgl. Tab. 45.

Die Zunahme der Bedeutung der mithelfenden Familienarbeitskräfte wird selbst zu einer Triebfeder der Erweiterung des Familienumfangs. Aus diesem Grunde stieg die durchschnittliche Größe der iranischen Familien innerhalb der letzten 20 Jahre , und zwar von durchschnittlich 4 Personen pro Familie (1956) auf 5 Personen (1976). In den ländlichen Bezirken erweiterte sich ihr Umfang von durchschnittlich 4,8 auf 5,2 Personen. Vgl. National Census of Population, Nov. 1966 und Nov. 1976; sowie Statistisches Jahrbuch des Statistical Centre of Iran, 1978, S.34. "In der Tat steht nicht nur die Masse der Geburten und Todesfälle, sondern die absolute Größe der Familien im umgekehrten Verhältnis zur Höhe des Arbeitslohnes, also zur Masse der Lebensmittel, worüber die verschiedenen Arbeitskategorien verfügen." Marx, K., Das Kapital, MEW, Bd.23, S. 672. Mit der zunehmenden Bedeutung der "mithelfenden Familienarbeitskräfte" und Erweiterung des durchschnittlichen Familienumfanges kam es zu einer Verschiebung der Altersstruktur der Bevölkerung. Der Anteil der Bevölkerung unter 15 Jahren stieg von 42,2% (1956) auf 45% (1976). Vgl. Statistisches Bundesamt, Allgemeine Statistik des Auslandes, Länderbericht Iran; National Census of Population, Nov. 1976, S.1 . Das durchschnittliche Alter der Iraner lag 1976 bei nur 17,5 Jahren.

17) Vgl. National Census of Population, Nov. 1976, S. 82.

18) Vgl. Marx, K./Engels, F., Manifest der Kommunistischen Partei, MEW, Bd. 4, S. 472.

19) Die Arbeitsproduktivität in diesem Sektor lag mit 162,8% weit über dem gesellschaftlichen Durchschnitt. Vgl.Tab.10.

20) Die Immobilien- und kommerzielle Dienstleistung umfaßte mit 30 673 (1976) 1,1% des tertiären Sektors. Vgl.Tab. 41.

21) Zusätzlich waren 27 419 Personen in der Kultur- und Unterhaltungsbranche tätig, davon 52,7% im öffentlichen Dienst. Vgl. Tab. 41.

22) Nach Abrahamian, E., Structural Causes of the Iranian Revolution, in: Merip Report, Nr. 87, Mai 1980, S. 22, gab es 1977 ca. 630 000 Angehörige der "modernen Mittelschichten":
-    6 726 Hochschullehrer
- 208 241 Lehrer
- 21 500 medizinisches Personal
- 20 300 Ingenieure
- 304 404 Beamte

23) Vgl. Engels, F., Der Ursprung der Familie, des Privateigentums und des Staates, MEW, Bd. 21.

Anmerkungen zu 2.3.
1) Vgl. Kippenberg, a.a.O., S. 217-250.

2) Mühlmann, Rassen, Ethnien, Kulturen, a.a.O., S. 325.

3) Vgl. Haeberlin/Niklaus, a.a.O., S. 13.

4) Vgl. Henseler, H., Narzißtische Krisen - Zur Psychodynamik des Selbstmordes, Reinbek, 1974.Die Sehnsucht nach Harmonie und den sie konstituierenden Momenten ist eine psychische Konstante, die in allen Menschen wirkt und ihr Handeln bestimmt. Den für den Einzelnen nicht erfahrbaren Zustand primärer Harmonie, den "primären Narzißmus" (vgl. Freud, S., Zur Einführung des Narzißmus, in: Gesammelte Werke, Bd. 10, Ffm., 1914, S. 137-170; außerdem auch:ders., Totem und Tabu, Ffm., 1981)erlebt der Mensch in der intrauterinen Einheit von Mutter und Kind sowie im frühen Säuglingsalter. Selbst und Objekte werden in dieser Zeit noch nicht getrennt, sondern als Einheit erlebt. Doch mit zunehmender Wahrnehmungsfähigkeit und den unvermeidlichen Frustrationen des extrauterinen Lebens wird mehr und mehr zwischen dem eigenen Selbst und den umgebenden Objekten differenziert. In diesem Prozeß der Ich-Entwicklung erlebt das Individuum aufgrund seiner Unfähigkeit, sich Unlusterfahrungen zu entziehen, eine Urverunsicherung, die in traumatische Erfahrungen der Ohnmacht, Hilflosigkeit und Erschöpfung mündet. (Vgl. Henseler, a.a.O., S. 75) Hier sorgt das narzißtische Regulationssystem für die Aufrechterhaltung eines affektiven Gleichgewichts (vgl. ebenda, S. 73), das als "Selbstgefühl" bezeichnet wird und sich aus Momenten wie innerer Sicherheit, Wohlbehagen etc, konstituiert (vgl. ebenda, S. 74). Dieses System wird im Verlauf seiner Entstehung vom Grad und von der Intensität der traumatischen Trennungserfahrungen ebenso beeinflußt wie von deren Ausgleich durch Zuwendung und Fürsorge. Sind erstere Einflüsse jedoch zu stark, so kann kein gesundes narzißtisches System entwickelt werden. Das gestörte narzißtische System ist gekennzeichnet durch ein labiles Selbstgefühl (vgl. ebenda, S. 8o); die Dynamik seiner Störungen läßt sich am deutlichsten im Umgang mit Kränkungen verfolgen. Das Individuum greift dabei, um die Erschütterung des Selbstgefühls abzuwehren, auf die erlernten Kompensationsmechanismen zurück, und zwar in umgekehrter Reihenfolge ihrer Entstehung. Als ersten Kompensationsmechanismus erlernt das Kleinkind die *Regression auf den Primärzustand*. In einer Phase, in der es gerade erst die Unterscheidung zwischen Phantasie und Realität erlernt, wird eine drohende Verunsicherung dadurch aktiv vorweggenommen, indem das Kind seine Individualität bzw. Identität durch Phantasie sowie durch ihre Umsetzung in Handlung zugunsten von Verschmelzungsphantasien wieder aufgibt (vgl. ebenda, S. 76). Dem nächsthöheren Entwicklungsstadium entspricht *die Verleugnung*, die das Selbstgefühl schützt, indem tatsächliche oder angenommene Mängel der eigenen Person, die als Bedrohung empfunden werden, durch die

Phantasie vom Gegenteil ersetzt werden; damit wird das Selbst idealisiert (vgl. ebenda, S. 76). Zugrunde liegt diesem Vorgang die Entwicklung von idealen Bildern (Repräsentanzen) des Selbst und der Objekte. Die Verinnerlichung als nächste Stufe der Kompensation beinhaltet eine Internalisierung der idealen Aspekte des Selbst bzw. der Objekte; durch das solchermaßen im Individuum entstehende "Idealselbst" werden die wechselhaften Stimmungen und Zustände, denen das reale Selbst ausgesetzt ist, kompensiert, indem Momenten der Diskontinuität die Kontinuität eines idealen Selbst gegenüber gestellt wird (vgl. ebenda, S. 77). So wird der Verlust von Befriedigung zumindest zum Teil aufgehoben. Als reife Stufe der Kompensation ist die *Angleichung an die Realität* zu betrachten. Im Verlauf der Entwicklung zum Erwachsenen werden die idealisierten Selbst- und Objektrepräsentanzen durch realitätsgerechtere Einstellungen ersetzt, so daß im günstigsten Falle schließlich die Repräsentanzen des realen Selbst wie den realen Objekten entsprechen. Bei narzißtisch labilen Menschen ebenso wie bei besonders schweren Kränkungen setzen vor allem jene Kompensationsmechanismen ein, die sich in früheren Entwicklungsstadien bewährt haben, nämlich *Verleugnung* und *Idealisierung*. Versagt jedoch auch das narzißtisch besetzte idealisierte Objekt, so kann einer narzißtischen Katastrophe, d.h. dem völligen Zusammenbruch des narzißtischen Gleichgewichts, nur noch dadurch begegnet werden, "daß man ihr aktiv zuvorkommt, indem man sein Selbstgefühl rettet, auf seine Identität als Individuum aber verzichtet, was gleichbedeutend mit einer Regression auf den harmonischen Primärzustand ist. Die Phantasien, die hinter einem solchen Agieren stehen, müßten Ruhe, Erlösung, Verschmelzung, Wärme, Geborgenheit, Triumph, Seligkeit u.ä. beinhalten. Mit dem Agieren verbindet sich die Vorstellung, die Gefahr der narzißtischen Katastrophe, des totalen Verlassen- und Ausgeliefertseins überspringen zu können und in dem erreichten Zustand 'Sieger' zu bleiben." (vgl. ebenda, S. 84)
Die "ideologischen Artikulationsformen dieser für alle Marginalisierten geltenden Mechanismen werden für die Modjahedin und Fedaijan als unterschiedliche Repräsentanten der marginalisierten Bestandteile der modernen Mittelschichten exemplarisch ausgeführt; vgl. Kap. 2.4.3.1. und 2.4.3.2.

5) Vgl. Marx, K., Zur Kritik der Hegelschen Rechtsphilosophie, Einleitung, MEW, Bd. 1, S. 378.

6) "Dieser Staat, diese Sozietät produzieren die Religion, ein *verkehrtes Weltbewußtsein*, weil sie eine *verkehrte Welt* sind. Die Religion ist die allgemeine Theorie dieser Welt, ihr enzyklopädisches Kompendium, ihre Logik in populärer Form, ihr spiritualistischer Point d'honneur, ihr Enthusiasmus, ihre moralische Sanktion, ihre feierliche Ergänzung, ihr allgemeiner Trost- und Rechtfertigungsgrund. Sie ist die *phantastische Verwirklichung* des menschlichen Wesens, weil das *menschliche Wesen* keine wahre Wirklichkeit besitzt." Marx, K., Zur Kritik der Hegelschen Rechtsphilosophie, Einleitung, MEW, Bd. 1, S. 378.

7) Aber dieser Konflikt kann dadurch erwachsen, "daß die bestehenden gesellschaftlichen Verhältnisse mit den bestehenden Produktivkräften in Widerspruch getreten sind - was

übrigens in einem bestimmten nationalen Kreis von Verhältnissen auch dadurch gehen kann, daß der Widerspruch nicht in diesem nationalen Umkreis, sondern *zwischen diesem nationalen Bewußtsein und der Praxis der anderen Nationen*, d.h. zwischen dem nationalen und allgemeinen Bewußtsein einer Nation sich entwickelt". Marx, K./Engels, F. , Die deutsche Ideologie, MEW, Bd. 3, S. 32 (hervorgehoben von mir, D.G.).

8) "Nativistisch nennt man in der modernen Ethnologie kollektive Bewegungen bei kolonial beherrschten Gesellschaften, die einen emanzipatorischen Geist atmen. Sie zielen nicht unbedingt auf politische Selbständigkeit, wir können sie daher nicht 'nationalistisch' nennen. Sie sind überhaupt nicht notwendig und ausdrücklich 'politisch', sondern mindestens in ihren Anfängen mehr religiös oder auch reformerisch. Im Nativismus beginnt der Eingeborene, um einen neuen Selbstausdruck zu ringen. Unverkennbar ist das Bestreben, aus der Bevormundung durch den weißen Mann heraus - und mit einem eigenen Beitrag hervorzutreten. Daß aber dieses Bestreben zunächst 'religiösen' Charakter trägt, hat mehrere Gründe(...)". W.E. Mühlmann, Rassen, Ethnien, Kulturen, a.a.O., S. 323.
Die von Mühlmann genannten Gründe scheinen jedoch äußerlich und unerklärt, ebenso wie "die soziale Situation", die den Chiliasmus hervorbringt, welche hier als *allgemeine Bedingung der massenhaften Identitätskrise* untersucht wird.

9) Vgl. Hobsbawm, E. J., Sozialrebellen, Neuwied, Berlin, 1971.

1o) "So übersetzt der Anfänger, der eine neue Sprache erlernt hat, sie immer zurück in seine Muttersprache, aber den Geist der neuen Sprache hat er sich nun angeeignet, und frei in ihr zu produzieren vermag er nur, sobald er sich ohne Rückerinnerung in ihr bewegt und die ihm angestammte Sprache in ihr vergißt". Marx, K. , Der achtzehnte Brumaire des Louis Bonaparte, MEW, Bd. 8, S. 114.

Anmerkungen zu 2.3.1.

1) Vgl. Shanin, T., The Nature and Logic of the Peasant Economy II, in: The Journal of Peasant Studies, Nr. 2, 1974, S. 198.

2) Lenin bezeichnete diese Form der staatlichen Interventionsstrategie als die "preußische" Weise der kapitalistischen Transformation vorkapitalistischer Produktionsweise und stellte sie dem "bäuerlichen" oder "amerikanischen" Weg gegenüber. Vgl. Lenin,W.I. , Das Agrarprogramm der Sozialdemokratie in der ersten russischen Revolution von 1905-1907, in: Lenin-Werke, Bd. 13, Berlin, 1972, S. 236 ff.

3) Vgl. Lehman, D., Generalizing about peasant Movements, in: The Journal of Development Studies, London, Jan. 1973, S.324 ff.

4) Vgl. Shanin, a.a.O., S. 199 f.

5) Vgl. Amini, S., Die Grenzen der Grünen Revolution, BMZ, Materialien, Nr. 8, Bonn, 1970, S. 1-8.
Die Integration der Länder der "Dritten Welt" in die kapitalistische Weltwirtschaft führte zu einem Typ von Industria-

lisierung, der aufgrund seiner "extravertierten", also nach
außen gerichteten Orientierung im Gegensatz zur "autozentrierten" Industrialisierung in den Metropolen kaum in der
Lage ist, die durch eine "Durchkapitalisierung" des Agrarsektors freigesetzten Arbeitskräfte in produktiver Weise zu
beschäftigen. Gewöhnlich übersteigt die Zahl der in den
Slums der Großstädte verharrenden, ökonomisch zumeist einen
Teil der "Niederen Tertiär" ("Dienstleistungen") aller Art,
fliegende Händler u.a.) konstituierenden landflüchtigen
Bauernfamilien um ein erhebliches das als "industrielle
Reservearmee" bezeichnete, disponible Kontingent von Arbeitskräften, das nach Marx in Europa ebenso die Expansion
der industriellen Produktion ermöglichte wie die Niederhaltung der Löhne der beschäftigten Industriearbeiter.
Vgl. Quijano, A., Marginaler Pol der Wirtschaft und marginalisierte Arbeitskräfte, in: D. Senghaas (Hrsg.),
Peripherer Kapitalismus, Ffm., 1974, S. 326 f.

6) Im kapitalistischen Südwestasien z.B. war die bei der globalen Steigerung der landwirtschaftlichen Produktion offenbar relativ erfolgreiche "Grüne Revolution" - eine in
ihren Implikationen zur "Betting-on-the-strong"-Strategie
zu zählende landwirtschaftliche Entwicklungspolitik -,
nicht nur von einer weiteren Verschärfung der "objektiven"
sozialen Gegensätze auf dem Land begleitet, sondern auch
von einem Aufschwung der Bauernbewegung in Indien
(Naxaliten). Vgl. Cleaver, H.M. jr., Die Widersprüche der
"Grünen Revolution", in: Sozialistisches Jahrbuch 5,
Berlin, 1973, S. 44-71.

7) Vgl. Gholamasad, D., Sozio-ökonomische Aspekte der Landreform im Iran, Graz,1970, (Diss.); sowie Schuckar, Monika,
Aspekte der historischen Genesis und gegenwärtigen Struktur
der landwirtschaftlichen Produktionsverhältnisse im Iran,
Ffm., 1975, (Diplomarbeit);sowie Schuckar, M./Gholamasad, D.,
Aspekte der iranischen Bodenreform und der in ihrem Kontext
verfolgten agrarkapitalistischen Entwicklungsstrategie, März
1978, (unveröffentlichtes Manuskript).

8) Eine Bodenreform ist auch dann, wenn sie den bürgerlichen
Kampfruf "Der Boden dem, der ihn bebaut", wirklich vollständig realisiert, immer nur als eine Reformmaßnahme rein
bürgerlichen Charakters einzuschätzen, solange sie die
Existenz der in der Gesellschaft dominierenden kapitalistischen Produktionsweise nicht in Frage stellt. Sogar eine
völlig nationalisierte Landwirtschaft ist - wie schon Lenin
erkannte - theoretisch völlig vereinbar mit der Persistenz
kapitalistischer Produktionsweise.

9) Vgl. Gutelman, M., Structures et Réformes Agraires,
Paris, 1974, S. 151 ff.

1o) Agrarreform in kapitalistischen Entwicklungsländern, in:
Blätter des Informationszentrums Dritte Welt (IZSW),
Nr. 67, Feb. 1978, S. 22-23.

11) Vgl. Schuckar/Gholamasad, a.a.O.; außerdem Poulantzas, N.,
Zum marxistischen Klassenbegriff, Berlin, 1973, S. 34 f.

Anmerkungen zu 2.3.1.1.

1) Als Ergebnis einer langen Tradition der Konzentration von Grund und Boden in den Händen der jeweiligen Institutionen nahmen vor der Bodenreform die Besitzungen des Staates und des Monarchen (Staats- und Kronland) sowie die religiösen Stiftungen (waghf) neben dem privaten Grundeigentum eine wichtige Stellung ein. Das dem Grundstücksverkehr entzogene waghf-Land, dessen *Verwaltung* denjenigen Personen oblag, die in den Stiftungsurkunden ausdrücklich dafür bestimmt waren, soll nach einer Schätzung von 1961 2o % des kultivierten Landes umfaßt haben. Die Oberaufsicht der Verwaltung der waghf-Ländereien lag allerdings beim Staat.
Vgl. Demnan, D.R., The King's Vista, A Land Reform which changed the Face of Persia, Berkhamsted, 1973, S. 2o.
Dies verhinderte aber nicht, daß die auf dem waghf-Land tätigen Bauern unter besonders schweren Arbeitsbedingungen zu leiden hatten, da hier längerfristige Investitionen, auch im Bereich des Bewässerungswesens, stark vernachlässigt wurden und ein großer Teil des Landes brach lag. Das Staatsland umfaßte außerdem automatisch das gesamte, nicht als Privateigentum registrierte Land, etwa 24 Mio. ha unbebautes und unbewohntes, bei Bewässerung aber fruchtbares Gebiet, daneben durch Kauf oder Konfiskation erworbene Ländereien.
Die staatliche Domäneverwaltung hatte viele dieser Liegenschaften an wohlhabende Privatpersonen verpachtet, die sie weiterverpachteten oder "selbst" bewirtschafteten. Vgl. Planck, Der Teilbau im Iran, a.a.O., S. 59 f.

2) Khosravi, K., La stratification sociale rurale en Iran, in: Etudes Rurales, 1966, S. 245/246.

3) Vgl. Gutelman, M., Le financement de la Réforme Agraire comme Rapport de Classes, in: Etudes Rurales, 1972, Nr. 48, S. 3o.

4) Vgl. Khosravi, a.a.O., S. 246; Planck, Der Teilbau ..., a.a.O., S. 49.

5) Nach § 2 des Landreformgesetzes durfte ein Großgrundeigentümer höchstens ein Dorf seiner Wahl für sich behalten. Vgl. Sammlung der Landreformgesetze, Druckerei des Madjlis, Teheran 1344 (1965/66) (persisch); Fahramand, S., Der Wirtschaftsaufbau des Iran, Tübingen, 1965, S. 58; Gholamasad, Sozio-ökonomische Aspekte der Landreform im Iran, a.a.O., S. 75 ff. Jedoch konnte dieses "eine" Dorf aus mehreren Teildörfern zusammengestellt werden.

6) Vgl. Keddie, Stratification, Social Control and Capitalism in Iranian Villages before and after Land Reform, a.a.O., S. 389; Khosravi, K., Sociologie de la Campagne Iranienne, Université de Teheran, Faculté des Sciences Sociales et d'Etudes coopératives, Nr. 1, Teheran, Sept. 1976, (persisch), S. 130 ff; ders., Le Paysans sans terre en Iran: Les Khochnechins, in: Sociologia Ruralis, 3-4, 1973, S. 289 ff.

Anmerkungen zu 2.3.1.1.1.

1) Auf Ähnlichkeiten und Unterschiede verweisen besonders Khalatbari, Die Agrarfrage ..., a.a.O., S. 1o77 ff. und Gharatchdaghi, C., Landverteilung in Warami. Ein Auftakt zur Bodenreform im Iran, Opladen, 1967, S. 78 f.

2) "In diesem System haben die Bauern (Halbpächter) Anspruch auf einen Teil der Ernte nicht nur als Besitzer der Arbeitskraft, sondern auch als Besitzer eines Teils der Betriebsmittel. Die Grundeigentümer beanspruchen den anderen Teil der Ernte als Eigentümer an Grund und Boden und als Inhaber des anderen Teils der Produktionsmittel. Wesentlich ist, daß die Grundeigentümer sich einen Teil der Ernte nicht nur in Form der *Grundrente* , sondern auch als *Zins* für die Zurverfügungstellung der Betriebsmittel aneignen." Khalatbari, Ökonomische Unterentwicklung, a.a.O., S. 114 f.
Dabei wird die Ernte durch vertraglich gebundene Abmachungen zwischen den Grundbesitzern und den Halbpächtern geteilt. Rein theoretisch bietet das System nach Khalatbari den Halbpächtern gewisse Möglichkeiten zur allmählichen Umwandlung in kapitalistische Pächter, wie das englische Beispiel zeigt. Vgl. Marx, K., Das Kapital, MEW, Bd. 23, S. 771. Als Endprodukt eines Transformationsprozesses evolutionierte hier der Pächter, der sein eigenes Kapital durch den Einsatz von Lohnarbeitern verwertete und einen Teil des Mehrprodukts in Geld oder in Naturalien dem Grundherrn als Grundrente zahlte. In Iran war eine solche Evolution dagegen weitgehend unmöglich.

3) Vgl. Khalatbari, Ökonomische Unterentwicklung, a.a.O., S.113 ff.

4) In diesem Typ von vorkapitalistischem Grundbesitzsystem ist der Bedarf des einzelnen Produzenten an Geld- und Zahlungsmitteln verhältnismäßig groß. Gleichwohl verhindern die Ziele der Produzenten und die Mittel zu ihrer Errichtung weitgehend die Entwicklung der Warenform der Produktion. Da die Zirkulation in diesem System nur eine relativ unbedeutende Rolle spielt, kann der landwirtschaftliche Produzent nur schwer zu Geld kommen; um dieses Geld aber zu leihen, müssen Zinsen gezahlt werden. "Um Zins zu bezahlen, muß der Produzent über seine notwendigen Subsistenzmittel hinaus einen Überschuß produzieren. Das heißt, er muß über die notwendige Zeit hinaus zusätzliche Zeit einsetzen, um die Bedürfnisse der Geldeigentümer zu erfüllen. Je stärker die Produktionsmittel zersplittert sind und je mehr die Produktion auf die Befriedigung der Bedürfnisse der unmittelbaren Produzenten ausgerichtet ist, desto weniger tragen die Produkte Warencharakter, desto schwerer können die Produzenten zu Geld kommen und desto mehr sind sie auf die Wucherer angewiesen." Ebenda, S. 131.

Marx faßte dies in der These zusammen: "Der Wucherer zentralisiert Geldvermögen, wo die Produktionsmittel zersplittert sind." Vgl. Marx,K., Das Kapital, MEW, Bd. 25, S. 610.

5) Vgl. Khalatbari, Ökonomische Unterentwicklung, a.a.O., S.113 ff.

6) In Maghreb trug es den Namen "Khammessat".

7) Eine unter den Analytikern und Kritikern der landwirtschaftlichen Produktionsverhältnisse vor der Bodenreform verbreitete Ansicht macht auch das Malek-Raiyat-System mit seinen sozialen und ökonomischen Implikationen für die Stagnations- und Regressionstendenzen der landwirtschaftlichen Produktion im Laufe des 20. Jhs. verantwortlich. Vgl. Khalatbari, Ökonomische Unterentwicklung, a.a.O., S. 142 ff; Wolkenstein, A., Progrés Agricole et structure traditionelle en Iran, in: Tiers Monde, Nr. 3, 1961, S. 348 ff; Vieille, Un Groupement Féodal en Iran, in: Revue Française de Sociologie, Nr.1, 1966, S. 176 ff.

8) Vgl. Khalatbari, Ökonomische Unterentwicklung, a.a.O.,S.1077. Allerdings ist es kaum möglich, ein umfassendes Bild der realen Praxis der Ernteteilung zu gewissen. Zu viele regionale Besonderheiten und Variationen, nicht zuletzt bei verschiedenen Agrarprodukten, intervenierten. Vgl. auch Wolekstein, a.a.O., S. 346.

9) Vgl. Gharatchedaghi, a.a.O., S. 78 f.

1o) Vgl. Gholamasad, Sozio-ökonomische Aspekte der Landreform im Iran, a.a.O., S. 83. Der Inhaber eines konstanten assagh scheint tendenziell dem von Lefèbvre in der Toskana zu Beginn der 5oer Jahre angetroffenen Typ des Metayer zu entsprechen, in dessen Familie sich das gepachtete Landstück von Generation zu Generation "vererbte". Vgl. Lefèbvre, H. , Les Classes Sociales dans la Campagne. Le Toscane et la "Mezzadria Classica", in: Cahiers Internationaux de Sociologie, 1951, S. 7o-93.

11) Vgl. Khosravi, La stratification..., a.a.O., S. 244 f.

12) Ahlers, I., Die vorkapitalistischen Produktionsweisen, Erlangen, 1973 ,S.21 ff, u.a. verweisen darauf, daß das Dorf nach Marx nur in der archaischen, klassenlosen Gesellschaft als Produktionseinheit fungierte. Dort wurde die Ernte entsprechend dem Verhältnis der beigesteuerten Arbeit verteilt. In der asiatischen Klassengesellschaft aber, zu der auch die vorkapitalistische iranische zu zählen ist, hatte sich weitgehend eine individuelle oder familiäre Bearbeitung des periodisch zwischen den Mitgliedern des Gemeinwesens umverteilten Bodens herausgebildet. In der von Marx beschriebenen "Feldbaugemeinde" blieb das Ackerland zwar Gemeineigentum, wurde aber periodisch unter die Mitglieder der Ackerbaugemeinde derart aufgeteilt, "daß jeder Ackerbauer die ihm zugewiesenen Felder auf eigene Rechnung bewirtschaftet und sich deren Früchte individuell aneignet, während in den ar-

chaischen Gemeinschaften gemeinsam produziert und nur das Produkt aufgeteilt wurde." Marx, K., Entwürfe einer Antwort auf den Brief von V.I. Sassulitsch, MEW, Bd. 19, S.388.

13) Saedloo, H., A Critique of a "Policy for Agricultural Development at the Poles of Soil and Water", in: Taghighat-e Eghtesadi, Nr. 58, Teheran, 1972, S. 57 f.

14) Vgl. Malek, H., Après la Réforme Agraire Iranienne, in: Annales des Géographie, Nr. 409, 1966.

15) Im Gegensatz zu anderen Autoren, die die boneh aus den geologisch-hydrologischen Gegebenheiten des iranischen Plateaus und damit der Notwendigkeit einer effizienteren Nutzung von Land und Wasser abzuleiten versuchen, schlägt Malek eine stärker historisch ausgerichtete Erklärung vor. Seiner Meinung nach erwies sich die boneh-Organisation als funktional für eine "rationale" Aushebungspraxis von Soldaten. Jedes Dorf mußte ein bestimmtes Kontingent von Soldaten stellen, das sich nach der Einwohnerzahl und der Anzahl der Produktionseinheiten (bonehs) richtete. Wurde ein boneh-Mitglied eingezogen, so mußten die Verbleibenden seine Arbeit unter sich aufteilen. Vgl. ebenda, S. 270.
Es mögen also unterschiedliche Motive gewesen sein, die die kooperative landwirtschaftliche Produktion im Iran perpetuieren halfen. Vgl. Lambton, Landlord and Peasant in Persia, a.a.O., S. 5 ff; Planck, Der Teilbau im Iran, a.a.O., S. 62.

16) Vgl. die detaillierte Schilderung der "bonku" in Nordkhuzistan durch Ehlers, E., Bunvar - Shami - Siah Mansoor, Methoden und Probleme der Landreform in Khuzistan/Südiran, in: Zeitschrift für ausländische Landwirtschaft, H. 2, 1973, S. 187.

17) Vgl. Ono, M., On Socioeconomic Structures of Iranian Villages, in: Developing Economies, Juli-Sept. 1967, S. 455. Das konnte zu einer höchst ungleichen Verteilung der Ernteanteile führen. Erhielt z.B. ein Grundeigentümer 2/3 der Ernte, so blieb für alle Mitglieder der boneh nur 1/3, das entsprechend ihrer Zahl aufgeteilt wurde. Vgl. Safi-nejad, D., Die kooperativen Formen der Agraproduktion vor und nach der Landreform, Teheran, 1353 (1974), (persisch).

18) Vgl. Gharatchedaghi, a.a.O., S. 86 f; Planck, Der Teilbau im Iran, a.a.O., S. 70 f.

19) Ashraf, A., An Evaluation of Land Reform, in: Naderi, N.A. (Ed.), Seminar of Evaluation of Directed Social Change, Teheran, 1966/67, S. 158.

20) Vgl. Gharatchedaghi, a.a.O., S. 86 f; Sternberg-Sarel, B., Tradition et Développement en Iran: Les Villages de la Plaine de Ghazvin, in: Etudes Rurales, Nr. 22-24, 1966, S. 212.

21) Vgl. Schuckar, a.a.O., S. 123 ff.

22) Gehörte die gesamte Dorffläche einem einzigen Eigentümer, dann war die kommunitarische Komponente am stärksten ausgeprägt. Vgl. Ono, a.a.O., S. 450-457. Teilten sich dagegen mehrere Eigentümer ein Dorf, so wurde dadurch die Identität von Dorfeinheit und Produktionseinheit geschwächt. Um die damit verbundene Reduktion der landwirtschaftlichen Erträge zu verhindern, griff man dann oft zur Institution "Mocha". Im Rahmen der besonders in Nordiran verbreiteten Mocha-Institution bestellten die Eigentümer gemeinsam einen Verwalter, der die Produktion in einer Weise organisierte, als sei er nur einem einzigen Eigentümer gegenüber verantwortlich. Auch die Grundrente wurde zuerst für alle Grundeigentümer zusammen eingetrieben und später unter diese aufgeteilt. Vgl. Malek, a.a.O., S. 273. In den Dörfern, die sich durch die Dominanz kleinbäuerlichen Besitzes auszeichneten, war diese kommunitarische Komponente allerdings nicht mehr zu finden. Vgl. Ono, a.a.O., S. 450-457.

23) Möglicherweise war jedoch die Bedeutung von gavband regional unterschiedlich. Nach Khosravi muß die etymologische Bedeutung von gavband (Ochsenbesitzer) von der soziologischen (Inhaber eines gavbani-Rechts, also eines langfristigen und sicheren Pachtrechts) unterschieden werden.

24) Vgl. Mohammadi-Nejad, Hassan, Elite - Counterelite - Conflict and the Development of a Revolutionary Movement: The Case of Iranian National Front, Southern Illinois University, 1970, (Diss.), S. 183.

25) Vgl. Ashraf, An Evaluation..., a.a.O., S. 163 f.

26) Eine solche Pächterhierarchie war insbesondere für das Indien vor der Landreform symptomatisch. Dort hatte die Kolonialgesetzgebung den Anstoß gegeben, die die freie Transaktion von Landrechten und Grundrentenanrechten ermöglichte. Viele Bauern sahen sich gezwungen, ihre Landrechte an die Wucherer und Händler, bei denen sie verschuldet waren, zu übertragen, wobei sie weiter als unmittelbare landwirtschaftliche Produzenten fungierten. Unter diesen Umständen aber reduzierte sich der ihnen schließlich verbleibende Anteil an der Ernte, die sie hervorbringen konnten, auf das physische Existenzminimum, denn sie hatten mit ihrer Arbeit eine manchmal bis zu 40 Stufen erreichende Hierarchie von Pächtern zu unterhalten. Besonders verhängnisvoll war, daß auch die indische Bodenreform, die diese Pächterhierarchie eliminierte, nicht etwa den "eigentlichen" landwirtschaftlichen Produzenten, sondern den "tenant in Chief" zum "Begünstigten" machte.

Ähnliches ereignete sich auch im Kontext der iranischen Landreform. Vgl. Bettelheim, Charles, L'Inde indépendante, Paris, 1971, S. 41f. und S. 71; Keddie, Stratification, Social Control and Capitalism in Iranian Villages before and after Land Reform, a.a.O., S. 381.

27) Vgl. Research Group: A Study of the Rural Economic Problems of Sistan and Baluchistan, in: Taghighat-e Eghtesadi, Nr. 19. u. 2o, Teheran, 1970, S. 181 ff.

28) Vgl. Ashraf, An Evaluation..., a.a.O., S. 161.

29) Vgl. Sternberg-Sarel, a.a.O., S. 21o.

3o) Über ihre Entlohnungsform, die Anzeichen ihrer kommunitarischen Tradition ist, erfährt man bei Planck:"Es ist ein weitverbreiteter Brauch, den Handwerkern eine jährliche Pauschale in Naturalien zu geben, z.B. ein 'Armvoll' Getreide (ca. 15-18 kg), die in der Regel zu Lasten des Anteilsbauern geht. Solche Pauschalen sind üblich für die Dienstleistungen des Schmiedes, Zimmermanns, Baders, Barbiers, Kanalbauers usw." Planck , Der Teilbau..., a.a.O., S. 66.
Manche Autoren reihen auch die nicht landwirtschaftlich tätige Fraktion der Händler und Wucherer als khoshneshin-Oberschicht ein. Vgl. Ajami, I., Social Classes, Family Demographic Characteristics and Mobility in 3 Iranian Villages, in: Sociologia Ruralis, Nr. 1, 1969, S. 64; Khosravi, La stratification..., a.a.O., S. 245; Katouzian, Der Agrarsektor..., a.a.O., S. 226.

31) Vgl. Ajami, a.a.O., S. 69.

32) Vgl. Khosravi, La Stratification..., a.a.O., S. 291; Ashraf, An Evaluation..., a.a.O., S. 162.

Diese Charakterisierung trifft allerdings nicht mehr die sozio-ökonomischen Differenzierungsprozesse, die sich in der Zeit in den iranischen Dörfern vollzogen, als die Produktion für den Markt vorangeschritten war und die Produktionsverhältnisse sich in kapitalistischer Richtung transformiert hatten bzw. zu transformieren begannen.

33) Vgl. Schuckar, a.a.O., S. 150 ff.

34) Vgl. Jacobs, N., The Sociology of Development: Iran as an Asian Case Study, N.Y., 1966, S. 136.

35) Vgl. Vieille, P., Mode de Production et Imperialisme: le Case de l'Iran, in: L'Homme et la Société, Nr. 27, 1973, S. 82.

36) Die iranischen Dörfer wurden vor der Bodenreform, sofern sie sich im Eigentum von Grundeigentümern befanden, gegenüber der Staatsmacht nur von den Kadkhoda, nicht aber von

einem von der Bauernschaft selbst bestimmten "Vertrauensmann" "vertreten", wie es in der "autonomen Periode" der Dorfgemeinschaften gewesen zu sein scheint. Nach Naraghis Ansicht suchten sich die großen und kleinen Grundeigentümer als "Vermittler" zwischen der staatlichen Administration und der Bauernschaft zu etablieren, um jeden direkten Kontakt zwischen beiden Seiten zu verhindern. Sie fungierten dabei auch als eine Art von "Ersatzinstanzen" für die Beamten auf dem flachen Lande, die angesichts ihrer vergleichsweise geringen Zahl - gemessen an der Weite des Landes und der Verstreutheit der Dörfer -, ohnehin nicht überall präsent sein konnten.
Die Zentralisierungspolitik während der Herrschaft Reza Shahs, die nach Hung-Chao Tai die nationale "territoriale Integration"durch die Fusion der nationalen und der "landed" Autoritäten erreichte, hatte diesen Zustand eher institutionell fixiert als modifiziert, denn die staatlichen Beamten, die nun auf dem flachen Land erschienen, agierten als Hilfstruppen der Grundeigentümer, nahmen von diesen ihre Befehle entgegen und erschienen nur auf Dorfebene, wenn sie von ersteren zu einer Strafaktion gerufen wurden. Die Gendarmerie, die in dieser Zeit stark ausgebaut wurde, entwickelte sich zur zentralen Unterdrückungsinstitution, die Staatsmacht und Grundherrn gegen die "aufsässigen" Bauern einsetzen konnten, bzw. mit deren Erscheinen sie im Falle der leisesten "Unbotmäßigkeit" drohten. Die lokale Verwaltung oblag im Kontext des grundherrlichen Absentismus einem Verwalter, der bei den Bauern üblicherweise verhaßt und gefürchtet war; denn bei seinen Versuchen, das Maximum an Mehrprodukt, wenn nicht sogar einen Teil des notwendigen Produkts, aus den Pächtern herauszupressen, ging er gewöhnlich noch skrupelloser vor, als es der Grundeigentümer aus egoistischen Gründen selbst getan hätte. Vgl. Naraghi, E., Signification et Portées des Recherches sur la société en Iran, in: Social Science Information, Dez. 1968, S. 125 f.; Tai, H.-C., Landreform and Politics: A Comparative Analysis, Berkley-Los Angeles-London, 1974, S. 366; Jacobs, a.a.O., S. 135 f.; Vieille,Un Groupement..., a.a.O., S.185 ff; Schuckar, a.a.O., S. 130 f.

37) Zu den Widerständen gegen eine Mitsprache der Bauernschaft in den Dorfräten vgl. auch Partsch, W.H., Problems of Employment Creation in Iran, Geneva (ILO), 197o, S. 47 f. Eine ähnlich negative Einschätzung der Dorfräte findet sich bei Denman, a.a.O., S. 49.

38) Vgl. Alberts, R.C., Social Structure and Culture Change in an Iranian Village, University of Wisconsin, 1963, Ph.D. Diss., zit. nach Keddie, Stratification ..., a.a.O., S. 4oo.

39) Vgl. Sternberg-Sarel, a.a.O., S. 2o9 f.; Simonet berichtet von einem Massaker im Dorf Davoudabad in der Nähe von Arak, das der Grundeigentümer durch Mitglieder eines Nomadenstammes unter der Bauernschaft anrichten ließ, weil diese sich geweigert hatte, illegitimen Forderungen nachzukommen. Offiziell wurden 16 Ermordete gemeldet. Vgl. Simonet, P., a.a.O., S. 41.

40) Damit trug er aber gleichzeitig zur Blockierung bestimmter technologischer Wandlungen im Bereich der landwirtschaftlichen Produktion bei. Vieille beobachtete diese grundherrschaftlichen Unterdrückungsstrategien in Gilan. "Die in den Reisfeldern technisch erforderliche Solidarität wird durch die Produktionsverhältnisse wieder zunichte gemacht. Der Grundherr setzt die Bauern in Konkurrenz zueinander, schafft Angst und Unsicherheit unter ihnen, um sein Gesetz durchzusetzen. Er benutzt die objektive Konkurrenzsituation der Bauern und die dadurch produzierte "Individualisierung" als Herrschaftsinstrument und blockiert damit die landwirtschaftliche Entwicklung." Vieille, Un Groupement..., a.a.O., S. 178.

41) Vgl. Vieille, P., Naissance et Mort dans une Société Islamique, in: Diogène, Nr. 57, 1967, S. 125.

42) Vgl. Wolkenstein, a.a.O., S. 350; Alberts, a.a.O., S. 48 f. zit. bei Keddie, a.a.O., S. 401, Fußnote 38; Lambton, The Persian Land reform, a.a.O., S. 15 f.

Anmerkungen zu 2.3.1.1.2.

1) Vgl. Keddie, Stratification..., a.a.O., S. 387.

2) Vgl. Okazaki, S., Shirang-Sofla: The Economics of a Northeast Iranian Village, in: Developing Economics, Juni 1969, S. 261-83; derselbe: The Development of Large - Scale Farming in Iran: The Case of the Province of Gorgan, Tokyo, 1968.

3) Vgl. Okazaki, Shirang-Sofla, a.a.O., S. 262 ff.

4) Vgl. ebenda, S. 263.

5) Bei Weizen, Tabak und Baumwolle betrug sie 1/10 der Ernte. Die Pächter stellten aber auch alle Betriebsmittel selbst.

6) Vgl. Research Group: A Study of the Rural Economic Problems of Sistan and Baluchestan, in: Taghighat-e Eghtesadi, Nr. 19 u. 20, Teheran, 1970, S. 181 ff.

7) Vgl. Okazaki, Shirang-Sofla, a.a.O., S. 280 ff.

8) Vgl. Keddie, Stratification, Social Control and Capitalism in Iranian Villages before and after Land Reform, a.a.O., S. 384 f.

9) Vgl. Vieille, Un Groupement, a.a.O., S. 356.

10) Vgl. Keddie, Stratification..., a.a.O., S.393; "Volks-Fedaijan", Die Landreform im Iran und ihre Auswirkungen, 1973/74, "Die ländlichen Untersuchungen der Organisation des Fedayien des Volkes" Nr. 1, S. 56 f.

11) Bei dem durch die Landreform leer ausgegangenen Teil der bäuerlichen Bevölkerung dürfte es sich Anfang der 70er Jahre um 40 % bis 50 %, in den über 1000 Einwohner zählenden größeren Dörfern um mehr als 50 % der Dorfbevölkerung gehandelt haben. Vgl. Hooglund, E., The Khwushnishin Population of Iran, in: Iranian Studies, Autumn 1973, S. 161; Ashraf, An Evaluation..., a.a.O., S. 152; Saedloo, a.a.O., S. 59.

Anmerkungen zu 2.3.1.1.3.

1) Vgl. "Die Ergebnisse der agrarstatistischen Erhebung; zweite Phase der Agrarerhebung 2533 (1974/75)", Nr. 722, veröffentlicht Esfand 2535 (März 1975).
Der große Propagandaaufwand, mit dem im Iran wie im "befreundeten Ausland" die Verherrlichung der Landreform als das Kernstück der "Weißen Revolution" betrieben wurde, kontrastiert seltsam, aber nicht unerwartet mit der Schwierigkeit, halbwegs übereinstimmende und in sich konsistente Informationen über die realen und quantitativen Veränderungsprozesse der Eigentumsverhältnisse und der Transformation des Status der ländlichen Produzenten zu erhalten. Es gibt kaum statistische Informationen zur Veränderung der Eigentumsverhältnisse, die nicht von irgendeinem Autor in Zweifel gezogen worden wären; und es muß geradezu als einmaliger Glücksfall erscheinen, wenn sich bei zwei Autoren der Rekurs auf dieselben Daten konstatieren läßt. Diese Koinzidenz sagt jedoch nichts über deren Realitätsnähe aus. Es versteht sich von selbst, daß die von staatlichen Institutionen veröffentlichten Statistiken nicht zuletzt auch bestimmten aktuellen politischen Zielsetzungen dienen sollen. Unter Berücksichtigung all dieser Einschränkungen ist es kaum mehr möglich, irgendwelche abschließenden quantitativen Aussagen zu treffen. Zudem beziehen sich die verfügbaren Statistiken auf das Jahr 1972 bzw. 1975 mit der letzten landwirtschaftlichen Erhebung. Diese Statistik beruht nicht auf einer Erhebung aller Agrarbetriebe, sondern nur auf "surveys", die in verschiedenen ausgewählten iranischen Dörfern unternommen worden sind. Auch dürften sich unmittelbar vor dem Aufstand infolge zunehmender Landflucht und diverser "Landkonsolidierungsprozesse" mannigfaltige Verschiebungen ergeben haben. Aus diesen Gründen sind im folgenden die aus offiziellen Quellen zusammengestellten statistischen Daten mit äußerster Vorsicht zu interpretieren. Vgl. Tab. 53-57.

2) Vgl. Engels, F., Die Bauernfrage in Frankreich und Deutschland, MEW, Bd. 22, S. 488.

3) Vgl. 2. National Census of Agriculture, S. 53.

4) Vgl. ebenda. Der 6,6 %-ige Rest wurde von Misch- bzw. Anteils- oder Pachtbetrieben gebildet.

5) Um den Vergleich zu ermöglichen, wurden die differenzierten Angaben für 1960, die Betriebe zwischen 1o und 2o ha und 2o bis 5o ha erfaßten, zusammengefaßt. Vgl. Tab. 55.

6) Die Betriebe von 1o bis 2o ha waren 1960 durchschnittlich 13,6 ha und die von 2o bis 5o ha 3o,7 ha groß. Wie groß die Differenz im einzelnen sein kann, ist hieraus zu ersehen. Vgl. Tab. 55.

7) Nach Gutelmann gibt es letztlich auch nur dann eine reale Chance für Kapitalisierungsprozesse der Parzellenbetriebe, wenn es, - wie z.B. in den USA im 19. Jh. -, weite freie bzw. "freigemachte" Landflächen zur Kolonisierung gibt, für die die Bauern keinen Bodenpreis zu zahlen haben, oder wenn eine Landreform durchgeführt wird, die den Bauern die Kompensation der expropriierten Grundherrn erläßt. Vgl. Gutelmann, a. a. O. , S. 4o. Allerdings dürfte wohl auch dann nur eine relative Minderheit der Bauern die zur Transformation der jetzt ihr zufallenden Grundrente in "technisches" Kapital erforderliche materielle Schwelle erreichen: jene Bauern nämlich, die über Differenzialrenten der Fruchtbarkeit, Lage und/oder Kapitalisierung verfügen und daher in die Lage versetzt werden, neue Produktionsmittel zu verwenden, zu mechanisieren und die Produktion verstärkt auf die wechselnden Bedürfnisse des Marktes auszurichten.

8) Vgl. Brun, T.A., Geissler, C., Bel, F.: Le Baloutchistan Iranien. Un Reservoir de travailleurs sous-alimentés pour les Emirats, in: Revue Tiers Monde, Nr. 63, 1977, S. 133 ff.

9) Vgl. Saedloo, a. a. O. , S. 54-8o.

1o) Vgl. Vieille, P., Impérialisme, Absolutisme et Réforme Agraire, in:Vieille,P./Banisadr, A. (Eds.), Pétrole et Violence. Terreur Blanche et Résistance en Iran, Paris, 1974, S. 44.
Es ist ein allgemeines Phänomen, daß die realisierten minimalen Einkommenssteigerungen sich meistens nur in eine Steigerung bzw. Verbesserung des Konsums der weitgehend unterernährten und schlecht versorgten bäuerlichen Familien umsetzen, anstatt in eine Verbesserung der Produktionsbedingungen der bäuerlichen Agrarbetriebe.

11) Vgl. Saedloo, a.a.O., S.58; Ashraf, An Evaluation..., a. a. O., S. 159 ; Katouzian, M. A., Landreform in Iran. A Case Study in the Political Economy of Social Engineering, in: The Journal of Peasant Studies, Nr. 2, London, 1974, S. 234.

12) Vgl. Ehlers, E., Agrarsoziale Wandlungen im kaspischen Tiefland Nordpersiens, in: Schöller/Liedtke (Hg.), Deutscher Geographentag Erlangen-Nürnberg 1971, Wiesbaden 1971, S. 295.

13) Bis 1977 entstanden 2.886 Genossenschaften mit 2,8 Mill. Mitgliedern und einem Gesamtkapital von 6.962 Mill. Rial sowie 2.o75 Mill. Rial "gesetzliche Rücklage". 2.87o dieser Genossenschaften waren bis zu diesem Zeitpunkt in 15o Genossenschaftsverbände zusammengefaßt und verfügten über 2,7 Mill. Mitglieder und 3.221 Mill. Rial Gesamtkapital sowie 631,6 Mill. Rial "gesetzlicher Rücklage". Vgl. Statistisches Jahrbuch 2536 (1977/78), Planorganisation, Iranian Statistical Centre, Teheran, Dey 2536 (Dez. 1978), S. 289.

14) Vgl. Vieille, P., Les Coopératives Agricoles en Iran, in: Archives Internationales des Sociologie de la Coopération et du Développement, Nr. 32, a.a.O., S. 2oo.

15) Vgl. Nikgohar, A., Quelques observations sur la Réforme agraire iranienne, in: Revue française de Sociologie, Paris, 1975, S. 688 ff.

16) Vgl. Vieille, Les Coopératives en Iran, a.a.O., S. 289 ff.

17) Vgl. Hoeppner, R.R., Aspekte der Agrarreform Irans, in: Orient, Nr. 1, Hamburg, 1973, S. 39.

18) Vgl. Mohadjerani, M., Die Untersuchung der Agrarkredite vor und nach der Landreform, in: Taghighat-e Eghtesadi, Nr. 17/18, Teheran, 1969, S. 260-290.

19) Vgl. Denman, a. a. O. , S. 263 f.

2o) Der revidierte 5. Fünfjahresplan sah nur 6 % als fixe Kapitalinvestitionen für den Agrarsektor vor. Vgl. Jahresbericht der Zentralbank 1977/78, S. 79. 9o % aller ländlichen Aufbaukredite kamen den "Individualdörfern" zu ; vgl. Bericht des Ministeriums für Genossenschaften und ländliche Angelegenheiten, 1977/78, S. 7, (unveröffentlicht).

21) Vgl. ebenda, S. 8.

22) Vgl. Banisadr/Vieille, Iran et les Multinationales, a.a.O., S. 109.

23) Vgl. Iran Almanac and book of facts, published by the Echo of Iran, 1974, S. 432; Katouzian, Landreform in Iran, a.a.O., S. 334.

24) Von insgesamt 6.086.ooo ha künstlich bewässertem Land befanden sich 3.357.125 ha, von insgesamt 1o.332.ooo ha mit Regen bewässertem Land 5.7o7.817 ha im Bereich der Genossenschaften und wurden von ihren Mitgliedern bebaut. Außerdem stellten sie 5o % der Produkte aller kleinen Einzelbetriebe mit traditioneller Technik und Produktionsweise her.

Vgl. Bericht des Ministeriums für ländliche Genossenschaft und Angelegenheiten, S. 3.

25) Im einzelnen waren die Produktionsausschüsse bei Getreide 15 %, bei Gemüse 25 %, bei Hülsenfrüchten 5 % und bei Obst 2o bis 3o %. Allein bei den oben genannten Produkten hatten die Genossenschaftsmitglieder etwa 22,5 Mrd. Rial Verlust pro Jahr zu tragen. Damit belief sich der Verlust einzelner Mitglieder auf 7.8oo Rial pro Jahr. Vgl. Bericht des Ministeriums ..., a.a.O., S. 4. Berücksichtigt man das geringe Einkommen der armen Bauern, so liegt die Verlustrate außerordentlich hoch; sie ist nicht zuletzt auf die ungenügenden infrastrukturellen Einrichtungen zurückzuführen. In dieser Hinsicht sind nicht einmal die Planziele erfüllt worden.   Vgl. ebenda, S. 8.

26) Vgl. Housego, D., Survey of Iran, in: The Economist, London, 28.8.1976, S. 43.

27) Vgl. IZ 3. W., Feb. 1978, S. 25. Angesichts dieser staatlichen Diskriminierungspolitik gegenüber der Masse der "befreiten" Bauern und ihrer ohnehin relativ geringen "autonomen" Entwicklungsdynamik kann es folglich kaum verwundern, daß die Agrarproduktion nur geringe Wachstumserfolge zeitigen konnte.

28) Vgl. Keddie, Stratification..., a.a.O., S. 391 ff.

29) Vgl. Connell, J., Economic Change in an Iranian Village, in: The Middle East Journal, Nr. 3, Washington/D.C., 1974, S. 309 ff.

3o) Vgl. Tabelle 25; sowie Ajami, a.a.O., S. 65 ff.

31) Vgl. Keddie, Stratification... , a.a.O., S. 397; Khosravi, Les Paysans..., a.a.O., S. 289 ff.

32) Vgl. Vieille, P., Les Paysans, La petite bourgeoisie rurale et l'état après la Réforme agraire en Iran, in: Annales, Paris, März/April 1972, S. 347-372.

33) Die Modernisierungstheoretiker nennen dies euphorisch "nation-building".

Anmerkungen zu 2.3.1.2.

1) Vgl. Okazaki, S., a.a.O.

2) Diese Provinz war erst in den ersten Jahrzehnten des 2o. Jahrhunderts im Rahmen der Unterdrückungsfeldzüge Reza Shahs gegen die Nomaden in den iranischen Zentralstaat integriert worden und bildete seitdem eine Art "interne Kolonie". Für ihre landwirtschaftliche Förderung wurden keinerlei staatliche Initiativen ergriffen; stattdessen bildete Balutschistan schon seit den 3oer Jahren ein billiges Arbeitskräftereservoir für die von der Pahlavi-Familie für förderungswürdig erachteten nördlichen Regionen, die Reza Shah in "Kronland" transformiert hatte. Zur inneren Kolonisierung Balutschistans vgl. die Reiseberichte von: Kazemi, E., Die Fußstapfen Eskandar's, Teheran 1971 (135o); Barghei, M., Ein Blick auf Balutschistan, Teheran 1973 (1352); Dolatabadi, M., Zu Besuch beim Balutsch, Teheran, 1357 (1978).

3) Vgl. 2. National Census of Agriculture, S. 53.

4) Vgl. Janzen, J., Landwirtschaftliche Aktiengesellschaften im Iran, Saarbrücken, 1976, S. 3o.

5) Vgl. Iran/United Kingdom Investment Conference 1973, London, 1974, S. 1o.

6) Vgl. Area Handbook for Iran, Washington, 1971, S. 397.

7) Nach Ehlers' Beobachtungen war in den Regionen Gilans, die von dieser Waldland-Verkaufskampagne erfaßt wurden, ein "Neolatifundismus" im Entstehen begriffen. Er bezweifelt sogar, daß sich in diesen neuen Großbetrieben überhaupt Lohnarbeitsverhältnisse ausbilden würden, sondern sieht vielmehr eine modernisierte Neuauflage des vor der Landreform dominierenden Pachtsystems im Entstehen begriffen.
Vgl. Ehlers, Agrarsoziale Wandlungen, a.a.O., S. 302.

8) Vgl. Iran Almanac 1974, a.a.O., S. 559; Hahn, H., Die wirtschafts- und sozialgeographische Struktur iranischer Dörfer nach der Bodenreform, in: Erdkunde, Nr.2, Juni 1973, S. 222.

9) Vgl. Belutschistan - ein Bericht über das Leben des belutschischen Volkes, in: CIS-Information, Hannover, Nr. 2/ Juli 1977, S. 7.

1o) Vgl. Iran - wichtigster Markt in Westasien, in: Außenhandelsblätter, Commerzbank, März 3/1974, S. 3. Durch niedrige Nahrungsmittelpreise wurde dem Industriekapital ermöglicht, auch die Arbeitslöhne auf einem niedrigen Niveau zu halten.

11) Eine Tonne Weizen kostete dreimal so viel wie eine Tonne Öl, vgl. George , Susan. Wie die anderen sterben. Die wahren Ursachen des Welthungers. Berlin, 1978, S. 89.

12) Vgl. Aresvik, a.a.O., S. 145.

13) Festgesetzt wurden bestimmte Mindestabnahmepreise für verschiedene Nahrungsmittel, die die Produzenten zu den staatlichen Sammellagern brachten; in der Praxis ließ die staatliche Preisgarantie aber offenbar sehr zu wünschen übrig, da die Aufkaufzentralen zu weit voneinander entfernt waren und der große Mangel an solchen Institutionen auch nicht schnell behoben werden konnte. Vgl. BfA/Iran: Wirtschaftliche Entwicklung 1976/77, Köln, Juli 1977, S. 1o.

14) Vgl. Iran Almanac 1976, a.a.O., S. 18o f.; Jahresbericht der Zentralbank 1977/78, S. 32.

15) Nur etwa 55 % aller landflüchtigen Arbeitskräfte waren alphabetisiert, etwa 4o % davon hatten eine über die Grundschule hinausgehende Schulbildung. Das war angesichts des allgemeinen Analphabetismus auf dem Land ein relativ hoher Anteil, der sich umgekehrt als Mangel an qualifizierten Arbeitskräften auf dem Land manifestieren mußte, und das, obwohl 1976/77 allein 75o.ooo ländliche Arbeitslose und etwa 48o.ooo Unterbeschäftigte gezählt wurden. Vgl. Mohaghegh, a.a.O., S. 43.

Anmerkungen zu 2.3.1.2.1.

1) Vgl. Feder, E., Die neue Penetration der Landwirtschaften der unterentwickelten Länder durch die Industrienationen und ihre multinationalen Konzerne, in: Senghaas/Menzel (Hg.): Multinationale Konzerne und die Dritte Welt, Opladen 1976, S. 1o3-127; Collins, J./Moore-Lappé,F., Vom Mythos des Hungers, Ffm., 1978, S. 297 ff.; George, a.a.O., S. 14 ff., S. 144 ff., S. 132 ff.

2) Vgl. George, a.a.O., S. 14.

3) In einem modernen Viehzuchtbetrieb in North Carolina, der 15o.ooo ha umfaßt und auf dem 5o.ooo Rinder und Schweine gezüchtet werden, sind z.B. nur 1.ooo Arbeiter erforderlich. Vgl. ebenda, S. 15. George schlägt deshalb vor, den US-Viehbestand als "belebte Maschine" zu betrachten, die Produktionsmittel verarbeitet.

4) Vgl. ebenda, S.114:"Es ist eine Tatsache, daß gut gemanagte Agrarwirtschaftsprojekte in einigen Entwicklungsländern pro Jahr bis zu 3o % Rendite bringen" freute sich z.B. Orvill Freeman, Präsident von "Business International". Ebenda, S. 118 .

5) Blätter des Informationszentrums 3. Welt, Dez. 1977, S. 39.

6) In manchen dieser Länder werden den investitionswilligen Multis riesige Ländereien beinahe kostenlos überlassen, beispielsweise im Amazonas-Gebiet in Brasilien, so daß Firmen wie das Volkswagenwerk, Goodyear und Mitsubishi, die bisher im Agrarbusiness noch nicht tätig waren, sich mit Unterstützung einer staatlichen brasilianischen Gesellschaft veranlaßt sehen, riesige Viehzuchtranchen aufzubauen.
Vgl. George, a.a.O., S. 126). Dies läßt vermuten, daß die finanziellen Anreize der brasilianischen Regierung sehr beeindruckend gewesen sein müssen.

7) Ebenda, S. 129

8) Ebenda, S. 1o4 f. Werden dagegen - wie in Brasilien - große Soja-Plantagen angelegt, dann verringert bzw. verteuert sich dadurch der Getreidekonsum der brasilianischen Bevölkerung; ebenda, S. 73 .

9) Das führt im Amazonasgebiet bis zur geplanten physischen Ausrottung der indianischen Ureinwohner.

1o) "Alle unsere Bemühungen werden sich auf diejenigen Völker richten, die bereit sind, greifbare - und häufig auch unpopuläre - und schwierige Schritte zu unternehmen, um das rechte Investitionsklima zu gewährleisten." Zit. bei George a.a.O., S. 116.

11) "Es gibt bereits jede Menge Daten, die vermuten lassen, daß die Agrarkonzernwirtschaft alles zu zerstören vermag, was sie anrührt: einheimische Beschäftigungsstrukturen, einheimische Nahrungsmittelerzeugung, Verbraucherpräferenzen, bis hin zu Dorf- und traditionellen Familienstrukturen." Ebenda, S. 114.

12) Vgl. Große Aufgaben für Irans Landwirtschaft, in: BfA/NfA, 31.10.1974, S. 3; Nowshirvani, V./Bildner, R., Direct Foreign Investment in the Non-Oil Sectors of the Iranian Economy, in: Iranian Studies, New Haven/Connecticut, Spring-Summer 1973, S. 94 ff; Schultz, A., Iran's New Industrial State, in: Current History, Jan. 1977, S.17 ff.

13) BfA/NfA, 31.10.1974, S. 3.

14) Vgl. Iran/United Kingdom Investment Conference 1973, London, 1974, S. 76.

15) Vgl. Gehrke/Mehner, a.a.O., S. 379.

16) Vgl. Field, M., Agro-Business and Agricultural
Planning of Iran, in: World Crops, März-April 1972, S. 68 ff.;
Schultz, a.a.O., S. 17 ff; Ehlers, E., Traditionelle und moderne Formen der Landwirtschaft im Iran, Marburg,
1975, S. 179 ff.

17) Vgl. Rabbani, M., A Cost-Benefit-Analysis of the Dez-Multipurpose Project, in: Taghighat-e Eghtesadi, Nr. 23 u. 24,
Teheran, 1971, S. 158 f.

18) Brun/Dumont sprechen von 38.000 bäuerlichen Familien, die
vertrieben wurden; a.a.O., S.17.

19) Nach verschiedenen Modifikationen der ursprünglichen Projekte
hatte sich Mitte der 70er Jahre offenbar die Aufteilung des
Landes unter folgende vier Agribusiness-Betriebe herausgebildet:
I. AGROINDUSTRY OF IRAN AND AMERICA
   - geplante Gesamtfläche: 20.267 ha
   - bereits zugeteilt   : 14.307 ha
   - iranische und amerikanische Aktionäre: Iranoamerikaner
     Naraghi
   - voraussichtliche Anbauprodukte:
     Futterpflanzen und Gemüse für den Teheraner Markt
     Spargel für den Export nach Europa
     Baumwollplantagen und Viehzuchtkomplexe in Planung

II. IRAN - CALIFORNIA - COMPANY
   - geplante Fläche : 10.536 ha
   - bereits zugeteilt: 5.726 ha
   - 1970 registriert mit einem Kapital von 2,35 Mill.
     US-Dollar
   - Aktionäre:
     Transworld Agricultural Development Company
     Bank of America
     Agricultural Development Funds of Iran (ADFI)
     Dow Chemical Company
     John Deers and Company
     Khuzestan Water and Power Authority
     Iranisches Privatkapital
   - Produktionsplanungen:
     Produktion als Importersatz für die Versorgung des
       inneren Marktes mit Weizen, Zuckerrüben, Obst und
       Fleisch
     Exportproduktion für Europa: Frühgemüse und Frühobst
     Im Gespräch: Baumwolle, Alfalfa, Ölsaaten

III. INTERNATIONAL AGRIBUSINESS CORPORATION OF IRAN
   - Gesamtfläche   : 16.680 ha
   - bereits zugeteilt: 3.136 ha
   - initiiert von der Ahwaz Zuckerraffinierungsgesellschaft
   - gefördert vom ADFI
   - Aktionäre:
     Ahwaz Zuckerraffinierungsgesellschaft

       ADFI
       Hawaian Agronomics Company International
       Diamond A. Cattle Company
       Iranisches Privatkapital
    - Anbau:
       Weizen und Zuckerrüben

IV. IRAN SHELLS COTTS bzw. MITCHELL SHELL COTTS
- Gesamtfläche   : 15.796 ha
- bereits zugeteilt: 5.376 ha
- geplante Gesamtinvestitionen: 14.821.973 US-Dollar
- bereits investiert: 3.2oo.ooo US-Dollar
- Aktionäre (1972):
  Shell (GB)
  ADFI
  Bank Omran (Landreformbank)
  Mitchell Cotts (GB)
- Produktion:
  Getreide, Futterpflanzen, Milchprodukte, Fleisch
- Export:
  Plan, Alfalfa in die Emirate und Japan zu exportieren

Vgl. Ehlers, Traditionelle und moderne Formen ...,
a.a.O., S. 188 ff.; sowie Iran/United Kingdom Investment
Conference, a.a.O., S. 76.

20) Vgl. Brun/Dumont, a.a.O., S. 17.

21) Freivalds, J., Farm Corporation in Iran - An Alternative to Traditional Agriculture, in: The Middle East Journal, Washington, 1971, S. 190.

22) Vgl. Ehlers, Traditionelle und moderne Formen der Landwirtschaft im Iran, a.a.O., S. 197 f.

23) Springborn, R., New Pattern of Agrarian Reform in the Middle East and North Africa, in: The Middle East Journal, Washington, Spring 1977, S. 127 und 135 ff.

24) Vgl. Fischer, M., Rezension von Ehlers, in: Iranian Studies, 1976, S. 293 f.

25) Vgl. Field, a.a.O., S. 69 f.

26) Vgl. BfA/NfA, 31.1o.197o, S. 3; Iran/United Kingdom Investment Conference, a.a.O., S. 1o.

27) Vgl. Griggs, Lee, Oil and Water rebuild an Ancient Land, in: Fortune, Nov. 197o, S. 128.

28) Vgl. Housego, a.a.O., S. 42; Collins/Moore-Lappé, a.a.O., S. 311.

29) Aus den mir bekannten Quellen geht leider nicht eindeutig hervor, wie danach mit den völlig von der "landwirtschaftlichen Entwicklungsbank" übernommenen Agribusiness-Betrieben verfahren wurde, da die wenigen Informationen zu diesem Problemkomplex äußerst widersprüchlich sind. Der "Economist" verkündete Ende 1976, es sei geplant, die 2o.ooo ha umfassenden Mammutbetriebe in 2.5oo-3.ooo ha umfassende kleinere Betriebe aufzuteilen; vgl. Housego, a.a.O., S. 42. Eine an-

dere Quelle behauptet, daß man Ende 1977 sogar erwogen habe, die Betriebe in nur 100 ha umfassende Einheiten "aufzusplittern" und von individuellen Eigentümern unter Kontrolle der Gesellschaften bebauen zu lassen. Vgl. Iran's fight to stimulate domestic food production, in: Events, Dez. 1977.

30) Vgl. Aresvik, a.a.O., S. 120.

31) Vgl. ebenda; Housego, a.a.O., S. 42.

32) Vgl. Ehlers, Traditionelle und moderne Formen der Landwirtschaft im Iran, a.a.O., S. 181 f.

33) Warum diese, für landwirtschaftliche Großbetriebe in der "Dritten Welt" doch nicht völlig atypischen, Anfangsprobleme die anglo-amerikanisch-japanischen Investoren so schnell ihr Interesse am Agribusiness-Geschäft in Khuzestan verlieren ließen, liegt nach Ann Schutz's Vermutung darin begründet, daß einige der Multis, die auch hohe Aktienanteile an iranischen Industriebetrieben besaßen, möglicherweise von vornherein kein besonders großes Interesse an der iranischen Landwirtschaft gehabt hätten. Ihre positive Reaktion auf die vom iranischen Staat gebotenen Investitionsmöglichkeiten in Khuzestan sei daher wohl ebensosehr von ihrem Wunsch motiviert gewesen, "guten Willen" zu zeigen, indem sie sich in einem Bereich engagierten, der gerade von der Regierungspolitik stark propagiert wurde, wie auch von hohen Profiterwartungen angesichts des überaus günstigen Investitionsklimas. Vgl. Schultz, a.a.O., S. 17 ff. Als die großen Gewinne dann ausblieben, zogen sie sich aus dem Agrarsektor zurück. Nowshirvani/Bildner machten ebenfalls schon 1973 darauf aufmerksam, daß die Multis, mit ihren begrenzten Erfahrungen im Agribusiness-Geschäft, ihre Investitionen in Khuzestan möglicherweise mehr als Ausgangspunkt für die Distribution ihrer Waren und Dienstleistungen im Iran betrachteten, als daß sie eine besondere Neigung zur Agrarproduktion hatten. Vgl. Nowshirvani/Bildner, a.a.O., S. 43. Die reale Entwicklung gibt diesen Überlegungen wohl recht.

34) Vgl. ILO: Employment and Income policies for Iran, Genf, 1973, S. 25.

35) Vgl. Ehlers, Traditionelle und moderne Formen der Landwirtschaft ..., a.a.O., S. 197 ff., S. 219.

36) Die Höhe der Entschädigungszahlungen ist umstritten. Vgl. Rabbani, a.a.O., S. 153; Freivalds, a.a.O., S. 190.

37) Vgl. ILO, a.a.O., S. 25.

38) Vgl. Ehlers, Traditionelle und moderne Formen ..., a.a.O., S. 22o. "Damit ist ein Großteil der Bevölkerung, vor einigen Jahren im Rahmen der Bodenreform zu eigenem Grund und Boden gelangt, heute mittelloser und ärmer als zuvor." Ebenda, S. 198.

39) Vgl. ebenda, S. 203.

4o) Ebenda, S. 2o4; vgl. auch Collins/Lappé, a.a.O., S. 312.

41) Der ILO-Bericht von 1973 spricht global von 15o.ooo-2oo.ooo Personen, die in der Zeitspanne von 1968-1972 wegen der agrarkapitalistischen Entwicklung in ihrer Region zur Landflucht getrieben wurden. Vgl. ILO, a.a.O., S. 25. Bis zum Aufstand dürfte sich diese Zahl aber stark erhöht haben.

42) Vgl. Halliday, a.a.O., S. 101 ff; Keddie, Das Erbe des Midas: Schwarzes Gold, Ökonomie und Politik der "Weißen Revolution" - Krise und Ende des Schahregimes, in: Revolution in Iran und Afghanistan, a.a.O., S. 21 ff.

43) Vgl. Aresvik, a.a.O., S. 120; Housego, a.a.O., S. 42. Der allgemein seit dem Aufstand sich verbreitende Haß gegen die "verwestlichten" Akademiker dürfte u.a. daher rühren.

44) Vgl. Amuzegar, D., Iran - An Economic Profile, Washington, Dez. 1977, S. 4o; Aresvik, a.a.O., S. 113.

45) Vgl. Aresvik, a.a.O., S. 123.

46) Das gesamte Bewässerungsland im Iran: 3.8oo.ooo ha. Vgl. Iran/United Kingdom Investment, a.a.O., S. 68.

47) Vgl. Melachlan, Keith S., The Iranian Economy 196o-1976, in: Amirsadeghi, H./Ferrier,R.W.(eds.): Twentieth Century Iran, London, 1977, S. 164.

48) "In der Nähe von Teheran wird eine Viehmastanlage von Foremost Mekerson aufgebaut, und selbst World Airways haben sich mit einem Vertrag in das Geschäft eingeschaltet, demzufolge sie bis 1979 25o.ooo prächtige Kühe nach Persien einfliegen sollen." George, a.a.O., S. 133; vgl. auch Collins/Lappé, a.a.O., S. 311.

49) Vgl. Brun/Dumont, a.a.O., S. 14 ff.

5o) Es hieß, 75 % der Tiere seien "nicht produktiv" genug.

51) Vgl. Brun/Dumont, a.a.O., S. 18 f.

52) Vgl. ebenda.

53) Vgl. ebenda, S. 15.

54) Vgl. Brun/Dumont, a.a.O., S. 18. "Es ist natürlich viel profitabler und einfacher, den Vorschlag zu machen, ein Produktionssystem einfach durch ein anderes zu ersetzen, als nach einer Weise der Transformation zu suchen, die vereinbar ist mit dem Verbleiben und der Partizipation der Bevölkerung und der raschen Verbesserung der Lage der Arbeiter." Ebenda , S. 19. Das ist der Kommentar von zwei Vertretern internationaler Organisationen, die an Ort und Stelle diese "Modernisierung" der iranischen Landwirtschaft erleben durften.

Anmerkungen zu 2.3.1.2.2.

1) Tatsächlich wurden bis zu dieser Zeit nur 93 LAG s geschaffen. Vgl. Jahresbericht der Zentralbank, 1977/78, S. 34. Da hier nähere Angaben fehlen, muß sich der Text auf die Informationen bis 1976/77 beziehen. Vgl. statistisches Jahrbuch 1976/77, Plan and Budget Organisation, Statistical Centre of Iran, S. 291.

2) Vgl. Janzen, a.a.O., S. 30.

3) Vgl. Ule, W., Die landwirtschaftlichen Aktiengesellschaften im Iran, in: Vierteljahresberichte, Nr. 40, Hannover, 1970, S. 169.

4) Bauern, die sich gegen die Errichtung einer LAG in ihren Dörfern aussprachen, wurden häufig verhaftet und/oder mußten die Gegend verlassen. Vgl. Sarraf, T. , The Effectiveness of Patrimonial Rule as a Means to Modernization; A Study in Contemporary Iran, Univ. of Washington, 1972, (Diss.), S. 154.

5) Vgl. Mohtachemi, M. C., Les Sociétés Agricoles Anonymes en Iran: Etude de Cas, Paris, 1973 (Diss.), S. 2o.

6) Vgl. Vieille, in: Vieille/Banisadr, a.a.O., S. 50.

7) Vgl. Pourafzal, H., Kooperationsformen in der iranischen Landwirtschaft, Gießen, 1969, S. 39.

8) Janzen, a.a.O., S. 146.

9) Ule, W., Die landwirtschaftlichen Aktiengesellschaften im Iran, in: Zeitschrift für das gesamte Genossenschaftswesen, 1970, S. 378.

10) Vgl. Pourafzal, a.a.O., S. 43; Landfried, K., The Shah's Revolution. The Dilemma of Modernization in Iran, in: Orient, Hamburg, 1973, S. 166.

11) Vgl. Sarraf, a.a.O., S. 154.

12) Vgl. Pourafzal, a.a.O., S. 40

13) Vgl. Vieille, in: Vieille/Banisadr, a.a.O., S. 50; Mohtachemi, a.a.O., S. 108.

14) Vgl. Mohtachemi, a.a.O., S. 27 f.

15) "In der LAG Mahabad waren zum Zeitpunkt der Untersuchung (1349 = 1970/71) von 1.424 arbeitsfähigen Mitgliedern der Altersgruppe 15-65 Jahre 74 Personen ständige Arbeitskräfte und ca. 108 Personen als Saisonarbeiter tätig, also ein starker Substitutionsgrad von Arbeit(-skraft) durch Kapital." Saidi, K., Landwirtschaftliche Aktiengesellschaften als Instrument der landwirtschaftlichen Entwicklungspolitik im Iran. In: Zeitschrift für die ausländische Landwirtschaft, Nr. 3-4, Ffm., 1973, S. 135.

16) Vgl. Schowkatgard, F./Fardi: Sozioökonomische Auswirkungen der landwirtschaftlichen Aktiengesellschaften im Iran: Fallstudie eines Dorfes in der Provinz Fars, in: Zeitschrift für ausländische Landwirtschaft, Nr. 2, 1972, S. 135.

17) Vgl. Mohtachemi, a.a.O., S. 55.

18) Etwas zu apologetisch heißt es dazu in einem Bericht über eine LAG, die von einem vielgeworbenen Technokraten beherrscht wurde: "Das von den Führungskräften aus Europa importierte Arbeitsethos hat dazu geführt, daß man eine partielle Entlohnung auf der Basis eines Prämiensystems eingeführt hat und die Arbeitsleistung der Aktionär-Bauern überwacht. Dadurch konnte die Arbeitsproduktivität erheblich verbessert werden. Die davon Betroffenen, denen ein ausgeprägtes Leistungsdenken weitgehend fremd ist, können sich jedoch nur schwer an diesen neuen Lebensrhythmus gewöhnen." Janzen, a.a.O., S. 146.

19) Vgl. Stickley, T./Najafi, B., The Effectiveness of Farm Corporations in Iran, in: Taghighat-e Eghtesadi, Nr. 21, Teheran, 1971, S. 26.

20) Vgl. Mohtachemi, a.a.O., S. 57.

21) Vgl. Janzen, a.a.O., S. 30.

22) Vgl. Mohtachemi, a.a.O., S. 59.

23) Die LAG war anfangs als 5-jähriges Experiment bezeichnet worden. Vgl. ebenda, S. 58.

24) Vgl. Janzen, a.a.O., S.26.
In welchem Ausmaß sich dieser angestrebte Prozeß der Eliminierung der Kleinaktionäre realisiert hat, ist aus den vorliegenden Untersuchungen nur schwer zu entnehmen. Ehlers führt aus, daß sich die mit der LAG-Integration abnehmende Bindung der Bauern an den eigenen Boden bereits in der verstärkten Bereitschaft zum Abtreten oder Verkauf manifestiert hätte. Die dadurch bereits erhöhte Bodenmobilität diente häufig der Konzentration von Aktien, wobei - so Ehlers - die ehemaligen Großgrundeigentümer und städtischen Kaufleute an solchen Transaktionen in entscheidendem Maße beteiligt waren. Vgl. Ehlers, Traditionelle und moderne Formen..., a.a.O., S. 214. Leider spezifiziert Ehlers nicht, wie es der Bourgeoisie gelungen ist, sich an diesem, im Rahmen der LAG sich vollziehenden - also staatlich kontrollierten -, Erosionsprozeß bäuerlichen Grundeigentums zu beteiligen.

25) Vgl. Ule, a.a.O., S. 397.

26) Vgl. Brun/Dumont, a.a.O., S. 13.

27) Die neueste hier herangezogene offizielle Quelle: "Bericht über die Aktivitäten des Ministeriums für die Genossenschaften und ländliche Angelegenheiten im Bereich der Gründung und Führung der LAG und Produktionsgenossenschaften", 1975/76, S. 17-78.

28) Vgl. Janzen, a.a.O., S. 41 ff.

29) Vgl. ebenda, S. 42.

3o) Vgl. Brun/Dumont, a.a.O., S. 13.

31) Vgl. Sarraf, a.a.O., S. 161; Mohtachemi, a.a.O., S. 29; Brun/Dumont, a.a.O., S. 13.

32) Vgl. Mohtachemi, a.a.O., S. 82; Sarraf, a.a.O., S. 145; u.a.

33) Vgl. Mohtachemi, ebenda.

34) Vgl. Mohtachemi, a.a.O., S. 86.

35) Vgl. Sarraf, a.a.O., S. 145.

36) Vgl. Demnan, a.a.O., S. 23o (Tabellen). Die Esfahani-LAG und eine andere in der Nähe von Persepolis erhielten z.B. Subventionen und Kredite, die 1oo Mill. Rial überstiegen; dabei umfaßte die 1. LAG nur 133, die 2. gar nur 8o Familien. Vgl. Brun/Dumont, a.a.O., S. 12.

37) Vgl. ILO, a.a.O., S. 4o; Pourafzal, a.a.O., S. 42; Freivals, a.a.O., S. 192.

38) Vgl. Sarraf, a.a.O., S. 145 ff.; Janzen, a.a.O., S. 152; Mohtachemi, a.a.O., S. 1o8, 29.

Anmerkungen zu 2.3.1.2.3.

1) Vgl. Ule, a.a.O., S. 124.

2) Vgl. Iran Almanac 1974, a.a.O., S. 2o7; Iran Almanac 1972, S. 385; Saedloo, a.a.O., S. 54 ff; im Anhang findet sich der 1967 zum erstenmal veröffentlichte Plan zur "Errichtung von Boden- und Wasserzentren" des damaligen Landwirtschaftsministers Rowhani.

3) Vgl. Mc Lachlan, a.a.O., S. 165.

4) Dies geht auch explizit aus § 1 des "Genossenschaftsgesetzes" hervor. Vgl. Bericht über die Aktivitäten des Ministeriums für Genossenschaften und ländliche Angelegenheiten 1975/76, a.a.O., S. 93.

5) Vgl. Gehrke/Mehner , a.a.O., S. 378.

6) Vgl. ebenda; Aresvik, a.a.O., S. 41.

7) Vgl. Mc Lachlan, a.a.O., S. 165.

8) Vgl. Bericht über die Aktivitäten des Ministeriums ..., a.a.O., S. 93.

9) Vgl. Mc Lachlan, a.a.O., S. 165.

1o) Die Angaben entstammen einem unveröffentlichten Bericht des Ministeriums der Genossenschaften und für ländliche Angelegenheiten: "Ländliche Gesellschaft im 6. Aufbauplan; Ziele und Richtlinien der Durchführung", S. 3-5.

11) Vgl. Brun/Dumont, a.a.O.

12) Viele Landarbeiter artikulierten offen gegenüber den sie befragenden Feldforschern Verbitterung und Empörung über ihren Ausschluß von der Landreform - ein für iranische Verhältnisse durchaus ungewöhnliches Verhalten.

13) Vgl. Schirazi, A. , Rezension von Safi-nejad, D. , Boneh, in: Mardom Nameh, Nr. 1, Sommer 1975, S. 66-71. Es wäre grundsätzlich falsch, wie Schirazi, "boneh" nur als eine "Betriebsform", damit als eine technische Form der Produktion und äußerlich zu begreifen - ohne Spuren an dieser jahrhundertelang verinnerlichten Verhaltensweise zu hinterlassen.

14) Vgl. Marx, K.,"Grundrisse", a.a.O., S. 393.

15) Dies ist eine immanente Ambivalenz jeder Religion: "Das religiöse Elend ist in einem der Ausdruck des wirklichen Elends und in einem die Protestation gegen das wirkliche Elend. Die Religion ist der Seufzer der bedrängten Kreatur,

das Gemüt einer herzlosen Welt, wie sie der Geist geistloser Zustände ist. Sie ist das Opium des Volks." Vgl. K. Marx, Zur Kritik der Hegelschen Rechtsphilosophie, MEW, Bd. 1, Berlin, 1972, S. 378.

16) Ein Exemplar dieser verkehrten Sichtweise ist der Beitrag von Bürker, G. , Massenautonomie im Iran, in: "Autonomie" Nr. 1, Der Iran, H. 5, 1979, S. 4-25.
"Um die Dynamik des aktuellen Aufstandes besser verstehen zu können, wollen wir kurz auf den Schiismus eingehen, der sich zur vereinenden Kraft der verschiedenen oppositionellen Klassen und Schichten des iranischen Volkes und dessen politischen Organisationen im Kampf gegen das Schahregime entwickelte. Angesichts eines mit dem Staat verknüpften konservativen Schiismus und einer immer umfassenderen Unterdrückung des Volkes durch das Schahregime, entwickelte der ehemalige Dorflehrer Ali Shariati unter dem Einfluß der Guerillabewegung seine Lehre, die den safawiden Schiismus mit dem auf Ali (Ehemann von Mohammeds Tochter Fatima) zurückgehenden alavitischen Schiismus, einer für die Unterdrückten Partei ergreifenden Bewegung des Fortschritts und der Weiterentwicklung, konfrontiert und *somit das Volk zum revolutionären Kampf gegen den Absolutismus und Imperialismus anregt*. Er legte großen Wert auf das Selbstbewußtsein, das parteiliche Eintreten eines wirklichen Schiiten für die Armen und Unterdrückten, und führte dies auf die Wurzeln des Schiismus zurück, als Hussein und seine Anhänger in der Wüste von Kerbela im Jahre 638 aufrecht kämpfend durch den Kalifen Yazid massakriert wurden. Von Shariati, der sich sowohl mit der Philosophie alter Chinesen bis zum Existenzialismus von Sartre, als auch mit westlicher Soziologie beschäftigt hatte, gibt es über 2oo Publikationen, die entweder von Tonbandaufnahmen seiner langen Vorträge in der Hosseyin-e Erchard-Moschee in Teheran abgeschrieben wurden oder die er selber innerhalb von zwei Jahren Anfang der siebziger Jahre geschrieben hat. Seine Werke haben, trotz heimlichen Vertriebs, Millionenauflagen, und eine Vielzahl an Kassetten zirkulieren von ihm in der Bevölkerung. *Er vermittelte den Schiiten durch die Verquickung von westlicher Kulturkritik und kämpferischer Tradition ein Menschenbild, das ihnen die Kraft für solidarisches Handeln und selbstbewußtes Engagement gegen das Regime gab.* Dem westlichen Kulturimperialismus, z.B. in Form von drittrangigen amerikanischen Filmen die nicht einmal mehr in Europa gezeigt werden, hielten sie eine Rückbesinnung auf positive Traditionen des Volkes entgegen, ohne damit "ins Mittelalter zurückgehen" zu wollen, wie es unsere Presse zu suggerieren versucht. Da der Imam Chomeini nichts gegen die Lehre Shariatis unternommen hatte, bedeutete dies implizit, daß er sie billigt und somit auch fördert. Das Regime erkannte schnell diese neue Gefahr und sah sich veranlaßt, eine "Armee der Religion" zu gründen, die als Gegenstück zu der sich entwickelnden sozialrevolutionären Erneuerung des

Schiismus die Position vertrat, daß das Handeln des Schahregimes die wahre Verwirklichung des Islam sei. Diese SAVAK-"Armee" brachte dazu mehrere Bücher heraus und versuchte, diese Gedanken in der Bevölkerung zu verbreiten. Ein in Deutschland lebender iranischer Moslem schilderte mir vor kurzem die praktische Umsetzung dieser neuen Strömung im Schiismus: Shariati verkündete die Lehre, Chomeini verbreitete sie ideologisch durch Flugblätter oder Kassetten bis ins kleinste Dorf und die Volksmudjaheddin machten es praktisch in Aktionen vor. Oder ein Beispiel. Wenn das Regime über die Medien verkündete, daß Guerillas bei einer Aktion festgenommen worden waren, dann hielt Shariati am nächsten Tag einen Vortrag und diskutierte vor Tausenden von Zuhörern zum Thema Folter, ob man sich der Repression beugen soll, oder ob es richtig ist, trotz Opfer Widerstand zu leisten, und die Menschen wußten überall, daß die festgenommenen Guerillas keine Terroristen, sondern Freiheitskämpfer sind. *Zwei zusätzliche Faktoren haben dem sozialrevolutionären Schiismus seine Massenwirkung verliehen.* Zum einen ist es die Person Chomeinis selber. Aus dem Exil opponiert er konsequent gegen das Regime, er bestärkt die nationale Einheit gegen den Imperialismus, er vereint die unterschiedlichen politischen, religiösen und ethnischen Strömungen im Kampf, er gibt eine Richtung an und personifiziert gegenüber dem, auf Kosten des Volkes im Überfluß lebenden Schah das positive Gegenstück: er genießt keine Privilegien, er wohnt in einer bescheidenen Unterkunft und ißt dasselbe einfache Essen, wie die Menschen um ihn herum. Zum anderen ist es der praktische Versuch der *progressiven* Mullahs, über die Moscheenzentren hinaus das Volk dezentral wieder zusammenzubringen und durch Kooperativen auf die materiellen Nöte der Unterklassen einzugehen. Letzteres scheint besonders auf Teheran und andere Großstädte zuzutreffen. Auf den Erdölfeldern scheinen die älteren Mullahs für die jungen Proletarier keine bedeutende Rolle gespielt zu haben." Ebenda, S. 17-18, (hervorgehoben von mir, D.G.).

17) Vgl. Hooglund, M.E., Hosseyn als Vermittler, Hosseyn als Vorbild, in: Religion und Politik im Iran, a.a.O., S. 263 f.

18) Vgl. Kippenberg, a.a.O., S. 217 ff.

Anmerkungen zu 2.3.2.

1) Vgl. Statistisches Jahrbuch 1972/73 und 1977/78 sowie National Census of Population, Nov. 1976. 1977/78 stieg die Bevölkerungszahl auf 34,6 Mill. Vgl. JBZ, 1977/78, S. 66.

2) Vgl. JBZ 1976/77, S. 86.

Anmerkungen zu 2.3.2.1.

1) Vgl. National Census of Population, Nov. 1976. Alle Angaben zur regionalen Disparität sozialer Möglichkeiten sind in Tab. 38 bis 38 e zusammengefaßt.

2) Zum Industrieparkprogramm vgl. Korby, a.a.O., S. 172.
" 'Industrieparks' sind Ansiedlungen industrieller Unternehmen auf Arealen, deren Infrastruktur, Erschließung, Planung und Verwaltung von einer Trägergesellschaft übernommen wird. Den Industriebetrieben werden Fabrikgelände mit Anschluß an Straßen, Wasser- sowie Abwasserleitung, an Energieversorgung, an Fernmeldeeinrichtungen und teilweise sogar mit vorgefertigten Gebäudekomplexen zur Miete oder zum Kauf angeboten ... Die Förderung derartiger Industrieparks aus öffentlichen Mitteln wird zu einem wichtigen ordnungspolitischem Instrument innerhalb eines Konzepts der dezentralen Konzentration."

3) Detaillierte Information über die Standortverteilung der iranischen Industriezweige vermittelt Korby, a.a.O., S. 7o-114.

4) Diese "allgemeinen Produktionsbedingungen" sind in der Literatur als infrastrukturelle Maßnahmen bekannt. Zur Problematik der bürgerlichen Infrastrukturtheorien vgl. Läpple, D., Staat und allgemeine Produktionsbedingungen - Grundlagen zur Kritik der Infrastrukturtheorien, West-Berlin, 1973.

5) Vgl. Abb. 6 - 9.

6) Im Vergleich hierzu wurden 1971 nur 58 % der großindustriellen Wertschöpfung in der Zentralprovinz produziert.

7) Zum Begriff der Ungleichzeitigkeit vgl. Ernst Bloch, Erbschaft dieser Zeit, Ffm., 1973, S. 1o4 ff.

Anmerkungen zu 2.3.2.2.

1) Andererseits öffnen sich neue Produktionszweige, (...) die eben jene relative, oft durch Überwiegen des konstanten Kapitals in anderen Produktionszweigen freigesetzte Bevölkerung als Basis nehmen, ihrerseits wieder auf dem Überwiegen des Elements der lebendigen Arbeit beruhen und erst nach und nach dieselbe Karriere wie die anderen Produktionszweige durchmachen." Marx, K., Das Kapital, MEW, Bd. 25, S. 274. Zwischen 1963 und 1968 entstanden 56% der neuen Berufe durch diese Kleinbetriebe. Vgl. Vgl. Hansen, J.R., Wachstum und Grundlage des Industriesektors im Iran (1960-1970), in: Taghighat-e Eghtesadi, Nr. 32/33, Teheran, 1354 (1975),(persisch), S. 7.

2) Vgl. Hansen, a.a.O., S. 37.

3) "Dadurch, daß das variable Kapital eine bedeutende Proportion des Gesamtkapitals einnimmt und daher der Arbeitslohn unter dem Durchschnitt ist, sind sowohl Mehrwertrate wie Mehrwertmasse in diesen Produktionszweigen ungewöhnlich hoch." Marx, K., Das Kapital, MEW, Bd. 25, S. 24.

4) Vgl. Mohaghegh, a.a.O., S. 44 F.

5) Allein in der ersten Hälfte des Jahres 1979 wurden 34 große und mittlere Industriebetriebe mit einem Kapital von 3,3 Mrd. Rial fertiggestellt, die allerdings nur 1.5oo Arbeitskräfte beschäftigten. Vgl. Mohaghegh, a.a.O., S. 46.

6) "Es ist dies nicht mehr einfache, mit der Akkumulation identische Konzentration von Produktionsmittel und Kommando über Arbeit. Es ist Konzentration bereits gebildeter Kapitale, Aufhebung ihrer individuellen Selbständigkeit, Expropriation von Kapitalist durch Kapitalist, Verwandlung von kleineren in weniger größere Kapitale. Dieser Prozeß unterscheidet sich von dem ersten dadurch, daß er nur veränderte Verteilung der bereits vorhandenen und funktionierenden Kapitale voraussetzt, sein Spielraum also durch das absolute Wachstum des gesellschaftlichen Reichtums oder die absoluten Grenzen der Akkumulation nicht beschränkt ist. Das Kapital schwillt hier in einer Hand zu großen Massen, weil es dort in vielen Händen verlorengeht. Es ist die eigentliche Zentralisation im Unterschied zur Akkumulation und Konzentration." Marx, K. , Das Kapital, MEW, Bd. 23, S. 654.

7) Es gibt keine statistischen Angaben über den Untergang der Kleinbetriebe. Der entsprechende Prozeß unter den Großbetrieben verdeutlicht jedoch das Schicksal der Kleinbetriebe.

8) a) Dieser Industriezweig expandierte am stärksten. Wachstum der Betriebszahl 113,9 %, der Beschäftigtenzahl 98,7 % und der neuen Wertschöpfung 458,7 %.
   b) Wachstum der Betriebszahl 7,7 %, der Beschäftigten 14,8 % und der neuen Wertschöpfung von 186,6 %.
   c) Im drittgrößten Industriezweig wuchs die Zahl der Betriebe um 4,4 %, die der Arbeitskräfte um o,7 % und die neue Wertschöpfung um 198,8 %.

9) Der Anteil der mithelfenden Familienangehörigen stieg von 9,9 % im Jahr 1966 auf 11,2 % 1976, obwohl der Anteil der Selbständigen in demselben Zeitraum von 38,8 % auf 32,3 % zurückging. Vgl. National Census of Population, a.a.O., Nov. 1966 und Nov. 1976.

1o) Zur staatlichen Diskriminierungspolitik gegenüber diesen Betriebstypen vgl. Keddie, Das Erbe des Midas, a.a.O., S. 16 ff. "Die Kreditvergabepolitik zielte gleichermaßen darauf ab, große Firmen und ihre reichen Besitzer zu begünstigen. Vor 1978 waren Kredite zu Zinssätzen von vier bis neun Prozent, also beträchtlich unter den marktüblichen Sätzen, im allgemeinen nur Großunternehmern zugänglich. Kleinen Ladenbesitzern und Handwerkern hingegen wurden solche Kredite vorenthalten, da ihre Unternehmen nicht genügend Sicherheit für ein Darlehen boten. Häufig erhielten sie nicht einmal Kredite zu normalen Bankzinsen von ca. 12 %, sondern hatten sie im Bazar zu 25 bis 100% Zinsen aufzunehmen." Ebenda, S. 17. Keddie vermutet mit Recht, daß die Angriffe auf die Banken im Jahre 1978 möglicherweise mehr auf diese Diskriminierungspolitik gegenüber Kleinunternehmern und Konsumenten zurückzuführen sind als auf das Zinsverbot des Korans; ebenda. Vgl. dazu auch Marx, K., Das Kapital, MEW, Bd. 23, S. 655.

Anmerkungen zu 2.3.2.2.1.

1) Vgl. Marx,K., Theorien über den Mehrwert, MEW, Bd. 26.1, S. 382 f.; Marx,K., Das Kapital, MEW, Bd. 23, S. 289 f.

2) Vgl. Marx,K./Engels,F., Manifest der Kommunistischen Partei, MEW, Bd. 4, S. 484.

3) Vgl. Marx,K., "Grundrisse", a.a.O., S. 27.

4) Vgl. Engels,F., Grundsätze des Kommunismus, MEW, Bd. 4, S. 378; sowie Marx,K./Engels,F., "Manifest", MEW, Bd. 4, S. 472.

5) Vgl. Engels,F., Die Bauernfrage in Frankreich und Deutschland, MEW, Bd. 22, S. 488.

6) Vgl. Marx,K., Das Kapital, MEW, Bd. 24, S. 131-153 und MEW Bd. 25, S. 292-313.

7) Vgl. National Census, Nov. 1976, S. 67.

8) Vgl. National Census, Nov. 1966, S. 53.

9) Vgl. ebenda, S. 82.

1o) Vgl. die Ergebnisse der Erhebung des ländlichen Textilgewerbes 1972, Plan and Budget Organisation, Statistical Centre of Iran, 1975, S. 2.

11) Vgl. Saadat /Ansini, a.a.O., S. 375.

12) Vgl. ebenda, S. 376 und 776.

13) Vgl. Marx,K., Das Kapital, MEW, Bd. 23, S. 79o.

14) Vgl. Marx,K., Das Kapital, MEW, Bd. 23, S. 776.

15) 1966 waren 3o.312 Selbständige in den Bereichen des verarbeitenden Handwerks tätig. Zwischen 1966 und 1976 wuchs die Zahl der Selbständigen insgesamt jedoch um 18.o38 Betriebe. Vgl. National Census, a.a.O., Nov. 1966, S. 67 und Nov. 1976, S. 88.

16) Vgl. Engels,F., Grundsätze des Kommunismus, MEW, Bd. 4, S. 378.

17) Vgl. National Census of Population, Nov. 1976, S. 67.

18) Sie beschäftigten 1o.66o unbezahlte Familienarbeitskräfte. Vgl. ebenda, S. 82.

19) Vgl. ebenda, S. 82.

2o) Außerdem waren im Einzelhandel 23.329 "Unternehmer" tätig, die 1o7.919 fremde Arbeitskräfte beschäftigten. Diese "Unternehmer" zählten teilweise zum wohlhabenden Teil der traditionellen Kleinbourgeoisie oder zur neuen kleinen Handelsbourgeoisie. Sie stellten 4,2 % der Beschäftigten im Einzelhandel, 12,5 % der "Unternehmer" und o,26 % der Gesamtbeschäftigten. Die neue kleine Handelsbourgeoisie vermittelte vor allem die Zirkulation moderner Konsumwaren und eingeführter Werkzeugmaschinen, Baustoffe, Ersatzteile usw., obwohl sie immer wieder, sobald sich ein lohnender Markt bot, von der großen Großhandelsbourgeoisie verdrängt oder von ihr abhängig wurde. Im Bereich des Großhandels registrierte man 7.123 "Unternehmer", die 12.2o7 Lohn- und Gehaltsempfänger beschäftigten. Die Großhandelsbourgeoisie machte also nur 3,8 % der gesamten Bourgeoisie aus und beschäftigte 1 % der Lohn- und Gehaltsempfänger.

21) Vgl. National Census of Population, Nov. 1976, S. 82.

Anmerkungen zu 2.3.2.2.2.

1) Vgl. National Census ..., 1976, S.1
Daraus wird nicht nur die hohe "Versorgungslast" der Bevölkerung ersichtlich, sondern die Radikalität des Aufstandes zum Teil erklärbar.

2) Vgl. National Census ..., 1976, S. 52-54.

3) *Erwerbstätig* ist nach der Definition der Erhebung, wer während der letzten 7 Tage vor der Befragung beschäftigt, saisonal arbeitslos oder auf der Suche nach Arbeit war. Schüler, Studenten, Hausfrauen sowie Einkommensbezieher ohne Arbeit - wenn sie auch beschäftigt bzw. arbeitslos oder Arbeitssucher waren - zählen nicht zu den Erwerbstätigen.

4) Insgesamt wurden während der 5. Planperiode (1973-1977/78) 713,1 Mrd. Rial in importierte Technologie für Industrie und Bergbau investiert, jedoch nur 38o.ooo neue Arbeitsplätze geschaffen ; vgl. JBZ 1977/78, S. 51 . Als die scheinbare ökonomische Prosperität aussetzte, ging das Wachstum der industriellen Produktion von 22 % (1974) und 18,4 % (1976) auf 8,5 % (1977/78) und das Wachstum der fixen Brutto-Kapitalbildung von 2o,7 % (1976) auf 3,4 % (1977/78) zurück. In demselben Zeitraum sank die Zuwachsrate der Investitionen für Industriemaschinen von 17,7 % (1976) auf 4,5 % (1977/78). Vgl. ebenda , 164-165).Dank der erhöhten Erdöleinnahmen boten der Bau- und Dienstleistungssektor die größten Beschäftigungsmöglichkeiten. Bauspekulation und -boom schafften allein 1975/76, d.h. unmittelbar nach der enormen Erdölpreiserhöhung, ca. 65o.ooo neue Arbeitsplätze, die - wegen geringer Qualifikationsanforderungen - einen Teil der landflüchtigen Bauern absorbierten. Damit stieg der Anteil der Erwerbstätigen in diesem Sektor von 7,4 % (1966) auf 13,4 % (1976). Der Bausektor konnte zwischen 1966 und 1976 insgesamt 667.288 neue Arbeitsplätze schaffen. Zwischen 1973 und 1977/78 wurden insgesamt 1.214 Mrd. Rial in diesem Sektor investiert, das waren 31 % mehr, als ursprünglich im 5. Plan vorgesehen war; vgl. JBZ 1977/78, S. 62 ; ohne daß das Plansoll im Hinblick auf die Herstellung von den notwendigen Wohneinheiten erfüllt worden wäre, da aufgrund der Ungleichzeitigkeit der Entwicklung des Bausektors und der restlichen Produktionssektoren eine Verknappung der Baustoffe sowie der qualifizierten Arbeitskräfte und damit eine Verteuerung der Produktionskosten in diesem Sektor eintrat. Gleichzeitig führte diese Entwicklung zu einem rapiden Rückgang der "fixen Bruttoinvestitionen" gegen Ende der Planperiode. Die Wachstumsrate der "fixen Bruttoinvestitionen" im Bausektor ging von 22,9 % (1976) auf 2,5 % (1977/78) zurück.Vgl. ebenda,S. 167-169
Damit war die Arbeitslosigkeit großer Teile der unqualifizierten Arbeitskräfte besiegelt.
Mit 991.526 neuen Arbeitsplätzen schuf der Dienstleistungssektor den größten Anteil an neuen Arbeitsplätzen zwischen 1966 und 1976. Sein Anteil an den Gesamtbeschäftigten stieg von 26,7 % (1966) auf 32,7 % (1976/77). Allein 948.ooo dieser neuen Arbeitsplätze entstanden zwischen 1971 und 1976, davon mehr als 9oo.ooo in dem Bereich des öffentlichen Dienstes. Es ist dabei davon auszugehen, daß 3o % der Arbeitskräfte im öffentlichen Dienst unterbeschäftigt waren. Dies trifft vor allem auf die un- bzw. gering qualifizierten Arbeitskräfte dieses Sektors zu, während generell ein großer Mangel an qualifizierten Arbeitskräften, vor allem im Gesundheits- und Ausbildungsbereich herrschte.

Trotz der großen Absorbationsfähigkeit des Dienstleistungs- und Bausektors waren jedoch Ende 1976 943.614 Angehörige der "ökonomisch aktiven Bevölkerung" arbeitslos, davon 191.6o2 Personen in den städtischen und 752.o12 in den ländlichen Bezirken. Wegen auftretender "Engpässe", die durch den Mangel an Baustoffen, die geringe Kapazität der Verkehrs-, Kommunikations- und Hafenanlagen sowie die starke Konzentration der Arbeitskräfte im öffentlichen Sektor verursacht wurde und einerseits Lohn- und Gehaltserhöhungen, andererseits eine hohe Inflationsrate sowie einen allgemeinen Produktionsrückgang zur Folge hatten, konnten 1976 nur zwei Drittel der jährlich neu auf den Arbeitsmarkt tretenden Arbeitskräfte beschäftigt werden; 1977 fanden sogar nur 2o % der neuen Arbeitskräfte eine Beschäftigung. Die Zahl der Arbeitslosen lag damit bei 1,o34 Mill. und stieg bis Ende 1979 auf 2,4o4 Mill., das waren 25 % aller Erwerbstätigen von 1976. Auch die Altersstruktur der Bevölkerung hatte sich zu Ungunsten der Erwerbsfähigen verschoben. Damit stieg die Versorgungslast der Bevölkerung; so waren 1977 nur 28,7 % der Bevölkerung erwerbstätig.
Somit war der Ausbruch der bereits vorherrschenden Krisenkonstellation durch die gestiegenen Erdöleinnahmen seit 1973, den dadurch bedingten Bauboom und die besseren Möglichkeiten des "öffentlichen Sektors", einen Teil der Arbeitskräfte zu absorbieren, kurzfristig aufgeschoben, aber nicht aufgehoben. Aufgrund der Unfähigkeit der Industrie, die neuen Arbeitskräfte zu absorbieren, erschienen diese als "Bevölkerungsdruck", der aufgrund der hohen Versorgungslast an der Akkumulationsfähigkeit der Gesellschaft zehrte. Die Finanzierung der unmittelbaren Konsumtion dieser Bevölkerungsteile war aber, angesichts der Rückständigkeit der Agrarproduktion, nur so lange möglich, wie die Deviseneinnahmen des Staates dies trotz steigender Inflationsraten gestatteten. Reduzierten sich die ins Land fließenden Devisen durch den Rückgang der Erdöleinnahmen des Staates bzw. stiegen sie nicht mehr in einem "angemessenen" Rahmen, wie etwa seit 1975, so mußte sich dies sofort in einer allgemeinen Verknappung der notwendigen Lebensmittel und einer Verschärfung der Inflation bemerkbar machen, die die allgemeine Unzufriedenheit steigerte.

5) Vgl. Marx,K., Das Kapital, MEW, Bd. 23, S. 671 f.

6) Das Verhältnis des städtischen Pro-Kopf-Einkommens zum ländlichen stieg von 2,o (1965/66) auf 3,79 (1976/77). Vgl. Mehran/ Zaker-Handjani, a.a.O., S.8.

7) Die Ergebnisse der Statistik der Arbeitskraft 1972/73, Plan- und Budgetorganisation, statistisches Zentralamt Irans und Arbeits- und Sozialministerium, 1974/75, S. 218.
Da die Mehrheit der "Umsiedler" ländlichen Ursprungs sind, werden hier diese Angaben für die Landflüchtigen unterstellt.

8) Diese Zahl ergibt sich aus der Summe von 4,3 Mill. bis 1971 + 2,6 Mill. (1971-78).

9) Vgl. Hosseini-Kaseruni, M.-R./Ghate-Golabi, H., Der statistische Ausdruck der Lage der Marginalisierten, in: Khetab-e-Djom'eh, 1. Jg., Nr. 12, Teheran, 1980, S. 50-69. Es gibt sonst keine Untersuchung über dieses gesellschaftlich außerordentlich wichtige Phänomen. Selbst die offizielle statistische Erhebung hat nicht einmal die Migrationsbewegungen als eine gegebene Größe erfaßt. In der letzten Volkszählung tauchen sie zum ersten Male auf. Allerdings wird nur der Stand von 1971/72 wiedergegeben, ohne daß die Entwicklung aufgezeigt würde. Vgl. National Census of Population, Nov. 1976, S. 13 f.

1o) Vgl. Hosseini-Kaseruni / Ghate-Golabi, a.a.O., S. 52. S. 52. Berücksichtigt man die gesamte Familie, so waren nur etwa 63 % der "Marginalisierten" bäuerlichen Ursprungs, da sie zum Teil bereits nach der Migration in den Städten geboren waren.

11) Vgl. ebenda, S. 54.

12) "Der tiefste Niederschlag der relativen Überbevölkerung (...) behaust die Sphäre des Pauperismus. Abgesehen von Vagabunden, Verbrechern, Prostituierten, kurz dem eigentlichen Lumpenproletariat, besteht diese gesellschaftliche Schicht aus drei Kategorien. Erstens Arbeitsfähige (...) man findet, daß seine Masse mit jeder Krise schwillt und mit jeder Wiederbelebung des Geschäfts abnimmt. Zweitens: Waisen- und Pauperkinder. Sie sind Kandidaten der industriellen Reservearmee und werden in Zeiten großen Aufschwungs (...) rasch und massenhaft in die aktive Arbeitsarmee einrolliert. Drittens: Verkommene, Verlumpte, Arbeitsunfähige. Es sind namentlich Individuen, die an ihrer durch die Teilung der Arbeit verursachten Unbeweglichkeit untergehen, solche, die über das Normalalter eines Arbeiters hinausleben, endlich die Opfer der Industrie, deren Zahl mit gefährlicher Maschinerie, Bergwerksbau, chemischen Fabriken etc. wächst, Verstümmelte, Verkrankte, Witwen etc. Der Pauperismus bildet das Invalidenhaus der aktiven Arbeiterarmee und das tote Gewicht der industriellen Reservearmee." Marx, K., "Das Kapital", Band 1, MEW, Bd. 23, S. 673.

13) Um überhaupt einen Begriff von der Armut zu bekommen, vergleiche man einige Angaben zu den Lebenshaltungskosten: 1 kg Rindfleisch = 800 Rial; 1 kg Reis = 145 Rial; 1 kg Zucker = 5o Rial; eine Einzimmer-Wohnung ab 4o.ooo Rial. Vgl. Iran-Lebenshaltungskosten 1976/77, Leitfaden für Ausländer im Iran, Deutsch-Iranische Handelskammer e.V. (Hrsg.), Hamburg, 2o. März 1977. Der Mittelkurs war 1976: 1 DM = 27,72 bis 29,37 Rial.

14) Vgl. Akbari, A.A., Lumpanismus, Teheran,1974, (persisch).Leider verwendet er den Begriff äußerlich, trotz seiner zutreffenden Deskription.

15) Vgl. Marx,K., Zur Kritik der Hegelschen Rechtsphilosophie, Einleitung, MEW, Bd. 1, S. 378.

16) Vgl. dazu auch al-Haidari, I., Zur Soziologie des schiitischen Chiliasmus. Ein Beitrag zur Erforschung des irakischen Passionsspiels, Freiburg/Br., 1975.
"Er ist der Wunsch des Unglücklichen nach irdischem Glück und Freude. Denn in Zeiten der Wirren und Bedrängnis tröstet man sich mit der festen Hoffnung, daß einmal eine gerechte, soziale Ordnung durch einen siegreichen, rechtgeleiteten Mahdi hergestellt wird." Ebenda, S. 124.

17) "Revivalistische Bewegungen sind als Ausdruck der Machtlosigkeit einer Gesellschaft zu verstehen." Vgl. Laban, A. M., Der islamische Revivalismus (I) - Die Bewegung der Moslem-Brüder, in: "Die Dritte Welt", 2/1978, S. 231.

18) "Es liegt nahe, in diesen Träumen vom goldenen Zeitalter Erinnerungen an die Urkommune zu erkennen, besonders dann, wenn Reste oder noch nicht zu lang Verlorenes das revolutionäre Lob der Urzeit unterstützen." Bloch, E.,Zur Originalgeschichte des Dritten Reiches, in: Neusüss, A., Utopie, Neuwied, Berlin, 1968, S. 2o6 f.

Anmerkungen zu 2.3.2.3.

1) Vgl. Marx,K., Zur Kritik der Hegelschen Rechtsphilosophie, Einleitung, MEW, Bd. 1, S. 378.

2) Vgl. Marx,K., Ökonomisch-Philosophische Manuskripte, MEW, Ergänzungsband 1, S. 516.

3) Vgl. Marx,K., Theorien über den Mehrwert, MEW, Bd. 26.1, S. 382 f.

4) Vgl. ebenda, S. 383.

5) Vgl. ebenda, S. 384.

6) Vgl. Nicholson, R.A., Studies in Islamic Mysticism, Cambridge 192o, zit. b. Sarkisyanz, a.a.O., S. 251 f.

6a)Vgl. Khomeini, Die Schriftgelehrtenherrschaft, Teheran, 1979, S. 65, (persisch).

7) Vgl. Khomeinis Biographie bei Keddie, Roots of Revolution, a.a.O., S. 2o5 ff.

8) Vgl. Balta, P., Die schiitische Revolution, in: Le Monde, 3./4. Dezember 1978.

9) Vgl. Sarkisyanz, a.a.O., S. 250.

1o) Schwarz, K. (Hrsg.), Ajatollah Khomeini, Der islamische Staat, Berlin, 1983, S. 34.

11) Freud, Massenpsychologie und Ich-Analyse, a.a.O., S. 55.

12) Vgl. Mühlmann, Rassen, Ethnien, Kulturen - Moderne Ethnologie, a.a.O., S. 35o.

13) Vgl. Khomeini, Der Islamische Staat, a.a.O., S. 159.

14) Khomeini's Rede vom 21.3.198o, in: Khomeini's gesammelte Reden und Botschaften im 1. Halbjahr 1359, Teheran, 1359 (1979/80) (persisch). Khomeini's offizieller Titel ist seit dem Aufstand *"Führer der mustazafin der Welt"*.

15) Nach der Machtergreifung Khomeini's wurde der Nativismus der Bevölkerung gegen die USA als Urheber alles Bösen verstärkt, um von eigenen Unzulänglichkeiten abzulenken und die Opposition auszuschalten. Man konnte beobachten, wie chiliastische Hoffnungen und Aspirationen der Revolution mehr und mehr in nativistische Haßausbrüche gegen die USA umschlugen. Die Aversion gegen die USA wurde sehr rasch zu einer Anti-Carter Stimmung, die die nicht ganz ausgelebten Aggressionen gegen den Shah in sich aufnahm, so daß Carter quasi zum "eigentlichen" Shahersatz wurde. Diese Transformation der Aggressionen begünstigte die Existenz moderner Kommunikationsmittel, da die noch in kultischem Denken befangenen Menschen tagtäglich den amerikanischen Präsidenten in Zusammenhang mit den iranischen Ereignissen auf dem Bildschirm erlebten. So brach ein Schwall von nativistischem Haß gegen Carter los, der durch die Besetzung der US-Botschaft verstärkt wurde und von dem nur Khomeini profitierte. Im Laufe der Anti-Carter-Kampagne wurde er immer wieder dem Amerikaner gegenübergestellt und damit zur Personifikation des "Guten" überhöht. Die Menschen sahen sich plötzlich gemeinsam mit anderen unterdrückten Völkern gegen das personifizierte "Böse". Hodjatol'Eslam Mo'adikhah sagte: "Wenn die Fahne der Islamischen Republik fällt, werden alle Revolutionäre der Welt vernichtet." Vgl. Djomhuri-e Eslami vom 7. Nov. 1981 .Dem Präsidenten Carter , als Verkörperung des moralischen Verfalls und der Eigennützigkeit, warf Khomeini vor, die ganze Welt in Brand setzen zu wollen, nur um noch einmal gewählt zu werden; vgl. Rede vom 1.4.1980, in: Gesammelte Reden..., a.a.O. Hodjatol'Eslam Ansari hielt in diesem Zusammenhang Khomeini für den momentan mächtigsten Mann der Welt; vgl. Djomhuri-e Eslami vom 7. März 1982 . Ein anderer Geistlicher meinte, Khomeini sei der einzige Mann, der die USA und ihre Satelliten besiegt habe; vgl. Djomhuri-e Eslami vom 28. März 1982 .

Die Anhänger hatten Khomeini also zum "wahren" Führer der Paria der Welt gewählt, oder, wie der offizielle Titel des Imam sagt, zum Führer der "mustazafin". Die Wichtigkeit eines solchen Titels für die Psyche eines sich selbst als unterentwickelt und unterdrückt empfindenden Volkes ist kaum zu ermessen. Die Tatsache, nun einen Führer zu haben, der mit den Großen der Welt vergleichbar ist und sie sogar besiegen kann, hatte eine ungeheure Bedeutung für das Selbstwertgefühl der Iraner. Auch die Vorstellung, daß man jetzt einen für das Weltschicksal wichtigen Kampf führte, stärkte dieses Bewußtsein.

16) Khomeini, Der Islamische Staat, a.a.O., S. 18.

17) Khomeini's Rede am 24.6.1980, in: Gesammelte Reden..., a.a.O.

18) ebenda.

19) Khomeini, Der Islamische Staat, a.a.O., S. 36.

20) Die antiwestliche Stimmung war allerdings schon lange vor Khomeini's Auftreten auch in Kreisen "antiimperialistischer" Intellektueller verbreitet. Al-e Ahmad's Schrift "Westomanie" (Gharbzadegi) und die daraus gezogene logische und historische Konsequenz der Rückkehr zur eigenen verlorenen islamischen Identität trugen nicht unwesentlich zur Pro-Khomeini-Stimmung vieler Intellektueller bei.

21) Khomeini, Der Islamische Staat, a.a.O., S. 24.

22) ebenda, S. 25.

23) ebenda, S. 26.

24) Khomeini's Interview mit der Nachrichtenagentur Wafa vom 15.12.1978, in: Djamshidi. Interviews mit dem Imam, Teheran, o.J., (persisch).

25) Khomeini's Rede, in: Djomhuri-e Eslami vom 9.3.1982.

26) Khomeini's Rede am 23.5.1980, in: Gesammelte Reden..., a.a.O.

27) Khomeini, Der Islamische Staat, a.a.O., S. 24.

28) ebenda, S. 42.

29) ebenda.

30) ebenda.

31) ebenda, S. 51.

32) ebenda, S. 54.

33) ebenda, S. 42.

34) ebenda.

35) ebenda, S. 45 f.

36) ebenda, S. 164.

37) ebenda, S. 6o.

38) Khomeini, Die Schriftgelehrtenherrschaft, a.a.O., S. 65.

39) Khomeini, Der Islamische Staat, a.a.O., S. 47.

4o) ebenda, S. 18.

41) Die "Islamische Revolution" und die Entstehung der Islamischen Republik beruhten für Khomeini von Anfang an auf der Vorsehung und der Gnade Gottes. In derselben Botschaft sagt er: "Glaubt nicht, ihr hättet die militärische Macht des Regimes brechen können. Das war Gott, der Angst in die Herzen unserer Feinde eingepflanzt hat." Gestützt auf diese prophetische Eingebung mahnt er seine Anhänger und fordert sie auf, die Einheit zu bewahren, da Gott sonst seine Gnade zurückziehen und die Revolution der Niederlage preisgeben würde. Natürlich bedeutet Einheit für ihn eine Einheit auf seiner Linie, auf der Linie Gottes und der Geschwächten der Welt; alle anderen Richtungen müssen eliminiert werden, da sie gegen Gottes Willen verstoßen. Vgl. seine Rede vom 21.3.198o, in: Gesammelte Reden und Botschaften, a.a.O.

42) Khomeini, Der Islamische Staat, a.a.O., S. 81.

43) ebenda, S. 85.

44) ebenda, S. 94.

45) ebenda, S. 95.

46) Khomeini in: Djomhuri-e Eslami vom 4.1.1982.

47) Khomeini, Der Islamische Staat, a.a.O., S. 47.
Am 13. Januar 1982 gab Khomeini die Anweisung: "Wer sich erziehen läßt, soll erzogen werden, und wer die Erziehung des Volkes verhindert, muß liquidiert werden.(...)Manche glauben, das sei Massenmord, in Wahrheit ist es aber die Beseitigung eines Hindernisses, das auf dem Wege zur Menschlichkeit liegt." Djomhuri-e Eslami vom 14. Jan. 1982. Bei einer solchen Haltung scheint es selbstverständlich, daß sich der Ajatollah auf Kompromisse nicht einlassen kann, da sie für ihn nichts anderes als "Aufgabe" und "Verrat" darstellen.

Nur ein Ziel hat für ihn Bedeutung: die integrierte Gesellschaft. Vgl. Khomeini's Interview mit Reuter am 16.11.1978, in: Djamshidi, a.a.O.

48) Khomeini, Die Interpretation von Sure hamd, Ed. A.A. Rabani Khalkhali, Ghom, 1980, S. 74 (persisch).

49) Deshalb warnt Khomeini immer wieder vor dem Gedanken, die islamische Revolution sei gemacht worden, um materielle Vorteile zu erreichen; ihr einziges Ziel sei die Verwirklichung und Ausbreitung des Islam. Vgl. Khomeini's Rede vom 20. Mai 1980, in: Gesammelte Reden und Botschaften, a.a.O.

50) Khomeini's Rede in: Djomhuri-e Eslami vom 2.3.1982.

51) Clément, J.-F., Pour une compréhension des mouvement islamistes, in: Esprit, Jan. 1980, S. 44, zitiert Rodinson, der "die rein instrumentelle Rolle des Islam für den Islamisten" darstellt: "Es handelt sich um keinen Glauben an sich, nur um ein Mittel. Es geht weder um Philosophie noch um Religion (...) Gegen eine Ideologie, deren sich die Macht bedient, kann man im Namen einer anderen früheren (warum eigentlich nur frühere? D.G.) Ideologie mobilisieren, der besiegten, aber am Leben gebliebenen Rivalin". Rodinson, M., Khomeini ou le primat de la spiritualité; in: Le Nouvel Observateur, 10.2.1979, S. 18.

52) Vgl. Marx, K., Ökonomisch-Philosophische Manuskripte, MEW, Ergänzungsband, Teil 1, S. 581.

53) Vgl. Sarkizyanz, a.a.O., S. 250.

54) Vgl. Marx, K., Ökonomisch-Philosophische Manuskripte, MEW, Ergänzungsband, S. 512.

55) Die scheinbare Bedeutungslosigkeit des Menschen bildet die Grundlage der "Schriftgelehrten-Herrschaft" Khomeinis. Die Menschen haben sich nur der Herrschaft der Schriftgelehrten zu unterwerfen. Gewaltenteilung und Demokratie wird als westlich verworfen, weil ja die göttlichen Befugnisse unteilbar sind. Einer der wesentlichen Gründe für die Notwendigkeit der Bildung der "islamischen Herrschaft" oder des "Staates der Schriftgelehrten" liege in dem Charakter und der Qualität der islamischen Gesetze - den religiösen Gesetzen. Vgl. Khomeini, Welajat-e Faghih, a.a.O., S. 32.
Sie bilden "eine allgemeine gesellschaftliche Ordnung. In dieser Ordnung sind alle menschlichen Bedürfnisse vorgesehen." ebenda.
Wesentlich ist, daß er für die "islamischen Gesetze" einen überzeitlichen allgemeingültigen Charakter beansprucht. Danach hätten die Menschen die Pflicht, diesen Gesetzen

zu folgen - als göttlichen Gesetzen. Wenn in einem Land die interpretierende (da es keine Legislative gibt), judikative und exekutive Gewalt in einer Hand konzentriert werden, ergibt sich aber nichts anderes als die Diktatur eines Schriftgelehrten. Mit welcher Intention auch immer solch eine Institution eingerichtet wird, entwickelt sie eine eigene Dynamik wie jede andere Alleinherrschaft. Wesentlich ist, daß sie zugleich jegliche Kooperation der Massen durch ihre Aussperrung aus jeder Entscheidung ausschließt. Damit wird der eigentliche Motor jeglicher Entwicklung ausgeschlossen. Der eigentliche Widerspruch in den gesamten Ausführungen von Aj. Khomeini besteht darin, daß er einerseits die Menschen als "unvollendet" betrachtet, aber zugleich einem Teil dieser "Unmündigen" und "Unwissenden" zugesteht, "gerechte Schriftgelehrte", "weise Herrscher" und "Vormund der Unmündigen" zu sein. Wie sie sich aus der Unwissenheit erheben und weise werden, wie sie sich zur Vollendung entfalten und Vormund werden, bleibt unbeantwortet, es sei denn, daß er die heilige Unfehlbarkeit auf alle Schriftgelehrten ausdehnte, sie zu den islamischen "Heiligen" zählte und die Reihe der 14 anerkannten islamischen Heiligen erweiterte. Damit wären allerdings die Schriftgelehrten übermenschliche Wesen und hätten in unserem irdischen Leben nichts zu suchen. Einen der wesentlichen Gründe für die Notwendigkeit des "islamischen Staates" sieht Aj. Khomeini in der "Ewigkeit der Verletzung der islamischen Gesetze und Rechte anderer (...) für die Sicherstellung ihres privaten Vergnügens und Nutzens." Ebenda , S. 49. Er propagiert einerseits mit aller Bestimmtheit den "islamischen Staat" als eine Herrschaft für die Herstellung der ewigen Gerechtigkeit und Glückseligkeit - in diesem Fall wären dann das jüngste Gericht und die Teilung des Jenseits in Paradies und Hölle gegenstandslos, andererseits unterstellt er die ewige Rechtsverletzung im Dienste des privaten Vergnügens und Eigennutzes. Damit ist nicht klar, wieso ein Staat, der die Herstellung des ewigen "Rechts" und die Beseitigung des "Unrechts" beansprucht, permanent und in alle Ewigkeit mit Ungerechtigkeit und Unterdrückung konfrontiert ist. Dieser Widerspruch ist nur dann aufzuheben, wenn man anerkennt, daß der "islamische Staat" nicht im Stande ist, die Ungerechtigkeit und Unterdrückung zu beseitigen - genauso wie der Prophet Mohammad und seine Imame diese nicht abschaffen konnten. Damit entlarvt sich die "Herrschaft der Schriftgelehrten" als scheinbare "Herrschaft Gottes" als eine Regierungsform, die die bestehenden weltlichen Herrschaftsverhältnisse im Namen Gottes verewigt. Sie verurteilt die Menschen als unwissend zur ewigen passiven Hinnahme des Bestehenden. Sie werden zur abhängigen Passivität verurteilt und zu bloßen Befehlsempfängern, zu Objekten, degradiert. In diesem Herrschaftssystem ist der Grundsatz der Freiheit und Demokratie als Volksherrschaft ausgeschaltet, die Volksherrschaft ist durch die "Herrschaft Gottes" ersetzt.

Vgl. Gholamasad, D., Zur Genesis des Demokratieverständnisses Ajatollah Khomeinis, in: Ettehad-e Tschap, Nr. 6, 14. Juli 1979, neu erschienen in: Demokratie und Schriftgelehrtenherrschaft,(Hrsg.) Ettehad-e Tschap, Teheran, Nov. 1980; ders., Zum Demokratieverständnis Ajatollah Khomeinis, in: Ettehad-e Tschap, Nr. 5, 7. Juli 1979, neu erschienen unter dem Titel: Demokratie aus zwei Perspektiven gesehen, in: Demokratie und Schriftgelehrtenherrschaft, a.a.O., S. 18-26.

56) Vgl. Engels, F., Die Lage Englands. Die englische Konstitution, MEW, Bd. 1, S. 571.

57) Vgl. Clément, J.-F., Problémes de l'Islamisme, in: Esprit, Okt. 1980.

Anmerkungen zu 2.3.2.4.

1) Vgl. Marx,K., Das Kapital, MEW, Bd. 23, S. 642; vgl. auch Engels,F., Grundsätze des Kommunismus, MEW, Bd. 4, S. 363.

2) Vgl. National Census of Population, Nov. 1976, S. 64.

3) Von insgesamt 943.614 offiziell aufgeführten Arbeitslosen hatten 1976 nur 7o.668 Personen einen höheren Schulabschluß. Vgl. National Census of Population, Nov. 1976, S. 136.

4) Sie waren alle in den traditionellen Sektoren beschäftigt. Davon waren 9o2.787 Personen (91,6 %) im Agrarsektor und 81.847 (8,4 %) im traditionellen städtischen Handwerk sowie im Kleinhandel und -gewerbe tätig. Vgl. National Census of Population, Nov. 1976, S. 55.

5) Vgl. Geiger, T., Die soziale Schichtung des deutschen Volkes. Soziologischer Versuch auf statistischer Grundlage, Stuttgart, 1932.

6) Die Erwerbstätigen über 1o Jahre zählten 9.732.5o8 Personen.

7) Alle Ortschaften mit weniger als 5.ooo Einwohner zählen in den statistischen Angaben als ländliche Bezirke.

8) So war z.B. die starke Arbeitsemigration der nordiranischen Bauern/Arbeiter in die südrussischen Ölfelder von Baku vor dem Ersten Weltkrieg entscheidend für die politische Bewußtseinsbildung dieser ehemaligen Bauern, die dort zum ersten Mal mit klassenbewußten Arbeitern und revolutionären

Parteien und Ideen konfrontiert wurden, die sich anschickten, die traditionelle passive Resistenz der ehemaligen Bauern in einen aktiven Widerstand und Kampf für die Verbesserung der Lebensverhältnisse zu transformieren. Allerdings konnten diese im Ausland gemachten Erfahrungen mit industrieller Produktion und proletarischer politischer Organisation und Theorie nicht ohne weiteres nach der Rückkehr in den Iran in politische Aktionen umgesetzt werden, weil die Industrialisierung Irans erst begonnen hatte und daher auch die Bedeutung des Proletariats zu gering war, um als selbständige Kraft auftreten zu können, was sich insbesondere während der "konstitutionellen Revolution" zeigte.

9) Zum Vergleich der entsprechenden Zahlen siehe National Census of Population, Nov. 1966, S. 74-80.

1o) Vgl. Marx,K., Resultate des unmittelbaren Produktionsprozesses, Archiv sozialwissenschaftlicher Literatur, Ffm., 1969, S. 45 f.

11) Vgl. ebenda, S. 47 f.

12) Nach der letzten Zählung der großen Industriebetriebe 1976/77 gab es 4.804 große Industriebetriebe mit 296.898 Beschäftigten; ausgenommen davon waren die Erdölraffinerien, Eisenhüttenwerke in Isfahan und große Teppichknüpfereien. Als Großbetrieb zählten alle Betriebe mit 1o und mehr Beschäftigten. Vgl. auch das Kapitel über Industrie in dieser Arbeit.

13) Vgl. Marx,K., Das Kapital, MEW, Bd. 23, S. 653.

14) "Beim Vergleich nationaler Arbeitslöhne sind also den Wechsel der Wertgröße der Arbeitskraft bestimmende Momente zu erwägen, Preis und Umfang der natürlichen und historisch entwickelten ersten Lebensbedürfnisse, Erziehungskosten des Arbeiters, Rolle der Weiber- und Kinderarbeit, Produktivität der Arbeiter, ihre extensive und intensive Größe. Selbst die oberflächlichste Vergleichung erweist, zunächst den Durchschnitts-Tagelohn für dieselbe Gewerbe in verschiedenen Ländern auf gleich große Arbeitstage zu reduzieren. Nach solcher Ausgleichung der Tagelöhne muß der Zeitlohn wieder in Stücklohn übersetzt werden, da nur der letztere ein Gradmesser sowohl für die Produktivität als die intensive Größe der Arbeit." Marx, K. , Das Kapital, MEW, Bd. 23, S. 583.

15) Selbst die Erhöhung der Produktion pro Beschäftigten in der Großindustrie war zum Teil auf die Erhöhung der Arbeitsproduktivität zurückzuführen; die Verlängerung der Arbeitszeit der Beschäftigten besorgte den Rest. Zur Arbeitsproduktivität in der Industrie des Landes, vgl.: Zeitschrift der iranischen Zentralbank, 1978, Jg. 17, Nr. 133, S. 78. Hier wurde die Entwicklung der Arbeitsproduktivität in der Großindustrie zwischen 1974-1977 untersucht.

16) Von insgesamt 27.o99.o82 Iranern über 6 Jahre konnten nur 47,5 % lesen und schreiben, 52,5 % waren Analphabeten. 9 % der Bevölkerung über 6 Jahre konnten zwar lesen, aber nicht schreiben. Dabei ist die Alphabetenquote bei Frauen noch geringer. Von insgesamt 12.88o.42o Personen, die lesen und schreiben konnten, waren nur 37 % Frauen. Von 2.449.912 Personen, die nur lesen konnten, waren 41,52 % Frauen. Von den 13.973.75o Analphabeten im Iran waren 6o % Frauen. Nur 36 % der Frauen über 6 Jahre konnten lesen und schreiben. Die Relation liegt für ländliche Frauen bei 17 %, für städtische bei 56 %. Der Anteil der lese- und schreibkundigen städtischen Frauen an der gesamten Bevölkerung dieser Kategorie beträgt 4o %. Vgl. National Census, a.a.O., S. 25 und 26. Noch größer ist der Prozentsatz der Analphabeten in den ländlichen Bezirken. Vgl. ebenda, S. 27. Von den Arbeitslosen waren 1975/76 27 % Analphabeten, 9 % konnten lesen und schreiben, 3o % hatten Volksschulabschluß, 14 % mittlere Reife und 19 % Abitur. Vgl. Mohagheg, a.a.O., S. 54. Es ist zu berücksichtigen, daß diese Angaben nur jene Arbeitslosen umfassen, die sich beim Arbeitsamt gemeldet haben.

17) Hier wurde die Beschäftigtenzahl zugrunde gelegt. Sie entspricht nicht genau der Qualifikationsstruktur der Arbeiter, aber sie gibt ein annäherndes Bild ab. Vgl. National Census ..., S. 76.

18) Herausgegeben vom Arbeits- und Sozialministerium in Teheran 197o/71.

19) "Allein für die Entwicklung der Stahlindustrie benötigt(e) man das 1,5 bis 3,3 fache mehr an ausgebildeten Arbeitern als an ungelernten Arbeitskräften." Vgl. Khalatbari, ökonomische Unterentwicklung, a.a.O., S. 291 f.

2o) "Da in jedem Jahr mehr Arbeiter beschäftigt werden als im vorhergehenden, so muß früher oder später der Punkt eintreten, wo die Bedürfnisse der Akkumulation anfangen, über die gewöhnliche Zufuhr von Arbeit hinauszuwachsen, wo also Lohnsteigerung eintritt." Marx,K., Das Kapital, MEW, Bd. 23, S. 641.

21) "The lack of skilled workers, technicians and professional personell of production goals in agriculture and industry." Handbook for Iran, a.a.O., S. 453 f.

22) Vgl. Iran Almanac, a.a.O., 1976, S. 325-326.

23) Ebenda; bis 1978 würden 41.6oo Techniker, 56o.ooo Fach- und Hilfsarbeiter sowie 16.1oo Ingenieure fehlen. Vgl. Iran, Industriestruktur, BfA, Juni 1976, S. 8.

24) Vgl. Iran Almanac, a.a.O., 1971, S. 563 f.

25) Vgl. Marx, K.,Das Kapital, MEW, Bd. 23, S. 665.

26) Vgl. ebenda, S. 661.

27) Vgl. ebenda, S. 614.

28) Vgl. Stauffer, Th., The Industrial Worker, in: Fischer (ed.), Social Forces in the Middle East, 1955, S. 83.

29) Vgl. Jahresbericht der iranischen Zentralbank, 1977/78, S. 8.

3o) Allein die Textilindustrie stellte 1976/77 29 % aller Beschäftigten der "Großindustrie". Vgl. Die vorläufigen Ergebnisse der Betriebszählung ..., a.a.O., S. 11.

31) Vgl. Abrahamian, The Crowd in Iranian Politics, a.a.O., S. 203; sowie Sablier, E., Iran, Lausanne, 1963, S. 85.

32) Vgl. Bau, M., Iran, wie es wirklich ist, München, Eßlingen, 1971, S. 131-133 (Hervorhebung von mir, D.G.).

33) Vgl. Iran Almanac, a.a.O., 1971, S. 266.

34) Die fehlenden qualifizierten Arbeitskräfte als einer der wesentlichen "Engpässe" waren nur eine der Erscheinungsformen der ökonomischen Krise des Shah-Regimes darin ist das Wesen der Krise begründet, die nichts ist als disproportionale Entwicklung gesellschaftlicher Arbeitsteilung.

35) Sie ist widersprüchlich, weil sie einerseits zur Zerstörung der traditionellen Produktionsweise in jenen Bereichen führt, die sie erfaßt, auf der anderen Seite führt sie zur Konservierung der traditionellen Produktionsweise in anderen Bereichen, weil sie die freigesetzten und neuen Arbeitskräfte nicht absorbieren kann.

36) Vgl. Bartsch, W. M., The Industrial Labour Force of Iran, Problems of Recruitment, Training and Productivity, in: The Middle East Journal, Washington, Winter 1971, S. 13.

37) Vgl. Hansen, J.R., Entwicklung und Struktur des Industriesektors Irans (196o-197o) (persisch), in: Taghighat-e Eghtesadi, Nr. 33/34, Frühling 1354 (1975), S. 36-37.

38) Vgl. Halliday, a.a.O., S. 171.

39) Vgl. Panahi, a.a.O., S. 67 sowie Tab.7a und b.

4o) Vgl. Iran Almanac, a.a.O., 1972, S. 574.

41) Zu diesen lohnpolitischen Überlegungen und Strategien vgl. Miksell, R.F. (ed.), Foreign Investment in the Petroleum and Mineral Industries: Case Studies in Investor - Host-Relations, Baltimore, 197o, Einführung und Schlußwort des Herausgebers, Beitrag über die iranische Situation von W.H. Bartsch.

42) Vgl. Iran Almanac, a.a.O., 1971, S. 272. Die Unterschiede im Lohn- und Gehaltsniveau der Arbeiter und Angestellten werden wie folgt angegeben:
Tageslohn f. unqualifizierte Arbeiter   8o   - 113   Rial
Tageslohn f. angelernte Arbeiter   115   - 2o2   Rial
Tageslohn f. gelernte Arbeiter   211   - 385   Rial
Monatslohn f. Mechaniker   85,5   - 16o,6 US $
Monatslohn f. Laboranalytiker   1o9,1 - 125,4 US $
Monatslohn f. Überwacher   264   - 396   US $
Dabei waren am 31.4.1978 1 US-Dollar = 7o,5 Rial, am 31.8. 1978 35,5 Rial = 1 DM.
Vgl. Iran Almanac, a.a.O., 1971, S. 563/64. Hier werden die Lohnsätze von Anfang der 7oer Jahre angegeben, weil keine neuen zur Verfügung stehen, aber auch deswegen, weil sie die scheinbar astronomische Zuwachsrate der Arbeitslöhne entschleiern.

43) Vgl. Hansen, Entwicklung und Struktur, a.a.O., S. 36.

44) Vgl. Iran Almanac, a.a.O., 1972, S. 576. Dabei waren alle staatlichen "Schlüsselindustrien" ausgeschlossen.

45) Vgl. "Bericht über den Fortschritt der Ausweitung des Eigentums der Produktionseinheiten", (Hrsg.) Industrie- und Bergbau-Ministerium.

46) Ein besonders markantes Beispiel findet sich in einem Bericht eines deutschen Gewerkschafters über die "Gewerkschaftsprobleme im Iran". Vgl. Drugias, H. , Gewerkschaftsprobleme im Iran, in: Gewerkschaftliche Monatshefte, 1956, S. 5o2-5o5. Das Hauptproblem der iranischen Arbeiterklasse lag danach weniger in ihrer elenden Lage, die mit Hilfe amerikanischer Finanzhilfe leicht gebessert werden könnte, sondern in der Tatsache, daß die dem iranischen "Zentralrat" zugehörigen, im Weltgewerkschaftsbund organisierten

Gewerkschaften von vornherein unter radikaler Führung standen, sich durch die Veranstaltung großer "Hungerdemonstrationen" in wachsenden Gegensatz zu den regierenden Kreisen setzen und "Errungenschaften", die für die iranische Lebensweise reichlich wirklichkeitsfremd erscheinen, wie den unbezahlten Urlaub, mit einer vielfach demagogisch betriebenen Agitation erwirkten.

47) Vgl. "Das iranische Arbeitsrecht", in: Orient, H. 1, Hamburg, 1971, S. 11-13 und H. 2, S. 50-53.

48) Vgl. Marx, K., Grundrisse, a.a.O., S. 431.

49) Vgl. ebenda.

50) Vgl. Marx, K./Engels, F., Manifest der Kommunistischen Partei, MEW, Bd. 4, S. 484.

Anmerkungen zu 2.4.

1) Vgl. Akbari, Staatskapitalismus und Staatsproblem, a.a.O.

2) Ebenda, S. 33.

3) Ebenda, S. 126.

4) Vgl. die Rede von Ladjewardi, in: Akbari, a.a.O., S. 33.

5) Ebenda, S. 27.

6) Ebenda, S. 37 ff.

7) Ebenda.

8) "Jedes individuelle Kapital ist eine größere oder kleinere Konzentration von Produktionsmitteln mit entsprechendem Kommando über eine größere oder kleinere Arbeiterarmee". Marx, K., Das Kapital, MEW, Bd. 23, S. 653. Vgl. außerdem National Census of Population, 1976, S. 82 und 1966, S. 68.

9) Vgl. Marx, K., Das Kapital, MEW, Bd. 23, S. 641 sowie Marx, K./Engels, F., Manifest der Kommunistischen Partei, MEW, Bd. 4, S. 462.

10) Vgl. Akbari, a.a.O., S. 7.

11) Akabari sieht die "Freiheit" und "Sicherheit" als Voraussetzungen der Kapitalakkumulation an und stellt fest:"Das Kapital arbeitet in einer freien und sicheren Umgebung,

und der Kapitalbesitzer investiert dann in Produktion, Handel und Geldwechsel, wenn er die Freiheit der Wahl und Tätigkeit hat"; ebenda. Akbari ist unbedingt zuzustimmen, daß das Kapital der Sicherheit als Voraussetzung der Kapitalakkumulation bedarf. Daß es die "Freiheit" ganz und gar entbehren kann, ja gar im Zeitalter des Imperialismus der allgemeinen Unfreiheit als Voraussetzung seiner Akkumulation bedarf, zeigen die Diktaturen unterschiedlichster Form in den"Entwicklungsländern"- ob sie nun Militär-, königliche oder faschistische Diktaturen sind. Als totale Negation der bürgerlichen Freiheiten sind diese Formen politischer Herrschaft nur im Zusammenhang der späten Entstehung des Kapitalismus in jenen Ländern zu begreifen. Gerade das Sicherheitsbedürfnis des Kapitals treibt die "Bourgeoisie" dazu, die Freiheit aufzuheben.

Anmerkungen zu 2.4.1.

1) "In den weniger industriell und kommerziell entwickelten Ländern vegetiert diese Klasse noch fort neben der aufkommenden Bourgeoisie." Marx, K./Engels, F., Manifest der Kommunistischen Partei, MEW, Bd. 4, S.484.

2) Vgl. National Census of Population, Nov. 1976, S. 82.

3) "In den Ländern, wo sich die moderne Zivilisation entwickelt hat, hat sich eine *neue*Kleinbourgeoisie gebildet, die zwischen dem Proletariat und der Bourgeoisie schwebt und als ergänzender Teil der bürgerlichen Gesellschaft stets von *neuem* sich bildet; deren Mitglieder aber beständig durch die Konkurrenz ins Proletariat herabgeschleudert werden, ja selbst mit der Entwicklung der großen Industrie einen Zeitpunkt heransehen, wo sie als selbständiger Teil der modernen Gesellschaft gänzlich verschwinden und im Handel, in der Manufaktur, in der Agrikultur durch Arbeitsaufseher und Domestiken ersetzt werden." Marx, K./ Engels, F., Manifest...., a.a.O., S. 484.

4) Vgl. die Ergebnisse der Betriebszählung der großen Industriebetriebe 1974/75, Plan- und Budget Organisation, Statistical Centre of Iran, März 1978, S. 12.

5) Vgl. Korby, a.a.O., S. 21 f.

6) Vgl. Mohammadi, V., Banksystem und Bankpolitik im Iran, Berlin, 1974 (Diss.).

7) Vgl. Marx, K., Das Kapital, MEW, Bd. 23, S. 655.

8) Vgl. ebenda.

9) Vgl. Faschismus - ein Alptraum oder Wirklichkeit, (Hrsg.) Rah-e Kargar, Teheran, 1358 (1979), Bd. 2, S. 5, (persisch), sowie Mohammadi, a.a.O., S. 21 f.

10) Zur Beschreibung dieser Verfilzung und Kontrolle vgl. die sehr kenntnisreiche Beschreibung bei Graham, a.a.O., S. 179 ff.

11) "Alle *allgemeinen Bedingungen der Produktion* , wie Wege, Kanäle etc., sei es, daß sie die Zirkulation erleichtern oder gar erst möglich machen, oder auch die Produktivität vermehren (...), unterstellen vom Kapital unternommen zu werden, statt von der Regierung, die das Gemeinwesen als solches repräsentiert, höchste Entwicklung der auf das Kapital gegründeten Produktion. Die Ablösung der *travaux publics* vom Staat und ihr Übergehen in die Domäne vom Kapital selbst unternomenen Arbeiten, zeigt den Grad an, wozu sich das reelle Gemeinwesen in der Form des Kapitals konstituiert hat. (...) Wo der Staat traditionell ihm (dem Kapital) gegenüber noch eine superiore Stellung einnimmt, besitzt er noch das Privilegium und den Willen, die Gesamtheit zu zwingen, einen Teil der *Revenue*, nicht ihres Kapitals, in solche allgemein nützlichen Arbeiten (zu stecken), die zugleich als *allgemeine* Bedingungen der Produktion erscheinen, und daher nicht als *besondere* Bedingung für irgendeinen Kapitalisten(...)." Marx, K., Grundrisse, a.a.O., S. 429 f.

12) Vgl. Faschismus..., a.a.O., S.4.

13) Vgl. ebenda, S. 5.

14) Vgl. die Thesen des Politbüros der "Organisation für die Bildung der unabhängigen Arbeiterbewegung" zu Charakter und Phase der Revolution, Teheran, 1980, S.22.

15) "Ursprünglich war der Handel Voraussetzung für die Verwandlung des zünftigen und ländlich-häuslichen Gewerbes und des feudalen Ackerbaus in kapitalistische Betriebe. Er entwickelt das Produkt zur Ware, teils indem er ihm einen Markt schafft, teils indem er neue Warenäquivalente und der Produktion neue Roh- und Hilfsstoffe zuführt und damit Produktionszweige eröffnet, die von vornherein auf den Handel gegründet sind, sowohl auf Produktion für den Markt und Weltmarkt wie auf Produktionsbedingungen, die aus dem Weltmarkt herstammen." Marx, K., Das Kapital, MEW, Bd. 25, S. 348 f.

16) Vgl. Miller, W.G., Political Organization in Iran, in: The Middle East Journal, Nr. 2, Washington, 1969, S. 161 f, und Kaster, H.L., Iran heute, Wien, Düsseldorf, 1974, S.26 f; ebenfalls Rotblat, J., Structural Impediments to Change in the Qazvin Bazar, in: Iranian Studies, New Haven/Connecticut, 1972, S. 130 ff.

17) Die "Lutis" waren starke Männer in der "Nachbarschaft", die vom Beschützer bis zum Schurken reichten, sich jedoch als Beschützer legitimierten. Die letzten einflußreichen

Lutis des Bazars von Teheran waren Tayeb, der eine Steuer auf alle Früchte erhob, die von einem Fruchtmarkt zum anderen hin- und hertransportiert wurden, sowie sein Rivale und Nachfolger Shaban bimokh (Shaban der Hirnlose), der in den 50er und 60er Jahren royalistische Schlägertruppen anführte und vom Shah dafür mit einer großen Sportanlage belohnt wurde. Sadegh Hedajat entwirft in seinem Roman "Dasch akol" - in: Gelpke, R. (Hrsg.), Meistererzählungen der modernen persischen Literatur, Zürich, 1961 - meisterhaft ein realistisches Bild von Lebens- und Denkweise sowie Gefühls- und Charakterstruktur eines Lutis.

18) Will man diese Menschen, ihre innere und Außenwelt, ihre Lebens- und Denkweise, ihre vorgetäuschte und tatsächliche, widersprüchliche Verhaltensweise begreifen, muß man auf die realistische Darstellung ihrer Charaktermasken bei Hedajat, Hadschi Agha, Berlin/DDR, 1963, zurückgreifen; dies vor allem in einem Land, wo wissenschaftliche Analyse keine Tradition und Möglichkeit besitzt. In einer anderen Arbeit hoffe ich demnächst diese Charaktermasken und ihre Verhaltensweise anhand der klassischen und modernen iranischen Literatur analysieren zu können. Erst dadurch können die Widerstandspotentiale in einzelnen sozialen Schichten begreiflich gemacht werden.

19) Vgl. Kazemi, F., Social Mobilization and Domestic Violence in Iran 1946-68, University of Wisconsin, 1973, S. 234 f, (Diss.).

20) Vgl. Miller, a.a.O., S.161 f; Kaster, a.a.O., S. 26 f.

21) Vgl. Tab. 50.

22) Vgl. Kap. 2.3.2. in dieser Arbeit.

23) Vgl. Marx, K., Das Kapital, MEW, Bd. 25, S. 349.

24) Vgl. Kaster, a.a.O., S. 29.

25) Vor dem Aufstand existierten noch als Restbestände des unorganisierten Kreditmarktes 440 selbständige Geldinstitute, die traditionellen Wechselstuben. Vgl. National Census of Population, Nov. 1976, S. 82.

Anmerkungen zu 2.4.2.

1) Vgl. Massarrat, M., Iran - von der ökonomischen Krise zur sozialen Revolution, Offenbach, Feb. 1979, S. 33 ff.

2) Vgl. Millward, W.G., Traditional Values and Social Change in Iran, in: Iran Studies, New York, Winter 1971, S. 17 ff.

3) Vgl. National Census of Population, Nov. 1976, S. 67.

4) 1966 waren es 17 965 selbständige Akademiker und Spezialisten. Vgl. National Census of Population, Nov. 1966, S. 53.

5) Vgl. National Census of Population, Nov. 1976, S. 67.

6) Hinzu kommen noch 30 958 Selbständige in technischen, wissenschaftlichen und qualifizierten Berufen. Vgl. National Census of Population, Nov. 1976, S. 67.

7) Vgl. Zonis, M., The Political Elite of Iran, A Second Stratum, in: Tachau, F. (ed.), Political Elites and Political Development in the Middle East, New York, 1974, S. 193-215; ders., The Political Elite of Iran, Princeton/N.J., 1971.

8) Vgl. National Census of Population, Nov. 1976, S. 49. Abrahamian, Structural Causes of the Iranian Revolution, in: Merip-Report 87, Mai 1980, S. 22, gibt die Zahl der Studenten für 1977 mit 154 315 Personen an, die im Iran studierten; weitere 90 000 Studenten sollen in dieser Zeit im Ausland studiert haben. Nach Abrahamians Angaben stieg die Zahl der Hochschulen von 4 (1953) auf 16 (1977) und die Zahl der Studenten im selben Zeitraum von 14 500 auf 154 315 Personen.

9) Vgl. Hessam Waziri, A., Das Verhältnis der Bildung und Ausbildung der Absolventen des Politechnikums zum Beruf, in: Olum-e Edjtemai, A Journal of the social sciences of the Institute for Social Research, Nr. 3, Vol.I, Teheran University, 1970, S. 83 f.

10) Vgl. Katbi, M., Eine Untersuchung zum Eingang der Studenten zur Universität, in: Olum-e Edjtemai, a.a.O., Nr. 4, Vol. I, 1974, S.57 ff.

11) Vgl. Moradi-Nejad, H./Pajoum-Shariati, P., Eine Untersuchung zum Absenden der Studenten ins Ausland zur Ghadjaren- und Pahlavi-Periode, in: Olum-e Edjtemai, a.a.O., S. 90 ff.

12) Vgl. ebenda.

13) Vgl. Katbi, a.a.O., S. 59.

14) Vgl. Bill, J.A. The Politics of Iran: Groups, Classes ans Modernization, Columbo/Ohio, 1972, S. 133-156.

15) Vgl. ebenda, S. 137 f.

Anmerkungen zu 2.4.3.

1) Vgl. Kap. 1.5.1. dieser Arbeit.
2) Vgl. Kap. 1.5.2. dieser Arbeit.
3) Vgl. Kap. 1.5.3. dieser Arbeit.
4) Vgl. Kap. 1.5.3.1. dieser Arbeit.
5) Vgl. Kap. 1.5.3.2. dieser Arbeit.
6) Vgl. Kap. 1.5.3.2.1. dieser Arbeit.
7) Vgl. Kap. 1.5.3.2.2. dieser Arbeit.
8) Vgl. Floor, a.a.O., S. 326.
9) Vgl. Abrahamian, E., Die Guerilla-Bewegung im Iran 1963-1977, in: Religion und Politik im Iran, a.a.O., S. 347 f.
10) Vgl. ebenda, S. 340 ff; sowie Halliday, a.a.O., S. 221 ff.

11) Vgl. Djazani, B., Bewaffneter Kampf - Der Kampf zur Mobilisierung der Massen, o.O., 1973; ders., Klassenkämpfe im Iran, o.O., 1974; ders., Wer verrät den Marxismus-Leninismus, o.O., 1973.

12) Vgl. Pujan, A.P., Über die Notwendigkeit des bewaffneten Kampfes und eine Widerlegung der Theorie des Überlebens, o.O., Frühjahr 1970.

13) Die linke Opposition war nicht nur als eine soziale Gruppe jung, sondern auch altersmäßig. 44,4% aller Iraner waren 1976 unter 15 Jahre alt. Das bedeutet, daß sie nicht einmal über die politischen Erfahrungen aus der Mossadegh-Zeit verfügten. Der Mittelwert des Alters der Iraner betrug 1976 24, ihr Durchschnittsalter 17,5 Jahre. Vgl. National Census of Population, 1976/77, S. 1.

14) Vgl. Henseler, Narzißtische Krisen - Zur Psychodynamik des Selbstmordes, a.a.O., S. 74 f sowie Anmerkung 4) von Kap. 2.3. dieser Arbeit.

Anmerkungen zu 2.4.3.1.

1) "The People's Mojahedin Organization of Iran" (P.M.O.I.) (Hrsg.), Zur Rechtfertigung des Volkskampfes im Iran - Die letzte Verteidigungsrede des Mojahed Ali Mihandust, Übersetzung und Nachdruck von Sympathisanten der "Organization of Iranian Moslem Students", Verein Aachen, o.J. (kurz: Verteidigungsrede von Ali Mihandust), S. 38.

2) Ebenda, S. 37.

3) Vgl. ebenda, S. 26 f.

4) Vgl. Radjawi, M., Weltanschauung, Bd. 1, (Hrsg.) "The People's Mojahedin Organization of Iran", o.O., Tier 1359 (Juni 1981), (persisch), S. 40.

5) Vgl. ebenda.

6) Verteidigungsrede von Ali Mihandust, a.a.O., S. 23 f.

7) Vgl. "The People's Mojahedin Organization of Iran" (P.M.O.I.) (Hrsg.), Zur Rechtfertigung des Volkskampfes im Iran - Die letzte Verteidigungsrede des Mojahed Said Mohsen, Übersetzung und Nachdruck vom Komitee der Sympathisanten der P.M.O.I., Aachen, Sept. 1979, S. 51 (kurz: Verteidigungsrede von Said Mohsen).

8) Ebenda, S. 54.

9) Vgl. Radjawi, a.a.O., S. 237 f.

10) Verteidigungsrede von Ali Mihandust, a.a.O., S. 43.

11) Ebenda, S. 51.

12) Ebenda, S. 15.

13) Vgl. Fromm, E., Die Furcht vor der Freiheit, Ffm., 1980, S. 112 f.

14) Verteidigungsrede von Said Mohsen, a.a.O., S. 4.
15) Ebenda, S. 50.
16) Verteidigungsrede von Ali Mihandust, a.a.O., S. 19.
17) Verteidigungsrede von Said Mohsen, a.a.O., S. 40 f.
18) Verteidigungsrede von Ali Mihandust, a.a.O., S. 41 f.
19) Ebenda, S. 48.
20) Ebenda.
21) Ebenda, S. 51.
22) Ebenda, S. 25.
23) P.M.O.I. (Hrsg.), Die letzte Verteidigungsrede des Mojahed Mehdi Reza'i, o.O., o.J., S. 10.
24) Verteidigungsrede Ali Mihandust, a.a.O., S. 22.

Anmerkungen zu 2.4.3.2.

1) Djazani, Klassenkämpfe..., a.a.O., S. 44.
2) Ebenda, S. 46.
3) Ders., Wer verrät den Marxismus-Leninismus, a.a.O., S.31.
4) Ders., Klassenkämpfe..., a.a.O., S. 138.
5) Ders., Wer verrät den Marxismus-Leninismus, a.a.O., S.19.
6) Ders., Klassenkämpfe..., a.a.O., S. 9.
7) Ebenda, S. 87.
8) Ebenda, S. 130.
9) Ebenda, S. 133.
10) Ebenda, S.130.
11) Ebenda, S. 155.
12) Ebenda, S. 151.
13) Ebenda, S. 160.
14) Pujan, a.a.O., S. 55 f.
15) Djazani, Wer verrät den Marxismus-Leninismus, a.a.O., S.11.
16) Ebenda, S. 82.
17) ders., Klassenkämpfe..., a.a.O., S.161.
18) Ebenda, S. 162.
19) Ebenda, S. 139.
20) Ebenda, S. 134.
21) Ebenda, S. 136, hervorgehoben von mir, D.G.
22) Ebenda, S. 130.
23) Ebenda, S. 156.
24) Ebenda, S. 157.
25) Ebenda, S. 133.

26) Pujan, a.a.O., S. 52 f, hervorgehoben von mir, D.G.

27) Djazani, Klassenkämpfe..., a.a.O., S. 124.

28) Ebenda.

29) Ebenda, S. 120.

30) Vorwort zur 4. persischen Auflage von Pujan, a.a.O., hrsg. von "Sazemanhaj-e Djebhej-e Meli-e Iran, Kharedj-e Keshwar (Bakhsh-e Khawar-e mianeh), o.O., 15.3.1354 (1975), S. 15.

31) Vorbemerkung - Ehrung des Andenkens des Genossen Pujan, in: 4. persische Auflage von Pujan, a.a.O., S. 11.

Anmerkungen zu 2.5.

1) Abgesehen davon, daß die Islamexperten und Orientalisten anläßlich der "islamischen Revolution" im Iran die euro-amerikanische Öffentlichkeit über den "Islam" als Religion aufzuklären versuchten, wodurch die Literatur über den Islam als die scheinbare Literatur über den Entstehungszusammenhang der Revolution anschwoll, begriffen andere den Aufstand als "die Revolution der islamischen Massen im Iran" bzw. als "eine Revolution mit Hilfe des Islam"- Önder, Z., Der Islam und die westlichen Ideologien - die ideologische Verwirrung der Eliten in der islamischen Welt, in: Verfassung und Recht in Übersee, 13. Jg., Baden-Baden, 3.Quartal 1980, S. 227 -, als ob allein der islamische Bevölkerungsteil sich an diesem Aufstand beteiligt hätte. Önders Arbeit ist exemplarisch für die gängigen Untersuchungen, die plötzlich den "revolutionierenden Effekt des Islam" bei den islamischen Massen entdecken: Obwohl "der Islam (...) sich unter der Türken-Herrschaft zu einer Herrschaftsideologie (entwickelte)", erblickt Önder in der "Religion (...) die einzige Quelle der Motivation" für die islamischen Massen, die "daher auch dann nicht zu bewegen(wären), wenn man mit einer gezielten Propaganda versuchen würde, sie davon zu überzeugen, daß das paradiesische Leben mit Hilfe materieller Güter im Diesseits erzielt werden könnte"; ebenda, S. 228 und 231. Önder tut so, als ob die orientalischen Menschen - mit ihrer "fundamentalen Bescheidenheit" - bloß von Luft und Liebe zu Gott leben würden, so daß für sie "das Streben nach besserer Lebensqualität (...) daher nicht als erstrebenswert (gilt)"; ebenda, S. 231. Demnach erheben sich die islamischen Massen, um die durch "die kulturelle Dependenz blockiert(e) (...) Aufwertung islamischer Werte, (die) (...) einem permanenten, externen Destruktionsprozeß ausgesetzt (sind)" freizukämpfen und der ihnen innewohnenden fundamentalen Bescheidenheit Geltung zu verschaffen; vgl. ebenda.

2) Vgl. Khalid, D., Reislamisierung und Entwicklungspolitik, München, London, Köln, 1982, S. 17.

3) Ebenda, S. 13.

4) Ebenda, S. 14.

5) Ebenda, S. 11.

6) Ebenda, S. 13.

7) Ebenda, S. 35.

8) Ebenda, S. 20.

9) Ebenda, S. 15.

10) Ebenda.

11) Ebenda, S. 16.

12) Ebenda, S. 20. Tatsächlich lautete die Parole des Khomeinismus: "Weder westlich noch östlich, (sondern) islamisch". Önder, die kurzerhand qua "Islam" als gemeinsame Religion die Iraner zu Arabern erklärt, stellt fest: "Nach 400 jähriger türkischer Herrschaft und anschließender Herrschaft der europäischen Mächte sind die Araber zum erstenmal seit Jahrhunderten imstande, einen eigenen Weg zu gehen. Von dieser 'neuen Phase' erhofft man für die islamischen Völker sehr viel. Dies ist tief im Bewußtsein der Araber verankert. Der Wunsch, einen 'eigenen, islamischen Weg' zu gehen, erreichte mit der islamischen Revolution im Iran einen Höhepunkt." Önder, a.a.O., S. 232.

13) Khalid, a.a.O., S. 20.

14) Ebenda.

15) Ebenda, S. 21.

16) Ebenda, S. 10. "Der Islam als ideologisches Fundament soll helfen, die ideologische Zerrissenheit innerhalb der islamischen Welt abzubauen. Der Islam kann besonders die arabische Welt einen. (...) Sollte die ideologische Zerrissenheit der Araber abgebaut werden, so wird eine der folgenschweren Barrieren zwischen den Staaten der arabischen Welt und zugleich zwischen Eliten und Volk entfallen. Dies gilt auch für die gesamte islamische Welt. Ein solches Fundament kann eine arabische und eine islamische Einheit ermöglichen. Dadurch wird der Einfluß westlicher Ideologien in der arabisch-islamischen Welt verdrängt und eine eigenständige, aus dem Islam abgeleitete Identität gefördert. Dies ist notwendig, um den Selbstrespekt und das Selbstvertrauen wiederzuerlangen. Daraus kann sich eine neue, eigenständige Entwicklung aus dem *Potential der Religion* anbahnen." Önder, a.a.O., S. 233, (Hervorhebung von mir, D.G.).

17) Ebenda, S. 21.

18) Fitzgerald, M./ Khoury, A.T./ Wanzura, W. (Hrsg.), Renaissance des Islam - Weg zur Begegnung oder zur Konfrontation, Graz, Wien, Köln, 1980.

19) Khalid, a.a.O., S.21.

20) Vgl. Djomhuri-e Eslami vom 14.1.1982.

21) Vgl. Ajatollah Motahari, Über das wesentliche Problem in der Organisation des Klerus, o.O., o.J., (persisch), S. 36.

22) Vgl. Ajatollah Khomeini, Schriftgelehrtenherrschaft, a.a.O., 6. Vorlesung.

23) Vgl. Millward, a.a.O., S.22.

24) Lektionen der islamischen Schule.- Ein wissenschaftliches und religiöses Monatsheft, Bd. 1, Nr. 1, Azar 1337 (Nov./Dez. 1959), (persisch); zit. bei Millward, a.a.O., S.24 ff.

25) Vgl. Khomeini, Der islamische Staat, a.a.O., S. 166 ff.

26) Shariati, A., Pilgerfahrt, o.O., o.J., (persisch), S.189, Publikation der Islamischen Studentenvereinigungen in Europa.

27) Modjahedin-e khalgh, Bankrott des kleinbürgerlichen Islamverständnisses. Publikation der Moslemischen Studentenvereinigung, W.-Deutschland, 1981, S.3.

28) Khalid, a.a.O., S. 23.

29) Ebenda.

30) Ebenda, S. 35.

31) Ebenda, S. 33.

32) Ebenda.

33) Ebenda, S. 21.

34) Ebenda, S. 22.

35) Ravasani, S., Einige kurze Bemerkungen zum Problem der Iranität und Islamität, in: ders., Über die linke Bewegung - Die Bewegung der unabhängigen Sozialisten, Osnabrück, o.J., S. 354 ff (persisch).

36) "In dieser Kürze besteht keine Möglichkeit, über die sozialen Ursachen der Konstitution der Safawiden-Dynastie, über die Rolle der shi'itischen Religion in der Tabakbewegung, der konstitutionellen Revolution, der nationalen Bewegung der Nationalisierung der Erdölindustrie und schließlich über die

Revolution des iranischen Volkes gegen die Pahlawi-Monarchie und Bildung der islamischen Republik zu diskutieren(...)"; ebenda, S. 374.

37) Vgl. Millward, a.a.O., S. 12.

38) Al-e Ahmad, D., Verwestlichung, Teheran, 1341 (1962), S. 7f, (persisch).

39) Die Selbständigen (32,4%) bildeten mit ihren mithelfenden unbezahlten Familienarbeitskräften (11,2%) die größte soziale Gruppe (43,6%). An zweiter Stelle standen die privaten Lohn- und Gehaltsempfänger (34,6%), gefolgt von den öffentlichen Lohn- und Gehaltsempfängern (19,3%). Die Arbeitgeber aller ökonomischen Sektoren bildeten mit 2,1% die kleinste soziale Kategorie.

40) "Die Sprache selbst ist ebenso das Produkt eines Gemeinwesens, wie sie in anderer Hinsicht selbst das Dasein des Gemeinwesens und das selbstredende Dasein desselben." Marx, K., Grundrisse, a.a.O., S. 390.

41) "Die Sprache ist so alt wie das Bewußtsein - die Sprache ist das praktische, auch für andere Menschen existierende, also auch für mich selbst existierende, wirkliche Bewußtsein, und die Sprache entsteht, wie das Bewußtsein, erst aus dem Bedürfnis der Notdurft des Verkehrs mit anderen Menschen." Marx, K./Engels, F., Die Deutsche Ideologie, MEW, Bd. 3, S. 30.

42) Vgl. Strauss, A., Spiegel und Masken, Ffm., 1968^2, S. 25.

Anmerkungen zu 2.5.1.

1) Vgl. Millward, a.a.O., S. 13 ff.

2) "Zum wirklichen Leiden, zur Hölle wird das menschliche Leben nur da, wo zwei Zeiten, zwei Kulturen und Religionen einander überschneiden." Hesse, H., Der Steppenwolf, Ffm., 1978.

3) Vgl. Shayegan, D., Qu' est-ce qu'une revolution religieuse, Paris, 1982, S. 231 f.

4) Vgl. ebenda, S. 236 f.

5) Vgl. Fromm, E., Psychoanalyse und Religion, Gütersloh, 1979, S. 31. "Manche Menschen halten die Rückkehr zur Religion für die Antwort (auf die Frage nach dem Sinn des Lebens, D.G.), doch nicht als einen echten Glaubensakt, sondern um quälenden Zweifeln zu entgehen; sie entscheiden sich dafür nicht so sehr aus Hingebung wie aus einem Verlangen nach Sicherheit." Ebenda, S.11.

6) In dem Bericht einer Frau über ihr Leben in den Elendsvierteln von Süd-Teheran lassen sich beispielhaft drei "typische" Reaktionen auf das Elend der migrierten Bauern ausmachen, die als "Indikatoren" die Genesis des "Islamismus" andeuten:

"Ich stamme aus Ardebil (Azerbaijan) und bin vor 45 Jahren nach Teheran gekommen. Zu Beginn hatten wir eine Wohnung zur Miete, dann hat das Wasser (Überschwemmung) die Häuser zerstört und wir haben uns in diesen Verhältnissen wiedergefunden. Ich habe 3 Kinder, mein ältester Sohn arbeitet im Komitee (islamisch). Die zwei anderen gehen zur Schule. Mein Mann ist süchtig (Opium). Er schlägt mich dauernd. Mir reicht es, ich möchte mich scheiden lassen. Außerdem bin ich krank, ich habe Asthma. Ich bin Arbeiterin in der Fabrik Ariana und ich verdiene 3oo Rial (2o Francs) pro Tag. Ich muß meine Mutter und meine Kinder ernähren. Wenn ich einmal einen Tag nicht da bin, haben wir nicht genug Geld zu Hause. In der Fabrik, in der ich arbeite, verschlimmert der Staub mein Asthma, aber ich habe keine andere Wahl. Es ist sehr kalt in dieser Wohnung, deswegen lasse ich den Kachelofen die ganze Nacht brennen, ich gebe pro Tag 1oo Rial für das Petroleum aus." (aus: Situation de la femme iranienne: luttes et revendications, Albert Rigal, B.P. 75 16o, 75oo1 Paris, zitiert bei: Clément, Problémes des l'Islamisme, a.a.O., S. 15.

Die künstliche Glückseligkeit oder die Suche nach einem durch Pharmaka erzeugten Glück beim Vater, die psychosomatische Krankheit oder die Körpersprache bei der Mutter, eine obsessionelle Rigidität und die Suche nach einem stützenden Ich beim Sohn sind drei "typische" Reaktionen in dieser Familie. Man müßte die Faktoren zu verstehen versuchen, die diese Wahl bestimmen, dann könnte man sich auch fragen, ob der "Islamismus" wirklich eine Ideologie darstellt oder nicht vielmehr Ausdruck einer *neuen Persönlichkeitsstruktur* ist, die als Funktion der "Modernisierung" und unabhängig von der Zugehörigkeit zu einer bestimmten Klasse in ihrer Verunsicherung nach einem *"Hauptfeind"* sucht. Dies kann eine der am nächsten stehenden Personen sein, doch auch ein Minister, der Staatschef oder der Amerikaner, der Russe etc. Derartige Verfolgungswahnideen machen die Kollektivangst an jemandem fest, ohne sie dabei eliminieren zu können. Ist der "Hauptfeind" dann vernichtet, so besteht eine starke Gefahr der Antodestruktion, wie sie sich nach dem siegreichen Aufstand zeigte, der eher eine *Anti-Revolution* war als eine Sozialrevolution - und das etwa nur, weil das mystisch-religiöse Denken ein anti-kritisches, non-konzeptuelles Denken ist, in dem Metaphern eine große Rolle spielen? Die "exzessive Ideologisierung des Denkens", Shayegan, a.a.O., S. 231 , ist die finsterste Konsequenz einer allgemeinen Regression auf niederen Ebenen der Psyche - nicht umgekehrt ; weil der "homo magnus" aus dem Unterbewußtsein hervorbricht, wie der "Dschinn" (Kobold) in "Tausend und eine Nacht", der solange unter Kontrolle bleibt, wie er in der Zauberflasche sitzt; doch befreit nimmt er die Gestalt eines Riesen an, der seinen Befreier vernichtet." (...) Mit der Veränderung, die mit der islamischen Revolution kam, kam all das, was eine zeitgenössische Sensibilität als unerträglich empfindet, plötzlich an die Oberfläche.

Alles, was vom gesellschaftlichen Leben in den Hintergrund gedrängt worden war, in den Raum des Verdrängten - wie Erhängen, Exekutionen, öffentliche Auspeitschungen - kehrte unter dem grellen Licht eines immer umfassender werdenden öffentlichen Sektors zurück - eines Sektors, der keine Insel der Isolation mehr duldete und sich in die allerprivatesten Bereiche des Menschen einmischte, so daß nichts mehr seiner Intrusion entkam. Die Inquisition sparte weder die Ehebetten aus noch die Zirkel der Freude, noch die Familienversammlungen. Und während die verdrängten Sitten brüsk wieder auftauchten, verschwanden andere selbstverständlich gewordene Haltungen unter dem Druck der Verbote: die Frauen vergruben sich unter dem Schleier, der Alkohol verschwand im Untergrund, während der Todestrieb sich reaktivierte und aus dem Land ein Paradies der Märtyrer machte. In gewisser Weise nahm man an einem umgedrehten 'Prozeß der Zivilisation' teil. Ein 'psychischer Horizont' etablierte sich, der uns den Eindruck vermittelte, auf einem unbekannten Planeten gestrandet zu sein. Die Kategorien des 'für' und 'gegen' reduzierten sich auf die von 'Orthodoxen' und 'Häretikern': jeder Mensch, der angeklagt wurde, nicht Teil am Ruhm Gottes zu nehmen, galt als ein Ungläubiger betrachtet, der beim kleinsten Anlaß erschlagen werden konnte, als ein Hochmütiger, der der allerwillkürlichsten und intransingentesten Justiz ausgeliefert wurde." Shayegan, a.a.O., S. 236 f. Diese "einzigartige emotionelle Struktur" wurde jedoch nicht durch "die Ereignisse" geschaffen, sondern bestenfalls durch sie verstärkt. Vielmehr ist die religiös erscheinende Revolution selbst das Produkt dieser "emotionalen Struktur", die auf eine allgemeine Regression als Funktion einer unerträglich gewordenen Ungleichzeitigkeit zurückzuführen ist. Die darauffolgende "Atmosphäre der Entfremdung", die für einen "kritischen" Menschen der heutigen Zeit unerträglich war, ging aus einer für Millionen von Menschen durch die "Modernisierung" entstandenen Entfremdung der Atmosphäre hervor, die die Menschen zu Neurotikern werden ließ.

7) Vgl. dazu auch Gholamasad, D., Der Verfassungsentwurf (der islamischen Republik) ist Entwurf der legalen Zerstörung der individuellen und sozialen Stellung der Frau, in: Ettehad-e Tschap, Nr. 4, Teheran, 30. Juni 1979; ders., Im Verfassungsentwurf (der islamischen Republik) sind die Frauen dann den Männern gleichgestellt, wenn ihre Rechte und Freiheiten aufgehoben werden, in: Ettehad-e Tschap, Nr. 7, Teheran, 21. Juli 1979; ders., Zur Kritik der Stellung der Frau im Grundgesetzentwurf der "Islamischen Republik" - Die Einkerkerung der Frau in den häuslichen vier Wänden ist keine Lösung für die gegenwärtige Kulturkrise, in: Ettehad-e Tschap, Nr. 22, Teheran, 18. August 1979.

8) Vgl. Nasr, S.H., Ideals and Realities of Islam, London, 1966, S. 113.

9) Vgl. Millward, a.a.O., S. 15.

10) Al-e Ahmad, Die Feierstunde, in: die horen, Zeitschrift für Literatur, Graphik und Kritik, Bd. 3, Herbst 1981, Leben in der Diktatur Iran unter dem Shah-Regime, Teil 2, Neupersische Lyrik, Prosa und Dramenliteratur, S. 27/28.

11) Vgl. Die einzige diesbezügliche Untersuchung von Behrangi, S., Untersuchung der Erziehungsprobleme Irans, Teheran 1343 (1964), 1972^5, vor allem S. 63 ff. u. 79 ff.

12) Vgl. Gholamasad, D., Zur Nationalitätenfrage in Persien, in: Ettehad-e Tschap, Nr. 22, Teheran, 18. Aug. 1979, (persisch).

13) Vgl. Millward, a.a.O., S. 15.

14) Vgl. Arasteh, R. , Education and Social Awakening in Iran, Leiden, 1962, S. 6.

15) Vgl. Millward, a.a.O., S. 12 f.

16) Vgl. Shayegan, a.a.O., S. 12.

17) Vgl. ebenda, S. 158.

18) Vgl. ebenda, S. 126.

19) Vgl. ebenda, S. 2oo.

20) Vgl. Millward, a.a.O., S. 16.

21) Vgl. ebenda, S. 17.

22) Geist im Mead'schen Sinne. Vgl. dazu Mead, G.H., Geist, Identität und Gesellschaft, Ffm., 1973, vor allem Kap. II, S. 81 ff.

23) Vgl. Millward, a.a.O., S. 2 f.

Anmerkungen zu 2.5.2.

1) Marx,K. , Zur Kritik der Hegelschen Rechtsphilosophie, MEW, Bd. 1, S. 378.

2) Vgl. Millward, a.a.O., S. 5.

3) Ansari, M. A., The Ethical Philosophy of Miskawayh, Aligarh 1966, S. 11 und 17.

4) Vgl. ebenda, S. 137.

5) Miskawayh deckt in seinen gesammelten ethischen Werken ein breites Spektrum der Ideologie ab; philosophische, politische, moralische, religiöse und praktische Vorstellungen waren alle in ein verständliches System integriert, das als Führer für das menschliche Verhalten in allen Situationen und Lebenslagen gedacht war. Während dies ausgearbeitete System als erstes seiner Art in islamischen Kreisen von Anfang an einen beträchtlichen Einfluß ausübte, wurde dem politischen Abschnitt des ideologischen Spektrums von den mittelalterlichen moslemischen Autoritäten nur indirekt Bedeutung zugemessen, normalerweise *in Verbindung mit dem Konzept der Gerechtigkeit* und ihrer Rolle in menschlichen Angelegenheiten; vgl. Millward, S. 6 ff. In Anlehnung an Lambton, A.K.S., Justice in the Medieval Persian Theory of Kingship, in: Studia Islamica, Vol XVI, 1962, S. 92 ff, unterscheidet Millward zwischen zwei sich seitdem entwickelnden "Theorien über das Königtum": "das sogenannte klassisch-juristische und das mittelalterliche. Das erste von diesen war fast *rein islamisch*, im Sinne des an die Religion Gebundenseins und ihre Verteidigung und Propagierung sowie das Halten von Beratungen mit Gott. Im Laufe der Zeit ersetzte die zweite Theorie allmählich die erstere, und obwohl die *Betonung der Gerechtigkeit sehr verringert wurde*, blieb sie in ihrem negativen Aspekt ein wichtiger Reflex in der öffentlichen Meinung "; vgl. Millward, a.a.O., S. 7, hervorgehoben von mir, D.G. - Jedoch ist die als "rein islamisch"erscheinende politische Theorie eher chiliastisch-aktivistisch, während die zweite mit geringerer Betonung der Gerechtigkeit ein zur Herrschaftsideologie entwickelter "Islam" ist. Daher ist die Konzeption des Herrschers in der "mittelalterlichen" Theorie "eher autokratisch als paternalistisch"; vgl. ebenda.

6) Vgl. Tabataba'i, S.M.H., Die sozialen Verhältnisse im Islam (persisch: rawabet-e edjtema'i dar eslam), persische Übersetzung von Hadjatti-Kermani, D., Teheran, 1354 (1975).

7) Vgl. Gholamasad, D., Demokratie aus zwei Perspektiven gesehen, in: Ettehad-e Tschap (Hrsg.), Demokratie und Schriftgelehrtenherrschaft, o.O., Nov. 1980, (persisch).

8) Vgl. Hottinger, A., Die islamische Revolution - ein zweiter Blick, in: Schweizer Monatshefte, Nr. 2, März 1981, S. 188.

9) Ebenda, S. 189.

10) Er stammt aus einer Bazarhändlerfamilie und wurde 1905 in Tabriz geboren. Nach seinem Studium in Frankreich unterrichtete er mehrere Jahre an der Universität Teheran im Fach Thermodynamik, war Mitglied im Kabinett Mossadeghs und gründete 1961 gemeinsam mit Ajatollah Taleghani die "Iranische Freiheitsbewegung". Während des Aufstands 1978/79 erlangte er allgemeine Bekanntheit und wurde der erste Ministerpräsident der "Islamischen Republik", stellte jedoch aufgrund von Differenzen mit Khomeini sein Amt zur Verfügung und vertrat seither eine gemäßigte "oppositionelle" Position. Vgl. dazu auch Richard, a.a.O., S. 111 ff.

11) Bazargan, M., Untersuchung über die Theorie von Fromm, o.O., o.J., S. 199, (persisch).

12) Bazargan, M., Mission und Ideologie, Rede zum Missionsfest 1345 (1966), Mashad, o.J., S. 80, (persisch).

13) Vgl. Bazargan, M., Das Geheimnis der Rückständigkeit der moslemischen Völker, Teheran, o.J., S. 125, (persisch).

14) Ebenda, S. 138.

15) Vgl. ebenda, S. 139.

16) Vgl. ebenda, S. 141.

17) Vgl. ebenda, S. 152.

18) Vgl. ebenda, S. 140.

19) Vgl. Bazargan, M., Die Grenze der Politik und Religion, Rede am 21.6.1341 (12.9.1962) in der Narmak-Moschee in Teheran, o.O., o.J., S. 7 (persisch).

20) Vgl. ders., Das Geheimnis der Rückständigkeit..., a.a.O., S. 137.

21) Vgl. ebenda, S. 116.

22) Vgl. ebenda, S. 124 ff.

23) Vgl. Bazargan, M., Gott in der Gesellschaft, in: Vier Aufsätze, o.O., o.J., S. 70, (persisch).

24) Vgl. ebenda, S. 62.

25) Vgl. ders., Mission und Ideologie, a.a.O., S. 170.

26) Ders., Gott in der Gesellschaft, a.a.O., S. 75.

27) Ebenda.

28) Vgl. ders., Das Geheimnis der Rückständigkeit..., a.a.O., S. 141.

29) Vgl. ebenda.

30) Ebenda, S. 139.

31) Ders., Die Grenze der Politik und Religion, a.a.O., S. 24.

32) Ders., Mission und Ideologie, a.a.O., S. 80.

33) Vgl. ebenda, S. 180.

34) Vgl. ebenda, S. 60 ff.

35) Vgl. ders., Theorie von Fromm, a.a.O., S. 197.

36) Vgl. ebenda, S. 120.

37) Vgl. ebenda.

38) Ebenda, S. 97.

39) Vgl. ders., Mission und Ideologie, a.a.O., S. 98, sowie Die Grenze der Politik und Religion, a.a.O., S. 24.

40) Vgl. ders., Mission und Ideologie, a.a.O., S. 166.

41) Vgl. ebenda.

42) Vgl. ders., Theorie von Fromm, a.a.O., S. 190.

43) Vgl. ebenda, S. 70.

44) Vgl. ders., Mission und Ideologie, a.a.O., S. 132.

45) Vgl. ebenda, S. 97.

46) Vgl. ebenda, S. 129.

47) Vgl. dazu Keddie, Roots of Revolution, a.a.O., S. 203 f.

48) Al-e Ahmad, Verwestlichung, a.a.O., S. 144.

49) Ebenda, S. 146.

50) Ebenda, S. 149.

51) Ebenda, S. 207.

52) Ebenda, S. 208.

53) Vgl. Keddie, Roots of Revolution, a.a.O., S. 204.

54) Vgl. Shayegan, a.a.O., S.134.

55) Al-e Ahmad, D., Über Verdienst und Verrat der Intellektuellen, 2 Bde., o.O., 1357 (1978), Bd. 1, S. 66, (persisch).

56) Vgl. ebenda, S. 127 ff.

57) Vgl. ebenda, S. 141.

58) Ebenda, S. 136.

59) Ebenda, S. 142.

60) Vgl. ebenda, S. 143.

61) Ebenda, S. 168 f.

62) Ebenda.

63) Vgl. Bd. 2, a.a.O., S. 9 ff.

64) Vgl. ebenda, S. 32 f.

65) Vgl. ebenda, S. 55.

66) Vgl. ebenda, S. 173.

67) Vgl. Shayegan, a.a.O., S. 130 f.

68) Vgl. ebenda, S. 131 f.

69) Vgl. ebenda, S. 132 f.

70) Shariati war in seiner Jugend, ebenso wie sein Vater, in der"Nationalfront" tätig; als Stipendiat verbrachte er mehrere Jahre in Paris. 1964 kehrte er in den Iran zurück und wurde mehrere Male verhaftet; er lehrte an der Universität Mashad und predigte im renommierten religiösen Forum "Hoseyni-e Ershad" in Teheran. 1977 starb er auf einer Englandreise. Zur Biographie Shariatis vgl. Keddie, Roots of Revolution, a.a.O., sowie Akhavi, S., Ali Shariatis Gesellschaftstheorie, in: Religion und Politik im Iran, a.a.O., S. 178-196.

71) Shariati, A., Mensch und Islam, Teheran, o.J., S. 39 f, (persisch).

72) Vgl. ebenda, S. 266.

73) Vgl. Shariati, A., Islamwissenschaft, o.O., o.J., S. 233, (persisch).

74) Ders., Mensch und Islam, a.a.O., S. 39.

75) Shariati, A., Pilgerfahrt, o.O., o.J., S. 207, (persisch).

76) Ders., Islamwissenschaft, a.a.O., S. 67 f.

77) Ebenda.

78) Shariati, A., Determinismus der Geschichte, o.O., o.J., S. 56-59,(persisch).

79) Vgl. ebenda, S. 35.

80) Vgl. ebenda, S. 71.

81) Ebenda, S. 183.

82) Vgl. Shariati, A., Religion gegen Religion, o.O., o.J., S. 19, (persisch).

83) Vgl. ders., Islamwissenschaft, a.a.O., S. 77 f.

84) Vgl. ebenda, S. 233.

85) Vgl. Richard, a.a.O., S. 119.

86) Vgl. Shariati, Islamwissenschaft, a.a.O., S. 71.

87) Vgl. ebenda, S. 84.

88) Shariati, A., Exploitation und Raffinierung der kulturellen Quellen, hrsg. v. der Iranischen Botschaft in der BRD, Bonn, o.J.

89) Ebenda.

90) Vgl. ders., Islamwissenschaft, a.a.O., S. 201.

91) Vgl. ebenda, S. 254.

92) Vgl. ebenda, S. 98 f.

93) Vgl. ebenda, S. 43.

94) Vgl. ebenda.

95) Ebenda, S. 60.

96) Vgl. ebenda, S. 253.

97) Vgl. Akhavi, a.a.O., S. 153.

98) Vgl. Abbassi, D., Die Heldensage von Mahdi, S. 19 ff, o.O., o.J., (persisch).

99) Vgl. Shariati, Mensch und Islam, a.a.O., S. 100.

100) Ders., Religion gegen Religion, a.a.O., S. 17 f.

101) Banisadr wurde 1934 im Dorf Baktsche bei Hamadan in einer alteingesessenen, religiösen Familie geboren, studierte in Teheran Theologie und Wirtschaft und fiel schon früh als Führer der islamischen Studenten der Universität Teheran im Umkreis der oppositionellen "Nationalfront" auf. Nach Abschluß seines Studiums verließ er den Iran und ging ins französische Exil, wo er sich vor allem wissenschaftlich mit dem Iran beschäftigte und politisch tätig war. Zu Beginn des Aufstandes schloß er sich Khomeini an und gehörte zu dessen engstem Beraterkreis, als dieser nach Paris kam. Gemeinsam kehrten sie 1979 in den Iran zurück, wo Banisadr, nach Übernahme unterschiedlicher Regierungsämter, schließlich 1980 der erste Präsident der neugegründeten "Islamischen Republik" wurde. 1981 setzte ihn das Parlament wegen "Unfähigkeit" ab, er ging in den Untergrund und exilierte schließlich zum zweitenmal nach Frankreich. Dort arbeitete er eine Zeitlang mit den Modjahedin zusammen, trennte sich jedoch wieder von ihnen.

102) Vgl. Banisadr, A., Monistische Wirtschaft, o.O., 1357 (1978), S. 51, (persisch).

103) Vgl. ebenda, S. 5 und S. 132.
104) Vgl. ebenda, S. 91.

105) *"Hagh"* ist im Persischen der Inbegriff von Recht, Teil, Anteil, Lohn, Wahrheit, Gerechtigkeit, Gott. Die zentrale Forderung der"islamischen Gemeinschaft" ist die Befolgung von "hagh", ohne daß dessen Sinn und Gehalt definiert würde.

106) Vgl. Banisadr, Monistische Wirtschaft, a.a.O., S. 365, 379, 391.

107) Vgl. ebenda, S. 176.

108) Vgl. ebenda.

109) Vgl. Banisadr, A., Die existierenden politischen Probleme Irans und ihre islamische Lösung, o.O., o.J., S. 16, (persisch).

110) Ebenda.

111) Ebenda, S. 22.

112) Ebenda, S. 24.

113) Vgl. ebenda.

114) Ebenda, S. 26.

115) Ebenda, S. 49.

116) Vgl. ebenda, S. 50.

117) Vgl. ders., Monistische Wirtschaft, a.a.O., S. 286, 336, 401.

118) Vgl. Banisadr, A., Prinzipien und Kriterien der islamischen Regierung, o.O., o.J., S. 22, (persisch).

119) Vgl. ebenda, S. 22 f.

120) Vgl. ebenda, S. 6.

121) Vgl. ebenda, S. 32.

122) Vgl. ebenda.

123) Vgl. ebenda, S. 26.

124) Vgl. Mosta'an, H.-R., Das Wesen der islamischen Regierung aus der Sicht von Ajatollah Naini, o.O., 1355 (1976), (persisch).

125) Vgl. dazu Freud, Zur Einführung des Narzißmus, a.a.O., S. 140 f, sowie zu den Entwicklungsstufen der menschlichen Weltanschauung ders., Totem und Tabu, a.a.O., S. 95 f.
Freud spricht neben der frühinfantilen Phase des primären Narzißmus von einem sekundären Narzißmus, der "eine Rückwendung der von ihren Objektbesetzungen zurückgezogenen Libido" bezeichnet und nicht allein symptomatisch ist für Regressionszustände wie Schizophrenie, Paranoia, Hysterie u.ä. Dabei sind primärer und sekundärer Narzißmus sowie der Begriff der Regression auf der Basis "progressiver Stufen der infantilen psychosexuellen Entwicklung" zu verstehen. Dem-

nach existieren für die als oral, anal, phallisch und genital bezeichneten kindlichen Entwicklungsstadien jeweils charakteristische Verhaltensmuster. Versagt das Individuum bei der der jeweiligen Phase entsprechenden Handhabung der auftretenden Probleme, so tritt entweder eine Fixierung an diese Phase ein, oder das Individuum erreicht eine labile Anpassung, die jedoch in Krisensituationen zusammenbrechen kann und zu einer Regression auf frühere, weniger reife, aber dafür stärker ausgeprägte Gewohnheiten führt. Entsprechend diesen Phasen menschlicher Entwicklung postuliert Freud drei Entwicklungsstufen der menschlichen Weltanschauung, die als *animistisch, religiös und wissenschaftlich* bezeichnet werden und zeitlich sowie inhaltlich mit den Stadien der libidinösen Entwicklung - Narzißmus; Stufe der Objektwahl, die durch die Bindung an die Eltern gekennzeichnet ist; Reifezustand des Individuums - korrelieren.

126) Vgl. Kap. 2.4.3.1. dieser Arbeit.

127) Während für den deutschen Idealismus, die englische politische Ökonomie und den französischen Sozialismus aufhebenden Marxismus als "positive Wissenschaft" die Schöpfungen des iranischen Denkens wie Gnosis und/oder Islam eigentlich nur die orientalische *Form* einer durch die herrschende Verachtung für die produktive Arbeit charakterisierten Gesellschaft sein können, die Ideologie die sozialen Beziehungen einer hierarchisch strukturierten Gesellschaft reflektiert, in der die sozialen Klassen ihr Gegenstück in der Hierarchie der himmlischen Wesen haben, und der Schöpfungsakt ein Akt der Produktion ist - ist das Universum für das iranische Denken dagegen die Reflexion der Autokontemplation des Seins und nicht die sozio-ökonomisch bedingte Interaktion. Vgl. Shayegan, a.a.O., S. 135 f.

128) Vgl. ebenda, S. 136 ff.

129) Vgl. Strauss, a.a.O., S. 25.

130) Göbel, K.-H., Moderne shi'itische Politik und Staatsidee, Opladen, 1984, S. 155.

131) Vgl. ebenda, S. 156.

132) Ebenda.

133) Vgl. ebenda.

134) Vgl. Tabari, E., Das 15. Jahrhundert der islamischen Zeitrechnung beginnt, in: Donya, Nr. 3, 1. Jg., 2. Per., Aban 1358 (Nov. 1979), S. 13, (persisch).

135) Djawanshir, F.M., "Die islamische Ökonomie" aus der Sicht von Ajatollah Taleghani, in: Donya, Nr. 3, 1.Jg., 2. Per., Aban 1358 (Nov. 1979), S. 18, (persisch).

136) Ebenda, S. 25.

137) Vgl. ebenda, S. 23 u. 28.

138) Ebenda, S. 27.

139) Vgl. Tabari, Das 15. Jahrhundert..., a.a.O., S. 12.

140) Vgl. Göbel, a.a.O., S. 157.

141) Vgl. ebenda, S. 158.

142) Abrahamian, Iran between Two Revolutions, a.a.O., S. 353.

143) Manifest zu den ideologischen Fragen der Organisation der Volksmodjahedin (ML), Bd. 1, o.O., Nov. 1975, S. 14, (persisch).

144) Ebenda, S. 8 ff.

145) Abrahamian, Iran between Two Revolutions, a.a.O., S. 354.

146) Vgl. Tabari, E., Über Natur und Schicksal des Menschen, in: Donya, Nr. 4, 4.Jg., 2.Per., Winter 1342 (1963), S. 91 ff, (persisch).

147) Galawi, E., Der große Oktober - der Beginn der Verwirklichung des höchsten menschlichen Wunschtraums, in: Donya, Nr. 2, 1.Jg., 4. Per., Shahriwar/Mehr 1358 (Sept./Okt. 1979), S. 30 f, (persisch).

148) Rusbeh, K., Mein Herz schlägt für Irans Zukunft, Berlin, 1964, S. 166.

149) Vgl. Fromm, E., Psychoanalyse und Religion, a.a.O., S. 44.

150) Vgl. ebenda, S. 46.

151) Vgl. Kap 2.4.3.2. dieser Arbeit.

152) Zur Ideologie des Lagers und zur Lagermentalität vgl. Negt, O./Kluge, A., Öffentlichkeit und Erfahrung. Zur Organisationsanalyse von bürgerlicher und proletarischer Öffentlichkeit, Ffm., 1972, S. 341 ff.

Tab. 1
Preisinflation und Zustrom von Devisen
(Mio. US-Dollar) 1970 = 100

Jahr	Devisen	Inflation
1970	2.622	100
1971	3.824	104,1
1972	4.073	111
1973	6.263	121,9
1974	21.549	139,2
1975	19.933	157
1976	23.526	174,8

Quelle: L.H. Hill/Rahmat Niknam:
American Treasure and the Price Revolution in Iran,
in: Iranian Economic Review, Teheran, Nr. 5, 1978,
S. 13

Tab. 2
Durchschnittliche Jahreszuwachsrate des Preisindexes bei Konsumgütern und Dienstleistungen (%)

	Relativer Anteil 1) der Konsumausgaben bis 1974	1970	1971	1972	1973	1974	1975	1976	1977/78	Relativer Anteil 2) der Konsumausgaben ab 1974
Gesamtindex	100,0	1,5	5,5	6,3	11,2	15,5	9,9	16,6	25,1	100,0
Lebensmittel	43,2	0,4	9,7	6,4	8,4	19,1	6,7	12,9	20,6	37,58
Bekleidung	12,5	2,4	3,2	5,5	16,1	12,4	8,0	11,2	21,1	12,94
Wohnung	12,1	4,6	2,9	8,6	17,6	19,5	24,8	35,9	37,8	22,89
Haushaltsgeräte	6,4	2,0	1,1	9,9	27,1	19,0	19,2		15,0	
im Haushalt verbrauchte Waren und Dienstleistungen	6,8			3,3	5,2	10,1	7,0	11,3		8,71
Städtischer Verkehr u. Reisen	5,1			3,7	3,6	5,1	7,3		31,9	7,78
medizinische Versorgung	4,8			4,1	6,9	10,7	14,3		20,1	3,56
persönliche Ausgaben	3,3	1,2	2,4	6,4	10,1	9,0	7,3			3,21
sonstige Waren und Dienstleistungen	5,8			3,6	7,8	1,8	9,8			3,39

Quelle: The Central Bank of Iran: Annual Report and Balance Sheet as at March 20, 1971, S. 8; 1972, S.9; 1973, S. 17/18; 1974, S. 74
1): bis 1974 ausdrücklich im Jahresbericht der iranischen Zentralbank angegeben
2): ab 1977 ausdrücklich angegeben vgl. The Central Bank of Iran: Bulletin, March-April 1978, Vol. 17, No. 177, S. 178 f. Diese Relation gilt wahrscheinlich ab 1974. Der relative Anteil der verschiedenen Posten betrug 1969: Lebensmittel 53,65%, Bekleidung 10,44%, Wohnung 11,32%, Haushaltsgeräte 4,47%, der Rest 20,12%. Vgl. The Central Bank of Iran: Annual Report and Balance Sheet as at March, 20, 1970, S.9

Tab. 2a - Sektoraler Beitrag zum BSP (%)

	1970	1971	1972	1973	1974	1975	1976	1977
Landwirtschaft	19,9	16,5	16,5	12,1	9,4	9,4	9,4	9,3
Erdöl	18,7	20,0	27,0	41,9	50,6	36,8	38,0	31,8
Industrie u. Bergbau	22,3	22,8	20,1	17,4	14,4	19,3	20,5	22,5
Industrie u. Bergbau	(15,6)	(16,0)	(14,0)	(11,9)	(9,7)	(10,8)	(10,7)	(12,3)
Bausektor	(4,2)	(4,2)	(4,7)	(4,4)	(3,9)	(7,7)	(9,1)	(9,5)
Wasser u. Elektrizität	(2,5)	(2,6)	(1,2)	(1,1)	(0,8)	(0,8)	(0,7)	(0,7)
Dienstleistung	41,6	42,9	36,4	28,6	25,6	34,5	32,1	36,4
Verkehr u. Kommunikation	(7,0)	(6,8)	(4,3)	(3,2)	(2,9)	(3,7)	(3,3)	(3,9)
Banken u. Versicherungen	(4,7)	(4,9)	(4,8)	(3,9)	(4,7)	(5,7)	(5,8)	(6,9)
Binnenhandel	(8,0)	(7,3)	(7,3)	(5,8)	(4,7)	(5,5)	(5,5)	(5,8)
Wohnungsverm.	(5,3)	(5,0)	(4,3)	(3,3)	(2,2)	(6,6)	(4,8)	(5,4)
öffentl. Dienstleistgn.	(11,7)	(14,0)	(11,4)	(8,9)	(8,5)	(10,1)	(10,2)	(11,3)
priv. Dienstleistgn.	(4,9)	(4,9)	(4,3)	(3,5)	(2,6)	(2,9)	(2,7)	(3,1)
Faktoreinnahmen a.d. Ausland	-2,5	-2,2	-	-	-	-	-	-
BSP zu Faktorkosten	100,0	100,0	100,0	100,0	100,0	100,0	100,0	100,0

Quelle: Jahresberichte der Zentralbank 1970-1977

Tab. 2b - Erdöleinnahmen Irans und ihre jährliche Zuwachsrate, 1950-1972 (in Mill. Pfd.St.), 1973-1977 (in Mrd. Rial)

Jahr	Einnahmen	Zuwachsrate %	Jahr	Einnahmen	Zuwachsrate %	Jahr	Einnahmen	Zuwachsrate %
1950	16,0	18,5	1961	104,0	2,2	1972	946,1	16,6
1951	7,0	-56,3	1962	122,3	17,6	1973	311,2	74,6
1952	-	.	1963	135,7	11,0	1974	1205,2	287,3
1953	0,1	.	1964	172,2	26,9	1975	1246,8	3,5
1954	7,4	.	1965	190,7	10,7	1976	1421,5	14,7
1955	32,2	336,5	1966	216,8	13,7	1977	1497,8	5,4
1956	53,9	66,9	1967	277,5	28,2			
1957	76,0	41,0	1968	324,7	16,3			
1958	88,3	16,2	1969	367,2	13,1			
1959	93,7	6,1	1970	443,4	20,7			
1960	101,8	8,6	1971	811,4	83,0			

Quelle: 1950-1972 Panahi, B., Erdöl - Gegenwart und Zukunft des Iran, Köln, 1976; 1973-1977 zusammengestellt aus den Jahresberichten der Zentralbank 1973-1977.

Tab. 2c – Prozentualer Anteil der Erdöleinkünfte an den Gesamteinnahmen des Staates, 1954-1977 (in%)

Jahr	%-Anteil	Jahr	%-Anteil	Jahr	%-Anteil
1954	11	1962	46	1970	50
1955	37	1963	46	1971	60
1956	39	1964	61	1972	59
1957	47	1965	50	1973	67
1958	51	1966	48	1974	86,4
1959	40	1967	50	1975	78,8
1960	42	1968	49	1976	77,4
1961	42	1969	51	1977	73,6

Quelle: Zusammengestellt aus den Jahresberichten der Zentralbank 1954-1977.

Tab. 3

Jährliche Wachstumsrate der sektoralen Wertschöpfung und des Brutto-Inlandsproduktes zu Faktorkosten
(in % zu den konstanten Preisen)

	1962^1	1963	1964	1965	1966	1967	1968	1969
Agrarsektor a)	1,0	1,7	2,1	7,9	3,5	7,8	7,8	3,1
Erdöl- und Gas b)	15,9	9,8	13,0	12,4	15,6	17,3	14,2	15,4
Industriesektor c)	9,3	13,5	5,4	17,8	12,8	15,6	12,7	9,2
Dienstleistungssektor d)	5,1	5,2	11,8	12,7	8,7	8,4	13,3	11,0
Brutto-Inlandsprodukt zu Faktorkosten	6,7	6,6	8,4	12,4	9,8	11,7	12,3	10,1

	1970	1971	1972^2	1973^2	1974^3	1975^3	1976^3	$1977/8^3$
Agrarsektor a)	4,6	-3,7	9,0	5,8	5,9	6,8	5,5	- 0,8
Erdöl- und Gas b)	16,2	13,8	9,4	12,6	1,1	-12,3	9,5	- 7,2
Industriesektor c)	10,4	18,2	14,6	16,8	22,5	22,7	18,4	8,6
Dienstleistungssektor d)	14,0	15,8	13,4	13,1	18,0	15,3	14,0	9,2
Brutto-Inlandsprodukt zu Faktorkosten	12,1	12,3	11,9	12,5	9,2	2,6	12,1	1,7

Quelle: The Central Bank of Iran: National Income of Iran 1959-72
Bank Markazi Iran: Annual Report and Balance Sheet as at
March 1973, S. 19
1974, S.146
1975, S.149
1976, S.119
1977, S. 161-63

a: umfaßt Landwirtschaft, Viehzucht, Forstwirtschaft und Fischerei
b: umfaßt alle inländischen Wertschöpfungen des Erdölsektors
c: umfaßt verarbeitende Industrie, Bergbau, Bau-, Wasser- und Energiewirtschaft
d: Umfaßt Verkehr, Kommunikation, Banken, Versicherungen, Vermittlungen, Handel, Mieten, sowie private und öffentliche Dienstleistungen

1: Für 1962-1971   Basisjahr 1959
2: Für 1972/73   Basisjahr 1972
3: Für 1973-77/78 Basisjahr 1974

Tab. 4

Jährliche Wachstumsrate der sektoralen Wertschöpfung und des
Brutto-Inlandsproduktes zu Faktorkosten (in % zu den jeweiligen Preisen)

	1962	1963	1964	1965	1966	1967	1968	1969	1970	1971	1972	1973	1974	1975	1976	1977/8
Landwirt-schaft 1	4,6	1,5	12,4	8,5	1,4	5,5	8,7	5,9	8,7	7,3	16,8	16,5	29,4	10,1	27,7	13,8
Erdöl- u. Gas 2	13,5	6,3	14,3	12,7	16,0	17,7	15,7	15,2	19,8	57,9	19,1	123,8	161,4	-4,6	22,0	-1,2
Industrie 3	8,9	12,5	11,4	18,3	10,9	17,0	16,5	15,3	11,8	22,0	23,8	34,9	42,8	42,2	43,6	32,0
Dienst-leistun-gen 4	6,3	5,5	13,9	14,3	9,5	8,3	15,0	12,4	15,2	19,3	25,1	24,3	40,1	29,0	29,3	27,2
Brutto-Inlands-produkt	7,9	6,3	11,0	13,3	8,9	11,0	14,0	12,4	14,3	24,5	20,8	52,8	75,9	13,2	28,8	16,2

Quelle: The Central Bank of Iran: Annual Report and Balance Sheet as at March 20, 1973,
S. 19; 1974, S. 145, 1975, S.148; 1976, S. 118; 1977, S. 160-161
The Central Bank of Iran: National Income of Iran 1959-72, S. 12

Jahresbericht der iranischen Zentralbank 1973/74, S. 19

1.: umfaßt Landwirtschaft, Viehzucht, Forstwirtschaft und Fischerei
2.: umfaßt alle inländischen Wertschöpfungen des Erdölsektors
3.: umfaßt verarbeitende Industrie, Bergbau, Wasser- und Energiewirtschaft
4.: umfaßt Verkehr, Kommunikation, Banken, Versicherungen, Vermittlungen, Handel
Mieten, sowie private und öffentliche Dienstleistungen

Tab. 5
Jahresdurchschnittliche Wachstumsrate der sektoralen Wertschöpfung und des Brutto-Inlandsproduktes (BIP) zu den Faktorkosten (%)

	zu jeweiligen Preisen (%)			zu konstanten Preisen (%)			
	1962-71	1973-77	1962-77	1977/8	1962-71[1]	1973-77[2]	1962-77[3]	1977/8[2]
Agrarsektor a)	6,4	19,2	11,4	13,8	3,5	4,6	4,2	- 0,8
Erdöl- u. Gas b)	17,4	44,4	31,8	- 1,2	14,4	- 0,7	9,6	- 7,2
Industrie c)	14,4	36,5	22,7	32,0	12,4	15,5	14,3	8,6
Dienstleistungen d)	11,9	31,8	18,4	27,0	10,6	15,3	11,8	9,2
BIP zu Faktorkosten	12,3	34,3	20,7	16,2	10,2	6,9	9,5	1,7

Quelle: The Central Bank of Iran: National Income of Iran 1959-72, S. 7 und 17
The Central Bank of Iran: Annual Report and Balance Sheet as at March 1977, S. 160-63 (eigene Berechnung)

1. Basisjahr 1954
2. Basisjahr 1974
3. Von 1962-71 Basisjahr 1954 und von 1974-78 Basisjahr 1974. Die so errechneten zahlen entsprechen zwar nicht genau dem Realwachstum, da unterschiedliche Basisjahre zugrundegelegt wurden, kommen dem Realwachstum aber näher als das Wachstum zu den jeweiligen Preisen.

a.: umfaßt Landwirtschaft, Viehzucht, Forstwirtschaft, Fischerei
b.: umfaßt alle inländischen Wertschöpfungen des Erdölsektors
c.: umfaßt verarbeitende Industrie, Bergbau, Bau-, Wasser- und Energiewirtschaft
d.: umfaßt Verkehr, Kommunikation, Banken, Versicherungen, Vermittlungen, Handel, Mieten, sowie private und öffentliche Dienstleistungen

Tab. 6
Jahresdurchschnittliche Wachstumsrate der sektoralen Wertschöpfung und des Brutto-Inlandsproduktes (in % zu den Faktorkosten) im Vergleich zu den Planzielen

	1962 - 1967		1968 - 1972		1973 - 1977		1977/78
	Planziel	Resultat	Planziel	Resultat	Planziel	Resultat	Resultat
Landwirtschaft a)	4,6	2,8	4,4	3,9	7,0	4,6	- 0,8
Erdöl b)	15,3	13,6	15,3	15,2	51,5	- 0,7	- 7,2
Industrie c)	11,3[1]	12,7	13,0[1]	13,0	18,0	15,5	8,6
Dienstleistung d)	8,8	9,7	7,5	14,2	16,4	15,3	9,2
BIP	10,0	8,6	9,4[2]	11,8	25,9[2]	17,0[2]	1,7

Quelle: The Central Bank of Iran: Gesammte in der Zeitschrift der Zentralbank abgedruckte Reden 1967, S. 55, 70
The Central Bank of Iran: Annual Report and Balance Sheet as at March 20, 1977, S. 18, 26; 1968, S. 42-43
Plan and Budget Organization: Abschlußbericht zum 3. Aufbauplan 1341-46 (1962-67), S. 14

1. Umfaßt nicht Bau-, Wasser- und Energiewirtschaft
2.

a.: umfaßt Landwirtschaft, Viehzucht, Forstwirtschaft und Fischerei
b.: umfaßt alle inländischen Wertschöpfungen des Erdölsektors
c.: umfaßt verarbeitende Industrie, Bergbau, Bau-, Wasser- und Energiewirtschaft
d.: umfaßt Verkehr, Kommunikation, Banken, Versicherungen, Vermittlungen, Handel, Mieten, sowie private und öffentliche Dienstleistungen

Tab. 7
Sektoraler Beitrag zum Brutto-Inlandsprodukt zu Faktorkosten (in % zu konstanten Preisen)

	Basisjahr 1959 [1]															
	1962	1963	1964	1965	1966	1967	1968	1969	1970	1971	1972[2]	1973[3]	1974[2]	1975[2]	1976[2]	1977[2]
Landwirt- schaft a)	29,3	28,2	26,3	25,5	23,9	23,2	22,5	21,2	20,0	17,0	10,6	15,3	9,8	10,3	9,6	9,4
Erdöl- u. Gas b)	13,2	13,2	15,2	15,2	15,9	16,8	17,4	18,1	18,8	19,8	51,9	27,9	45,0	40,2	40,0	35,8
Industrie c)	19,0	20,5	19,7	20,9	21,4	22,2	22,5	22,5	22,3	23,3	13,0	20,6	15,4	17,0	18,2	19,1
Dienst- leistun- gen d)	39,5	39,3	40,1	40,7	40,0	39,0	39,9	40,5	41,5	42,5	34,5	36,2	29,8	32,5	32,2	35,7
BIP	100,0	100,0	100,0	100,0	100,0	100,0	100,0	100,0	100,0	100,0	100,0	100,0	100,0	100,0	100,0	100,0

Quelle: The Central Bank of Iran: Annual Report and Balance Sheet as at March 20, 1974, S. 146
1975, S. 149
1976, S. 119
1977, S. 162/3

a – d: The Central Bank of Iran: National Income of Iran, 1959-72, S.18
siehe Anmerkungen zu Tab. 6

zu /
1. Für 1962-71 sind die Angaben zum Bruttosozialprodukt zugrunde gelegt worden. Vgl. National Income of Iran (1959-72), hrsg. v. The Central Bank of Iran, S. 18
2. Basisjahr 1974
3. Basisjahr 1972

Tab. 7a - Anteil der Beschäftigtenzahl im Erdölsektor an den Gesamtbeschäftigten im Iran 1959-76

Jahr	Gesamtbeschäftigte (in Mill.) a)	Beschäftigtenzahl des Ölsektors (in 1000)	%-Anteil des Ölsektors
1959	6,3	61	1,0
1960	6,4	58	0,9
1961	6,4	52	0,8
1962	6,3	45	0,7
1963	6,4	43	0,7
1964	6,5	42	0,7
1965	6,6	43	0,7
1966	6,7	43	0,7
1967	6,8	42	0,6
1968	7,0	41	0,6
1969	7,5 c)	41	0,6
1970	8,5	41	0,5
1971	8,5	41	0,5
1972	7,9	40	0,5
1973	7,1	42	0,6
1974	8,3	47	0,6
1975	8,6	52	0,6
1976	8,8	60	0,7

Quelle: 1959-1969 Panahi, B., Erdöl - Gegenwart und Zukunft des Iran, Köln, 1976, S. 71; 1970-1976 Jahresbericht der Zentralbank.
  a: Die Zahlen sind auf- bzw. abgerundet.

  c: Geschätzte Zahl

Tab. 7a zeigt den abnehmenden prozentualen Anteil der Beschäftigten des Erdölsektors an den Gesamtbeschäftigten des Landes. Er sinkt von rund 1%(1959) auf 0,7% (1976). Beschäftigungspolitisch erweist dieser Sektor in quantitativer Hinsicht seine Bedeutungslosigkeit, während er qualitativ über den höchsten Qualifikationsgrad der Arbeitskräfte verfügt. Dies wird aus dem zunehmenden Anteil der Angestellten in diesem Sektor ersichtlich.

Tab. 7b - Zusammensetzung und Entwicklung der Beschäftigtenzahl in der Erdölindustrie 1955-1976

Jahr	Leitendes Personal a)		Arbeiter	Contractors	Insgesamt
	Iraner	Ausländer			
1955	6865	85	48 222	88	55 626
1956	7166	480	47 588	7913	63 147
1957	7722	585	47 940	7056	63 303
1958	8139	693	48 477	4724	62 033
1959	8240	781	47 984	4305	61 310
1960	8544	838	45 646	3206	58 234
1961	10188	847	39 638	1619	52 292
1962	9787	711	33 764	1554	45 816
1963	9623	583	32 135	662	43 003
1964	9888	474	31 564	727	42 653
1965	10349	501	30 732	2137	43 719
1966	10740	506	30 213	1663	43 122
1967	11659	-	29 426	1385	42 470
1968	11995	-	27 449	2006	41 450
1969	12295	-	26 498	2957	41 750
1970	12547	-	26 952	1917	41 416
1971	13764 d)	1072 e)	26 918	-	41 574
1972	14228 d)	969 e)	25 632	-	40 829
1973	15027 d)	1809 e)	26 003	-	42 839
1974	17539 d)	1698 e)	28 207	-	47 444
1975	19896 d)	2394 e)	30 527	-	52 817
1976	22336 d)	1255 e)	36 458	-	60 150

Quelle: 1955-1970 Panahi, B., Erdöl - Gegenwart und Zukunft des Iran, Köln, 1976; 1971-1976 aus dem statistischen Jahrbuch des zentralen statistischen Amtes, 1976/77 und 1977/78.
a: einschließlich Angestellte
b: "Contractors" sind die im Auftrag der Erdölindustrie beschäftigten Personen und Firmen, die hauptsächlich im Produktionsbereich (Pipelinebau u.ä.) sowie für die Erschließung neuer Ölgebiete kurz- oder mittelfristig eingesetzt werden. Im Unterschied zu den festen Angestellten können sie als Zeitbeschäftigte bezeichnet werden.

d: einschließlich der Praktikanten
e: die gesamten ausländischen Beschäftigten

Tab. 8
Jahresdurchschnittlicher sektoraler Beitrag zum Brutto-Inlandsprodukt zu Faktorkosten (in % zu konstanten Preisen)

	1962-1971 [1]	1972-1977	1962-1977	1977/8
Landwirtschaft a)	22,7	10,8	18,9	9,4
Erdöl b)	17,7	40,0	25,3	35,7
Industrie c)	21,7	17,2	19,8	19,1
Dienstleistungen d)	40,5	33,5	37,7	35,8
Brutto-Inlandsprodukt	100,0	100,0	100,0	100,0

Quelle: eigene Berechnung, basierend auf den Angaben aus Tab. 5

1: Für 1962-71 sind die Angaben zum Bruttosozialprodukt zugrunde gelegt.
   Vgl. National Income of Iran (1959-72), a.a.O., S. 18

a - d: siehe Anmerkungen zu Tab. 1

Tab. 9

Sektoraler Beitrag zum Brutto-Inlandsprodukt zu konstanten Preisen 1)
(Mrd. Rial zu Faktorkosten)

	1962/63	1967/68	1972/73	1977/78
Landwirtschaft a)	88,8	111,1	131,3	339,0
Erdöl b)	40,0	80,8	149,5	1.284,9
Industrie c)	57,8	106,3	191,2	648,3
Dienstleistungen d)	119,8	187,0	380,3	1.280,9
BIP	306,4	485,2	852,3	3.589,1

Quelle: The Central Bank of Iran: National Income of Iran, 1959-72, S. 18
Plan and Budget Organization, Statistical Centre of Iran: Statistisches Jahrbuch 1976/77, a.a.O., S. 119
The Central Bank of Iran: Annual Report and Balance Sheet as at March 20, 1977, S. 162/163

a - d: siehe Anmerkungen zu Tab. 6

1) : die Basisjahre sind verschieden. Trotzdem ergibt sich so ein annähernd richtiges Bild.

Tab. 10
Sektorale Produktivität 1976/7

	Sekt. Beitrag zum BIP 1976/7 in Mr. Rial 1)		Sekt. Anteil d. Beschäftigten 1976/77		Sektorale Produktivität 1.000 Rial	
	abs.	%	abs.	%	durchschnittl. Beitrag ohne Öl	Beitrag (%) mit Öl
Agrarsektor	344,7	10,3	2.978	33,9	116	47,0	28,4
Erdölsektor	1.440,4	40,2	60	0,7	2.400	9.719,4	5.869,7
Industrie	653,8	17,0	2.934	33,4	223	90,3	54,5
Industrie und Bergbau	418,1	11,6	1.695	19,3	247	100,0	60,9
Bausektor	202,3	4,5	1.177	13,4	172	69,6	42,0
Wasser- und Energiesektor	33,4	0,9	61	0,7	547	221,5	133,7
Dienstleistungen	1.158,6	32,5	2.879	32,8	402	162,8	98,7
Verkehr und Kommunikation	138,4	4,0	433	4,9	320	129,5	78,6
restliche Dienstleistungen	1.020,2	28,5	2.446	27,8	417	168,8	102,5
Gesamtwirtschaft (ohne Erdöl)	2.157,1	60,0	8.729	99,3	247	100,0	60,7
Gesamtwirtschaft (mit Erdöl)	3.597,5	100,0	8.789	100,0	409		100,0

Quelle: The Central Bank of Iran: Annual Report and Balance Sheet as at March 1976, S. 118
Plan and Budget Organization, Statistical Centre of Iran: National Census of Population and Housing, Nov. 1976, based on 5% sample, total country, S. 82 (eigene Berechnung)
1. Der sektorale Beitrag zum BIP zu Faktorkosten (zu den konstanten Preisen von 1974/75)

Tab. 11

Die vorhandenen Wohneinheiten in allen Städten im
Verhältnis zur Stadtbevölkerung

	1967	1977
Die Wohneinheiten (Mio)	1,3	2,5
Die Stadtbevölkerung (Mio)	1o,3	16,6
Die Familien in den Städten (Mio)	2,1	3,4
Die vorhandenen Wohneinheiten für je tausend Familien	645	733
Fehlende Wohneinheiten in allen Städten (Mio)	o,8	o,9

Quelle: The Central Bank of Iran: Bulletin, March-April
1978, Vol 17, No. 177, S. 85

Tab. 12
Einkommensgruppen und Einkommensverteilung (1977/78)

Einkommensgruppen nach Prokopfeinkommen (US-Dollar)	Durchschnittliches Prokopfeinkommen (US-Dollar)	Personenzahl (absolut)	Anteil an der Bevölkerung (%)	Gesamteinkommen der Einkommensgruppe (Mill. US-Dollar)	Anteil des Gesamteinkommens (%)
über 1.000.000	1.500.000	2.000	0,005	3.000	3,8
500.000–1.000.000	750.000	6.000	0,016	4.500	5,7
300.000– 500.000	400.000	8.000	0,021	3.200	4,1
200.000– 300.000	250.000	12.000	0,032	3.000	3,8
150.000– 200.000	175.000	17.000	0,045	2.975	3,8
120.000– 150.000	135.000	28.000	0,074	3.780	4,8
90.000– 120.000	105.000	40.000	0,106	4.200	5,3
70.000– 90.000	80.000	65.000	0,172	5.200	6,6
50.000– 70.000	60.000	90.000	0,238	5.400	6,9
40.000– 50.000	45.000	130.000	0,345	5.850	7,5
30.000– 40.000	35.000	175.000	0,464	6.125	7,9
20.000– 30.000	25.000	220.000	0,583	5.500	7,0
10.000– 20.000	15.000	290.000	0,769	4.350	5,5
5.000– 10.000	7.500	400.000	1,060	3.000	3,8
2.000– 5.000	3.500	550.000	1,458	1.925	2,4
1.000– 2.000	1.500	1.400.000	3,710	2.100	2,7
700– 1.000	900	3.800.000	10,070	3.420	4,3
500– 700	600	8.000.000	21,202	4.800	6,1
200– 500	350	16.000.000	42,103	5.600	7,2
unter 200	100	6.500.000	17,226	650	0,8
Insgesamt		37.733.000	100,000	78.575	100,0

Quelle: Ajandegan (persische Tageszeitung) vom 25. Februar 1979, zusammengestellt aus offiziellen Angaben des Statistical Centre of Iran und der iranischen Industrie- und Handelskammer.

Tab. 13
Der Anteil der Faktoren bei der Entstehung der
Inlandswertschöpfung (%)

	mit Erdöl			ohne Erdöl		
	1971	1972	1973	1971	1972	1973
Löhne und Gehälter	28,1	2o,8	18,4	38,6	34,4	35,1
Mieten	12,o	12,1	1o,9	16,4	19,9	2o,7
Zinsen	6,8	5,6	4,1	9,4	9,1	7,8
Profit	53,1	61,5	66,6	35,6	36,6	36,4
Insgesamt	1oo,o	1oo,o	1oo,o	1oo,o	1oo,o	1oo,o

Quelle: The Central Bank of Iran: Annual Report
and Balance Sheet as at March 20, 1974, S.21

Tab. 14
Die Verteilung der Konsumausgaben in den städtischen
Bezirken

Jahr	A	B	C	D
1959	13,9	34,4	51,8	o,4552
1969	13,o	34,1	52,9	o,471o
197o	12,7	33,o	54,3	o,4849
1971	11,6	32,9	55,5	o,5o51
1972	11,9	32,8	55,3	o,4916
1973	11,9	32,5	55,6	o,4946
1974	11,7	32,9	56,2	o,5144

A: Anteil der Familien mit niedrigem Einkommen (4o % d. Fam.)
B: Anteil der Familien mit mittlerem Einkommen (4o % d. Fam.)
C: Anteil der Familien mit hohem   Einkommen (2o % d. Fam.)
D: Der Ungleichheits-(Gini)Index gibt die Art der Verteilung
   einer Gesamtheit in der Gesellschaft an. Das Spektrum der
   Veränderung dieses Indexes liegt zwischen O und 1. Die O
   ist der Ausdruck gleicher Verteilung, während die 1 die
   höchste Ungleichheit angibt.

Quelle: Mehran, F./Handjani, H.Z., Ökonomisches Wachstum
   und ungleiche Einkommensverteilung im Iran,
   o.O., o.J., S.4, (persisch)

Tab. 15
Der Preisindex der Konsumwaren und Dienstleistungen der städtischen Haushalte (je 1o % der Haushalte) 1)

Jahr	1	2	3	4	5	6	7	8	9	1o
1959	76	79	8o	8o	81	81	81	82	82	83
1965	96	95	94	94	94	93	93	93	93	93
1966	97	95	95	95	94	94	94	94	94	94
1967	97	96	96	96	95	95	95	95	95	95
1968	1oo	97	97	96	96	96	96	95	95	95
1969	1oo	1oo	1oo	1oo	1oo	1oo	1oo	1oo	1oo	1oo
197o	1oo	1o1	1o1	1o1	1o1	1o1	1o1	1o1	1o1	1o1
1971	111	1o9	1o8	1o8	1o7	1o7	1o7	1o7	1o7	1o6
1972	118	116	115	114	114	114	113	113	113	113
1973	129	126	125	125	124	124	124	124	123	123
1974	156	149	147	145	144	143	142	142	141	14o
1975	176	161	16o	159	158	157	156	156	155	154

Quelle: Mehran, F./Handjani, H.Z., Ökonomisches Wachstum und ungleiche Einkommensverteilung im Iran, o.O., o.J., S. 11, (persisch)
1.: Jede Einheit von 1 bis 1o bildet 1o% der verschiedenen Einkommensklassen.Die erste Einheit gibt die 1o% der Haushalte mit dem niedrigsten Einkommen an, die zehnte Einheit die 1o% der Haushalte mit dem höchsten Einkommen.

Tab. 16
Die Verteilung der endgültigen Steuerlast auf
verschiedene Haushaltsgruppen (je 1o % der Haushalte)
1972

1o % der	Steuerlast (%)
1	1o,7
2	9,1
3	8,7
4	8,5
5	8,3
6	8,1
7	8,1
8	7,9
9	8,2
1o	8,4
insgesamt	8,3

Quelle: Mehran, F./Handjani, H.Z., Ökonomisches Wachstum und ungleiche Einkommensverteilung im Iran, o.O., o.J., S.14

Tab. 17

Durchschnittlicher Anteil der Haushaltsgruppen an den staatlichen Konsumausgaben (Rials): 1972

Die Haushaltsgruppen mit Konsumausgaben im Monat (Rials)	Die Art der Staatsausgaben im Jahr (Rials)							
	Aus-bildung	Gesund-heit	soziale Sicherung	Landwirt-schaft	Kommunik. u.Verkehr	Verschie-denes	Verwaltung u.Verteid.	Insgesamt
weniger als 2.000	1.913	1.699	252	571	29	115	17.963	22.282
2.000 - 3.000	2.540	1.238	255	758	72	217	17.694	22.814
3.000 - 4.000	2.428	1.103	257	843	110	356	17.692	22.789
4.000 - 5.000	2.777	1.108	289	929	169	556	17.886	23.713
5.000 - 7.500	3.827	1.049	589	927	273	922	18.181	25.748
7.500 - 10.000	3.926	1.139	731	1.009	497	1.604	18.301	27.207
10.000 - 12.500	5.457	1.179	1.254	1.025	794	2.385	18.806	30.901
12.500 - 15.000	4.868	1.090	1.529	1.041	1.117	2.641	19.081	31.367
15.000 - 20.000	8.505	1.020	2.133	1.167	2.062	3.047	19.689	37.623
20.000 - 30.000	12.772	479	3.520	1.338	4.409	3.218	20.731	46.467
mehr als 30.000	21.208	263	9.479	4.486	10.435	-	27.502	76.766
Gesamtdurchschnitt	4.109	1.144	860	971	691	1.047	18.390	27.212

Quelle: Mehran, F., Distribution of Benefits from Public Consumption Expenditures among Households in Iran, Genf, Juli 1976

Tab. 18

Die Entwicklung der Bevölkerung zwischen 1956 - 1976

	1956		1966		1976		⌀ Jahreswachstum %	
	Mill.	%	Mill.	%	Mill.	%	1956-66	1966-76
Gesamtbevölkerung	19,0	100,0	25,8	100,0	33,6	100,0	3,1	2,7
städtische Bevölkerung	6,0	31,5	9,8	38,0	15,7	46,7	5,1	4,8
ländliche Bevölkerung	13,0	68,5	16,0	62,0	17,9	53,2	2,1	1,3

Quelle: Plan and Budget Organization, Statistical Centre of Iran:
National Census of Population and Housing, Nov. 1956
National Census of Population and Housing, Nov. 1966
(beide total country, settles population)
National Census of Population and Housing, Nov. 1976, based on a 5% sample, total Country

Tab. 19

Sektoraler Beitrag zur Wertschöpfung im Agrarsektor 1972-77 zu konstanten Preisen (%)

	1972[1]	1977[1]	Jahresdurchschnitt		1967[3]
			1968-72	1973-77[2]	
Landwirtschaft	65,9	61,8	72,5	64,3	72,4
Viehzucht	31,5	34,8	26,0	32,6	26,1
Forstwirtschaft	2,0	2,7	1,0	2,4	0,7
Fischerei	0,6	0,7	0,5	0,6	0,5

Quelle: The Central Bank of Iran: Annual Report
and Balance Sheet as at March 20, 1972, S.198
1973, S. 20
1974, S.185
1975, S.195
1976, S.171
1977, S.170/171

1. Basisjahr 1974
2. eigene Berechnung
3. Basisjahr 1959

Tab. 20

Jährliche Wachstumsrate von Landwirtschaft und Viehzucht zwischen 1962-77 (%)

Sektor	Jahresdurchschnitt			Planz.	
	1963-67	1968-72	1973-77	1973-77	1977-78
Landwirtschaft	6,4	3,9	3,3	5,9	- 4,9
Viehzucht	0,7	3,5	6,8	8,3	5,7

Quelle: The Central Bank of Iran: National
Income of Iran 1959-72, S.28
The Central Bank of Iran: Annual Report
and Balance Sheet as at March 20, 1972,
S. 198; 1977, S.170/171

Tab. 21

Jahresdurchschnittliche Änderung des
Preisindexes bei Nahrungsmitteln (1974 = 100)

	Änderung (%)					Durch-schnitt 1973-77	relative Bedeutung %
	1973	1974	1975	1976	1977		
Lebensmittel	8,3	19,2	5,6	12,9	20,6	13,1	35,48
Milchprodukte und Eier	(-0,1)	(16,6)	(6,2)	(8,9)	(13,8)	8,9	(4,38)
Brot und Reis	(5,1)	(24,1)	(1,9)	(14,2)	(22,0)	13,1	(7,75)
Fleisch, Geflügel, Fisch	(22,8)	(25,8)	(16,2)	(14,3)	(21,6)	17,8	(8,13)
frisches Obst und Gemüse	(3,5)	(25,9)	(10,4)	(19,9)	(24,9)	16,6	(7,00)
Index der Konsumgüter und Dienstleistg.	11,2	15,5	9,9	16,6	25,1	15,5	100,00

Quelle: The Central Bank of Iran: Annual Report and Balance Sheet as at March 20, 1977,
S. 188/89

Tab. 22
Der Ablauf der iranischen Bodenbesitzreform (Stand März 1972)

Phase	Gesetzliche Grundlage und Zeitpunkt	Wichtigste Bestimmungen des Gesetzes	Daten über Durchführungen
1	Ergänzungsgesetz zum Bodenreformgesetz 1340 (1962)	1. Eigentumsgrenze: 1 Dorf (Schechdang) 2. Verkauf bzw. Verteilung dieser Ländereien an Anteilbauern in 15 Jahresraten	1. gekaufte Dörfer 16.333 2. gekaufte Parzellen 1.001 3. Kaufsumme (1+2) in Rl: 9.894.149.898 4. an Großgrundbesitzer bezahlte 1. Raten Rl: 3.156.539.602 5. Bauernfamilien, die Land erhalten haben: <u>777.825</u>

2	Ergänzungsgesetz	Eigentümer von einem Dorf können zwischen folgenden Alternativen wählen:
		1. Ihre verbliebenen Ländereien an die darauf arbeitenden Anteilbauern verkaufen.
		2. Mit den Anteilbauern einen 30-jährigen Pachtvertrag abschließen.
		3. Gemeinsam mit den jeweiligen Anteilbauern an einer sog. Landbaubeteiligungsgemeinschaft teilnehmen.
		4. Je nach den örtlichen Nutzungsrechten den Anteilbauern einen Teil des Grund und Bodens übergeben.
			Alternative 1:
			Verkauf
			  Verkäufer: 3.276
			  Käufer: <u>57.226</u>
			Alternative 2:
			Verpachtung
			  Verpächter: 223.321
			  Pächter: 1.232.548
			Alternative 3:
			Landbaubeteiligung
			  Großgrundbesitzer: 60.055
			  Anteilbauern: 110.126
			Alternative 4:
			Aufteilung
			  Großgrundbesitzer: 18.563
			  Anteilbauern: <u>156.580</u>

		Öffentliche Stiftungsländereien sollen von nun an an die jeweiligen Anteilbauern verpachtet werden (90 Jahre Pachtdauer)	
3	Gesetz und Ergänzungsgesetz zur Verteilung von Pachtländereien 1347 (1968) 1349 (1970)	Verteilung von Pachtländereien an bisherige Pächter bzw. Anteilbauern	1. 281.844 Großgrundbesitzer verkauften ihre Ländereien an <u>128.816</u> Anteilbauern, 6.668 Großgrundbesitzer teilten ihre Ländereien an <u>20.999</u> Anteilbauern nach Alternative 4 der Phase 2 auf.
4	Gesetz zur Verteilung von öffentlichen Stiftungen (Moghufe Amin) 1350 (1971/72)	Öffentliche Stiftungen wurden an jeweilige Anteilbauern verteilt.	2. 1.527 Dörfer wurden bis 15.9.1350 (1972) an <u>47.063</u> Bauernfamilien verteilt.

Quelle: Saidi, K., Landwirtschaftliche Aktiengesellschaften als Instrument der landwirtschaftlichen Entwicklung des Iran, in: Zeitschrift für die ausländische Landwirtschaft, Nr. 3/4, 1973, S. 288.

Tab. 22
Der Ablauf der iranischen Bodenbesitzreform (Stand März 1972)

Phase	Gesetzliche Grundlage und Zeitpunkt	Wichtigste Bestimmungen des Gesetzes	Daten über Durchführungen
1	Ergänzungsgesetz zum Bodenreformgesetz 1340 (1962)	1. Eigentumsgrenze: 1 Dorf (Schechdang) 2. Verkauf bzw. Verteilung dieser Ländereien an Anteilbauern in 15 Jahresraten	1. gekaufte Dörfer 16.333 2. gekaufte Parzellen 1.001 3. Kaufsumme (1+2) in Rl: 9.894.149.898 4. an Großgrundbesitzer bezahlte 1. Raten Rl: 3.156.539.602 5. Bauernfamilien, die Land erhalten haben: 777.825
2	Ergänzungsgesetz	Eigentümer von einem Dorf können zwischen folgenden Alternativen wählen: 1. Ihre verbliebenen Ländereien an die darauf arbeitenden Anteilbauern verkaufen. 2. Mit den Anteilbauern einen 30-jährigen Pachtvertrag abschließen. 3. Gemeinsam mit den jeweiligen Anteilbauern an einer sog. Landbaubeteiligungsgemeinschaft teilnehmen. 4. Je nach den örtlichen Nutzungsrechten den Anteilbauern einen Teil des Grund und Bodens übergeben. Öffentliche Stiftungsländereien sollen von nun an an die jeweiligen Anteilbauern verpachtet werden (90 Jahre Pachtdauer)	Alternative 1: Verkauf Verkäufer: 3.276 Käufer: 57.226 Alternative 2: Verpachtung Verpächter: 223.321 Pächter: 1.232.548 Alternative 3: Landbaubeteiligung Großgrundbesitzer: 60.055 Anteilbauern: 110.126 Alternative 4: Aufteilung Großgrundbesitzer: 18.563 Anteilbauern: 156.580

Phase	Gesetzliche Grundlage und Zeitpunkt	Wichtigste Bestimmungen des Gesetzes	Daten über Durchführungen
3	Gesetz und Ergänzungsgesetz zur Verteilung von Pachtländereien 1347 (1968) 1349 (1970)	Verteilung von Pachtländereien an bisherige Pächter bzw. Anteilbauern	1. 281.844 Großgrundbesitzer verkauften ihre Ländereien an 128.816 Anteilbauern, 6.668 Großgrundbesitzer teilten ihre Ländereien an 20.999 Anteilbauern nach Alternative 4 der Phase 2 auf.
4	Gesetz zur Verteilung von öffentlichen Stiftungen (Moghufe Amin) 1350 (1971/72)	Öffentliche Stiftungen wurden an jeweilige Anteilbauern verteilt.	2. 1.527 Dörfer wurden bis 15.9.1350 (1972) an 47.063 Bauernfamilien verteilt.

Quelle: Khusro Saido: Landwirtschaftliche Aktiengesellschaften als Instrument der landwirtschaftlichen Entwicklung des Iran, in: Zeitschrift für die ausländische Landwirtschaft Nr. 3-4, 1973, S. 288

Tab. 23
Zahl und Größe landwirtschaftlicher Betriebe 1960 und 1974

Betriebsgröße [1]	Gesamtzahl und Fläche der Betriebe 1960					Gesamtzahl und Fläche der Betriebe 1974				
	Zahl absolut	%	Fläche/ha absolut	%	LNF/ha[2]	Zahl absolut	%	Fläche/ha absolut	%	LNF/ha[2]
bis 1 ha	482.306	25,7	198.939	1,8	0,41	734.274	29,6	259.892	1,58	0,35
1 - unter 2 bzw. 3 ha	464.967	24,7	884.103	7,8	1,90	322.193	13,0	443.687	2,70	1,38
2 bzw. 3 - unter 5 ha	265.986	14,2	1.041.649	9,2	3,91	541.592	21,8	1.732.872	10,60	3,20
5 - unter 10 ha	340.037	18,2	2.413.042	21,2	7,1	427.934	17,3	2.953.476	18,0	6,90
10 - unter 20 ha	233.757	12,5	3.054.502	26,8	13,0	428.074	17,3	7.500.744	45,7	17,5
20 - unter 50 ha	77.714	4,1	2.209.211	19,5	28,4					
50 - unter 100 ha	8.446	0,4	563.805	5,0	66,8	16.269	0,7	1.073.712	6,5	66,0
über 100 ha	4.086	0,2	991.003	8,7	242,5	9.552	0,4	2.452.923	14,9	256,8

Quelle: Imperial Government of Iran, Ministry of Interior, Dept. of Public Statistics, First National Census of Agriculture, Mehr 1339 (Okt. 1960). Zit. bei Ehlers, E., Iran, Grundzüge einer geographischen Landeskunde, Darmstadt, 1980, S. 229, und Plan and Budget Organization, Statistical Centre of Iran: National Census of Agriculture, second phase 2533 (1974), Teheran, Esfand 2535 (März 1977). Eigene Prozentberechnung für 1975 und der Durchschnittsfläche für beide Jahre.

1. Die Angaben zu den Betriebsgrößen 1960 sind differenzierter als die von 1974. 1960 sind die Betriebe von 10 - 50 ha unterteilt in 10 - 20 und 20 bis unter 50 ha; die Angaben für Kleinbetriebe umfassen 1960 die von 1 - unter 3 und 3 - unter 5 ha, 1975 die von 1 - unter 2 und von 2 - unter 5 ha.
2. In dieser Spalte wird die durchschnittliche LNF in ha je Betrieb angegeben.

Tab. 24
Zahl und Größe der Betriebe nach der Art ihrer Betriebsführung 1974

Betriebsgröße	Gesamt		Betriebsf. durch Besitzer				Betriebsf. durch Verwalter			
	Zahl	Fläche	Zahl	%	Fläche	%	Zahl	%	Fläche	%
- unter 1 ha	734.274	259.904	714.911	97,4	253.830	97,7	19.359	2,6	6.074	2,3
1 - unter 2 ha	322.193	443.704	318.379	98,8	437.957	98,7	3.810	1,2	5.747	1,3
2 - unter 5 ha	541.592	1.732.892	536.255	99,0	1.715.592	99,0	5.332	1,0	17.300	1,0
5 - unter 10 ha	427.934	2.953.476	424.284	99,1	2.926.398	99,0	3.645	0,85	27.078	1,0
10 - unter 50 ha	428.074	7.500.764	421.290	98,4	7.352.687	98,0	6.776	1,6	148.077	2,0
50 - unter 100 ha	16.269	1.073.722	14.461	88,9	948.911	88,4	1.797	11,1	124.811	11,6
über 100 ha	9.553	2.452.923	6.757	70,7	1.570.206	64,0	2.748	29,3	882.723	36,0
Gesamt	2.479.889	16.417.282	2.436.337	98,0	15.205.581	93,0	43.503	2,0	1.211.810	7,0

Quelle: Plan and Budget Organization, Statistical Centre of Iran: National Census of Agriculture, second phase 1974, Teheran, März 1977, S. 57
(eigene Prozentberechnung)

Tab. 25
Zahl und Größe der Betriebe nach ihren Produktionsverhältnissen 1974

Betriebsgröße	Gesamt	A Zahl	A %	B Zahl	B %	C Zahl	C %
- unter 1 ha	34.285	549.014	74,76	152.642	20,79	32.625	4,71
1 - unter 2 ha	322.202	196.686	61,10	111.499	34,60	13.836	4,29
2 - unter 5 ha	541.602	331.397	61,19	184.891	34,14	25.312	4,67
- unter 5 ha[1]	1.598.089	1.077.279	67,41	449.032	28,09	71.773	4,49
5 - unter 10 ha	427.945	235.361	54,99	174.442	40,76	18.141	4,24
10 - unter 50 ha	428.086	189.225	44,20	207.458	48,46	31.402	7,34
50 - unter 100 ha	16.281	2.918	17,92	7.387	45,37	5.975	36,70
über 100 ha	9.564	853	8,91	2.591	27,09	6.118	63,97
Gesamt	2.479.966	15.055.636	60,7	840.910	33,9	133.409	5,38

Quelle: Plan and Budget Organization, Statistical Centre of Iran: National Census of Agriculture, second phase 1974, Teheran, März 1977, S. 7 (eigene Prozentberechnung)

A.: Betriebe, die <u>nur</u> mit Hilfe von Familienarbeitskräften geführt werden; Familienbetriebe
B.: Betriebe, die <u>weitgehend</u> mit Hilfe von Familienarbeitskräften geführt werden.
C.: Betriebe, die <u>weitgehend</u> mit Hilfe von Lohn- und Gehaltsempfängern geführt werden.

1.: Hier wurden alle Betriebe unter 5 ha zusammengefaßt, um die armen Kleinbauernbetriebe insgesamt zu ermitteln.

Tab. 26

Die landwirtschaftliche Sozialstruktur nach der Zahl
und Größe der Betriebe, sowie ihrer Produktionsverhältnisse

Betriebsgröße	Gesamt	A Zahl/abs.	%	B Zahl/abs.	%
- unter 5 ha	1.598.089	1.526.311	65,0	71.773	4,49
5 - unter 10 ha	427.945	409.803	17,5	18.141	4,24
10 - unter 50 ha	428.086	396.683	16,9	31.402	7,34
50 - unter 100 ha	16.281	10.305	0,4	5.975	36,70
über 100 ha	9.564	3.444	0,15	6.118	63,96

Quelle: Plan and Budget Organization, Statistical
　　　　Centre of Iran: National Census of Agri-
　　　　culture, second phase 1974, Teheran, März 1977,
　　　　S. 7

A.: Betriebe mit ausschließlich bzw. weitgehender Hilfe
　　von Familienarbeitskräften

B.: Betriebe mit weitgehender Hilfe fremder Arbeitskräfte

Tab. 27

Vermarktungsgrad der landwirtschaftlichen Produktion nach Größe und Zahl der Betriebe 1974 (%)

Betriebsgröße	Jahresfrüchte[1]			Dauerfrüchte[2]		
	A	B	C	A	B	C
- unter 1 ha	55,5	25,9	18,6	47,7	25,5	26,8
1 - unter 2 ha	39,5	28,5	32,0	47,5	22,5	30,0
2 - unter 5 ha	51,1	26,6	22,3	51,2	26,5	22,3
5 - unter 10 ha	59,2	26,5	14,3	52,8	25,2	22,0
10 - unter 50 ha	48,4	28,2	23,4	54,4	24,5	21,1
50 - unter 100 ha	1,0	1,9	97,1	2,8	2,6	94,6
über 100 ha	3,0	0,2	96,8	0,0	0,4	99,6

Quelle: Plan and Budget Organization, Statistical Centre of Iran: National Census of Agriculture, second phase 1974, Teheran, März 1977, S. 9

A.: verkaufen keine Produkte
B.: verkaufen weniger als 50% der Produkte
C.: verkaufen 50% und mehr der Produkte

1: Die ermittelten Betriebe mit Jahresfrüchten. Jahresprodukte sind jene Produkte, deren Halme bzw. Wurzeln nach einer Ernte unbrauchbar werden, wie z.B. Getreide und Gemüse.

2: Die ermittelten Betriebe mit Dauerfrüchten. Dauerfrüchte sind jene Produkte, deren Halme bzw. Wurzeln nach der Ernte im Boden verbleiben, wie z.B. bei Obstbäumen.

Tab. 28

Wertschöpfung und Kapitalinvestitionen in Arbeitsmittel pro Beschäftigten im Agrarsektor (in Rials)

	1966	1976	1966-1976
Wertzuwachs im Agrarsektor zu laufenden Preisen	$128,4 \times 10^9$	$430,1 \times 10^9$	235,0 %
Beschäftigte im Agrarsektor	3.168.515	2.978.541	− 6,0 %
Wertprodukt pro Beschäftigten	40.523,7	144.399,6	256,3 %
Investitionen für Arbeitsmittel	$3,7 \times 10^9$	$37,6 \times 10^9$	916,2 %
Kapitalinvestitionen pro Beschäftigten	1.167,7	12.623,6	981,0 %

Quelle: Plan and Budget Organization, Statistical Centre of Iran: Statistisches Jahrbuch 1972/73, S. 680 und 684; statistisches Jahrbuch 1977/78, S. 658 und 668. National Census of Population and Housing, Nov. 1966, S. 68 und Nov. 1976, S.82

Tab. 28 a
Der Anteil der Kapitalinvestitionen für landwirtschaftliche Arbeitsmittel und Maschinen (Mrd. Rial)

	1962	1963	1964	1965	1966	1967	1968	1969	1970	1971	1972	1973	1974	1975	1976	1977
Gesamtinvestitionen für Arbeitsmittel	14.8	13.8	20.3	26.3	32.3	46.9	51.3	57.7	62.2	82.2	112.9	140.1	220.8	464.6	511.9	-
Investitionen für landwirtschaftliche Arbeitsmittel	2.6	2.3	4.0	3.0	3.7	4.0	3.8	4.9	4.1	4.9	12.7	11.4	18.7	37.4	37.6	29.0
Prozentualer Anteil der Investitionen für landwirtschaftliche Arbeitsmittel u. Maschinen	17.6	16.7	19.7	11.4	7.0	7.4	8.5	6.6	6.0	11.2	8.1	8.5	8.0	7.3	7.3	4.3

Quelle: Plan and Budget Organization, Statistical Centre of Iran:
Statistisches Jahrbuch 1972/73, S. 684
Statistisches Jahrbuch 1977/78, S. 668

Eigene Prozentrechnung. Außer den Zahlen für 1977, die aus dem Jahresbericht der Zentralbank für 1977/78, S.29 stammen.

Tab. 29
Struktur der iranischen Großindustrie nach
ihrer Beschäftigtenzahl 1972

Betriebsgröße	Zahl der Betriebe	% a)
1o - 49 Beschäftigte	5.23o	89,4o
5o - 99 Beschäftigte	282	4,82
1oo - 499 Beschäftigte	243	4,15
5oo - 999 Beschäftigte	61	1,o4
1.ooo und mehr Beschäftigte	34	o,58
Industriebetriebe mit 1o Beschäftigten und mehr	5.88o	1oo,oo

Quelle: Eslami, M., Grundlagen und Probleme der iranischen Industrie; in: Taghighat-e Eghtesadi, 9.Jg., Nr.32, 33, Teheran, Frühling 1354 (1975), S.63
a: eigene Berechnung

Tab. 3o
Struktur der iranischen Großindustrie nach
ihrer Beschäftigtenzahl 1977

Betriebsgröße	Zahl der Betriebe a)	% b)
1o - 49 Beschäftigte	7.152	89,4o
5o - 99 Beschäftigte	384	4,8o
1oo - 499 Beschäftigte	328	4,1o
5oo - 999 Beschäftigte	8o	1,oo
1.ooo und mehr Beschäftigte	48	o,6o
Industriebetriebe mit 1o Beschäftigten und mehr	8.ooo	1oo,oo

a: eigene Berechnung
b: Angaben aus Tab. 29

Tab. 31
Betriebe, Beschäftigte und Wertschöpfung der Großindustrie [1] 1976

	Betrieb			Beschäftigte			Wertschöpfung		
	absolut	%	A	absolut	%	A	absolut	%	A
Gesamtindustrie	4.804	100,0	26,8	296.898	100,0	26,7	260.573	100,0	269,5
Lebensmittel-, Getränke- und Tabakindustrie	719	15,0	4,4	51.740	17,4	0,7	58.481	22,4	198,8
Bekleidungs-, Leder-, Textil[2]- und Häuteind.	992	20,6	- 3,4	86.245	29,0	- 1,8	55.193	21,2	213,7
Holz- und holzverarbeitende Industrie	205	4,3	6,2	7.259	2,5	- 6,1	2.267	0,9	87,8
Druck- und Papierindustrie	166	3,5	-10,8	5.930	2,0	-31,7	4.226	1,6	71,2
Chemische- und Petrochemische Industrie [3]	224	4,7	7,7	24.020	8,0	14,8	38.822	14,9	186,6
Baustoffindustrie	1.949	40,6	113,9	57.039	19,2	98,7	27.243	10,5	458,7
metallische Grundstoffindustrie	47	0,9	-14,5	6.777	2,3	- 1,5	6.153	2,4	100,9
Maschinenbau- und metallverarbeitende Ind.	477	9,9	- 0,2	57.254	19,3	39,2	67.778	2,6	452,5
andere Industriezweige	25	0,5	-39,0	634	0,01	-41,0	410	0,2	83,0

Quelle: Plan and Budget Organization, Statistical Centre of Iran: Die vorläufigen Ergebnisse der statistischen Erhebung der industriellen Großbetriebe 2535 (1976), S. 3 (eigene Prozentberechnung)

A: Wachstum zwischen 1971 und 1976 (in %)
1: Zur Großindustrie zählen alle Industriebetriebe mit 10 und mehr Beschäftigten.
2: ausgenommen der Bereich der Teppichproduktion
3: mit Ausnahme der Erdölraffinerien

Tab. 32
Die Importstruktur des Iran (Mill. US-Dollar)

	1972	1973	1974	1975	1976	1977	Wachstum (%) 1976	Wachstum (%) 1977	∅	Anteil (%) 1972	Anteil (%) 1977
Rohstoffe und intermediäre Güter	1.596	2.274	4.266	6.212	6.713	7.651	8,1	14,0	36,8	62,1	54,2
Kapitalgüter	642	906	1.331	3.489	3.803	3.841	9,0	1,0	43,0	25,0	27,2
Konsumgüter	332	557	1.017	1.995	2.250	2.632	12,8	17,0	51,3	12,9	18,6
INSGESAMT	2.570	3.737	6.614	11.696	12.766	14.124	9,1	10,6	40,6	100,0	100,0

Quelle: The Central Bank of Iran: Annual Report and Balance Sheet as at March 20, 1977, S.251

Tab. 33
Die Exportstruktur des Iran ohne Berücksichtigung der Erdöl- und -Gasexporte (in 1.000 US-Dollar)

	1972	1973	1974	1975	1976	1977	Wachstum (%) 1976	Wachstum (%) 1977	∅	Anteil (%) 1972	Anteil (%) 1977
Rohstoffe und intermediäre Güter	220.192	349.415	296.879	292.909	280.530	228.641	- 4,2	-18,5	0,8	50,1	43,7
Kapitalgüter	3.705	16.405	32.370	38.940	50.566	40.858	29,9	-19,2	61,6	0,8	7,8
Konsumgüter	215.870	268.859	252.201	260.398	208.761	253.743	-19,8	21,5	3,3	49,1	48,5
INSGESAMT	439.767	634.679	581.450	592.247	539.857	523.242	- 8,8	- 3,1	3,5	100,0	100,0

Quelle: The Central Bank of Iran: Annual Report and Balance Sheet as at March 20, 1977, S. 242-43

∅ : Durchschnittliche Wachstumsrate in Prozent für den Zeitraum des 5. Fünfjahresplans

Tab. 34
Einkommenselastizität in Bezug auf Gesamtimport und intermediär-
und Kapitalgüterimport (in Mill. US-Dollar)

	1964	1965	1966	1967	1968	1969	1970
A	570,4	741,2	818,9	1.040,3	1.232,8	1.374,5	1.495,5
B	742,3	869,6	963,7	1.182,3	1.389,2	1.510,6	1.676,6
C	5.413,0	5.955,1	6.401,3	7.161,7	8.300,9	9.304,2	10.582,1
D	3,9	3,0	1,4	2,3	1,1	0,9	0,4
E		1,0	1,4	1,9	1,1	0,7	0,7

	1971	1972	1973	1974	1975	1976	1977
A	1.819,2	2.364,0	3.410,0	5.762,0	10.141,0	11.534,0	12.638,0
B	2.060,9	2.570,0	3.737,0	6.614,0	11.696,0	12.766,0	14.124,0
C	12.749,8	22.143,3	30.527,6	41.770,2	41.700,7	48.970,2	50.462,2
D	1,2	0,4	1,2	0,9	2,1	0,8	3,2
E	1,1	0,3	2,0	1,0	2,0	0,5	3,5

Quelle: Bis 1973 vgl. Sadrsadeh, S., Der iranische Außenhandel und seine Entwicklung,
in: Zeitschrift der iranischen Industrie- und Handelskammer, 5.Jg., Nr.7
(lfd. Nr. 53), 1974, S. 25. Ab 1974 vgl. The Central Bank of Iran: Annual
Report and Balance Sheet as at March 20, 1977, S.
(eigene Prozentrechnung)

A: Intermediär- und Kapitalgüterimport
B: Gesamtimport
C: Bruttosozialprodukt zu den jeweiligen Preisen. Die Angaben vom BSP wurden für den Zeitraum
von 1974-77 auf der Basis des Wechselkurses von 1977/78 (1 US-Dollar = 70,5 Rial)
umgerechnet.
D: Das Verhältnis des Wachstums von Intermediär- und Kapitalgüterimport zum Gesamtimport.
E: Das Verhältnis des Wachstums von Gesamtgüterimport zum Bruttosozialprodukt.
1: Wachstum 1964-77 (in %)
2: Wachstum 1973-77 (in %)

Tab. 35
Verwendung des Sozialproduktes (zu den konstanten Preisen von 1974) im Iran von 1972-77 (in %)

	1972	1973	1974	1975	1976	1977	Ø	Wachstumsrate 1973	1974	1975	1976	1977	Ø
Privatverbrauch	50,3	43,1	39,4	40,3	39,2	37,0	39,8	15,3	19,9	11,0	2,9	14,4	10,1
Staatsverbrauch	20,8	18,2	18,4	22,5	21,0	20,5	20,1	17,5	35,8	15,0	10,2	-1,3	16,6
Brutto-Investitionen	23,4	19,4	17,9	27,4	26,5	30,0	24,2	11,2	23,3	56,7	20,7	3,7	22,9
Produktionsmittel	7,9	7,3	6,6	11,1	10,1	12,8	9,6	22,6	21,4	62,2	17,7	4,5	28,7
-Priv.Sekt.	(5,4)	(4,3)	(3,1)	(7,9)	(6,2)	(7,1)	(5,7)	–	(-3,6)	128,0	2,0	-6,8	23,2
-Staats "	(2,5)	(2,9)	(3,5)	(3,2)	(3,9)	(5,7)	(3,8)	–	(58,0)	-5,6	56,8	22,7	38,4
Baulichkeiten	15,5	12,1	11,3	16,3	16,4	17,2	14,7	5,4	24,4	53,2	22,9	2,7	19,5
-Priv.Sekt.	(5,9)	(4,2)	(3,2)	(5,2)	(5,7)	(6,1)	(4,9)	–	(2,8)	46,2	31,8	7,1	17,8
-Staats "	(9,6)	(7,9)	(8,1)	(11,1)	(10,7)	(11,1)	(9,8)	–	(35,8)	56,7	18,8	0,4	20,5
Saldo d. Faktoreinkommen	52,2	41,3	24,3	8,8	10,3	3,4	17,6	6,7	(-18,0)	-64,4	17,5	-67,1	–
Handelsbilanz	-50,5	-24,9	–	-0,6	1,2	3,6	–	-33,6	–	–	–	–	–
BSP = Nationaleinkommen	100,0	100,0	100,0	100,0	100,0	100,0	100,0	34,3	39,7	1,9	17,6	3,8	17,0
Sparen	28,9	38,7	42,1	37,2	39,8	42,5	40,0	79,6	67,7	-11,9	36,6	-1,8	26,3

Quelle: The Central Bank of Iran: Annual Report and Balance Sheet as at March 20, 1975, S. 151; 1976, S.121; 1977, S.168/69.
Ø : Durchschnitt 1973-1977

Tab. 36

Die relative Bedeutung des Erdölsektors in der iranischen Ökonomie (%)

	1976	1977
Der sektorale Beitrag zur Brutto-Inlandsproduktion (zu jeweiligen Preisen)		31,8
Anteil der Erdöleinnahmen an den gesamten Staatseinnahmen	77,2	73,3
Anteil der Deviseneinnahmen durch den Erdölexport an den gesamten Deviseneinnahmen	84,o	79,8

Quelle: The Central Bank of Iran: Annual Report and Balance Sheet as at March 20, 1977, S. 36

Tab. 37

Sektorale Verteilung der Erwerbstätigen

	1966	1976	Zuwachs absolut	%	Sektoraler Ant. 1966	1976
Agrarsektor	3.168.515	2.978.541	-189.974	- 6,4	47	34
Bergbau	26.312	93.910	67.598	257	0,4	1,01
Industrie	1.267.600	1.661.596	397.996	31	18,5	18,9
Bausektor	509.778	1.177.066	667.288	131	7,4	13,4
Dienstleistungen	1.886.191	2.877.717	991.526	52,7	26,7	32,7
Gesamte Erwerbstätige über 10 Jahre alt	6.858.396	8.788.830	1.930.434	28,1	100,0	100,0

Quelle: National Census of Population and Housing, hrsg.v. Plan and Budget Organization, Statistical Centre of Iran, Nov. 1966, S. 68

National Census of Population and Housing, hrsg.v. Plan and Budget Organization, Statistical Centre of Iran, Nov. 1976, S. 82

(eigene Prozentberechnung)

Tabelle 38 - regionale Verteilung der (aktiven) Bevölkerung, Erwerbstätigen und Arbeitslosen

Gouvernement	Bevölkerung insgesamt	städtische	%	ländliche	%	aktive Bevölkerung insgesamt	%	städtische	% der städti- schen Akti- ven	ländliche	% der länd- liche Akti- ven	% der Akti- ven	Nichtaktive Bevölkerung	Erwerbs- tätige	Arbeits- lose
Zentralprovinz	6.954.729	5.545.963	79,7	1.408.766	2o,2	2.oo8.475	39,8	1.598.687	38,8	409.788		44,2	3.o43.254	1.939.968	68.5o7
Gilan	1.576.317	455.725	28,8	1.123.592	71,1	551.774	51,1	124.624	37,o	427.15o		57,4	528.779	3o9.232	242.542
Mazandaran	2.386.956	788.752	33,o	1.598.2o4	66,9	7o2.964	43,7	197.945	35,2	5o5.o11		48,3	9o4.923	528.643	174.321
östl. Azerbaidjan	3.2o4.761	1.181.862	36,8	2.o22.899	63,1	898.22o	42,4	32o.1o1	38,1	578.119		45,2	1.22o.172	84o.953	57.267
westl. "	1.4o7.97o	445.364	31,6	962.6o6	68,3	431.533	45,o	111.822	34,9	319.711		51,5	5o9.677	388.729	42.8o4
Kirmanschahan	1.o25.257	438.863	42,8	586.394	57,1	272.279	39,o	1o9.545	34,5	162.734		42,8	5o9.565	249.679	22.6oo
Khuzestan	2.187.189	1.266.319	57,8	92o.87o	42,1	541.598	46,5	3oo.964	33,6	239.389		41,o	939.21o	469.693	42.8o4
Fars	2.o2o.942	871.971	43,1	1.148.971	56,1	3o8.592	39,5	232.521	36,5	3o9.o98		42,o	83o.8o8	519.26o	31.36o
Kirman	1.o85.o97	353.688	32,5	731.4o9	67,4	1.oo9.354	42,5	292.583	37,7	214.o11		45,1	417.238	295.48o	93.114
Choräsan	3.25o.o85	1.243.2o9	38,2	2.oo6.9o2	61,7	566.332	45,7	332.521	38,o	676.831		5o,8	1.199.oo9	974.o9o	35.262
Isfahan	1.971.745	1.245.123	63,1	726.2o5	36,8	346.752	39,5	239.781				5o,9	767.2o9	568.253	18.28o
Kurdestan	783.74o	19o.155	24,2	593.585	75,7	248.81o	48,2	54.149	4o,5	194.661		4o,9	267.2o9	212.47o	36.34o
Sistan und Belutschestan	662.677	163.655	24,6	499.o22	75,3	175.428	4o,2	39.297	35,5	136.131		41,8	261.165	163.6o4	11.824
Hourmozgan	461.9o7	122.592	26,5	339.315	73,4	126.949	39,2	36.637	42,1	9o.312		39,o	191.451	113.569	13.38o
Hamadan	1.o93.o79	314.892	28,8	778.187	71,1	319.156	43,8	82.17o	36,4	236.986		47,1	41o.o65	298.89o	2o.24o
Tschahr Mahale Bakhtiarie	398.867	141.711	35,5	257.o96	64,4	122.987	48,3	41.524	44,7	81.463		5o,4	131.475	118.437	4.56o
Ilam	242.812	48.oo5	19,7	194.8o7	8o,2	63.563	41,7	1o.876	34,3	52.687		43,7	88.831	6o.721	2.842
Lurestan	932.297	292.488	31,3	639.8o9	68,5	241.6o1	4o,4	69.884	34,5	171.717		43,4	356.736	214.561	27.o4o
Kakkilinje und Bojer Ahmadie	242.2o7	3o.o16	12,3	212.191	87,6	6o.754	4o,6	6.815	32,3	53.939		42,o	88.753	45.434	15.32o
Buschehr	344.7o3	175.o54	34,2	228.649	65,7	92.249	39,4	33.58o	4o,2	58.669		39,o	141.641	76.669	15.58o
Semnan	487.531	175.292	35,9	312.239	64,o	13o.631	37,6	47.o38	36,2	83.593		39,5	216.434	126.65o	3.981
Zandjan	577.286	144.754	3o,3	432.532	9o,6	175.o37	46,o	36.286	35,9	138.751		49,7	2o5.467	123.668	13.3oo
Yazd	358.o82	217.261	6o,6	14o.821	39,3	123.668	49,3	66.533	43,2	57.135		59,o	127.167	1o4.3o8	1.5o5
Iran	33.662.176	15.797.225	47,92	17.864.951	53,o8	9.732.5o8	42,3	4.294.833	37,6	5.437.675		46,9	13.272.87o	8.788.894	943.614

Quelle: Plan and Budget Organization, Statistical Centre of Iran: National Census of Population and Housing, Nov. 1976

Tabelle 38a - Sektorale Verteilung der Erwerbstätigen nach Gouvernement (1976) (%)

Gouvernement	I Landwirtschaft Viehzucht Fischerei	Wasser, Gas, Elektrizität	Bau	II Industrie	Bergbau	Insgesamt	Transport Kommunikation	III Dienstleistung	Unbestimmt	Insgesamt
Zentralprovinz	12,31	1,1	9,93	23,4	0,8	35,23	11,45	39,31	1,7	52,46
Gilan	44,67	1,1	7,45	12,0	0,8	21,35	9,7	23,51	0,77	33,98
Mazandaran	50,41	0,3	9,15	11,2	0,8	21,45	7,04	20,72	0,38	28,14
Östl.Azerbaidjan	38,0	0,3	15,58	22,7	0,1	38,68	7,4	15,47	0,45	23,32
Westl. "	54,69	0,4	12,75	9,1	0,1	22,35	6,05	16,81	0,1	22,96
Kirmanschahan	38,22	0,5	18,95	9,4	0,6	29,45	7,4	24,93	0,67	33,00
Khuzestan	26,27	2,1	15,10	9,7	6,2	33,10	7,1	47,03	1,6	55,73
Farss	34,83	0,6	18,85	13,1	0,3	32,85	7,41	24,08	0,83	32,32
Kirman	38,22	0,6	15,54	17,9	4,7	38,73	4,55	18,01	0,48	23,04
Chorassan	41,44	0,4	11,11	23,4	0,1	35,01	6,27	16,84	0,44	23,55
Isfahan	24,09	0,8	12,76	35,0	0,4	48,96	6,6	19,92	0,43	26,95
Kurdestan	42,45	0,1	16,87	14,2	0,1	36,27	4,69	11,44	0,15	21,28
Sisstan und Belutschestan	57,17	0,2	15,08	5,0	0,0	20,28	3,2	17,55	1,8	22,55
Hourmosgan	33,86	0,5	23,37	3,2	0,7	27,77	7,0	30,11	1,26	38,37
Hamedan	40,74	0,1	18,92	18,0	0,0	37,02	0,8	21,24	0,20	22,24
Tschahr Mahale Bakhtiarie	38,85	0,2	18,76	28,7	-	47,66	4,8	8,24	0,45	13,49
Ilam	67,85	0,2	15,74	1,3	0,1	17,34	3,2	11,38	0,23	14,81
Lurestan	51,74	0,1	18,40	8,3	0,2	27,00	4,7	16,25	0,31	21,26
Kakkilinje und Bojer Ahmadie	70,77	0,3	10,47	2,1	1,8	14,17	2,4	10,76	1,4	14,56
Buschehr	27,80	0,5	26,91	5,1	0,5	33,01	5,7	31,83	1,66	39,19
Semnan	35,18	0,3	11,47	15,3	4,0	31,06	4,8	28,26	0,7	33,76
Zandjan	50,42	0	13,11	19,9	0,6	33,61	5,16	10,53	0,28	15,97
Yazd	24,9	0,3	8,22	41,77	4,0	54,29	6,3	14,27	0,24	20,81
Iran	33,89	0,4	14,9	15,4	1,1	34,07	5,8	21,0	0,7	32,04

Quelle: Plan and Budget Organization, Statistical Centre of Iran: National Census of Population and Housing, Nov. 1976

Tabelle 38b – Regionale Verteilung der Schüler und Studenten nach Bildungsstufen (1976)

Gouvernement	Grundschüler				Höhere Schüler				Hochschüler			
	Land		Stadt		Land		Stadt		Land		Stadt	
	Abs.	%	Abs.	% 1)	Abs.	%	Abs.	%	Abs.	%	Abs.	%
Zentralprovinz	164.462	64,9	767.909	91,0	73.758	37,1	626.816	77,6	7.066	5,1	211.443	24,5
Gilan	175.700	81,5	69.662	94,9	94.490	56,9	64.416	87,1	15.980	14,2	22.629	37,0
Mazandaran	222.396	73,6	120.305	90,8	97.311	43,1	106.367	79,4	12.849	7,4	32.162	29,7
Östl.Azerbaidjan	188.614	48,9	149.458	73,6	70.113	27,1	120.362	66,0	5.637	2,7	30.987	20,1
Westl. "	103.140	56,5	70.200	89,3	37.850	28,8	57.542	69,3	3.772	3,6	16.139	27,3
Kirmanschahan	64.540	58,5	64.835	89,3	24.903	31,5	54.693	79,3	1.947	2,8	15.381	24,2
Khuzestan	81.122	48,0	201.103	90,4	29.174	24,8	165.400	80,8	4.080	3,9	47.550	25,7
Farss	145.287	66,7	129.978	91,6	56.970	37,0	110.979	79,1	5.963	4,7	35.828	25,5
Kirman	82.951	64,2	53.912	91,9	32.919	35,3	47.138	81,4	3.747	4,8	12.007	24,4
Chorassan	182.258	52,4	179.690	86,3	56.893	21,4	127.986	68,1	4.247	2,0	33.806	20,3
Isfahan	93.497	69,8	183.556	87,4	38.665	37,8	127.518	67,1	4.558	6,2	32.997	14,9
Kurdestan	43.142	47,9	23.522	85,9	16.947	30,4	17.709	72,5	1.669	3,2	5.053	22,1
Sisstan und Belutschestan	49.764	46,3	27.740	87,0	16.010	23,3	20.122	75,8	1.181	1,7	4.424	15,5
Hourmosgan	70.480	50,0	47.187	86,6	30.300	28,3	35.061	72,0	1.381	1,6	8.457	20,7
Hamedan	24.400	56,8	23.162	85,1	9.439	28,7	14.372	68,5	753	2,6	2.660	17,0
Tschahr Mahale Bakhtiarie	57.140	46,9	42.860	85,9	18.951	24,1	34.371	77,7	2.052	3,2	4.741	24,1
Ilam	16.880	44,6	6.986	81,4	5.340	22,1	4.846	74,4	247	1,1	1.213	19,9
Lurestan	23.780	58,6	16.473	87,0	8.120	30,3	11.357	68,4	540	1,9	3.086	15,4
Kakkilinje und Bojer Ahmadie	29.980	40,5	21.248	85,5	11.860	21,5	14.819	71,2	380	0,8	3.441	19,6
Buschehr	19.440	77,8	32.123	90,2	7.358	36,2	19.933	62,2	1.188	8,2	5.625	19,9
Semnan	29.066	51,9	14.002	80,3	12.763	30,9	11.337	70,2	777	2,0	2.476	11,4
Zandjan	20.740	49,3	4.781	92,9	7.868	29,9	4.793	84,7	664	3,0	1.423	34,2
Yazd	48.680	84,1	27.200	93,9	23.751	51,7	23.605	83,0	3.004	9,2	6.914	26,0
Iran	1.947.459	58,9	2.287.892	88,8	781.753	32,9	1.821.642	75,5	83.682	4,3	544.912	23,8

Quelle: Plan and Budget Organization, Statistical Centre of Iran: National Census of Population and Housing, Nov. 1976.

1: Verhältnis der Eingeschulten zu den Schulpflichtigen

Tabelle 38c – Regionale Verteilung von medizinischen Versorgungsmöglichkeiten (1976)

Gouvernement	Ärzte (abs.)	Zahl der Ärzte je 100.000 Personen	Zahn-ärzte (abs.)	Zahl der Zahnärzte für je 100.000 Personen	Pflege-personal (abs.)	Zahl des Pflegepersonals für je 100.000 Personen	Kranken-häuser (abs.)	Klini-ken (abs.)	Kranken-hausbetten (abs.)	Krankenhausbetten f. je 100.000 Personen
Zentralprovinz	6.134	95	1.090	15,7	2.683	38,9	160	549	23.552	340
Gilan	380	24	60	3,8	73	4,7	23	115	2.254	143
Mazandaran	515	22	88	3,6	62	2,6	30	170	2.268	95
Östl.Azerbaidjan	699	22	64	2,0	232	7,4	30	162	3.521	110
Westl. "	277	20	46	3,2	40	2,9	20	82	1.327	94
Kirmanschahan	220	22	39	3,8	100	10,0	12	93	1.002	99
Khuzestan	855	39	101	4,6	49	19,3	38	175	3.653	168
Farss	683	34	67	3,3	80	9,3	36	185	2.560	127
Kirman	228	20	36	3,3	58	5,6	15	123	835	77
Chorassan	889	27	136	4,16	339	10,8	52	241	4.916	150
Isfahan	836	42	67	3,3	188	9,7	40	254	3.883	197
Kurdestan	127	16	15	1,91	12	1,5	10	91	439	56
Sisstan und Belutschestan	127	19	14	2,12	16	2,6	8	76	382	58
Hourmosgan	116	25	17	3,6	27	6,1	4	47	180	39
Hamedan	157	14	21	1,93	21	1,9	11	95	887	82
Tschahr Mahale Bakhtiarie	92	23	6	1,52	7	1,8	3	59	208	53
Ilam	32	13	3	1,2	3	1,3	1	23	60	25
Lurestan	146	16	22	2,37	34	3,8	7	88	441	48
Kakkilinje und Bojer Ahmadie	37	15	3	1,2	0	0	1	38	50	20
Buschehr	110	32	16	4,6	7	2,1	3	65	193	56
Semnan	144	30	26	5,7	9	3,8	11	57	445	92
Zandjan	72	12	14	2,41	2	0,35	3	45	205	35
Yazd	119	33	12	3,36	17	4,9	7	46	683	192
Iran	13.428	39,8	1.965	5,8	4.419	13,9	525	2.879	53.944	161

Quelle: Madjelle-e Nezam-e Peseschki (Zeitschrift der medizinischen Disziplin), 1976; Zusammengestellt von der Regionalplanungsstelle der Plan and Budget Organization

Tabelle 38d - Regionale Verteilung der Wohnmöglichkeiten 1976

Gouvernement	Wohneinheiten		1- Zimmer	%	2- Zimmer	% der Ge- samt	3 und mehr Zimmer	% der Ge- samt	Familien nach Wohnart Wohn- haft in 1 Zimmer	%	Wohn- haft in 2 Zimmer	%	Wohnhaft in 3 Zimmer u. mehr	%	Durchschnitt- liche Zahl d. Familien pro Wohneinh.
	insge- samt	%													
Zentralprovinz	1.070.040	100,0	73.280	6,84	257.080	24,02	739.680	69,14	77.000	5,19	295.340	19,94	1.108.706	74,87	1,384
Gilan	241.900	100,0	40.900	16,90	101.800	42,08	99.200	41,02	41.460	13,56	113.560	37,14	150.697	20,50	1,263
Mazandaran	377.420	100,0	60.380	15,99	132.480	35,00	184.580	49,01	60.720	13,70	140.180	31,63	242.223	54,67	1,174
Östl. Azerbaidjan	519.100	100,0	105.360	20,29	223.300	43,00	190.440	36,71	105.840	19,27	234.640	40,51	238.720	41,22	1,115
Westl. "	215.160	100,0	45.540	21,16	86.360	40,13	83.260	38,71	45.580	18,38	91.540	36,92	110.756	44,68	1,152
Kirmanschahan	147.340	100,0	17.900	12,14	55.180	37,45	74.260	50,40	18.060	9,26	60.860	31,23	115.926	59,44	1,322
Khuzestan	296.120	100,0	38.460	12,98	71.720	24,21	185.940	62,79	39.120	10,31	77.760	20,50	262.413	69,18	1,280
Farss	306.920	100,0	34.240	11,15	71.980	23,45	200.700	65,39	34.720	8,65	76.760	19,12	289.828	72,22	1,307
Kirman	197.720	100,0	43.260	21,87	41.180	20,82	113.280	57,29	43.540	18,54	43.320	18,45	147.918	63,00	1,187
Chorasaan	565.720	100,0	52.240	9,23	156.620	27,68	356.860	63,08	53.320	7,39	169.400	23,50	497.966	69,09	1,273
Isfahan	315.860	100,0	17.720	5,61	63.480	20,09	234.660	74,29	18.840	4,54	68.880	16,62	326.583	78,82	1,311
Kurdestan	131.340	100,0	31.030	23,62	53.780	40,94	46.530	35,42	31.080	21,04	55.720	37,70	60.902	41,23	1,124
Sisstan und Belutschestan	123.880	100,0	61.800	49,88	27.120	21,84	34.960	28,22	62.080	41,96	29.480	19,92	56.359	38,10	1,194
Hourmosgan	93.840	100,0	17.500	29,31	26.500	28,25	39.840	42,47	27.880	27,86	27.860	27,84	44.300	44,28	1,066
Hamedan	160.860	100,0	11.060	6,87	52.580	32,68	97.220	60,40	11.270	5,30	57.620	27,10	143.659	67,58	1,321
Tschahr Mahale Bakhtiarie	58.100	100,0	5.140	8,84	13.720	23,61	39.240	67,53	5.220	7,03	14.400	19,39	54.622	73,57	1,277
Ilam	31.680	100,0	8.380	26,45	11.080	34,97	12.220	38,57	8.520	19,99	11.760	27,59	22.335	52,41	1,345
Lurestan	121.300	100,0	17.080	14,08	37.980	31,31	66.240	54,60	17.160	10,00	41.780	24,34	112.658	65,65	1,414
Kakkilinje und Bojer Ahmadie	40.020	100,0	21.420	53,50	11.480	28,43	7.220	18,04	21.660	48,04	11.840	26,25	11.596	25,71	1,126
Buschehr	56.200	100,0	5.600	9,96	14.860	26,44	35.740	63,59	5.700	8,31	15.380	22,43	47.464	69,24	1,219
Semnan	83.240	100,0	6.360	7,64	21.400	25,70	55.480	66,65	6.440	6,24	22.980	22,29	173.651	71,45	1,238
Zandjan	105.200	100,0	13.880	13,19	42.080	40,00	49.240	46,80	14.020	12,09	43.520	37,53	58.384	55,36	1,101
Yazd	72.240	100,0	4.640	6,42	15.900	22,00	51.700	71,56	4.700	5,77	16.560	2,33	61.165	73,90	1,127
Iran	5.331.220	100,0	743.170	17,50	1.589.560	30,10	2.998.490	52,20	753.930	14,80	1.721.140	26,40	4.238.885	57,40	1,131

Quelle: Plan and Budget Organization, Statistical Centre of Iran: National Census of Population and Housing, Nov. 1976

Tabelle 38e — Regionales Entwicklungsniveau

Gouvernement	Anteil der Mieter an der Gesamt-bevölkerung (%)	Anteil der Bevölkerung ohne Lei-tungswasser (%)	Zahl der Ärzte pro 100.000 Personen	Sterblichkeit der Kinder unter 1 Jahr männlich	Sterblichkeit der Kinder unter 1 Jahr weiblich	Zahl der Familien pro Wohn-einheit	Schrift-kundig-keit
Zentralprovinz	27,78	18,9	1.130	70,887	78,492	1,384	66,1
Gilan	15,10	79,8	199	96,187	107,438	1,263	50,7
Mazandaran	12,8	62,3	129	94,824	105,880	1,174	47,0
Östl. Azerbaidjan	6,05	57,1	171	92,917	103,700	1,115	36,0
Westl. "	10,4	58,3	177	94,095	106,192	1,152	38,0
Kirmanschahan	16,9	48,5	189	88,993	99,214	1,322	42,2
Khuzestan	22,7	34,4	395	81,417	90,554	1,280	50,1
Farss	11,27	40,7	315	90,028	100,398	1,307	49,6
Kirman	8,37	56,8	194	94,770	105,818	1,187	42,0
Chorassan	10,6	54,2	237	91,609	102,205	1,273	39,9
Isfahan	9,69	40,6	375	77,929	86,567	1,311	53,0
Kurdestan	11,9	62,2	152	99,893	111,674	1,124	30,0
Sisstan und Belutschestan	7,33	73,0	162	99,293	110,989	1,194	29,5
Hourmosgan	8,12	61,1	231	96,405	107,687	1,066	32,9
Hamedan	8,74	63,9	119	97,386	108,808	1,321	37,1
Tschahr Mahale Bakhtiarie	3,39	52,2	195	90,955	101,457	1,277	37,7
Ilam	6,71	44,9	116	98,585	110,179	1,345	27,8
Lurestan	11,55	66,29	135	95,315	106,441	1,414	34,3
Kakkilinje und Bojer Ahmadie	6,92	73,8	129	105,179	117,717	1,126	30,8
Buschehr	12,8	64,4	309	91,500	102,080	1,219	28,8
Semnan	15,2	41,6	167	90,355	100,772	1,238	57,2
Zandjan	5,71	66,5	99	99,130	110,802	1,101	30,3
Yazd	9,33	32,2	254	80,055	88,997	1,127	52,5
Iran	14,8	47,7	368	92,0	102,7	1,231	47,5

Quelle: Plan and Budget Organization, Statistical Centre of Iran: National Census of Population and Housing, Nov. 1976

Tab. 39

Die geographische Verteilung der Großbetriebe[1] nach Provinzen 1976 (Werte in 1.000 Rials)

	Betriebe		Beschäftigte im Jahr		Löhne und Gehälter[2]		Wertschöpfung	
	Absolut	%	absolut	%	absolut	%	absolut	%
Gesamt	4.804	100,0	296.898	100,0	53.624.294	100,0	260.572.708	100,0
Zentralprovinz	2.134	44,4	162.230	54,6	33.110.497	61,7	185.543.141	71,2
Gilan	188	3,9	12.496	4,2	1.978.382	3,7	3.894.373	1,5
Mazandaran	462	9,6	17.670	5,9	2.370.433	4,4	8.376.528	3,2
Ostazarbajdjan	214	4,5	7.675	2,6	909.620	1,7	5.487.771	2,1
Westazarbajdjan	92	1,9	4.144	1,4	622.470	1,2	1.628.477	0,6
Kermanschahan	80	1,7	2.078	0,7	292.670	0,5	1.032.887	0,04
Khuzestan	183	3,8	8.724	2,9	2.186.643	4,0	15.451.222	5,9
Farss	147	3,0	10.223	3,4	2.455.124	4,6	7.792.989	3,0
Kerman	73	1,5	1.995	0,6	249.349	0,5	1.193.944	0,4
Khorassan	208	4,3	12.558	4,2	1.622.903	3,0	6.510.212	2,5
Isfahan	389	8,0	31.682	10,7	4.328.650	8,0	11.923.584	4,6
Sisstan und Belutschestan	75	1,6	501	0,2	26.487	0,05	63.162	0,02
Kurdestan	17	0,4	439	0,1	90.967	0,2	356.965	0,1
Hamedan	92	1,9	2.626	0,9	307.482	0,6	727.513	0,3
Tchahrmahal und Bakhtiarie	11	0,2	421	0,1	43.739	0,08	119.794	0,04
Lurestan	40	0,8	2.591	0,9	493.660	0,9	2.190.060	0,8
Bojerahmed und Kohkiluje	1	0,02	118	0,04	53.588	0,09	19.775	0,007
Buschehr	7	0,1	59	0,02	10.436	0,02	48.193	0,02
Zandjan	10	0,2	2.001	0,7	196.425	0,4	1.093.702	0,4
Seman	124	2,6	7.681	2,6	1.336.884	2,5	4.096.817	1,6
Jazd	245	5,0	8.691	2,9	863.728	1,6	2.833.390	1,1
Hormozgan	12	0,2	277	0,09	29.157	0,05	188.209	0,07

Quelle: Plan and Budget Organization, Statistical Centre of Iran: Die vorläufigen Ergebnisse der statistischen Erhebung der industriellen Großbetriebe 2535, 1335 (1976), Juli 1978, S. 11 (eigene Prozentberechnung).
1: Ohne Berücksichtigung von Teppichindustrie, Erdölraffinerien und den Hüttenwerken von Isfahan.
2. Ohne Berücksichtigung von sonstigen Geld- und Naturalzahlungen an die Beschäftigten. Für das Jahr 1976 beliefen sich die Gesamtausgaben hierfür auf 14 986 534 000 Rial.

Tab. 4o

Die sektorale Verteilung der Beschäftigten (%)

	Landwirtschaft			Bergbau			Verarbeitende Industrie		
	1956	1966	1976	1956	1966	1976	1956	1966	1976
Iran	56,3	46,2	33,9	o,4	o,4	1,o	13,8	18,5	18,9
städt. Bezirke	12,1	7,6	5,6	o,5	o,3	1,4	26,2	27,7	21,5
ländl. Bezirke	75,8	7o,o	58,7	o,4	o,4	o,8	8,3	12,8	16,6

	Bauindustrie			Wasser, Energie med. Versorgung			Dienstleistung		
	1956	1966	1976	1956	1966	1976[1]	1956	1966	1976
Iran	5,7	7,4	13,4	o,2	o,8	o,7	23,6	26,7	32,1
städt. Bezirke	9,9	1o,2	13,6	o,5	1,8	1,3	5o,8	52,4	56,6
ländl. Bezirke	2,8	5,7	13,2	o,1	o,1	o,2	11,6	11,o	1o,5

Quelle: National Census of Population and Housing, Nov. 1966, Nov. 1976, a.a.O. Die Zahlen für 1976 beruhen auf eigenen Berechnungen.

[1] Für 1976 wurden nur Wasser- und Energiesektor berücksichtigt. Vgl. National Census ..., a.a.O., Nov. 1976, S. 118, 124, 13o.
Die weiteren Angaben entstammen derselben Quelle:
1976 waren isg. 8.788.894 Personen beschäftigt. Davon waren 4.1o3.231 Personen in städtischen und 4.685.663 in ländlichen Bezirken beschäftigt.
In der Landwirtschaft waren isg. 2.978.541 Personen beschäftigt, davon 299.3o9 in städtischen und 2.749.232 in ländlichen Bezirken.
Im Bergbau waren isg. 93.91o Personen beschäftigt, davon 57.4o3 in städtischen und 36.5o7 in ländlichen Bezirken.
In der verarbeitenden Industrie waren es isg. 1.661.596 Beschäftigte, davon 882.o89 in städtischen und 779.537 in ländlichen Bezirken.
In der Bauindustrie waren es insgesamt 1.177.o66 Beschäftigte, davon 558.511 in städtischen und 618.555 in ländlichen Bezirken.
Auf dem Wasser- und Energiesektor waren es isg. 61.481 Beschäftigte, von denen 51.861 in städtischen und 9.62o in ländlichen Bezirken beschäftigt waren.
In den Bereichen Transport, Lagerhaltung und Kommunikation waren isg. 433.544 Personen beschäftigt, davon 334.276 in städtischen und 99.268 in ländlichen Bezirken.
Im Groß- und Einzelhandel waren isg. 559.321 bzw. 41.457 Personen beschäftigt.
In den Bereichen Finanz-, Makler- und Handelsdienstleistungen waren isg. 1oo.588 Personen beschäftigt usw.

Tab. 41
Beschäftigte im tertiären Sektor (1976)

	Beschäftigte im tertiären Sektor (A) abs.	%	öffentlicher Dienst	% von A
Handel, Hotel, Gastronomie	665.683	24,3	19.727	3,0
1) Großhandel	41.457		5.983	
2) Einzelhandel	559.321		12.036	
3) Hotel, Gastronomie	64.905		1.708	
Verkehr, Lagerhaltung, Kommunikation	433.544	15,8	110.800	25,5
1) Verkehr u. Lagerhaltung	395.453		74.169	
2) Kommunikation	38.091		36.631	
Banken, Versicherung, Immobilien u. kommerzielle Dienste	100.588	3,7	43.551	43,3
1) Banken	65.413		38.908	
2) Versicherungen	4.502		2.162	
3) Immobilien u. kommerzielle Dienste	30.673		2.481	
Soziale und persönliche Dienste	1.540.867	56,2	1.200.612	77,9
1) Sicherheitsorgane	772.301		758.771	
2) Umwelt	4.060		3.800	
3) Soziale Dienstleistung	485.000		419.543	
4) Kultur u. Unterhaltung	27.419		14.447	
5) Persönliche u. häusliche Dienste	250.281		3.086	
6) Internationale Organisationen	1.806		965	
INSGESAMT	2.740.682	100,0	1.374.690	50,2

Quelle: Plan and Budget Organization, Statistical Centre of Iran: National Census of Population and Housing, Nov. 1976, S. 82 (eigene Prozentberechnung)

Tab. 42
Die Beschäftigten nach ihrem Status und Berufsgruppen (1976)

Berufsgruppen	Insgesamt		Arbeit-geber	Selb-ständige	Status			unbe-stimmt
	absolut	% 1)			Staatl. Lohn-u. Gehalts-empfänger	Private Lohn-u. Gehalts-empfänger	mithel-fende Famili-enangeh.	
TOTAL	8.788.894	100,0	186.387	2.843.493	1.696.049	3.038.809	984.634	39.522
Profess. and techn. workers	536.433	6,1	11.165	3.958	410.897	81.770	358	1.285
Admin. and manage. workers	48.032	0,5	12.566	300	19.275	15.631	–	260
Clerical and related workers	449.328	5,1	2.282	5.564	301.698	137.958	1.080	746
Sales workers	595.061	6,8	42.673	419.426	13.327	108.392	10.862	381
Service workers	425.373	4,8	10.248	47.212	178.628	184.770	3.671	844
Agricultural workers etc.	2.969.848	33,8	36.891	1.699.086	39.498	624.781	568.392	1.200
Prod. workers, transp. and sortage workers	3.298.654	37,5	68.967	636.539	316.277	1.872.917	399.090	4.864
Workers not class. by occup.	466.165	5,3	1.595	4.408	416.449	12.590	1.181	29.942

Quelle: Plan and Budget Organization, Statistical Centre of
Iran: National Census of Population and Housing,
Nov. 1976, S. 67
1) eigene Prozentberechnung

Tab. 43

Die Beschäftigten des tertiären Sektors nach ihrem Status und nach Berufsgruppen (1976)

Berufsgruppen	Insgesamt absolut	% [1]	Arbeit-geber	Selb-ständige	Status staatl. Lohn- u. Gehalts-empfänger	private Lohn- u. Gehalts-empfänger	mithelfende Familien-angehörige
TOTAL	3.154.735	35,9	88.081	625.303	1.703.049	689.034	18.311
Profess. and techn. workers	536.433	6,1	11.165	3.958	410.897	81.770	358
Admin. and manage. workers	48.032	0,5	12.566	300	19.275	15.631	-
Clerical and related workers	449.328	5,1	2.282	5.564	301.698	137.958	1.080
Sales workers	595.061	6,8	42.673	419.426	13.327	108.392	10.862
Service workers	425.373	4,8	10.248	47.212	178.628	184.770	3.671
Agricultur workers	39.498	0,4	-	-	39.498	-	-
Prod. workers [2]	249.108	2,8	-	-	249.108	-	-
Transp. and sortage workers	395.453	4,5	9.147	148.843	74.169	160.513	2.340
Workers not class. by occup. [3]	416.449	4,7	-	-	416.449	-	-

Quelle: National Census of Population and Housing, a.a.O., Nov. 1976, S. 67, 82; eigene Proezntberechnung

1) Prozentualer Anteil der gesamten Erwerbstätigen
2) Diese Zahl ergibt sich aus: 316.277 (Prod. workers, trans. equip.) – 160.513 (transp. and sortage workers im öffentlichen Dienst).
3) Wieviel davon noch außer den Beschäftigten des öffentlichen Dienstes noch zum tertiären Sektor gehören, geht aus dieser Quelle nicht hervor.

Tab. 44
Die Beschäftigten des tertiären Sektors nach ihrem
Status und nach Berufsgruppen 1976 (in %)

Berufsgruppen	Insgesamt Anteil der Be- schäf.d.Sekt.	Status			
		Arbeitgeber	Selbständige	staatl.Lohn- u.Geh.empf.	priv.Lohn- u.Geh.empf.	Mithelfende Familienarb.Kräfte

Berufsgruppen	Insgesamt	Arbeitgeber	Selbständige	staatl.Lohn- u.Geh.empf.	priv.Lohn- u.Geh.empf.	Mithelfende Familienarb.Kräfte
TOTAL	100,0	2,79	19,82	53,98	21,84	0,58
Profess. and techn. workers	17,0	2,08	0,73	76,59	15,24	–
Admin. and manage. workers	1,5	26,16	0,62	40,13	32,54	–
Clerical and rel. workers	14,2	0,50	1,24	67,14	30,70	0,24
Sales workers	18,9	7,17	70,48	2,40	18,21	1,82
Service workers	13,5	2,41	11,10	42,00	43,44	0,86
Agricultur workers etc.	1,3	–	–	100,00	–	–
Prod. workers	7,9	–	–	100,00	–	–
Transport and sortage work.	12,5	2,31	37,64	18,76	40,60	0,53
Workers not class. by occup.	13,2	–	–	100,00	–	–

Quelle: siehe Tab. 43; eigene Prozentberechnung.

Tab. 46
Prozentuales Wachstum der fixen Investitionen
des öffentlichen Sektors beim Übergang vom
ursprünglichen zum revidierten 5-Jahresplan

Sektor	% des Wachstums	Sektor	% des Wachstums
Landwirtschaft	98	Ländl. Entwicklung	66,7
Wasserversorgung	51	Städt. "	42,2
Industrie	95,6	staatliche Bauten	251,6
Erdöl	156,1	Wohnungsbau	155,5
Erdgas	121,5	Erziehung	2,4
Elektrizität	352,8	Tourismus	57,1
Kommunikation	128,1	Gesundheit	79,2
Telekommunikation	153,9		

Quelle: Iran Almanac 1976, S. 312

Tab. 47

Der Altersaufbau der Bevölkerung nach Regionen (1976)

	unter 15 Jahre	15 - 64 Jahre	65 Jahre und darüber
Insgesamt	44,4	52,1	3,5
Land	47,6	48,7	3,7
Stadt	4o,9	55,o	3,3

Quelle: Plan and Budget Organization, Statistical Centre of Iran: National Census of Population and Housing, Nov. 1976, S. 1

Tab. 48
Die Bevölkerung über 10 Jahre, nach Geschlecht und ökonomischer Lage, 1976

Ge-schlecht	insgesamt	Erwerbstätige 1)				Nichterwerbstätige			
		insgesamt	beschäftigt	arbeitslos	erwerbstätig %	insgesamt	Hausfrauen	in Ausbildung	unbez. Familienarbeitskräfte	andere

	insgesamt	insgesamt	beschäftigt	arbeitslos	erwerbstätig %	insgesamt	Hausfrauen	in Ausbildung	unbez. Familienarbeitskräfte	andere
Männer Frauen	22.005.378	9.732.508	8.788.894	943.614	42,3	13.272.870	7.578.323	4.479.137	732.090	483.320
Männer	11.810.643	8.280.240	7.584.317	695.923	70,1	3.530.402	–	2.790.178	453.411	286.814
Frauen	11.194.735	1.452.268	1.204.577	247.691	13,0	9.742.467	7.578.323	1.688.959	278.679	196.506

Quelle: Plan and Budget Organization, Statistical Centre of Iran: National Census of Population and Housing, Nov. 1976, S. 52.
1) Erwerbstätig sind alle Personen mit bzw. über 10 Jahre, die in den letzten 7 Tagen vor der statistischen Erhebung beschäftigt waren, außerdem alle Personen, die grundsätzlich beschäftigt waren, aber aus verschiedenen Gründen (Urlaub usw.) während der letzten Woche vor der Erhebung vorübergehend nicht arbeiteten, die aber nach der Aufhebung dieses Anlasses weiterarbeiten werden.

Tab. 49

Die Struktur der Erwerbstätigen
nach ihrer sozialen Stellung

	1966		1976	
	absolut	%	absolut	%
Arbeitgeber	152.622	2,2	186.387	2,1
Selbständige	2.658.851	38,8	2.843.493	32,4
staatliche Lohn- u. Gehaltsempfänger	662.664	9,7	1.696.049	19,3
private Lohn- u. Gehaltsempfänger	2.635.607	38,4	3.038.809	34,6
unbezahlte Familien- arbeitskräfte	667.071	9,9	984.634	11,2
Praktikanten u.	24.090			
unbestimmt	47.490	0,4	39.487	0,4
gesamte Beschäftigte	6.858.396	100,0	8.788.830	100,0

Quelle: Plan and Budget Organization, Statistical Centre
of Iran: National Census of Population and Housing
Nov. 1966, Nov. 1976
(eigene Prozentberechnung)

Tab. 5o

Die sektorale Verteilung der iranischen "Bourgeoisie" und ihre Entwicklung

	1966	%	1976	%
Landwirtschaft	46.12o	3o,2	36.811	19,7
Bergbau	324	2,1	34o	1,8
Industrie	4o.684	26,7	51.835	27,8
Bau	7.282	4,8	19.751	1o,6
Großhandel	34.378	22,6	7.123	3,9
Einzelhandel			33.329	17,9
Verkehr und Lagerhaltung	5.3o7	3,5	9.147	4,9
Banken			2oo	1,o
Versicherungen			4o	o,2
Immobilien und kommerzielle Dienstleistung	15.852	1o,4	2.7oo	1,4
Soziale Dienstleistungen			2.462	1,3
persönliche und häusliche Dienste			12.5o7	6,8
andere	2.262		2.oo1	
INSGESAMT	152.623	1oo,o	186.387	1oo,o

Quelle: Plan and Budget Organization, Statistical Centre of Iran: National Census of Population and Housing, Nov. 1966, S. 68; Nov 1976, S. 82

Tab. 51
Warenproduzierende Agrarbetriebe, die überwiegend durch
Einsatz fremder Arbeitskräfte geführt wurden (1974/75)

Betriebsgröße		überwiegend durch fremde Arbeitskraft	mehr als 50 % marktorientiert %	Agrarbourgeoisie abs.	%	Fraktionen
unter 1 ha	1)	32.625	26,8	8.743	21,4	Kleinbauer
1 ha bis 2 ha	2)	13.836	30,0	4.150	10,1	Mittelbauer
2 ha bis 5 ha	2)	25.312	22,3	5.644	13,8	Mittelbauer
5 ha bis 10 ha	2)	18.141	22,0	3.991	9,8	Großbauer
10 ha bis 50 ha		31.402	21,1	6.625	16,2	Kleinbourgeoisie
50 ha bis 100 ha		5.975	94,6	5.652	13,8	mittlere/große Bourgeoisie
über 100 ha		6.118	99,6	6.093	14,9	Großbourgeoisie
INSGESAMT		133.409	30,7	40.898	100,0	

Quelle: Plan and Budget Organization, Statistical Centre of Iran: National Census of Agriculture, second phase, 2533 (1974), März 1977, S. 9 und 11
1) eigene Berechnung
2) Diese Betriebskategorien dürften auch die Obstgärten umfassen.

Tab. 52

Anzahl und Anteil der Fraktionen der "Industriebourgeoisie" (1976/77)

Betriebskategorien nach der Zahl der bezahlten Arbeitskräfte	Betriebe abs.	%	Bourgeoisfraktionen	Anteil der Unternehmer insgesamt %
keine	323.350	100,0	traditionelle Kleinbourgeoisie	–
1 bis 9	44.477	85,80	neue Kleinbourgeoisie	23,9
1o bis 249 +	7.161	13,81	mittelgroße Kleinbourgeoisie	3,8
über 25o +	197	0,38	Großbourgeoisie	0,1
INSGESAMT	51.835	100,0	"Industrieunternehmer"	27,8

Quelle: eigene Berechnung

+ : 1974/75 waren 96,7% aller "Großbetriebe" privat, 2,5% staatlich und 0,8% gemischt. Von den Privatbetrieben waren 43,1% individuelles Eigentum, 27,6% inoffizielle AGs und 28,6% eingetragene AGs. Plan and Budget Organization, Statistical Centre of Iran: Die Ergebnisse der statistischen Erhebung der industriellen Großbetriebe 2533 (1974), März 1978, S. 12

Tab. 53
Durchschnittliche landwirtschaftliche Fläche pro bäuerlicher Familie 1974

Gesamtzahl- und Fläche der Betriebe sowie der Landbevölkerung und Familien 1975

Betriebsgröße	Betriebe absolut	%	Fläche/ha absolut	%	LNF¹	Bevölkerg. absolut	%	Familien absolut	%	LNF³	BZ/F⁴
bis 1 ha	734.274	29,6	259.892	1,58	0,35	3.027.785	24,7	571.280	21,9	0,45	1,28
1 - unter 2 ha	322.193	13,0	443.687	2,70	1,38	1.543.214	12,6	291.172	11,2	1,52	1,10
2 - unter 5 ha	541.592	21,8	1.732.872	10,6	3,20	2.694.577	22,0	508.411	19,5	3,40	1,06
5 - unter 10 ha	427.934	17,3	2.953.476	18,0	6,9	2.262.704	18,5	426.925	16,4	6,90	1,0
10 - unter 50 ha	428.074	17,3	7.500.744	45,7	17,5	2.545.598	20,8	480.301	18,4	15,6	0,89
50 - unter 100 ha	16.269	0,7	1.073.712	6,5	66,0	125.709	1,0	23.719	0,9	45,3	0,68
über 100 ha	9.552	0,4	2.452.923	14,9	256,8	62.385	0,5	11.771	0,04	208,4	0,8
Gesamt	2.479.889	100,0	16.417.306	100,0	6,6	12.261.972	100,0	2.606.803	100,0	6,3	0,95

Quelle: Plan and Budget Organization, Statistical Centre of Iran: National Census of Agriculture, second phase 2533 (1974), März 1977, S. 53 und S. 3 (eigene Prozentberechnung)

1: Durchschnittliche LNF pro Betrieb in ha
2: Die Zahl der Familien wurde auf der Grundlage von 5,3 Personen pro Familie errechnet.
3: Durchschnittliche LNF pro Familie in ha
4: Durchschnittliche Betriebszahl pro Familie

Tab. 54
Ländliche Sozialstruktur und durchschnittliche Betriebsgröße 1974

	Familien absolut	%	Betriebe absolut	%	LNF 1) absolut	% 2)
Kleinbauern	1.370.863	52,6	1.598.059	64,4	1,77	14,88
Mittelbauern	426.925	16,4	427.934	17,3	6,9	18,0
Großbauern	480.301	18,4	428.074	17,3	15,6	45,7
ländliche Bourgeoisie	23.719	0,9	16.269	0,7	45,3	6,5
ländliche Großbourgeoisie	11.771	0,04	9.552	0,4	208,4	14,9
Gesamt	2.606.803	100,0	2.479.889	100,0	6,3	100,0

Quelle: Plan and Budget Organization, Statistical Centre of Iran: National Census of Agriculture, second phase 2533 (1974), Esfand 2535 (1977) (eigene Kategorisierung)

1: Durchschnittliche LNF pro Familie in ha
2: Anteil der Familie an der gesamten LNF in %

Tab. 55
Bäuerliche Eigentumsbetriebe nach ihrer Zahl und Größe 1960 und 1974

	\multicolumn{4}{c	}{1960}						
Betriebs-größe 2)	Gesamtzahl und -fläche der Betriebe				Bäuerlicher Eigenbesitz nach Zahl und Fläche der Betriebe					
	(A) Zahl abs.	%	(B) LNF 1) (ha) abs.	%	Zahl abs.	%	LNF (ha) abs.	%	Durchschn. LNF/Betr(ha)	% von (A)	% von (B)
bis 1 ha	482.306	25,7	198.939	1,8	253.177	40,6	92.741	3,1	0,37	52,5	46,6
1 -unter 2 bzw. 3 ha	464.967	24,7	884.103	7,8	155.524	24,9	289.958	9,7	1,86	33,4	32,8
2 bzw. 3 - unter 5 ha	265.986	14,2	1.041.649	9,2	72.058	11,5	280.670	9,4	3,90	27,0	26,9
z.f. -unter 5 ha	1.213.259	64,6	1.944.691	18,8	480.759	77,0	663.369	22,2	1,38	39,6	34,1
5 -unter 10 ha	340.037	18,2	2.413.042	21,2	76.818	12,3	540.738	18,2	7,0	22,6	22,4
10 -unter 20 ha	233.757	12,5	3.054.502	26,8	41.399	6,6	561.299	18,9	13,6	17,7	18,4
20 -unter 50 ha	77.714	4,1	2.209.211	19,5	15.624	2,5	478.977	16,1	30,7	20,1	21,7
z.f. 10 -unter 50 ha	311.471	16,6	5.263.713	46,3	57.023	9,1	1.040.276	35,0	18,2	18,3	19,8
50 -unter 100 ha	8.446	0,4	563.805	5,0	2.433	0,4	166.208	5,6	68,3	28,8	29,5
über 100 ha	4.086	0,2	991.003	8,7	2.250	0,4	565.198	19,0	251,2	55,0	57,0
Gesamt	1.877.299	100,0	11.356.254	100,0	624.283	100,0	2.975.789	100,0	4,8	33,3	26,2

Quelle: Imperial Government of Iran, Ministry of Interior, Dept. of Public Statistics, First National Census of Agriculture, Mehr 1339 (Okt. 1960). Zitiert bei Ehlers, E., Iran, Grundzüge einer geographischen Landeskunde, Darmstadt, 1980, S. 229; und: Plan and Budget Organization, Statistical Centre of Iran: National Census of Agriculture, second phase 2533 (1974), Teheran, Esfand 2535 (März 1977). Eigene Prozentberechnung für 1975 und der Durchschnittsfläche für beide Jahre

Fortsetzung Tab. 55   1 9 7 4

Bäuerlicher Eigenbesitz nach Zahl und Fläche der Betriebe

Betriebs-größe	Gesamtzahl und -fläche der Betriebe							Durchschn. LNF/Betr(ha)	% von (C)	% von (D)
	(C) Zahl abs.	%	(D) LNF (ha) abs.	%	Zahl abs.	%	LNF (ha)	%		
bis 1 ha	734.274	29,6	259.892	1,58	677.952	29,7	237.392	1,6	0,35	92,3	91,3
1 -unter 2 bzw. 3 ha	322.193	13,0	443.698	2,7	291.562	12,8	401.965	2,7	1,38	90,5	90,6
2 bzw. 3 - unter 5 ha	541.592	21,8	1.732.872	10,6	495.231	21,7	1.584.465	10,6	3,20	91,4	91,4
z.f. -unter 5 ha	1.598.059	64,4	2.436.462	13,71	1.464.745	64,2	2.223.822	14,9	1,51	91,7	91,3
5 -unter 10 ha	427.924	17,3	2.953.452	18,0	399.688	17,5	2.755.048	18,5	6,9	93,4	93,3
10 -unter 20 ha											
20 -unter 50 ha											
z.f. 10 -unter 50 ha	428.074	17,3	7.500.744	45,7	395.935	17,3	6.923.022	46,5	17,5	92,5	92,3
50 -unter 100 ha	16.269	0,7	1.073.712	6,5	14.261	0,6	941.334	6,3	66,0	87,7	87,7
über 100 ha	9.553	0,4	2.452.923	14,9	7.671	0,3	2.034.858	13,7	265,3	80,3	83,0
Gesamt	2.479.889	100,0	16.417.282	100,0	2.282.290	100,0	14.877.984	100,0	6,5	92,0	90,6

Fortsetzung Veränderungen von 1960 - 1974

Bäuerlicher Eigenbesitz nach Zahl und Fläche

Betriebs-größe	Zahl der Betriebe abs.	%	LNF (ha) abs.	%	Durchschnittliche LNF pro Betrieb (ha)
bis 1 ha	424.775	167	144.651	156	0,34
1 -unter 2 bzw. 3 ha	136.038	87	112.007	38,6	0,82
2 bzw. 3 - unter 5 ha	423.173	587	1.303.795	464,5	3,08
z.f. -unter 5 ha	983.986	204	1.560.453	235,2	1,59
5 -unter 10 ha	322.870	420	2.214.310	409,4	6,86
10 -unter 20 ha					
20 -unter 50 ha					
z.f. 10 -unter 50 ha	338.912	594	5.882.746	565	17,36
50 -unter 100 ha	11.828	486	775.126	466	65,53
über 100 ha	5.238	215	1.868.650	1.124	356,7
Gesamt	1.658.007	265	11.902.195	400	7,2

Quelle: siehe Tab. 23

Tab. 56
Zahl und Größe der Landwirtschaftsbetriebe sowie
Besitz- und Eigentumsverhältnisse 1974

Betriebs-größe	Gesamtzahl-u.Fläche Zahl	Fläche	Eigentumsbetriebe Zahl	Fläche	Pachtbetriebe Zahl	Fläche	Mischbetriebe[1] Zahl	Fläche	andere Betr. Zahl	Fläche	Anteil/%[2] Zahl	Flä.
- 1 ha	734.274	259.892	677.952	227.292	17.707	6.017	16.899	7.718	21.695	8.865	92,3	91,3
1 - 2 ha	322.193	443.687	291.562	401.965	7.670	5.523	11.730	16.740	13.351	17.312	90,5	90,6
2 - 5 ha	541.592	1.732.872	495.231	1.584.465	36.901	10.910	14.354	48.872	21.067	62.634	91,4	91,4
5 - 10 ha	427.934	2.953.476	399.688	2.755.048	53.425	7.665	7.541	51.757	13.018	92.222	93,4	93,3
10 - 50 ha	428.074	7.500.744	395.935	6.923.022	198.408	10.314	11.710	200.250	10.096	179.064	82,5	92,3
50 - 100 ha	16.269	1.073.712	14.261	941.334	52.891	800	682	45.282	510	34.204	87,7	87,7
über 100 ha	9.552	2.452.923	7.671	2.034.858	160.725	750	496	111.464	618	145.876	80,3	83,0
Gesamt	2.479.889	16.417.282	2.282.290	14.877.984	516.037	53.669	62.412	482.084	80.355	541.177	92,0	90,6

Quelle: Plan and Budget Organization, Statistical Centre of Iran: National Census of Agriculture, second phase 2533 (1974), Esfand 2535 (März 1977), S. 53 (eigene Prozentberechnung). Zum Vergleich mit den Verhältnissen 1960 vgl. Tab. 57.

1: Mischbetriebe mit Eigen- und Pachtland
2: Prozentualer Anteil der Eigentumsbetriebe
 - die Flächenangabe erfolgte jeweils in ha -

Tab. 57
Zahl und Größe landwirtschaftlicher Betriebe sowie Besitz- und Eigentumsverhältnisse 1960

Größe	Zahl abs.	%	Fläche abs.	%	Zahl abs.	%	Fläche abs.	%
Iran (Gesamt)	Gesamtzahl u. -fläche der Betriebe				Bäuerlicher Eigenbesitz nach Zahl und Fläche der Betriebe			
bis 1 ha	482.306	25,7	198.939	1,8	253.177	40,6	92.741	3,1
1 -unter 3 ha	464.967	24,7	884.103	7,8	155.524	24,9	289.958	9,7
3 -unter 5 ha	265.986	14,2	1.041.649	9,2	72.058	11,5	280.670	9,4
5 -unter 1o ha	340.037	18,2	2.413.042	21,2	76.818	12,3	540.738	18,2
1o -unter 2o ha	233.757	12,5	3.054.502	26,8	41.399	6,6	561.299	18,9
2o -unter 5o ha	77.714	4,1	2.209.201	19,5	15.624	2,5	478.977	16,1
5o -unter 1oo ha	8.446	0,4	563.805	5,0	2.433	0,4	166.208	5,6
über 1oo ha	4.086	0,2	991.003	8,7	1.606	0,4	565.198	19,0
Gesamt	1.877.299	1oo,o	11.356.254	1oo,o	624.283	1oo,o	2.975.789	1oo,o
	Teilbau- u. Pachtbetriebe nach Zahl u. Fläche (Eigenland unbedeutend)				Mischbetriebe mit Eigenland, Teilbau- u. Pachtflächen nach Zahl u. Fläche			
bis 1 ha	189.916	18,1	82.863	0,1	44.213	21,7	23.335	1,7
1 -unter 3 ha	260.688	24,8	5o1.983	7,1	48.755	24,0	92.162	7,0
3 -unter 5 ha	161.227	15,4	634.024	9,0	32.7o1	16,1	126.955	9,6
5 -unter 1o ha	218.759	20,8	1.561.618	22,1	44.460	21,7	310.286	23,7
1o -unter 2o ha	158.264	15,1	2.166.033	30,7	24.094	11,9	327.17o	24,9
2o -unter 5o ha	53.826	5,1	1.5o4.788	21,3	8.264	4,1	225.846	17,2
5o -unter 1oo ha	5.192	0,5	338.896	4,8	821	0,4	58.7o1	4,5
über 1oo ha	1.606	0,2	275.567	3,9	230	0,1	150.238	11,4
Gesamt	1.049.478	1oo,o	7.065.772	1oo,o	2o3.538	1oo,o	1.314.693	1oo,o

Quelle: Imperial Government of Iran, Ministry of Interior, Dept. of Public Statistics: First National Census of Agriculture. Mehr 1339 (Okt. 1960), bei E. Ehlers, a.a.O., S. 229

Tab. 58
Strukturzusammensetzung der traditionellen Kleinbourgeoisie (1978)

Sektoren	Selbständige		Mithelfende Familienarbeitskräfte		traditionelle Kleinbourgeoisie		relativer Anteil der Gesamtbeschäftigten
	absolut	%	absolut	%	absolut	%	%
Agrar	1.699.827	67,3	569.292	57,8	2.269.119	59,3	25,8
Gewerbe ("Industrie")	636.539	24,4	399.090	40,5	1.035.629	27,0	11,8
Handel	419.426	14,8	10.862	1,1	430.288	11,2	4,9
Finanz	440	–	–	–	440	–	–
Persönliche Dienstleistung	69.460	2,4	2.886	0,3	72.346	1,9	0,8
Transport u. Lagerhaltung	148.843	5,2	2.320	0,2	151.163	3,9	1,7
Insgesamt	2.843.493	100,0	984.634	100,0	3.828.127	100,0	45,0

Quelle: Plan and Budget Organization, Statistical Centre of Iran: National Census of Population and Housing, Nov. 1976, S. 67 und 82.

Tab. 59 Zusammensetzung der wichtigsten Bestandteile der privaten und staatlichen Gehaltsempfänger (1976)

Berufsgruppe	private und staatliche Gehaltsempfänger					
	Angestellte		Beamte		Insgesamt	
	abs.	%1)	abs.	%2)	abs.	%
Technische, wissenschaftliche, qualifizierte Berufe	81.770	16,6	410.897	83,4	492.667	50,9
Höhere Staatsbeamte und führende Manager	15.631	44,8	19.275	55,2	34.906	3,6
Verwaltungsbeamte, Büroangestellte und ähnliche	137.958	31,4	301.698	68,6	439.656	45,5
Insgesamt	235.359	24,3	731.870	75,7	967.229	100,0

Quelle: Plan and Budget Organization, Statistical Centre of Iran: National Census of Population and Housing, Nov. 1976, S. 67
(eigene Prozentberechnung)

1) + 2) prozentualer Anteil der Gehaltsempfänger

Tabelle 6o
Die soziale Herkunft der Studenten nach dem
Beruf des Vaters (1918-1923)

Beruf des Vaters	Zahl	%
Staatsbeamter	64	32,7
Kaufmann	33	16,8
Berufe mit Hochschulabschluß 1)	26	13,3
Großgrundbesitzer	23	11,7
Freiberufe ohne Spezialisierung 2)	14	7,1
Geistliche	11	5,6
Politiker	8	4,1
Armeeangehörige	7	3,6
Nichtbeantwortet	1o	5,1

Quelle: Moradi-Nejad, H./ Pajoum-Shariati, P., Eine Untersuchung zum Absenden der Studenten ins Ausland zur Ghadjaren- und Pahlavi-Periode, in: Olum-e Edjtemai, Vol. I, Nr.4, Teheran, 1974, S. 102
1. Ärzte, Richter, Staatsanwälte, Ingenieure und Professoren
2. hauptsächlich Angehörige der traditionellen Kleinbourgeoisie wie Handwerker und Kleinhandeltreibende

Tabelle 61

Die soziale Herkunft der Studenten der sieben iranischen Hochschulen (1969)

Beruf des Vaters	%
Handwerker und Arbeiter	11,2
Landwirt	6,8
Kleinhändler	22,o
Kaufmann	11,2
hoher Staatsbeamter	8,1
Staatsbeamter	29,7
Freiberufler	6,o
Geistlichkeit	1,o
ohne Angaben	4,o

Quelle: Katbi, M., Eine Untersuchung zum Eingang der Studenten zur Universität, in: Olum-e Edjtemai, Vol. I, Nr. 4, Teheran, Juni 1974, S. 61

Tab. 62 Die regionale Verteilung der Arbeiter 1976

	Iran		städtische Bezirke [1]		ländliche	
	absolut	%	absolut	%	absolut	%
Beschäftigte über 10 Jahre	8.788.894	100,0	4.103.231	46,7	4.685.663	53,3
beschäftigte Arbeiter	4.542.482	100,0	1.957.503	43,0	2.584.979	57,0
Lohnempfänger	3.557.848	100,0	1.875.655	52,7	1.682.193	47,3
unbezahlte Familienarbeitskräfte	984.634	100,0	81.848	8,3	902.787	91,7
arbeitslose Arbeiter	872.946	100,0	60.542	7,0	812.404	93,0
Arbeiter insgesamt	5.415.428	61,6	2.018.045	37,3	3.397.383	62,7

Quelle: Plan and Budget Organization, Statistical Centre of Iran: National Census of Population and Housing, Nov. 1976, S. 55-57, 64-66, 136

1) Städtische Bezirke und Ortschaften mit mehr als 5000 Einwohnern

Tab. 63 Die sektorale Verteilung der Arbeiter 1966 und 1976 und ihr Zuwachs

	1966 Arbeiter	%	1976 Arbeiter	%	1966-1976 Zuwachs
Landwirtschaft	552.100	21,0	1.205.564	26,7	972.623
verarbeitende Industrie	885.363	33,7	1.245.392	27,6	346.526
extraktive Industrie	23.144	0,9	67.122	1,5	43.978
Bauindustrie	461.212	17,5	1.026.645	22,8	565.433
Wasser und Energie	19.078	0,7	35.960	0,8	16.882
Transport, Lagerhaltung, Kommunikation	186.693	7,0	321.124	7,1	134.431
Banken, Versicherungen, kommerz. Dienstleistg.	7.194	0,3	9.825	0,2	2.631
Groß- und Einzelhandel[1], Hotel und Gastronomie	138.842	5,3	178.642	3,9	39.800
soz. Dienstleistungen	33.429	1,3	71.899	1,6	38.470
kulturelle Dienstleistungen	2.802	0,1	9.596	0,2	6.794
Staatsdienst in Zivil und Uniform	90.553	3,4	172.660	3,8	82.107
persönliche Dienstleistungen	203.996	7,7	164.428	3,6	-39.568
unbestimmt	26.250	1,0	14.101	0,3	-12.149
INSGESAMT	2.630.296	100,0	4.509.453	100,0	1.879.157

Quelle: Plan and Budget Organization, Statistical Centre of Iran: National Census of Population and Housing, Nov. 1976, S. 83 und 96-101; Nov. 1966, S. 68 und 74-80

1) Die Zahl der im Groß- und Kleinhandel beschäftigten Arbeiter umfaßt hier alle Lohn- und Gehaltsempfänger

Tab. 64 Der relative Anteil der Arbeiter an der Gesamtzahl der Beschäftigten jedes Sektors (1976)

ökonomische Sektoren	Beschäftigte (1000)	Beschäftigte Arbeiter (1000)	Relativer Anteil der Arbeiter jedes Sektors (%)
Landwirtschaft	2979	1205	40,4
verarbeitende Industrie	1662	1246	75,0
Extraktive Industrie	94	68	72,3
Bausektor	1177	1028	87,3
Wasser und Energie	64	37	1,7
Einzelhandel	665	80	12,0
Verkehr u. Kommunikation	434	323	74,4
Handel, Bank u. Immobilien	101	11	10,9
persönliche und soziale Dienstleistung	1541	496	32,2
Unbestimmter Rest	75	59	78,7
INSGESAMT	8789	4554	51,8

Quelle: Mohaghegh, F., Die Ursachen und Elemente der Arbeitslosigkeit im Iran, in: Ketab-e Djomeh, 1. Jg., Nr. 21, Teheran, Jan. 1970, S.71

Tab. 65 Die Anzahl der Arbeiter pro "Arbeitgeber" in der Privatwirtschaft

Wirtschaftszweige	Insgesamt	Stadt	Land
Landwirtschaft	7,1	8,2	20,1
Industrie	14,5	11,1	34,1
extraktive Industrie	58,7	30,2	111,0
Bau	51,1	29,9	277,3
Wasser und Energie	57,1	52,7	88,0
Einzelhandel	3,3	3,0	8,1
Verkehr und Kommunikation	14,6	13,8	21,0
Bank, Handel und Immobilien	14,0	13,8	21,0
private und soziale Dienstleistungen	13,6	11,5	69,7
ZUSAMMEN	15,8	10,5	35,7

Quelle: Plan and Budget Organization, Statistical Centre of Iran: National Census of Population and Housing, Nov. 1976, S. 83-90

Tabelle 66
Arbeitsproduktivität (1.000 Rials) 1976

Landwirtschaft	116
Industrie und Bergbau	218
(Industrie und Bergbau)	(238)
(Bau)	(172)
(Wasser und Energie)	(547)
Dienstleistung	411
(Verkehr)	(318)
(restliche Dienstleistung)	(428)
Gesamtwirtschaft (ohne Erdöl)	245
Gesamtwirtschaft mit Erdöl	4o9

Quelle: Eigene Berechnung

Tabelle 67

Sektorale Verteilung der Arbeiter nach ihrem Bildungsstand (% der Analphabeten)

	Landwirtschaft	extraktive Industrie	Verarbeitende Industrie	Bau-industrie
Analphabeten	83	44	67	72
Grundschule und weniger	16	34	23	24
Mittlere Reife	-	1o	7	3
über Mittlere Reife	-	4	3	1

Quelle: Plan and Budget Organization, Statistical Centre of Iran: National Census of Population and Housing, Nov. 1976, S. 61

Tab. 68 Entwicklung der Produktions-, Arbeitsproduktivität,
Lohn- und Lebenshaltungskostenindexe der Großindustrie
(1974/75 - 1977/78)

Jahr	Produktionsindex	Arbeitsproduktivitätsindex	Lohnindex[1]) pro Person und Arbeitsstunde	Lebenshaltungskostenindex	realer Lohnindex der Beschäftigten	Produktionsindex / Lohnindex
1974	100,0	100,0	100,0	100,0	100,0	100,0
1975	114,5	104,9	130,9	109,9	129,9	88,1
1976	133,7	112,5	164,4	128,1	152,5	87,7
1977	145,2	120,4	204,9	160,2	154,2	94,2

Quelle: Zur Arbeitsproduktivität in der Industrie des
Landes, in: Bank Markazi Iran (Hrsg.), Bulletin
Vol. 17, Nr. 133, Teheran, March - April 1978
(1357), S. 79 und 80
1) Lohnindex umfaßt hier Löhne und Gehälter, weil er
die aller Beschäftigten berücksichtigt.

Tab. 69   Die Zusammensetzung der Arbeiter im tertiären Sektor

	1966		1976		Beschäftigte	Anteil der Arbeiter % [3]
	Arbeiter	% [2]	Arbeiter	% [2]		
Transport, Lagerhaltung, Kommunikation	186.693	7,0	321.124	7,1	424.919	75,6
Banken, Versicherungen, kommerzielle Dienstlstg.	7.194	0,3	9.825	0,2	96.093	10,2
Groß- u. Einzelhandel	125.238 [1]	4,8	131.887 [1]	2,9	589.260	22,4
Hotel u. Gastronomie	13.604 [1]	0,5	35.752 [1]	0,8	62.680	57,0
Soziale Dienstleistung	33.429	1,3	71.899	1,6	291.845	24,6
Kulturelle Dienstleistung	2.802	0,1	9.596	0,2	24.176	39,7
Persönliche Dienstleistung	203.996	7,1	164.428	3,6	199.022	82,6
Staatsdienst in Zivil und Uniform	90.553	3,4	172.660	3,8	733.066	2,3
ZUSAMMEN	663.509	25,2	917.171	20,3	2.421.061	37,9

Quelle: Plan and Budget Organization, Statistical Centre of Iran: National Census of Population and Housing, Nov. 1976, S. 83 und 96-101; Nov. 1966, S. 68 und 74-80

1) Hier ist die Zahl der Lohn- und Gehaltsempfänger zugrunde gelegt worden.
2) Prozentualer Anteil der Arbeiter dieses Sektors an der Gesamtzahl der Arbeiter
3) Anteil der Arbeiter an der Zahl der Beschäftigten dieses Sektors

Tabelle 7o
Die Verteilung der Arbeiter der extraktiven Industrie
nach Produktionszweigen (1.000)

Produktionszweige	Insgesamt	Stadt	Land
Die gesamte extraktive Industrie	68	35	33
Kohle	23	5	18
Rohöl und Erdgas	30	26	4
Metallische Bergwerke	9	3	6
Andere Bergwerke	7	1	6

Quelle: Plan and Budget Organization, Statistical Centre of Iran: National Census of Population and Housing, Nov. 1976, S. 118-135

Tab. 71   Die Beschäftigungsstruktur der Industriearbeiter (1000)

Industriezweige	insgesamt	%	Stadt	%	Land	%
Alle Industriezweige	1.245	100,0	615	49,4	631	50,6
Nahrungsmittelindustrie	115	9,2	81	70,4	34	29,6
Textil-, Bekleidungs-, Leder- u. Tierhäuterindustrie	785	63,0	282	36,0	503	64,0
Papier- und Druckindustrie	14	1,1	11	78,6	3	21,4
Holz- und holzverarbeitende Industrie	45	3,6	29	64,4	16	35,6
Chemische, Erdöl- und Kohleverarbeitende Industrie sowie Gummi, Kautschukindustrie	29	2,3	24	82,8	5	17,2
Nichtmetallische extraktive Industrie	88	7,0	45	51,1	43	48,9
Eisen- und Stahlindustrie u.a.	40	3,2	31	77,5	9	22,5
Produktionsmittelindustrie	123	9,8	106	86,2	17	13,8
andere	6	0,5	5	83,3	1	16,7

Quelle: Plan and Budget Organization, Statistical Centre
of Iran: National Census of Population and
Housing, Nov. 1976, S. 118-135

Tab. 72 Regionale Verteilung der Großindustrie [1] und ihrer Beschäftigten 1976/77

Provinzen	Betriebe abs.	%	Beschäftigte abs.	%
INSGESAMT	4.804	100,0	296.898	100,0
Zentralprovinz	2.134	44,4	162.230	54,6
Gilan	188	3,9	12.496	4,2
Mazandaran	462	9,6	17.670	5,9
Ost-Azerbaijan	214	4,5	7.675	2,6
West-Azerbaijan	92	1,9	4.144	1,4
Kermanschahan	80	1,7	2.078	0,7
Khuzestan	183	3,8	8.742	2,9
Fars	147	3,1	10.223	3,4
Kerman	73		1.995	0,7
Korassan	208	4,3	12.558	4,2
Esfahan	389	8,1	31.682	10,7
Sisstan und Ballutschestan	75	1,6	501	0,2
Kurdestan	17	0,3	439	0,1
Hamadan	92	1,9	2.626	0,9
Tschahar-Mahal-e Bakhtiari	11	0,2	421	0,1
Lurestan	40	0,8	2.591	0,9
Bojerahmadi und Kohkiluje	1	-	118	-
Bushehr	7	0,1	59	-
Zandjan	10	0,2	2.001	0,7
Semnan	124	2,9	7.681	2,6
Yazd	245	5,0	8.691	2,9
Hormozgan	12	0,2	277	-

Quelle: Vorläufige Ergebnisse der Betriebszählung der Großindustrie, 1976/77, Hrg. Plan and Budget Organisation, Statistical Centre of Iran, S. 11

1) Als Großindustrie wurden alle Betriebe mit 10 und mehr Beschäftigte gezählt. Unberücksichtigt sind die Betriebe der Teppichmanufakturen, der Erdölraffinerien und das größte Eisenhüttenwerk Irans in Isfahan.

Tab. 73 Beschäftigte der industriellen Großbetriebe nach Branchen

Branche	1971/72 abs.	1972/73 abs.	1973/74 abs.	1976/77 abs.	1976/77 Branchenanteil %	1971-76 Wachstum %
Getränke, Tabak, Nahrungsmittel	51.375	45.989	51.130	51.740	17,4	0,7
Textil[1], Bekleidung, Leder, Häute	87.849	91.148	103.691	86.245	29,0	-1,8
Holz, Holzprodukte	7.733	5.677	6.407	7.259	2,4	-6,1
Papier, Papierprodukte, Druck	8.686	8.797	9.848	5.930	2,0	-31,7
Chemie, Gummi, Kautschuk, Kohleprodukte, Erdölprodukte [2]	20.931	19.983	23.791	24.020	8,0	14,7
Nicht-metallische Mineralien [3]	28.711	29.468	34.185	57.039	19,2	98,7
Metallische Grundstoffindustrie [4]	6.880	4.149	5.914	6.777	2,3	-1,5
Maschinenbau, Werkzeugbau	41.145	52.584	53.691	57.254	19,3	39,1
Diverse Industrien	1.075	1.170	1.426	634	-	-41,0
INSGESAMT	254.385	258.958	290.084	296.898	100,0	16,7

Quelle: Vorläufige Ergebnisse der Betriebszählung der Großindustrie, 1976/77, Hrg.: Plan and Budget Organisation, Statistical Centre of Iran, S. 3

1) ohne Teppichindustrie
2) ohne Erdölraffinerien,
3) ohne Rohöl und Kohle,
4) ohne Eisenhüttenwerk in Isfahan,

Tab. 74   Betriebe der Großindustrie mit mehr als 250 Beschäftigten (1977)

Industrie-branchen	Betriebe abs.	Eigentum staatlich	Eigentum privat	Beschäftigte abs.	Kapital (Mio Rials) eingetragen	Kapital (Mio Rials) insges.	Einnahmen 1976/77 (Mio Rial)
Lebensmittel	31	7	24	21.532	11.579	16.026	32,575
Getränke	4	-	4	2.758	342	8.771	4.540
Tabak	6	2	4	15.841	1.465	8.086	19.376
Textil	60	9	51	64.269	15.000	29.249	41.763
Leder und Häute	7	-	7	5.070	2.254	6.770	14.313
Papier, Druck	8	2	6	4.921	4.450	5.881	7.216
Nicht-metallische Mineralien	21	-	21	13.101	13.745	17.394	16.663
Chemie	23	3	20	15.515	16.175	26.029	36.494
Metallische Grundstoffindustrie	9	-	-	4.348	10.970	15.954	21.437
Nicht-elektrische Maschinen	25	3	22	12.241	7.658	11.070	20.159
Elektrische Maschinen	17	1	16	13.713	4.463	6.912	26.383
Autoindustrie	13	-	13	22.718	25.993	29.038	68.494
INSGESAMT	224	27	197	196.027	99.094	181.177	309.413
	100%	12%	88%				

Quelle: Ergebnis einer vertraulichen Fragebogenaktion der "Kaiserlichen Kommission" über größte Industriebetriebe des Landes, Teheran, 1978

1) ohne Berücksichtigung der Erdöl-, petrochemischen, Stahl- und Kupferindustrie

Tab. 75   Neue Arbeitsplätze 1973-1978   (1000 Personen)

Bereich	Bedarf abs.	%	Zugang abs.	%	Fehlbedarf abs.	%
Ingenieure	36,4	1,7	20,3	1,4	16,1	2,2
Techniker	116,6	5,5	75,0	5,4	41,6	5,8
Fach- u. Hilfsarbeiter	810,0	38,3	250,0	18,0	560,0	77,6
ungelernte Arbeiter	538,0	25,5	528,0	38,0	10,0	1,4
Medizinischer Bereich	44,1	2,0	21,5	1,5	22,6	3,1
Erziehung/Ausbildung	287,4	13,6	230,0	16,5	57,4	7,9
Verschiedenes	279,5	13,2	266,0	19,1	13,5	1,9
INSGESAMT	2.112,0	100,0	1.390,8	100,0	721,2	100,0

Quelle: Iran, Industriestruktur, in: Markt-Information, BfA, Juni 1976, S. 8

Tab. 76 Die Zahl der Industriebeschäftigten und ihr jahresdurchschnittliches Prokopfeinkommen [1] (1973/74)

Industriezweige	Arbeiterzahl	jahresdurchschnittliches Prokopfeinkommen (1000 Rials)
Nahrungsmittel	121.332	71
Getränke	4.825	105
Tabak	5.515	245
Textil, Teppich	186.134	52
Bekleidung, Textilprodukte	114.438	40
Holz, Möbel	18.613	57
Papier, Pappe	4.825	110
Druck	9.651	88
Leder, Häute	4.136	54
Gummi, Kautschuk	6.204	90
Chemie	19.992	106
Nichtmetallische Mineralien	51.014	57
Grundlegende Metalle	11.345	92
Metallverarbeitung	54.908	51
Nichtelektrische Maschinen	12.340	68
Elektrische Maschinen und Geräte	21.371	83
Autos	30.333	72
Diverse	12.408	44
INSGESAMT	689.388	(61)

Quelle: Industrie- und Bergbauministerium: Industriestatistik 1973/74 (2533), Teheran, 1977/78 (2536)
1) ohne Erdöl- und Elektrizitätsproduktion

Abb. 1
Preisindex der Konsumwaren und Dienstleistungen im Iran
1970/71 = 100

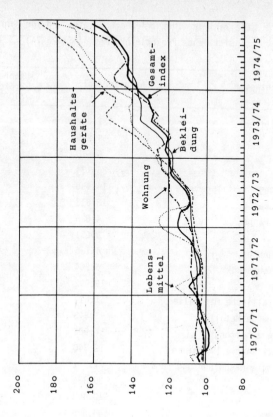

Abb. 2
Preisindex der Konsumwaren und Dienstleistungen in den Städten
1974/75 = 100

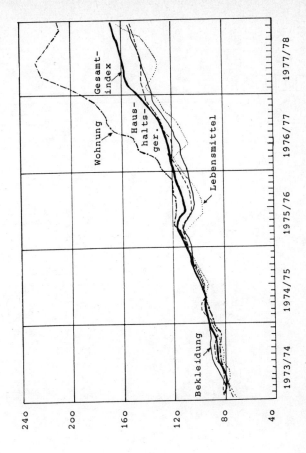

Abb. 3
Die Wertschöpfung der großen Industriebetriebe
nach Branchen und Jahren

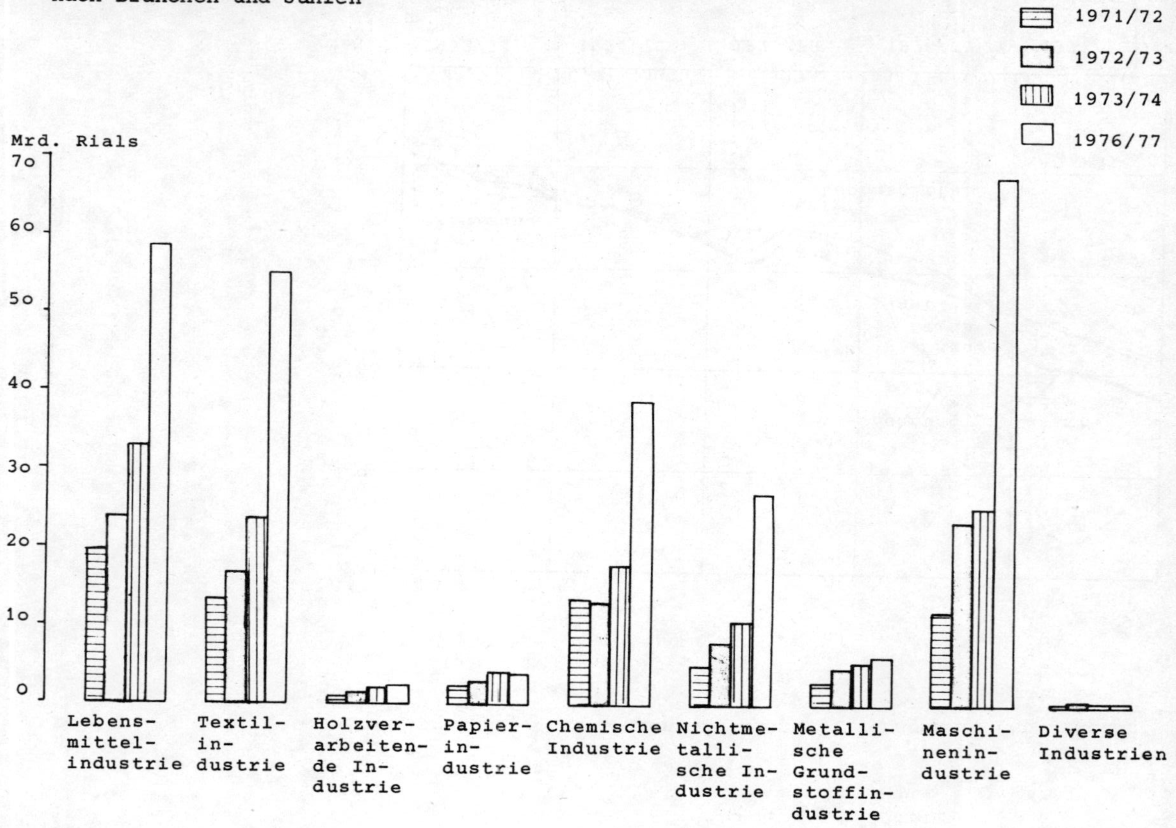

1971/72
1972/73
1973/74
1976/77

Abb. 4
Die Beschäftigten der großen Industriebetriebe nach Branchen und Jahren

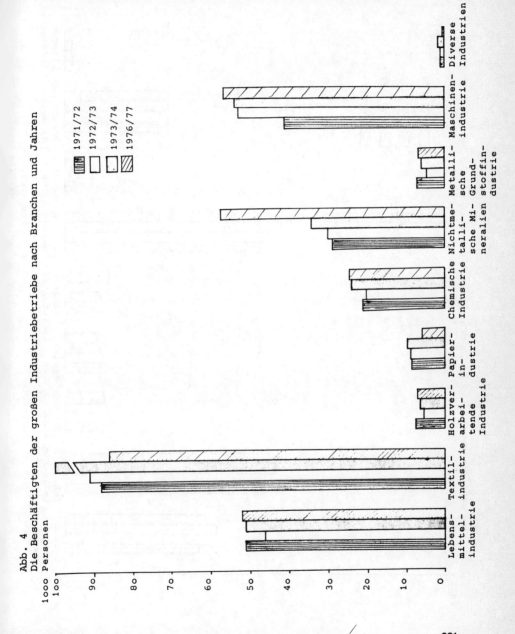

Abb. 5
Die Zahl der großen Industriebetriebe nach Branchen und Jahren

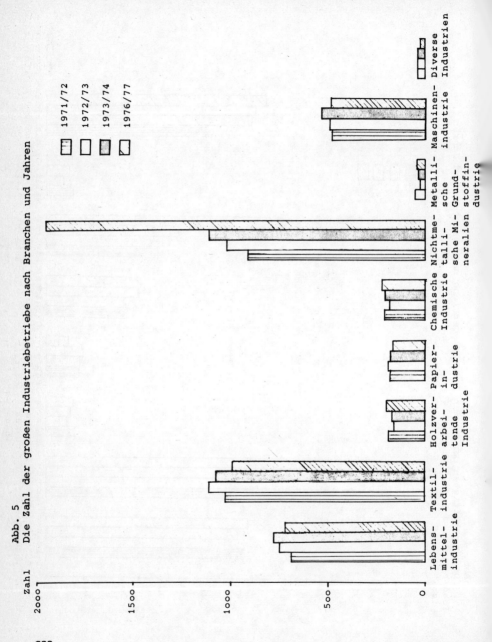

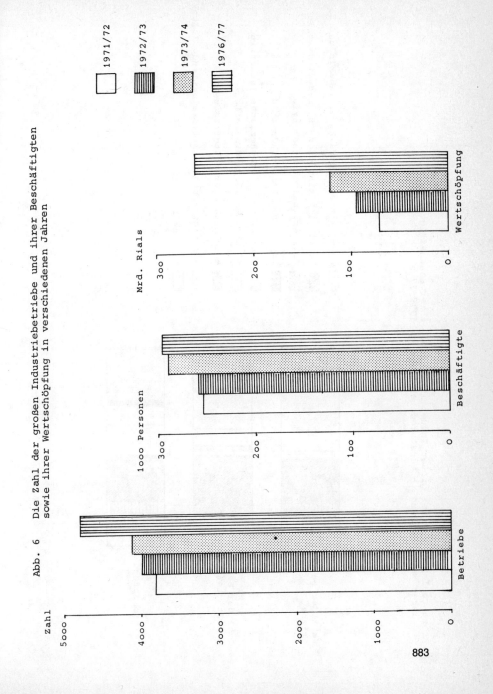

Abb. 6 Die Zahl der großen Industriebetriebe und ihrer Beschäftigten sowie ihrer Wertschöpfung in verschiedenen Jahren

Abb. 7
Prozentualer Anteil der großen Industriebetriebe, ihrer Beschäftigten und ihrer Wertschöpfung in verschiedenen Branchen 1976/77

- Lebensmittel, Getränke u. Tabakindustrie
- Textil-, Bekleidungs- u. Lederindustrie
- Holzverarbeitungsindustrie
- Druck- und Papierindustrie
- Chemische-, Petrochemische Industrie
- Nichtmetallische Mineralien
- Metallische Grundstoffindustrie
- Maschinen- und metallverarbeitende Industrie
- Diverse Industrien

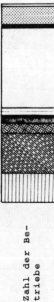
Zahl der Betriebe

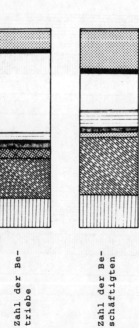
Zahl der Beschäftigten

Wertschöpfung

Abb. 8
Prozentuale regionale Verteilung der großen Industriebetriebe
nach Provinzen (1971/72 und 1976/77)

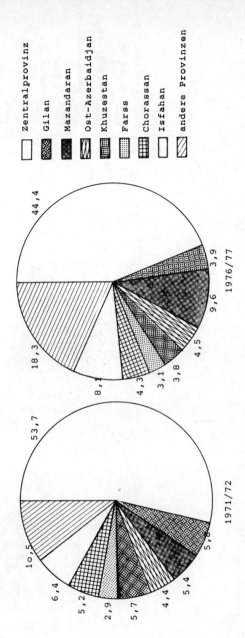

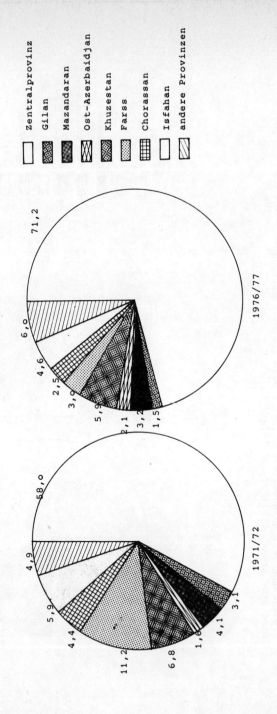

Abb. 9
Prozentuale regionale Verteilung der Wertschöpfung der
großen Industriebetriebe nach Provinzen
(1971/72 und 1976/77)

Bibliographie

Abbassi, D., Die Heldensage von Mahdi (persisch: hamase-e mahdi), o.O., o.J.

Abdullaev, Z.Z., Bourgeoisie and Working Class, in: Issawi, C. (ed.), The Economic History of Iran 1800-1914, Chicago, 1971.

Abrahamian, E., Communism and Communalism in Iran - The Tudeh and the Firqah-i Dimukrat, in: International Journal of Middle East Studies, Vol. 1, Nr.4, 1970.

ders., The Crowd in Iranian Politics 1905-1953, in: Past and Present, 1968.

ders., The Crowd in the Persian Constitutional Revolution, in: Iranian Studies, Vol. II, Nr. 4, Autumn 1969.

ders., The Guerilla-Movement in Iran 1963-77, in: Merip Report, Nr. 86, Washington, 1980; deutsch in: Religion und Politik im Iran, Ffm, 1981.

ders., Iran Between Two Revolutions, New Jersey, 1982.

ders., The Strengths and Weaknesses of the Labor Movement in Iran 1941-1953, in: Bonine, M./Keddie, N. (eds.), Modern Iran, Albany, 1981.

ders., Structural Causes of the Iranian Revolution, in: Merip Report, Nr.87, Washington, May 1980.

Adams, M. (ed.), The Middle East, London 1971.

Ahlers, I., u.a., Die vorkapitalistischen Produktionsweisen, Erlangen, 1973.

Ahmadzadeh, M., Bewaffneter Kampf - Strategie und Taktik (persisch: mobarez-e mosalehane - ham estragie, ham taktik), o.O., Sommer 1970.

Ajami, I., Social Classes, Family Demographic Characteristics and Mobility in 3 Iranian Villages, in: Sociologia Ruralis, nr. 1, 1969.

Akbari, A.A., Lumpanismus (persisch: lumpanisme), Teheran, 1974.

ders., Staatskapitalismus und Staatsproblem (persisch: sarmaj-e dari-e dolati wa massale-e dolat), Teheran, 1358 (1979).

Akhavi, S., Religion and Politics in Contemporary Iran Clergy-State-Relations in the Pahlavi-Period, Albany, 1980.

Alavi, B., Kämpfender Iran, Berlin/DDR, 1955.

Alberts, R.C., Social Structure and Culture Change in an Iranian Village, University of Wisconsin, 1963 (Diss.).

Al-e Ahmad, D., Die Feierstunde, in: die horen, Zeitschrift für Literatur, Graphik und Kritik, Bd. 3, 26. Jg., Herbst 1981 - Leben in der Diktatur unter dem Shah-Regime, Teil 2, Neupersische Lyrik, Prosa und Dramenliteratur.

ders., Über Verdienst und Verrat der Intellektuellen, (persisch: dar khedmat wa khianat-e roshanfekran), o.O., 1357[1] (1978).

ders., Verwestlichung (persisch: gharbzadegi), Teheran, 1341[1] (1961).

Algar, H., The Oppositional Role of the Ulama in Twentieth-Century Iran, in: Keddie, N.R. (ed.), Scholars, Saints and Sufis, Muslim Religious Institutions in the Middle East since 1500, Berkley, 1971.

al-Haidari, I., Zur Soziologie des schiitischen Chiliasmus, Ein Beitrag zur Erforschung des irakischen Passionsspiels, Freiburg, 1975.

Amin, S., Die Grenzen der grünen Revolution, in: BMZ-Materialien, Nr. 8, Bonn, 1970.
ders., Die ungleiche Entwicklung, Hamburg, 1975.

Amin, S./Pallix, C., Neuere Beiträge zur Imperialismustheorie, München, 1971.

Amirsadeghi, H./Ferrier, R.W. (eds.), Twentieth Century Iran, London, 1977.

Amuzegar, D., Iran, An Economic Profile, Washington, 1977.

Amuzegar, D./Fekrat, M.A., Iran, Economic Development under Dualistic Conditions, Chicago, 1971.

Ansari, A.-H., The Ethical Philosophy of Miskawayh, Aligarh, 1966.
Antoun, R./Harik, I., Rural Politics and Social Change in the Middle East, Bloomington, London, 1972.

Arasteh, R., Education and Social Awakening in Iran, Leiden, 1962.

ders., Man and Society in Iran, Leiden, 1970.

Aresvik, O., The Agricultural Development of Iran, New York, 1976.
Arghiri, E., L'echange inégal, Paris, 1969.

Arrighi, G./Paul, J.S., Class Formation and Economic Development in Tropical Africa, in: Bernstein, H.(ed.), Underdevelopment and Development, The Third World Today, Middlesex, 1973.

Ashraf, A., An Evaluation of Land Reform, in: Afshar Naderi, N. (ed.), Seminar of Evaluation of Directed Social Change, Teheran, 1966/67.

ders., Historical Obstacles to the Development of a Bourgeoisie in Iran, in: Cook, M.A. (ed.), Studies in the Economic History of the Middle East, London, 1970; persische Ausgabe: marane-e tarikhi-e rosht-e sarmaj-e dari dar iran , Teheran, 1980.

ders., Historical Specificity of Iranian Cities in Islamic Era, in: Olum-e Edjtemai, A Journal of Social Sciences, Vol.1, Nr.4, Juni 1974.

Assajesh, H., Die Industriegeographie Irans (persisch: djoghrafi-ja-e sanati-e iran), Tabriz, Tier 1354 (Juli 1976).

Avery, P., Modern Iran, London, 1965.

Avramovic, D., Industrialization of Iran - The Records and the Prospects, in: Taghighat-e Eghtesadi, Nr. 8, Teheran, 1970.

Baaske, R., Gesellschaftliche Stagnation und kapitalistische Entwicklung am Beispiel des Iran seit Mitte des 19. Jhs., Hannover, 1977, (unveröffentlicht).

Bailly, J./Florian, P., L'exacerbation des contradictions dans les economies semiindustrialisees, in: Critique de l'economie politique, Nr. 3, 1971.

Bakhshajeshi, A., Hundert Jahre Kampf der progressiven Ulama (persisch: sad sal mobarez-e rohaniat-e moteraghi), Ghom, o.J.

Baldwin, G.B., Planing and Development in Iran, Baltimore, 1967.

Balta, P., Die schiitische Revolution, in: Le Monde, 3./4.Dez. 1978.

Banani, A., Modernization in Iran 1921-1941, Stanford/Calif., 1961.

Banisadr, A., Die existierenden politischen Probleme Irans und ihre islamische Lösung (persisch: moshkelat-e siasi-e modjud dar iran wa rah-e hall-e eslami-e an), Teheran, o.J.

ders., Monistische Wirtschaft (persisch: eghtesad-e tohidi), o.O., 1357 (1978).

ders., Die Prinzipien und Kriterien der islamischen Regierung (persisch: usul wa zabetehaj-e hukumat-e eslami), o.O., o.J.

ders., Die Situation Irans und die Rolle von Modarres (persisch: mogheijat-e iran wa naghsh-e modarres), o.O., 1356 (1977).

Banisadr, A./Vieille, P., Iran et les multinationales, in: Esprit, Paris, Nov. 1977.

Baraheni, R., Der Clan der Kannibalen, München, 1977.

Barghei, M., Ein Blick auf Balutschistan (persisch: nazari be balutschestan), Teheran 1352 (1973).

Barrat-Brown, M., Struktur der Weltwirtschaft, in: Krippendorf, E. (Hrsg.), Probleme der internationalen Beziehungen, Ffm., 1972.

Bartsch, W.M., The Industrial Labour Force of Iran, Problems of Recruitment, Training and Productivity, in: The Middle East Journal, Washington, Winter 1971.

Bau, M., Iran wie es wirklich ist, München, Eßlingen, 1971.

Bauer, H., Die englisch-russischen Gegensätze in Persien, Tübingen, 1940, (Diss.).

Bausani, A., Die Perser, Suttgart, 1965.

Bayani, K., Les relations de l'Iran avec l'Europe occidentale a l'Epocque safavidem, Paris, 1937.

Bayat, M., Die Tradition der Abweichung im schi'itischen Iran, in: Religion und Politik im Iran, Ffm., 1981.

Bayne, E.A., Persian Kingship in Transition, New York, 1968.

Bazargan, M., Die Grenze zwischen Religion und Politik (persisch: marz-e mian-e din wa siasat), Rede am 21.6.1341 (12.9.1962) in der Narmak-Moschee in Teheran, o.O., o.J.

ders., Mission und Ideologie (persisch: be'esat wa ideoloji), Rede am Missionsfest 1345 (1966), Mashad, o.J.

ders., Untersuchung der Theorie von Erich Fromm (persisch: barresij-e mazarij-e Eric Fromm), Teheran, o.J.

ders., Vier Aufsätze: Gott und Gesellschaft; Mensch und Gott; Junger Islam; Spontaneität (persisch: tschahr maghaleh: khoda wa edjtema; ensan wa khoda; eslam-e djawan; khod-djushi), o.O., o.J.

Behrangi, S., Untersuchung der Erziehungsprobleme Irans (persisch: kand-o kav dar massale-e tarbiati-e iran), Teheran, 1343 (1964), 1972^5.

Belova, N.K., Le parti social-démocrate de l'Iran, in: Haupt, G./Rébérioux (eds.), La 2. Internationale et l'Orient, Paris, 1967.

dies., The Persian Revolution 1906-1911, in: Central Asian Review, 1956.

Benedick, R.E., Industrial Finance in Iran, A Study of Financial Practice in an Underdeveloped Economy, Boston, 1964.

Bettelheim, C., L'Inde indépendente, Paris, 1971.

Bharier, J., The Economic Development in Iran, 1900-1970, London, 1971.

Bill, J.A., The Politics of Iran - Groups, Classes and Modernization, Columbo/Ohio, 1972.

Blau, E.O., Kommerzielle Zustände Persiens, Berlin, 1958.

Bloch, E., Erbschaft dieser Zeit, Ffm., 1973.

ders., Das Prinzip Hoffnung, Ffm., 1974.

ders., Zur Originalgeschichte des Dritten Reiches, in: Neusüß, A., Utopie, Neuwied, Berlin, 1968.

Bosse, H., Zur Kolonisierung der inneren Natur, in Schülein, J.A. (u.a.), Politische Psychologie, Entwürfe zu einer historisch-materialistischen Theorie des Subjekts, Ffm., 1981.

Braun, H., Das Erbe Schah Abbas', Hamburg, 1967.

Bruinessen, M. van, Nationalismus und religiöser Konflikt - der kurdische Widerstand im Iran, in: Religion und Politik im Iran, Ffm., 1981.

Brun, T.A./Geissler, C./Bel, F., Le Balutchistan iranien: Un reservoir de travailleurs sous-alimentés pour les Emirats, in: Revue Tiers Monde, Nr. 63, Paris, 1977.

Brun, T.A./Dumont, R., Des prétentions impériales à la dépendance alimentaire - remarques sur le développement du secteur agro-alimentaire, in : Peuples Mediterranéens, Nr. 2, Paris, 1978.

Bruton, H.J., Notes on Development in Iran, in: Economic Development and Cultural Change, Nr. 9, 1960/61.

Bürker, G., Massenautonomie im Iran, in: Autonomie, Nr. 1, Der Iran, 1979.

Cahen, C., Der Islam, I, Ffm., 1968.

Claessens, D. und K., Kapitalismus als Kultur, Ffm., 1979.

Cleaver, H.M.Jr., Die Widersprüche der "Grünen Revolution", in: Sozialistisches Jahrbuch 5, Berlin, 1973.

Clément, J.-F., Pour une compréhension des mouvement islamistes, in: Esprit, Jan. 1980.

ders., Problémes de l'Islamisme, in: Esprit, Okt. 1980.

Collins, J./Moore-Lappé, F., Der Mythos des Hungers, Ffm., 1978.

Connell, J., Economic Change in an Iranian Village , in: The Middle East Journal, Nr. 3, Washington, 1974.

Cook, M.A., Studies in the Economic History of Middle East, London, 1970.

Cottam, R.W., Nationalism in Iran, Pittsburgh, 1967[2].

Daniels, R.A.M., Economic Change and Economic Resiliency in 19th Persia, in: Iranian Studies, Nr. 1, 1971.

Daszynska, J., Die Hausindustrie in Persien, in: Die neue Zeit, Jg. 2, Stuttgart, 1892.

Denman, D.R., The King's Vista, A Land Reform which changed the Face of Persia, Berkhamsted, 1973.

Djamshidi, I. (Hrsg.), Interviews mit dem Imam (Khomeini)(persisch: mosaheb-e ba emam), Teheran, o.J.

Djanzadeh, A., Dr.Shariati (persisch: doktor shariati), Teheran, 1358 (1979).

Djawan, F.M., Was sagen die Volksfedaijan (persisch: fadaijan-e khalgh tsche migujand), o.O., 1351 (1972).

Djawanshir, F.M., "Die islamische Ökonomie" aus der Sicht von Ajatollah Taleghani (persisch: "eghtesad-e eslami" az didgah-e ajatollah seijed mahmoud taleghani), in: Donya, Nr. 3, 1. Jg., 2. Per., Aban 1358 (Nov. 1979).

Djazani, B., Bewaffneter Kampf - der Weg zur Mobilisierung der Massen (persisch: mobareze-e mosalahane - rahe basidj-e tudeh-ha), o.O., 1973.

ders., Klassenkämpfe im Iran, Hrsg. und übersetzt von S.E.M.T., o.O., 1974.

ders., Wer verrät den Marxismus-Leninismus (persisch: tsche kesani be marxism-leninism khianat mikonand), o.O., 1973.

Dobb, M., Entwicklung des Kapitalismus, Köln, 1970.

Döbele, R., Entwicklung und Unterentwicklung - Das Beispiel Iran, Saarbrücken, 1982.

Dolatabadi, M., Zu Besuch beim Balutsch (persisch: didar-e balutsch), Teheran, 1357 (1978).

Drugias, H., Gewerkschaftsprobleme im Iran, in: Gewerkschaftliche Monatshefte, 1956.

Ducroq, G., La question agraire en Perse et la propagande soviétique, in: Revue du Monde Musulman, Bd. 50/51, Paris, 1921/22.

Eden, A., Memoir Full Circle, London, 1960.

Ehlers, E., Agrarsoziale Wandlungen im Kaspischen Tiefland Nordpersiens, in: Schöller/Liedtke (Hrsg.), Deutscher Geographentag Erlangen - Nürnberg 1971, Wiesbaden, 1971.

ders., Bunvar - Shami - Siah Mansoor, Methoden und Probleme der Landreform in Khusistan/Südiran, in: Zeitschrift für ausländische Landwirtschaft, h. 2, 1973.

ders., Iran - Grundzüge einer geographischen Landeskunde, Darmstadt, 1980.

ders., Traditionelle und moderne Formen der Landwirtschaft im Iran, Marburg, 1975.

Ende, W., Der schiitische Islam als politische Kraft, in: Forschungsinstitut der Friedrich Ebert-Stiftung (Hrsg.), Iran in der Krise - Weichenstellungen für die Zukunft, Bonn, 1980.

Engels, F., Die Bauernfrage in Frankreich und Deutschland, MEW, Bd. 22.

ders., Brief an Marx am 6.Juni 1853, MEW, Bd. 28.

ders., Grundsätze des Kommunismus, MEW, Bd. 4.

ders., Herrn Eugen Dührings Umwälzung der Wissenschaft (Anti-Dühring), MEW, Bd. 20.

ders., Die Lage Englands. Die englische Konstitution, MEW, bd. 1.

ders., Der Ursprung der Familie, des Privateigentums und des Staates, MEW, B. 21.

ders., Zur Urgeschichte des Christentums, MEW, Bd. 22.

Entner, M.L., Russo-Persia Commercial Relations 1828-1914, Gainsville/Florida, 1965.

Eslami, M., Grundlagen und Probleme der iranischen Industrie (persisch: bonjanha wa massale-e sanat-e iran), in: Taghighat-e Eghtesadi, 9.Jg., Nr. 32,33, Teheran, Frühling 1354 (1975).

Farahmand, S., Der Wirtschaftsaufbau des Irans, Tübingen, 1965.

Farhang, M., Das ökonomische Leben Irans (persisch: sendegi-e eghtesadi-e iran), Teheran, 1354, (1975).

Feder, F., Die neue Penetration der Landwirtschaften der unterentwickelten Länder durch die Industrienationen und ihre multinationalen Konzerne, in: Senghaas, D./Menzel, U. (Hrsg.), Multinationale Konzerne und die Dritte Welt, Opladen, 1976.

Ferdows, A., Die Feda'iyan e Islam und Ayatollah Khomeini - Das Modell einer islamischen Gesellschaft, in: Religion und Politik im Iran, Ffm., 1981.

Field, M., Agro-Business and Agricultural Planing of Iran, in: World Crops, März-April 1972.

Fischer, M., Rezension von Ehlers,E., Traditionelle und moderne Formen der Landwirtschaft im Iran, in: Iranian Studies, 1976.

Fitzgerald, M./Khoury, A.T./Wanzura, W. (Hrsg.), Renaissance des Islam - Weg zur Begegnung oder zur Konfrontation, Graz, Wien, Köln, 1980.

Floor, W., Iranische Geistliche als Revolutionäre - Wunschdenken oder Wirklichkeit, in: Religion und Politik im Iran, Ffm., 1981.

Floot, W.M., The Guilds in Qajar Iran, Leiden, 1971, (Diss.).

Freivalds, J., FarmCorporation in Iran, An Alternative to Traditional Agriculture, in: The Middle East Journal, Nr. 2, Washington, 1971.

Freud, S., Massenpsychologie und Ich-Analyse - Die Zukunft einer Illusion, Ffm., 1981^{15}.

ders., Totem und Tabu, 233.-240.Tsd., Ffm., 1981.

ders., Zur Einführung des Narzißmus, in: Gesammelte Werke, Bd. 10, Ffm., 1914.

Freund, W.S., Zur "Islamischen Revolution" im Iran - Das soziale und entwicklungspolitische Denken von Abdolhassan Banisadr, in: Khalid, D./Hansen, G. (Hrsg.), Entwicklungspolitische Untersuchungen zur islamischen Herausforderung, Hamburg, 1983.

Fröbe, F./Heinrichs, J./Kreye, O., Die neue internationale Arbeitsteilung, Reinbek, 1977.

Fromm, E., Die Furcht vor der Freiheit, Ffm., 1980.

ders., Psychoanalyse und Religion, Gütersloh, 1979.

Furtado, C., Externe Abhängigkeit und ökonomische Theorie, in: Senghaas, D. (Hrsg.), Imperialismus und strukturelle Gewalt, Ffm., 1972.

Galawij, E., Der große Oktober - der Beginn der Verwirklichung des höchsten menschlichen Wunschtraums (persisch: oktobr-e kabir, sawoghaz-e armanha-e wala-e ensan), in: Donya, Nr. 2, 1. Jg., 4. Per., Shahriwar/Mehr 1358 (Sept./Okt. 1979).

Gehrke, U./Mehner, H., Iran, Stuttgart, 1975.

Geiger, T., Die soziale Schichtung des deutschen Volkes, Soziologischer Versuch auf statistischer Grundlage, Stuttgart, 1932.

Gelpke, R. (Hrsg.), Meistererzählungen der modernen persischen Literatur, Zürich, 1961.

George, Susan, Wie die anderen sterben, Die wahren Ursachen des Welthungers, Berlin, 1978.

Gharatchedaghi, C., Landverteilung in Waramin, Ein Auftakt zur Bodenreform im Iran, Opladen, 1967.

Gholamasad, D., Im Verfassungsentwurf (der islamischen Republik) sind die Frauen dann den Männern gleichgestellt, wenn ihre Rechte und Freiheiten aufgehoben werden (persisch: dar pishnewis-e ghanun-e assassi - djomhuri-e eslami - tanha dar naghz-e hoghugh wa azadiha zanan ba mardan barabarand), in: Ettehad-e Tschap, Nr. 7, Teheran, 21. Juli 1979.

ders., Sozio-ökonomische Aspekte der Landreform im Iran, Graz, 1970, (Diss.).

ders., Der Verfassungsentwurf (der islamischen Republik) ist Entwurf der legalen Zerstörung der individuellen und sozialen Stellung der Frau (persisch: tarh-e ghanun-e assassi tarh-e ghanuni-e naghz-e shakhssijat-e fardi wa edjtemai-e zan ast), in :Ettehad-e Tschap, Nr. 4, Teheran, 30. Juni 1979.

ders., Die weiße "Revolution" frißt ihr eigenes Kind, in: Iran-Report, Ffm., September 1971.

ders., Zu einigen Aspekten der gegenwärtigen Krise des Imperialismus (persisch: dar bareh-e barkhi az djonbeha-je bohran-e konuni-e emperialism), in: Kargar, Nr. 13, März 1978.

ders., Zu den ökonomischen Hintergründen des Aufstandes und der Krise des Schahregimes, Iran-Report, Ffm., 1978.

ders., Zum Demokratieverständnis Ajatollah Khomeinis (persisch: dar bareh-e tassaworat-e ajatollah khomeini dar bareh-e demokrassi), in: Ettehad-e Tschap, Nr. 5, 7. Juli 1979; neu erschienen unter dem Titel: Demokratie aus zwei Perspektiven gesehen (persisch: do barkhord be demokrassi az do didgah), in: Ettehad-e Tschap (Hrsg.), Demokratie und Schriftgelehrtenherrschaft (persisch: demokrassi wa welajat-e faghi), o.O., Nov. 1980.

ders., Zur Genesis des Demokratieverständnisses Ajatollah Khomeinis (persisch: bahssi dar bareh-e samineha-e tassaworat-e ajatollah khomeini dar bareh-e demokrassi), in: Ettehad-e Tschap, Nr. 6, Teheran, 14. Juli 1979; neu erschienen in Ettehad-e Tschap (Hrsg.), Demokratie und Schriftgelehrtenherrschaft (persisch: demokrassi wa welajat-e faghi), o.O., Nov. 1980.

ders., Zur Kritik der Stellung der Frau im Grundgesetzentwurf der "Islamischen Republik - Die Einkerkerung der Frau in den häuslichen vier Wänden ist keine Lösung für die gegenwärtige Kulturkrise (persisch: be band keshidan-e zanan dar tschahr diwari-e khane rah-e hall-e bohran-e farhangi-e modjud nist), in: Ettehad-e Tschap, Nr. 22, Teheran, 18. August 1979.

ders., Zur Nationalitätenfrage im Iran, (Persisch: masale-e khalghha dar iran), in: Ettehad-e Tschap, Nr. 22, Teheran, 18. August 1979.

ders., Zur Sozialpsychologie des Aufstandes und der "islamischen Revolution" im Iran, in: Dokumentation der Internationalismus-Tage Tübingen, 11.Dez.-13.Dez. 1981,(Hrsg.) Internationalismus-Ausschuß der Fachschftsräte-Vollversammlung der Ernst-Bloch-Universität in Zusammenarbeit mit den Basisgruppen im VDS.

Giehlhammer, L., Der Aufbau einer Industrie im Iran, in: Orient-Nachrichten, 1939/40.

Glassen, E., Die frühen Safawiden, Freiburg, 1970.

dies., Religiöse Bewegungen in der islamischen Geschichte des Iran (ca. 1000- 1501), in: Religion und Politik im Iran, Ffm., 1981.

Gobineau, A. de, Merchants and Craftsmen 1850s, in: Issawi, C. (ed.), The Economic History of Iran 1800-1914, Chicago, 1971.

Göbel, K.H., Moderne shi'itische Politik und Staatsidee, Opladen, 1984.

Gottschalk, H.L., Die Kultur der Araber, in: Gottschalk, H.L. (u.a.) (Hrsg.), Die Kultur des Islam, Ffm., 1971.

Graham, R., Iran - Die Illusion der Macht, Ffm., Berlin, Wien, 1979.

Grant, C.P., Iran - Test of Relations between Great and Small Nations, in: Foreign Policy Reports, Nr.3, 15.4.1945.

Graves, R.C., Persia and the Defence of India 1884-1892, London, 1959.

Greussing, K., Iran - Polizeistaatskapitalismus, Marginalisierung und islamische Revolution, in: Revolution in Iran und Afghanistan, Ffm., 1980.

ders., Politische Ökonomie des Dorfes im Iran - Zum Verhältnis von dörflicher Klassenentwicklung und Landreform, in: Mardom nameh, Hefte zur Geschichte und Gesellschaft iranischer Völker, Nr. 1, Sommer 1975.

Griggs, L., Oil and Water rebuild an Ancient Land, Fortune, Nov. 1970.

Grunebaum, G.E.v. (Hrsg.), Der Islam II, Ffm., 1971.

ders., Der Islam in seiner klassischen Epoche, Zürich, Stuttgart, 1966.

Gurland, A., Marxismus und Diktatur, Ffm., 1981.

Gutelman, M., Le financement de la réforme agraire comme rapport de classes, in: Etudes Rurales, Nr. 48, 1972.

ders., Structures et réformes agraire, Paris, 1974.

Hacker, F., Freiheit die sie meinen, Gütersloh, 1978.

Haeberlin, U./Niklaus, E., Identitätskrise - Theorie und Anwendung am Beispiel des sozialen Aufstiegs durch Bildung, Bern, Suttgart, 1978.

Hagemeister, J. v., Der europäische Handel in der Türkei und in Persien, Riga, Leipzig, 1838.

Haghighat, A. (Rafie), Die Geschichte der geistigen Bewegungen der Iraner - von Zarathustra bis Razi (persisch: tarikh-e nehzatha-je fekri-je iranian - az zartosht ta razi), Teheran, 2536 (1977).

Hahn, H., Die wirtschafts- und sozialgeographische Struktur iranischer Dörfer nach der Bodenreform, in: Erdkunde, Nr. 2, 1973.

Halliday, F., Iran - Analyse einer Gesellschaft im Entwicklungskrieg, Berlin, 1979.

Hambly, G., An Introduction to the Economic Organization of Early Qajar Iran, in: Iran, Journal of the British Institute of Persian Studies, Nr. 2, London, 1964.

Hansen, J.R., Wachstum und Grundlage des Industriesektors im Iran (1960-1970) (persisch: roshd wa bonjan-e bakhsh-e sanati dar iran - 1960-1970), in: Taghighat-e Eghtesadi, 9. Jg., Nr. 32,33, Teheran, Frühling 1354 (1975).

Hanway, J., Revolution of Persia, London, 1754.

Hedajat, S., Dasch Akol, in: Gelpke, R. (Hrsg.), Meistererzählungen der modernen persischen Literatur, Zürich, 1961.

ders., Hadschi Agha, Berlin/DDR, 1963.

Hegel, G.W.F., Herrschaft und Knechtschaft, in: ders., Phänomenologie des Geistes, Hamburg, 1952.

Heinrich, B., DM - Imperialismus, Ffm., 1971.

Heinz, W., Zarathustra, Stuttgart, 1961.

Heller, A., Theorie der Bedürfnisse, Hamburg, 1980.

Henseler, H., Narzißtische Krisen - Zur Psychodynamik des Selbstmordes, Reinbek, 1974.

Hershlag, Z.Y., Introduction to the Modern Middle East, Leiden, 1964.

ders., Persia and its Economic Problems in the 19th and 20th Century (until World War I), in: ders., Introduction to the Economic History of the Middle East, Leiden, 1964.

ders., Persia between the Two World Wars, in: ders., Introduction to the Economic History of the Modern Middle East, Leiden, 1964.

Hessam-Waziri, A., Das Verhältnis der Bildung und Ausbildung der Absolventen des Politechnikums zum Beruf (persisch: rabete-e talim wa tarbial wa shoghl nazd-e faregh-ol-tahssilan-e politeknik), in: Olum-e Edjtemai, A Journal of the Social Sciences of the Institute for Social Research, Teheran University, Vol. I, Nr. 3, Teheran, Feb. 1970.

Hesse, H., Importsubstitution und Entwicklungspolitik, in: Zeitschrift für die gesamte Staatswissenschaft, Bd. 124, 1968.

Hesse, H., Der Steppenwolf, Ffm., 1978.

Hill, L.H./Niknam, R., American Treasure and the Price Revolution in Iran, in: Iranian Economic Review, Nr. 5, 1978.

Hinz, W., Irans Aufstieg zum Nationalstaat, Berlin, Leipzig, 1936.

Hobsbawm, E., Industrie und Empire I, Britische Wirtschaftsgeschichte seit 1750, Ffm., 1975.

ders., Sozialrebellen, Neuwied, Berlin, 1971.

Hoeppner, R.R., Aspekte der Agrarreform Irans, in: Orient, Nr.1, Hamburg, 1973.

Homayounpour, P., L'affaire d'Aserbeijan, Lausanne, 1966.

Hooglund, E., The Khwushnishin Population of Iran, in: Iranian Studies, Autumn 1973.

Hooglund, M.E., Hoseyn als Vermittler, Hoseyn als Vorbild, Anpassung und Revolution im iranischen Dorf, in: Religion und Politik im Iran, Ffm., 1981.

Hosseini-Kaseruni, M.R./Ghate-Golabi, H., Der statistische Ausdruck der Lage der Marginalisierten (persisch: bajan-e amari-e waz-e hashieneshinan), in: Ketab-e Djomeh, 1.Jg., Nr. 12, Teheran, 1980.

Hottinger, A., Die iranischen Minderheitsvölker und die Revolution, in: Religion und Politik im Iran, Ffm., 1981.

ders., Die islamische Revolution - ein zweiter Blick, in: Schweizer Monatshefte, Nr. 2, März 1981.

Housego, D., Survey of Iran, in: The Economist, London, 28.8. 1976.

Hurtienne, T., Zur Ideologiekritik der lateinamerikanischen Theorie der Unterentwicklung und Abhängigkeit, in: Prokla 14/15, Berlin, 1974.

Irfani, S., Iran's Islamic Revolution, London, 1983.

Issawi, C., The Decline of Middle Eastern Trade 1100-1850, in: Richards, D.S. (ed.), Islam & the Trade of Asia, Oxford, 1970.

ders. (ed.), The Economic History of Iran 1800-1914, Chicago, 1971.

Iwanow, M.S., Die moderne iranische Geschichte (persisch: tarikh-e novin-e iran), persische Übersetzung v. Tizabi, H./ Ghaem-Panah, H., o.O., o.J.

Jacobs, N., The Sociology of Development - Iran as an Asian Case Study, New York, 1966.

Jacqz, Jane (ed.), Iran - Past, Present and Future, New York, 1976.

Janzen, J., Landwirtschaftliche Aktiengesellschaften im Iran, Saarbrücken, 1976.

Jonossy, F., Das Ende des Wirtschaftswunders, Erscheinungen und Wesen der wirtschaftlichen Entwicklung, Ffm., 1966.

Kaempfer, E., Am Hofe des persischen Großkönigs (1684-85), Leipzig, 1940.

Kasravi, A., Achtzehn Jahre Geschichte Azerbeidjans (persisch: tarikh-e hijdah saleh-e azerbeidjan), Teheran, 1967.

ders., Geschichte des iranischen Konstitutionalismus (persisch: tarikh-e mashrutiat-e iran), Teheran, 1965.

Kaster, H.L., Iran heute, Wien, Düsseldorf, 1974.

Katbi, M., Eine Untersuchung zum Eingang der Studenten zur Universität (persisch: pajouheshi piramun-e worud-e daneshdj be daneshgah), in: Olum-e Edjtemai, A Journal of the Social Sciences of the Institute for Social Research, Teheran University, Vol. I, Nr.4, Teheran, June 1974.

Katouzian, H., The Political Economy of Modern Iran 1926-1979, London, 1981.

ders., Die politische Ökonomie der ölexportierenden Länder - Ein analytisches Modell, in: Revolution in Iran und Afghanistan, Ffm., 1980.

Katouzian, M.A., Der Agrarsektor in der iranischen Wirtschaft (persisch: bakhsh-e keshawarzi dar eghtesad-e iran, barresi wa hoshdar), in: Taghighat-e Eghtesadi, Nr. 27,28, Teheran, 1971.

ders., Landreform of Iran - A Case Study in the Political Economy of Social Engeneering, in: The Journal of Peasant Studies, Nr. 2, London, 1974.

Kazemi, E., Die Fußstapfen Eskandars (persisch: dja-je pa-je eskandar), Teheran, 1350 (1971).

Kazemi, F., Social Mobilization and Domestic Violence in Iran 1946-1968, University of Wisconsin, 1973 (diss.).

Kazemsadeh, F., Russia and Britain in Persia 1864-1914, A Study in Imperialism, New Haven, London, 1968.

Keddie, N.R., Die Antikadjaren Ulama, in Schröder, G. (Hrsg.), Schah und Schia - Materialien zur Geschichte von Religion und Staat im Iran, Gießen, 1979.

ders., The Economic History of Iran 1800-1914 and its Political Impact: An Overview, in: Iranian Studies, Spring-Summer 1972.

ders., Das Erbe des Midas - Schwarzes Gold, Ökonomie und Politik der "Weißen Revolution" - Krise und Ende des Shah-Regimes, in: Revolution in Iran und Afghanistan, Ffm., 1980.

ders., Iran, in: Grunebaum, G.E.v. (Hrsg.), Der Islam II, Ffm., 1971.

ders., Iranian Politics 1900-1905 - Background to Revolution, in: Middle Eastern Studies, Vol.V, London, 1969.

ders., The Iranian Power Structure and Social Change - An Overview, in: International Journal of Middle East Studies, Nr. 1, Cambridge/Mass., 1971.

ders., The Iranian Revolution and the Islamic Republic, o.O., 1982.

ders., An Islamic Response to Imperialism, Berkeley, 1965.

ders., Religion and Rebellion in Iran - The Tobacco Protest of 1891-1892, London, 1964.

ders., Roots of Revolution, New Haven, 1981.

ders. (ed.), Scholars, Saints and Sufis, Muslim Religious Institution in the Middle East since 1500, Berkeley, 1971.

ders., Stratification, Social Control and Capitalism in Iranian Villages - before and after Land Reform, in: Antoun, R. (u.a.) (eds.), Rural Politics and Social Change in the Middle East, Bloomington, London, 1972.

ders., Ursprünge der Allianz zwischen Radikalen und Religiösen, in: Past and Present, Vol. 34, 1966; zusammengefaßt in Schröder, G. (Hrsg.), Schah und Schia - Materialien zur Geschichte von Religion und Staat im Iran, Gießen, 1979.

Khalatbari, P., Die Agrarfrage im Iran, in: Deutsche Außenpolitik, 1962.

ders., Ökonomische Unterentwicklung- Mechanismus, Probleme, Ausweg, Ffm., 1972.

Khalid, D./Hansen, G. (Hrsg.), Entwicklungspolitische Untersuchungen zur islamischen Herausforderung. Mitteilungen des deutschen Orientinstituts, Nr. 21, Hamburg, 1983.

Khalid, D., Reislamisierung und Entwicklungspolitik, München, London, Köln, 1982.

Khalil-allah Moghadam, A., Monarchie oder Absolutismus (persisch: baresi-e kutahi dar bareh-e hokumat-e mashrote-e saltanati ja rejim-e khodkame-e shahanshahi), Teheran, 1979.

Khamei, A., Die dreiundfünfzig Personen - die Erinnerungen von Dr. Khamei (persisch: pandja nafar wa se nafar - khaterat-e doktor anwar khamei), Teheran, o.J.

Khdemadum, N./Bergmann, H., Sozio-ökonomische Differenzierung im Gefolge der Bodenreform im Iran, in: Zeitschrift für ausländische Landwirtschaft, Nr.3,4, 1973.

Khiabani, M., Ashura - die Philosophie der Freiheit (persisch: ashura - falsafe-e azadi), o.O., Azar 1358 (Dez. 1979), Pub. der Modjahedin-e khalgh.

Khomeini, R., Ajatollah, Die Interpretation von sure-hamd (im Koran) (persisch: tafsir-e sure-e hamd), Red. Rabbani-Khalkhali, a.a., Ghom, 7.Rabi-ol sani 1300 (1979).

ders., Die Schriftgelehrtenherrschaft (persisch: welajat-e faghih), Teheran, 1979; dt.: Schwarz, K. (Hrsg.), Der islamische Staat, Berlin, 1983.

Khosravi, K., Les paysans sans terre en Iran: Les Khochnechins, in: Sociologia Ruralis, Nr. 3,4, 1973.

ders., Sociologie de la campagne iranienne (persisch: djome-e shenasi rustaje iran), Universitée Teheran, Faculté des sciences sociales et d'études coopératives, Nr. 1, Teheran, Sept. 1976.

ders., La stratification sociale rurale en Iran, in: Etudes Rurales, 1966.

Kippenberg, H.G., Jeden Tag 'Ashura, jedes Grab Kerbala - Zur Ritualisierung der Straßenkämpfe im Iran, in: Religion und Politik im Iran, Ffm., 1881.

Knapp, W., 1921-1941 - The Period of Riza Shah, in: Amirsadeghi, H./Ferrier, R.W. (eds.), Twentieth Century Iran, London, 1977.

Knight, A., Another Persia, A Survey of Iran, in: The Economist, London, 31.10.1970.

Korba, W., Probleme der industriellen Entwicklung und Konzentration im Iran, Wiesbaden, 1977.

Krippendorf, E. (Hrsg.), Probleme der internationalen Beziehungen, Ffm, 1972.

Krusinsky, Father, The History of the Revolution of Persia, London, 1729.

Kusnetsova, N.A., Guild Organization, early 19th Century, in: Issawi, C.(ed.), The Economic History of Iran 1800-1914, Chicago, 1971.

dies., Urban Industry in Persia during the 18th and early 19th Century, in: Central Asian Review, Vol. XI, Nr. 3, 1963.

Laban, A.M., Der islamische Revivalismus (I) - die Bewegung der Moslem-Brüder, in: die Dritte Welt, Nr.2, 1978.

Läpple, D., Staat und allgemeine Produktionsbedingungen - Grundlagen zur Kritik der Infrastrukturtheorien, Berlin, 1973.

Lambton, A.K.S., Islamic Society in Persia, London, 1954.

dies., Justice in the Medieval Persian Theory of Kingship, in: Studia Islamica, Vol. XVI, 1962.

dies., Landlord and Peasant in Persia, London, 1969.

dies., The Persian Land Reform 1962-1966, Oxford, 1969.

dies., Persian Trade under the Early Qajars, in: Richards, D.S. (ed.), Islam & the Trade of Asia, Oxford, 1970.

Laurentii, L., Der persische Bauer, in: Globus, 1910.

Lefèbvre, H., Les classes sociales a la campagne - Le Toscane et la "Mezzadria classica", in: Cahiers internationaux de sociologie, 1951.

Leggewie, C./Raich, H., Asiatische Produktionsweise, Göttinger Beiträge zur Gesellschaftstheorie 2, Göttingen, 1977.

Lehman, D., Generalizing about Peasant Movements, in: The Journal of Development Studies, London, Jan. 1973.

Lenczowski, G. (ed.), Iran under the Pahlavis, Stanford, 1978.

ders., Russia and the West Iran 1918-1948, New York, 1949.

Lenin, W.I., Das Agrarprogramm der Sozialdemokraten in der ersten russischen Revolution, in: Lenin, W.I., Werke, Bd.13, Berlin, 1972.

Litten, W., Persien - von der "pénétration pacifique" zum "Protektorat", Urkunden und Tatsachen zur Geschichte der europäischen "Pénétration Pacifique" in Persien 1800-1919, Berlin, Leipzig, 1920.

Lockhart, L., Nadir Shah, London, 1938.

Lorini, E., La Persia economica (modern factories, 1890s), in: Issawi, C. (ed.), The Economic History of Iran 1800-1914, Chicago, 1971.

Luft. P., Strategische Interessen und Anleihepolitik Rußlands, in: Geschichte und Gesellschaft - Imperialismus im Nahen und Mittleren Osten, H.4, 1975.

Magyar, L., Der Kampf um das persische Erdöl und die Aufgaben der KP Irans, in: Inprekorr, Nr. 108, 1931.

Mahdavy, H., Economic Development in Rentier States - The Case of Iran, in: History of the Middle East, London, 1970.

Mahrad, A., Iran unter der Herrschaft Reza Schahs, Ffm., 1977.

Malek, H., Après la reforme agraire iranienne, in: Annales des Geographie, Nr. 409, Mai, Juni 1966.

Malekpur, A., Die Wirtschaftsverfassung Irans, Berlin, 1935, (Diss.).

Mandel, E., Der Spätkapitalismus, Ffm., 1972.

Marcuse, H., Triebstruktur und Gesellschaft, Ffm., 1982.

Martin, B.G., German-persian Diplomatic Relations 1873-1912, s'Gravenhage, 1959.

Marx, K., Der achtzehnte Brumaire des Louis Bonaparte, MEW, Bd. 8.

ders., Die Bourgeoisie und die Konterrevolution, MEW. Bd. 6.

ders., Briefe
- an P.W.Annenkow am 28.Dez. 1846, MEW, Bd. 27
- an Engels am 2, Juni 1853, MEW, Bd. 28
- an Engels am 14. Juni 1853, MEW, Bd. 28
- an Engels am 22. Juni 1853, MEW, Bd. 28
- an Kugelmann am 11.Juli 1868, MEW, Bd. 32

ders., Entwürfe einer Antwort auf den Brief von V.I.Sassulitsch, MEW, Bd. 19.

ders., Grundrisse der Kritik der politischen Ökonomie, Ffm., Wien, o.J.

ders., Die Heilige Familie, MEW, Bd.2.

ders., Das Kapital, MEW, Bd. 23 und 25.

ders., Zur Kritik der Hegelschen Rechtsphilosophie, Einleitung, MEW, Bd. 1.

ders., Zur Kritik der Hegelschen Rechtsphilosophie, Kritik des Hegelschen Staatsrechts (§§ 261-313), MEW, Bd. 1.

ders., Kritische Randglossen zu dem Artikel "Der König von Preußen und die Sozialreform. Von einem Preußen", MEW, Bd. 1.

ders., Ökonomisch-Philosophische Manuskripte, MEW, Ergänzungsband I.

ders., Resultate des unmittelbaren Produktionsprozesses, Archiv sozialwissenschaftlicher Literatur, Ffm., 1969.

ders., Theorien über den Mehrwert, MEW, Bd. 1.

ders., Theorien über den Mehrwert, MEW, Bd. 26.1.

ders., Thesen über Feuerbach, MEW, Bd. 3.

Marx, K./Engels, F., Die Deutsche Ideologie, MEW, Bd. 3.

Marx, K./Engels, F., Manifest der kommunistischen Partei, MEW, Bd. 4.

Massarrat, M., Gesellschaftliche Stagnation und die asiatische Produktionsweise dargestellt am Beispiel der iranischen Geschichte - Eine Kritik der Grundformationstheorie, in: Asche, A./Massarrat, M., Studien über die Dritte Welt - Asiatische Produktionsweise (Iran), Ausbreitung kolonialer Herrschaft (Indien), Göttingen, 1977.

ders., Hauptentwicklungsstadien des kapitalistischen Weltmarkts, Lollar/Lahn, 1976.

ders., Iran - von der ökonomischen Krise zur sozialen Revolution, Offenbach, Feb. 1979.

ders., Weltenergieproduktion und Neuordnung der Weltwirtschaft - Die Weltarbeitsteilung und die Neuverteilung des Reichtums in der Welt, Ffm, New York, 1980.

McDaniel, R.A., Economic Change and Economic Resiliency in the 19th Century Persia, in: Iranian Studies, Vol. IV, Nr. 1, Winter 1971.

McLachlan, K.S., The Iranian Economy 1960-1976, in: Amirsadeghi, H./Ferrier, R.W. (eds.), Twentieth Century Iran, London, 1977.

Mead, G.H., Geist, Identität und Gesellschaft, Ffm., 1973.

Mehran, F., Distribution of Benefits from Public Consumption Expenditures among Households in Iran, Genf, Juli, 1976.

Mehran, F./Zaker-Handjani, H., Ökonomisches Wachstum und ungleiche Einkommensverteilung im Iran (persisch: tose-e eghtesadi wa nabarabari-e daramad dar iran), o.O., o.J.

Migeod, K.H., Die persische Gesellschaft unter Nassir-ud-din-Schah 1848-1896, Göttingen, 1956.

Mikdashy, Z., A Financial Analysis of Middle Eastern Oil Concessions 1901-1965, New York, 1966.

Miksell, R.F. (ed.), Foreign Investment in the Petroleum and Mineral Industries - Case Studies in Investor-Host-Relations, Baltimore, 1970.

Miliband, R., Marx und der Staat, Berlin, 1971.

Miller, A., Das Drama des begabten Kindes oder die Suche nach dem wahren Selbst, Ffm., 1979.

Miller, W.G., Political Organization in Iran, in: The Middle East Journal, Nr. 2, 3, Washington, 1969.

Millward, W.G., Traditional Values and Social Change in Iran, in: Iran Studies, New York, Winter 1971.

Minorsky, V., Tadhkiral al-Muluk: A Manual of Safavi Administration, London, 1943.

Moghtader, H., Irans außenwirtschaftliche Beziehungen(I), in: Außenpolitik, Januar, 1981.

Mohadjerani, M., Die Untersuchung der Agrarkredite vor und nach der Landreform (persisch: baresi-e ware-e etebarat-e keshawarzi dar doreh-e ghabl wa pas az eslahat-e arzi), in: Taghighat-e Eghtesadi, Nr.27/28, Teheran, 1969.

Mohaghegh, F., Die Ursachen und Elemente der Arbeitslosigkeit im Iran (persisch: elal wa awamel-e bikari dar iran), in: Ketab-e Djomeh, 1.Jg., Nr. 21, Teheran, Jan. 1980.

Mohammadi, V., Banksystem und Bankpolitik im Iran, Berlin, 1964, (Diss.).

Mohammadi-Nejad, H., Elite - Counter-Elite - Conflict and the Development of a Revolutionary Moment - The Case of Iranian National Front, Southern Illinois University, (Diss.).

Mohtachemi, C.M., Les sociétés agricoles anonymes en Iran - Etude de Cas, Paris, 1973, (Diss.).

Momeni, B., Die Agrarfrage und die Klassenkämpfe im Iran (persisch: masale-e arazi wa djang-e tabegati dar iran), Teheran, 1359 (1980/81).

ders., Iran an der Schwelle der konstitutionellen Revolution und die konstitutionelle Literatur (persisch: iran dar astane-e enghelab-e mashrotiat wa adabiat-e mashrote), Teheran, 1978.

Moradi-Nejad, H./Pajoum-Shariati, P., Eine Untersuchung zum Absenden der Studenten ins Ausland zur Ghadjaren- und Pahlavi-Periode (persisch: pajouheshi dar bareh-e ferestadan-e daneshdju be kharedj dar doreh-e ghadjar wa pahlawi), in: Olum-e Edjtemai, A Journal of Social Sciences of the Institute for Social Research, Teheran University, Nr. 4, Vol.I, Teheran, Juni 1974.

Mosta'an, H.-R., Das Wesen der islamischen Regierung aus der Sicht von Ajatollah Naini (persisch: mahijat-e hokumat-e eslami az didgah-e ajatollah naini), o.O., 1355 (1976).

Motahari, M., Das wesentliche Problem in der Organisation des Klerus (persisch: moshgel-e asasi dar sazeman-e rohaniat), o.O., o.J.

Mühlmann, W.E., Chiliasmus und Nativismus, Studien zur Psychologie, Soziologie und historischen Kasuistik der Umsturzbewegungen, Berlin, 1964.

ders., Rassen, Ethnien, Kulturen - Moderne Ethnologie, Neuwied, Berlin, 1964.

Müller-Plantenberg, U., Die Bundesrepublik Deutschland und die neue Weltwirtschaftsordnung, in: Lateinamerika-Analysen und Berichte, Nr.2, Internationale Verflechtung und soziale Kämpfe, hrsg. v. Bennholdt-Thomsen, V. (u.a.), Berlin, 1980².

ders., Technologie und Abhängigkeit, in: Senghaas, D. (Hrsg.), Imperialismus und strukturelle Gewalt, Ffm., 1972.

Myrdal, G., Politisches Manifest über die Armut in der Welt, Ffm., 1971.

Nahid, A.H., Die Frauen des Iran in der Verfassungsbewegung, Ffm., 1982.

Naini, A., Die Revolution im Iran, Hamburg, 1979.

Naraghi, E., Significations et portées des recherches sur la société en Iran, in: Social Science Information, Dez. 1968.

Nasr, S.H., Ideals and Realities of Islam, London, 1966.

Nazari, H., Der Iran auf dem Wege der Modernisierung, Erlangen, 1971.

ders., Der ökonomische und politische Kampf um das iranische Erdöl, Köln, 1971.

Negt, O./Kluge, A., Öffentlichkeit und Erfahrung, Zur Organisationsanalyse von bürgerlicher und proletarischer Öffentlichkeit, Ffm., 1972.

Neusüß, A., Utopie, Neuwied, Berlin, 1968.

Nickel, J.H., Unterentwicklung als Marginalität in Lateinamerika - Einführung und Bibliographie zu einem lateinamerikanischen Raum, München, 1973.

Nickolson, R.A., Studies in Islamic Mysticism, Cambridge, 1920.

Nikgohar, A., Quelques observations sur la réforme agraire iranienne, in: Révue Française de Sociologie, Paris, 1975.

Nirumand, B., Persien - Modell eines Entwicklungslandes, Reinbek, 1967.

Nowshirvani, V./Bildner, R., Direct Foreign Investment in the Non-Oil Sectors of the Iranian Economy, in: Iranian Studies, New Haven, Spring-Summer 1973.

Nyberg, N.S., Die Religionen des alten Iran, Osnabrück, 1966.

O'Connor, J., Die Bedeutung des ökonomischen Imperialismus, in: Senghaas, D. (Hrsg.), Imperialismus und strukturelle Gewalt, Ffm., 1972.

Önder, Z., Der Islam und die westlichen Ideologien - die ideologische Verwirrung der Eliten in der islamischen Welt, in: Verfassung und Recht in Übersee, Baden-Baden, 3.Quartal 1980.

Okazaki, S., The Development of Large-Scale Farming in Iran, The Case of the Province of Gorgan, Tokyo, 1968.

ders., Shirang-sofla - The Economics of a Northeast Iranian Village, in: Developing Economies, Juni 1969.

O'Kearney, J., The Red Mirage, London, 1958.

Ono, M., On Socio-Economic Structure of Iranian Villages., in: Developing Economies, Juli-Sept., 1967.

Pach, Z.P., Zur Geschichte der internationalen Handelswege und des Handelskapitals vom 15. bis 16. Jh, in: Jahrbuch für Wirtschaftsgeschichte, Teil III, Berlin, 1969.

Pahlavi, M. R. (Schah), Mission for my Country, London, 1961.

Panahi, B., Erdöl - Gegenwart und Zukunft des Iran, Köln, 1976.

Partsch, W.H., Problems of Employment Creation in Iran, Geneva, (ILO), 1970.

Parvin, M./Zamani, A.N., Political Economy of Growth and Destruction - A statistical Interpretation of the Iranian Case, in: Iranian Studies, Vol. XII, Nr.1,2, 1979.

Pawlowitsch, M., Die ökonomische Entwicklung und die Agrarfrage in Persien im 20. Jh, in: Russische Korrespondenz, Jg. II, Bd. 1, Jan.-Juli 1921.

Petrushewsky, I.P., Islam im Iran (persisch: eslam dar iran), persische Übersetzung der russischen Ausgabe, Teheran, 1354(1975).

Planck, U., Iranische Dörfer nach der Landreform, Opladen, 1974.

ders., Die Rolle der Landwirtschaft in der neuen iranischen Wirtschaftspolitik, in: Forschungsinstitut der Friedrich-Ebert-Stiftung (Hrsg.), Iran in der Krise - Weichenstellungen für die Zukunft, Bonn, 1980.

ders., Der Teilbau im Iran, in: Zeitschrift für ausländische Landwirtschaft, Jg. 1, H. 1, 1962.

Planhol, X.d., Kulturgeographische Grundlagen der islamischen Geschichte, Zürich, München, 1976.

Polack, J., Persien - Das Land und seine Bewohner, Leipzig, 1865.

Poulantzas, N., Zum marxistischen Klassenbegriff, Berlin, 1973.

Pujan, A.P., Über die Notwendigkeit des bewaffneten Kampfes und die Widerlegung der Theorie des Überlebens (persisch: sarurat-e mobareze-e mosalahaneh wa rad-e teori-e baga), o.O., Frühjahr 1970; hrsg. in deutscher Sprache von den "Sympathisanten der Volksfedayin Guerilla Iran", Hannover, Frühjahr 1970. 4.persische Auflage, hrsg. mit einem Vorwort von Sazemanhaj-e Djebhej-e meli-e Iran, kharedj-e Keshwar (Bakhsh-e khawar-e mianeh), o.O., 15.3.1354 (1975).

Pourafzal, H., Kooperationsformen in der iranischen Landwirtschaft, Gießen, 1969.

Quijano, A., Marginaler Pol der Wirtschaft und marginalisierte Arbeitskräfte, in: Senghaas, D. (Hrsg.), Peripherer Kapitalismus, Ffm., 1974.

Rabbani, M., A Cost-Benefit-Analysis of the Dez-Multipurpose Project, in: Taghighat-e Eghtesadi, Nr.23/24, Teheran, 1971.

Rad, S., Notizen über die Industrialisierung Irans - die Struktur des iranischen Kapitalismus (jaddashtha-i dar bareh-e sanati shodan-e Iran - sakhtar-e sarmajedari-e Iran), in Kandokav, Nr.8, London, Herbst 1357 (1979).

Radjawi, M., Weltanschauung (persisch: tabiin-e djahan), Bd. I., Entwicklungsgesetze, o.O., 1981, hrsg. v. The People's Modjahedin Organization of Iran (P.M.O.I.).

Radserecht, F., L'expansion du secteur tertiaire en économie iranienne, in: Révue Tiers Monde, Nr. 67, 1976.

Rahimi, M., Die iranische Verfassung und die Grundsätze der Demokratie (persisch: ghanun-e assasi-e iran wa usul-e demokrati), Teheran, 1357 (1978/79).

Raich, H., Zum Begriff der asiatischen Produktionsweise, in: Leggewie, C./Raich, H., Asiatische Produktionsweise, Göttinger Beiträge zur Gesellschaftstheorie 2, Göttingen, 1977.

Ramazani, R.K., The Foreign Policy of Iran 1500-1941, Charlottesville, 1966.

Ravasani, S., Sowjetrepublik Gilan, Die sozialistische Bewegung im Iran seit Ende des 19. Jhs. bis 1922, Berlin, 1973.

ders., Über die linke Bewegung - Die Bewegung der unabhängigen Sozialisten (persisch: dar bareh-e djonbesh-e tschap - djonbesh-e edjtemaijun-e mostaghel), Osnabrück, o.J. (wahrscheinliches Erscheinungsjahr 1984).

Rey, L., Persia in Perspective, in: New Left Review, Nr. 19, 20, London, 1963.

Richard, Y., Ayatollah Kashani - ein Wegbereiter der islamischen Republik, in: Religion und Politik im Iran, Ffm., 1981.

ders., Der verborgene Imam, Berlin, 1983.

Richards, D.S. (ed.), Islam & the Trade of Asia, Oxford, 1970.

Rodinson, M., Khomeini ou le primat de la spiritualité, in: Le Nouvel Observateur, 10.2.1979.

ders., Marxism and Socialism, in: Adams, M.(ed.), The Middle East, London, 1971.

Röhrig, F., Die europäische Stadt im Mittelalter und die Kultur des Bürgertums, Berlin, 1964^4.

Roemer, H.R., Der Niedergang Irans nach dem Tode Ismails des Grausamen 1577-1581, Würzburg, 1939.

ders., Die Safawiden - ein orientalischer Bundesgenosse des Abendlandes im Türkenkampf, in: Saeculum, 1953.

Ronall, J./Grunwald, K., Industrialization in the Middle East, New York, 1960.

Rosdolsky, R., Zur nationalen Frage - Friedrich Engels und das Problem der "geschichtslosen" Völker, Berlin, 1979.

Rotblat, H.J., Structural Impediments in the Qazwin Bazar, in: Iranian Studies, New Haven, 1972.

Roy, O., Banisadrs politische Theorie - Imam, Gesellschaftseinheit und Nicht-Macht, in: Befreiung, Nr. 22,23, Okt. 1981.

Rudolph, K., Die Mandäer, Bd. 1, Prolegomena: Das Mandäerproblem, Göttingen, 1960.

Rusbeh, K., Mein Herz schlägt für Irans Zukunft, Berlin/DDR, 1964.

Saadat, F./Amini, A., Die Wirtschaftsgeographie Irans (persisch: djoghrafia-e eghtesadi-e iran), Teheran, 2335 (1976).

Sablier, E., Iran, Lausanne, 1963.

Sadr-Nabawi, R., Die Wirtschaft des Iran während des zweiten Weltkrieges, Heidelberg, 1962.

Sadrzadeh, S., Der iranische Außenhandel und seine Entwicklung (persisch: bazargani-e kharedji-e iran wa tahawolat-e an), in: Zeitschrift der iranischen Industrie- und Handelskammer (madjale-e otagh-e bazargani wa saneje wa maaden-e iran), 5.Jg., Nr. 7, H.53, Mehr 1353 (Sept. 1974).

Saedloo, H., A Critique of a "Policy for Agricultural Development of the Poles of Soil and Water", in: Taghighat-e Eghtesadi, Nr. 25, 26, Teheran, 1972.

Safari, H., Einige Fakten über die soziale Zusammensetzung der iranischen Gesellschaft (persisch: wareijati dar bareh-e tarkib-e djome-e iran), in: Donya, Nr. 4, 3. Jg., 2. Per., Winter 1341 (1962).

Safi-nejad, D., Boneh - Die kooperativen Formen der Agrarproduktion vor und nach der Landreform (persisch: boneh - nezamhaje tolidi-je zeraati-je djami, ghabl wa bad az eslahate arzi), Teheran, 1353^2 (1974).

Saidi, K., Landwirtschaftliche Aktiengesellschaften als Instrument der landwirtschaftlichen Entwicklungspolitik im Iran, in: Zeitschrift für die ausländische Landwirtschaft, Nr. 3,4, Ffm., 1973.

Salama, P., La formation de sous-développement, Paris, 1971.

Samadi, H., Die Bedeutung der Industrialisierung für die wirtschaftliche Entwicklung des Iran, Köln, 1971, (Diss.).

Samir, A., Der internationale Handel und die internationalen Kapitalbewegungen, in: Samir, A./Palloix, C., Neuere Beiträge zur Imperialismustheorie, Bd. 1, München, 1971.

Sarel, B., Tradition et développement en Iran - Les villages de la plaine de Ghazvin, in: Etudes Rurales, Nr. 22-24, 1966.

Sarkhosch, S., Die Grundstruktur der sozial-ökonomischen Organisation der iranischen Gesellschaft in der ersten Hälfte des 19. Jhs., Ffm., 1975, (Diss.).

Sarkisyanz, E., Rußland und der Messianismus des Orients - Sendungsbewußtsein und politischer Chiliasmus des Ostens, Tübingen, 1955.

Sarraf, T., The Effectiveness of Patrimonal Rule as a Means to Modernization - A Study in Contemporary Iran, University of Washington, 1972, (Diss.).

Savory, R., Iran under the Safavids, Cambridge, 1980.

Senghaas, D. (Hrsg.), Imperialismus und strukturelle Gewalt, Analysen über abhängige Reproduktion, Ffm., 1972.

Senghaas, D./Menzel, U. (Hrsg.), Multinationale Konzerne und die Dritte Welt, Opladen, 1976.

Senghaas, D.(Hrsg.), Peripherer Kapitalismus, Ffm., 1974.

Sevrugian, E., Die gewerbliche Wirtschaft Persiens gegen Ende der Kadjarenherrschaft, Heidelberg, 1967, (Diss.).

Shanin, T., The Nature and Logic of the Peasant Economy, in: The Journal of Peasant Studies, Nr. 2, 1974.

Sharar, S., Das Entwicklungsprojekt Kaswin, in: Zeitschrift für ausländische Landwirtschaft, H. 4, 1968.

Shariati, A., Determinismus der Geschichte (persisch: djabr-e tarikh), o.O., o.J.

ders., Exploitation und Raffinierung der kulturellen Quellen, hrsg. v. der Iranischen Botschaft in der BRD, Bonn, o.J.

ders., Ideologie (persisch:ideoloji), o.O., o.J.; nachgedruckt von: Vereinigung der islamischen Studentenvereine in Europa, USA, Kanada.

der., Der Intellektuelle und seine Verantwortung in der Gesellschaft (persisch: roshanfekr wa masuliat-e u dar djame-e), o.O., o.J.; nachgedruckt von: Vereinigung der islamischen Studentenvereine in Europa, USA, Kanada.

ders., Islamwissenschaft (persisch: eslamshenasi), o.O., o.J.

ders., Mensch ohne Selbst (persisch: ensan-e bi-khod), o.O., o.J.; nachgedruckt von: Vereinigung der islamischen Studentenvereine in Europa, USA, Kanada.

ders., Mensch und Islam (persisch: ensan wa eslam), Teheran, o.J.

ders., Pilgerfahrt (persisch: hadj), o.O., o.J.; nachgedruckt von: Vereinigung der islamischen Studentenvereine in Europa, USA, Kanada.

ders., Religion gegen Religion (persisch: mazhab aleh-e mazhab), o.O., o.J.

ders., Wo sollen wir beginnen (persisch: az kodja aghaz konim), Teheran, o.J., Pub.: huseynij-e ershad.

Shayegan, D., Qu'est-ce qu'une revolution religieuse, Paris, 1982.

Shuster, W.M., The Strangling of Persia, New York, 1912.

Simonet, P.A., Féodalisme et libéralisme économique en Iran, in: Développement et Civilisations, Paris, Juli-Sept. 1962.

Spector, I., Iran, in: The first Russian Revolution - its Impact on Asia, New York, 1962.

Springborn, R., New Patterns of Agrarian Reform in the Middle East and North Africa, in: The Middle East Journal, Washington, Spring 1977.

Spuler, B., Die Kultur des islamischen Ostens, in: Gottschalk, H.L.(u.a.), Die Kultur des Islam, Ffm., 1971.

Srour, H., Die Staats- und Gesellschaftstheorie bei Seyyid Ğamaladdin "Afghani", Freiburg, 1977.

Sultan-Sadeh, A., Persisches Öl, in: Westnik, Nr.6, Moskau, Juni 1922; dt. in: Sultan-Sadeh, A., Politische Schriften I, Dokumentarische Geschichte der KP Irans, Florenz, 1975.

ders., Die Vorbereitungen Englands für den Krieg gegen die UdSSR und die Rolle Persiens, in: Kommunistische Internationale, H. 41, Moskau, Okt. 1929.

ders., Wege der Entwicklung im modernen Persien, in: Kommunistische Internationale, H. 48, Moskau, 1927

Sunkel, O., Transnationale kapitalistische Integration und nationale Desintegration - Der Fall Lateinamerika, in: Senghaas, D. (Hrsg.), Imperialismus und strukturelle Gewalt, Ffm., 1972.

Schahbasian, A., Die Umwälzung in Persien, in: Sozialistische Monatshefte,

Schirazi, A.A.K., Genesis der sozio-ökonomischen Unterentwicklung des Iran, Berlin, 1977.

ders., Rezension von Safi-nejad, D., Boneh, in: Mardom nameh, Nr. 1, Sommer 1975.

Schöller, W., Weltmarkt und Reproduktion des Kapitals, Ffm., Köln, 1976.

Schowkatgard, F./ Fardi, Sozioökonomische Auswirkungen der landwirtschaftlichen Aktiengesellschaften im Iran - Fallstudie eines Dorfes in der Provinz Fars, in: Zeitschrift für die ausländische Landwirtschaft, Nr. 2, 1972.

Schröder, G. (Hrsg.), Schah und Schia - Materialien zur Geschichte von Religion und Staat im Iran, Gießen, 1979.

Schuckar, M., Aspekte der historischen Genesis und gegenwärtigen Struktur der landwirtschaftlichen Produktionsverhältnisse im Iran, Ffm., 1975, (Diplomarbeit).

Schuckar, M./Gholamasad, D., Aspekte der iranischen Bodenreform und der in ihrem Kontext verfolgten agrarkapitalistischen Entwicklungsstrategie, 1978, (unveröffentlichtes Manuskript).

Schülein, J.A. (u.a.), Politische Psychologie - Entwurf einer historisch-materialistischen Theorie des Subjekts, Ffm., 1981.

Schultz, A., Iran's New Industrial State, in: Current History, Jan. 1977.

Schuster-Walser, S., Das safawidische Persien im Spiegel europäischer Reiseberichte 1502-1722, Hamburg, 1970.

Stauffer, T., The Industrial Worker, in: Fischer (ed.), Social Forces in the Middle East, 1955.

Stickley, T./ Nadjafi, B., The Effectivness of Farm Corporations in Iran, in: Taghighat-e Eghtesadi, Nr. 21, Teheran, 1971.

Stlomkal, K., Das Projekt einer internationalen paneuropäischen Liga mit Persien aus dem Ende des XVI. Jahrhunderts, in: Persica, 1963/64.

Stolze, F./Andreas, F.C., Die Handelsverhältnisse Persiens mit besonderer Berücksichtigung der deutschen Interessen, in: Ergänzungsheft zu Petermanns Mitteilungen, Gotha, 1885.

Stonequist, E.v., The Marginal Man, New York, 1961.

Strauss, A., Spiegel und Masken, Ffm., 1968^2.

Tabari, E., Einige Studien über philosophisch-ideologische Strömungen und soziale Bewegungen Irans im Wandel der Zeit (persisch: barkhi barresiha dar bareh-e djahanbiniha wa djonbeshha-je edjtemai dar iran), o.O., 1970.

ders., Das 15. Jahrhundert der islamischen Zeitrechnung beginnt (persisch: sadeh-e ponzdahom-e hedjri aghaz mishawad), in: Donya, Nr. 3, 1. Jg., 2. Per., Aban 1358 (Nov. 1979).

ders., Iran in den letzten zwei Jahrhunderten (persisch: iran dar do sadeh-e wapassin), Teheran, 1360 (1981).

ders., Über Natur und Schicksal des Menschen (persisch: dar bareh-e seresht wa sarnewesht-e ensan), in: Donya, Nr. 4. 4. Jg., 2.Per., Winter 1342 (1963).

Tabataba'i, S.M.H., Die sozialen Verhältnisse im Islam (persisch: rawabet-e edjtemai dar eslam), persische Übersetzung v. Hodjatti-Kermani, D., Teheran, 1354 (1975).

Tabrizi, P., Iran unter Karim Khan (1752-1779), Göttingen, 1970.

Tai, H-C., Land Reform and Politics - A Comparative Analysis, Berkeley, Los Angeles, LOndon, 1974.

Tareq, Y.I. (ed.), Government and Politics in the Contemporary Middle East, Homewood/Ills., 1970.

Thayer, C.W., Guerilla, London, 1964.

Thompson, C.T., Petty Traders in Iran, in: Bonine, M./Keddie, N.R. (eds.), Modern Iran, Albany, 1981.

Thumm, U., Wirtschaftsstruktur und Entwicklungsplanung, Bremen, 1976.

Tismer, A., Aufbau und Krisenprobleme der iranischen Volkswirtschaft, in: Weltwirtschaftliches Archiv, H.1, 1935.

Tökei, F., Zur Frage der asiatischen Produktionsweise, Neuwied, Berlin, 1969.

Tschahrdehi-Modaresi, M., Seyed Djamal ed din und seine Gedanken (persisch: seyed djamal ed din wa andisheha-e u), Teheran, 1356.

Tscherwonnij, A., Die Vorgänge in Persien, in: Kommunistische Internationale, Sonderheft, Moskau, Dez. 1925.

Tschilinkirian, A., Die Persische Revolution, in: Die Neue Zeit, Stuttgart, 1910.

Ule, W., Die landwirtschaftlichen Aktiengesellschaften im Iran, in: Vierteljahresberichte, Nr. 40, Hannover, 1970; ebenfalls in: Zeitschrift für das gesamte Genossenschaftswesen, 1970.

Ullrich, O., Weltniveau - In der Sackgasse des Industriesystems, Berlin, 1979.

Vermaseren, M.J., Mithras - Geschichte eines Kultes, Stuttgart, 1965.

Vieille, P., Coopératives agricoles en Iran, in: Archives internationales de Sociologie de la Coopération et du Développement, Nr. 32, Paris, 1972.

ders., Un groupement féodal en Iran, in: Revue Française de Sociologie, Nr. 1, 1966.

ders., Imperialisme, absolutisme et réforme agraire, in: Vieille, P./ Banisadr, A. (eds.), Pétrole et violence, Paris, 1974.

ders., Marche des terrains et société - Recherche sur la ville de Teheran, Paris, 1970.

ders., Mode de production et impérialisme - le case de l'Iran, in: L'Homme et la Société, Nr. 27, 1973.

ders., Naissance et mort dans une société islamique, in: Diogène, Nr. 57, 1967.

ders., Les paysans, la petite bourgeoisie rurale et l'etat après la réforme agraire en Iran, in: Annales, März/April 1972.

Vieille, P./Banisadr, A. (eds.), Pétrole et violence, terreur blanche et résistance en Iran, Paris, 1974.

Wagher, N., Analyse des Außenhandels Irans und der Gründe der Stagnation des Exports (persisch: barresi-e bazargani-e kharedji-e Iran wa ellal-e rohurde saderat), in :Taghighat-e Eghtesadi, Nr. 25,26, Teheran, 1350 (April-Sept. 1971).

Watt, W.M., Die Bedeutung der Frühstadien der imamitischen Shia, in: Religion und Politik im Iran, Ffm., 1981.

Weber, M., Wirtschaft und Gesellschaft, Tübingen, 1972^5.

Westwood, A.F., Reform Government in Iran, in: Current History, Nr. 248, 1962.

Widengren, G. (Hrsg.), Iranische Geisterwelt von den Anfängen bis zum Islam, Baden-Baden, 1961.

ders., Mani und der Manichäismus, Stuttgart, 1961.

ders., Die Religionen Irans, Stuttgart, 1965.

Wilber, D., Riza Shah Pahlavi - The Resurrection and Reconstruction of Iran, Hicksville, 1975.

Wise, D./Ross, T.B., The Invisible Government, London, 1964.

Wolkenstein, A., Progrês agricole et structure traditionelle en Iran, in: Tiers Monde, Nr. 3, 1960.

Young, T.C., The Social Support of Current Iranian Policy, in: The Middle East Journal, Nr. 2, Washington, 1952.

Zabih, Z., The Communist Movement in Iran, Berkeley, 1966.

Zagoria, D., Landlessness, Literacy and Agrarian Communism in India, in: Archives Europeennes de Sociologie, Nr. 2, 1972.

Ziegenhagen, R., Der Machtkampf der europäischen Großmächte um Iran zu Beginn des 19. Jahrhunderts, Berlin, o.J., (Abschlußarbeit am vorderasiatischen Seminar der Humboldt-Universität).

Zonis, M., Iran, in: Tareq, Y.I. (ed), Governments and Politics in the Contemporary Middle East, Homewood/Ills., 1970.

ders., The Political Elite of Iran, Princeton, 1971.

ders., The Political Elite of Iran: A Second Stratum, in: Tachau, F. (ed.), Political Elites and Political Development in the Middle East, New York, 1974.

Zurland, A., Marxismus und Diktatur, Ffm., 1981.

Dokumente und Sammelbände

Agrarreform in kapitalistischen Entwicklungsländern, in: Blätter des Informationszentrums Dritte Welt (IZ3W), Nr. 67, Feb. 1978.

Arbeitsgruppe Dritte Welt am OSI, Neue Imperialismustheorien, in: Sozialistische Politik, 2.Jg., 6./7. Juni 1970.

Außenhandelsblätter der Commerzbank, 7/1973; 3/1974.

Bank Markazi Iran (The Central Bank of Iran): Annual Report and Balance Sheet as at March 20, 1970, 1971, 1972, 1973, 1974, 1975, 1976, 1977, 1978.

Bank Markazi Iran (The Central Bank of Iran): Gesammelte in der Zeitschrift der Zentralbank abgedruckte Reden 1967 (madjmue-e sokhanraniha-e ischap shodeh das madjaleh-e Bank Markazi Iran, 1346).

Bank Markazi Iran (Bureau of National Accounts, Mordad 1353): National Income of Iran 1338-50 (1959-72).

Bank Markazi Iran (The Central Bank of Iran): Investor Guide to Iran, Teheran, 1969.

Bank Markazi Iran (The Central Bank of Iran): Probleme und Schwierigkeiten der Industrie im Iran (massael wa moshkelat-e sanaje dar Iran), Teheran, Mehr 1358 (September 1979).

Bazar Teheran, hrsg. v. IS1, Studienschwerpunkt "Internationale Bau- und Stadtentwicklung in unterentwickelten Regionen", Fachbereich 2, HdKB, West-Berlin, 1979.

Bericht über die Lage der Industrie (gozareshi dar waz-e sanat), in: Piruzi, Nr. 6, Teheran, Feb./März 1981.

BfA: Große Aufgaben für Irans Landwirtschaft, in: NfA, 31.10.1974.

BfA: Iran - Industriestruktur, in: Marktinformationen des BfA, Köln, Juni 1976.

BfA: Investitionen im Iran, Köln, 1974.

BfA: Iran - Wirtschaftliche Entwicklung 1976/77, Köln, Juni 1977.

BfA: Liefermöglichkeiten für Entwicklungsländer, Köln, 1970.

Belutschistan - ein Bericht über das Leben des belutschischen Volkes im Iran, in: CIS-Informationen, Hannover, Juli 1977.

Bericht der BDI-Delegation nach Iran vom 23.1.1973, Köln, 1973.

Bericht über die Aktivitäten des Ministeriums für Genossenschaften und ländliche Angelegenheiten im Bereich der Gründung und Führung der LAGs und Produktionsgenossenschaften 1354 (1975), unveröffentlicht (gozaresh-e faaliatha-e wezarat-e taawon wa omran-e rustaha dar zamine e tashkil wa edareh-e omure sherkatha-e sahamin-e zerai wa taawoni-e tolid-e rusta).

Das iranische Arbeitsrecht, in: Orient, Heft 1, 2, Hamburg, 1971.

Deutsch-Iranische Handelskammer (Hrsg.), Iran - Lebenshaltungskosten 1976/77. Leitfaden für Ausländer, Hamburg, 22.3.1977.

Documents on International Affairs, 1933, R.I.I.A., London, 1956.

Documents on International Affairs, 1951, London, 1954.

Documents on the Pahlavi-Reign of Terror in Iran (Eyewitness Reports), An Iran Report Publication, I u.II Ffm., 1971, III o.J., Hrsg.: CISNU.

Echo of Iran (ed.),
Echo Reports, Nr. 308, Teheran, 17.8.1961
 "   " , " 334,   "   , 17.2.1962
 "   " , " 360,   "   ,24.11.1962
 "   " , " 386,   "   , 8.6.1963

Echo of Iran (ed.), Iran Almanac and Book of Facts, Teheran, 1962, 1963, 1964, 1971, 1972, 1974, 1975, 1976.

Ergebnis einer vertraulichen Fragebogenaktion der "Kaiserlichen Kommission" über größte Industriebetriebe des Landes, Teheran, 1978.

Foreign Area Studies, The American University (ed.), Area Handbook for Iran, Washington/D.C., 1971.

Forschungsinstitut der Friedrich-Ebert-Stiftung (Hrsg.), Iran in der Krise - Weichenstellungen für die Zukunft, Bonn, 1980.

Gottes Stimme - Eine Sammlung von Botschaften, Interviews und Reden von Imam Khomeini vom 9.Okt1978 - 21.Nov. 1978 in Paris (nedaje hagh - madjmue-i az pajamha, masabeheha wa sokhanraniha-je Emam Khomeini az tarikhe 17.7.1357 ta 30.8.1357 dar Paris), Teheran, Bahman 1357 (Jan. 1979), Bd. 1.

Historische Dokumente der Arbeiter, der sozialdemokratischen und kommunistischen Bewegung Irans (1903-1963), Bd.1, Florenz, 1975.

ILO:Employment and Income Policies for Iran, Genf, 1973.

Imam Khomeinis Botschaften und Reden im 1.Halbjahr 1359 (1980) (pajamha wa sokhanranihaj-e Emam Khomeini dar sheshmah-e awall 1359), Bd. 1, o.O., o.J.

Industrie- und Bergbauministerium (Hrsg.), Bericht über den Fortschritt der Ausweitung des Eigentums der Produktionseinheiten (gozaresh-e pishraft-e barnameh-e gostaresh-e malekijat-e wahedhaj-e tolidi), unveröffentlicht, Teheran, o.J.

Industrie- und Bergbauministerium, Industriestatistik 2533 (1973/74), Teheran, 2536 (1977/78).

Iran, Ministry of Information, The 4. Development Plan 1347-51 (1968-72), Juni, 1970.

Iran's fight to stimulate food production, in: Events, Dez. 1977.

Iran/United Kingdom Investment Conference 1973, London, 1974.

Iran - wichtigster Markt in Westasien, in: Außenhandelsblätter Commerzbank, März 1974.

Iran-Report, Ffm., Sept. 1971; Okt. 1978.

Kandokav, Nr. 8, London, Herbst 1357 (1979).

Khomeini, R., Ajatollah, Reden abgedruckt in "Etelaat" vom 14.1. und 9.3. 1982.

Klassen und Klassenkampf in den Entwicklungsländern, Bd. 3, Berlin/DDR, 1970.

Madjles-e shoraj-e melli (Parlament) (Hrsg.), Sammlung der Landreformgesetze (madjmue-e eslahat-e arzi - shamel-e kollije-e ghawanin wa ainameh-e-ha wa taswibnameh-ha wa bakhnameh-ha wa masawabat-e shoraje eslahat-e arzi), Teheran, Dei 1344 (Dez. 1965/Jan. 1966).

Manifest zu den ideologischen Positionen der Organisation der iranischen Volksmodjahedin, Bd. 1, Nov. 1975, o.O. (bajanije-e elam-e mawaz-e ideolojik-e sazeman-e Modjahedin-e khlgh-e Iran, Mehr 1354). Eine Publikation der Organisation der Modjahedin-e khalgh-e Iran (M.L.).

The Middle East, A Political and Economic Survey, R.I.I.A., London, 1954.

Ministerium für die Genossenschaften und ländlichen Angelegenheiten (Zentralorganisation der ländlichen Genossenschaften): Entwurf der Genossenschaften für die Ausschußverhinderung der Agrarprodukte (tarh-e sherkatha wa etehadi-jeha-e taawon-e rusta-i baraje djelogiri az zajeate mahsulat-e keshawarzi), 2536 (1977), unveröffentlicht.

Ministerium für die Genossenschaften und ländlichen Angelegenheiten: Ländliche Gesellschaft im 6. Aufbauplan - Ziele, Richtlinien und Durchführungskriterien (djame-e-e rustai dar barname-e sheshom-e keshwar - rouse hadafha, khat-o-mashi-ha wa siasatha-e edjra-i), 1357 (1978), unveröffentlicht.

Ministry of Information, Industrial Revolution of Iran, Teheran, Jan. 1970.

Plan and Budget Organization, 5. Development Plan 1352-56 (1973-77), Teheran, 1973.

Plan and Budget Organization, Abschlußbericht zum 3. Aufbauplan (1962-67) (gozaresh-e amalkard-e barnameh-e sewom 1341-1346).

Plan and Budget Organization, Statistical Centre of Iran, Die Ergebnisse der statistischen Erhebung der industriellen Großbetriebe 2533 (1974) (natajedj-e sarshomari az kargaha-e bozorg-e sanati 2533), Farwardin 2537 (März 1978).

Plan and Budget Organization, Statistical Centre of Iran, Die vorläufigen Ergebnisse der statistischen Erhebung der industriellen Großbetriebe 2535 (1976)(natajedj-e maghadamati-e sarshomari az kargaha-e bozorg-e sanati 2535), Mordad 2537 (Juli 1978).

Plan and Budget Organization, Gesamte Sozialstatistik - die wichtigsten Fakten (madjmue-e amar-e edjtemai - dadeh-ha-e asasi), Shahriwar 1350 (Sept. 1971).

Plan and Budget Organization, Statistical Centre of Iran, Ergebnisse der statistischen Erhebung des ländlichen Textilgewerbes, 1972 (natajedj-e sarshomari az kargaha-e nasadji rustaha-e keshwar), Teheran, 1975.

Plan and Budget Organization, Statistical Centre of Iran, National Census of Agriculture 1351 (1972) (natajedj-e amargiri-e keshawarzi-e 1351), Teheran, Mordad 1353 (Juli 1974).

Plan and Budget Organization, Statistical Centre of Iran, National Census of Agriculture, first phase 1352 (1973) (natajedj-e sarshomari-e keshawarzi, marhale-e awall 1352), Teheran, Esfand 1354 (März 1976).

Plan and Budget Organization, Statistical Centre of Iran, National Census of Agriculture, second phase 2533 (1974) (natajedj-e sarshomari-e keshawarzi 2533), Teheran, Esfand 2535 (März 1977).

Plan and Budget Organization, Statistical Centre of Iran, National Census of Population and Housing, Nov. 1976, based on 5% sample, total country.

Plan and Budget Organization, Statistical Centre of Iran, National Census of Population and Housing, Nov. 1966, total country - settled population.

Plan and Budget Organization, Statistical Centre of Iran, National Census of Population and Housing, Nov. 1956, total country - settled population.

Plan and Budget Organization, Statistical Centre of Iran, National Census of rural Agriculture 1354 (1976) (natajedj-e amargiri-e keshawarzi-e rustai 1354), Teheran, Esfand 1358 (März 1979).

Plan and Budget Organization, Statistical Centre of Iran, Primary Results of National Census of rural Agriculture 1356 (1978) (natajedj-e moghadamati-e amargiri-e keshawarzi-e rustai 1356), Esfand 2536 (März 1978).

Plan and Budget Organization (Regionalplanungsstelle), Regionale Verteilung von medizinischen Versorgungsmöglichkeiten 1976 (namajangarha-e waz-e darmani wa tozie-e pezeshk dar sath-e keshwar 1355), zusammengestellt nach der "Zeitschrift der medizinischen Disziplin"(madjele-e nezam-e peseshki), Teheran, 1355 (1976).

Plan and Budget Organization, Statistical Centre of Iran, Statistisches Jahrbuch 1972/73, 1976/77, 1977/78 (salnameh-e amari-e keshwar, 1351 und 2535, 2536 shahanshahi).

Plan and Budget Organization, Statistical Centre of Iran/ Arbeits- und Sozialministerium, Ergebnisse der statistischen Erhebung menschlicher Arbeitskraft 1351 (natajedj-e amargiri-e niruj-e ensani 1351), Mordad 1353 (August 1974).

The Peoples Modjahedin Organization of Iran (P.M.O.I.), Die Geschichte der Gründung und der Ereignisse der Organisation der Modjahedin-e khalgh von 1956-1971 (sharh-e waghaje-e sazeman-e modjahedin-e khalgh-e Iran 1344-1350), o.O., Tier 1358 (1979); vervielfältigt durch den Verein der moslemischen Studenten in der BRD.

The People's Modjahedin Organization of Iran (P.M.O.I.), Die vollständigen Verteidigungsreden von zwei Mitgliedern der Organisation der Modjahedin-e khalgh - Said Mohsen und Mehdi Reza'i - vor dem Militärtribunal (matu-e kamel-e defaijat-e do tan az sazeman-e modjahedin-e khalgh-e Iran - Said Mohsen wa Mehdi Reza'i - dar dadg nezami), o.O., Bahman 1351 (Feb. 1972); Pub. Conföderation iranischer Studenten.

The People's Modjahedin Organization of Iran (P.M.O.I.) (Hrsg.), Zur Rechtfertigung des Volkskampfes im Iran - Die letzte Verteidigungsrede des Mojahed Ali Mihandust; Übersetzung und Nachdruck von Sympathisanten der "Organization of Iranian Moslem Students", Verein Aachen, o.J.

The People's Modjahedin Organization of Iran (P.M.O.I.) (Hrsg.), Zur Rechtfertigung des Volkskampfes im Iran - Die letzte Verteidigungsrede des Mojahed Said Mohsen; Übersetzung und Nachdruck vom Komitee der Sympathisanten der "Organization of Iranian Moslem Students", Aachen, Sept. 1979.

The People's Modjahedin Organization of Iran (P.M.O.I.) (Hrsg.), The Defense of Martyred Mojahed Mehdi Reza'i, o.O., 1980.

Publication of the High Economic Council of Iran, Nr. 6, Teheran, 1960.

Rah-e Kargar, Faschismus - Alp oder Wirklichkeit? (fashism - kabus ja wagheijat?), Bd. 1-5, Okt.-Dez. 1979.

Religion und Politik im Iran - mardom nameh, Jahrbuch zur Geschichte und Gesellschaft des Mittleren Orients, hrsg. v. Berliner Institut für vergleichende Sozialforschung, Ffm., 1981.

Revolutionäre Organisation der Tudeh-Partei im Ausland, Die kommunistische Bewegung Irans, Bd. 1, 1890-1932, München, 1973.

Revolution in Iran und Afghanistan - mardom nameh, Jahrbuch zur Geschichte und Gesellschaft des Mittleren Orients, hrsg. v. Berliner Institut für vergleichende Sozialforschung, Ffm., 1980.

Statistisches Bundesamt, Allgemeine Statistik des Auslands - Länderbericht Iran, Wiesbaden, 1975.

Thesen des Politbüros der"Organisation für die Bildung der unabhängigen Arbeiterbewegung" zu Charakter und Phase der Revolution (tezhaj-e daftar-e siasi-je sazeman-e mobarezeh bara-je idjad-e djonbesh-e mostaghet-e karegari dar bareh-e mahija wa marhale-e enghelab-e Iran), Teheran, Mehr 1359 (Okt. 1980).

Volksfedaijan (Fedaijan-e khalgh), Die Landreform im Iran und ihre Auswirkungen - Die ländlichen Untersuchungen der Organisation der Fedaijan des Volkes, Nr. 1, o.O., 1973/74.

World Trade Information Service, Economic Report Iran 1961, Nr. 62-65, Washington, 1962.

Zur Arbeitsproduktivität in der Industrie des Landes (bar-awari-e kar dar sanaje-e Iran), in: Bank Markazi Iran (The Central Bank of Iran)(Hrsg.), Bulletin, Vol. 17, Nr. 133, Teheran, March/April 1978 (1357).

Tageszeitungen und Magazine

Ajandegan vom 20.Feb. 1978; 25.Feb. 1979.

Djomhuri-e Eslami vom 7.Nov. 1981; 4.Jan.1982; 14.Jan.1982; 2.März 1982; 7.März 1982; 9.März 1982.

Donya, Political and Theoretical Organ of the Central Committee of the Tudeh-Partei of Iran.

Etela'at vom 13.Nov. 1952; 24.April 1958; 20.Juni 1960; 16.Mai 1961.

Iranian Economic Review, Teheran, vom 25.Juni 1960; 21.März 1961; 14.Juli 1962; 17.März 1963.

Kayhan vom 4.Jan. 1960; 26.März 1960; 22.April 1960; 31.Mai 1960; 17.Juni 1960; 18.Aug. 1960; 17.Sept. 1960; 27.Sept. 1960; 17.Okt. 1960; 19.Okt. 1960; 9.Nov. 1960; 27.Jan. 1961; 27.März 1961; 27.April 1961; 7.Mai 1961; 10.Mai 1961; 14.Mai 1961; 7.Juni 1961; 17.Juni 1961; 21.Juni 1961; 22.Juni 1961; 1.Juli 1961; 22.Juli 1961; 24.Juli 1961; 24.Aug. 1961; 23.Sept. 1961; 11.Okt. 1961; 25.Okt. 1961; 12.Dez. 1961; 9.Jan. 1962; 22.März 1962; 21.Mai 1962; 12.Juli 1962; 19.Juli 1962; 6.Sept. 1977.

Le Monde vom 4.Okt. 1973; 3./4! Dez. 1978.

The Nation, Juni 1961.

New York Times vom 14.Aug. 1953.

Siyasat vom 22.Feb. 1942.

Teheran Economist vom 25.Juni 1960; 17.März 1961; 21.März 1961; 14. Juli 1962; 17.März 1963.

Teheran Mossawar vom 4.April 1952.

**Ökologische Krise
und Gegenwehr**

Lateinamerika
Analysen und Berichte 7

ISBN 3-88506-123-6
283 Seiten, DM 24,80

Guillermo O'Donell
Wut, Trauer, Frustrationen.
Argentinien vor und kurz nach dem Malwinen-Krieg

Nicolo Glogo/Jorge Morello
Zur ökologischeh Geschichte Lateinamerikas –
Conquista und Kolonialzeit

Nikolaus Werz
Nach dem Öl die Sintflut?
Erdölboom, Umweltprobleme und die Diskussion um ein alternatives Entwicklungsmodell in Venezuela

Günter Paulo Süss
Integrationsmord in Amazonien –
Die Indianerfrage vor der Endlösung?

Klaus Meschkat
Umweltzerstörung und Widerstand
Fallstudien aus dem Südwesten Kolumbiens

sowie Länderberichte zu Argentinien, Bolivien, Brasilien, Chile, Costa Rica, El Salvador, Guatemala, Guyana, Honduras, Kolumbien, Mexiko, Nicaragua, Panama, Peru, Uruguay

Junius Verlag · Von-Hutten-Straße 18 · 2000 Hamburg 50

Volkssouveränität und Staatsschuld

Lateinamerika
Analysen und Berichte 8

ISBN 3-88506-129-5
336 Seiten, DM 24,80

Urs Müller-PLantenberg:
Was ist und wozu dient Demokratisierung?

Michael Ehrke:
Spekulation und Auslandsverschuldung:
Die Fälle Mexiko und Argentinien

Nestor D'Alessio:
Soziale versus politische Demokratie in Argentinien

Klaus Meschkat:
Bolivien — Die Demokratie der Produzenten als Ausweg aus der Krise?

Silvia Rivera Cusicanqui:
Die Chance er Krise

Claudia von Braunmühl:
Von den Problemen einer Befreiungsbewegung an der Macht.
Am Beispiel Grenadas

José Luis Corragio:
Revolution und Demokratie in Nicaragua

sowie Länderberichte zu Brasilien, Chile, Costa Rica, Dominikanische Republik, El Salvador, Guatemala, Kuba, Nicaragua, Paraguay, Venezuela

Junius Verlag · Von-Hutten-Straße 18 · 2000 Hamburg 50

Vom Umgang mit Gewalt

Lateinamerika
Analysen und Berichte 9

ISBN 3-88506-209-7
304 Seiten mit Abb., DM 24,80

Beatriz Sarlo:
Argentinien nach der Diktatur:
Von der Schwierigkeit, sich zu erinnern

Dietmar Dirmoser:
Drogen und Politik:
Kokainproduktion, Korruption und Macht in Bolivien

Maria Victoria Benevides / Rosa Maria Fischer:
Alltagserfahrung und städtische Gewalt.
Lynchen und Plündern in Brasilien

Leo Gabriel:
El Salvador — Eine Gesellschaft im Bürgerkrieg

Frank Niess:
Die ungleichen Nachbarn. Recht, Ideologie und Gewalt in der Lateinamerikapolitik der USA

Juan Barolo:
Kultur und Gewalt im Hochland Perus: Die soziale Basis des Sendero Luminoso

Manfred Kron:
Zwei Jahre Contadora

sowie Länderberichte

Junius Verlag · Von-Hutten-Straße 18 · 2000 Hamburg 50

F. Maderspacher /
P. E. Stüben (Hrsg.)

**Bodenschätze
contra Menschenrechte**

Vernichtung der letzten Stammes-
völker und die Zerstörung der Erde
im Zeichen des „Fortschritts"

340 S., über 50 Abb. und Karten, DM 24,80
ISBN 3-88506-127-9

Ein Buch über die weltweite Zerstörung noch intakter Ökosysteme durch transnationale Rohstoffkonzerne, über die endgültige Vernichtung von Stammesvölkern in ihren Kultur- und Naturräumen. Ein Buch aber auch über den wachsenden Widerstand eingeborener Völker und engagierter Ökologen und Menschenrechtler in den hochindustrialisierten Staaten
— gegen einen Menschen und Kultur verachtenden Bodenschatzkolonialismus
— gegen die unwiderrufliche Auslöschung traditioneller Gesellschaften und Naturräume von globaler Bedeutung.
Ethnologen, Soziologen, Philosophen und Politiker stellen am Schluß des Buches unserer Gesellschaft die Überlebens-Frage — nach den Möglichkeiten und Grenzen, voneinander zu lernen.

Ulrich Delius: Nickel-Abbau in Neukaledonien; Helmut Hagemann: 'Erschließung' des Amazonas-Urwalds; Uwe Peters: Kohle- und Uran-Gewinnung auf dem Colorado Plateau/USA; K.-H. Raach: Öl- und Erdgasbohrungen in der kanadischen Arktis; Andreas Lesser: Uran-Abbau auf dem Land der Aborigines in Australien; Berndt Waltje: Akwesasne — Ein Weg der Souveränität amerikanischer Indianer; Rainer Hörig: Chipko Andolan — Frauen kämpfen für die Wälder im Himalaya; Beat Dietschy: Indianischer Widerstand in Südamerika; Reimer Gronemeyer: Von den Opfern industrieller Gewalt; Peter E. Stüben: Die Weisheit der 'Primitiven' — Eine ökologische Alternative?; Interview mit Petra Kelly (Die Grünen) und Klaus Thüsing (SPD)

Junius Verlag · Von-Hutten-Str. 18 · 2000 Hamburg 50

Rainer Werle

„Modell" Türkei:
Ein Land wird kaputtsaniert

ISBN 3-88506-120-1
210 Seiten mit 67 Tabellen, DM 18,00

Dieses Buch hat die Wirtschafts- und Sozialpolitik in der Türkei der Jahre 1980 bis 1983 zum Thema. Der Putsch der Generäle im September 1980 war die dritte Machtübernahme des Militärs seit dem Zweiten Weltkrieg. Die Junta handelte im unausgesprochenen Auftrag der Westmächte, um das Land zu einem stabilen Vorposten der NATO an der „Südostflanke" zu machen. Die Diktatur hat zugleich die politischen Bedingungen geschaffen, um die krisenhafte türkische Wirtschaft einer Radikalkur nach dem monetaristischen Konzept der Selbstheilungskräfte des Marktes zu unterziehen. Dies geschieht auf Kosten des Lebensstandards der überwiegenden Mehrheit der Bevölkerung, bei Abschaffung demokratischer Rechte und Freiheiten, und dient der Öffnung des Landes für ausländisches Kapital.

Rainer Werle stellt, auf der Grundlage neuesten Fakten- und Zahlenmaterials, die Situation der Türkei unter der Diktatur dar.

Folgende Themenschwerpunkte bilden die Gliederung:
— Überblick über die Entwicklung der Türkei seit dem Zweiten Weltkrieg
— die abhängige türkische Wirtschaft und die westlichen Industriestaaten
— die Regierungen Ecevit und Demirel vor dem Putsch
— die Machtübernahme des Militärs
— die „Sanierung" der türkischen Wirtschaft
— die Eingriffe der internationalen Finanzorganisationen
— die Lebenssituation der Bevölkerung
— die neue Verfassung und die „Demokratisierung"

Junius Verlag · Von-Hutten-Straße 18 · 2000 Hamburg 50

Peter Körner, Gero Maaß, Thomas Siebold, Rainer Tetzlaff

Im Teufelskreis der Verschuldung
Der Internationale Währungsfonds und die Dritte Welt

ISBN 3-88506-126-0
2. Aufl., 264 Seiten, DM 19,80

Die Verschuldungskrise der Dritten Welt macht Schlagzeilen, seitdem sie das Weltwährungs- und -finanzsystem gefährdet. Von Argentinien bis Zimbabwe stehen die Entwicklungsländer vor dem finanziellen Ruin. Immer häufiger müssen sich Staaten der Dritten Welt an den Internationalen Währungsfonds (IWF) wenden und mit ihm Kreditabkommen schließen, deren Auflagen tief in die Wirtschaftspolitik und die sozialen Verhältnisse der Schuldnerländer eingreifen.

Das Buch geht der Frage nach, wie die Entwicklungsländer in die Schuldenklemme geraten konnten, ob die Krisen hausgemacht oder weltmarktbedingt sind. Es untersucht Funktionsweise und Machtverhältnisse des IWF, die hinter seiner Auflagenpolitik stehenden Interessen und seine Rolle bei Umschuldungen. Die Autoren machen deutlich, daß die vom IWF erzwungene Sparpolitik die Verschuldungskrisen langfristig nicht lösen kann: Die wirtschaftlichen Probleme verschärfen sich, ganze Bevölkerungsschichten verelenden, demokratisch gewählte Regierungen verlieren an politischem Rückhalt oder werden gar aus dem Amt geputscht. In sechs Fallstudien — Brasilien, Portugal, Sudan, Zaire, Jamaika und Ghana — werden verschiedene Aspekte der Verschuldungskrisen und der IWF-Politik ausführlicher dargestellt. Das abschließende Kapitel enthält Anregungen zur Reform des IWF und seiner Politik. Die Vorschläge zielen darauf ab, durch entwicklungspolitisch sinnvolle Kreditvergabe die Grundlage für verschuldungsarme und selbsttragende Entwicklung zu schaffen.

Junius Verlag · Von-Hutten-Straße 18 · 2 Hamburg 50